编委会顾问：
江　伟　杨荣新　常　怡

编委会：
蔡　虹　蔡彦敏　董开军　姜建初　李汉昌　李　浩
李仕春　李祖军　刘荣军　潘剑锋　齐树洁　宋朝武
汤维建　谭　兵　王亚新　王鸿翼　田平安　吴明童
姚　红　余灵雨　张晋红　张卫平　章武生　赵　钢

民事诉讼法学专论

中国法学会民事诉讼法学年会论文集

2007年卷

陈桂明 主 编
王福华 副主编

目录

第一部分 民事程序法与实体法关系的宏观关系

试论民事诉讼法与民事实体法的和谐关系 ………………………… 谭 兵 何 石(2)
论民事诉讼法与民法之协同 ………………………………………… 田平安 陈慰星(10)
试论民事程序法治与实体法治的规范健全
　　——人民法院如何实现程序公正和实体公正 ………………………… 况继明(23)
论民事诉讼法与民事实体法的关系
　　——以消费者权益保护诉讼为考察对象 …………………… 廖永安 黎 藜(35)
论民事诉讼法与民事实体法的关系 ……………………………………… 黄双全(48)
浅谈民事诉讼法与民法的关系 …………………………………………… 王国征(54)
经济法与公益诉讼的契合性分析 ………………………………………… 颜运秋(62)
从正义公正角度解析民诉法与实体法的关系 …………………………… 姜丽萍(70)
论程序法与实体法在诉讼中的关系样态
　　——从一起人身损害赔偿案谈起 …………………………………… 许少波(78)
诉讼中的实体法与程序法 ………………………………………… 闫 宾 李 龙(87)

第二部分 民事程序法与实体法关系的微观关系

从民事诉讼法学的发展看"程序选择权"的贡献 ………………………… 李 浩(114)
民事诉讼受理制度改造的理性视角 ……………………………………… 宋朝武(119)
民事起诉条件论 …………………………………………………… 肖建华 黄华珍(127)
论民事诉讼立案审查制度 ………………………………… 吴少军 耿晓冬 宋旺兴(135)

1

论上诉合意权……易 萍 李 丽(145)
民事诉讼干预原则之解读……陈文曲(152)
民事诉讼中撤诉效果的立法选择及阐释
　　——就民事诉讼法的修改建议与江伟教授商榷……董少谋(167)
论滥用诉权及其控制……汤维建 沈 磊(173)
事实认定过程中法官的自由裁量权……张 榕(184)
判决的对外效力……吴英姿(196)
连带债务之诉与类似必要共同诉讼关系研究……张晋红 梁智刚(204)
论民事公诉中的辩诉平衡……李 峰 丁 娟(213)
对完善我国先予执行制度启动主体的思考……杨春华(221)
试论不动产执行程序中执行力的扩张
　　——兼谈执行程序对实体权利的回应与干预……陈桂明 范向阳(230)
论我国民事执行体制改革……童兆洪 唐学兵(241)
案例指导制度建构中存在的问题及对策……丁海湖(254)
对民事诉讼中的行政行为的分析与解决……赵晨羽 孟昭阳(261)
对民事执行的检察监督
　　——法律监督的应有之义……王 莉 贝金欣(267)
环境公益诉讼原告资格的扩张……齐树洁(273)
论诉讼担当……相庆梅(280)
论诉讼信托……刘学在(290)
从民事诉讼法与实体法的关系透析当事人概念……高芙蓉(298)
药品不良反应与群体诉讼
　　——兼论我国代表人诉讼制度的变通与调整……刘长秋(306)
论我国知识产权公益诉讼制度之构建……刘友华(313)
股东会决议无效诉讼……谢文哲(322)
论民事权利能力与当事人能力的分离及其原因……杨 瑞(332)
我国诉讼代表人诉讼适用现状考察……吴 俐 吴明童(339)
业主委员会诉讼主体资格探讨……张丽霞(346)
试论商事仲裁第三人……李汉昌 张晴川(353)
民事诉讼法中"法官诚信"的理想与保证
　　——以民事诉讼法与实体法关系为基点的考察……何文燕 唐东楚(368)
论我国古代起诉制度对诉权的限制……张嘉军 乔苹苹(375)
我国农村律师制度的构建……张立平(384)
ODR十年回顾与展望……骆东平(391)
我国现行送达制度问题点分析及消解……郭小冬(401)

第三部分 民事诉讼法的修改与实体法的关系（调解、再审与证据）

民事实体判决要件的法理与实践
　　——兼论我国民事起诉制度之改造 ································· 尹鲁先（412）
请求权竞合下的既判力探析 ······························· 茆荣华　黄晓陶（422）
既判力视角下民事再审程序的重构 ······················· 李祖军　彭　晶（431）
论裁判诚信
　　——民事实体法与诉讼法关系的另类解读 ····················· 曲升霞（445）
论民事诉讼中之自由证明 ··· 占善刚（452）
证人证言的诉讼形成 ··· 王　伟（459）
证明责任分配的特殊规则 ··································· 张义华　宋艳菊（466）
论婚内秘密交流特免权的构成 ······························· 邵　劲　章青山（474）
论民事诉讼中的案件事实 ··· 邓晓静（479）
证明责任分配与要件事实理论
　　——兼议我国传统民法规范的转换 ····························· 罗筱琦（486）
试论再审之诉中诉之利益 ··································· 赵　钢　朱建敏（494）
海运索赔中承运人过失举证责任分配的启示 ························· 王国征（501）
诉讼调解中的不和谐因素值得关注 ····································· 蔡　虹（516）
当事人申请重审与依审判监督程序再审 ··················· 张光琼　张家慧（519）
从再审制度的价值取向再谈再审制度改革
　　——以我国缺少三审制度的实际为视角 ······················· 李　季（531）
诉讼外纠纷解决对司法公信力的影响 ······················· 胡建萍　谌　辉（539）
诉讼调解协议的性质浅析 ··· 陈娴灵（559）
诉讼"调解协议"能否作为执行依据 ····································· 朱建敏（564）
论人民调解与法院民事审判的有机链接 ··················· 刘艳芳　於恒强（569）
从比较法视角考察我国法院调解制度 ······················· 姜　霞　曾　琼（576）

第一部分 民事程序法与实体法关系的宏观关系

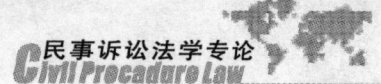

试论民事诉讼法与民事实体法的和谐关系

谭兵[*] 何石[**]

引 言

中国的和谐概念可以追溯到《广雅·释诂三》[①]:"和,谐也。"《新华字典》对"和"的解释是"相安;谐调"[②];对"谐"的解释是"和,配合得适当"[③]。《现代汉语词典》对"和"的解释是"平和;和缓"、"和谐"[④];对"谐"的解释是"和谐"、"谐和"[⑤]。《辞海》对"和"的解释是"温和;和缓;谦和"、"和谐;协调"[⑥],对"谐"的解释是"调和"、"合"[⑦]。可见,"和"与"谐"的意思相同,不好严格区分,"和"即"谐","谐"即"和",故一般将二者连用,称为"和谐"。其基本意思是:不同主体或事物相互配合,彼此适应,求同存异。在中国,和谐思想有着深厚的文化传统,儒家宗师孔子认为:"君子和而不同,小人同而不和。"[⑧]这说明"和谐"的精髓是"求同存异"、"和而不同",即在"相同"的大前提下保留"不同"。"相同"是主流,即矛盾的主要方面;"不同"是支流,即矛盾的次要方面。如果相反,则不是真正的和谐,而是假和谐。品德高尚的人都能做到求同存异,"和而不同";品德不好的人往往是表面和谐,实际上不和谐,即所谓"小人同而不和"。有学者把和谐分为两种,一种是机械和谐,一种是有机和谐。前者是被动的和谐,是外在力量强制下的和谐;后者是自觉自为的和谐,没有权力或其他外在因素的影响。显然,后者是真正的,最高层次

---

[*] 谭兵:海南大学法学院名誉院长、教授。
[**] 何石:海南大学法学院诉讼法学专业硕士生研究生。
[①] 《广雅》是我国最早的一部词典,成书于后魏。该书是仿照《尔雅》体裁编撰的一部训诂汇编,作者为三国时魏人张揖。"释诂"为书的第一篇。"释诂"多数条目是把许多同义词放在一起,编为一组,然后用一个常用的、词义宽泛的词来解释。
[②] 见《新华字典》,商务印书馆1979年第5版,第168、494页。
[③] 见《新华字典》,商务印书馆1979年第5版,第168、494页。
[④] 见《现代汉语词典》,商务印书馆1983年第2版,第453、1274页。
[⑤] 见《现代汉语词典》,商务印书馆1983年第2版,第453、1274页。
[⑥] 见《辞海》(缩印本·1989年版),上海辞书出版社1990年版,第1959、455页。
[⑦] 见《辞海》(缩印本·1989年版),上海辞书出版社1990年版,第1959、455页。
[⑧] 《论语·子路》。

的,值得提倡的和谐。

当前,党中央提出了建设社会主义和谐社会的重大历史任务,而"和谐司法"是建设社会主义和谐社会的一个重要方面。笔者认为,在民事司法活动中,民事诉讼法与民事实体法的和谐关系也值得研究。因为,它可以加深人们对民事司法特点和规律的认识,充分发挥民事诉讼法和民事实体法的功能,有助于建设公正、高效、权威的民事审判制度,为构建和谐社会提供有力的司法保障。

具体说来,民事诉讼法与民事实体法的和谐关系,应当包含两者价值独立、目标统一、相互制约、相互促进四层含义。本文拟对此作些初步探讨,以期抛砖引玉,引起人们对这一问题的重视。

一、价值独立

民事诉讼法与民事实体法作为调整不同领域社会关系中权利与义务的法律,发挥着各自不同的功能,体现着不同的价值。因而,在和谐的民事诉讼法与民事实体法的关系中,民事诉讼法与民事实体法各自独立的价值得到充分体现是其应有之义。笔者认为,要探讨两者的独立价值,就应该从法的价值谈起。

价值,按照马克思主义哲学的观点,是指客体对主体需要的满足程度,即客体对主体的积极作用。在法学领域,法的价值是以法与人的关系作为基础的,是指法对于人所具有的意义或积极作用,也即所谓"法对人的需要的满足和人关于法的绝对超越指向"[①]。可见,法的价值是指法对满足个人、集团、阶级、社会、国家的需要所产生的积极作用。法的价值,是通过以下两种方式实现的:首先,法对人的需要予以制度化,使之具有合法性,即法对人的需要在制度层面上的确认。例如,刑事立法体现了秩序、正义等,并将其落实在具体的规范之中;民事立法体现了权利、义务、公平等,并将其贯穿于整个法律制度之中;诉讼立法则追求公正与效率等,并在具体的制度和程序设计中将其体现出来。其次,法将已经制度化了的人的需要变为现实,即法对人的需要在社会生活意义层面上的实现。而法对人的需要在社会生活意义层面上的实现,必须以法律实施作为中介,并在法律实施过程中得以完成。上述两种方式从不同的角度体现了法的价值。

(一)民事实体法的价值

民事实体法作为法律体系中的一个法律部门,除具有法律的秩序、安全、平等、公正、效率等一般价值外,还具有其自身的特殊价值,即民事实体法通过规定社会成员之间关于人身与财产的权利义务关系以及实施相关行为的规范要求,将社会成员的人身权利和财产权利在制度层面予以确认,纳入法律所保护的范围;同时它还通过影响人们的法律观念,使其自觉地调整自己的行为,从而形成稳定的社会秩序。具体说来,民事实体法的价值可以从以下三个方面加以理解:

1. 民事实体法确认了公民的民事权利,使公民在其民事权利受到侵害时,能够通过民事

---

① 卓泽渊:《法的价值断想》,载《检察日报》2000年1月6日第3版。

诉讼途径得到司法救济。我国的民事实体法通过对当事人财产权利的保护,维护社会经济秩序,促进社会经济发展;通过对当事人身份权利的保护,维护公民的人格尊严,保证社会稳定。

2. 民事实体法通过对社会成员法律观念的影响,使社会成员自觉调整其行为,从而实现对整个社会秩序的调整作用。民事实体法对社会成员法律观念的影响,主要是通过对权利予以法律上的确认实现的,因为它在社会成员心目中树立了行为合法的标准,社会成员可以了解自己即将实施的行为的法律后果,从而决定是否调整自己的行为。

3. 民事实体法为法院的民事审判提供了确认当事人之间权利义务关系的依据,是民事诉讼法存在的依托,从而保证民事诉讼活动的正常运行。如果没有民事实体法的依托,民事诉讼活动必将因缺乏指向和根基而流于形式。

(二)民事诉讼法的价值

民事诉讼法规定了民事诉讼主体在诉讼过程中的诉讼权利和义务,以及相应的诉讼制度和程序。对于民事诉讼法的价值,目前学界形成的共识是,它具有两个方面的价值,即外在价值和内在价值。

民事诉讼法的外在价值(也称工具价值),在于其保障民事实体法的正确实施,它体现了民事诉讼法作为一种工具或手段的作用,是民事诉讼法的首要价值。

民事诉讼法除了对民事实体法的保障作用之外,还具有其自身的独立价值,即这种价值不依赖于民事实体法而独立存在,它是民事诉讼法内在价值的体现。正是这种价值才使民事诉讼法的存在具有独立意义。对于民事诉讼法的独立价值,可以从以下两个方面理解:

1. 民事诉讼法保障了程序正义的实现。民事诉讼法所规定的一系列程序制度,使当事人的人格尊严受到尊重,意志和行为自由得到保障。在诉讼过程中,当事人通过自主参与、自主选择、自主负责,可以成为真正自由、理性的诉讼主体。从这个意义上讲,民事诉讼法使民事诉讼具有理性活动的形象,保障了程序正义的实现。

2. 民事诉讼法在某种程度上弥补了民事实体法的不足,并创制着民事实体法。比如,它赋予法官的自由裁量权,使法官在民事实体法规定过于原则或者模糊的情况下,可以凭借理性和良知对案件作出恰当处理。法官的这一做法,在某种程度上弥补了民事实体法的不足,实际上是对民事实体法的创制活动。

二、目标统一

民事诉讼法与民事实体法的和谐关系,还体现在两者的目标统一上。这种目标的统一性,是民事诉讼法与民事实体法"和而不同"的和谐关系的另一种表现形式。正是由于两者目标的统一,才使民事诉讼法与民事实体法充满活力,确保民事纠纷及时妥善地得到处理,并最终实现对民事关系的调整。民事诉讼法与民事实体法目标的统一性,表现在以下两个方面:

(一)民事诉讼法与民事实体法在哲学意义上的目标统一

"社会不是以法律为基础的。那是法学家们的幻想。相反的,法律应该以社会为基础"。① 根据马克思主义哲学的观点,法律不过是统治阶级为实现其利益,对社会关系进行调整的工具,"法律就是获得胜利、掌握国家政权的阶级意志的表现"②。因此,"实体法本质上不过是依据统治阶级的意志,对某一社会领域的实践活动进行规范,或对人们在这一领域中的权利与义务进行配置的法律。而程序法本质上则是根据统治阶级的意志,对法律运作活动进行规范,或对人们在法律运作活动中的权利义务进行配置的法律"③。

从这个意义上说,民事实体法是对民事实践活动进行规范,或对平等主体之间在民事交往中的权利义务进行配置的法律(如婚姻法是对婚姻家庭活动进行规范,或对婚姻家庭成员之间在婚姻家庭中的权利义务进行配置的法律;合同法则是对债权债务关系进行规范或对债权人和债务人之间在合同中的权利义务进行配置的法律等等)。而民事诉讼法则是对民事诉讼法律关系主体的民事诉讼活动进行规范,或对民事诉讼法律关系主体的诉讼权利义务进行配置的法律。

任何统治阶级总是希望社会秩序维持一种稳定的状态,以利于自己长久的统治,而法作为阶级统治的工具,其根本目的就是实现统治阶级所追求的社会秩序的稳定。因此,无论是民事诉讼法或民事实体法的目的,都是通过正确解决纠纷,维护当事人的合法权益来实现统治阶级所追求的社会稳定。在我国,统治阶级是广大人民群众,民事诉讼法与民事实体法尽管各自的功能不同,但目标都是为保障广大人民群众的民事权益,推动社会主义现代化事业的发展而服务的。从这个意义上讲,民事诉讼法与民事实体法有着哲学上的目标统一性。

(二)民事诉讼法与民事实体法在实践意义上的目标统一

从民事诉讼活动的实践看,适用民事诉讼法与民事实体法,都是依据既定规则和法定程序化解民事纠纷,使当事人之间失衡的权利义务关系回复到原来的状态。这说明实现民事案件的公正处理,是民事诉讼法与民事实体法共同追求的目标。在民事审判过程中,法官对案件的正确处理,既要面临对案件的实体内容如何裁判的问题,又要面临以何种形式和方法对案件的实体内容进行裁判的问题,这就需要其分别以民事诉讼法和民事实体法为依据。可见,民事诉讼法与民事实体法作用的充分发挥,最终都要以妥善地解决民事纠纷为目标。民事实体法使公民的原始权利上升为法定权利,具有稳定性,禁止他人的不法侵害;民事诉讼法使公民已经上升为法定权利的原始权利得到司法保护,具有可靠性,当事人可以通过提起民事诉讼使被侵害的权利得到回归。因此可以说,民事审判的过程,就是民事诉讼法与民事实体法各自充分发挥作用,为正确解决民事纠纷的共同目标服务的过程。

需要指出的是,在民事诉讼过程中,尽管民事诉讼法与民事实体法两者在追求案件的公正处理上侧重点有所不同,即民事实体法所追求的是实体公正,而民事诉讼法所追求的是程序公正,但归根结底,实体公正与程序公正都是诉讼公正这一总体目标的有机组成部分。从这个意

---

① 马克思:《〈政治经济学〉序言》(1985年1月),载《马克思恩格斯选集》第2卷,第82页。
② 列宁:《社会主义民主党在1925—1907年我国第一次革命中的土地纲领》(1907年11—12月),载《列宁全集》第13卷,第304页。
③ 王利明:《民法学》,复旦大学出版社2004年版,第9页。

义上说，民事诉讼法与民事实体法在实现公正的价值目标上存在着一致性，二者的最终目标都是通过国家公权对私权的调整，使当事人被损害的民事权利得到保护。

三、相互制约

民事诉讼法与民事实体法之和谐关系的第三层含义，是民事诉讼法与民事实体法之间存在着相互制约的关系。如前所述，民事诉讼活动是法院行使审判权，解决民事纠纷的活动，而解决民事纠纷，不仅涉及通过什么样的程序来解决的问题，还涉及解决纠纷的依据和标准的问题，这分别是民事诉讼法与民事实体法所规定的内容。因此，仅就解决民事纠纷而言，如果没有民事实体法，民事诉讼法就没有存在的根据和意义；如果没有民事诉讼法，民事实体法就会因缺乏司法保障手段如同一纸空文毫无价值。可见，二者相辅相成，彼此制约，缺一不可。

（一）民事诉讼法需要民事实体法的依托

本文前面曾在有关"民事实体法的价值"的阐述中，谈到民事实体法是民事诉讼法的依托，这里则从两者相互制约的角度，再来探讨民事实体法对民事诉讼法的依托问题。客观地讲，民事诉讼法的存在，最终还是需要以民事实体法为依托。这种依托是以民事实体法对权利义务的确认为基础的，否则，法院对民事案件的处理便会因缺乏目标和依据而无结果，变成无效的活动。

在历史上，无论民法是以义务为本位还是以权利为本位，或以社会为本位，都强调对私权的充分保护。无论古罗马法、19世纪的法国民法如何主张个人本位，而现代民法又如何倡导团体本位；也无论在不同的历史时期、不同社会制度下的民法所保障的权利在性质上存在着何种区别，"各个社会的民法都坚持了一个最基本的共性，就是坚持以权利为核心"。因此，从某种意义上说，民法就是权利法。

民事实体法最基本的属性在于对民事权利的确认。正是由于民事实体法这种与生俱来的属性，才使公民的自然权利上升为法律权利，为公民权利的司法保护提供了法律依据。当公民的权利受到侵害提起诉讼时，法官就可以依据民事实体法的规定，使公民被侵害的权利得到救济。

从法的功能的角度看民事实体法，我们可以发现民事实体法具有行为规范和裁判规范的双重功能；作为行为规范，民事实体法具有确立交易规则和确立生活规则两方面的具体功能；而作为裁判规范，民事实体法则为法官制裁民事违法行为，保护当事人的民事权益提供了法律依据。当事人的民事权益受到侵害或发生争议时，法官必须根据当事人提供的证据所能证明的案件事实和依照民事实体法的规定作出裁判，制裁违反民事实体法的行为，使当事人之间的权利义务关系回复到原有状态，从而使受到损害的民事权益得以救济。

可见，民事实体法对民事诉讼法的制约作用，主要是通过民事实体法的裁判规范功能来实现的。如果没有民事实体法对民事权利的确认，受损害的民事权利就无法通过司法手段得以救济，进而民事诉讼法的功能也就无从发挥。从这个意义上说，民事诉讼法的存在必须以一定的民事实体法为依托。

(二)民事实体法需要民事诉讼法的保障

有人说"没有程序切实保障的权利,犹如明亮的水中之月,不过是个诱人的幻影而已"[①]。这说明,没有程序保障的权利不是真正的权利。法律规定的权利要真正落到实处,必须有相应的程序保障。应当看到,法律对社会关系的调整,对人类行为的规范,仅仅依靠实体法是不够的。因为实体法所确立的社会规则和行为规则一旦遭到破坏而失衡,如果没有解决争议的专门机关和解决争议的程序机制特别是诉讼机制,是不可能回复原状的。民事实体法的存在只为社会成员提供了民事活动的行为模式和损害民事权益的法律后果,它没有解决纠纷、平息争端的功能,这一功能需要法院在民事诉讼活动中,通过对民事权益的保护和对民事违法行为的制裁来实现,而这恰恰是民事诉讼法的任务。从这个意义上讲,民事诉讼法对民事实体法具有保障作用。具体说来,民事诉讼法对民事实体法的保障作用主要体现在以下几个方面[②]:

1. 民事诉讼法规定了实施民事实体法的专门机关及其职权,即人民法院是代表国家行使民事审判权、裁决民事纠纷的专门机关。

2. 民事诉讼法规定了一系列基本原则和基本制度,保证专门机关正确行使民事案件的审判权,实现司法公正。例如,我国《民事诉讼法》规定了:法院依法独立审判,不受干涉的原则;以事实为依据,以法律为准绳的原则;当事人诉讼权利平等的原则;辩论原则;检察监督原则等等。另外,我国《民事诉讼法》还规定了两审终审、公开审判、合议、回避等制度。

3. 民事诉讼法规定了一套完整、严密的程序,保证诉讼活动高效、有序的进行。这些程序有利于当事人充分行使诉讼权利,法院迅速查明案件事实,正确适用法律,从而保障着诉讼公正目标的实现。例如设有第一审程序、第二审程序、再审程序,而第一审程序又有普通程序和简易程序之分,等等。

4. 民事诉讼法规定了运用证据的一系列科学规则,使证据的收集客观、全面、及时,证据的审查、判断和运用符合认识的客观规律,从而为办案人员正确认定案件事实和正确适用民事实体法提供了重要条件。

四、相互促进

民事诉讼法与民事实体法之和谐关系的第四层含义,是民事诉讼法与民事实体法在发展完善上的相互促进。民事诉讼法与民事实体法的这种互动关系主要体现在:一方面,民事实体法的发展完善对民事诉讼程序制度的设计提出了更高的要求,从而有利于促进民事诉讼法的发展完善。另一方面,民事诉讼法的发展完善,则有利于发现和弥补民事实体法在实施中的不足,促使其不断发展完善,充分发挥民事实体法的功能。

[①] 杨联华:《简述英国注重程序法的缘由》,载归溟、极远编:《程序法论——民事诉讼法论文精选》,中国政法大学1993年版。

[②] 参见陈光中、王万华:《论诉讼法与实体法的关系》,载陈光中、江伟主编:《诉讼法论丛》第一卷,法律出版社1999年版。

(一)民事实体法促进民事诉讼法的发展和完善

法律总是与一定的人类活动相关联的,民事实体法与民事诉讼法也是如此。民事实体法与人类社会的生产和交换活动相联系的需要,而民事诉讼法则与法院和诉讼参与人的诉讼活动相联系。随着人类社会活动的发展,原有的法律制度不能满足调整日益复杂的社会关系的需要,人们又会创制出新的法律制度。民事实体法就是基于人类调整在生产和交换活动中日益复杂的财产和人身关系的需要,而产生并不断地发展和完善的,而它的发展和完善,又促进了民事诉讼法的发展和完善。

我们在探讨民事实体法对民事诉讼法发展的推动作用时,不妨先从两者的产生发展历程上来考察。一般认为,民事诉讼法先于民事实体法而产生,它对民事实体法的产生起到了催化作用。人类社会之初,为了解决各种民事纠纷和矛盾,逐渐形成了一些解决民事纠纷和矛盾的方式和方法,这就是民事诉讼法的雏形。而随着这些解决民事纠纷和矛盾的方式和方法的反复运用和逐渐成熟,便被统治者确认和固定下来,成为人们共同遵守的具有普遍约束力的程序规范,这就是我们现在所说的民事诉讼法。当时,由于受各种因素特别是人的认识能力的制约,人们在纠纷的解决中,更注重的是过程和结果,而不是所依据的标准。这就是程序法先于实体法产生的原因,也是所谓"程序先于权利"的道理。后来,人们在解决民事纠纷的过程中,逐渐发现解决纠纷的标准比解决纠纷的程序更重要,于是人们对某些类似问题的处理,逐步达成共识,形成了一些固定做法和习惯,成为大家共同遵守的标准,这便是民事实体法的早期雏形。但我们只看到民事诉讼法对民事实体法的产生所起的这种催化作用是不够的,还必须看到,民事实体法对民事诉讼法的发展和完善,也起到了十分重要的促进作用。随着社会的发展和人类认识的深化,民事实体法不断得到发展和完善,而原来简单、粗陋的民事诉讼程序显然不能适应这一变化的需要,于是,民事实体法又反过来推动了民事诉讼程序制度的改革和完善,促进了民事诉讼法的发展。

(二)民事诉讼法弥补民事实体法的不足

法律对社会生活的调整,需要以法律的准确适用为前提。由于立法者不可能对社会生活的方方面面均作出周密的规定,更不可能预见每一案件处理中的具体情况,尤其是在社会生活日新月异、社会关系日益复杂的今天,准确适用法律的难度就更大。因此,法律往往只能作一般的、原则性的规定,条文的具体含义和适用中的细节问题则需要法官在每一具体案件的处理中作出解释。因此,这就为民事诉讼法弥补民事实体法的不足提供了空间。民事诉讼法的这种弥补作用主要通过法官的判案活动来实现。根据"遵循先例"的法律适用原则,法官对某一案件作出的判决,往往是今后处理类似案件的重要依据。这就形成了具有法律效力的判例,成为民事实体法的渊源之一。民事诉讼法就是在这一过程中,完成了对民事实体法不足的弥补。

民事诉讼法对民事实体法之不足的弥补作用,在以判例法为主要法律渊源的英美法系国家体现得尤为明显。而在大陆法系国家,虽然成文法是其主要法律渊源,但也同样重视习惯法和判例在司法实践中的重要作用。在这些国家,民事诉讼法对民事实体法的弥补作用,同样得到了体现。因此,我们除了要看到民事诉讼法对民事实体法的产生所起到的催化作用外,更应看到民事诉讼法在弥补民事实体法的不足,促进民事实体法的发展和完善方面所起到的重要作用。

应当注意的是,我们在谈论民事诉讼法对民事实体法的弥补和促进作用时,一定要明确,这种弥补和促进作用是间接的和有限的,民事实体法功能和作用的充分发挥,从根本上讲,还是要靠民事实体法自身的不断发展和完善。而民事实体法自身的不断发展和完善,最终还是要取决于它所依托的那个时代的社会经济发展程度和人民的法律意识水平。

结　语

通过以上分析我们可以看到,民事诉讼法与民事实体法的和谐关系具有丰富的内涵,它不仅包含两者的价值独立和目标统一,还包含两者的相互制约和相互促进。其中,价值独立和目标统一是两者和谐的前提条件,因为舍此便不存在独立的事物,没有共同的基础,和谐根本无从谈起;相互制约和相互促进则是两者和谐的核心内容,因为和谐的真谛是"和而不同","求大同,存小异",而不同事物之间相互促进与相互制约的关系,正好体现了这一要求。我们还应当看到,民事诉讼法与民事实体法的这种和谐关系,只是民事诉讼法与民事实体法关系的一种理想状态,即两者的应然关系,而两者的实然关系与此尚有较大的差距。也就是说,目前在我国民事诉讼法与民事实体法的关系中,还存在着许多不和谐之处,而要实现两者真正的和谐,尚有很长的路要走。但是,这并不妨碍我们在此探讨民事诉讼法与民事实体法和谐关系的丰富内涵。

论民事诉讼法与民法之协同

田平安* 陈慰星**

引言：协同的内涵和价值意蕴

作为法律概念的"协同"，最早源自民事诉讼社会性观念，发轫于奥地利学者弗兰茨·克莱恩(Franz Klein)所主张的民事诉讼具有一种社会性。基于这种社会性，就不能放纵当事人对权利的自由处分。借由"社会福利诉讼观点"这个思想起点，诉讼被视为"一个不可缺少的国家福利机构"和"社会救助的一个环节"，使得权利保护从程序开始起就应当获得国家的帮助。① 在此基础上，贝特曼(Bettermann)于1972年最早使用协同原则(Kooperationsmaxime)这一概念。德国一些学者进一步对该项原则予以系统化。为了达到"诉讼是并且必须是确认实体权利的一个手段"②，协同原则纠正了辩论主义的绝对当事人化趋势，要求民事诉讼中应充分发挥法官与当事人的主观能动性及其作用，以促使法官与当事人协同推进民事诉讼程序。③ 因此，在本质上，协同强调的是在行为模式中不同主体之间角色扮演的互动性，以形成彼此充分发挥作用的合力。④

基于实体和程序并举的二元性特点，民事法律规范存在着生动而且复杂的二元交错局面，在彼此扮演各自规范设计角色的同时，也存在着实体法的实质正义取向、普适性和效率性的基本定位，同程序法的程序正义要求、正当性和规范性的具体属性有显著不同乃至于冲突。而法制历史的进程体现出的无论是实体本位实质利益优先的考量，还是程序本位机会均等的重视，均只是在一个坐标的两极有所用力。如何在一个调和多元化造成的利益差异，弥合实体与程序定位可能的价值偏差的宏大的现代司法制度目标中，找到"第三条路径"，可以借鉴前述的

---

* 田平安：重庆云阳人，西南政法大学教授、博士生导师，主要研究方向为诉讼法学。
** 陈慰星：福建泉州人，华侨大学法学院讲师，西南政法大学2006级诉讼法博士研究生，主要研究方向为民事诉讼法学。
① 张卫平著：《诉讼架构与程式》，清华大学出版社2000年版，第71页。
② 参见[德]奥特马·尧厄尼希著，周翠译：《民事诉讼法》，法律出版社2003年版，第5页。
③ 参见田平安、刘春梅：《论协同型民事诉讼模式的建立》，载《现代法学》2003年第1期。
④ 关于协同的本质界定，参见田平安、刘春梅：《论协同型民事诉讼模式的建立》，载《现代法学》2003年第1期。

"协同"化的模式构造,利用协同中的角色互动特点和作用合理机制,使得实体和程序规范的配置得以优化,并最终实现民事法律秩序的和谐发展。

一、民事诉讼法与民法关系溯源

(一)两大法系关于诉讼法与实体法关系的概述

恩格斯指出:"思想进程……的每一个要素可以在完全成熟而具有典范形式的发展点上加以考察。"① 法律间的关系作为充盈于法制思想进程的重要内容,为厘清民事诉讼法与民法的关系,应当首先回到两大法系在其法系历史中的轨迹来考察。

大陆法系的传统法学理论认为:民事诉讼的目的就是对当事人之间存在的私法上的权利义务关系通过具有既判力的决定进行确认和宣示。② 因此,诉讼法作为保障实体法权利义务关系得以实现的工具,是实体法的"助法",是一种工具。因此,在学说意义上形成了在价值论上以实体法为内容和目的,以程序法为形式和手段的"程序工具主义理论"。③ 因为实体法在其中扮演的主要角色,此种实体法与诉讼法的关系,也被界定为"主从说"。④

与之相反的是英美法系在诉讼法与实体法的定位,却走向了截然相反的"程序本位主义",即程序独特的法律价值并不依赖于实体法,而是有其自身的独立价值,程序仅凭自身也能满足人们的正义需求。发轫于纠纷解决中而确定实体权利的纠纷解决元初雏形,产生了程序先于权利(process before right)的著名论断。哈耶克和诺齐克作为程序正义的坚决捍卫者,认为只要规定了基本的运行程序,并认真遵行,结果就无所谓应该不应该的问题。⑤ 罗尔斯由此将其界定为纯粹的程序正义(pure justice),使得程序本位主义具有了独立的正义价值内涵。而关于法律渊源形成的考察结果,更加验证了普通法只是一定数量的程序的累积,其实体权利完全依赖于实施过的诉讼程序。⑥

(二)两大法系不同关系定位的成因

上述两大法系不同的程序法与实体法的关系定位,存在着对应的历史成因,考察其具体内容,对于豁清民事诉讼法与民法的历史进化脉络,定位二者在现今民事法律一体化体系中的角色,具有较大的价值:

1. 成文法规范抑或判例法经验形成的法文化影响,造就了两大法系在对于程序法与实体法发挥作用的方式的不同。就大陆法而言,其追求文本规范意义上的成文法体系,使得在具体

---

① 《马克思恩格斯选集》第 2 卷,人民出版社 1972 年版,第 122 页。
② [日]谷口安平著,王亚新、刘荣军译:《程序的正义与诉讼》,中国政法大学出版社 1996 年版,第 43 页。
③ 江伟主编:《民事诉讼法》,高等教育出版社 2004 年版,第 32 页。
④ 李佑标:《试论实体法与程序法的关系》,载陈光中、江伟主编:《诉讼法论丛》第 2 卷,法律出版社 1998 年版,第 87 页。
⑤ 参见顾肃:《罗尔斯——正义与自由的求索》,辽海出版社 1999 年版,第 39 页。
⑥ 卢云豹:《从"程序先于权利"看英国法》,载《现代法学》,1992 年第 5 期。

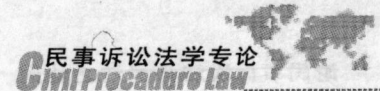

司法过程中适用法典成为审判习惯,在审判过程中强调的是法官运用实体法进行判别,以及在既有规范的涵摄中,厘定冲突双方的权利义务,形成了动态意义上的司法行为成文法模式。①由是,程序规范仅仅只是限缩在诉讼过程而为实体法的这种具体适用提供平台以及运行的保障,形成了成文法规定能够的事实成立,然后为了实现规范效果而提出诉讼的"规范出发型"的裁判。②

而英美法系的判例法模式,使司法行为更多体现的是关涉个案适用到个案的个别化思维模式。这就使得个案中的具体司法程序显得尤为重要,因为缺失了对于具体司法程序中关于运用先例的过程和理由的阐释,这种司法的裁判结果的正当性是难以验证,也进而难以获得接受的。另外,坚持先例于具体司法程序中,本身就是对于整个司法活动公平与否的识别原则。③ 在逻辑上,诉讼法对于法律适用要求的先例坚持,成为实体法被维系的重要手段,也就使得诉讼法可以优位于蕴涵在种种先例中的实体法。同时,诉讼本身是裁判者听取同案件相关人的主张,并去发现事件中应有的法。这种"汝给吾事实,吾赐汝法律"(da mihi factum, dabo tibi ius)的事实出发型司法,使得个案经由程序规范输出实体利益裁判规则,并借先例制度和既判力机制,成为文本意义上的实体法。

2. 立法和司法的制衡格局的差异。作一个概略的考察,现代发达法律国家,无一不贯彻国家权力格局中立法和司法的制衡局面。但是,由于具体司法模式可能的不同,这种制衡也体现出不同的优先层级差异,即大陆法立法一极更为优先而英美法司法一极更为超脱。承接前述关于成文法和判例法的讨论,坚持成文法重视的是对立法权体现出的基于代议形式的民意,而坚持判例法重视的是对于既往司法认知以及诉讼传统的维系。经由漫长的司法进程后,成文法形式体现出的民意就高位于具体的司法诉讼过程,而自然会将民意内涵化的实体法交由程序法去维护,也由此间接导致立法对于司法的指引。

判例法形式体现出的对诉讼传统的重视,使得程序法不断强化或者衍生出体现裁判者理解的个案实体化判例,司法在这个过程中更多是超越于既定立法的实体法化控制,甚至可能因为判例法最终归入成文法体系而形成对立法的指引。这个过程本身也体现了弗里德曼所描述的法治观念中"法院和其内部行政管理功能不受直接干预而工作……,有不受来自权力领域直接控制的法律领域。"④即使我们还承认立法会通过程序法设置来对司法进行影响(制衡),但这就直接表明了只有程序法才能控制程序司法的立场,由此程序推演出的实体判例乃至于后续可能再成文化的实体规则,就可以证明英美法系中的程序的本位价值。

3. 法律适用类型取向不同。成文法的设置技术,主要依靠的是高度的抽象方式,形成法律的一般规则于"法律的文本世界"中。因此,法律的运用是依靠专业化的中介者来实现的,即法官通过创造性的行为满足法律的期待,使得法律所维系的秩序得以建立。⑤ 在这种模式结构下,如何制衡具体司法过程中的法官,就显得非常重要。而此时代表对于诉争利益分配的实体法,就成为了这种规范裁判主体的运行的制度,并借此成为诉讼法律适用的基本目标。

---

① 参见武建敏著:《司法理论与司法模式》,华夏出版社 2006 年版,第 139 页。
② 参见[日]中村英郎著,陈刚、林剑锋、郭美松译:《新民事诉讼法讲义》,中国政法大学出版社 2001 年版,第 19~20 页。
③ 参见[美]本杰明·卡多佐著,苏力译:《司法过程的性质》,商务印书馆 1998 年版,第 18 页。
④ 参见[美]劳伦斯·没·弗里德曼著,傅郁林译:《法治、现代化和司法制度——外国法学家在华演讲录》,载宋冰主编:《程序、正义与现代化》,中国政法大学 1998 年版,第 106 页。
⑤ 参见武建敏著:《司法理论与司法模式》,华夏出版社 2006 年版,第 139 页。

而英美法系走向的却是程序法化的适用取向。陪审制度的滥觞,形成的不需要实质性判定依据的结论方式。此时,对于裁判事实把握的问题,更重要的是避免"业余化"的陪审人员被事实所迷惑而误判,那么借助制度性的证据规则对于陪审团的释明有了必要性。① 另外,司法传统中,对于诉讼程序的适用偏好,使得程序优先就理所当然。如英国早期司法以令状制为基础的"诉讼形式"(forms of action)规定了与不同的令状相互对应的程序框架和诉讼技巧。如果当事人不申请或者申请不当令状,则其权利将会因为无法确定诉讼的方式和程序,而不能获得保护。② 此时,程序法处于事实认定以及权利保护的先决性因素中,至于之后可能援引的实体判例法或者成文法,已经水到渠成而对整个结果的影响反而式微。

(三)现代司法观下的关系定位:走向协同

然而两大法系根植于历史做法的惯性,并不能仅仅以"存在即是合理"的借口,来掩饰陈旧制度的不足,由是出现了两大法系国家对于自己程序实体理念的修正下的司法改革。我们观察到,为应对单纯化的实体法重视抑或程序法重视所带来的弊病中,各国的民事司法改革均异曲同工地朝向于程序与实体并重兼容的道路不断前行。但是,这种并重兼容如何的谨慎定位,仅仅还只是一个正在不断试错的过程中。比如英国在2000年民事司法改革之前力图克服的单纯程序正义的不足,引入了实质真实于诉讼中,可一如朱克曼教授一针见血的"危机中的司法/正义"的概括,凸现的是英国"就实质问题进行司法/正义(do justice)"理念下,根据真实的事实和正确的法律而不是按照程序性的依据来判决案件,所引发的对于程序规则行为的肆意选择,而带来的诉讼拖延和复杂化弊端。③

这种肇始于实体正义观感,而并发于程序滥用过程的现代司法顽疾,促使了我们应当在本文的民事诉讼法于民法的定位中,更富于实然意义上的关系整合,而非空泛的理论价值探讨。在现代民事司法爆炸化的纠纷增量以及多元化的纠纷解决方式的大背景下,民事诉讼法面临的强势挑战,使得其有必要以更具灵动的态势,协同于实体民法的规范功能,以达到民事一体化司法过程的和谐。

二、为什么协同:法的目的性和法间紧张关系的展开

(一)法的目的性

勒内·达维德指出:"大陆法系的法律部门的划分方法是作为理性思想的产物而被提出的,把法律划分为各个部门的一个原因就是希望通过将法律有秩序地归纳,以便容易了解法

---

① 参见[美]米尔建·R.达马斯卡著,李学军、刘晓丹、姚永吉、刘为军译:《漂移的证据法》,中国政法大学出版社2003年版,第34~35页。
② 参见何勤华主编:《英国法律发达史》,法律出版社1999年版,第27页。
③ [英]阿得里安·A.S.朱克曼主编:《危机中的司法/正义:民事程序的比较维度》,中国政法大学出版社2005年版,第15页。

律。"① 因此,大陆法系的法律职业者们的主要任务就是创立、解释和执行成文法。因而他们非常担心同样有效的法律间存在冲突,那会使他们无所适从。② 由此看来,寻求法律之间的协调一致,将成为立法和法律解释过程中必须首要遵循的目标。而这种基本的立法目标确立,势必会形成一种惯性,即在后续的法律适用过程中,要求司法也尽可能做到这种法与法之间的协调。在本文讨论的范畴之中,这种协调性,也同样地反映在民事诉讼法与民事实体法之间。当可能因为立法技术使得刚性的不同部门法出现冲突的时候,利用既有的司法技术予以弥补调和,就成为最好的选择。

在一个立法学的语境中,我们发现作为经典表述的法作为统治阶级意志的体现,在利益多元化的今天,已经在具体的司法中被赋予了更多民众意志的考量。而法基于自身的稳定性的特点,特别是对于一些基本法律,纯粹作为统治阶级意志体现的"早期"法,如何去契合当前的这种民众意志的要求,已经为司法提出了新的课题。在立法因为其时效性或者是滞后性而带来的对于"早期"法暂时不能修正的情形下,借助既有的司法程序法律工具,可以在最大的可能下,去弥合这种差异乃至于冲突。

更进一步的讨论是,营造法律体系之间的这种协同一致,已经不仅仅是一种法律适用下的工具价值,还应当更深入地成为锻造法律信仰的对象前提。借助韦伯关于类型学的划分视角,③ 纯粹地保障部门法律之间的协同,只是达到第一层次的目的合乎理性,即作为适用法律者对于法律本身能够形成"自圆其说"的预期,从而再达到一种制度上的结果——法的权威性和可适用性。但是,现代化的法律的规范性价值还可以更大化地延伸,走向了第二层次的价值合乎理性,即为了成为一种民众的固有价值纯粹信仰,法律在自身体系价值上,也应能够形成自洽,以避免对于这种纯粹信仰形成的伤害。在这个意义上,民诉法与民法的协同,就能够为减缓甚至阻隔这种信仰形成伤害,提供最好的外观和理由。

(二)民事诉讼法与民法的紧张关系

1. 程序法关注的程序正义同实体法关注的实质正义内涵冲突

程序正义观念的古典表述的源头在于英国的"自然正义"(natural justice),并以此来实现对于公共行为和行政行为的司法控制的法治(rule of law)状态。④ 因此,程序法为了确保这种法治状态,形成了以"任何人均不得担任自己案件的法官"(nemo judge in parte sua)和"法官在制作裁判时应听取双方当事人陈述"(audi alterm parterm)为两大基石的程序正义具体外观。在这种程序正义的构造中,诉讼各方的利益保护和维系,在于充分贯彻实施符合程序正义外观的程序本身,以此最终获得的纠纷解决结果,就被认定为恰当。因此,具化到诉讼两造之间,程序法认为实现两造获得公平程序的对待就是最大的正义,亦即在程序进行中,落实当事

---

① [法]勒内·达维德著,何力等译:《法律结构与分类》,西南政法学院法制史教研室1978年版,第11~13页。
② 张诚、卢东凌:《立法目的、立法程序探析》,载《现代法学》2000年第5期。
③ 在韦伯的理论中,目的合乎理性,一般仅仅强调依据对外界的事物或者其他人的期待,并利用这种期待作为"条件"或者作为"手段",以期实现自己所争取和考虑的作为成果的目的。价值合乎理性,即通过有意识对一个特定的举止的伦理的、美学的、宗教的或作任何其他阐释的无条件的固有价值的纯粹信仰,而不管是否取得成就。[德]马克斯·韦伯著,林荣远译:《经济与社会》(上),商务印书馆1997年版,第56页。
④ 参见陈瑞华:《程序正义论纲》,载陈光中、江伟主编:《诉讼法论丛》第1卷,法律出版社1998年版,第25页。

人的程序利益和义务对等的一种绝对性平等观念。

而实体法强调的,则是源于罗马法著名的 suum cuique 公式(各人应得的归于各人)①的资源分配观念,以资源的优化配置为最大正义,体现为实体利益的平衡。而在文本意义上的实体法(law in book),很容易作出这种优化配置的设定,并能够被程序法直接作为规范适用,此时实体法和程序法并不会紧张(至少在立法意义上,可以实现文义上实体和程序的自恰)。但在行动中的法(law in action)的语境中,这种配置需要依据事实情况而进行是彼抑或此的判断,并且形成这种判断必须发生于特定的诉讼场域之内,而此时所能够被具体体现的,又只能是程序法意义上的平等性对待。也就是说,彼时实体法优化资源配置的功能发挥,需要取决于程序法的先行和确认。诚如《布莱克法律词典》所概括的程序法(procedural law),是权利义务得以实现的司法强制性步骤的规则,②此时实体法及其正义内涵必须诉诸程序法及其正义内涵来获得。在体现程序的正当性以及实体的正义价值的个案环境中,二者的紧张也就不可避免。比如,对抗性的诉讼几乎不关注当事人的诉讼能力差异(中立性和平等性体现),而实体法上的弱势一方的实际利益诉求却必须通过对两造毫无偏差的诉讼过程来实现,这就使得经由程序法过程而获得的实然意义上的利益,同实体价值上的实体法定利益存在差异。

2. 民诉法的正当性同民法的效率价值冲突

民诉法强调依据程序规范获得结果正当性的理念,最为典型的当属美国的"正当法律程序"(due law process)观念。其完整的内涵包括"实体性正当程序"(substantive due process)和"程序性正当程序"(procedural due process)两个方面:前者系宪法性限制,要求法律不得无故剥夺公民生命、自由或财产;后者要求解决利益争端的法律程序公正和合理。③ 基于双重正当性价值的考量,程序正义核心关注的是一个公正脉络下的诉讼真实的发现,这就使得具体的程序设计定位和程序运行,必须确保法定程度的真实性支持,同时又全面地庇护着诉讼当事人之间的一切权利。此时,基于发现真实的困难和司法技术本身的局限性,这种诉讼真实的公正,必须耗费漫长而且复杂的证据考察过程,多方听取不同意见,因此程序上的效率永远在诉讼的价值位阶中位于次席。

而民法是市场经济法,要求以资源流转效率至上为取向。因为资源的价值体系,除了静态的确定性价值外,还有更为重要的体现为动态的投资增值,而且后者往往可能在更大意义上大于前者。如民法中的取得时效制度、善意取得制度,就是典型的对资源流转合法性结果的法律拟制。迟来的正义为非正义,其实更多的是表达实体法意义上的利益分配速度的诉求。但诉讼法对于诉争标的物的处理,往往会基于裁判结果的落实和安全性考虑,而采取诸如保全、冻结、限制交易等措施。这种只是在静态价值保有的诉讼程序设计,与民法的动态价值取向是相矛盾的。加上前述基于事实发现而必须的时间长度,使得诉讼结果在某些意义上已经贬值。

(三)民诉法体现的个案性特点同民法展示的普适性价值的冲突

在具体的司法过程中,民诉法的纠纷解决是一种个案取向,体现的是针对个案认定事实,运用法律定分止争的过程。在罗尔斯纯粹的程序正义理念下,以自愿同意(voluntarily agree-

---

① 参见常怡主编:《比较民事诉讼法》,中国政法大学出版社2002年版,第7页。
② See Bryan A. Garner, *Black's Law Dictionary*, West Group, 1999, p.1221.
③ 参见陈瑞华:《程序正义论纲》,载陈光中、江伟主编:《诉讼法论丛》第1卷,法律出版社1998年版,第26~27页。

ment)为表征的当事人处分权行使,使得诉讼本身可以去施行灵活的调解机制,并摆脱实体法对于利益分配的法定性和不变性。但是,诚如贝勒斯指出的:自愿性原则(a procedural requirement of voluntariness)作为一个程序问题,仅仅关涉参与如何发生或者决定如何作出,但是这并非实现正义的根本基础。因为自愿参与如果就是程序正义,而程序正义又直接要求自愿性,那么就是一种循环论证。① 这就使得单一的民诉法规则标准难以实现结果的正义。因此,结论就是:程序的某些特征可能有助于它们自身的正义性,但却并不是有助于结果的正义性。而最终的结果认定,需要确立一个评估相关结果是否正义的标准,此时的实体公正标准就显得非常的重要。似乎由此可以判定,民法和诉讼法可以再次契合,一个成为结果标准,一个成为程序的要求。

但是,问题也由此产生,因为民法作为面向群体性的通则化(Generalisieren)②普适规范,如责任认定、过错判定都是确定的,这种实体法是向大众的正义分配,同具体程序中程序法实现的对于个人正义的分配往往有所差异,存在着哈特所言的立法与司法之间的"法的空缺结构"(open texture of law),即诉讼中个案的标准如果直接套用实体法标准,会产生机械化的弊端。如合同履约之诉中,长期保持合作关系的双方可能希望通过诉讼形成一种可能的利益妥协以维系关系,如果刚性适用合同法的违约规则,则这样的纠纷解决结果反而是不正义的。借用美国法社会学家布莱克的分析,经过控告式法律(如诉讼),会使得纠纷主体之间的关系距离(relation distance)被强制性放大,从而造成主体间关系紧张,③而此时的对抗性程序法和机械性实体法都成为这种疏远结果的肇因了。

三、如何协同:民事诉讼法与民法的交融

(一)饱含情理元素的民法在民诉法中的适用

民法提供了一般的行为规则,"这些一般行为规则是对整个市民社会及其经济基础的抽象和概括,是人们理性思维的结果,一般较为合理也较为稳定。正是基于这种调整对象的性质和特征以及调整手段的特点所决定,因此民法条款绝大多数属于伦理性条款。"民法虽然主要调整财产(经济)关系,但民法就其产生和演变来说,对人(其中特别是公民)自身的价值、人的法律地位、人的权利的关注远胜于对财产的关注。④ 这种人文伦理的原则植入,使得民法在具体施行过程中呈现出深厚的伦理性特点。体现在立法技术上,"自罗马法特别是德国民法典之后,民法非常注重对概念的使用及对概念的界定,因而其具体运用具有相当的灵活性"。⑤ 而

---

① 参见[美]迈克尔·D. 贝勒斯著,邓海平译:《程序正义——向个人的分配》,高等教育出版社 2005 年版,第 6~7 页。
② [德]马克斯·韦伯著,康乐、简惠美译:《法律社会学》,广西师范大学出版社 2005 年版,第 26 页。
③ 参见[美]布莱克著,苏力译:《法律的运作行为》,中国政法大学出版社 1994 年版,第 47~56 页。
④ 赵万一:《论民法的伦理性价值》,载《法商研究》2005 年第 5 期。
⑤ 赵万一:《论民法的商法化与商法的民法化——兼谈我国民法典编纂的基本理念和思路》,载《法学论坛》2005 年第 4 期。

"法律规范的用语越概括,在法律规范的实施中,给予法官的自由也就越大。"①这就促使在诉讼程序中的法官,可以在强调机会对等的民事诉讼程序之外,给予弱势一方当事人伦理性的关注,从而实现从实体法层面解决纯粹诉讼法运行而引发的纠纷解决结果失当的情况。以饱含丰富情理元素的民法适用,可以获得运用民诉法纠纷解决最后结果的可接受性。

(二)柔性多元的民事诉讼方法对民法中刚性规则的软化

在探悉了融入伦理性的民法作用之后,我们同样应当看到情理性法律适用可能引发的问题,比如因弹性的情理空间而可能引发的法官自由裁量权过大的弊端。在法官自律以及有效惩戒机制不强的情况下,弹性的情理法律本身会引发司法腐败。此时,必须寻求个案中的诉讼法机制来软化这种制度痼疾。滋贺秀三就指出:情理司法所呈现的,更多是面上意义的公序良俗作为一般条款因素,给予个案每个当事人具体情况的考虑和照顾,这种试图全面调整人与人关系的整体性"司法",与抽象人与人之间关系的通过规则判断权利的路径,是有很大差异的。② 因此,寻求具体诉讼法运作过程的个案取向,依据当事人诉讼处分权来实现对于实体法规则空间的拓展,允许存在个案的柔性程序纠纷解决机制,如调解、和解等,使得法官的这种恣意能够获得当事人处分权的制衡,从而达到汲取民法规则伦理价值和抑制该价值被技术性滥用的双赢。

以诉讼中的和解合同为例,其是发生在诉讼场域影响下的当事人私权自治的反映。其首先软化了司法裁判中限于通过严格依据事实和法律对纠纷做出一刀两断式的裁判的刚性,摆脱了一种必须遵循实体法利益划分的困境;同时,也使得契约的方式得以在诉讼过程中体现,并可以借助诸如判决书记载或者转化为法院调解书等形式,获得直接执行的名义,从而实现诉讼工具与实体资源的互通。

(三)司法技术和裁判角色的利用

韦伯指出的形式的法律作为"客观的固定的准则",体现为在具体的实体利益划分上的理性以及明晰。这反映在法律事务中,意向阐释正在取代形式的拘泥,即发挥法官的能动性,赋予法官以一定程度的自由裁量权。在立法意义上,法律思想越来越多的逻辑的升华,到处都意味着用越来越多的逻辑的意向阐释,去取代在外表上一目了然的形式的特征的拘泥,在法律准则本身也好,尤其是在法律事务的解释方面,都概莫能外。这样一来……它已经把一种适应个别需要的和相对实质的因素,放进法的形式主义里。③ 在法官能动性和自由裁量的旗帜下,丰富多样的民诉法技术,能够成为消除形式性实体法带来的对于利益分配的高度精确化而可能引发的问题。如举证责任的分配,就能够突破实体法要件要素证明的限制,而走向更为均衡的依据证据持有情况或者证据距离等而确立的公平证明责任负担;又如法官涵摄技术,属于法律规范中的事实构成,是一种"思考和确定生活事实与法律规范之间的关系的思维过程。通过将生活事实涵摄于法律规范,以检验事实是否满足法律规范的事实构成并因此产生规范所规定

---

① [法]达维德著,漆竹生译:《当代主要法律体系》,上海译文出版社1984年版,第90页。
② [日]滋贺秀三:《清代诉讼制度之民事法源的概括性考察》,载范愉:《明清时期的民事审判与民间契约》,法律出版社1998年版,第35页。
③ [德]马克斯·韦伯著,林荣远译:《经济与社会》(下),商务印书馆1997年版,第173页。

的法律后果"。① 即在对事实的真实性认定的基础上,用法律概念与原理将生活事实翻译成可以被法律格式所能识别的事实类型,进而判断某一事实是否符合法律规范中的逻辑事实构成。

诉讼法中的裁判者,还可以借助特殊的纠纷指导(conflict coaching)②的角色的优势,通过面对面(one-on-one)的形式,利用指导专家的强势声音,实现对于实体利益的一种协商性的配置。比如我国所坚持的诉讼调解做法,可以说就是一种法官纠纷指导角色利用的典范,从而使得刚性的实体法利益配置,在诉讼的场域中,得到优化和更大的弹性空间。

四、民事诉讼法与民法的协同体现

(一)资源共享:民法原则与民诉原则之协同

协同,首先在外观层面体现为民诉法与民法在法律资源上的共享,即一个部门法的法律内容可以为另外一个部门法内容所吸纳、扬弃,而成为两法之间共有的内容。在民诉法与民法之间,最为典型的,莫过于关于民法诚实信用原则在民事诉讼法中的移植。

诚实信用原则作为市民社会的基础道德规范,源于罗马法中诚信契约和诚信诉讼制度。其核心在于要求民事主体在民事活动中维持双方的利益平衡,以及当事人利益和社会利益平衡。③ 如果将诉讼作为民事活动的一个特殊的阶段(比如民事纠纷救济阶段),则诚实信用原则也可以纳入到作为广义民事活动阶段的民事诉讼中,并促成民事诉讼当事人以诚实、善意的态度行使权利,履行义务。具体而言,可以包括如下几个方面:对于当事人必须禁止反悔及矛盾行为、禁止以不当方法或手段骗取有利于自己的诉讼状态、禁止滥用诉讼权利而拖延诉讼、禁止虚假陈述和诉讼上的失权设定等,对法院而言要求禁止滥用自由裁量权、尊重当事人程序权利并为其创造平等诉讼条件、尊重当事人程序主体地位并禁止突袭性裁判,对于其他诉讼参与人必须善意真实实施相关诉讼行为等。④

除了实体程序在诚实信用内涵的交融外,民法中与民事诉讼法中的诚实信用原则同样可以进行有益的互补。比如,在涉及口头合同的纠纷中,民法中的诚实信用原则要求双方恪守口头承诺的约定,不曲解、不抵赖具体的约定内容;而作为纠纷解决的民事诉讼法,同样有关于证据陈述的真实性义务设定,这就为落实民法中的诚实信用原则提供了程序保障。当然,反过来,民法中的诚实信用原则也可以在证人的如实陈述之前,就进行了第一次的"晓谕"。因此,谷口安平就概括到:德国民事诉讼法规定的"当事人真实义务",就为现代诚实信用原则适用于民事诉讼法奠定了基础。⑤

---

① [德]伯恩·魏德士著,丁小春、吴越译:《法理学》,法律出版社 2003 年版,第 303 页。
② Ross Brinkert, Conflict Coaching: Advancing the Conflict Resolution Field by Developing and Individual Disputant Process, *Conflict Resolution Quarterly*, Vol. 23. No. 4, 2006, pp. 517~527.
③ 徐国栋著:《民法基本原则解释——成文法局限性之克服》,中国政法大学出版社 1996 年版,第 78 页。
④ 常怡主编:《比较民事诉讼法》,中国政法大学出版社 2002 年版,第 311~313 页。
⑤ [日]谷口安平著,王亚新、刘荣军译:《程序的正义与诉讼》,中国政法大学出版社 1996 年版,第 138 页。

(二)功能互动:民事诉权、诉讼标的与民事请求权之协同

首先,民事实体请求权能够为诉权行使提供辨识标准。作为诉讼性的诉权及其具体的运行,需要同实体权利联系进行判断。因为诉权的启动,必须至少在形式的意义上依托一定的实体性权利争议才能够启动。这种观点是早期的私法诉权说的基础,因为诉权是为了实现实体法上的请求权而寻求的诉讼法意义上的强制力的表现。而将诉权视为权利保护请求说,更是在实体要件上指明原告主张的实体法上的权利义务关系存在与否是判定诉讼是否能够发生的关键。此时,民事实体法扮演了识别诉讼是否有权启动的标准。

其次,诉讼标的的确立能够消除民事实体请求权的内部冲突。在更加具化的诉讼形态中,比如可以否定私法诉权理论的消极确认之诉,虽然没有实体权利的基础,但是,至少消极确认之诉所指向的诉讼标的,确立了一种特殊的实体权利不能形成的法律状态,而这就为当事人的消极法律状态提供了法律上确认的依据。典型如知识产权不侵权诉讼,被宣告不侵权的技术持有人可以借此摆脱其技术知识产权待定或者不安的状态。此时的诉讼标的指向的是一种潜在的实体权利在一个法的空间内被确认与否的问题,也是同当事人具体的实体利益息息相关的。而在可能存在的实体请求权出现竞合的诉讼中,这种联系就显得更加紧密。表现为通过诉讼中当事人的选择权,来为实体法请求权竞合提供一种弹性的渠道,以消弭竞合的实体请求权之间冲突。典型如侵权和违约竞合之诉,单纯依靠实体法甄别,可能会产生利用二次的实体请求权而获不当得利之状况,而交由诉讼空间,经过诉讼标的的确认,则就只会产生某一种具有宣告竞合的请求权失权的效力。

在更大的意义上,诉权和民事请求权的积极协同,可以将诉讼标的升华为特殊的实体权利。典型如美国的宣示判决(declaratory judgement)制度,其承认就将来发生的权利或法律关系可能有确认利益,此时对于法院而言,其问题在于,面对当事人提示的一定事实关系,必须决定是否给予救济,这就存在是否将潜在的可能确认利益赋予诉权的程序法识别问题。更严格地说,必须确定所提示的事实是否有值得救济而不将其拒之于司法大门之外的价值。如果在这里要求不完全为既存实体法拘束的判断,那么尚未记载在实体法关于权利目录上的利益也将得到主张,因而有必要先把更广泛的各种利益都作为对象放在救济法领域加以考察。① 程序法和实体法的互动,在一个广义的利益范畴中,考量着既定的程序法以及影响着后续的实体法权利创设。一如经典的日本"日照权"案例,就通过诉讼,将日照权创设性地赋予在人格权之范畴中,极大地拓宽了整个人格权作为实体权利的内涵。

诉权和实体请求权的协同还反映在诉讼中的抵消抗辩规则中,即当事人将某一诉讼中主张的债权,作为其他诉讼中的抵消反对债权而予以使用的时候,在实体意义上的抵消权完全成立的时候,此时是否会带来诉讼上的禁止二重起诉的冲突,这就需要在程序意义上予以协同。比如严格地采用禁止二重起诉而予以驳回后诉,抑或是广义地采用禁止二重起诉而"禁止另行起诉并进行强制合并",②这就需要从既有的诉讼法目标和价值予以斟酌。显然,在协同的意义上,诉讼上采广义说而合并上面的实体抵消请求权与前诉,可以兼得两纠纷之直接解决以及

---

① [日]谷口安平著,王亚新、刘荣军译:《程序的正义与诉讼》,中国政法大学出版社1996年版,第160~162页。
② 参见[日]高桥宏志著,林剑锋译:《民事诉讼法——制度与理论的深层分析》,法律出版社2003年版,第119页。

诉讼上的资源节约和避免双重审判之危险。

(三)责任契合:民诉证明责任与民法要件构成之协同

民事诉讼的证明责任是个极其复杂的体系,包含了静态的引导法院对待证事实真伪确定的客观举证责任和动态的为了获取有利于自己的法官心证而产生的主观举证责任。① 但无论何种举证责任的分野,关于待证事实是否存在,则必须借助于待证事实的实体基本构成要件才能够识别。由是观之,民法要件事实是识别待证事实证明的主要判定标准。另外,关于证明责任的分配,最早的罗马法法谚就确立了"肯定者应证明,否定者不应证明"(affirmanti incumbit probatio non neganti)的原则,本质上这一证明责任的分配情况,来源于事物性质的识别,也就是实体法意义上对于待证事项的性质设定。② 而罗森贝克的规范说,更是将民法的法律规范本身,识别为举证责任分配的规则,即依据实体法规范的要件分类,以法律条文的表意和构造为标准来分析证明责任分配的基本原则和例外。实体法规范下的请求权规范,以及作为对立规范存在的权利妨害规范、权利消灭规范和权利受制规范,基本明确了主张权利存在或者权利妨碍、消灭和受制主张的法律要件事实进行证明。③

但是,民诉证明责任的确定,反过来会影响民法行为的结果或者预期。比如证明责任分配中的危险领域说(Gefahrenkreistheorie),在一定的积极性债权侵害以及侵权行为损害赔偿领域中,此时作为请求人相对方的债务人或者加害人应对故意、过失以及因果关系不存在承担证明责任。④ 这样一来,如果在程序意义上相对方无法保有对于相关故意以及过失事实的证明,则在实体法的意义上,就会使得整个的侵权行为领域的过失责任制度落空,从而造成事实上的无过错责任样态。比如,产品责任诉讼中,如何在程序法意义上厘定消费者和制造商之间的证明责任是辨识产品责任的关键,如果允许消费者仅仅就损害结果分配证明责任,而将其他的归责事由、因果关系和产品有无缺陷等均归于制造商,事实上就等于取消了产品损害行为中消费者因为故意或者过失而造成损害的情形了,因为制造商在证据学意义上很难去追溯过往的消费者消费主观情态。这类证明责任分配,实际上就已经在一个间接的意义上,改变了实体法归责责任确立的走向。

当然,明晰这一点,实际上对于协调作为"大文字法"⑤意义的法律规范而言,是有积极的意义。这就使得在立法和具体司法过程中,必须要充分考量实体法和程序法制度设计之间的配套,并且由能动的法官,在具体的个案中,善于利用实体和程序两种工具,来巧妙平衡诉讼中的各方利益,达到定纷止争的最大效用。

---

① 陈荣宗、林庆苗著:《民事诉讼法》,台湾三民书局1996年版,第499页。
② 参见张卫平著:《诉讼架构与程式》,清华大学出版社2000年版,第279页。
③ [德]罗森贝克著,庄敬华译:《证明责任论》,中国法制出版社2002年版。
④ Baumbach/Lauter/Albers/Hartmann, ZPO 39. Aufl. 1981, §286 Anh. 4 S611; Palandt, BGB 40. Aufl. 1981, §823 Anm. 16D ff.
⑤ 棚赖的体系将国民与法的关系分为两种,一种是规定在成文法律中、作为共同体整体来加以考量的"大文字的国民"。与之对照,那种将大文字的国民以法律形式予以确认的法就是"大文字的法"。另一种国民是一个体为单位的、存在于社会中实实在在的"小文字的国民",与之对照,用以解决小文字国民之纠纷的法就是"小文字的法"。参见[日]棚濑孝雄著,王亚新译:《纠纷的解决与审判制度》,中国政法大学出版社1994年版,第150~151页。

(四)制度融合：非法人团体和诉讼时效的分析

在其他的制度设计上，诉讼和实体制度的交融也呈现出异彩纷呈的景象，最为突出的当数判例法机制下，借助个案审判创设出实体法。由于对此学者早已有完整分析，本文不再赘述，而仅以非法人团体和诉讼时效制度为个案，略作诉讼法和实体法之交融联系的例证。

首先，民事诉讼主体的形态，往往会在组织形态中拟制出实体法意义上的"非法人团体"的样态，并赋予其法定的主体地位。虽然在实体法层面本身对于非法人团体作为独立民事主体存在争议，特别是以"缺乏权利能力"而不具有法律之人格而否认之，① 但诚如史尚宽先生指出："为权利之主体，第一须有适于享受权利之社会存在；第二须有法律之承认。"② 第一条的实体存在自不必说，第二条法律之承认，显然，《民事诉讼法》就提供了依据。其第49条明确了"公民、法人和其他组织可以作为民事诉讼的当事人"，并且在1992年的《最高人民法院关于适用〈民诉法〉若干问题的意见》第40条对其他组织的范围作了界定，在程序法上首次承认了其他组织的主体地位。典型如那些不具备独立法人条件的大型企业分支机构，如我国的银行分行、保险分公司等。而考察大陆法系各国的民事诉讼法，均普遍规定了不具备权利能力的非法人团体具有诉讼权利能力③即为例证。反过来，诸如集团诉讼（class action）中的众多当事人聚合成一体的状态，可以说是借鉴了实体法关于团体人格独立享有权利、承担义务的描述，依据类似于公司登记制度一般的集团登记，形成诉讼集团内共同法律问题支配任何个人成员问题的判决效力。④ 这在实质内涵上已经同一个临时性的针对专门性事务的团体没有什么差异了。

其次，诉讼时效制度也同民法的时效制度紧密互动，协同合力。民法中的消灭时效一旦届满，在学界存在三种观点：实体权利消灭主义、起诉权（请求权）消灭主义和胜诉权消灭主义。⑤ 实体权利消灭说为法、日所采，认为消灭时效届满，民事实体权宣告消灭；起诉权消灭主义为德国所采，认为消灭时效届满，当事人即无起诉请求权，但是该起诉权之消灭，有赖于对造实施抗辩权，故而概说实质上属于抗辩权发生主义，并未得到我国民法学界所普遍认可；⑥胜诉权说则是我国《民法通则》的观点，承接二元诉权说，认为可以有起诉权，但是无法获得实质上的胜诉支持。然无论采何种观点，诉讼时效的客体，也由此均建立同实体请求权的联系，如德国法中将请求权作为诉讼时效的适用范围；又如日本法中将债权以及债权和所有权以外的其他财产权作为诉讼时效的适用范围。⑦ 凸现诉讼制度与民法时效更为紧密的联系个案，还体现在行使已届消灭时效之抵消权诉讼中。此时之诉讼，如存在主张适用该抵消权抵消消灭时效届满可以被抵消的债务情形，则在判决中，依旧可以赋予这一业已消灭之实体抵消权以实质权利的地位。此时诉讼之作用，就重新复原了实体上业已灭失的可被抵消的债权。

---

① 参见马骏驹、刘卉：《论法律人格内涵的变迁和人格权的发展——从民法中的人出发》，载《法学评论》2002年第1期。
② 史尚宽：《民法总论》，中国政法大学出版社1997年版，第81页。
③ 参见赵群：《非法人团体作为第三民事主体问题的研究》，载《中国法学》1999年第1期。
④ 参见常怡主编：《比较民事诉讼法》，中国政法大学2002年版，第378~379页。
⑤ 参见胡志超：《消灭时效效力若干"通说"质疑》，载《西南政法大学学报》2005年第2期。
⑥ 梁慧星：《民法总论》，法律出版社2001年版，第268~269页；江平：《民法学》，中国政法大学出版社2000年版，第241页；魏振瀛：《民法》，北京大学出版社2000年版，第194页。
⑦ 汪渊智：《我国民法诉讼时效制度之构想》，载《法学研究》2003年第3期。

结语:从本位的偏执走向协同的双赢

回顾法制历史,人类总是在"程序——实体"的两极中不断地游走,总是执著于程序本位抑或实体本位的单向选择中。我们不可否认,这种对于某一极的偏执,可能带来简便单一的制度操作便利,但却在制度施行的实效方面存在较大的问题。而借助司法协同技术,为"程序——实体"的坐标寻求切合本土法制发展的原点,将是现代司法改革必须解决的前提性问题,也才能够同时彰显程序正当价值和实现实体正义目标的制度选择双赢。

试论民事程序法治与实体法治的规范健全
——人民法院如何实现程序公正和实体公正

况继明[*]

一、建国以来的民事程序法治建设与程序公正

(一)建国以来的民事程序立法

20世纪50年代至80年代初期,民事审判所执行的程序制度,散见于各个时期的有关法律、法令、条例、决定和其他民事政策中。[①]

1951年9月3日,中央人民政府发布的《中华人民共和国人民法院暂行组织条例》,对审判程序制度作了原则规定,主要有:在审判程序上,基本上实行三级两审制,充分保护当事人的上诉权利,并实行复核制度;除有关国家机密或于社会有不良影响的案件以外,均实行公开审判,允许群众旁听;还有人民陪审员制度、巡回和就地审判制度;坚持法院调解和审判相结合,调解成立,即与判决有同等的法律效力。

1954年9月,第一届全国人民代表大会通过的《中华人民共和国宪法》和《中华人民共和国人民法院组织法》,进一步明确了民事审判的原则和程序。

1956年10月17日,最高人民法院关于《各级人民法院审理刑、民事案件程序总结》规定,民事部分包括:案件受理、审理前准备、审理、裁判、上诉、再审和执行七个阶段,从而统一了各级人民法院审理民事案件的程序。

1963年4月,第一次全国民事审判工作会议,总结了前几年审判工作中"左"倾失误的教训,形成了《关于民事审判工作若干问题的意见(修正稿)》,指出:"调查研究,就地解决,调解为主"是民事审判工作的根本方法和工作作风,强调"人民法院组织法规定的审判制度和审判程序必须坚决贯彻执行",并就案件管辖、立案、保护当事人的诉讼权利和执行等问题作了具体规定。这次会议纠正了部分法院违反民事程序制度审理案件以及一些地方用开会辩论和大批判的方法解决民事纠纷的错误做法。

---

[*] 况继明:云南省高级人民法院。
[①] 邱创教、况继明著:《云南审判志》,云南人民出版社1996年版,第406页。

"文化大革命"的十年动乱中,民事诉讼程序制度遭受严重破坏,法定的程序制度实际上被废除,人民法院组织机构基本瘫痪,取而代之的是:由各地"革委会"保卫组办案,局部地区甚至是由造反派中的小学老师和农民办案。

1978年12月,第二次全国民事审判工作会议拨乱反正,恢复了法定的审判程序和制度。会后,1979年2月最高人民法院颁发了《人民法院审判民事案件程序制度的决定(试行)》,包括案件受理、审理前的准备工作、调查案情和采取保全措施、调解、开庭审理、裁判、上诉、执行、申诉和再审、回访、卷宗归档等内容。

1982年3月8日,第五届全国人大常委会第22次会议通过并颁布了《中华人民共和国民事诉讼法(试行)》,从此民事审判进入了依照法定程序办案的新阶段。1984年9月8日,最高人民法院颁布了《关于贯彻〈中华人民共和国民事诉讼法(试行)〉若干问题的意见》。

1991年4月9日,第七届全国人民代表大会第四次会议通过并颁布了《中华人民共和国民事诉讼法》,1992年最高人民法院又颁布了《关于贯彻〈中华人民共和国民事诉讼法〉若干问题的意见》,使民事审判工作进一步规范。

很显然,在建国后相当长的一段时间里(30年),我国民事审判工作的程序制度仅仅是依据《中华人民共和国人民法院组织法》和最高人民法院的有关司法解释,而且就是这些不健全的程序制度也几经破坏,根本没有执行到位。因此这段时间我国的民事程序法治建设是非常薄弱和滞后的,在连续不断的各种政治运动冲击下,程序公正也就无从谈起。

20世纪80年代初期制定出台了专门的民事程序法,90年代初期又进行了修改完善。这10年间比起建国后的前30年,民事程序法为民事审判提供了依据,人民渴望法治,司法机关和社会各界已经开始认识到程序公正的重要性,最高人民法院就民事程序问题也制定颁布了大量的司法解释,民事审判工作迎来了法治的春天,无论民事程序法治建设还是程序公正都取得长足的进步。由于当时尚处于计划经济时代,一些民事诉讼程序制度上的缺陷还没有彰显出来。

20世纪90年代初期中国开始步入市场经济,由于利益驱动和地方保护主义的影响,民事诉讼中立审不分、审监不分、审执不分等诉讼程序制度上的缺陷和弊端开始浮出水面。

(二)人民法院实现"三分立"是保障程序公正的重大举措

为了依法治国方略的实施和满足建立社会主义市场经济的要求,最高人民法院把司法的"公正与效率"作为新世纪人民法院的工作主题,以此为指导加快司法改革步伐,在内部业务上对立案与审判、审判与监督、审判与执行实行"三分立",建立内部监督制约机制,建立以案件审判流程跟踪管理为核心的审判管理制度,改变自审自立、自审自监、自审自执的无序状况,提高司法效率,促进司法公正;区分实体和程序工作流程,促进法官的职业化、精英化建设,以此规范审判工作秩序,重树人民法院形象,取信于民。为此,1997年最高人民法院制定了《人民法院立案工作暂行规定》,1998年要求全国法院年底实现"三分立",建立大立案格局。1999年明确了立案庭工作职责,同年颁布的《人民法院五年改革工作纲要》确立了"三分立"和审判流程跟踪管理制度。基于上述,"三分立"有利于纠正审判工作中的混乱无序;有利于规范审判业务管理,提高司法效率;有利于预防司法不公,促进司法公正;有利于从制度上推进法院人事的分类管理,促进法官职业化建设;有利于树立司法权威,便利群众诉讼取信于民,是依法治国的大势所趋,是司法公正的必然要求。

1. 从立审不分走向规范立案

新中国建立后,因为人民法院没有统一的立案部门,各类案件一直是由各审判业务庭自立自审,自编案号。1992年以后,由于受地方保护主义和经济利益驱动,一些地方法院存在违法争管辖,各审判庭不按规定收案,非民事、经济庭办理民事、经济案件,滥用诉讼保全措施以及乱收费等现象。人民法院的审判工作一度出现无序状态,一段时间出现不同法院对经济案件争管辖,法院内部各部门包括刑庭、办公室、法医室、法警队等争办经济案件的状况,这样做的结果几乎使法院办成了企业,与审判机关的宗旨相去甚远。因此严重扰乱了诉讼秩序,破坏了审判纪律,人民法院审判案件的质量得不到保证,办案效率同样没有保障,在社会上造成不良影响。尽管最高人民法院三令五申,要求各级人民法院规范诉讼秩序,严格执行审判纪律,但上述现象仍然是有禁不止。自从人民法院成立立案庭,实行立审分立以后,才真正从制度上规范了诉讼秩序,由立案庭统一立案,建立了正当程序,实现了审判管理,基本上克服了上述弊端。这就是立审分立的必要性所在。

2. 从审监不分走向规范再审程序

当事人不服人民法院生效的判决裁定,应当经过法定的程序申诉,由专门的部门审查申诉是否成立,确定是否启动再审程序或者驳回申诉。从建国初期到上个世纪末,人民法院的审判和监督是没有分开的,审监不分,自审自监,自监自审。这样做的结果是导致了如下弊端:

(1)启动再审程序不规范导致随意性

A. 审监不分

原审判决的审判庭自行启动再审,自审自监,自监自审,即:一是由原审判决的审判庭自行启动再审后又自行审理下达判决,肯定或否定本院的终审判决,另行作出判决裁定;二是由告申庭自监自审,同样是自行启动再审后又自行审理下达判决;这样没有监督制约机制的做法,造成无限申诉再审的恶性循环。如云南文山的李正房屋买卖纠纷案,该案经过一审、二审和原审判庭、告申庭多次反复自行启动再审,自审自监,自监自审,一个案件就有十几个判决,严重影响了人民法院的司法权威和生效判决的既判力。

B. 启动再审程序的无序,导致司法不公

由于"审监不分",因此各级人民法院对于启动再审程序处于一种无序的状态,导致程序混乱、随意性大。如某省高级法院经济庭的同一个合议庭在两天之内就下达了两个民事裁定。该院经济庭负责审查申诉案件的合议庭对案件复查后,由同一个合议庭在2001年9月25日和9月26日两天时间内分别作出了两个民事裁定。前一个裁定启动再审,确定本案由本院另行组成合议庭进行再审;后一个裁定从实体上撤销了本院的终审判决,将本案发回中级法院重审。问题一,由同一个合议庭自立自审,违反了《民事诉讼法》第184条的规定"人民法院审理再审案件,应当另行组成合议庭",同时也违背了1997年最高人民法院《关于人民法院立案工作的暂行规定》第5条"人民法院实行立案与审判分开的原则"以及《人民法院一五改革纲要》关于"三分立"的规定,没有执行立审分立和审监分立的规定,难于让当事人服判息诉;问题二,两个裁定自相矛盾,自我否定。很显然,本案并没有由本院另行组成合议庭进行再审就从实体上否定了本院的终审判决。这种司法行为极为不当,直接影响了人民法院的公信力和权威性。

(2)审监不分,自立自审,自审自监,自监自审,违反了诉讼回避制度的基本原则,造成滥用再审权的恶果

一是程序上不符合法治精神。启动再审程序的随意性很大,该纠正的错案不能够进入再审程序,而有的案件却反复"翻烧饼",重复启动再审十几次,有损司法权威和生效裁判的既判力。二是违反了诉讼回避制度的基本原则,为某些人徇私枉法大开方便之门,有损司法公正。

三是由于程序的随意性导致了实体判决的不确定性,违背了审判规律和审判职能。因此,损害了国家司法权威,影响了社会稳定,同时形成了社会上普遍怀疑法院裁判不公的心理定势,损害了法律的严肃性、稳定性、权威性,从而使申诉案件像滚雪球一样越滚越大,这不利于依法治国方略的推行,不利于社会稳定最后一道防线的法院建设。

再审制度改革的核心在于程序制度重建。人民法院审理申诉再审案件应以确保司法公正与效率为宗旨,既要维护法院正确裁判的既判力和权威,又要通过正当程序充分保障当事人的再审申诉权,通过再审程序实施司法救济;坚决克服申诉无序,审监不分,自立自审,自审自监,自监自审,滥用申诉权和再审权造成无限再审恶性循环的弊端。因此,有必要重新构筑审判监督程序,通过分权制衡,由立案庭审查申诉,确认是否启动再审程序;审判监督庭对决定启动再审程序的案件进行实体审理;审判委员会进行宏观指导、把关;形成科学合理,既有监督制约、防止腐败滋生,又能够发挥各部门积极性的正当程序机制,从而使再审程序真正成为既维护人民法院正确裁判的既判力,又充分保护当事人合法权益的特殊司法救济程序,实现法律的公平正义价值。对此,最高人民法院公布实施的《关于人民法院对民事案件发回重审和指令再审有关问题的规定》已进行了局部规范。

3. 从审执不分走向规范执行

自审自执,无监督制约机制。审判庭对于自己审结的案件,由案件承办人自己去执行。判决裁定生效后,何时执行?怎样执行?这种没有监督制约机制的做法,会产生很大的随意性。人民法院生效判决裁定能否得到执行,不是靠制度保证,而是取决于具体案件承办法官的职业道德、个人素质。因此,人民法院生效判决裁定能否得到执行是不确定的,这也是前些年执行案件大量积压的原因之一。其中比较典型的问题和弊端有:

(1)自审自执,长期搁置。有的案件承办人出于不明原因,将当事人申请执行并且能够执行的案件长期搁置,导致被执行人转移财产,错过了执行的有利时机,从而使案件长期执行不了。

(2)自审自执,随意采取保全措施。有的案件承办人在案件执行中,随意扣押被执行人的财产,超标的查封、冻结被执行人的财产,使被执行人的生产、经营受到不同程度的影响。

(3)自审自执,滋生腐败土壤。由于立审不分、审执不分,自编案号,时间一长,案件是谁审的,是否得到执行,连查都没法查,庭长、审判委员会、院长都不知道。这个漏洞还得了吗?显然是很危险的!

1998年,最高人民法院出台了《关于人民法院执行工作若干问题的规定(试行)》,才使审执分开,从而规范了执行工作。

综上所述,立审不分、审监不分、审执不分,是民事诉讼程序制度上的缺陷,它所带来的是一摊浑水,弊端由此而生。首先,损害了国家法制的权威性和严肃性;其次,损害了司法公正和效率;第三,为国家和社会的稳定埋下了隐患,成为申诉上访不断的原因之一;第四,无形中为司法机关中的害群之马提供了生存的土壤条件,严重地危害了全社会的公平正义。

(三)实行"三分立"和审判流程管理的成效

立案工作的专门化,切实依法保护了当事人的诉权。审查立案工作专门化,使人民法院的司法管辖权得到了正确实施。"三分立"体现了程序法治的回避原则,更能够实现程序公正。审判流程管理机制实质是分权制衡。案件程序的控制权从审判庭、合议庭及审判人员的手中剥离出来,形成一个审判运行的新机制。由于分权制衡,对庭前、庭中、庭后的审判工作进行流程管理,使程序上的随意性得以纠正,影响司法公正的不当因素也因此受到有效的遏制。实行审判流程管理,提高了法官对程序独立价值的认识,贯彻了程序公正;增加了审判的公开性和透明性,便于接受各方的监督;为各级人民法院的领导对审判工作实施动态管理和科学决策提供了可靠依据。审判流程管理对审判活动的全程跟踪,确保了立案庭能够随时为领导决策提供第一手的信息资料。实行审判流程管理,对整个诉讼流程按不同阶段、不同任务来设定相应部门,并赋予其明确的职责,实现了对审判权力的分权制衡,加强了法院内部机构的相互监督、制约。在申诉复查和再审立案工作中,坚持立审分立和审监分立的原则,依据法律和审查程序受理公民、法人和其他组织的申诉,为当事人提供法律救济途径,对于申诉有理该立案的就立案,依法启动再审程序,伸张正义,主持公道;申诉无理的就依法予以驳回。如此既贯彻依法纠错的原则,使原审判决有误的案件得到纠正,又维护人民法院生效裁判的既判力和司法权威。

二、建国以来的民事实体法治建设与实体公正

民事实体法治建设中值得研究的几个问题:一是实体法律依据;二是认定事实;三是法律适用方法;四是实体判决;五是关于调解、和解,定纷止争,案结事了。

(一)民事实体法律依据

建国后民事实体法治建设的特点是以政策指导为主逐步转变为依据法律法规为主,单行民事法规先于民事基本法而产生。如:1950年5月1日中央人民政府颁布施行的《中华人民共和国婚姻法》;1950年6月28日中央人民政府颁布施行的《中华人民共和国土地改革法》;1950年10月20日政务院颁布的《新区农村债务纠纷处理办法》;最高人民法院的司法解释主要有:1963年的《关于贯彻执行民事政策几个问题的意见(修正稿)》,1979年的《关于贯彻执行民事政策法律的意见》,1984年的《关于贯彻执行民事政策法律若干问题的意见》。[①]

20世纪80年代中期开始,以《民法通则》为代表的实体法相继出台,如《继承法》、《著作权法》、《土地管理法》、《合同法》、《担保法》、《公司法》、《专利法》、《商标法》、《企业法》等等。

综上所述,建国后的前30年,除了《婚姻法》外,民事实体法律大部分是空白的,仅靠政策指导和最高人民法院的司法解释办理民事案件;20世纪80年代以后至今民事实体法律体系逐步形成(物权法也在制定中),基本上是有法可依。

(二)认定事实

建国后的前30年,人民法院办理民事案件,在认定事实方面基本上是采取由法院依职权调查取证或者由当事人提供证据,法院审核,从而认定事实,分清是非,带有明显的大陆法系职权主义色彩。在那个特殊的年代,民事案件大多数局限于传统的婚姻家庭(含继承)纠纷案件、债权债务纠纷案件、损害赔偿纠纷案件、房屋纠纷案件等类型,民事案件数量不多,采取职权主义的模式有利有弊。当时多采取巡回法庭、就地审理的方式,审判员深入工厂村寨,到田间地头调解审理民事案件,解决纠纷,宁人息事,法官调查取证所认定的事实更加接近客观真实;其

---

① 邱创教、况继明著:《云南审判志》,云南人民出版社1996年版,第403页。

弊端是容易造成法官先入为主、庭审走过场,诉讼由法院大包大揽的状况。

20世纪80年代后期随着审判方式的改革,强调当事人主义,逐步限制了法院的调查取证权。2001年12月6日最高人民法院出台的《关于民事诉讼证据的若干规定》,总体上规范了当事人举证、质证和证据的审核认定,值得充分肯定,但是对法院依职权调查收集证据、举证时限等规定得过于超前,与国情、社情、民情不太适应。有的法院和审判人员不切实际地过分强调所谓的"法律事实",他们依据所谓"法律事实"裁判的许多案件,当事人不断到法院申诉上访,成为涉诉上访多的原因之一;法院审查申诉、启动再审,做当事人的息诉工作耗费了大量的审判资源,这不能说是成功之举。法院必须为保证发现案件真实付出最大限度的努力。[①]

笔者主张以当事人主义为主,职权主义为辅,当事人举证和法院依职权调查取证相结合,法院认定的事实应当最大限度地接近客观真实,所作裁判能够定纷止争、息事宁人、案结事了,能够经得起历史的检验。审判结果必须追求实体公正,同一性质的案件,在同一法院的各个合议庭之间以及不同法院之间作出的裁判在大体上要基本保持一致,这就需要判例法的引导。当事人来法院打官司,目的就是能够维护具体的合法权益,落脚点必然是实体公正。对于所谓只要"正当程序",不论实体判决如何的观点,笔者不敢苟同。

(三)法律适用方法

在司法实践中,部分实体判决缺失公正性,一些事实基本相似的案件在不同的地方、不同的法院甚至同一个法院的不同审判组织却得出了不同的审判结果,司法的不统一降低了司法的公信力,影响了司法权威。分析其原因,除了人为的因素以外,在很大程度上与法官们根据各自的司法习惯审理案件有关。

法律适用方法是司法技术,我们从大陆法系引进了法律系统,但是没有注意法律适用的引进。检察官和法官适用法律的思维模式,均是根据自己的司法习惯形成的,而且个体差异很大,缺乏规范、统一的司法技术操作规程。在法院的司法实践中,法官按照习惯办案,其主观性过强,对当事人行为过程解释不够细致,逻辑关系不易理清,难免出现选择法律错误或不全面、裁判说理困难的问题。当事人不易理解裁判结果,导致有的当事人长期申诉,司法的社会效果不佳。法律适用的前提是解释当事人行为,确定其性质,这是确定法律事实的重要方法。民事案件主要是确定法律关系性质和当事人行为性质,在此基础上,根据当事人行为的发展顺序寻找应当适用的法律,对找到的法律条文作出解释,解决法律冲突并排除不适用的法律及其条文,确定应当适用的法律及其条文,这就是法律适用的方法或操作规程。法律适用方法是法律职业者应当具备的基本技能,提高司法能力最重要的途径就是学会应用法律适用方法。这样才有利于适用法律尺度的统一,建立司法权威和公信力。

(四)实体判决

实体判决应当追求法律效果和社会效果的有机统一。

1. 法官应当始终坚持公正、中立、平等、高效、独立、廉洁的原则,把实现法的公平正义价值作为自己终生追求的目标,慎言慎行,不偏不倚,居中裁判。司法活动要坚持法律效果和社会效果的有机统一,兼顾各方当事人的利益,妥善协调好社会各方面的利益关系,尤其注意寻找国家利益、公众利益和公民个人利益的最佳结合点,应用司法职能和法律智慧进行整合,依

---

① 刘荣军:《民事诉讼中"新职权主义"的动向分析》,载《中国法学》2006年第6期。

法作出各方当事人利益均衡的公正裁判。在审判和执行过程中,办案法官要充分了解当地的经济、文化发展水平,了解当地特定的社会环境下形成的传统观念、风土人情和人们的思维习惯,特别是边疆和少数民族地区,更要注意了解当地的民族习俗,从而把法律精神与当地的经济、文化发展水平和风土人情、民族习俗有机地结合起来,最大限度地考虑执行地可能性,避免不切实际、不能执行的裁判。

2. 实体判决要体现法的公平正义价值。审判机关的实体判决必须体现法的公平正义价值,要求审判机关的法官及其他工作人员在执法理念和执法措施上必须做到:(1)将严肃执法的原则贯穿于司法活动的始终,落实到司法行为的每个环节上;(2)伸张正义,主持公道是每一位法官义不容辞的责任;(3)维护社会主义法制的权威性和统一性;(4)用法的公平正义价值观弥补现行法律的某些"空白点";(5)司法行为要保护公序良俗。

(五)法院诉讼调解制度的改进

对于人民法院的诉讼调解,应当与时俱进,有所创新。重视调解,但不能够继续走老路,继续强调"调解为主"、"着重调解",沿袭过去到田间地头去调解的那一套老办法,要重构诉讼调解制度的理念、原则与机制,使其符合现代司法理念,即构建以当事人主义定位的民事诉讼调解制度;要从市场经济的实际情况出发,探索适合中国国情,符合当地实际情况的调解方法。通过法院诉讼调解,实现"定分止争",化解矛盾和纠纷,促进当事人之间的团结和睦,构建和谐社会。

1. 调解程序的规范

(1)调解程序的启动,应当依当事人的申请启动。这样规范就比较科学合理,符合当事人意思自治原则。

(2)调解模式的改革,实行调、审分立。调解案件的法官与对案件进行实体审理的法官应当区分开来。这样不仅科学合理,而且有利于保护当事人的实体权利和诉讼权利。

(3)调解的主体,由专门的部门和专门的法官进行调解。

(4)调解的期限。期限不宜规定得太长。一审、二审、再审中的调解,均应当在立案后一个月内由当事人申请调解。

(5)调解协议的效力,在调解笔录上签字即发生法律效力。通过修改《民事诉讼法》,从立法上加以肯定。

2. 庭前调解的规范

要规范庭前调解,由专门的审判部门(如立案庭)进行调解工作。

3. 在调解中注意坚持法官的中立性和被动性,发挥诉讼代理人的作用

有很多案件,经过证据开示和整理争点后,只要双方当事人的委托律师或者其他诉讼代理人稍微做些协调、劝导工作,当事人之间是可以达成调解协议的。

4. 注意调解结案要实现法律效果和社会效果的统一,尽量减少申诉上访

这就要求调解工作做得细一些,问题考虑得周密一些,不要顾此失彼。

5. 树立调解和判决并重的理念

要加强调解工作,不断摸索诉讼调解的规律和经验,坚持能调则调,当判则判,案结事了的要求,尽量通过诉讼调解平息矛盾、解决纠纷。既要切实解决重判决轻调解导致的不愿调、不会调的问题,又要防止因为片面追求调解率而带来的违法调解、强制调解的问题,坚决杜绝损害当事人合法权益的情况发生。调解率应当是根据当事人的意愿自然形成的,而不能人为地

加以提高。

(六)边疆和少数民族地区的调解与和解

根据《民族区域自治法》和自治条例,在边疆和少数民族地区的调解与和解,可以因地制宜,采取较为灵活的方法,从而达到法律效果与社会效果的统一。《民事诉讼法》第87条规定:"人民法院进行调解,可以邀请有关单位和个人协助,被邀请的单位和个人,应当协助人民法院进行调解。"我们可以在法律规定的范围内充分发挥各方力量的作用。

1. 如云南三级法院用和解方式妥善处理申诉案件

云南省三级法院立案庭在申诉案件审查中力争案结事了,维护边疆稳定,促进民族团结,努力实现法律效果和社会效果的统一。

【案例1】 云南省高级人民法院立案庭促成中国科学院昆明分院申诉一案当事人的和解。申诉人中国科学院昆明分院、中国科学院昆明分院培训中心不服昆明中院(2004)昆民五终字第80号民事判决,向云南省人大常委会和云南省高级人民法院提出申诉。该案经云南省高级人民法院立案庭审查后认为原判存在瑕疵,就立足案情事实、证据,认真细致地开展工作,在云南高院立案庭的主持下,经过沟通,成功促使双方当事人昆明力洋外文翻译咨询服务有限公司和中国科学院昆明分院培训中心于2005年10月27日上午自愿达成申诉(执行)和解协议,由中国科学院昆明分院培训中心支付昆明力洋外文翻译咨询服务有限公司人民币8.5万元,终结本案的执行。在处理昆明风动新技术集团发展有限公司不服昆明中院(2005)昆民三终字第803号民事判决申诉一案的过程中,云南省高级法院立案庭于2006年12月22日下午又成功促使双方当事人自愿达成申诉(执行)和解协议:由昆明风动集团公司支付昆明毅明达公司人民币12万元,终结本案的执行。

【案例2】 1999年10月9日13时许,被申诉人彭菊敏(3岁)和其姐彭菊芳(6岁)与一群小朋友在云南省德宏傣族景颇自治州潞西市勐戛镇白泥井村村口小卖铺玩耍时,被一群蜜蜂叮蜇至伤,将彭家姐妹当即被送往德宏州人民医院抢救,彭菊芳因蜂蜇伤并中毒性脑病、中毒性心肌炎死亡;彭菊敏因蜂蜇伤并中毒性脑病、中毒性心肌炎、中毒性肝炎、急性上呼吸道感染经住院治疗15天,病情好转出院;支付医疗费用1626.70元。因为姚海昌、杨荣祥共同饲养着一窝蜜蜂,故被申诉人彭菊敏之父彭武荣(法定代理人)便以其女儿被姚海昌、杨荣祥共同饲养着的一窝蜜蜂叮蜇致伤为由,提起民事诉讼,要求二被告姚海昌、杨荣祥赔偿其经济损失。该案经潞西市法院一审判决驳回原告彭菊敏的诉讼请求。德宏傣族景颇族自治州中级人民法院二审作出(2000)德民终字第22号民事判决,由申诉人姚海昌、杨荣祥赔偿被申诉人彭菊敏经济损失2258.7元,对彭菊芳因被蜜蜂叮蜇死亡的问题,由彭菊芳的法定代理人另案起诉。申诉人姚海昌、杨荣祥不服终审判决,以彭家两姐妹并不是被申诉人饲养的蜜蜂叮蜇为由,向德宏中院提出申诉。同时,双方当事人反目为仇,随时都可能发生械斗。德宏州中级人民法院立案庭法官在审查申诉人姚海昌、杨荣祥与被申诉人彭菊敏因被蜜蜂叮蜇赔偿纠纷申诉案的过程中,深入到当事人所在的潞西市勐戛镇白泥井村景颇族山寨,与少数民族当事人促膝谈心,从维护边疆稳定,加强民族团结的大义出发,晓之以理,动之以情;景颇族山寨的长老(相当于族长)也以本民族团结互助、邻里相帮的优良传统说服当事人,从而使双方当事人放弃前嫌,握手言和。2000年7月12日,在德宏中院立案庭的主持下,双方当事人自愿达成如下申诉和解协议:(1)由申诉人姚海昌、杨荣祥以人道主义精神自愿补偿被申诉人彭菊敏及其姐因被蜜蜂叮蜇造成的损失人民币5600元,二人各承担2800元,并互相承担连带责任。(2)双方自愿放弃对德宏州中级人民法院(2000)德民终字第 22 号民事判决的执行。申诉和解协议的补偿金额虽然比终审判决的赔偿金额多了一倍多,但是很快就得到当事人自愿履行。景颇族山寨又恢复了往日的安详、温馨、团结的气氛。

【案例 3】 云南省玉溪市红塔区人民法院立案庭彻底解决了一起申诉多年的案件。原告李某某诉被告玉溪市吉昌机械工程有限公司建设工程施工合同纠纷一案,原告于 2002 年 8 月 19 日向玉溪市红塔区人民法院提起诉讼。该案经红塔区人民法院审理后查明:2001 年 10 月 29 日,原告李某某向被告玉溪市吉昌机械工程有限公司承包了元江县那若公路路面改造工程,并签订了《施工承包合同》。工程完工后,双方进行了验收、结算,工程总造价为 57643.16 元。根据合同的约定,被告方在结算单上注明,同意按总造价扣除材料款及预支的生活费后支付工程款。之后,由于双方对应当扣除的材料款及保险金意见不一致而产生纠纷。原告在施工中所用材料(炸药)是向建设方领取的,且合同中明确约定,支付工程款时要扣除材料费。在诉讼中因为原告李某某没有提供应当扣除材料款金额的证据,导致法官无法认定最终支付金额。为此,红塔区人民法院一审判决驳回原告李某某的诉讼请求。判决生效后,原告李某某不服,向红塔区人民法院提出申诉。2005 年 1 月,红塔区人民法院立案庭对该案调卷审查的过程中,在立案庭法官的释明和指导下,申诉人李某某提交了元江县羊那公路指挥部出示的关于李某某领取炸药的数量及价值证明。红塔区人民法院立案庭通知被申请人玉溪市吉昌机械工程有限公司到法院,经过耐心细致的工作、大量的法治宣传,2005 年 6 月 16 日,双方当事人自愿达成了申诉和解协议:由被申请人玉溪市吉昌机械工程有限公司支付申诉人李某某工程尾款 27376 元。在红塔区人民法院立案庭的敦促下,工程尾款全部支付,纠纷得到彻底解决。在该案的申诉审查过程中,云南省玉溪市红塔区人民法院没有简单、机械地执行《民事诉讼证据的若干规定》,而是采取了依法、尊重案件事实和彻底解决矛盾纠纷的态度,耐心细致地开展工作,最终促成当事人和解,使当事人的合法权益得到维护,减少了社会的不稳定、不和谐因素。

2. 在民事申诉中促成当事人和解的法律思考

(1)构建和谐社会,案结事了。人民法院采取和解的方式处理申诉案件,不仅减少了当事人的诉累,节约了司法资源,降低了诉讼成本,而且大大提高了司法效率,案结事了,定纷止争,促进了社会稳定和社会和谐,特别对于边疆和少数民族地区,能够维护边疆稳定,促进民族团结。这是一种有益的创新和尝试。

(2)建议在立法或司法解释中加以肯定。尽管《民事诉讼法》第 51 条规定:"双方当事人可以自行和解",但笔者认为不够具体明确,建议在《民事诉讼法》的修改中能够增加申诉和解条款,使之规范和有法可依。在《民事诉讼法》修改之前,希望最高人民法院能够出台相应的司法解释,对申诉中的和解进行肯定和规范。

(3)注意发挥当地少数民族领袖人物的作用。各少数民族形成了自己独特的生活习惯、民族风情及民族文化。少数民族村寨中的"寨老",系本村寨中德高望重的长者。少数民族中有一批这样的"自然领袖",他们在当地是很有影响力的,要通过他们来宣传本民族的优良传统,号召大家遵纪守法,弃恶扬善,教育青少年认真学习科学文化知识和法律知识。在本民族中威信高的长者说话具有优于外族干部和政法机关干部的特点,这是民族凝聚力的表现,或者说是少数民族地域文化的表现。调解、和解工作切不可忽视他们的重要作用,这样才能取得事半功倍的效果。在云南边疆的少数民族地区,许多民事案件的调解、和解,许多由民族矛盾或者自然资源引发的纠纷,都得益于各民族中有社会良知的"自然领袖"的帮助,才得以最终妥善解决(如前所述,德宏中院妥善处理当事人因被蜜蜂叮蜇赔偿纠纷申诉案,就是典型的案例)。

(4)取得当地宗教界的配合支持。在边疆和少数民族地区开展调解工作,在必要时可以通过当地宗教界人士配合、协助工作。县政协、县委统战部和基层人民法院的派出法庭、乡镇党委要与爱国的宗教界人士加强联系和协调。通过做工作,宣传教育,督促当地的宗教界人士引导信教公民遵纪守法,抑恶扬善。在诉讼调解和基层政权组织调解以及民间调解中发挥宗教界的积极作用。在云南边疆的迪庆藏族自治州和怒江栗粟族自治州的调解工作就是取得当地宗教界人士的配合支持,取得了明显的成效。基于上述,要注意维护民族团结和正常的宗教活动秩序,要处理好政策和法律的关系,正确引导各民族公民化解各民族之间的矛盾和纠纷,将诉讼调解和非诉讼调解很好地结合起来,良性互动,相得益彰,构建和谐稳定的边疆。

三、司法公正是国家社会永恒的主题

司法公正原则主要是指国家审判机关在审理案件的诉讼活动中,依法独立行使审判权,严格依照实体法和程序法的规定,保障当事人平等地行使诉讼权利,保护当事人的合法权益受到平等保护,坚持法律至高无上、在法律面前人人平等的价值观念,不枉不纵,不偏不倚,以事实为根据,以法律为准绳对案件作出公正的裁决,其结果经得起历史和事实的检验。审判机关是保护公民权利、维护社会正义、惩治犯罪的最终裁决机关,即处理社会矛盾和纠纷的最终审判者。

司法公正是一个国家民主、文明程度的重要标志,也是法治国家的基本特征。只有司法公正,才能维护宪法和法律至高无上的权威,维持正常的社会秩序、工作秩序和公民的生活秩序,惩罚一切犯罪分子,解决民商、行政纠纷,保护公民的人身权利、民主权利和其他合法权益,保护国家、法人和公民等主体的合法财产。如果有法不依、执法不严、裁判不公,就谈不上依法治国,更不是法治国家了。司法机关必须坚持"有法可依,有法必依,执法必严,违法必究"的原则。司法裁判是国家权力中的最后一个救济渠道,必须通过各种监督制约机制保证司法公正,才能在人民心目中树立起司法权威和公信力。

需要特别强调的是,公平正义是审判机关、所有法官永恒的追求,决不能牺牲公平正义来换取短暂的和谐,决不能偏离司法公正这一主题。

为了维护国家法制的权威性和统一性,克服地方保护主义和部门保护主义,必须在诉讼制度设置层面科学合理改进,实现分权制衡,防止司法不公。

1. 实行有条件的三审终审制

我国现行的两审终审制本来就比若干法治国家少了一审,存在不少问题和弊端,显然不能适应依法治国的需要,必须加以改革和完善,建立有条件的四级三审终审制。其基本思路是:(1)关于民、商事案件。对于《民事诉讼法》规定的适用简易程序的民、商事案件,仍然实行两审终审制;对于适用特别程序的案件仍然实行一审终审;而对于适用普通程序的民、商事案件,则实行三审终审制。(2)关于刑事案件。对于一般的轻罪刑事案件,原则上仍然实行两审终审制,而对于重罪刑事案件,则实行三审终审制。关于轻罪与重罪的界定,通过立法由法律作出规定。(3)关于行政案件。《行政诉讼法》生效实施以来,从总体上看,行政案件并不多,有的地方甚至很少,鉴于这种情况,行政诉讼案件可实行三审终审制。实行有条件的三审终审制可能产生的益处:使同类型的案件在同一个行政区域(省或自治区)内作出的裁判基本上趋于一致,相对平衡;有利于抵制地方保护主义和地方上的各种干扰,及时纠正一审、二审的错误裁判;有利于维护法律的统一性和权威性,保护当事人的合法权益。有的学者可能会认为:审级越多,诉讼越拖延,越劳民伤财,当事人的合法权益越不易得到保护。其实不然,只要各级法院认真依照法律规定的审限办案,就能及时有效地保护当事人的合法权益。如果不遵循法定审限办案,就是在现行两审终审制的情况下,也出现了不少二审案件拖延了5至10年才作出判决的严重超审限情况(1998年法院系统开展教育整顿清理出大量积压多年的案件)。总之,实行有条件的三审终审制,更有利于维护司法公正,利大于弊。①

2. 法院设置和法院体制改革的构想

法院的设置要打破行政区划才能有效地克服地方保护主义。法院体制改革要体现司法独立的宪法原则。

(1)为了排除地方保护主义和部门保护主义对审判机关的干扰,维护国家法制的统一性和权威性,确保司法公正,有必要对法院的设置进行重新构想。初步设想是:全国设最高法院;按我国的六个大行政区(东北、华北、华东、中南、西南、西北)设置最高法院的分院;各省、自治区、直辖市仍然设置高级法院;各省、自治区根据当地的经济、人口以及案件多少的状况,设置若干个地方法院,而不必与地、州、市相对应,如云南可以设置滇东北、滇西、滇南、滇中四个地方法院;各县(县级市、县级区)设置基层法院。这样,全国法院的设置是四级,即最高法院(含分院)、高级法院、地方法院、基层法院,预计将更加有利于实行四级三审终审制,上诉到最高法院的案件由分院审理。同时使法院真正成为国家设在地方的法院,而不是"地方的法院"。②

(2)为了确保独立审判,必须改革人民法院的人事管理制度和经费供给制度,实行纵向管理,加强横向监督。第一,法院的人事权由上一级人大来任免和管理,院长由上一级人大任免,副院长、庭长、审判员由上一级人大常委会任免;最高人民法院的院长仍由全国人大选举产生,副院长、庭长、审判员仍由全国人大常委会任免。第二,法院的经费统一由中央财政列支,并由最高人民法院统一管理,逐级核拨到下一级法院。建立以纵向管理为主的人事管理制度和经费供给制度,以确保人民法院依法独立行使审判权。

3. 对检察院的民事抗诉案件实行"同审同抗"

在中国目前的状况下,检察机关对民事案件的抗诉监督权不能取消,应当保留并加以规范和健全,使之真正成为保障司法公正和为当事人提供法律救济的渠道。

由于现行《民事诉讼法》第185条第2款"地方各级人民检察院对同级人民法院已经发生法律效力的判决、裁定,发现有前款规定情形之一的,应当提请上级人民检察院按照审判监督程序提出抗诉"对于抗诉案件的管辖规定不明确,在审判实践中,大多数抗诉案件被接受抗诉的法院指令作出生效判决的下级原审法院重新审理,而原审法院则很难纠正自己的错误判决(从最高法院的统计数据表面:2005年全国法院审结检察院对传统民事案件一项提出抗诉的427件,改判和发回重审率仅占27.87%,维持率占37.5%)。如果将抗诉案件的管辖一律确定给原审法院,不仅浪费了大量的审判资源,而且抗诉再审程序制度的功能作用得不到有效发挥,对在审判监督环节实行司法公正是极为不利的。因此,必须修改《民事诉讼法》关于抗诉再审案件的管辖规定,确立"同审同抗"的审判制度,明确抗诉案件由接受抗诉的法院直接审理并作出判决。

---

① 况继明:《论人民法院如何实现司法公正》,载《云南大学学报法学版》1999年第2期。
② 安树昆主编:《云南省市场经济法治环境论纲》,云南人民出版社2002年版,第121页。

4. 建立判例法制度

大陆法系和英美法系的主要区别是法律表现形式不同。随着社会的不断发展,两大法系的差别已经在逐渐缩小。在当今世界上,两大法系由存在泾渭分明的界限逐渐转化为互相借鉴,互相吸收对方长处。大陆法系的国家(如德国、日本)用判例法作为成文法的补充,以弥补成文法的不足;而英美法系的国家(如美国)也顺应历史的需要,制定了不少的成文法典。需要提及的是,判例法的运用,使发达国家的法律制度臻于完备,能够适应依法治国的需要,能够方便下级法院的审判工作,能够及时调整社会发展中出现的新情况和新问题,使案件得到比较公正的处理。当前,中国正处于市场经济的建立和发展阶段,静态的成文法显然不能完全适应市场经济和社会发展的需要,用判例法来调整改革开放中出现的新情况、新问题就显得尤为重要。再者,在案情相类似的情况下,上级法院与下级法院的判决不一致,法院与法院之间的判决不一致。这种不一致使当事人对法律的权威性和法院判决的公正性产生怀疑,不仅影响当事人服判,而且引起当事人不断的申诉上访。因此在我国建立判例法制度很有必要,既能够维护法制的统一性和权威性,又能在一定程度上限制和减少对同类型案件在不同法院之间作出差别较大的判决,从而有利于保障司法公正和统一。实施判例法的一般原则是:所有法院审理案件都得考虑法定的有关先例,并受其约束;各级法院都必须服从最高法院的判例;最高法院一般也要受自己判例的约束。只有建立了判例法制度,才能真正取消法院内部的请示制度。通过最高法院和高级法院的判例指导(这是一种宏观的业务指导),从而取消法院内部就个案请示所进行的微观指导制度,克服个案请示所带来的种种弊端。①

---

① 况继明、郑冬渝:《成文法和判例法并举,完善社会主义法制》,载《法制与社会》1992年第2期。

论民事诉讼法与民事实体法的关系
——以消费者权益保护诉讼为考察对象

廖永安* 黎 藜**

民事诉讼法与民事实体法的关系是法学学者们永不知疲倦予以论证的一个重要命题,它既是诉讼法迈向独立学科大门的第一把钥匙,同时也决定着诉讼法的发展方向。这个命题在不同时代有不同的历史内涵,在现代社会背景下,我们认为应赋予其一种新的内涵:民事诉讼法与民事实体法是个有机整体,他们为着共同的目标——保护当事人的合法权益,在诉讼中互相作用、互相影响、互相衔接、和谐运行。基于这种理念,本文以消费者权益保护诉讼为具体考察对象,试图对消费者权益保护诉讼程序的具体建构提出相关立法建议,以求教于同仁专家。

一、民事诉讼法与民事实体法关系的理论变迁

民事诉讼法与民事实体法的关系历来是学者们探讨的一个热门话题,对它的阐述从未有过一个一成不变的"标准答案",它总是随着时代的变迁、人们"正义"、"平等"观念的发展而不断变更。从世界范围看,它经历了"程序工具论"、"程序优先论"到"诉讼法与实体法并重"三个重要阶段。从古罗马时期到法国民事诉讼法典和德国民事诉讼法典颁行这段漫长的时期内,诸法合体是西方各国立法的共同特征,民事诉讼规则与民事实体规则共同规定在一部法典中。著名的《十二铜表法》就是典型代表,它的前三表是关于诉讼程序的规定,分别是传唤、审理和执行,后九表才是对实体权利的规定。尽管在前古典时期和古典时期,罗马法学者曾对诉的法律概念进行过复杂而深奥的争论,其中也包含着民事诉讼法与民事实体法分离的思想,但当特奥菲卢斯(《学说汇纂》的汇编人)将义务视为诉讼之母时,我们不得不承认这段时期的主导思想仍是将民事诉讼规则视为实现民事实体规则的工具。19世纪中期,伯恩哈德·温特沙伊特在学术上最终确认了请求权和诉权的分离①,并直接促进了两者在《德国民法典》和《德国民诉法典》中的完全分离,相对于法国民事立法中不彻底的分离而言无疑是一大进步。但这种分离

---

* 廖永安:湘潭大学法学院教授、博士生导师。
** 黎藜:湘潭大学法学院诉讼法专业硕士研究生。
① 参见[德]米夏埃尔·施蒂尔纳编,赵秀举译:《德国民事诉讼法学文萃》,中国政法大学出版社2005年版,第102页。

的趋势并没有马上提高民事诉讼法的地位,并结束"程序工具论"的时代。相反,学者们仍强调实体权利在先,是创造者,诉权在后,是被创造者。诉讼法自然是实现实体法的工具。

不过这种分离的理念和立法实践为发现诉讼法的独立价值提供了契机。封建社会中,人的身份从出生起就被注定,等级森严。那些世世代代的雇农们为改变这样的社会而掀起革命,他们设计了一个理想的社会:人生而平等,人人都有同等的发展机会,人们可以通过自己的努力而改变命运。自由资本主义社会就是以这种理念为社会基础,形式上的平等被宣扬到极致。体现在诉讼中,则是程序正义理念的极度张扬。脱胎于宗教仪式的诉讼程序被赋予神圣、至上的色彩。在这套严密的诉讼程序体系中,辩论原则和处分原则被视为最基本的原则,当事人被赋予平等的攻击防御机会,而法官往往处于被动、中立的地位。司法者只要根据正当程序行使裁判权,即便最终结果在实体上不公正,也视为实现了整体上的正义。在诉讼过程中,人们对诉讼法的关注程度远远胜过对实体法的正确运用。日本学者谷口安平更是将诉讼法的至上性推至极致,认为诉讼法乃实体法发展的母体。这种程序优先理论相较程序工具理论而言,由于充分肯定了诉讼法的独立价值,因此大大促进了诉讼法和诉讼理论的独立与发展,在一定历史时期,具有进步的意义。但如果过于强调程序的独立价值,将诉讼法与实体法割裂开来,则会导致诸多不良后果:现实中越来越多的不平等状态在诉讼中予以延伸,诉讼甚至成为律师技艺施展的舞台,演变为一场形式上的表演。诉讼成败的关键越来越取决于律师的优劣,而不是实体权利的有无,很多弱势群体的实体利益得不到切实保护,实质正义面临被虚置的危险。

20世纪中后期,西方国家纷纷进入国家垄断资本主义时期,经受战争磨难的人们逐渐认识到:自由资本主义时期宣扬的形式平等已不能满足大众需求,对实质平等的追求日益成为人们的重要目标。脱胎于宗教仪式的程序正义已不是司法的唯一价值,对实质正义的保障也是国家的义务之一。企业不再只是单纯追求利润最大化,同时还肩负着一定的社会责任。福利国家的建立和接近正义"三波"运动的掀起反映并促进着这种观念的变迁。体现在实体立法上则是世界各国在完善本国基本法律的前提下,掀起了单行立法的高潮,这些单行立法大多旨在保护各种弱势群体:消费者群体、妇女群体、儿童群体、劳动者群体等。在现代社会中,这些群体相对于其他群体而言,无论在经济实力或社会地位上均处于相对弱势的地位。如果法律对他们与其他群体给予同等程度的保护,实际上很有可能造成事实上的不平等状态。所以各国对这些群体采用专门立法的形式对其进行倾斜性保护,让他们在社会上尽可能地享受实质的平等与正义。正是基于此种社会背景,实体法与程序法关系的理论再次受到人们的重新审视:民事诉讼法是继续强调自己的独立价值,依然我行我素地进行普通程序的精密化设计,还是对实体法的发展作出敏锐反应,在落实实体立法主旨的基础上体现自身的程序正义价值,建立两者有机统一的和谐关系。显然后者成为两者关系发展的必然要求。为了实现与实体法的有机衔接,民事诉讼程序开始关注两造当事人实力均衡,处分原则和辩论原则得到一定程度的限制。英美法系国家一改法官在诉讼中过于消极、被动的做法,开始强调法官在诉讼程序中的指挥作用,大陆法系国家尤其是德国,将释明视为法官的一项义务。立法者和审判者在关注当事人实体利益实现的同时,也致力于当事人程序利益的保护,以便经济、方便地实现实体权利,即在人们起诉前,防止他们因为诉讼程序所要求花费的过高成本而放弃诉讼,在诉讼过程中,避免他们花费过多的、与诉讼标的不符的时间、精力和费用,使人们的实体权利变得有名无实。他们认为,宪法所规定的财产权既包括人们的实体财产权利,也包括人们为实现这些实体财产权利进行诉讼而花费的程序上的利益,这些程序利益与实体权利的实现关系紧密。对程序利益的保护应成为宪法的应有之意,同时也是实现实体权益的必要保障。所以,民事诉讼目的不仅在于解决纠纷,实现实体权利,还在于实现程序利益,以最终经济有效地实现实体权利。①"程序利益保护论乃被视为试图指导民事诉讼法修正走向、实务运作的一项法理。"②现代社会存在的各种民事纠纷有各自不同的特点,这要求民事诉讼程序必须突破单一的构造模式。各种新型实体法律关系和新型纠纷打破了传统的民事诉讼两造当事人平等地位,出现了一些双方当事人经济实力、社会地位相距悬殊的民事案件,如消费者诉讼、环境保护诉讼、医疗诉讼等。渺小的个人难以和庞大的法人实体相抗衡,它要求民事诉讼程序对弱势群体实行倾斜性保护:改变管辖规则、增加诉讼形态、变更证明责任制度、减少诉讼费用等。今天针对案件特点的诉讼程序类型化是西方法治国家的共同趋势。这种趋势体现了人们越来越重视民事诉讼法对民事实体法精神的落实,越来越强调两者的良好衔接与和谐运作。

在中国,民事诉讼法与民事实体法关系的发展与西方有所不同。我国历史上一贯强调对实体正义的追求,奉行程序工具主义。漫长的封建社会都是诸法合体的状态,即便在清末修律中制定了《大清民事诉讼律》,从此以后实现了诉讼法与实体法的分离,但在人们的观念上仍始终认为实体法是主法,诉讼法是从法,诉讼法是实现实体法的工具。直到20世纪80年代后期、90年代初期,大批从国外学习归来的法学学者带来了西方先进的法学思想,包括程序优先的理念。有些学者提出,我国长久形成的"重实体,轻程序"观念难以在短时间内改变,需要"矫枉过正"才能真正引起人们对诉讼程序价值的关注,进而提高诉讼法的地位。"程序至上"、"诉讼法乃实体法之母"的呼声曾一度占据了学界主流。对民事诉讼法与民事实体法关系的讨论进入了暂时的"休眠期"。这种观念的转变促使人们开始重视诉讼程序的价值,民事诉讼法学的研究也因此得到了蓬勃发展。但对诉讼程序独立价值的过分强调,尤其是与民事实体法割裂开来的研究方法也会带来一些负面影响:民事诉讼立法对民事实体法关注太少,造成了实体权益难以实现。当我国民事诉讼法和民事诉讼法学发展到一定程度,我们应该开始重新审视西方国家民事诉讼法与民事实体法关系的发展趋势和其中的深层原因。

诉讼,作为现代社会解决纠纷最重要的手段,它实质上是民事诉讼法与实体法相互作用的过程。在这个过程中,人们期待它能将静态的法转化为动态的、行动中的法,将纸面上的权利转变为现实中的权利。而能否在诉讼中使法律上的实体权利落实,民事诉讼法与民事实体法的关系是这个问题的关键。毋庸置疑,民事诉讼法与民事实体法有其相互独立的一面:实体法规定实体权利义务,其中很多权利义务并不需要通过诉讼得以实现,民事诉讼法也并非纯粹作为实现民事实体法的工具,人们对它还有一些独立的期盼——民事诉讼程序要体现公平、正义、平等等理念,这些均为民事诉讼法的独立价值,也是它不依附于民事实体法的现实依据。但在另一层面,民事诉讼法与民事实体法又存在紧密的联系:民事实体法要通过民事诉讼法设计的诉讼程序得以落实,虽然不是唯一的现实途径,却是最重要、影响最广的实现途径。因为一套好的民事诉讼程序不仅能实现具体纠纷的权利义务,更重要的是能为社会生活提供一种范式和预期。民事诉讼法的首要功能虽然仍在于为实体法的实现提供程序保障,但这绝非一种"工具论",而是诉讼法自身任务使然。诉讼过程中,民事诉讼法与民事实体法的关系并非谁主、谁次,也并非谁是目的、谁是工具,而是一个有意义的有机整体,他们为着共同的目标——保护当事人的合法权益,互相作用、互相影响、互相衔接、和谐运行。正如婚姻中理想的夫妻关系,他们为着共同的目的——建立和谐的家庭——而成为一个有意义的整体,他们独立而非分

---

① 参见邱联恭著:《程序制度机能论》,三民书局1996年版,第173页。
② 邱联恭著:《程序利益保护论》,三民书局2005年版,第5页。

立，依赖却不依附。在西方民事诉讼法与民事实体法关系的理论变迁中，我们可以清楚地看到诸法合体（工具论）——程序优先——程序法与实体法并重且相互衔接这一脉络，经历了否定之否定的转变过程，只是现代社会中民事诉讼法与民事实体法的一体性并不体现于立法体例的混同，而是体现为立法精神上的一致性：在诉讼过程中，民事实体法规定较完善的前提下，如果民事诉讼法能充分贯彻民事实体法的立法精神，与民事实体法形成有机整体，权利则可以更好地在诉讼中实现。相反，如果民事诉讼程序设计不考虑实体立法主旨，即便再精密的诉讼程序，也只是法庭上空洞的过场，无法实现实体法价值；即便再完美的实体法律，也只是纸面上美丽的花朵，无法将权利落实到现实生活。民事诉讼法要为民事实体法的实现提供程序上的有力保障，民事实体法如果离开了科学的诉讼法必将成为一纸空文。日本学者小岛武司先生曾提出一个著名论断："正义的实现有赖于实体法与程序法的结合、互动。司法是实体法和程序法综合作用的'场'。"①这里的"综合作用"，具体而言，就表达了实体法与程序法这种互动关系，这是现代法治社会发展的必然趋势，也是其应有之义。所以，民事诉讼立法者必须熟知实体法律，敏锐把握实体法发展趋势，诉讼程序的构建必须适应具体案件类型的特点，贯彻民事实体法的立法精神。与其说民事诉讼法应该反映民事实体法的立法精神，不如说民事实体法和民事诉讼法共同反应一种社会理念的变迁。只有将民事诉讼法与民事实体法视为一个有机整体，才能使它们形成一个良性互动、相互作用的"场"，实现公正与效率、程序正义与实质正义的有机统一，从而构建和谐统一的社会主义法律体系和良好的法治秩序。

本文将以消费者保护诉讼为例，阐述民事诉讼法与民事实体法关系的具体运作：如果不正确把握民事诉讼法与民事实体法的关系，消费者权益保护诉讼程序的构建不贯彻实体立法精神，民事实体法则无法落实。相反，若在设计消费者诉讼程序中注重对弱势群体的倾斜保护，在诉讼中则能促进民事诉讼法与民事实体法的良性互动，使诉讼更富成效，切实保护消费者的合法权益。

二、消费者权益保护法的立法精神

消费者权益保护法体现了一种对弱势群体进行倾斜性保护的社会思潮，这种立法精神可以从对消费者权益保护运动的简单回顾中得出答案。

消费者权益保护问题是近代工业经济繁荣的伴生物，它经历了由"个人本位"到"社会本位"的演变过程。在资本主义发展的初级阶段——自由资本主义时期，按照亚当·斯密的理论，自由的市场活动可以导致社会财富的最佳配置和利用。"所有权神圣且绝对、主体平等、契约自由、过错责任"这些最基本的法律原则都是对自由资本主义时期个人主义思潮的直观反映。对于消费者权益保护而言，相应的法学思想和法律原则就是：从事商品和劳务交易的每一个人都能够合情合理地为自己谋求最大利益，如果某人在交易中吃了亏，只要不是由于欠缺民事行为能力或被欺诈、胁迫，他就应该"咎由自取"；法律应该最大限度地保障当事人自由订立

---

① 陈刚主编：《自律型社会与正义的综合体系——小岛武司先生七十华诞纪念文集》，中国法制出版社2006年版，第1页。

的契约,维护"货物出门,概不退换"的规则,买主必须格外小心。①

随着自由资本主义向垄断资本主义的过渡,经济实际上被垄断组织控制,绝对平等自由的市场活动已不存在,市场失灵时有发生。在法社会学思潮的影响下,发达资本主义国家的立法和政策开始从"个人本位"转向"社会本位"。一些自由资本主义时期提出的基本原则已有所松动:从绝对所有权主义转变为所有权不绝对,容许基于社会利益对所有权进行有限制约;从完全契约自由到对契约自由有所限制,如对格式条款的规制;从单一过错责任原则到各种新归责原则出现:无过错责任原则、过错推定责任原则、公平归责原则等。对消费者权益而言,由于垄断导致商业和科技信息分布不均,大企业、大公司操纵了商品市场,他们进行有计划的产品更新换代,急速起落的时尚引领、铺天盖地的广告渗透、高超绝妙的营销手法,制造着无所节制的欲望、诱惑和需要,致使消费者无法对市场上的消费品和劳务的价格、质量、性能做出客观的评价,与生产经营者做交易时丧失了平等地位,沦为"经济上的弱者",形成了消费者听命于生产者的"生产者主权"局面。"消费的真相不再是一种自为的、自主的、终极性的享受功能,而是一种生产功能,一种集体功能,人生活其中的是一种永远挥之不去的、缺乏主体个性的被迫消费。"②作为消费者群体中的一员,每个自然人的合法权益都可能受到侵犯。进入20世纪后,各国消费者运动如火如荼地开展,1962年3月15日,美国总统肯尼迪向国会上交了《保护消费者利益的总统特别命令》,提出著名的五项消费者基本权利。这个论述被认为是消费者保护史上的里程碑,3月15日也因此被确定为"国际消费者权益保护日"。自此以后,消费者权益保护问题被各国纷纷提上立法日程,消费者保护制度日趋完善。当前国际上公认的消费者应当享有的权利已经发展为九项,并鼓励消费者在合法权益遭受侵犯时寻求司法救济。同时设立专门的消费者权利保护机构,对受损害的消费者予以政策上的倾斜和照顾,以增强消费者与经营者相抗衡的力量。

因此,从消费者权益保护运动历史不难看出,对消费者这一弱势群体进行倾斜性保护已经成为一种社会思潮,消费者权益保护法最基本的立法宗旨就在于此。1993年,我国制定了《中华人民共和国消费者权益保护法》(以下简称《消费者权益保护法》),顺应了这一世界潮流,且不说其具体规定是否科学,但对我国消费者合法权益进行倾斜性保护这个立法宗旨却是不容置疑的。从以下几点可以明确看出:

其一,《消费者权益保护法》第1条就明确指出:为保护消费者的合法权益,维护社会经济秩序,促进社会主义市场经济健康发展,制定本法。将消费者权益保护作为法律名称和第一条的第一项内容,着实可以体现本法的立法宗旨。

其二,《消费者权益保护法》基本立法体例也可以明确体现其基本立法精神。从消费者的权利、经营者的义务到国家对消费者合法权益的保护、消费者组织、消费者争议的解决途径,再到经营者和国家机关工作人员对消费者合法权益侵犯的法律责任,无不贯彻对弱势群体倾斜保护的立法精神。

其三,《消费者权益保护法》中,基本上每条规定都是对消费者权益的具体保护。体现得较突出的有:第49条规定在经营者欺诈情形下,对消费者进行双倍赔偿,突破了民事责任领域的补偿性原则,实现了对经营者惩罚性目的,更强调了对消费者权益的倾斜性保护。

另外,有关消费者权益保护的实体法,除了专门的《消费者权益保护法》,还有《产品质量

---

① 参见谢茨昌主编:《消费者保护法通论》,中国法制出版社1994年版,第36页。
② 参见谢晓尧:《消费者:人的法律形塑与制度价值》,载《中国法学》2003年第3期。

法》、《反不正当竞争法》、《反垄断法》、《广告法》等,它们同样以对消费者权益进行倾斜性保护为立法宗旨,维持市场运行的正常秩序。

三、消费者权益保护法在我国的运行现状及原因

从《消费者权益保护法》到《产品质量法》、《广告法》、《反不正当竞争法》等一系列保护消费者权益的实体法律,虽然从立法层面规定了诸多消费者权利及其保护途径,但现实中却难以实现对消费者权益的有力保护:为谋取利益最大化,经营者可能进行不正当竞争,降低产品质量或提高产品价格,侵害消费者公平交易的权利甚至危害消费者的生命健康权;经营者凭借强大实力占据市场主导地位,削弱甚至剥夺消费者的自由选择权;商家常利用虚假或夸大的广告误导消费者,使消费者在不明真情的情形下选择了不愿购买的商品,消费者的知悉真情权难以落实……这些权利都明文规定在《消费者权益保护法》中,而实际上却时常受损。更严重的是,现行民事诉讼法无法提供一个适合的程序经济地救济受损的权利,实现消费者的求偿权。消费者权益保护法运行不畅,消费者维权遭遇种种障碍的原因多种多样,笔者认为,一个很重要的方面是:由于人们往往致力于独立民事诉讼程序的建构,民事诉讼法与民事实体法缺乏必要沟通,民事诉讼法没有对民事实体立法精神予以贯彻,不能为实体法提供应有的保障,导致现行的诉讼程序难以适应消费者纠纷的特点,消费者维权受阻,因而实体法上的权利很难实现。

现行《消费者权益保护法》第34条规定了五种消费争议的解决途径:和解、调解、申诉、仲裁和诉讼。在这五种纠纷解决机制中,诉讼是最终、最有力的解决方式。消费者诉讼程序构建是否合理,直接决定了消费者权益保护是否有力,实体法规定的消费者权利是否能实现。在我国,缺乏消费者诉讼的专门程序,普通程序难以适应消费者纠纷的特点。消费者维权遭遇"成本之痛","理性"消费者只好放弃司法救济,同时也就放弃了自己的权利,使消费者权益保护法运行受阻。对"一元诉讼"产生的争议并不在于一元的利益是否需要保护,而在于是否应为了一元耗费与其不适应的司法资源。我们应该由此反思:是什么阻碍了应保障的权益得不到保障?为什么小额纠纷没有一个与其成本适应的纠纷解决机制?由于民事诉讼法规定不周,导致诉讼成本过于昂贵,起诉前就将人们拒之门外,实体权益的实现遥不可及,比较突出的体现在以下几个方面:

其一,根据民事诉讼法规定的一般管辖原则,作为原告的消费者必须到被告所在地进行诉讼,是消费者通过诉讼维权、落实消费者权益保护法的第一只拦路虎。"原告就被告"原则确立的目的在于防止原告滥用诉权,但在消费者诉讼中,客观上却很有可能造成处于弱势的原告因为诉讼成本不经济而放弃诉讼,从而放弃对合法权利的主张。随着我国市场经济逐步完善,商品交易日益频繁,购物已成为我们日常生活中不可缺少的内容。我们不仅在生活环境周围购买日常生活必需品,也常常在旅游、出差等外出时挑选所喜爱的商品。在消费范围扩大的同时,也增加了消费诉讼的难度。例如,某湖南人在上海购买一件价值几千元的皮衣,当回到湖南时发现皮衣质量有问题,他会选择到上海起诉吗?一个理性的人只能放弃起诉,原因在于从湖南到上海的往返路费和所花费的时间精力,远不止这件皮衣的价格。这个例子中的商品价格尚有几千元,对于一般人而言并非小数目,相对诉讼却仍不经济,更不用提保障几元、几十元的日常消费的困难程度了。

其二,民事诉讼法对原告资格的限制,使消费者权益保护团体、有关国家机关不能成为适格原告,大大削弱了消费者维权群体的力量。我国《民事诉讼法》第108条将原告与本案有直接利害关系规定为起诉必须符合的条件之一。这种传统的当事人适格理论将当事人适格的基础完全归于是否具有实体法上的权利义务,即直接利害关系,从一定程度上可以防止滥诉和节约司法资源。但随着工业化和市场化进程加快,诸如消费者权益保护等涉及国家和社会公共利益的案件日益增多,当事人一方往往是人数众多且处于相对弱势地位的群体,而另一方则是占优势地位的大企业法人。有些案件虽然受损的利益巨大,但扩散至每个消费者却十分微小,有些案件虽然损害了社会公共利益,却未侵害具体的消费者个人权益,有些案件虽然根据有关情况合理判断有损害公共利益的潜在可能,却没有具体的损害事实,这些情况都使消费者不便或不能提起诉讼。在这种情况下,如果不赋予消费者组织或检察机关等有关机关适格当事人地位,则会使公共利益无人问津,违法商家逍遥法外,最终扰乱正常的社会经济秩序。

其三,我国现行的代表人诉讼难以满足对众多消费者权益保护的要求。我国在民事诉讼法中规定了代表人诉讼,对于解决当事人众多的大型纠纷,节约司法资源,具有一定意义。但由于制度规定的缺陷,也存在很大局限,在实际中难以操作。例如,我国《民事诉讼法》第55条规定了诉讼标的同种类、人数不确定的代表人诉讼类型,它必须通过权利人登记,推选代表人,才能进入诉讼程序。当代表人进行实体权利处分时,必须经被代表的当事人同意,而且判决、裁定只对登记的权利人发生效力。在消费者诉讼中,一批质量有瑕疵的商品很有可能销售至全国各地,众多消费者也许由于各种各样的原因没有及时登记。即便登记,当代表人进行实体权利处分时,也难以获得所有或大部分被代表人的一致意见。而且由于缺乏对代表人的激励机制和对被代表人的保护机制,使委任代表人动力不足,被代表人也缺乏安全感。这种规定实际上阻碍了诉讼程序的进行,给消费者权益保护添设了层层障碍。

其四,现行民事诉讼法规定的民事诉讼简易程序仍然过于复杂,不适合案情简单、数额较小却要求迅速解决的消费者纠纷。现代商品流转速度越来越快,不管对于消费者,还是生产者、销售者,经济、迅速地解决纠纷应该是消费者诉讼的首要目的。虽然我国现行民事诉讼法规定对"事实清楚、权利义务关系明确、争议不大的简单的民事案件"适用简易程序。但简易程序并非一种独立程序,它只是参照普通审判程序简化了其中的某些环节,而在其他审理程序上仍按普通程序运行。实践中普通程序与简易程序由于适用界线不清,造成了"简易程序不简易",相对于案情简单、数额较小的消费者诉讼仍然过于昂贵,使很多小额消费者诉讼"得不偿失",消费者权益保护实体法难以发挥预期作用。

其五,由于消费者与商家信息不对等,消费者举证困难,很多违法事实无法证明。现代科技发达,产品制造程序越来越精密,如果产品有问题,这些资讯往往被经营者支配。即便消费者毅然提起诉讼,也很可能因举证不能或由于举证所花费用太高而放弃举证,从而难免遭受败诉判决的危险,对消费者极不公平。这个问题已经开始引起民事诉讼立法者的重视,《最高人民法院关于民事诉讼证据的若干规定》第4条规定了产品责任诉讼和医疗侵权诉讼的举证责任倒置规则。它有别于一般诉讼通常使用的"谁主张,谁举证"的举证规则,加重了经营者的举证责任,在程序法上保障了消费者弱势群体的合法权益。但仅就两个领域规定举证责任倒置,其他类型的消费者权益保护诉讼中仍存在消费者由于举证困难而败诉的不公现象。

其六,消费者权益保护诉讼费用过高,造成消费者"赢了官司输了钱"的尴尬场面。2007年4月实施的新《诉讼费用缴纳办法》大大降低了收费标准,且实行先执行后收费制度,考虑了对弱势群体的倾斜性保护,在一定程度上减轻了消费者的负担。但在消费者权益保护诉讼中,法院收费并不是主要费用，律师费、鉴定费等其他费用才是消费者维权遭遇"成本之痛"的真凶。相对昂贵的其他费用与消费诉讼的小额标的不适应，甚至超过了诉讼标的额，造成了明显的不经济，使消费者权益保护法束之高阁。

其七，民事判决执行不力也成为消费者权益保护的致命缺陷。我国民事判决执行问题是影响司法权威的重大问题之一。这个问题不仅关涉法律制度本身，还关涉我国政治经济体制与文化背景，也许难以在短时间内解决。但消费者诉讼的执行问题却相对单纯，它基本上不存在执行不能的情况，更多的是经营者凭仗自己强大的经济实力和社会地位不予执行。这些问题完全可以通过健全现行民事诉讼制度比较好地予以解决，以最终落实消费者权益保护法。

四、消费者权益保护诉讼程序的完善

缺少了民事诉讼法支持的消费者权益保护法就像一件美丽却不能御寒的外衣，对于消费者很难发挥应有的作用。只有在程序设计和诉讼立法中贯彻实体立法精神，体现对弱势群体进行倾斜性保护的社会思潮，将诉讼程序类型化，才能实现对消费者权益的真正保护，保证消费者权益保护法顺利运行，从而构建和谐统一的法律体系和社会秩序。结合我国现行消费者权益保护法运行不畅的原因，根据对民事诉讼法与实体法关系的理解，笔者从以下几方面对消费者权益保护诉讼提出改革完善的建议，实现消费者权益保护实体法与程序法的良好衔接、互相作用，在诉讼中形成统一而和谐的有机整体：

（一）进一步完善地域管辖制度，增加保护性管辖，适当限制协议管辖

管辖是进入民事诉讼的第一道门槛，管辖制度设置是否科学直接关系着人们利用诉讼的几率。就整个社会资源而言，在原告地或被告地进行管辖所花费的成本是相等的。"原告就被告"原则，要求原告到被告所在地进行诉讼，路途成本由原告负担，旨在防止原告滥诉。而"被告就原告"则可以由原告在本地起诉，被告在原告所在地应诉，路途成本由被告负担。一般而言，由于原告将被告引入诉讼，造成了被告的不便利，所以将"原告就被告"作为地域管辖的一般原则，并为各国所普遍采用。但对于消费者权益保护诉讼等一些弱势群体保护诉讼而言，若一律采用"原告就被告"原则，则实现了形式上的公正却丧失了实质上的公正。诉讼的路途花费对于消费者可能是一笔不小的开支，而且作为单个个人，必将影响其正常的工作生活。但对于经营者，路途费用不过是九牛一毛，一般较健全的法人机构也设有专门处理消费纠纷的机构。保护性管辖正是本着对弱势群体进行倾斜性保护的实体立法精神，在一般地域管辖原则的基础上，增加"原告住所地法院"这个管辖连接点，以重新分配诉讼成本、诉讼风险在原、被告之间的比例。它实际在一定程度上平衡了原被告双方实力不均衡局面，是对原告诉权保护的一种延伸，有利于实现实质上的正义。因此，我们建议在民事诉讼法的修改中增设保护性管辖制度，以便更好地对弱势群体进行倾斜性保护，充分体现《消费者权益保护法》等实体法的立法宗旨与精神。

协议管辖是当事人自治在民事诉讼管辖中的体现，是民事诉讼民主性进一步增强的体现。但当事人"自治"要求双方当事人进行真实的意思表示，若一方由于弱势地位而进行不利于己、显失公平的不真实意思表示，这样的协议只能归于无效。"在现实生活中，大公司、大企业为了

追求自己的利益或诉讼的便利,往往在格式合同中规定纠纷的管辖法院,将公司的所有的诉讼都集中在总公司所在地。"①显然,这种凭借自身优势地位使弱势的消费者被动接受不利条款是不公平的。"规制不合理的合同条款,维护合同正义,使经济上的强者不能假合同自由之名压榨弱者,是现代法律所应负担的任务。"②因此,在民事诉讼法中适当限制消费者与经营者间的管辖协议,明确规定双方依格式合同订立的管辖协议,在显失公平时归于无效,是民事诉讼法对消费者保护法等实体法的应有反应。

(二)扩大当事人主体适格范围,增加诉讼形态,引入消费者群体诉讼模式,构建我国消费者公益诉讼制度

群体诉讼和公益诉讼作为新型的诉讼模式,是现代型纠纷出现的产物。它们的共同之处在于都要求突破传统的当事人适格理论,扩大当事人的适格范围。但它们之间存在次位之分:为了防止不相关的个人和团体过多地提起诉讼,公益诉讼只有在私益诉讼无能为力的情况下才能运用,也就是群体诉讼优先适用。

群体诉讼是为了适应现代型纠纷涉及面广、人数众多的特点,克服共同诉讼的固有缺陷的一种新型诉讼。在这种诉讼形态下,原告方为弱势的多数当事人,它们为了改变某种现状这个共同的目的集结在一起。消费者群体诉讼模式在世界各国有不同的表现形态,比较典型的有:美国的集团诉讼模式和德国的团体诉讼模式。

"集团诉讼是一个或多个成员作为集团全体成员的代表,代表全体当事人起诉或应诉的诉讼。"③在受侵害群体中,任何一人或几人都有权利代表被害群体提起集团诉讼。这种权利的行使只需以通知其他受害人为条件。若有人担心此案可能败诉而带给他不利益或其他原因不愿参加诉讼,就可以声明退出,则不受集团诉讼既判力的拘束。其他未明确表示不愿参加诉讼的受害人均受判决约束。相对于我国现行代表人诉讼,代表人代表资格的取得和对实体权益的处分都更加容易,有利于诉讼的顺利进行。它至少存在两方面最基本的功能:其一,有些案件,尽管诉讼标的巨额,但由于利益呈扩散状,分散给每个受害者的损失也许十分微小。一般理性的受害者不愿提起得不偿失的单独诉讼。而集团诉讼的原告却可通过成功报酬制度,聘请优秀的律师,为整个集团进行诉讼,挽回损失。因为这个功能,集团诉讼有时被称为"为了不使权利遭到侵蚀的诉讼程序"④,它使众多小额受害者可能得到救济,在消费者权益保护方面具有独到之处。其二,通过美国经验表明,在集团诉讼中,很多胜诉的原告并未领取数额微小的赔偿,有些甚至出现对剩余的钱不好处理的情况。所以,"集团诉讼除了具有救济已受侵害的权利并挽回损失功能,更重要的功能是让侵害者吐出不法取得的利益并不敢再犯⑤"。

德国的团体诉讼是指在诉讼中赋予有关的行业自治组织如消费者团体以诉权,准许其在涉及社会公共利益的诉讼中作为原告提起诉讼。从性质来看,团体诉讼属于诉讼信托,团体的诉讼主体资格来源于法律法规的授权。法院判决针对该团体作出,有利于该团体的判决效力

---

① 姜启波、孙邦清著:《诉讼管辖》,人民法院出版社 2005 年版,第 62 页。
② 王泽鉴著:《民法学说与判例研究》,中国政法大学出版社 1997 年版,第 36~37 页。
③ 薛波主编:《元照英美法词典》,法律出版社 2003 年版,第 232 页。
④ 座谈会:"集体诉讼——为了使权利不受侵蚀的制度",载《法律家》第 525 号(1973 年),第 18 页。转引自:[日]谷口安平著,王亚新、刘荣军译:《程序的正义与诉讼》,中国政法大学出版社 2002 年版,第 253 页。
⑤ 参见[日]谷口安平著,王亚新、刘荣军译:《程序的正义与诉讼》,中国政法大学出版社 2002 年版,第 254 页。

虽然不能直接及于团体的每个成员,但该团体的成员却可以援引该判决对抗团体诉讼的被告。

以上两种典型的群体诉讼形态,都是基于现代型纠纷的特点,致力于保护弱势群体和扩散利益。虽然不同国家存在文化、社会、制度、传统、观念的差异,不能完全照搬以上两种制度,但可以对其进行一定借鉴,建构我国新型的群体诉讼模式。由于法律背景的相似性,团体诉讼相对而言更易为我国借鉴,需要解决的现实问题是增强消费者协会的职权和提高工作人员的素质,使我国消费者协会有职权而且有能力进行消费者团体诉讼,保护广大消费者合法权益。在我国短时间内引入集团诉讼并不现实,它存在着一定的危险:它有被经营者利用的可能,一旦由于代表人的过失而败诉,大量不知情的消费者就要承担不利益的后果。但这种危险可以通过完善被代表人的监督机制减弱甚至消除。外国实践中出现集团诉讼中剩余的赔偿金难以处理的问题,也可以考虑将之分流:一部分纳入国家消费者群体诉讼金,由消费者协会代为管理,另一部分交给国家工商行政管理部门,作为对经营者的惩罚。这样既在制度层面预防了集团诉讼的缺陷,又可以发挥集团诉讼的独特功能,是未来发展的一个趋势。

消费者公益诉讼是指由于商品、服务经营者的不法经营行为,使整个社会的正常商业秩序和消费者公众利益遭受侵害或有受侵害之虞时,法律允许消费者或消费者团体等公益组织为维护消费者公众利益而向法院提起诉讼的制度,是人们对社会权益关注的产物。它并非一种独立的诉讼形态,只是基于现代型诉讼要求对当事人理论的一种突破。一般而言,消费者公益诉讼制度有以下特点:首先,它是指被诉行为侵害了或危及到社会性的正常商业秩序和消费者公众利益,一般并不直接损害原告私人的利益。其次,消费者公益诉讼具有显著的预防性。与私益诉讼相比,公益诉讼的提起及最终裁决并不要求一定有损害事实发生,只要能根据有关情况合理判断有社会公益受侵害的潜在可能,亦可提起诉讼由违法行为人承担相应的法律责任。这样可以有效地保护国家利益和社会秩序不受违法行为的侵害,把违法行为消灭在萌芽状态。以上均表明,公益诉讼具有传统私益诉讼不能涵盖之功能,在民事诉讼法再修改中构建我国公益诉讼模式是保护公共利益的必然趋势。

可以看出,对群体诉讼模式和公益诉讼制度的引入都要求突破传统的当事人适格理论,扩大当事人主体适格范围,将对诉讼标的有管理权、监督权或处分权的自然人或组织纳入适格当事人之列,在消费者权益保护中,赋予消费者组织和有关国家机关以原告资格,并放宽代表人资格的取得方式和对实体权利的处分权,以切实落实消费者权益保护法保护弱势群体的立法精神。

(三)实行案件繁简分流,建立小额诉讼程序

小额纠纷是每一个自然人在社会中最常遇到的问题,对小额纠纷的解决关系到提升人民日常生活品质的基本问题,它直接决定了诉讼制度是否贴近生活,人们是否能便利地接近正义。同时,它也是人民信赖司法与否的重要因素,"如果小额纷争都不能很好的处理,人们将会渐渐怀疑连生活上每天很需要的问题都无法解决,这样的司法、诉讼制度或法律又有多大益处呢"①。另外,小额请求这个概念具有相对性,它也许对于社会上的强势群体并不重要,但对于贫穷者却是非常迫切的,绝不能因为金额小便受到轻视。基于以上理念,各国纷纷建立与小额请求相适应的小额程序。小额程序完全脱离了普通程序的束缚,从它建立之初,便是专门或主要解决消费者争议,它以标的额大小为适用标准,以效率、经济为首要的追逐目标,以易于理

---

① 邱联恭著:《司法之现代化与程序法》,三民书局1992年版,第262页。

解、程序简便、审限短暂、成本低廉、尊重当事人合意、重视法官职权、一审终审为主要特征,致力于真正实现对小额权利的"经济"救济,实现司法大众化和对弱势群体保护,切实解决日常生活中的大部分纠纷。有些国家甚至专门建立了消费者争议庭来解决消费者的小额纠纷,实现了经济、快速的对消费者权利的保护。对案件进行繁简分流,提高诉讼效率,是我国司法改革的重要目标。根据案件难易程度和标的额大小,建立普通程序——简易程序——小额程序多层次的诉讼程序,深入地贯彻了我国案件繁简分流方针,使各类请求均有相适应的程序予以保障。

(四)在消费者权益保护诉讼中根据案件类型实行科学的证明责任分配制度

证明责任分配制度,被称为民事诉讼的"脊梁"①。证明责任如何分配,直接关系到诉讼中当事人所需的诉讼成本进而影响判决结果。证明责任的分配以公平正义为价值目标,以实体法中的归责原则为分配原则,一般实行"谁主张,谁举证"。然而,为了实现实质的公平正义,在某些特殊的案件中,突破实体法的分配原则,将被置于原告的某些要件事实的证明责任进行倒置,分配给被告。可以说,证明责任分配制度,是实体法与民事诉讼法结合最紧密的制度。在证明责任分配制度中,两者相互作用、相互影响、相互衔接的和谐关系体现得最为充分。消费者权益保护诉讼包括多种案件类型,不同案件类型在实体法上适用不同的归责原则,证明责任分配也随之变化,如侵权案件一般适用过错归责原则,而违约案件一般适用无过错归责原则。所以,有必要对其进行分类,分别讨论每种案件的证明责任该如何科学分配。

1. 消费合同诉讼的证明责任分配

日常生活中,一般包括两种常见的消费违约诉讼类型:

(1) 消费格式合同诉讼

《消费者权益保护法》第24条严格规定了经营者对格式合同的义务,在格式合同中作出对消费者不公平、不合理的规定,或者减轻、免除其损害消费者合法权益应当承担民事责任的,其内容无效。由此,消费者只需承担格式合同中有对其不公平、不合理的规定或减轻、免除经营者责任的条款的证明责任,就可主张格式合同无效,且获得有利判决,并不需要证明经营者存在过错。

《合同法》第41条规定了格式合同的不利解释原则。基于对实体法的衔接和对消费者弱势群体的保护,此处采取了举证责任倒置的方式。虽然消费者在诉讼中主张对自己有利的合同解释方式,但并不因此承担证明责任,而要由经营者主张格式合同的解释方式并承担证明责任,若经营者不能证明,则承担不利后果,格式合同按对消费者有利的方式进行解释。

(2) 瑕疵担保诉讼

一般违约案件中的原告要就与被告有约定和被告违约两项事实存在进行证明,但在消费者权益保护案中,处于弱势的消费者对这些事实证明有一定难度:如何证明商品与广告、宣传或合同约定的商品不符,存在瑕疵?如何证明有瑕疵的商品就是合同约定的商品?如何证明商品的瑕疵不是自己所造成的?如果按照普通违约案件的证明责任分配,消费者的权益很难得到保护,实体法也难以有效而顺畅地运行。所以,在诉讼程序上,要充分注意与实体法衔接,对弱势群体进行倾斜性保护。消费者只需对这些事实提出表面证据,如只要瑕疵商品与电脑购物小票上的商品型号相符,法官就可以假定瑕疵商品是合同约定的商品;只要商品没有明显

---

① [德]莱奥·罗森贝克著,庄敬华译:《证明责任论》,中国法制出版社2002年版,第64页。

的人为损害痕迹,就可以假定瑕疵并非消费者造成。这种处理并非真正意义上的证明责任倒置,而是对消费者证明标准的降低。"在按照通常的证明度会出现证明困难,导致不当的证明责任判决(通过适用证明责任作出的判决)产生,进而出现违反所适用实体法规范目的和旨趣之结果的情形下,应该降低证明度。"①

2. 消费侵权诉讼的证明责任分配

(1)产品质量缺陷侵权诉讼

《民事诉讼证据若干规定》明文规定了产品质量缺陷侵权的举证责任倒置,要求生产者就《产品质量法》第41条规定的三个免责事由承担证明责任:未将产品投入流通的;产品投入流通时,引起损害的缺陷尚不存在的;将产品投入流通时的科学技术水平尚不能发现缺陷的存在的。如果生产者不能证明以上三个免责事由之一,则要承担败诉后果。这个规定大大减轻了消费者的负担,体现了消费者权益保护实体立法中对弱势群体进行倾斜保护的精神。

(2)消费者在购买商品或接受服务时人身权利受到直接侵害诉讼

此类诉讼更多的也许不涉及消费者的弱势群体身份,因为任何人在日常生活中也可能会遇到人身权益受侵害的情况。所以,只需按照一般人身侵权诉讼的举证规则运行。

(3)医疗侵权诉讼

与产品质量缺陷侵权诉讼一样,《民事诉讼证据若干规定》也规定了医疗侵权诉讼的举证责任倒置规则。医疗机构就医疗行为与损害结果之间不存在因果关系及不存在过错承担证明责任。虽然在理论界对两个要件事实都进行证明责任倒置,是否过于加重了医疗机构的负担,不利于医疗事业的发展存在着质疑,但不容否定的是,证明责任倒置在消费者医疗侵权诉讼中有存在的必要,是民事诉讼法注意与实体法立法精神衔接的有益开端。

(五)降低诉讼费用,增加对消费者权益保护诉讼的法律援助

由于在消费者权益保护诉讼费用中,律师费等其他费用往往占据绝大多数,虽然新《诉讼费用缴纳办法》大大降低了诉讼收费标准,但对于弱势的消费者只是杯水车薪。所以,民事诉讼法在修改过程中,可以考虑消费者权益保护诉讼等几类弱势群体保护诉讼,由败诉方承担对方律师费、鉴定费等合理费用,作为对胜诉方受损权益的补偿,减轻弱势群体的负担。"合理"的标准则交由法官根据当地普通律师收费、鉴定费等其他费用水平进行自由裁量。

在诉讼法中增加对消费者权益保护等诉讼中弱势群体的法律援助及具体途径也是对消费者权益保护法实施的有力保障。在现代社会,法律援助作为全体公民共同享有的一项社会福利和社会保障权利,直接或间接地反映在各国宪法中,而且被纳入《公民权利和政治权利国际公约》等国际条约中。国家应保障公民接近正义的权利是福利国家的应有义务之一,法律援助也作为"三波"运动中第一波的主旋律在世界各国发展壮大。为消费者弱势群体提供法律援助,有助于更好地实现对弱势群体的倾斜性保护这一立法宗旨。

(六)建立商家信用制度,运用先予执行等有力措施解决执行问题

社会信用制度不只是程序法问题,还可以作为对有能力执行而故意不予执行的自然人或组织的惩罚机制规定在程序法中。当消费者权益保护诉讼判决商家败诉,商家明明有执行能

---

① [日]太田胜造:《裁判中证明论的基础》,弘文堂1982年版,第214页以下。转引自[日]高桥宏志著,林剑锋译:《民事诉讼法——制度与理论的深层分析》,法律出版社2003年,第475页。

力,却迟迟不予执行时,法院可以将不予执行的商家在媒体上予以通报,使其信誉下降,影响市场竞争力。现行《民事诉讼法》对先予执行的规定考虑了弱势群体的保护,遇到案情清楚、情况紧急的案件,消费者可以利用先予执行制度实现对其权利的即时弥补,防止更大损失发生。

结　语

　　民事诉讼法与民事实体法的关系是个古老的话题,对于两者在诉讼中互相作用、互相影响、互相衔接的关系,也并非十分深奥。然而,在把握两者关系的基础上,将这种理论运用至具体案件类型程序,则是一种新的尝试与突破。尽管以上对消费者权益保护诉讼程序的建构绝非尽善尽美,但是通过这种尝试,我们将更加清楚地认识到在具体诉讼中,民事诉讼法与实体法的互动关系,同时也将使我们更加坚信:将民事诉讼法与民事实体法的关系理论贯彻至具体案件的程序设计,不仅可用于消费者权益保护诉讼,还可以用家事诉讼、票据诉讼等诸多诉讼类型,是民事诉讼法再修改的必然趋势。

论民事诉讼法与民事实体法的关系

黄双全[*]

民事诉讼法与民事实体法的关系,是一个重要、广泛、内容非常丰富的科研论题,由于作者的水平有限,不是写一本书,也不是写几十万字的论文。根据年会的要求文章限定在八千字以下。因此,本文论述的主要内容是:(1)民事诉讼法概念范围和民事实体法概念范围的界定;(2)民事诉讼法与民事实体法具有同等重要的法律地位和作用;(3)程序优先是民事诉讼法固有的特殊价值。

一、民事诉讼法概念范围和民事实体法概念范围的界定

通常说的程序法与实体法(即诉讼法与实体法)的关系,是指民事诉讼法、刑事诉讼法、行政诉讼法与民法、刑法、行政法的关系,但本文的论题是民事诉讼法与民事实体法的关系。在研究两者之间的关系时,首先必须对两者的概念范围明确作出界定。

(一)民事诉讼法的概念范围

民事诉讼法是国家最高立法机关制定颁布的规定关于民事诉讼程序、制度的法律规范的总和,它是现代国家重要的部门法和基本法。我国现行的民事诉讼法即《中华人民共和国民事诉讼法》,指的是由国家制定的,调整法院和当事人以及其他诉讼参与人在审判民事案件中所进行的各种诉讼活动,以及民事诉讼活动中所产生的各种诉讼关系的法律规范的总称。民事诉讼法有形式意义(狭义)和实质意义(广义)之分。现行《中华人民共和国民事诉讼法》就是形式意义上(狭义)的民事诉讼法,这部法律实质上是一部完整的民事诉讼法典。实质意义上(广义)的民事诉讼法,是指民事诉讼法典以外,国家根本大法宪法和其他法律、法规、法令中有关民事诉讼的规定。例如,《宪法》第123条规定:"中华人民共和国法院是国家的审判机关。"第125条规定:"人民法院审理案件,除法律规定的特别情况外,一律公开进行。被告有权获得辩护。"第126条规定:"人民法院依照法律规定独立行使审判权,不受行政机关、社会团体和个人的干涉。"我国《宪法》有关人民法院审判制度和原则的规定,是我国民事诉讼法必须遵守的根

---

[*] 黄双全:上海社科院博士后研究员,上海李小华律师事务所高级律师。

本规范,无论是人民法院还是诉讼参与人均不得违背宪法的原则规定。我国《婚姻法》第32条规定:"男女一方要求离婚的,可由有关部门进行调解或直接向人民法院提出离婚诉讼。人民法院审理离婚案件,应当进行调解;如感情确已破裂,调解无效,应准予离婚。"我国《专利法》中也有规定:"对未经专利人许可,实施其专利的侵权行为,专利人或者利害关系人可以请求专利机关进行处理,也可以直接向人民法院起诉。专利管理机关处理的时候,有权责令侵权人停止侵权行为,并赔偿损失;当事人不服的,可以在收到通知书起3个月内向人民法院起诉;期满不起诉又不履行的,专利管理机关可以请求人民法院强制执行。"我国《商标法》第39条规定:"有本法第38条所列侵犯注册商标专用权行为之一的,被侵权人可向侵权人所在地的县级以上工商行政管理部门要求处理。有关工商行政管理部门有权责令侵权人立即停止侵权行为,赔偿被侵权人的损失,赔偿额为侵权人在侵权期间因侵权所获得的利润或者被侵权人在被侵权期间因被侵权所受到的损失,对情节严重的可以并处罚款。当事人不服的,可以在收到通知15天内,向人民法院起诉,期满不起诉又不履行的,由有关工商行政管理部门申请人民法院强制执行。对侵犯注册商标专用权的,被侵权人也可以直接向人民法院起诉。"我国《合同法》第128条规定:"当事人可以通过和解或者调解解决合同争议。当事人不愿和解、调解或者和解、调解不成的,可以根据仲裁协议向仲裁机关申请仲裁。涉外合同的当事人可以根据仲裁协议向中国仲裁机构或者其他仲裁机构申请仲裁。当事人没有订立仲裁协议或者仲裁协议无效的,可以向人民法院起诉。当事人应当履行发生法律效力的判决、仲裁裁决、调解书;拒不履行的,对方可以请求人民法院执行。"上述所列举的《婚姻法》、《专利法》、《商标法》、《合同法》等有关诉讼程序的法律条款所规定的内容,属于民事诉讼的规范,是实质意义上(广义)的民事诉讼法。最高人民法院发布的有关民事诉讼的指导性文件,如"意见"、"批复"、"解答"、"决定"等,也是实质意义上(广义)的民事诉讼法。我国《人民法院组织法》,关于人民法院的组织与活动原则,对各种审判制度的规定,有关民事诉讼的原则、制度和程序的规定,是进行民事诉讼的法律规范,都是实质意义上(广义)的民事诉讼法,无论是形式意义上的民事诉讼法,还是实质意义上的民事诉讼法,均属于民事诉讼的法律规范,两者相辅相成,都是民事诉讼法的内容。本文题目上的"民事诉讼法",其概念范围应当是包括狭义上和广义上民事诉讼法律规范的总和。

(二)民事实体法的概念范围

实体法,众所周知,一般指的是《民法典》、《刑法典》、《行政法》。本文题目上的民事实体法,作者设定为民法、商法、经济法等法律规范的总和。至于民事诉讼法与刑法、行政法等实体法的关系,不予论述。我国目前虽无完整全面系统的《民法典》、《商法典》,但是《民法通则》、《物权法》、《合同法》、《婚姻法》、《继承法》、《专利法》、《商标法》、《公司法》等,凡属于民法、经济法、商法等法律规范的总和,就是本文题目上民事实体法的概念和范围。

二、民事诉讼法与民事实体法具有同等重要的法律地位和作用

(一)民事诉讼法与民事实体法是辩证统一的关系

民事诉讼法与民事实体法的关系,就是程序法与实体法的关系。两者之间的辩证统一,具

体表现如下：民事诉讼法与民事实体法的关系，就像形式与内容一样存在着十分密切的辩证统一关系，两者之间互相依存，互为条件。这表现在民事诉讼法是民法、经济法、商法等实体法的生命形式，民法、经济法、商法等实体法是民事诉讼法所保护的内容。如果没有民事诉讼法，只有民法、经济法和商法等实体法，实体法规定的内容之实现便没有具体的保证；如果没有实体法，只有民事诉讼法，民事诉讼法变为空洞的具文，因为作为程序法的民事诉讼法，是在程序、制度的方面保证实体法贯彻实施的。就人民法院审理民事案件来说，民事诉讼法是解决民事诉讼的程序、制度，是解决纠纷的方式、方法，而实体法是解决实体民事、经济、商事等权利争议的标准。例如：民事实体法《民法通则》规定："中华人民共和国民法调整平等主体的公民之间、法人之间、公民与法人之间的财产关系和人身关系"，"当事人在民事活动中的地位平等"，"民事活动应当遵循自愿、公平、等价有偿、诚实信用的原则"，"公民、法人的合法民事权益受法律保护，任何组织和个人不得侵犯"，"民事活动必须遵守法律，法律没有规定的，应当遵守国家政策"，"民事活动应当尊重社会公德，不得损害社会公共利益，破坏国家经济计划，扰乱社会经济秩序"。一旦民事权益发生争议，最终解决的办法是启动《民事诉讼法》规定的程序，通过法院诉讼解决纠纷。有这么一个案例，原告陈某某诉被告李某某买卖合同贷款纠纷一案，法院立案受理后追加上海汇达商贸有限公司为第三人，律师接受第三人的聘请为其诉讼代理人参加诉讼活动，提供充分证据使法官查清案情，公正裁判。原告陈某某诉称，2004年4月原告与被告李某某双方达成口头协议，由原告陈某某提供香樟树给被告，用于桃浦绿化工程。原告称从2002年4月15日起到5月25日，按月提供给被告各种规格的香樟树以及金叶女贞的苗木，合计货款为人民币15.84万元。原告陈某某提供的唯一证据是送货单收条11张，证明原告向被告交货的品种和数量。被告李某某辩称，他本是第三人的工地负责人，与原告陈某某既不相识，也未与原告陈某某达成任何口头协议。第三人与上海浦东新区新幸经贸公司达成苗木买卖合同，其收到的苗木系由"新幸公司"提供，与原告陈某某无任何关系，故请求法院驳回原告陈某某的诉讼请求。本案关键在于原告提供的11张收条从何而来。第三人的律师为查清这一事实，从受诉法院申请开出"调查令"，在摄氏39度高温下连续三天进行调查，终于获得重要的证据。第三人律师在法庭上陈述代理意见有三点：(1)本公司与陈某某没有任何经济往来，不存在买卖关系，从来没有与原告陈某某有过合同关系，既没有与她签订过书面合同，也没有口头协议。所以，本公司不承担任何法律责任。本公司有规定，凡是对外发生经济关系、货物买卖关系，必须订立书面合同，经本公司总经理签名并盖公司公章才有法律效力，否则，一律无效。(2)原告陈某某不具备民事诉讼法规定的诉讼主体资格，即不具备原告人的资格。本公司的员工李某某与陈某某没有买卖关系，也没有口头协议。所以，原告起诉理由不能成立，要求法院依法驳回原告陈某某的诉讼请求。(3)本公司曾于2002年4月1日与上海市浦东新区新幸经贸有限公司签订《苗木供货协议》，已于2002年4月至6月间履行完毕，货款也已付清，并已提供了付款单据。新幸经贸有限公司也未将权利转让给陈某某。因此，陈某某无权起诉。律师调查获取证据证实，原告陈某某提供11张收条，原来是李某某交给新幸公司送货员带回该公司的，但送货员未将11张收条交给该公司。律师出示这一证据后，便真相大白。原告陈某某，一无经营苗木的营业执照，二无经营苗木的基地，三口头合同不存在，私自用公共所有的绿化树林作为私人财产，叫人评估价格无效。法院合议庭经数次公开审理后，判决原告陈某某要求被告李某某支付货款的诉讼请求不予支持。一审案件受理费和鉴定费由原告陈某某负担。本案结果是原告的诉讼欺诈行为受到法律的制裁，原告败诉，承担本案全部诉讼费和鉴定费。被告胜诉，第三人合法权益得到法律的保护。本案体现了民事诉讼法的内在价值与外在价值的一致性,在公正的程序得到实施后,可以保障实体公正,保障法院裁判的权威性。

(二)民事诉讼法和实体法具有同等重要的法律地位和作用

承认民事诉讼法和民事实体法具有同等重要的法律地位和作用,必须抛弃"重刑轻民,重实体轻程序"观念的影响。中国封建社会各朝的封建法制以及称为"中华法系"的法制,既没有独立的诉讼法,又没有独立的民法。封建社会各朝的法律结构,一般在法典中容纳各种法律部门的内容,即所谓"诸法合一"。例如《唐律》就是诸法合一、程序法与实体法不分的典型代表。一直到了晚清末年,才出现诉讼法,并逐步地把民事诉讼法与刑事诉讼法分离。清朝末年,清政府的修订法律大臣沈家本、伍延芳效仿西方国家的立法体制,于1906年(光绪三十二年)拟定了《大清民事刑事诉讼律》草案,奏请颁布,但遭到清政府各部院以及各省督抚的强烈反对,结果未能颁行。这部法律草案共5章,260条,另附有颁行例3条,包括第一章总纲,第二章刑事规定,第三章民事规则,第四章民刑事一般规则,第五章中外交涉案件。该法已采用资本主义国家法律中的律师制度和陪审制度。它虽是民刑合一的诉讼法,但却是我国封建社会历史上第一部系统的诉讼法草案。1910年(宣统二年)12月沈家本、俞廉三起草《大清民事诉讼律》草案,把资本主义国家民事诉讼法的体系和内容引入中国,打破了几千年封建法律民刑不分的状况。这部法律是旧中国第一部民事诉讼法。这部法律的结构体例以德国民事诉讼法为蓝本,参照日本、奥地利、匈牙利等国的民事诉讼法典,并结合中国封建的法律和习俗。《大清民事诉讼律》草案,由于清朝的覆灭,未及公布,没有实施。这部法律草案的产生,使旧中国出现民事诉讼法与刑事诉讼法的分离。孙中山先生领导的旧民主主义革命,建立了中华民国。1921年3月2日(民国10年),广州军政府以《大清民事诉讼律》草案为蓝本,公布了修正的《民事诉讼律》,于1921年5月施行。同广州军政府对立的北洋军阀政府,也在1921年7月22日颁布了《民事诉讼法》草案,共六编,255条。民国10年11月14日,北洋军阀政府又令从民国11月1日起,将《民事诉讼法》草案改称《民事诉讼条例》,并令自民国11年7月1日施行。南京国民党政府的《民事诉讼法》自民国17年7月起开始制定,以沈家本的《大清民事诉讼律》为蓝本,于民国24年2月1日(1935年)正式公布,同年7月1日起施行。旧中国虽然有独立的《民事诉讼法典》,但在实施过程中,严重地重刑轻民,重实体法轻程序法。这种重实体法轻程序法的不良习俗,对新中国成立以来的民事司法活动,仍有一定的影响。树立民事诉讼法和民事实体法的法律地位和作用并重的思想观念,还需不断抛弃重实体法轻诉讼法的错误观念。

民事诉讼法与民事实体法并重,表现在如下几个方面:

首先,民事诉讼法与民事实体法都是我国社会主义法律体系中一样重要的基本法。

其二,民事实体法规定实体权利的实现,首先必须从启动民事诉讼法规定的程序开始,通过法院审理,最终做出公正的裁判。

其三,民事诉讼法与民事实体法是相辅相成,互相融合,互相依存,不分主次。

民事诉讼法与民事实体法相互融合,相会交融,表现在法律政策规范中。例如,证据由民事诉讼法与民事实体法共同规定,民事诉讼法对证据的种类、举证责任等问题进行了规定,民事实体法也规定了举证责任的分配。民事实体法对某些民事诉讼程序也作了补充,例如,前面列举的《婚姻法》第32条。这说明民事诉讼法与民事实体法的法律规范,你中有我,我中有你,谁也离不开谁。正如马克思所说:"如果审判程序只归结为一种毫无内容的形式,那么,这种空洞形式就没有任何独立的价值了,审判程序和法两者之间的联系如此密切,就像植物的外形和植物的联系,动物的外形和血肉的联系一样。审判程序和法律应该具有同样的精神,因为审判程序只是法律的生命形式,因而也是法律的内容生命的表现。"作者认为,马克思对程序法与实体法的关系的论述是精辟的、科学的。当然,遵行理论来源于实践,实践上升为理论,理论指导实践的认识过程,即实践——理论——实践,实践不断发展,科学不断发展,人的认识也不断发展,用科学发展观作指导,马克思主义也是不断随着实践的发展而发展的,所以不能排除对民事诉讼法与民事实体法创新的、科学的新论述和新观点。例如,近几年来,国内外的学者提出对民事诉讼法与民事实体法关系的认识,与对程序价值的认识直接相关。特别是民事诉讼法的价值问题,成为法学理论界专家、学者研究的一项重要课题,主要表现在程序工具主义和程序本位主义这两个价值论。有的主张工具主义的文章,只承认程序的工具价值,即外在价值,认为"程序法唯一正当的目的是最大限度实现实体法"。主张程序本位主义的学者,对程序价值作出一种完全非工具主义的解释,认为程序的价值不在于程序作为实现实体法的手段的有用性,而在于程序具有独立于实体法的内在作用。甚至有的学者主张程序法是实体法之"母","程序法中心论"等等。作者认为,程序法的工具主义价值论的观点,已众所周知,但它忽视了程序法的内在价值,程序法内在固有的价值是需要进一步加以研究和探讨的。

三、程序法优先是民事诉讼法内在独立价值的重要表现

程序法优先是民事诉讼法独立价值的重要表现,主要理由如下:

1. 实体法规定的实体权利实现的最终手段必须从启动民事诉讼法规定的程序开始。当然,人们的民事权利、经济权益发生纠纷可以通过双方协商达成和解或者通过行政调解、人民调解等方式来解决争议,但是,采用上述方式无法解决矛盾时,最终手段是进行诉讼活动。这样,民事诉讼法规定的起诉、立案受理、法庭审理、法院裁判等程序,保障当事人民事权利、经济权益的实现。在这个过程中程序优先便得到充分体现。例如,有一起房屋纠纷案件,原告是80多岁高龄的陈某某,被告是原告陈某某儿子陈中军。原告与被告之间是养父与养子的关系。原告的妻子有不育症,夫妻双方通过合法手续,经民政部门批准从医院领养一个男婴,这个养子取名陈中军。原告夫妻俩把陈中军抚养成人,养子结婚后,生育一个女儿。一家人住在上海闹市区淮海中路某号 3 楼,一家和睦相处,祖孙三代生活欢乐。但是陈某某的妻子不幸因病去世。妻子去世十年后,原告陈某某与养子陈中军经常为家庭小事发生争吵。陈某某为安度晚年,避免家庭纠纷,便在上海新村路购买一间房子,搬到该房居住,并在朋友介绍下找到一个老伴,计划再婚后同老伴居住在新村路某号,生活上两人相互照顾。没想到此事遭到养子无理反对,并使用家庭暴力将原告陈某某赶出该房。虽经所在居民委员会调解,居委会主任老王指出:(1)陈中军反对老年父亲再婚是违背婚姻法婚姻自由之规定,希望停止干涉老年人再婚的行为;(2)新村路某号房子是你父亲所买,并有房屋产权证证实,侵占养父的房屋是一种侵权行为,希望他停止侵权,把房屋归还给养父。但调解不成,陈某某便向有管辖权的人民法院起诉。受诉法院受理本案后,严格按照民事诉讼法规定的程序,组成合议庭,公开审理,当庭作出判决:(1)被告自判决生效第二天归还新村路某号房屋给原告;(2)本案诉讼费由被告承担。如不服本判决,可在判决书送达后 15 日内向第一中级人民法院提起上诉。被告知道自己理亏,未上诉。判决书生效后,将房屋归还原告。本案依照民事诉讼法规定的程序审理,做到公开、

公正、公平。本案表现了公正的程序,保障了实体公正,体现了人民法院裁判的权威性,有助于维护家庭和社会的和谐。由此可见,必须坚持民事诉讼法的内在价值与外在价值的统一性。必须指出,坚持程序法优先,但是也不能代替民事实体法,更不能否定民事实体法的作用。

2. 民事诉讼的司法实践,有助于推动民事实体法的立法和完善。民事诉讼法内在价值还表现在它有推动民事实体法的立法和完善的功能,民事诉讼法的外在价值即工具价值是以民事实体法的完善为必要条件。可是民事实体法的完美无缺乃是法制理想。以我国为例,我国没有完整、全面、系统的民法典、商法典,但通过司法实践活动,人民法院办案的实际需要推动了《民法通则》的颁布实施,推动了《婚姻法》、《合同法》、《继承法》等法律的颁布和实施。由于我国由计划经济转型为市场经济,社会主义市场经济社会,需要是法制社会。随着市场经济的确立和发展,出现了各种新类型的经济纠纷案件,法院不能以没有商法典为由拒绝裁判。在民事实体法没有明确规定时,法院采用"有法律规定根据法律,无法律规定根据国家政策"办,当事人的民事权利或经济权益照样得到法院的保护。必须看到,这种情况的出现是由于民事实体法的不完善所致,通过司法活动推动了立法的进程,促使了民事实体法的完善。所以,我国许多民事、经济法律规范应运而生,既加快民事立法,又完善民事法律。我国《物权法》的颁布说明了民事诉讼法有推动民事立法和完善的功能,但不能因此认为民事诉讼法就是所谓的"母法",因为"母法"的观念不符合中国的国情。从中国民事诉讼法独立形成的历史进程看,民事诉讼法称为"母法"的观点,起码在中国不符合历史存在的客观事实。

综上所述,民事诉讼法与民事实体法的关系是:民事诉讼法与民事实体法是形式与内容辩证统一的关系,两者之间互相依存,相辅相成,民事诉讼法保障民事实体法的实施,民事诉讼法与民事实体法并重。程序优先,民事诉讼法具有内在价值和外在价值相统一的功能。

浅谈民事诉讼法与民法的关系

王国征*

民事诉讼法是程序法,民法是实体法。民事诉讼法与民法的关系问题,是许多民事诉讼法学者关注的问题。尽管这一问题涉及民事程序法和民事实体法,但该问题对民事诉讼法学者和民法学者的意义可谓迥然不同。有些民法学者在论及民法与相邻法律部门的关系时,根本未提及民法与民事诉讼法的关系。① 另有民法学者认为,民法属于实体法,而民事诉讼法属于程序法;实体法又称主法,而程序法又称助法。② 而民事诉讼法学者在论及程序法与实体法的关系时经常引用马克思的论述:"审判程序和法二者之间的联系如此密切,就像植物的外形和植物的联系,动物的外形和血肉的联系一样。审判程序和法律应该具有同样的精神,因为审判程序只是法律的生命形式,因而也是法律内部的生命表现",并由此得出,程序法与实体法的关系是形式和内容的关系。③ 还有民事诉讼法学者认为,民事诉讼法与民法的关系是形式与内容、手段与目的的关系。④ 而且,有的刑事诉讼法学者也有同样的认识,认为刑法是实体法,刑事诉讼法是程序法;刑事诉讼法与刑法之间是形式与内容、方法与任务的关系。⑤ 但也有学者对这一问题提出不同的看法。日本著名诉讼法学家谷口安平甚至提出:"诉讼法乃程序法之母。"⑥笔者认为,在认识民事诉讼法与民法的关系时,有以下几种情况应予考虑:

---

* 王国征:中国人民大学法学院诉讼法学专业博士生,青岛大学法学院教授、副院长。
① 佟柔:《中国民法学·民法总则》,中国人民公安大学出版社1992年版,第22~25页;李由义:《民法学》,北京大学出版社1988年版,第17、18页;王利明:《民法》,中国人民大学出版社2000年版,第14~17页;彭万林:《民法学》,中国政法大学出版社1999年版,第33~37页。
② 梁慧星:《民法总论》,法律出版社1996年版,第31页。
③ 柴发邦:《民事诉讼法学新编》,法律出版社1992年版,第9页。
④ 谭兵:《民事诉讼法学》,法律出版社1997年版,第24页。
⑤ 樊崇义:《刑事诉讼法学》,中国政法大学出版社1996年版,第11页。
⑥ [日]谷口安平著,王亚新、刘荣军译:《程序的正义与诉讼》,中国政法大学出版社1996年版,第63页。

一、将法律分为程序法与实体法是不全面的

一些学者之所以在民事诉讼法与民法的关系上认为二者之间是形式与内容、手段与目的的关系,其前提是将法律分为程序法与实体法。其实,这种看法是不全面的,因为一个国家的法律中除了实体法和程序法,还有冲突法。实体法是直接规定当事人之间权利义务关系的。程序法是规定法院的审判活动以及在审判活动中所发生的法院与当事人及其他诉讼参加人之间关系的。而冲突法是国际私法特有的法律规范,又叫法律选择规范或者法律适用规范,是指定应适用哪一国法律的法律规范,它并不直接规定当事人之间权利义务关系。我国国际私法学者一般认为,冲突法既不是实体法,也不是程序法,而是一种特殊的法律规范。将法律分为实体法和程序法,无疑是忽视了冲突法的存在。在国际民商事交往中,离开了冲突法,可以说是寸步难行。既然实体法、程序法和冲突法是相互并列的,那么,它们之间就不存在谁是谁的形式和内容、谁是谁的手段和目的问题,它们都各自有自己的形式和内容、手段和目的。

二、民事诉讼法与民法的关系同其他程序法与实体法的关系不尽相同

在法律体系中,能够构成程序法与实体法关系的有:民事诉讼法与民法、刑事诉讼法与刑法、行政诉讼法与行政法。按照从具体到一般的思维规律,应当首先考察各个具体的程序法与实体法的关系,然后才能抽象出一般的程序法与实体法的关系,而不是相反,用前人关于一般的程序法与实体法关系的论述来套用具体的程序法与实体法关系。在刑事诉讼法与刑法关系中,刑法上有罪刑法定原则,即法无明文规定不为罪、法无明文规定不处罚。根据这一原则,在开始刑事诉讼程序时,是否构成犯罪、构成什么罪以及如何处罚,法律必须做出明确规定,否则,进行的刑事诉讼是毫无意义的,甚至是违法违宪的。从这种意义上说刑事诉讼法是刑法的实现手段并不为过。也正是罪刑法定原则,决定了在刑事诉讼法中不规定定罪、量刑等实体问题。就行政诉讼法与行政法的关系来看,行政法上有职权法定原则,即行政机关在管理经济和社会事务中,只能行使法律授予的权力,法律没有授予的权力,行政机关当然无权行使,法无明文规定不得为。而行政诉讼就是要确定行政机关的行政行为是否合法,其中主要标准之一即行政行为是否有法律依据。由此决定,行政诉讼法不规定行政机关的职权,行政诉讼过程中法院也不能赋予或者限制行政机关的职权。而在民事诉讼法与民法的关系中,全部民事法律关系从调整方法角度可分为两部分:其中一部分法律关系可借助法定主义方式确定其权利义务内容并直接得以实现,另一部分法律关系则必须通过法律行为制度才能完成其内容确定和实现过程。法定主义调整方式与法律行为调整方式各自具有适用的范围。与法律行为制度相联系的是意思自治原则。① 在私法的债权关系中,法无明文规定不违法。我国《合同法》第 124 条规定:"本法分则或者其他法律没有明文规定的合同,适用本法总则的规定,并可以参照本法

---

① 董安生:《民事法律行为》,中国人民大学出版社 1994 年版,第 2、49、59 页。

分则或者其他法律最相类似的规定。"之所以这样规定,原因在于社会生活丰富多彩,千变万化,有限的民事实体法不可能穷尽无限的社会生活,社会生活中建立起的民事法律关系,只要不违反公序良俗,与其使其无效,不如使其有效。对此,《法国民法典》第 4 条规定:"审判员借口没有法律或者法律不明确不完备而拒绝受理者,得依拒绝审判罪追诉之。"①另外,法理、学说也可以成为法院对民事案件判决的依据。② 因此,民事诉讼法上有调解原则和处分原则,民事诉讼法有生成民事权利的功能。

三、民事诉讼法与民法的交叉规定

民事诉讼法中有民事实体规范。我国《民事诉讼法》关于破产程序和参与分配程序的规定,虽名为程序,但其中许多内容直接规定有关当事人的实体民事权利。此外,《民事诉讼法》第 96 条规定,财产保全申请有错误的,申请人应赔偿被申请人因财产保全所遭受的损失。第 98 条规定,先予执行申请人败诉的,应当赔偿被申请人因先予执行遭受的财产损失。第 195 条第 2 款规定,公示催告期间,转让票据的行为无效。第 232 条规定,被执行人未按判决、裁定和其他法律文书指定的期间履行给付金钱义务的,应当加倍支付迟延履行期间的债务利息。被执行人未按判决、裁定和其他法律文书指定的期间履行其他义务的,应当支付迟延履行金。第 235 条规定,作为被执行人的公民因生活困难无力偿还借款,无收入来源,又丧失劳动能力的,人民法院裁定终结执行。诸如此类规定有些纯粹是民事实体规范,有些是程序规范和实体规范兼而有之。

民法中也有许多民事程序规范。如我国最高人民法院《关于贯彻执行〈民法通则〉若干问题的意见(试行)》第 16 条规定,对于担任监护人有争议的应当按照规定由有关组织予以指定。未经指定而向人民法院起诉的,人民法院不予受理。第 20 条规定,监护人不履行监护职责,或者侵害了被监护人的合法权益,其他有监护资格的人或者单位向人民法院起诉,要求监护人承担民事责任的,按照普通程序审理;要求变更监护关系的,按照特别程序审理;既要求承担民事责任,又要求变更监护关系的,分别审理。第 45 条规定,起字号的个人合伙,在民事诉讼中,应当以依法核准登记的字号为诉讼当事人,并由合伙负责人为诉讼代表人。合伙负责人的诉讼行为,对全体合伙人发生法律效力。未起字号的个人合伙,合伙人在民事诉讼中为共同诉讼人。合伙人人数众多的,可以推举诉讼代表人参加诉讼。诉讼代表人的诉讼行为,对全体合伙人发生法律效力。推举诉讼代表人,应当办理书面手续。第 62 条规定,人民法院在审理案件中,依法对企业法定代表人或者其他人采取罚款、拘留制裁措施,必须经院长批准,另行制作民事制裁书。被制裁人对决定不服的,在收到决定书的次日起 10 日内可以向上一级人民法院申请复议一次。复议期间,决定暂不执行。第 153 条规定,消费者、用户因为使用质量不合格的产品造成本人或者第三人人身伤害、财产损失的,受害人可以向产品制造者或者销售者要求赔偿。因此提起的诉讼,由被告所在地或者侵权行为地人民法院管辖。运输者和仓储者对产品质量负有责任,制造者或者销售者请求赔偿损失的,可以另案处理,也可以将运输者和仓储者

---

① 梁慧星:《民法总论》,法律出版社 1996 年版,第 31 页。
② 梁慧星:《民法总论》,法律出版社 1996 年版,第 31 页。

列为第三人,一并处理。第162条规定,在诉讼中遇有需要停止侵害、排除妨碍、消除危险的情况时,人民法院可以根据当事人的申请或者依职权先行作出裁定。当事人在诉讼中用赔礼道歉方式承担了民事责任的,应当在判决中叙明。这些均为关于民事诉讼程序的规定。

四、民事程序问题抑或民事实体问题

有一些问题是民事程序问题还是民事实体问题是有争议的。对于具有共同内容的法律问题,不同国家的法律分到实体法或程序法的不同法律部门。这些问题主要有:(1)诉讼时效。德国法认为时效问题属于实体法范畴,但英国法认为,时效属于程序问题。① 在美国,当律师被问及时效问题究竟是"实质"抑或"程序"问题时,通常的回答是"程序"问题;而美国最高法院对诉讼时效的识别没有一致的态度,有时把时效识别为实体法问题,有时又识别为程序法问题,②(2)关于合同的书面形式,属合同的形式问题,但有些国家将其界定为证据形式问题,即合同纠纷只能以书面合同作为证据证明合同关系的存在,如法国。在美国,对于要求书面形式的合同,如果当事人未采用书面形式但有书面证据证明的,合同也有效成立。澳大利亚要求建筑承包合同要有书面形式;没有书面形式,但能够证明的,合同也认定有效。③ (3)民事举证责任问题究竟是程序问题还是实体问题,也存在着较大分歧。大陆法系国家一般把举证责任规定在民法典中,在涉外民事案件中,把举证责任视为实体法问题。而英国和加拿大等普通法系国家则把举证责任视为程序法问题。美国原来也把举证责任视为程序法问题,但纽约州法院在1929年判决中认为,举证责任是实体法问题。后来,美国学者里斯把举证责任分为两种:一种是影响案件的结局者,另一种是只与审判的进行有关者。前者是实体法问题,后者是程序法问题。1971年美国《第二次冲突法重述》的规定就反映了里斯的上述观点。④ 过错推定主要是通过举证责任倒置的方式实现的,因此,过错推定是民事诉讼法上的诉讼制度,还是一种独立的民事责任形式,也有不同观点。⑤ (4)推定分为事实的推定和法律的推定。大陆法系国家把推定视为实体法问题。英美法系国家一般把事实的推定视为程序法问题;至于法律的推定到底是实体法问题,还是程序法问题,学者们有不同观点。(5)赔偿问题。一般大陆法系国家认为,赔偿是与当事人的权利与义务直接相关的问题,因此是实体法问题。英国法院过去把赔偿问题视为程序法问题。后来,把赔偿分为两个问题:赔偿项目问题,是实体法问题;赔偿的计算问题,是程序法问题。⑥ 实质的问题应受适当的外州法的支配,但在一些案件中,法院为避免限制性的外州法而称损害赔偿的估量是程序的问题应受法院地法支配。⑦

---

① 李双元等编著:《中国国际私法通论》,法律出版社1996年版,第128页。
② 韩德培、韩健著:《美国国际私法(冲突法)导论》,法律出版社1994年版,第241~244页。
③ 孙礼海:《〈中华人民共和国合同法〉立法资料选》,法律出版社1999年版,第341页。
④ 韩德培:《国际私法》,高等教育出版社、北京大学出版社2000年版,第112页。
⑤ 王利明:《侵权行为法归责原则研究》,中国政法大学出版社1992年版,第92、93页。
⑥ 韩德培:《国际私法》,高等教育出版社、北京大学出版社2000年版,第113、114页。
⑦ 韩德培、韩健著:《美国国际私法(冲突法)导论》,法律出版社1994年版,第248页。

五、程序上的请求权抑或实体权利

在民事实体法中存在这样一些请求权,这种请求权行使的直接目的是为了实现或者保障一定的民事权益,但这种请求权行使的对象并非处于平等法律地位相对一方当事人,而是国家司法机关法院,亦即这种权利必须通过法院的审判才能实现。对于这种权利,有学者称之为依诉之形式行使的形成权。① 笔者认为,这种权利与作为民事权利之一的形成权是不同的。由于这种权利规定在民事实体法中,同时这种权利只能通过诉讼程序才能实现,笔者姑且称之为民事实体法中的程序请求权。民事实体法中的程序请求权与民事权利相比,二者同规定在民事实体法中,都是为实现或者保障一定的民事权益,但二者的区别是明显的。就民事权利来说,尽管学者们对民事权利的本质存在不同看法,但在民事权利所指向的义务主体是处于平等地位的民事主体这一点上是无异议的。一方的民事权利与另一方的民事义务共同构成民事法律关系,二者是不可分离的。民事权利的行使,一般不需要国家权力的介入,只有在民事权利的行使遇到阻碍,也即相对一方民事主体不履行民事义务时,才产生民事责任,享有民事权利一方的民事主体才有权请求国家公权力加以保护。而民事实体法中的程序请求权,其行使的对象是国家司法机关,这种权利的实现必须通过国家司法机关,并且因而这种权利不存在民事责任问题。民事实体法中的程序请求权与诉权相比,二者的主体同为民事主体,二者行使的对象都是国家司法机关,但二者也有区别。关于诉权,学者们争议较大。笔者认为,诉权是民事主体享有的在其民事权益受到侵犯或者与他人发生民事争执时,请求国家司法机关作出正确裁判,以保护民事权利义务得以实现的权利。诉权是民事主体的一种宪法性权利,它的理论基础是国家和法律产生以后,禁止民事主体"自力救济",而由国家给予"公力救济"。诉权与民事权利、民事责任相联系,民事责任为民事权利与诉权之中间桥梁②。诉权纯粹是公法上的权利。而民事实体法中的程序请求权,一般认为是私法上的权利,且如上所述其不伴有民事权利和民事责任。民事实体法中的程序请求权与诉讼权利相比,二者行使的对象同为国家司法机关,但诉讼权利是为了保证诉讼程序的有效进行,法律赋予民事诉讼法律关系主体所享有的权利。我国《民事诉讼法》规定的诉讼权利主要有:委托代理人,提出回避申请,收集、提供证据,进行辩论,请求调解,提起上诉,查阅有关材料,申请执行等。某些诉讼权利的放弃,如放弃委托代理人,并不必然意味着放弃民事权益。可见,从法律渊源上看,民事实体法中的程序请求权为实体法、私法上的权利,诉讼权利为程序法、公法上的权利;从权利主体来看,享有民事实体法中的程序请求权的主体是民事主体,而享有诉讼权利的主体是民事诉讼法律关系主体。属于民事实体法中的程序请求权的权利主要有:

(一)占有物上请求权

在物权法上有物上请求权制度,其中包括占有人物上请求权与所有人物上请求权。占有人物上请求权,又称占有物上请求权,指占有被他人侵害时,占有人所享有的占有物返还、占有

---

① 史尚宽:《民法总论》,正大印书馆1980年版,第20页。
② 梁慧星:《民法总论》,法律出版社1996年版,第78页。

妨碍除去、占有妨碍防止的请求权。① 关于物上请求权的性质,学者们争议较大,可谓众说纷纭,有债权说、物权说、准债权说等。② 在美国,损害赔偿的估量和可取得损害赔偿的条件或限制,通常被识别为笔者认为,就占有人物上请求权性质来说,应当具体加以分析。占有人物上请求权的行使要通过诉讼方式实现。③ 在法国民法和日本民法,对占有受到侵害,仅承认公力救济。④ 民事实体法上的请求权,指权利人得要求他人为特定行为(作为、不作为)的权利,它存在于平等的当事人之间,属于私权。⑤ 从占有人物上请求权的行使要通过诉讼方式实现来看,其所直接指向的义务主体,并非处于平等法律地位的民事主体,而是国家司法机关法院。可见,占有人物上请求权并不属于私权,不是民事实体请求权,而属于公权。正因为如此,占有人物上请求权又称为占有诉权。⑥ 事实上,就物上请求权制度发展历史来看,虽然罗马法中并没有物上请求权概念,但在罗马法那里,具有物上请求权性质的那部分内容是基于所有权、地上权及占有等提起的各种诉权。⑦

(二)债权人的代位权

在理论上,我国民法学者对债权人代位权的定义并不统一,甚至差别很大。⑧ 在立法上,我国《合同法》第73条规定了债权人代位权。此外,1992年7月最高人民法院《关于适用〈民事诉讼法〉若干问题的意见》第300条规定"被执行人不能清偿债务,但对第三人享有到期债权的,人民法院可依申请执行人的申请,通知该第三人向申请执行人履行债务。该第三人对债务没有异议但又在通知指定的期限内不履行的,人民法院可以强制执行"。有学者称这一司法解释为我国执行程序上的债权人代位权制度。⑨ 也有学者认为这一法条与民法上的债权人代位权制度在性质、行使方法以及行使效果等并不相同。债权人行使代位权是否必须通过诉讼方式,对此国外立法采取了两种方式,即裁判方式和直接行使的方式。债权人可通过这两种方式加以行使。在我国民法学界,一种观点主张允许债权人采取直接行使的方式,另一种观点主张代位权必须通过诉讼程序行使。⑩ 我国《合同法》采纳了后一种观点。关于债权人代位权的性质,我国民法学者认为,代位权属于广义的形成权,是一项实体权利而非诉讼上的权利,其理由为:代位权虽然在法国法系国家被称为代位诉权或间接诉权,但因为其并不必须通过诉讼的方式行使,故为一种实体上的权利。⑪ 显然,这种支持代位权为一项实体上而非诉讼上权利主张的理由与我国《合同法》是不相吻合的。根据我国《合同法》第73条规定,债权人代位权的行使

---

① 梁慧星:《中国物权法研究》(下册),法律出版社1998年版,第1136页。
② 梁慧星:《中国物权法研究》(上册),法律出版社1998年版,第95、96页;王利明:《物权法论》,中国政法大学出版社1998年版,第148~150页。
③ 王利明:《物权法论》,中国政法大学出版社1998年版,第832页。
④ 梁慧星:《中国物权法研究》(下册),法律出版社1998年版,第1135页。
⑤ 梁慧星:《民法总论》,法律出版社1996年版,第65页。
⑥ 王利明:《物权法论》,中国政法大学出版社1998年版,第832页。
⑦ 侯利宏:《论物上请求权制度》,载梁慧星主编:《民商法论丛》第六卷,法律出版社1997年版。
⑧ 王家福:《中国民法学·民法债权》,法律出版社1991年版,第177页;王利明、崔建远:《合同法新论·总则》,中国政法大学出版社1996年版,第394页;张广兴:《债法总论》,法律出版社1997年版,第197页。
⑨ 杨立新:《疑难民事纠纷司法对策》(第二集),吉林人民出版社1997年版,第456页。
⑩ 王利明、崔建远:《合同法新论·总则》,中国政法大学出版社1996年版,第396、400、401页。
⑪ 张广兴:《债法总论》,法律出版社1997年版,第199页。

必须通过法院诉讼,债权人代位权是债权人向人民法院的一种请求权。因此,债权人代位权在性质上应为程序请求权,而非实体权利。

(三)债权人的撤销权

关于债权人的撤销权的性质,绝大多数民法学者主张,撤销权为一项实体权利,其理由是撤销权的要件、行使效果以及行使期间等均由民事实体法予以规定。但也有学者认为撤销权为诉讼法上的权利。① 笔者认为,由于撤销权的行使必须通过法院诉讼,因而,撤销权是债权人对法院的一种权利,其性质应为程序上的请求权,而非实体权利。至于撤销权的有关内容规定在民事实体法中,并不能说明其是一项实体权利。

(四)无效民事行为的确认请求权

无效民事行为在学理上分为当然无效与裁判之无效。无效民事行为一般为当然无效,亦有惟得依诉讼主张其无效者谓之裁判上之无效。② 如,依台湾地区"民法"第56条规定,社团法人总会之决定有违反法令或章程时,对该决议不同意之社员,得请求法院宣告其决议为无效。第64条规定,财团董事有违反捐助章程之行为时,法院得因主管机关、检察官或利害关系人之声请,宣告其行为无效。③ 就我国法律规定来看,《民法通则》第58条规定了无效民事行为的七种情形,属于当然无效,无须提起无效确认之诉。但原来我国《经济合同法》第7条规定了经济合同无效的四种情形,并规定经济合同的无效由人民法院或者仲裁机构确认。据此,主张经济合同无效者,只能提起经济合同无效确认之诉。根据《公司法》第111条规定,股东大会、董事会的决议违反法律、行政法规,有关股东只能向法院行使请求权,提起无效确认之诉。因此,根据《经济合同法》第7条、《公司法》第111条主张民事行为无效的人所享有的权利,应为实体法中的程序请求权。事实上,即使对于当然无效的民事行为,由于当事人往往对是否有效发生争议以及需要追究无效民事行为的民事责任,因而当事人也往往向法院提起无效确认之诉。

(五)可撤销民事行为的撤销权

对可撤销的民事行为享有撤销权的人行使撤销权的方式有两种:一种为德国、日本民法仅要求以意思表示向相对人为之,④另一种为撤销权人向法院提起撤销之诉。依我国台湾地区"民法",可撤销民事行为撤销权之行使,一般依撤销之意思为之,但暴利行为之撤销、诈欺行为之撤销、婚姻之撤销等,应以诉为之,民事行为因撤销判决之力,而被撤销。⑤ 根据我国《民法通则》第59条、《合同法》第54条,对可撤销民事行为撤销权的行使,必须通过法院诉讼,提起撤销之诉。因而,这种撤销权不是实体权利,应属于实体法中的程序请求权。

(六)亲属法中的程序请求权

(1)无效婚姻。从其认定程序来看,有些国家的法律对无效婚姻采取当然无效制,如日本

---

① 张广兴:《债法总论》,法律出版社1997年版,第207页。
② 史尚宽:《民法总论》,正大印书馆1980年版,第519页。
③ 林纪东等:《新编六法(参照法令判解)全书》,台湾五南图书出版公司1986年版,第70、71页。
④ 梁慧星:《民法总论》,法律出版社1996年版,第195页。
⑤ 史尚宽:《民法总论》,正大印书馆1980年版,第530页。

民法等，在具有法定的无效原因时，无须提出诉讼或经法院宣告，当事人自行主张即可使婚姻归于无效。但是，许多国家的法律则采取宣告无效制，如德国、法国、瑞士、墨西哥等，即使具有法定的无效原因，亦须经诉讼程序由法院宣告婚姻无效。至于得撤销婚姻，则是均须依有撤销权人的请求，由法院以判决确定其撤销。(2)司法别居，为别居制度程序之一种（另一种为协议别居），是经当事人一方申请，由法院判决而形成的别居，在有的国家是唯一的别居形式，如意大利民法规定："未经法院批准，夫妻双方同意的别居无效。"(3)涉讼离婚。离婚分为非讼离婚与涉讼离婚。涉讼离婚，指依照法院裁判的离婚。在当代世界的许多国家，特别是受基督教影响较大的国家，以涉讼离婚为唯一的离婚形式。(4)婚生子女推定的否认权，是指当事人依法享有否认婚生子女为自己亲生子女而提起婚生否认之诉的权利。(5)强制认领请求权。对有充分事实证明当事人为非婚生子女的生父、母，而当事人不予认领的，经法院确认其父（母）子女关系，令其认领的，称为强制认领。享有强制认领请求权的人可以是生母，也可以是非婚生未成年子女的法定代理人（监护人）或非婚生子女本人，也可能是生父。享有强制认领请求权的人请求非婚生子女的生父、母认领的，应提起认领之诉。①

以上主要从民事诉讼法与民法关系同其他程序法与相应实体法关系的比较、民事诉讼法与民法的交叉规定、民事实体法中的程序请求权等几个方面，探讨了民事诉讼法与民法二者之间的关系。除了前文所述几个方面，还可以从民事诉讼法的独立价值、民事诉讼目的论、民事诉讼法与民法的互动关系（如，程序法上诉讼标的理论对实体法上民事责任竞合的影响、实体法上法人人格否认理论对程序法上确定当事人的影响）等来分析民事诉讼法与民法的关系。尽管学者们对民事诉讼法与民法的关系提出了不同学说，②但并不存在超时空的民事诉讼法与民法的关系。如何从历史的发展的角度分析具体的民事诉讼法与民法的关系，进而揭示出一般的程序法与实体法的关系，是需要进一步探讨的重大课题。有经济法学者指出，产生于现代市场经济基础上的经济法与传统部门法相比，其特征之一是从一开始就把实体法规范与程序法规范熔于一炉，从而认为，经济法在制度构成上的现代性，主要表现为其"自足性"，即在经济法的制度构成中，既有实体法制度，又有程序法制度，因而无需再单独地构筑一套程序制度以与实体制度相适应，从而在制度供给或运作上是自给自足的。自足性是现代法的重要特征，也是现代社会对制度构成的一个重要诉求。近些年来，许多传统部门法的学者强调程序价值的重要性的呼声越来越高，有一些学者提出要把实体法与程序法的问题结合起来研究，要打破传统部门法将实体法与程序法截然分开的藩篱。如有的行政法学者认为行政法应当包括行政程序法；刑法学者提出了"刑事一体化"理论，其中也有人强调要把刑法与刑事诉讼法结合起来进行研究。③事实上，有些在实体法研究方面很有成就的学者也开始"客串"研究民事诉讼法，并且亦有"反客为主"的"嫌疑"。④也有民法学者强调程序法的重要性，并指出由于我国民事立法总体上忽视程序机制，已经带来不良后果。⑤可见，研究民事诉讼法与民法的关系，不仅仅是理论问题，而且也是如何在我国法律体系中充分发挥民事诉讼法和民法各自功能的现实问题。

---

① 杨大文：《亲属法》，法律出版社1997年版，第102、167、169、170、245、256页。
② 江伟：《民事诉讼法学原理》，中国人民大学出版社1999年版，第28～33页。
③ 张守文：《论经济法的现代性》，载《中国法学》2000年第5期。
④ 张卫平：《诉讼构架与程式》，清华大学出版社2000年版，第Ⅶ页。
⑤ 崔建远：《关于制定合同法的若干建议》，载《法学前沿》第2辑，法律出版社1998年版。

经济法与公益诉讼的契合性分析*

颜运秋**

程序法与实体法的关系是法学理论研究和法治建设中不可避免的一个基本问题。长期以来,我国法学界对程序法与实体法的关系问题一直停留在较肤浅的认识阶段,表现为我国的法学基础理论学科,建立了庞大的以实体法为基础的理论体系,却相对地忽视了对程序法的系统研究,在实体与程序之间似乎存在无法弥合的鸿沟。在经济法研究领域尤其如此。如果要从程序法和实体法的起源来看经济法与公益诉讼的关系,颇有一种鸡生蛋还是蛋生鸡的问题。虽然公益诉讼是关于规范和保护公共利益的一切法律的司法程序,不只是经济法独特的诉讼程序,但是经济法与公益诉讼之间确实存在内在必然的契合性;如果忽视这种关系,甚至否认这种契合关系,是无法对经济法与公益诉讼的独立品性有一定的理性认识。有鉴于此,笔者从实体法与诉讼程序的一般关系入手,揭示真正学理意义上的经济法,结合公益诉讼的理论与制度创新,分析经济法与公益诉讼的契合性。

一、实体法与诉讼程序的一般关系

法一般被分为实体法与程序法,从常识来讲实体法就是以"应当如此"的法律关系内容,提示什么是实体正义的规范;与此相对,程序法则被理解为规定如何实现实体法内容的手段性规范。① 没有程序法,实体法就是一台无法启动的机器而无从发挥功能。二者是法律领域的两大部类,缺一不可,并无轻重之别。程序法与实体法有着共同的法律价值,但同时又具有不同的自然属性。实体法是调整法律关系主体权利义务关系,确定法律责任的既定标准,表现为相对静止的状态,同时它又是被动的适用对象;而程序法则是围绕这一静态标准而具体实施的一系列诉讼行为,表现为运动着的渐进过程。实体与程序比较而言,程序无疑是法律生活中最积

---

* 本文系作者主持的国家社会科学基金课题《公益诉讼法律制度》(05BFX0045)的阶段性成果,也是作者博士论文《公益经济诉讼:经济法诉讼体系的构建》的一部分。

** 颜运秋:中国人民大学博士后流动站研究人员。

① [日]谷口安平著,王亚新、刘荣军译:《程序的正义和诉讼》,中国政法大学出版社1996年版,第5页。

极、最活跃的因素。虽然美国学者贝勒斯则指出:"程序法涉及达成一项法律决定的过程和步骤,实体法则涉及法律决定的内容。两者有着明显的区别,因为人们可以采用不同的程序来解决同一实体问题,也可以采用同一程序来解决不同的实体问题。"①但是实体法与程序法存在对应性。在法学理论中,大多数学者将程序作为与实体对应的法律形态来看待。辩证地认识程序与实体的关系,不难得出结论:实体法是程序法的实质,程序法是实体法的外在形式,实体法的精神理念决定程序法的精神理念。

实体法与程序法的对应性表现在两个层次:第一层次是实体法与程序法的直接对应。即实体法设定权利、义务,程序法规范这些权利、义务的实现方法与步骤。第二层次是实体法与程序法在附条件上的对应。即实体法设定的权利、义务没能够通过相应的程序与方式获得直接实现,它遭到了破坏和侵害,这种遭受侵害的实体权利、义务关系,需要恢复和校正,需要另一种动态机制来修补和平衡,于是就出现了后续性的程序法与之对应。这种程序法并不直接设定某一义务的承担或某一具体权利的实现办法,而只是把某一类及某一项权利遭受损害后的恢复问题列入机制之中,从而确定如何对破坏了的权利、义务关系进行弥补和修复。这种弥补与修复往往通过对违反实体性法定义务的主体进行惩戒或追究责任来实现。于是就出现了与刑法相对应的刑事诉讼、与民法相对应的民事诉讼、与行政法相对应的行政诉讼,甚至与宪法相对应的宪法诉讼。

一般而言,特定诉讼形式的设立决定于三个因素:(1)诉讼存续发展之实体基础的特定内涵。实体正义决定了程序的具体价值目标,为了使实体法通过诉讼中每一案件的处理得到实现,程序结构一般按适用实体法以及体现实体性正义的要求来加以设计和构成。(2)相应社会冲突的个性特征。不同性质和特点的冲突赋予了适应冲突解决要求的诉讼以不同的个性特色,这些个性特色能够超出各类诉讼在逻辑和方式上的共通性规律,决定各类诉讼自成一体的独立价值。(3)冲突能否纳入已有诉讼制度得以彻底有效解决。针对不同性质的冲突类型,设计解决冲突的诉讼程序,实现不同的实体正义,其目的旨在实现冲突解决的科学、合理与效率。程序针对冲突或纠纷类型的不同特点确定纠纷与冲突解决的不同目标,为了目标的实现应该采取整体目标实现中的最小费用化方案。② 现有诉讼制度不能就特定性质冲突的及时、有效排解作出满意回答,就应当考虑适应解决冲突需要的诉讼程序是否应具备自身新的特点。

二、正本清源的经济法

对于经济法究竟是什么的问题,有一种望文生义的观点,即经济法是有关经济问题的法律。这种观点在学术上虽然已经不占主流,然而这种望文生义的说法危害很大。殊不知,经济是基础,政治是上层建筑,法律属于上层建筑的范畴,是由经济基础决定的。试问,哪个法律与经济无关呢?宪法有很大篇幅规定生产资料所有制和财产所有权,刑法也有大量篇幅规定经济犯罪,行政法中大量的是国家管理经济的法律,更不用说主要调整经济关系的民商法了。如

---

① Michael D. Bayles ed., *Procedural Justice*. Kluwer Academic Publishers,1990, p. 3.
② R. Bush ed., Dispute Resolution Alternatives and the Goals of Civil Justice, *Wis. L. Rev.*, Vol. 78, 1984, pp. 893~904.

果按照凡是与经济有关的法律都是经济法的这一观点,那么,连宪法、刑法、行政法、民商法在内岂不都成了经济法?这样一来,"经济法"消灭了所有各部门法,法律部门的划分也就没有必要了,经济法本身也就丧失了其存在的理由。① 中国的"经济法"虽然已有20多年的研究历史,但大多一直未能形成自己完整而合理的理论体系,其概念和体系五花八门。长期以来,由于经济法没有自己的体系,因而某些持"诸法合体"、"大经济法"观点的人到处挖其他法律部门的"墙角",哪个法热门就挖哪个,他们把民商法中的核心部分,被人称之为各国民法典的中心——合同法挖过去,把我国《民法通则》规定的五大基本权利之一的知识产权挖过去,还把与调整市场经济关系最密切的商法(公司法、票据法、证券法、保险法、海商法)挖过去,再把环保法、劳动法牵强附会地纳入经济法之中。更有甚者,还把经济立法与经济司法这两个截然不同的领域放在"经济法"之中,把属于民事诉讼法的"仲裁"也放进"经济法",这样就使"经济法"成了一个无所不包的杂乱无章的体系。"经济法"某些学者的这种作法,导致了私法(民商法)与公法(行政法、刑法)不分,诉讼法与实体法不分,立法与司法不分的"诸法合体"的局面。这种诸法合体的"经济法"不仅破坏了我国完整的法律体系,而且也破坏了我国的法学体系,使我国的法学教育陷入了专业设置和课程内容重复交叉、互相矛盾的困境。在诉讼体系的内在合理性方面,也造成了理论上的混乱和实践上的严重缺位和错位现象。

其实,经济法只是在生产高度社会化的历史条件下,为适应国家普遍调节社会经济的需要而逐渐形成为独立部门法的。经济法所调整的只是在国家干预管理社会经济过程中以国家为一方主体而发生的国家经济管理关系。而平等主体间经济关系同国家经济管理关系的性质明显不同,调整它们的法律性质、任务和原则等等也不相同。经济法不能调整应由民法调整的"横向"经济关系。② 由于国家调节是为弥补市场缺陷才需要和产生的,所以国家调节方式和活动必然是针对市场存在的那些缺陷,采取相应措施,这又决定了经济法体系的基本构成。市场存在着三缺陷(市场障碍、市场唯利性、市场的被动性和滞后性),国家调节采取三方式(反垄断、反不正当竞争以排除市场障碍,国家直接投资的进入和退出,国家指导、促进或称宏观调控),经济法体系有三构成(市场规制法,国家投资法,宏观调控法)。此即经济法"三三理论"。③ 经济法立法和实施主要集中在以上三个方面,要进一步改变过去经济法"大而全"的状况。由于市场机制逐步发达,应大力加强民商法。该由民商法调整的,经济法不予调整。同时,涉及一般行政管理的,由行政法调整;经济法调整方法也应尽量减少行政指令,淡化其行政法色彩。只有这样,经济法特有的体系和特点才会更加明确,经济法作为独立部门法的性质也便更加纯正。④ 确如斯言,从此改变了"大经济法"造成的混乱局面。

经济法是国家调节社会经济之法,国家经济调节中出现的法律纠纷被称之为经济法纠纷。国家经济调节主体之间以及国家经济调节主体与被管理主体之间的纠纷不适宜仲裁解决,仲裁机构为民间组织,不能对国家机关行使裁判权。有人认为,"经济法的出现,打破了各部门法之间的藩篱,使各部门法之间的界线模糊起来。法的模糊性是当今社会关系错综复杂的法律

---

① 刘春茂:《中国法律体系与法学原理》,法律出版社1997年版,第14~15页。
② 漆多俊:《国民经济的法律调整》,河南人民出版社1986年版,第7~30页。
③ 漆多俊:《转变中的法律——中国经济法的时代特征》,载漆多俊主编:《经济法论丛》(第四卷),中国方正出版社1999年版,第2~3页。
④ 漆多俊:《转变中的法律——中国经济法的时代特征》,载漆多俊主编:《经济法论丛》(第四卷),中国方正出版社1999年版,第4~5页。

反映,错综复杂的社会关系需要多个部门法综合调整,'你中有我、我中有你',乃至于'你就是我、我就是你'成为一种正常现象。"①并且认为,"在国家经济调节中存在两类社会关系,一类是国家经济调节关系,它必以国家(或其代表)为一方主体,另一类是国家经济调节涉及的被调节主体同其他社会关系主体之间,或多个被调节主体之间的关系,此类关系中没有国家调节主体为一方当事人,在形式上是平等主体之间的关系。这两类社会关系发生的纠纷都属于经济法纠纷。"②因此,他主张"经济法纠纷需要司法解决,但并不等于需要在传统的'三大诉讼'之外另行建立独立的经济法诉讼制度,经济法纠纷能够也只能在现有的诉讼制度框架下解决"。③ 笔者认为,这一观点值得商榷。在经济法法典化不成熟的今天,经济法将更多地依附于宪法,经济法诉讼应当更多地结合宪法中的经济条款以及宪法诉讼和违宪审查制度。所以,那种认为"国家调节领域发生的宪法争议,不是经济法上的权利义务之争,而是宪法上的权利义务之争,性质发生了变化,是宪法纠纷,不宜再视为经济法纠纷。我们没有必要对国家经济调节领域的宪法争议单独列出来进行特别的考虑"④的观点也是值得商榷的。而且,"采综合经济法诉讼模式的观点,不主张在现有三大诉讼之外创建新的诉讼模式,而是要利用现有的诉讼模式来实现经济法的可诉性"⑤的主张,实际上是对经济法"三三理论"的悖反,很有可能又把我们带回到"大经济法"和"大行政法"的老路上去,有必要引起我们的高度警觉。

三、开拓创新的公益诉讼

在罗马程式诉讼中,就有私益诉讼(actions private)和公益诉讼(actions publican populates)之分,前者乃保护个人所有权利的诉讼,仅特定人才可提起;后者乃保护社会公共利益的诉讼,除法律有特别规定者外,凡市民均可提起。⑥ 国内有学者认为:公益诉讼是任何组织和个人根据法律授权,就违法侵犯国家利益、社会公益的行为提起诉讼,由法院依法处理违法之活动。⑦ 也有人认为,公益诉讼制度是指任何组织和个人都可以根据法律法规的授权,对违反法律,侵犯国家利益、社会公共利益的行为,有权向法院起诉,由法院追究违法者法律责任的行为规范。⑧ 公益诉讼是与私益诉讼相对而言的。公益诉讼不等于公诉,它既可以由国家授权的检察机关和政府机关代表国家提起公诉,又可以由利害关系人以国家授权机关的名义或以个人的名义提起诉讼。公益诉讼包括公益公诉和公益私诉。公益诉讼不仅要建立公诉制度,而且要引入私诉制度。这样方可强化社会监督力量,以弥补政府在查处侵犯公益案件中力有不逮之处,而且也符合我国社会主义制度的本质。公益诉讼可以是公诉,即以"官告官"或"官告民"或"民以官的名义告官或民"的形式;也可以是私诉,即以"民告官"或"民告民"或"官以民

---

① 王新红:《论经济法的时代精神》,载《湖南财经高等专科学校学报》2002年第2期。
② 王新红:《经济法纠纷司法解决机制研究》,中南大学2004博士学位论文,第14页。
③ 王新红:《经济法纠纷司法解决机制研究》,中南大学2004博士学位论文,摘要,第2页。
④ 王新红:《经济法纠纷司法解决机制研究》,中南大学2004博士学位论文,第53~54页。
⑤ 王新红:《经济法纠纷司法解决机制研究》,中南大学2004博士学位论文,第55页。
⑥ 周枏:《罗马法原论》,商务印书馆1996年版,第886~887页。
⑦ 韩志红、阮大强:《新型诉讼——经济公益诉讼的理论与实践》,法律出版社1999年版,第27页。
⑧ 苏家成、明军:《公益诉讼制度初探》,载《法律适用》2000年第10期。

的名义告官或民"的形式。

公益诉讼,虽在古罗马就已存在,但引起广泛关注是在20世纪。随着资本主义由自由资本主义走向垄断资本主义,社会主义的兴起,高科技的迅速发展,人们的生产、生活日益社会化,公害问题也日益凸现出来,为了维护国家、社会公共利益,公益诉讼被不断重视。这种诉讼是围绕公共利益产生的纠纷基础上形成的诉讼,是指有关组织和个人依据法律的规定,对违反法律而给国家、社会公共利益造成了事实上损害或潜在损害的行为,向法院起诉,由法院追究违法者的法律责任的诉讼活动。相对于传统的私益诉讼,公益诉讼具有以下特征[①]:(1)公益诉讼的目的是为了保护国家、社会公共利益,追求社会公正、公平。公益诉讼可以制止某些滥用权力(权利)的行为危害国家、社会,保障社会每一个体成员的合法权益得以实现,形成良好社会秩序,从而促使整个社会稳定、迅速地发展。(2)利害关系的不特定性和广泛性。在传统诉讼中,受到违法行为侵害的往往是特定的合法权益。而在公益诉讼中,违法行为侵犯的对象是公共利益,对于普通民众往往只有不利影响,而无直接利益上的损失。即便个案中该行为在侵犯公共利益的同时也触及特定人的直接利益,法律仍然允许在该特定人不愿、不敢或不便提起诉讼之时,普通民众为了维护公共利益而向法院提起公益诉讼。(3)公益诉讼的发起者不一定与本案有直接利害关系。公益诉讼的发起者可以与本案无利害关系,任何人为维护国家、社会利益均可把侵害公共利益之人推上被告席。(4)公益诉讼成立的前提既可以是违法行为已造成了现实的损害,也可以是尚未造成现实损害,但存在损害发生的可能。(5)在具体的原则和制度方面,公益诉讼也有其特殊性,如对处分原则有较多的限制。当事人能否处分程序,抑或究竟能够处分"什么"的问题需要与许多国家宪法所保障的一般自由裁量权和所有权等基本权利联系起来考虑。因为这些基本权是身份法和财产法上处分权能的基础。不过,这种基本权也要服从于宪法上的限制。例如,有时为了公共利益,而在人格权和财产权上不承认当事人处分权的规定,就不能说是违反了宪法和法律。

近年来,私人为了维护公共利益而提起的诉讼(通称公益诉讼或者公共利益诉讼)不断增加,这种状况被大多数的比较法学者认为是诉讼法今后最主要的发展,这种变化可能给诉讼的形式及特性带来巨大的变化。在当事人制度、诉权理论与诉的利益理论等方面,公益诉讼向传统诉讼提出了挑战。[②] 只给有足够资格的诉讼当事人以救济,这历来是获取救济的重要限制。这项法律制度的出发点是:救济是与权利相关联的,因此只有那些自身权利受到威胁的人才有资格获得救济,其余任何人在法院面前都没有这种必要的资格。除刑事公诉外,我国民事诉讼法、行政诉讼法、刑事诉讼法关于起诉权的规定虽然不尽相同,但其共同点是原告必须是自身合法权益受到侵犯的自然人、法人或者其他组织,即直接利害关系人。随着工业化和市场化进程的加快,反垄断、消费者权益受侵害、国家投资等案件逐渐增多。许多国家为了纠正公共性不当行为,采取了不再过度强调适格理论的策略。代表性的举措有:法国和德国的赋予具备一定要件的团体如消费者团体、商业或手工业团体起诉权的团体诉讼,美国的公民为所属集团之全体成员之利益起诉的集团诉讼等等,以此达到削弱原告适格理论阻碍之目的,国外法学界一般将这类现代型诉讼称为"公共利益诉讼"。[③] 当事人从直接利害关系人到程序上独立当事人

---

① 颜运秋:《公益诉讼理念研究》,中国检察出版社2002年版,第58~59页。
② 颜运秋:《社会经济法与公益经济诉讼》,湖南人民出版社2005年版,第158~171页。
③ [意]莫诺·卡佩莱蒂编,刘俊祥、罗国忠译:《福利国家与接近正义》,法律出版社2000年版,第65~97页。

的概念变迁,也是实体权利保障的范围与日递增的表现。这逐渐使得个案中的起诉人一般都能毫无实体障碍地成为本案当事人,这样,当事人逐渐从实体的依附地位中摆脱出来,成为独立的程序当事人,是当事人概念发展的必然逻辑结果。

法学界不少人认为,诉权只是民事诉讼法学中的特有概念,离开诉权,民事诉讼程序模式的建构和诉讼权利义务的分配便失去了理论基石。实际上,其他诉讼中同样存在诉权问题。当一个人的行为侵害了他人的合法权益触犯刑律构成犯罪时,检察院和被害人正是基于诉权而向法院提起公诉和自诉的。诉讼法学界普遍认为,诉权是国家法律赋予社会主体在其权益受到侵害或与他人发生争执时,请求审判机关通过审判方式保护其合法权益的权利。诉权的产生和存在,离不开"权益受到侵害"这一前提条件。然而,"权益受到侵害"的形式和种类是多种多样的,这决定了诉权也必然具有不同的表现形式,出现了民事诉权、刑事诉权以及其他诉权。诉权是资产阶级革命中法治理论给诉讼领域带来的变革成果,它作为强化当事人对抗裁判者和争取司法公正的手段得到立法的认可。尤其在20世纪,无论在诉权的研究方面,还是在诉权的立法方面均得到了长足的发展,并出现了三个特点:一是诉权的社会化。不仅检察官在公益代表的意义上获得的特别诉权得到了进一步的根据,而且一些社会公共团体也被赋予帮助特定的社会成员寻求诉讼保护的权利。在一些国家,公民仅仅出于关心公益,也可以有限地动用诉讼手段。二是诉权的范围进一步扩大。现代诉讼包括了立法性诉权(违宪诉讼等)、司法性诉权(包括刑事诉权、民事诉权、行政诉权)、行政性诉权(在行政决定、复议、仲裁等活动中的程序权利)。三是以1964年《人权宣言》为始端的诉权保护国际化趋势。[①] 这种观点对我们研究公益诉权很有启发。诉权是一种救济权,是一切国民所平等享有的一种宪法权利。公益诉权也不例外。公益诉权的确立,与国家在纠纷解决机制中的作用尤其是与纠纷解决权力的国家化及司法机关的运作方式——不告不理直接相关。缺失了公益诉权,公民就丧失了寻求司法保护和解决公益纠纷的手段,审判权力也就无从启动与运作。

诉的利益是指当权益受到侵害或者与他人发生纠纷时,需要运用诉讼予以救济的必要性,是连结实体法和程序法的枢纽。根据传统的"诉之利益"理论,原告起诉只能就与自己权利或法律上的利益有直接关系为限。但是,仅仅依靠利害关系人来解决社会所面临的个人利益的自我保护问题有时是不充分的,特别在社会公共利益遭受侵害的情况下,与公益违法行为有直接利害关系的人往往是受益者,不会提起诉讼。而且在某一特定问题上有直接利害关系的人,并不一定代表全社会的利益。所以,为了维护社会公共利益,应允许与自己权利无直接法律利害关系的公民,可以就公益违法行为提起诉讼。公益诉讼之建立必然要有现实基础,诉的利益迫切需要法律救济。现实中有两种诉的利益需要通过公益诉讼给予救济:第一种需要保护的诉的利益是国家利益。国家利益保护缺位,如国有资产流失而无人享有诉权,无法启动司法救济程序。第二种需要保护的诉的利益是伴随新型诉讼产生的社会公共利益,如产品质量侵权、环境公害、反垄断诉讼等,当事人有时缺乏相应性和对应性,有较强的公益色彩。所以有必要引入两种诉讼主体:(1)公民、法人、其他组织可以提起维护公共利益的诉讼;(2)国家特设机关(如检察院)依据其发现的情况和别人提供的材料提起维护公益的诉讼。所以,公益诉讼实际上是通过承认诉的利益而扩大当事人资格的一种特殊诉讼。

---

① 王福华:《民事诉讼基本结构》,中国检察出版社2002年版,第16页。

四、经济法与公益诉讼的契合性

传统的经济法研究一直在努力证明自身独立存在的价值,多局限于实体法上的思考,却缺乏理性地构建独立的程序法架构,尤其缺乏对经济法程序理念的提升,有些自说自话的感觉,从而动摇了人们对经济法独立性的信任,没有自身独特的程序保障的经济实体法也只能是无源之水和无本之木。所以,提升体现经济法本质的独特的经济法理念与建立相应的经济法程序规则是经济法研究的当务之急。经济法是以社会公共利益为本位的部门法,与之相适应,经济法的程序始终贯穿着一条主线即对社会公益的关注,一种旨在建立一套程序规则,以有效保护社会公共利益不受侵害的理念。出于有效保护公益的考虑,经济法程序中的原告与传统的法律程序相比往往不明确,其保护的利益也经常与自身不具有必然的直接联系,更多的情况,表现为一种扩散性的趋势,以保护与原告处于同一立场的利益阶层的人们的扩散的片断性利益。因而,西方有学者把这类诉讼称为保护扩散性利益诉讼。这种诉讼实际上就是公益诉讼。经济法作为独立的法律部门,有独立的调整对象、调整方法,而我国现有的三种诉讼制度对违反经济法的行为的追究都有很大的局限性。按现行程序制度操作需要按不同程序处理同一经济违法行为:即违法者的民事责任应按民事诉讼法由法院民事审判庭来追究;违法者的经济责任应按照《行政处罚法》由行政机关追究;行政相对人不服行政处罚还可依行政诉讼法提起行政诉讼,由法院行政审判庭审判;违法者的刑事责任则按刑事诉讼法由法院刑事审判庭追究。这种由不同诉讼程序转换所带来的时间延误和其他弊病,不可避免地影响对经济违法行为的有效打击。为保证经济法的实施,因此有必要建立一种新型诉讼制度——公益诉讼制度。在这种诉讼程序中,同时从民事、经济、刑事三方面解决违反经济法行为的法律责任问题,避免由不同诉讼程序转换所带来的时间延误和其他弊病,以保证对违反经济法行为处理的彻底性和有效性。

"经济法的调整对象是具有社会性的经济关系,即直接涉及或影响社会或公众重大利益的经济关系。"①这样一种新型社会经济关系的出现决定了必然会有新型法律关系主体的出现,经济法权利(权力)、义务和责任一定为新型法律关系主体所分配和承担。经济法法律关系客体呈现出社会性的特点。社会性的财产(即国有资产或公有财产)以及社会性的行为是经济法法律关系的重要客体,因为经济法法律关系客体的社会性特点,决定了经济法主体权利义务以及权利救济方法的特点。经济法的权利和义务同客体一样,也具有社会性的特点,经济法权利主体拥有的权利可以称之为"社会权";经济法义务主体的义务是对社会的义务,而不是对特定主体的义务;经济法权力主体的权力是为实现经济法权利主体的"社会权"而设置。因为经济法的权利和义务具有社会性的特点,因此,经济法责任主体的法律责任是对社会的责任;法律责任追究的司法程序应当主要适用公益诉讼程序。②为什么对违反经济法行为提起的诉讼,一般均应属于"公益诉讼"?依据在于经济法维护社会公共经济利益的本质与宗旨。违反经济法的行为一定是侵犯不特定多数人利益或全社会公共经济利益的行为。那么,追究违反经济法行为法律责任适用的程序就不应当是私益诉讼,而应当是公益诉讼。因为私益诉讼对应的

---

① 王源扩:《法律部门划分理论再探讨》,载安徽大学法学院主编:《安徽大学法学评论》(第1卷),安徽大学出版社2001年版,第115页。

② 韩志红:《经济法调整机制研究》,中国检察出版社2005年版,第1~5页。

是个体权利的保护,适用私益诉讼程序处理关系不特定多数人利益或全社会公共经济利益的案件显然是小马拉大车,不仅不经济,而且没有效率,这应当是不需要论证的众所周知的事实。① 从经济法的调整对象、经济法法律关系与经济法责任等都可以成证经济法与公益诉讼的契合性。

有人试图否定实体法与诉讼法之间的逻辑联系,进而达到否定经济法与公益诉讼之间存在契合性的目的。其理由之一是:"目前在民事法律领域中,一方面,除了作为基本法的民法通则以外,还有独立的婚姻法、继承法、合同法、保险法、公司法等一系列实体法律、法规,它们各自都没有也不可能都有专门的诉讼法相对应。"但婚姻法、继承法、合同法等一系列实体法律法规与民法不是同一层次的部门法,而只是民法的重要组成部分或子法,有了民事诉讼法及其特别规定也就不需要另行制定与这些民法之特别法相对应的诉讼法。同时,这个理由也不足以驳倒经济法与公益诉讼之间存在契合性。因为谁也不认为经济法是民法的重要组成部分或子法,而一般公认经济法与民法是同一层次、相互独立、相互补充的部门法。其理由之二是:"我国实体法领域并不存在独立的、统一的经济法部门","也很难制定出统一的经济法典,更不能取代民法的基本地位"。事实上,经济法历来没有取代民法作为基本法地位的企图,否则就是对经济法地位的严重误解和歪曲。至于说实体法领域不存在独立统一的经济法部门,这是对经济法固有理论的简单否定。尽管由于种种原因,致使统一的经济法典无法出台,但并不足以证明经济法作为部门法就不存在,也不足以说明经济诉讼独立存在缺乏实体法的前提。试问:我国没有出台统一的行政法典,但为什么又有独立的行政诉讼法呢?所以形式意义上的实体法不完全是相应诉讼程序独立的前提条件,但同一层次的实质意义上的实体法应当有相应的诉讼程序作司法保障,应当是相应诉讼程序独立的前提条件之一。

同时,经济法冲突或经济法纠纷的大量存在及其与民事纠纷的严格差异是经济法诉讼产生和独立的现实前提。经济法冲突表现为内部不经济和外部不经济两种状态。内部不经济又表现为投资者对经营管理者丧失信心、经济管理混乱、经济效益严重低下、成本费用过高、分配显失公平等。外部不经济表现为不正当竞争、垄断、可持续发展受阻、经济负增长、供需严重脱节、金融危机和经济危机明显化等。这些冲突显然与民事冲突有着极为鲜明的差异。而且,由于经济关系的日益复杂化,经济法冲突越来越趋于综合性,同一经济法冲突往往同时兼具民事、行政及刑事诸方面的不同性质。因此,经济法纠纷并不是"特定类型的民事案件",在本质上与民事纠纷有区别,民事诉讼与"经济法诉讼"在所调整的社会关系性质方面不完全一致,是不同性质的诉讼活动,经济法诉讼突出表现为具有公益诉讼的特性。

总之,新型诉讼形式的出现总是与相应的实体法相适应,并且总是为了满足解决相关社会冲突的客观要求。人类社会诉讼演进史和诉讼制度自身发展规律表明,诉讼形式是实体法律制度的必然派生,特定类型的实体法律制度是相应诉讼形式产生的逻辑根据。正如马克思所指出:"审判程序和法二者之间的联系如此密切,就像植物的外形和植物的联系,动物的外形和动物的联系一样。审判程序和法律应当具有同样精神,因为审判程序只是法律的生命形式,因而也是法律的内在生命的表现。"② 正是基于实体法与程序法的这种密切联系,经济法规范在我国的大量颁布不可避免地导致了公益诉讼的产生,公益诉讼作为经济法的"内部生命的表现",有效地体现了经济法规范所内含的强制约束力,维护了经济法的切实实施。

---

① 韩志红:《经济法调整机制研究》,中国检察出版社2005年版,第273页。
② 《马克思恩格斯全集》第1卷,人民出版社1956年版,第178页。

从正义公正角度解析民诉法与实体法的关系

姜丽萍*

本次年会确定这样一个主题,并非单纯为加强法学的理论研究,其中的深远意义是多方面的。首先,该问题是我们高校民事诉讼法教学中绕不过去的一个问题。其次,该问题是民事诉讼法中的一个重要的理论基础问题。虽然,在民事诉讼法学基本理论体系的构成中,[①]我们未能直接看到二者之间的关系,但是,无论是民事诉讼的价值理论,还是民事诉讼目的理论、诉权理论、诉讼标的理论抑或既判力理论,哪一种理论都交织着民事诉讼法与实体法的关系。再次,司法实践中也会遇到这样的难点和困惑,当实体法与程序法的适用出现冲突时,如何取舍?厘清二者之间的关系,具有重要的理论价值和实践意义。

学界在探讨民诉法与实体法关系时产生许多混乱,一方面,混乱的根源在于学理上的逻辑混乱;另一方面,有的学者单纯追求理论上的学术价值而忽视法律实践的现实意义。真诚的法律学者不能单纯追求法律学术上的价值,更应拥有现实关怀,探求如何克服现实的司法腐败等问题。当然,三大诉讼法与其实体法的关系问题既有共通性问题,也有特殊性的问题。本文前面探讨其共通性问题,后面探讨民事诉讼法特殊性问题。

一、学界探索程序法与实体法关系的三大弊端

学界在探索诉讼法和实体法的关系时,存在三大弊端:其一,把二者的关系简单归结为形式和内容的关系;其二,没有真正读懂马克思经典论述的原意;其三,在程序法和实体法中间分出轻和重,所以出现了重实体轻程序的现象。如何走出这三大误区,怎样从法律上堵住司法腐败,从根本上理顺二者之间的关系,需要克服这三大弊端。

(一) 把程序公正归结为形式公正是错误的

把民事诉讼法和实体法的关系理解为形式与内容的关系包含着一定的合理性,本文对这

---

* 姜丽萍:中国青年政治学院法律系。
① 江伟主编:《民事诉讼法学》,北京大学出版社2004年版,第19页。

一点不打算作过多的否定。法律的核心内容是权利和义务，这是法律要解决的实体问题。多数学者认为，实体法是分配权利、义务的法律，程序法是规定实现权利、义务的方式和条件的法律。① 本文并不否定其中的合理性，但也并不赞同把民事诉讼法和实体法的关系全部或简单归结为形式和内容的关系。因为，形式和内容的关系不足以把握民事诉讼法和实体法关系的全面内涵。本文认为只有从法律动态的全程视角寻求法律的形式和内容，民事诉讼法和实体法的形式和内容才具有实质性意义。

"权利和义务"是法律(本身)的内容，民事诉讼法是"实现权利和义务"的形式和手段，这只是从法律本身的价值而言的。如果从法律追求的目标和促进哪些价值实现的角度看，公正、正义和利益的合理分配才是法律追寻的内容，反之法律只是追寻公正、正义和利益合理分配的手段和形式。因此，从法律的实质内容角度看，实体法是从权利和义务的表层内容上，最大限度地满足最多数人的利益合理分配的需要。俗话说，不怕分配不均，就怕分配不公，只有公平合理地解决利益问题才是对正义的实现。

形式与内容的区别是相对的。民事诉讼法相对于实体法而言是形式。但从法律相对于现实生活角度看，只有公正、正义或利益的合理分配才是法律追求的目标和法律的根本内容，而法律只是实现社会生活正义和公正、合理分配利益的形式。从这种实质意义上讲，公正、正义或利益的合理分配才既是实体法的内容，更是民事诉讼法的内容。

所以，"权利和义务"只是法律的表层内容，并不是法律的实质内容；只有正义地解决利益问题才是法律追寻的实质内容。不能脱离开公正和正义问题而来探讨民事诉讼法和实体法的关系问题，单纯把民事诉讼法和实体法关系简单归结为形式和内容并没有终极的价值，只有从公正或正义的角度去探讨民事诉讼法和实体法的关系才有意义。

如果说民事诉讼法与实体法是形式和内容的关系，那么就有可能把民事诉讼法所追求的公正归结为形式公正。然而这是错误的。所以，本文认为，不能把程序公正归结为形式公正。因为，"形式公正"是"实体法是否合乎正义"的问题，而不是"程序法是否公正"的问题。立法包括实体立法和程序立法。程序法是否公正在于能否保证"实体法的正义"。真正的实体正义在于实质正义。罗尔斯把正义分为实质正义和形式正义。② 真正的实体正义是实现了的实质正义。当然，如果实体立法实际上并不合乎正义，但也不失为一种形式上的"公正"。因此，不能把形式公正简单归结为程序上的公正。如果把形式公正简单归结为程序上的公正，就可能为"恶法亦法"提供合理的根据，认为"恶法亦法"是合理的。

以往学界一些学者仅仅从实体法与程序法的相对意义上考察内容和形式的关系的做法，并不能把握现代法治精神的内容，反而为"恶法亦法"提供巨大的发展空间，为良法的发展设定极大的障碍。现代中国法律精神追求的是法治与人权。现代法治社会追求的是良法而不是弘扬恶法。早在几千年以前，古希腊哲学家亚里士多德就提出来作为法治社会的两个基本的条件是反对恶法追求良法、民众的普遍服从。③ 几千年过去了，西方发达社会早把亚里士多德的法治精神变成现实。现代追求正义的法律学者不应脱离克服司法腐败的现实抽象探讨实体法和程序法的关系，真诚的学者应当把实体法、程序法的终极意义归结为正义，这对于现代法学研究具有重要意义。只有从追求正义的意义上探索实体法和程序法的内容与形式的关系，才

---

① 大多数程序法学教科书都是这样认定的。
② [美]约翰·罗尔斯著，何怀宏等译：《正义论》，中国社会科学出版社1988年版。
③ 亚里士多德著，吴寿彭译：《政治学》，商务印书馆1981年版，第199页。

能赋予法律以现代意义。

(二)把内容只给实体法、把形式留给程序法,并不符合经典原义

学界关于诉讼法和实体法的关系是形式与内容的关系的观点,主要源于马克思在《关于林木盗窃法的辩论》一文的一段经典论述:"审判程序和法二者之间的联系如此密切,就像植物的外形和植物的联系,动物的外形和血肉的联系一样。审判程序和法律应该具有同样的精神,因为审判程序只是法律的生命形式,因而也是法律的内部生命的表现。"①

为了准确理解经典原义,必须观其全貌,在上下文中去把握。当时马克思分析德国莱茵省法官出于为统治阶级服务的阶级偏见,不会向贫苦人民倾斜,不可能做到公正判决。当时莱茵省的法官审判只是形式,出于阶级的偏见,由其阶级内容决定,这种判决必然是不公正的。所以,"狄东的海盗抓到俘虏后,就打断他们的手脚,以便保证自己控制他们。为了保证自己对森林条例违反者的控制,省议会不仅打断了法的手脚,而且还刺穿了它的心。"②因此,马克思才说:"在这种情形下,公正是判决的形式,但不是它的内容。内容早被法律所规定。如果审判程序只归结为一种毫无内容的形式,那么这样空洞的形式就没有任何独立的价值了。"③脱离了正义的所谓的公正判决,是失去正义为内容的空洞形式,所以马克思才说,"公正是判决的形式,但不是它的内容。"

关键是在这后面的转折。相对而言,如果赋予审判真正的内容,则是维护正义的审判,因此马克思推论出:"自由的公开审判程序,是那种本质上公开的、受自由支配而不受私人利益支配的内容所具有的必然属性。"④紧接着马克思才做出了"审判程序和法的联系就像植物的外形和植物的联系,动物的外形和血肉的联系一样","审判程序是法律的生命形式"的经典论述。⑤可想而知,马克思的这种论述是指比较理想的状态,是为了追求"受自由支配而不受私人利益支配的内容",这个内容的内涵显然就是摆脱阶级偏见的正义,追求的目标"是那种本质上公开的、受自由支配而不受私人利益支配的内容"。如果判决不公正,就只能是徒有其表,剩下失去内容的空洞形式。正是在这种语言背景中,马克思才说:"最终只剩下一副空洞的假面具。如果形式不是内容的形式,那么它就没有任何价值了。"⑥马克思这里分析的根本,是说只有克服了统治阶级偏见的判决,才会具有正义内容的,拥有正义的判决才能获得真正意义上的公正。

从马克思这段论述中,我们可以看到,实体法和程序法的内容是剔除阶级偏见的正义,如果带有阶级偏见、只保护富人阶级的利益,就是不公正和不正义的;如果离开了这种剔除阶级偏见的正义,就会变成内容空洞的判决,这种判决就是不公正的,因此"它就没有任何价值了"。因此,在这段论述中,我们不能看出目前学界从中作出的如此推理,即"内容是权利与义务,所以把内容归结为实体法,而把形式归结为程序法"。马克思是把正义作为实体法和程序法的共同内容,而不是把实体法、程序法的内容与形式分解开来。因此,这里存在对经典作家的误解。

---

① 《马克思恩格斯全集》第1卷,人民出版社1956年版,第179页。
② 《马克思恩格斯全集》第1卷,人民出版社1956年版,第179页。
③ 《马克思恩格斯全集》第1卷,人民出版社1956年版,第179页。
④ 《马克思恩格斯全集》第1卷,人民出版社1956年版,第179页。
⑤ 《马克思恩格斯全集》第1卷,人民出版社1956年版,第179页。
⑥ 《马克思恩格斯全集》第1卷,人民出版社1956年版,第179页。

并且从马克思在《关于林木盗窃法的辩论》一文的经典论述中,也可以看出,法律的真正公正在于正义,这样才能赋予法律正义的内容。

(三)把程序法与实体法分为轻重的看法是片面的和危险的

对立法者、司法者以及律师,无论是实体法还是程序法,其内容都是正义和公正,只有符合正义的判决才是公正的判决。因此,把程序法和实体法分出轻和重的做法本身就是错误的。

关于程序法与实体法孰轻孰重的问题上,学界大致有三种观点,即实体法一元论、程序法一元论、实体法与程序法二元论。前两种或者重实体法轻视程序法,或者把程序法的地位抬到高过实体法的地步。本文认为前两种观点都是一种片面的看法,而赞同实体法与程序法二元论。正如日本学者兼子一所说,"实体法和程序法犹如一辆车的两个轮子,对诉讼都起作用,在它们之间不可能存在主从关系"。① 因此,实体法和程序法的关系是并重的关系,而不是主从轻重的关系。

当然,实体法与程序法的轻重关系对于公民及执法者、司法者,甚至是律师并不具有同等的意义。对于公民,只要守法而不产生法律纠纷,不涉及诉讼,实体法固然比程序法更重要。但对于立法者、执法者、司法者甚至是律师来说,实体法和程序法是同等重要的。立法者只制定实体法、不制定程序法,实体法就失去了意义。因为,立法者制定法律主要让行政者依法行政,让司法者依法提起公诉和依法审判,让律师依法为当事人提供法律服务。对于执法者、司法者、律师,实体法和程序法同等重要、缺一不可,无论是实体法还是程序法,对于这些人解决社会冲突或纠纷都具有同等的重要性。在司法实践上,实体法和程序法地位同等重要的情形是不难证明的。总之,在探讨实体法和程序法的内容与形式的关系时,不应片面地固守二者的相对关系,应把实体法和程序法作为法律整体去研究它们共同的内容与形式。

上述三大弊端,有其深厚的社会根源。其实,这三大弊端根源于中国传统社会。中国封建社会是人治社会而非法治社会,因此重实体轻程序、重内容轻形式、重目的轻手段,说到底,是重公正轻正义。

二、从正义公正的角度解析实体法和程序法的关系

上述三大弊端的根本在于没有从法律正义与公正的角度分析实体法和程序法的关系。要想抓住其中的根本,需要从动态角度深入分析法律追求的正义内涵和公正形式。

(一)从动态角度深入分析法律追求的正义内涵和公正形式

如果从动态角度深入分析法律追求正义的内涵,那么不应把正义的内涵固守在僵死的时代精神中。固然不错,马克思主义的正义观认为,正义是历史的产物,不存在永恒的正义;正义的时代法律精神是相对的,不是绝对的。② 然而,只有在其适用的范围内,真理才是真理,向外

---

① 〔日〕兼子一、竹下守夫,白绿铉译:《民事诉讼法》,法律出版社 1995 年版,第 8 页。
② 恩格斯在《反杜林论》中批判杜林追求永恒真理、永恒正义问题。参见《反杜林论》,人民出版社 1971 年版,第 87 页。

迈出一小步,真理就变成了谬误。当把问题固定在一定范围内进行探讨时,就不应当随意改变探讨的范围,否则就是把研究的范围游离出探讨真理的范围,这是学界一些所谓的高手一贯使用的技巧。其实,这种研究无异于偷换概念、逃避问题,步入游离探寻真理正确轨道的思路。

稍有法律发展史常识的学者都会知道,人类社会发展历史的不同社会形态必然赋予正义以不同时代精神的法律内涵。在奴隶社会中,奴隶仅仅被视为法律关系的客体,而不被视为法律关系的主体。在那个时代,奴隶作为法律关系的主体人权被剥夺,把奴隶作为属人的权利挡在公民的范围之外。奴隶社会生产力发展水平只能把法律关系的主体范围局限在很小的范围内。随着生产力发展水平的提高,从奴隶社会发展到封建社会,再发展到资本主义社会乃至社会主义社会,是不断提升和扩大法律关系主体范围的过程。在现代生产力发展水平的历史背景下,把具有法律关系主体的公民给予了所有的国民,可谓真正到了公民在法律面前人人平等的时代。因此,作为法律追求的正义的内容不但没有缩小,反而随之得到了不断提升和放大。

(二)公正与正义是法律的形式和内容的根本

一般来讲,正义与公平、公正具有等价性,甚至学界在编写教科书时,把公正、公平、正义混为一谈,认为它们是内涵并无区别的同义词。① 然而,它们并不是完全相同的概念,所以公正和正义在某种意义上或范围内的区别需要学者深入研究。因为,只有对公正与正义进行深入的识别之后,司法独立的真正价值才能显现出来。

公正和正义是具有同等程度的范畴,但两者的侧重点和立场并不相同。在我看来,正义是法律的内容,公正才是法律的形式。内容决定形式。只有能够容纳更多正义内容的判决才是更加公正的。

从立法角度看,只有能够容纳更多正义内容的法律才是更加正义的法律。因此,我们只能说"某个法律是正义的",而不能说"某个法律是公正的"。从司法角度看,只有容纳更多正义的诉讼、判决才是更加公正的。从这种角度上看,我们只能说"某个法官的某个判决是公正的",或者说"某个法官的某个判决是合乎正义的",而不能说"某个法官的某个判决是正义的"。从上述意义上讲,"正义的"和"公正的"虽然是有密切联系的,但却是法律制定和实施的两个方面。我们不能把这两个不同的方面混为一谈。所以,法院的判决等是否公正应以正义为内容,判决则是容纳多少正义的形式。简言之,判决是体现正义的形式,正义是判决的内容。

无论是实体法,还是程序法,都将随着社会文明的提高而不断改进。这种改进的根本体现在法律能够不断提升正义的含量。凡是正义含量越多的法律,其良法的成分也就越大,反之则沦落为恶法的渊薮。任何法律都需要完善,完善的根源在于正义含量的大小。从人类社会发展的历史轨迹看,随着生产力的不断提高,法律关系的主体范围才会不断扩大,因此法律才能够把正义给予更多的人,无论是实体法还是程序法所能够容纳的正义内容才会更宽泛,法官判决的公正性才会不断扩大。

总之,公正源于正义,任何不公正的判决都是不正义的,反之任何合乎正义的判决都应当是公正的。法官未给当事人带来正义的判决是不公正的,反之才是公正的。法律以正义为内容,以公正为形式,而不能简单把法律内容与形式的关系理解为实体法和程序法的关系。因为,无论是实体法,还是程序法,都应以正义为内容,以公正为形式。正因为正义与公正是成正比的,所以法律的内容与形式也是成正比的。

---

① 沈宗灵主编:《法理学》,北京大学出版社2001年版,第51页。

(三)正义与公正也是目的与手段关系的根本

学界还有一种意见,认为实体法与程序法的关系是目的与手段的关系,实体法是目的,程序法是手段;或者说,权利义务既是实体法的内容,也是法律的目的,保障权利义务实现的程序法是法律的手段和途径。这种看法虽然也不能算错,但却失去了法律的根本,流于形式。因为,单纯从权利义务角度,把实体法与程序法归结为内容和形式、目的和手段的关系,则失去了法治的根本。因为,现代社会提倡法治国家的根本就是避免恶法的出现,追求良法的提升。良法的根本在于法律的实体目的是正义的,法律的程序手段是公正的。如果单纯从"权利义务"为标准解决实体法与程序法内容与形式、目的与手段的关系,就不能确定法律是恶法还是良法。现代社会并不追求"恶法亦法",其根本就是把正义与公正确立为法律追求的目标。

因此,从现代法治国家角度看,应把实体法和程序法关系归结为正义和公正,而不能简单归结为目的和手段的关系。"手段"是达到或实现"目的"的步骤、路径。尽管在一定社会发展阶段上其所容纳的正义含量并不相同,但在现代社会实体法追求的目的是正义,程序法是实现正义的手段。只有公正才是实现正义的唯一手段。

司法实践也能证明其中的道理。司法者的目的在于通过公正的判决给当事人以正义。我们不能说,司法官员能够通过不公正的判决实现合理的正义,法官能够通过不公正的判决给当事人以公平的正义。因为,正义和公正,以及非正义和不公正是同时给予当事人的。只要给予了公正,就必须体现在正义上。只要判决不公正,就肯定存在某种不正义。司法实践中存在大量"程序违法就可能造成实体法难以落实"的案例,早已说明了其中的道理。同样不能说,司法者只追求实体法,而不在乎程序法。

三、正义公正在司法独立、民诉法与实体法特殊性问题上的作用

立法主要考虑的是本国生产力发展水平能够容纳多大正义的含量,简言之,立法主要考虑正义的事情。一定正义含量的法律的实现则是在立法之后的事情。立法后的事情是执法、司法和守法。执法主要是行政人员的事情,司法主要是检察官和法官的事情,守法则是公民的事情。从理想状态看,只有司法不公正才会显现法律监督的价值和意义。公正的真正内涵是对合法权益的保护和对违法者的正当惩罚。所以,执法者(行政执法和司法)是立法的正义含量的真正实现者和法律公正的具体体现者。由于这里涉及的问题比较复杂,本文在此只从司法角度加以分析。

(一)合乎正义的法律需要司法获得真正的独立

司法公正不单纯是法官的事情,也是检察官的事情。司法独立不能仅仅给予法官以独立的地位,更要给予检察官以独立的地位。司法腐败不仅存在于某些失职的法官,也存在于失职的检察官,恐怕后者对国家和社会的危害更大。为简化问题起见,也由于其中的道理是一致的,所以后面仅从法官的角度来分析司法公正问题。

法官独立的真理性和合理价值体现在以下两个方面:其一,"法官除了法律就没有别的上

司","独立的法官既不属于我,也不属于政府",①法官要实现最大的客观公正性,就必须做到独立于政府、独立于自己的阶级。其二,法官还要独立于当事人、独立于自我。②当然还应当包括独立于参与诉讼的律师。

法官只有实现了这种独立性,才能够更加公正地在诸多法律冲突中,最大限度地保护法律的公正性。

(二)法官应追求正义与公正

法官的公正裁判并不是单纯追求程序上的公正,而应是追求真正的正义,即实体上的正义。这有两种情形,公正的法官遇到了合乎正义的实体法,并严格依法判决;如果遇到的实体法是不正义的,公正的法官依然应当设法保证实质正义,否则判决就是不公正的。在后一情形中,公正的法官如果保证实质公正,就必须放弃不公正的实体法,从而完善法律。然而,在大陆法系的国家,很难给予法官立法权。

现实中还有一种司法程序上的公正,只是遵循"程序公正",即严格遵循了程序法上的规定,但如果放弃符合正义的实体法而不顾,并不能保证当事人的正义。在这种情形中,无论法官适用哪一条法律法规,其判决都符合程序上的公正,但未必合乎真正应当适用的相关实体法。法官如果仅仅保证程序上没有问题,当事人就很难不提出异议。由于法律的不完善,实体法对某项具体法律事项的规定可能存在法律冲突,现实中的法律往往存在许多这样的法律冲突。法律冲突不仅是法律的缺陷,而且也为法官腐败提供了广阔的操作空间。法律冲突越大,可供法官腐败的空间也就越广阔。在现实司法实践中,这样的案例并不少见。所以,抛弃实体正义,只追求程序上的没有瑕疵,就成为一种"假公正"。凡是存在法律冲突的实体法都不能称为是正义的。法律冲突是立法应当避免的,也是法律编纂实现的理想目标。

(三)民事诉讼法与实体法关系的特殊性问题

民事诉讼法与民事实体法的关系既包含着三大诉讼法与实体法的共通性问题,也有自己的特殊性。民事诉讼法与民事实体法关系的特殊性在于私法上的程序法与实体法的关系。

说到底,民事诉讼法与民事实体法关系解决的是民权的正义与公正问题。从理论上讲,由于民权属于私权范畴,由于民权的处理并不影响国家政权的稳定,由于中国是社会主义国家,代表着人民的根本利益,因此公民的正义与公正问题就更容易得到贯彻和解决。就是说,民权问题的解决并不影响公权的根基,所以法官可以更加公正地作出判决,实现正义。

但中国的实际情况恰好相反,公法的完善远远超过私法,私法的完善远远滞后于公法。私法的不完备,使得法官在民事案件的审判中,有时只能用调解这样的方式去实现公正和正义,为此,在中国创立了较为完善的调解制度。

公法的完善远远超过私法,私法的完善远远滞后于公法,其根本原因或理由有两个:

其一,在国家解决法律问题的有限资源或国家精力有限的条件下,国家的立法者和司法者首先考虑的是解决公权问题,而不是私权问题。因为公权问题涉及国家政权的稳定问题和社稷的安定问题,因此公权成为国家法律首要解决的问题;对于国家政权而言,公权问题的解决远比私法问题的解决更加重要。

---

① 《马克思恩格斯全集》第1卷,人民出版社1995年版,第180~181页。
② 李建明:《马克思、恩格斯关于诉讼程序公正的思想》,载《美中法律评论》2005年第4期(总第5期)。

其二,在前述原理的支配下,在中国历史传统中,公法异常发达,私法却极其匮乏。在中国封建社会中,由于人治和专制的传统,以及国家精力的有限性和法律成本的最大化,立法权、行政权和司法权往往是三权合一,而不是三权分立。皇帝既是最高的立法者,又是最高的行政长官,更是最高的司法官员。就连在七品芝麻官那里,都是行政权与司法权合二而一的。在这种历史背景下,在精力有限的情况下,统治者侧重解决的问题当然是公权问题,而不是私权问题,所以公法相对发达,而私法相对匮乏。这种历史传统对中国的后世影响极大。尽管新中国建立后,建立的社会主义国家试图与封建传统实行彻底决裂,尽管中国改革开放近三十年,但中国的法律历史传统对现代中国社会影响的深远程度是不可低估的。

由于中国社会正处在从计划经济的法律体系向市场经济法律体系转型过程中,宪法、刑法和行政法等公法得到了长足的发展,但至今还未能推出中国的民法典。这不仅是私法滞后的体现,更是转型社会的必然产物。

结论:实体法与程序法的逻辑方阵

从根本上说,由于正义是法律的内容和目的,具体体现为实体法;公正是法律的形式和手段,体现为程序法。实体法通过"内容"和"目的"环节实现法律的"正义",程序法通过"形式"和"手段"两个环节达到法律的"公正"。从逻辑关系上,实体法与程序法的关系是从内容与形式、目的与手段的表层关系内涵深入到正义与公正的深层内涵。因为,只有从正义与公正的角度去分析实体法和程序法的关系才有意义,才会捕捉到法律精神的真正生命力,脱离正义与公正抽象地探讨实体法与程序法的关系到底是内容和形式的关系还是目的与手段的关系就失去了法律的根本意义。两者相对而言,程序法是实现实体法的手段,实体法是程序所要实现的目的。虽然从直接关系角度看,实体法是法律内容权利义务的根本,程序法是法律权利义务落实的形式,但从根本上看,实体法和程序法作为法律整体与法律精神,正义才是其内容,公正才是其形式,只有这样认定才会使得实体法与程序法的关系探讨获得了"生命意义"。简单说,法律内容与形式的关系、目的与手段的关系的生命力源于正义与公正的法律精神。实体法为人伸张正义(为内容),但必须通过程序法给人以公正(为形式),所以其中的逻辑方阵是:实体法与程序法的图解应当通过内容与形式、目的与手段两个中间环节,最终实现正义与公正的关系。用图示表示如下:

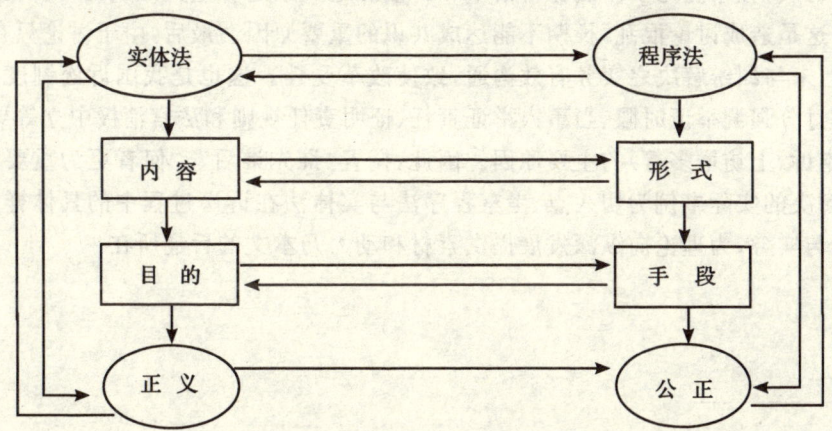

论程序法与实体法在诉讼中的关系样态
——从一起人身损害赔偿案谈起

许少波[*]

一、引言与案情

以程序法与实体法分离为契机,为谋求程序法之地位独立和制度完善,以德、日为代表的大陆法系学者对程序法与实体法的关系进行了广泛而深入的探讨。同样,为了突显程序的价值及程序法的地位,自1990年代中期以来,我国学者对程序与实体、程序法与实体法的关系问题展开了热烈讨论并取得了令人瞩目的成就。它不仅对我国长期"重刑轻民"、"重实体轻程序"的法律观与"职权主义"或"超职权主义"诉讼模式在立法和司法领域的耦合进行了猛烈声讨,而且还使"诉讼公正"、"程序公正"、"程序正义"、"程序保障"等理念为学界和法律人所共知,更为重要的是,以此等理念、理论为前导,它推动了中国诉讼制度,尤其是证据制度波澜壮阔的改革。当然,若对该讨论作阶段性小结,其缺陷也是很明显的。首先,这场讨论一直围绕程序与实体、程序法与实体法孰先孰后,何者更为重要而喋喋不休是注定没有结果的。虽然程序法与实体法何者为源头、何者为母体一经定论势必会成为论证何者更重要、更有价值的利器,但非常遗憾的是,就该问题本身而言,既无法证实,也无法证伪。其次,议论之所以长时间围绕程序法与实体法之"先与后"、"母与子"、"重要与不重要"打转转,主要在于其方法论上的抽象考察。再次,程序法与实体法在诉讼中和诉讼外之关系是有重大区别的,而讨论并未对此作出区分。这是造成讨论混乱,长期不能达成共识的重要原因。最后,由于讨论只在抽象理论层面上展开,未与纠纷解决之实务有效沟通,致使改革受挫。这也是我国诉讼制度,尤其是证据制度改革过分强调举证时限、当事人举证责任、证明责任规则和法官消极中立等导致社会强烈反弹(如申诉、上访增多等)的主要原因。因此,搁置"谁先谁后"、"何者更为重要"的抽象论争,以纠纷解决的实际事例为切入点,考察程序法与实体法在诉讼过程中的具体样态,从而有效沟通理论与实务,为理论向纵深发展提供素材和动力乃本文的旨趣所在。

---

[*] 许少波:南京师范大学法学院博士生,韶关学院法律系副教授。

本文拟讨论案例的主要案情为：①

2002年5月11日谷文开驾驶两轮摩托车与陈淦明驾驶的小客车相撞，致摩托车乘客刘风华受伤，两车辆损坏。6月19日，交通警察大队对该事故作出责任认定如下：谷文开负事故主要责任，陈淦明负事故次要责任，刘风华不负责任。刘风华受伤后即被送往市人民医院治疗，伤情被诊断为：左胫腓骨远端开放性粉碎性骨折，右足背软组织挫裂伤。2002年12月27日交通警察大队评定刘风华伤情为七级伤残。2003年3月20日人民医院为刘风华施行左胫腓骨骨折切开复位内固定手术时，使用了由思爱公司生产、慰家公司经销的接骨板。2003年5月26日，因接骨板断裂造成刘风华左小腿呈镰刀状畸形，左腓骨骨不连。经中级人民法院鉴定为七级伤残。2003年9月11日刘风华将被告谷文开、陈淦明、人民医院、思爱公司、慰家公司诉至人民法院。

韶关市浈江区人民法院受理案件后，将刘风华诉谷文开、陈淦明作为交通事故人身损害赔偿案，刘风华诉人民医院、思爱公司、慰家公司作为产品质量人身损害赔偿案分作两案分别进行了审理并作出判决。后因原、被告均上诉而被韶关市中级人民法院发回重审。浈江区法院另组合议庭并将两案合并为一案，于2006年10月18日公开开庭进行了审理。原告刘风华诉称，他住院治疗及伤残所受到的所有物质损害及精神损害均是本案中全部被告造成的，自己没有任何责任，因此请求判令被告共同支付：医疗费、误工费、护理费、交通费、住宿费、住院伙食补助费、残疾赔偿金、残疾辅助器具费、被抚养人生活费、精神损害赔偿共541949.60元。被告谷文开辩称，对交通事故给原告造成的损害愿意承担责任，七级伤残不是他造成，而是钢板断裂所致，因此，对原告伤残不应承担任何责任。被告陈淦明也表达了与其同样的意思。被告人民医院辩称，它为原告施行手术及使用接骨板严格按照医疗规范和产品使用说明书进行，接骨板断裂致原告人身损害与医疗行为无因果关系，且《消费者权益保护法》和《产品质量法》只规定由生产者与销售者承担连带责任，医院在本案中既不是生产者也不是销售者，因此原告要求它承担责任缺乏事实和法律根据，请求应予驳回。被告思爱公司辩称，原告对它提出诉求不当，因原告伤残是车祸造成，钢板断裂并未造成伤残扩大和升级，因此，它只应对钢板断裂后的损失承担责任。被告慰家公司也表达了与思爱公司相同的意思。

2007年2月7日浈江区法院作出判决，主要内容如下：(1)以接骨板断裂为界限，断裂前共发生医疗费用52997元由交通事故被告谷文开、陈淦明承担，断裂后医疗费用79422.93元由产品质量侵权被告人民医院、思爱公司、慰家公司承担。(2)原告残疾损害费共164743.20元，由交通事故被告共同承担70%，产品质量侵权被告共同承担30%。(3)支持原告精神损害请求，由被告谷文开赔偿10000元，被告陈淦明赔偿5000元，产品质量侵权被告共同承担10000元。(4)驳回原告其他诉讼请求。

对上述案件，本文无意单独就法院判决妥当与否品头论足，只想对"隐形"于诉讼过程中的民事诉讼法与民事实体法之关系作出具体而直观的考察。

---

① 本案是韶关市浈江区人民法院刚刚审结的一个案件，在此对浈江区法院及其民一庭吴颂华庭长和其他审判员对撰写本文的热情支持和协助谨表诚挚谢意。需要说明的是，由于本案原型过于复杂，在不影响本文议论的前提下，笔者未把全部被告及案件所有情节和盘托出。

二、一案还是两案

笔者之所以选取本案进行讨论,也许其特别之处就在于浈江区法院曾将其作为交通事故损害赔偿和产品质量损害赔偿两案处理,待当事人上诉、韶关市中级法院发回重审后又将两案合并为一案处理的情节。那么,本案究竟是一案还是两案,其判断标准是什么?两案为何合并为一案,其依据是什么?这是处理本案首先应解决的问题。民事诉讼采不告不理原则,没有原告起诉,就没有法院,更没有法院对案件审理。因此,除诉的合并外,诉的个数是决定法院对纠纷作为一案还是多案审理的标准,有多少个诉,就有多少个案件。而诉的个数的识别标准则是诉的构成。按诉的"三要素说",[①]诉由诉讼标的、诉讼理由和当事人构成。首先,诉讼标的有旧诉讼标的理论和新诉讼标的理论,新诉讼标的理论又主要包括二分肢说、一分肢说和新实体法说。按旧诉讼标的理论,诉讼标的是原告在诉讼中所提出的具体而特定的实体法上的权利主张或法律关系。"判定诉讼标的的多少,须以原告所享有的实体法上所规定的实体权利为标准"。[②]本案原告刘风华所提出的具体的权利主张是两个:一是要求被告谷文开、陈浍明赔偿其因交通事故所受到的人身损害损失及其精神损失;二是要求被告人民医院、思爱公司、慰家公司赔偿其因住院治疗期间使用接骨板所受到的人身损害损失及其精神损失。因此,本案的诉讼标的有两个。按二分肢说,即诉之声明与事实理由合并说,本案诉讼标的同样是两个。诉之声明,也可以说是诉讼请求,[③]是指当事人依照诉讼法的规定在诉讼中提出的具体请求。本案原告在诉讼中向法院提出的诉之声明是判令被告共同赔偿损害金541949.60元。这实际上是两个声明:一是因交通事故损害赔偿的声明,二是因产品质量缺陷损害赔偿的声明。同时,即便诉之声明只有一个,支撑原告诉之声明的本案事实理由也是两个,即原告在交通事故中所受损害的事实理由和原告因产品质量缺陷所受损害的事实理由。按二分肢说的主张,在诉讼标的的识别上,诉的声明和原因事实其中之一为复数时,诉讼标的即为复数。按一分肢说,即以诉之声明作为判定诉讼标的的标准,如上所述,本案原告有两个诉讼声明,即要求两种类型的人身损害赔偿,因此,诉讼标的也是两个。按新实体法说,即诉讼上请求权与实体上请求权相结合说,因本案系给付之诉,原告对被告所主张的实体请求权(两个)即为诉讼标的(两个)。同时,根据原告声明中所表明的权利保护形态、请求权内容、请求权主体及在事实中体现的诉讼理由判断,其诉讼标的也应当有两个。

其次,诉讼理由又称为诉讼的事实理由,它是指当事人得以提出诉讼请求的根据,既包括

---

① 诉的构成有"二要素说"和"三要素说"。"二要素说"认为诉由诉讼理由和诉讼标的构成,"三要素说"则认为诉的构成除了诉讼理由和诉讼标的外,还包括当事人。采"二要素说"还是"三要素说"对讨论本文主题并无太大影响。

② 江伟主编:《民事诉讼法》,高等教育出版社2004年版,第11页。

③ 在德国、日本和我国台湾地区民事诉讼学理及立法例中,由于诉讼标的主要采传统诉讼标的理论,或旧诉讼标的理论,诉讼请求与诉讼标的是相互等同的概念。在我国理论、立法和实务中,对诉讼请求的理解有两种:一是将诉讼请求理解为诉讼标的,二是将诉讼请求解读为诉的声明。在第一种情形中,与国外一样,诉讼请求与诉讼标的是相同的概念;在第二种情形中,由于诉的声明,即诉讼请求主要是从诉讼法上解释,诉讼请求与诉讼标的是不同的概念。

事实根据,也包括法律根据。其中,事实根据包括案件事实和证据事实,法律根据包括实体法根据和程序法根据。这里需要说明的是,诉讼标的理论的二分肢说虽然也涉及诉讼事实理由,但它仅作为识别诉讼标的之用,诉讼标的本身并不包含诉讼事实理由。同时,就诉讼事实理由所包括的两部分,即事实根据和法律根据而言,事实根据必须被分割为实体法上的法律根据时,才是真正的事实理由。从本案看,其事实根据是原告刘风华作为摩托车乘客因交通事故及作为医院"消费者"因接骨板断裂所受人身损害的事实,其法律根据则是民事实体法有关交通事故人身损害赔偿及产品质量缺陷人身损害赔偿的法律规定和民事诉讼法针对交通事故人身损害赔偿及产品质量缺陷人身损害赔偿有关诉讼的法律规定,事实根据即原告作为摩托车乘客因交通事故及作为医院"消费者"因接骨板断裂所受人身损害的事实,只有在完全符合法律根据,即民事实体法有关交通事故人身损害赔偿及产品质量缺陷人身损害赔偿的法律规定时,原告的权利请求才会得到法院支持。

最后,本案的当事人也可以明显区分为两类,即交通事故事件中的当事人和产品质量缺陷事件中的当事人,尽管两类当事人之间有一定的联系。

可见,从诉讼法上诉的构成要素考察,本案诉讼理由、诉讼标的、当事人均可以划分为两个方面,诉应当是两个而不是一个。据此,浈江区法院最初按照两案审理并作出判决并无不当之处。那么,为什么二审法院发回重审后浈江区法院又将两案合并为一案审理呢?或者说为什么二审法院认为作为一案合并审理更妥当呢?

要回答以上问题,还须从最高人民法院《关于审理人身损害赔偿案件若干问题的解释》(以下简称《问题解释》)说起。《问题解释》第3条第1款规定:二人以上共同故意或者共同过失致人损害,或者虽无共同故意、共同过失,但其侵害行为直接结合发生同一损害后果的,构成共同侵权,应当依照民法通则第一百三十条之规定承担连带责任。第2款规定:二人以上没有共同故意或者共同过失,但其分别实施的数个行为间接结合发生同一损害后果的,应当根据过失大小或者原因力比例各自承担相应的赔偿责任。很明显,符合第一款者可认定为共同侵权,而不符合第一款规定,仅符合第二款规定者则应排除于共同侵权之外。而在"二人以上没有共同故意或者共同过失"的前提下,鉴别是否属于共同侵权的标准是多个被告所实施的侵权行为是"直接结合"还是"间接结合",若是前者,就属于共同侵权,必须作为一案审理;若属于后者,则不是共同侵权,也就不一定作为一案审理。然而,究竟什么是"直接结合"、什么是"间接结合"仍然是模糊的,《问题解释》也未作出规定。根据实践中做法及笔者理解,"直接结合"应是指数个行为结合程度非常紧密,以至于使数个行为凝结为一个共同的加害行为,共同对受害人产生了损害。就加害后果而言,各自的加害部分根本无法区分。① 反之,即属"间接结合"。在本案

---

① 江苏省海安县人民法院2006年曾以此作为认定一起共同侵权案件的理由。现将该案及其审理结果介绍如下:2006年7月25日22时许,孙秀香驾驶电动自行车在非机动车道接近与机动车道分道线的地方被突然垂落的电信公司所属钢绞线碰刮头部向左跌倒,随即与金忠驾驶的货车碰撞,致孙秀香受伤,车辆受损。8月8日,公交巡警大队作出交通事故认定:本次事故属于意外事故。孙秀香伤情诊断为:脑挫伤、蛛网膜下腔出血、左颞顶硬膜下血肿、颅内骨折颅内积气、头皮血肿、右肺损伤、右肩胛骨骨折。8月14日,孙秀香诉至法院,要求电信公司与金忠连带赔偿医药费等损失共计32155.79元。
江苏省海安县人民法院经审理认为,本起交通事故二被告虽无共同故意或过失,但电信公司所属钢绞线垂落与金忠驾车碰撞的行为直接结合,造成孙秀香车损人伤的后果;二被告构成共同侵权,依法应互负连带责任。有关该案件材料引自江苏省南通市中级人民法院任智峰编选、2007年2月5日发布于人民法院网的"案例指导"。

中,被告谷文开、陈淦明因交通事故共同给刘凤华造成人身损害,属于共同侵权,被告人民医院、思爱公司、慰家公司因医疗产品质量共同造成刘凤华人身受到损害,亦构成共同侵权是没有疑问的,关键问题在于,交通事故中共同侵权的两被告与产品质量缺陷共同侵权的三被告之间是何关系?能否构成共同侵权?按照上述"直接结合"的内涵,本案交通事故侵权行为与产品质量侵权行为无论在时间上,还是空间上都是可以分开的,它们并未共同凝结为一个侵权行为,各自的加害后果虽有联系,却是可以分开的,它们不是"直接结合"而是"间接结合"给刘凤华造成了最后的损害后果。因此,本案五个被告并未构成共同侵权。但是,本案前两个被告和后三个被告虽未"直接结合"构成共同侵权,却"间接结合"给原告造成了损害。正是这种"间接结合"使前两个被告的侵权行为和后三个被告的侵权行为均成为原告人身受伤害的"原因力",并且无法截然分开。即正因为有了第一个侵权行为,原告才会住院治疗并植入体内接骨板,也才会有接骨板断裂的第二个侵权行为,尽管接骨板断裂与交通事故没有直接因果关系;同时,如果接骨板不断裂,完全可以预期原告身体可以正常恢复到一定程度,正因为接骨板断裂第二个侵权行为才使第一个侵权行为后果持续而加重。因此,如果将本案作为独立的两案而不是一案处理,不仅会使案情难以查清,法院可能作出矛盾判决,各被告相互推卸责任,还有可能使原告基于一个受害后果而重复受偿,从而违背民事诉讼的基本原理。这就是浈江区法院重审本案时合并为一案审理的基础所在。

总上,诉及诉的多少、一案还是两案的确定表面上看纯属诉讼法的问题,以上分析表明,离开实体法只作诉讼法的考量是不可能的。首先,从诉的构成要素看,虽然"诉讼标的"之名是诉讼法和诉讼特有的,但"诉讼标的"之实却是原告在诉讼中提出的具体的实体法上的权利主张(旧诉讼标的论),或实体法上请求权与诉讼法上请求权的结合(新实体法说),即使按照二分肢说和一分肢说,主要从诉讼法上解释诉讼标的,但诉讼标的的确定与识别仍要借助于实体上或实体法上的事实才能实现。案件事实理由是原告进行民事之诉的理由,而其两个组成部分中,事实根据是纯粹实体法上的,即便是法律根据也包括实体法和程序法两个方面。即便是就本文并未展开议论的当事人来说,我国立法和实务仍是采实体上或实体法上当事人说,纯诉讼当事人说,即形式当事人说只是近年来才被主流诉讼学理所接受。其次,从决定对案件合并审理,即作为一案审理的依据看,最高人民法院关于《审理人身损害赔偿案件若干问题的解释》,无论在名称上还是在功用上都无疑是诉讼法上的或为解决诉讼问题而作出的,但考察《问题解释》第3条的规定及其基础却完全是民事实体法上的。所以,法院在解决本案首要问题——作为一案还是两案审理时,诉讼与实体、诉讼法与实体法是交错适用的一个完整的统一的整体。

三、被告的抗辩

根据《牛津法律大词典》的解释,抗辩是指"被告人在诉讼过程中用于否定针对其所进行的控告的辩解。在民事诉讼中,抗辩可能是一种反驳或对原告请求的一种拒绝;或者是一种反诉的请求;或是一种异议的声明,即承认原告的陈述的事实,但又提出其他的事实为其辩护或开脱;或是抗辩陈述,根据法律(以陈述的事实即使得到确立,也不能表明一个有根据的诉因)提出一个反对意见"。① 因此,诉讼法上抗辩的目的在于排除原告的诉讼请求,通过主张、举证、辩论等推翻原告主张的事实。在本案中,五被告人对原告诉讼请求的抗辩可分为三类:即交通事故人身损害赔偿被告人谷文开、陈淦明的抗辩(后称为谷陈抗辩)、人民医院的抗辩(后称为医院抗辩)与接骨板生产者思爱公司和销售者慰家公司的抗辩(后称为思慰抗辩)。谷陈抗辩是:"七级伤残不是他们造成(在交通事故中),而是钢板断裂所致,因此,对原告伤残不应承担任何责任"。医院抗辩称:"它为原告施行手术及使用接骨板严格按照医疗规范和产品使用说明书进行,接骨板断裂致原告人身损害与医疗行为无因果关系,且《消费者权益保护法》和《产品质量法》只规定由生产者与销售者承担连带责任,医院在本案中既不是生产者也不是销售者,因此原告要求它承担责任缺乏事实和法律根据,请求应予驳回"。思慰抗辩说:"原告对它们提出诉求不当,因原告伤残是车祸造成,钢板断裂并未造成伤残扩大和升级,因此,它们只应对钢板断裂后的损失承担责任"。这里需要琢磨的问题是这三种抗辩有没有一个总体的方向,其路径是什么?或者说即便被告是一个法盲,其抗辩也必须暗合于什么样的要求,否则,"抗辩"只是一种徒劳?

被告抗辩是针对原告诉讼请求的。不管从实体法上还是从诉讼法上解释诉讼请求,它都是以实体法上的权利为单位提出的。从实体法上说,本案原告的诉讼请求是原告刘风华通过法院向谷陈二被告提出的,在实体法上因交通事故和产品质量缺陷损害所享有的赔偿请求权;从诉讼法上说,本案原告之诉讼请求则是刘风华在诉讼上要求法院保护其因交通事故和产品质量缺陷所产生的损害赔偿请求权。因此,被告的抗辩就必须是针对原告在诉讼请求中所提出之损害赔偿权的。同时,由于民事实体法上任何实体权利的产生、变更、消灭均是由一定的法律事实引起的,所以,被告的抗辩虽然以法院驳回原告诉讼请求为最终目的,但其首要的直接目的却是要推翻支撑原告诉讼请求的各主张事实。

本案中原告刘风华所受伤害首先是由交通事故造成的,随后在医疗中接骨板的断裂又加重和延长了其伤情,并最终造成了七级伤残。谷陈二被告在交通事故责任无法辩驳的情况下,为避免或减轻承担原告伤残的赔偿责任,其抗辩核心就是尽力主张、证明、辩论致残原告的事实不是他们造成的——"七级伤残是钢板断裂所致"。作为被告的医院也非常清楚承担侵权赔偿责任就要有侵权事实,反过来,在原告受伤残这一侵权事实现实存在的前提下,只有通过抗辩说明这一侵权事实不是自己造就的,才能免除其赔偿责任。因此,其抗辩核心可归整为三点:第一,医院医疗符合规范;第二,医院与交通事故无关;第三,接骨板既不是自己生产的,也不是自己经销的。当然,医院不可能证明原告因使用接骨板受伤残与其无关。思慰二被告抗辩的路径与谷陈抗辩如出一辙,它们也采用了推翻、排除自己制造损害事实的方法,提出"原告伤残是车祸造成,钢板断裂并未造成伤残扩大和升级,因此,它们只应对钢板断裂后的损失承担责任"。

综上,作为现代民事诉讼的核心构造部件,被告抗辩的目标是否认原告的诉讼请求,或是拒绝对原告之诉讼请求承担责任,而其具体的抗辩路径则是推翻或排除民事责任发生的事实。不管怎样理解和表述,被告人的抗辩首先都是诉讼法上的问题,没有诉讼就无需抗辩。但从抗辩的目标和具体路径看,它又实实在在是民事实体法的问题和内容,没有实体法就无从抗辩。

---

① [英]戴维·M·沃克著,李双元等译:《牛津法律大辞典》,光明日报出版社1988年版,第249页。

四、法院的判决

在上文中,笔者论及诉讼请求是以原告在实体法上所享有的赔偿权利(本案案例而言)为单位提出的,而原告所享有的实体法上的权利又是靠侵权事实为支撑的,因此,被告进行抗辩不仅以否认、排除原告的权利请求为总体目标,而且要以推翻支撑原告权利请求的具体事实为路径。这里需要追问的问题是,支撑原告权利请求的被告要推翻的具体事实究竟是什么样的事实,是客观的生活事实还是法律规定的法律要件事实?原告诉讼请求的提出和被告抗辩的目标与路径在本质上有无共同之处?它们背后是否存在着一种潜在的"诉讼程序结构"或"规则"?如果有的话,法院判决是否也遵循着与原告提出诉讼请求和被告进行抗辩同样的"规则"?这是下文力求解决的问题。

在本案中,浈江区法院所作判决的主要内容是三项:一是以接骨板断裂为界限,断裂前共发生医疗费用由交通事故被告谷文开、陈淦明承担;断裂后医疗费用由产品质量侵权被告人民医院、思爱公司、慰家公司承担。二是原告残疾损害费由交通事故被告共同承担70%,产品质量侵权被告共同承担30%。三是支持了原告精神损害请求。值得玩味的是前两项内容。法院之所以作出第一项判决,即以接骨板断裂为界限划分交通事故被告与产品质量缺陷被告的责任,其潜在前提是,原告刘风华受损害的客观事实(社会生活事实)是可以相对独立并分开的两类事实,即原告在交通事故事件中受损害的事实和在产品质量缺陷事件中受损害的事实。如果没有这一前提,法院作出该项判决就缺失社会生活基础,也不具备最基本的理由。那么,有了该前提法院是否就能够裁判被告以接骨板断裂为界限承担损害赔偿责任呢?恐怕也不能,因为并非人们在现实社会生活中受损害的任何客观事实均能引起法律救济(损害赔偿责任)。法院作出第一项判决除客观存在原告受损害的事实外,还在于民事实体法对此有损害赔偿的相关规定。这些规定主要有:《中华人民共和国民法通则》第123条规定:从事高速运输工具等高度危险作业造成他人损害的,应当承担民事责任;如果能够证明损害是由受害人故意造成的,不承担民事责任。《中华人民共和国产品质量法》第44条规定:因产品存在缺陷造成受害人人身伤害的,侵害人应当赔偿医疗费、治疗期间的护理费、因误工减少的收入等费用;造成残疾的,还应当支付残疾者生活自助具费、生活补助费、残疾赔偿金以及由其扶养的人所必需的生活费等费用。《中华人民共和国道路交通安全法》第76条第1款规定:机动车发生交通事故造成人身伤亡、财产损失的,由保险公司在机动车第三者责任强制保险责任限额范围内予以赔偿。超过责任限额的部分,按照下列方式承担赔偿责任:机动车之间发生交通事故的,由有过错的一方承担责任;双方都有过错的,按照各自过错的比例分担责任。《问题解释》第3条第2款的规定等。原告有在交通事故和产品质量缺陷中受损害的事实,民事实体法也有关于交通事故损害赔偿和产品质量缺陷损害赔偿的规定,法院是否就一定能判决被告承担责任呢?也不一定,因为法律在规定损害赔偿责任的同时,也规定了承担损害赔偿责任必须具备的条件,原告受损害的客观事实只有在完全符合法律规定的赔偿责任有效成立的要件事实时,法院的判决才是妥当的。

同理,法院之所以作出第二项判决,即原告残疾损害费由交通事故被告共同承担70%,产品质量侵权被告共同承担30%,其首要的前提是存在原告人身受伤残的客观事实,并且交通事故受损害是原告伤残的主要原因力,产品质量缺陷受损害是次要原因力。民事实体法对交通事故及产品质量缺陷致受害人人身伤残有具体的赔偿规定则是法院作此判决的另一前提。同时,正是原告人身伤残的客观事实完全符合法律规定的伤残责任有效成立的要件事实,法院才最终作出了该项判决。

  通过以上分析可知,原告提出诉讼请求、被告进行抗辩和法院作出判决都有意无意、或明或暗地遵循着相同的诉讼程序规则,这个规则就是三段论的逻辑规则。① 三段论逻辑规则的构成是:大前提、小前提和结论。大前提是法律规范,小前提是案件事实,结论则是判决结果。其逻辑步骤是先寻找大前提,再寻找小前提,然后,将小前提代入大前提并得出结论。实践中,当事人和法官都不是从大前提出发,而是从小前提出发,先确定小前提,即对案件事实的认定,然后再寻找大前提。因为当事人和法官必须首先对案件事实有了一定认识之后,才能有目的地寻找法律规范。在确定了小前提后,按照形式逻辑的三段论方式推理,将小前提套入大前提,最后得出结论,即判决结果。我们需要注意的是,这里小前提中的"案件事实",首先是"生活事实",它需要经过一系列诉讼程序的"剪裁"后才能转变为"法律事实"。同时大前提所指的法律规范是包含着一定"权利结果"和支撑该结果得以有效成立的"构成要件"的规范,而该"权利结果"往往就是原告提出的诉讼请求,也规定了民事裁判的内容;该"构成要件"的具备与不具备则是由"要件事实"决定的,该"要件事实"也就是"法律事实"或"法律要件事实"。司法裁判的过程,或法律适用的过程或法律涵摄的过程或三段论逻辑演绎的过程就是将作为小前提的"生活事实"转变为"法律要件事实"并作出裁判结果的过程。

  当然,三段论逻辑形式在裁判中的运用,决非如法律适用的机械论者所想象的完全是三段论逻辑的演绎过程,法官好像一台自动售货机,只要把法律条文和法律事实像硬币一样投进去,判决就会像商品一样自动蹦出来。事实上,小前提与大前提的确定与连接是法官对法律事实和案件事实不断审视的过程,是其"眼光往返流转"于法律规范与个案的过程,甚至是司法释放其造法功能的过程。

---

① 众所周知,权力分立与制衡是现代法治社会构造的基本体制和原则,在权力分立,尤其是立法权与司法权分立的制度框架下,运用立法权制定法律,运用司法权解决法律纠纷是制度功能发挥的基本要求。立法的目的不仅在于为社会上一般人提供普遍适用的行为规则,而且还要为司法活动提供依据。作为法律形式化的标志,成文法制度的合理性便在于为司法裁判活动提供了一套基本的、明确的、完整的规范体系,而司法裁判的过程在本质上则是解释法律、适用法律的过程,在形式上就是运用"三段论"的逻辑规则进行演绎的过程。三段论规则既是一种思维方法或法学方法,也可以是一种制度安排或裁判程序。该规则使法官思维在审判中得以展开并展示于外,使当事人能够知悉裁判结果产生的过程,从而有效约束法官裁判的恣意,增强裁判结果的权威性和正当性。对该规则的遵循和运用,既不是国家法律的强制规定,也不是"市民社会"的道德义务,而是法治国家,尤其是成文法国家"依法审判"或"以事实为根据,以法律为准绳"进行民事诉讼的必然。正因如此,原告提出诉讼请求、被告进行抗辩、法院作出裁判都有意无意、自觉不自觉地遵循之。

五、结语

民事诉讼的目标是通过诉讼对实体法上实体权利或法律关系予以保护、确认或变更。以实现该目标为中心,民事诉讼法创制了诉讼制度特有的具有圆环性和包容性特征的程序结构和诉讼框架,①该结构框架将诉讼过程分解为目的明确、前后相连、互为前提的诉讼环节和程序步骤,如起诉、管辖、受理、开庭、辩论、裁判,初审程序、上诉审程序、再审程序等。同样是为了实现民事诉讼的目标并使裁判具有客观性和科学性,民事实体法将我们现实的社会抽象为"市民社会",并将"市民社会"的一切现象抽象为两个要素,即主体与客体(物,以及物所构成的利益关系),将社会中的一切物质生活关系抽象为主体间的权利义务关系,进而将主体、客体、权利义务关系链接在一起以法律规范的形式固定下来。这样,民事诉讼的过程,首先就是按照诉讼法的结构框架及其程序环节和步骤技术操作的过程,同时还是适用和解释实体法规范并认定案件事实的过程;诉讼法为民事诉讼提供了行为规程,实体法为之提供了裁判基准。民事诉讼是民事诉讼法和民事实体法共同发生作用的"场",是民事诉讼法和民事实体法共同的原生地,它实现、发展、完善并创造了民事诉讼法与民事实体法。在这里,诉讼法与实体法获得了高度的和谐与统一。实体法的运用和展示是以诉讼法预先固定安排为规程的,而诉讼法所进行的每一诉讼环节和步骤都是以适用、解释实体法为内容的。没有诉讼法,仅有实体法的裁判是杂乱的、恣意的;没有实体法,仅有诉讼法的诉讼是空洞的、迷茫的。因此,在民事诉讼过程中,诉讼法与实体法已融为一体,既没有必要,也没有可能具体分清何者为诉讼法、哪些是实体法。

然而,在各国部门法体系中,民事诉讼法与民事实体法都是位阶相同的、独立的法律部门。这就出现了一个悖论,既然诉讼法与实体法在民事诉讼中是一个统一的整体,不宜也不可将二者分开,那么,为什么世界各国还要制订各自独立的诉讼法与实体法,而不是合为一体?深层次的问题是,程序法与实体法为什么会分化?分化的法理基础和价值取向是什么?分化的未来趋向如何?分化有没有一定的限度?如果有的话,如何界定和把握该限度?诉讼法与实体法除用作裁判外,还有没有其他功用?如果有的话,诉讼法与实体法的其他功能与裁判功能的关系是什么?所有这些问题,因本文主题所限,请允许笔者另文探讨。

---

① 所谓程序法的圆环性结构,是指要调整一个复杂的法律程序,不允许其中的各个规定相互孤立,即使存在程度上的差异,但是通过服务于程序全体的理念目标,使各种规定相互发生作用;同时,即使在表面上以不同形式进行调整,然而在实质上仍必须接受来自程序整体的各个看不见的关系的制约。用别的词汇来表述的话,就是,程序法中的个别规定,隐含于程序整体结构的背后,而且反过来,整体结构将受到各个组成部分的制约。概言之,就是个别以整体为前提,相反整体也要以个别为前提进行构思,如同鸡蛋与鸡的关系,形成了相互规定性。所谓包容性,是指在一个程序法体系中,不同的程序——判决程序与执行程序、执行程序与保全程序、个别执行程序与破产程序等程序之间存在着相互依存、吸收的关系。三月章著,刘荣军译:《诉讼法与实体法——从实践问题提起》,载《外国法译评》1999年第4期。

诉讼中的实体法与程序法

闫宾* 李龙**

实体法与程序法关系的论题,处于法理学与实体法学和程序法学的交界地带。因此,它既具有部门法学的实践属性,又兼备法理学的理论韵味。天然形成的绝佳境域本来给学者提供了一个大展拳脚的空间,可事实却是,这一论题在学术界长期受到冷落,现有的探讨也多因缺乏法理学的支撑而略显肤浅。其原因大概在于,法理学者将此一论题视为实体法学或程序法学上的问题,于己无关;而部门法学者又集注于具体问题的解决,认为将过多的时间花在这一抽象论题上对自身发展并没有多少助益。其实,这项工作由谁来完成并不重要,关键是要清楚这项工作的完成定要合三领域理论成果之力始能济事。

实体法与程序法关系的论题虽然抽象,但却并非毫无实际功用。总而括之,它有两个方面的重要意义:第一,民事诉讼法学各基本理论无一不在实体法与程序法关系变动这一深刻背景下实现着变迁,实体法与程序法关系这一理念性理论是构筑其他基本理论的基石,因此,深入挖掘理念性理论得以生成的时代背景,并以此为前提对其准确定位,便自然可将民事诉讼法学各基本理论重新整合。第二,实体法与程序法关系的准确定位有助于与两者相对应的法学研究方法的更新。长期以来,我国民事诉讼法学与民事实体法学的方法论均是一元的,偏重于在自身范围内进行逻辑框架的建构。即使互有关涉也仅表现在局部,并未扩展至整体。此种一元化的方法论人为地割裂了本为同源的实体法与程序法,造成两者在民事诉讼中共同实现解决纠纷机能的障碍。如果正确地定位实体法与程序法的关系,突出两者的协同作用,便可在方法论上摒弃一元论,更加有利于民事诉讼法学与民事实体法学走上理论发展的正途。

一、诉讼中实体法与程序法的生成与展开

(一)诉讼中实体法与程序法的生成

1. 实体与程序

---

* 闫宾:西南政法大学 2003 级硕士研究生,现在重庆市消防总队工作。
** 李龙:西南政法大学法学院教授。

作为西方文明原点之一的希伯来,法律与宗教是不分的。① "《摩西五经》所记载的,既是上帝的诫命,又是人间的法律,这就是律法。在西方文明的这一时期,法律与宗教共享同一种仪式、传统,且具有同样的权威与普遍性。"②法律与宗教的交错筑就了西方文明独特的性格。

在人类尚处于初级阶段之时,生活方式相对简单,各氏族间几乎不交往,即使交往也仅在"自己清楚的领域活动";而氏族内部事务的处理亦能以"极其民主"的方式进行。"法是社会需要的产物",在此种生存状态下,纠纷的数量稀少,人类无从产生对法的需求。即使仅有的纠纷,也主要通过血亲复仇或格斗的方式予以解决。③ 因此,在这一时期,法律稀缺,但宗教观念却作为人类自身能力卑弱的伴产物内化于头脑,并通过行为展现。

在接下来的发展进程中,依靠血缘联结的氏族联盟逐渐让位于地域范围内群体间更为紧密的联合。④ 更高一级群体组织的出现,相应的产生了"更高一级的政治机构",⑤为法的产生创造了"强制力"条件。人际关系日趋复杂,纠纷的出现不仅成为常态,且在数量上迅速膨胀,"不逾规矩"的原始图景一去不返。随着私力救济的解决纠纷方式在群体内部遭到禁止⑥,作为"法"的一部分的程序开始有了存在的必要。由于当时人类的认识能力有限,运用证据认定事实的经验也很少,因此错误的判决在所难免。为了吸收由此引发的不满,必须仰赖一定的权威,在人自身难以担当这一重任的情况下,裁判者只能求诸在这一时期获得了正统性地位的宗教,⑦以"转嫁风险"。因此,为了使纠纷的解决结果具有正当性,程序在生发过程中因袭宗教的相关仪式成为势所使然。⑧

至此,程序以"宗教仪式"为依托开始了进化历程,而纠纷则有了另一名称——实体。实体与程序这对概念范畴是当宗教仪式的正统性和纠纷解决的妥当性宿命般地结合之后才产生的,而不同于各自本源产生的时间。故程序与实体是相互对应、相伴而至的,且互为产生前提。

2. 诉讼与法

原始程序一经出现,便以仿行的宗教仪式为雏形,以解决纠纷为契机,开始了法律化进程,并在与实体相协动的过程中构筑了初始形态的诉讼框架,为法的出现并最终确立为社会现象的独立一极创造了基本条件。

个人和群体在日常交往中创造了大量社会规范,其内容遍及人类生活方方面面,人类借此调整社会。法源于其中,但却并非每一条社会规范都能演变为法。要成为法,起关键作用的是诉讼,而首先则是程序对于纠纷的筛选,纠纷必须能为程序所接纳才能称为实体,实体与程序互动成诉讼才能发挥解纷机能。纠纷是一般性交往行为的紊乱所致,因此诉讼解决实体纠纷

---

① 在西方文明的另一原点——古希腊中,作为人类理性结晶的哲学思想较早发轫,希腊人很早便挣脱了宗教的束缚。但这并非意味着西方法律文明中宗教因素的祛除,因为在本文所探讨的私法领域,法律品格的形成更多地受到古罗马法的影响,而古罗马法始终未能摆脱与宗教间千丝万缕的联系。
② [美]伯尔曼著,梁治平译:《法律与宗教》,中国政法大学出版社 2003 年版,第 5 页。
③ [美]E·霍贝尔著,严存生等译:《原始人的法》,贵州人民出版社 1992 年版,第 6 页。
④ George Mousourakis, *The Historical and Institutional Context of Roman Law*? p. 102.
⑤ [美]E·霍贝尔著,严存生等译:《原始人的法》,贵州人民出版社 1992 年版,第 7 页。
⑥ 但私力救济并未因此而绝迹,在摒弃了野蛮手段之后,作为一种自发的解决纠纷方式一直潜藏于人类社会。它的存在常常作为公力救济的有益补充,并与公力救济一起构成了纠纷解决的竞争性秩序,有利于纠纷解决最优化模式的形成。
⑦ 何家弘:《从司法证明模式的历史沿革看中国证据制度改革的方向》,载《法学家》2005 年第 4 期。
⑧ 关于程序因袭宗教仪式这一点,基本上能在西方学术界达成共识,争议仅在于因袭的内容多少上。

必须以与该实体相对应的社会规范为评判标准,才能准确地矫正失衡。只有这类社会规范才是法的源泉,而其在诉讼过程中不断地反复适用又进一步赋予并强化了它异于其他社会规范的独特性。因此,诉讼不仅为法从社会规范中脱颖而出创造契机,而且切实地将法从它所隶属于其中的社会规范中提炼出来。

当然,这仅仅是法的产生途径之一。因为人类始终要面对利用当前条件所无法解决的问题,想在既存习惯中寻找到所有问题的现成答案并不总是可能。于是,依靠具有强制力的某种机构或个人对纷争予以适当地消解就成为最好的选择。① 待纠纷获得解决之后,再在处理结果中精炼出对于日后具有指导作用的行为标准。如果这一行为标准在今后的纠纷处理中不断地得到肯认,新的法便产生了。这样的法律生成过程需要依赖强制力的推行,但却不能完全将重心放诸强制力。一个委身于裁判者专断意志所为的判决②,是很难得到民众遵从的,因此,裁判的作出必然蕴涵着裁判者对于当时通行的公平、正义理念的准确把握,并将其内化于判决之中,从而能为民众心悦诚服地接受。正如心理学研究现在已经证明的那样,"在确保遵从规则方面,其他因素如信任、公正、信实性和归属感等远较强制力为重要。"③因此,心理上遵守乃是当时人们服从规则的首要保证。④

在法的生成过程中,诉讼无疑扮演了一个重要的角色。法律两条的生成途径都端源于它,后一条途径明显地让人感觉到诉讼在创造法的过程中所展现的巨大力量;而前一条途径虽然表面上看来是从已有的社会规范中挖掘,并没有创造,但诉讼对既有社会规范的筛选,并使"合格者"凸显并进入法领域,也可以在某种程度上将其归结为一种创造性工作。正如霍贝尔所言:"一件事(习惯——笔者注)如果没有在适用法律的活动(诉讼——笔者注)中被承认,我们将永远不会认识它。"⑤

3. 实体法与程序法

在西方法制史上具有里程碑意义的《十二表法》是表述习惯法的典范,⑥它既表述了实体习惯法,亦表述了程序习惯法,两者在很多时候是融和的,以"诉"(actio)的方式存在。罗马法并不是民事实体权利的体系,而是民事诉讼的体系。⑦ 罗马法是严格意义上的诉讼法。⑧

---

① 霍贝尔举了晒延印第安军事公社中的"沃尔夫·莱斯·唐"案。沃尔夫·莱斯·唐的马在他不在时被一个朋友"借用"了,这个朋友未返回时他向公社首领诉说了此事。首领派人从遥远的营地带回了他的这个朋友。这个朋友对自己的行为作出了适当的和令人满意的说明,并给予原告除了作为亲兄弟之外的大方的赔偿。事后,军事首领宣布:"现在我们将创造一个新的规则,即不经允许不得借马。如果不经同意拿走了别人的东西,我们将自习检查并物归原主,如果企图据为己有,我们将给他一个惩罚。"他们根据"需要"判决,不为已有的判例体系所牵制。只要他们认识到这个案例的规则是新的,就宣布它为法律。(参见[美]E·霍贝尔著,严存生等译:《原始人的法》,贵州人民出版社1992年版,第22页。)

② 这是亨利·梅因的观点。他认为原始社会是族长统治的,族长像一个暴君,可以不受任何规则的限制。参见[英]梅因著,沈景一译:《古代法》,商务印书馆1959年版。

③ [美]伯尔曼著,梁治平译:《法律与宗教》,中国政法大学出版社2003年版,第17页。

④ [美]博登海默著,邓正来译:《法理学——法律哲学与法律方法》,中国政法大学出版社1999年版,第380页。

⑤ [美]E. 霍贝尔著,严存生等译:《原始人的法》,贵州人民出版社1992年版,第32页。

⑥ 平民与贵族斗争的焦点就在于公开法律,而不在于制定法律。

⑦ 江伟、邵明、陈刚:《民事诉权研究》,法律出版社2002年版,第124页。

⑧ 它是由若干"诉权"组成的法,所以罗马法亦称"诉权法",这时的"诉权"不同于现代意义上的诉权,它既包括实体权利,又包括实现该实体权利的程序。

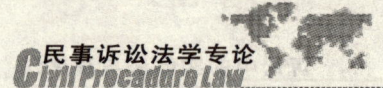

《十二表法》公布后的最初两百年是罗马法的法律诉讼时期,在这一时期罗马法裹足不前。"诉讼请求只能按照五种得到制定法承认的方式('法律诉讼')之一种提出,裁判官既不创造新的'诉'(actio),也不能将现有的'法律诉讼'扩展适用于未得到法律承认的请求。"①但是这一切在程式诉讼时期得到了改观,随着一种新的并且灵活的诉讼制度——"程式诉讼"的引进,裁判官可以其对社会现实的敏锐洞察及智识性把握创造新的"诉"(actio),每个裁判官都可告示在其当政之年可以进行哪些诉讼。但是如果在一个制度中,法律的实质性部分每年都在变化,这个制度显然将是难以操作的,所以尽管在最初的几年肯定存在过一定数量的试验,但告示的主体部分都逐年延续下来,后来的裁判官只是做一些必要的增补或者删减。② 这样,法律既保持了稳定性,又具有适应社会发展的灵活性,并在两者臻于完美的结合中不断发展着罗马法,其结果便是以"诉"(actio)的不断累积为表象的罗马法内容的不断丰富。但是这一切都随着西罗马帝国的衰亡、战乱所导致的商品经济发展的凝滞而停止了,即使代表罗马法辉煌顶峰的优士丁尼帝的《民法大全》也难挽颓势。

500多年的休眠期后,罗马法经宗教传承又重获新生,③但程式诉讼和非常诉讼时期积累下来的"诉"(actio)的数量众多且复杂,杂乱而无章法。于是,后期注释法学派用当时盛行的经院哲学对罗马法进行了解释,并导入了一个体系。通过这一体系化规范使得"诉"向实体法化发展,从而开始主张与程序法分离出来独立存在。至此,"诉"(actio)逐渐开始分解,主要体现为事实与规范的分离(法规范的抽象化),实体法和程序法(请求权与诉权)的断裂。④ 但是分离并非一蹴而就,而是经历了一个漫长的过程,两个标志即是法国民法典和法国民事诉讼法典与德国民法典和德国民事诉讼法典。前者"一方面规定有大量抽象化法律规范,另一方面亦保留着许多以事实与法律评价合为一体的实体法请求权和程序法诉权未分化的条款,'诉'(actio)只部分分解";后者则标志着"诉"(actio)的完全分解,"实体法形成了完全抽象的法律规范,程序法则作为确定实体法所规定的权利存在与否的形式而存在,"⑤并且可以一般性的程序解决纷繁复杂的纠纷样态。至此,诉讼法最终分解为实体法和程序法。

4. 实体法与程序法及相关概念辨析

民事诉讼的演进具有连续性,强行划分出阶段无疑是武断的。一、二部分的溯源冗杂且混沌;而第三部分实体法和程序法的分离虽有各国法典为佐证、作为阶段性质变的形式标志,但是两者真正的分离却并非仅始于此,而是在各法典颁布之前便业已存在了。之所以采用此种叙事方式,并非硬性区分以为清晰陈述,而是为了将民事诉讼演化过程中所产生的若干重要且基本的概念穿插于民事诉讼的整个发展脉络当中,以期在历史视界中获得对其含义的准确把握,并以此为基础澄清现今理论界对这些概念认识上的错位。

---

① [英]巴里·尼古拉斯著,黄风译:《罗马法概论》,法律出版社2004年版,第21页。
② [英]巴里·尼古拉斯著,黄风译:《罗马法概论》,法律出版社2004年版,第22、23页。
③ 在这一时期,欧洲大陆罗马法制、日耳曼法制、与其他中世纪及近世所发展之各种独立制度因素并存,但是罗马法制却以压倒其他因素而得以复兴,究因得果,共有以下四点:(1)罗马法制产生、发展于商品经济较发达的过程中,所以较适应这一时期资本主义经济的发展;(2)罗马法的再发现,使得意大利各大学蜂拥学之,各国从之,使罗马法再次繁荣,为罗马法的复兴起到了推波助澜的作用;(3)罗马法是成文法的典范,中世纪行将结束之际,欧洲大陆战乱频繁,各国均盼统一,所以如前所述,实现统一手段之一即是统一法律,而编纂法典是其中最便捷的一种;(4)17、18世纪自然法思潮的兴起,促使人们对法典化的呼唤。
④ 江伟、邵明、陈刚:《民事诉权研究》,法律出版社2002年版,第66页。
⑤ 江伟、邵明、陈刚:《民事诉权研究》,法律出版社2002年版,第4页。

(1)诉讼与程序、诉讼法与程序法的概念辨析

原初形态的法是由诉讼"创制"的,而不能简单地视为程序的创制物,诉讼与程序不能等同。如果不加实体,孤零零的程序无法创制任何东西。纠纷的发生并提交到程序上是程序开始运作的前提条件,实体是程序的启动装置;实体在进入程序后,不断地刺激程序向前推进,直至最终完结。这一实体与程序互动所构筑的框架才是诉讼。诉讼可以兼容实体(也兼容程序);而程序则无法兼容实体,它与实体相对且彼此独立。在进入诉讼这个动态框架之后,程序和实体才能获得生命力。虽然在这一过程中程序的主动性和实体的被动性、程序的外在性和实体的内在性,使得诉讼从表征上来看与程序极易混同,但切忌因此而忽视诉讼和程序内在质的差异。①

"诉讼法是实体法发展的母体",在现今理论界,尤其是在我国诉讼法学界,是耳熟能详的。人们寄希望于以此提高程序法在整个法律体系中的地位,特别是在与实体法的对垒中不致落于下风。但仔细思量,即便"诉讼法是实体法发展的母体",此处的诉讼法亦非近现代意义上的诉讼法,而是"诉"(actio)未分解时实体法和程序法融合时的法律;近现代意义上的诉讼法从严格意义上讲只能是程序法,是"诉"(actio)分解后实体法脱离诉讼法后的残留部分。因此,诉讼法是实体法母体的同时也是程序法的母体,实体法和程序法是一对孪生兄弟,共同脱胎于诉讼法,而不能将今之诉讼法与古之诉讼法视同一物。

日耳曼法系保留了古老的"诉"(actio)形式——诉讼法未完全分解,实体法与程序法融合。而罗马法系学者则用己之惯常思维去审视对方,强行将判决中蕴含之法提升为实体法,并合乎情理地得出"诉讼法是实体法发展的母体"的结论,最终将其简单地套用至罗马法系。须知彼之诉讼法名称名副其实,而罗马法系的诉讼法则名不副实。只能责怪历史错误地选择了"诉讼法"这一名称,它是谬误的根源。

(2)程序与程序法、实体与实体法、诉讼与诉讼法的概念辨析

卡尔·马克思认为:"审判程序和法二者之间的联系如此密切,就像植物的外形和植物的联系,动物的外形和血肉的联系一样。"②前苏联及我国学者以此认为程序法与实体法是形式与内容的关系,程序法只是实现实体法的工具。③ 关于二者关系的认定稍后再作讨论,笔者在此想要澄清的是马克思所述的是程序和实体法④的关系,而不是程序法和实体法的关系,程序法和程序是不能等同的。因为程序法所表述的程序仅仅是一个决定过程;而参照程序法要求进行的程序则不能简单地还原为决定过程,因为掺杂进了人的因素,并受到实体的推动之后,程序获得了空间化的生命力。它成为一个复杂的过程⑤,具有了多维的面孔。很难想象一个形式化、抽象化的程序法中能准确、生动地复制这个多面孔的、鲜活的程序。同样不可逆的表

---

① 现今学界多认为,诉讼仅仅是程序的一种。(张文显:《马克思主义法理学——理论、方法和前沿》,高等教育出版社 2003 年版,第 436 页;李林:《实体法与程序法》,http://www.lawbreeze.net/Html/news3/05981934308385.htm)笔者对此种认识深表赞同,因此本文中所探讨的程序或程序法准确的表达应该是"诉讼程序"或"诉讼程序法"。
② 《马克思恩格斯全集》第 2 卷,人民出版社 1957 年版,第 178 页。
③ 参见柴发邦主编:《中国民事诉讼法学》,中国人民公安大学出版社 1992 年版,第 59 页;杨荣新主编:《民事诉讼法学》,中国政法大学出版社 1997 年版,第 13 页;柴发邦:《民事诉讼法学新编》,法律出版社 1992 年版,第 9 页。
④ 虽然原文是"法",但通过上下文可知马克思所指的是实体法。
⑤ 季卫东:《法治秩序的建构》,中国政法大学出版社 1999 年版,第 24 页。

述也适用于实体和实体法。作为实体的纠纷是社会现实生活空间的一部分,同程序一样是多维的,而经实体法抽象后所表述出的则仅仅是社会现实生活空间的骨架而已。①

最大的问题仍然发生在"诉讼法是实体法发展的母体"这一论断上,谷口教授在《诉讼法乃实体法发展的母体》一文中,通过探寻诉讼法和实体法的起源来界定两者的地位。经过一番历史考察后,其所得出的"诉讼法是实体法发展的母体"之结论建立在"诉讼创制实体法"这一历史过程的描述基础之上,②其中暗含着将诉讼与诉讼法等同的假设。另外,在《程序的正义》一文中,又使用"程序法是实体法之母"③来重述这一论断。可见,谷口教授将程序法、诉讼法以及诉讼这几个概念不加区分地换用,以致结论之间互生抵牾。

关于这一历史进程的正确描述应为:诉讼是法(包括实体法和程序法)发展的母体;诉讼法是实体法和程序法共同的母体,而不是实体法和程序法发展的母体。

(3)三个"实体"的区分

究"程序先于实体"之说的真正根源,不外两者:一是将程序与诉讼混同,二是对"实体"的界定出现了偏差。前点已述及,不赘述;后者则因为在纠纷解决的历史演进过程中,存在着三个"实体":实体纠纷、实体结果以及实体权利。"实体"一词,原本是哲学名词,在西方哲学史中,一般指万物的基础。唯物主义者把它作为物质,唯心主义把它作为精神。④ 但自从借用至法学领域后,"实体"的含义已面目全非,与原有之哲学含义大相径庭,并在长期的使用中,具备了以上所提到的三层含义,以致学者在使用"实体"一词时,常根据不同的情境选择恰当的含义,但此种选择却是不自觉的,学者对此并未予以关注。

"实体"在法学领域是与"程序"相对应的概念:实体纠纷启动程序,并与程序一同构筑诉讼,在构成诉讼两个必不可少的支点上,实体纠纷与程序相对;实体结果是经过诉讼的动态化过程之后、作为结束标志的由诉讼所重塑的纠纷,这与程序在过程和结果这一层面是相对的;而实体权利与程序又在分别作为实体法与程序法的内容上相对应。"实体"的三层含义在产生上具有明显的相继关系:实体纠纷与程序结合,组成解决纠纷的诉讼;实体纠纷经过诉讼的审理之后,导出实体结果;实体结果的长期积累,指引了习惯的生成,并最终完成了由习惯法到实体法典的成文化质变。实体纠纷是实体结果的元素,而实体结果又是实体权利的胚胎。"实体"游离于这三层含义之上,为全面认识它提供了一个最佳的平台。因为通过对其含义的准确定位,"实体"的整个历史进化路线将清晰地得以展现。而"程序"的景况则大为不同,以现今为

---

① 整个罗马法系诉讼程序的展开都是围绕着要件事实而展开的:与构成要件相对应,能够直接导致一定法律效果发生的纠纷事实为"要件事实",它是案件事实的主体,也是笔者所言的事实骨架。另外,与要件事实共同组成案件事实的剩余部分在现实生活中与要件事实并无主次之分,但在法律领域它们只能依附于要件事实,通过要件事实间接地作用于案件审理结果。非要件事实共有以下几种:不能直接导致法律效果发生,或者说不能够直接决定特定权利是否成立,而只用来推导要件事实真伪或存在与否的案件事实被称为"间接事实",它往往与证据紧密相关;而所谓"辅助事实",则被理解为例如证人的性质、证人与当事人的关系等能够用来推测证据可靠性或证明力的事实;最后一个是"背景事实",凡纠纷发生的原因、经过、当事人的动机等等背景情况,都可以包含在这个概念之内。(参见王亚新:《对抗与判定——日本民事诉讼的基本结构》,清华大学出版社2002年版,第100页。)

② [日]谷口安平著,王亚新、刘荣军译:《程序的正义与诉讼》,中国政法大学出版社2002年版,第65~67页。

③ [日]谷口安平著,王亚新、刘荣军译:《程序的正义与诉讼》,中国政法大学出版社2002年版,第7页。

④ 辞海编辑委员会:《辞海》(缩印本),上海辞书出版社1980年版,第1016页。

准横向考察,与"实体"的三种含义相对的"程序"是完全同一的。但将"程序"放归历史、以"实体"为参照便可发现,"程序"与"实体"同样经历了一个演化进程:最初和实体纠纷会合,在不断地解决纠纷过程中通过判决累积形成了程序习惯,最终跨越到程序法典阶段。"程序"整个发展过程中在用语上的一成不变与"实体"的富于变幻形成了鲜明对比,程序的这一演化路径也被现今程序概念的一元化表述所遮蔽。

"程序先于实体"一说中的"实体"是指实体权利。[①] 从表面上看,这一论断似乎是可以成立的;但如果将"程序"置于历史进程中、并与"实体"相对应加以考察,便可发现破绽。与实体权利相对的"程序"是现今程序法所表述的程序,而不是法未成文化前的"程序"(与实体纠纷相对),两者由于未处于同一进化层面因而根本不具备可比性。就像不能因作为"实体权利"源泉的原初时期的"实体纠纷"或"实体结果"先于现代由程序法所表述的"程序"而顺理得出"实体先于程序"一样,将原初形态的"程序"先于现代实体权利存在这一史实概括为"程序先于实体"显然是荒谬的。

社会发展迅猛,新生事物频生,而词汇在总量上的增长则缓慢许多。因此,在同一个词汇内充塞新的内涵成为迫不得已的选择。于是,在横向挖掘词汇多层次含义的同时,也勿忘纵向考究各层次含义的由来。只有如此才能避免在不同含义层次上对概念进行比较,而得出贻害学界的误导性结论。

(二)诉讼中实体法与程序法的展开

任何事物均是矛盾体,法律制度亦莫能外。社会的发展附带导致了纠纷数量的膨胀,出于迅捷、有的放矢地解决纠纷的考虑,纷繁的纠纷被类型化,并在法律体系内部划分出不同的组成部分加以应对,而不同组成部分的划分便是矛盾产生的源泉。纠纷类别化趋势的不断升级,刺激作为法律体系内部各组成部分的子体系向着自身逻辑方向有倾向性的发展,矛盾显现,各子体系之间出现裂痕。倘若依照法律体系自身逻辑仍能将各子体系统合于整体之下,则不生疑问;若个别子体系因自身发展所产生的主要性状使其与其他子体系无法继续共存,即其与余外子体系、甚至整体系统之间的矛盾激化程度已经达致不可调和的地步,分化便成为唯一的解决途径。分化既意味着旧的矛盾的终结,同时亦为孕育着新的矛盾的开端。法律制度就是在

---

① 考虑到会有学者在"实体结果"意义上使用实体,笔者在此将"实体纠纷"与"实体结果"区分如下:(1)后者是前者经过诉讼的锻造后的结果,贴上了法的标签,由法拟制而成的,其中凝结了人类理性的因素,不是客观存在的,应该称之为"法实体";而前者则存在于社会现实生活当中,是客观存在的,但悖论却是当两者发生分歧,出现不一致时,后者却能取前者而代之,成为那一时刻确定无疑的实体。(2)后者以判决为依托而具有确定性,它一经确定,除非特例否则无可撼动,一个个经由诉讼所形成的实体构成一个个基点,成为人们可资信赖的出发点,并以此基点为"圆心"一环一环向外发展,稳定了社会秩序;而前者虽然是客观的,但却缺乏稳定性,由于离开这一时点的实体已经成为过去,人类认知能力的相对性决定了不可能完全再现过去,所以对这一客观性的实体的认知不可避免地带有主观性的印迹,主观性导致了社会现实生活空间的飘忽不定,为了给人类发展以稳定性,由程序法和实体法所构成的法的框架进行了妥协,赋予了"法实体"确定的地位,路径便是将人类的主观性认识客观化。

之所以会造成对两者的误识,除因后者来源于前者,两者的"质地"均为空间构造之外,更兼两者在某些外在形式上的仿若,即:在大陆法系这样"规范出发型"民事诉讼中,当事人若要提起诉讼,必经之路便是将纠纷实体按照实体法的要求格式化,而经过法的框架评价之后的"法实体"仍然是格式化的,以这样的格式化的"法实体"引领日常生活,必然便之也变得格式化,周而复始,往返循回,实体与法实体的外观界限便越来越不明晰了。因此厘清实体乃"法实体"之源就显得更为重要了。

这一不断发展、裂变的过程中向着纵深与细化的方向前进,其自身也在应对社会现实、解决纠纷过程中不断完善,内涵不断丰富。

实体法与程序法的分立充分印证了法律制度发展的这一常态过程,但两子体生长、成熟至最终分离的全过程却始终未离开诉讼这一母体的孕育。"按照发生学的原理,一切事物和现象的产生及其条件,都将以胚胎的形式,凝结在该事物和现象的本质里,积淀在该事物和现象往后的发展中。"①边沁在创造实体法和程序法这一组概念时便没有脱离诉讼而泛泛谈之,他在司法实践的直观形式中清晰地区分了调节司法过程的程序法与作为裁决依据的实体法。② 因此,虽然罗马法系语境中实体法与程序法在含义上较之移植之前已经发生了很大变化,但两法却不能脱离"原点"的束缚,继续发展与自我认识仍离不开诉讼这一法的框架。

1. 诉讼赋予实体法和程序法以生命力

实体法与程序法的分离伴随着规范对多样化事实的抽象,以期法在维系稳定性的基础上,具有一定程度上应付变动性纠纷的能力。导致分离的催化剂是数理逻辑工具的运用,直接结果是法典化。法典化过程中,受自然科学方法论及科学观的影响,③"开始了以科学为榜样,以一种蕴涵公理的、完全合乎逻辑的方式自主表达的法典编纂"。④ 同时,数理逻辑要求在原有具体事实中提纯规范的基础上,进一步舍弃具体规范、概念的特性,将其抽象化为具有统辖性的基本规范、概念,⑤构筑了一个"犹如数理世界的逻辑体系",从而使建造起来的法典成为捐弃了实践因素的"纯粹法律文本"。⑥

实体法与程序法受自然科学方法论影响所建立的法典模式,就外观而言颇值赞赏,其将人类理性发挥到了极致。法典化也因此成为罗马法系自诩文明进步、鄙夷日耳曼法系落后未开化的主要凭仗,但后果却是法律被束之高阁而成了法学家的玩偶,从而被推向了与社会现实相隔绝的不利境地,离开了社会现实的法典因而丧失了其本该具有的生命力。所以,只有通过诉讼的中介作用才能将法典与社会现实重新沟通起来,法的实践气质也只有如此才能得以还原。诉讼是实体法与程序法获得生命力的根基。

另外,在法典制定的初期,不论实体法还是程序法,"表现为一般规范命题的法律条文的内涵、外延往往是不明确的,内容亦不是被确定了不变的价值,而是通过诉讼中具体个案的处理,在一般规范命题框架内逐渐形成。只有在积累了相当数量的具体案件处理经验之后,才能说法律条文具有什么样的内容。"⑦另外,规范含义的核心区域通常是清晰的,而距离核心区域越远则含义越模糊,待到与其他规范交界的边缘地带,模糊性表现得最为明显。边界不清往往导

---

① 周长龄:《法律的起源》,中国人民公安大学出版社1997年版,第3页。
② 张文显:《马克思主义法理学——理论、方法和前沿》,高等教育出版社2003年版,第436页。
③ Stefan Vogenauer. An Empire of Light? Learning And Lawmaking in the History of German Law. *Cabridge Law Journal*, Vol. 64, No. 2, 2005, p. 499.
④ [法]勒内·达维著,漆竹生译:《当代主要法律体系》,上海译文出版社1984年版,第44页。
⑤ 陈小君:《我国民法典:序编还是总则》,载《法学研究》2004年第6期。
⑥ Stefan Vogenauer. An Empire of Light? Learning And Lawmaking in the History of German Law. *Cabridge Law Journal*, Vol. 64, No. 2, 2005, pp. 499~500.
⑦ [日]谷口安平著,王亚新、刘荣军译:《程序的正义与诉讼》,中国政法大学出版社2002年版,第3页。

致法律适用上的困难,而划定边界同样需要判决的不断积累。① 实体法与程序法若欲获得生命力的内容也必然要依靠诉讼的重复劳作。

2. 诉讼是联结实体法与程序法的桥梁

古罗马法与裁判密不可分、融为一体,"实体法与程序法"因此仅具有裁判规范功能。分离初期,裁判规范功能仍能将两者紧密联结。但随着交易频仍程度的不断加剧,如仍依循传统,事事均经由诉讼的过滤,则必然影响交易的便捷实现。于是,实体法在原有裁判规范功能的基础上又生长出了社会规范功能,即法律行为的进行不再必须通过诉讼,仅需依照实体法内含的行为模式直接于社会现实生活中行事即可,而诉讼则退居为权利出现争议或处于不安定状态时的救济手段。社会规范功能的不断强化已使其地位远远超过原有的裁判规范功能,成为实体法实践运作中的主旋律,以致实体法在自身的建设过程中偏重于社会规范功能,而裁判规范功能则在社会规范功能声势浩大的扩张中被湮灭了;以致现今实体法学者多持"社会规范一元论",认为只有社会现实生活空间才是实体法的作用领域,而程序法仍只在原有的裁判领域活动。法典化后的两者更多地处于一种"分居"状态。

共同脱胎于诉讼法的经历无法掩盖两者必然存在的千丝万缕的联系,而现实中的割裂局面严重违背了这一点。究其根本,在于并未清楚认识实体法裁判规范功能与社会规范功能的真实关系。其实,两者不过是一个问题的两个方面:裁判规范功能是社会规范功能的根基,而社会规范功能则是裁判规范功能的外在表现。只有更多地关注诉讼对法的促进与生成作用,实体法的裁判规范功能才能不断得以强化,社会规范功能才能更好地发挥作用。实体法学若仍高举"社会规范一元论"大旗,满足于逻辑自足,漠视与程序法的密切联系,非在诉讼中正视自身,其结果将必然导致裁判规范功能的受损甚至萎缩,社会规范功能最终则只能成为无根之木,无源之水。实体法的生命之本在于诉讼中与程序法的互动。实体法社会规范功能的表象性、裁判规范功能的实质性得以澄清之后,依靠诉讼架构起联结实体法与程序法的桥梁便不言而喻了。

与社会规范功能膨胀相伴的是实体法生长过程中浓重的个人主义色彩,对相应的程序法

---

① 以撤销权为例。我国《合同法》第74条规定:因债务人放弃到期债权或者无偿转让财产,对债权人造成损害的,债权人可以请求人民法院撤销债务人的行为。债务人以明显不合理的低价转让财产,对债权人造成损害,并且受让人知道该情形的,债权人也可以请求人民法院撤销债务人的行为。撤销权虽然设定,但是关于究竟于何种场合适用,总不是很明晰。如甲对乙享有80万元的债权,而乙将价值80万元的财产无偿转让于丙,故甲对乙提起撤销之诉。这是撤销权适用的典型例证。但是,由于撤销权在债权保障方面具有无可比拟的优势,因此,适用上渐有泛滥之势。仅仅围绕含义的核心区域已经不能满足撤销权适用上的需要,所以以原有的含义区域为基础开始向边界拓展,从而引发与其他规则适用上的碰撞,也产生了划定范围的必要。如上案中,若甲对乙的债权有担保物权作保障,则撤销权能否适用?从立法目的分析,普通债权以债务人的责任财产为对象,撤销权是针对普通债权人对责任财产不具有支配性的平衡手段,而如果债务人已经有担保物权,他在与债务人的对抗中,自然不会处于下风,因而也失去了适用撤销权的必要。如此,撤销权与担保物权的界限已经划分明确。再如,撤销权适用上要求受让人主观具有恶意,若上例中乙丙两人是合谋规避法律的规定,就会引发关于此时乙丙两人的恶意是否是构成撤销权的条件。民法上的恶意共有两解:希望主义与认识主义。前者谓对其行为有害债权,须有积极的希望,即有诈害的意思;而后者则谓有消极的诈害认识即已足够,无须积极的诈害意思。撤销权既然名之为"撤销",必然有撤销的对象,即民事行为必然是有效的,这是撤销权行使的前提;而前述乙丙合谋的情形构成恶意串通,直接导致两人间民事法律行为无效,既已无效,又何谈撤销,所以排除了希望主义意义下的恶意。不断的"疑难案件"出现,不断地获得解决,法律规则的含义亦不断明确。

问题不加考虑,结果通常是迫使程序法自身作出调整以适应实体法的要求,这一过程是通过诉讼的媒介作用得以完成的。① 同时这一过程又是可逆的,程序法的发展也借助诉讼对实体法施加影响,促使实体法作出结构性调整。② 两者的互动必须依赖诉讼,乃在于实体法或程序法变动的信息只有通过诉讼才能为对方所感知。因此,实体法与程序法虽然脱离诉讼母体而获得了独立地位,但两者并未孤立,而是继续通过诉讼保持着沟通,并在互动中维系着原始的匹配性。

3. 诉讼是推进实体法和程序法进一步发展的原动力

外在形式的变化不能影响法内在发展的连续性,历史上法在诉讼中不断获得发展的样板同样适用于今天。实体法与程序法均以分离之初的形态为起点继续展开建构自身体系的进程,原动力仍然是诉讼:既包括与社会发展相同步,并且能为实体法框架消化、吸收的纠纷(即实体);同时也包括对新生纠纷拥有接受、吸纳能力的程序。现实世界不断向前,超常规的纠纷形态自然会不断涌现,所以问题的关键在于,如何确定纠纷是否应为法律(包括实体法与程序法)所调整。这一问题的解决要仰仗借鉴日耳曼法系相关理论而形成的"诉之利益"概念,③它是新型纠纷的筛选器械和调解装置。

过滤后的新生纠纷样态在进入诉讼后主要导致以下四种可能的后果:(1)纠纷虽新,但依靠法规范现有内涵,就可将其化解。即利用在解决已有纠纷时对法规范进行解释所形成的含义,便可将新生纠纷涵盖并作出处理。虽然法无论是外在形式还是实质含义均未发生变化,但既有法规范对新生纠纷的解读、消化,拓展了法的适用范围,并将其提升到与社会同步的高度。

---

① 针对实践中债权保护的不利局面,法国《民法典》设立了代位权,这一权利的设置能够有效地弥补由于债权相对性与不可支配性所造成的对债权保护的不周。但是,这一规定没有考虑程序法是否能够与之契合,即代位权出现前诉讼中的当事人能够与实体法律关系法的主体正相吻合,而代位权的确立却使得程序上的当事人与实体法律关系主体不再同一。正如笔者下文所要揭示的,如果实体法上的权利没有相应的程序法保障,便易因缺乏强制力而影响权利的实现。为此,程序法作出了调整,构筑了自身意义上的当事人适格概念,摆脱了实体法律关系主体的束缚,主要从程序法角度思考当事人问题,即虽然债务人和次债务人是实体法律关系主体,但在程序法上则将债权人和次债务人设定为适格当事人。其实,程序法所获得的许多自身体系上发展都是在这样一种"强迫"状态下完成的。

② 这一点可以从诉的类型的增加对实体法中权利体系的影响中窥见一斑。温德雪德从罗马法中的"诉"(actio)中发展出了"请求权"和"诉权",而当时,无论是"请求权"抑或"诉权",其含义均不可与现代同日而语。温氏"创造"请求权时,赋予了它两重含义:第一种意义上的权利,是一种针对他人的意志力,即要求与权利人相对的世人或特定人行为(作为或不作为)的权利;第二种意义上的权利,是一种无涉于他人的意思支配。第一种类型是要求他人行为的权利,大抵相当于现代的请求权。而第二种类型则是自己行为的权利,从表面上看与现代的支配权与形成权颇为相似,但由于温氏仅将第二种类型的权利理解为对他人的禁止,只关注了其消极的一面,即将"支配权与形成权"中的请求权能作了"请求权"意义上的理解。所以,虽然请求权与支配权(形成权)相对立的模糊轮廓在温氏著述中已经形成,但就整个民法体系而言,仍然是以请求权为中心。

形成上述情况的原因,可能是多方面的,当时社会状况简单,因而只有给付之诉一种诉的类型是其中之一。随着德国司法权的不断强化,司法越来越趋向对纠纷的提前介入,确认之诉与形成之诉先后得以确立。由于确认之诉所对应的实体权利是支配权,而形成之诉所对应的实体权利是形成权,所以,确认之诉和形成之诉的不断发展通过诉讼触动了实体法内请求权体系的解体,支配权和形成权从请求权中解放出来构成了权利体系的独立两极。

③ 〔日〕中村英郎著,陈刚等译:《民事诉讼制度与理论的法系考察——罗马法系民事诉讼和日耳曼法系民事诉讼》,载陈刚主编:《比较民事诉讼法》第1卷,西南政法大学内部刊行1999年版,第25页。

因此,可以将之视为一种法的隐性发展。① (2)新生纠纷超出了法规范的既有含义范围,但可以在综合衡量法规范内含的诸种价值因素的基础上对其进行重新诠释,拓宽其含义疆域,将新生纠纷涵盖。在这种情形下,法规范虽在形式上仍然维持原状,但实质内涵却扩张至原所未及的领域,法获得实质性发展。② (3)新生纠纷给法律适用提出难题——利用现有的资源无法直接作出回应。法典化后的法体系具有非凡的衍生能力,依靠的是内部的层级性构造,最基本的划分是原理性规范与具体性规范③,原理性规范是统领若干具体性规范的。如果纠纷进入诉讼,运用原理性规范为衍体,即能达致解决的目的。如纠纷为个别化,几经适用、解决便不复出

---

① 2002年11月1日起实施的《最高人民法院关于审理涉及人民调解协议的民事案件的若干规定》第1条规定:"经人民调解委员会调解达成的、有民事权利义务内容并由双方当事人签字或者盖章的调解协议,具有民事合同性质。"通过将人民调解协议定位为合同的方式,解决原来人民调解协议的无约束力问题。至此,对不履行人民调解协议的,按照合同法的相关规定处理。对于处理因人民调解协议引发的纠纷,利用合同法处理普通合同所积累的含义即可,但合同法因此而扩大了自己的适用范围也可以视为一种隐性发展。

再举一例。老人黎伯伦焚烧杂草时不慎引发重大森林火灾,检察院提起刑事附带民事诉讼。四川省古蔺县人民法院在刑事附带民事判决中,依照我国《刑法》第115条第2款、第72条判决被告人黎伯伦犯失火罪,判处有期徒刑1年,缓刑2年;同时依照《民法通则》第106条第2款、第117条第2款之规定,判令被告人黎伯伦自2002年10月至2007年8月补种古蔺县石宝镇芦荫村被烧毁的林地457.7亩,29848株。该案创造性地扩大了作为权利保护方式之一的"恢复原状"的适用领域。

② 《中华人民共和国民法通则》第120条规定:"公民的姓名权、肖像权、名誉权、荣誉权受到侵害的,有权要求停止侵害,恢复名誉,消除影响,赔礼道歉,并可以要求赔偿损失。"该条在应用之初,为了防止"人身权金钱化","赔偿损失"是不包括精神损害赔偿的;随着经济体制改革的不断深化,人身权的纠纷不断增加,产生了要求精神损害赔偿的需要,于是,"赔偿损失"中增进了精神损害赔偿的内容,但也仅适用于人身权遭受损害的情况;之后,实践中又出现了对于物品的侵害也引发"精神损害"的案件,于是,"赔偿损失"又扩大适用某些物品受到侵害的情况,并为《最高人民法院关于确定民事侵权精神损害赔偿责任若干问题的解释》第4条所确认,只不过加以了严格的限定——"具有人格象征意义的特定纪念物品"。

再如,起初《民法通则》只对姓名权、肖像权、名誉权、荣誉权这四项人身权作了明确规定,之后实践中出现了"隐私权"这一新的人身权种类,又急需获得法律的保护,于是,最高人民法院在《关于贯彻执行〈中华人民共和国民法通则〉若干问题的意见(试行)》中以司法解释的形式将荣誉权的含义作了扩大解释,把隐私权也纳入其保护范围。其实,德国在处理"隐私权"保护缺失时所采用的方法是利用"一般人格权",与我国的保护方式有着明显的差异。严格而言,我国依靠处于同一位阶的权利衍生另一权利的做法虽然很好地满足了实践的需要,但却与法理有悖,因而是不足取的。

③ 关于这一点谷口安平教授作出了有意义的探索,提出了权利的多重构造:最上位的原理性概念,在该原理之下得到承认的具体权利概念,为了保护具体权利而发挥实现其内容这一功能的手段性权利概念。法官能够发挥创制法的作用但决不允许恣意妄为,也不能超越现行法的体系。法官造法的活动必须限定于在上位权利概念指导下创制下位权利内容,并视最上位的原理性概念为制约法官的既定条件,其本身不是通过诉讼审判而形成的。于是,能被创造的权利就只剩下具体性权利和手段性权利,也就是遵循原理性概念创造具体性权利和手段性权利,或者根据既存的具体性权利创造出手段性权利。但无论何种场合,作为直接的现象,权利生成一定首先会在手段性权利阶段发生。([日]谷口安平著,王亚新、刘荣军译:《程序的正义与诉讼》,中国政法大学出版社2002年版,第183页。)

现,则权当考察法体系的涵盖力;①若类型纠纷样态反复重现,针对于此的诉讼不断启动,判决结果不断累积,最后具体性权利得以生成,则法律获得了形式和实质的双重发展。②(4)新生纠纷不仅利用具体规则现有资源无法满足需要,而且对一般性规则亦构成反叛,无法为其所囊括。针对此问题,只能作出例外规定。③ 例外规定可能会成为指责法体系存有缺陷的众矢之的,但若反向思考,例外规定恰好构成对法体系缺陷的弥补,使之更加完善。④ 法体系有缺陷是常态,除非历史永远格于某一时点不再前进,否则法体系将永远与缺陷如影相随。只是,对例外性规定的作出一定要顾及体系的一贯性,注意于其他节点上作相应的调整。

4. 诉讼是检验实体法与程序法发展适当与否的试金石

国家对法发展的态度或消极或积极,相应的法发展路径便可总括为两条:一是依靠与社会相同步的新生纠纷形态刺激法的发展,前三点中所述之法的发展状态便是消极的;二是国家利用自己的优越地位,将基于对当前社会的深刻把握与所欲达成的未来景象均融入法以引领发展。事实上,没有哪个国家对于法的发展态度是完全积极或完全消极的,因此国家在法发展中通常同时扮演着以上两种角色,只不过积极成分与消极成分在不同国家所占的比例不同罢了。

历史上首先产生的是习惯,习惯经由诉讼的筛选分离出具有强制力的法。尽管制定法的出现在一定程度上阻碍了习惯上升为法,但习惯仍然"在法律秩序的夹缝中继续存在着,同时自我更新"。⑤ 立法者可以立足对现实社会的洞察,基于利益需要在法中给之一席之位,此为法的积极发展路径之一。法体系的构建应既关注现实,又着眼于未来。立法者不会满足于对

---

① 德国对民法第847条关于"剥夺自由"的规定,通说一向采狭义解释,认为"是指身体活动自由而言"。后联邦法院曾一度将自由权类推适用于"精神或意思自由",但又随即放弃。如果将"以强暴、胁迫的方法影响他人的意思决定"也包括在侵害自由权里,那么,"甲男企图破门强奸乙女,被及时阻止;甲驾车故意撞乙,乙及时闪避"等情形也应该归入其中。但若果真如此,则自由权概念有过于扩大的嫌疑,从而诱发了滥用的危险。(王泽鉴:《民法学说与判例研究(八)》,中国政法大学出版社2003年版,第113~125页。)

② 关于此的例子不胜枚举。日本司法实践中的经典之作——"日照权"就是以原理性权利为依据,以手段性权利为"杠杆"完成的造法结果;我国台湾地区曾有干扰婚姻关系(与有配偶者通奸)的一系列判例,由起初通过一般人格权保护,到通过对自由权做扩大解释(即家室不受干扰的自由),最后到承认配偶权(夫妻共同生活圆满安全及幸福之权利)。(参见王泽鉴:《民法学说与判例研究(八)》,中国政法大学出版社2003年版,第113~125页)。在"法官造法"曾经受到严格禁止的大陆法系,也开始出现了松动的迹象,并在理论上和实践中寻求"法官造法"与"依法审判"之间的平衡。

③ 由于德国制定民法典时,更多地建立在对当时市民国家的洞察,而未察觉到当时已经显现的社会国家雏形。所以,《德国民法典》的侵权行为法规定的过错责任原则没过多久就出现了难以周延的情况。在重要的意外事故场合,如各种劳动事故、铁路、公路交通及航空意外事故,还有在电力、煤气和核能设置等部门的意外事故,若强求受害人证明加害人有过错,对受害人的保护将非常不利,于是,德国法院通过判例的方式作出了例外规定,给无辜提供损害补偿,而无须证明加害人有过错。另外德国法院还通过处于一般性规则上位的民法基本原则这样的"一般性条款",矫正一般性规则适用上的正义失衡,赫德曼将之称为"逃向一般性条款的演进"。(参见[德]茨威格特、克茨著,潘汉典译:《比较法总论》,法律出版社2004年版,第227页。)
再如,程序法上既判力的客观范围原则上仅及于诉讼标的,由此实现了诉讼标的和既判力理论的良好契合。但是,诉讼过程中出现抵销抗辩时,却给这一本来很圆满的契合提出了难题——如果规定例外,必然破坏立法者苦心塑造的完满,但如果不规定,又确实难以给"抵销债权已然在诉讼中受到裁判但却不受既判力约束"找到一个很好的借口。在权衡利弊之后,立法者不得不"忍痛"作出了例外规定,将既判力及于诉讼中提出并受到裁判的抵销债权。

④ [美]德沃金著,信春鹰、吴玉章译:《认真对待权利》,中国大百科全书出版社1998年版,第44页。

⑤ [德]N·霍恩著,罗莉译:《法律科学与法哲学导论》,法律出版社2005年版,第25页。

现实世界的刻画,他们还要"在法体系内部表明一个较好世界的建设方案",①"借助法的强制力引导社会走向其所勾勒的理想图景"。② 人类改造现实、追求完美的信念是法体系发展的主要诱因。这也是法积极发展的第二条路径。

但是,无论人类的积极举措如何进行,均需留待诉讼过程的检验。法的存在本身并不是目的,如果不能在诉讼中得到适用而被激活或被扭曲而无法还原,那么法将永远只能停留于纸面。程序的技术特性使得程序更易走理想图景构建的发展路径,这便增加了其生存难度。若不能在诉讼中为法的实现提供顺畅的途径,则程序的废弃与规避恐怕是无可避免的。因此,在法的积极发展进程中诉讼扮演了筛选者的角色,适应诉讼要求的存活下来,成为法体系内部新的成员,不适应者只能接受被淘汰的厄运。③

二、实体法和程序法关系考辨

(一)实体法与程序法关系变迁考

在日耳曼法系,程序一直蕴涵着巨大的力量,在社会生活中扮演着举足轻重的角色,事实中原本存在着的法只有通过程序才能得以宣示。事实不断溶入程序,法律不断得以宣示,结果不断累积,但又决不会为立法所固定,使得法能与社会同步发展。在英美人的思维中,程序不是工具,而是真正的主体。反观罗马法系诸国,程序工具性思维的流毒直至今日尚未完全清除,是什么造就了两大法系对待程序不同的态度?让我们仍然从历史中探寻。

1. 古罗马时期"实体法与程序法"④的关系定位

在西方文明的特有语境下,程序因脱胎于宗教而拥有至高无上的地位,而实体则因导源于现实世界而处于相对受到忽视的位次,"出身"的不同决定了两者在诉讼中地位上的差异。天然确立的程序本体地位同时存在于古罗马法和古日耳曼法中。

根据《优士丁尼法学阶梯》和《学说汇纂》的权威定义:"诉讼只不过是通过审判要求获得应

---

① [德]拉德布鲁赫著,米健、米林译:《法学导论》,中国大百科全书出版社1997年版,第1页。
② 在以上两种路径中,第一种路径更多地成为实体法发展的最佳手段,因为社会现实生活中不易生成程序习惯法。而诉讼过程交往所形成程序习惯的可能性亦因程序的精确性而极大地受到了限制。而第二种路径对于实体法和程序法的发展而言,均是存在的。这是受16世纪后一种新教观念影响的结果:凭借上帝的恩宠,个人具有了拥有其意志来改造自然和创造新的社会关系的能力。这亦是西方法获得新生的关键。([美]伯尔曼著,梁治平译:《法律与宗教》,中国政法大学出版社2003年版,第57页。)但无论怎样,程序法的发展较之实体法都要稍逊一筹,其主要原因在于,程序法的作用领域被严格地限定于诉讼框架,而不如实体法拥有直接面对社会的广阔空间。
③ 《最高人民法院关于适用〈中华人民共和国民事诉讼法〉若干问题的意见》第75条关于"当事人无需举证的事实"的第1款规定:一方当事人对另一方当事人陈述的案件事实和提出的诉讼请求,明确表示承认的。该条规定创设了我国司法实践中原本没有的自认制度,但是,由于我国司法实践中长期以来一直存在着"事实认知的绝对化倾向",使得自认制度与整个诉讼体制无法很好地契合,其在原有制度中的功能难以在中国实践中被彻底激活,以致该规则在制定的初期几乎无法得以适用。
④ 正如文章前述,罗马法是融实体法与程序法于一体的。因此,本部分所述之实体法与程序法是基于现代理念的拆解而作的假想,主要为叙事便利。

有之物的权利。"①概念中的两个基本点值得特别关注:一是审判,二是权利。审判是人们意图借以证明自己权利存在的诉讼程序(peocedimento)。② 表面上程序作为实现权利的手段而存在,"但罗马法学家的看法却并非如此,出于不掌握诉讼技巧的争讼人最容易摔跟头的原因,他们思考问题的角度更注重于手段,而不是'权利',更注重诉讼形式,而不是诉讼原因"。③ 程序对于"权利"能否最终获得实现具有决定意义。

"权利"并非产生于单纯的协议或者简单的意思表示,如果要创设或者转让,必须实施特定的行为,或者使用特定的话语(rituals)。这种(特定的)行为或者话语是形式(fomality)——现代程序的雏形,"权利"就是由这种形式创造的。如果形式不能得到完全遵守,所欲求的"权利"便不能产生(produce);而一旦形式得到遵守,不管真实意愿如何(即使意愿为错误或者恶意),"权利"都随即产生。④ "形式既具有实质意义,又是充分条件。"⑤

作为平民与贵族斗争妥协产物的《十二表法》,是国家内部平和秩序的保障。它的这种特殊意味使得无条件遵守成为天经地义,附带引发的效果便是"权利"范围的固定。这一由习惯法所生成的制定法反过来却阻碍了习惯法的继续生成,从而成了法律进一步发展的桎梏。因此,在《十二表法》颁布后的两百多年里,程序仅具有本体功能向度中的一个侧面,至于程序受到实体刺激进而展开诉讼以推动法律发展的本体功能的另一个重要侧面在这一阶段则陷于停滞。

这一切在"程式诉讼"出现后获得了改观。裁判官通过增加新的程式或者将程式扩大到新的事实发展法,并保持了主体部分的相对固定,在法的稳定和法的发展中间找到了一个最佳的结合点。在这一历史进程中程序的本体角色逐渐丰满,既决定着"权利"的实现与否又掌控着"权利"范围的扩张。所以,在古罗马法的程式诉讼时期,程序找到了它最恰当的位置,并建立起了完整的功能体。

程式诉讼时期积累的大量程序及由其产生的"权利"到了帝国末期变得庞大、杂乱而无章法,加上罗马法学家对法律及谕令的解释繁多且矛盾重重,导致了法律适用上的困难。于是,优帝开始了他庞大的立法工程——《学说汇纂》、《法学阶梯》、《新律》、《优士丁尼法典》。其中对后世影响最为深远的是《学说汇纂》——内容为古罗马时期众多法学家的学说。优帝的本意是将学说之间的矛盾之处予以清除,以期法律适用的统一。但原定10年实只3年的整个立法过程明显地带有急功近利的色彩,以致原本应为筛选、过滤后再汇编的过程更像是一个直接的学说汇总。矛盾不仅没有得到消解,反而在立法文本中暴露无遗。如果就立法目的的实现而言,这次立法明显是失败的;然而,"优帝却在一个他做梦也没有想到的时间和地点并且采用一种没有想到的方式取得了成功",⑥即"在古代世界解体之时,以一种能够保留下来的形式将浩繁的罗马法文献汇集在一起"。⑦ 不久,这些文献同古罗马帝国一起为历史所尘封。

在古罗马始于法典终于法典的整个过程中,程序除了能作为"权利"实现的手段之外,还能对"权利"的实现保有制约性,同时亦能通过其富于变数促成法体系的发展。因此,在古典法阶

---

① [意]彼德罗·彭梵得著,黄风译:《罗马法教科书》,中国政法大学出版社1992年版,第85页。
② [意]彼德罗·彭梵得著,黄风译:《罗马法教科书》,中国政法大学出版社1992年版,第85页。
③ [英]巴里·尼古拉斯著,黄风译:《罗马法概论》,法律出版社2004年版,第17~19页。
④ George Mousourakis, *The Historical and Institutional Context of Roman Law?* p. 3.
⑤ [英]巴里·尼古拉斯,黄风译:《罗马法概论》,法律出版社2004年版,第64页。
⑥ [英]巴里·尼古拉斯,黄风译:《罗马法概论》,法律出版社2004年版,第41~44页。
⑦ George Mousourakis, *The Historical and Institutional Context of Roman Law?* p. 9.

段,就程序及程序法的功能而言,罗马法系和日耳曼法系在相当程度上具有着共同性。① 综上所言,古罗马的"实体法与程序法"具有着一种原始的和谐关系:两者地位大体平等,程序法略显优越;两者互相制约,互为目的,并在互动中不断推进着法的发展。

2. 德国支系"实体法与程序法"关系流变②

罗马帝国覆灭,《民法大全》旋即被弃。但它并没有从此绝迹,而是在潜藏了500多年后又重现意大利,凭借其文明与智慧方面的胜人一筹,并在灵界与俗界双重权威的支持下,重新走入了学术研究的视野,并以意大利为中心向整个欧陆扩散。③ 不久,在当时的封建社会内部孕育出了日后取而代之的资本主义因素,并随着资本主义的增殖最终冲破并摧毁了阻碍它们的封建壁垒,④封建秩序的解体使欧洲大陆再一次陷入分裂。长期的封建割据造成了彼此间习惯法的差异,这与商品经济的再度繁荣所需求的统一规则间形成了紧张关系。法国等国均能以强有力的中央集权推进习惯法的统一来满足这一要求,而德国则由于中央权力的"疲软",不得不在这一真空地带迎接对罗马法的全面继受。⑤

由于当时的经济发展水平还不高,因此,诞生于古罗马"高度发达"商品经济环境中的《民法大全》对于当时散乱的德国无疑是一个巨大的宝藏,除可凭借以为统一规则之阶梯外,更重要的是可在其中寻找到几乎一切事实问题的解决方案。相对当时的经济、社会状况,《民法大全》是近乎完美的。因此,在这一阶段,即使是新生纠纷的出现,也可以直接从实体法中寻求到答案,而无需程序法的介入。而随后数理逻辑工具在法学范围内的引入,德国法具备了逻辑性形式理性特征,⑥即依靠实体法既有框架的逻辑推衍以获得对于新生问题的解决,⑦使得新生纠纷即使在突破了实体法框架时也不必期求程序法的帮助。在程序不能对法的发展作出实质性贡献的情况下,积淀于罗马法中的程序本体性的一个侧面消散了。

---

① 当然,此种共同性也不能被随意扩大。因为作为两大法系思维理念上的根本差异在古典法阶段便已成型,即罗马法系之"规范出发型"诉讼理念与日耳曼法系之"事实出发型"诉讼理念。(参见[日]中村英郎著,陈刚等译:《民事诉讼制度与理论的法系考察——罗马法系民事诉讼和日耳曼法系民事诉讼》,载陈刚主编:《比较民事诉讼法》第1卷,西南政法大学内部印行1999年版,第36页。)除了诉讼的前提分别以规范和事实为出发点外,更为根本的差异还在于罗马法系中程序对于法律体系的发展要受制于既有的规范框架,而日耳曼法系中的程序所受的束缚则要少得多。

② 德国支系与法国支系虽然同属罗马法系,但是两者的法律发展进程尚存很大差异。就支系发展初期的形态而言,德国法系与英美法系对待实体法与程序法关系的态度截然相反,而法国法系则恰好处于两者的中间点。而本文之所以选取德国法系作为参照系就在于它对待实体法与程序法的关系的认识扭曲更为严重,也更具典型性,便于清晰地观察实体法与程序法关系的流变。

③ [美]梅利曼著,顾培东、禄正平译:《大陆法系》,法律出版社2004年版,第9页。

④ 黄仁宇:《资本主义与二十一世纪》,生活·读书·新知三联书店1997年版,第17页。

⑤ [德]茨威格特、克茨著,潘汉典等译:《比较法总论》,法律出版社2004年版,第205页。

⑥ 马克斯·韦伯著:《经济与社会中的法律》,中国大百科全书出版社,D·M·特鲁伯克将逻辑性形式理性详细解释为:法律思维的理性建立在超越具体问题的合理性之上,形式上达到那么一种程度,法律制度的内在因素是决定性尺度;其逻辑性也达到那么一种程度,法律具体规范和原则被有意识地建造在法学思维的特殊模式里,那种思维富于极高的逻辑系统性,因而只有从预先设定的法律规范或原则的特定逻辑演绎里,才能得出对具体问题的判断。([美]孟罗·斯密著,李静冰、姚新华译:《民法法系的演变及形成》,中国政法大学出版社1992年版,第32~33页。)

⑦ Stefan Vogenauer. An Empire of Light? Learning And Lawmaking in the History of German Law. *Cambridge Law Journal*, Vol. 64, No. 2, 2005, p. 499.

而古罗马"审判保护产生权利"的信念在现代则发生了逆转,原因是经自然法洗礼后,权利跃居为本原,对权利的审判保护则退居为结果。① 至此,权利被认为是人先天具有的;而罗马法中程序所具有的缔造权利的本体性色彩在现代也渐渐褪去了。古罗马彰显程序尊贵地位的本体性的两个重要维度的缺失,是程序工具论得以抬头的根本原因。

在欧陆法律文明翻天覆地的背景下,程序也获得了"进化"。作为欧陆法律传统不可或缺一环的教会法软化了程序的形式性特征,②使得《民法大全》再发现时各地的程序已不再繁缛复杂、充斥着各种甚至是毫无意义的形式。但这一次飞越不仅未给程序法创造翻身的契机,反而将程序法进一步推向深渊。因为在罗马法为欧陆诸国继受的过程中,虽然德国打着"神圣罗马帝国"的旗号所完成的继受最为全面,③但继受的内容却偏重于实体规定。程序规定的有限继受也使得程序法不得不考虑重新构建的问题,而在程序工具意味已然浓厚的前提下所完成的体系建设将注定产生对实体法的强烈依附性。由此,程序的工具性被推向极致。

但是,《民法大全》及以其为蓝本而制定的各国法典毕竟是一定历史阶段的产物,并非永恒真理。经济发展和社会变迁所产生的超出法典视野的新情况打破了法典的完美金身,完全靠逻辑方式囿于实体法限度内的自我创造又在很多情况下脱离实践,加之司法权的扩张和强化,人们不得不再一次将视角转向程序。程序法重新获得了发展,其独立地位越来越受到重视。由于德国实体法与程序法的地位差距较之大陆法系其余诸国更为悬殊,因此,罗森贝克在倡导程序法的独立地位时便采用了一种极端的方式,即提出了"并列论",在强调程序法独立地位的同时,也将其推向了与实体法完全决裂的孤立境地,使得实体法与程序法犹如法律体系中两条永无交涉的平行线。虽然将程序法放诸对立于实体法的位置有违历史情境中两者的真实关系,但不可否认的是,程序法在经由这种倡导后摆脱了实体法的束缚,建构起了独立于实体法的自身体系,从而获得了与实体法分庭抗礼的独立地位。

罗氏虽然在宏观探讨实体法与程序法关系时割裂了两者之间的联系,也在微观的若干基本理论研究中贯彻了这一主张,④但是在"证明责任"问题上,却明显地保留了两者之间的联系。⑤ 因此,尽管实体法与程序法的关系经历过波澜壮阔的变迁,但历史原点处所限定的两者最本质的关系是永远无法回避的。程序法也正是在经由"工具论"、"并列论"这一试错过程之后,开始朝向达致最和谐状态的目的地前行。

3. 小结

虽然在法律文明方面,罗马人筑就了此后西方法律文明的基点,但是在法律文明经历了波澜壮阔的变迁之后,我们不禁要追问促成这一变迁的"潜流"到底是什么?

"在哲学方面罗马人是希腊人虔诚的学生",由于哲学作为世界观和方法论的基础地位,因此,罗马人在潜心钻研法律的过程中必然不自觉地运用希腊哲学作为工具。希腊哲学的最大

---

① [苏]M·A·顾尔维奇著,康宝田等译:《诉权》,中国人民大学出版社1958年版,第8页。
② [美]伯尔曼著,贺卫方等译:《法律与革命》,中国大百科全书出版社1993年版,第305页。
③ [德]茨威格特、克茨著,潘汉典等译:《比较法总论》,法律出版社2004年版,第205页。
④ 罗森贝克的新诉讼标的理论将诉讼标的的概念与民事实体法上的权利分离,纯粹从程序法的立场出发,利用原告在诉状中提出的诉的声明以及事实理由,来构筑诉讼标的的概念与内容。(李龙:《民事诉讼标的理论研究》,法律出版社2003年版,第47页。)
⑤ 罗森贝克的"规范说",主张以(实体)法规要件分类为出发点,并主要以法律条文的表意和构造为标准分析法律规定的原则和例外,以及基本规定与反对规定之间的关系,以此分配证明责任。(陈刚:《证明责任法研究》,中国人民大学出版社2000年版,第184页。)

贡献在于塑造了西方文明独特的思维特征：一是理性的、逻辑的、科学的思维特征，二是主客观二元的对象化思维特征。① 这两种思维特征密切相关，"正是在观察和研究中，由于把外在世界作为独立的对象，甚至把人本身也作为独立的对象，所以才能客观如实地思考。这样，也就决定了必须以理性、科学的态度，以严密的数学计算和逻辑证明的思维方式，去面对所研究的对象。"②

此两种思维特征的形成颇具偶然色彩。据现今考古学成果，作为希腊城邦民主前点的克力特—迈锡尼文明，与其他东方文明同样是中央集权式的帝国，也同样是以王宫为社会活动中心。如果这种制度形式一直存续下去，恐怕也就不会有日后的西方文明了。然而，公元前12世纪时多利安人部落闯入希腊半岛改变了希腊文明的发展轨迹，他们毁灭了克力特—迈锡尼文明，使希腊文明的历史出现了"断层"，以至于后来的希腊人除了神话传说之外，甚至不知道自己还有过如此辉煌的过去。"在这场文明浩劫中，不只是一个朝代灭亡了，而且是一种王国制度被永远摧毁，一种以王宫为中心的社会生活形态被彻底废除了。"③这为城邦民主制的建立提供了前提。

古希腊的自然观与中国先秦时期的自然观极为相似，即人类社会和自然是同制同构的。于是，希腊人将他们对城邦社会的观念投射到了自然之上。这样，当基于城邦民主制建立的相对平等的法律制度成为维系社会生活的主要因素时，自然就呈现为围绕着某个中心而展开的所有部分都服从共同的秩序和规律的宇宙图景。虽然希腊人以城邦社会的观念理解自然秩序，但是他们却首先由认识自然开始，通过认识自然而认识人自己。④ 这是由人的认识活动规律所决定的。正是由于假定有高于并支配自然的共同秩序和规律的存在，才促使希腊哲学家竭尽全力地探索自然，以求得对必然性规律的把握。于是，自然被对象化。在接下来经由自然认识自己的过程中，人发现了自身与自然的差异，主、客体二元获得分化。西方文明的两个思维特征在古希腊就有了雏形。

克力特—迈锡尼文明的意外"中断"是西方文明演进史中的重要一环，它使继之而起的希腊文明在很大程度上免受了古老传统的限制，这为新思想的传播创造了一个相对自由的空间，西方文明内在的创新精神正得益于此。但这并非意味着西方文明的发展不受任何束缚，因为恢复起来的文明渐渐也形成了自己的传统，只不过这个包袱相对而言不那么沉重，克服起来相对容易；而每一次对旧传统的突破都必然代之以新传统的形成，当新传统渐渐也构成对思想的束缚时，必将面临又一次的突破，西方文明正是在不断突破传统的过程中形成了"反传统"的传统。⑤ 古罗马法学家便继受了这一传统，他们虽然通过对现有法律的分析建立起了抽象的逻辑框架，但却没有受它的束缚，如果随后发生的纠纷要求法律重新作出调整，那么他们便会根据既有的抽象逻辑框架合成新的原则来解决问题。⑥ 至此，西方文明奠定了今后的发展走向。罗马法复兴后，对实体法与程序法关系的认识之所以能不断摆脱"误区"的桎梏而回归和谐状态，多少要归功于"反传统"的传统所提供的精神动力。

---

① 叶秀山、王树人：《西方哲学史》（第一卷），江苏人民出版社2004年版，第324页。
② 叶秀山、王树人：《西方哲学史》（第一卷），江苏人民出版社2004年版，第324页。
③ 张志伟：《西方哲学十五讲》，北京大学出版社2004年版，第24页。
④ 张志伟：《西方哲学十五讲》，北京大学出版社2004年版，第26～27页。
⑤ 张志伟：《西方哲学十五讲》，北京大学出版社2004年版，第27～28页。
⑥ George Mousourakis, *The Historical and Institutional Context of Roman Law*, p. 305.

与主、客体二元化相伴而形成的理性、逻辑、科学的思维特征同样为古罗马法学家所承继，他们在罗马法的整个发展进程中一直运用着古希腊的思维模式对法体系进行抽象化基础上的排列、组合。在古典罗马法时期，①罗马法的形式逻辑属性已趋成熟，经后古典时期法学家的进一步完善后，由优士丁尼的《民法大全》予以保存而传递至近代。② 我妻荣先生就曾指出，因为形式逻辑属性富于确定性，是人类长期文化进步的结果，所以罗马法对近代欧陆的征服更多的是依靠法体系内蕴藏的形式逻辑属性。③ 但是，近代法学家运用逻辑工具的方式与古罗马法学界有着明显的不同：古罗马法学家在将罗马法形式化的同时，并没有脱离社会实际，而是以回应社会实际为法律形式化发展的主要方向；④而近代欧陆法学家则使法的所谓纯粹内容与当时的社会状态显得毫无联系，只把它作为逻辑的操作资料。⑤ 因为形式逻辑能够为商品经济发展提供其所需要的"交易安全"，所以它被近代法所继承。而形式逻辑手段的继受之所以会走极端，则要"归功于"科技革命兴起的推波助澜作用。⑥ 自然科学在近代飞速发展，人类开始对科学顶礼膜拜，也陷入对自身理性的迷信，一时间唯科学主义盛行。在这一对科学追捧狂热化的年代，人类忽略了社会科学相对自然科学的异质性，将纯粹逻辑的数学方法论引进了法学领域，从而使"法律上的唯一正解"成为人类的现实追求。

虽然马克思"经济基础决定上层建筑"的论断在现今学术界遭到了挑战，但是笔者仍然认为经济对西方法律的产生、发展具有极为重要的作用（尽管不是决定作用）。如果没有商品经济的兴起，古罗马的私法无从产生，因为古罗马的私法正是在回应经济需要的过程中才产生，并进而发展起来的。商品经济在近代的复兴又促成了欧陆诸国对罗马法的继受，而商品经济与法律之间的天然联系又决定了法律终将摆脱纯粹形式逻辑的束缚，重新回到了回应经济需要的正轨。但是，政治、经济、文化等上层建筑中与法律相并列的多种因素同样是不能忽视的，它们会对法律的发展产生影响，这就可以解释为什么近代对罗马法继受的过程中会走那段弯

---

① 与现今学界普遍接受的古罗马时期三阶段（君王制、共和制和帝制）划分不同，英国学者 George Mousourakis 根据立法模式和不同时期居主导地位的法律组织的特征不同，将古罗马法律史分为古代阶段（archaic period）、前古典阶段（pre-classical period）、古典阶段（classical period）和后古典阶段（post-classical period）。古代阶段从公元前 8 世纪到公元前 3 世纪，前古典阶段从公元前 3 世纪到公元 1 世纪，古典阶段从公元 1 世纪到公元 3 世纪中叶，后古典阶段从公元 3 世纪中叶到公元 6 世纪中叶。（see George Mousourakis, *The Historical and Institutional Context of Roman Law*？p.2.）

② George Mousourakis, *The Historical and Institutional Context of Roman Law*？p.365.

③ ［日］我妻荣著，王书江、张雷译：《债权在近代法中的优越地位》，中国大百科全书出版社 1999 年版，第 394 页。

④ George Mousourakis, *The Historical and Institutional Context of Roman Law*？p.305.

⑤ ［日］我妻荣著，王书江、张雷译：《债权在近代法中的优越地位》，中国大百科全书出版社 1999 年版，第 395 页。

⑥ 我妻荣先生分析了三点原因：一是由于罗马法不容易理解，必须要有大学特殊的教育，这样，通过学者们的手，罗马法的各个条款就与作为其存在基础的实质的具体条件分离开来，而成为独立的逻辑的存在，以至于成为完全自由的一般化的系统对象，结果，各种法律概念就成为只能通过纯理论的方式才能明确。二是为了使古老的罗马法能用来处理不同国家新发生的案件，法作为纯理论的内容被广泛地一般化也是极其必要的。这种社会需要，更促使学者们开展了上述的工作，与此相应，法律的逻辑形式化倾向更加有了大的进展。三是受历史法学派的影响，普通法学者为了弄清法的原始内容，将近代因素全部抹灭，进一步将法逻辑形式化。（［日］我妻荣著，王书江、张雷译：《债权在近代法中的优越地位》，中国大百科全书出版社 1999 年版，第 395 页。）但是笔者认为我妻荣先生并没有指明是什么原因促成人类接受这一形式逻辑方法论。

路,也可以解释为什么同样是继受罗马法的欧陆诸国在法的具体形态上却存在着或多或少的差异。然而,法的发展重归正轨,各国法体系的主体部分仍然具有某种共通性,也正能诠释经济对法发展的重要基础性作用。

(二)实体法和程序法是共同推动诉讼的两个支点——两者合理关系定位

实体法和程序法由融合到分裂,并经由几百年的发展而形成了在诸多性状上迥异的两部法律。在漫长的变迁过程中,诉讼的作用居功至伟。它不仅孕育了实体法与程序法,而且在实体法与程序法走向分离之后仍然将两者紧密联结并促成两者的进一步发展。但实体法与程序法却并非总是消极,在诉讼之于实体法与程序法作用力的反向是实体法与程序法对诉讼的推动作用:诉讼得以启动并展开,系得力于实体法与程序法协同所构筑的法框架。因此,对实体法和程序法关系的探讨不能脱离诉讼框架,否则对两者关系的界定将成为脱离具体情境的纯粹理论玩味,无任何实质意义。

1. 两个支点

在实体法与程序法融合未分之时,推动诉讼的任务由"诉讼法"一人承担。只有在分离之后,推动诉讼的重任才落到由"诉讼法"分解而成的实体法与程序法两者之上。但在分解之初,实体法较程序法地位上的优越显而易见,两支点地位并非平等,而是有大小、主从之分的。待程序法从实体法"延长线"的阴影中走出,摆脱了对实体法的"人身依附",并获得了长足发展之后,用"两个支点"来形容实体法与程序法才可谓名副其实。

(1)程序法的体系化

分解之后的实体法与程序法均获得了独立发展的契机。实体法社会规范功能的迅速膨胀,并因由"抽象化规则+更抽象化原则"所组成的严密逻辑体系,使其对自身逻辑自足的迷信达到了登峰造极的地步。而与此相对,程序法的境况则要逊色得多。在"诉讼法"未分化前,程序法与实体法共享着同一套概念体系,而分化之初程序法也只是将之做了程序意义上的改造而已,探究内涵仍与实体法可谓一一对应,并由于长期处于实体法助法的地位,在自足性上并无太大建树。程序法的独立仅是形式上的而非实质上的。伴随着资本主义的飞速发展,社会生活不断复杂化,并出现了反一般的纠纷样态,以致某些新生纠纷在程序法框架内不能获得合乎逻辑的圆满解决。人们逐渐意识到,纠纷的解决需要程序法的鼎力相助,因为单纯依靠实体法对交往方案的理想型构筑经常会因实体法面型构造的局限而流于片面,在程序法线性运作的过程中导致与"最初理想"的背离。至此,程序法才产生了构建自身的必要,体系化进程始发端。在众多表征中,最为根本的是在给付之诉的基础上产生了确认之诉和形成之诉,并将此两者作为独立的诉的类型来发展。而民事程序运作中的一系列基本概念也以此为基础进行了实质上的程序意义改造:适格当事人范围扩大,诉讼标的理论出现诉讼法一分肢说、二分肢说,既判力的主观范围向第三人扩张以及争点效理论的出现等。[①] 实体法与程序法在分离之后的长期发展中已经形成了各自独立的、异于对方且不可兼容的逻辑体系,并在此基础上随社会的发

---

① 在适格当事人上,以往诉讼标的的双方主体与实体法律关系主体正相对应,现今出现继受了诉讼标的的实体法律关系以外的第三人也可以成为适格当事人的例外情况;诉讼标的的"诉讼法说"是在"实体法说"无法解决请求权竞合时应运而生的;既判力的主观范围除拘束实体法律关系主体之外,还拘束诉讼系属后当事人的继受人、诉讼系属后为了当事人或其继受人的利益占有标的物的人以及在原告或被告他人的利益参与诉讼之人;争点效则是在既判力不能及于判决理由时的一种妥协效力。

(2) 程序法本体性的回复

分离初期,程序法难以摆脱实体法"助法"地位尚情有可原,但在两者独立历程行进多年后之今日,此种观念已经越发没有了市场。程序法在体系上生成了异于实体法的内在逻辑,本体性也随试错过程的渐近终结而重新显现。总体而言,程序法的本体性仍主要从两个方面体现出来:首先,发展法律功能的回归。大陆法系"规范出发型"诉讼理念在法典化初期以极端化的方式加以执行,即只有实在法中明定的权利才能获得救济,程序不能将救济范围拓宽于法典之外。这与古罗马法发展初期的形态颇为相似,只不过古罗马初期形成这一状况是因《十二表法》的特殊意味,而法典化初期则是基于人类对自身理性能力的迷信。社会发展致使法典缺陷逐渐暴露,程序法的功用不得不被重新予以考量。而在程序法吸收了根据英美法系相关灵活性规定改造而成的"诉之利益"之后,程序具备了对新生纠纷的接纳能力,从而能对法的发展作出自己的贡献,古罗马中后期"程序发展法"的本体性回归了现代社会。其次,取得权利功能的变相展现。权利走向前台,程序退居幕后。"经由程序取得权利"的古典方式由于与交易的便捷性相悖而遭到了废弃,但程序的这一功能却并未完全消散,而是潜在地以另外一种方式继续存在:程序虽然不直接介入权利的取得,却作为权利背后的隐性强制力发挥着作用,这是一种间接地取得权利的方式,因为自然法所宣扬的"权利本原"论调并不能使人类自然地拥有权利,实体法上确立的权利对于主体而言具有很大的不确定性,所以程序的间接保障对权利的取得仍然是不可或缺的,只不过原有的"经由"过程被省略了。再者,当权利出现争议需要由诉讼来解决时,无论路径是给付之诉、确认之诉抑或形成之诉,都必须首先经历一个确认权利的过程,①而这一过程究其本质就是一个取得权利的过程,只不过由于法意识的转变我们不再适用"取得"一词,而代之以"确认"而已。

(3) 实体法的面型、层级构造与程序法的线性、并列构造

经法典化改造后的实体法与程序法,历经几百年的发展,终于形成了各具特色的内部结构。所谓实体法的层级构造,即实体法典是以总则为最高一级,统领整个实体法典,接下来分为财产法与人身法两个次级层面。财产法再分为物权法与债权法。物权法内含担保物权与用益物权两类,而担保物权与用益物权又内含若干具体权利构成最低层级;债权法下分为合同法、不当得利和无因管理,而合同法又细化为若干具体合同类型。人身权法下辖人格权法与身份权法;人格权法与身份权法又都由若干具体权利组成。侵权责任与违约责任同样统辖于总则之下,所构成的责任体系是对权利的护佑,因此是与规定权利的财产法与人身法的整体相区别的独立层级。实体法的结构按照严密的种属逻辑层层展开。每一层面上的权利之间并无主、次之分,侧重于横向划分各自范围,因此,单就每一层面而言都是面型的(平面),而权利则星罗棋布地散置于其上。

而程序法则表现出明显相异的结构特征。程序法内含多种程序,如普通审判程序、简易审判程序、保全程序与破产程序。这些程序在普通审判程序的基础上发展起来,必然共享着程序制度的许多资源,但却不能因此而忽略彼此独立存在的价值,因为为了满足解决类型化纠纷的需要,各程序在实体的促动下或多或少地作出了倾向性调整,以获得对实体的最优化处理。它

---

① 日本学者中田淳一认为确认之诉是三种诉的类型中最纯粹和最基本的一种,即所谓的"确认之诉原型观"。[日]中田淳一:《诉讼上的请求》,载《民事诉讼法讲座》第1卷,第161页。转引自李龙:《民事诉讼标的理论研究》,法律出版社2003年版,第37页。

们彼此互不能兼容,并列于程序法典之中。即使是普通程序内部,也会因解决特定类型纠纷的便利,有目的地分化出若干小的"子程序",俗称"部门诉讼",它们彼此也构成并列关系。但若单就各个具体程序而言,程序法的构造又是线性的,犹如一条直线,从前至后依次进行;程序法中的基本理论也依附于程序的线性展开逐个出现并得以适用。

实体法与程序法的多重构造要归功于法典化中理性手段的运用,但理性毕竟仅是一种手段,它不可能凭空"捏造",所得成果不过是对已有之物的加工、铸造而已。其实,实体法与程序法在现代的构造在历史中已有显现,只不过不同时期的突出表现方式略有不同而已。在古罗马法偏重"程序法"之时,"程序法"具有明显的线性、并列构造(每一个"权利"都配备有相应的程序),而"实体法"隐藏于"程序法"的构造之中,被其吸收。此时,"实体法"充其量算作一张"平面",且凹凸不平,这是没有被理性系统化的结果。在实体法与程序法分离之初,实体法的面型、层级构造得以彰显,而程序法的结构则内化于其中,但同样不能否认程序法的线性、并列结构在实践中的不自觉运用,只不过由于程序法体系化进程尚未展开,这种结构与现今相比略显粗糙罢了。

程序法的本体性以一种更能回应社会需要的方式获得了复兴,并且经过漫长的体系化进程也形成了与实体法迥然的独特构造。程序法与实体法的相互独立不再仅停留于形式,而是更具有了实质意义。现今学界对程序法的独立地位已然达成了共识,但对支撑程序法独立地位的内部根源却未予提及。独特构造和本体性从结构和精神两个方面阐释了程序法的独立地位,使得笔者所界定的"两个支点"才具有预设中的平等意味。

2. 共同推动

"民事诉讼是民事实体法与民事诉讼法共同作用的场"的所谓"场"的理论,已经为现今学界所普遍接受。而笔者所界定的实体法与程序法的关系并非对"场"的理论的简单重复。因为按照"场"的理论,诉讼是一个既有框架,而实体法与程序法在框架中的适用具有被动性和消极性。而笔者则认为实体法与程序法具有先在性,诉讼在实体法与程序法的共同努力下建立起来,并在两者的继续推动下向前展开;同时,实体法与程序法也在诉讼中进一步发展、完善自身。诉讼与实体法和程序法间的互动过程是要格外强调的。不仅如此,笔者对"共同性"的理解也与"场"的理论有着差异。

(1)实体法与程序法的合作

虽然实体法和程序法获得了独立地位,且具备了各自的功能和目的,但两者毕竟是同源的,作为诉讼发展的产物脱胎于诉讼法,形式上的独立不能割断两者千丝万缕的联系,自成体系不能阻碍两者内在精神上的一致。实体法的许多原则,如诚实信用原则、意思自治原则等[①]在程序法中都有相当程度的应用;几乎每个程序法概念都可以在实体法中找到对应体,且内涵的主要部分也表现出明显的对应性,如诉讼标的、适格当事人;还有一些概念则需两者协同才能得以确定,如证明责任。正是同源性筑就的独立却不孤立的品格,为两者的合作提供了可能性。

在大陆法系"规范出发型"理念指引下,实体是经实体法评价后的事实骨架,程序是经程序法所表述的流动化过程。实体启动程序,初建诉讼;实体随程序的流动向前推进,与程序互动

[①] 西方学者认为当事人的"真实义务"便是诚实信用原则在民事诉讼法中具体表现,近年来我国亦有学者主张将诚实信用原则引入民事诉讼法理。(汤维建:《论民事诉讼中的诚信原则》,载《法学家》2003年第3期。)另外,意思自治原则在民事诉讼中的体现更多:协议管辖、西方民事诉讼中的辩论主义、诉讼中的和解等。

而构成诉讼框架;实体与程序在诉讼过程中又以实体法与程序法为标准不断地审视自己,即实体与程序构成诉讼中的审理对象。① 可见,由诉讼孕育而生的实体法与程序法两个体,在脱离诉讼之后仍然是诉讼中不可或缺的元素,而两者的合作也是诉讼得以形成并展开的必要前提。但两者的合作并非自发进行的,而是在诉讼解决纠纷这一目的指引下促成的。纠纷的发生是两者合作的契机,而纠纷的消解则是两者合作的动力。

(2)实体法和程序法的协调

现代诉讼制度源于古罗马,在古罗马时期,"诉"(actio)包括"权利"和取得"权利"所必需的程序。"诉"(actio)不同,"权利"不同,取得"权利"的程序也不同。"权利"和程序经过诉讼的反复启动、终结,不断磨合而适合于对方。因此,就具体"诉"(actio)而言,"权利"和程序是吻合的。普通民众才能因此而顺畅地取得"权利",并继续保有对诉讼的认同与接纳。

虽然实体法与程序法已然分离,但相互协调、彼此配套的基本理路却不容变更。不然,由其二者所推动的诉讼进程必然会运转失灵,不仅损及两者自身的健康发展,而且还会影响民众对诉讼的接纳度。

实体法与程序法在现有的体系基础上,按照各自的逻辑路径进行发展,加之现代社会法律发展路径的多元化,两者出现抵触的情形必时有发生,但抵触只有在两者合作的过程中才能发现。诉讼促成了两者的合作,使两者有机会近距离互相审视对方,针对出现的抵触现象作出适当的调整,重新回复协调状态。

虽然在实体法和程序法合作的乐章中总有一些不和谐的因素,但其终究会在诉讼中被消除,从而仅仅构成整个乐章中短暂的插曲。实体法与程序法在合作中不断扫清障碍,趋于协调,但协调本身并不是目的,而是为了更好的合作,以便充分发挥诉讼解决纠纷的机能。实体法和程序法正是在这样一种合作过程中不断推动诉讼向前展开。

(三)评析实体法与程序法关系的"层次论"②

在对实体法和程序法关系认识上,"舶来"的"层次论"渐成理论界颇受认同的学说。③ 该说在强调程序法的独立地位的基础上,更是将程序法的优越地位推向了极致。其基本观点如下:"在现行法律体系中,居于最高层次的法律是现行宪法,在宪法之下是依据宪法设置的诉讼法,而实体法处于法律体系的最下位;各上下位法律之间在层次上属于包摄关系,所谓包摄关

---

① 在诉讼审理过程中,起诉条件等程序事项首先受到审理,其次是诉讼要件等程序事项,最后才轮到实体审理。因此,民事诉讼被视为具有一种阶段性构造。但是实体和程序在很多情况下的粘连,又使得这种阶段性只能是观念上的。(参见张卫平:《起诉条件和实体判决要件》,载《法学研究》2004年第6期。[日]中村英郎著,陈刚等译:《新民事诉讼法讲义》,法律出版社2000年版,第156页。)

② 倡导"层次论"最力者为日本法学名宿中村宗雄教授,他在《法学和自然科学在方法论上的关联——以自然科学启迪法学体系创新的构想》一文中,运用自然科学的方法论探讨程序法与实体法的关系,认为自然科学领域已由二维空间构造过渡至三维空间构造,而诉讼是三元世界,原本同为二元的实体法和诉讼法,而现今诉讼法中应引入时间坐标,上升为三维构造,进而成为包摄实体法的上位次元。笔者不谙自然科学,也许不能深悟中村教授的深意,但以笔者的观点尚应提出几点质疑,以供学界参酌:(1)诉讼法和程序法的关系界定如何;(2)程序法(诉讼法)到底是一维还是二维;(3)为何单单在程序法中引入时间坐标,实体法为何置之不理。其实,第一点质疑是问题的焦点。

③ 参见江伟、邵明、陈刚:《民事诉权研究》,法律出版社2002年版,第90~92页;张家慧:《诉权意义的回复——诉讼法与实体法关系的理论基点》,http://www.civillaw.com.cn/weizhang/default.asp?id=17412。

系是指,实体法是通过体现诉讼法规律的诉讼与诉讼法发生关系的,诉讼是实体法解决个别纠纷的具体化、个别化的过程。所以在具体的诉讼中,实体法因作为裁判规范而被包摄在诉讼法之中;并且,这种包摄关系在法律逻辑上不能逆转,即诉讼法能够包摄实体法,而实体法却不能包摄诉讼法。该说还要求诉讼法应该以诉讼现象为研究对象,并研究在其中运行着的实体法,并在实际运作中实现、检验、完善和创制实体法。"①

"层次论"缘起日本,经几位学者传介之后,在当代日本理论界已具相当之影响力,加之该说对提高诉讼法在整个法律体系中的地位大有裨益,以致一经传入我国,便旋即风靡。但待廓清了实体法与程序法的真正意蕴及合理关系之后,此"层次论"的立论之基将一攻即破:首先,"层次论"者误识了诉讼法,其非"诉"(actio)未分解时的诉讼法,亦非现今英美法系"实体法与程序法尚处于混沌未分状态"之诉讼法,实只程序法而已。另外,"层次论"最引以为傲的诉讼法功能便是创制实体法,并将其作为"诉讼法包摄实体法"的最佳表现方式。但正如前述,创制法需两个必备要素的结合:实体与程序。不断翻新的实体样式,经过一般性程序的解读,导出审判结果,个别实体样式可置之不理,但倘若相似实体样式反复显现,审判结果不断累积,最终新的法规范被创制出来。这一程序与实体法互动过程——诉讼(而非诉讼法)才是创制法的真正根源。即便澄清了诉讼法的真正形态是程序法,并将程序法所表述的程序推向创制实体法的"第一线",结论的得出仍然无法做到顺理成章。因为如果不加实体,孤零零的程序是不能创制任何东西的。况且,不仅实体法为诉讼所创制,而且程序法也同样在往复无止的诉讼过程中不断获得发展。

三、以实体法与程序法的关系看法学研究方法的转型

实体法与程序法关系的界定经历了"实体法一元论"、"程序法一元论"(并列论)和"实体法与程序法二元论"(层次论)三个阶段。实体法一元论认为,程序法虽形式上独立,但实质上却是实体法的附庸;此观点根源于程序工具性思维,生发于逻辑性形式理性最盛之时。程序法一元论(并列论)主张,程序法与实体法均具有独立地位,但两者却被定位为犹如两条平行线,无半点关联;该论点产生于实体法与程序法的内在矛盾日渐暴露、程序独立理念发轫之时,虽在今日看来甚为荒谬,但在当时却为程序法在法体系中赢得了一席实质上的独立地位。"层次论"虽名为"程序法与实体法二元论",实含实体法为程序法助法的意味,预设中实体法的独立地位因包摄关系而荡然无存;"层次论"是大陆法系固有思维受英美强势文化浸润后得出的一个看似合理的结论。

不同时代对实体法与程序法关系的不同认识,对应了那一时点实体法与程序法所采用的相应方法论。"实体法一元论"时期,程序法的内在逻辑附属于实体法,程序法自然被纳入实体法体系之中,从而在方法论上也"屈从"于实体法的方法论。"程序法一元论"(并列论)时期,程序法与实体法内在逻辑上的差异受到关注,两者"分道扬镳",并在方法论中获得体现。程序法学的一元方法论只关注自身体系的建设,而忽略了其与实体法间的密切联系。"实体法与程序法二元论"(层次论),强调程序法在进行法体系构建时,要将实体法一同纳进自身视域加以考

---

① 江伟、邵明、陈刚:《民事诉权研究》,法律出版社2002年版,第90~92页。

察,运用程序法特有的异于实体法的视角完善自己、并重新整合实体法;而实体法则只需关注自身,无需甚至也无可能将程序法纳入其视野。虽然"层次论"的方法论表面上是"二元"的,但仔细观之,其恰好与"工具论"的方法论正成对照。"工具论"中,实体法学的方法论覆盖了程序法学的方法论;而"层次论"中,程序法学的方法论"吞噬"了实体法学的方法论。

虽然现今学界主流对实体法与程序法互不优于对方、处于同等地位已达成共识,也承认了两者实际上"你中有我、我中有你"的状态,但在实际研究中却不自觉地运用着"一元论":程序法很少关注相应的实体法问题,而实体法亦较少顾忌程序法的对应解决。基于前述所界定的实体法与程序法的关系,法学研究方法上的转变已成为必行之举。

(一)研究的主要场所应放诸诉讼实践过程中

法律的发展具有历史连续性,现今的法律是在对古之法律承继的基础上进行的拓展,完全割裂历史连带的跳跃根本不可能存在。人类的宿命也许正在于起点处已预先确定了此后发展路径的大致方向,尽管历史的偶然时常会冲淡这种确定性,但进一步的发展过程中仍会因难逃"原点"向心力的规制而重回正轨。

在实体法与程序法发展进程中出现的抽象法典化式样,过分夸大了法学家的贡献,脱离诉讼这一实践框架而集注于法学理论与法律发展的空洞互动。法学因专注于逻辑而造成封闭,法律因停留于纯粹文本探讨而缺乏本该具有的生命力,法学与法律偏离诉讼"原点"所造成的虚空,严重阻碍了自身的健康发展。因此,在经历了试错过程后,不得不重新考量以诉讼作为法学研究的起点与回归终点。兼具逻辑与文本的法典只有能在放归诉讼这一汪洋大海之后,才能重拾实践因素而尽展活力。

在经济领域开始以市场经济为导向的变革之后,中国已然将西方路径作为未来发展的向标。① 全球一体化趋势的加剧,加之西方文明在当下世界的独特魅力,使得在法律制度的建构上汲取西方的法学与法律资源也成为不可缺少的必经步骤。但历史、文化、民族特性等多方面因素的差异,决定了各国的法律及其发展路径都会大为不同。法学资源的汲取如果不能被本土化,将不具备任何意义。尤其在中国这样的国度,传统文化与继受文化的差异迥然,单纯依靠法学为依托的法律体系的移植,将势必造成法律与社会现实间的隔阂。② 诉讼实践和法学分处于法律渐进发展的两极。法学研究的最终落脚点还应在诉讼中活生生的法,但法学应较诉讼实践更为高瞻远瞩——思考问题要有预见性、层次要超越实践本身的浅层次③。而诉讼实践则应在法学所提供的广阔资源中进行筛选,它是检验法学所为贡献恰当与否的最终标准。法学是为诉讼实践服务的,主次关系必须明晰。

(二)研究的进路应是实体法和程序法的兼顾

依照实体法典与程序法典完成的学科划分,充分注意到了实体法与程序法结构上的异质

---

① 苏力:《语境论——一种法律制度研究的进路与方法》,载《中外法学》2000年第1期。
② 苏亦工:《得形忘意:从唐律情结到民法典情结》,载《中国社会科学》2005年第1期。
③ 法学应当具有高于诉讼实践的层次性,以防止法学堕入与实践混同的不利境地。法学不能跟在实践后面,而应该站得更高、看得更远。(参见章武生等:《司法现代化与民事诉讼制度的建构》,法律出版社2000年版,第33页。)陈兴良教授亦言:"如果普通审判员与大学教授思考的是同一个问题,没有层次性,这是理论的悲哀。"(参见陈兴良:《刑法哲学》,中国政法大学出版社2004年版,第701页。)

个性。学科有针对性的细化有助于学术研究向着纵深发展,但共同脱胎于诉讼的经历,既决定了实体法与程序法间永远无法割断的紧密联系,也决定了两者必然继续以实体法裁判规范功能为联结点而展开交涉。所以,学科划分的合理性不应被过分夸大,因为它有可能导致学科间的彼此封闭。这一点从目前学界对待研究对象的态度便可见一斑,要么仅将视野放诸自身狭隘领域,要么虽对对方有所关注,却对对方体系上的异质性未予考虑,其结果势必造成须由两者协力始能完成的诉讼机能的严重受损。

实体法与程序法的构造均是立体的,都具备横向和纵向两个维度。在纵向,实体法是层级的,而程序法是线性的。层级结构的不同层面之间是种属关系,连接相对松散;而线性结构所联结的各段之间地位平等、互不优位,且联系至为紧密。即"程序法中个别规定之间并非相互孤立,通过服务于程序全体的理念目标,使各规定相互发生作用;同时,即使在表面上以不同形式进行调整,然而在实质上仍必须接受来自程序整体各个看不见关系的制约。"① 在横向,实体法是面型的,而程序法是并列的。散置于实体法各层面上的诸权利之间由于边缘处的接触而发生联系,此种联系更多的是彼此间的碰撞;而程序法并列的各子程序之间则更多的是相互的取长补短。因此,实体法与程序法虽同具立体构造,但却各有侧重。实体法偏重横向,程序法则偏重纵向;更为重要的是,无论是纵向抑或横向,实体法与程序法都依靠不同的逻辑将各部分勾连在一起。

结构上与侧重点的不同直接影响着两者研究方法上的差异。程序法表述的主要是一个程序过程,但程序法学却不应受此限制,而应在研究领域中引入实体法,并在诉讼这一流动化空间中理解、研究、发展自身。程序法学对程序法个别问题的研究,不应仅求满足程序法的逻辑要求,更要关注相对应的实体法问题能否符合实体法的整体框架要求。实体法学也面临着研究路径的转向,在原有实体法的基础上将程序法一同纳入自己的研究领域,同样在动态化的诉讼过程中认识、检视自己。实体法学对于自身问题的研究应该摒弃固有的"一元论"的态度,在维持自身逻辑要求的前提下,注重背后的程序法效果,并保证其与程序法线性结构的契合。

实体法学要关注程序法,而程序法学也要将实体法纳入研究范畴。这样,原本处于实体法与程序法交界地带的空白区域现在也被开发了出来,法学研究领域获得了拓展,② 视角也不再单一。但方法论上的如此转换并非意味着在此后的法学研究中无须严格区分实体法与程序法,因为两者协调互助所展现出的充分交涉的动态运作是以两者构造差异所支撑的独立地位为前提的,很难想像两个内部混沌不堪、外部缺乏自主性的个体能担当起推动诉讼的重任。因此,要尊重既定事实,正视实体法与程序法功能、目的与结构体系上已然存在的巨大差异,在此基础上促成两者间的交互作用。

---

① [日]三月章著,刘荣军译:《诉讼法与实体法——从实践问题提起》,载《外国法译评》1999 年第 3 期。
② Richard. A. Posnar. *Legal Scholarship Today*, *Harvard Law Review*, Vol. 115, No. 5, 2002. p. 1236.

第二部分 民事程序法与实体法关系的微观关系

从民事诉讼法学的发展看"程序选择权"的贡献

李 浩*

"程序选择权"是近年来在我国诉讼法学界,尤其是民事诉讼法学界迅速走红的一个新概念。这一新概念虽然进入我国诉讼法学的时间不长,但却已经得到广泛的认同。它不仅为理论界普遍接受,而且也为我国的审判机关所采用,连最高人民法院在其司法解释中也运用了程序选择权的原理,①在我国关于民事诉讼法修订的第一部专家建议稿中,更是把程序选择权作为一项基本原则来规定。②

关于程序选择权,我国学界已经有了不少研究,本文拟从民事诉讼法学如何从民法理论的阴影中走出来、如何通过建立与实体法相分离的概念、学说来确立自己的独立地位的视角,来说明程序选择权概念对民事诉讼法学的理论贡献。

一、程序选择权与处分权

从理论渊源看,我国民事诉讼理论中的许多概念、学说都来源于德国,如诉权、诉讼标的、举证责任、既判力、处分原则、辩论原则等,但程序选择权却是一个源自我国本土的概念,它是由台湾学者邱联恭先生首先提出的。1992年12月13日,邱联恭先生在台湾民事诉讼法研究会第四十六次会议上作了题为"程序选择权之法理"的主题报告,在这一报告中,他提出了程序选择权这一新概念。③后来,在2000年9月,他又出版了《程序选择权》一书,书中收录了他的与程序选择权相关的七篇文章。

---

* 李浩:南京师范大学教授。

① 最高人民法院在关于《关于适用简易程序审理民事案件的若干规定》第2条中规定了当事人对适用普通程序还是适用简易程序的选择权。在《关于人民法院民事调解工作若干问题的规定》第13条规定,对已达成的调解协议,当事人可以选择在调解协议上签名或盖章后生效。

② 专家建议稿在第一章"任务、适用范围和基本原则"中规定了"程序选择权",即"本法确认并保障当事人的程序选择权,当事人有选择解决争议方式的权利和诉讼程序的权利"(第14条)。

③ 在这篇报告中,邱联恭先生虽然提出了程序选择权的概念,但并未对程序选择权下一个定义。参见台湾民事诉讼法研究基金会编:《民事诉讼法之研讨(四)》,台湾三民书局1993年版,第569页。

程序选择权与处分权有着密切的关系,①而处分权又是民事诉讼理论中的原有概念。处分权是当事人依据民事诉讼法中的处分原则享有的贯穿于诉讼始终的基本权利,所以,要确立程序选择权这一新概念,要说明程序选择权理论的意义,就必须厘清它与处分原则、处分权的关系。

程序选择权与处分权的联系首先表现在词义上。根据《现代汉语词典》的解释,"选择"是指"挑选",因而"程序选择权"是指挑选、选用程序的权利。而"处分",在书面语言中指的是"处理安排",②由于选择也是一种处理安排,所以选择与处分不无相通之处。选择还可以从另一层含义上去理解,即当人们有做或者不做某件事的自由的时候,对做或者不做做出决定。这时我们也可以说做出了选择。这种意义上的选择在法律世界是普遍存在的,法律主要是由权利和义务构成的世界,当法律赋予人们某项权利的时候,它实际上便把选择权一同给予,因为真正的权利是可以行使也可以不行使的,行使与否完全由权利人自行决定。如果从这个意义上理解选择权,那么选择权便与处分权同义化了,它们只是对同一事物的不同表述罢了。与处分权相比,选择权只是一种具有新颖性的名称而已。③

程序选择权与处分权的联系还表现在两者的内容上。程序选择权强调当事人在民事诉讼中是程序的主体,有权根据自己的利益和判断来选择适用或拒绝适用一定的程序事项。处分原则同样强调当事人是民事诉讼的主体,有权在诉讼中处分其实体权利和诉讼权利。那么,程序选择权与处分原则在内容上是否重合呢?

从学说史上看,首先在诉讼理论中提出处分原则的是大陆法系的德国。学者们认为:民事诉讼制度是为了解决私权性质的纠纷而存在的,民事实体法实行私法自治,私法自治的原理也应当体现在民事诉讼中,处分原则便是依据私法自治的原理确立的原则,是私法自治在民事诉讼中的延伸和体现。④ 处分原则实际上是赋予当事人一系列的诉讼权利,包括"双方当事人对诉讼的整体进行处分的权利、通过原告的积极行动而启动程序的权利、确定诉讼标的的权利以及以申请向前推动诉讼以及提前——也就是说不经判决——结束诉讼等权利。"⑤根据处分原则,私人之间发生纠纷时,是否提起诉讼,何时提起诉讼,请求法院作出什么样的判决,提起诉讼之后是将诉讼进行到底,还是在适当的时候撤回诉讼或以其他方式终结诉讼,这些都属于处分权的范围,要由当事人来做出决定,对于法院来说,则应当尊重当事人的决定,不得越俎代庖。

处分原则是关于民事诉讼中当事人和法院之间角色分担的一项原则,其内容指向当事人和法院在诉讼程序中的地位与作用。民事诉讼中实行当事人主义,处分原则和辩论原则是当事人主义的实质性内容,尽管这两项原则都体现当事人主义,但它们之间有着不同的侧重点,

---

① 正是由于民事诉讼中的程序选择权来源于处分权,所以它具有丰富的内容,具有相当大的拓展空间。程序选择权虽然也存在于刑事诉讼中,但由于刑事诉讼主体对其权利自由处置的余地不大,其程序选择权也十分有限。行政诉讼当事人也有一定的程序选择权,这一权利大于刑事诉讼而远远小于民事诉讼。所以,民事诉讼中的程序选择权最有研究价值。
② 中国社会科学院语言研究所词典编辑室:《现代汉语词典》(修订本),商务印书馆1996年版,第188页。
③ 应当承认,新概念、新名词具有吸引眼球的效果,而多数人又有喜新的偏好,所以新概念、新名词一旦提出,常常会在社会上迅速传播。程序选择权提出后之所以能迅速得到广泛认同,同其新颖性不无关系。
④ 参见[德]尧厄尼希著,周翠译:《民事诉讼法》,法律出版社2003年版,第119页。
⑤ [德]穆泽拉克著,周翠译:《德国民事诉讼法基础教程》,中国政法大学出版社2005年版,第63页。

在体现和说明当事人主义时是有分工的。处分原则针对的是作为审理对象的诉讼请求这一层面,它强调的是提出、变更、撤回、承认诉讼请求以及提出什么内容的诉讼请求,要由当事人来决定;辩论原则指向的是事实这一层面,强调的是提出什么样的事实作为诉讼请求的依据或者反驳诉讼请求的依据,是否承认对方当事人所主张的事实,提供什么样的证据要由当事人决定。①

民事诉讼包括实体和程序两方面的内容,当事人的处分权也相应地区分为对民事实体权利的处分和对民事诉讼权利的处分。就诉讼请求本身而言,显然是实体法方面的内容,例如,在合同诉讼中,针对被告的违约行为,原告是请求解除合同还是要求被告继续履行并承担违约责任,是典型的实体法问题。在侵权关系与违约关系竞合时,原告选择什么作为诉讼标的,究竟以合同关系起诉还是以侵权关系起诉,同样也属于实体法问题。② 当事人在做出这方面选择时,行使的是实体法上的处分权。但是,请求是通过诉讼程序提出,并通过诉讼程序来决定能否得到满足的,因而请求的提出一定会与诉讼程序紧密关联。当事人和法院都要在一定的程序中围绕着请求实施一系列的诉讼行为。在这样的过程中,当事人需要作出一些与程序有关的决定,或者说面临着一些选择程序的机会,例如,发生纠纷后,究竟是请人民调解组织调解呢,还是向法院提起诉讼;如果选择诉讼,当法律规定数个法院都有管辖权时,究竟向哪个法院提起诉讼;对一审判决,究竟是接受裁判结果呢,还是提出上诉。

从对程序选择权与处分权关系的分析可以得知,这种权利与处分权具有重合之处,是将处分权中指涉程序的那部分剥离出来,以对程序和程序事项的处分为内容而形成的一种权利。不过,程序选择权并非只是指处分权中对程序权利的处分那部分内容,它与处分权至少存在两点不同:首先,程序选择权的范围宽于处分权所涉及的程序事项的范围,它不仅包括与请求相关的程序问题,而且也包括了与事实和证据相关的程序问题,而处分原则虽然也涉及对程序问题的处分。但仅仅是指对直接与诉讼请求相关的那部分程序权利的处分。其次,它在权利根据上也不同于处分权。处分权来源于私法自治,学理上历来是用私法自治的原理说明处分权的根据的,而程序选择权则来源于宪法,是运用宪法中的程序保障的原理及宪法对诉讼外的财

---

① 日本学者谷口安平在《当事者主导原则与对抗式辩论原则》、《民事诉讼的纠纷解决过程》这两篇文章中曾对当事人主义,当事人主义与处分原则、辩论原则的关系,处分原则与辩论原则之间的关系做过深入的分析。参见谷口安平著,王亚新等译:《程序的正义与诉讼》(增补本),中国政法大学出版社2002年版,第22、129页。

② 选择诉讼标的是处分权的重要内容,但诉讼标的是一个复杂的、充满争议的理论问题,有旧实体法说、程序法说、新实体法说、多元说等学说,其中程序法说中又分为二分肢说和一分肢说。在这些学说中,旧实体法说是诉讼标的的传统理论,其余则是诉讼标的的新学说。从德国、日本、我国台湾地区的情况看,基本上都是理论界提倡新学说,实务界基本上坚持作为传统理论的旧实体法说,把原告主张的实体法权利作为诉讼标的。所以,依旧实体法说,原告主张被告违约还是主张被告侵权,是不同的诉讼标的。我国《合同法》第122条规定:"因当事人一方的违约行为,侵害对方人身、财产权益的,受损害方有权选择依照本法要求其承担违约责任或者依照其他法律要求其承担侵权责任。"从审判实务看,当侵权和违约都可以作为请求权基础时,法官也会要求原告在起诉时明确究竟是以侵权起诉还是以违约起诉,所以,可以据此认为我国大陆的法院也采用旧诉讼标的学说。

产权、自由权保护的要求来说明这一权利的。①

二、程序选择权的理论贡献

程序选择权虽然与处分权存在部分重合,但我们切莫因此而小视了这一新概念、新学说的意义。程序选择权理论提出后,之所以受到大陆和台湾程序法学者的认同和厚爱,主要在于它符合程序法学强调程序问题的专业特征,与程序法学者构建程序法理论体系所走的路径相一致。

当回顾民事诉讼法理论的发展时,我们会看到一条依稀可见的脉络,即它的形成、发展、成熟的过程,就是逐渐摆脱对实体法概念的依赖,一步步地从实体法的阴影下走出来的过程。诉权理论、诉讼标的理论、当事人理论、既判力理论,这些被视为民事诉讼理论主要组成部分的学说概莫能外。

在学说史上,诉权曾经被定义为私法上的请求权,是民事权利受到侵害后产生的一种特殊的权利,这一权利附属于实体权利。后来,才出现公法诉权说,尽管公法诉权说有抽象诉权说与具体诉权说之分,但它们都把诉权看作当事人对国家享有公法上的请求权,公法诉权说对民事诉讼法学的发展具有重大贡献。"公法诉权说在民事诉讼法学发展史上具有划时代的意义。正是公法诉权说的提出和发展为构建与民事实体法(学)相分离的民事诉讼法(学)奠定了坚实的理论基础,从而使得民事诉讼法成为了独立的法律部门,民事诉讼法学真正摆脱了附属于民事实体法学的不合理地位而开始建构自己的理论体系。"②

诉讼标的是民事诉讼法的核心概念之一,这一概念也经历了从实体法到程序法的发展。在德国,"历史上的立法者将《民法典》第194条第1款定义的原告所主张的实体法请求权'理解为诉讼的标的,并且认为这一概念已经足够清楚并放弃了对之进一步探讨,因此与之相适应,'请求权'这一概念,与诉讼标的被作为同义词使用。"③后来,学者们发现用实体法上的请求权来定义诉讼标的存在着种种缺陷,便开始谋求与实体法相分离,单独从诉讼法来界定诉讼标的,把诉讼标的定义为原告向法院提出的诉的声明(一分肢说)或者诉的声明和事实理由(二分肢说)。在德国的学说中,诉讼法学者的主流观点是从程序法的角度来定义诉讼标的。④

当事人的理论也是如此。在早期,关于当事人概念的解说中,也是把它与民事实体权利紧密相连,认为实体法律关系的主体才能够成为诉讼当事人,后来,学者们开始认识到,当事人应当是一个程序法上的概念,与实体法完全没有关系,当事人的诉讼主体地位并不依赖他是否享

---

① 邱联恭先生便是从宪法的高度来论证程序选择权的,他认为:根据宪法的精神,不仅要保障当事人诉讼中的程序主体地位,保障当事人的实体权利和程序权利,而且应当保障当事人诉讼外的财产权和自由权,避免因程序不当而对当事人诉讼外的财产权和自由权造成损害。程序选择权能够担当这一功能,赋予当事人程序选择权后,当事人可以运用这一权利平衡地追求实体权利与程序权利,防止适用程序不当造成程序利益的损害和程序外利益的损害。参见邱联恭:《程序选择权论》,台湾三民书局2000年版,第30页以下。
② 江伟、邵明、陈刚著:《民事诉权研究》,法律出版社2002年版,第11~12页。
③ [德]穆泽拉克著,周翠译:《德国民事诉讼法基础教程》,中国政法大学出版社2005年版,第86页。
④ 关于诉讼标的的学说,请参阅[日]高桥宏志著,林剑锋译:《民事诉讼法——制度与理论的深层分析》,法律出版社2003年版,第22页。

有所主张的实体权利,而仅仅在于他是否向法院主张了争议中的实体权利。经过审理,即便法院确认原告并不享有所主张的实体权利并因此驳回其诉讼请求,也丝毫不影响原告作为诉讼当事人的地位。① 程序当事人概念的提出进一步丰富了民事诉讼法理论,增强了民事诉讼法学的独立性,也使当事人的概念变得更为科学。②

当我们把目光转向既判力问题时,同样也可以发现它经历了从实体法说到程序法说的转变。在说明既判力的本质时,在德国早期的书籍中实体法说是主流学说。该说认为,法院的生效判决具有创设实体权利的效果,即便是法院作出了误判,也能够使原来的实体权利因判决而消灭,或者使原来不存在的权利因判决而产生,所以,判决的本质乃在于它能够创造出实体法上的效果。后来,在德国和日本,诉讼法说成了主流学说,该说认为:"判决既判力系纯粹诉讼法上之效力,并非实体法上之效力。既判力所具有之法律效果与实体法上既存之法律效果或权利关系,并无任何必然关系。即使法院确定判决所认定之权利状态,与既存之真正权利状态不相符,但基于国家要求公权判断之统一,此种误判内容之效力,亦不能不维持。为维持国家公权力判断之统一,因而法院之判决有既判力。"③

提出程序选择权的意义还在于,在处分权中,由于对实体权利的处分与对程序权利的处分并存,人们可能更关注对实体权利的处分而未对程序权利的处分给予同等的重视,通过程序选择权的理论将对程序权利的处分从处分权中分离出来后,可以使我们更重视当事人的程序权利,促使我们经常思考如何从立法上进一步扩大当事人的程序选择权,④如何在诉讼实务中切实保障当事人实现程序选择权。

所以,程序选择权的提出,不仅能够丰富民事诉讼的理论,推动民事诉讼法学的发展,而且对民事诉讼法的修订、对民事诉讼的实务,具有积极而重要的实践价值。

---

① 参见[德]尧厄尼希著,周翠译:《民事诉讼法》,法律出版社2003年版,第119页。

② 德国原先采用实体当事人概念,后来转为程序当事人概念。我国民事诉讼理论原先也从与本案有实体利害关系定义当事人,现在程序当事人也成为学术界的主流观点。

③ 陈荣宗、林庆苗:《民事诉讼法》,台湾三民书局印2002年版,第790~791页。

④ 自邱联恭提出程序选择权的理论后,台湾立法机关在对民事诉讼法进行修订时,就很关注程序选择权问题,通过对多个条文的修订,赋予当事人一系列的新的程序选择权,如允许双方当事人就争议标的金额50万元以下的事件合意选择小额程序,允许当事人合意选择法官,合意委托调解委员酌定调解条款等。

民事诉讼受理制度改造的理性视角

宋朝武*

引 言

民事诉讼受理是纠纷进入司法程序的初始必经阶段,对于当事人诉讼权利保障意义重大。随着经济体制改革的深化和经济的快速发展,许多深层次的矛盾不断出现,民众的诉求越来越多,而我国的法律体系和社会保障机制还不够完善,人民法院作为解决矛盾纠纷的专门机构,应当担负起为构建和谐社会提供有力司法保障的历史任务,最大程度地吸纳化解矛盾纠纷。然而,现行民事诉讼受理制度所规定的起诉条件,既包括实体内容又包括程序要求,确定性有余而灵活性、包容性不足,虽然能够一定程度地起到过滤纠纷、节约司法资源的作用,但其对于新型权利诉求进入诉讼渠道的阻隔作用日益显现,甚至为个别地方限制当事人正当诉权的行使提供了借口。近年来,诉讼法学界改造民事诉讼受理制度的呼声高涨,笔者亦有同感,但在改造方案的设计方面,笔者认为,应当理性审视现有司法资源和司法环境,更宜采渐进式而非跃进式的方案,避免由于准备不足而导致司法不堪重负,制约正常功能的发挥。本文试图就受理制度的改造问题做初步的探讨。

一、现行民事诉讼受理制度的不足之处

民事诉讼中的受理,是指人民法院通过对原告起诉的审查,认为符合法定条件,决定立案审理,从而引起诉讼程序开始进行的职权行为。① 根据民事诉讼法的有关规定,人民法院收到起诉后,应当严格按照法定的起诉条件逐项进行审查。关于审查的内容,笔者将其归纳为三

---

* 宋朝武:中国政法大学教授。
① 江伟主编:《民事诉讼法》,高等教育出版社 2004 年版,第 264 页。

类:一是对于起诉状的形式审查,即审查当事人的起诉是否具备法律所规定的形式要件,包括除简易程序外应采用书面形式,起诉状应记明当事人基本情况、诉讼请求和所根据的事实与理由、证据和证据来源、证人姓名和住所。二是对于起诉积极条件的审查,即审查原告与本案是否有直接利害关系、是否有明确的被告、是否有具体的诉讼请求,是否属于人民法院主管和受诉人民法院管辖。三是对于起诉消极条件的审查,即审查起诉是否经过了必要的前置程序,是否属于法律所规定的不得起诉的几种情况。只有符合上述所有条件的起诉,才会被立案受理。

必须承认,现行民事诉讼受理制度是有其合理性的,适应了当前公民法律素养尚未普遍提高、社会纠纷解决机制尚不够完善、司法权威性和终局性尚未完全确立的社会现实。但从发展的眼光来分析,也必须承认受理制度的确存在着有碍诉权行使的不完善之处,主要体现在以下几方面:

(一)起诉要件与诉讼要件不分,受理条件失于严苛

起诉要件,是指诉的适法提起所必需的要件。欠缺此要件时,即使存在起诉行为,其起诉在诉讼法上也视为不成立。① 在德国、日本等大陆法系国家,起诉要件通常只包括提交合法的起诉状和交纳必要的案件受理费等。诉讼要件则是指法院对本案实体权利义务争议问题继续进行审理并作出实体判决的要件,只有在具备这些要件时,才能够作出实体判决或者称本案判决;如果没有这些事实,诉讼就会被驳回。正因为如此,它们常常被称为实体判决的条件。② 诉讼要件包括:(1)当事人是否系正当当事人,这就包括了我国现行民事诉讼法所要求的是否具有"利害关系"的问题;(2)是否属于重复诉讼,即实践中所谓的是否属于"一事不再理"的问题;(3)是否属于法院主管和管辖,包括当事人通过协议仲裁排除法院对该案件的管辖;(4)是否具有诉的利益等等。而在我国,这些属于诉讼要件的审查都前移到了起诉的审查过程中。③ 在大陆法系国家,诉讼要件可分为绝对的诉讼要件和相对的诉讼要件两种。绝对的诉讼要件是法院依职权应当审查的要件,如法院的主管和管辖、当事人是否具备当事人能力、是否适格等,相对的诉讼要件只有在被告提出异议时法院才予以考虑。通常情况下,法院首先审查起诉要件是否具备,若具备则予以立案;之后调查诉讼要件是否具备,若诉讼要件具备则诉讼程序继续进行下去直至作出本案判决,否则,法院应当直接驳回诉讼而不受当事人意志约束,以避免不必要的诉讼,节约审判成本。④ 我国现行立法将起诉要件和诉讼要件糅合在一起,要求当事人起诉时必须证明符合诉讼要件,即作出本案判决的要件,虽然有利于避免不必要的诉讼,体现节约国家审判资源的公益性要求,但是不利于当事人诉权的行使,为纠纷进入诉讼渠道设置了相对较高的"门槛"。如,要求原告必须与本案有直接利害关系,要求讼争纠纷必须属于民事审判权范围之内事项,根据法律关系性质确定管辖权等,均涉及在未进入诉讼程序时即对实体法律关系性质作出判断,有与审判行为混淆之嫌。而且,我国《民事诉讼法》第112条仅规定了7日的审查受理时间,除法律关系简单的纠纷外,在如此短暂的时间内要求法官对诉讼要件作出正确的判断,明显勉为其难,同时实际运行效果也并不理想。实践中,一些侵犯当事人合法权益的案件无法正常受理。此类案件或许在民商事案件总数中所占的比例较小,但其所造

---

① [德]中村英郎著,陈刚、林剑锋、郭美松译:《新民事诉讼法讲义》,法律出版社2001年版,第152页。
② [德]罗森贝克著,庄敬华译:《证明责任法论》,中国法制出版社2002年版,第406页。
③ 张卫平等著:《司法改革:分析与展开》,法律出版社2003年版,第223页。
④ 邵明著:《民事诉讼法理研究》,中国人民大学出版社2004年版,第206~208页。

成的不良后果却是不容忽视的。如 2005 年 1 至 6 月份,最高人民法院涉诉来访群众 17900 余人,其中反映下级法院不予受理的 110 人,占千分之六。这说明妨碍诉权行使的现象仍是不容忽视的。如果此种现象不能及时解决,势必会损害法院的权威和司法的公信力。

(二)要求提交证据证明起诉符合条件,为受理行为提供了恣意空间

我国《民事诉讼法》第 108 条关于起诉的条件,未对起诉证据做出明确的规定和要求,具有强化证据随时提出主义的倾向,不利于人民法院对于诉讼程序进行必要的控制与管理,对诉讼的正常进行和裁判做出的公正与效率带来负面影响。为此,最高人民法院《关于民事诉讼证据的若干规定》中第 1 条就明确规定:"原告向人民法院起诉或者被告提出反诉,应当附有符合起诉条件的相应的证据材料。"①但由于对"起诉证据"并无可操作的具体标准,司法实务中,一些法院任意解释起诉证据的范围和要求,为当事人设置额外的起诉条件,强调当事人在起诉阶段的举证责任。

(三)审查受理行为排除当事人参与,封闭性过强

当前,我国民事起诉受理制度中,当事人的程序参与性严重不足。具体表现在:立案受理的"程序"未建立,缺少"程序保障",行政化色彩比较浓,暗箱操作。人民法院如何审查起诉,为什么受理,为什么不受理,都不公开原因,立案受理程序中当事人的权利没有程序保障。在人民法院审查中,当事人没有发言的机会,只有裁判后才能上诉,而上诉也是当事人不能直接参与的程序。根本没有把立案受理当作"诉讼程序"的一部分,只是把其看作诉讼初始阶段中一个无足轻重的步骤。其中,行政化处理的特征极其明显,当然也未能按诉讼原理去运作。目前,在立案受理阶段,更多的是"暗箱操作":只告诉一个最终的结果,根本没有一个公正合理的程序。而在法治意识渐浓的当今社会,对当事人来说,诉讼的程序性公正也是颇为重要的。诉讼的程序性公正是对诉讼程序设计和运用的道德判断。程序性公正并不完全以实质性公正的充分实现为判断根据。在一些场合,即使实质性公正没有得以充分实现,但如果程序的设计和运用是合理的、符合正义的,就可以认为已经实现了该程序的程序性公正。②

(四)程序功能单一,缺乏终结案件的功能设置

提高诉讼效率的一个有效手段就是在程序的各个阶段设置出口,为纠纷的及时解决提供制度渠道。但现行民事起诉受理制度没有提供终结案件的任何条件和机制,既没有体现解决纠纷的功能,也制约了其"程序化"发展。我国现行的民事起诉受理制度"程序功能"不明显,解决纠纷的作用就更无从体现了。解纷功能的萎缩,导致在此阶段人民法院只能决定受理或不受理,仅仅是一种行政审查的方式,而并不能实际性地解决纠纷或消除案件。如果在此阶段确立起诉受理的"程序功能",那么,一方面,在此阶段可以化解一些纠纷,使其就此终结;另一方面,即使不能在此阶段解决纠纷,但也可以通过该程序明确双方当事人纠纷的"争点"所在,更有利于推进后续程序的进展。如果缺少这种功能机制,那么当事人在诉讼中(尤其是起诉受理阶段)的作用则是完全被动的,其解决纠纷的作用不能发挥,缺少积极性、主动性。纠纷的解决

---

① 毕玉谦主编:《〈最高人民法院关于民事诉讼证据的若干规定〉释解与适用》,中国民主法制出版社 2002 年版,第 2 页。
② 张卫平著:《探究与构想》,人民法院出版社 2003 年版,第 44 页。

在诉讼的任何阶段都是有机会、有可能的,而现有的起诉受理阶段根本不具有这种功能。

二、民事诉讼受理制度的比较法考察及其借鉴意义

(一)两大法系民事诉讼法对起诉条件的规定

在德国,当事人向州法院提起民事诉讼必须考虑德国《民事诉讼法》第253条的要求。按照德国《民事诉讼法》第253条的规定,起诉,以书状(诉状)的送达进行。诉状的内容中应包括诉讼的各方当事人和起诉的法院,应当指出请求的标的和原因以及一定的申请。原告的申请决定法院司法审查和判决的范围。原告的申请必须明确,足以使法院和被告确定原告想要什么样的判决。在法院管辖决定于诉讼标的价额,而诉讼标的并不是一定的价额时,诉状还应记明诉讼标的价额,并且要表明是否有不能把案件交付独任法官的原因。法典第253条是诉状必须载明的事项,缺乏必须载明的事项之一,诉状就告无效。[①]

日本《民事诉讼法典》第133条规定:"提起诉讼,应当向法院提出诉状。诉状应记载以下事项:(1)当事人及法定代理人;(2)请求目的及原因。"通常认为,上述事项是诉状的必要记载事项。根据日本《民事诉讼法典》第137条规定:"诉状违反本法第133条第二款的规定时,审判长应当指定适当的期限,命令原告在该期限内补正其缺陷。""在本条前款规定的情况下,如果原告不补正缺陷时,审判长应当以命令驳回诉状。"也就是说,欠缺必要记载事项的诉状不产生起诉效果。[②]

美国《联邦民事诉讼规则》第3条规定,民事诉讼从原告向法院提交起诉状时开始。该规则第8条(a)规定,起诉状应包括:该法院享有管辖权的依据,原告寻求的救济判决的请求,原告有权获得救济的对于诉讼请求简要明确的陈述。一般情况下,原告在起诉状中提出主张应简单、明了和直接。除了关于欺诈、错误以及其他较少的情形外,《联邦民事诉讼规则》对原告的主张不要求作详细陈述。起诉状只需要合理地通知被告关于原告诉讼请求的内容及其依据。[③]

根据法国新《民事诉讼法典》的规定,起诉的形式有多种:(1)由原告向被告提出,经法院执达员送达传唤状;(2)各方当事人自愿到庭,向法院书记室提交共同诉状;(3)原告提交诉状;(4)向法院书记室提交诉之声明。其中常用的是传唤状和共同诉状。法国新《民事诉讼法典》第56条规定:"除规定执达员文书的应载事项外,传唤状应载有以下各项内容,否则无效:(1)指出已向哪一法院提起诉讼;(2)诉讼标的并陈述理由;(3)指明如被告不出庭应诉,将受到仅依起诉方提供的材料做出的判决;(4)相应场合,有关在不动产公告栏进行公告时所要求的对不动产的说明事项;传唤状还包括对诉讼请求所依据之文书、材料的说明。传唤状相当于陈述。"法国新《民事诉讼法典》第57条规定:"共同诉状应载明以下事项,否则无效:(1)对自然人:诸申请人的姓名、职业、住所、国籍、出生日期及出生地点;对法人:其法律形式、名称、总机

---

① 常怡主编:《比较民事诉讼法》,中国政法大学出版社2002年版,第555页。
② 白绿铉编译:《日本新民事诉讼法》,中国法制出版社2000年版,第68页。
③ 常怡主编:《比较民事诉讼法》,中国政法大学出版社2002年版,第556页。

构住所地、法定代表机关;(2)指出向哪一法院提出诉讼请求;(3)相应场合,有关在不动产公告栏进行公告时所要求的对不动产的说明事项;共同诉状还包括对诉讼请求所依据之文书、材料的说明。共同诉状应注明日期并由诸当事人签字。共同诉状相当于陈述。"①

(二)两大法系的立案体制

大多数国家法院实行的是登记立案。法院书记室或类似机关仅审查诉状是否具备法律规定的形式要件,只要提交了合法的起诉状和合法缴纳案件受理费,即启动了诉讼程序。例如在加拿大的法院中设有一个登记处,只履行管理程序,对案件没有任何权力,只要当事人起诉,法院必须受理。

对于原告是否与本案有直接利害关系及是否属于受诉法院管辖这类在我国是法定起诉条件的问题,大多数国家法律规定不作为法院受理的前提条件,而是称为诉讼要件。对诉讼要件的审查,均在诉讼程序进行过程中完成。例如在德国,当事人能力、管辖、代理权、法律保护之必要性都属于诉讼要件,具备诉讼要件才产生诉的有效性。只有对诉的有效性已经作出审查并予以肯定的情况下,才能作出实体判决。对诉讼要件的审查,属于程序事项,法官须在诉讼程序的任何阶段依职权进行。在日本民事诉讼中,诉讼要件是法院进行审理裁判必须具备的前提条件。是否具备诉讼要件属于程序事项,应由法院依职权进行调查。诉讼要件属于判决事项,原则上要求以口头辩论的形式进行审理。不具备诉讼要件,依驳回起诉的判决而终结诉讼。

英美法系国家在观念上从来就把诉讼看成是当事人的私人事务,是当事人之间的对抗,因此把程序问题交给当事人协商处理。具体就诉讼要件的审查,也是由当事人提出申请,法官作出裁决,体现了当事人进行原则,但欠缺事物管辖权是例外。美国联邦法院的管辖权受到限定,它只能对联邦问题和不同州的公民之间的案件行使事物管辖权。事物管辖权是当事人之间既不能协议改变,也不能放弃的。

法国民事诉讼法从诉讼是当事人向法院委托的裁判契约说出发,认为当事人不仅对实体请求方面有处分权,而且对诉讼程序也享有妨诉抗辩的诉权。一般法院不主动审查当事人起诉是否合法,而是把审查起诉行为是否具备合法的诉讼要件的责任作为被告的妨诉抗辩的诉权。②

(三)国外形式化的起诉条件与登记立案制的社会背景和理论前提

综上所述,各国民事诉讼的起诉与受理制度均仅对起诉做形式上的限制,实行登记立案,对原告是否与本案有直接利害关系及是否属于受诉法院管辖这类诉讼要件放在诉讼程序过程中进行审查。这种制度的设置有其深层社会背景和理论前提。

1. 司法最终解决原则。西方国家的宪政体制往往采用三权分立,司法机关有权对行政机关的行为进行监督。一切组织不能彻底解决的纠纷,均由法院通过审判方式作为解决纠纷的最后手段。法院的裁判具有最高的权威性和法律效力,对行政机关和个人都有效力。

2. 程序当事人与实体当事人的区分。程序当事人即原告起诉书中所列的原告与被告,实体当事人是与案件有实际利害关系的人。在诉讼开始前,无法查明也不应查明起诉人是否为

---

① 罗结珍译:《法国新民事诉讼法典》,中国法制出版社 1999 年版,第 15 页。
② 常怡主编:《比较民事诉讼法》,中国政法大学出版社 2002 年版,第 563 页。

实体当事人,承认程序当事人起诉的权利保障了人们提起诉讼的自由,而程序当事人是否为实体当事人则是胜诉的前提条件。这种制度能够充分保障当事人的诉权。

3. 当事人适格(正当当事人)理论。由于各国民事诉讼理论中大多确立了不依赖实体法存在的程序当事人的概念,因此必须确立正当当事人的概念,通过肯定起诉、应诉的人是正当当事人、剔除不正当当事人,来解决承认程序当事人可能引起的诉讼程序事实与实体法事实分离的问题。正当当事人概念的意义在于它起到了一种"过滤网"的作用,从而弥补了程序当事人概念可能造成的司法资源浪费。

(四)国外形式化的起诉条件与登记立案制的配套法律制度

为了避免形式化的起诉条件与登记立案制造成当事人滥用诉权,浪费审判资源,各国均设立了相应的配套法律制度:

1. 法国的大审法院和德国的州法院均实行律师强制代理。实行律师强制代理制度的重要作用之一就是提高诉讼效率,节约国家对诉讼成本的投入。具有专业法律知识的律师会在原告起诉前保证诉讼要件的齐备,或代理被告抗辩对方欠缺诉讼要件,从而减少不具备诉讼要件案件浪费审判资源。① 在德国,为了使没有能力支付律师费用的当事人能起诉,法院会指定一名律师,其费用由国家支付。②

2. 各国民事诉讼法均规定,对滥用诉权的当事人、律师处以一定数额的罚款:(1)美国《联邦民事诉讼规则》第11条规定,律师在将任何书面资料包括诉状备案前,应对事实和法律进行合理的调查。如果做不到这一点,可能导致法院对律师施加处罚。处罚可以包括一笔罚金,有时候包括为对方支付一部分律师费。(2)法国新《民事诉讼法典》第32条第1款规定:"以拖延诉讼方式,或者以滥诉方式进行诉讼者,得科处100法郎至10000法郎的民事罚款,且不影响可能对其要求的损害赔偿。"③

三、改造我国民事诉讼受理制度的构想

从一定意义上讲,受理制度改革是民事诉讼制度改革中最为重要的环节,关系到整个司法体系能否正常运行,必须在全面考察我国社会现实条件的基础上,就改革的方案进行慎重的研究。

(一)民事诉讼受理制度改革必须考虑的现实因素

1. 司法最终解决原则是否已经完全确立。司法的终极性以司法的极大权威为保障。如果司法缺乏应有的权威和公信力,实行登记立案,无法禁止滥诉,恶意诉讼、重复诉讼进入诉讼,即便被最终裁定驳回,当事人仍会上诉、申诉,无谓消耗紧缺的司法资源。"有人还会以行政不作为等种种理由状告行政机关甚至法院,通过种种非正常途径向法院施加干扰和压力。

---

① 张卫平、陈刚编著:《法国民事诉讼法导论》,中国政法大学出版社1997年版,第156页。
② 宋冰编:《读本:美国与德国的司法制度及司法程序》,中国政法大学出版社1998年版,第290页。
③ 罗结珍译:《法国新民事诉讼法典》,中国法制出版社1999年版,第9页。

这将使司法背上沉重包袱,出自司法文明初衷的'登记立案',最终将导致阻滞司法前进的后果。"①

2. 完善的多渠道纠纷解决机制是否建立。在纠纷解决机制中,司法是最终保障制度,是社会正义的最后一道防线。司法之外的纠纷解决机制越完善,进入司法程序的案件越少。现实中,我国司法有被推至前沿、推向极致的趋势。"依法处理"几乎成了"法院处理",许多面广量大的矛盾纠纷,在缺少前置程序的情况下涌入法院,司法已不堪重负,社会对司法的无度需求与司法资源、能力有限性的矛盾已变得十分突出。实行登记立案,必将使矛盾变得更加尖锐。②

3. 公民法律素养是否提升以及社会法律服务是否普及。公民的法律意识和律师代理的普及程度是司法环境的重要影响因素。公民具有良好的法律素养,或者普遍实行律师代理,便能够依法正当地行使诉权,减少和避免滥诉,即便出现起诉差错,在法官释明下,亦会自觉消除。相反,如果法治观念薄弱,就易滥用诉权,即便法官善意劝阻,有人也会一意孤行。在我国公民现有法律意识、国家法律服务水平基础上,实行登记立案,滥诉、恶意诉讼将大量系属于法院,最终损害善意诉讼人的利益。③

基于以上现实条件,笔者认为,在起诉受理阶段,设置一定的过滤机制是有必要的,因为在探讨如何周全保障民众正常行使诉权的同时,也必须考虑司法的实际承受能力。

(二)民事诉讼受理制度改革的具体构想

笔者对于民事诉讼受理制度改革的总体构想是,建立相对独立的受理程序,保障当事人充分的程序参与权,过滤不具备诉讼要件的起诉,并赋予该程序审查诉讼要件、促进纠纷解决的功能。

1. 以当事人提交诉状为受理程序的起点,同时强调法官对明显不具备诉讼要件的起诉的释明义务。现行立案审查制度之所以会引起"诉讼前程序"、"灰色程序"的质疑④,主要原因是:一方面递交起诉状实际启动了审查起诉的职权行为,且由于起诉条件与诉讼要件不分,已经涉及了部分实体审理内容;另一方面,由于还没有立案,诉讼程序又被普遍认为还未开始,从而在观念上否定了审查程序的存在。这的确是一个悖论。解决这个问题,就必须承认当事人的起诉行为具有启动诉讼程序的效力,将审查受理程序纳入诉讼程序中。笔者认为,在理论和实务上,有必要将"立案"与"受理"两个概念区分开。"立案"指人民法院收到诉状,将其收下并登记,准备进行审查的行为,这个行为是一个被动接受的行为,仅仅表明人民法院已经收到诉状。在这个意义上,我们可以使用"登记立案"的概念。法官只需对诉状是否具备法定必要记载事项及是否预交诉讼费进行审查。同时,必须强调法官对于明显不具备诉讼要件的起诉的释明义务,引导当事人合理行使诉权,尽量避免不必要的诉讼支出。

2. 按照公益性强弱程度的不同,将诉讼要件划分为绝对诉讼要件和相对诉讼要件,并分别适用不同的审查方式。在大陆法系,诉讼要件分为绝对和相对两种。绝对诉讼要件是法院依职权应当审查的要件。一般而言,根据诉讼要件内容可分为三类:(1)有关法院的诉讼要件,

---

① 姜启波:《人民法院立案审查制度的必要性与合理性》,载《人民法院报》2005年9月21日。
② 姜启波:《人民法院立案审查制度的必要性与合理性》,载《人民法院报》2005年9月21日。
③ 姜启波:《人民法院立案审查制度的必要性与合理性》,载《人民法院报》2005年9月21日。
④ 张卫平:《起诉条件与实体判决要件》,载《法学研究》2004年第6期。

包括法院对案件是否拥有民事审判权和受诉法院是否具有管辖权;(2)有关当事人的诉讼要件,包括是否存在双方当事人、当事人能力、当事人适格、诉讼能力等;(3)有关案件或诉讼标的的诉讼要件,包括不受既判力约束、不处于诉讼系属中、具备诉的利益等。相对的诉讼要件只有被告提出异议时才予以考虑,主要有:不存在仲裁协议或不起诉协议等。① 借鉴大陆法系的做法,对诉讼要件进行划分,对于绝对的诉讼要件,法院应以公益维护者的身份依职权主动进行审查和探知。对于与当事人权益密切相关的诉讼要件的审查,如管辖权的审查,应贯彻辩论原则,保障当事人必要的诉讼权利。对于相对的诉讼要件,则应避免主动审查。根据诉讼要件具体情况,应允许法官灵活采用开庭审查和书面审查方式,以保证审查的公正性和高效性。

3. 诉讼要件的审查原则上于受理程序中集中进行,审判阶段发现不具备诉讼要件的,仍可依职权裁定驳回诉讼。人民法院是解决纠纷的专门机关,如果纠纷根本不具备由人民法院解决的条件,人民法院不能对纠纷作出最终的实体处理,则根本没有必要让纠纷进入审判程序,进一步耗费司法资源,因此,确有必要尽早确定纠纷是否具备诉讼要件。同时,诉讼要件的审理相对简单,有一定规律可循。建立相对独立的受理程序,就是要实现诉讼要件审理的集中化、专业化,过滤绝大多数没有必要作出实体裁判的案件,减少当事人讼累,同时为诉权的行使提供较为周全的程序保障。当然,如果直至审判阶段才发现不具备诉讼要件的,仍可依职权驳回起诉。

4. 受理程序对案件的处理方式包括受理、裁定驳回起诉、当事人和解撤诉、应当事人请求制作调解书。经审查具备诉讼要件的,转入审判程序进行实体审理。不具备诉讼要件的,裁定驳回起诉,对此当事人可以上诉。当事人达成和解要求撤回起诉的,裁定准许而无需进行审查。当事人达成和解要求制作调解书的,经审查具备诉讼要件的,应予准许。

5. 制定滥用诉权的惩罚措施。对于滥用诉权的起诉人,除应当承担对方当事人的诉讼支出外,还可视情况采取训诫、罚款、拘留等强制措施。

一项制度的好坏,最根本的检验标准是其实际效果,而并非理论基础是否周延。我国民事诉讼起诉受理制度的改革仍处于初始阶段,任何方案都要密切结合司法的实际情况。本文只是初步的探讨,希冀能够引起大家对这个问题的关注,以早日拿出一个可行的改革方案。

---

① 劭明著:《民事诉讼法理研究》,中国人民大学出版社2004年版,第206页。

民事起诉条件论

肖建华[*]　黄华珍[**]

一、问题的提出

《中华人民共和国民事诉讼法》第108条明确了起诉要具备的四个条件：(1)原告必须与本案有直接利害关系。所谓"直接利害关系"的原告一般指实体权利的真正享有者，学理对此作了扩大解释，即非实体权利主体，若依法律规定对某项民事权益享有管理权、支配权的，如失踪代管人、破产清算组等，也具有原告资格。(2)被告需明确。尽管法律对被告资格并无实质要求，但从判例上看，对被告也要求有直接利害关系。(3)起诉必须有具体的诉讼请求及事实理由，至于诉状对诉讼请求所依据的事实理由的阐述程度，法律并没有明确。实践中，法院一般要求原告对事实的阐述在一定程度上足以支持其诉讼请求。若原告所述之事实不完整或不充分，可能被法官以诉无事实根据为由不受理或驳回起诉。(4)起诉必须属于人民法院受理民事诉讼的范围和受诉人民法院管辖。《民事诉讼法》第111条第1款重申了诉在性质上需属于民事纠纷，对于行政纠纷，法院不予受理，告知当事人另行起诉。第3、4款从消极方面重申了法院的主管与管辖，对不属于法院主管的，应告知当事人请求其他机关解决，对不属于本院管辖的，应告知当事人向有管辖权的法院起诉。

起诉除了上述的四个积极要件外，《民事诉讼法》第111条还规定了消极要件：(1)有效的仲裁协议排除法院管辖；(2)对同一事项不存在生效判决；(3)某些人事诉讼中，在法定期间不得起诉的特殊规定。

此外，起诉条件不仅限于法律的表达，司法实践中形成了更高的起诉标准：(1)关于起诉证据的要求。《民事诉讼法》第111条规定起诉状中需记明"证据和证据来源，证人姓名和住所"。依文义解释，法律对起诉证据的要求是形式性的。但是1997年最高人民法院《关于人民法院立案工作的暂行规定》规定原告起诉时必须提交主要证据。尽管对于主要证据的范围尚未形成统一认识，但是对起诉证据作实质性审查却成为司法界的一项潜规则。(2)关于政策性条件的规定。所谓政策性条件是指法院基于实施国家政策的考虑，将部分纠纷排除在司法解决之外。政策性条件总是披着"主管"这件法律外衣，一方面，法院主动作出司法解释，以规范性法

---

[*] 肖建华：中国政法大学教授。
[**] 黄华珍：中国政法大学。

律文件的形式普遍性地排除部分纠纷,如部分证券纠纷、拆迁纠纷、非法集资纠纷、企业改制过程中的纠纷等;另一方面,通过行使自由裁量权,法官在个案中自觉贯彻实施国家政策,如某些涉及垄断企业或行政机构的敏感性民事案件,法院常常以法律关系性质不属于民事案件受理范围为理由拒绝受理。

与高起诉条件相应的是,立案审查的行政化。《民事诉讼法》第112条只是笼统地授权法官立案审查权,至于审查的程序、方法,法律并无明文规定。法律也未赋予当事人在立案阶段的程序参与权,立案阶段是不受程序规制的诉讼外阶段。起诉条件的高标准及其审查过程的非程序化,正是当前民众普遍感受到的"起诉难"的制度性原因。

二、对现行起诉条件规定的评析

现行起诉条件的制度逻辑在于,通过起诉条件控制滥诉,节约国家司法资源。然而,这一手段过于依赖立案法院的事前审查而缺乏事后规制措施,其实它对预防滥诉所起的作用是有限的。此外,它在一定程度上限制甚至遮蔽了当事人诉权。下文根据实体与程序的关系来分析现行起诉条件规定和做法的弊端。

(一)妨碍了当事人实现实体权利

尽可能地给出实体上公正的处理结果是所有法律诉讼程序追求的目标之一。程序法对实体公正的保障,既包括使实体法规定的权利得以实现,也包括使法律之外的权益得到确认与彰显。

民事诉讼解决的是私人之间的民事纠纷,由于私权的自治性特点,当事人主导被视为发现案件真实最适宜的手段,因为在意思自治原则下,法院想彻底查明案件事实而又不过分介入私人生活是非常困难的,[①]在追求有利于己判决的推动下,当事人通常会竭尽所能地发掘并提供诉讼资料。尽管两大法系法官在诉讼过程中职权大小有所不同,但其民事诉讼都遵循由当事人提出事实,由法院加以裁判。当事人对诉讼的启动、进行、结束有一定的决定权,且作为裁判基础之事实与证据由当事人主张与提供(或申请)。但是,在我国起诉受理环节中,当事人并不享有程序性权利,法官依职权探知起诉条件是否成就。由于程序规则规定受理与否取决于法官的决定,这种决定体现了起诉受理的行政特点。其结果,为了审理的便利性,往往牺牲某些当事人的诉权。例如,司法解释把起诉证据作为起诉条件之一,实践中,法院不仅要求原告在起诉时对于实体法要件事实提供证据,而且要求提供证明程序法要件事实的证据。如果法院需要的某个要件事实的证据不满足法官的要求,理论上当事人的起诉有可能因缺乏证据而被

---

① 参见[日]高桥宏志著,林剑锋译:《民事诉讼法——制度与理论的深层分析》,法律出版社2003年版,第333页。

驳回。实践中也确实发生了这样的案件。①

事实上,根据诉讼证明原理,由于自认、司法认知、免证事实、申请调查取证等证据规则的存在,原告在起诉时无需掌握胜诉所需的一切证据。要求原告在起诉的时候提供能够支持其诉讼请求的证据,无异于剥夺原告通过诉讼程序揭示案件真实的权利,无异于法院对原告发动了突然袭击。公正程序本身就意味着它具有一套能够保障法律准确适用的措施和手段,并且能够由此形成保障法律准确适用的常规机制。② 现行高标准的起诉条件不仅未能保障实体法权利的实现,反而人为地在权利实现的道路上设置了障碍。

实体法权利体系本身是一个开放的权利群构成的体系,法律因其固有的滞后性不能将所有的分类权利囊括在法律条文之中。对于实体法未明确加以规定的权利,为了保护特定的私人或公共利益,司法也可以应当通过诉讼程序对权利体系加以完善。历史表明,"自动售货机"式的法官是不存在的,法律适用的过程必然伴随着法律解释,"事实上大陆法系法院在审判实践中对于判例的态度同美国的法院没有多大区别"。③ 现在,民法典越来越依靠被称为一般条款的立法技术来维持其体系性。例如,作为一般条款的诚实信用、权利滥用、正当事由或重大事由等概念本身并不具有明确的内容,只是在每个个别的案件处理中由法官赋予其具体含义。④ 由于我国的起诉条件要求,当事人必须是实体法规定的权利主体,这其实还限制了司法程序所发生的权利解释和权利生成功能。

同时,权利解释和权利生成是司法表达法律正义的必要手段。法官不仅要是对个案的纠纷解决负责,同时还要促成市场秩序形成,并且要为整个社会提供正统性基础。⑤ 市场经济需要规则之治,而规则之治的核心不在立法而在司法。通过个案的法律适用,司法明确了法律规则的内涵并加以反复宣示,这对于市场主体的行为具有指示与教育作用,从而促成了秩序的形成。此外,司法还不断地创设实体法的具体内容并累积性地反馈到法律规则中。现行实体当事人及政策性条件等起诉条件的存在,缩小了纠纷可诉性范围,既侵犯了当事人诉诸司法的基本权利,也限制了司法功能的充分发挥。

(二)抑制了程序内在价值的发挥

对于诉讼正义的实现,罗尔斯认为诉讼是"不完全的程序正义"的典型,即客观上确实存在某种实体正义,但是百分百地实现该正义是人力所不能及,诉讼程序并不总能达到实体正当的结果,因此需要借助于程序正义弥补人们对正义的感受。⑥ 对于审判的正当性,西方学者提出了"通过程序的正当化"的命题。⑦ 程序正义对于民事诉讼的价值尤为重要,由于当事人主导被认为是民事诉讼真实发现的最优手段,因此,在诉讼过程中赋予当事人充分的程序保障就显

---

① 例如,在孙克克状告双城雀巢有限公司、北京超市发连锁股份有限公司产品责任纠纷一案中,北京市海淀区人民法院以原告未能提供涉诉产品的质量检测报告,起诉缺乏事实根据为由不予受理。参见 http://www.ynet.com。如果法院能够以起诉时产品缺陷未得充分证明为由不予受理,那么也能以任何侵权构成要件未得充分证明为由不予受理。
② 参见顾培东著:《社会冲突与诉讼机制》,法律出版社2004年版,第65页。
③ [美]约翰·亨利·梅利曼著,顾培东等译:《大陆法系》,法律出版社2004年版,第47页。
④ [日]谷口安平著,王亚新、刘荣军译:《程序的正义与诉讼》,中国政法大学出版社2002年版,第7页。
⑤ 参见王亚新:《社会变革中的民事诉讼》,中国法制出版社2001年版,第177页。
⑥ 参见季卫东著:《法律程序的意义》,中国法制出版社2004年版,第21页。
⑦ 参见张卫平:《诉讼的构架与程式》,清华大学出版社2000年版,第101页。

得至关重要。只有保障各方当事人充分参与到程序中,穷尽一切发现真实的手段,如陈述、辩论、提供证据、认证、质证等,才有可能让蒙受不利结果的当事人不得不接受该结果。在内涵丰富的当事人基本程序保障权中,①听讯权作为古老的"自然正义"法则之一,被视为文明的司法裁判制度永恒不变的组成部分,即与程序结果有利害关系或可能因该结果蒙受不利影响的人,有权参加该程序并得到提出有利于自己的主张和证据以及反驳对方提出的主张和证据的机会。

然而,我国法律并未赋予当事人在立案阶段的程序参与权。实践中,很多法院的立案庭就像银行的柜台一样,原告隔着铁窗将起诉材料递给法官,法官在对诉讼材料进行简单书面审查之后,当即作出受理的决定,如果有疑问,一般以口头质询方式解决。对于疑难复杂的案件,可留待七日内下达裁定,然而审查受理期间就像一个暗箱,法官有绝对的自由裁量权,当事人不享有任何程序性权利,无从得知案件的进展,无从影响法官的心证,对于暗箱操作后的结果,只有被动接受的义务。立案阶段程序保障的缺乏,有可能导致纠纷被法院拒之门外,容易激发当事人的不满,也容易造成社会对司法权威的不信任。"起诉难"的说法,恰恰反映了起诉审查中程序正义的缺乏而带来了负面社会效果。

此外,由于诉讼的启动权完全掌握在立案法官的手中,当事人不享有任何制约法官权力的程序性权利。与审判法官相比,立案法官有着几乎不受制约的自由裁量权,其审查范围跨越了程序法与实体法,甚至可以在法律与政策之间自由权衡,同时这一审查不受任何程序性规制,致使立案受理阶段成为民事程序中的"灰色区域",②成为司法腐败的高发领域。

三、立法建议

鉴于现行起诉条件的高要求及其审理程序行政化的矛盾,起诉条件的改革已经刻不容缓。现在在实践中,采用了扩大立案庭的权限,赋予立案法官事实调查权、赋予当事人程序保障权等措施。这些办法是否能解决问题呢?笔者认为,这无助于问题的解决。原因如下:一是由于诉讼尚未系属,法官与当事人尚未建立诉讼法律关系,任何审判权的行使就不成为诉讼法律关系,法官的权力容易滥用。二是立案法官对案件进行预审与审判法官对案件的审理不免有重复之处,将审判权在两者之间进行分配有违诉讼效益原则,实属浪费司法资源的无益之举。只有根本性降低起诉条件,确立起诉登记制度,改实质审查为形式审查,再辅以相关制度建设才能克服"起诉难"的顽疾。

(一)改革起诉条件

1. 确立形式性起诉要件

具体而言起诉条件应当包含以下三项:(1)提交合格的起诉状;(2)预交案件受理费;(3)能够送达被告。起诉状的必要记载事项包括:(1)当事人的基本情况;(2)诉讼请求与事实理由。

---

① 大体包括裁判者中立、当事者程序参与权的保障,以及由此衍生的公开审理、言词主义、法律援助、释明制度等一系列程序规则。参见张卫平著:《诉讼的构架与程式》,清华大学出版社 2000 年版,第 106 页。

② 张卫平:《民事诉讼:关键词展开》,中国人民大学出版社 2005 年版,第 76 页。

诉状对于诉讼请求所依据的事实理由的记载不以详尽为必要条件,事实的记载只需要足以辨别诉讼标的,而无需足以支持原告的诉讼请求。最高法院通过司法解释已经将预交诉讼费作为起诉的条件,笔者认为这种扩大解释是合理的。只是在修订民事诉讼法时,应当将此明确规定于起诉条件。另外,将送达作为起诉条件之一并非盲目照抄照搬,从司法实践来看,这是必要的务实之举。① 如果诉状欠缺形式性要件,应当通知原告补正,原告拒绝补正的或补正后仍不合格的,裁定不予受理。如果依原告提供的地址不能送达被告(包括公告送达),法院应当以诉未成立为由裁定驳回。

有学者认为应当在起诉条件中保留部分诉讼要件,如主管、管辖或诉的利益。② 笔者认为起诉条件只能是形式性的,不应当包含任何诉讼要件或胜诉要件。因为任何诉讼要件的判断都可能需要一定程度的调查,并非轻而易举的。即使是某些显无理由的诉讼,由于立法对其程度界定的困难,也应当留待诉讼系属后由审判法官驳回。如果将部分裁量权留给立案法官,仍然可能重蹈现行起诉制度的覆辙。

同时,当事人概念也应当变为程序性的。起诉阶段不应采实体当事人标准,而应确立形式当事人(或程序当事人)概念,即诉状中表明的任何向法院起诉和应诉的公民或组织都是当事人。在诉讼系属之前,无需对当事人是否适格进行审查。至于进入诉讼程序之后的当事人是否适格,是诉讼要件的审查内容。如果原告在诉状中没有写明当事人,应令其补正,不能补正的以起诉不具备形式要件驳回。

2. 确立起诉登记制度

如果将起诉条件改革为形式性的要求,那么就无需在诉讼前阶段设置立案审查程序,立案庭的职能也应当相应转化,不再具有审判功能。对原告的起诉,法院无需实质审查,只需对照条文的规定,具备条文所要求提交的信息,无论是否真实,都要进行形式上的登记。凡符合形式性起诉条件的案件,登记后,该案件即系属于法院,法院负担审判的义务。

(二)构建相关制度

如果将起诉条件限定为形式性要件,原有的高标准起诉条件要求控制滥诉的正功能将不复存在。起诉的门槛降低之后,诉讼很可能像洪水一样泛滥成灾,法院将不堪其重。此外,在规定了自由的起诉制度后,如果不进行配套的制度建设,法院很可能因缺乏制度的制约,仅仅

---

① 笔者曾处理过多起因送达障碍导致诉讼停滞的案件。在债务纠纷中,有的被告人经常变换临时居住地,或者为了躲债不惜变卖房产,移居他处,法院按原告提供的被告身份证复印件上的住址,根本无法正常送达。若按公告送达,则会遇障碍,即是依原告提供的被告的身份证复印件上的住址公告,还是需要补充证据证明被告住所地,如由公安机关或者居委会、村委会出具证明。若依前者,则原告可能伪造被告地址起诉,在获得判决后直接申请执行,被告的权利将无从保障,司法实践中一度出现过这种混乱局面。若依后者,则根据现行法律,对于诉讼程序事实,法院有必要依职权查明,实际情况是法院迫于案件负担,根本没有时间精力从事此类调查,通常法院会让当事人自行出具证明文件。而对于不实行律师强制代理的民事诉讼案件,普通当事人根本无权获得此项证明。在法院与当事人互相推诿的情况下,诉讼只能停滞不前,法官不敢轻易驳回诉讼,但又无从推动诉讼进行。笔者认为,让法官调查被告住址是否真实是不合理的,这会造成"当事人动动嘴,法官跑断腿"的局面,而且在案件压力如此繁重的时期,法官调查也不现实。如果将送达作为起诉的条件则能解决此问题。

② 参见中国人民大学法学院《民事诉讼法典的修改与完善》课题组起草的《中华人民共和国民事诉讼法》修改建议稿(第三稿)第265条。

将现行起诉条件的审查在时间上置后,通过"驳回起诉"继续维持起诉的高门槛,当事人的裁判请求权并未得到任何实质性保障,在现行诉讼费用制度下,当事人的权利反而受到了更大的侵害。因此,形式性的起诉条件的确立必须与配套制度的改革相结合,制度建设的目标是:一方面在当事人诉权保护与司法资源合理利用之间取得平衡,防止滥诉;另一方面扩大可诉范围,充分发挥司法的功能,避免出现审判权失范,消除司法腐败的程序空间。

1. 拓展民事诉讼可诉范围

(1) 合理界定民事裁判权范围

任何国家的司法权都不是无边界的,任何国家都存在因司法权的局限而排除部分纠纷解决的情况。这也为国际公约所认可,联合国《关于司法机关独立的基本原则》第 3 条规定:"司法机关应当对所有司法性质问题享有管辖权,并应拥有绝对权威就某一提交其裁决的问题按照法律是否属于其权力范围作出决定。"事实上,西方国家对于审判权的范围与界限已有明确法律规定或成形的法学理论。在美国,审判权的范围受到"可裁判性"原则的限制,即必须具备美国宪法第 3 条意义内的"案件"或"争议";原告必须具备诉讼资格;案件必须成熟,即成熟性原则;案件不能是已失去实际意义的,即既往性原则;案件不能构成政治问题。① 在日本,民事审判权的界限包括:(1)司法权是裁判"法律上争讼"的权限;(2)具有高度政治意义的"统治行为"或"政治问题"在司法审查之外;(3)团体内部纠纷由其自律性处分,即"部分社会"论,如宗教团体、政党内部纠纷由其自律解决,但是侵犯一般性市民权利的除外。②

我国虽然并无有关民事裁判权范围的法律规定,但是在司法实践中也遵守不受理政治问题、非法律争议、团体内部行为的潜规则。然而,蕴含在主管概念中的政策性起诉条件的存在,却使我国民事裁判权范围在外延上远远小于西方民事裁判权的范围。

尽管从现实角度看,政策性起诉条件在某种程度上是行之有效的本土化办法,至少是当前维护司法权威的"安全港条款"。在我国社会转型的特殊历史时期,"多中心"案件的数量可能会较多,解决诸如企业改制过程中产生的纠纷并非法院力所能及之事,即使案件顺利进入诉讼程序,由于现阶段司法的弱势地位,法院的判决也无法不受行政等力量的影响。但是,保留政策性起诉条件与保障裁判请求权的宪法性权利之间存在不可调和的矛盾。裁判请求权要求任何人都有诉诸司法的权利,奉行司法最终解决的原则,而政策性条件无疑是对诉权的重大限制。可见,由于体制的限制,起诉条件根本性变革并非一蹴而就的。

(2) 以诉的利益理论扩大可诉范围

现行实体当事人的起诉条件不当限制了司法权的范围,以形式当事人取代实体当事人有效地扩大了民事纠纷的可诉范围。任何起诉、被诉的主体,只要符合形式性起诉条件,不论其是否现实地享有某一实体法规定的权利,也不论其主张的权益有没有为法律认可,都有当事人资格,有权进入司法程序。然而,若当事人确非实体权利主体,那么诉讼的进行是毫无意义的,因此有必要承认当事人适格。适格当事人是指就特定诉讼标的之权利或法律

---

① 参见[美]海利·爱德华兹、爱伦·芬:《美国联邦法院的权力和法院命令的执行》,载宋冰编:《程序、正义与现代化》,中国政法大学出版社 1998 年版,第 211 页;王源渊:《略论审判权的范围与限度》,载《法学评论》2005 年第 4 期。

② 参见[日]兼子一、竹下守夫著,白绿铉译:《民事诉讼法》,法律出版社 1995 年版,第 17 页;王亚新:《社会变革中的民事诉讼》,中国法制出版社 2001 年版,第 257 页。

关系有诉讼实施权的人,有获得本案判决资格的人。① 判断当事人是否适格的标准的理论是诉讼实施权理论,传统的诉讼实施权理论以管理权为基础。然而,管理权学说仍未脱离实体法的束缚,随着时代的发展越来越显示出局限性,如依该说,对他人之间的法律关系没有权利义务的第三人提起的确认诉讼或代表受害的群体中的一员提起的代表人诉讼就是非正当当事人。这必然将大量的诉讼排除在法院审理程序之外。因此,诉的利益学说逐渐成为当事人适格的基础。无论当事人对请求法院承认和保护的权利有无管理权,只要有诉的利益,即只要原告所主张的利益面临危险和不安,且有利用法院判决去除这种不安的必要与利益,就是适格当事人。② 诉的利益是迈向权利生成的第一步,掌握着启动权利主张进入诉讼审判过程的关键,也是通过诉讼审判而创制实体法规范这一过程的重要开端。③ 有了以诉的利益为基础的当事人适格制度,纠纷的可诉范围便大大地拓展了,诸如公益诉讼、形成中的权利就可以得到司法的有力保护。

2. 排除不合格之诉,控制滥诉

(1)健全诉讼要件理论

由于立案审查的取消,起诉登记制必然会使一部分不适格之诉涌入诉讼程序内,此时,便需要在起诉的低门槛之后设置一道过滤的屏障,将那些明显不具备审理资格的案件迅速清除出诉讼程序,这道屏障就是诉讼要件理论。如果法官在案件审理之初便发现诉不符合程序法之要件,如当事人不适格、法院不具有民事裁判权、明显不具有诉的利益或属于重复起诉的情形,法官可以诉讼要件不符为由裁定驳回起诉。诉讼要件的内容应包括三方面:法院有裁判权和管辖权;当事人有当事人能力、诉讼能力,代理人适法代理,当事人适格;诉讼对象特定,有权利保护利益(诉的利益),不属于重复起诉,不存在对同一事件有既判力的判决。诉讼要件的审理可与本案审理一并进行,诉讼要件是法官依职权调查之事项,无需当事人之主张。

(2)规定滥诉惩罚措施

何为滥用起诉权?英美法系滥用诉权的界定比大陆法系要宽泛,前者不仅包括起诉人主观上有恶意,而且包括起诉人之起诉没有根据(轻率诉讼)。这一区别与两大法系司法资源配置有关,英美法系采纯粹当事人主义,司法进行成本大多由当事人方负担,在起诉阶段,防止滥诉的责任主要由当事人的代理律师承担;而大陆法系采职权进行主义,法官拥有更大的主动权,法官既可以依职权主动排除轻率诉讼,也可以对滥诉者施加妨碍民事诉讼的强制措施,最典型的是对其进行罚款,同时,受滥诉侵害的对方当事人也可以提出损害赔偿之诉。对于不采用律师强制代理的我国,应当借鉴大陆法系国家的做法,在民事诉讼法典中明文规定滥诉惩罚措施,既可以由法官对滥诉者采取罚款等强制措施,对方当事人也可以提起损害赔偿之诉。

总之,上述手段仍不足以应付起诉登记制确立之后可能到来的诉讼爆炸,民事诉讼之

---

① 参见张道良:《民事诉讼法上当事人适格问题之研究》,载杨建华编:《民事诉讼法论文选辑(上)》,五南图书出版公司1984年版。
② 参见肖建华:《寻求独立的诉讼主体地位——当事人概念的再认识》,载《现代法学》2000年第2期。
③ [日]谷口安平著,王亚新、刘荣军译:《程序的正义与诉讼》,中国政法大学出版社2002年版,第151页。

相关配套制度建设任务仍很繁重。比如建立多元化的诉讼程序,简化简易程序,对人事诉讼设置适宜的非讼化程序;重视非诉讼纠纷解决机制(ADR),强调纠纷的预防与化解;完善审前准备程序,通过证据交换等手段,使诉消灭于法庭审理之外。限于篇幅关系,笔者不能对其他相关制度一一展开,因为民事诉讼程序正如环环相扣的一节链条,每个环节的质变都将引起其他环节的震荡,如不对其加以相应变革,那么任何改革都不能达到人们所期待的效果。

论民事诉讼立案审查制度

吴少军* 耿晓冬** 宋旺兴***

在民事诉讼中,对于当事人的起诉,国外大多数国家实行立案登记制,而我国现行的立案审查制度中确实存在很多弊端,有人主张废除立案审查制,实行立案登记制度。笔者认为,这种观点值得商榷,对现行的程序审查和实体审查相结合的立案审查制度进行改良而不是全盘否定,似乎更符合我国的国情。

一、民事案件立案审查制度

法院对民事案件的受理,又称立案受理或简称立案,有广义和狭义之分。广义指所有一审、二审和特殊程序等立案,狭义指一审普通程序立案。本文探讨的是狭义概念。立案审查制度是指法院在受理案件的过程中,依据法律规定对当事人的起诉是否符合受理条件进行审查,以决定是否受理的制度。

民事诉讼起源于当事人的起诉,并实行不告不理和处分原则,正如古罗马的法谚所言,没有原告也就没有法官,审判权的启动必须是被动的,"从性质上说,司法权自身不是主动的,要想使它行动,就得推动它"。[①] 但是,仅有当事人的起诉,还不足以启动诉讼程序,诉讼程序的启动还有赖于当事人起诉行为的正确与否,只有经法院审查才能确定起诉行为的正确性并决定是否受理。当事人的诉讼行为与法院审查行为的结合,诉讼程序才能开始。因此,立案审查在司法程序启动中具有重要作用。

民事诉讼虽然是解决私权纠纷的,但不能认为是当事人的私事,平等、对等原则必然要求国家公权力的介入,要求法院进行程序管理。当事人的自主权与法官职权的结合并均衡分配,

---

* 吴少军:河南省高级人民法院副院长。
** 耿晓冬:河南省高级人民法院立案庭庭长。
*** 宋旺兴:河南省高级人民法院法官、武汉大学民诉法博士。
① 陈瑞华:《刑事审判原理论》,北京大学出版社1997年版,第10页。

顺应了现代民事诉讼的要求。① 立案审查既充分体现了法院对民事诉讼的国家干预,又体现出对诉权的保护。必要的审查还是防止当事人滥用诉权、避免司法资源浪费的主要手段。

法院在审查时,通常遵守如下原则:(1)依法审查。只有依法审查,才能正确发挥审查的功能和作用。(2)依法保护诉权。诉权是当事人依法享有的权利,要求法院充分尊重当事人的诉权正确受理案件,但对恶意诉讼必须制止,既要保障诉权,又要防止诉权的滥用。(3)被动审查。民事诉讼的消极和被动性,要求法院应被动地行使审查权,不应主动出击,但是,被动不是消极,法院还应积极地履行相应的职责。(4)公平、公正、公开审查。无论是原告的起诉,还是被告的反诉,法院都要平等对待,公开审查,防止暗箱操作,并公开审查结果。(5)效率原则。立案仅是诉讼的开始,如果审查时间很长,会造成诉讼拖延,最终导致不公。(6)适度审查。审查时应把握适当的度,门槛不能太高,也不能太低,使案件该立的立,不该立的不立,正确发挥立案审查的"过滤器"的作用。(7)法律效果和社会效果的统一。诉讼纠纷是一种复杂的社会现象,往往包含有政治的、经济的、法律的、文化的、甚至宗教的因素,审查案件时必须考虑这些因素,法院应在法律效果和社会效果之间进行适当平衡。

二、国外民事案件立案审查制度

(一)各国民事案件立案审查简介

1. 英国民事案件的立案,由诉讼的提起与答辩构成。当事人填写法院提供的格式化文本,法院审查签发后完成案件的受理,法院只对当事人的起诉是否符合格式要求进行形式审查。

2. 美国民商事案件审查程序主要由诉答程序组成,在观念上把诉讼看成是当事人的私事,是当事人之间的对抗,程序问题由当事人协商处理,法官仅审查诉状是否符合格式并作出裁决,体现了当事人自由原则。

3. 法国民事案件的审查程序属于诉讼系属程序。诉讼系属是民事案件的开始程序,当事人提起诉讼,法院审查后予以登记,从而完成案件的受理,类似于我国民事案件的受理程序,其书记室类似于我国的立案庭,专门负责法院受理案件总目录的填写和立案工作。②

4. 在德国,原告起诉后,案件进入"诉讼系属"的状态,表明诉讼已经开始但尚未结束,对诉讼能力的审查依据《德国民事诉讼法》的规定进行,不具备一定条件,会导致起诉行为无效、驳回等。起诉的适法、当事人能力、管辖、代理权、法律保护之必要性等都属于诉讼要件,具备诉讼要件才产生诉的有效性,诉的有效性属于实体判决要件。③

5. 在日本,当事人提起诉讼后,法院对诉状是否具备必要记载事项以及是否张贴了印花税进行审查,如符合条件,则进入审理程序,并区分起诉要件和诉讼要件:起诉要件是诉讼适法

---

① 姜启波、李玉林著:《案件受理》,人民法院出版社2005年版,第5页。
② 姜启波、李玉林著:《案件受理》,人民法院出版社2005年版,第75页。
③ [德]迪特·克罗林庚著,刘汉富译:《德国民事诉讼法律与实务》,法律出版社2000年版,第450～452页。

的要件,如果诉状补正后仍欠缺起诉要件,将被驳回;诉讼要件属于判决事项,不具备诉讼要件,诉讼系属被视为不适法,而无法对本案进行审理、判决,依法驳回起诉而终结诉讼①。

6. 在俄罗斯,起诉是民事诉讼的一个独立阶段,根据《俄罗斯民事诉讼法典》的有关规定,当事人提起诉讼必须符合以下条件:属法院主管、属受诉法院管辖及原告具有诉讼行为能力等。法官依法审查是否具备法定条件,并作出是否受理的裁定。只有存在如下明确理由时,法官才可以拒绝受理起诉:不属于法院主管、应由诉讼外程序解决、重复起诉、有仲裁协议、诉讼系由不具有提起诉讼资格的人提起等。② 有些诉讼未经诉讼外预先解决的程序也不受理。

(二)国外民事案件立案审查的特点

1. 审查主体

大陆法系和英美法系国家的法院,很少有设立专门立案机构的,民事案件的审查一般由书记官处登记并立案,俄罗斯的审查起诉则由法官进行,体现出审查程序的重要地位。

2. 程序审查特征明显

两大法系对民事案件的审查主要涉及程序事项:是否缴纳案件受理费、诉讼文书的格式及记载的内容是否符合要求等。尤其是英美法系国家,立案只限于格式审查,大陆法系国家相对复杂,对诉状的格式及内容等审查比较细致,但也只限于程序审查,从而尽可能使更多的纠纷和争端进入诉讼,为当事人提供更多的程序保障。

3. 区分起诉要件和诉讼要件

在大陆法系国家,将诉讼分为起诉要件与诉讼要件,经审查不具有起诉要件的,法院可以诉讼不成立驳回诉讼,导致诉讼的不受理。③ 诉讼要件是本案判决的前提,而不是决定是否受理起诉的要件。

4. 法院不得拒收诉状

两大法系国家,纠纷起诉到法院后,法院就启动了诉讼程序,对当事人的诉状都予受理,没有主管的概念。大陆法系国家,如果诉状补正仍达不到要求,法院一般会驳回起诉状,但没有不予受理的概念。法国民事诉讼法中虽有诉讼不受理规定,但属于案件审理过程中的诉讼防御手段,与我国的起诉不受理完全不同。而俄罗斯民事诉讼中不仅有主管的规定,法官还可因重复起诉、不属法院主管、须先经诉讼外程序解决等原因,拒绝受理起诉,但在不受理的裁决中要具体指明当事人应该向哪一个机构申请解决纠纷。

三、我国现行的民事立案审查制度

《民事诉讼法》及有关司法解释对我国现行的立案审查制度有具体规定,其中,《民事诉讼法》第108条规定了起诉必须符合的条件是:原告是与本案有直接利害关系的公民、法人和其他组织,有明确的被告,有具体的诉讼请求和事实、理由,属于人民法院受理民事案件的范围和

---

① [日]中村英郎著,陈刚等译:《新民事诉讼法讲义》,法律出版社2001年版,第152~154页。
② 参见张家慧著:《俄罗斯民事诉讼法研究》,法律出版社2004年版,第257页。
③ 参见[日]兼子一、竹下守夫著,白绿铉译:《民事诉讼法》(新版),法律出版社1995年版,第50页。

受诉人民法院管辖。

依据上述规定，人民法院主要从如下方面进行审查：

(一)审查主体资格

审查主体资格时，主要审查当事人是否适格。当事人适格又称正当当事人，是指对于具体的诉讼，有作为本案当事人起诉或应诉的资格①，也即当事人是否为所争议的民事法律关系的主体。审查主体资格主要是审查原、被告的资格：

1. 原告主体资格的审查

审查原告时，主要审查原告是否与本案有"直接利害关系"，即原告是否适格，包括：是否具有诉讼权利能力和诉讼行为能力、是否具有诉的利益、是否与本案有直接的利害关系，此外，还要审查诉的利益是否具有合法性，如主张非法利益，应视为不具有诉的利益②。现行规定对原告的审查，很多已经涉及了实体事项。

2. 被告主体资格的审查

审查被告时，不审查被告是否"适格"，只审查被告是否"明确"。但是，如果将没有任何事实和法律关系的主体列为被告，或虚列被告争得管辖权，审查被告的适格就很有必要。所谓被告"明确"，即要求被告必须是明确、具体的公民、法人或其他组织，且必须是真实存在的，而非虚拟的或已经不存在的主体。被告的姓名和住所是确定被告是否明确的主要标志，审查时还应注意被告不明确和被告地址不准确的区别。

(二)审查具体的诉讼请求和事实、理由

审查诉讼请求时，主要审查诉讼请求是否明确、具体，是否具有可诉性。审查事实和理由时，主要审查原告提供的证据能否证明事实存在、理由成立，但只要求原告提供能够证明拥有诉权、法院应予管辖的证据，即起诉证据即可，不要求原告提供胜诉的证据。还要注意审查是否违反了一事不再理的原则。

(三)审查是否属于人民法院主管民事案件的范围

主管，是法院受理民事案件的范围，明确人民法院的主管范围有利于正确、合法、及时解决民事纠纷，避免与有关行政机关之间互相推诿或互争主管权，防止出现当事人"告状无门"或者人民法院"该管不管，不该管的管了"等现象的发生，确保当事人的诉讼权利和合法利益。③《民事诉讼法》第3条规定民事案件的主管范围为平等主体之间的财产关系和人身关系的诉讼。在审查主管时，应审查是否属于平等民事主体之间的财产关系和人身关系引起的诉讼，一般进行程序审查，但有时涉及对实体的审查。

(四)审查是否属于本院管辖

对管辖的审查一般进行程序审查，但对于复杂的管辖问题，还要进行实体审查，如原告虚列被告获得管辖权、伪造或变造协议管辖条款争得管辖权等。

---

① 参见《国家司法考试辅助用书》第3卷，法律出版社2003年版，第502页。
② 参见李中和主编：《人民法院立案审判工作理论与实务》，人民法院出版社2006年版，第78页。
③ 纪敏、孙伯生主编：《告诉、申诉审判实务》，人民法院出版社1999年版，第54~55页。

(五)对起诉状的审查

在审查起诉状时,主要进行程序审查,对起诉状的格式是否符合要求、内容是否全面进行审查,有缺陷的或措辞中有谩骂和攻击之词的,要进行必要的释明。

四、我国民事立案审查制度的缺陷及存在的必要性

从上述审查的规定和方法看,立案审查制度存在很多缺陷,总体而言,法律规定的起诉条件过高、用词模糊、弹性太大、易被滥用。① 其中,最主要的问题是实体审理的前移问题。② 具体表现在:

(一)对诉状的审查不规范

《民事诉讼法》没有明确规定对诉状格式审查的具体方式,也没有区分诉状的任意记载事项和必要记载事项,在审查诉状时,一般只进行笼统的程序审查,法官的自由裁量权太大,容易出现:审查过严,有实体审查的倾向;审查过宽,对欠缺的必要记载事项不作补充;对任意记载事项要求苛严;甚至会出现"抽屉案"或极个别法官审查时以各种理由,刁难当事人现象的发生,造成"起诉难"。

(二)对主体资格审查的问题

《民事诉讼法》规定只有与本案有直接利害关系的原告才适格,但是"正当当事人"在立案阶段很难查明,为审查原告是否适格,有时必然要进行实体审查,导致了实体审理前移,造成了未审先判,这就严格限制了当事人的诉权,使很多案件因原告不适格被排除在法院大门外。另外,审查被告时,有时虽然被告明确,但却与原告没有任何事实和法律关系,是原告强拉进来或虚列的,此时,如不审查被告的适格必然会放任原告的恶意起诉。

(三)对主管审查把关太严

由于主管制度的缺陷,导致了法院在审查主管时把关过严,主要表现在民事案件主管的范围比较窄,使很多纠纷被排除在法院大门外,如单位的内部纠纷、新类型案件、民事纠纷和刑事纠纷同时存在、民事纠纷和行政纠纷交叉等等,形成了一定程度上的"立案难"。

(四)对管辖的审查方法不明确

诉讼是原告提出的,趋利避害的心理决定了原告要选择对自己有利的法院进行诉讼,被告必然会陷入被动。对管辖不予审查,会使很多法院受理无权管辖的案件,引起管辖秩序的混乱。表面上看,管辖是程序问题,程序审查一般就能确定管辖,但法律没有规定管辖的审查方式,导致审查管辖的标准不一,审查严或宽的情形均存在,难以把握适当的度。其实,管辖并非

---

① 参见《解决"立案难"要立足中国国情》,载《中国审判》2007年第1期。
② 参见张卫平等著:《司法改革:分析与展开》,法律出版社2003年版,第222页。

只是单纯的程序问题,在确定具体案件的管辖时,很多都不可避免地涉及实体法律关系,如案由的定性及区分问题,对案由的不同理解就会导致管辖的不同,不同的法官用不同的审查方式会得出截然相反的结果。

(五)诉讼请求的"具体"标准不明确

《民事诉讼法》规定,在立案时要审查具体的诉讼请求。但是何为"具体"标准不明,不同的人对"具体"的理解不一致,且具体事实和理由属于实体审理事项,当事人在起诉时就要充分的举证,有未审先判之虞。

(六)审查程序不公开

审查不公开的特征表现在:具体受理的原因和依据不予公开。对审查后认为不应受理,可作不予受理裁定的,法院一般就不作出裁定。即使作出裁定,也是简单驳回。或受理后发现不属于法院主管,在裁定驳回起诉的文书中,只简单告知结果,不详细说明原因,也不指明当事人应向哪个机构申请解决纠纷,对当事人一推了之,限制了当事人的知情权。

我国现行民事立案审查制度中存在的弊端,造成了对当事人诉权的限制,形成了社会反映的"立案难"等问题,但笔者认为,不能就此简单地将其废除。在当前司法资源有限、大量起诉不规范、平复社会矛盾的任务繁重的情形下,程序审查和实体审查相结合的审查制度,还有其现实存在的必要性。主要理由如下:

首先,我国社会的各类纠纷数量大、增长快,社会大众的权利意识和法律意识逐渐提高,社会纠纷出现多样化和利益诉求多元化,新类型案件不断出现,利益诉求由单一的财产要求转向精神权益、社会文化权利,甚至包括男女平等权等在内的宪法性权利也成为诉讼追求的目标。

其次,随着中国社会的全面发展,城市规划、环境治理和生态环境的建设等建设力度的增加,由此引发的拆迁纠纷、规划纠纷、城市管理纠纷等,往往涉及群众的切身利益,具有政策性强、解决难度大等特点,稍有不慎就会引发影响社会稳定的群体性事件。

再次,带有政治敏感性的纠纷时有发生,国外一些别有用心的组织和人员,采取各种手段破坏社会主义现代化建设事业,诉讼手段是他们经常采用的手段之一,如怂恿法轮功分子起诉国家领导人,上访人起诉最高法院、起诉中央部委或中央媒体等,起诉的目的根本不是为了诉讼,而是有着政治企图,不宜简单立案。

最后,有些案件即使符合受理条件,审查时还要把握社会效果问题,如"非典"病人起诉医院、河南艾滋病病人起诉医院、非法传销或非法集资引起的纠纷等。

五、立案登记制度不宜简单移植

由于立案审查制度的弊端,有人主张废除立案审查制度,实行立案登记制,只要当事人向法院提交了符合要求的起诉状,法院无需审查,应当立案登记,是否符合起诉条件的审查置于立案登记之后,从程序上解决"起诉难",以保障当事人的诉权。① 对此观点笔者不敢苟同。

第一,立案登记制也不能解决"立案难"问题。

人民群众反映的"立案难"问题,虽然有《民事诉讼法》规定的起诉条件过高、规则较为模糊等原因,但主要不是立法上的欠缺所致,而是法律执行中的问题,是司法实践对法律规定的背离。从司法实践的统计资料中看,"立案难"问题并不真正存在,据河南省高级人民法院去年进行的涉诉信访的资料,接访的8000多起案件中,真正反映"立案难"问题的仅有20件左右,主要集中在:艾滋病患者要求赔偿、非法集资或非法传销引发的纠纷、法轮功分子要求政治待遇、出嫁女的村民待遇、丹江口水库移民要求赔偿、转业军人要求待遇等,没有一件是反映有案不立、故意刁难当事人的。是因为这些纠纷的敏感性和复杂性等原因,法院才不受理,而不是因为立案审查制度本身的缺陷,即使废除了立案审查制度,这种问题依然存在。

第二,论证不充分,没有实践的土壤。

立案登记制是国外的做法,没有充分的论证,也未经试点取得实践经验,就直接引进并在全国范围内实行,其后果是不堪设想的,最主要的原因就是没有考虑到跨法系制度移植的可行性及中国的现实状况。仅仅为了保障"诉权",解决"立案难",立案后对问题最终如何解决一概不管,将会造成判决难、执行难、申诉难,最终是行不通的。

第三,不能适应社会纠纷的复杂性。

社会纠纷是一种复杂的社会现象,民事纠纷只是社会纠纷中的一部分,而不是全部,即使是民事纠纷,很多纠纷还不具有可诉性,本身就不属于法院受理民事纠纷的范围。法院不是解决纠纷的唯一主体而只是其中之一,对于重复起诉、不可诉的纠纷等予以登记立案是没有事实和法律依据的,同时,纠纷的复杂性决定了立案审查的必要性。

第四,忽视了司法的有限性。

有人说司法是正义的最后一道防线,如果连法院都不受理案件,老百姓就没有了说理的地方。其实,法院在国家机关的地位是有限的,解决纠纷的能力也是有限的,审判权有其固有的界限和范围,民事审判权更有其固有的界限和范围。在我国,法院的地方化倾向严重是一个不争事实,严重的地方保护主义也限制了司法的能力。司法的有限性决定了司法程序的启动不能太随意,司法的随意性会构成对司法权威的严重挑战,法院不予受理一些纠纷的主要原因不是法院不愿背上"包袱",而是很多纠纷不是法律问题,而是法律以外的问题,有限的司法决定了司法不能处理一切纠纷。

第五,忽视了其他国家机关和社会组织在化解纠纷中的作用。

对于复杂的社会纠纷,法院、国家机关和社会组织分别担负不同的职责,解决纠纷的渠道和方式是多方面和多层次的,主管的规定就对法院与国家机关和社会组织解决纠纷划分了界限,法律不要求法院包揽所有的社会纠纷,事实上也不可能。有些纠纷让政府和其他社会组织处理是法院受理案件的前置程序,同时也是纠纷分流的途径。对应当由政府和其他机关处理的纠纷,法院立案登记后,又以不属法院主管为由驳回起诉,是对当事人的玩弄。因此,立案审查既避免司法权与行政权等的冲突,又体现了对当事人权利的真正保护。

除此以外,如果废除民事诉讼立案审查制度而简单地移植立案登记制度,还将带来以下危害:

---

① 江伟等著:《〈中华人民共和国民事诉讼法〉修改建议稿(第三稿)及立法理由》,人民法院出版社2005年版,第240页。

(一)引起"诉讼爆炸"

众所周知,我国正处于经济高速增长期,也是社会矛盾急剧积累和爆发期,实行登记立案,所有的纠纷必然涌向法院,法院将会面临无法想象的压力,案件数量剧增,形成"诉讼爆炸"。

(二)降低司法威信

立案审查是一个"过滤器",经过审查将不属于法院主管的纠纷排除在诉讼外,由政府机关或其他社会组织负责解决,可以稳定社会矛盾。废除立案审查,等于去掉了"保险阀",直接将法院推向了社会矛盾的最前沿。而法院又是正义的最后一道防线,不得拒绝裁判,但是能力有限,在地方保护主义等因素面前,在复杂矛盾面前,很难守住这道防线,这不仅会引起人们对法院的不满,更将会导致人们对法律信仰的危机。

(三)引起滥诉

登记立案虽有助于保护诉权,但只是保护了程序意义的诉权。诉权的概念不应神圣化,因为诉权的启动会导致他人被动地进入诉讼程序和强制接受裁判,倘若诉权的启动过于轻易,将导致他人无端遭受不当诉讼的侵扰。随着社会的发展,诉权也在不断扩大,但广泛地赋予诉权未必是一件绝对的好事。任何制度的设计都应当关注后果,必须认真考虑可能引发的多方面负面影响。我们注重保护诉权,但是,不能忽略确有一些人在滥用诉权,以诉讼为策略来拖垮对方,司法实践中恶意诉讼可以说是屡见不鲜。立案没有任何限制,就会出现谁想告就告、想告谁就告谁、想告什么就告什么,为一些琐事也会动辄提起诉讼,不合比例地耗费司法资源。表面上是保护当事人的诉权,实际上会起到鼓励原告滥用诉权、侵害无辜被告利益的负面作用。

(四)妨碍法院和国家机关及其他社会组织的关系

从总体而言,我国的法律规定还不是很完善,法院只是解决纠纷的最后一道屏障,法院将本应当属于其他机关解决的纠纷不加筛选地予以受理,将会出现这样的后果:对有利的纠纷,法院和其他机关争抢处理,而对于复杂和难处理的纠纷,则会互相扯皮,尤其是在信访问题上,由于我国实行"谁的孩子谁抱走"的原则,当法院将不属于法院主管的案件驳回后,当事人找到有关机关处理时,有关机关又会以"涉法"为由,将矛盾推向法院,从而引起法院和这些机关之间关系的紧张。

(五)实质上取消了主管制度

主管,是社会主义国家民事诉讼法学上一个特有的概念①。解决权利纠纷,除了是法院的权限外,也是其他国家机关的权限。② 西方国家没有主管的概念,也就没有对主管的审查,而我国关于主管的规定,虽然有不合理的地方,但毕竟是法院与其他机关处理纠纷的界限,为当事人正确及时选择解决纠纷的方式,提供了明确的依据。取消了立案审查,事实上是无限扩大了法院的主管范围,实质是废除了主管制度。

---

① 廖永安著:《民事诉讼理论探索与程序整合》,中国法制出版社 2005 年版,第 137 页。
② 参见[苏]A. 克列曼著:《苏维埃民事诉讼法》,法律出版社 1957 年版,第 183 页。

(六)不适应中国的国情

我国的国情就是地大物博、人口众多,各地的经济、文化发展不平衡,公民的法律文化素质还不高。我国不实行强制律师代理制度,很多公民到法院起诉也是一种法律咨询,尤其是法院受地方保护主义的干扰还比较严重,纠纷的复杂性、敏感性很强,政策还发挥着很大的作用,法官实际上在许多场合发挥了法制宣传的作用,有很多纠纷经法官释明后当事人就可以找到具体的纠纷途径。老百姓动不动就到法院来讨说法,实质上是在损害司法的威严。立案登记制的实质是抛开了中国的国情,盲目夸大民事诉讼解决纠纷的能力和范围。

六、关于完善民事诉讼立案审查制度的思考

综上所述,笔者认为,改革立案审查制度,实行程序审查和实体审查相结合,以程序审查为主兼顾实体审查的方法,是立案审查制度完善的正确选择:

(一)诉状的格式要求

当事人的起诉行为必须符合法律规定的形式和要求,起诉以提出诉状为原则,应规定诉状的必要记载事项和任意记载事项,如果诉状不符合法定的要求,可以拒绝受理。要求原告在诉状中提供的当事人的情况要真实、准确,避免出现送达不能情形的发生。

(二)对当事人主体资格的要求

坚持合法原则,防止出现以虚假的身份或者冒用别人的身份起诉;废除对原告的实质审查,只要求原告具备程序主体资格即可,是否具备实体资格在实体审理中确定;将原告与本案"有直接利害关系"修改为原告与本案"有事实和法律关系";对于被告,仍要求必须明确,但同时还要求被告与本案"有事实和法律关系"。

(三)对证据和诉讼请求的审查

要求原告提供的证据符合如下条件即可:能够证明争议的事实存在、原告与被告存在一定事实和法律上的关系、属于法院主管、本院有权管辖。即要求原告提供起诉证据即可,不要求提供胜诉证据,对证据的审查,也只限于程序审查。在审查诉讼请求时,应要求诉讼请求必须明确,在侵权和违约竞合时,要作出明确的选择。

(四)关于主管

扩大人民法院民事案件的主管范围:对单位内部纠纷、新类型案件、敏感案件,只要符合法律规定的,应当及时受理,不得推延。对于民事、行政、刑事的交叉问题,要区分不同情形:在民事责任和刑事责任并存时,如被害人的民事权益急需得到救济而刑事诉讼的提起尚待时日,应当先行受理民事案件;针对既有民事关系又带有行政关系的合同纠纷,如果合同在本质上是民事合同,就应当作为民事案件受理。如果双方争议的权利义务关系是民事性质的权利义务关

系,法院也应作为民事案件受理。①

当事人对主管发生异议时,应实行类似于管辖权异议的制度,解决当事人对主管的异议。②

在对主管审查时,坚持以程序审查为主,必要时进行实体审查,如对纠纷性质的区分,只有进行一定的实体审查才能决定是否属于法院主管范围,但对实体审查必须设置特定条件以防滥用。

(五)对管辖审查的完善

在对管辖的审查上,坚持进行程序审查,对于实体审查的情形必须限定,即只有当事人具有以没有任何事实和法律关系的当事人为被告,强拉或虚列被告意图获得对自己有利的法院管辖嫌疑时,才有必要就被告是否与本案有事实和法律关系进行实体审查。

(六)对审查结果的完善

改革诉讼文书的格式,对于不予受理和驳回起诉的裁定,必须详细说明理由和原因,并赋予当事人上诉权。对于不予受理,可以口头的形式告知,但是,如果当事人要求书面形式,必须出具裁定书。为防止当事人以法院出具了裁定为由对法院纠缠不休,或其他国家机关以该纠纷经法院审查即属涉法纠纷推诿解决当事人所反映的问题,可以借鉴俄罗斯的具体规定,在不予受理的裁定中具体说明当事人应该向哪个部门反映问题。

(七)建立纠纷的多元解决机制

针对社会纠纷的复杂性,应建立多元化纠纷解决机制,充分发挥其他机关解决纠纷的作用,如扩大仲裁的收案范围、引入 ADR 纠纷解决机制、扩大其他社会组织解决纠纷的范围等。

(八)完善审查行为

完善法院严格执行起诉条件的规则,禁止提高起诉的门槛,杜绝"抽屉案"和法官故意刁难当事人,相对宽松地适用弹性规定,并明文规定对当事人的救济条款。对于符合立案受理条件的,应当及时立案。要正确理解司法保护的有限性和时效性,排除司法万能的思想。审查时,要紧密结合党的各项方针、政策和社会发展趋势,避免对国家声誉、经济发展、社会稳定造成不良影响,慎重对待敏感性案件,避免简单就案论案,只考虑法律效果而不考虑社会效果,并确保审判工作和执行工作的顺利进行。

---

① 江伟主编:《民事诉讼法专论》,中国政法大学出版社1998年版,第304~309页。
② 蔡虹:《法院主管若干问题研究》,http://www.civillaw.com.cn。

论上诉合意权

易 萍* 李 丽**

诉讼合意权即诉讼契约,是指当事人之间以直接或间接发生诉讼法上的效果为目的的合意。当事人一旦达成诉讼合意,法院原则上应当承认其效力。[①] 上诉程序中合意权,则指在上诉程序中双方当事人就某些步骤的进行达成合意,影响诉讼进程、约束法院的诉讼权利。合意权在我国的研究处于起步阶段,目前学界就一审程序中合意权的存在已达成基本一致的意见,比如合意确定管辖法院、诉讼上的和解、证据契约等等。就上诉领域而言,一些学者认为也应当有合意权的存在,比如撤回上诉的契约。诉讼合意权范围的大小反映了在民事诉讼领域当事人对程序的影响力的大小,也反映了当事人的诉讼权利以及在诉讼中的自由的程度。但就我国的法律规定而言,对一审程序中合意权有一些初步的规定,二审程序中却还没有规定,这不能不说是法律的一个缺憾。

一、建立上诉合意权的理论基础

当事人合意权的建立与诉讼契约理论的兴起有密切的关系。诉讼契约理论为当事人就程序事项进行合意提供了理论上的正当性;同时也是程序主体性原则的内在要求,合意是体现当事人主体性的重要途径之一;而上诉程序效能发挥的要求则使得上诉中的合意权具有了深刻的现实意义。

(一)诉讼契约理论的兴起

民事诉讼法一向被认为是公法,体现着国家对民事诉讼的控制。作为私法性质的民事纠纷一旦进入民事诉讼,其进行就要受到国家法律强制力的约束。但是民事纠纷本身的特性也

---

* 易萍:西北政法学院民商法学院副教授,诉讼法硕士生导师。
** 李丽:西北政法学院2004级诉讼法硕士研究生。
① 陈桂明、李仕春:《论程序形成权——以民事诉讼权利的类型化为基点》,载《法律科学》2006年第6期。

决定了民事诉讼法具有强烈的私法色彩,或者说强烈的私法特点。契约反映了在利益主体和利益多元化的背景下,当事人对自我意思实现的追求。而诉讼契约,是大陆法系民诉法学者提出的概念,如兼子一博士认为,私人之间以直接或间接地对现在或将来出现的民事诉讼或强制执行施加某种影响、引发法律效果为目的的合意,就是诉讼契约。① 其核心在于合意,其特征为:(1)诉讼契约双方当事人的诉讼主体地位平等。在民事诉讼中,双方当事人的诉讼地位平等,诉讼权利和义务相对应。其他的民事诉讼主体,如法院,则不能与诉讼中的一方当事人签订诉讼契约,因为当事人的地位与法院是不平等的。(2)诉讼契约的双方当事人自愿签订契约。这与民事合同中双方当事人自愿签订合同完全相同。如果双方当事人不自愿,那么就无法签订诉讼契约,或者说签订的诉讼契约无效。(3)诉讼契约是一种合意。双方当事人只有意思表示一致时,才能签订诉讼契约,否则不能产生诉讼契约的法律效果。

诉讼契约理论曾普遍不被接受,因为这与民事诉讼法是公法的理念相悖。但随着社会经济条件的变化和对民事诉讼法律认识的加深,这一理论正被大家逐步接受。其主要理由为:(1)诉讼法中并非所有的法律关系均具有强行性质。在民事诉讼法中有很多是权利性规定,既然是权利,当事人就可以放弃,当然也可以由双方来约定如何行使。不能将与公益无直接关系的诉讼契约视为法律所不容许的行为而加以排斥。(2)民事诉讼法是公法与私法相互渗透的法律,其本身就应以保护当事人的私权利为出发点,因此,私法自治在公法领域也可以有一定的体现。比如处分原则就是具体体现之一。由于当事人对其享有的民事权利有自由支配和处置的权利,即使当事人要求国家通过诉讼来解决他们的纠纷,国家也须最大限度地尊重当事人处分自己权利的自由。因为"在诉讼程序中的私法自由处分,与在诉讼程序外权利人拥有的自由处分并无两样"。② 诉讼契约正是实现民事诉讼法上的处分权主义、辩论主义和选择主义的重要途径。

作为民事诉讼程序中一部分的上诉程序而言,并不因为审级的提高而使当事人的权利有所减损,诉讼契约理论为在上诉程序中当事人合意权的建立提供了理论上的正当性。

(二)程序主体性原则的要求

程序主体性原则越来越受到诉讼法理论的重视。程序主体性原则根本的哲学基础是自由。自由是指在没有外在强制的情况下,能够按照自己的意志进行活动的能力。自由体现了人性最深刻的需要。按照马斯洛的需求层次理论,人的需求分为五层,分别是:生理上的需求、安全上的需求、感情上的需求、尊重的需求和自我实现的需求。其中,最高层次的自我实现的需求就是自由的体现。作为法的重要价值之一,自由意味着法律的任务是确认、体现并保障更多人的更多自由。

当事人是程序的主体。所谓主体是与客体相对应而存在的,具有意识性、自觉能动性和社会历史性等基本特征。当事人的程序主体性是指当事人能够对司法权的运作产生相当影响,法院的审判权应当受到当事人诉权的制约,而不是当事人仅被作为司法权施加作用的客体而存在。亦即,就关涉该人利益、地位、责任或权利义务之审判程序,应从本质上保障其有参与该程序并影

---

① 参见[日]兼子一:《关于诉讼合意》,载《民事诉讼法研究》第 1 卷,第 239 页。转引自黄松有主编:《最高人民法院关于简易程序司法解释的理解与适用》,法律出版社 2003 年版,第 38 页。
② [德]拉德布鲁赫著,米健、朱林译:《法学导论》,中国政法大学出版社 1997 年版,第 126 页。

响裁判形成的程序上的基本权。① 而"成为程序主体的当事人不仅应有实体法上的处分权,而且也享有程序法上的处分权。这样,程序当事人一方面可以鉴于实体法上的处分权决定如何处分实体权利;另一方面可以基于其程序处分权,在一定范围内决定如何取得程序利益。"②因此规定上诉程序的合意权(属于程序处分权),势必进一步加强对程序主体性原则的尊重。为此,上诉程序一方面应赋予当事人发现真实、追求实体利益的机会,另一方面则应同时赋予其促进诉讼、追求程序利益的机会,并赋予当事人有平衡追求这两种利益的机会。

(三)上诉效能发挥的要求

我国上诉制度效能的发挥已经受到了理论界和实务界的质疑。由于二审可以径行判决,当事人的诉讼权利难以得到体现;当事人权利的缺失使得二审判决的权威性与公信力受到影响,以至于我国的二审判决很多都被提起再审,这严重冲击着我国的二审终审制度。③ 真正实现二审终审,避免终审不终的情况,固然需要从很多方面来考虑,但加强当事人对于程序的控制能力却是其中一个重要的途径。当程序的进行和结果不再仅仅是一种法院和法律单方强行让当事人接受的事项时,当事人就有可能接受判决。当事人应当是程序的参与者,同时还应当是被程序说服的对象。增加上诉程序中的合意性权利,无疑是将关系当事人切身利益的程序事项交给其自主决定,这自然会增加当事人对结果的认同感。一方面,这将减少再审案件的数量;另一方面,也减轻了法院对判决结果承担的压力。因为在法官的公正前提下,由于双方当事人的利益取向不同,难免会认为法官有偏袒的嫌疑。但如果是当事人自己行使权利形成的结果则不会归责到法官身上。而且,由于上诉合意权需双方达成一致才能发生法律上的效果,一来可以避免单方的肆意,损害对方当事人的利益;二来可以避免一方当事人就上诉程序事项向法院寻租。

这里不可避免的问题是,当事人双方作为利益的对立者,当诉讼进行到一审终结的时候他们是否有可能形成合意。笔者认为是有可能的。虽然双方在实体利益上有冲突,但在诉讼的进行上却存在着一定的合意空间。比如,双方当事人可能都不愿意让诉讼拖得太久;都愿意在一审判决出来之后放弃上诉权,追求自己生活与生产的稳定性。而上诉程序中的合意权就是为了满足当事人这方面的要求。若双方达成一致,自然会促进程序按照自己理想的方向进行;若不能达成一致,则还有国家强制性程序的保护。

二、上诉合意权具体制度构建

我们要让当事人成为诉讼的参与者协商者和被说服者。增强程序的对话性和当事人对程

---

① 邱联恭:《程序选择权之法理——着重于阐述其理论基础并准以展望新世纪之民事诉讼法学》,载《民事程序法论文选萃》,中国法制出版社2004年版,第494页。
② 江伟主编:《中国民事诉讼法专论》,中国政法大学出版社1998年版,第3~4页。
③ 有学者惊呼:"中国二审判决被裁定立案再审的比例逐年上升……令人震惊的数字揭示了一个无法否认的事实:两审终审已名存实亡,司法的终局性已荡然无存。"参见傅郁林:《审级制度的建构原理——从民事程序视角的比较分析》,载《中国社会科学》2002年第4期。

序的选择性,是程序公正的内在要求,是必不可少的。① 与传统的程序处分理论相比,程序合意理论要求赋予当事人在更大程度上主导程序走向的能力,从而对诉讼立法提出了更高的要求。笔者认为,虽然相当一部分程序的进行在法律原则上是不允许的,因为可能涉及审级利益等多方面的法理问题,但是如果双方当事人合意同意,那么某些程序则可以进行。合意是当事人参与诉讼的体现。虽然民事诉讼需要国家司法机关的参与,但最终目的是为了解决当事人的私权纠纷,只要无损于国家司法的权威和权力就应当对当事人的程序选择权和处分权采宽容的态度。

在上诉合意权这方面我国台湾地区的规定是很前沿的。由于台湾与大陆在文化上的同源性,也决定了台湾立法对大陆立法的重要意义。其具体规定如下:(1)2003 年 6 月 15 日台湾新修订的"民事诉讼法"第 446 条第 2 款规定:"(二审程序中)提起反诉,非经他造同意,不得为之"。(2)台湾"民事诉讼法"第 446 条第 1 款规定:"诉之变更和追加,非经他造同意,不得为之。"言下之意即上诉人可以变更或追加诉讼请求,只要得到对方同意既可。虽然同时还规定"但第二百五十五条第一项第二款至第六款情形,不在此限。"但该"但书"的规定只是可以合意追加和变更诉讼请求的补充条款。(3)台湾"民事诉讼法"第 262 条规定:"原告于判决确定前,得撤回诉之全部或一部。但被告已为言词辩论者,应得其同意。"由于这一条是规定在第一编的"总则"当中的,所以适用于二审程序。(4)台湾"民事诉讼法"建立了舍弃上诉权制度。台湾"民事诉讼法"第 439 条规定:"当事人于第一审判决宣示、公告或送达后,得舍弃上诉权。"即当事人于一审判决宣告或送达后,明确表示放弃上诉权者,即丧失上诉权,在上诉期内不允许其再提起上诉。这使已经发生的上诉权归于消灭。当双方当事人都放弃上诉权时,一审判决生效,双方当事人包括法院都不得再对判决的事项提出异议。就我国立法而言,也应吸收其中的合理成分。即使在现时难以做到,但却是我国立法应当努力的方向。

(一)可以在上诉中提起反诉

由于上诉程序已经是第二审程序,双方当事人在一审中有很多诉讼行为对二审依然有拘束意义,上诉中的程序选择必须是在不影响对方当事人的权利和尊重一审的前提下展开的,因此相较之于一审而言许多选择性的程序权利要受到限制。在我国现行的《民事诉讼法》中,被上诉人若提起反诉,只能调解,不能调解的告知当事人另行起诉。因为按照我们的诉讼理论,如果允许对被上诉人反诉请求进行判决的话,那么反诉中所涉及的争议就可能一次解决而没有上诉救济程序,这与审级制度相悖。但是,从本质上来讲,民事诉讼是关于私益的纠纷,而私益是可以自由处分的,民事诉讼的功能之一就是要保障当事人的处分权。只要是当事人愿意放弃审级利益,法院是应当允许的。当事人做出一个决定能否给其带来利益自己是最清楚的,而且当事人作为一个社会意义上的人,他需要衡量的利益是很多的,司法中的审级利益只是其中之一。他应当有权选择反诉与否,但是他的反诉还涉及上诉人的审级利益,上诉人不应该在自己不同意的情况下遭受损失,因此被上诉人有权反诉,但应征上诉人的同意。对反诉人来说,他主动提起反诉,就表明其愿意放弃对该反诉的上诉权;对于被反诉人来说,他同意对方当事人反诉,也就表明其愿意就反诉"一审终审"。既然双方当事人都一致同意放弃上诉权,上诉审法院就应当将反诉与上诉请求合并审理。这样做,既尊重了当事人的选择权,又有利于简化

---

① 余永贵:《试论我国民事上诉审程序的重构》,载《贵州民族学院学报》(哲学社会科学版)2003 年第 6 期。

诉讼程序,提高诉讼效率。①

(二)可以在上诉中追加和变更诉讼请求

民事诉讼法应最大限度地将上诉中的权利赋予当事人。是否可以在上诉中变更和追加诉讼请求同样可以由双方当事人合意决定。我国现行法律不允许的原因同样是因为涉及审级利益。但正如前文所述,审级利益是可以放弃的,法院应该尊重当事人的意愿。合意变更和追加诉讼请求适用于一审原告上诉的情形,就被告而言,其在一审中没有提出过诉讼请求也就谈不上追加和变更了。但是,诉讼请求的变更和追加不是没有限制的,其应当是一审诉讼标的上的权利的一部分,并且变更和追加诉讼请求之后不会给诉讼的进行带来过分的繁琐和迟延。

(三)撤诉自由

我国现行《民事诉讼法》第156条规定,"第二审法院判决宣告以前,上诉人申请撤回上诉的,是否准许,由第二审人民法院裁定",同时在最高人民法院《关于适用〈中华人民共和国民事诉讼法〉若干问题的意见》第190条规定,"在第二审程序中,当事人申请撤回上诉,人民法院经审查认为一审判决确有错误,或者双方当事人串通损害国家和集体利益、社会公共利益及他人合法权益的,不应准许"。第191条规定,"当事人在二审中达成和解协议的,人民法院可以根据当事人的请求,对双方达成的和解协议进行审查并制作调解书送达当事人;因和解而申请撤诉,经审查符合撤诉条件的,人民法院应予准许"。从立法上来看,撤诉尤其是进入二审以后的撤诉当事人是没有选择权的,是否被准许要依赖法院的审查能否通过。有些规定自然有道理,比如侵害国家和集体利益以及社会公共利益的,但有些规定却没有体现出当事人在民事程序中的自主性,比如法院对一审判决确有错误即不允许当事人撤诉。若错误是实体错误,双方当事人都愿撤诉,意味着他们放弃了自己的实体权利,这并无不可,法院自应允许;如果是程序错误,其错误由当事人造成,撤诉意味着他们放弃程序利益,也应准许;若是法院造成的程序错误,那么错误的承担似乎也不应该落在当事人头上。上级法院要规范下级法院的不当行为,应当直接针对法官,而不是将当事人拖入讼累。民事上诉的目的是为了进一步明确事实,解决当事人之间的权利纠纷,在达到这一目的的同时纠正法官的错误,而不是本末倒置。当事人在二审程序中享有撤诉的权利,在其行使权利时,要顾及的不是法院所代表的国家权力而是被上诉人的权利。法院在私益纠纷中的中立地位和消极角色注定了撤诉时无须经法院的审查和同意,但撤诉却对被上诉人有直接的关系,尤其在被上诉人已为言辞辩论时,他可能为此付出了很多,因此为了尊重被上诉人的利益,撤诉需征得其同意。

(四)当事人可以合意放弃上诉权

目前,如果双方当事人在一审判决做出之后约定不再上诉,是没有任何法律效力的。若其中一方违反约定提起上诉,仍能得到法院的支持。这一方面不够经济,另一方面也挑战着诚信的底线。既然上诉是当事人的一种权利,就应当可以行使也可以放弃,也意味着法院应当受当事人的意思制约。因此,若双方达成协议放弃上诉权,法院应当承认此协议

---

① 杨荣馨主编:《民事诉讼原理》,法律出版社2003年版,第464页。

的有效性。①

若双方合意放弃上诉权,但一方又提起上诉,该如何解决呢?上诉权作为诉权的一部分,与诉权有相同的特点。诉权分为实体意义上的诉权和程序意义上的诉权。前者决定了诉权实现的可能性,后者决定了诉权实现的现实性。根据司法最终解释原则,公民的任何民事争议都可以诉诸法院解决。通过约定而放弃诉权,实质上是放弃实体上的权利,其程序上的权利则不能通过约定而放弃,仍然存在。② 因此,在当事人合意放弃上诉权又提起上诉的时候,法院应当受理。但是,为了同时维护当事人约定的有效性和诚实信用原则,若约定放弃上诉权的过程中没有恶意欺诈、胁迫或显失公平等问题,应当驳回上诉请求:一来可以使权利在短时间内得以安定,二来也可以减轻法院的负担,三来也有助于对社会的诚信的保护,同时也能促进当事人慎重对待和积极行使自己的权利。

三、当事人合意权实现的保障措施

若只是从应然的层面在法律中规定当事人的权利,却不能在实然的角度去实现,那么权利将会归于空妄,而这样的法律只会增加当事人对法律的怀疑。因此,在法律中规定当事人权利的同时,也应当明确与权利实现相关的制度和措施。

(一)明确法官的阐明义务

增加当事人的合意性权利,提高当事人的程序主体地位,并不意味着要法官处于完全的消极状态。尤其在我国公民的法律素质还有待提高的情况下,这极可能造成当事人对于自己权利的忽视与不理解,也可能造成诉讼双方攻击防御能力的严重不对等。而且,诉讼法律关系中法院与当事人的关系是非常重要的一环,法院应当在符合诉审关系基本原理的前提下积极促进程序的良性进行。立法赋予当事人一定的选择权,还需要法官的积极配合才能落实各项权利。最好的方式就是明确法官的阐明与告知义务,要求法官积极介入当事人之间程序权利的形成过程,保护当事人的上诉合意权的实现,而不是将法官权限自我目的化。立法也应迎合有关保障程序主体性原则的实现及程序合意权的思想,在当事人提起诉讼时,法官应告知其相关的程序合意权的内容,并且还应当阐明程序选择权的具体内容以及选择与不选择对当事人权利的影响。法官如果不履行这一义务,则要承担不严格执行诉讼法的后果。

(二)加强律师对当事人的帮助

在现代司法理念中,律师是最可能在立足于权利批评权力的立场上来进行法的思维并捍卫法律尊严的主体。由于上诉合意权的专业性,对于进行诉讼的当事人而言,较为理想的行使权利的方式便是尽可能地确保自己参加诉讼活动时也能够专业化,而通过委托律师

---

① 从法理的角度讲,当事人单方放弃上诉权并无不可。但若对方不放弃上诉权,单方放弃会丧失掉上诉的程序利益和实体利益,作为一个理性人的选择而言,这种情况是很少的。
② 刘晴辉:《诉权约定的效力与公民诉讼权的保护》,载《社会科学研究》2002年第5期。

来代理无疑是使自己行使各项诉讼权利以达到较好诉讼效果的便捷途径。在当前的情况下,费用是导致当事人不愿聘请律师的部分原因。因此,应当加强法律援助方面的相关立法,使律师援助的范围在一个合理可行并让公民较为满意的范围之内。但是我们不能因为该权利行使的专业性而将其否定,毕竟绝大多数的法律规定都是专业的。若能严格依法办事,当事人按照法律的规定进行诉讼得到自己期待的程序利益,那么当事人就会对聘请律师有一个积极的态度,这也会反过来促进判决结果的正当性与权威性。

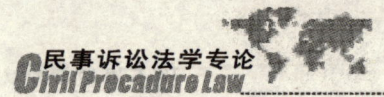

民事诉讼干预原则之解读

陈文曲*

一、问题的提出

我国《民事诉讼法》第 15 条规定："机关、社会团体、企业事业单位对损害国家、集体或者个人民事权益的行为,可以支持受害的单位或者个人向人民法院起诉。"通说认为这是民事诉讼法基本原则之一——支持起诉原则。但是当我们用理性的眼光审视这一基本原则时,发现我国现行民事诉讼法规定的支持起诉原则有许多缺陷,处境非常尴尬。

首先,支持起诉的规定对民事诉讼活动缺乏指导性,不能体现其基本原则的应有地位。"原则是可作规则的基础或来源的综合性、稳定性原理和准则"[①],而基本原则是反映法律的内在原理,对整个法律的具体原则、具体规则起着支配和协调作用的综合性、稳定性原理和准则。就民事诉讼法而言,"基本原则是贯穿于民事诉讼程序制度的制定和实施过程,对整个民事诉讼活动起指导作用的基本准则"[②],它反映民事诉讼的本质和目的,其重要特征是具有高度的概括性和指导性。民事诉讼法的一般原则和一般规则,以及一系列具体程序制度均要受基本原则的制约,反映基本原则之精神。而现行的支持起诉原则在整个民事诉讼法中除只在总则篇第 15 条里有所简单规定外,无任何具体原则、一般规则和具体程序制度体现其精神。那么,作为基本原则只是有其名而无其实。

其次,在司法实践中缺乏可行性,无法具体操作。支持起诉要在司法实践中具有可行性,必须对支持起诉的条件、方式、程序、支持起诉者的法律地位等有明确的规定,而根据《民事诉讼法》第 15 条之规定,我们仅仅知道支持起诉的条件。支持起诉的方式无明文规定,只有学理解释,而根据一般的学理解释,支持起诉的方式只是道义上的。那么这种支持又有多大实际意义呢?支持起诉的程序、支持起诉者的法律地位等问题不但没有法律明文规定,连学理解释也缺乏。这就导致支持起诉在司法实践中根本无法运用。

---

* 陈文曲:湖南耒阳人,湘潭大学法学院诉讼法博士研究生,中南大学法学院教师,主要从事民事诉讼法及证据法的研究。

① 沈宗灵:《法理学》,高等教育出版社 1995 年版,第 39 页。
② 何文燕:《民事诉讼法理论问题研究》,中南工业大学出版社 1996 年版,第 83 页。

再次，实际效果无法达到预期性，与立法宗旨相差甚远。目前的支持起诉原则对社会干预原则[①]的修正，其立法本意是希望"使人们关心国家、集体和他人的合法权益，抵制和反对各种民事违法行为，保护弱者，伸张正义，维护社会主义法制的尊严"[②]。然而现行民事诉讼法对支持起诉之规定，极为简单，在司法实践中缺乏可操作性，从而使得支持起诉在司法实践中形同虚设，无法实现立法意图。

面对干预原则的如此尴尬局面，在民事诉讼理论界，学者对此主要有三种观点：一是认为应将其从民事诉讼法总则中删除（新近出版的民事诉讼法教材一般均将干预原则从民事诉讼原则篇中删除）；二是认为应当确立适度干预原则，将其吸收于其中；三是用以公益诉讼原则[③]代替。笔者认为，彻底否定支持起诉，有逆时代发展的客观要求。公益诉讼不具备民事诉讼法基本原则的基本特征。然而，民事诉讼干预原则曾被视为计划经济法制下的产物，在建设社会主义市场经济法制的初始阶段被视为与市场经济格格不入，为立法界和民事诉讼理论界所忌讳。但随着市场经济的日益完善和成熟，民法的现代化，新型民事纠纷大量出现，民事诉讼理论的发展，我们有必要重新认识民事诉讼干预，在民事诉讼法中确定其应有的地位。因此，本文从干预原则的内涵入手，再从理论和现实两个层面探讨在我国民事诉讼法中确定适度干预原则的正当性，以及干预原则在民事诉讼的中应有的地位。

二、民事诉讼干预原则的基本内涵

（一）民事诉讼适度干预的含义

对于干预原则，人们往往形成了一种定式思维，认为干预原则是与计划经济相联系的，是国家强权的产物，定会限制民事主体的自由，扼杀民事诉讼主体的自主性，系商品经济的对立物。其实这是对干预原则的片面理解。为了还民事诉讼干预原则以真实面貌，我们认为，首先须对民事诉讼干预原则的内涵有一个科学而全面的理解。

民事诉讼干预是指法院、检察院、社会团体和公民个人在民事诉讼中依据法律的规定对民事纠纷进行有效调控，对侵害国家利益和社会利益的侵害行为进行适当的外力介入，以保障诉讼的公正。扩大国家对民事关系的干预，是列宁提出的社会主义法制原则。通过立法的形式

[①] 在1979年12月24日拟定的《中华人民共和国民事诉讼法草案（初稿）》第十三条规定了"社会干预"原则，《中华人民共和国民事诉讼法草案（第二稿）》将其改为"提起诉讼"原则。第三稿将其改为"支持起诉"原则。关于其修改过程可参见吴明童：《我国民诉法中支持起诉原则立法回顾与修订完善研究》，载《诉讼法理论与实践》（2005年卷），中国方正出版社2005年版，第866～872页。

[②] 吴明童：《我国民诉法中支持起诉原则立法回顾与修订完善研究》，载《诉讼法理论与实践》（2005年卷），中国方正出版社2005年版，第866～872页。

[③] 江伟教授主张将支持起诉原则修改为公益诉讼原则，见江伟主持，中国人民大学法学院《民事诉讼法典的修改与完善》课题组：《〈中华人民共和国民事诉讼法〉修改建议稿（第三稿）及立法理由》，人民法院出版社2005年版，第4页。但笔者认为，从其表述的内容上来看，与本文所阐述的适度干预原则是一致的，但称之公益诉讼原则不当，下文拟有详细阐述。

确立干预原则实质上是国家对民事关系的干预①。

一般来说,干预可分为国家干预和社会干预。国家干预在民事诉讼中主要表现为两个方面:一是人民法院作为国家行使审判权的专门机关,有序控制,解决民事纠纷,为了公共利益不受当事人的处分权和请求范围的限制,对他们处分民事实体权利和民事诉讼权利是否合法进行适当、必要监督;二是人民检察院有权提起或参与涉及国家利益和社会公共利益的民事诉讼,依法监督民事审判活动。社会干预作为干预原则的组成部分,是指社会团体和公民个人依据法律对侵害国家利益和社会公共利益的行为以自己的名义向人民法院提起民事诉讼的原则。可见,依据干预主体的不同,干预原则可分为:人民法院干预、人民检察院干预和社会干预。为了正确理解干预原则,以下将深入阐述这三种干预。

1. 人民法院干预

人民法院是行使国家审判权的机关,在诉讼法律关系中,人民法院有职责组织和指挥诉讼的进行,并能够在一定程度上决定诉讼程序的开始、变更或消灭②。正是基于人民法院在诉讼活动中的这种主导地位,在民事诉讼中国家能够通过法院行使审判监督权依法对当事人处分权的行使进行监督。如果当事人的处分行为超越了法律的范围,损害了国家利益和社会公共利益,人民法院就实行干预。人民法院作为国家的审判机关对当事人的处分行为进行监督符合国家利益和社会公共利益。③ 其实,人民法院的干预是由诉讼制度的本质所决定的。尤其从诉讼的产生来看,更能说明之。有社会就有纠纷,有纠纷就会产生解决纠纷的方式。在原始社会,最典型的解决方式就是无序的复仇。这种方式主要依靠纠纷双方私人力量或者是部落的力量,其结果也就取决于双方力量的大小对比。这种原始的纠纷解决方式虽然最直接、简便,但使人们陷入一个纠纷的恶性循环之中,解决纠纷的代价和风险巨大。因为这种解决纠纷的过程本身就是新的冲突,这种冲突的规模甚至比纠纷本身更大,而且纠纷解决的结果是引起再一次冲突的原因。这是由于解决纠纷既没有中立的第三者,也没有评定的标准,只要有纠纷的发生,除非一方将另一方彻底消灭或征服,否则由纠纷引发的冲突就会无限期地延续下去。随着人类的不断发展,理性之光不断增强,当人类社会发展到氏族、部落阶段,人们不自觉地根据纠纷的性质或主体范围的不同,将纠纷分为部族外的纠纷和部族内的纠纷,外族纠纷一般通过战争解决,而内部纠纷在双方当事人通过自决不能解决时,由第三者加以裁决。这种由第三者与双方当事人共同解决纠纷的方式就是诉讼的雏形。这种由第三者介入的纠纷解决模式,具有可控性和规范性,而这种可控性和规范性的强弱取决于第三者的社会影响和地位。社会救济由于缺乏强力的保障,其具有的可控性和规范性有限,而随着生产力的不断发展,私有制的出现,利益的分层,阶级逐渐形成,冲突日益增多,需要一个强有力的第三者干预,国家满足了这一要求。古罗马的"对物的誓金法律诉讼"能有力说明诉讼的产生及司法权的意义。在这种诉讼中,人们把物(比如一名奴隶)带到执法官面前,如果物是不能移动的,则带来它的一部分。提出请求者手持一根木棍,抓住物并且庄重地主张他的权利,同时把手里的棍子伸到物的上面,对方当事人以同样的方式提出反要求。有些史料还提到双方当事人把手插在一起(表示斗争)。这时执法官出面干预说:"你们俩都放开奴隶",这很富有象征性地表现出司法权在其

---

① 唐德华等著:《民事诉讼法基本知识》,法律出版社1981年版,第28页。
② 江伟主编:《民事诉讼法学》,人民大学出版社2000年版,第33页。
③ 刘家兴著:《民事诉讼法教程》,北京大学出版社1994年版,第67~68页。

起源的意义。① 由此可见,民事诉讼就是法院(专门机关)代表国家以第三者身份对民事纠纷的干预。

我们认为,人民法院对民事纠纷的干预,可以进一步分为主动干预和被动干预。被动干预是指人民法院消极地行使民事审判权,整个民事诉讼活动是在当事人的推动下,因当事人的起诉,被动地受理,在当事人的诉讼行为主动推进下,将诉讼活动完成并作出裁判。民事诉讼制度从总体上讲是对民事纠纷的一种消极的干预。笔者认为,人民法院消极地行使审判权即审判权的被动行使实质上是国家通过法院对民事纠纷的一种最典型的干预。这种被动干预,是由审判权的中立性和被动性所决定的。

主动干预是人民法院有条件地主动行使审判权,在诉讼过程中对当事人的某些诉讼行为积极约束的行为。人民法院对当事人的处分行为进行监督,这就是一种主动干预,现行的民事诉讼法主要体现在关于对当事人撤诉问题的规定。《民事诉讼法》第131条第1款规定:"宣判前原告申请撤诉是否准许,由人民法院裁定。"但《民事诉讼法》没有规定在何种情况下可以驳回原告撤诉的申请,继续进行诉讼。学界认为当事人撤诉损害国家、社会、集体以及其他公民合法权益时,人民法院则不予准许撤诉。笔者认为在原告行使诉讼权利过程中,一旦出现损害国家利益和社会公共利益的行为时,人民法院可以依法行使自己的审判监督权,对原告的诉讼行为进行适当干预。这种审判监督权的干预在具体民事诉讼中表现为:(1)原告撤诉准许的前提是不能损害国家利益和社会公共利益;(2)原告不主动申请被告履行判决而致使国家利益和社会公共利益受到损害时,人民法院可以要求原告向法院启动强制执行程序。这种主动干预还表现在法官的释明权。虽然我国还未正式在民事诉讼法中确立释明权制度,但民事诉讼法的一些相关司法解释已有少许关于释明权的规定。在国外兴起民事司法改革浪潮中,这种主动干预表现明显,例如,美国的民事诉讼庭前准备程序由原来完全放任双方当事人及律师推进,改为法官主动引导。还有,德国民事诉讼法中已将法官释明规定为一种义务。

被动干预与主动干预的作用在不同历史时期不同的诉讼模式下,表现不同。在原始社会的弹劾式诉讼模式下,由于该模式是原始社会民主在诉讼中的延伸,是权力不发达的产物,采用的是一种原始的当事人主义,司法权采用被动干预,"城邦执法官干预私人纠纷不是因为认为国家的职能是主持正义,而是为了维护公共安宁,阻止各行其是。这种各行其是,在发生冲突时,在初期意味着群体之间的暴力斗争,意味着依靠武力来确立自己的法。城邦干预的这一原始特点赋予诉讼程序以某种特征,在整个真正的罗马时代中,这些特征均具有基本性。上述原始特点也鲜明地体现在最早诉讼程序所具有的严格的形式主义之中。"②在封建社会,这一时期民事诉讼模式采用的是纠问式(职权主义)(英国除外,英国和法国在中世纪虽然都是王权统治,但是弹劾式在这两个国家的命运并不相同——在法国,弹劾式被纠问式最终取而代之;在英国,弹劾式的形式得以保留,最终演化为现代对抗式诉讼制度。这其中关键的一点原因是贵族与王权的力量对比,以及二者的斗争方式和目的有所不同;在这场漫长的斗争中,普通法不仅成为重要的斗争工具,而且使普通法自身也得以保留),采用纠问式的国家,法院的干预多表现为积极的干预。职权主义,这是与封建集权相适应的。在资本主义社会,民事诉讼模式采用当事人主义(现代对抗诉讼),法院对民事纠纷的干预多表现为被动干预,但英美法系与大陆法系有所区别,资本主义早期和当今又有所区别。大陆法系由于受其传统法律文化的影响,主

---

① 参见[意]朱塞佩·格罗索著,黄风译:《罗马法史》,中国政法大学出版社1994年版,第122~123页。
② [意]朱塞佩·格罗索著,黄风译:《罗马法史》,中国政法大学出版社1994年版,第121页。

动干预成分较英美法系多些。现今,由于司法理念已向"以人为本,服务公民"转变,西方各国通过司法改革,都比较重视法官的积极作为,因此法院积极、主动干预民事诉讼活动的成分较之以前更加明显。

2. 人民检察院干预

人民检察院干预是指人民检察院以国家的名义对侵害国家利益和社会公共利益的行为向法院提起民事诉讼或者参加民事诉讼,要求法院对案件依法作出判决的行为。人民检察院对民事诉讼进行干预不是对人民法院的民事审判活动履行自己的法律监督职责,也不是以抗诉的形式,派检察员参加诉讼的方式介入民事诉讼的再审程序,而是以国家的名义作为民事诉讼原告或当事人直接对侵害行为提起诉讼或参加已开始的诉讼。

人民检察院对涉及国家利益和社会公共利益的民事案件提起诉讼或参加诉讼不违背民事诉讼法理,是现实大量存在"新型诉讼"和检察机关代表国家履行必要法律职能的需要,亦是国家司法现代化的成功经验。人民检察院对民事诉讼具有干预权的理由如下:人民检察院作为国家的代表理应对涉及国家利益和社会公共利益的民事诉讼案件进行干预。依据检察院组织法规定,人民检察院是国家的法律监督机关,只能对民事诉讼进行法律监督。但我国的法律赋予了人民检察院对刑事案件代表国家提起公诉的职能。随着社会主义市场经济的建立和发展及民事纠纷的复杂化发展,使得许多重大的民事活动直接或间接地涉及国家利益和社会公共利益。国家应介入民事诉讼活动,对涉及国家利益和社会公共利益的重大民事案件有权以原告的身份提起诉讼,也有权在诉讼程序的任何阶段参加诉讼,主动进行干预[①]。而最适合担任此责任的国家机关非人民检察院莫属:一是因为检察院有在刑事公诉中代表国家进行诉讼的先例,二是因为检察院在刑事公诉中积累了丰富的诉讼经验,能够胜任这个责任。

3. 社会干预

社会干预是指社会组织和公民个人为了国家利益和社会公共利益及为了保护他人利益以自己的名义提起民事诉讼,要求法院依法对案件作出判决的行为。具体表现有两种情况:其一,当民事权益受到不法侵害,与案件有直接利害关系的权利人不敢或不能提起诉讼时,法律允许不享有实体权利和不担任实体义务的主体进行干预,以自己的名义提起诉讼,使这些受侵害的法律关系同样受到法律程序的保护。其二,当国家利益和社会公共利益受到不法侵害时,尽管社会组织或公民个人与案件没有直接利害关系,但可以基于法律的规定直接以自己的名义对侵害行为向法院提起诉讼,法院不能以社会团体和公民个人不是民事权利主体而不具备原告资格驳回起诉,须依法进行审判。从而使原来不具备原告资格的社会团体和公民个人能够通过法律途径维护国家利益和社会公共利益及他人合法的权益。

值得一提的是,民事诉讼中的干预是适度干预,这种干预是以法院干预为主,检察院干预和社会干预为次的,这是重要的一点,也是必须强调的。这是因为:

(1)法院的民事审判权是国家干预民事纠纷的具体表现,这种干预是有限的,并非所有的纠纷都需或都能通过法院解决。因为司法资源是有限的,必须把有限的司法资源通过有限干预,得到优化配置。

(2)干预受到处分权的制约,是以保障处分权的正当行使为前提的,防止处分权滥用,同时处分权亦制约、防止干预的滥用。

(3)检察院干预和社会干预民事诉讼的目的是为了保障司法公正,使更多的公益性民事纠

---

① 周道鸾著:《民事诉讼法教程》,法律出版社1992年版,第59页。

纷可以接近正义,有机会通过司法途径解决,使人们关注公共权益,关心社会弱者的合法民事权益,追求社会实质公正。检察院干预和社会干预只对特定范围内的民事案件合理进行。其范围主要是:①涉及一方是社会弱势群体并需要干预的民事案件。②吞噬国有、集体财产的案件。③涉及诸如环保权益等公益民事案件。④其他有重大影响、涉及公共利益需要干预的民事案件。检察院干预和社会干预的方式有限,主要是支持起诉、提起诉讼、参加诉讼等。而且他们作为干预者毕竟不是有直接利害关系的纠纷当事人,他们在介入民事诉讼活动中的诉讼权利亦是有限的。

因此,我国所要确立的是一种社会合理适度干预的原则。用这种原则吸收支持起诉原则能真正实现立法意图,充分发挥民事诉讼的功能,实现民事诉讼的目的。

(二)民事诉讼干预的本质和意义

干预从本质上讲是权力对民事纠纷的一种介入,以寻求力量的平衡,使整个民事诉讼衡平进行,即使两造当事人在整个诉讼中诉讼主体地位真正平等,保证实质正义的实现。在民事诉讼法中确立适度干预原则具有重大意义。确立干预原则可能使我们找到了现代民事诉讼中基本矛盾的一极,以往是把审判权作为民事诉讼基本矛盾的一极,与处分权对立。现在看来,在民事诉讼中审判权作为一极,涵盖面小了一点,不能反映现代民事诉讼出现的一些新现象,像公益诉讼、民事公诉权等等,因此,笔者认为干预与处分是现代民事诉讼基本矛盾的两个方面,对此把握,抓住了现代民事诉讼的本质所在。因此确立民事诉讼干预原则具有以下几方面的意义:

1. 有利于从宏观上理解、把握现代民事诉讼,解释现代民事诉讼的新问题。现代型诉讼的出现,导致原有的一些民事诉讼理论不能对其作出合理的解释,需要我们寻找理论的突破。而干预原则可以让我们从宏观上解读,例如,诠释民事公诉、民众诉讼、释明权存在的正当性。

2. 有利于选择适合中国国情的民事诉讼模式。我们认为干预原则与处分原则是民事诉讼的基本矛盾。对干预原则的正确认识和理解,尤其需要将其与处分权原则结合起来,唯有此我们才能抓住民事诉讼的核心矛盾。通过对这一对核心矛盾的认识,能帮助我们正确认识我国传统的民事诉讼文化和经验,把握民事诉讼的本质,找到适合中国国情的民事诉讼模式。

3. 为民事公益诉讼提供了基本指导准则。公益诉讼作为热点问题,已讨论好几年,但纵观这些年有关民事公益诉讼的文献,涉及民事公益诉讼的基本法理的不多。干预原则的重新确立,可以解决民事诉讼中公益诉讼存在的根基,以及其在民事诉讼中的地位和作用问题。笔者认为,干预原则是民事公益诉讼的法理依据,解决了其存在的正当性问题,也决定了其只是作为民事诉讼中一个具体的制度,而非基本原则。

4. 更能体现对实质正义的追求。人类从"身份到契约"是一次伟大的社会运动,使人从"身份等级"中解脱出来,获得一种平等、独立的人格。但是这种形式上平等的背后却有实质上的不公平。因为在人与人的社会关系中,个体之间差异是客观存在的,无视其存在就承认人与人之间的弱肉强食。要真正实现"人人平等",就要反思"契约关系",再认识"身份关系",也就是"从契约到身份的回归",这离不开国家、社会的干预。具体到民事诉讼中,由于经济原因、个体生理以及对比悬殊差异等原因,造成事实上的诉讼不平等,当然弱势者的合法权益的保障就成问题。对于弱势者,只有予以倾斜性保护,这种保护就得外界的介入,而最好的外界就是国家和社会。唯有如此,才能追求实质正义。

三、确立民事诉讼干预原则的正当性

(一)现实的必要性

1. 客观现实迫切需要在民事诉讼法中确立干预原则,进而设立民事公益诉讼等相关特别诉讼制度

随着工业化和市场化进程加快,我国社会上各种复杂的新型民事诉讼不断地增多,而传统的民事诉讼法律对此无能为力,因为它所确立的受案范围过于狭窄,这造成许多新型的民事、经济纠纷不能通过诉讼来解决,不能很好地适应现实社会发展的需要。

(1)对国有资产流失案件,法律救济手段无能为力,急需法律提供相应的民事救济机制。我国的国有资产流失是国内外普遍关注的热点问题。在改革开放以前,国有资产流失问题就已暴露但并不明显。改革开放以后,由于新旧体制并存,各种经济成分并存,产权关系不清及中国的市场体系不完善,国有资产在不断壮大的同时也在不断地流失。从法制上看,造成国有资产流失的原因:一是有关规范国有资产方面的法律欠缺,对国有资产缺乏实体法的保护。二是诉讼制度的滞后,无法对国有资产的流失案件提起民事诉讼,尽管法律可以对侵犯国有资产的责任人追究刑事责任或行政责任,但那时国有资产流失的局面已不可挽回了。从理论上讲,国有资产是全民所有的资产,其真正的所有者是全国人民,而被赋予国有资产管理职能的机关、社会中介组织的工作人员、企业人员与所有者之间只是一种委托民事关系。国有资产管理人员是受托人,其负有管理好国有资产的义务,否则就要承担民事责任。要使他们真正承担民事责任,一方面,需要一个权威代表行使诉权,对侵犯国有资产的行为提起民事诉讼,确保国有资产的所有权被侵害时能及时得到法律的保护(这是干预原则中的人民检察院干预)。另一方面,众多社会团体和广大人民群众必须拥有直接行使诉权的权利以防止代表的失职(这是干预原则中的社会干预)。而我国在民事诉讼法中未确定干预原则,检察院提起民事诉讼缺乏依据,社会团体、公民个人提起与自身利益无关的民事诉讼更是于法无据。

(2)公害案件日益增多,由于缺乏有效的法律保护,诉诸法律的案件寥寥无几。现代社会,一方面是人民的生活水平大大提高,另一方面是公害的大量产生,例如环境污染、产品质量侵权。虽然我国的诉讼代表人制度为这类公害案件提供了司法救济的可能性,但真正能向法院起诉的案件屈指可数,使得公害的制造者无受法律惩罚之忧,更加明目张胆地继续并扩大公害侵权范围,以追求利润最大化。探究造成这种局面的原因有三:其一,虽然此类公害受害人数众多且造成的总的损失很大,但由于公害案件一般个体损害不大,或者受到损害但没有什么实际损失,因而个人提起诉讼的动力不大,或者考虑提起诉讼成本过高而得不偿失。其二,公害案件所侵害的权利往往具有社会化、大众化的特征,如环境权、消费者的各种权益。对社会化的权利人们往往有"搭便车"的心态,不愿主动去维护这种受到侵害的权利。于是形成了大家都等待别人去起诉,最终无人起诉的局面,最后这些案件不了了之。其三,由于诉讼代表人制度本身的不足,提起诉讼的人不一定能够参加诉讼,这在一定程度上打击了诉讼提起人的积极性。所以应确立一种民事诉讼制度去鼓励受害者积极主动地应用司法救济手段维护自己的权益。

(3)现代社会弱势群体的突现,事实上造成民事诉讼中弱势群体的诉讼地位不平等。民法的现代化进程加快,由原来的形式平等转向对实质平等的追求,客观上要求民事诉讼法亦更关注实质平等,在诉讼中对弱势群体作出一定的倾斜。这种倾斜要求法院适度积极行使审判权干预当事人的诉讼活动,要求检察院介入并适当承担某些当事人的角色,对弱势群体提供援助,要求社会对弱势群体作出积极评判。

(4)司法实践中,法院对民事诉讼活动的无序干预和检察院对新民事纠纷的"大胆"尝试。既有的民事公诉案例,对确立民事诉讼干预原则提供了实证研究的范例。

面对各种新型民事纠纷的挑战,司法实践部门不是消极地等待而是充分发动主观能动性,创造性地应用现有法律资源,开创新的诉讼局面,对确立民事诉讼干预原则提供了丰富的宝贵的实践经验。1997年12月3日,河南省方城县人民法院《民事诉讼判决书》(1997)方民初字第一百九十二号,支持了我国第一起由检察机关以原告身份代表国家提起诉讼的案件[1],开创了我国检察院干预的先例。《经济日报》1999年5月9日登载李晋撰写的《以国家的名义起诉——新野县检察院制止了一起国有资产流失案件》文章,介绍了河南省新野县人民检察院民行检察科以原告身份代表国家依照民事诉讼法提起诉讼,成功制止了一起国有资产流失案件。新华网福州12月16日电,2001年12月7日,福建省霞浦县检察院以原告身份向县人民法院提起民事诉讼要求判令被告霞浦县工业国有资产经营有限公司和曾代春等三人签订的地产转让合同无效。由此可见,如国有资产流失、环境污染等致使国家和社会利益遭受损害的案件,在多数情况下由于没有明显和具体的受害人而不能诉之法院,往往得不到有效制止和制裁。因此在民事诉讼确立适度干预原则,由检察机关代表国家提起诉讼必要且可行。

2.建立干预原则的时机已成熟

在1992年修改民事诉讼法时,我国的法制任务是培养社会主义市场法制体系。由于我国长期处于计划经济体制之下,人们对干预有一种本能的抵制趋向,担心干预会阻碍当事人行使其处分权,束缚当事主体行使权利的积极性,从而阻碍市场的活力。如今,经过又一个十年的努力奋斗,我国已初步建立了社会主义市场经济法制体系。人们对市场经济有了比较深刻而全面的认识,市场经济不等于自由经济,并不排斥国家的干预。事实上,只有国家的适度干预,市场经济的优越性才能充分发挥。亦因为如此,在我国研究国家干预市场经济的经济法作为一门独立法学学科兴起,并一时成为热门的学科,在经济法学界有人针对现行民事诉讼的不足提出了经济诉讼、经济公益诉讼、经济法诉讼。这些经济法学界的观点,促使了民事诉讼法学界对现行民事诉讼法的反思,亦激发了司法实践部门的民事司法改革的热情,积累了大量的民事司法改革经验,例如公益诉讼的经验,庭前准备程序的经验等等。这些均使得重新解读民事诉讼中的干预原则成为现实的必要。

(二)理论上的可行性

1.适当干预是权利实现的必然需要

关于权利的本质,学者们的解释很多,但总可以将权利表征为一种利益。作为利益,权利主体在利己心理的支配下必然极力追求权利的最大化,将权利的界限扩展至无限,当然这里"最大化"的主体主要是指在市场经济条件下,参与社会资源分配的利益主体,特别是市场竞争者。古典经济学中,追求权利的个人行为,在既定的合适法律和制度结构下,会无意中造成有

---

[1] 杨立新:《新中国行政检察法发展前瞻》,载《河南省政法管理干部学院报》1992年第3期。

利于"社会"利益的结果①,然而一定社会历史条件下有限的社会资源不可能同时满足各个权利主体,各权利主体的权利扩张过程不可避免地要与其他社会个体发生冲突,其结果只有两个:势均力敌、两败俱伤或者强弱悬殊、弱肉强食。这样的结果,对权利主体是一种不利益,对社会来说则是秩序的破坏、资源的浪费,更糟的是权利主体的缺乏自律性,使得这种扩张自身无法控制,唯一有效的方法只有依靠外力的介入,起码在大同社会到来之前我们需要外力的介入,才能使各权利井水不犯河水各自实现,在种种外力之中,最为强大有效的莫过于权力。权力是"人为的影响或支配他人行为强制性力量",②它的控制性、服从性③足以划定权利的扩张范围,解决权利的冲突,但权力对权利的介入并非多多益善,权力是权利的扼杀者,过度的介入只会导致权利的死亡,它唯有保持在一个适当的限度内才能发挥出协调的作用。这是国家适当干预原则的理论基础,也是它的核心含义。民事公益诉讼是在当权利人违反法律赋予权利的本旨使用时损害了公共利益,在没有受损主体、受损主体不能或怠于追究其责任时,以国家的名义追诉以维护公益。显而易见,其本质就在于对这种滥用权利行为的扼制,但由于公益诉讼中所含的公权性质,为了将其控制在适度的范围内而不致损及正当私权就需以国家适当干预原则为指导,使其只为遏止权利的滥用,在防止权利滥用时使正当权利得到自由发展的空间。

2. 开放、发展的民事诉讼理论的支撑

民事诉讼理论不是一成不变的,其亦随着时代的发展不断完善,民事诉讼中的程序当事人理论和诉讼信托理论印证了民事诉讼干预存在的合理性。

(1)程序当事人理论的支撑

当事人理论随着民事诉讼理论的发展而不断地发展。理论界对当事人概念的认识不一,有"接受审判说"、"保护自己的民事权益说"、"利益关系人说"。我国民事诉讼理论对当事人概念所持的主流观点是利害关系人说,即当事人是指因民事权利义务关系发生争议以自己的名义进行诉讼,并受人民法院裁判拘束的利害关系人。此学说对当事人的诠释重点落在"利害关系"上,即主张当事人是本案的直接利害关系人④。这种传统的观点要求当事人要与案件有直接的利害关系,这样就排除了其他与案件无直接利害关系人提起诉讼的可能性。依据这种传统的当事人理论,检察院、社会团体和公民个人由于与侵害国家利益和社会公共利益的案件无直接利害关系而不具有诉讼当事人资格,无法提起诉讼。由于传统当事人理论在狭隘的意义界定当事人,必然缩小对实体权利救济的可能性,实体法律关系的实现和恢复就受到限制⑤。这样程序当事人理论应运而生。程序当事人理论认为,当事人是指以自己的名义要求人民法院保护其民事权利或法律关系的人及其对方⑥。简单地说,凡是以自己的名义起诉应诉的人就是当事人。根据这种理论判断某人是否属于诉讼当事人,只看实际诉讼的当事人是谁,而无需从实体上考查他与诉讼标的的关系。根据这种理论,西方国家在民事诉讼中,当事人向法院递交诉状,只要诉状符合法定的形式,法院就应当受理。这样,由于当事人理论的发

---

① [美]布坎南著,平新乔等译:《自由、市场与国家——80年代的政治经济学》,上海三联书店1989年版,第36页。
② 杨百揆编:《现代西方国家政治体制研究》,春秋出版社1988年版,第3页。
③ 汪闻生:《权力的界限》,载《学术月刊》1997年第8期。
④ 柴发邦著:《民事诉讼法学新编》,法律出版社1992年版,第147页。
⑤ 江伟主编:《民事诉讼法学原理》,中国人民大学出版社1999年版,第376页。
⑥ 江伟主编:《民事诉讼法学原理》,中国人民大学出版社1999年版,第376页。

展使得民事诉讼当事人泛化,检察院、社会团体和公民个人能够以当事人身份进入诉讼程序,从而使得检察院、社会团体和公民个人有介入、干预特定的民事纠纷的可能。由于检察院、社会团体和公民个人毕竟不是利害关系当事人,是一种国家权力或社会权利的介入,因此在民事诉讼中的地位具有特殊性。

(2)诉权信托理论的支持

诉权一词的原本含义是指"可以进行诉讼"的权利。诉权一般是指当事人向人民法院起诉或应诉,要求人民法院行使审判权以保护其民事权益的权利。诉权是当事人一切诉讼权利的核心,所有诉讼权利都是从诉权中派生出来的,是诉权在不同诉讼阶段的表现。如果没有诉权,当事人就不能向人民法院提起诉讼,各种诉讼权利就无从谈起[1]。一般当事人请求人民法院行使审判权保护自己的权益时就得有诉权,而要有诉权就得有实体权利,这种传统的诉权理论无法解释民事诉讼干预原则中干预主体的权利源泉。但是刑事诉讼诉权理论中的诉权信托理论能够很好地解释这种现象。

刑诉理论界认为,检察机关享有诉权——公诉权。检察机关的公诉权是受害者授予其的诉权,已转换成一种公权力,因此在刑事诉讼中有公诉权、私诉权之分,相应的就有公诉制度和私人诉讼制度之分[2]。其实,检察机关的公诉权是国家赋予其代表受害者提起诉讼的权力,是通过法律以信托方式授予其诉权,实质是受害者诉权的转让。这点可以从公诉的产生得以证明。检察机关是代为合法权益受到侵害或与他人发生争议的人们,在其需要检察院依据法定的信托向法院提起公诉时而提起公诉的专门机关。刑事案件绝大多数社会危害性大,由特定的机关(一般是检察院)享有诉权,只有少数案件由于社会危害性不大,危害的程度较低,依法才可由当事人直接提起诉讼,或者因为特定机关不积极行使公诉权,造成受害者的合法权益未能得到合法的保护,迫使被害人直接行使诉权,维护自己的合法权益和社会公益,这也就是刑事诉讼的公诉转自诉现象。民事案件刚好相反,由于绝大多数民事案件涉及少数特定人的民事权益,当事人一般能够通过依法行使诉权就能使民事纠纷得以解决。但有少数案件,例如公害案件侵害的不是某一特定人的民事权益而是不特定或众多人的合法权益,而传统民事诉讼解决方式不利于这种纠纷的解决,就需要国家出面干预(检察院干预)或者社会团体、公民直接代表人数众多而不确定的受害者提起诉讼(社会干预),故在民事诉讼中产生了检察院干预和社会干预。

另外,由于诉权自身的社会化发展,不仅检察院在公益代表的意义上获得特别诉权有了进一步的依据,而且一些社会公共团体也被赋予帮助特定社会成员寻求诉讼保护的权利。[3]

3. 民事诉讼目的的内在要求

"目的是指人们进行某种活动或实施某种行为所追求的某种结果,或者说,是人们进行某种活动期望达到的目标。"[4]由于民事诉讼具有主体多元化和活动程序多元化的特征,因此民事诉讼目的具有多重性。民事诉讼法学上的诉讼目的是国家确立民事诉讼制度和实施民事诉讼法的多层次的综合性目的。民事诉讼作为一种法律制度,其目的在一定程度上反映了国家意志,是统治阶级根据需要及社会价值取向,对各项价值目标作出选择的结果,是国家对设立

---

[1] 江伟主编:《民事诉讼法学原理》,中国人民大学出版社1999年版,第376页。
[2] 持这种观点的有西南政法大学的谢右平教授。
[3] 王福华著:《民事诉讼法基本结构》,中国检察出版社2002年版,第16页。
[4] 何文燕著:《民事诉讼法理论问题研究》,中南工业大学出版社1996年版,第21～30页。

民事诉讼所追求的理想状态。就我国而言,我国现阶段民事诉讼的目的具体有以下几个层次:(1)保障实现民事诉讼权利和民事审判权,这是民事诉讼的基本目的。(2)查明案件真相,确认民事诉讼权利义务关系,解决纠纷,保护当事人的合法权益,这是民事诉讼的最直接目的。(3)充分发挥民事诉讼的功能,维护和实现社会秩序和经济秩序,这是民事诉讼的最终目的。① 而干预原则恰好反映了民事诉讼的目的和要求:干预原则就是为了使民事诉讼真正平等,使当事人平等参加诉讼,享受司法救济的福利。

目的的实现必须通过一定的方法和手段。民事诉讼目的也只能通过具体的诉讼原则、诉讼制度、具体程序等来实现,但诉讼原则、诉讼制度、具体程序会根据客观现实而有所变化,不断调整。当现实生活中出现大量的民事公益纠纷不能接近司法救济,社会弱势群体的利益得不到保障和救济,不能保证民事诉讼目的实现时,就得及时做出调整,干预原则就是这种调整的必然产物,是民事诉讼目的的内在要求。

4. 干预原则是民事诉讼的经济性价值的体现

经济性是民事诉讼的价值取向之一,意指以较少的人力、时间和物力的投入取得较高的诉讼效益。如果诉讼不经济,既影响诉讼公正的实现,又不利于调动争议主体运用诉讼手段的积极性,这正如有的学者所说:"无论审判能够怎么完美地实现正义,如果付出的代价过于昂贵,则人们往往只能放弃通过审判实现正义的希望。""而且,面对现代社会中权利救济大众化要求的趋势,缺少成本意识的司法制度更容易产生功能不全的问题。"② 我国现实中的环境侵权案件和侵犯消费者权益案件,个人提出诉讼要耗费大量的精力和财力,而获得的赔偿并不大,面对这种尴尬的境地,人们只能选择放弃法律救济的手段。干预原则的确立不仅为了追求个体效益,更是为了追求社会效益。因为干预原则的设立就是追求对民事纠纷以最小的投入获得最好的诉讼效益,检察院干预和社会干预均体现了经济效益这一基本价值取向,减少重复诉讼,方便人数众多的受害者获得赔偿。法院的主动干预,其直接的目的就是为了提高审判效率,解决诉讼拖延(这一点很好体现在不论是大陆法系,还是英美法系的民事司法改革中,均不约而同地加强法院对民事诉讼的管理职能、积极主动地适当干预当事人诉讼活动)。

5. 干预原则体现了衡平原理

正义是民事诉讼最重要的价值之一,体现这一价值的是贯穿整个民事诉讼中一个重要原理,即衡平原理。

四、民事诉讼干预在民事诉讼中的地位

(一)适当干预原则是民事诉讼的基本原则

要明确干预原则能否作为基本原则存在民事诉讼法体系中,就要先界定基本原则以及确立基本原则的标准是什么。

凡是成文法传统的国家法,法律总是与一定的基本原则相联系。民事诉讼的基本原则是

---

① 何文燕著:《民事诉讼法理论问题研究》,中南工业大学出版社1996年版,第21~30页。
② 棚濑孝雄著,王亚新译:《纠纷的解决与审判制度》,中国政法大学出版社1994年版,第266页。

贯穿于民事诉讼制度的制定和实施过程,对整个民事诉讼活动起指导作用的原则,也称为指导原则①。民事诉讼基本原则反映了民事诉讼的本质和目的,对民事诉讼立法及实施具有普遍指导意义。作为民事诉讼一般规则的系列程序制度是以基本原则为制定依据的,受基本原则支配,是基本原则的体现。基本原则在民事诉讼法律体系中居于核心地位。民事诉讼基本原则对民事诉讼具有指导作用,其基本特征如下:(1)内容具有高度概括性;(2)具有指导性;(3)具有特定性。②

很明显,干预原则本身的特性及其规定对民事诉讼过程具有指导作用,而不仅是在起诉阶段或诉讼过程中的某一个阶段起指导作用。可以说适当干预原则是对现行民事诉讼法的归纳与抽象,将适当干预原则作为基本原则确立在民事诉讼法中,自然更应体现在民事诉讼法中。

首先,民事审判权本身就是国家对民事纠纷的干预,这是由国家的性质、法的本质所决定的。在原始社会,氏族的控制体系是人们在共同劳动、共同享用劳动成果和共同生活的过程中形成的,调整氏族成员的行为模式表现为习惯。那里"没有军队、宪兵和警察,没有贵族、国王、总督、地方官和法官,没有监督,没有诉讼"③,也就谈不上通过审判干预纠纷解决。伴随着国家的产生出现了诉讼、审判,它设立的目的在于使国家以一种超然的状态出现,按照统治阶级的意志定纷止争,避免社会和互相冲突的阶级在残酷的斗争中同归于尽,④即以权力干预纠纷解决。从方式上看,它要求以公力救济取代私力救济,纠纷各方要在国家的主持下说理,并服从国家意志,否则将遭到来自国家的强制。随着社会的发展,尽管审判权从单纯的阶级统治领域扩展至社会公共事务领域,但其性质并没有改变,始终是一种以国家强制力为后盾的纠纷解决机制,所以说审判权的行使本身就是国家的干预形式。

其次,适当干预原则贯穿于民事诉讼的全过程,"一方面,国家设置民事诉讼制度是为了实现其社会统治职能,即通过对民事纠纷的解决实现社会秩序正常化。另一方面,民事纠纷是因为民事权益不明引起的,不对民事权益加以归属上的明确,则无法解决纠纷,使个人意志下的权益符合国家意志下的权益并加以保护是国家的责任。"⑤由此得出,民事诉讼制度具有解决纠纷和保护民事权益双重目的,但从实现的方式看二者是一致的,即通过审判权的依法行使,这同样也就是国家权力的适当干预。

耶林曾指出:"目的是全部法律的创造者,每条法律规则的产生都源于一种目的,即一种事实上的动力。"通过立法,民事诉讼的目的被贯彻到整个制度的设计中,同时也将其实现方式注入具体制度的设计中。例如,管辖中的原告就被告原则,通过这一原则的设立,一方面使得案件的审理得以在证据丰富的被告所在地进行,有利于纠纷的公正解决;另一方面则减少原告利用诉讼拖累被告的机会,这种强制性的规定不正是国家从民诉目的出发进行干预的体现吗?所以说国家适当干预原则贯穿于民事诉讼的全过程,是通过对法律规定抽象与归纳得到的。杨荣新先生在《民事诉讼原理》中曾提出民事诉讼基本原则的识别标准:(1)基本原则高度概括法院与当事人之间的关系;(2)效力贯穿民事诉讼始终,内容带有根本性;(3)承载民事诉讼程

---

① 何文燕著:《民事诉讼法理论问题研究》,中南工业大学出版社1996年版,第63页。
② [日]三月章:《民事诉讼法》,弘文堂,第186页。
③ 《马克思恩格斯选集》第4卷,第2~93页。
④ 张文显著:《法理学》,高等教育出版社1999年版,第134页。
⑤ 陈钢、翁晓斌著:《论民事诉讼制度的目的》,载《南京大学法律评论》1997年春季号。

序的价值。① 以此标准反观适当干预原则,也恰如其分地说明了国家适当干预原则的地位。

再次,适当干预原则,反映了民事诉讼中权力与权利的制衡,保证程序正义与实体正义的实现,体现了民事诉讼的效率与公正的价值追求。

(二)适当干预原则与处分原则的关系

处分原则又称处分权原则,是大陆法系国家民事诉讼中的一项基本原则。其基本含义是民事诉讼中当事人有权依法根据自己的意志,自由决定是否行使以及如何行使自己的民事权利和诉讼权利,不受他人干涉。② 法院在民事诉讼中一般应当处于被动消极的地位。处分原则确定了当事人在民事诉讼中的基本作用,这样的定位符合民事诉讼的性质和特性,但民事诉讼法是建立在"公法"理论之上的,因此,民事诉讼法的处分原则是有限制的,不是绝对的。处分行为是否有效的标准就是法律规定。当事人在法律规定的范围内处分民事权利和诉讼权利,不得损害国家利益和社会公共利益,不得损害他人的合法权益。在具体的民事诉讼中,当事人的处分行为必须经过人民法院的审查,接受人民法院的监督③。实际上,民事诉讼立法贯彻了当事人处分原则与国家干预原则相结合的精神,就是说处分原则和干预原则都符合国家利益和社会公共利益,这是处分原则与干预原则的一个根本统一点,也就是说,干预与处分是对立统一关系,统一于实质正义。

有人会认为干预主要是一种权力的体现,而处分是权利的体现,而权力天生具有扩张性,不需过多彰显,权利却容易被侵害,因此,在民事诉讼中,应多倡导权利,确立处分权原则就行了,干预不宜作为一个原则来确定,否则会在民事诉讼中造成权力过于扩张,权力滥用,侵害权利的行使。但从法理上讲,权力与权利是相互制约的关系。权利的过分张扬,会造成权利的滥用,侵害他人权利,除了权利制约权利之外,还需要权力的适度干预。

在这个前提下,干预原则不会限制当事人处分权的行使。首先,从干预原则的设立目的来看,干预的目的是保障国家对民事纠纷的有效解决、调控,保护受到侵害的国家利益和社会公共利益,维持良好的市场经济和社会秩序。我国是社会主义国家,国家利益、社会利益和个人利益具有一致性,所以干预原则的确立最终是符合个人利益的。其次,从干预原则的适用来看,为了防止干预原则的滥用,干预原则的适用是有限制的。干预主体只有在符合法律规定时,对侵害国家利益和社会公共利益的行为才能依据干预原则提出适度干预。如果是属于个人可自由处分私益的范围而不涉及国家利益和社会公共利益,个人有权依据处分原则处理自己的权益。总之,由于处分原则自身的相对性和干预原则的适度性,干预原则的确立不会限制公民行使自己的处分权,反而有利于处分权的正当行使。因此,干预原则与处分原则是对立统一关系,是民事诉讼的基本矛盾。

(三)适当干预与民事公益诉讼的关系

1. 民事公益诉讼是适度干预原则的具体体现

有人将公益诉讼作为民事诉讼法的基本原则,笔者认为,公益诉讼不能作为民事诉讼法的基本原则。适度干预原则既能反映民事诉讼法的基本原则之精神,又能反映公益诉讼这一特

---

① 杨荣新主编:《民事诉讼原理》,法律出版社2003年版,第109页。
② 何文燕、廖永安:《民事诉讼理论与改革的探索》,中国检察出版社2002年版,第31页。
③ 何文燕著:《民事诉讼法理论问题研究》,中南工业大学出版社1996年版,第75页。

别诉讼程序之要义,有利于民事公益诉讼制度体系的形成。适度干预原则反映了公益诉讼的精神要义。

首先,民事公益诉讼制度是一种外部权力的干预,为了将其限制在一个合理的范围内,这不仅要从制度方面予以完善,需要从更高层面予以一种精神上的领导,以补其缺除其弊。适当干预原则的"适当"正是要求的最佳反映,用以把握民事公益诉讼的度,因此说适当干预原则的设立有利于民事公益诉讼制度的良好运行。

其次,适当干预原则使民事公益诉讼制度与代表人诉讼制度相得益彰。从公益角度看,代表人诉讼制度的意义在于适应了社会经济的发展需要,保护当事人实体法上的合法权益。[①]因为现代群体性诉讼的发生,大多是因为大企业大财团在环境、质量、竞争方面的侵权所造成的,受害者人数众多却又各自势单力薄,难以与财大气粗的大型企业形成对抗,实行群体性诉讼有利于通过联合增强诉讼能力,保护合法权益,但司法权的被动性决定了代表人诉讼提起必须以起诉为条件,否则司法程序便不能启动。德国学者鲁道夫·冯·叶林曾经主张:"只要提起传统意义上的民事诉讼,也可维护公共利益。"虽然对待公益诉讼的态度存在差异,但都看到了此处的关键问题在于诉讼的提起,若代表人诉讼的当事人因为不能、怠于或抱着搭便车的心理而不愿提起诉讼,其必然的结果是权益受到侵犯却没有相应的救济。比如,依照《反不正当竞争法》的规定:"被侵害的经营者的合法权益受到不正当竞争行为损害的,可以向人民法院提起诉讼。"在通常情况下,违法经营者通过不正当手段获取竞争优势,同时也就侵犯了市场上其他诚实经营者的合法权益,但问题在于:(1)诚实经营者有时对违法经营者的不正当竞争行为并不知情;(2)即使单个的诚实经营者知悉该行为,也会出于对诉讼周期、诉讼费用及其他消耗的顾忌而可能不愿提起诉讼;(3)即使对进行不正当竞争的经营者提起了诉讼,原告方也必须承受相应的诉讼风险和代价(包括诉讼所必经的程序、周期并履行相当的诉讼行为),才能取得有利于自己的裁决;(4)即使诚实经营者依法取得了有利于自己的裁决,但在同一个诉讼中,不可能对消费者或社会利益所受侵害作出赔偿判决。因此,由于缺乏相应的程序性保障,《反不正当竞争法》的立法本意就很难得到充分体现,同样的问题也存在于消费者权益保护、医药卫生、环境保护等许多领域中。基于代表人诉讼制度在这些领域中因主体缺位而导致的实施不能或效益低下,民事公益诉讼对权力的借助也就成了代表人诉讼的重要补充,因为民事公益诉讼制度的构建假想是以检察机关为主、公民为辅的提起主体模式,检察机关作为国家权力的代表担当起维护公共利益的职责,这就把维护公共利益从个人的一种权利上升到国家机关的工作职责,对于防止权利睡觉、权利腐败无疑是有积极意义的,而检察机关拥有的能力也抵消了大企业大财团在诉讼中的强权性,保持了诉讼结构的平衡。同时在构建的民事公益诉讼制度中还吸收了富有正义感的公民参加,引入了社会权利的参与,这使得保护公益的监督面大大拓宽,形成了维护公益的社会监督机制,这些都是对代表人诉讼制度不足之处的弥补。

此外,我国的代表人诉讼制度实行的是登记制,经证明与对方当事人法律关系和所受损害存在的,当事人可获得以生效判决为依据的相应救济。其弊端在于,代表人诉讼主要是在小额多数情况下给予受害者群体以救济,如果有关权利人不来登记,并且以后也不主张权利(由于信息的不发达或权利主体法律意识不强,这是很容易出现的),违法者受判决确定的赔偿额大大低于其违法所得利益,不但不能起到最大限度地救济受害者的作用,反而放纵了违法行为人,不利于诉讼威慑力的发挥,制止危害公益的行为。而民事公益制度的设计则是将公益作为

---

① 叶新火:《从代表人诉讼制度之适用分析我国公益诉讼制度的构建》,载《当代法学》2002 年第 8 期。

一个整体，一次性损害赔偿不是针对单个被害者，而是针对整个公益，所获得的损害赔偿分配问题则成为一个内部问题。依据营业账本等损害总额一旦确定，被告就得支付全部赔偿额，这样的赔偿方式在谋求被害者获得完整救济的同时，对防止加害者因被害者的无作为而得到权利放弃所带来的利益现象也有积极作用。经过一段时期后，损害赔偿没有要求支付的剩余部分可以用于设立民事公益诉讼基金，鼓励公民同损害公益的行为斗争。

综上，民事公益制度与代表人诉讼制度在国家适当干预原则的统领下形成了相互补充、相互配合的关系，在受害公民提起诉讼时以代表人诉讼制度形成群体力量，在缺少起诉人时则以公益诉讼制度作为补充，增强了对损害公益不法行为的防范力度。

2. 公益诉讼作为民事诉讼法的基本原则有诸多不妥

首先，不具有基本原则的基本要求。其次，公益诉讼作为民事诉讼法的基本原则带来诸多误导：其一，会导致对民事诉讼法基本作用的误解；其二，会混淆普通程序与特别程序的区别，误以为公益诉讼是民事诉讼的通常程序。

五、余论

对于干预原则的思考，缘于笔者的硕士论文《民事公益诉讼初论》，当时我国对公益诉讼的研究刚起步，关于公益诉讼的资料非常缺乏，在论及民事公益诉讼的理论依据时，总感觉不充分。随后几年，有关公益诉讼的文章如雨后春笋般涌现，但美中不足的是理论上仍没有新的突破，诸多论述大同小异，加之近些年各国民事司法改革都有强化法院职权的趋势，这更促使笔者试着从宏观上思考、寻找民事公益诉讼理论依据，尝试对现代民事诉讼的一些新现象进行解读。上文中笔者试图把干预原则作为民事诉讼的基本矛盾的一极，与处分权原则相对应，以此来解读民事诉讼，虽然围绕这一中心作了一些论证，但由于笔者的理论功底以及论证方法的原因，对干预原则的正当性论证尚有不足，仍需加强，笔者在以后的研究中将予以完善。若此文能引起学界的讨论或者批评，幸矣。

民事诉讼中撤诉效果的立法选择及阐释
——就民事诉讼法的修改建议与江伟教授商榷

董少谋*

一、问题的提出

民事诉讼中因当事人的撤诉所引起的诉讼时效如何计算问题,在我国《民法通则》和《民事诉讼法》中都未作规定。中国人民大学江伟教授主持的《〈民事诉讼法〉修改建议稿》在第201条〔撤诉〕中提出"撤诉后,视为未起诉。但诉讼时效自撤诉生效时重新起算"①。对此,笔者从溯及力的角度对撤诉的法律效果进行考察,认为撤诉具有使诉讼时效中断的溯及力,即诉讼时效自权利人知道或者应当知道权利被侵害时起起算。

民事诉讼中的撤诉,按照通说又称诉之撤回,是指当事人撤回其向法院提出诉讼的诉讼行为。从广义上说,泛指当事人向人民法院撤回诉之请求,不再要求人民法院对案件进行审理的行为。我国《民事诉讼法》第111条第5项规定:"对判决、裁定已经发生法律效力的案件,当事人又起诉的,告知原告按照申诉处理,但人民法院准许撤诉的裁定除外。"所谓"除外",也即不受此限而可以再次起诉。与此同时,最高人民法院《关于适用〈民事诉讼法〉若干问题的意见》第144条对这一问题作了正面的诠释:当事人撤诉或者人民法院按撤诉处理后,当事人以同一诉讼请求再次起诉的,人民法院应予受理。从我国民事诉讼法的规定看,由于撤诉后可以再行起诉,因而撤诉仅仅是原告人对自己诉讼中程序性权利的暂时处分,对自己的实体权利并没有处分,因此原告仍然有权提起诉讼。

---

* 董少谋:西北政法大学民商法学院民事诉讼法教研室主任,副教授,硕士生导师,陕西省法学会诉讼法研究会副会长。

① 江伟、孙邦清主持的《〈中华人民共和国民事诉讼法〉修改建议稿》,2004年1月28日发表在中国民商法网。

二、国内民法学界与诉讼法学界既存的两种对立观点

撤诉之后由于原告人仍然有权提起诉讼,这样诉讼时效因撤诉而重新计算还是不重新计算?由于《民法通则》和《民事诉讼法》对此并未明确规定,因而对撤诉的法律效果,在民法和民事诉讼法学界有两种截然不同的观点:

一种是主张诉讼时效重新计算。中国人民大学江伟教授主持的《〈民事诉讼法〉修改建议稿》在第201条〔撤诉〕中提出"撤诉后,视为未起诉。但诉讼时效自撤诉生效时重新起算"。支持其观点的民诉法学界认为,"撤诉的法律后果是诉讼时效期间重新开始。自人民法院裁定准予撤诉之日起,因撤诉而中断,诉讼时效重新开始计算"。①

另一种主张诉讼时效不中断。中国人民大学王利明教授主持的《中国民法典草案建议稿》在第210条〔因诉讼的撤回或者驳回而不中断〕中提出"时效因起诉而中断的,若撤回起诉,或者受到不予受理或者驳回起诉的裁定且裁定确定的,视为不中断"。支持其观点的民法学界认为,"起诉后权利人又撤诉或怠于诉讼,表明其不再请求司法机关裁判并强制义务人履行,因而时效应视为不中断"②。

理论上的争论导致司法实践上的无所适从。具有"准司法解释"之称的全国法院业大教材《中国民事诉讼法教程》根本未涉及撤诉的法律后果问题③。而最高人民法院1990年3月10日给上海市高级人民法院法(民)复(1990)3号《关于民事诉讼当事人因证据不足撤诉后在诉讼时效内再次起诉人民法院应否受理问题的批复》中指出,"原告张珠英'以暂因证据不足为由'申请撤诉,在第一审人民法院裁定准许其撤诉后,张珠英在诉讼时效期间内又提出新的证据再行起诉,人民法院应予受理"④。从上海市高级人民法院的请示内容看,诉讼时效如果因起诉而中断、从裁定准许撤诉之日起重新计算的话,那么原告张珠英再行起诉时没有超过诉讼时;如果因撤诉而诉讼时效没有中断,诉讼时效不重新计算的话,那么原告人张珠英再行起诉时已超过了诉讼时效。最高人民法院在撤诉是否引起诉讼时效的重新计算问题上仍然没有答复。

---

① 柴发邦主编:《民事诉讼法新编》,法律出版社1992年版,第326页;吴明童主编:《中国民事诉讼法》,陕西人民出版社1998年版,第248页;田平安主编:《民事诉讼法学》,中国政法大学出版社1999年版,第244页。

② 佟柔主编:《中国民法学·民法总则》,中国人民公安大学出版社1990年版,第325页。另外参见梁慧星主编:《民法总论》,法律出版社2003年版,第249页;寇志新主编:《民法学》上册,陕西科学技术出版社1989年版,第218页;王利明主编:《民法》,中国人民大学出版社2000年版,第134页;彭万林主编:《民法学》(修订第3版),中国政法大学出版社2002年版,第149页;余能斌主编:《民法学》,中国人民公安大学出版社,第653页;刘贵祥:《诉讼时效若干理论与实务问题研究》,载《法律适用》2004年第2期。

③ 王怀安主编:《中国民事诉讼法教程》,人民法院出版社1988年版,第200页;《中国民事诉讼法教程》,中国政法大学出版社1996年版,第280页。

④ 最高人民法院以是否在诉讼时效期间内作为起诉的一个条件是不当的,因为超过诉讼时效期间对于原告来说丧失的仅是胜诉权,而非诉权。

三、国外民事立法上的实证考察

撤诉是各国民事诉讼制度中的一项具体制度。诉作为一种请求制度,具有双层含义,即诉的实体意义和诉的程序意义,而程序上撤回的法律后果又直接涉及当事人的实体权利的行使,为了进一步研究撤诉对诉讼时效的影响,我们应从实体法和程序法两个面从横向比较的角度对撤诉的法律后果进行考察。

作为世界上第一部资产阶级民法典的法国《民法典》第2247条明确规定,"以下情形,不视为时效中断:如原告撤诉①"。由于《民法典》中有明确规定,因而在《新民事诉讼法典》相应的"撤回诉讼"一节中没有明确规定,但民事诉讼法理论认为,原告撤回诉讼意味着诉讼程序又回到原来的状态,并意味着原告没有行使诉权,由原告发出的传唤状无效。因此,诉讼时效视为从来没有中断②。

德国《民法典》第212条规定,"如果撤诉或因被未审理诉讼事实而作出的判决驳回起诉时,因起诉中断的时效视为未中断"③。《民事诉讼法》第269条"诉之撤回"第3项规定,"诉经撤回后,视为未发生诉讼系属"④。所谓诉讼系属,是指特定的当事人之间就特定的法律关系之争执,现存于法院的一种事实状态。

日本《民法典》第149条规定,"裁判上的请求,于诉被驳回或撤回时,不发生时效中断的效力"⑤。《新民事诉讼法》第262条"撤回诉讼的效力"第1款规定,"诉讼,对撤回诉讼的部分,视为自始即未系属"⑥。日本民事诉讼法学者认为,"诉的撤销意味着将诉讼从开始之初便归于消灭","诉的撤销一旦实施,诉讼就其撤销部分归属于未起诉"⑦。

我国台湾地区"民法典"第131条"因起诉之中断"规定,"时效因起诉而中断者,若撤回其诉,视为不中断"⑧。"起诉所生之中断效力,亦非绝对的,必须未撤回其诉始可"⑨。查台湾"民律草案"第282条,其立法理由为"撤回其诉,是当事人抛弃其依诉而生的保障请求权","始与未起诉无异,故视为不中断"⑩。"民事诉讼法"第263条"诉之撤回之效力"规定,"诉经撤回者,视同未起诉"⑪。台湾民事诉讼法学者认为"因诉之撤回,起诉之效力溯及于起诉时消灭,与未起诉同"⑫。

---

① 罗结珍译:《法国民法典》,中国法制出版社1999年版,第518页。
② [法]让·文森著,罗结珍译:《法国民事诉讼法讲义》下册,中国法制出版社2002年版,第1048页。
③ 郑冲、贾红梅译:《德国民法典》,法律出版社1999年版,第42页。
④ 谢怀栻译:《德意志联邦共和国民事诉讼法》,中国法制出版社2001年版,第64页。
⑤ 王书江译:《日本民法典》,中国人民大学出版社1999年版,第28页。
⑥ 白绿铉译:《日本新民事诉讼法》,中国法制出版社2000年版,第97页。
⑦ [日]中村英郎著,陈刚等译:《新民事诉讼法讲义》,法律出版社2001年版,第246页。
⑧ 林纪东等编:《新编六法全书》,五南图书出版公司1986年改订版。
⑨ 郑玉波著:《民法总则》,三民书局印行1979年第11版,第365页。
⑩ 李宜琛著:《民法总则》,国立编译馆出版1977年第6版,第376页。
⑪ 林纪东等编:《新编六法全书》,五南图书出版公司1986年改订版。
⑫ 王甲乙、杨建华等著:《民事诉讼法新论》,台湾三民书局1990年版,第352页。

从法、德、日及我国台湾地区的民法和民事诉讼法的规定看,撤诉的直接法律后果是视为未起诉,不存在因撤诉而重新计算诉讼时效问题。

四、对国内理论界既存的两种观点的分析

起诉作为引起诉讼时效中断的法定情形之一,在法、德、日等国家及我国台湾地区的"民法典"中都有明确规定。我国的《民法通则》第140条也规定"诉讼时效因提起诉讼、当事人一方提出要求或者同意履行义务而中断。从中断时起,诉讼时效期间重新计算"。对于这一大前提,从国外到国内,从立法到司法,从理论到实务未发现有人提出异议。这是我们讨论的前提之一。其二,撤诉的法律后果之一是"视为未起诉"。对此,尽管法律未作明确规定,但学界不管是持诉讼时效重新计算者,还是持诉讼时效不中断者都认可此观点。按照亚里士多德的"三段论"方式,即从大前提、小前提直至推出结论,我们将这一逻辑形式运用于对此问题的推理中,起诉引起诉讼时效的中断和撤诉视为未起诉就是大前提,撤诉行为是小前提,应能逻辑地得出诉讼时效是否重新计算的结论。然而,推出的结论是截然不同的,甚至可以说是相反的。因此,我们只能从主张各自观点的理由中寻找差异的根源。

主张诉讼时效重新计算观点的理由是,从民法的角度讲,权利人提起诉讼本身已经说明他没有放弃权利,也不是怠于行使自己的权利,只是出于某种原因而撤销起诉,所以应该能引起诉讼时效中断,即重新计算。从该观点的逻辑思维看,由于权利人的起诉而说明权利人没有放弃权利,因而尽管撤诉也不影响因起诉而导诉讼时效的中断。这种观点没有考虑到撤诉也是权利人对自己权利救济的放弃。处分原则作为民事诉讼的一项基本原则,我国民事诉讼法规定,当事人享有处分权,当事人有权处分自己的民事权利和诉讼权利。撤诉作为当事人的一项权利可以在提起诉讼后再撤回起诉,这是当事人对自己诉讼权利的处分,是当事人行使处分权的具体表现。如果说起诉表明权利人没有被弃权利,那么,撤诉则说明了权利人对"没有放弃权利"的撤回,也就是说,由于权利人对起诉的撤回,使原来的起诉归于消灭,视为自始未起诉。这样,权利人原来起诉取得的相应权利也归于消灭,由于起诉而引起的中断诉讼时效的法律后果也归于消灭。持诉讼时效重新计算的民事诉讼法学者的理由是,自人民法院裁定准予撤诉之日起,因撤诉而中断,诉讼时效重新开始计算。如果将该理由仔细分析不难看出:其一,没有说明为什么在撤诉后诉讼时效还要中断,还要重新计算。其二,该理由是仿照《民法通则》第140条而设计的,如果将"起诉"一词变为"撤诉"的话,即还原为:诉讼时效因撤诉而中断,从中断时起,诉讼时效重新计算。该理由可谓是一个不讲"理"的理由。

主张诉讼时效不中断观点的民法学者的理由是,起诉后权利人又撤诉,表明其不再请求司法机关裁判并强制义务人履行,因而诉讼时效应视为不中断。该观点的错误在于混淆了民事诉讼法上撤诉与放弃诉讼请求的区别:所谓放弃诉讼请求,是指在法院受理案件后、作出判决前,当事人放弃自己提出的实体权利主张的行为。放弃诉讼请求是当事人对自己的实体权利所作的一种处分。虽然,放弃诉讼请求与撤诉均为原告的一种诉讼行为,也涉及对诉权利的处分,但二者引起的法律后果并不相同:撤诉视同自始即未起诉,故权利人撤诉后,仍可就同一事实再次向法院起诉;而放弃诉讼请求后,权利人即无权就其已经放弃的诉讼请求再次向法院起诉。民事诉讼法学者的理由是,由于撤诉之后被视为自始即未起诉,因此诉讼时效期间不应

重新开始计算,而应继续进行。撤诉尽管视为未起诉,但仅是法律后果上"视为"而已,撤诉与未起诉有一定的区别:未起诉根本不存在诉讼时效中断的问题,而撤诉对于权利人而言,原来因起诉而存在诉讼时效的中断问题。那么,如何处置已经中断了的诉讼时效问题,民事诉讼法学者没有提出解决的办法和理论依据,而是采取一种近乎武断式简明化的办法:因为视为未起诉,所以不应重新计算,而应继续进行。

由此分析,我们不难看出,持诉讼时效中断观点之所以能与持诉讼时效不中断的观点并存,是因为持诉讼时效不中断观点的理由欠缺说服力,无法使人确信起诉引起已经中断了的诉讼时效因撤诉又归于消灭。

结论:撤诉具有使诉讼时效中断的溯及力

撤诉视为未系属,已成学界的共识,但对因原来的起诉而已经引起的诉讼时效中断如何处置没有明确回答。从逻辑思维看诉讼时效期间的开始无非有三个自始计算方式:一是自权利人知道或者应当知道权利被侵害时起计算,二是自权利人向人民法院提起诉状之日起中断后重新计算,三是自法院裁定准许撤诉之日重新计算。通过对国外立法的实证考察,我们发现大陆法系对撤诉后果的一个共识,即撤诉不重新引起诉讼时效中断的效力,国外的立法例回答了第三个问题。我们认为撤诉具有使因起诉而引起的诉讼时效中断的溯及力,应自权利人知道或者应当知道权利被侵害时起计算诉讼时效。理由如下:

其一,从民事诉讼的目的看,国家设立民事诉讼制度,是在禁止自力救济的同时为国民提供解决纠纷的另一种选择。权利人向法院起诉,意味着其要求法院通过行使审判权确认他们之间存在的权利义务关系,从而获得权利满足的目的。而撤诉意味着权利人对利用诉讼机制解决纠纷的一种抛弃。既然权利人不愿继续使用诉讼的机制来解决,那么,基于民事诉讼的可处分性,法院应尊重权利人的理性选择,而使已经开始的诉讼溯及到起诉之前的常态。

其二,从民事诉讼的程序价值看,公正和效率是民事诉讼的基本价值。公正对于当事人而言,不仅包括程序自身,更重要的是与实体正义的实现紧密相关。权利人不会简单地贸然进入程序,而是因为程序的安定性本身,使得权利人对实现自身的实体权利有了相当的预测性,认识到了利用程序可以实现实体正义的价值。同理,在权利人选择进入程序后又放弃利用诉讼程序去实现实体正义,也绝不是贸然的一时心血来潮。权利人在提起诉讼的初期由于各种因素的影响,往往对诉讼的结果缺乏充分的了解和正确的判断,而随着诉讼程序的进行,各种证据的出现,权利人预测到自己所提出的诉讼请求最终没有可能被法院认可、再继续进行诉讼已经毫无价值时,为避免不必要的诉讼消耗而主动放弃诉讼请求,使由自己引起的诉讼程序归于消灭。至于预测的准确与否,完全是权利人自己的事情,只要权利人乐意,社会的主流价值观便认为是公正的。权利人撤回起诉,不再寻找通过诉讼程序解决纠纷,社会就应该让其继续熟睡,而不应作一个好管闲事者鼓诉兴讼。因此,由于起诉中断了的诉讼时效应恢复到起诉前的自然状态。就效率而言,民事纠纷的解决费时、劳心、伤财,对权利人来说,被纠纷缠绕是一种心理和经济上的负担,这种负担有时比权利人实际上通过诉讼实现的利益要大;对法院来说,以有限的司法资源根本无法应付旷日持久的讼累。权利人撤回起诉,既对权利人本身是一种心理和经济上的解脱,又减轻了法院的负担,何乐而不为呢?为什么还要延长诉讼时效期间,等待权利人再行起诉呢？只有尽快消灭因起诉而中断的诉讼时效，才能使权利人的民事权益处于稳定状态。

其三，从民事实体法对时效期间的立法宗旨看，民事权利受法律保护是权利本身固有的性质。因此，权利人在其权利受到侵害时有权请求人民法院通过诉讼程序予以法律保护，人民法院亦应当依法满足权利人的诉讼请求。同时，权利人不及时请求或长期的不请求，怠于行使自己的权利，也足以表明权利人对其权利的漠视态度，法律也无必要继续等待权利人之请求保护。因此，为了督促权利人及时行使权利，法律设定权利人于一定期间内不行使请求人民法院保护其民事权益的权利即丧失该权利。权利人提起诉讼后又撤回起诉，如果准许诉讼时效自法院受理时起中断而重新计算，那么，权利人可以一再起诉，既不利于社会秩序的稳定，又浪费了有限的司法资源，同时，还有可能成为权利人滥用诉权的保护伞。

其四，从民事诉讼法对起诉与撤诉的关系的立法宗旨看，起诉作为一种民事诉讼法律行为，是指权利人认为自己的民事权益受到侵害，以自己的名义请求人民法院通过审判给予司法保护的诉讼行为，也是权利人行使诉权的具体体现。权利人一旦向法院提出起诉的行为发生，就会产生民法上的效果，即"诉讼时效因提起诉讼而中断，从中断时起诉讼时效期间重新开始计算"①。而撤诉同样也是一种民事诉讼法律行为，是权利人行使处分权对自己的诉讼权利加以处分的具体表现。撤诉也称诉之撤回，即撤回先前提出的诉讼。撤诉的法律效果是人民法院无需对该案继续进行审判，已进行的诉讼行为归于消灭，诉讼程序即行终结。权利人先前提出的诉讼视为自始即未起诉。由此可知，起诉是对请求权的肯定，而撤诉又是对起诉的否定。也就是说，权利人因行使撤诉权而使起诉所引起的中断诉讼时效的法律效果溯及到未起诉状态，即诉讼时效期间开始计算因撤诉而恢复到自权利人知道或者应当知道权利被侵害之时。

基于以上理由，笔者认为，在民事诉讼法的修改中应明确规定，撤诉后，视为未起诉，诉讼时效视为不重新起算。

---

① 参见江伟主编：《民事诉讼法》，高教、北大出版社2000年版，第236页。起诉而非受理的法律效果之一是引起诉讼时效的中断，对此《民法通则》第140条有明确规定。

论滥用诉权及其控制

汤维建* 沈 磊**

一、问题的提出

权利实乃受到法律确认和保护的利益。在现代法治体系之下,任何权利皆不得滥加行使,这反映了人们对传统的绝对自由主义权利观的扬弃。对权利滥用的认识过程肇始于民事实体法领域。其后,禁止权利滥用原则经历了在法律形式上由判例向成文法规定发展,在立法例上由主观主义向客观主义发展,以及在适用对象上由物权向一切权利发展的过程,逐步发展成为民事法律当中的重要原则。与此同时,基于"权利人滥用权利与受害人的利益之间的联系不仅局限于实体上,还包括诉讼上的利益"的认识,权利滥用亦逐渐开始超出传统的财产法范畴,而兼具程序意义的色彩。①

随着社会的发展,民事纠纷的数量急速增长,纠纷的类型日渐多样化、复杂化。在司法制度所承受的压力持续加大的形势下,民事诉讼领域的权利滥用引起了各国理论界和实务界的关注。1998年10月,国际诉讼法学会在美国新奥尔良召开了以"滥用程序权:程序公正的比较法标准"为主题的会议,专门就民事诉讼领域的权利滥用问题进行了研讨。在会议论文集中,滥用程序权②(Abuse of Procedural Rights,简称 APR)的具体形态被划分为两大基本类型,即"滥用诉讼"(abuse of litigation)与"滥用特定程序制度"(abuse of specific procedural devices)。③ 其中,"滥用诉讼"专指对请求法院给予司法保护的权利的滥用。根据滥用诉讼的主体的不同,又可以将其进一步划分为原告"滥用起诉权"(abuse of the right of action)与被告

---

* 汤维建:中国人民大学法学院教授,博士生导师。
** 沈磊:中国人民大学法学院博士生。

① 参见[日]营野耕毅,傅静坤译:《诚实信用原则与禁止权利滥用的法理功能》,载《外国法译评》1995年第2期。

② 在国内,一些相关研究成果将 APR 译为"滥用诉讼权利"。笔者认为,考虑到我国民事诉讼法学理论中,"诉讼权利"通常被理解为诉讼主体在民事诉讼过程中所享有的权利,上述译法有欠妥当,易造成对 APR 概念理解的偏差。

③ see Michele Taruffo, *Abuse of Procedural Rights: Comparative Standards of Procedural Fairness*, Hague/London/Boston, Kluwer Law International, 1999, 15~19.

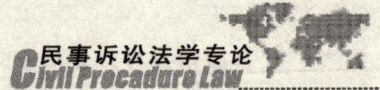

"滥用防御权"(abuse of defense)。而"滥用特定程序制度"则主要指的是进入诉讼程序之后，各诉讼主体对具体的诉讼权利的滥用，例如当事人的矛盾行为、不合理的重复性动议等。由于这些具体的诉讼权利通常是与某项特定的程序制度相联系，因此被称为"滥用特定程序制度"。

我国的民事诉讼制度改革以更加关切程序保障，更加突出当事人的主体地位为目标，初步完成了对职权制模式的改造。但与此同时，司法实践中也出现了大量滥用程序权的现象，引起学者的忧虑。① 针对实践中较为严重的诉讼欺诈行为，最高人民检察院在司法解释中专门就其法律适用问题作了规定。② 对程序权的滥用既使尚处于观念、功能以及审判方式转变过程中的法院面临沉重的负担，也给学者和改革决策者提出了新的难题——应当如何打破诉讼模式的当事人化与滥用程序权之间的伴生关系，从而避免其对民事诉讼制度改革所产生的阻滞效果。

滥用程序权具有多种表现形式，本文主要对其中滥用诉权的有关问题进行讨论，以期在诉权保障与合理行使之间找到恰当的平衡关系。

二、诉权与滥用

诉权是一项宪法性的基本权利，处于联结国民与国家、贯通实体法与诉讼法的重要地位。一方面，在以公力救济为主导性纠纷解决方式的社会中，作为公权力代表者的国家有义务为其国民提供充分的、有保障的救济途径，国民得享有以此为内容的基本权利。换言之，诉权集中体现了普通国民与法治国家间的权利义务关系。另一方面，诉权体现着实体法与诉讼法的关系。诉权理论的起点在于回答当事人提起诉讼的根据是来源于实体法，还是来源于诉讼法，抑或是其他。以之为基础，学理研究更进一步的任务是解释实体法与诉讼法的关系。换言之，任何诉权理论所代表的诉讼观，都体现着对于实体法与诉讼法关系的不同认识。

(一)"滥用诉权"能否成立

基于诉权的上述特性，回答诉权是否存在被滥用的可能性就成为研究相关问题的起点。如前所述，诉权与宪法性基本权利的保障之间密不可分，保障诉权的行使与"接近正义"、法律的正当程序有着内在的关联。以此为背景，有一种观点认为，既然对诉权的行使是以宪法作为最终保障的，那么就不会存在滥用诉权的情形。理由如下：(1)诉权的宪法性保障要求不断扩充对程序的保障手段，加强对程序的影响力度，而这与承认民事诉讼中存在诉权滥用是根本矛盾的；(2)诉权的宪法保障处于不断发展状态，其在某些具体场合下的范围尚难确定，如果认可滥用诉权的存在，可能会限制诉权的宪法保障的全面发展。③

---

① 参见陈桂明、李仕春：《诉讼欺诈及其法律控制》，载《法学研究》1998年第6期；方福建：《论诉讼欺诈行为的法律责任》，载《河北法学》2002年第6期；邱星美：《论诈害案外人恶意诉讼之程序法规制》，载《法律科学》2005年第3期；章晓洪：《论恶意诉讼》，载《河北法学》2005年第5期，等等。

② 参见最高人民检察院《关于通过伪造证据骗取法院民事裁判占有他人财物的行为如何适用法律问题的答复》(2002年10月24日)。

③ see Michele Taruffo, *Abuse of Procedural Rights: Comparative Standards of Procedural Fairness*, Hague/London/Boston, Kluwer Law International, 1999, 12.

笔者不否认从宪法基本权的高度保障诉权行使的积极意义,但是将宪法保障作为否认滥用诉权的客观存在的根据则是不足取的:首先,滥用诉权本身并不是一个自相矛盾的概念,诉权可能在不同目的的指导下以多种方式行使,因此区分"适当行使诉权"的行为和"滥用诉权"的行为之间的界限仍然是可能的。其次,滥用诉权与宪法保障之间并没有内在的矛盾,受到宪法保障的权利同样可能在非正当的目的的驱使下被滥用,"滥用起则保障止"。再次,强调诉权的宪法保障,意在突出当事人行使诉权的正当性,并非意味着当事人享有行使上的绝对自由。既然权利行使没有绝对的自由可言,行使权利的限度也就自然而然地产生了。权利行使一旦超出法定的限度,则构成权利的滥用。最后,排除滥用诉权行为的目的只能是促使对诉权行使的保障更加有效,因为滥用诉权与诉讼公正以及正当程序的要求是相背离的。

(二)滥用诉权的概念与范围

1.滥用诉权的概念

滥用诉权是指行为人向法院起诉,通过民事诉讼的方式达到非法目的或者追求不正当的结果的行为。对此可以从多个角度进行解读:

(1)滥用诉权在本质上违背了诉权存在的本旨或者超越了法律许可利用诉权的界限。详言之,诉权的本来价值在于将宪法上的裁判请求权实在化,使国民得以向法院提出自己的权利保护请求,从而为实体法适用于诉讼程序提供了一个准入装置,以此作为标准来考量诉权的行使,其滥用主要来源于两个层面:第一个层面是当事人利用诉讼程序的动机不纯,起诉乃至进行民事诉讼的最终目的,实际上并非指向民事纠纷的解决以及实体权利的保护。第二个层面是当事人行使诉权的本意虽无不当,但其行为在客观上超越了诉权行使的界限,从而在整体上被归结为一种超越界限的行使。但是,对来源于这两个不同层面的诉权滥用显然不能等量齐观,前者属于更加严重的滥用,是对诉权发挥正常机能的最主要威胁。

(2)行为人包括与争议的民事实体权利义务关系有直接利害关系的人,或者具备诉讼担当资格的人。那些实质上不属于适格当事人,甚至连争议的实体权利义务关系并不客观存在的人,只要以某种实体权利纠纷为依据向法院主张救济请求,也属于滥用诉权的主体范围。同时,根据诉权为实体法律关系发生争议的双方主体所享有的特性,诉权在民事纠纷的主体之间具有同等的被滥用可能。

(3)滥用诉权必须在客观上表现为向法院提起民事诉讼,进而利用诉讼程序的具体行为。滥用诉权应当在外在形式上符合行使诉权的一般条件,包括提交起诉状和依法缴纳案件受理费等。

2.滥用诉权的表现形式

滥用诉权的表现形式与诉权行使的形式是一个问题的两个方面。一般认为,起诉与反诉是行使诉权的最常见形式;但是,对于上诉、申请再审,以及各项诉讼权利是否属于行使诉权的形式,则存在不同的主张。对以上问题详细讨论如下:

(1)起诉权。起诉是行使诉权的最直接、最主要的方式,对起诉权的滥用从根本上否定了诉讼程序存在的正当性基础。当事人滥用诉权提起民事诉讼,大致可以分为两种类型:一是非善意地提起无理由之诉,二是非善意地提起有理由之诉。以之为基础,滥用起诉权的表现形式又可分为诈欺性诉讼、骚扰性诉讼、盲目性诉讼、多余性诉讼、重复性诉讼以及琐碎性诉讼等。①

(2) 反诉权。反诉实际上是一个独立的诉,是针对原告提出的攻击性主张。反诉一旦在法定期间内提起,法院应当对其进行审查,这就给本诉被告提供一个短暂拖延审理的机会。更为重要的是,虽然反诉不同于抗辩或者反驳,但是由于反诉的实体辩论往往是与本诉合并进行的,因此反诉一旦通过审查,就可能在实质上影响到本诉的实体审理。是故,反诉权的滥用也应纳入滥用诉权的表现形式当中。

(3) 诉讼权利。笔者认为,诉权与现实的诉讼构造并无关系,诉权并非各项诉讼权利的概括或者集中体现。诉讼权利依赖于具体的诉讼程序,同时其在享有主体、行使对象、行使方式、有无实体内容等方面也与诉权差别显著。② 因此,尽管诉讼权利也存在被滥用的可能,但其与滥用诉权无直接关联,不属于滥用诉权的表现形式。

(4) 上诉权与申请再审权。学者认为,提起上诉和申请再审并非诉权的行使。③ 就上诉审程序而言,其存在的目的与初审程序有一致性,即保障当事人对同一民事争议能够获得充分的司法救济机会。因此,上诉审程序是完整的诉讼程序的一个组成部分,上诉权的行使也是内在于诉讼程序之中的。申请再审有一定的特殊性,即终局的确定判决已作出,法院关于诉讼标的的判断已确定。此时,以申请的方式向法院提请再审,其诉讼标的究竟如何理解?笔者赞同从法律设置再审申请权的目的入手的观点,将再审视为诉讼程序本身提供给当事人的,于终审完结后寻求特殊救济的方式,即原审与再审的"诉讼标的同一说"。对于上诉权以及申请再审权的行使,均可依靠诉讼程序内部的制度设计进行规范,而不必从诉权滥用的角度寻求支持。

三、滥用诉权的类型化分析

在 APR 的概念之下,与本文所讨论的"滥用诉权"在范围上最为接近的是"滥用诉讼"(abuse of litigation)。可以从原告滥用起诉权和被告滥用防御权两个角度,具体理解滥用诉讼概念的外延。

从其他国家的理论和实践来看,通常都认为滥用起诉权主要发生于原告并无任何符合法律规定的利益却提起诉讼的情形。除此以外,在下列诸种情况下,原告提起的诉讼也可能构成滥用诉讼:(1) 起诉欠缺任何法律的或事实的根据;(2) 基于过于轻率的目的而起诉;(3) 起诉的目的仅仅在于从法院获得具有指示性的法律意见,或者为了达到任何不当以及不法的目的而提起诉讼;(4) 为了骚扰或胁迫相对方而提起诉讼,其中包括虚构争议而提起诉讼的情形;(5) 试图打破既判力原则,对既决事项再行起诉的;以及(6) 试图突破诉讼时效的立法规定,在提起诉讼的最后期限已经过的情况下提起诉讼,等等。④

被告方滥用防御权则被视为与原告方滥用起诉权相对应的现象予以考虑,这取决于防

---

① 参见汤维建:《论民事诉讼中的诚实信用原则》,载《法学家》2003 年第 3 期。
② 参见邵明:《民事诉讼法理研究》,中国人民大学出版社 2004 年版,第 123 页。
③ 江伟、邵明、陈刚:《民事诉权研究》,法律出版社 2002 年版,第 151 页。
④ see Michele Taruffo, *Abuse of Procedural Rights: Comparative Standards of Procedural Fairness*, Hague/London/Boston, Kluwer Law International, 1999, 15.

权在权利性质与功能上与起诉权的对应性。因此,针对原告方理由充分的主张进行不公平的或者缺乏合理根据的抵制,很可能被认为是对防御权的滥用。此外,如果法律对于某种"防御武器"的使用规定了特定的法律的或事实的条件,那么被告方在不具备这些条件的情况下使用这些"防御武器"的行为也可能被认定为滥用防御权。

就目前我国的民事司法实践以及理论研究而言,恶意诉讼、诉讼欺诈、诈害案外人诉讼等是较为常见的与滥用程序权有关的概念。这些概念与滥用诉权既有重叠,也有差别,有必要通过类型化的分析概括各自的特征,进而明确其识别的标准。

1. 恶意诉讼

恶意诉讼乃是指诉讼的当事人滥用诉权,恶意提起诉讼,损害对方当事人的合法利益的行为。恶意诉讼作为一种针对应诉人的行为,它不仅会给应诉人造成物质上的损失,有时还带来精神上的极大伤害。此外,在现有法律还无法对恶意诉讼形成强有力制约的情况下,希图通过"打官司"破他人之财、扬自己之名的事例越来越多。识别恶意诉讼应当注意对主观故意与客观行为的理解:

(1) 主观故意。这里主要讨论一下"重大过失"(gross negligence)与故意的关系。许多国家采纳"重大过失等同于故意"的原则,将重大过失视为"准故意",在处理上,重大过失与故意是同等的。① 在诉讼中,由于人们对法律的认识和解释是有差异的,不能严格要求当事人必须在准确理解法律的基础上才能行使诉权,故对恶意诉讼的主观过错要件一定要严格掌握和规定,因此,不宜将重大过失纳入恶意诉讼的范畴。主要有两点原因:一是从恶意诉讼的含义来看,恶意本身的概念是主观上具有通过诉讼损害他人的意图,这种恶意只能是故意,在此不宜将重大过失而造成的对诉讼的不利影响也划入恶意诉讼的范畴,否则,恶意的含义过于宽泛,有可能对当事人行使正当的诉权形成不良的影响;二是采取主观故意的标准有利于判断恶意是否形成,操作比较方便。

(2) 行为人具有恶意诉讼的行为。在恶意诉讼中,行为人的客观行为集中体现如下:原告在缺乏事实根据和法律根据的基础上向相对方提起的诉讼,以期达到给相对方造成讼累或给相对方带来名誉上的损害等不法目的。这种典型的恶意诉讼的行为在现实中是比较多地存在的,例如有的企业利用对新闻媒体提起诉讼从而达到提高知名度的目的。

对恶意诉讼的判断应当着重于其实际目的。在行为人恶意提起诉讼的情况下,其内心并不追求胜诉判决。行为人对自己所提出的诉讼请求能否得到法院的支持,甚至对诉讼在提起之后能否续行不甚关心,提起诉讼本身足以在一定程度上实现其目的——使被告卷入到诉讼当中,并为此消耗时间、精力甚至间接受到损害。因此通常来说,在恶意诉讼的情况下,行为人一般不存在虚构事实或者捏造证据等欺诈性的行为,除了自己的陈述之外,他并不制作虚假的证据。

2. 诉讼欺诈

诉讼欺诈是指行为人在虚构的事实或者伪造的证据的基础上,通过提起民事诉讼,经由符合诉讼程序的表面形式,使法院做出错误裁判,从而达到损害他人利益、谋取非法利益的目的的违法行为。对于"诉讼欺诈"与"恶意诉讼"的关系,论著当中的观点多有差异,有等同说、区别说、部分重叠说等不同观点。笔者认为,两者虽然都存在主观上的恶意,都试图用合法的诉讼手段达到各自非法目的,但两者不同之处同样明显,诉讼欺诈的最终目的在于获得胜诉判决

---

① 江伟、邵明、陈刚:《民事诉权研究》,法律出版社 2002 年版,第 349 页。

或者获取非法利益。鉴于两者的个性大于共性,自当分开讨论。诉讼欺诈可以进一步划分为原告针对被告所实施的欺诈行为,以及原、被告通谋实施的意在损害第三人合法权益的欺诈性行为。前者例如原告通过伪造的借款协议向起诉要求被告偿还借款;后者例如利用提起"假离婚"之诉,作为债务人的夫妻一方主动将自己应得部分财产让与另一方,从而使债权人的债权因债务人没有财产而得不到清偿。

诉讼欺诈有以下几方面特点:一是行为人借助诉讼的合法方式侵害他人的合法权益。实施诉讼欺诈行为者为了达到合法占有他人财产的目的,为了使不存在的法律关系合法产生,或者使现存的法律关系变更、消灭,而利用诉讼程序,请求法院裁判确认、变更法律关系。二是诉讼欺诈所侵害的是不仅包括案外人的合法权益,也可能直接以被告的合法权益为侵害对象。三是诉讼欺诈往往通过虚假的证据,或者原被告串通,被告对原告提出的虚假事实予以自认,利用合法的程序,使法院作出实质上错误的裁判。有学者基于对诉讼欺诈行为特征的分析,将其归纳为五种情形,即逃避债务型、转移财产型、侵占财产型、推卸责任型以及规避法律型。①

(1)在诉讼欺诈的主观方面,行为人有诈害他人合法权益的故意。在诉讼欺诈发生的场合,欺诈行为的效果意思,即表意人内心试图使其发生法律效力的行为有瑕疵——损害他方利益、获取非法权益。由于行为人实施诉讼欺诈,另一方当事人通常要承担败诉或承受比在正常情况下重得多的负担。需要指出,诉讼欺诈的最终指向是获得非法的权益,而"获得"不仅是指行为人通过财产的增加获取的利益,也应当包括通过不法的减少而"获得"的利益。因此,诉讼欺诈不仅表现为追求胜诉判决的情形,原告串通被告作出的自认,或者故意意于诉讼而致败诉等都是可能的情形。

(2)在诉讼欺诈的客观方面,行为人必须有虚构事实、伪造证据并且以之为基础提起、进行诉讼的行为。需要对这里的"进行诉讼"给予解释。滥用诉权仅指在诉讼开始阶段的行为,而并不对诉讼过程中的行为进行评价,诉讼欺诈同样遵循上述原则。只是原告在实施欺诈行为成功启动诉讼程序之后,往往还会在已经实施的欺诈行为基础上进一步编造案情、捏造证据,这些行为本身虽然不能准用滥用诉权的识别标准加以评价,但却可以间接作为判断行为人起诉时心理状态的依据,在这个意义上,其与诉讼欺诈的客观方面亦是存在关联的。

(3)通谋。通谋作为要件仅适用于原、被告通过诉讼诈害案外第三人合法权益的情形。通谋应当形成于行为人起诉之前。至于通谋是否以另一方对诈害的具体目的有完全清楚的认识,笔者持否定的态度,只要双方彼此了解并不存在提起诉讼所依据的事实理由即可。例如在转移财产逃避债务的诉讼中,原、被告之间对于是否存在债权债务关系自然是心知肚明,如果被告对于原告的起诉采取接受的态度,即可推定通谋的存在。

3. 侵害既判力的诉讼

侵害既判力的诉讼也可以称为重复性诉讼,是指法院在对民事权利义务的争议作出确定判决之后,一方当事人仍然以同一诉讼标的向相同的当事人提起诉讼。重复性诉讼是违背一事不再理原则的诉讼行为,也是违背诚实信用原则的诉讼行为,其实质是对起诉权的滥用。将侵害既判力的诉讼纳入滥用诉权的范围的主要原因在于,针对同一诉讼标的和相同当事人反复提起诉讼,将会违背程序安定性的基本要求②,使得诉讼程序定纷止争的功能严重削弱,私法关系将难以重归平静。这显然已经逾越了诉权行使的界限,违背了诉讼程序的基本目的。

---

① 参见邱星美:《论诈害案外人恶意诉讼之程序法规制》,载《法律科学》2005年第3期。
② 参见陈桂明、李仕春:《程序安定论——以民事诉讼为对象的分析》,载《政法论坛》1999年第5期。

4. 其他情形

针对其他滥用诉讼的具体形态，笔者择要进行一定的分析：

(1)因琐碎性的纠纷而提起诉讼。在我国向市场经济、法治社会转轨的过程中，权利意识的觉醒与通过司法救济的必要性之间存在着一定的矛盾关系，在民事诉权的行使问题上集中体现为当事人之间的纠纷是否具备"可诉性"。要求当事人的纠纷具有通过民事诉讼解决的可能性和必要性，是现代民事司法的内在规定性，也是民事诉讼在衡平上述矛盾时的基本态度。我国的民事诉讼立法应当体现这样的要求，既鼓励国民"为了权利而斗争"，又引导其在行使诉权的时候尽可能做到理性、客观。对于日常琐事引发的轻微纠纷，其所能造成的损害一般不大，在民事纠纷解决机制多元化、分层化的今天，不宜通过诉讼加以解决，那将会给法院以及对方当事人造成不必要的烦扰。

(2)盲目性诉讼。所谓盲目性诉讼，又称轻率性诉讼，是指原告在起诉前不作冷静的分析和调查，便向法院提起一个毫无事实根据和法律根据的诉讼。这里应当将其与合理败诉的情况区别开来。所谓合理败诉，就是原告在诉前作了合理调查，而且也相信自己提起的诉讼能够获得胜诉的后果，但由于客观上不具备事实理由或法律理由，或者由于举证不能而遭到了败诉判决。所以，败诉判决仅仅是盲目性诉讼得以构成的必要条件，但不是充分条件。除败诉判决这个客观结果的条件外，要构成盲目性诉讼，还需具备提起诉讼者在主观上具有重大过失的心理状态这一主观性条件。

从总体上来说，由于因日常琐事而提起诉讼以及轻率的诉讼在行为人的主观方面并不具有积极追求损害结果的故意，故其属于轻微的滥用诉权行为。

四、对滥用诉权的必要规制

(一)规制滥用诉权的必要性

对滥用诉权的探讨，其最终落脚点应当是根据其本质属性对其法律效果给予评价。滥用诉权在本质上是一种违法行为，具有多重的负面效应，因此对其加以规制是各国的普遍做法。本文着重从滥用诉权行为所产生的以下几个方面的影响，来详解规制滥用诉权行为的必要性：

1.滥用诉权的直接影响主要体现在对对方当事人或者案外人权益的侵害。无论滥用诉权的行为表现为哪一种具体形态，启动诉讼程序只是其表面上的意图，其最终目的都指向对方当事人或者案外人。追求胜诉判决的滥用诉权行为意在诈害案外人的合法权益，对案外人的实体权益的影响不可谓不大；即便是不追求胜诉判决的滥用行为也至少会令对方当事人无辜卷入诉讼，况且在恶意诉讼的场合，名誉、商誉甚至实体权益的间接损害都是难以避免的。在诉权被滥用的场合，并不只有实体权益的维护变得岌岌可危。行为人的滥用使得诉讼公正的天平在支点处即发生了倾斜，对方当事人或案外人的接受公正审判的权利因此遭到严重侵害。

2.滥用诉权对民事诉讼程序的影响。首先，滥用诉权造成了诉讼程序资源总体上的浪费。正如弗里德曼所说："从理论上说，诉讼理由是无止尽的。但是国家只提供一定数量的法官、律师和法庭。如果诉讼人数突然增加,制度会被严重打乱,供应和需求的缓慢相互作用将不再行得通。排长队和拖延可能引起紧张和埋怨,甚至可能引起重大改革或调整。"①其次,滥用诉权造成了民事诉讼目的的扭曲。无论哪一种诉讼目的论,都是以某种正当的价值追求作为立论基础的。在存在滥用的情况下,诉权的行使是有瑕疵的,这种情形下启动的诉讼程序,在目的方面发生偏离也是不难理解的。再次,滥用诉权也是对当事人主义的诉讼模式的侵蚀。当事人主义的诉讼模式以辩论主义与处分主义为基础,法院在诉讼上应当充分尊重当事人提出的事实和证据,原则上不得依职权调查取证。这样,就为旨在通过行使诉权损害他方利益的人留下了缺口。②值得一提的是,正是包括诉权滥用在内的诸种弊端,促成了近年来各国对绝对化的当事人主义模式的改良。最后,滥用诉权使利益衡量在法院判断原告是否具有诉的利益时的作用更加突出。就原告与被告之间的利益衡量而言,原告起诉是基于一定的利益追求,只要法院准予原告所提交的争议进入实体的审理程序,就可以说是原告的一种"胜利"。③而被告基于应诉的强制性,原有的生活常态产生改变并陷入一种不安定感,并且还须为此付出大量的劳力、财力和时间。因此,为了防止因原告的滥诉而给被告造成不应有的损失,法官必然要在原告获得司法裁判与被告的生活安宁、不受无端干扰这两种利益之间适当作出平衡。只有在法官确信原告具有足够的正当理由来利用诉讼制度,并不会因此而使得被告无端遭受讼累时,法官才有可能判定原告具有诉的利益而对其争议作出实体上的裁决。

3. 滥用诉权对一般国民的影响。前述之诉的利益判断中的利益衡量同样存在于原告与一般国民(纳税人)之间。法院所提供的司法可以被视为一种"公共产品",而这种公共产品的最终负担者实际上是全体国民。在社会资源有限的前提下,对司法功能的利用必然在一定程度上受制于效率原则。这就决定了诉权的行使应当具备一定的前提,即该纠纷纳入诉讼程序是适当的、最佳的选择。滥用诉权的行为人明知不具备上述前提,却出于种种目的执意提起诉讼,构成了对效率原则的严重违背,也最终造成了对一般国民的不公。除此以外,滥用诉权对一般国民的影响还体现在其具有的消极的示范效应方面。将诉权用于追逐不法利益的行为如果得不到规制,整个司法在国民心中的威信便要遭殃。

(二)规制滥用诉权的理论依归

1. 规制滥用诉权与民事诉讼目的的一致性

民事诉讼的目的外在的体现是对国家为什么设立民事诉讼制度的追问,而内在的体现则是对当事人为什么使用民事诉讼制度的考察,这就与诉权理论在原点上产生了共鸣——诉权理论的原点是回答当事人"为何可以起诉"。一方面,诉权理论可以从国民与法治国家相互关系的角度,阐述行使诉权在人民主权、国家权力架构以及法的实现等层面上的重大价值,从而为目的论提供有力的支撑。另一方面,民事诉讼目的对诉权的行使提出了某种规定性。国民作为理性的主体,对自己的行为应负担谨慎注意的义务,在维护自己的合法权益时不能轻率从事,更不应将获取非法利益作为自己行为的目的指向。所以,规制滥用

---

① [美]劳伦斯·M. 弗里德曼著,李琼英、林欣译:《法律制度——从社会科学角度观察》,中国政法大学出版社 2004 年版,270 页。
② 参见陈桂明、李仕春:《诉讼欺诈及其法律控制》,载《法学研究》1998 年第 6 期。
③ 常怡、黄娟:《司法裁判供给中的利益衡量:一种诉的利益观》,载《中国法学》2003 年第 4 期。

诉权既是保证诉权行使在整体上不超出其本旨界限的要求,也与民事诉讼目的的实现息息相关。

2.规制滥用诉权与程序保障理论的兼容性

程序保障理论具有多层次的内涵,这里仅选取其中的三个方面,用以论证其作为规制滥用诉权行为的理论基础的合理性。第一,程序保障理论将"程序利益"的概念引入诉讼法学研究的视野。诉讼程序的运行及其结果不仅关乎实体权益的归属,也内含着程序利益的享有与维护。由此观之,滥用诉权所启动的诉讼程序毫无疑问将会从根本上侵害受害人的程序利益。第二,程序保障具有"通过程序的正当化"的功能,"使由于程序而蒙受了不利结果的当事人不得不接受该结果"。① 当事人在充分的程序保障之下进行诉讼,所获得的结果就因此而获得了正当性的基础,当事人对此是应当接受的。这就能够从一个方面解释对侵害既判力的诉讼加以规制的理论根据。第三,程序保障理论也不允许一方利用诉讼程序获取不正当的权益,这可以视为对各种滥用诉权行为作出概括性否定的依据。

3.规制滥用诉权与协同主义的诉讼模式的依存性

协同主义通过倡导合作、对话来重新塑造当事人、法院等诉讼主体之间的关系,从而使民事诉讼程序能够适应社会环境和诉讼现实的变迁。其反映的乃是人的主体性更加受到重视,以及人类社会作为一个整体对合作、交往、诚实信用等更为迫切的需要。换言之,它是现代社会发展趋势在民事司法领域的一种体现。滥用诉权将诉讼视为追求一己私利的工具,无视他人正当权益的存在,与上述趋势格格不入,因此对其加以规制正是民事诉讼程序回应上述趋势的一项重要内容。

(三)规制滥用诉权的主要措施

1.从程序法的视角,应当通过诉讼程序本身的完善对滥用诉权进行规制:

(1)结合起诉受理制度的改造,将起诉条件与诉讼要件剥离开来,对符合形式化的起诉条件的案件,法官将继续审查诉讼要件,法官对诉讼要件的审查与对案件实体事实的审理共同构成作出判决的基础。这样既可以改变原有制度下诉权保障的不利境地,又能够从整体上实现对滥用诉权行为的规制,从而鲜明地体现出规制与保障之间的统一关系。

(2)改"审理前的准备阶段"为"审理前的诉讼程序",突出民事审前程序的独立功能。同时,在审前程序的改革中,将具有审前程序特色的结案方式构建与规制滥用诉权结合起来,允许法院对经过审前程序便足以识别的滥用诉权行为,以简易判决等形式终结诉讼程序。

(3)建立事中救济机制。应当赋予案外人参加诉讼的权利,即扩大有独立请求权第三人的适用范围,将对诉讼标的虽然没有独立请求权,但"诉讼结果将损害其利益"的情形包括进来。这种形式的参加在日本称为"诈害防止参加"。② 此外,有必要改革现有的允许法院判决无独立请求权第三人承担责任的规定。无独立请求权的第三人进行诉讼活动的根本目的不在于支持当事人的诉讼主张,而在于通过支持当事人的诉讼主张,最终维护自己

---

① [日]谷口安平著,王亚新、刘荣军译:《程序的正义与诉讼》,中国政法大学出版社2002年版,第10页。

② 参见[日]中村英郎著,陈刚、林剑锋、郭美松译:《新民事诉讼法讲义》,法律出版社2001年版,第86页。

的民事权益。因此，当事人所为的诉讼行为，对无独立请求权的第三人应当不具有约束力，只有这样，才能有效地防止原告与被告串通诈害无独立请求权的第三人。

(4)确立罚金制度。对滥用诉权行为课以罚金是一些大陆法系国家的做法，值得借鉴。例如法国《新民事诉讼法典》第32条第1款规定："以拖延诉讼方式，或者以滥诉方式进行诉讼者，得课处100法郎至10000法郎之民事罚款，且不影响有可能要求的损害赔偿。"

2.从实体法视角，主要是将滥用诉权给受害人造成的损害纳入特殊侵权行为的范畴，通过民事赔偿责任的方式要求行为人补偿受害人的损失。这一方面是因为多数滥用诉权的行为都具备侵权行为的特征，应当受到侵权法的调整，另一方面则是因为程序法本身所能提供给受害者的救济手段毕竟有限，尚需借助实体法补其不足，充分保障受到滥用行为侵害的合法权益。

从其他国家和地区的立法例来看，法、德以及我国澳门地区的民法典或民诉法典都赋予受害方提起损害赔偿请求的权利。① 而在《美国侵权行为法重述》当中，直接将"滥用法律诉讼"作为允许提起损害赔偿之诉的诉因，行为人应当就其行为所导致的损害后果承担侵权责任。②

承担滥用诉权的侵权责任的要件包括：第一，加害人必须是故意所为，过失甚至是重大过失都不能构成这种侵权责任。至于加害人"故意"的具体内容，原则上可以依据构成滥用诉权的主观要件，即明知不具备行使诉权的条件，但却对此有意追求或持放任自流的主观心理状态。第二，加害人须提起了民事诉讼，或者在本诉过程中提起了反诉。第三，受害人在这一诉讼程序中受到损害，并且损害与这一行为有因果关系。应当将滥用诉权而致损害的范围概括为：有形财产的损失、名誉权和商誉权受侵害而引起的精神损害和社会评价之降低。③ 具备这些要件的，构成滥用诉权的侵权责任，行为人承担损害赔偿责任。

五、结语

在滥用诉权问题上体现了两对相互统一的关系：其一，规制滥用诉权与诉权保障的统一，对此文中已有论述，此处不赘。其二，诉讼程序与诚实信用原则的统一。诚实信用作为民事实体法的"帝王原则"至今已经远远超出了原有的作用领域，而为民事程序法所采。这种扩大化的趋势显示出法律作为社会调整的规范性手段，在社会交往更加频繁的今天，较以往更加强调"道德性"，尤其是在民事法律范围之内。诚实信用的主要作用无非是对法律规范过于僵化、刻板的不足加以弥补，它通过在法律中注入善良、谨慎、照顾等具有道德色彩的精神，指导人们的行为，特别是那些牵涉主体之间权利义务的行为。诉讼程序是对国民行使诉权行为的回应，具有被动性的特点。从一方起诉直至程序终结的整个过程，是社会关系的一种特殊表现形式，受

---

① 可参见法国新民事诉讼法典第32条，德国民法典第826条，以及澳门地区民事诉讼法典第385条至第388条。

② 杨立新：《新类型侵权行为系列之八——恶意诉讼的侵权行为》，载《法律服务时报》2003年12月19日。

③ 郭卫华：《滥用诉权之侵权责任》，载《法学研究》1998年第6期。

到程序法规范的调整。因此,从诚实信用原则的作用来看,与诉讼程序有着天然的契合性,完全可以将诚实信用所体现出来的"道德性"精神融入民事程序法,这既是民事诉讼法制发展的历史潮流,也是适应我国社会特有法治背景之要求。如果能以这种眼光看待滥用诉权及其规制,势必可以使我们摆脱"保障"与"限制"的合理性之争,从而在一个更高的层面上把握民事诉讼法的发展方向,更好地完成我国民事诉讼法制的改革重任。

事实认定过程中法官的自由裁量权

张 榕[*]

法官的自由裁量权,是指法官酌情做出决定的权力,并且这种决定在当时情况下应是正义、公平、正确和合理的。[①] 法律常常授予法官以权力或责任,使其在某种情况下可以行使自由裁量权,有时是根据情势所需,有时则仅仅在规定的限度内行使之。一般而言,被动性是司法权的主要特征,而法官自由裁量权的行使则体现了司法的能动性,但二者之间并不矛盾,司法能动性与司法被动性从不同角度诠释司法权的本质属性,并共同作用于诉讼中,其根本目的在于克服立法过程中的固有缺陷并最大限度地保护当事人的利益。因为任何一部制定法永远都不可能无一遗漏地将所有应属于该立法政策调整的情形囊括在该法规的文字阐述之中,且将所有不应属于该法规范围调整的情形排斥在其词语含义范围之外。因此,在客观上需要法官司法能动性的发挥。司法被动性通过程序的规制和当事人处分权的行使以抑制司法权的滥用,而司法能动性则通过赋予法官在事实判断和法律适用上的必要权限来最大限度地实现社会正义。[②]

事实认定是法律适用的前提,也是法官裁判的基础。在事实认定过程中,无论是证明责任的分配、证据能力的确定或是证明力的衡量均体现了法官的司法能动性,如何确保法官既能合理地行使自由裁量权以实现社会正义又不违背法律的精神是各国司法面临的共同难题。

一、证明责任分配中法官的自由裁量权

美国法学家摩根教授指出,任何一个法官都必须在面对一系列的命题时决定:(1)在证据

---

* 张榕:厦门大学法学院教授,长期从事民事诉讼法、证据法的教学与研究工作。本论文是作者承担的司法部课题《司法能动性与司法解释的规制》研究的一个部分。

① [英]戴维·M. 沃克编,北京社会与科技发展研究所译:《牛津法律大辞典》,光明日报出版社1988年版,第216页。

② 张榕、陈朝阳:《中国司法能动性的开启及其规制》,载《厦门大学学报》(哲学社会科学版)2004年第5期。

的质与量方面,如未充分提供证据足以发现该命题为真实时,哪一方当事人将告败诉;(2)若在举证程序终结时,陪审团仍无法决定该命题是否真实时,则哪一方当事人将告败诉。即:法官必须决定哪一方当事人应负担未提出充分证据足使陪审团为特定发现的危险,以及哪一方当事人应负担未说服陪审团作出认定的危险。① 因此,证明责任的分配与当事人在实体法上的权利义务密切相关,往往当证明责任分配给一方当事人时,便可能直接导致其败诉。也正因为证明责任分配与实体权利义务承担的关联性,任何一部法律都没有将这一问题完全交由法官自由裁量,大多国家均通过程序法或实体法对证明责任分配的一般规则或就专门问题的证明责任作出规定。例如,在刑事诉讼中由指控犯罪的公诉方举证,民事诉讼中由事实主张者举证,行政诉讼中由作出行政决定的行政机关举证,它是通常的规则。同样,在例外的法律可预见的情形下,法律也尽可能设置了特殊规则来救济专门问题的实体正义,如民事诉讼中的证明责任倒置规则。但是,由于具体案件情形的异常繁复和千变万化,证明责任的分配是公认的法律难题,人们从来就没有找到一套能够以不变应万变的规则体系。在许多情况下依法律的字面规定处理将导致不合理结果时,还需要法官根据具体案情,权衡各种利益和法律价值,确定具体案件应当适用的规则。② 正如德国学者卡斯帕瑞克所指出:"应当承认,所谓的证明责任要遵循不可更改的基本原则,但不能认为证明责任要按照抽象的原则来分配。如果认为具体情况下只对提供证明问题重要而对证明责任问题不重要,显然是站不住脚的。"③同为德国学者的莱纳克也认为:"法定的证明责任分配具有原则性质,不过这种原则在习惯法中早已存在;并且认为,如果有理智的依据可以改变证明责任判决的话,法官可以放弃这些原则。"④

尽管在证明责任分配上法官享有一定的自由裁量权在当今已不是一个有太大争议的问题,但法官是否会在相当部分案件中有意无意地行使这样的自由裁量权?如果是这样的话,法官在证明责任分配上的自由裁量权与主观臆断又有什么区别?这一问题不仅出现在证明责任分配法官自由裁量权上,而且几乎出现在所有可能运用法官自由裁量权的法律问题上。它是一个长期困扰立法者、司法者及法学理论工作者的问题。也正因此,各国法律中对证明责任分配中法官的自由裁量权的规定均极为谨慎,虽然法官在个案中裁量决定证明责任的分配在各国的司法判例中已不少见,但少有见到关于该方面的明确授权的法律规定,而在其他方面有关法官自由裁量权的授权规定是否涵括了对证明责任分配的授权,可能还是有争议的。例如,《瑞士民法典》在其第1条第2款中规定:"如本法无相应规定时,法官应依据惯例,如无惯例时,依据自己作为立法人所提出的规则裁判。"它是否包括了对证明责任分配中法官自由裁量权的授权?由于在《瑞士民法典》第8条中规定了证明责任分配的基本规范,因此,笔者认为上述第1条第2款对法官的授权涵括了对证明责任分配的授权。我国三大诉讼法对证据的规定均极为简略,并无涉及对法官在证明责任分配中自由裁量的授权问题。但是,在司法解释中却出现了对法官在证明责任分配中的自由裁量权的明确规定。2001年12月最高人民法院发布的《关于民事诉讼证据的若干规定》(以下简称《民事证据规定》)第7条规定:"在法律没有具体规定,依本规定及其他司法解释无法确定举证责任承担时,人民法院可以根据公平原则和诚实信用原则,综合当事人举证能力等因素确定举证责任的承担。"该条即为法官在证明责任分配

---

① [美]摩根著,李学灯译:《证据法之基本问题》,世界书局1982年版,第45页。
② 何海波:《举证责任分配:一个价值衡量的方法》,载《中外法学》2003年第2期。
③ 转引自[德]汉斯·普维庭著,吴越译:《现代证明责任问题》,法律出版社2000版,第266页。
④ 转引自[德]汉斯·普维庭著,吴越译:《现代证明责任问题》,法律出版社2000版,第267页。

中的自由裁量规则。对该规定的正式解读为：证明责任分配有形式分配标准和实质分配标准之分。形式分配标准是依据法律和司法解释的规定分配证明责任，实质分配标准是由法官根据具体案件的情况，自由裁量证明责任的分配。成文法国家一般以形式分配标准为基础，以实质分配标准为补充。《民事证据规定》考虑到实践中证明责任问题的复杂性，在特殊情况下存在不属于法律和司法解释规定的证明责任倒置，而依照法律和证明责任分配的一般规则又无法确定举证责任承担的情形。在这种情况下，由审判人员根据公平原则和诚实信用原则，综合当事人的举证能力、证据距离等因素，确定证明责任的承担。①

对此，有学者却有不同的看法，认为证明责任倒置不仅是证据法上的证明责任分配的问题，而且与当事人在实体法上的权利义务密切相关。证明责任倒置应以侵权法中的严格责任为依据，因为证明责任倒置最终的目的就是为了落实严格责任，而严格责任也必须要通过证明责任倒置才能体现其责任的严格性。严格责任作为过错责任的例外，必须由法律作出明确规定，不能由法官自由裁量。《民事证据规定》第7条规定的法官证明责任分配自由裁量规则，在我国目前情况下并不妥当：一方面，证明责任分配是基本民事法律制度，属于立法权事项。但在目前立法不完善的情况下，司法机关也并非不能填补这项法律空白，只是应慎重。另一方面，考虑到目前我国法官整体素质并不是太高，允许法官可以根据公平原则和诚实信用原则实行证明责任倒置，将使法官享有极大的自由裁量的权力，使其在具体案件中可以自由分配证明责任，自由地决定倒置的内容，其结果使当事人对司法缺少了应有的可预知性，裁判的公正很难得到保障。一旦法官不适当地行使甚至滥用其自由裁量权，其后果不堪设想。②

我国《民事诉讼法》第64条确立了"谁主张，谁举证"的证明责任分配的一般原则，但并未就证明责任倒置作出规定，最高人民法院《关于适用〈民事诉讼法〉若干问题的意见》第74条首次对证明责任倒置作出了规定，而《民事证据规定》进一步细化和完善了证明责任倒置的规定。因此，一般而言，除法律及司法解释明确规定的证明责任倒置的情形外，必须依照"谁主张，谁举证"的原则来确定证明责任的承担，并不存在法律没有具体规定，就无法确定证明责任承担的情形。而《民事证据规定》第7条关于证明责任分配法官自由裁量的规则，事实上赋予了法官当具体个案按照证明责任的一般原则来确定证明责任的承担，有违公平原则和诚实信用原则时，有权决定应由何方当事人来承担证明责任。正是因为法官有权根据个案的需要来改变证明责任分配的一般原则，那么，在我国法官公正司法的公信力尚未真正建立的情况下，人们要质疑该规定也就不足为奇。有学者便指出，证明责任的实质是结果责任，其分配决定着不利诉讼结果的归属，证明责任不仅仅是一个民事诉讼问题，它还具有极重要的实体法意义，证明责任在本质上是个"两栖"问题，它横跨民事实体法与民事诉讼法两大领域。③因此，证明责任分配在体现民事程序法和民事实体法二者的价值时，较之纯粹某一个部门法的问题更直接地体现着法律的一般公平理念。

事实上，这种对赋予法官证明责任分配的自由裁量权可能产生恣意的担心如前所述，在各国都存在，只是在我国当下的司法条件下这一问题更为尖锐而已。例如，德国就有学者认为："按照法官裁量原则分配证明责任的观点不仅与法律相矛盾，而且使法律主体的权利处于极不

---

① 宋春雨：《〈最高人民法院关于民事诉讼证据的若干规定〉的理解与适用》，载《法律适用》2002年第2期。
② 王利明：《民事证据规则司法解释若干问题研究》，载《法学》2004年第1期。
③ 李浩：《民事举证责任的法哲学思考》，载《政法论坛》1996年第1期。

稳定的状态,这与法的可预测性和可预见性相冲突。"①但是,正如法律漏洞是法律所固有的缺陷一样,证明责任分配的一般规则及特殊规则确实无法穷尽所有案件的特定情况,并将案件的处理导向合理与公正。例如,在交警的现场执法中,某一机动车驾驶人因违章行驶被当场罚款5元。该机动车驾驶人提起行政诉讼,在诉讼中,被告提交的唯一证据是唯一在场的值勤交警的证词,而原告坚持自己没有违章行驶。② 那么,在原告与值勤交警"一对一"证据的情况下,谁应承担证明责任?如果依据行政诉讼证明责任分配的一般规则,应当由被告交警部门承担证明责任,其直接结果便是被告的败诉。而这种在个案中否定交警现场判断的做法其影响的绝不会仅仅是个案本身,除非在所有现场执法中都有两名警察或者在所有可能出现违章或违法的地方均装上电子眼(这显然是不现实的),否则相关的行政处理决定均有被法官否定的风险。由此,可以预料,警察可能束手无策,或干脆撒手不管,结果将造成大量的交通违法行为逃逸法网,并对交通秩序带来重大损害。因此,在这样的案件中,为维护公共交通秩序及结合正常的经验判断(警察在交通行政处罚中事实认定正确的盖然性是比较高的),法官便有可能将证明责任分配给原告。

可见,证明责任分配中法官的自由裁量权是一把双刃剑,它是司法能动主义的表现,而司法能动主义究竟是自由的保障还是安全的威胁?对此,即便是在有"法官造法"传统的普通法下的美国也是一个极具争议的问题。③ 从证明责任分配的角度来说,一方面,如果绝对地根据法律规定的证明责任分配规则来分配证明责任,对于确保法官行为的可预见性显然是有利的,从某种程度上说也使司法行为更为单纯。但是,即便我们将证明责任理解为一个与具体个案无关的一般抽象的规则,并坚持证明责任只能由法律来规定,在个案中仍然可能出现无法判断证明责任的问题。以"水晶球案"为例,1999年1月23日上午10点,顾某在上海工艺美术商厦购买一颗标签上注明"天然黄水晶球"的工艺品。当时顾某要求鉴定,但售货小姐表示:"你去鉴定吧,有什么问题找我们。"顾某于是花了2944元将该球买下,并得到发票和信誉卡。信誉卡上写明:"假一赔十"。随后顾某立即打车前往城隍庙的豫园上海珠宝测试鉴定处鉴定。鉴定书写明:"球重289.8克、直径58.6mm,方解石"。据此,当日下午13点,顾某要求商家按信誉卡上的承诺赔偿,但交涉未果。同年4月27日,顾某将上海工艺美术商厦告上了法院。在法庭上双方的争议焦点是:顾某拿去鉴定的假水晶球是否就是被告出售的商品?被告主张"此球非彼球",原告则主张"此球乃彼球",在本案中,"此球乃彼球"或"此球非彼球"应当由哪一方来证明呢?有的人指出,可以让双方都证明,因为双方均有主张。"此球乃彼球"是原告的主张,"此球非彼球"是被告的主张,按照"谁主张,谁举证"的原则,都应该举证。但问题是当双方都不能或无法证明时,应当由谁来承担不利的后果呢?④ 可见,一方面,有了证明责任分配的基本规则并不意味着法官便能清楚明了并准确地分配证明责任,法官的主观判断是不可避免的;另一方面,如果允许法官自由裁量证明责任的分配,就有可能使法官有意无意地脱离证明责任分配的一般规则和特殊规则而根据自己的主观判断来分配证明责任。由于证明责任与

---

① 转引自[德]汉斯·普维庭著,吴越译:《现代证明责任问题》,法律出版社2000年版,第270页。
② 对于该案,何海波先生在《举证责任分配:一个价值衡量的方法》一文中有较详细的分析,参见《中外法学》2003年第2期。
③ 参见[美]克里斯托夫·沃尔夫著,黄金荣译:《司法能动主义——自由的保障还是安全的威胁》,中国政法大学出版社2004年版。
④ 具体案情请参见张卫平:《探究与构想——民事司法改革引论》,人民法院出版社2003年版,第180~181页。

案件实体结果的重要相关性,因此,在证明责任的分配上应当较严格地遵循法律所明定的一般规则与特殊规则,只有当在个别的案件中出现法官依照证明责任分配的一般规则分配证明责任将产生明显不公正的结果时,可以由法官以自由裁量来分配证明责任。

二、证据能力确定中法官的自由裁量权

证据能力是证据资料可容许为证明案件事实的能力或资格。无证据能力之证据,乃不得提出于法院,如已提出,则必须将其排除,而不得对其为证据调查,更不得将其作为认定事实之基础。① 证据能力问题实为证据的可采性问题,英美法系因其陪审团审判的传统,陪审团为事实之判断,为防止陪审员产生偏见,或涉及感情和专断之弊,乃就可以使用为证据之范围加以限制,有着严格的可采性规则,例如关联性规则、传闻规则、非法证据排除规则等。大陆法系由于实行自由心证制度,法官判断事实并决定法律的适用,一般在法律上并不对证据的可采性作出详细的规定,而是由法官裁量决定证据资格的有无。因此,一般而言,英美法系在证据能力问题上实行法定主义,而大陆法系实行裁量主义。但这一说法并不能体现两大法系对证据能力问题处置的真实情况,准确地说,无论是英美法系或是大陆法系,都是实行法定主义与裁量主义的结合,只是在各自掌握的度上有所不同而已。

相对而言,英美法系在对证据能力的判断上以法定主义为主,但在陪审团审判已逐渐减少的今日,法官在证据判断上的自由裁量权不断得以强化,例如,英国《1995年的民事证据法》在民事诉讼中废除了传闻规则,将其转化为证明力的问题而交由法官裁量。同时,法官拥有主导证据之权力,即法官拥有排除证据之自由裁量权,如果法官认为采纳证据与民事诉讼基本目标不相称,可运用所谓的"剩余裁量权"限制证据的运用、拒绝采纳证据或排除证据。② 事实上,即便是英美法系传统的证据可采性规则中同样存在着法官自由裁量的成分。例如,作为英美证据法中最重要的关联性证据规则,从《美国联邦证据规则》的规定中可以看出其并无对关联性证据的判断提供一个具体、明确的标准。对此,美国著名的证据法专家塞耶的回答是:"在绝大多数情况下法律并没有规定具体的关联性标准,而是将该问题交给逻辑和一般经验。"③"法官们在决定大多数关联性问题时的根据是对所提证据的感觉和可能存在的已确立的司法判例或法典化规则。法官有时对证据有一种感觉、一种直觉的反应,其基础是他们的经验、常识等。"④因此,即便有法定证据规则的指引,建立在法官经验和常识基础上的个人判断仍是不可避免的,这种个人的判断必然依托于法官的自由裁量权。在大陆法系国家,案件的事实审理者是职业法官,因而对于何种证据资料可以接受为证据,没有像英美证据法那样规定详尽的证据排除规则,而由法官依自由心证原则进行判断。但是,如果完全由法官任意自由评判,难免可能影响心证的正确性,因此大陆法系国家确立了直接言辞审理原则,以限制法官依自由心证原

---

① 李学灯:《证据法比较研究》,台湾五南图书出版公司1998年版,第438页。
② 程春华:《民事证据法专论》,厦门大学出版社2002年版,第626页。
③ 转引自郭志媛:《刑事证据可采性研究》,中国人民公安大学出版社2004年版,第13~14页。
④ [美]乔恩·R. 华尔兹著,何家弘等译:《刑事证据大全》,中国人民公安大学出版社1993年版,第65页。

则认定事实的基础资料,从而也就相应的排除了不能作为裁判基础的证据资料。① 事实上,自1808年法国确立自由心证后,为规制法官的心证,大陆法系国家大多陆续制定了相应的证据规则,例如非法证据排除规则、书证优先原则等,虽然没有英美法系详尽,但对于指引法官正确心证起着重要的作用。

从我国的法律规定来看,法律并未对证据能力问题作出规定,但在最高法院司法解释《民事证据规定》中对证据能力问题作了初步的规定,其在第68条中规定:"以侵害他人合法权益或者违反法律禁止性规定的方法取得的证据,不能作为认定案件的事实。"确立了非法证据排除规则,即排除非法证据的证据资格。但是该规定并没有就某一具体取证方式是否合法予以明示,而是为法官在民事诉讼中排除非法证据提供了两种尺度:一种尺度即以是否违反法律禁止性规定为标准,这种规定属于一种客观标准,也是一种硬性标准;另一种尺度是从立法者的角度授予法官就个案据情裁量,即按照个案的情形来定夺是否已实际构成非法侵犯他人合法权益,这种尺度属于一种相对主观的标准,也是一种相对弹性标准。这种制度的设置是基于立法者的角度,不能概莫能外地预先设定将来有可能在审判实践中会出现的所有纷繁复杂的各种情形,因为这涉及法官置身于某一特定个案的场景,对于法律精神与司法理念的具体掌握和实际领会。②

由于赋予了法官对非法证据判断的自由裁量权,《民事证据规定》关于非法证据排除规则中的判断标准,在审判实务中就有可能造成法官"仁者见仁,智者见智"情况的出现,例如,北大方正集团公司、北京红楼计算机科学技术研究所与北京高术天力科技有限公司、北京高术技术公司侵犯著作权纠纷案中的证据适用就出现了一、二审法院对同一种取证方式的合法性做出了完全相反的认定。③ 该案争议的焦点为原告方为获取被告制售原告享有著作权的软件的证据而委派其下属公司职员以个人名义向被告购买激光照排机及被告安装方正RIP等软件取得的证据以及公证人员在没有向被告表明身份的情况下所出具的公证书是否属于非法证据、是否具有证据资格的问题。北京市第一中级人民法院一审判决认为:原告北大方正公司和红楼计算机所采用的"陷阱取证"方式并未为法律所禁止,法院予以认可;北京市国信公证处出具的公证书证明了被告高术天力、高术公司实施安装盗版软件,公证处同时对安装有盗版软件的计算机和盗版软件进行了证据保全,法院对公证的过程和公证保全的内容予以确认,并判令被告在《计算机世界》上向两原告公开赔礼道歉及赔偿原告费用100余万元。一审判决后,被告不服,向北京市高级人民法院提起上诉。北京市高级人民法院经审理后认为:原告北大方正公司所采用的"陷阱取证"方式并非获取侵权证据的唯一方式,这种取证方式有违公平原则,一旦被广泛使用,将对正常的市场秩序造成破坏,且有违诚实信用原则和社会公德,对该取证方式不予认可。但国信公证处出具的公证书是合法有效的民事证据,对该公证书所记载的内容予以认定,故对上诉人在本案中销售一套盗版方正RIP软件、方正文合软件事实予以确认,并判令上诉人公开赔礼道歉和赔偿被上诉人一套正版软件的市场销售价13万元。从该案中我们可以看出,两级法院以不同的标准对案件中争议的证据的证据能力作出了不同的判断,一审法

---

① 张永泉:《民事证据采信制度研究》,中国人民大学出版社2003年版,第9页。
② 毕玉谦:《民事证据原理与实务研究》,人民法院出版社2003年版,第639~640页。
③ 关于本案案件事实和两审法院裁判要旨可参见:《北京法院:"陷阱取证"打击盗版方式并不违法》,新华网(网址:http://www.xinhuanet.com);《法院对被侵权方采用的"陷阱取证"不予支持》,载《法制日报》2002年7月16日。

院采用的是"证据的取得是否违反法律的禁止性规定"的标准,而二审法院采用的是"证据的取得是否侵害了他人的合法权益"的标准。该案于 2002 年 7 月 15 日作出终审判决,2002 年 10 月 12 日最高人民法院发布了《关于审理著作权民事纠纷案件适用法律若干问题的解释》,其在第 8 条规定:"当事人自行或者委托他人以定购、现场交易等方式购买侵权复制品而取得的实物、发票等,可以作为证据。公证人员在未向涉嫌侵权的一方当事人表明身份的情况下,如实对另一方当事人按照前款规定的方式取得的证据和取证过程出具的公证书,应当作为证据使用,但有相反证据的除外。"该规定实际上肯定了一审法院的判断。

因此,即便是对同一法律条款,不同的法官也可能有不同的解读,这在司法过程中是难以避免的,在上述案件中即便以同一个标准如"证据的取得是否侵害了他人的合法权益"的标准,不同的法官仍然可能作出不同的判断。我国法律及司法解释中有关证据能力的规定尚十分缺乏,除了上述的非法证据排除规则外,几乎没有其他关于证据能力的规定,但这并不意味着在我国司法实务中就不会遇及除非法证据以外其他证据的证据能力问题,而如果没有相应的规则加以指引,就可能使得法官在证据能力判断上的自由裁量权过大,并可能造成司法的严重不统一。因此,应当根据我国的司法现状,借鉴两大法系的立法经验,确立直接言辞审理原则,并逐步完善有关证据能力的相应规则。在证据能力问题的判断上,我国所建立的模式应是以法定主义为主,以裁量主义为辅的模式。

三、证明力衡量中法官的自由裁量权

如果说证据能力的问题主要依靠法律来调整,那么证明力的问题则依靠法官的自由心证进行判断。证据能力涉及证据的可采性问题,而证明力涉及证据的证明价值。立法与司法传统的不同,可能导致法律上对证据能力和证明力问题的不同处理。以美国证据法的发展为例,证据的可采性是最重要的,而关于证据的证明力问题则相对在立法中被忽略。从证据本身角度来说,当证据代替神灵走上人类司法活动的历史舞台后,任何社会都面临有关证据的两个基本问题:其一,什么事实或什么材料应该被准许作为证据进入司法程序或审判程序,即可采性问题;其二,司法人员将采用的那些事实或材料能够如何使用,即证据的证明力问题。美国的证据规则几乎都与这两个问题中的第一个有关,即均规范了什么应该被接受为证据的问题,而很少规范第二个问题。① 这种处理方式的出发点在于:一方面,如果不事先对证据的可采性问题作出规定,就可能导致证据被不断提交、诉讼拖延,还会造成不当证据被提交到缺乏经验的普通陪审员面前,以致误导陪审员裁决;另一方面,如果事先明确规定准许采纳的证据可以起到何种作用,则可能造成机械地使用证据的情况,进而走到法定证据主义的老路上去。因此,美国证据规则绝大多数是直接或间接规范证据可采性的规则,至于被采用的那些证据证明力如何,则不由证据法来规定,而留待法官或陪审团去自由裁量评断,故而被称为采证上的法定主义,证据评断上的自由主义。② 大陆法系在证明力问题上的法律处置基本上与英美法系一致,实行自由心证,只有在个别情形下才对证据的证明力作出规定。例如德国《民事诉讼法》在

---

① 刘晓丹:《美国证据规则》,中国检察出版社 2003 年版,第 17 页。
② 李祖军:《民事诉讼目的论》,法律出版社 2000 年版,第 210 页。

第415条至第418条中对公文书及私文书的证明力作出了规定。① 由此也可以说明,在证明力的判断上英美法系的法官比大陆法系的法官享有更大的自由裁量权。

比较而言,由于长期以来我国对自由心证制度一直采排斥态度,认为它是建立在唯心主义和不可知论的基础上的,②因此,三大诉讼法均无对法官裁量证据证明力的问题作出规定。虽然我国法律从来不曾肯定过自由心证制度,但诉讼法中关于证据的规定非常简单,几乎没有什么具体、可操作性的证据规则来指导法官对证据进行判断和采信。从证据判断的过程来看,这也是一种自由心证——因为法官是在没有证据规则约束的情况下对证据作出判断。③ 可见,虽然我国法律并未认可法官在证据的审查判断上的自由裁量权,但这种自由裁量权始终存在,而由于这种客观存在的自由裁量权缺乏法律的明示和相应的制度保障,在很多情形下它可能沦为一种恣意。如上所述,对于证据的证明力判断,在英美法系国家中法官也几乎没有受到任何的限制,但其与我国不同的是,有证据能力的审查为前提,以防止不当证据对事实审理者的心证可能产生的错误影响。

改变我国对自由心证回避态度的法律文件仍然是最高法院所制定的《民事证据规定》,在该规定第64条规定:"审判人员应当依照法定程序,全面、客观地审核证据,依据法律的规定,遵循法官职业道德,运用逻辑推理和日常生活经验,对证据有无证明力和证明力大小独立进行判断,并公开判断的理由和结果。"该规定借鉴了现代自由心证的合理因素,既强调法官审查判断证据应当遵循法定程序、依据法律的规定,也强调法官依据法官职业道德和逻辑推理及日常生活经验对证据进行独立的判断,并公开判断的理由和结果。④ 同时,在《民事证据规定》的第69条、第70条、第71条、第72条、第73条、第77条从不同角度对证据的证明力作出了较为详细的规定,以约束法官的自由心证。与两大法系关于证明力裁断的法律规定不同的是,尽管该司法解释也赋予了法官自由判断证据证明力的裁量权,但关于证明力判断上的法定主义成分显然要浓厚得多,从我国目前的司法条件及法官现状来看,这种模式并无不妥,也有利于指引法官的正确判断。问题主要在于,我国没有确立直接言辞审理原则,除了非法证据排除规则以外,也几乎没有关于证据能力的审查规则,当大量不当证据进入诉讼程序后,即便有证明力判断规则的指引,仍然可能使法官的心证建立在错误的基础上。我国司法解释中关于证据能力与证据证明力处理的差异还是体现了偏重对客观真实追求的理念,这种理念在《刑事诉讼法》中体现得特别明显,例如,《刑事诉讼法》虽然在第43条中规定:"审判人员、检察人员、侦查人员必须依照法定程序,收集能够证实犯罪嫌疑人、被告人有罪或者无罪、犯罪情节轻重的各种证据。严禁刑讯逼供和以威胁、引诱、欺骗以及其他非法的方法收集证据。"但并没有限制以上述方式获取的证据的证据能力。

德国学者认为:"任何证据都需要法院心证,也即审查证据是否能使法院获得真实性确信或不真实性确信。法院心证可以受固定的法律规则的约束或自由作出……固定的证据规则在今天只在例外情况下才被允许。"⑤这种思想在《德国民事诉讼法》中表现十分明显,该法第286条规定:"(1)法院应该考虑言辞辩论的全部内容以及已有的调查证据的结果,经过自由心证,

---

① 参见谢怀栻译:《德意志联邦共和国民事诉讼法》,中国法制出版社2001年版,第102~103页。
② 相关的看法请参见毕玉谦:《民事证据法及其程序功能》,法律出版社1997年版,第107~108页。
③ 江伟、吴泽勇:《证据法若干基本问题的法哲学分析》,载《中国法学》2002年第1期。
④ 黄松有:《完善民事诉讼证据制度,促进司法公正与效率》,载《人民法院报》2002年4月1日。
⑤ [德]奥特马·尧厄尼希著,周翠译:《民事诉讼法》,法律出版社2004年版,第262页。

以判断事实上的主张是否可以认为是真实。作为法官心证根据的理由,应当在判决中记明。(2)法院只在本法有规定的情况下,才受关于证据的法律规定的约束。"日本学者也指出:"罗马·加仑法、德国普通法时代,法律上已经规定了证据的价值,法官只需依此进行事实认定即可。这在法官还不是专家的时代,的确起到了防止法官判断遗漏的作用。但是在法律专家裁判的现代社会,反而会妨碍事实真相的发现。现代诉讼法都依据自由心证主义。"① 可见,对于证据证明力的判断法律不设置过多的约束规则是各国立法的普遍情况,但对于证据能力的法官自由裁量权,大陆法系国家自20世纪以后有收紧的趋势,例如,1988年颁布的意大利《刑事诉讼法》第195条规定,只有在证人死亡、患有疾病或下落不明的情况下才可以使用传闻证言。这种对传闻证言采纳的限制似乎比英美法系国家更为严格,因为在英美法系国家的刑事诉讼中,如果被告人同意,法院可以采纳传闻证言。虽然我国目前法官现状并不完全尽如人意,但并不代表我国的法官没有独立判断的能力,只是我们在制度上没有给予法官独立判断的机会,如果在我国司法审判中也确立直接言辞审理原则,改变当前案件动则请示上报的情况,法官的独立判断能力自会得以提升。因此,从发展的角度而言,我国应减少对证据证明力判断的约束性规则,而应增加对证据能力确定的约束规则,并确立直接言辞审理原则。

法官在对证据的证明力进行判断时,应当遵循经验法则。证明力的评价,其实就是以生活经验法则为大前提,以具体案件中的证据为小前提,从而得出该证据具有多大证明力的逻辑三段论推理的过程。② 一般而言,经验法则不是个别人所特有的特殊经验,它是一般人或一定范围内的人们所共有的知识。尽管经验法则不以法律条文的形式来表示,也不一定以其他明示的、可见的方式而存在,但在超越个人思考并能够在一般人的理解中获得认可这一意义上,经验法则也是客观的。当然,经验法则在数量上是无限的,而且各个经验法则在其盖然性程度上的差别也是无限的。这种无限性就是法定证据制度被放弃,自由心证原则被采用的根本原因之一。③ 企图以有限的法律条文来涵盖无限的经验法则及其无限的盖然性程度只能导致对发现真实的阻碍,因此,法官也有选择运用经验法则的判断权,但这种判断权并不意味着随心所欲,法官的判断要受经验法则客观性的内在制约,即其必须受人们关于该经验法则内容及盖然性程度的一般理解所制约。

四、法官自由裁量权的合理规制

在事实认定过程中,从举证、质证到认证,法官的自由裁量权都无所不在,贯彻始终,因此,法官认定事实的过程实际上是一个客观见之于主观的过程,也是一个由法官对各种证据进行主观评价的过程。美国学者克里福德·吉尔兹指出:"判决事实并不是自然生成的,而是人为造成的,一如人类学家所言,他们是根据证据法规则、法庭规则、判例汇编传统、辩护技巧、法官雄辩能力以及法律教育成规等诸如此类的事物构设出来的,是社会的产物。"④ 在司法过程中,

---

① [日]中村英郎著,陈刚等译:《新民事诉讼法讲义》,法律出版社2001年版,第199页。
② 李祖军:《自由心证与法官依法独立判断》,载《现代法学》2004年第5期。
③ 王亚新:《社会变革中的民事诉讼》,中国法制出版社2001年版,第323页。
④ 转引自肖建华:《民事证据法理念与实践》,法律出版社2005年版,第417页。

对事实认定的最终标准在很大程度上被寄托在法官的理性之上,但是法官作为社会存在的一个普通个体,也不可避免有其感性的一面,也拥有常人的情感、欲望、偏见等,以及特有的经历、心理素质、价值观念或参差不齐的职业技能,所有这些,必然对证据的评判产生种种影响,导致某种主观的偏差的认识,进而影响对案件事实的正确认识。因此,为减少或消除感性因素对法官的干扰,抑制法官的恣意,除了应当遵循如上所提及的规则外,还应通过价值判断与法律论证方法的运用及审级制度的保障等途径来使法官的自由裁量权得到合理的制约。

(一)通过价值判断的法律方法指引法官在事实认定过程中合理行使自由裁量权

法官在个案中通过自由裁量对证明责任进行分配、对证据资格进行审查或对证明力作出判断,其目的一般并不纯粹是寻求个案中的事实真相,而在于通过证明责任的分配及证明资格的确定、证明力的衡量,公正和有效率地分配社会资源,指引当事人应当遵循的行为规则。例如,法官在证明责任分配上的自由裁量主要出现在当具体个案按照证明责任的一般原则来确定证明责任的承担,有违公平原则和诚实信用原则,但其又不属于法律明定的可以倒置证明责任情形的场景中,这种场景在司法中出现的几率并不会很高,而个案所具有的法律意义往往大大超越其自身的价值。在证据能力的确定上,许多情况下同样需要运用价值判断进行处理,例如,《美国联邦证据规则》第403条规定:"证据虽然具有相关性,但可能导致不公正的偏见、混淆争议或误导陪审团的危险大于该证据可能具有的价值时,或者考虑到过分拖延、浪费时间或无需出示重复证据时,也可以不采纳。"对于具有相关性的证据可能导致的不公正的偏见、混淆争议或误导陪审团的危险是否大于该证据可能具有的价值显然需要法官作出价值衡量,而关于非法证据的排除更是体现了对法律所保护的权利与秩序的价值冲突的平衡。同样,关于证明力的判断除依据经验法则外,也可能运用价值衡量的方法。例如,在前述证明责任分配中的交警处罚交通违章案中,以经验法则为判断,交警主张的原告违章事实具有明显占优势的盖然性,但是,从情理上讲,原告如果不是确信自己没有违反交通规则,如果不是对处罚结果充满冤屈甚至愤怒,是不大可能为5元钱而兴讼的,据此原告主张的事实似乎也具有占优势的盖然性,此时,可能就要辅以关于公共交通秩序保护的价值衡量。价值判断常常作为一种法律方法在司法过程中运用,我们知道,当法官在法律未规定的案件中创制新的规范或废弃过时的规则以采纳某种适时规则的时候,价值判断在司法过程中会发挥最大限度的作用。换言之,在不受先已存在的规范和原则指导的相互冲突的利益间进行选择,就需要进行价值判断。① 但是,即使在法律的创制领域,司法裁量权通常也要受到社会制度一般性质的限制,一般而言,一个文化的价值模式制约司法评价的自由。即便法官可以运用价值判断的方法,其开启与适用仍受到当下社会各种因素的限制,包括基本社会制度、文化传统、习俗、社会理想、公共政策等。例如,在一个承认广泛的契约自由的自由社会中,法院很难以某种协议与公共政策和正义相抵触为理由而否定它的效力(当然以实在法没有明确禁止这种协议为条件),除非能够拿出强有力的论据表明该协议违反了基本的集体道德观念,或者表明该协议的实施会危害社会组织的完整性。即便如此,法官仍有可能受到非议。例如,我国《民事诉讼法》第64条规定了证明责任分配的一般规则,《民法通则》在"民事责任"一章中通过规定特殊的侵权行为责任对证明责任倒置情形进行规定,但最高人民法院在《民事证据规定》第4条第8款所规定的医疗侵权行为

---

① [美]E·博登海默著,邓正来译:《法理学:法律哲学与法律方法》,中国政法大学出版社2004年版,第527页。

证明责任倒置规则及第6条规定的劳动争议纠纷案件证明责任倒置规则,并未遵循上述二法证明责任分配规则,实际上即是法官自由裁量证明责任分配的结果。尽管在其出台后有一定的争议,但鉴于我国医疗侵权及劳动争议中患者和劳动者的权益普遍难以得到保障、违背了社会公平与正义要求的现实背景,最高人民法院基于价值判断对该二类案件证明责任分配所确立的规则还是普遍得到肯定的。

问题的关键在于,如果不是最高法院,其他法院的法官有没有能力运用法律价值判断的方法来对证明责任分配或证据能力乃至证明力的问题作出正确的判断。这是一个一再被提出来的问题,其实际上是建立在一个假设的前提下,即最高法院法官的判断能力是没有问题的,而地方各级法院法官的判断能力是值得怀疑的。这种假设是非理性的,最高法院也有相当一部分司法解释是不明智的,而地方法院法官也作出了很多出色的判决。在司法独立的语境下,每个法官均有独立的判断权,同理,在司法不独立的语境下,每一级的法官均有可能受到干预,只是程度不同而已。因此,对于各级法院法官在个案中对证明责任分配、证据能力的确定及证明力判断上的自由裁量权均应予以肯定,并通过以下二机制给予必要的约束。

(二)借助法律论证由法官给出判断的标准与理由

德国学者拉伦茨说:"被发现的法命题并非已既存者,它最多只是可能的法,而并非已经是当前的法,换言之,随时被适用的法,只有当法院将之明白表达出来,或者至少在一个事件中采之为裁判基础时,它才变为当前的实际上被适用的法(行动中的法)。"① 法律论证的主要任务就是论证作为法律大前提的合法性和合理性,是法律推理能否得出正确判断和结论的保障。法律论证一方面能使论证者清晰法律背后的原则、政策、原理,另一方面可以解决现行法中模糊和空缺的部分。另外,法律论证也是法律人阐明自己所认定法律的理由,从而不仅说服自己也说服当事人。② 由于在证明责任分配、证据能力确定上要求尽可能地遵循法定的规则、在证明力的判断中要遵循经验法则,因此,一旦法官要依自由裁量权改变分配的规则或确定证据能力以及法官为何认可某一证据的证明力大于另一证据时,法官在判决书中详细而充分的论证便是必不可少的,它可以为法官的裁判提供正当性基础,也可以为当事人是否通过诉权(上诉权)制约法官自由裁量权提供合理的判断标准。在我国近年的司法改革中,裁判文书中就事实与法律的推理论证已有明显的改进,但仍有相当多的法官不能适应事实认定中的严格推理,而习惯于凭直觉估计下判;即使法官在案件中进行了推理,但其推理过程(尤其在疑难案件中)往往被勉强的条文援引、简单武断的"认定"遮蔽了。③ 我们认为,任何理性的推理都比生硬的条文更能让人信服,这种推理可以促使法官对自己的判断进行再次的审查和反省,以尽可能剔除不合理的判断,同时它可以给当事人提供一个可能进行批评和反论的对象,使当事人能够理解和核查法官的心证结论和心证过程,它还可以使上诉审更容易明确争点以便利上诉审的审查。因此,通过法律论证由法官给出判断的标准与理由是法官自由裁量权得以合理运用的基础。

(三)以审级制度保障当事人的权利

如前所述,司法的被动性要求通过程序的规制和当事人处分权的行使以抑制司法权的滥

---

① [德]拉伦茨著,陈爱娥译:《法学方法论》,五南图书出版公司1997年版,第311页。
② 陈金钊:《司法过程中的法律方法论》,载《法制与社会发展》2002年第4期。
③ 何海波:《举证责任分配:一个价值衡量的方法》,载《中外法学》2003年第2期。

用,当法官在案件中对证明责任的分配、证据能力的确定及证明力的判断行使自由裁量权时,当事人有权通过上诉来提出异议,要求法官改变决定。这一点在我国现有的审级制度中并无大的问题,但由于我国绝大多数案件的终审法院为中级法院,而对证明责任的分配、证据资格的确定等问题,两级法院作出的判断常常是完全相反的,加之裁判文书推理论证的缺失,很难令当事人信服。例如,在前述的北大方正集团公司、北京红楼计算机科学技术研究所与北京高术天力科技有限公司、北京高术技术公司侵犯著作权纠纷案中,一审、二审法院根据同一司法解释的同一个条款对原告获取的证据的证据能力作出了不同的判断,而在案件判决生效后,最高法院却以另一个司法解释肯定了一审法院的判断,这对当事人来说是十分不公平的,也使法院自身陷入一种尴尬的境地,因为这种明显针对某一个案具体情形而作出的司法解释并不具有普适性,而最高法院也不可能对所有有争议的案件都给出一个明确的司法解释,这种不受当事人诉权约束的司法权是危险的,不但可能损害当事人的合法权益,而且最终会损害司法权威。① 因此,笔者认为,在未来修改民事诉讼法时应将我国的两审终审制改为有限的三审终审制,对于在事实认定过程中有重大争议的案件,应当允许当事人上诉至第三审法院,由第三审法院作出最后的判断,并形成判例,以指引下级法院法官自由裁量权的合理行使。判例之于司法解释的不同在于,司法解释是抽象的,最高法院在给出司法解释的同时并不给出判断的理由,使下级法院无法合理把握其对具体案件的适用性,对同一司法解释作出完全不同的领会也就不足为奇;而判例是以具体案件为基础的,上级法院在作出判断时同样必须给出合理的说明与论证,这对于下级法院的法官在同类案件中作出相同的处理具有明确的指引作用。因此,如果最高法院要给出司法解释必须通过审理具体案件来作出,而当事人如果要获得最高法院的解释,只能通过行使诉权的方式实现。②

　　心证公开要求法官把本来存在内心状态中的心证内容和过程表现出来,从而使法官心证的内在限定和制约获得了外在性、可视性。上诉制度则以当事人的争议为契机,对法官的心证是否符合其内在的经验法则、逻辑法则以及是否达到了必须的释明度、证明度,提供了检查和审核的具体保障。③ 与法定证据制度对法官判断进行的事先的、一般的控制不同,通过判决理由和上诉对法官心证的制约具有事后的、具体的性质,一方面,它给予法官在事实认定过程中合理的自由裁量空间以更好地发现真实,另一方面,它通过合理的检验机制以有效抑制法官自由裁量权的滥用。

---

　　① 该案后由北大方正集团公司、北京红楼计算机科学技术研究所向最高人民法院申请再审,最高人民法院提审再审后,于 2006 年 8 月 7 日作出了再审判决。具体判决内容可参见《中华人民共和国最高人民法院公报》2006 年第 11 期。
　　② 李忠诚等:《中国法学会诉讼法学研究会 2004 年年会综述》,载《中国法学》2004 年第 6 期。
　　③ 王亚新:《社会变革中的民事诉讼》,中国法制出版社 2001 年版,第 341 页。

判决的对外效力

吴英姿[*]

一、判决效力的相对性及问题

判决效力作用的主体范围原则上只及于当事人（包括原告、被告、共同诉讼人、有独立请求权第三人及依判决承担义务的无独立请求权第三人），理论上称之为判决效力相对性规则。判决效力只及于当事人的原因是：(1)民事诉讼的主要目的在于解决当事人之间的权利义务争议，判决对象也是当事人之间争议的法律关系，因此，判决结果只与当事人有法律上的利害关系，与当事人以外的第三人（以下所称第三人均从此意）无关，故判决效力仅就特定权利于特定当事人之间存在。(2)判决效力相对性是债权相对性规则的反映。在民事实体法上，权利被分为对世权（物权）和对人权（债权）两大类。但是，当物权受到他人侵害，或与人发生争议后，权利人起诉通过法院向对方行使的请求权已转变为债权请求权，他要求法院确认的是（侵权）债权债务关系。因此，无论物权还是债权引起的诉讼，判决所确认的都是债权关系。债权相对性规则决定了判决效力相对性，是判决效力相对性的实质基础。(3)程序保障原则也要求判决效力只能发生在当事人之间。根据这一原则，判决之作出必须以当事人参加诉讼、充分行使辩论权、尽量运用攻防方法及其他诉讼权利为前提，法院判决所依据的事实必须是经法定程序查明的。正是因为程序法赋予并保障当事人参加诉讼、充分举证及进行辩论等诉讼权利，才导致当事人有承受判决约束力的责任。任何人不受他并未参加的诉讼结果的约束。反之，对于没有参加诉讼的人主张判决效力，是要求他在没有听审机会、没有辩论权利的情况下接受判决结果，是不公平的。

实体权利是一个有机整体。民法除规定各项具体权利之外，也规定各权利之间的联系。在民事权利体系内部，各种权利既相对独立，又彼此牵连。一项权利的成立常以另一项权利的成立为前提；一项权利的变动往往影响其他权利也发生变化。反映在法律关系中就是：先决法律关系主体的行为往往引起附随法律关系的变动。而一旦当事人发生争议经过民事诉讼，取得确定判决之后，透过判决效力相对性规则，却可能使诸权利形成彼此孤立的状态，难免导致实体法律关系间的矛盾与冲突。例如，主债权人甲诉连带保证人丙承担保证责任，获胜诉判决

---

[*] 吴英姿：南京大学法学院。

后,丙诉乙,行使代位求偿权。乙却以主债权不成立为由进行抗辩。由于两案当事人不同,诉讼标的各异,后诉并不受前诉判决既判力约束,不违反一事不再理规则。如果后诉法院审理后认为主债权不存在并据此判决驳回丙的诉讼请求,判决一经确定即出现甲乙间主债权不成立而丙的保证责任却存在的怪现象。这不仅违背实体法关于保证责任从属性之规定,而且使丙行使追偿权无门。对于丙而言,这是不公平的。从理论上讲,凡三个以上权利主体间权利义务具有依存关系的,均可能出现类似情形,如连带债务、合伙、无限责任公司、雇主责任、空间利用权、保险合同、财产共有、代位权等等。为此,日、德及我国台湾地区不少学者对如何实现判决彻底解决纠纷、维持实体法所确立的权利体系进行探索,试图发展判决效力相对性规则,指出判决在某些情况下可以发生某种对外效力。较有代表性的是"反射效力理论"、"判决效力扩张理论"及"第三人效力理论"。

(一)反射效力理论(波及理论)

最先提出判决的反射效力理论的是德国学者 Watch。他所称的反射效力是指因当事人间的生效判决反射使第三人之权利义务发生变化的效果。后 Enticer 的"附随效力理论"使德国的反射效力理论趋于成熟。所谓附随效力是指,如果某一判决生效后,因该判决本身或与其他法律事实相结合后,成为另一法律关系发生、变更、或消灭的原因时,这种导致另一法律关系变动的效果即为该判决的附随效力。此种效力若发生于当事人与第三人之间时,即为反射效力。日本学者兼子一把反射效力解释为:当事人间确定判决之存在,对于第三人反射地受到有利或不利的影响的现象。这种影响表现为:对于第三人而言,必须承认该判决的权利义务关系,并可援用判决内容支持自己的主张。台湾学者吕太郎在兼子一理论基础之上稍作扩充,认为反射效力一方面表现为对当事人以外的第三人产生的影响力;另一方面表现为对后诉法院的影响力:后诉法院不得为反于该确定判决之判断,而应当以确定判决之判断为前提。[①]

(二)判决效力扩张理论

该理论为德国学者 Rosenberg 首倡,为日本学者吉春德重、铃木正裕、新堂幸司等人所接受和发展。Rosenberg 认为债权人对主债务人之诉受败诉判决者,其既判力及于保证人;而于无限公司,因股东责任完全依存于公司,故公司所受胜诉或败诉判决,不问对股东有利或不利,其既判力均及于股东。德国学者 Betterment 和 Bolometer 根据德国《民事诉讼法》第325条之规定解释判决效力扩张的原理,认为发生判决效力扩张的情形有二:(1)因诉讼上理由(或"因适格丧失")而生之既判力扩张,指诉讼标的转移于第三人,但原来的诉讼当事人仍继续实施诉讼的情形;或当事人乃为他人而为原、被告(如股东代位诉讼的股东等)的情形。判决虽对实际参加诉讼的当事人作出,但对于继受诉讼标的的人及被代位人也生效。(2)因实体法上原因(或"因权利继承")而生之既判力扩张。指第三人与当事人一方之间的法律关系与诉讼标的存在依存关系,为保护第三人的利益,类推适用判决确定后对权利继承人既判力扩张之规定。吉春德重认为既判力扩张应分别各种情形依其不同目的及政策衡量求其实质依据。他借用中世

---

① 吕太郎:《民事确定判决之反射效力》,载《法学丛刊》1988年第4期。

纪意大利法上"最适格当事人"(Legitimism Contradictor)概念,①认为在现行法上与此概念相呼应,并能兼具继承关系与诉讼上特色者,可称为"当事人适格之依存性",也即必须将继承关系类推适用于诉讼法上,只有具有此适格之依存性始为既判力扩张所及。

(三)第三人效力理论

德国学者 Schwab 称之为"既判力之对第三人效力"。他将判决对第三人发生的效力分为两种:一种为当事人与第三人间,其诉讼标的在客观上具有同一性,仅其主体有所变更,判决应对该第三人发生效力,此为判决效力扩张的一般情形。第二种为生效判决是一方当事人与第三人间之后诉裁判的前提,而使前诉之判决对该第三人发生效力的情形,此为"既判力之对第三人效力",认为为避免就同一事项为相反裁判,法院就前诉判决确定的规准对第三人亦得主张,从而第三人亦应受拘束。另外,因为当事人就彼此之间存在的法律关系之诉讼为当事人,只有他们有权就该法律关系为有利或不利的主张,并就诉讼标的行使处分权,从而其所受之判决效力自应及于第三人。主要事例为:"对用益物权人之第三人效力",如债权人甲乙分别对债务人丙取得胜诉确定判决后,甲于分配程序不得争执乙丙间判决是否存在,即乙丙间确定判决对甲发生拘束力。②

二、判决对外效力的理论基础

讨论判决能否发生对外效力以及如何发生对外效力,应当从判决效力的实质及判决效力相对性规则中寻找其合理内核。片面强调判决一次解决更多纠纷的实效,而任意主张判决的对外效力的观点,容易得出与判决效力相对性规则直接对立的结论,走向诉讼保障精神的反面。

考察判决效力发生的根据应当从实体法和诉讼法的双重意义上进行,同时结合民事诉讼的目的、程序的规定性及程序固有的功能、当事人在诉讼中的地位和责任等影响判决效力的重要因素,才能完整地分析判决效力的本质。判决效力的根据至少有以下几个方面:(1)从实体法角度看,判决确定了当事人之间权利义务关系,结束了当事人之间对权利义务的争议,使其间的法律关系由不确定变为确定状态。民事诉讼的目的在于解决纠纷。在争议状态下,当事人没有或不知道以怎样的标准来实现权利,也无权强迫对方当事人履行义务。经法院审理而形成的判决成为双方当事人实现权利的唯一参照和根据。换句话说,判决的基本作用在于为当事人实现权利确定规准,这也可以说是判决的实体法效果。我们说判决具有实体法效果,并不是把判决效力等同于法律效力。判决的这种效果只发生在当事人之间,只对具体个案有约束力。即便在关于当事人争议的权利实体法没有明文规定的情形,判决确定的新规准也不当然对其他案件有效。用德国学者 Schwab 的话说:"既判力的本质并非消极的规定,而系积极

---

① 此概念为中世纪意大利学派将罗马法上既判力相对性规则与日耳曼众人诉讼之传统相结合所创。核心内容是:诉讼中当事人为主利害关系人,第三人为从利害关系人时,不必通知第三人,视为主利害关系人的诉讼为从利害关系人而为,判决对第三人发生效力。
② 吕太郎:《民事确定判决之反射效力》,载《法学丛刊》1988年第4期。

地创造判决内容的规准性,此之规准性并非指依既判力而形成权利,而是当事人必须遵从判决。"① 由于判决具有这样的效果,它就发生强制当事人遵守、服从的效力,表现为当事人应按照判决确定的规准状态来构建他们的权利义务关系。(2)判决的效力是程序安定性②的必然要求,也是程序安定的重要保证和主要内容。从这个角度说,判决的效力是诉讼法直接赋予的,判决发生的是诉讼法上的效果。正是因为程序的安定性,要求当事人和法院都必须尊重经过法定程序作出的判决的效力。判决效力首先是程序终结的标志,意味着程序已经完成,当事人和法院均不得要求再次审理或变动判决内容。其次,判决效力也是程序不可逆性和时限性的要求。法国学理认为,既判力的依据是讼争不应该无止境地拖下去,当事人已经享受司法组织审理层次的保障,法官的判断会有差错,新的判决同样会有差错,所以最好的办法是:如果第一次判决是在所有正规的保证已经做到的情况下作出的,就视为讼争已经得到一次性的解决。③ 判决应当是严格依照诉讼法设立的程序作出的,判决中的判断是法官在充分听取当事人陈述与辩论,以事实为依据,正确适用法律的基础上作出的,故在法律上视为是正确的(正当的)。这是要求当事人认同和遵从的基础。(3)判决的既判力是程序保障的结果。正是因为诉讼法赋予当事人程序权利并保障其真正落实,也要求当事人承担服从判决的责任。(4)判决的约束力是国家审判权所固有的强制力的结果。国家权力是以各种暴力手段为后盾保证实施的,法院代表国家行使审判权也是如此。因此,作为审判权行使结果的判决也当然地具有这种强制实现、不容抗拒的力量。拒不执行法院判决不仅是违法的,构成妨害民事诉讼的行为,情节严重的还能构成犯罪。总之,判决效力的实质是:为当事人提供解决纠纷、实现权利的规准。从这一命题以及判决效力相对性规则可以推导出下列子命题:

推论一:判决效力不能简单等同于法律效力。

该命题的含义是:判决没有普遍的约束力,它只为当事人实现权利、履行义务提供规准。因此,严格意义上的判决效力只限于"对当事人的效力"一层含义,并不包含"对法院的效力"及"对社会的效力"之含义。我国民事诉讼法学界通行的判决效力"三层次拘束力说"(即对当事人的拘束力、对法院的拘束力、对社会的拘束力),④把判决效力等同于法律效力,⑤这是与判决效力相对性规则直接冲突的。法律因其面向全体社会成员设定权利,故具有普遍约束力,而判决仅对当事人作出,只能对当事人生效。判决效力的核心是对当事人的约束力。正是因为判决具有强制当事人服从的作用,并且为了维持这一效果,才发生要求法院乃至全社会对判决的维护与尊重的问题。这表现为:禁止法院任意改变已作出的判决(包括未生效的判决),禁止任何人妨害判决的执行。也可以说,法院和社会对判决的维护与尊重是维持判决效力的必然要求,而不是判决效力的本质内容。判决并不创造法律,只是证明法律规则的存在。

"第三人效力说"的致命弱点也在于混淆判决效力与法律效力两个不同的概念,把判决效力扩大解释为法律的普遍约束力。该说所列判决对第三人效力的两种情形,其中第一种实质

---

① 转引自昌太郎前揭文。

② 安定性是诉讼程序固有的自然属性之一。程序的安定性要求诉讼程序必须依法定顺序进行并保持连续性;依法进行的程序具有不可逆性;诉讼应在法定的期限内完成——诉讼的时限性;依法经过所有的程序后诉讼应当终结——诉讼的终结性。

③ 沈达明:《比较民事诉讼法初论》,中信出版社1991年版,第156页。

④ 比较有代表性的如柴发邦主编:《民事诉讼法学新编》,法律出版社1992年版,第376~377页。

⑤ 该观点认为:"民事判决对社会的拘束力表明判决具有普遍的效力,实际上是国家法律的约束力在具体民事案件中的反映。"(柴发邦前揭书,第377页。)

上并非判决对外效力的体现。当第三人与当事人间诉讼标的为同一的时候,该第三人是应当参加诉讼的当事人。在我国民事诉讼法上,属于必要共同诉讼。因此,此种情形仍属于判决对当事人的效力。其第二种情形类似于我国判决效力理论中的"判决对社会的约束力"。所谓"对用益物权人的效力"并非判决对外效力的实证。甲之所以无权对乙丙间判决提出异议(乙同样无权对甲丙间判决提出异议),并不是判决对甲有约束力,而是因甲不是乙丙间债权关系主体,无实体权利,故无诉权,本无争议权(包括对判决不服之异议权)。可见,"第三人效力说"未能真正解释判决的对外效力,私以为不可采纳。

三、判决的对外效力

推论二:作为当事人实效权利的规准,在特定情形下,判决事实上亦能成为第三人确定权利义务的规准。此时,可以认为判决对该第三人发生某种效力——反射效力。

该推论并不是逻辑上的自相矛盾。首先,所谓判决的反射效力,并非判决的拘束力、既判力或执行力,而是指判决作为一种法律事实,引起当事人与第三人间权利义务关系发生、变更或消灭的作用。例如,判决确认主债务因抵销而消灭,从而能够确定保证责任亦随之消灭;再如,判决确定保险合同解除,因而能确定原合同指定的受益人丧失受益权;再如,判决认定销售者承担产品质量责任,销售者履行义务后,其向生产者追偿的权利即确定,等等。可见,判决的反射效力不是指判决对第三人发生约束力,而是指判决在客观上对第三人权利义务的影响。这种影响是依据法律规定或合同约定而发生的,可以称为"判决的事实效力"。

其次,判决的反射效力还指有关第三人在相关后诉中得依前诉判决所确定的权利义务关系提出主张,但不能为相反主张,并有权要求后诉法院直接以该判决所确定的权利义务关系为事实依据作出判决。后诉法院也必须以该判决为事实依据作出判决,无须对同一法律关系再次审理,更不得为相反判断。这是判决的事实效力的另一表现——能够成为后诉判决的事实依据。我国证据理论将"经生效裁判认定的事实"归入"无须证明的事实",可直接作为判决的事实依据,这与判决的反射效力理论殊途同归。①

第三,判决的反射效力并非判决的一般现象,而是在一定情况下发生的作用。根据我国有关法律的规定,可能发生判决的反射效力的情形主要有两种:一种是当事人间权利义务的确定对第三人的权利义务起预决作用,第三人对判决所确认的法律关系必须承认的情形。主要有:(1)合伙组织所受判决对各个合伙人得发生反射效力。因合伙人的权利义务在法律上完全从属于合伙组织。当合伙组织资产不足清偿时,由全体合伙人负连带清偿责任,且不问债务发生原因。合伙人只能以合伙组织得主张之抗辩对抗债权人。因此,当债权人对合伙组织的诉讼有确定判决后,无论胜诉败诉,各合伙人的权利义务因而确定。②(2)第三人利益合同中,当事人所受判决对受益人有反射效力。第三人利益合同是当事人订立合同,为第三人设定权利,第三人取得请求债务人履行债务的权利的合同。如保险合同中,被保险人与投保人不是同一人

---

① 但反射效力并非证明力。证明力是指证据证实案件事实的作用。而反射效力不是为了证明案件事实,而是作为事实本身成为判决的依据。

② 无限责任公司与股东间关系与之类似。

时,以及合同指定受益人时,被保险人、受益人即成为第三人利益合同中的第三人(受益人)。他的权利取决于合同成立。因此,当事人所受判决亦能成为第三人判断权利存在与否的规准。(3)群体诉讼(日本称之为公共诉讼,德国为团体诉讼,美国为集团诉讼)的判决对起诉时未参加登记的权利人有反射效力。我国《民事诉讼法》第55条第4款:"人民法院作出的判决、裁定,对参加登记的全体权利人发生效力。未参加登记的权利人在诉讼时效期间提起诉讼的,适用该判决、裁定。"即反映了判决的反射效力。常见的如大面积环境污染纠纷、众多消费者权益损害纠纷,等等。

第二种是对第三人权利义务虽无预决作用,但因权利义务的从属性,致使判决所确认的事实或法律关系对第三人权利的确定有利时,第三人得在后诉中援引为提出主张的事实依据的情形。主要有:(1)债权人对主债务人诉讼的判决对保证人有反射效力。因为保证责任从属于主债务,保证人得以主债务人的一切抗辩事由为抗辩。但反过来,债权人对保证人的诉讼,判决不一定对债务人有反射效力。因为债务人不得以保证人的抗辩事由为抗辩。(2)债权人对一个或部分连带债务人的诉讼,判决对其他连带债务人有利时,发生反射效力。连带债务人一人为清偿后,即获得向其他连带债务人追偿的权利。连带债务人在对外(债权人)关系上有共同目的,在对内关系上则有各自应分担分额,存在独立性。判决判令其中一个债务人承担全部清偿责任后,其追偿权即告确立。但该债务人在诉讼中放弃权利的,该处分结果由他自己承担,对其他债务人不发生反射效力;反之,如果债权人在诉讼中放弃权利的,对其他债务人发生反射效力。① (3)承租人所受判决对次承租人发生反射效力。次承租人的使用权从属于承租人的租赁权,但又有自己独立的权利,故原则上承租人所受判决只有在有利于次承租人时方对后者发生反射效力。

推论三:按照实体法中的继承制度及诉讼法中的诉讼承担(包括执行承担)制度,当事人的承继人在承继了当事人的遗产或财产后,即承担当事人的诉讼地位,并受原当事人诉讼行为的约束。在判决作出后承担诉讼的,判决对该承继人发生效力,可见,"判决只在当事人间生效"的当事人也包括当事人的承继人②——判决效力在一定情况下得扩张及于第三人。

在判决效力扩张及于当事人的承继人的情形,形式上的当事人发生变化(原当事人被其承继人所取代),判决对第三人发生效力,但是实质当事人未变,诉讼仍然以原当事人间的法律关系为诉讼标的。判决对第三人的效力实质上仍然是对原当事人的效力。故承认判决效力扩张性并不是对判决相对性的否定,而是判决效力的特殊效果。承认判决效力的扩张性可以强化判决效力,保证判决所确认的权利义务得以实现,避免因当事人的承继人否认判决效力而使判决效力陷于不稳定状态,或者因重复审判而产生矛盾判决。与当事人的承继人相似,为当事人的利益占有标的物的人也可能受判决效力扩张。对此,许多国家和地区的民事诉讼法都有规定。德国《民事诉讼法》第325条第1款:"确定判决的效力,其利与不利,及于当事人、在诉讼系属后当事人的承继人以及作为当事人或者其承继人的间接占有人而占有系争物的人。"日本《民事诉讼法》第201条第1款:"确定判决对当事人、言词辩论终结后当事人的承继人或为当事人或者其承继人之利益而占有请求标的物者,有其效力。"我国台湾地区"民事诉讼法"也有

---

① 台湾"民法"第275条:"连带债务人之一人,受确定判决,而其判决非基于该债务人之个人关系者,为他债务人之利益,亦生效力。"此"效力"当解释为反射效力。

② 所谓承继人包括作为公民的当事人死亡后继承其遗产的继承人,以及作为法人和其他组织合并分立后承受其权利的(新)法人和组织。

类似规定。

判决效力扩张包括既判力扩张和执行力扩张。既判力扩张是指生效判决所确认的事实和实体法律关系，当事人以外的第三人不得声明不服，或另行起诉。执行力的扩张是指当事人得以生效判决为依据对特定第三人申请强制执行。既判力扩张往往导致执行力扩张，但执行力扩张不一定以既判力扩张为前提。在既判力扩张情形，判决的对象不变，仍然是原当事人之间的诉讼标的，只是判决的效力范围（主体范围）发生了变化。而在执行力扩张的情形，判决的对象也被扩张了，导致当事人与第三人之间的法律关系也因此被确定。执行力扩张实际上就是认可将当事人间的执行名义准用于对第三人强制执行。①

判决效力扩张不同于判决的反射效力。前者指判决直接对第三人发生效力，这意味着受判决效力扩张的第三人不仅不得对原当事人的诉讼标的再行争议，而且可能依判决受强制执行。后者则是指判决对第三人权利义务的确定发生影响的作用。前者是判决对第三人发生的制度上的效果（实体法效果及诉讼法效果），后者是判决对第三人发生的事实上的效果。在后诉中，关于前诉判决效力是否对后诉当事人发生扩张，法院应依职权主动审查；而对前诉判决是否发生反射效力仅依当事人请求才予考虑。此外，判决效力发生扩张的范围仅限于判决主文部分（即关于诉讼标的的判断及处理结果），判决理由中的判断不得发生扩张效力；②但是判决的主文及理由中的判断均可发生反射效力。

诉讼程序保障原则要求，在认可判决效力扩张时，必须严格依照法律规定，同时应当充分考虑各利害关系人的利益获得最适当调整，以保证判决中判断的客观性。"只有那些绝对不能排除的利害关系人参与了诉讼，在考虑统一确定要求之后将判决效力扩张至当事人以外的其他人才能说是正确的。"③更重要的是使判决效力扩张所及的第三人的合法权益得到保障，避免非正当地扩张判决效力。我认为，判决效力扩张所及的第三人只限于对判决所处理的诉讼标的没有独立抗辩权（或在法律上视为放弃抗辩权）的人。一般来说，这种第三人与当事人一方之间的权利义务关系与诉讼标的存在某种依存关系，且因这种依存关系，第三人对当事人就诉讼标的行使处分权的结果不得不承认。当事人的继承人即为典型例子。反之，凡对诉讼标的有自己的抗辩权的人，如保证人、连带债务人等等，不得将对主债务人、其他连带债务人的判决扩张及于他们。④ 否则，将剥夺他们进行诉讼行使抗辩权的权利，侵犯其诉权。

基于上述条件，判决效力扩张涉及的第三人，除当事人的承继人和为当事人的利益占有标的物的人外，还可以是以下两种人：（1）代位诉讼中的被代位人。典型的代位诉讼如债权人代位诉讼和股东代位诉讼等。在代位权人（债权人、股东）提起诉讼后，被代位人不得就同一诉讼标的另行起诉，但他可以参加诉讼。被代位人不参加诉讼的，判决效力也对他生效。⑤ （2）代位执行中对被执行人负有到期债务的第三人。执行程序中，被执行人不能履行判决确定的义

---

① ［日］竹下守夫著，刘荣军、张卫平译：《日本民事执行法理论与实务研究》，重庆大学出版社1994年版，第62～63页。
② 大陆法系民事诉讼法理论与立法多认为，判决仅以主文为限具有既判力。
③ ［日］谷口安平著，王亚新、刘荣军译：《程序的正义与诉讼》，中国政法大学出版社1996年版，第218页。
④ 有学者认为，关于连带债务人的判决效力扩张及于未参加诉讼的其他连带债务人，可依该判决对其他连带债务人强制执行。参见庄淑珍、涂文忠：《浅探连带之债的执行》，载《法商研究》1996年第3期。笔者不敢苟同。
⑤ 详见拙文：《试论债权人代位诉讼》，载《法学》1999年第2期。

务,但对第三人享有到期债权的,申请执行人得申请法院对该第三人强制执行。在第三人无异议时,法院可以裁定执行该第三人的财产。① 其实质是原判决的执行力对第三人发生扩张。②

四、建议增设第三人异议之诉制度(附论)

法国、日本、我国台湾地区等的民事诉讼法均规定有第三人异议之诉法律制度。该制度主要适用于执行程序中的案外人异议,我以为它同样适用于判决对外效力所及之第三人合法权益的保护。所谓第三人异议之诉,是指第三人对生效判决提出异议,请求法院改判或撤销该判决而提起的诉讼。第三人异议之诉的要点主要有:

有权提起诉讼的人只能是当事人以外的第三人。该第三人或者受判决的反射效力所及,或者为判决效力扩张所及。

第三人起诉应以判决所列当事人为被告。因为第三人的异议内容不外乎否认前诉所认定的事实或所确定的权利义务关系,要求法院重新判定自己与当事人之间的权利义务关系。因此,他的对方当事人只能是判决所列的当事人。

程序方面:第三人异议之诉应当向作出该判决的法院提出。法院决定受理后,应裁定中止原判决的执行。诉讼适用普通程序。审理及判决范围以第三人异议的范围为限。对判决不服的,第三人及原判当事人均可上诉。

---

① 最高人民法院《关于适用〈民事诉讼法〉若干问题的意见》第 300 条,及《关于人民法院执行工作若干问题的规定》第 67 条至第 69 条。
② 详见拙文:《代位执行之我见》,载《南京大学法律评论》1998 年秋季号。

连带债务之诉与类似必要共同诉讼关系研究

张晋红* 梁智刚**

一、引言

民法理论一般认为,在连带债务法律关系中,债权人可以向连带债务人之中的一人要求清偿全部或部分债务,当然债权人也可以向连带债务人之全部或数人主张其债权。即是说债权人享有选择权,对于该项选择权债权人可以在不违反法律的前提下自主处分。不惟如此,即使对一债务人之诉讼发生诉讼之效力后,更对于他债务人提起诉讼时,其他债务人亦不得以诉讼之系属为抗辩,甚至判决后更向他债务人提起诉讼者,亦不得主张既判力之抗辩。① 因此,有学者主张,在我国的必要共同诉讼制度中要求连带债务人必须一同被诉才为适格当事人,法院可依职权主动追加其他的连带债务人参加诉讼的程序法规定是与民事实体法相冲突的,并进而主张引入类似必要共同诉讼制度处理连带债务之诉。② 类似必要共同诉讼,又称非真正必要共同诉讼,在连带债务语境中乃指债权人就诉讼标的对连带债务人之数人可以单独起诉,也可以共同起诉。③ 即类似必要共同诉讼的一个重要的特点是,类似必要共同诉讼人不必全体一致参加诉讼,但如果连带债务人共同被诉,则法律上要求必须合一确定权利义务关系,并统一决定其胜诉或败诉。此外还有一个显著的特点,即从既判力的主观范围来看,即使连带债务人其中之一人被诉,法院的判决的效力及于本应该成为该案的共同诉讼人的其他连带债务人,"尽管'其他共同诉讼人'可以再行起诉或被诉,但是理论上不允许其另案所获的判决与上述判决的效力对同一诉讼标的产生排斥或矛盾。""类似必要共同诉讼是从判决效力扩张的角度,弥补那些可能产生的不良后果,即本案诉讼标的有合一、确定必要的当事人没有参与本案时可

---

* 张晋红:广东商学院法学院教授,硕士生导师。
** 梁智刚:广东商学院2005级诉讼法学研究生。
① 郑玉波著:《民法债编总论》,中国政法大学出版社2004年修订2版,第392页。
② 参见赵信会:《必要共同诉讼制度的内部冲突与制衡》,载《河北法学》2004年第5期。在《民事诉讼法》修改建议稿(第三稿)中的第58条也设置了"准必要共同诉讼",既判力扩张作为立法说明有所涉及,但在第322条关于既判力的主观范围中却没有相应的规定。参见江伟等著:《〈中华人民共和国民事诉讼法〉修改建议稿(第三稿)及立法理由》,人民法院出版社2005年版,第123~125、266页。
③ 江伟主编:《民事诉讼法专论》,中国人民大学出版社2005年版,第201页。

能带来的判决矛盾。"①

二、类似必要共同诉讼的理论逻辑基础及其悖论

（一）对连带责任、连带债务与类似必要共同诉讼关系的重新审视

我国现行民法理论对多数人之债的研究多以其对外效力和对内效力为核心，以此建立了共同之债（即不可分之债）、连带之债与可分之债的分类。在此基础上，由于共同之债"乃以同一不可分给付标的之复数主体之债"②，数个债务人只能通过自己的共同行为才能履行给付，以此之实体法依据，共同之债在诉讼中采固有的必要共同诉讼；而由于连带债务的性质从十九世纪中叶起就以"债务复数"为通说，连带债务系按债务人之数所成立之复数的独立债务，即连带债务之关系并非为单一的，在债权人与任何一个连带债务人之间都存在一种法律关系，③且根据连带债务之对外效力，债权人可以同时或先后向连带债务人之中的一人要求清偿全部或部分债务，当然债权人也可以向连带债务人之一人或数人请求给付，所以"这种实体关系合并形成的共同诉讼，就是类似必要共同诉讼"。④ 因这三种类型的多数人之债"对外效力"之差异，实际上在民事诉讼法中分别对应有必要共同诉讼、类似必要共同诉讼和普通共同诉讼三种诉讼类型。

由于我国民诉理论建立类似必要共同诉讼的依据主要来源于连带之债的"对外效力"，即各债务人于债权人之间的关系主要表现为债权人的请求权——也就是连带债务人的对外责任，这是连带债务人所承担之连带责任的一部分。且按照我国大部分学者的提法，一般都表述为当事人之间存在"连带责任"的案件适用类似必要共同诉讼进行审理，基于连带责任中各债务人在同一债务关系中所处地位不同将其区分为普通连带责任和补充责任，认为这两种责任类型的案件都应该属于类似必要共同诉讼。但如果参照不可分债务在我国台湾地区"民法"第292条规定："数人负同一债务，而其给付不可分者，准用关于连带债务之规定"，《德国民法》第431条规定："数人负担不可分给付者，全体负连带债务人之责任"，《法国民法》第1222条规定："共同约定不可分债者，虽非连带债务，以各负全部之责任"⑤等民法规定来比较解释，若以"连带责任"为标准衡量案件是否属于类似必要共同诉讼，则是否不可分之债案件也应该参照类似必要共同诉讼的规则来处理？答案显然是否定的。此外，从性质上看，"连带责任"的性质属于民事法律责任范畴，它的实质在于"当债务人不履行或不完全履行债务，出现法律规定的应当承担连带责任的情形时，由审判机关依据当事人之间的约定或者法律规定，确定连带责任人并判令其中任何一个责任人都应当全部承担和去实现法律确认的法律后果，从而使债权

---

① 江伟主编：《民事诉讼法专论》，中国人民大学出版社2005年版，第202页。
② 参见郑玉波著：《民法债编总论》，中国政法大学出版社2004年修订2版，第413页。
③ 参见郑玉波著：《民法债编总论》，中国政法大学出版社2004年修订2版，第389～390页；[德]迪特尔·梅迪库斯著，杜景林、卢谌译：《德国债法总论》，法律出版社2004年版，第610页。
④ 参见江伟主编：《民事诉讼法专论》，中国人民大学出版社2005年版，第203页。
⑤ 转引自郑玉波著：《民法债编总论》，中国政法大学出版社2004年修订2版，第418页。

人的债权得以实现"。① 因此，使用一个需要经过法院审理后方才能得以确定的标准来判断一种纠纷在进入全面实体审查时所应适用的程序类型，这无异于是用结果解释原因的循环论证。

笔者认为，判断适用类似必要共同诉讼的纠纷类型的标准，应该是能够反映数个债务人之间相互牵连关系的发生原因的分类方法，即是需要从连带债务的发生原因角度进行分类。因为，只有从发生原因角度进行的分类，法院在审前根据原、被告的诉讼请求和证据才可能判断出案件是否存有连带债务法律关系发生的情形、可能承担连带责任，进而决定是否适用类似必要共同诉讼进行审理，并作出当事人是否适格的判断。详言之，连带债务的发生必须以法律规定或当事人约定的法律事实作为根据，我国法律规定了以下若干种连带债务及其发生的法律事实：合伙人的连带债务、共同侵权行为人的连带债务、保证人的连带债务、共同继承人的连带债务、代理关系中的连带债务、合伙型联营的连带债务、产品制造者和销售者的连带债务、广告经营者和广告客户的连带债务等等。依此，对连带债务之发生原因可以至少粗略分为两类，即意定范围之内因契约所生之连带债务和数人侵权行为所生之连带债务。② 这两类连带债务在表现形式上有其各自的特征：

1. 意定范围之内因契约所生之连带债务，一般都客观地存在着形式上可直接证明连带债务的契约，法院在审前即可通过这些形式上的契约相对确定地判断是否有连带债务存在之可能，进而选择类似必要共同诉讼展开审理——即意定范围之内因契约所生之连带债务有其相对稳定的表现形式和判断依据，可称为固有的连带债务。如，对于合伙组织无力清偿对外债务的案件，根据合伙协议一般即可初步确定合伙人存在连带债务的情形。又如，夫妻双方承租一处住宅或接受一项贷款的情况，则一般在审前即可正确认定连带债务法律关系的存在。而保证合同（已作连带责任约定）与主债权债务合同分别订立的情况下，则需要依据债权人或债务人提交保证合同作为证据，法官才可能得以审查并发现连带债务法律关系的存在。

2. 数人侵权行为所生之连带债务。数人侵权行为所生之连带债务，主要表现为各种侵权行为，但并非所有数人侵权行为都产生连带债务，法官在对案件进行实体审查前并无法正确认定连带侵权人之间有无意思联络、是直接结合还是间接结合、③是否是"从事雇佣活动"、④是否"发包人、分包人知道或应当知道接受发包或者分包业务的雇主没有相应资质或者安全生产条件的"⑤等可能构成连带侵权债务的情形，⑥进而确定采用类似必要共同诉讼展开审理。由此说明，法院判断数人侵权之案件是否成立连带债务是需要经过全面审理才能确定的——即数人侵权行为所生之连带债务在审理终结之前实以性质待定的数人侵权为表现形式，可称为待定的连带债务。若法律明文规定要求对于数人侵权所生之连带债务案件适用类似必要共同诉讼进行审理，则会出现以下悖论：不但法院因在审前无法认定哪些数人侵权案件构成连带债务而无法决定适用类似必要共同诉讼进行审理，而且若允许在无法初步判断是否构成连带债务的情况下即采取类似必要共同诉讼审理，则在债权人仅起诉部分侵权人的情况下法院也无法

---

① 参见邱业伟：《连带债务与连带责任研究》，载《现代法学》1998年第5期。
② 如此分类仅基于债法的范畴进行探讨，而不包括物权法规定当中可能产生的连带债务之情形。
③ 参见《人身损害赔偿解释》第3条。
④ 参见《人身损害赔偿解释》第9条。
⑤ 参见《人身损害赔偿解释》第11条第2款。
⑥ 况且连带侵权人承担的可能是替代责任或连带责任，在学理上不但有争议，且这仍需要经过全面的实体审查方能确定，而判断是共同侵权还是数人侵权也不是在仅有部分连带侵权人参加诉讼的情况下可以查明的。

或难以查清事实和正确认定数人侵权行为是否产生连带债务,从而以诉讼结果来"证实"其适用类似必要共同诉讼的正确。因此,至少可以初步断定,数人侵权所生之连带责任案件需要从适用类似必要共同诉讼的案件类型中剥离,以确保该类型案件的公正审理。

在此基础上,下文将进一步从连带债务之诉的视角阐述类似必要共同诉讼的理论误区与制度重构。

(二)连带债务之诉为类似必要共同诉讼之隐含的逻辑前提

1. 现行类似必要共同诉讼理论和程序的建构,实乃基于预设债权人选择连带债务人之一人或数人起诉所出现的问题。

首先,为迎合实体法中债权人之共同请求权与个别请求权并存的情况,即赋予债权人选择起诉之诉权。而民事实体法上设置连带债务的目的在于:个别债务人以其财产对债权人债权的全部金额向债权人负责的连带债务,就是对债权人最为可靠的数人承担义务的方式,在连带债务人中,哪怕只有一人具有给付能力,债务人就会得到清偿,是对共同债务人责任的加重形式。① 由于司法救济已经是债权人完整实现债权的最后救济途径,即是说连带债务之诉的程序设置的价值也应该与连带债务的立法目的相吻合,重视对债权人的完全救济和债权的完整实现。这就意味着不仅仅是诉讼程序的设置应与实体法挂钩,而且通过如此之程序设置所作出的判决结果也应是尽可能符合实体法规范和债权人根本利益的。所以,一方面,尽可能通过较少的诉讼成本使原告的债权得以确认并且确定连带债务人的范围,避免债权人需要通过多次诉讼甚至在执行程序中变更或追加被执行人才能实现权利;另一方面,程序之设置应尽可能发现真实,在一个诉讼中解决尽可能多的纠纷,避免前后矛盾判决的出现。这不仅是对债权人的全面救济和债权实现,而且对司法资源的有效配置具有重要的意义。

其次,从连带债务之诉的角度来看,类似必要共同诉讼设置的主要目的在于保护债权的实现,为实现债权人可仅起诉部分连带债务人,同时又防止后诉中矛盾判决的作出,而需要进行既判力的扩张。如此的诉讼程序设置却忽略了其可能造成对债权人与连带债务人之间诉讼权利保护的失衡。这种对连带债务人诉讼权利保护的忽略至少可体现在如下方面:

(1)由于债权人可仅起诉部分连带债务人,实际上无论是对于未被债权人列为被告参加到诉讼中的连带债务人,还是已作为被告参加诉讼的连带债务人,都难以全面实现程序利益的保障。例如,连带债务人如果得知债权人起诉其他连带债务人的诉讼存在时,虽可以主动申请作为无独立请求权第三人参加诉讼,但无独立请求权第三人并不具有完全的当事人地位,其无权提出管辖权异议、无权单独提出反诉。同时,虽然作为无独立请求权第三人参加诉讼,但根据我国法律规定,只有判决承担民事责任的,无独立请求权第三人才有权提出上诉,况且,根据类似必要共同诉讼理论,实质上甚至不需要在判决中涉及该无独立请求权第三人的责任问题而既判力也可扩张至该第三人,则作为无独立请求权第三人参加诉讼的连带债务人,其上诉利益实质上被剥夺了。② 又例如,若已作为被告参加诉讼的连带债务人认为需要未参加诉讼的连带债务人参加到诉讼中时,根据我国现行的法律规定,除非未参加诉讼的连带债务人主动申请

---

① 参见[德]迪特尔·梅迪库斯著,杜景林、卢谌译:《德国债法总论》,法律出版社2004年版,第607页。
② 由于类似必要共同诉讼若建立则必然否定我国现有理论与实践的做法,即一般都对案外连带债务人申请参加诉讼的情况适用共同诉讼人的追加制度——同意追加其为共同被告。所以,则只可能以无独立请求权第三人的身份参加诉讼。

参加诉讼或者法院通知其参加诉讼,除此之外则已作为被告参加诉讼的连带债务人没有任何其他途径将其他连带债务人作为被告引入诉讼。

(2)由于债权人可仅起诉部分连带债务人,同时需要既判力扩张,那么,诉讼中审判运作模式就可能是:要么在前诉裁判中对全体连带债务人对内责任的分担作出合一确定裁判;要么在前诉裁判中仅对全体连带债务人对外责任所应承担的总额①作合一确定。然而,对于案件事实的全面认定、连带债务人的范围以及连带债务人之间对内责任份额甚至对外责任数额的承担,实际上难以在缺少连带债务人参加诉讼的情况下作出正确的合一确定裁判,这两种审判模式则可能分别导致:要么未参加前诉的连带债务人被错误认定其应承担的对内份额,甚至不应承担责任的人被认定承担责任,既判力扩张至本应参加实际上没有参加诉讼的连带债务人,则只有通过提起执行异议之诉、再审之诉甚至另案提起不当得利之诉才能够积极保护自身利益;要么承担全部清偿的部分连带债务人还需要提起后诉以确定全体连带债务人的范围、各自的内部责任承担以及行使追偿权,前诉判决作为免证事由对后诉形成"反射效",而这仍然存在前诉判决所作之认定在后诉被推翻的可能,从而形成矛盾判决。但这两种审判模式以及判决效力扩张的方式都无法完全避免前后矛盾判决的出现,而且还可能引发更多的诉讼。

2.预设债权人对连带债务人之一人或数人起诉时,必然或至少在绝大多数情况下会就全部到期债权请求偿付。

在此预设之前提上,既判力之扩张才有价值。类似必要共同诉讼理论认为:对于连带债务纠纷预设为:债权人即使自由选择连带债务人之一人,依据《民法通则》第87条关于"负有连带债务的每一个债务人都有义务清偿全部债务,清偿债务份额较多的债务人可以向其他的债务人追偿"的规定请求全部到期债权,再加上判决效力的扩张至其他本该成为类似必要共同诉讼的被告,即可达到对债权人的完全救济和债权的完整实现,使纠纷得以一并解决。这种表述解释了既判力扩张的价值,即债权人免于后诉而直接依前诉判决请求所有连带债务人承担责任,连带债务人中清偿了全部或较多债务的也可依此判决向其他连带债务人追偿。然而,该预设却忽略了下列情形:

假设债权人在前诉中仅对连带债务人之一人为部分债权请求,并同时或陆续分别地对其他连带债务人提起部分债权请求,直至全部债权请求实现(或全部连带债务人都已被诉)。在这个情形中,类似必要共同诉讼理论仅简单解决了当债权人同时向不同的管辖法院对各连带债务人提起部分债权请求的情况,②而对于债权人陆续地向各连带债务人分别提起部分债权请求的情况该如何处理却没有涉及。

在债权人提起的多次连带债务之诉中,前诉与后诉之关系非常复杂,比如说前诉之判决效力对后诉的扩张问题。债权人陆续地向各连带债务人分别提起部分债权请求,则意味着前诉之判决主文不涉及后诉中的连带债务人,那么判决的既判力扩张则没有任何意义。若判决效力扩张方式为"反射效",由于缺少以全体债权人和连带债务人在同一诉讼中进行攻击防御为基础的对该连带债务之诉的全面审理,则前诉判决中所认定之事实以及适用法律在后诉中仍

---

① 前提还要是债权人在诉讼中对部分连带债务人为全部债权请求,这实质上是类似必要共同诉讼理论所隐含的另一个逻辑预设前提,下文中将有进一步阐述。

② 即如果当事人分别提起,经裁定可以合并辩论的,该诉讼也可以成为类似必要共同诉讼,而合一确定所适用的规则和权利义务关系。参见江伟主编:《民事诉讼法专论》,中国人民大学出版社2005年版,第203页。

然有可能被推翻,①甚至可能出现债权人在前诉中胜诉却在后诉中败诉之情形,②这也就意味着每个后诉判决的作出都可能成为前诉需要再审的正当理由。前诉中以调解和债权人撤诉(通过庭外和解)结案的,以及前诉中连带债务人承认对方提出的事实、证据或诉讼请求的,其效力是否能够延伸至全体连带债务人?③ 这都是类似必要共同诉讼理论需要进一步解决的问题。

虽然这些情形似乎很荒谬,但既然不能限制债权人对连带债务人的选择起诉,而且债权人与每个连带债务人之间的诉讼亦非同一诉讼标的,因此也就难以获得对债权人诉权行使次数以及每次所请求之数额进行限制的正当性。况且在我国国民法律素质不高、律师参与程度低、相关的诉讼程序不完善以及法官阐明权行使未明确的国情面前,这种情形又的确是可能发生的,至少在类似必要共同诉讼的程序设置上,为这种情形的发生提供了可能。

3. 预设债权人的诉讼请求即已相对确定地表明(或当事人自己认为)案件所涉之债权债务关系中含有连带债务关系,甚至共同债务人承担连带责任也相对明确,进而法院才能依此确定该诉讼为类似必要共同诉讼。

按照我国一般的民事案件审判流程来看,在起诉时立案法官一般仅对原告的诉讼请求是否符合起诉条件进行形式审查,而只有当当事人的答辩期间和举证期间届满之后,审判法官才可能对案件的当事人的诉讼地位问题进行审查,根据原告的诉讼请求和被告的答辩判断债务人中是否存在属于应作为必要的共同诉讼人、类似必要共同诉讼人或其他诉讼参与人参加诉讼的情形。然而,并非所有的连带债务的纠纷类型都是在法官进行全面的实体审查之前即可发现的。首先,若债权人在起诉中或债务人在答辩中声明债务人存在连带债务关系的情形,法官则可根据连带债务法律关系成立的证据初步判断其存在的可能,从而可能采用类似必要共同诉讼。而法官在原告诉讼请求并未特别声明被告为连带债务人之一的情况下,尤其是在债权人仅就一债务人提起诉讼之时,就无法要求法官在对案件事实进行全面实体审理前即可毫无例外地发现可能存在连带债务关系,况且也并非法官经过了全面实体审理之后才确定适用类似必要共同诉讼进行审理,也就更加不可能在此基础上正确认定连带债务人的范围,为将来判决生效后判决效力的扩张提供正确指向。④

由此进一步推论下去,在实践操作上可能出现两种情况:一是在"可能"存在连带责任或连带债务关系的情况下,即将该案采用类似必要共同诉讼进行审理;二是在未明确连带债务关系成立之前,即使债权人声明请求债务人承担连带责任,也暂且先作普通共同诉讼进行审理,直至法官判断连带责任成立为中间判决后,方才确认该诉为类似必要共同诉讼继续审理。这两种情况的共通点在于:都允许在仅有部分债务人参加诉讼的前提下进行审理并作判决。

对于第一种情况,在仅有部分债务人的情况下若仅认定参加诉讼的债务人承担连带责任,则类似必要共同诉讼的判决效力扩张后,是否意味着债权人不得在后诉中向其他债务主张承

---

① 况且还可能出现前诉判决并没有被债权人在后诉中援引的情况。
② 不仅包括债权成立与否,还包括债权的实际数额(或债权人的实际损失)、连带债务人之承担份额、连带关系成立与否等问题,都可能在后诉中被推翻。
③ 这个问题同样存在于同一个诉讼当中,若债权人同时起诉四个连带债务人,一个接受调解(或和解)、一个承认原告诉讼请求、一个作出自认或不对原告的证据提出异议、一个判决结案,则四个连带债务人所作之诉讼行为对其他连带债务人有怎样的效力?
④ 这也适用于仅部分(非全体)连带债务人被诉的情况之分析。上文中关于"对连带责任、连带债务与类似必要共同诉讼关系的重新审视"的论述也有相关的讨论。

担连带责任？若答案是否定的，则是否意味着直至债权人通过后诉将所有债务人皆纳入诉讼中并确认其连带责任，连带债务人的范围和连带债务人之间的内部责任分担才能得以最终确认，从而实现对债权人的完全救济？则在前诉中分担了较多赔偿份额的连带债务人是否也直至后诉连带债务人最终确定之后再向其追偿，而且需要通过不当得利之诉、执行异议之诉或再审来实现？① 此外，若将未参加诉讼的其他债务人都合一确定是否承担连带责任，则判决未参加诉讼行使当事人权利的债务人承担责任的正当性基础何在，又如何保证判决的事实基础的正确认定，以及基于此分清债务人之间的对内责任？对于第二种情况，在仅有部分债务人参加诉讼的情况下同样也无法正确认定全体债务人之间的连带债务关系，无法获得如此为中间判决的正当性基础（即使中间判决不涉及连带债务人间对内责任承担的问题）。②

三、准必要共同诉讼（或片面类似必要共同诉讼）制度之构建——在无判决效力扩张规定语境下连带债务之诉的运作模式

在我国法律暂无判决效力扩张相关规定的语境下，现行司法实践中要求连带债务人一同被诉作为必要共同诉讼来处理，是为防止裁判矛盾、一并解决争议所需，"把所有连带关系的债的主体都追加进来作为原告或被告，也才能确定判决的效力范围和执行力范围"。③而类似必要共同诉讼理论也还需要进一步解决上文中所阐述之各种问题。所以，现阶段我国对必要共同诉讼制度的完善与对类似必要共同诉讼理论的建构应该结合在一起，在无既判力扩张规定语境下弥合彼此理论与实践运作中的裂隙。

在无判决效力扩张相关规定的语境下，在连带债务之诉中为避免因连带债务人的诉讼地位问题所衍生的各种问题，如透过法院适当的阐明权之行使，促请当事人进行合理有效之诉讼行为和实体权利处分，虽为良策，但在理论和立法上之完善方为问题解决的根本所在。为此，笔者尝试提出解决方案，以求教于方家。

为解决类似必要共同诉讼的诸多问题，连带债务人参加诉讼程序是可选择的一种较为稳妥的方法。它不但可以一并解决多个连带债务人与债权人之间的复数之债法律关系，以及连带债务人内部责任分配问题，而且对于连带债务之诉判决基础事实的完整认定以及判决结果的正确作出也具有重大意义，比较符合连带债务之诉的特点。但"多重争议或纠纷一并或一次性解决的必要性是为人们所认同的，问题可能在于一并解决将导致诉讼的复杂化，并进一步牵涉到相关制度的容许性问题"，④所以我们在考量连带债务人程序参加的方式及其保障的过程中，还应该重视其与相关理论及制度的衔接和整合问题。

首先，必须承认在连带债务之诉中，存在着一些类型案件的连带债务人一并参加诉讼应为

---

① 则该情况中引发了前后矛盾的判决，而后诉判决的既判力需要回溯前诉之当事人。
② 以上的疑问均基于类似必要共同诉讼允许债权人对连带债务人之一人或数人为部分债权请求的前提而衍生。
③ 江伟主编：《民事诉讼法专论》，中国人民大学出版社2005年版，第203页。
④ 张卫平：《民事诉讼：关键词展开》，中国人民大学出版社2005年版，第160页。

必要条件。这类案件的特点是:虽然诉讼标的不是单一的,但是由于当事人之间存在事实上或法律上的连带或牵连关系,而在诉讼进行中有必要尽可能作为同一案件进行处理,法院在共同债务人参加诉讼的情况下才可能彻底查清全案事实、分清且正确分配当事人之间的责任,并在此基础上作出确定、合一的判决,从而可能达到纠纷得到一次性解决和防止出现相互冲突判决之目的,即"因诉讼法原因的必要共同诉讼"。①此类准必要共同诉讼发挥作用的范围至少包括如下类型的案件:(1)共同侵权之诉,包括共同加害行为,如《人身损害赔偿解释》第3条第1款规定:"二人以上共同故意或者共同过失致人损害,或者虽无共同故意、共同过失,但其侵害行为直接结合发生同一损害后果的",以及共同危险行为、造意及帮助行为等,可能构成共同侵权、应当承担连带责任的案件。(2)不真正连带债务之诉,②就其发生之原因形态划分,存在以下分类:一是因无意思联络的一人之侵权行为与他人之侵权行为之竞合而成立;二是因一人之债务不履行与他人之债务不履行之竞合而成立;三是因一人之侵权行为与他人之债务不履行之竞合而成立;四是因契约上之损害赔偿与他人债务不履行之竞合而成立。如《人身损害赔偿解释》第3条第2款规定:"二人以上没有共同故意或者共同过失,但其分别实施的数个行为间接结合发生同一损害后果的",应根据过失大小或者原因力比例各自承担相应的赔偿责任。(3)替代责任之诉,如《人身损害赔偿解释》第6条第2款规定的"安全保障义务人承担责任后,可以向第三人追偿。赔偿权利人起诉安全保障义务人的,应当将第三人作为共同被告,但第三人不能确定的除外"。又如《人身损害赔偿解释》第9条规定"雇主承担连带赔偿责任的,可以向雇员追偿"。③

之所以谓之"准必要共同诉讼"或"片面的类似必要共同诉讼",④乃基于:

一方面,虽然如第一种类型的共同侵权案件本属连带债务案件,一般适用类似必要共同诉讼,但若不尽可能地使所有当事人参加诉讼。则不但难以查清事实、正确分配责任,而且也无法获得合一判决或既判力扩张至未参加本案诉讼的连带债务人的正当性基础,从而还可能出现后诉导致前后矛盾的判决。考虑到尽可能一次性纠纷解决之目的,应准用固有的必要共同诉讼的部分规定,法院向原告阐明追加所有加害人为共同被告并为全部债权请求之必要,或法院依职权追加"疑似"共同债务人⑤参加诉讼。突出法院对所有连带债务人参加诉讼的要求,则符合"必要共同诉讼"的部分特征,可谓之"准必要共同诉讼"。

另一方面,我们又必须承认,在上述三种类型的案件当中,不但因为债权人根据民事实体

---

① 即首先确定为非固有的必要共同诉讼。参见章武生、段厚省:《必要共同诉讼的理论误区与制度重构》,载《法律科学》2007年第1期。

② 不真正连带债务乃"多数债务人就同一内容之给付,各负全部履行之义务,而因一债务人之履行,则全体债务消灭之债务也"。参见郑玉波著:《民法债编总论》,中国政法大学出版社2004年修订2版,第425页。

③ 但必须说明的是,虽然该条规定将雇主与雇员之间的责任名曰"连带赔偿责任",但实际上仍为替代责任。而与此相关的我国台湾地区"民法"第188条规定却将受雇人执行职务过程中侵权所引起的雇用人与受雇人之间责任定位为连带侵权责任,此"连带侵权责任"内涵不同于《人身损害赔偿解释》第9条所指"连带赔偿责任"。我国大陆关于替代责任的规定却类似于民法理论所指"不真正连带责任",但在本文中暂将"不真正连带责任"与"替代责任"相区别。参见王泽鉴:《民法学说与判例研究》(第一册),中国政法大学出版社2005年修订版,第58页。

④ 也有学者构建了"因牵连关系而形成的必要共同诉讼",但与本文在此的构建有一定的区别。参见章武生、段厚省:《必要共同诉讼的理论误区与制度重构》,载《法律科学》2007年第1期。

⑤ 此时他们还不能称为"共同债务人",因为是否成立仍属于不确定状态。

法在共同请求权和个别请求权并存情况下拥有自由选择的诉权，而且为了保护债权人之诉权及其迅速实现，仍然不加辨别地硬性要求作为共同诉讼人的一方当事人必须一同被诉才符合当事人适格之条件的做法也是不恰当的。因此，结合以上两个方面的因素，若既强调尽可能将所有"疑似"连带债务人引入参加诉讼，同时又允许债权人在特殊情形中起诉部分"疑似"连带债务人，则此种类型之共同诉讼又符合了类似必要共同诉讼的部分特征，即也可谓之"片面的类似必要共同诉讼"。例如，在侵害行为直接结合发生同一损害后果的共同侵权案件中，"原告只能寻找到部分侵权人，也就是有的侵权人处于不明状态或者无法寻找到，此时如果强要原告必须找到全部侵权人并且将其一起告到法院，程序才能启动，则强人所难，无异于限制甚至剥夺了受害人的诉权。"①在此类情形中，应到允许债权人对可以寻找到的或者已经明确的部分共同债务人提起诉讼，法院可根据原告之实际损害以及经阐明后原告所请求的数额确定共同债务人的对外责任，并确定共同被告的内部责任分担比例。而该判决的拘束力扩张至没有参加诉讼的其他实际共同债务人，应当允许各当事人在其他实际共同债务人被确定时向其行使相应的请求权。②

本文仅就连带债务之诉中，采用类似必要共同诉讼规则审判所可能产生的问题进行一些初步的分析，而对于连带债务之诉以及类似必要共同诉讼的理论问题仍然需要更细致深入的探讨和研究。

---

① 参见章武生、段厚省：《必要共同诉讼的理论误区与制度重构》，载《法律科学》2007年第1期。
② 之所以谓之"判决的拘束力"，乃因为判决效力的扩张存在既判力扩张、反射效、争点效等形式，每一种形式在此所引起对后诉的拘束力、方式以及效果都各有不同，各当事人行使请求权的性质和方式也就各不相同。囿于篇幅之关系，遂在此恕不再继续展开论述。

论民事公诉中的辩诉平衡

李　峰[*]　丁　娟[**]

一般认为,民事公诉是指检察机关对特定的违法民事行为提起公诉,[①]以追究有关当事人的民事责任,维护国家利益或社会公共利益的活动。公诉权是检察权的基本权能之一,民事公诉权是公诉权的应有之义。公诉权的行使在本质上都是以公益为基础的,因而公诉权并不必然局限于刑事诉讼,理应包括民事公诉权。[②]　检察机关提起民事公诉,体现了国家对民事活动的干预,防止违法民事行为对民事法律秩序的破坏。以国家强制力做后盾,并以保护公共利益为目的,必然要赋予检察机关在民事公诉中一些特殊权能,确保其对民事违法行为的有效处置,这是实现民事公诉目的的前提。但是,民事活动毕竟属"私法"调整范畴,当事人平等、意思自治是民事活动的基本原则和精神,国家权力介入民事活动,极易对民事基本原则造成一定冲击。因此,既要保证检察机关基于维护公共利益目的而对民事活动进行有效干预,又要防止公诉权对当事人诉讼权利的压制,维护民事法律的基本原则,这是设计民事公诉制度中不可回避的主要问题之一。在民事公诉中,应当对检察机关民事公诉权能进行一定抑制,适当扩张被告人的诉讼权利,实现民事公诉的辩诉平衡,使公共利益和意思自治等民事基本原则得到均衡保护。

一

检察机关在民事公诉中处于公诉人的地位,[③]其代表国家进行民事诉讼,行使公诉权,诉

---

[*]　李峰:浙江工业大学法学院副教授,主要研究方向为诉讼法学、民法学。
[**]　丁娟:浙江工业大学法学院副教授,主要研究方向为诉讼法学。
[①]　目前存在民事诉讼当事人适格扩张的观点,主张检察机关、国家机关、非政府组织,甚至个人都有可能提起民事公益诉讼,笔者亦赞同该观点。本文所讲的民事公诉,只是民事公益诉讼的一种,即检察机关提起民事公诉,不论及其他主体提起民事公益诉讼问题。
[②]　参见何文燕:《检察机关民事公诉权的法理分析》,载《人民检察》2005年第9期。
[③]　这只是其中一种观点,对于检察机关在民事公诉中的地位,还有原告人说、诉讼代表人说、双重身份说等多种认识。

讼目的是维护国家或者社会公共利益,体现了强制性、主动性等特征,而民事公诉中的被告人是作为民事主体的公民、法人或者其他组织,其参与民事公诉具有被动性,只能依赖民事诉讼权利保护自己的合法权益。这样,检察机关与作为被告人的公民、法人或者其他组织在民事公诉中就不可能具备同样的权能,检察机关占有权能上的明显优势,普通民事诉讼中的当事人诉讼权利平等以及采用同等手段行使诉讼权利等情况就不复存在。① 检察机关具有权能上的优势,是其能够履行公诉职能的客观需要,以保障民事公诉顺畅、公正地进行。

　　检察机关的主要民事公诉权力应当包括以下几方面:一是调查权。检察机关对危害社会公共利益的民事活动进行必要的调查取证,以认定是否需要提起诉讼,为请求法院行使审判权、制裁民事违法行为提供依据。"检察机关不是实体权利义务的直接承受者,也不是案件直接利害关系人,在提起公诉之前基本上处于局外人的地位,在掌握和占有证据方面明显劣于案件当事人。如果检察机关不能依职权取证,其所掌握的证据材料将难以达到公诉的标准,不能实现公诉的目的。"②因此,在检察机关调查取证过程中,有关单位和个人应当给予配合,证人和当事人应当如实向检察机关陈述案件事实。二是起诉权。检察机关通过调查,认为民事活动侵害了国家利益或社会公共利益,将侵害人或有关当事人起诉到人民法院,请求人民法院审理裁决,制裁民事违法行为。对于检察机关的起诉,人民法院应当进行审理裁决。三是监督权。检察机关作为法律监督机关,在民事公诉过程中,还有权对人民法院的审理活动的合法性进行监督,检察机关认为人民法院的诉讼行为不当或者违反法律规定的,可以通过抗诉等手段予以监督。从上述基本民事公诉权力可以看出,检察机关在民事公诉中拥有比被告人更加强势的权力,这既是公诉的性质所决定的,也是检察机关对民事活动监督所必须具有的手段。

　　应当充分认识到,检察机关的民事公诉权力是其通过民事诉讼维护国家利益和社会公共利益的基本保障,但这种国家权力的介入也可能产生不利后果。一方面,民事公诉权力可能压制被告人行使诉讼权利。检察机关在民事公诉中具有特定诉讼权力,就排除了像普通民事诉讼中双方诉讼权利完全平等的情况。检察机关可以依照职权收集证据,查明案件事实,有关单位和个人负有如实向检察机关陈述事实的义务,并配合检察机关的调查,而被告人则没有相应的权利。检察机关作为国家监督机关,对人民法院的案件审理有监督职责,体现出检察权对审判权的制约。在这种控强辩弱的情况下,为保证案件审理的客观公正,必须要求检察机关审慎行使民事公诉权,如果检察机关过度使用民事公诉权,极有可能在诉讼中压制被告人的民事诉讼权利,使被告人在行使处分权、辩论权等方面缺乏有力的保障,阻碍被告人通过民事诉讼维护自己合法权益。另一方面,民事公诉权可能导致对民事活动的过度干预。"一般来说,民事领域内的法律关系都是私权性质的,国家不应对其进行干预,但是,某些民事法律关系也会因涉及公共利益而不可避免地带有公法的性质,此时,国家就有对其进行干预从而维护公益的必要。"③不过,维护私法自治是一项基本精神,国家对私法领域只能实行有限干预。检察机关行使起诉权如果没有严格的约束,会使民事当事人始终笼罩在随时可能被检察机关追究民事责

---

① 有些专家认为,检察机关在民事公诉中与被告人的诉讼地位完全平等,与被告人有相同的民事诉讼权利和义务。这种观点值得商榷,检察机关提起民事公诉的权力来源是国家公诉权,而非作为民事纠纷当事人的诉讼权利,国家公诉权显然具有法律上的强制力,属于权力而非权利的范畴,两者的性质是不同的。因此,检察机关行使民事公诉权力,自然应当具有一些不同于普通诉讼当事人的特定权能,否则,国家对民事活动的干预就缺乏相应的保障。
② 钟琦:《国家民事公诉:检察权的新型配置与制度建构》,载《西南政法大学学报》2006年第5期。
③ 刘根菊、唐海娟:《民事行政公诉基本原则之探讨》,载《国家检察官学院学报》2004年第2期。

任的压力之下,时时存在民事行为可能被检察机关主张无效的可能性,当事人的交易安全感会有很大程度的降低。如此一来,民法中当事人意思自治原则将遭致很大破坏,民事私法秩序反而在检察机关维护公共利益的旗号下陷入无序状态。

检察机关的民事公诉权力无疑是一把双刃剑,在充实其权力内容,以保障其实现维护国家利益或社会公共利益目的时,必须防止其使用过度,保护民事私法秩序和意思自治等原则。在检察机关提起民事公诉的制度设计中,应当追求民事公诉权的适度使用。这种适度使用的制度保障,即检察机关与被告人双方的诉讼平衡,通过限制检察机关的诉讼权力和对被告人诉讼权利的适度扩张,实现诉辩双方能够进行有效的攻击和防御,充分提出诉讼主张和理由,使双方的诉讼权力和权利得以均衡行使,保证法院能够充分听取辩诉双方的意见,做到中立裁决。辩诉平衡的实质是权利对权力的有效制衡,检察机关提起民事公诉行使了国家公诉权,其针对性非常明确,即主张追究民事公诉被告人的民事责任。民事公诉被告人作为诉讼两造之一,能否真正与检察机关抗衡,是人民法院居中审理裁决的前提。作为法治的真谛,"国家权力与公民的权利应当保持适度、适当。然而公民权利与国家权力相比,公民权利总处于弱者的地位,基于公共权力的恶性就必须给予羁束和限制。"[①]民事公诉被告人在与检察机关的诉争中,首先要以限制民事公诉权为着眼点,发挥被告人民事诉讼权利对检察机关公诉权的纵向制约,才有可能避免民事公诉权不被滥用,防止对民事活动造成过度干预,为民事法律原则的施行留下应有的空间。所以,民事公诉中的辩诉平衡应当是一项基本原则,民事公诉制度设计能否体现这一原则,直接决定着民事公诉制度存在的合理性。

二

在民事公诉中,对检察机关行使公诉权力进行适当限制,是确保辩诉平衡的前提。其中,检察机关的起诉权、调查取证权等,最容易导致对被告人民事诉讼权利的压制,应当对这些权力进行严格的规制。

(一)设定起诉的前置程序

检察权与行政权存在横向制约的关系,检察权不应像行政权那样主动对社会发展和行政相对人的行为进行规划、指挥、组织、协调等,而应当通过对行政行为进行监督,判断行政行为是否执行了国家法律和政策,是否有效地管理国家事务,保护国家和社会公共利益。如果行政权未能发挥其应有的作用,检察机关可以通过法定的途径进行干预,实现对行政权的制约。所以,检察机关行使法律监督职能,不仅仅要了解行政相对人的活动,还要了解行政主体对行政相对人的管理活动,对行政主体和行政相对人的活动是否合法都要做出判断。与行政机关相比,检察机关掌握涉及国家利益或社会公共利益的有关事实,必然具有滞后性。检察权还具有司法权的特性,启动民事公诉程序,自然也要遵循司法最终解决的原则。检察机关的这些特性决定了其不应当在行政机关之前制止违法民事行为,只能是事后监督。只有在行政权不能发挥制止违法民事行为、保护国家利益或社会公共利益的作用时,才可以考虑由检察机关提起民

---

① 范进学:《法的观念与现代化》,山东大学出版社 2002 年版,第 79 页。

事公诉,进入司法程序。当然,也存在例外情况,有些公共利益已经超出行政机关调整的范围,例如属于社会公共利益的一些公序良俗,在行政机关对某些违反公序良俗行为不能干预时,检察机关就不能等行政处置之后,再决定是否行使民事公诉权。对于现代社会生活中出现的新问题的处理,其主管归属不明时,也可以直接由检察机关决定行使民事公诉权。

所以,维护公共利益必须首先发挥行政权的优势,尊重行政机关作为公共利益代表的地位。为避免检察权的过度使用,应当设置相应的前置程序,首先由检察机关督促行政机关履行职责。检察机关认为违法民事行为已经或者有可能对国家利益或社会公共利益造成损害,而行政机关怠于行使职权或者不正确行使职权时,应督促负有管理职责的行政机关尽快行使法定权力,制裁违法民事行为,避免给国家利益、社会公共利益造成损害或者挽回相应的损失。检察机关的这种权力可以称为督促权,督促权对行政机关产生一定的约束力,行政机关对行使督促权的检察机关必须给予回复。如果拒绝采纳检察机关的督促意见,应当在回复中说明理由。如果采纳检察机关的督促意见,则应当将处理结果向检察机关通报。当然,督促行政机关履行职责之前,检察机关也可以提出检察建议。当检察机关获悉违法民事行为已经发生,有可能严重损害国家利益、社会公共利益或者已经对国家利益、社会公共利益造成损害,并且负有管理职责的行政机关怠于行使或者不正确行使行政权时,可以向行政机关提出纠正的建议。检察建议是检察机关表达对该违法民事行为的看法,对行政机关没有实质约束力,仅仅希望行政机关及时、正确地履行职责,以引起行政机关的重视。需要说明的是,检察机关行使督促权不需要以建议权的行使为前提,如果检察机关对违法民事行为的发生及其后果较为清楚,或者行政机关怠于行使行政权、不正确行使行政权的行为较为严重,也可以不经行使建议权而直接行使督促权。

对属于行政机关管理职责范围内的民事活动,检察机关督促其履行职责的,遭到行政机关的拒绝,或者行政机关认为不属于自己主管的范围,或者行政机关虽然接受检察机关的督促,但未能对有关民事活动进行妥当的处理,国家利益和社会公共利益未能得到维护,检察机关才可以提起民事公诉。

(二)严格民事公诉案件的立案和起诉标准

首先是立案标准。立案是检察机关启动民事公诉程序的第一步,立案之后,检察机关就实质性地介入了对违法民事行为的处置。鉴于民事公诉可以直接影响到当事人的权益,应当明确规定民事公诉的立案条件。在诉讼时效方面,检察机关提起民事公诉案件应当遵循更加严格的诉讼时效。设定检察机关提起民事公诉诉讼时效的目的,在于促使检察机关积极掌握违法民事行为的情况,通过司法手段保护国家利益和社会公共利益,同时又最大限度地避免公诉行为对民事活动的干扰。鉴于对行使公共权力效能的追求,不应适用普通民事诉讼中2年诉讼时效的规定,最好设定为1年。时效起算应以检察机关获悉或者应当获悉违法民事行为时为准,以检察机关立案作为行使公诉权的标志,当公诉权得到行使,诉讼时效中止。检察机关在诉讼时效期间之内未行使公诉权的,不得对民事违法行为提起公诉。在检察机关的主管范围方面,目前多主张民事公诉案件应当限制在国有资产流失案件、环境公害案件、反垄断案件、违背公序良俗案件等方面。① 限制较为严格的受案范围,目的在于增强民事公诉的可操作性,体现保护国家利益和社会公共利益的宗旨,避免检察权干预民事活动过当。另外,检察机关提

---

① 也有专家认为应当将民事公诉案件适当扩大到证据虚假陈述案件、股东派生诉讼等案件方面。

起民事公诉的其他立案条件包括：(1)检察机关认为违法民事行为客观存在；(2)检察机关认为违法民事行为已经侵害国家利益、社会公共利益或者有严重损害国家利益、社会公共利益的可能。这些事实的把握，只要有初步的证据证明即可。只要同时符合这几个条件，检察机关就可以对违法民事行为进行立案。

其次是起诉的标准。起诉权是指检察机关对侵害国家利益或社会公共利益的违法民事行为进行调查后，认为案件事实清楚、证据确实充分，决定提起民事公诉，要求人民法院追究有关当事人民事责任的权力。检察机关提起民事公诉，人民法院应当受理，案件进入司法审理裁判阶段。为保证检察机关准确有效地行使民事公诉权，保护当事人的合法权益，起诉的条件应比立案更加严格。该条件主要包括：(1)认为违法民事行为侵犯国家利益或社会公共利益；(2)有明确的被告；(3)有具体的诉讼请求；(4)案件事实清楚，证据确实充分，且法律依据明确；(5)属于人民法院主管和管辖的范围。在上述诸条件中，"案件事实清楚，证据确实充分"实际与刑事案件的事实认定标准相同，之所以这样设定标准，而没有采用普通民事诉讼中较为流行的优势证明标准，主要原因包括：其一，国家权力介入民事诉讼必须坚持客观公正的原则，检察机关提起民事公诉必须有相应的事实依据，使检察机关的主张能够建立在充分的事实基础上，如果不能做到认定案件事实清楚，证据确实充分，也就不能保证检察权行使的公正性。其二，检察机关依国家权力介入民事诉讼，有充分的保障手段，可以调动更加充足的司法资源，在收集证据的能力上明显强于被告人。强有力的调查取证能力，就决定其应当负有更加严格的证明责任，提高公诉机关的事实认定标准是公平的。其三，民事公诉的目的表面上看是维护公共利益，而从更深层次上分析，仍然有维护稳定有序、公正合理民事私法秩序的目的，确定更加严格的事实认定标准，可以降低滥用民事公诉权的可能性，避免国家权力过度干预民事活动进而损害民事私法秩序。因此，检察机关在决定提起诉时，必须收集足够的证据，能够清楚认定民事活动损害国家利益或者公共利益的事实，否则就不符合起诉的条件。

（三）限制检察机关的诉讼权能

首先，检察机关在民事公诉中不得采取强制措施。行使国家权力手段的强度，由违法行为对社会危害程度的强弱决定。民事违法行为损害国家利益或社会公共利益，应当承担相应的民事责任，但这显然不能与犯罪行为对社会造成的危害相提并论，不能将预防、惩罚犯罪的手段用于民事公诉。民事公诉是国家权力对私法领域的有限干预，这种干预不能破坏私法自治的基本原理、原则，更不能对私法活动造成妨害。因此，检察机关对违法民事行为进行调查时，有关个人、单位应当给予配合，但检察机关无权决定对有关人员采取强制措施，如限制当事人的人身自由等。

其次，诉讼保障措施须经人民法院裁定作出。应当承认，仅仅赋予检察机关在民事公诉中的建议权、督促权、立案权、调查权、起诉权等，而没有对当事人可以采取的一些强制性权力，可能会造成公诉效能的降低，达不到民事公诉的目的，例如当事人转移、销毁、隐匿财物、证据等行为，就可能阻碍民事公诉程序的顺利进行。作为诉讼保障措施，应当预防当事人和其他有关人员妨害民事公诉的行为，财产保全等制度仍为民事公诉所必需。但民事公诉中的财产保全制度应有别于一般的民事诉讼，检察机关须向人民法院提出财产保全的意见，由人民法院审查裁定并执行。这种做法可以清晰划分检察权和审判权的权能,[1]既保证了民事公诉程序的进行,又可以通过司法审查对检察机关的权能进行合理限制。同样,为防止当事人继续实施违法民事行为,造成损失的进一步扩大,也可以设立先予执行制度,仍然由检察机关提出意见,人民法院审查裁定并执行。因此,在民事公诉中,财产保全与先予执行措施等程序保障措施应由法院裁定作出。

(四)限制和解

这里所说的和解,是指在民事公诉案件审理阶段,当事人承认检察机关指控的基本违法事实,愿意就该违法事实承担一定的民事责任,从而与检察机关达成和解,终止诉讼。显然,民事公诉中的和解不同于普通民事诉讼中的和解。在普通民事诉讼中,当事人双方可以对自己的民事权利进行处分,互谅互让,达成协议,解决双方的民事纠纷。当事人双方和解的动机和原因有多种,可以从降低实现权利的成本考虑,也可以基于胜诉可能性大小的判断,或者是其他原因。不管怎样,当事人双方和解的基本条件是其具有对民事权利的处分权,只要双方的和解不违反国家法律和社会公共利益,就应当得到法院的支持。

但在民事公诉中,检察机关能否与当事人和解,存在不同的看法。有的观点认为,和解即意味着诉讼双方的让步、妥协。检察机关代表国家利益或社会公共利益提起民事公诉,没有处分权,[2]国家利益或社会公共利益是不可交易的,不能与当事人进行和解。另外,检察机关提起民事公诉的主要前提,是行政机关在维护公共利益上存在缺失,未能发挥其应有的职能,才由检察机关"补位",如果允许检察机关与当事人进行和解,一旦检察机关对国家利益或社会公共利益作出不适当的处分,将使国家利益或社会公共利益陷入无从救济的境地,因此,不能给予检察机关这种处分权。笔者认为,该观点片面强调了检察机关的公权力及社会公共利益不得交易的性质,但忽视了该诉讼仍具有民事诉讼的特性,允许检察机关在民事公诉中与当事人和解,既符合民事诉讼原理,也是司法现状的要求。主要原因在于:(1)可以提高诉讼效率。通过和解尽快结案,省略了诉讼中的诸多环节,节省时间,使检察机关的主张及时得以实现,从而尽快维护国家利益、社会公共利益,或者避免国家利益、公共利益受到更大的损害。(2)减少执行困难。如果检察机关不同意和解,其诉讼请求也可以通过法院的判决得到支持,但在当事人没有履行能力或者履行消极的情况下,法院的判决很可能成为"法律白条",仍然使国家利益或社会公共利益得不到应有的维护,民事公诉的目的也就无法实现。

当然,检察机关与当事人和解不同于普通民事诉讼中当事人之间的和解,应有一定的限制。该限制表现在:(1)当事人承担民事责任应当以承认检察机关指控的基本违法事实为前提,防止检察机关迫使当事人在没有事实依据的情况下,接受和解条件,形成公权力对私权的压制;(2)检察机关与当事人之间的和解方案不得违反国家法律和社会公共利益;(3)检察机关和当事人的和解方案应经人民法院的审查。

---

[1] 参见江伟、杨剑:《检察机关提起民事公益诉讼若干问题探讨》,载《国家检察官学院学报》2005年第5期。

[2] 参见邓思清:《论检察机关的民事公诉权》,载《法商研究》2004年第5期。

三

为防止检察机关利用其权能的优势滥用民事公诉权,作为保持民事公诉辩诉平衡的另一方面,被告人的诉讼权利亦应做一定的扩张,主要包括:

(一)获得通知的权利

检察机关对违法民事行为进行立案,已经对当事人的民事活动造成一定影响,为使当事人对可能发生的民事诉讼能有足够的时间进行准备,将因民事公诉而产生的不利影响降到最低限度,检察机关应在立案后的法定期限内通知当事人。否则,即构成对当事人民事诉讼权利的侵害。有人或许认为,如果检察机关对违法民事行为立案后就通知当事人,将给予实施违法民事行为的当事人掩盖事实、逃避民事制裁的机会。这种认识显然受到刑事公诉中对犯罪行为进行侦查的影响。民事违法行为无论从性质到危害后果均无法与刑事犯罪相提并论,不需要赋予检察机关在民事公诉中像行使侦查权那样的特殊权能。而且,一旦检察机关对当事人的民事行为进行立案调查,就极有可能对当事人的社会评价等方面造成不利影响,如果当事人对检察机关的立案情况不知情,就无法采用必要的、防止造成不合理损失的手段,对当事人极为不公平,也给检察机关滥用立案权留下空间。至于当事人掩盖违法事实、逃避民事制裁的可能,完全可以通过证据保全、财产保全等手段解决,而且,检察机关在该方面与一般民事诉讼当事人相比更有优越性。同时,从诉讼效益的角度考虑,通知当事人被立案,有可能尽快结案。如果当事人认为检察机关的立案有较为充分的事实依据和法律依据,有可能停止继续实施违法民事行为,并对造成的损失主动给予赔偿,促使检察机关撤案,降低维护公共利益的成本。因此,检察机关在立案后通知当事人,不仅是必要的,也是可行的。

(二)委托诉讼代理人的权利

当事人接到检察机关立案的通知后,为弥补自己诉讼能力的不足,可以委托律师或者其他人员担任自己的诉讼代理人。为确保诉讼代理人履行职责,也应赋予其相应的权利。例如,可以向检察机关了解当事人被认定民事行为违法的依据,被要求承担的民事责任;可以查阅、复制、摘抄检察机关收集的技术性鉴定资料、有关诉讼文书等;可以向有关单位和个人进行调查,收集证据;可以向检察机关发表代理意见等。至于诉讼代理人是否可以查阅、复制、摘抄检察机关的全部案卷材料,笔者认为应区别情况不同对待。在立案审查阶段,检察机关并没有完全掌握案件证据材料,也未最终决定对当事人的行为是否提起民事公诉,如果当事人的诉讼代理人可以查阅全部案卷材料,就为当事人对检察机关的取证设置障碍提供了便利,反而造成辩诉双方的失衡。作为对等的权利,检察机关也无权要求诉讼代理人出示其掌握的证据材料。但在检察机关向人民法院提起公诉后,可以借鉴民事诉讼的规定,在人民法院开庭审理前双方进行证据开示。

(三)申诉的权利

当事人认为检察机关的立案缺乏事实依据或者法律依据的,有权在立案后向检察机关提出不同的意见，反驳其主张的观点，就自己的主张提供事实和法律上的依据。当检察机关听取当事人的申诉意见后，如果认为其意见有充分的事实依据和法律依据，也可以做出撤案或者变更主张的决定，避免错案的发生。

总之，在民事公诉中，给予"两造"均衡行使攻击和防御的机会，是确保法院查明案件事实、正确适用法律的重要前提。当检察机关行使民事公诉权时，要高度警惕因为国家强制力的介入，而使作为被告的当事人诉讼权利受到压制，造成诉讼结构的失衡。如同刑事公诉一样，扩充当事人的诉讼权利，才能达到有效的制衡，构建合理的民事公诉体制。只有科学设计民事公诉中辩诉平衡的制度，才能够保证检察机关提起民事公诉的正当性，从而对民事活动进行有效的监督，发挥检察机关在维护国家利益和社会公共利益方面的重要作用。

对完善我国先予执行制度启动主体的思考

杨春华*

根据我国现行法律,先予执行只能由当事人提出申请,法院不能依照职权进行宣告。但究先予执行制度的本质,法院有权在必要情形时宣告先予执行。

一、先予执行制度的功能界定

(一)我国现行观点的蔽障

先予执行在我国 1982 年《民事诉讼法》(试行)中被称为先行给付,是受前苏联的《苏俄婚姻和家庭法典》第 74 条的影响而设立的制度。显然,最初立法者设立先行给付制度,主要是针对有金钱给付内容的特定纠纷,特别是"三费"案件,[①]突出的是对妇女、儿童和老人的保护。在现行民事诉讼法已颁行十余载的今天,将先予执行制度归因为"人民法院审理民事案件,从受理到做出判决,从判决生效到强制执行,其间需要经过一段相当长的时间(简易程序三个月、普通程序六个月)。在此时间内,少数原告人可能因经济困难,难以维持正常的生活或者难以组织正常的生产经营活动。客观情况需要一种终审判决做出前,就可以让被告先付给原告一定数额的款项或其他财物,以解决原告的燃眉之急,使原告的生活或生产能正常进行",[②]仍是通行的观点。即在我国通行的观点认为先予执行是"为了解决原告生产或生活的急需而设立的"。

(二)但究实质,先予执行的功能是"为了使债权人的债权能够获得早日满足"[③]

首先,先予执行制度是法律为顾及胜诉当事人的利益,且保护私权的衡平,在必要情形,对

---

* 杨春华:暨南大学法学院副教授。
① 李仕春:《民事保全程序研究》,中国法制出版社 2005 年版,第 88 页。
② 肖承池:《浅议先予执行》,http://www.chinacourt.org/public/detail.php?id=180750&k_title,发布时间:2005 年 10 月 11 日。
③ 林云虎:《假扣押与假处分》,台湾书泉出版社 1986 年版,第 7 页。

于未确定的判决亦赋予执行力,以免败诉的当事人借上诉方法,使正当的私权不能达到实现的效果而设置的①。

一审法院的判决一经作出,便意味着当事人间所争执的权利义务或法律关系得到了审理法院的确定,但因审级制度,给付之诉中的胜诉当事人,原则上应等到判决生效后,才能基于生效判决申请执行,即给付判决须待判决确定后,才能产生执行力。② 然而因败诉当事人可以通过上诉方法声明不服,阻断判决的确定,且判决的确定需经过第二审法院或第三审法院等一定期限,胜诉当事人虽获胜诉而不能申请执行,败诉当事人反而可以利用上诉的方法,拖延诉讼,在判决确定前隐匿或处分财产,使判决确定后,不能得到有效的执行。另外,因先予执行的案件类型为财产权诉讼,而财产权请求的判决,在多数情况下,即使执行错了也可以恢复原状或以金钱赔偿。为此,法律作出了先予执行的平衡保护设计。

其次,先予执行的功能是"为了使债权人的债权能够获得早日满足",这在德国、日本和我国台湾地区的立法中得到了充分的体现。如日本就是根据"上诉变更判决的盖然性小,如被告缺席或对重要事实自认所作出的判决;胜诉人有特别需要立即执行的情况,如支付工资及其他生活费的判决;假执行不至于给败诉人造成难以恢复的损害或危险"等多方面原因而不是仅仅依据生产或生活困难考虑是否宣告假执行。而对于"严重影响申请人的生活或者生产经营",在域外和我国台湾地区,法院则可依据其职权宣告先予执行。"为了使债权人的债权能够获得早日满足"的立法定位远远超出了为解决生产、生活急需的范畴。立法定位的不同,导致了许多具体制度设置的不同,并且我国这种小视角的立法构建,在我国执行严峻困难的情况下,使债权人的债权保障受到了极大的破坏。

二、增加法院依职权进行宣告的理由

(一)它是对当事人平衡保护的体现

根据我国现行法律,没有法院依职权宣告先予执行的规定,只能是在当事人申请后才能宣告先予执行,但在大陆法系的其他国家和我国的台湾地区,都将启动主体分为法院依职权和当事人申请两种,我无意崇媚"人家"的月亮总是比我们的圆,但"人家"的好我们不可不知。任何制度都具有双刃性,上诉制度的确立,的确可以为一审中受到不公正审判的当事人提供一个救济的机会,但是,也会给一些败诉当事人提供借上诉拖延、转移、隐匿财产而使其义务延误履行或不能履行的机会,为此一个制度的设计,在考虑到其双刃性时,必须有所补救,以达到双方当事人利益的衡平,否则就是对当事人的极大不公了。根据域外和我国台湾地区所规定的法院依职权宣告假执行的案件类型看,充分体现了对上诉制度双刃性的考虑,从而使当事人双方得

---

① [日]兼子一、竹下守夫著,白绿铉译:《民事诉讼法》,法律出版社1995年版,第171页。
② 给付判决原则上须待判决确定才具有执行力,所采用的是德国和日本法律规定模式;而在法国法系,一经法院判决,不待确定,就具有执行力,故无须假执行宣告制度。参见[日]三月章著:《民事诉讼法研究》(第九卷),有斐阁1984年版,第108页以下。转引自陈计男:《程序法之研究》(一),三民书局1986年版,第40页引注。

到平衡保护。

在日本,一审法院依职权宣告"假执行"的条件如下:(1)对票据和支票支付金额及依法定利率支付损害赔偿的判决,法院必须依职权作出假执行宣告,对此无自由裁量的余地,但是否提供担保,是否作出免予假执行的宣告,由法院裁量决定(《日本新民事诉讼法》第259条第2款);(2)对于付与执行签证的异议之诉(所谓的执行签证付与异议之诉是指根据《日本民事执行法》第27条规定,对于应由债权人证明事实到来的请求,或者债务名义所表示的当事人以外的人作为债权人或者债务人而付与执行签证的场合,债权人证明事实到来或证明对于或为债务名义所表示的当事人以外的人强制执行,而债务人对此有异议时,请求不允许依该执行签证的债务名义正本进行强制执行所提起的诉讼,详见《日本民事执行法》第34条第1款)或者请求异议之诉(所谓的请求异议之诉,是指债务人对债务名义的请求权存在或其内容有异议时,所提起的请求不允许以该债务名义强制执行的诉讼,详见《日本民事执行法》第35条),受诉法院对于所主张的事实在法律上有理由,并在事实上有释明时,据此所作出的确认判决和形成判决,法院应当依职权宣告假执行(详见《日本民事执行法》第36条和第37条的规定);(3)对于小额诉讼同意请求的判决,法院应当依职权宣告假执行,提供担保或不提供担保由法院裁量决定(详见《日本新民事诉讼法》第376条的规定)。

在德国,根据《德意志联邦共和国民事诉讼法》第708条的规定,法院依职权宣告假执行的有:(1)根据认诺或舍弃而为的判决;(2)缺席判决,以及对迟误期日的当事人依现存的记录而为的判决;(3)因缺席判决的异议不合法而驳回异议的判决;(4)在证书诉讼、票据诉讼或支票诉讼中所作的判决;(5)对于在证书诉讼、票据诉讼或支票诉讼中所作的保留判决宣告不予保留的判决;(6)驳回或撤销假扣押或假处分的判决;(7)在出租人与承租人或与次承租人之间,或在同一房屋的承租人与次承租人之间,因为住房或其他房屋的交付、使用或搬迁而发生诉讼,因为根据《民法典》第556条之1、第556条之2而请求继续住房的租赁关系而发生的诉讼,以及因为对承租人或次承租人在租赁房屋中的物品行使留置权而发生的诉讼的判决;(8)判令负担支付抚养费的义务、负担因剥夺抚养请求权而支付定期金的义务、负担因伤害他人身体或健康而支付定期金的义务的判决,但以该项义务是在起诉后和起诉前三个月的为限;(9)依《民法典》第861条、第862条关于占有的回复、对占有的妨害之排除和防止的判决;(10)高级州法院关于财产权诉讼的判决;(11)其他财产权的诉讼判决,其本案中判令给付的标的不超过2500德国马克,或者只有关于诉讼费用的裁判可以执行,而其执行的价额不多于3000德国马克。对于上述法院依职权所宣告的假执行,无需当事人提供担保。

在我国台湾地区,根据我国台湾地区"民事诉讼法"(2000年修正)第389条规定,法院应依职权宣告假执行的有:(1)本于被告认诺所为之判决;(2)命履行扶养义务之判决,但以起诉前最近六个月,及诉讼中履行期已到者为限;(3)就第427条第2项诉讼所为被告败诉之判决;(4)命清偿票据上债务之判决;(5)所命给付之金额或价额未逾1000元之判决。

从上述不难看出,域外和我国的台湾地区,针对票据诉讼判决、根据承认或放弃所作的判决、缺席判决、抚养判决等当事人借上诉拖延、转移、隐匿财产而使义务延误履行或不履行几率大的判决,法院出于对债权人的平衡保护,规定法院有权宣告先予执行,从而在保障债务人行使上诉权利的同时,债权人也得到了早日实现债权的保护。

(二)它是先予执行"防火墙"功能的具体体现

先予执行制度是当事人权利有效实现的"防火墙"。网络防火墙①就是把危险阻挡在外的屏障,它是一种形象的说法。这个软件通过一定的算法,允许它认为安全的数据通过,拒绝网络上的危险访问请求以保护计算机系统的安全。先予执行的功能与"防火墙"的功能一样,既有阻挡危险的作用,又有它认为安全的数据通过的作用(即执行),它在对被执行人责任财产的维持上起着重要的作用。

在我国目前的司法实践中,据调查,在执行中被执行人无财产可供执行,是我国执行案件执结率低的主要原因。造成被执行人无财产可供执行的原因很多,其中之一就是败诉当事人在一审得到败诉判决后,借上诉拖延、转移、隐匿财产。为此,基于对当事人双方公平保护的法理和我国执行严峻困难的司法实务,应当确立法院依职权宣告先予执行制度,将那些债权人的权利比较明确,而债务人借上诉拖延或不履行可能性大的判决,由法院应依职权宣告先予执行,并且可根据具体情况责令当事人是否提供担保。

三、我国法院依职权宣告先予执行的具体设想

(一)案件类型

对于下列案件法院可以在必要情况下依职权宣告先予执行:

1. 基于被告承认或放弃所作的判决

依被告承认或放弃所作的被告败诉的判决,虽然被告可以上诉,但此类判决被上诉审改判的并不多见。为避免被告故意拖延诉讼,故应定为依职权宣告的先予执行。

2. 基于被告缺席所作的被告败诉判决

在我国目前的民事执行中,最大的困难之一就是被执行人难找,这其中包括了被告在审判阶段就缺席而找不到的情况。这对于胜诉人而言,被告人恶意逃债不出席审判,胜诉人却要等待漫长的法律文书生效才能执行确属不公。为此应将其确定为法院依职权宣告先予执行的范畴。但为了保障那些因正当情况(如对自然人来讲因户籍所在地和经常居住地不一致或因送达原因而没有收到开庭通知)而缺席的被告人,法院应裁量是否需要提供担保。

3. 判决被告履行抚养义务的判决,但以起诉前最近六个月及诉讼中履行期已到者为限

起诉请求抚养的人,大多数都是不能维持生活且无谋生能力的人,不能期待其借钱度日,在等待判决确定后才受到抚养,故对此应规定法院依职权宣告先予执行。但为了避免浮滥,可借鉴我国台湾地区的做法,将其范围界定在起诉前六个月及诉讼中履行期已到者为限。但因

---

① Internet 网络防火墙:顾名思义,防火墙就是把危险阻挡在外的屏障,它是一种形象的说法。网络防火墙就是一个位于一个计算机系统和它所连接到外部网络之间起屏障作用的一个软件。这个软件通过一定的算法,允许它认为安全的数据通过,拒绝网络上的危险访问请求以保护计算机系统的安全。当然了,作为一种防护措施,它不可能保证100%的安全。

抚养请求权被侵害而提出的损害赔偿请求则不在本款适用之列。①

4. 依据简易程序审理所作的判决

依照我国现行法律规定,适用简易程序审理的民事案件是"事实清楚、权利义务关系明确、争议不大的简单的民事案件"。虽说此制度设计的科学性和恰当性颇受目前学者的质疑,但以此为标准作为依职权宣告先予执行可以说对被告造成的损害几率是非常小的了。为此,若依据现行的法律规定,确定法院依职权宣告先予执行应是没有太大异议。但是,基于目前理论界对我国简易程序的质疑,我们也不得不作前瞻性的考虑,为此,可借鉴我国台湾地区的做法,将下列事项纳入简易程序审理之中,相应地对下列问题,法院应依职权宣告先予执行,即:(1)出租人与承租人间,因接收房屋②或迁让③、使用、修缮或因留置承租人的家具、物品涉诉的。(2)雇用人与受雇人间,因雇用契约涉诉,其雇用期间在一年以下的。(3)旅客与旅馆主人、饮食店主人或运送人间,因食宿、运送费或因寄存行李、财物涉诉的。(4)因请求保护占有涉诉的。(5)因不动产的界限或设置界限标涉诉的。④ (6)判决清偿票据上债务的。因这些事项的判决,债权人的权利是比较清楚的,败诉债务人对十分清楚的权利义务判决不服,提起上诉,其借上诉以达到拖延或不履行的盖然性很大,为此应将其依简易程序作出的判决依职权宣告先予执行。

5. 判决给付的金额或价额未逾一千元的判决

判决债务人给付金额或价额未超过一千元,应属小额债权,其权利义务关系也是比较清楚的,败诉人提出上诉,其借上诉以达到拖延或不履行的盖然性仍然很大,并且其判决即使被取消,对被告影响也不会太大,故应列为依职权所宣告的先予执行。

上述所列举的法院应依职权宣告先予执行的事件,仅是司法实务中的一个量化标准,但不限于此,归根结底,法院是否依职权宣告先予执行应根据给对方当事人造成的损害程度、恢复原状的难易程度来加以判断,如将产生不可恢复的损害时则不应宣告先予执行。而对于属于法院依职权宣告的先予执行,应无需原告的申请就予以宣告,原告若提出先予执行宣告的申请,其作用仅在促使法院职权的发动,法院对其申请毋庸准驳。待法院在依职权宣告先予执行时,如认为原告有提供担保必要的,在依职权宣告先予执行时,应将提供担保作为实施先予执行的前提条件。但这种担保与原告所申请的先予执行,因不能证明其声明而提供的担保无关。

(二)宣告的时间

《关于在经济审判工作中严格执行〈中华人民共和国民事诉讼法〉的若干规定》(以下简称

---

① 陈计男:《民事诉讼法论》(下),三民书局1994年版,第19页。

② 所谓因业主与租户因接收房屋涉诉者,须业主与租户有明确的租赁契约,别无争执,而仅就接收房屋发生诉讼者,且不论其诉讼标的的金额。若业主与租户就租赁契约的有无存废尚有争执,因而未能接收房屋以致涉诉者,仍属租赁权诉讼,而非此诉。蔡敦铭主编:《民刑事法规判解丛书》(3),五南图书出版公司1983年版,第593~594页。

③ 所谓因迁让涉诉者,是指业主与租户因迁让房屋(即腾交房屋而于应行腾交并无争议者)生有纠纷形成诉讼而言。若就租赁权有所争议,即关于应否解除租约迁让房屋的诉争,则不属此。参见蔡敦铭主编:《民刑事法规判解丛书》(3),五南图书出版公司1983年版,第593页。

④ 所谓不动产经界涉诉者,是指不动产经界不明,或就经界有争执而求定其界限所在的诉讼而言。即对经界本身并无争执,仅因经界的设置,或关于负担等涉诉的。若系争执地基,须经丈量始能断定谁属者,则即为所有权的诉讼,而不能谓为因经界涉诉。参见蔡敦铭主编:《民刑事法规判解丛书》(3),五南图书出版公司1983年版,第593页。

《经济审判若干规定》第 16 条规定:"人民法院先予执行的裁定,应当在当事人提出书面申请,并经开庭审理后作出。……"由于该司法解释尚未被废止,如果认为该规定亦适用于民事审判,则先予执行裁定无疑必须在开庭以后方可作出。但根据 1992 年《最高人民法院关于适用〈中华人民共和国民事诉讼法〉若干问题的意见》(以下简称《民诉法若干意见》)第 106 条规定:"民事诉讼法规定的先予执行,人民法院应当在受理案件后终审判决作出前采取。……"据此先予执行不经过开庭就可作出。那么依职权所宣告的先予执行应当在何时作出呢?

依据我国现行法律,当事人之间权利义务明确是申请先予执行的条件之一,其也是笔者涉猎文章中,对我国现行的先予执行制度质疑最多的问题。其被质疑的理由在于,当事人之间权利义务关系是否明确,只有在案件进行审理后才能知晓,而现行法将此作为一个必要条件系苛刻之举,且在实务中,此条件在作出判决前因无法断定而被虚设,而是以担保或其他条件作为裁量依据的。那么,面对如此多的质疑我们是否真的需要废除此条件吗?我的回答是否定的。不论是大陆法系的其他国家,还是我国,都应当确立法院依职权所作宣告和依当事人申请宣告两种情形。对于法院依职权宣告来说,其前提条件必须是权利义务明确,否则法院对没有比较确定的权利①宣告先予执行,有失正当,因为先予执行毕竟是在对债权人的权利有一定程度的确定,但其并没有被最终确定前,为平衡保护债权人经受不必要的损失和煎熬而实施的真正的执行,在执行错误后,对当事人双方都会带来损害,国家也要为此承担责任。但当事人之间的权利义务是否明确,正如质疑者所指出的,一定要通过审理才能知道,为此,域外和我国台湾地区的法律都规定,不论是依职权还是当事人申请假执行宣告,都应记载在判决的主文②,且当事人申请,应在为判决基础的言词辩论终结前提出③。其规定为"权利义务明确条件"铺设了通行的路径。

我国虽然规定了权利义务须明确的条件,但现行法律规定的冲突使此条件的落实大打折扣。笔者认为,因先予执行是真正的实施执行,无论是依职权还是依当事人申请,都需审慎做出,现行《民诉法若干意见》所规定"可不经过开庭",即使是辅以先予执行裁定必须由合议庭作出规定④,因其仅是依书面材料而进行的合议,缺失当事人双方的质证辩论,也显然不符合审慎要求,而《经济审判若干规定》虽然符合审慎的要求,但并没有细化的制度规定,为此,我们可以规定:"依职权宣告的先予执行,在符合宣告条件时,应在一审判决中作出;当事人提出先予执行申请的,应在言词辩论终结前提出,将先予执行的申请与诉讼申请共同作为诉讼事件处理,所得出的结论一并写入判决之中。"当然,为了贯彻我国最初先予执行立法突出保护妇女、儿童和老人的初衷,基于我国社会福利保障的现实,也可对"三费"的先予执行作特殊规定,即"三费"的先予执行不受前述规定限制,可在受理案件后终审判决作出前任何时间内采取。

(三)关于担保

对于当事人申请先予执行,应借鉴域外规定,分为无需担保和提供担保两种情况。根据德

---

① 之所以说是比较确定,是因为所确定的权利还没有经过终审被最终确定。
② 详见《日本新民事诉讼法》第 259 条第 4 款的规定。
③ 详见《德意志联邦共和国民事诉讼法》第 714 条之 1 的规定。
④ 但在现行的司法实务中,因法律并没有对此作明文规定,所以司法实务中也是形态各异的,有的明确规定凡当事人申请先予执行的案件一律必须组成合议庭审理;有的规定是否组成合议庭审理由主审人审查后报经庭长或审判长决定;有的规定凡此必须报请审判委员会讨论决定;还有的则对案件进行分类,区分不同情况规定分别适用的审判程序,更加不能保障当事人间权利义务是明确的。

国、日本和我国台湾地区的规定,对于假执行的宣告分为无须担保和担保两种情况。

在德国,法院原则上根据担保才宣布判决为暂时性可强制执行的,法院必须根据自己的判断决定担保的种类和数量。其中担保数量的考量因素是,判决被上诉撤销后因债权人的暂时执行而给债务人所带来的可能损失。要求提供担保的命令使得债权人只有在已经提供担保后,才能开始该判决的执行。① 只有提供担保才可取得判决暂时可强制执行性规则的唯一例外,是《德国民事诉讼法》第708条所规定的内容。按照此条规定,根据放弃诉求或承认作出的判决,缺席判决和高等地区法院就债权诉求做出的判决将被宣布为暂时性可强制执行的,无需提供担保。除了法院依职权宣布一判决是暂时性可强制执行外,《德国民事诉讼法》第710条规定,当要求提供担保会导致对债权人的根本性损害时,则债权人可向法院申请,要求法院宣布一个仅凭担保才能暂时性强制执行的判决例外地成为一个无需担保即可暂时强制执行的判决。

在日本,对于假执行是否宣告担保,由法院裁量决定。实际上,绝大多数情况均以担保为条件。但是,对于符合票据诉讼要件请求的,原则上为无担保。②

在我国台湾地区,关于担保分两种情况:一是法院在依职权宣告假执行时,如认为原告有提供担保必要的,在依职权宣告假执行时附以提供担保的条件;二是原告声明的预供担保,即原告虽未声明在判决前不执行将会受到难以抵偿或难以计算的损害,如声明在执行前可提供担保而申请宣告假执行的,法院也可以确定相当的担保额,宣告在提供担保后,就可以实施假执行。这是因为被告因假执行所可能受到的损害,已有原告所提供的担保足以保障了。所谓相当的担保额,应斟酌个案假执行后,债务人可能遭受的损害金额确定。实务上,多按假执行标的物金额或数额的三分之一确定担保额。在此有两点应予以注意:一是对于原告声明的预供担保,因为法院在确定提供相当的担保金额后,才能实施假执行,故一旦原告提出该声明,法院即应准许,并无自由裁量准否的余地。但如果不是财产权给付的判决,或虽然是财产权的给付,但无须强制执行或不适于强制执行的(例如所有权转移登记的判决,日本学说上有认可宣告假执行者),仍然不能宣告假执行。二是虽然法院对是否准许假执行的声请无裁量权,但对应提供担保额的多少,仍有自由裁量权。③

在我国,从立法的实质看,也是分为无需担保和提供担保两种情况,但因没有一个可操作的标准,所以在司法实务中几乎是一刀切地在提供担保后才能先予执行。为此,我们有必要借鉴上述域外和我国台湾地区的规定,在法院依职权宣布先予执行时,只有法院认为有必要担保的情况下,才责令提供担保,而对于根据放弃诉求或承认所作出的判决、缺席判决、票据判决或提供担保将会导致债权人根本性损害时则无须提供担保即可宣告先予执行;在当事人申请先予执行的情况中,根据其释明的情况决定是否提供担保,并同样应在当事人声明愿以担保为条件,申请先予执行时,应无裁量余地予以准许。对于担保数额在我国没有作明文规定,在司法实务中大多是参照财产保全,责令提供与标的额等量的担保,这不仅不合理有时还会显得苛刻,因担保的目的就是对可能因先予执行错误而造成的损失的防范,为此只需根据案件在先予执行后,债务人可能遭受的损害确定即可,若损害少则提供的担保就可以少些,也不妨借鉴按标的额的三分之一确定担保额的做法。

---

① 《德国民事诉讼法》第751条第2款。
② [日]三月章著,汪一凡译:《日本民事诉讼法》,五南图书出版公司1997年版,第485页。
③ 陈计男:《民事诉讼法论》(下),三民书局1994年版,第21页。

(四)关于救济

我国现行法律对于先予执行的裁定,仅规定当事人在不服时可以申请复议一次,无其他规定。但为了在保护债权人的同时使被告也得以充分保护,应对被执行人的救济予以完善,可具体分宣告先予执行和先予执行宣告后两种救济。

1.对于宣告先予执行的救济

先予执行的制度是为保护原告的利益而设置的,然而若仅顾及原告一方,将被告的利益置之不顾也是不公平的,为此应对被告有所救济,具体有两种救济方法:一是法院在宣告先予执行的同时,必须告知被告可以通过提供担保来免于先予执行,且不论所宣告的先予执行原告是否提供了担保。这在德国的民事诉讼法中和我国的台湾地区都有明确的规定。① 二是当被告因先予执行将会受到不能恢复的损害时,可向法院提出免于先予执行的申请,且应在言词辩论终结前提出证据,通过质证辩论,法院即可依据被告的申请或宣告不准先予执行或宣告驳回原告的先予执行申请。其所谓因先予执行将会受到不能恢复的损害是指,因先予执行所受损害无从恢复,或虽能恢复,但担心原告无恢复的资力等,如先予执行拆除有古迹价值的百年老屋,或价值逾亿的高楼;或对金额逾亿的票据债权依职权宣告先予执行的情形等。

2.先予执行宣告后的救济

具体分两种情况,先予执行宣告后失效后的赔偿和关于撤诉的赔偿

(1)先予执行宣告后失效的赔偿

首先,赔偿的前提条件

应以宣告先予执行的本案诉讼被撤销或变更为前提,若仅先予执行宣告被撤销或变更,而本案诉讼未被撤销或变更的,被告便无此请求权,应待以后的判决将其诉讼撤销或变更时才能够申请,并在该本案判决内,判决原告返还或赔偿,但仅变更或撤销先予执行的宣告,而以后的本案判决并未撤销或变更诉讼的,原告基于先予执行所受的给付仍为正当,并无返还或赔偿损害义务可言。

其次,提起的方式和处理的法院

被告因宣告先予执行而向原告为给付后,法院撤销或变更宣告先予执行本案判决的,被告应向原告请求返还所为的给付并赔偿所受的损害。

因宣告的先予执行是对未确定判决赋予执行力,借暂时的执行而使原告实现债权,因实现债权所产生的危险,自然应由原告负其责任,故为执行依据的先予执行判决被撤销或变更的,不论其撤销或变更是因实体上或程序上的理由,如原告已基于该执行依据实现其债权,法律为

---

① 根据《德国民事诉讼法》第708(4)—(11),如果一个判决是无担保的暂时性可强制执行的,法院必须告诉债务人需提供担保才能阻止执行,除非债权人自己在执行前已提供了担保。

根据《德国民事诉讼法》第712条,债务人甚至可以在债权人业已提供担保,但如果执行会给债务人带来不可挽回的损害的情况下,申请阻止执行的决定。如果债务人能使法院确信执行会带来无可挽回的损失,法院可能进一步宣布执行局限于保证措施或甚至宣布判决为不可强制执行的,如果债务人不适于提供担保的话。

除了这些具体的债务人保护条款外,如果针对暂时性可执行的判决已提出上诉的话,《德国民事诉讼法》第719条和第707条提供了通过担保或不通过担保来中止执行的机会,仅允许根据担保的进一步执行或根据法院的命令通过担保来搁置执行措施。屈广清、欧福永:《国际民商事诉讼程序导论》,人民法院出版社2004年版,第331页。

保护被告,且基于诉讼经济原则,应借鉴日本和我国台湾地区的意见,特许其不依反诉的规定,且不受审级的限制,可在该诉讼现在系属的法院,向原告请求返还所为的给付并赔偿所受的损害。①

撤销或变更该本案判决的法院,在被告提出此项申请时,应在撤销或变更本案诉讼的判决内判决原告返还或赔偿。此项返还或赔偿责任,是因判决变更诉讼的法定事由而生,其依先予执行实现债权有无故意或过失,在所不问,所采取的是一种无过失责任主义。然而被告是否依据此方法请求保护,听其自由,法院不能够依职权主动进行处理,因被告可以依据实体法的规定另行起诉或在撤销或变更该本案判决的诉讼中提起反诉。

最后,赔偿的范围。赔偿的范围是被告向原告所为的给付和被告所受的损害。所谓被告向原告所为的给付,指被告因先予执行宣告,由于强制执行或任意所为的给付;所谓被告所受的损害,是因先予执行支出的费用、或因先予执行所为给付失去的利息,以及因先予执行或免予先予执行而为给付或担保或为提存所发生的财产上的损失等。

(2)关于撤诉的赔偿问题

原告基于宣告先予执行的判决已受清偿后,而撤回诉讼的,被告就其所为给付而受的损害,只能另行起诉请求返还或赔偿。因诉的撤回,审理宣告先予执行当否的诉讼程序已因而终结,不能撤销或变更该本案判决,更无法在其程序中判决原告返还或赔偿。

---

① 参见兼子一、竹下守夫著,白绿铉译:《民事诉讼法》,法律出版社 1995 年版,第 174 页。

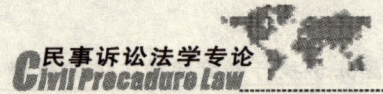

试论不动产执行程序中执行力的扩张
——兼谈执行程序对实体权利的回应与干预

陈桂明* 范向阳

一、问题的提出

案例一：申请人中信实业银行济南分行（以下简称中信银行）与被执行人济南铭峰纺织有限公司（以下简称铭峰公司）、济南青山置业有限公司（以下简称青山置业）抵押贷款纠纷一案中，山东高院(1999)鲁经初字第 15 号民事判决判定：(1)被告铭峰公司偿还原告中信银行借款本金 270 万美元，利息 188061.68 美元。(2)被告铭峰公司偿还原告中信银行借款本金 3000 万人民币，利息 1627789.8 元人民币。(3)被告青山置业对 270 万美元的借款本息在其抵押的财产范围内承担担保责任。本案进入执行程序后，被执行人铭峰公司先是将已经抵押的价值 3679.28 万美元设备作为出资成立了铭山毛纺公司（以下简称铭山公司）。尔后，铭峰公司、青山置业、铭山公司又通过长清区国土资源局将铭峰公司、青山置业名下的四块已经抵押给中信银行的土地无偿变更到铭山公司名下。中信银行以第三人铭山公司无偿受让已经抵押的被执行人财产且抵押物的转让没有通知自己为由申请追加其为被执行人。问题：执行法院能否在执行程序中直接变更铭山公司为被执行人？

案例二：兴达公司诉红宇公司联营纠纷一案，某省高级法院作出一审判决并生效，判令红宇公司赔偿兴达公司人民币 9500 万元人民币。判决作出后，红宇公司将自己所有的一栋价值 1.5 亿元的写字楼"红宇大厦"以人民币 5000 万元的价格出售与其控股的星联公司，并办理了过户登记。执行过程中，某省高级法院查明红宇公司无可供执行的财产。问题：兴达公司能否申请追加星联公司为被执行人，在承受"红宇大厦"财产的价值范围内承担责任？

在不少金钱债权案件的执行中，不动产几乎是债务人最有价值的财产，特别是房地产市场如日中天、价格扶摇直上的今天，能否执行到债务人的不动产对债权人实现生效债权具有重要意义，有时甚至是决定性的意义。但是，由于社会信用体系的缺失，执行立法的疏漏，有相当一部分债务人在执行依据形成之时就以逃债为目的将自己所有的不动产通过各种手段转让于他人，限于执行程序中对不动产权属的认定以不动产登记作为标准的限制，且现行执行法律法规

---

* 陈桂明：《中国法学》杂志总编辑，教授，博士生导师。

和司法解释并无可以追加不动产承受人为被执行人的规定,案外人也往往以信赖登记的公信力作为抗辩的理由,执行法院对此苦无良策。因此,研究不动产执行程序中的执行力扩张问题,理顺执行法与实体法在此问题上的关系,对于高效实现债权人的生效债权具有重要的意义。

二、执行力及其扩张

所谓执行力,就是通过强制执行来实现执行依据所表示的请求权的效力。① 执行力是判决效力的四点内容之一,②有的学者认为,执行力和既判力如影相随,不可分离。"有既判力就有执行力。既判力扩张,执行力也扩张。"③实际上这种观点有欠妥当,因为:第一,有既判力的执行依据,不一定有执行力。比如判决一旦作出并生效便对参与诉讼并经过程序保障的当事人和法院都有强制性的通用力,当事人不得主张相反的内容,法院不得为内容作相反之判断。④ 这说明生效的判决都具有既判力。但是,并不是所有的判决都有执行力。确认判决和形成判决由于系以法律关系确认或者形成之效果为内容,因裁判确定或者行为成立而确定或者变更,不具有可执行的内容,从而无执行力。只有给付判决才具有执行力,但也不是所有的给付判决都有执行力,比如有的给付判决虽有给付内容,但因给付内容不适于执行而不具有执行力。例如,命妻对夫履行同居义务之判决即是。第二,有的执行依据有执行力却没有既判力。就法院作出的执行依据而言,比如财产保全、先予执行裁定都是有执行力的裁定,但是由于缺乏当事人言辞辩论而没有既判力。就其他机关作出的执行依据而言,比如公证债权文书,虽有执行力亦无既判力。⑤ 第三,既判力没有期限限制,终局裁判一旦作出,除非依法定程序改判,就对当事人和审理法院具有恒久的拘束力。而执行力有期限限制,所有国家和地区都对债权人向执行机构申请实现债权规定有期限限制,以督促债权人及时行使权利,避免权利沉睡。⑥

执行依据是为了解决对立的当事人之间的纠纷而作出的裁断,即使是既判力,"原则上也仅仅及于对立的双方当事人之间",⑦这称之为既判力的相对性原则。⑧ 同样,执行力也仅能及于执行依据所载明的当事人,特别是对于债务人,因牵涉对其财产的强制剥夺,不能随意扩大

---

① [日]竹下守夫著,刘荣军、张卫平译:《日本民事执行法理论与实务研究》,重庆大学出版社 1994 年版。
② 其他三点为拘束力、确定力、形成力。参见江伟主编:《民事诉讼法学原理》,中国人民大学出版社 1999 年版,第 282 页。
③ 黄金龙:《〈关于人民法院执行工作若干问题的规定(试行)〉实用解析》,中国法制出版社 2000 年版,第 229 页。
④ 翁晓斌:《民事执行救济制度》,浙江大学出版社 2005 年版,第 176 页。
⑤ 杨与龄:《强制执行法新论》,中国政法大学出版社 2002 年版,第 68 页。
⑥ 谭桂秋著:《民事执行原理研究》,中国法制出版社 2001 年版,第 163 页。
⑦ [日]高桥宏志著,林剑锋译:《民事诉讼法——制度与理论的深层分析》,法律出版社 2003 年版,第 558 页。
⑧ 翁晓斌:《民事执行救济制度》,浙江大学出版社 2005 年版,第 176 页。

执行依据的效力范围。

毫无疑问,执行力扩张的灵感来自于既判力的扩张。既判力之所以要扩张,是因为随着社会经济流转速度的加快,民事交易环节复杂,判决牵涉到第三人的情况相当普遍。① 在这样的制度环境下,如果仅仅从第三人的立场考虑,完全贯彻既判力的相对性原则,则判决的效力又会明显地削弱,进而使人怀疑公权力解决纠纷制度的效果和能力。② 比如,在原告要求被告拆屋还地的诉讼中,如果败诉的被告顺次将涉案标的物进行数次转让,即使原告在几次的诉讼中都获得胜诉,也无法获得彻底的安心。③ 因此:

(1)为了维持纠纷解决的实效性或者说为了维护前诉程序的安定性,应当将判决的既判力扩张至口头辩论终结后的当事人的继受人。④ 当事人的继受既包括一般继受,也包括特定继受。前者属于概括地继受当事人的一切权利义务,比如当事人死亡之后的继承人、法人因合并而成立的新法人。后者是指从负有实体义务的当事人处受让诉讼标的权利义务或者争议的诉讼标的物的情形。⑤

(2)在争议标的物的占有人欠缺必须赋予程序保障的实质利益时,判决既判力向其扩张。⑥ 标的物的持有人主要包括标的物的受委托人、管理人、同住人等,上述这些人员是为了当事人的利益而占有标的物,自己对于标的物并不具有占有利益,因此当当事人在诉讼中败诉,而被命令交付该标的物,这些请求标的物的持有人也当然地必须向原告交付该标的物,也就是说标的物的既判力向其扩张。⑦

(3)在第三人与诉讼当事人存在利益的代理行使关系时,判决的既判力也应向其扩张。⑧ 在当事人与第三人存在诉讼担当的情况下,因为被担当人本来就是利益的归属主体,只不过其因法定或者约定,而由担当人以自己名义进行诉讼,担当人所承受的判决效力亦应当然及于被担当人。

有人认为,解决了既判力扩张的问题,执行力扩张自然也就解决了,既判力范围的扩张必然引起判决效力的扩张,判决效力的扩张也必然引起判决执行力的扩张。⑨ 因为"既判力是执行力的基础,对执行力的产生、变更、消灭有直接的基础性决定作用"。⑩ 应当说,在判决为给付判决的情况下,执行力扩张的主观范围与既判力扩张的主观范围是一致的。⑪ 但是,即使如

---

① 翁晓斌:《民事执行救济制度》,浙江大学出版社 2005 年版,第 177 页。
② 翁晓斌:《民事执行救济制度》,浙江大学出版社 2005 年版,第 176 页。
③ [日]高桥宏志著,林剑锋译:《民事诉讼法——制度与理论的深层分析》,法律出版社 2003 年版,第 563 页。
④ [日]高桥宏志著,林剑锋译:《民事诉讼法——制度与理论的深层分析》,法律出版社 2003 年版,第 563 页。
⑤ 翁晓斌:《民事执行救济制度》,浙江大学出版社 2005 年版,第 177~18 页。
⑥ [日]高桥宏志著,林剑锋译:《民事诉讼法——制度与理论的深层分析》,法律出版社 2003 年版,第 570 页。
⑦ [日]高桥宏志著,林剑锋译:《民事诉讼法——制度与理论的深层分析》,法律出版社 2003 年版,第 571 页。
⑧ 孙忠志、范向阳:《执行与审判的界限》,载《人民司法》2005 年第 9 期。
⑨ 李浩主编:《强制执行法》,厦门大学出版社 2004 年版,第 166 页。
⑩ 贺伟军:《论执行对既判力的扩张、限缩》,载《杭州商学院学报》2004 年第 1 期。
⑪ 郭士辉:《一次推进立法完善和执行改革的纵深探索——第一届全国法院执行理论与实务研讨会综述》,载《人民法院报》2005 年 12 月 7 日。

此,执行力扩张仍然呈现出与既判力扩张在某些方面的不一致性:首先,既判力扩张与执行力扩张的制度旨趣不同。既判力系于前诉与后诉的关系上,在后诉维持前诉确定判决的公权判断,以确保法的安定性。执行力扩张则系于前诉与强制执行关系上,强制实现判决所命给付之内容,具有省略直接对被扩张人的权利义务提起新诉的作用。① 其次,既判力扩张与执行力扩张的内容不同。比如,某甲与某乙为对方当事人主张债权,在甲胜诉的情况下,此时,如果认可判决的既判力扩张于乙的继受人丙的话,该判决意味着,无论对乙还是对丙,一旦判断甲在甲、乙间的诉讼的口头辩论终结并对乙拥有的债权确定时,不能就此判断再行争执。而当执行力扩张至丙时,判决意味着,甲可以依据此判决,直接对丙强制执行。所以,在既判力扩张的情形,判决效力的客观范围并没有扩张,而执行力扩张的情形,可以说其客观范围也被扩张了。②

执行力扩张的法理根据在于执行程序公平理念的贯彻与对效率价值的追求,强制执行作为债权人利益上的程序,它服务于为债权人提供司法保障的目的。为了债权人的利益,也为了维护司法的尊严,应当有效率地塑造强制执行程序。③ 就执行力扩张制度来说,债权人既然已经取得具有执行力的执行依据,而居于可依强制执行实现纷争对象给付利益的地位。如果此等可期待或者既定地位,仅仅因为他未曾知悉义务人有死亡、转让等情事,即被剥夺,而需对继受人、占有人取得新的执行依据,则有损胜诉债权人的期待与信赖,导致债务人方面得到不能对其执行或者不当迟延执行的利益,对债权人而言,实属过苛。故使继受人忍受执行,合乎公平理念。④

在解决了执行力扩张的法理根据之后,也就能够揭示为什么公证债权文书之类的执行依据虽然没有既判力,但仍然会发生执行力扩张。因为执行依据只要有执行力,为维护纠纷解决的实效性以及提高执行效率,在符合扩张的条件的情况下,亦应将执行力进行扩张。

至于执行力扩张的范围,为了防止执行力扩张中的专权和擅断,应当对其范围加以严格限制。考虑到不同的执行依据,其扩张的范围亦应不同:对于给付判决(含调解)而言,执行力扩张的主观范围应当与既判力扩张的主观范围相一致;对于其他执行依据而言,执行力应当仅仅扩张于执行依据形成之后的继受人或者为被执行人利益而占有执行标的物的人。

三、不动产执行程序中执行力的扩张

不动产执行程序中,在被扩张人为被执行人的一般继受人和被担当人,执行力向其进行扩张时,比较容易识别和判断,难的是当继受人为特定继受时,如何判断执行力向其扩张。

对此问题,有的学者在谈论既判力扩张与否时,提出了按照诉讼标的法律关系的实体法上性质,也就是以诉讼请求是物权还是债权性质作为判断标准,决定判决效力是否扩张于诉讼标

---

① 许仕宦:《执行力扩张与不动产执行》,学林文化事业有限公司 2003 年版,第 23 页。
② [日]竹下守夫著,刘荣军、张卫平译:《日本民事执行法理论与实务研究》,重庆大学出版社 1994 年版,第 62 页。
③ [德]博克哈特·海斯:《中国强制执行法草案与欧洲执行法的比较》,转引至黄松有主编:《强制执行法的起草与论证》(第二册),中国人民公安大学出版社 2004 年版,第 56~57 页。
④ 许仕宦:《执行力扩张与不动产执行》,学林文化事业有限公司 2003 年版,第 29 页。

的物的特定继受人。① 举例说明，如果某甲诉某乙要求返还属于自己所有的房屋并获得胜诉判决，而后某乙在判决后将涉案房屋转让于某丙，因某甲向某乙所主张系物权请求权，所以判决的既判力及于某丙。反之，若某甲诉请某乙履行房屋登记过户义务，因其主张权利系债权请求权，则判决既判力不能扩张于某丙。

在如何判断既判力是否扩张于特定继受人的问题上，学界还存在实质说与形式说的对立。② 试举一例说明，甲要求房屋的出卖人乙交付房屋并履行登记过户义务，法院判决甲胜诉，判决后乙将房屋又出卖于丙。依实质说的观点，从甲、乙、丙三人的关系看，如果甲、乙之间判决的既判力及于某丙，则就会因为剥夺丙对国家登记的信赖利益而产生实质性的不当，因此丙不属于口头辩论终结后的特定继受人。也就是说，实质说遵循着"先对既判力是否扩张于某人做出实质性判断，然后再判断某人是否属于特定继受人"这样的逻辑推导顺序进行判断。③与此相反，形式说要先从形式上判断丙是否属于口辩论终结之后的特定继受人，因为案例中丙虽然已经取得房屋的登记权利，但他仍然不能就甲乙之间的判决进行争执，从而属于特定继受人，但是既判力的扩张不能阻挡丙提出自己的固有抗辩，比如主张自己是善意取得等等。④

但是，上述学说并不能解决不动产执行程序中执行力如何扩张于不动产的占有人或者特定继受人的问题，因为这两者所谈问题并不一致。上述既判力扩张理论中，除了既判力扩张于一般继受人以及扩张于被担当人之外，都要求特定继受人受让特定的诉讼标的物或者占有人占有特定的诉讼标的物。而如果诉讼请求就是要求交付特定的不动产或者办理不动产登记请求权，其执行类型属于物之交付或者移转请求权的执行，并非本文所言的不动产执行。本文所称的不动产执行是指债务人所负债务为金钱债权，以不动产为执行标的物，当事人是就不动产的交换价值受偿。因此，并不能完全套用既判力扩张理论中既判力对特定继受人的扩张理论。

不动产执行程序所面临的执行力扩张问题是，当被执行人因所负金钱债务面临强制执行，而其唯一的责任财产是不动产，在执行依据形成之后，被执行人将不动产交由第三人占有或者移转于第三人后，执行法院能否依据原执行依据直接对第三人执行，由第三人在占有或者接受不动产的范围内偿还债务。

四、执行法对实体法的回应——执行力对抵押不动产继受人的扩张

不动产执行程序中执行力的扩张，虽然不能套用既判力对特定继受人的扩张理论，但是无论是既判力扩张按照诉讼标的性质抑或依据形式说和实质说判断的观点，都会对执行力扩张有所启示：不动产执行程序中，执行力扩张的结果要尽可能地与实体法的规定相协调。如果这

---

① 许仕宦：《执行力扩张与不动产执行》，学林文化事业有限公司2003年版，第8页。
② [日]高桥宏志著，林剑锋译：《民事诉讼法——制度与理论的深层分析》，法律出版社2003年版，第565页。
③ [日]高桥宏志著，林剑锋译：《民事诉讼法——制度与理论的深层分析》，法律出版社2003年版，第565页。
④ [日]高桥宏志著，林剑锋译：《民事诉讼法——制度与理论的深层分析》，法律出版社2003年版，第565页。

个前提是正确的,在判断执行力是否扩张于继受不动产的第三人时,就要考虑:所要执行的不动产对所负载的债权是否具有担保优先权。如果不动产是执行债权的担保物,则基于物权的追及效力,执行力亦应当相应地扩张于继受或者占有不动产的第三人。

关于案例一,对能否在执行程序中追加铭山公司为被执行人,存在两种意见:第一种意见认为,铭山公司在执行程序中无偿受让抵押财产,法院应当支持申请人的请求,追加其为被执行人。理由是:(1)法律明确规定抵押权人享有物上追及权。《中华人民共和国担保法》第49条规定,"抵押期间,抵押人转让已办理登记的抵押物的,应当通知抵押权人并告知受让人转让物已经抵押的情况;抵押人未通知抵押权人或者未告知受让人的,转让行为无效。"最高人民法院《关于适用〈中华人民共和国担保法〉若干问题的解释》第67条规定,"抵押权存续期间,抵押人转让抵押物未通知抵押权人或者未告知受让人的,如果抵押物已经登记的,抵押权人仍可以行使抵押权。"依据上述法律规定,本案申请人对被执行人擅自处理的抵押物仍享有抵押权。(2)法院在执行程序中可以依据实体法的明确规定对有关当事人之间无争议的事实直接作出裁定。这样做既不违反现行法律规定,也减少了当事人讼累,同时还体现了执行"效率优先"的原则。

第二种意见认为,在本案中,铭山公司作为无偿接受抵押财产的人不可追加为被执行人。铭山公司虽然在执行程序中无偿受让抵押财产,但申请人请求追加其为被执行人没有法律依据,该请求应当驳回。理由是:(1)有关执行的法律规定和最高人民法院《关于执行工作若干问题的规定(试行)》均未明确规定无偿受让抵押财产的人可在执行程序中追加、变更为被执行人。(2)执行程序与审判程序不同,不宜直接引用实体法的规定对有关情况作出裁定。(3)申请人主张的权利能否受法律保护,可通过另行提起诉讼解决。

从实体法上来说,作为抵押物的受让人,铭山公司的所有权不能对抗债权人对抵押物所享有的担保物优先权的问题争议不大,关键是在程序法上有无必要追加受让人为被执行人?如果有必要,能否在执行程序中直接追加抵押物的受让人为被执行人?

第一个问题,关于是否有必要追加抵押物的受让人为被执行人。有的意见认为,可以直接对抵押物进行执行,不需将受让人铭山公司列为被执行人。应该说这种观点有一定的道理,法律上也有类似的规定。比如,《民诉法意见》第274条就规定:"作为被执行人的公民死亡,其遗产继承人没有放弃继承的,法院可以裁定变更被执行人,由该继承人在遗产的范围内偿还债务。继承人放弃继承的,法院可以直接执行被执行人的遗产。"但是,就本案而言,如果不追加铭山公司为被执行人,既有法律上的障碍,也有执行实践上的不便。就法律而言,由于抵押物的所有权已经移转,抵押的设备和房地产已经从被执行人过户到铭山公司名下,根据最高人民法院《关于民事执行中查封、扣押、冻结财产的规定》第2条,执行法院只能查封登记在被执行人名下的不动产。而此时抵押财产已登记在铭山公司名下,既然铭山公司不是被执行人,从该条规定推论,又怎么能执行属于铭山公司所有并登记在其名下的财产呢?从实践来看,作为协助执行部门的房地产管理机关往往要求法院在查封房产时,法律文书所载明的义务人与所要查封的不动产权利人相一致,否则便可能不予协助。

第二个问题,关于能否在执行程序中直接追加抵押物的受让人为被执行人。回答应当是肯定的:(1)从实体法上看,抵押权人对抵押物所享有的优先受偿权作为物权性质的权利,具有对世和追及效力,不管抵押物流转于何人之手,抵押权人均得追及行使其抵押权。实际上,无偿还是有偿,是转让人和受让人之间的事,其所产生的法律后果只能是:转让人对于受让人是否有要求及时支付转让价款的请求权以及如果抵押物被执行,受让人是否对转让有不当得利请求权。对于抵押权这种物上优先权而言没有任何影响。不管抵押物的继受人是无偿还是有偿继受,也不管抵押人在转让时是否通知了抵押权人,只要抵押权登记没有被涂销,只要抵押权人没有放弃抵押权,抵押权人行使抵押权便没有任何实体法律上的障碍。(2)抵押物继受人属于执行力扩张的范围。无论是根据(给付判决)执行力(既判力)扩张理论上"实质说",还是"形式说"的观点,在判断判决的执行力是否向具体的标的物继受人进行扩张时,还要考虑继受人是否有与前诉被告无关的独立抗辩理由。而本案中,如前所述,铭山公司对中信银行行使抵押权的请求并无实体法上的有效抗辩。(3)抵押物的继受人欠缺程序保障利益。一般而言,法院只能对执行依据所确定的债务人进行执行,如对执行依据以外的第三人进行执行,则应通过诉讼程序对第三人的辩论权利予以充分保障后追加为债务人方能进行执行。但是,作为对此原则的衡平,对于一些和原债务人存在法律上的继承和连带关系并且缺乏程序保障利益的第三人,"为了维持被前诉判决做出判断的权利关系的安定性,在继承人这种程度上的程序保障方面必须做出牺牲"[1],也就是把继受人作为执行力扩张的范围直接在执行程序中进行追加。本案中,铭山公司即属于此。这是因为,首先,中信银行对抵押物的优先受偿权已经山东高院(1999)鲁经初字第15号民事判决确定,铭山公司即使通过诉讼也无权对此再行抗辩。其次,山东高院将铭山公司列为被执行人,也仅仅是按照(1999)鲁经初字第15号民事判决的确定范围对特定的抵押物执行,并不对铭山公司的其他财产执行,没有扩大原执行依据的客观范围。最后,该抵押物已经办理抵押登记,铭山公司在接受转让的抵押物时,就应当预知抵押物上存在的可能被债权人强制执行的法律风险,承受直接对其对抵押物的强制执行并不违背其真实意思。(4)本案在执行程序中追加从价值趋向上更符合效率原则。如果通过诉讼程序追加,债权人有可能陷入周而复始的诉讼陷阱中,因为即使中信银行再一次通过诉讼追加了被执行人铭山公司,很难保证铭山公司不会将涉案抵押物再次转让,如果那样的话,中信银行不得不进行无穷无尽的诉讼大战,这是有违立法本意的。本案在执行程序直接追加节约了司法资源,也避免了债权人进行诉讼所带来的讼累。(5)应当看到,本案确实存在立法上的疏漏,那就是缺乏对抵押不动产受让人直接追加的程序法律依据,这也正是执行法院感到比较棘手的一点。这就给我们提出来一个问题,在目前执行法律尚不发达的情况下,能否根据实体法的规定和执行力扩张理论直接在执行程序中追加受让被执行人财产的第三人为被执行人。笔者认为如果受让执行标的物的第三人符合以下四个条件,则可以直接在执行程序中追加:(1)债权人对于诉讼标的物的实体权利已经过原执行依据确定。(2)受让行为发生在既判力的基准时之后,如果发生在诉讼程序中,则应当通过诉讼程序解决。(3)不扩大原执行依据确定的执行范围,也就是受让人只能在受让财产的范围内对债权人承担给付责任。(4)被追加人缺乏程序保障的必要性。总之,不能让无辜的债权人来承担立法疏漏的后果。

案例二归根结底涉及执行法作为程序法如何回应实体法的问题。关于程序法和实体法的关系,日本的谷口安平教授举过一个很精辟的例子,他说:"设想某人借钱给他人,借钱的人(债务人)未按约定还钱,会怎么样呢?如大家所知道的,在此情况下,借出钱的人(债权人)当然有权要求对方返还本金及利息。那么,借出钱的人能否冲进借钱人的家中强行取回借出的钱呢?""上述情形下的债权人按照民法、商法的规定,能够说'我有权利',但是只要他不提起民事

---

[1] [日]高桥宏志著,林剑锋译:《民事诉讼法——制度与理论的深层分析》,法律出版社2003年版,第563页。

诉讼,这种权利终究不能成为现实。"①具体到执行法与实体法的关系,正如有的学者所言,"民事实体法对民事强制执行法具有基准意义,强制执行制度应该与民事实体法的有关规定相协调。"民事执行法在具体的制度设计上应当回应实体法的要求。② 从执行法来说,保证抵押权人实现不动产抵押权的最好办法就是将抵押不动产的承受人纳入执行力扩张的范围。有的学者认为只要根据抵押权的追及效力就可解决本案中追加被执行人的依据,没有必要套用程序法学上的执行力扩张理论。笔者认为此论不然,正如没有程序法作救济的权利是纸上的权利一样,作为实体法学的物权理论只能提供抵押权的行使为什么能够不受权利人转让的限制的理论泉源,而只有作为程序法学的执行力扩张理论才是怎么样才能保证抵押权进行追及的正当依据。

五、执行程序对实体权利的干预——不动产交易回避规则的探讨

在我们确定如果作为执行标的物的不动产对执行债权负有优先偿还的义务,从而认为执行力应当扩张于该不动产的特定继受人这一规则之后,对于具有优先权的债权人的保障力度,无疑是大大加强了,因为优先债权人对于继受人不再需要劳神费力去取得新的执行依据。但是,我们必须认识到,实践中对作为执行标的物的不动产拥有抵押权的债权毕竟是很少的一部分,大量的是没有担保的普通债权。当这些债权人费尽千辛万苦、耗尽资财查找到被执行人拥有的不动产之后,却发现,早在执行依据刚刚作出,原属于被执行人的不动产一夜之间就变换到了另外一个从法律上具有独立人格的自然人或者法人名下了。他很快还会发现,这些自然人或者法人不是债务人的亲属,就是与债务人经济上有着千丝万缕关系的关联公司。他更会发现,这些承受人很可能都会与债务人之间存在一个交易合同,比如买卖、赠与等等,尽管债权人明知有假,却徒唤奈何。案例二即属于此。从实体法上来说,这些不动产并没有被法院采取查封措施,按照"法不禁止即为自由"的原则,这些不动产当然可以进行自由交易,执行法似乎无从对此加以干预。但是,执行法作为公法,对于实体法"并不是亦步亦趋,如影相随",③为了维持执行的公法秩序,在必要的时候应当对当事人实体法上的权利进行干预。具体而言,面对"规避债务成为债务人的本能行为"④的社会信用环境,可以考虑借鉴行政管理、审判制度以及公司法上的回避制度,将在执行程序中以逃避执行为目的的不动产关联交易中的受让方作为执行力扩张范围内的主体,让其在接受财产的范围内承担一定的责任。

不动产执行程序中的交易回避规则的制度基础,是在我国历史长河中源远流长的回避制

---

① [日]谷口安平著,王亚新、刘荣军译:《程序的正义与诉讼(增补本)》,中国政法大学出版社 2002 年版,第 60 页。

② 黄松有:《在全国高级人民法院执行局(庭)长座谈会上的讲话》,载《强制执行指导与参考》总第 10 集。

③ 黄松有:《在全国高级人民法院执行局(庭)长座谈会上的讲话》,载《强制执行指导与参考》总第 10 集。

④ 顾培东:《论我国民事权利司法保护的疏失》,载《法学研究》2002 年第 6 期。

度。中国历史上的回避制度,早在汉代时已初具规模①,至今,我国已经在公务员管理、审判管理、公司治理制度中广泛建立了回避制度。比如,《公务员法》第68条对公务员的任职回避作出了规定:"公务员之间有夫妻关系、直系血亲关系、三代以内旁系血亲关系以及近姻亲关系的,不得在同一机关担任双方直接隶属于同一领导人员的职务或者有直接上下级领导关系的职务,也不得在其中一方担任领导职务的机关从事组织、人事、纪检、监察、审计和财务工作。"再比如,《公司法》第149条规定了公司的董事、高级管理人员的竞业禁止义务,董事和高级管理人员不得有下列行为:"(三)违反公司章程的规定,未经股东会、股东大会或者董事会同意,将公司资金借贷给他人或者以公司财产为他人提供担保";"(四)违反公司章程的规定或者未经股东会、股东大会同意,与本公司订立合同或者进行交易"。回避制度是建立在"人性私"的基础上,通过对人性弱点的纠偏,达到坚持社会的基本公平底线的目的。并非首长的亲戚就不能当领导,而是首长的亲戚不能在首长直接掌控的范围内当领导,否则,即使首长的亲戚再有才干,也难免使人遐想联翩。并非董事就不能做生意,而是董事不能和自己任职的公司做生意,否则就有借职权以自肥之嫌。不动产交易回避也要设定这样的规则,并非在执行依据形成之后,债务人就不能进行不动产的交易,那样做无异于使债权确定后就具有对世的效力,将使实体法的体系产生严重的龟裂,且在实务上也将使财产保全等制度变得毫无意义,并且危害交易安全。② 不动产交易回避制度是这样的制度:执行依据确定之后,债务人仍然可以转让不动产,甚至也还可以和亲属、关联公司等关联方发生不动产交易,但是和关联方进行不动产交易却可能面临这样的后果,一旦发生债务人财产不足偿付债务,不动产的承受人就会为执行力所扩张,在承受不动产的价值范围内履行债务。因为,与关联方做交易总能使人感到逃债的嫌疑。

不动产交易回避制度的实践基础,建立在执行程序中的转移财产行为发生在亲属和关联公司之间的居多的现实之上。债务人通过转移财产来逃债,不外乎这样的手段:低价转让、无偿赠予或者明有偿实无偿。我们应当考虑到讨债者的心理,破坏信用者最不相信信用,如果和外人联手逃债,将冒假戏真做的危险,谁敢保证不动产承受人不会翻脸不认人,拿着债务人签名的合同、收据和不动产权属证明,宣称自己就是不动产的真正主人。而如果这样的把戏发生在父子之间、夫妻之间、兄弟、关联公司之间,尽管也不能说绝对没有这种弄假成真的风险,但是风险几乎可以忽略不计。在这种"企业资产变动及债权债务状态透明度极低,且法人治理结构未能真正形成,股东、甚至是个别股东为规避债务而操作公司资产的情况极为普遍"③,债务人通过关联交易肆意转移财产的行为得不到有效制裁的现实环境下,正如昂格尔所言:"个人把规则作为他计算效益时应当考虑的一个额外因素加以对待,这意味着,只是在遵守而不是服从这些规则更有利于他的目的程度上,他才会遵守规则。"④违反信用的成本如此之低,通过制造关联交易逃债几乎成了债务人不约而同的共同选择。"债权人经历痛苦的诉讼过程而争取到的胜诉判决,无法得到实际的履行,法院亦无力(或不愿)追查被执行人资产的具体走向,并据此对股东的其他财产实施执行。"⑤其实,法院即使愿意并且查到了财产走向又能怎么样,人

---

① 沈晓敏:《略论清代的司法回避制度》,载《政法学刊》2001年第2期。
② 许仕宦:《执行力扩张与不动产执行》,学林文化事业有限公司2003年3月版,第14页。
③ 顾培东:《论我国民事权利司法保护的疏失》,载《法学研究》2002年第6期。
④ [美]昂格尔著,吴玉章、周汉华译:《现代社会中的法律》,中国政法大学出版社1994年版,第23页。
⑤ 顾培东:《论我国民事权利司法保护的疏失》,载《法学研究》2002年第6期。

家有交易合同做保护呢!

不动产交易回避规则还建立在利益衡量基础上。不动产交易回避规则所产生的弊端可能是,当关联方的交易并非是出于逃债的目的而是真实的不动产交易时,如果在债务人无其他财产可供执行时,交易相对人不得不在接受不动产的范围内承受执行,将会导致真实交易承受方的权利损害。买受人在和自己有亲属关系的一方或者关联公司进行不动产交易时,将不得不小心翼翼,甚至根本不敢再进行交易。从有利的方面看,不动产交易回避规则将彻底杜绝利用制造关联交易方式转移财产的行为,使社会信用状况大为改观,还将使债权人通过执行实现债权的成本大大降低。在社会整体交易安全的保护与一小部分成员之间交易安全的保护之间,孰轻孰重,答案应当是不言而喻的。

从国外有关国家执行法律规定看,亲属和关联公司之间的交易可以构成诈欺性的财产转移。比如在美国,债务人将财产在亲属之间的转移构成诈欺性转移财产,债权人可以不受交易合法性的限制,直接扣押并出售经诈欺性转移的财产。如果受转移人已经将财产转移给支付对价的买受方,债权人有权主张诈欺性的受转移人在财产的价值范围内承担责任。① 英国法律规定,债务人在把土地转移给受让人的情形下,可以构成诈欺性财产转移,由衡平法院撤销所作的财产转移或者允许债权人赎回抵押权。②

对于不动产关联交易导致债权人债权不能实现的情形,我们当然也可以考虑通过诉讼途径,由债权人行使撤销权来实现,但是这样对于债权人来说成本太高,特别是对于通过制造虚假交易来逃债的行为来说,由于信息不对称的客观现实,债权人很难证明关联交易当事人之间的交易是无偿或者明显低价,从而对自己的债权造成了损害,并且诉讼的步伐永远也赶不上财产转移的步伐。面对不动产关联交易当事人对信用体系的破坏,有必要通过执行法对实体法的干预来维护公法秩序的稳定。执行法对当事人实体权利进行必要的干预在现行的司法解释中可以找到类似的成例,在最高人民法院《关于人民法院民事执行中查封、扣押、冻结财产的规定》第16条规定:"被执行人将其财产出卖给第三人,第三人已经支付部分价款并实际占有该财产,但根据合同约定被执行人保留所有权的,人民法院可以查封、扣押、冻结;第三人要求继续履行合同的,应当由第三人在合理期限内向人民法院交付全部余款后,裁定解除查封、扣押、冻结。"请注意,这里第三人并不是按照原来和债务人约定的时间支付余款,而是按照执行法院确定的合理期限支付余款。执行法院竟然可以更改第三人与债务人之间的交易期限,这应当是执行法在平衡债权人、债务人、第三人利益基础上对实体法干预的一个典型例子。

在立法时,不动产交易规避规则应当作这样的条款设计:

在执行依据形成之后,债务人有下列行为导致债权人的债权无法受偿的,执行法院可以追加受让人为被执行人,在受让不动产的价值范围内执行其财产:债务人将其所有的不动产转让于与其有夫妻关系、直系血亲关系、三代以内旁系血亲关系以及近姻亲关系的第三人的;债务人将其所有的不动产转让于其股东、董事或者高级管理人员或者股东、董事、高级管理人员为债务人时,将其财产转让于其投资或者任职的公司、企业;债务人将其所有的不动产转让于其子公司、母公司以及其他与其有关联关系的公司企业。

债务人在其所有的不动产为上述亲属或者企业设定优先权,导致债权人的债权不能完全

---

① 沈达明:《比较强制执行法初论》,对外贸易教育出版社1994年版,第94~97页。
② 沈达明:《比较强制执行法初论》,对外贸易教育出版社1994年版,第71页。

受偿时,执行法院可以追加不动产关联优先权人为被执行人,在已经优先受偿的数额范围内执行其财产。

关联优先权人尚未受偿的,执行法院应当直接裁定除去其优先权。

六、结 语

目前,法学界和实践界对执行法院在执行程序中行使实体裁判权诟病颇多,应该说这种批判于厘清诉讼程序和执行程序之间的关系,回归执行权力的本来面目是非常有益的。但是,在警惕执行权滥用的同时,我们还要反对学界和实践界存在的"诉讼帝国主义"倾向,就是不加分别地把执行程序中的一切纠纷全部交由诉讼程序解决,执行程序绝对地、僵化地忠实于原执行依据所确定的主观和客观范围。毕竟,逻辑所演绎出来的事实不能代替事实所形成的逻辑,在目前被执行人通过关联交易逃债方式花样繁多,社会对此几无良策的情况下,把能够通过执行程序解决的问题全部推给诉讼,无疑是对失信者(债务人)的奖励,对守信者(债权人)的惩罚。"诉讼复诉讼,诉讼何其多,执行待诉讼,万事成蹉跎"。因此,把抵押不动产的受让人以及不动产关联交易的受让人纳入执行力扩张的范围,由执行法院直接在执行程序中裁定其在受让不动产的价值范围内承担履行债务的义务不仅是必要的,而且是必需的。

论我国民事执行体制改革

童兆洪[*]　唐学兵[**]

上世纪 80 年代末以来,全国法院以解决执行难为切入点,针对传统执行管理体制、机构设置、工作机制及执行方法等方面存在的弊端,开展了全方位、系统化的执行改革探索,为债权人"事实上实现权利"提供了更为坚实的司法保障。执行体制改革可以说是执行改革的核心,对于执行改革成败具有举足轻重的意义。剖析执行体制改革的背景,评析执行体制改革的现状,思考执行体制改革的发展进路,旨在推动民事执行工作的科学发展,充分发挥民事执行工作在构建和谐社会中的作用。

一、民事执行体制改革的时代课题

开展民事执行体制改革,是经济发展和社会进步的要求,是人民群众的呼声和愿望。作为司法改革的重要组成部分。民事执行体制改革对于解决影响执行公正与效率的体制性障碍、机制性束缚、保障性困扰等问题起到了重要作用。民事执行体制改革的深入开展,为人民法院执行工作的发展注入和提供了强大动力,作为时代发展课题之一的我国民事执行改革,其改革动因可以从实践和理论两个方面来认识。

(一)实践课题:执行难问题凸现与民事执行体制改革

执行难指的是,大量为执行依据(主要是生效判决)所确认的债权人的债权,无法或难以通过法院执行程序得到实现。执行难是对执行工作整体状况的描述,既反映了法院执行工作面临的困境,也反映了申请执行的债权人实现债权面临的困难。严格意义上说,由于债务人没有履行能力而导致债权无法通过执行而得以实现的情况,应列为"执行不能",不属于执行难问题。如何避免出现"执行不能"固然也是需要通过制度改革来逐步解决的问题,却不是执行改革的内容。执行改革要解决的问题是:如何在被执行人所具有履行能力的范围内,充分实现申

---

[*] 童兆洪:浙江省高级人民法院。
[**] 唐学兵:浙江省高级人民法院。

请执行人的债权。

实践中,执行难主要表现为"被执行人难找,执行财产难寻,协助执行人难求,应执行财产难动"。应当说,经过近些年人民法院和社会各界的共同努力,上述"四难"在一定程度上有所缓解,但尚未得到根本性解决,个别地方还比较突出,并出现了一些新的现象,如被执行人是各级政府、司法机关、军警企业,主要负责人是各级人大代表的公司、民营企业等特殊主体难碰。这些单位对法院执行往往置之不理,别说查扣财产,就是与法定代表人见面、谈话都很困难。法院一旦对其采取措施,或是利用权力,或是请当地党政领导出面说情,或是以"影响经济发展和社会稳定"为由施加压力,造成有财产也难以执行。

执行难问题的存在,具有对构建和谐社会不容忽视的负面影响。首先,执行难问题意味着民事主体的合法权利受到损害后,不能通过合法途径得到有效和及时的保护。在公民的权利意识越来越强和整个社会越来越重视权利的今天,透过执行难折射出来对于民事权利保护不力的问题,势必不利于社会秩序的稳定。其次,执行难问题不仅意味着民事主体之间的冲突状态并没有得到真正的化解,被冲突破坏的社会秩序没有得到有效的修复,而且还会损害司法机关的威信,甚至动摇人们对于法律制度的信心,并阻碍和谐社会的构建。一方面,民事权利通过审判以及其他合法途径得到确认,固然是冲突解决的重要环节,但如果得到确认的权利最终无法得到实现,则冲突不仅依然存在,甚至可能引发新的冲突。从这个意义上来讲,民事执行本身就是社会冲突的一个重要的解决机制,执行难说明这一机制存在功能障碍。另一方面,公民的法律信仰无疑是维护社会稳定和构建法治社会的前提,而公民的法律信仰又有赖于法律制度的有效和权威。显然,执行难本身说明法律制度至少在执行环节存在效力疲软和权威不足的问题,如此必然动摇人们对于法律制度的信仰。在现实生活中,屡见不鲜的以违法手段维护合法权益的事例,不能不说与执行难问题存在某种程度的因果关系。再次,执行难问题会给经济的健康发展造成障碍。执行难问题本身就意味着大量的市场经济主体之间的冲突不能得到有效的化解,市场的无序状态不能得到及时的矫正,交易安全没有充分的保障,交易风险偏大,成本偏高。换言之,执行难实际上也是经济社会发展中法制保障不足的问题,执行难已经成为制约我国经济健康和持续发展的一个重要因素和面临的一个严峻挑战。因此,通过改革解决这一难题,成为我国法治建设工程中面临的一个重要课题,更是法院改革重中之重的任务。

然而,执行难是一个复杂而深刻的社会问题,是社会各方面矛盾的综合反映。执行难问题的凸现,是各方面因素交叉作用的结果。站在法院的角度来看待执行难的成因,既有外部因素的作用,也是内部方面的原因。

外部因素包括:(1)法院在行使执行权时,往往受到来自地方党政部门及其领导的掣肘和干预,致使执行工作障碍重重。如一些地方和部门为片面追求地方和部门经济利益,制定与法律相悖的规定或文件,或者就个案制发函文阻碍执行。一些党政领导滥用权力,以权压法,乱批"条子",乱打"招呼",非法干预人民法院依法执行。由于地方各级法院存在着较为严重的地方化现象,如人事和经费等方面受制于地方党委和政府,很难抵御来自地方党政对执行工作的干预。(2)被执行人法律意识淡薄,诚信水准低下,千方百计逃避执行甚至公然抗拒执行。(3)负有协助执行义务的有关部门和机构出于维护自身利益的动机,协助执行不力甚至帮助债务人逃避执行。(4)企业和公民个人的财产状况普遍缺乏透明度,为债务人隐匿或转移财产提供了可乘之机;等等。

内部因素包括:(1)执行权制约和监督不力,实践中滥用执行权现象还较为普遍。个别执行人员拒绝执行、拖延执行、随意中止执行或终结执行,也是导致执行难的原因之一。(2)执行能力偏低、执行力量不足。执行工作的工作量大、情况复杂,不仅需要大量的财力物力,且对于执行人员的业务能力也有特殊的要求。从总体上看,目前法院的执行部门的执行能力和执行力量尚不能满足执行工作的需要。(3)执行措施和执行保障措施比较单一,且力度不够。如对于土地的执行、农民住宅的执行、股权的执行等,缺乏有效的执行措施,给执行操作造成困难;对于逃避执行、抗拒执行、拒绝协助执行等行为的惩治手段亦缺乏足够的威慑力等。不过,这一因素虽然直接表现为法院的执行手段的缺陷,根源却是执行立法的滞后。(4)判决不合理,给事后的执行留下隐患。如有些判决内容本身缺乏可执行性。

整体上看,执行难问题的形成,经常是外部因素和内部因素相互作用的结果。因此,要在整体上有效缓解乃至彻底解决执行难问题,必须同时消除作为执行障碍的外部因素和内部因素。执行难问题的严重危害性又要求人民法院必须及时采取改革举措加以应对。同时,人民法院作为执行工作的实施部门,执行难问题使得人民法院成为舆论关注和批评的中心,面临着强大的社会压力。从维护自身形象、缓解社会压力的目的出发,人民法院必须将以解决执行难为目标的改革作为工作重点。然而,从以上执行难的成因分析可见,要从根本上解决执行难问题,需要各方面条件的配合,而其中的许多条件是法院一家无力创造的,如执行环境的改善、执行立法的完善等。可见,不可能单凭法院一家之力一劳永逸地解决执行难问题,这一点决定了法院执行改革的艰巨性和复杂性。

在执行难成因复杂、改革条件支持不充分的背景下进行执行改革,改革突破口的选择至关重要。经过长期的摸索和经验的总结,执行管理体制改革被确定为了执行改革的突破口。综合分析阻碍执行的各种因素和执行难的各种表现可以发现,对执行工作的外来干预和法院自身的执行力度不足,乃是民事执行面临的最主要问题,而这两方面的问题都与传统执行管理体制有着内在的联系。传统执行管理体制下,执行权的行使呈现出块状分割、各自为政的特征。一方面,在法院地方化色彩依然明显的背景下,执行权的行使自然难以抵御外来干预。实际上,地方保护主义和部门保护主义之所以能够成为造成执行难的一个首要因素,一个重要原因就是法院执行管理体制为这一因素的介入提供了制度空间。另一方面,前述执行管理体制下执行权行使的特征,导致执行资源力量的分散,难以形成合理的执行资源配置,是造成执行力度不足的一个重要的制度性原因。可见,改革执行管理体制,不仅可以提高执行机构抵制外来干预的能力,而且可以促进执行资源的合理配置,加大执行力度。同时,执行管理体制改革受法院以外因素的制约相对较小,实施起来可行性较大。所以,将执行管理体制改革作为执行改革的突破口,既能够期待明显的效果,又具有现实的可行性。有学者甚至直言,执行管理体制改革,从反对地方保护主义和部门保护主义的斗争中走上了轨道。要想使执行工作树立权威,实现全国法制统一,加强上级人民法院对执行工作的统一调度、统一指挥,在现行体制下是做不到的,必须进行体制改革,尽量减少地方对执行工作的不当干预。[①]

(二)理论课题:执行权性质与民事执行体制改革

执行权性质是执行理论的核心问题,也是执行体制改革的理论基石。民事执行权性质,是指民事执行权这种权力区别于其他相关国家权力的基本属性,是民事执行权区别于其他国家权力的根本理由和界限。由于长期以来缺乏对执行权性质的正确认识,在我国民事诉讼理论

---

① 沈德咏、张根大著:《中国强制执行制度改革》,法律出版社2003年版,第53页。

和民事审判实践中,往往将执行权等同于审判权,并沿用审判工作管理模式管理民事执行工作,使得上下级法院民事执行机构之间互不隶属、各自为政,难以形成合力,不能适应民事执行工作的特点和运行规律。在执行权性质与民事执行体制的关系上,是内容与形式的问题。民事执行体制,是实现执行权内容的形式。科学的民事执行体制的构建,必须奠定在对执行权性质准确认识的基础上。

围绕执行权性质的问题,上世纪末和本世纪初一些学者曾经有过较为深入的研究和争论,总体上有几种观点:一是司法权说,二是行政权说,三是司法权和行政权双重性质说,四是司法行政权说。① 笔者认为,应将执行权的性质界定为司法强制权,理由如下:

首先,从逻辑学层面分析。性质是一事物区别于他事物的根本属性,但对事物性质的揭示不能离开人们表达和交流思想时的具体论域,即同一个对象在不同的论域中可以界定出不同的性质。与定性密切相关的是定位问题,两者之间存在着密切的联系:定性是定位的逻辑前提,并且在不同的论域中可以得出某子事物不同的性质界定。因此,只有同时结合其定位结果,才能准确理解和把握某子事物的性质界定。对民事执行权这一子事物而言,根据其在不同论域中性质的不同界定,可以得出其在国家权力系统中不同的定位视角,具体分析如下:(1)如以权力在社会秩序形成中所起的功能和作用为根据,可以将国家权力分解为立法权、行政权、司法权。在这一具体论域中对执行权进行分析,可以揭示出其具有矫正正义功能的国家权力的性质,应被定位为司法权②,据此民事强制执行权与行政强制执行权在逻辑上得以界分。(2)如以权力的运行方式和结果为根据,可以将国家权力分解为创设权、判断权、强制权。在以此为根据的具体论域中对执行权进行分析,可以揭示出其具有在法律事实上实现国家权力的性质,应被定位为强制权,据此民事执行权与民事审判权在逻辑上得以界分。在此基础上,我们还必须综合两个视角的研究结果来对民事执行权基本属性进行全面把握,即民事执行权的基本属性可以概括为遵循在法律事实上实现的权力运行方式来实现社会秩序矫正功能的国家权力,以下简称民事司法强制性。

其次,从法理学层面探讨。法理学理论认为,法律具有强制性,国家权力包括司法权本身也具有强制性。民事执行权的强制性是法律的强制性与司法权强制性的必然要求。尽管强制力是任何一种国家权力都必须具备的权能③,但不同国家权力的强制性有强有弱,强制性并非所有国家权力的本质属性。就民事司法权④而言,其强制性具有特定内涵:一方面,民事司法

---

① 参见贺卫方:《司法的理念与制度》,中国政法大学出版社1998年版,第264页;高洪宾:《执行权性质与执行改革》,载张启楣主编:《执行改革理论与实证》,人民法院出版社2002年版,第101~103页;谭秋桂:《民事执行原理研究》,中国法制出版社2001年版,第43页;常怡、崔婕:《民事强制执行立法研究》,载田平安主编:《民事诉讼程序改革热点问题研究》,中国检察出版社2001年版,第526页;江伟、赵秀举:《论执行行为的性质与执行机构的设置》,载张启楣主编:《执行改革理论与实证》,人民法院出版社2002年版,第71页。

② 众所周知,孟德斯鸠的"三权分立"学说使得立法权、行政权和司法权三个概念得以构建,其分类的逻辑根据在于它们对社会秩序形成所具有的各自不同功能和作用,即立法权在于表达民意,分配正义,实现权利与权力的优化配置,可称为社会秩序创制职能;行政权在于执行民意,实现正义,保障权利与权力的有效实现,可称为社会秩序直接实现职能;而司法权在于复归民意,矫正正义,实现错位权利与权力的回归,可称为社会秩序矫正职能(或称间接实现职能)。

③ 参见文正邦:《当代法哲学研究与探索》,法律出版社1999年版,第349页。

④ 在具体类型上,司法权可分为刑事司法权、行政司法权和民事司法权。刑事司法权包括刑事侦查权、刑事检察权、刑事审判权和刑事执行权,行政司法权包括行政审判权和行政检察权,民事司法权包括民事审判权、民事执行权和民事检察权。

权的强制性是民事实体法强制性的实定化。正如日本学者谷口安平所指:"实体法所规定的权利义务如果不经过具体的判决,就只不过是一种主张或'权利义务的假象',只有在一定程序过程产生出来的确定性判决中,权利义务才得以实现真正意义上的实体化或实定化。"①另一方面,司法权本身也包含强制权的内容。虽然民事审判权和民事执行权的行使都意味着法律强制性的外化和实定化,但两者表现形式和强度是不同的。审判权的强制性很大程度上被作为其基本属性的判断性所遮蔽,而民事执行权的强制性则是赤裸裸的展露,成为该权力的基本属性。凯尔森指出,为发达的法律制度所特有的制裁形式,不仅仅限于给人们施加心理压力的范围,而且还允许执行一些剥夺权利的强制性法令,即"作为某些情形的后果,强行剥夺生命、自由、经济价值和其他价值"。② 这种"作为某些情形的后果"在强制执行阶段才得到现实展现。可见,在民事司法领域,民事执行权最为集中、最为明显地体现了国家权力的强制性和法律的强制性。

第三,从社会事实层面考察。逻辑学、法理学等理论层面上揭示的民事执行权司法强制性本质,只有在现实层面上借助对被执行人的财产、人身、行为的强制才能得到真实的体现。③ 从民事执行权具体内容的现实展开来看,其强制性得到了充分体现。民事执行是通过对被执行人采取民事执行措施和强制措施等,迫使被执行人履行义务的方式实现权利人的民事权利。被执行人是基本的义务主体,容忍执行是被执行人的基本义务。因此,人民法院对被执行人的财产,有权查封、扣押、冻结;有权拍卖、变卖;有权限制或剥夺被执行人对其的占有,而直接取交申请执行人;有权对被执行人采取拘传和拘留等强制措施,通过限制人身自由以惩戒其拒不履行行为;有权要求被执行人接受询问和申报财产。因此,无论是执行机关限制或剥夺被执行人的财产权,还是限制或剥夺被执行人的人身自由等,都不要求执行机关事先征得被执行人的同意。执行程序一旦启动,即对被执行人财产、人身和意志发生强制作用,即使在被执行人公然对抗执行机关执行行为的情况下,执行机关依然可以不顾及被执行人的意愿而采取强制执行措施。为达到直接强制的效果,除司法警察参与执行外,必要时可请求公安机关予以协助。

民事执行权具有的司法强制权性质,决定了其运行必然具有自身十分鲜明的特征,同时也就对民事执行权运行体制提出了特殊的要求。具体说来:

其一,执行权运行的效果与权力的强制性程度成正比,即权力的强制性发挥得越充分,其运行效果也往往越好。首先,民事执行权之所以能够成为在债务人拒绝履行债务的情况下实现债权的手段,所凭借者正是权力的强制性。显然,民事执行权的强制性程度越大,债务人以及协助执行人所面临的压力越大,逃避、抗拒执行或者拒绝协助执行的代价也就越高,同时各种执行措施的威慑性和有效性也就越大,债权实现的可能性也就越大。其次,民事执行权的强制性集中体现为对被执行人财产的强制处分以及必要时限制其人身自由。民事执行作为直接针对被执行人的财产乃至人身的强制行为,由于其手段的严厉性和后果的直接性,容易引起被执行人的抵制,有时甚至演化成暴力抗拒执行。在此情形下,执行的过程实际上就是执行的强

---

① [日]谷口安平,王亚新、刘荣军译:《程序的正义与诉讼》,中国政法大学出版社2002年版,第6页。

② [美]E.博登海默著,邓正来译:《法理学:法律哲学与法律方法》,中国政法大学出版社1999年版,第341页。

③ 从深层次上讲,这些强制都是对被执行人意志自由的强制。哈耶克指出,作为权力的固有、内在的"强制"也仅限于"心智沦为了他人的工具","当一个人被迫采取行动以服务于另一个人的意旨,亦即实现他人的目的而不是自己的目的时,便构成强制"。[英]哈耶克著,邓正来译:《自由秩序原理》,三联书店1997年版,第164页。

制力和被执行人的抵制力或对抗力之间的对峙和博弈,如果执行的强制力不足以震慑被执行人,则民事执行将无法实现其实现债权的目标。因此,民事执行权的运行体制应当充分发挥和展现权力的强制性。

其二,民事执行权的运行效果与权力强制力量的配置合理程度成正比。民事执行权强制性决定了其运行的过程也就是强制力量发挥的过程,针对个案的执行的强制力量越充分,实现债权的可能性也就越大。传统执行权运行体制下,尤其是执行管理体制下,各级法院和各地法院的执行工作画地为牢,各自为政,力量分散,不利于集中强制力量,往往导致具体案件执行的力不从心。执行人员相对"人缘"、"地缘"熟悉的被执行人来说,极易形成执行力量与被执行力量之间的失衡局面。如实践中擅自处置被执行人财产,肆意撕毁法院查封令、扣押令,将法院依法扣押被执行人财产当作"抢劫"案件,殴打、围攻、非法关押甚至杀害执行人员等等,这些现象存在的原因固然是多方面的,但由于执行资源配置不合理所造成的执行强制力量不足应是不容忽视的原因。可见,民事执行权的行使应当实现优化强制力量的配置,增强案件执行的平均强制力量。

其三,民事执行权的运行容易招致外来干预,而其运行效果与所受干预和抵制的程度成反比。由于执行权的行使直接导致被执行人利益的丧失,在被执行人利益的丧失会导致地方利益受到损失,或者直接体现为政府部门利益的损失,或者被执行人有能力动用地方党政部门及其领导的影响阻碍执行的情况下,针对执行权行使的干预极易发生。在执行权由地方法院执行机构单独行使的情况下,则来自于地方党政部门及其领导的干预不仅更加容易发生,而且更加难以抵御。针对民事执行权行使的外来干预的直接后果就是导致执行权的强制性被削弱甚至被抵消,进而就是债权难以实现或无法实现。为此,民事执行权的运行机制应当具有防止和抵御外来干预的能力。

其四,民事执行权的强制性决定了不应沿用审判工作管理模式管理执行工作。审判权是一种判断权,判断权的行使以公正确认权利为根本目标,为此必须保证各级法院和法院内部审判组织审判权的独立行使,并给予当事人以充分的程序保障。民事执行权是一种强制权,强制权的行使以及时实现权利为目标,为此需要充分发挥权力的强制性,这就需要整合上下级以及各地方法院的执行力量,实现资源的优化配置,以利于债权的实现。可见,审判工作管理体制不适合执行工作的特点和要求,合理的执行工作管理体制需要实现执行资源综合运用和优化配置。

从以上四点可见,基于民事执行权的司法强制权性质,民事执行体制应当明显区别于审判体制,这种体制应当能够充分发挥其执行权的强制性,实现权力的强制力量的优化配置,并具有抵制外来干预的制度力量。以工作管理体制为例,实行统一管理体制,可以整合上下级法院的执行资源,上级法院也可以整合和调配下级法院的执行资源,在资源总量不变的情况下,强化执行的强制力量;同时也大大增强了地方法院抵御外来干预的能力,比如上级法院对下级法院执行工作的介入,或者将阻力较大的案件提级执行或交由另外法院执行等,都可以有效避免外来干预对于执行工作的阻碍。

二、民事执行体制改革的现状分析

执行难问题的凸现,成为备受社会各界强烈关注的一个焦点问题,也引起了党中央的高度重视。1999年7月中共中央印发11号文件转发《中共最高人民法院党组关于解决人民法院"执行难"问题的报告》(以下简称中央11号文件)提出,要改进执行工作管理体制,强化执行机构的职能作用,加强执行工作的统一管理和协调。针对一些法院执行机构探索不统一的状况,最高人民法院于同年9月下发了《关于人民法院执行机构有关问题的紧急通知》,10月印发《人民法院五年改革纲要》提出建立高级人民法院对辖区的法院民事执行工作实行统一管理和协调的体制,经过试点,在条件成熟时,在全国建立起对各级法院民事执行机构统一领导,监督、配合得力,运转高效的民事执行管理体制。2000年1月最高人民法院下发《关于高级人民法院统一管理执行工作若干问题的规定》(以下简称《统管规定》)。2004年底,中共中央下发了《中共中央转发〈中央司法体制改革领导小组关于司法体制和工作机制改革的初步意见〉的通知》,对包括执行体制改革在内的司法体制改革提出了方向和要求。2005年2月中共中央办公厅、国务院办公厅印发《〈中央政法委员会关于贯彻落实中央司法体制改革领导小组关于司法体制和工作机制改革的初步意见的分工方案〉的通知》明确规定:"改革和完善民事、行政案件执行体制,在各级人民法院设立执行机构,专司民事、行政案件的执行实施工作。"2005年12月,中央政法委又下发《关于切实解决人民法院执行难问题的通知》,要求"积极推进人民法院执行体制和工作机制改革工作,建立统一管理、统一协调、高效运行的执行工作体制"。2006年10月,党的十六届六中全会又明确提出要"完善执行工作机制,加强和改进执行工作"。

民事执行体制主要包括执行工作的业务管理体制和执行机构人、财、物管理体制两个方面,核心是执行机构之间的纵向关系。民事执行体制改革,即对上下级法院执行工作包括执行机构的关系进行调整和完善,在执行改革中处于核心地位,具有整体性的重要作用。但执行体制改革,不是孤立进行的,它与执行机构改革和执行权运行机制改革是相互协调发展的。执行机构改革,是执行体制改革的突破口,其目的是为新的执行体制和执行权运行机制提供一个有效载体。执行权运行机制改革,从内部为执行体制和执行机构的连接运行提供保障。因此,执行体制改革,实践中往往始于执行机构改革;而执行体制改革又离不开执行权运行机制改革的强大支持。正是在这一层面上,有学者将执行体制、执行机构和执行权运行机制之间的关系比喻成等腰三角形,执行体制是这个等腰三角形的顶点,执行机构和执行权运行机制是这个等腰三角形的两个底角。[①] 我国民事执行体制改革的内容主要体现在以下几个方面。

(一)重整执行工作机构

由于过去我们所建立的执行庭是一个等同于审判业务庭的机构,忽视了执行与审判的区别和不同特点,上下级法院的关系只能是审判监督和业务指导关系,执行庭难以承载统一管理的职能。为此,1998年12月,云南省高级法院率先在全国成立执行工作局,行使统一管理全省法院的职能。这一探索在全国法院引起了较大的反响。随后,有的法院撤销执行庭成立执行工作管理局,有的法院成立执行工作指挥中心等。针对一些法院执行机构探索不统一的状况,最高人民法院于2000年9月印发的《关于改革人民法院执行机构有关问题的通知》要求在保留执行庭的基础上,"各级人民法院建立的新执行机构的名称应当统一。根据当前执行机构的现状和发展趋势,新的执行机构可统称为执行局"。成立执行局有利于行使统一管理职能,同样成为实务界的共识。目前,全国31个高级法院已有30个成立了执行局。

---

① 沈德咏、张根大著:《中国强制执行制度改革》,法律出版社2003年版,第128页。

随着执行机构改革逐渐引向深入,一些法院开始探索执行局框架下的内设职能部门。归纳起来主要有如下几种模式:一是执行局下设庭,如黑龙江省高级人民法院执行局下设二庭一处,浙江省绍兴市中级人民法院执行局下设执行庭和执行裁决庭。二是执行局下设处,如浙江省高级人民法院执行局下设执行实施一处、执行实施二处和执行监督处。三是执行局与执行庭两块牌子一套人员,即成立执行局,保留执行庭(牌子),实行"一套机构,两块牌子"。目前,全国多数地方采取这种模式进行机构设置。四是执行局与执行庭分离,如湖南省长沙市中级人民法院、四川省成都市中级人民法院。五是执行局行使执行实施权,执行裁决权由其他业务庭兼顾行使。如浙江省青田县人民法院将执行裁决权交由审判监督庭行使。

理性审视目前执行机构改革,其存在的问题也是不容忽视的,主要表现在:

一是执行机构的法律依据问题。根据《中华人民共和国民事诉讼法》第209条第3款,只有基层人民法院和中级人民法院可以设立执行机构。也就是说,目前在最高人民法院设立的执行工作办公室和高级人民法院设立的执行庭或执行局,都没有法律上的依据。而目前全国各地执行机构改革中成立的执行局,也仅有最高人民法院的通知为依据,并没有立法层面上的支持。执行局机构的合法化问题,是执行机构改革必须尽快予以解决的问题之一。

二是执行局内设机构的统一问题。如前所述,目前成立的执行局,在内设机构上可谓"五花八门"、"千姿百态"。执行局内设机构的不统一,一方面说明我们对执行机构职能作用的认识还不统一,对执行机构究竟应当承载哪些功能还没有一致的认识;另一方面,这也不利于全国法院执行工作协作和民事执行权功能的有效发挥。

三是执行局内部人员的分类问题。在一定的组织机构中,总是不同的角色分配而构成一个统一的整体。目前执行局的人员主要由三部分构成:(1)具有审判职称的人员,这部分人员由助理审判员和审判员担任;(2)不具有审判职称的人员,一般为书记员或执行员;(3)具有法警职称的人员,法警配属到执行局,个别法院司法警察也具有执行员资格。这种执行人员的设置方式,并未充分考虑执行实施权与执行审查权的合理划分,以及两种权力对其行使者角色的不同要求。在执行局的组织构造下,具体的人员如何设置,角色如何分配,这也是执行机构改革所必须解决的问题。

(二)理顺工作管理体制

按照《统管规定》,民事执行实行高级人民法院辖区内的统一管理体制,即高级人民法院在最高人民法院的监督和指导下,对本辖区执行工作的整体部署、执行案件的监督和协调、执行力量的调度以及执行装备的使用等实行统一管理。目前,以各高级人民法院为单元,统一管理辖区法院民事执行工作的新体制在全国法院逐步建立。统一管理和协调的内容主要有四个方面:

一是工作部署方面。高级人民法院根据法律、法规、司法解释和最高人民法院的有关规定,结合本辖区的实际情况制定统一管理执行工作的具体规章制度,确定一定时期内执行工作的目标和重点,组织本辖区内的各级人民法院实施。

二是案件管理方面。高级人民法院执行局对本院及下级法院的执行案件,认为需要指定执行的,可以决定由本辖区另一法院执行;对下级法院逾期未执结的案件,或者下级法院难以执行而报请提级执行的案件,或者疑难、重大、复杂的案件,可以决定提级执行。高级人民法院执行局负责协调处理本辖区内跨中级人民法院辖区的执行争议案件。对本辖区法院与其他高级人民法院辖区内的法院之间的执行争议案件,与该其他高级人民法院执行局协商处理;协商不成的,报请最高人民法院执行局协调处理。

三是人员管理。中级人民法院、基层人民法院和专门法院执行局的主要负责人在按干部管理制度和法定程序规定办理任免手续前应征得上一级人民法院的同意。上级人民法院认为下级人民法院执行局的主要负责人不称职的,可以建议有关部门予以调整、调离或者免职。高级人民法院监督本辖区内各级人民法院按有关规定配备合格的执行人员,并根据最高人民法院的要求和本辖区的具体情况,制订培训计划,确定培训目标,采取切实有效措施予以落实。

四是经费和装备管理。高级人民法院应根据执行工作需要,商财政、计划等有关部门编制本辖区内各级人民法院关于交通工具、通讯设备、警械器具、摄录器材等执行装备和业务经费的计划,确定执行装备的标准和数量,并由本辖区内各级人民法院协同当地政府予以落实。高级人民法院在组织集中执行、专项执行或其他重大执行活动中,可以统一调度、使用下级人民法院的执行力量,包括执行人员、司法警察、执行装备等。

执行工作管理体制的这一重大改革,使各高级人民法院把辖区内的执行工作"统"起来,通过"管人"以加强队伍建设,整合有限执行资源;通过"管事"以理顺工作秩序,提高工作效率;通过"管案"以促进案件的有效执行,保护当事人的合法权益。这在一定程度上实现了法院作为一个系统的整体运作效能,上下级法院执行机构之间统一管理和协调以及人力资源垂直管理的新型关系正在形成,使过去一度存在的有令不行、有禁不止的现象有所改变,下级法院在执行程序中存在的久拖不执、违规执行等问题较为有效地得到解决,为抗衡地方和部门保护主义,抑制执行中的暴力抗法提供体制上的保证。实践证明,统一管理是适合民事执行工作实际的较为科学的新体制。但客观分析目前所建立的执行工作统一管理体制,主要存在以下几方面的问题:

其一,统一管理的主体问题。按照《统管规定》,只有高级人民法院才具有统一管理权,也就是说,最高人民法院和中级人民法院实际上都没有统一管理权。这样的统一管理权力分配模式,其缺陷也是显而易见的,一方面,缺少中级人民法院的统一管理职能作用的发挥,势必出现高级人民法院直接管理基层法院执行工作的情况,而实际上高级人民法院并没有这样的精力来管理所有的基层法院,这样势必带来管理不到位的问题。另一方面,最高人民法院作为全国法院执行工作的最高管理机关,理应承担起统一管理全国法院执行工作的责任,也有利于打破省级辖区内的地方和部门保护主义的干扰。基于此,笔者认为,统一管理主体应由现在的高级人民法院扩大到上级法院,实行分级负责、下管一级。

其二,统一管理的范围问题。从实践运作看,受现行法院财政、人事体制因素的制约,统一管理目前还主要停留在"管事"和"管案"上,"管人"还仅仅是"纸面上"的权力。但由于"管案"、"管事"与"管人"之间是一个有着密切关系的整体,长期无法"管人",其结果必然是使得"管案"和"管事"也终究会沦为形式。积极探索对辖区执行力量统一管理的组织人事保障体制,实现从管"案"和管"事"向管"人"的延伸,是民事执行体制改革必须面对的现实问题。

其三,统一管理的监督问题。孟德斯鸠说过:"一切有权力的人都容易滥用权力,这是万古不易的一条经验。有权力的人们使用权力一直到遇到界限的地方才休止。"他接着说,"从事物的性质来说,要防止滥用权力,就必须以权力约束权力。"[1]统一管理体制在将分散的执行力量予以集中以对抗地方和部门保护主义以及暴力抗拒执行的同时,也带来了民事执行权的集权,将原来的个案集权到统一管理,是将分散在各个法院的执行力量集中到上级法院统一调配。

---

[1] 孟德斯鸠著,张雁深译:《论法的精神》(上),商务印书馆1961年版,第154页。

统一管理的集权也意味着权力被滥用的可能性。因此,如何有效地规制统一管理的运行,防止统一管理权能的滥用,是执行改革必须加以规范的重要问题之一。

(三)架构权力运行机制

权力运行机制,是按照一定的原则构建权力运行的有机整体的制度。在传统的民事执行实践中,民事执行权被视为一种单一性的权力。在权力的行使上实行高度的集权化运行模式,缺乏必要的制约与监督。随着市场经济体制的逐步建立和完善,以及国家权力分化与制约的发展趋势,一些法院进行了执行权运行机制改革的尝试和探索。①。最高人民法院在一些地方法院探索民事执行权分权运行实践的基础上,于2000年9月发出《关于改革人民法院执行工作机构有关问题的通知》,要求:"在强化裁判职能的同时,应当积极探索裁判权和执行实施权相分离,裁判人员和执行人员分工负责、互相配合、互相制约的新机制。"之后,全国一些法院开始探索执行权分权运行机制,②除此之外,一些法院还试行民事执行权在中级人民法院和基层法院两级分权,辖区两级法院民事案件的执行实施权主要由基层法院行使,基层法院执行中涉及的扩张性裁决权由中级法院行使。中级法院受理的执行案件,除有特别规定(如涉外案件)外,一般交由基层法院执行。③

民事执行权分权运行模式的构建,克服了以往执行员对案件全程包揽的弊端,防止了执行工作的随意性和暗箱操作,使执行人员在执行案件中更注重执行行为的规范,尤其在程序上更加透明,提高执行案件的公信度,增强当事人和有关利害关系人对裁决结果的信任度和接受度。但执行权分权运行机制改革中的一些问题,也需要我们进一步的研究:

一是关于执行权与审判权的划分。"在执行程序的进行过程中,不可避免地会遇到派生性纠纷,这些纠纷必然会涉及实体和程序两方面,对这些纠纷的处理也是强制执行法本来的课

---

① 在全国法院系统中较早进行执行权分权运行机制实践的为吉林法院。从1999年下半年起,吉林省长春市中级人民法院将传统的民事执行权分为执行决定权、执行实施权、异议审查权,由主执行法官、助执行法官和专门的执行异议审查人员分别行使,相互分权制约,严格管理,规范运行,从机制上保证执行的公正与效率。参见郭春雨等:《从权力运行上构建公正与效率机制——吉林法院系统实行分权制约,以权制权改革纪实》,载《法制日报》2003年1月16日。

② 如黑龙江省高级人民法院于2002年6月制定的《关于执行权运行机制改革若干问题的规定(试行)》规定,民事执行权本级分权运行机制的基本模式是将民事执行权划分为执行实施权、执行裁决权和执行监督权,建立纵向分层次、横向分环节的双重管理监督机制。纵向上是以执行领导管理和执行监督为轴心,实行统一监督和系统管理;横向上主要是执行个案的分权,以执行实施权、执行裁决权为主要内容,实行流程管理。参见最高人民法院执行工作办公室编:《强制执行指导与参考》2002年第3辑,法律出版社2003年版,第331页。

③ 最高人民法院执行工作改革试点单位绍兴市中级人民法院从2001年8月1日起,试行将民事执行权在中级法院和基层法院两级分权。参见浙江省高级人民法院执行局编:《执行改革探索与实践》,人民法院出版社2001年版,第345页。根据2001年9月30日最高人民法院批复同意的《绍兴市法院执行工作改革方案(试行)》的规定,基层法院执行中的扩张性裁决权包括:对赋予强制执行效力的公证债权文书和仲裁裁决是否存在不予执行情形的审查,案外人异议的审查,被执行主体的变更或追加,对妨碍执行行为人采取民事强制措施的复议。参见浙江省高级人民法院执行局编:《执行改革探索与实践》,人民法院出版社2001年版,第345页。

题。"①根据《人民法院第二个五年改革纲要》,执行程序中的实体争议事项,应从执行局的职责范围内分离出去,由执行局以外的审判组织审理。这一思路,体现了审执分立原则,对保障当事人的权利救济无疑有着十分重要的作用。但二者之间究竟应当如何具体界分,目前尚未形成较为一致的观点。因此,如何正确划分执行权和审判权,是构建科学的执行权分权运行机制的基础工程,只有在解决这一问题的前提下才能对执行程序中的执行权进行二次划分,并合理确定执行局内设机构。

二是关于执行权的合理界分。由于对执行权构造问题的认识不统一,有两分法,有三分法,有四分法甚至更多②,影响了执行效率。笔者认为,执行权分权运行固然能够体现权力的制约与监督,实现权力的公正运行,但不宜过细。因为过细的分权和过度的相互制约,势必增加权力之间的协调难度,使执行效率大打折扣,不能完全体现执行公正与效率相结合的价值取向,"也许会使程序变得极为耗费资源而昂贵"。③ 坚持适度分权原则,坚持公正与效率相统一,执行权分权以两分法为宜,将执行权分为执行实施权和执行审查权。如何合理界分执行实施权与执行审查权,是科学构建执行权分权运行机制的题中应有之义。

三是执行审查权与执行实施权之间的关系。执行分权是形式,分权的目的在于在执行机构内部建立起一种相互监督制约的关系,确保执行公正。因此,在厘清执行实施权与执行审查权的基础上,如何有效建立起执行审查权与执行实施权,行使之间监督制约关系,是执行权运行机制改革的重要方面。

三、民事执行体制改革的发展思考

执行体制改革不是目的,改革的根本目的是要通过制度创新推动执行工作不断发展与创新。正如德国学者鲁道夫·冯·耶林(Rudolf von Inhering)所说,"法不仅仅是思想,而是活的力量。因此,正义女神一手持有衡量权利的天平,另一只手握有为主张权利而准备的宝剑。无天平的宝剑是赤裸裸的暴力,无宝剑的天平则意味着法的软弱可欺。天平与宝剑相互依存,

---

① 刘荣军:《民事执行制度的现状及改革方向》,载章武生等:《司法现代化与民事诉讼制度的建构》,法律出版社2003年版,第659页。

② 关于民事执行权分权构造,总体上有几种观点:一是民事执行权即执行实施权,二是将民事执行权划分为执行实施权和执行裁决权,三是将民事执行权划分为执行命令权、执行实施权和执行裁决权,四是将民事执行权划分为执行命令权、执行调查权、执行裁决权和执行实施权,五是将民事执行权划分为执行立案权、执行命令权、执行实施权、执行裁决权、执行内部监督权,六是将民事执行权划分为司法审查、执行命令权、执行保全权、执行实施权、执行裁判权、执行管理权。参见金玉平:《执行权即实施权浅谈》,载人民法院网,www.chinacourt.com,2003年10月18日;于泓:《关于我国民事强制执行机构设置的构想》,载沈德咏主编:《强制执行法起草与论证》第1册,中国法制出版社2002年版,第323页;孙加瑞著:《中国强制执行制度概论》,中国民主法制出版社1999年版,第110页;满宏伟:《执行权的分割与制衡》,载青岛市中级人民法院编:《司法理论与实务》,法律出版社2001年版,第146页;黄家传:《执行权内部分权制约机制探析》,载人民法院网,www.chinacourt.com,2003年10月21日;葛行军:《民事强制执行权之我见》,载《人民司法》2004年第3期。

③ [日]谷口安平著,王亚新、刘荣军译:《程序的正义与诉讼》,中国政法大学出版社2002年版,第123页。

正义女神挥舞宝剑的力量与操作天平的技巧得以均衡之处,恰恰是健全的法律状态之所在。"①因此,将执行体制改革实践中证明行之有效的措施上升到制度层面,巩固执行体制改革成果,以制度指引全国执行实践,是执行体制改革的应有之义。

(一)工作机构的法定化

实践证明,执行局这一执行工作机构,是法院行使执行权的合适载体,但执行局还没有法律制度层面上的支持。巩固执行体制改革的成果,实现民事执行机构的规范化和科学化,把设立执行局这一机构的依据上升为法律制度层面已是十分迫切。为此,要通过修改《中华人民共和国人民法院组织法》,规定地方各级人民法院都要设立执行局,负责办理民事、行政判决、裁定、调解书和其他法定执行依据的执行事项和办理刑事案件裁判中关于财产部分的执行事项(含财产刑),给执行局以合法的"身份"。同时对执行局内设机构予以统一,明确最高人民法院执行局内设执行监督室、执行协调室和执行综合室;地方各级人民法院执行局内设执行审查处(科)、执行实施处(科)和执行综合处(科)。执行审查处(科)负责办理执行审查和监督事项,执行实施处(科)负责办理执行实施事项,执行综合处(科)负责处理统一管理、调研、统计等事项。对于案件少、人员不足的基层人民法院和边远地区的中级人民法院执行局内设机构的设置,可以根据实际情况灵活掌握。

同时,按照执行实施权与执行审查权分离的构想,在执行局的人员配备上,应针对执行实施权与执行审查权不同特点作出制度安排,构建执行官和执行法官两个独立的序列,执行官办理执行实施事项,执行法官办理执行审查事项。执行官的任职条件参照法官任职资格的条件,由本院院长任免。

(二)管理体制的制度化

目前,执行工作统一管理体制只有最高人民法院《统管规定》为依据,且内容不全面。为此,要通过修订《中华人民共和国民事诉讼法》,将执行工作统一管理体制的内容上升到法律层面。一方面,要在《统管规定》的基础上,进一步细化统一管理的各项内容;另一方面,要对统一管理的行使条件和程序作出规定,防止统一管理权的滥用,损害当事人的合法权益。为全面发挥执行体制"管案"、"管事"和"管人"的职能作用,当前必须进一步加大执行工作人事管理和经费保障体制改革的力度。在坚持党对法院工作领导的前提下,改变法院执行工作的人、财、物主要依赖同级党委政府的现实状况,探索建立执行人员垂直管理和执行经费省级财政保障体制。

在执行人员垂直管理方面,下级人民法院执行局的局长,由本院提名,报当地组织人事部门和上级人民法院考察。经上级人民法院组织人事部门和执行局会同当地组织人事部门联合考察并同意后,再由当地组织人事部门报请同级党委任命,并履行相应的法律手续。下级人民法院和同级党委在决定免除执行局局长的职务之前,须报经上级人民法院同意。上级人民法院认为下级人民法院执行局局长不称职的,可以建议下级人民法院调整,下级人民法院应当及时予以调整。上级人民法院执行局在组织重大执行活动中,可以统一调用下级人民法院的执行人员。

在执行经费保障体制方面,探索建立执行经费分别列入中央财政和省级财政的可行性,研

---

① [德]鲁道夫·冯·耶林著,胡宝海译:《为权利而斗争》,中国法制出版社2004年版,第1~2页。

究制定基层人民法院的执行经费保障标准。高级人民法院执行局负责对辖区内法院执行装备建设提出统一标准,报省级财政部门审批。上级人民法院执行局在组织重大执行活动时,可以统一调用下级人民法院的执行装备。

(三)运行机制的系统化

执行权运行机制改革的基本思路应当是,在科学界定审判权和执行权的职责与界限的基础上,把执行程序中需要解决的问题划分为审判事项和执行事项,并将需要通过诉讼程序解决的审判事项从执行局的职责范围内分离出去,由审判组织审理,必要时可设立专门的审判机构审理,执行局只负责处理执行事项。

执行中的审判事项主要是指发生在执行程序中或者与执行程序紧密相连,基于该事项直接涉及执行当事人或案外人实体权利,应当通过审判程序解决的事项。包括:(1)对被执行人与其他人共有财产的分割;(2)对于未登记在被执行人名下或者被执行人未占有的财产的许可执行;(3)对被执行人不具备法人资格的认定;(4)案外人对执行标的物主张所有权或者其他阻止转让、交付权利的异议的处理;(5)对被执行人提出的不得对其执行的异议的处理;(6)对被执行人或者申请执行人及其他分配参与人对各债权人的债权及分配金额提出异议的处理;(7)其他应当通过审判程序解决的事项。审判事项的处理适用民事诉讼程序。

执行事项按照其性质的不同,可以分为执行实施事项和执行审查事项。所谓执行实施事项,主要是指以实现执行内容为目的,依职权施行执行措施和进行执行程序的事项。这类事项主要是实施各种执行措施和执行行为,属于执行事务性工作。所谓执行审查事项,主要是指人民法院在执行实施工作中发生的、不需经审判程序审理,而在执行程序中直接审查决定的事项。这类审查事项不属于实体裁判事项,形不成独立的诉讼,但又不是具体的执行措施和行为,而是对一定的争议进行审查,或者对执行行为进行监督,具有审查决定的性质。为确保建立起执行实施事项与执行审查事项之间的监督制约关系,执行当事人对执行实施行为不服的,有权申请复议。同时,在执行审查期间,人民法院可以决定暂缓采取处分性执行措施。执行当事人对人民法院就执行审查事项作出的裁定不服的,可以向上一级人民法院申请复议或者向执行法院提起诉讼。

结语:民事执行体制改革是执行改革的重中之重,但执行体制本身就包含着执行机构和执行权运行机制的内容,换言之,执行体制本身就有执行机构的设置内容和执行权的权限划分内容。因此,执行机构和执行权运行机制改革,是执行体制改革的题中应有之义。从统一管理体制的构建到执行局的成立,从执行权分权运行机制的建立到执行官与执行法官的单独建制,无不体现了执行体制改革实践演进轨迹。理顺执行体制,重点是要建立新型的执行人事管理和经费保障体制,真正实现从管"案"、管"事"向管"人"的延伸,关键是要赋予执行局以"合法化"地位,并按照执行权分权运行的要求合理设置执行局内设机构;架构执行权运行机制,按照审执分离的原则,确保执行实施权与执行审查权之间建立起相互监督制约的权力运行机制。

案例指导制度建构中存在的问题及对策

丁海湖*

案例指导制度作为司法改革一项措施随着最高人民法院的《人民法院第二个五年改革纲要(2004—2008)》的颁布,备受人们关注。案例指导制度的建立和完善为我国司法改革开辟了一个新的领域,提供了一个新的改革视角。在笔者看来,正确认识案例指导制度的性质是建立和完善该制度的前提,明晰目前案例指导制度建构中存在的问题是建立和完善该制度的基础,寻找我国案例指导制度建构的路径与对策是理论探讨的目的。本文试图在以上三个层面表达自己的一点浅见。

一、案例指导制度性质的再认识

准确认识案例指导制度的性质是建构该项制度的前提。因为这不仅关系到案例指导制度自身结构安排的合理性问题,也关系到建构该制度的手段和道路的正确性问题,因而最终关系到该项司法改革的成效这一根本性问题。因此,笔者也试图以案例指导制度这一学术界的见解颇有纷争的问题入手进行分析。

对于案例指导制度的性质,学术界目前存在两种观点:一是过渡性质说,一是折中性质说。前者认为,"这项制度虽被正式命名为案例指导制度,但无论从形式还是内容,它都既不同于我国以往的案例编纂制度,也迥异于英美法系典型的判例制度,而是走向有中国特色的判例制度的一个过渡性质的制度。所谓过渡性,也就是说这项制度既是对中国现有案例编纂制度的一种超越,又与未来需要构建的有中国特色的判例制度存在一定差距,其目的是为逐步过渡到有中国特色的判例制度奠定基础。"①"依照我的理解,先例判决制度就是在典型案例指导的基础上,向判例法的过渡,或者说是典型案例指导和判例法之间的中间状态。它否定典型案例指导

---

* 丁海湖:广东省高级人民法院法官学院常务副院长,法学硕士,副教授,西南政法大学在读博士生。
① 周佑勇:《作为过渡措施的案例指导制度》,载《法学评论》2006年第3期。

制度,但是又不能实行判例法,不得已而采取的一个变种的方法。"①后者认为,"实行案例指导制度,是一个折中的制度选择。它既表达了我们所欲实行的是一种'案例'指导制度,而不是完全的'判例'指导制度,同时也表明我们同过去有不同,要将'案例'上升到能够'指导'以后法院审判工作的地位,而不是像过去那样仅仅起到'参考'的作用。案例指导制度是一种有创新的制度,但不是一种新的'造法'制度,它在本质上仍是一种法律适用活动和制度。"②第一种观点是以普通法系的判例法为参照的,即认为我国案例指导制度的最终目的是建立中国的判例法制度。按照这一逻辑推论,要么我们建立起判例法制度,赋予先例以法的效力与地位,即赋予其法律的拘束力;要么"所谓的'先例判决制度'无论从哪个角度上说,都应该'休矣'"③。这表明学术界对于案例指导制度定位问题很大程度上是以指导性案例是否具有法律效力作为最终衡量标准的。以此为标准,案例指导制度中的案例仅具有指导作用,不具有法律拘束力,还不属于法的形式中的一种,所以应当属于一种过渡性的制度设计。这是在法律创制层面来界定案例指导制度的观点,要回答的问题是司法机关能否"造法"。而后一种观点是从法律适用角度界定案例指导制度,认为案例指导制度应当定位于是一种适用法律制度。笔者赞同后一种观点。首先,这种定位符合《人民法院第二个五年改革纲要》中对案例指导制度的定性,即"建立和完善案例指导制度,重视指导性案例在统一法律适用标准、指导下级法院审判工作……的作用"。其次,这一定位符合我国国家权力配置的法定框架。按照现行法律规定,立法机关、司法机关和行政机关分别行使着立法权、司法权和行政权。从案例指导制度设计的目的来看,它是为了统一法律适用,确保各级审判机关正确地适用法律,提高审判效率,实现司法公正。因此这一制度并不违反现有的制度框架。再次,案例指导制度与现行的司法解释制度相互补充,确保司法权的充分正确行使。按照我国现行的法律解释体制,最高人民法院和最高人民检察院有权对于法院审判工作和检察院检察工作中具体应用法律、法令的问题,进行解释。但是在实践中,我国司法机关所作出的司法解释大部分属于"一般化解释",往往以抽象的命令形式或进一步明确法律界限或作补充性规定,司法解释缺乏针对性,不能为法院审判工作提供有效指导。案例指导制度的建立可以弥补抽象司法解释的不足,是确保司法权充分和正确行使的适用法律制度。

总之,案例指导制度不同于普通法系国家的判例法制度,即它不是基于权力重新分配而形成的"造法"制度,而是在现有的制度框架下的制度创新,是一种适用法律的制度。也就是说,案例指导制度设计的目的不是要创立新的法律规则或将指导性案例上升为法的形式,而是要充分体现司法作为法的渊源的地位。"司法作为法的渊源是有两种意思的:其一,它可以产生法的作用或等于法的典型判例和法律解释之类;其二,它所产生的司法经验、判决、法律解释之类,可以融入法和法律制度之中。"④大木雅夫则说:"法源,意味着单独或共同构成法律生活形态的一切东西,即涵盖法律或规则的条文、判例、学说、注释书、教科书、政府的命令或惯例,以及其他未必严格遵循法律的实践,如公证人的实务团体协议、交易惯例、法律惯例、普通契约条

---

① 杨立新:《激进与保守的和谐——中国司法改革的中庸之道》,http://www.yanglx.com/dispnews.asp? id=308

② 刘作翔、徐景和:《案例指导制度的理论基础》,载《中国法学》2006年第3期。

③ 杨立新:《激进与保守的和谐——中国司法改革的中庸之道》,http://www.yanglx.com/dispnews.asp? id=308

④ 周旺生:《重新研究法的渊源》,载《比较法研究》2005年第4期。

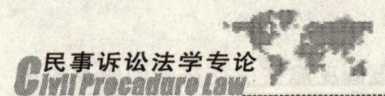

款、仲裁裁定等一切。"①指导性案例虽然不是法的一种形式,但却是法的一种渊源。② 指导性案例是由最高人民法院依审判管理职能确立的、经适当程序确立并经适当形式公开发布的、具有典型和指导意义的、已经发生法律效力的裁判案例。它具有审判实务方面指引、导向的实际影响和具体、明确的指导作用,即具有事实上的拘束力。它要求本级和下级法院法官充分注意并顾及,否则,如明显背离并造成裁判不公,将面临司法管理方面惩罚和纪律处分的危险,案件也将依照法定程序被撤销、改判或者被再审改判。这种危险,表面上看是因为明显背离了指导性案例,实质上却是通过违反了明文规定的实体法和程序法来实现的事实上的拘束力,实际上就是从审判管理和司法方法角度给法官增加一种对指导性案例的强制性的注意义务,再绕道通过法定规则以实施惩戒。③

二、案例指导制度建构中存在的问题

自1985年以来,最高人民法院通过《最高人民法院公报》这一正式公开文件发布案例,指导地方各级人民法院审判工作。因此,可以说我国已有较长时期的案例编纂的经验积累。但由于案例编纂并没有被提升为司法制度的高度予以建设,所以尚缺乏系统性、规范性和科学性。而《人民法院第二个五年改革纲要》首次将案例指导提升为一项制度建设,作为一项司法改革的任务予以明确,这就要求我们应当认真研究该项制度应然标准与实然状况,以寻求案例指导制度建构的行之有效的方案。作为一项刚刚起步的制度建设,缺乏规范性的制度建设文件。虽然《人民法院第二个五年改革纲要》中明确规定了"最高人民法院制定关于案例指导制度的规范性文件,规定指导性案例的编选标准、编选程序、发布方式、指导规则等",但目前有关案例指导制度建设的规范性文件尚未出台,对于指导性案例的选编标准、程序以及发布的方式、指导规则等问题尚无明确的、规范的要求和标准,因此,导致了目前理论与实践中的认识不清与做法混乱。具体来看,需解决的主要问题有:

(1)关于指导性案例的制作程序问题。指导性案例的制作程序是案例指导制度得以建构并良性运行的前提,因此必须在程序上明确指导性案例的制作、审核、发布及案例的清理主体的权限。

从目前来看,对于这一问题实践中的作法和理论上的认识是不同的。在实践中,一些基层法院如河南省中原区人民法院率先推出了"先例判决制度",一些中级法院高级法院亦开展了这方面的实践。对于这项由基层法院推出的改革新举措,各界的看法褒贬不一。理论界的纷争归结起来就是关于指导性案例的制作主体问题。对此,其看法主要有两种,一是认为只有最高人民法院和地方高级人民法院才能成为案例指导制度的创制主体,同时各地方高级人民法

---

① [日]大木雅夫著,范愉译:《比较法》,法律出版社1999年版,第92页。
② 笔者赞同周旺生教授将法的形式与法的渊源区分的观点,即法的形式是指宪法、法典、法律、法规或是习惯法、判例法,具有法的效力的法,在它的内部包含着实在的具有法的效力的法律规范、法律原则和法律制度;而法的渊源则更主要是个可能性的概念或未然的概念,它是法的预备库或半成品,是法的孕育地,是法的原动力。法的渊源主要指法的来源,是法得以形成的资源、进路和动因;相对于法的渊源这一特质而言,法的形式便是法的渊源发展的结果和表现。
③ 陈灿平:《案例指导制度中操作性难点问题探讨》,载《法学杂志》2006年第3期。

院所创制的案例应报最高人民法院审查备案。① 二是认为最高法院和其他上级法院对有关领域先例缺位的情况下,下级法院可以选择遵循自己的"先例",以指导其审判实践。② 理论界的充分论证虽然有助于制度建构,但这也说明对于案例指导制度来说,明确制作主体是非常必要的。此外,如果地方各级法院有权制作指导性案例,是否需要报上级法院审核、备案?指导性案例由哪一级法院发布?诸如此类的问题需要在制度建构中予以明确。

(2)关于指导性案例的实质与形式要件审核问题。由于指导性案例对以后相似案件具有裁判的指导力,因此,对于指导性案例的筛选、制作,必须有明确的实质与形式要件。从形式要件来看,目前尚无指导性案例的形式要件的具体标准。如进入审监程序的裁判文书可否作为指导性案例?不同级别的法院所审理的同类案件,应选择哪一级别法院的判决作为指导性案例?生效时间不同的同类案件,如何确定?另外,关于作为指导性案例的裁判文书的制作应当符合什么标准?等等。从实质要件来看,也无指导性案例的实质性的选择标准。如选择指导性案例所依据的法律标准是什么?价值标准又是什么?

(3)关于指导性案例的适用与监督程序问题。案例指导制度建构的目的是在司法实践得以贯彻适用。为了保证指导性案例的质量还需要相关的监督程序。目前这些方面的程序还不十分完善。如法官接受案例指导的前提条件是什么?如果法官发现指导性案例存在错误,需要修改或废除的应通过什么程序处理?在监督层面,还缺乏可操作性的工作机制。如应当由哪一级法院、什么组织负责对指导性案例制作、适用的程序进行监督?对于指导性案例的实质标准和形式标准进行审查、监督应当遵循的程序又是什么?

(4)关于与现有司法制度之间关系问题。案例指导制度作为一项新的法律适用制度,必然涉及与现有司法制度之间的关系问题,如何协调案例指导制度与其他制度之间的关系,是实践中亟须明确的问题。如案例指导制度与司法解释制度之间的关系如何界定?与司法实践中的习惯做法如案件请示机制的关系如何?与审委会制度、案件管辖制度、独立审判制度及审判指导制度之间的协调机制是什么?

笔者认为上述诸种问题是我们在案例指导制度建构中需要规范和明确的问题。因为这些问题关系到具有中国特色的案例指导制度是否能够建立、是否得到有效运行、是否真正发挥该制度所具有的审判公正、提高效率、法制统一价值等根本性问题。在我国案例指导制度建构中,笔者针对上述问题,提出自己的一点不成熟的应对建议。

三、构建我国案例指导制度的建议

(一)规范指导性案例的创制程序

首先,要明确指导性案例的制作、发布主体。从理想的形态而言,先例的效力来自于它的合理性和说服力,而非靠上级法院对下级法院的命令产生的,因此应当允许在全国范围内的法院在判案过程中自动形成案例指导制度。但基于我国案例指导制度正处于初创阶段的现实,

---

① 傅蔚蔚、张旭良:《试论我国案例指导制度之构建》,载《法律适用》2006年第1~2期。
② 张千帆:《"先例"与理性:为中国司法判例制度辩护》,载《法制日报》2006年3月29日。

笔者认为应当确定最高人民法院为指导性案例的创制、发布主体。由最高人民法院作为发布主体可以保证指导性案例的权威性和法制的统一性。在我国，指导性案例的创制主体和指导性案例法律文书的制作主体之间可能存在分离的现象。指导性案例的创制、发布主体是指享有指导性案例确认权的特定主体，即指最高人民法院；指导性案例的法律文书制作主体则是指对该案例进行裁判的法院，包括最高人民法院和地方各级人民法院。由于地方各级人民法院的裁判是最高人民法院创制、发布指导性案例的最好来源，因此，应当建立案例的选报、遴选制度：即基层法院向中级法院上报具有一定典型意义的案件，中级法院向高级法院上报所遴选的案件(包括本法院审理的案件与基层法院上报的案件)，高级法院向最高法院上报所遴选之案件(包括本法院审理的案件、中级法院上报的案件)，最高人民法院对于本院裁判的案件和各高级法院上报案件按照程序进行审核后予以公布。

(二)确定专门的组织负责指导性案例的形式要件和实质要件的审查

"案例指导制度"中确立的案例对今后的司法审判工作具有指导的意义，是以后类似案件审理的参照，所以被选中的案例必须是质量高的、经典型的、具有代表意义且对法律规则或原则作了最好诠释的案例。指导性案例入选的形式要件应主要包括下列条件：(1)效力条件。必须是已经发生法律效力的裁判文书，但是进入审监程序的生效裁判文书，不应作为指导性案例的来源。(2)级别和生效时间条件。不同级别法院审理的同类案件、同级别法院于不同时间审理的同类案件，应选择由高级别法院和后作出的生效判决。(3)裁判文书的格式条件。裁判文书符合规定的格式，裁判要有充分说理论证内容。指导性案例的实质性要件应当包括下述条件：(1)案件类型要件。新型、复杂疑难、有影响案件。(2)价值要件。案件裁判理由和裁判结果对社会发展有积极意义，对具体适用法律条款有借鉴意义和普遍指导意义。(3)判决理由充分，说理透彻。司法裁判的充分、透彻说理不仅仅是司法公平的基本要求，也是指导性案例的必要条件。指导性案例只有对事实和法律做出充分的分析、论证，才能真正发挥其对同类案件的指导作用。(4)规则性要件。与一般裁判文书的单纯解决个案纠纷目的不同，指导性案例的更重要的目的是为以后同类案件的审判传递具有一般性的裁判规则，为此就要确定专门的组织负责指导性案例的审查。建议在享有指导性案例发布权的最高法院成立专门的机构(可称为案例指导编纂办公室)负责对案件的收集筛选、编辑整理、审核(由审委会或大法官委员会批准)、公告发布等工作。在专门机构成立前，可由最高法院主管各类案件的有关业务庭负责、研究室协调。

(三)建立案例督导制度

对于指导性案例的创制应当由什么机关进行监督，学术界有两种观点：(1)由最高权力机关即全国人大及其常委会对指导性案例的合法性进行审查监督。(2)由最高检察机关为案例指导制度监督机关。关于检察机关的监督职权目前有两种看法：一是最高人民检察院作为国家的法律监督机关，有权对案例的内容是否违反国家宪法和法律，实施法律监督[1]；二是最高人民检察院对最高人民法院的监督应当是对具体司法行为进行监督，而不应当对抽象司法行为进行监督，所以最高人民检察院不应对最高人民法院的判例创制活动进行监督。[2] 笔者认

---

[1] 陈光中、谢正权：《关于我国建立判例制度问题的思考》，载《中国法学》1989年第2期。
[2] 徐景和：《中国判例制度研究》，中国检察出版社2006年版，第105页。

为最高人民检察院对指导性案例的适用监督在我国现行法律中缺乏明确的规定,可考虑依第一种观点的思路,所发布的指导性案例应报人大常委会备案并接受其监督。此外,最高法院、上级法院通过上诉、再审等程序以及执法检查等方式对下级法院指导性案例的适用情况进行监督。

(四)建立与现行司法制度的协调机制

1. 审判委员会的改革。建立案例指导制度首先要求审委会实现职能转换。依现有法律规定:审判委员会的职责有三项,即总结审判经验,讨论重大或者疑难的案件和其他有关审判工作的问题。一直以来,审判委员会集中于讨论重大或者疑难案件,而忽略了总结审判经验、讨论其他有关审判工作的问题这两项极其重要的职能。建立案例指导制度,使审委会通过对典型案例的确认、审查来指导法院的审判工作,这不仅充分发挥审委会的总结审判经验职能,也将使审委会对审判工作的指导合理化。为此还应当进一步明确审委会对于指导性案件审核的权限与操作程序。其次,改革审委会的相关机制。对此,《人民法院第二个五年改革纲要》已提出具体的改革要求:由会议制改为审理制;改革审理案件的方式和程序;改革表决机制,把不同意见记录在案;改革审判委员会成员的结构,确保高水平的资深法官能够进入审判委员会;健全审判委员会的办事机构,审判委员会除了以全体会议的方式审理案件外,审判委员会委员也可以自行组成或者与其他法官组成合议庭,审理重大、疑难、复杂或者具有普遍法律适用意义的案件等等。

2. 案件请示机制逐渐淡出历史舞台。案件请示机制或称惯例,一般指下级法院审理具体案件,在事实认定和适用法律等方面拿不准时,逐级向上级法院请示,上级法院予以书面或口头答复,下级法院据此判决的情形。在重大、疑难案件、新类型案件的审理过程中,这种情形相对更多。案件请示制一方面削弱了二审程序的独立性,另一方面违背了公开审判制度的精神,侵犯了当事人的知情权,严重损害了司法的公信力。法院内部案件请示实质上是上下级法院共同就案件进行了审理,既没有当事人的参与,也没有公开进行。换句话说,就是案件在正式宣判前即有了裁判的结果,最终的有当事人参与的公开审判只是一种形式和过场,不管其举证如何充分、论证如何有力、说理如何全面都已不会影响到案件的裁判结论,最终将失去人们对作为最应当体现公正性的司法机关的信赖。对于案件请示的惯例,其弊端学术界早有诟病,然而由于缺少一个相关替代机制,这种习惯做法一直在司法审判中流行。《人民法院第二个五年改革纲要》中为建立案例指导制度推出五项措施之首就是"改革案件请示的做法,对具有普遍法律适用意义的案件实行根据当事人申请或依职权报请上级法院审理的制度"。这说明,建立案例指导制度可以为法无明文规定之时的案件提供一个公开、一致的裁判标准,有助于实现审判公开和法官独立审判的司法目标。因此,随着案例指导制度的建立,案件请示惯例将逐渐淡出历史舞台。

3. 司法解释制度的转型。司法过程最容易暴露法律、法规中存在的问题,而司法活动也急需解决这些问题,所以司法解释成为法律解释的重头戏。长期以来最高法院亦形成了发现问题、讨论、征询意见、形成解释、公开发布等一套完备的解释程序,但同时我们也不得不注意到目前我国司法机关所进行的司法解释相当多属于抽象性解释。"事实上,目前相当多的司法解释本身也是需要解释的。尽管现行的抽象司法解释对法律统一发挥了一定的作用,但如果使用过多,它具有干预立法权的嫌疑,且最高法院的解释或批复不可能覆盖所有的具体问题,因而不可能取代下级法院在个案判决过程中形成具有权威性的具体法律解释,也就是'先例'。

最重要的是,抽象解释一般都是以命令形式在缺乏具体事实的背景下发布的,因而不可能像普通法中的个案解释那样比较详细地说明理由。但作为一种理性过程,司法解释的根本正在于说理;一个判例之所以成为极有权威的'先例',并不在于它的结论'正确',而是因为它极有说服力地阐明了判决的理性依据。"① 建立案例指导制度有助于司法解释制度转型,即由单纯的抽象性解释向具体案例解释转变。让案例指导充当相应的司法解释渠道,乃是一种基于理论与现实的可行选择。

4. 改革案件管辖制度。主要改革完善案件级别管辖与指定管辖制度。以民事诉讼管辖为例,按照现行《民事诉讼法》的规定,划分级别管辖主要考量案件性质、繁简程度、影响范围等三个因素。依上述因素或标准确定级别管辖在司法实务中起到较好作用的同时,亦暴露出一些不容忽视的弊端,主要体现在:婚姻、家庭、继承、物业、人身损害赔偿、交通事故、劳动争议、群体性纠纷等类案件,以标的额划分级别管辖不利于纠纷的调处与化解,这类纠纷由基层法院受理更具有优势和便利;随着经济、社会的不断发展,案件标的额虽大但案情简单的民商事案件增多的趋势日益突出,如果继续机械地以标的额划分管辖,一方面增加当事人诉讼成本,另一方面也会使高级法院,甚至最高法院陷入繁重的案件审理工作中,难以发挥总结审判经验、指导下级法院工作的职能作用;另外,确有一些民商事案件类型新、复杂疑难,或主体间存在事实上的不平等,纠纷地法院审理难度大、压力大,这类案件可考虑提高级别管辖,符合条件的可作为指导性案例。在这方面,各级法院可充分利用指定管辖制度,将具有普遍指导意义的新型案件、疑难复杂案件,不利于在本地解决的案件,报请上级法院审理、依法提高审级,为公正司法、提供指导性案例创造必要条件。考虑到基层法院的定位主要即是办理案件、调处纠纷,基层法院的法官是办案程序的"熟练工",建议在《民事诉讼法》及相关司法解释的修改中,适当放宽基层法院受理案件关于性质、标的额等方面的限制,如涉港、澳、台、涉外,知识产权案件等以及受案标的额均可放宽,相应控制中级法院、高级法院受理一审民商事案件的数量。

综上,案例指导制度的建立和完善是一项意义重大的制度建设,其对我国法律发展和法制进程将会发挥重要的作用。但作为一项全新的制度建设,还缺乏规范的建构文件、具体可操作的程序步骤、完善的配套制度,所以面临的任务还十分艰巨。

---

① 张千帆:《"先例"与理性:为中国司法判例制度辩护》,载《法制日报》2006年3月29日。

对民事诉讼中的行政行为的分析与解决

赵晨羽*　孟昭阳**

伴随着现代行政权向民事领域的不断扩展,行政权越来越频繁地介入到民事法律关系之中,越来越多地对平等主体之间的民事行为进行直接或间接的调整。在民事行为与行政行为的共同作用下,行政争议与民事争议的交融就无法避免。民事诉讼中有涉及行政行为的问题,起因于民事诉讼中双方当事人对某种民事行为或权利据以成立的有关行政行为合法性及合理性所发生的争议。在民事审判活动中双方当事人对行政主体的行政行为产生争议时,就会引发民事争议与行政争议的交织。如何解决民事诉讼中涉及行政行为的争议或情形,人们的认识不同,司法实践中的做法不一。为此,本文拟就这一问题进行探讨,以期引起学界和实务界对此问题的高度关注。

一、民事诉讼中涉及行政行为的案件类型

目前在审判实践活动中,民事诉讼中涉及相关行政行为的案件或情形主要有以下几种。

(一) 行政确认行为

民事诉讼中涉及行政行为的案件类别中,行政确认行为最容易引发民事争议与行政争议的交织。行政确认是指行政主体依法对行政相对人的法律地位、法律关系或者有关法律事实进行甄别,给予确定、认可、证明或者否定,并予以宣告的具体行政行为。[①] 例如,在一起交通事故损害赔偿案件中,当事人双方在民事诉讼活动中均列举对其自身有利的证据,而这时行政机关的一份对交通事故责任认定书的出现就会成为民事诉讼中证据的焦点。如果民事活动的一方当事人对该交通事故责任认定书作为证据的合法性和合理性产生异议时,民事审判就不仅仅是单纯的民事诉讼了,必然涉及对行政机关的行政确认行为的效力认定,要解决行政确认

---

*　赵晨羽:中国人民公安大学法律系。
**　孟昭阳:中国人民公安大学法律系。
①　姜明安著:《行政法与行政诉讼法》,北京大学出版社、高等教育出版社 2005 年第 2 版,第 282 页。

行为效力的认定,其途径是民事诉讼中解决拟或行政诉讼中解决。

(二)行政许可行为

行政许可行为是国家行政管理的重要手段。所谓"行政许可",是指行政主体针对行政相对方的申请,依法决定是否赋予行政相对人从事某种活动或实施某种行为的权利和资格的一种法律制度,包括准许或者不予准许两种具体的行为方式。① 行政机关作出的一些行政行为往往关系到民事行为主体的资格确定,直接决定了其有无资格参与民事活动和民事诉讼。如依行政相对人申请而颁发给市场主体许可证或者执照的行为,因直接涉及民事行为主体资格的取得、变更等相关问题,如果作为民事行为主体的双方因民事活动产生的争议以后,作为其中一方的民事行为人对民事行为主体的资格产生怀疑,并依法诉行政主体的行政行为,就会出现民事审判中对行政行为的效力判断问题。

(三)行政登记行为

目前因行政登记行为引发的行政争议与民事争议的交叉情形越来越多,所谓行政登记行为是指"行政主体应申请人申请,在政府有关登记簿册中记载相对人的某种情况或事实,并依法予以正式确认的行为"②。例如,在土地使用权抵押登记中,由于行政登记机关违法行为使同一土地使用权重复抵押、重复登记等,当事人在抵押权行使不能的情况下提起民事诉讼,这就涉及对重复登记的行政行为效力的判定问题,从而出现行政诉讼与民事诉讼的交叉。

(四)行政裁决行为

行政裁决行为的对象是当事人之间的、与行政管理活动密切相关的民事纠纷。行政裁决是指"国家行政机关依照法律、法规的授权,以居间裁决者的身份,对特定范围内与裁决机关行政管理职权密切相关的民事纠纷依法作出处理的具体行政行为"。③ 从行政裁决自身性质来看,行政主体的行政权是直接涉及民事活动的,因而由此产生的民事纠纷免不了对行政裁决行为效力的怀疑。我国自20世纪80年代中期至今,先后有20部法律法规设定了行政裁决制度,如《土地管理法》、《专利法》、《大气污染防治法》等。平等主体之间的民事争议由于有了行政权的介入而变得复杂,如果民事争议双方当事人对行政裁决不服,还会产生行政争议。

二、行政行为的效力理论基础分析

民事诉讼中涉及相关行政行为的案件,均涉及对相关行政行为的效力判定问题,目前司法实践中解决此问题的做法不一,有的将行政行为作为民事证据进行效力审查,尔后决定作为证据是否采信;有的民事案件的主审法官对行政行为的合法性进行实质审查,从而决定行政行为的效力;有的法院在遇到此类问题时,或不予受理案件,或在受理后出现涉及相关行政行为时,

---

① 冯伟、黄晓星:《浅议行政许可范围》,载《当代法学》2003年第9期。
② 姜明安著:《行政法与行政诉讼法》,北京大学出版社、高等教育出版社1992年版,第199页。
③ 应松年著:《当代中国行政法》,中国方正出版社2004年版,第1105页。

一律让当事人撤诉或中止诉讼并告知当事人提起行政诉讼。上述不区分情形又不统一的解决方法,有较大的弊端,它忽视了行政行为效力及对当事人权益的影响,无视行政审判与民事审判的权力分界,不利于彻底解决民事行政交织的争议,不利于提高诉讼效率和行政效率。因而需要我们要从行政行为效力的理论基础分析入手,进而提出解决此问题的有效途径和方法。

对于什么是行政行为的效力,理论界至今尚未形成一致的观点,但一般定义为:已存在的行政行为依其外形和内容所具有的产生一定法律效果的特殊作用力。[①] 在我国大陆,行政法学界对行政行为效力的内容划分由"三效力说"发展为现在普遍认同的"四效力说",即为公定力、确定力、拘束力和执行力。公定力居于基础性地位,是其他效力发生的前提。行政行为的公定力是指行政行为一经作出,即对任何人都有被推定为合法有效而予以尊重的法律效力。客观上也就是预先承认了行政行为的合法性和有效性,即使行政行为违法,在未经有权机关通过法定程序撤销之前,任何个人和组织都不得否定其法律约束力。当然,行政行为的公定力也不是绝对的,对于显而易见属于严重违法的行政行为,即属于无效行政行为,则不具有公定力。确定力、执行力则是公定力的延伸和表现。行政行为的确定力,又称不可任意变更力,指行政行为一经作出,具有不得任意改变的法律效力。行政行为确定力的理论基础在于法的安定性和诚信原则在行政法领域的应用[②]。行政行为作为一种行政意识,是行政主体向相对人做出的一种承诺,并同时约束着行政主体与相对方。行政行为的拘束力是指已经生效的行政行为所具有的约束和限制行政主体和行政相对人行为的法律效力。拘束力直接指向的是行政行为的法律效果,是对有关行为的一种强制性的规范。如果有违反这种规则的行为发生,则行为人就会承担相应的法律责任。行政行为的执行力是针对行政行为的效力而言的,对于已经生效的行政行为,要求行政主体及行政相对人对其内容予以实现的法律效力。执行力的实现是赋予行政行为的效力以实质的内容,是实现行政行为执行力的表现方式,其目的就是实现行政行为内容的效力。

从行政行为的效率目的上来看,行政行为的效力是服务于公民利益的,行政主体在实施行政行为过程中,相对人期待的是一种合法有效的法律效果发生,所以行政行为所预期的法律效果必须得到实现。从行政行为对象来看,作为行政相对人是希望在社会交往和日常生活中得到安全感和稳定感,对行政行为法律效果的期待就依赖于行政行为的效力。"如同效力是法律的生命一样,行政行为的生命也在于其效力。"[③]

三、民事诉讼中涉及行政行为的问题之解决途径

行政行为的效力与法律效果之间有着密切的关系,行政行为的效力是法律效果实际产生的保障,而追求完美的法律效果则是行政行为效力的直接目的。法律效果在行政行为作出之后即表现出来,一般都具有直观性,因而能为人所感知,而行政行为的效力始终蕴涵在行政行为过程之中。对于民事诉讼中涉及行政行为的问题处理是目前司法实践中一项急需解决的问

---

① 杨海坤、章志远著:《中国行政法基础理论研究》,北京大学出版社 2004 年版,第 216 页。
② 姜明安著:《行政法与行政诉讼法》,法律出版社 2006 年版,第 130 页。
③ 杨海坤、章志远著:《中国行政法基础理论研究》,北京大学出版社 2004 年版,第 216 页。

题。

纵观大陆法系国家和我国台湾地区民事审判解决行政行为的效力问题的制度,有以下几种:第一,对于无效行政行为,民事审判都可以直接判断,否定其效力。第二,对于无效行政行为以外的其他行政行为问题,大致有三种做法。一是涉及行政行为作为问题进入民事法院时,不论在民事诉讼之前是否诉至行政法院,民事法院均无权对行政行为的效力问题作出判断,而只能中止民事诉讼,由当事人向行政法院提起行政诉讼或者将行政行为的效力问题移交给行政法院予以解决,如法国,德国。二是日本的做法:日本只有普通法院系统,不存在普通法院与行政法院的二元化划分,但行政行为的效力必须通过撤销诉讼即《行政案件诉讼法》规定的程序才能解决,不能以《民事诉讼法》规定的程序解决。三是我国台湾地区的做法:如果行政行为的效力问题未被诉诸行政法院,则民事法院可以判断行政行为的效力问题;如果行政行为的效力问题在进入民事法院以前已经诉至行政法院,则民事法院应当中止民事诉讼,等待行政行为效力问题的最终审理结果[1]。

在我国法学界和实务界,涉及民事诉讼的有关行政行为的解决途径存在纷争。前者一般认为,行政机关所作出的行政行为在广义上是具有公定力和执行力的,非经法定程序是不能否定的。因此民事诉讼中的行政行为,民事诉讼本身无权评判,只能通过行政诉讼的途径解决。后者则认为,行政行为对法院都不具有约束力,无论是什么行政行为,在民事诉讼中都只是作为证据适用,民事诉讼均可以对其效力进行评判。我们认为,对此问题设计的解决途径应有利于保护当事人的合法权益,维护行政行为的效力,彻底解决民事争议和行政争议的交叉和冲突,提高诉讼效率和行政效率。为此,针对此问题的解决途径做如下具体分析:

(一)民事审判中作为证据进行审查

对民事审判中涉及的行政行为仅是民事争议解决或民事责任确定的客观依据,通过民事诉讼所设定的权利义务并不是由行政行为来直接决定,因而在民事审判过程中行政行为只是作为证据进行审查,由于行政行为本身具有不决定民事权益的性质,因此对民事争议的解决不起决定性作用,仅是作为解决民事争议或确定民事责任的客观依据,法院在解决民事争议后,该行政行为对民事权益不产生影响也不会导致新的争议的出现。例如,交通事故责任认定,可以由人民法院在民事审判过程中直接进行审查,而不需要通过专门的行政程序来进行审查。

(二)无效行政行为的效力审查

"无效"指的是行政行为作出之时因欠缺法定实质要件而自始全然不发生法律效力的状态,它具有四个基本特征:一是自始无效,即从行政行为正式作出时即无法律上的约束力。二是当然无效,不论行政相对人是否提出主张,是否知道无效的情况,也不论是否经过法院或行政机关的确认,该行政行为都是无效的,确认只是对一个已经存在的事实加以认定,任何事实也都不能使之有效。三是绝对无效,即行政行为所蕴涵的意思表示内容绝对不被法律所承认,"一旦法院宣布某一行政行为在法律上无效,那就如同什么事也没有发生一样"[2]。

涉及无效行政行为效力的民事纠纷问题的处理,不一定必须通过行政诉讼的途径解决。在民事诉讼中,法院就可以直接作出不予采纳的判断。因为在承认公定力原理的行政行为法

---

[1] 方世荣、羊琴:《论行政行为作为民事诉讼先决问题之解决》,载中国法学名家网,2005年12月15日。
[2] 杨海坤、章志远著:《中国行政法基础理论研究》,北京大学出版社2004年版,第250页。

律制度之中,由于行政行为在未经法定程序撤销之前均被推定有确定力、拘束力、执行力的,任何个人、组织甚至国家机关都得予以尊重和认可。我们可以试想,如果民事争议的当事人只是提起民事诉讼,而在诉讼过程中法院认定案件所涉及的行政行为是有重大、明显违法的无效行为(《行政诉讼法》第 54 条第 2 项有关判决撤销违法行政行为的规定,《〈行政诉讼法〉若干问题的解释》第 57 条第 2 款第 3 项对无效行政行为的确认判决的规定),自然行政行为的效力就不存在(尤其是指行政行为的公定力)。所以当无效行政行为赋予相对人某种权利或义务时,任何人均无尊重并履行其权利的必要,民事审判组织亦得以独立之见解,宣告行政行为的无效,在其本质上法院是支持当事人对无效行政行为不予执行的立场。由民事审判组织直接来审查并判定无效行政行为的举措,既可以避免民事审判与行政争议的交织,又节省了诉讼成本,提高了诉讼效率,极大地维护了当事人的合法权益和司法公正。

(三)不具有无效情形的行政行为的效力审查

对于不具有无效情形的行政行为的效力判定可以依据行政主体作出的形式审查和实质审查的方式予以区分。行政主体依法审查有关事实材料在形式上是否齐备、完整,不需要审查事实材料的真实性,这种情况下作出的行政行为就是形式审查行政行为,对此民事审判组织可以对形式审查行政行为所确认的民事法律关系的真实性直接审理和裁判(法律规定只需形式审查的就是形式审查行政行为,如公安行政确认、事故责任认定等)。形式审查作为行政机关运用行政权所做的简捷、便利的行为方式,其本身是依据相关法定程序的规定执行的,所以民事审判中对这类比较简单程序规定的行政行为只需进行形式审查,这样做的目的不但使民事审判中对行政行为的审查有效节制,而且也是尊重行政机关对行政行为形式事实的判断,从而避免在民事案件中涉及行政行为的交叉问题,有效减轻了当事人的诉讼负担和人民法院审判的压力。

民事诉讼中出现的形式审查行政行为与基础的民事法律关系不一致甚至矛盾时,就需要民事审判组织对该行政行为作为证据材料直接进行形式审查,民事审判组织可不受该行政行为的约束,直接依据自己庭审中查明的事实做出民事判决,但在判决中不应对该行政行为进行评论,更无权撤销。这就是说,对于行政机关经形式审查而作出的行政行为的最终决定仅作为民事审判中的一种证据种类使用,对于这种证据民事审判中不予以正面的裁定,而是根据当事人所提交的相关证据来进行实质性的审查并依据庭审的结果进行判决。例如,在民事诉讼中,人民法院经过审理发现行政登记机关未尽形式审查义务,申请人未依法提交法定的全部资料而予以登记;或申请资料的内容相互矛盾,无法在形式上推定申请登记的民事法律关系合法而准予登记的,应不认可该行政登记。如果申请人提交的资料形式合法,但所载内容并不真实,而行政机关仅限于形式审查无法发现虚假而准予登记,此时可以确认该行政登记行为无效,使其在民事诉讼中不具有最终确定性。这样做既符合法律规定,又能保护利害关系人的合法权益;既考虑到了登记机关的形式审查已尽合理注意义务,又对登记申请人的违法行为做出了否定性法律评价,可谓最佳选择[①]。

民事诉讼是处理民事法律关系引发的相关争议,在实质性审查方面只能依靠行政诉讼的判决。如果让民事审判组织涉猎对行政行为的审查,势必有的法官力不从心,同时他们在专业技术上并不具有权威性。一旦此类案件进入诉讼程序,在审理过程中遇到专业难题,再交给行

---

① 毛萍:《民事诉讼中如何对行政登记行为进行司法审查》,载法律教育网,2005 年 2 月 2 日。

政庭或行政技术部门进行处理，这就势必拉长诉讼的时间，效率也会随之降低。实质审查是行政主体依法审查事实材料在形式上的齐备、完整之外，还对事实材料的真实性作出判断。我国《行政许可法》第34条将行政许可行为分为形式审查行为与实质审查行为。实质审查行政行为是行政主体对事实材料的真实性和效力进行判断后所作出的，该行政行为在内容的真实性方面对审理民事案件的民事审判组织当然就不具有约束力。但是，该行政行为所确认的法律关系已经注入了行政主体的意思表示，非由法定机关并经法定程序，不能改变或者否定该意思表示。民事审判组织在审理民事案件时，不能对实质审查行政行为进行审查判断，而必须中止民事诉讼，告知当事人提起行政诉讼或行政复议，待行政诉讼或行政复议结果出来后再恢复民事案件的审理。

社会的和谐是建立在法治基础之上的，只有通过建立一整套能够对各种错综复杂的社会关系加以全面有效调整的法律法规，才能真正实现社会安定有序。立法是法治不可或缺的前提。从审判实践来看，涉及行政行为的民事诉讼的案件解决方式比较混乱，处理的途径也存在很多冲突和矛盾的地方。然而其根本性的原因是立法的不完善，特别是《行政诉讼法》、《民事诉讼法》对此类案件的立案、审理、裁判未作出明确统一的规定，从而造成了在司法实践中出现的相互冲突和矛盾的现象。因此，建议在修改《民事诉讼法》、《行政诉讼法》时对民事诉讼中涉及行政行为产生的问题予以明确规定，为法院审判活动提供准确、客观的处理依据，也为迅速、有效、准确地展开行政、民事审判创造条件。

对民事执行的检察监督
——法律监督的应有之义

王 莉[*] 贝金欣[**]

长期以来,民事判决、裁定执行难、执行乱问题,成为社会广泛关注的一个司法痼疾,司法权威受到损害,公民、法人和其他组织的合法权益得不到应有的保护。为解决这一问题,有关方面不断推出一些政策和规定,从贯彻施行的情况看,效果并不理想。如何从根本上解决这一问题,法学理论界和司法实务界进行了深入的探讨,除了提出对执行主体、机构以及程序进行改革和完善外,对检察机关在民事执行活动中的法律监督作用寄予很高的期望。因此,在《民事诉讼法》提起修改之际,我们有必要对目前民事执行中存在的问题以及检察机关如何发挥法律监督作用等相关问题进行深入的研究。

一、对民事执行进行检察监督的必要性

目前,民事执行难、执行乱主要表现在以下几个方面:第一,执法的社会环境差,被执行人以及其他协助执行的人法律意识薄弱,有些地方政府和单位地方保护主义和部门保护主义思想严重,抗拒执行或拒不协助执行。第二,法院民事执行体制不利于裁决的执行,例如委托执行,由于执行的是外地法院委托的案件,又是针对本地当事人的财产,因此,受委托的法院往往以各种借口不予执行或拖延执行。第三,法院违法执行或执法不公现象较为严重,突出表现在:程序违法,尤其是违法采取查封、扣押、冻结、拍卖、变卖等执行措施;滥用执行权力,以罚款、拘留等作为强制执行手段强迫进行执行和解;违法或不当执行案外人财产,造成案外人的合法权益受到侵害;违反规定收取执行费用,任意收费、提高收费标准等情况时有发生;不妥善保管和及时处理财物,扩大了当事人的损失;片面追求执结率,违法或不当终止执行案件。执行难、执行乱问题的存在,一方面严重损害了国家司法的权威,另一方面又造成了对判决确定的当事人权益的损害,必须通过多方面的途径来解决这一问题。就外部因素而言,这一问题的

---

[*] 王 莉:最高人民检察院法律政策研究室。
[**] 贝金欣:最高人民检察院法律政策研究室。

产生与现行执行制度中监督的缺失和救济制度的不完善有着直接的关系。

（一）法院内部监督体系的不足

民事执行活动既涉及审判活动，还涉及执行措施的适用、执行财产的处理、以及不同法院之间的协调与配合。《民事诉讼法》中就上级法院对下级法院执行活动的监督基本上未作任何规定。为了加强法院内部监督，最高人民法院在1998年7月颁布了《最高人民法院关于人民法院执行工作若干问题的规定（试行）》，专门用八个条文规定了对民事执行的内部监督。2000年1月，最高人民法院又颁布《关于高级人民法院统一管理执行工作若干问题的规定》，对于执行程序作进一步改革，更加明确地规定了在执行程序中高级人民法院在最高人民法院的监督和指导下，对下级人民法院执行的统一管理和监督、指导作用，并明确了监督的具体方式，即"高级人民法院有权对下级人民法院的违法、错误的执行裁定、执行行为进行纠正或直接下达裁定、决定予以纠正"。①

上述两个规定对监督、规范民事执行活动具有一定的实际效果。但是，这种内部监督机制存在的问题很多。首先，按照《人民法院组织法》和其他有关法律规定，地方各级法院是一级审判组织，上级法院对下级法院审判活动的监督，是通过法定的司法审判程序进行监督的。而该规定确定的监督方式是由上级人民法院对下级人民法院的违法、错误的执行裁定、执行行为进行纠正或直接下达裁定、决定予以纠正，这种类似上下级行政领导体制的监督方式，与我国现行审判体制不甚相符。第二，监督的运作程序不明。高级人民法院对下级人民法院的违法、错误的执行裁定、执行行为有权予以纠正，但具体应当适用什么程序，按照什么标准来决定纠正？该规定均没有予以明确。第三，监督缺乏透明度。不论是司法解释所规定的上、下级法院之间的统一管理的监督机制，还是司法实践中实行的同级法院内部的执行裁决权和执行实施权分离的监督制约机制，目前建立的执行程序监督机制其设置基本上仍然停留在人民法院的自我监督、内部监督的封闭状态下，未在程序上公开化和透明化。② 这种监督机制，被一些学者诟病为"难逃'自家人难揭自家短'的规律"。

因此，内部监督体系的存在不能成为排斥外部监督的理由，尤其是在我国的二元司法体制下，检察机关作为专门行使法律监督权的司法机关，检察监督较法院内部监督具有更高的社会透明度，更强的制约性，更明显的公正性，也更能取信于民。

（二）现行执行相关法规对当事人、案外人的救济不足

执行程序关乎债权人的合法权益能否实现，还涉及债务人和案外人合法权益的保护，因此，当执行当事人或案外人的合法权益因执行机关的执行行为而受到侵害时，应当设立一种补救的保护方法，即建立完善的民事执行救济制度。目前我国的民事执行救济制度存在的缺陷和不足主要有两个方面：

其一，现行法律规定的实体上的救济制度，尤其是民事执行异议制度，在程序设置上缺乏科学性。民事执行救济包括实体性救济和程序性救济，前者是针对执行名义本身存在私权纠纷而提出的救济，后者是对违法或不当实施的执行行为产生危害而提出的救济。我国《民事诉讼法》规定了两种执行的实体性救济制度，一是执行异议，二是执行回转。《民事诉讼法》第

---

① 黎蜀宁：《论检察机关对民事执行活动的法律监督》，载《现代法学》2003年第12期。
② 黎蜀宁：《论检察机关对民事执行活动的法律监督》，载《现代法学》2003年第12期。

208条规定:"执行过程中,案外人对执行标的提出异议的,执行员应当按照法定程序进行审理。理由不成立的,予以驳回;理由成立的,由院长批准中止执行。如果发现判决、裁定确有错误,按照审判监督程序处理。"但是所谓的"法定程序"法律并无规定。案外人对执行标的提出异议,是权利人就执行名义提出的私权主张,对私权纠纷的审查应依照法定的诉讼程序进行。而在现行执行程序中,执行人员进行非公开、非开庭式的审查,没有给予有关当事人、案外人充分陈述事实和理由并进行辩论、质证的机会,并且所做出的这种裁定是终局性的,当事人没有上诉的权利。根据最高人民法院的司法解释,即使发生错误也只能由案外人将原案原、被告作为另案被告另行起诉。这一制度安排对权利人的保护无疑是很不利的。

其二,现行法律规定的程序性救济很不充分。现行《国家赔偿法》第31条规定,人民法院对民事、行政判决、裁定及其他生效法律文书执行错误造成损害的,赔偿请求人有权获得国家赔偿。但由于国家赔偿决定程序存在的诸多问题,这一规定在实践中执行起来困难重重。当事人、案外人缺乏其他有效的救济渠道和方法。

综上所述,由于法院内部监督体系不足,对当事人、案外人的救济制度存在缺陷,致使目前执行中存在的问题屡禁不止,在现有制度、措施无法有效遏制的情况下,客观上需要从外部进行有效的监督,因此,对民事、行政执行进行检察监督是实现司法公正的现实需求。

二、对民事执行进行检察监督的法律依据和法理基础

(一)检察机关对民事执行进行监督的宪法依据

根据我国宪法的规定,在人民代表大会之下,设立人民政府、人民检察院和人民法院,分别行使国家的行政、检察、审判权力,检察机关被设定为专门的法律监督机关,其主要职责是监督国家法律的统一、正确实施和执行。[①] 在此宪法原则基础上,我国的三大诉讼法均规定了检察机关的法律监督原则,体现了维护法制尊严以及公权对私权予以保护和救济的精神。民事执行程序作为民事法律实施中的一个重要组成部分,自然也不能排除检察机关的监督。

(二)人民检察院对民事执行进行监督的诉讼法依据

我国《民事诉讼法》第14条规定,人民检察院有权对民事审判活动实行法律监督;第185条规定,人民检察院对下级人民法院已经发生法律效力的判决、裁定,发现确有错误的,应当依法提出抗诉。上述规定是否就是对民事执行活动进行检察监督的法律依据呢?对此问题,存在两种不同观点。一种观点认为,《民事诉讼法》将审判程序和执行程序作为两编分别作出规定,在审判程序中规定了检察监督的内容,而在执行程序中并没有作出相关规定,表明执行活动在性质上不同于审判活动,检察监督的对象是民事审判活动,而不包括民事执行活动。另一种观点认为,不能对民事审判作狭义解释,即将其限制于立案到作出判决或者裁定的环节。从学理上看,就民事诉讼而言,包括我国在内的许多大陆法系国家都将民事执行作为民事诉讼制

---

① 黎蜀宁:《论检察机关对民事执行活动的法律监督》,载《现代法学》2003年第12期。

度的重要组成部分,因此,对《民事诉讼法》中的"审判活动"应当作广义的理解,民事执行活动属于检察监督的范围。① 同时,在《民事诉讼法》制定当时,全国人大法律委员会王汉斌主任在《关于〈中华人民共和国民事诉讼法〉(试行)修改草案的说明》中指出:"执行是审判工作的一个十分重要的环节,它关系到法律和人民法院的尊严,有效保障公民、法人和其他组织的合法权益,维护正常的社会经济秩序。目前有些地方人民法院在审判工作中执行难的问题比较突出。"由此可见,就立法者所表明的立法本意而言,民事执行是民事审判工作的一部分,人民检察院对民事审判活动的监督包含了对民事执行的监督。

由于存在上述认识分歧,加之《民事诉讼法》对检察机关提出抗诉的判决、裁定的范围没有作出具体的界定,导致司法实践部门执法不统一。1995年,最高人民法院作出的《最高人民法院关于对执行中的裁定的抗诉不予受理的批复》认为,人民检察院针对人民法院在执行程序中做出的查封财产裁定提出抗诉,于法无据,因此对于坚持抗诉的,人民法院应通知不予受理。这一司法解释反映了检法两院在实践中的认识分歧,该规定通过限制检察机关抗诉的范围,将执行活动中所作的裁定排除在检察监督之外,这是上述第一种观点在司法实践中的集中表现。

关于民事执行是否属于民事审判的问题,我们倾向于后一种观点。同时我们认为:第一,民事执行包括执行裁决和执行实施这两种不同性质的活动,执行裁决属于审判活动,而执行实施则具有行政属性。从国外相关立法情况看,尽管执行机构的设置有不同的体制,有的设在法院,有的单独设立执行机构,但具有普遍性的一个机制是将执行裁决程序和执行实施程序分开,执行裁决职能交由法院行使,执行实施行为则由专门负责执行事务性工作的机构来承担。按照我国民诉法确定的检察监督原则,执行裁决既然属于审判活动,毫无疑问应当属于检察监督的范围;执行实施行为,按照其他相关法律的规定,检察机关也有监督的职责,《刑事诉讼法》对刑罚执行就明确规定了检察监督原则。但目前《民事诉讼法》并没有区分执行裁决和执行实施这两种职权,将执行裁决程序和执行实施程序混同,这不仅不利于保护当事人和其他案外人的实体权益,也使得人们对执行活动的属性和功能缺乏清晰的界定,对是否属于检察监督的范围产生模糊看法。第二,《民事诉讼法》第14条"人民检察院有权对民事审判活动实行法律监督"的规定,是民诉法的基本原则,应当贯彻于民诉法的各个程序和环节,但目前在"执行程序"一编中却缺乏对检察监督的具体程序性规定,使得总则中的基本原则没有在具体的程序规定中得到体现。这不能不说是立法的一个欠缺,因此有必要通过立法完善检察机关对民事执行进行法律监督的相关制度。

三、检察机关对民事执行进行法律监督的初步设想

从上述对民事执行立法以及实践中存在问题的分析可以看出,我国民事强制执行的相关立法还很不完善,司法实践中对执行行为也缺乏有效监督,客观上为违法执行活动提供了滋生的土壤。要从根本上改变这种"执行难、执行乱"的状况,首先应当从立法层面上对民事执行程序进行修改和完善,除应当对执行裁决程序、执行措施的适用等问题作出进一步的科学规范外,还需要建立起完善的当事人救济制度和有效的外部监督制度,尤其是检察机关的法律监督

---

① 参见廖中洪:《关于强制执行立法几个理论误区的探讨》,载《现代法学》2006年第5期。

制度应当从立法上作出进一步的明确规定,消除司法实践中的认识分歧,并通过规定具体的监督程序和方式来保障这一制度切实发挥其应有的作用。我们对检察机关如何在民事执行活动中发挥法律监督作用提出如下初步设想:

(一)民事执行检察监督的原则

民事执行检察监督应遵循什么原则?这是进一步确定其范围、方式和手段的基础。根据民事执行活动的性质和特点,我们认为,应当遵循以下几项原则:

1. 监督违法执行行为原则

在民事执行活动中,对当事人和案外人造成侵害的执行行为有两种不同情况,一种是违法的执行行为,一种是不当的执行行为。按照宪法和法律对检察机关性质和职能的规定,检察机关对执行行为的监督应当是对其"合法性"进行监督,即有权对违法的执行行为采取监督措施予以纠正,对于不当的执行行为,则主要应当通过法院内部监督的途径解决。

2. 依当事人申诉原则

民事执行不同于刑事执行和行政执行,涉及私权的处分,依照民事诉讼的"意思自治原则",当事人和案外人有权处置自己的实体权利和诉讼权利,在当事人和案外人没有提出申诉的情况下,检察机关不应当介入。

3. 事后监督原则

检察监督发生在执行程序结束或某一法律文书(如中止执行、变更被执行人裁定等)作出之后,而不应是程序进行之中。程序结束是指某一阶段程序,如受理、准备程序之后,而不是全部执行完毕。①

4. 讲求效率原则

民事执行不同于民事审判,虽然在价值取向上都应当坚持公正与效率,但各有侧重。民事审判的实质是对当事人争议的法律关系作出裁判,以解决纠纷,因此在价值取向上更侧重于公正,而执行的实质在于实现法律文书所确定的权利,因而其价值取向上应该更加侧重于效率。② 因此,检察机关对执行活动的监督要兼顾监督成本,将有利于推进法院的执行效率作为监督的重要目标。

(二)民事执行检察监督的范围

1. 执行依据违法,是指法院错误执行了未发生法律效力或不具有法律效力的文书,如执行了正在上诉期的判决、裁定,或执行了当事人案外达成的和解书,或执行了不符合法定要求的仲裁机构制作的裁决书等。

2. 执行裁决违法,是指法院作出的涉及当事人实体权利和诉讼权利的裁定和决定,其在认定事实和适用法律方面违反法律的规定,如关于执行异议和执行回转所作的错误的裁定和决定。

3. 执行措施违法,是指法院违法采取查封、扣押、冻结、拍卖、变卖等执行措施,给当事人和案外人造成损害。

4. 执行范围违法,是指执行裁定确定的范围超出了作为执行根据的法律文书所确定的范

---

① 王军:《对法院民事执行活动的检察监督初探》,载《检察实践》2001年第3期。
② 廖中洪:《关于强制执行立法几个理论误区的探讨》,载《现代法学》2006年第5期。

围,如不按生效法律文书所确定的标的额执行,或者错误地执行了案外人或同案其他当事人的财产,或者未按法律规定保留公民及其抚养的亲属必要的生活费和生活资料等等。①

5. 执行人员的枉法行为和不作为行为,是指执行人员在民事执行活动中严重不负责任或者滥用职权,不依法采取诉讼保全措施,不履行法定执行职责,或者违法采取诉讼保全措施、强制执行措施,致使当事人或者其他人的利益遭受重大损失的行为。

(三)民事执行检察监督的方式

根据民事执行行为违法的不同情况,检察机关可以通过以下三种方式实行监督:

1. 对违法的裁定提出抗诉

抗诉是检察机关行使法律监督职权的一个最为重要的方式。从依法维护当事人合法权益的目标出发,对于可能会给当事人的实体权益造成较严重侵害的违法的执行裁定,检察机关应当提出抗诉,具体包括以下几类:(1)涉及执行标的实体权利争议的裁定,如案外人对执行标的主张所有权或者排他占有的其他物权、债务人主张其他权利的;(2)涉及执行当事人实体权益的裁定,如执行人员超额查封、扣押被执行人财产以及变更执行主体的裁定;(3)严重违反执行程序,致使当事人实体权益受到损失的裁定。检察机关提出抗诉的执行案件,人民法院应当暂时中止对有关标的的执行。

2. 对执行人员的违法行为提出纠正意见

为保证执行效率,对于执行人员在执行活动中的其他一般性的违法行为,检察机关可以提出纠正意见,主要适用于执行依据、执行范围发生错误,违法采取执行措施,以及无正当理由不受理执行申请、故意拖延不履行执行职责等不作为的情形。

检察机关提出纠正意见后,法院审查后认为意见成立的,应当撤销违法的执行行为;法院审查后认为意见不成立的,应当提供书面答复意见。

3. 对执行人员涉嫌职务犯罪的行为立案查处

对国家工作人员职务犯罪案件直接立案侦查,是检察机关行使法律监督权的重要手段。对于执行人员贪污受贿和渎职犯罪行为,检察机关应当依法立案侦查和起诉。2002年全国人大常委会通过的《中华人民共和国刑法修正案(四)》增加规定了"执行判决、裁定失职罪",为追究违法执行行为的刑事责任提供了法律依据,最高人民检察院新近颁布实施的《最高人民检察院关于渎职侵权罪立案标准的规定》,对于该罪的立案标准又作出了进一步的具体规定。

(四)加强民事执行检察监督的手段

为保障检察机关对民事执行监督取得实效,检察机关应当有权采取以下两种手段:一是调卷审查。调取法院执行卷宗,了解案件执行情况,这是检察机关实施监督的必要前提,因此,应当明确规定检察机关有权进行调卷审查。二是调查取证。对于执行活动中的违法执行行为,检察机关必须通过调查取证才能确定,根据调查取证所确定的情况,检察机关才能采取适当而有效的方式予以监督。

---

① 王军:《对法院民事执行活动的检察监督初探》,载《检察实践》2001年第3期。

环境公益诉讼原告资格的扩张

齐树洁*

社会的高度产业化带来一系列新的矛盾,环境问题就是其中之一。由于认识能力的阶段性和理性的有限性,人类在发展社会经济、提高生活水平的同时,也对生态环境产生了污染和破坏,由此引发的环境纠纷已成为现代社会中的新型纠纷。在实践中,各种诉讼外解决环境纠纷的方式纷纷涌现,协商、调解、行政处理、仲裁及其混合机制在现代社会中所占的比例越来越大,但是就诉讼方式本身以及环境纠纷的特殊性而言,诉讼作为最后的、最权威的救济途径,在环境纠纷解决中仍占据着不可动摇的优势。在环境法领域,放宽对环境诉讼原告资格的限制,已成为世界各国环境立法的趋势。然而,近年来,我国民众对于空气被污染、旅游景点被破坏等行为提起的环境诉讼,大多由于"法无明文规定"而被法院驳回,或由于"空气和风景都不是个人的,个人对这些东西没有排他的使用权和所有权"[①],而以起诉者败诉而告终。

2006年国务院发布的《关于落实科学发展观加强环境保护的决定》提出:"鼓励检举和揭发各种环境违法行为,推动环境公益诉讼。"在2007年3月召开的十届全国人大五次会议上,吕忠梅等代表再次提出了有关建立环境公益诉讼的建议,主张赋予特定的国家机关、相关的社会团体以及个人提起环境公益诉讼的权利。[②] 在建立环境公益诉讼制度这一问题上,美国的经验值得我们研究和借鉴。

一、美国环境公益诉讼原告资格的扩张

根据美国宪法第3条的规定,只有存在"事实或争端"(case or controversy)的情况下联邦法院才能对案件行使管辖权。许多重要的原告资格规则是联邦最高法院以司法判例的形式对宪法第3条进行解释的基础上发展起来的。在传统上,原告资格的获得主要以其受到事实上的直接损害或者有受到损害的切实危险为前提,并且这种事实上的损害还被狭窄地界定在经

---

* 齐树洁:厦门大学法学院教授,博士生导师。
① 王颖:《公益诉讼:环保官司解困之门将启未启》,载《21世纪经济报道》2005年2月5日。
② 《吕忠梅代表:应当重视研究公益诉讼司法实践》,载《法制日报》2007年3月9日。

济损害的范畴。另外,侵害行为与损害之间的因果联系,以及损害的可救济性(redress ability)都是取得原告资格的必要条件。不仅如此,联邦法院在审理民事纠纷时,程序上适用1938年生效的《联邦民事诉讼规则》(Federal Rules of Civil Procedure)。① 该规则第17(a)条规定,诉讼应当以真正有利害关系的当事人(real party in interest)的名义提起。这意味着提起诉讼的人必须是根据实体法享有可申请执行的权利的主体,从某种意义上说,它与我国的"直接利害关系人"理论在实质上相同的,即都是将当事人的含义与适格(正当)当事人等同起来。

从利益调整的角度来看,诉讼无疑是一个利益再分配的过程,相互之间对抗的利益主张引发人们对现有利益格局的不满,并寻求运用诉讼的方式来改变利益分布的状态。利益冲突进入诉讼以后,居中裁判的法官根据各方利益代表的主张、抗辩以及提交的证据等来完成利益权衡和判断,并最终以判决的方式给出一个确定性的、由国家强制力保证实施的利益调整方案。为了保证这样一个关乎人们切身利益的再分配方案能够至少在形式上获得公正的外观,就必须确保任何会受到法院判决影响的特定利益在诉讼过程中获得恰当的主张和代表。因此,为如何判断诉的利益的恰当代表设立一个标准便成为当事人适格理论重要的逻辑起点。根据人们普遍认同的理念,"理性人是自身利益的最佳代表",传统的当事人适格理论的主张,便在逻辑上显得周延了。这么一种当事人适格理论模式的核心在于法律预先设定一个封闭式的利益保护框架,并在此基础上设定判断利益代表的严格标准,即只有法律规范明确规定的实体权利义务当事人才能构成诉的利益的恰当代表。在传统社会中,利益与利益主体之间往往存在着明确的一一对应的关系,这就赋予了直接利害关系原则在实践中的可操作性。但是,随着社会的发展,上述利益与利益主体之间存在一一对应关系的格局逐渐被打破。在很多领域,利益分布呈现扩散性、模糊性的特征,利益对应关系也因此变得不明晰,甚至根本不存在法律预先明确或者公认的利益代表。因此,旧有的将一个诉讼案件仅放在两个当事人之间进行考虑的框架就显得捉襟见肘了。

"直接利害关系人"理论主要从两个层面对原告资格进行限制:首先,该理论所设定的利益保护框架是一个封闭式的体系,仅限于实体法所设定的范畴,换言之,当事人的利益诉求必须是在现有法律所设定的利益保护框架内的;其次,法律预先设定了一个严格的、普适的利益代表判断标准,即只有法律规范明确规定的实体权利义务当事人才能构成诉的利益的恰当代表。美国最高法院早期确立的原告资格规则也有类似的效果。因此,扩张原告资格的途径必然是从上述两个层面着手进行突破。

关于诉讼资格(standing)标准,最初法院拘泥于"法律权利"(legal right)原则,除非原告能够积极证明其受法律保障的权利已经或正在遭受损害,否则欠缺诉讼资格,即只有当法院认定原告在普通法上享有诉因(cause of action)时,才承认其诉讼资格。其后,面对日益增加的公益争执,法院将"法律权利"软化为"事实上的损害"(injury in fact),不再以法律权利受害为条件。②

传统的规则要求原告必须证明其利益受到事实上的损害,且事实上的损害还被狭窄地界定在经济损害的范畴。而在哈德森风景保护协会诉联邦能源委员会(Scenic Hudson Preser-

---

① 沈达明:《比较民事诉讼法初论》,中信出版社1991年版,第6页。
② 参见汪劲等编译:《环境正义:丧钟为谁而鸣——美国联邦法院环境诉讼经典判例选》,北京大学出版社2006年版,第48页。

vation Conference v. Federal Power Commission)一案中,①法官就对"事实上的损害"做了扩张解释,认为起诉者只要能够证明其在美学利益、环保利益以及娱乐利益上的特殊利益受到了侵害就可以成为适格当事人。另外,在塞拉俱乐部诉莫顿(Sierra Club v. Morton)一案中,最高法院明确表示,环境保护团体只需就本组织或者本组织成员的特定利益受到侵害这一事实作出有力陈述(assertion),就足以使该组织获得原告资格。② 因此,在后来的司法实践中经常出现的情况是某一环境保护组织的成员向法院提交一份"宣誓书"(affidavit),证明其某一特定利益受到侵害,则该环境保护团体就可作为其组织成员的代表获得原告资格。以上述案件为契机,传统规则所设定的封闭性的利益保护框架(局限于经济利益)被打破了,演变成为一个开放性的体系。

联邦法院在扩张原告资格问题上的实践为公民诉讼(citizen suit)制度的实行奠定了基础。《1970年清洁空气法》(Clean Air Act Amendments of 1970,简称 CAA)是第一次规定公民诉讼制度的联邦法律。该法第304条明确规定:任何人有权以自己的名义对任何他人(包括合众国以及任何其他宪法第11修正案认可具有被告资格的政府机构)提起民事诉讼,只要其在指控中表明后者已经违反(假如有证据证明这种被指控的违法行为已经重复出现)或将要违反(A)本法规定的排放标准或限制,或(B)本法执行机构或某一州政府依据本法发布的命令。但原告必须提前60天通知美国环保署(EPA)、州政府以及其将要控告的对象。③ 在《清洁空气法》之后,随后几乎所有的联邦环境法都包括了公民诉讼条款。尽管随后法律中的公民诉讼条款与《清洁空气法》的规定不尽相同,但它们之间的相似之处显示了它们是以《清洁空气法》第304条规定为原型的,并且也遵循同样的原则。环境公民诉讼已发展成美国联邦环境法律的一项基本法律制度,该制度的精髓在于公民为保护环境与促进环境法律的良好实施,可对与自身无实质利益关联的环境违法行为或与环境权益相关的争端寻求法律救济。公民诉讼制度一个重要特征是,在原告资格的问题上,几乎所有的公民诉讼条款都使用了"任何人有权……提起诉讼"这样的措词,这表明在公民诉讼制度中,法律不再预先设定关于利益代表的判断标准。④ 这样,法官就可以根据自身的价值判断酌情行使自由裁量权。下面的案例可以清楚地表明这一点:

在 Friends of the Earth v. Laid Law Environmental Services 一案中,⑤原告"地球之友"环保组织声称被告 Laid Law 公司(一个污水处理设备运营商)超过许可的标准向南卡罗莱纳河(South Carolina River)排放污染物质。因此,原告依据《清洁水法》(Clean Water Act)的规定请求法院对被告发出禁令并对其处以民事罚款。作为原告方的环保组织向法院提交了其成员的宣誓书,该宣誓书声称被告的排污行为侵害了其进行捕鱼、游泳等休闲娱乐方面的利益。受理案件的法院认为这构成了事实上的损害。引人注目的是,在公民诉讼被提起之前,Laid Law 公司为了达到阻止公民诉讼的目的而要求州政府对其提起诉讼。因为,根据公民诉讼条款的规定,只有在没有适当的联邦或州政府机构提起执法诉讼(enforcement action)的情况下才允许进行公民诉讼。但这种策略最终归于失败,因为地区法院认为州政府的诉讼并未"被勤

---

① 354 F. 2d 608 (2d Cir. 1965), cert. denied, 384 U. S. 941 (1966).
② 405 U. S. 727 (1972).
③ 42 U. S. C 7604(b)(1)(A) (2000).
④ 陈冬:《美国环境公民诉讼管窥》,载《郑州大学学报》2004年第1期。
⑤ 528 U. S. 167 (2000). at 175—78. 181—83.

勉地提起"(diligently prosecuted),因此,不构成《清洁水法》所规定的公民诉讼的法定障碍。从这个案例可以看出,尽管按照法律条文表现出来的意图,政府机构应当比普通环保团体或者个人更能较好地代表环境公益,所以,政府机构的执法诉讼足以阻止公民诉讼。但是,在本案中,州政府的作为显然让法官觉得至少在这个案子中已不能合理地期待州政府会为了促进环境公益而采取足够有力的行动。因此,在利益代表权衡问题上,法官没有墨守成规,认为在本案中"地球之友"比政府能够更好地代表环境公益,并由此认可其原告资格。

二、美国经验的启示

随着社会的飞速发展,超越法定权益范畴的新型利益(包括私益和公益)层出不穷,由于成文法的局限性,新出现的利益类型无法及时被纳入到现有法律的保护框架内。当围绕上述新型利益产生纠纷时,尽管依照程序当事人的理念,利益主张者可以作为当事人被纳入到诉讼中来。但由于直接利害关系人原则要求正当当事人应当是实体法律关系的真正权利人和义务人,在新型利益尚未得到实体法确认的情况下,利益主体就无法成为适格当事人,实体意义上的诉权也就无从实现,更无法获得胜诉判决。然而,应当意识到,在日新月异的现代社会,已经不可能期待现有的实体法能够囊括全部有必要通过法律予以保护的利益,在基于诉讼利益就可以请求司法救济的情况下,不能否定某个利益主体提起司法救济的正当性。这就需要通过司法活动肯定当事人正当的利益新主张,从而达到司法创设权利的目的。有鉴于此,有必要对当事人适格的衡量标准进行扩张。

上述美国法制的发展无疑暗合了诉的利益理论。从诉的利益这一概念发挥作用的途径来看,显然它体现了裁判者运用自由裁量权在司法裁判供给对象这一问题上所进行的利益衡量。并且,这里所设定的利益框架不仅仅局限于制定法所界定的利益保护范围,而是一个以现有法律所设定的利益为中心、以社会需求为基线向外辐射的一个多元利益格局。在这种格局下,一方面法官须在既定的法律规则框架内寻求当事人所主张的权利依据;另一方面,法官又可以通过能动性司法,在社会出现新的需求而现有的实体法出现"权利空白"状况时,在利益衡量的基础之上运用解释运动来扩充诉讼程序的"张口",赋予主体以新类型的诉权,使得社会当中出现的新型的、而且是必须予以保护但暂时未被现行实体法认可的利益进入程序当中予以积极评价,从而达到司法创设权利这样一种效果。①

这样,起诉者就得以以个体性的利益保护请求(往往是超越法律既定的利益保护框架且较容易被证明)为立足点启动诉讼,并借助于诉讼排除与其处于同一利益阶层的人们的扩散利益的侵害。在这样的新型诉讼中,诉的利益指向呈现出二元化的特征。比如,在美国的环境公益诉讼中,诉的利益首先指向作为起诉者的环境保护团体为其成员在美学、休闲娱乐利益上的损害寻求救济;其次,诉的利益指向其试图排除与其处于同一利益阶层的人们的扩散利益的侵害。但是,对于起诉者而言,为其某个成员的微不足道的美学利益或休闲娱乐利益寻求救济显然不是其真正的意图所在(如果诉讼的目的只限于此的话,则只需要由其成员自己提起即可)。诉的利益的第二个指向才是起诉者真正的意图所在(或者说这才是环境公益诉讼诉的利益的

---

① 常怡、黄娟:《司法裁判供给中的利益衡量:一种诉的利益观》,载《中国法学》2003年第4期。

真正指向)。而环保组织以其成员的美学、休闲娱乐等利益受到侵害为由提起诉讼的主要理由在于,这样的主观性的利益损害较容易证明,且事实上其往往也只能证明这样的利益侵害存在。起诉者只是以此制造一个连接点来试图表明其与被告在法律利益上存在着真正地争点。并希望能够借此获得原告资格来启动诉讼,如此,诉的利益的第二个指向便可得以实现。

法院完全清楚起诉者的意图,它同时也意识到社会需要这样的诉讼来推进公共利益的实现。因此,法院主要考虑的当然不是起诉者个体性的利益保护请求是否属于法律既定的利益保护框架,而是,起诉者是否具有围绕诉的利益的真正指向积极地进行交涉和有效地进行诉讼的意愿和实际能力。如果,法院在后一个问题上能够得出肯定的判断,那么法院就完全可以通过扩张解释将起诉者新的利益请求(如美学利益、休闲娱乐利益)纳入到利益保护框架中来。

借助于上文的实践分析和理论抽象,大致能够得出这样的印象,即在现代社会中,由于新型利益不断出现,且利益分布常常呈现扩散性、片断性的状态,利益冲突的形态也往往不同于传统纠纷,这使得在法律中预先规定一种普适的、严格的利益代表判断标准来作为衡量当事人适格的基础已经不再适应社会发展的需要。由于各种类型的诉之间存在着法律属性的差异,由此必然需要依据它们各自特征来确定它们各自的当事人适格问题。这就需要在利益代表判断问题上,赋予法官适度的自由裁量权。由法官在司法过程中秉承一定的法律价值,遵循一定的法律规则,并充分运用司法经验,创造性地适用法律,从而理性地对案件的事实问题和法律问题作出判断。

三、我国环境公益诉讼的原告资格的扩张

20世纪中期以来,日益严重的环境问题和逐渐高涨的环保运动使环境权作为社会公共利益受到了公众的关注,欧美各国的环境法普遍建立了环境公益诉讼制度,以保护作为社会公共利益的环境权。根据上述分析,我国环境诉讼的主体资格的认定条件,已经不能再局限于《民事诉讼法》第108条规定的"与本案有直接利害关系的公民、法人和其他组织"了,而应尽快扩大环境诉讼的主体范围。

就我国目前的诉讼制度而言,环境诉讼的主体还不可能一步扩大到一般民事主体,包括个人或非政府组织等,不过借鉴大陆法系国家公益诉讼的模式即由检察机关提起环境公益诉讼的方式,在已有实践的情况下,[①]也许更为现实可行。待到条件成熟时,逐步扩大环境诉讼的主体范围,从环境问题的受害者扩大到检察机关,再到政府环境保护部门和具有专业资质的其他环保组织,最终扩大到更为广泛的公众主体,赋予公民个人、社会团体、行政机关部门、检察院及其他相关组织等环境诉讼的主体地位。

(一)检察机关提起环境公益诉讼

在一些大陆法系国家,检察机关有权提起环境公益诉讼。比如法国,早在1806年,法律就

[①] 2003年,山东省乐陵市检察机关就对非法炼油污染环境提起了民事诉讼;四川省阆中市检察机关对某骨粉厂侵害环境一案亦提起过民事诉讼。2004年底,四川省人民检察院正式在全国推出了"公益诉讼人"办法,规定今后凡涉及弱势群体的合法民事权益受到强势方的侵害时,检察官将以"公益诉讼人"的方式,出庭支持起诉。参见齐树洁、林建文主编:《环境纠纷解决机制研究》,厦门大学出版社2005年版,第270页。

赋予检察机关在公法秩序受到损害时,有权为维护公法秩序而提起民事诉讼。检察机关是国家利益的代表,是社会公共利益的代表,凡是涉及国家利益、社会公共利益、公民的重大利益的民事活动,检察院都有权提起诉讼和参与诉讼。法国《新民事诉讼法典》除对以保护公益为目的的协会诉讼和个人诉讼有明确规定外,该法典还规定凡是在公共秩序受到危害的情况下,检察机关可以"代表社会"的名义,以"主当事人"或"从当事人"身份参加公益诉讼。德国也确立了行政诉讼的公共利益代表人制度,检察官可以作为公共利益的代表人,代表联邦或地方独立提起或参加行政法院的行政诉讼。① 在我国澳门特别行政区的《民事诉讼法典》中,也规定检察官有权提起民事诉讼。

当然,赋予检察机关提起环境公益诉讼的权力并不意味着所有的环境纠纷都应当由检察机关代表国家、社会、大众来起诉。在涉及有直接利害关系人的环境利益时,完全可以由这些直接利害关系人自己行使起诉权,在涉及不特定多数间接利害关系人的环境诉讼中,则可以由间接利害关系人提起诉讼,在没有直接或间接利害关系人时的纯公益性环境损害情形下,检察机关则有权起诉。也就是说当涉及具体的利害关系人时,应把诉权留给具体的利害关系人,国家没有必要干预。检察机关本身的性质和职责表明它实质上具有国家整体利益的维护者或公共利益代表人的身份,这种身份决定它应当充当公共利益的代表,具有对无人控告的涉及国家利益、社会公益的环境违法行为提起公益诉讼的权力,从而保障国家利益、社会公益不受侵害。

(二)确立团体诉讼制度

随着现代工业的产生和发展,大规模的群体纠纷也随之发生。由于诉讼主体众多,依靠单一诉讼制度难以解决,共同诉讼制度也无能为力,集团诉讼作为一种新的诉讼模式便应运而生了。学界通常把集团诉讼定义为:一个或数个代表人,为了集团成员全体的共同利益,代表全体集团成员提起的诉讼。法院对集团所作的判决,不仅对直接参加诉讼的集团成员具有约束力,而且对于那些没有参加诉讼的主体,甚至对那些根本料想不到的主体,也具有约束力,即将人数不确定的但各个人所具有同一事实或法律关系的当事人拟制为一个群体,群体中的一人或数人提起诉讼视为代表整个群体的提起,判决效力扩及群体中的每个个体。它具有以下特点:其一,诉讼代表人成立方式简单;其二,诉讼主体无限扩大;其三,判决书效力的扩张;其四,救济功能强大。② 集团诉讼在英美法系国家得到长足发展,最初因保护消费者权利而产生,现已被广泛应用到保护环境权领域。

不过,代表人诉讼虽然也涉及众多的当事人,但实际上诉讼主体资格的要求并没有放宽,法律要求众多的当事人必须是与被诉事件有直接利害关系的人。由于环境侵权的性质特殊,个体受害者缺乏对抗企业或行政机关的能力,而且环境争议和生活质量问题多属于团体性纠纷,因此可以依赖公民团体的介入,由团体代替受损害的个别人或多数人提起诉讼,以实现公益和私益的社会保护。现代社会注重个人权利,但个人权利的实现往往通过其所在的社会团体来实现。在环境诉讼中,国家、社会团体的公益和公民私益是统一的。法律可以明确授予环境保护团体以诉权,赋予其直接提起侵权之诉和不作为之诉讼的权利。团体诉讼制度实际上

---

① 在大多数西方国家中,检察权是作为行政权的一个组成部分而设置的,因此检察官提起公益诉讼是代表行政机关履行维护社会公众利益的职能。

② 参见范愉编著:《集团诉讼问题研究》,北京大学出版社2005年版,第37~41页。

是对代表人诉讼制度的一个有益的和必要的补充。①

所谓团体诉讼,是指有权利能力的公益团体,基于团体法人自己的实体权利,依照法律规定,得就他人违反特定禁止性规定的行为或无效行为请求法院命令其终止或撤回其行为的特别诉讼制度。团体诉讼是基于诉讼信托的法理建立的。现代社会,随着经济、政治、文化的发展,产生了名目繁多的各种社会团体,团体成员往往希望通过团体来实现自己的权利,因此,所有的团体行为最终可以归结为团体成员的行为。为了更好地保护个人的权利,赋予特定团体一定的起诉权,可以避免众多受害者提起大量的诉讼,而且通过整合大量个体的力量形成诉讼资源上的优势,可以达到积极而且经济的效果。因此,法律允许具有公益性质的社会团体的众多成员将提起诉讼的权利信托给该社会团体,由该社会团体提起符合其章程、设立目的的诉讼。最终的裁判是针对该团体及其被告作出的,有利裁判的效力及于团体的成员,产生"事实上的既判力"。团体诉讼相对于其他群体诉讼模式,具有如下独特的优势:(1)能够有效克服因适用代表人诉讼而带来的复杂的诉讼技术问题,如代表人选任、权利登记程序等。团体诉讼不具有代表人诉讼那样懂得内部关系,诉讼结构比较单纯简化。(2)团体诉讼以团体作为当事人,其实质仍然是一对一的诉讼。因此,它既能够有效减轻当事人的诉累,又能够实现解决群体性纠纷的目的。(3)由于团体作为某一方面的专门组织,熟悉有关的法律、法规、规章,由其参加诉讼,有利于及时收集、提供证据,协调众多当事人的诉讼请求,从而尽快审结案件,平息纷争。②

---

① 肖建华:《群体诉讼与我国代表人诉讼的比较研究》,载《比较法研究》1999年第2期。
② 王忠山、伍红:《代表人诉讼方式的制度完善》,载《人民法院报》2006年2月6日。

论诉讼担当

相庆梅[*]

诉讼担当理论主要是围绕第三人代替权利义务主体参加诉讼的场合展开讨论的。第三人替代诉讼标的之权利义务的主体（或者与权利义务主体同时）持有当事人适格，并且该当事人承受的判决效力也及于权利义务主体的情形，就被称为第三人的诉讼担当。[①] 根据管理权获得的不同情况，第三人诉讼担当可以分为法定诉讼担当和任意诉讼担当。所谓法定诉讼担当就是按照法律规定当然发生的诉讼担当；其当事人适格的基础可以理解为：基于法律授权而获得管理权，并具备当事人适格。所谓任意诉讼担当就是基于本来权利义务主体之意思进行的诉讼担当；其当事人适格的理论基础可以理解为：基于当事人授予管理权或者是诉讼遂行权，而具备当事人适格。下面，就对这两种类型的诉讼担当分别论述。

一、法定的诉讼担当

法定诉讼担当的第一种情形是为了担当人利益的诉讼担当。所谓的为了担当人利益的法定诉讼担当是指，基于第三人自己的利益或自己代表方的利益而将权利义务的管理处分权授予第三人，第三人基于这一管理处分权即获得当事人适格，有权进行诉讼担当的情形。其最常见的形式包括以下两种。

（1）债权人代位诉讼

代位债权人这种诉讼担当的形式在许多国家都有规定。我国《合同法》第73条也规定，因债务人怠于行使其到期债权，对债权人造成损害的，债权人可以向人民法院请求以自己的名义代位行使债务人的债权。

尽管担当人是为了自己利益而进行诉讼担当，但需要注意的是，我们不能将其理解为是因为和争议诉讼标的有直接的权利义务关系而获得当事人适格，即固有的当事人适格，而应从管

---

[*] 相庆梅：北方工业大学法律系。
[①] ［日］高桥宏志著，林剑锋译：《民事诉讼法——制度与理论的深层分析》，法律出版社2003年版，第216页。

理处分权的角度来加以理解,只不过这种管理处分权的获得与代位人在代位诉讼中的法定权益有直接关系。具体说,代位人的这种法定权益体现为:债权人如果向次债务人提起诉讼,则债权人就可以避免因债务人怠于行使债权所带来的损害。这种损害的避免,一旦为法律所明确规定就成为法定权益。① 债权人正是因为这种法定权益而获得了对案件诉讼标的的管理处分权,从而成为对该纠纷有诉讼实施权的正当当事人,也即为了自己利益而对诉讼标的的权利义务享有管理处分权的诉讼担当。

(2)股东派生诉讼

股东派生诉讼是指当公司的正当权益受到他人侵害,特别是受到有控制权的大股东、董事和管理人员的侵害,而公司怠于行使诉权时,符合法定条件的股东以自己名义为公司的利益对侵害人提起诉讼,追究其法律责任的诉讼制度,也称股东代表诉讼。这一诉讼形态首创于英国判例,属衡平法上的创设,作为一种让他人对公司承担责任的诉讼机制,被誉为普通法国家的一项天才。② 之后,普通法系各国纷纷仿效,尤以美国的相关制度最为发达。大陆法系各国受此影响,也逐步建立起类似制度。日本于二十世纪40年代末50年代初引入此制,我国台湾地区也借鉴美、日,于其《公司法》第214条规定了该诉讼制度。

在我国,股东派生诉讼是在2005年10月27日通过的公司法修订案中得到确定的制度。在这种类型的诉讼担当中,一个共同的特征是:股东被法律授予管理权而获得当事人适格的基础并不是为了维护股东自己的利益,而是他们所代表的公司的利益。

法定诉讼担当的第二种情形是为职务上的诉讼担当,主要表现为为了权利义务归属主体的利益所进行的诉讼担当。具体说,当诉讼标的之权利义务归属主体不可能或不适于进行诉讼时,由法律规定的一般地应当对归属主体负有保护职责之人进行诉讼担当的情形就是所谓的为了权利义务归属主体利益的诉讼担当。在我国法律制度中,明确加以规定的主要有以下几种。

(1)破产清算人

最高人民法院《关于审理企业破产案件若干问题的规定》第47条规定,人民法院应当自裁定宣告企业破产之日起十五日内成立清算组。第50条规定,清算组的主要职责之一是代表破产企业参加诉讼和仲裁活动。对于破产清算人究竟属于为自己所代表的人的利益而进行的诉讼担当,还是为了权利义务归属主体利益而进行的诉讼担当,在学术界有不同的观点。但是,就其与破产人的关系而言,将破产财产管理人作为职务上的当事人,即为了权利义务归属主体的利益所进行的诉讼担当来理解是比较合适的。③ 这是因为,在清算期间,破产人原有的主体资格已被依法取消,从而无法进行诉讼,此时,将清算人的担当行为理解为是为了担当人利益的诉讼担当显然更具有合理性。

(2)遗嘱执行人

遗嘱执行人在我国继承法中未加以规定,但在民法典草案中却有关于遗嘱执行人的规定。该草案规定,遗嘱执行人的职责之一是"诉讼代理"。④ 依据这一规定,似乎可以认为遗嘱执行人应为继承人的法定代理人。对此,笔者认为,从诉讼法有关诉讼担当的理论分析,将其理解

---

① 张卫平:《诉讼构架与程式》,清华大学出版社2000年版,第472页。
② Robert C. Clark: *Corporate Law*, Little, Brown and Company, 1986, p.639.
③ [日]新堂幸司:《民事诉讼法》,弘文堂1998年版,第195页。
④ 《中华人民共和国民法典草案》第1899条。

为是继承人的法定代理人并非很妥当。遗嘱执行人职责内容之一就是"清理遗产和管理遗产",而在执行上述事务中,遗嘱执行人和继承人经常可能处于一种紧张关系中。例如,当遗嘱执行人依据遗嘱将一定的财产赠与继承人之外的接受遗赠之人时,如依然将其理解为继承人的法定代理人则不免牵强。另外,遗嘱执行人在"排除各种遗嘱执行的妨碍"时,将其理解为继承人的诉讼代理人就更显牵强。当然,在理论界,也有认为遗嘱执行人是被继承人(死者)法定代理人的观点。① 对此,笔者也持否定意见,因为如认为遗嘱执行人是被继承人的法定代理人,则意味着被继承人是当事人,而这显然与当事人能力理论发生冲突,因为死者是不可能具备当事人能力的。

为此,遗嘱执行人无论是作为继承人还是被继承人的法定代理人的观点的都是不妥当的。我国在民法典制定时,应充分考虑上述问题。在笔者看来,将遗嘱执行人的地位确定为诉讼担当人,即代表所有与遗嘱执行有利害关系之人的利益而以自己名义进行诉讼的职务上的当事人是更为妥当的选择。

(3)遗产管理人

我国现有继承法虽然简单地规定了遗产管理制度,但并未对遗产管理人加以规定。所以在我国,遗产管理人不属于法定诉讼担当的情况。但是,民法学界一直也未停止过对遗产管理制度的探讨,在民法典草案中也有关于遗产管理人的相关规定。②

不过,即使在已经规定有遗产管理人的国家,对遗产管理人的诉讼地位,也存在争议,即对其地位究竟是继承人的法定代理人还是诉讼担当人存在争议。主张诉讼担当的观点为主说,其依据在于,如果为代理人,则代理人应对其委托人承担完全的忠实义务,即只能为被代理人的利益进行活动。显然,对于遗产管理人而言,他不仅负有保护继承人权利的职责,也对继承人侵犯遗产的行为有监督职责,因而并不具备只为继承人利益进行活动的本质,并非继承人的法定代理人。③ 例如,对于继承人损害被继承人的债权人的权利所进行的行为,遗产管理人以自己的名义参加诉讼,此时,如将其理解为是继承人的法定代表人,则必然会与诉讼法关于两造对立的公理发生冲突。再例如,遗产管理人在进行遗产造册时,与继承人之间发生的"某财产是否为遗产"的争议,其与继承人的关系更很难理解为是法定代理人的关系。

在笔者看来,在代理人不仅仅是为了财产归属主体的特定个人利益而进行管理的场合,就无法将其认为是继承人的法定代理人,而应将其理解为是为了所有与遗产有利害关系之人的利益而以自己名义进行的诉讼担当。

---

① [日]高桥宏志著,林剑锋译:《民事诉讼法——制度与理论的深层分析》,法律出版社2003年版,第235页,注32。

② 《中华人民共和国民法典草案》第1899条。

③ [日]高桥宏志著,林剑锋译:《民事诉讼法——制度与理论的深层分析》,法律出版社2003年版,第235～236页,注31。

二、任意的诉讼担当

所谓任意的诉讼担当,是指本非权利主体的第三人,以当事人地位,就该权利之纷争求为解决,而就该诉讼标的之法律关系有当事人适格,且其所受判决之效力及于原来之权利主体。[①] 与法定诉讼担当相比,任意的诉讼担当无法律明文规定,而是以原来权利主体与诉讼担当者之间特定的关系为媒介而产生的诉讼担当形式。这种特定关系通常为原来之权利主体将管理权授予担当人。这种授予有可能是实体管理权,包括诉讼实施权的全面授予,也可能是仅仅授予诉讼实施权。下面首先论述任意诉讼担当许可应考虑的因素。

对于任意诉讼担当是否应当加以承认以及究竟应该在多大范围内予以许可,各国学术界都有不同的理解。显然,从诉讼法上的观点看,任意诉讼担当能够扩充当事人适格概念或制度,借此给予(公民)某程度的起诉上便利,俾纷争当事人得能实现宪法上的基本权,并让社会大众有平等使用诉讼制度、实质使用法院的机会。[②] 但是,由于任意诉讼担当的特点,如若无条件允许第三人为任意的诉讼担当者,则必然会导致非律师将以实质的诉讼代理人从事诉讼活动,有害当事人之利益,且妨碍司法制度之健全运作。[③] 因此,究竟任意诉讼担当应在多大范围内予以许可,还需要综合考虑多方面的原因。

首先,从司法制度运作的角度的考虑。首先就包括该国的诉讼价值观是欲形成更方便民众诉讼的制度还是实行压制诉讼的制度,一般说,如果是秉承方便民众进行诉讼,使之能通过司法程序保护自己的权利的思想,则对任意的诉讼担当应可持相对宽松的态度;而显然,几乎各个国家的诉讼制度都是以方便民众诉讼为宗旨的,这从近来各国司法改革的潮流和趋势即可见一斑。但需要注意的是,方便民众诉讼,并不代表鼓励民众滥讼,从而将那些可能于诉讼之外得以解决的纠纷都引入诉讼中,这将给司法的有效运作带来不利的影响。

其次,在具体运用的方面,还要考虑实行怎样的诉讼代理制度,以及是否实行了律师强制代理等。基于此种平衡理念,从具体操作的角度观之,各国其实要综合考虑其相关司法制度,来决定在怎样的范围内允许任意诉讼担当。一般认为,如果实行广泛的多类型的诉讼代理制度,在这种体现出很强的方便民众诉讼倾向的做法下,如果对诉讼担当持全然否决的态度,从理论上而言,多少体现出逻辑上的不一致性。其做法无疑等于明知结局相同,却偏偏只允许采取这种方式,而不能采取另外方式(且这种方式并不构成对第一种方式的规避),颇有些损人不利己的味道。我们看到,目前我国加强了对黑律师的监管,但笔者以为,如果继续实行当前广泛承认各种诉讼代理的做法,黑律师监管的力度是很难尽如人意的。因此说,允许广泛的诉讼代理制度和认可广泛的任意诉讼担当实质是具有结果上的契合性的。

---

① 王甲乙等:《当事人适格之扩张与界限》,载民事诉讼法研究基金会:《民事诉讼法研讨》(六),三民书局 1997 年版,第 14 页。
② 王甲乙等:《当事人适格之扩张与界限》,载民事诉讼法研究基金会:《民事诉讼法研讨》(六),三民书局 1997 年版,第 34 页。
③ 王甲乙等:《当事人适格之扩张与界限》,载民事诉讼法研究基金会:《民事诉讼法研讨》(六),三民书局 1997 年版,第 10 页。

如果不是实行诉讼代理的广泛化,而是规定律师代理主义,即要么是本人诉讼,而在有代理人的场合,则必须由律师代理。日本即属于这种情形。在此种情况下,一般不会实行如上述广泛允许任意诉讼担当的制度。其理由在于,如果实行广泛的任意诉讼担当,就必然造成本人诉讼增加,以致出现一个合法的制度,使得权利主体可以利用这个制度来顺利地规避律师代理主义,使得律师代理主义所追求的价值或功能落空,甚至成为被合法规避的摆设条款。当然,在作这种取舍时,一个潜在的背后的因素还要考虑国家对本人诉讼和律师代理主义之间关系的判断,即对哪种方式的扩张趋势持肯定或否定态度。① 主张要扩大律师代理原则的,可能就会对任意诉讼担当持相对严格的态度;而主张要扩大本人诉讼者,则会对任意诉讼担当许可持宽松些的态度。

相反,如果是实行律师的强制代理,如大陆法的德国,则可能的情况是,由于"纵令承认任意的诉讼担当,固不发生非律师活动之遽增",② 为此,"大胆主张应广泛、无条件地允许任意的诉讼担当"的理论就更容易获得基础。事实上,在德国,就曾经广泛地承认任意诉讼担当,并主张只要有原来权利人之授权即可,及至"罗森贝克(Rosenberg)之教科书第九版为止,遵从此说且影响学界";③ 但是,自"但朱瓦夫(Schwab)之第十版起,大幅修改此说,加入了其他允许任意诉讼担当的要件"。④ 而所以对任意诉讼担当加以限制的理由是,在这种情形下,会发生"原来之权利人变成第三人,恐须以证人之立场作证"⑤等问题。

最后,在考虑是否许可或者在多大范围内许可任意的诉讼担当时,不得不考虑的另外一个因素是,担当人能在多大程度上代表被担当人实现诉讼目的。原则上,第三方为他人诉讼时,法院不能确信其是否可以为权利人利益进行有效辩护,常常也会成为不允许任意诉讼担当的理由。⑥ 这是当事人适格制度本身所固有的使纠纷主体权益得到保障之价值的内在要求。因为从根本意义上而言,当事人适格是考虑在"何人之间进行诉讼才能有效解决纠纷"⑦之概念。当然,我们从司法程序所具有的实现公正机能,也可以对此获得基本的理解。笔者认为,结合本国现有相关司法、律师制度考量是否应当以及在多大范围内应当允许担当人为他人进行诉讼不过是确立规则的背景基础。周密分析担当人对于诉讼标的关系的了解程度,以判断其是否能够"达到等于或超过权利关系主体对于该权利关系了解"⑧的程度,从而能够实现权利主体本人利益,并使纠纷得到有效解决才应成为我们对任意诉讼担当采取何态度的必要条

---

① [日]高桥宏志著,林剑锋译:《民事诉讼法——制度与理论的深层分析》,法律出版社2003年版,第256页。

② 王甲乙等:《当事人适格之扩张与界限》,载民事诉讼法研究基金会:《民事诉讼法研讨》(六),三民书局1997年版,第9页。

③ 王甲乙等:《当事人适格之扩张与界限》,载民事诉讼法研究基金会:《民事诉讼法研讨》(六),三民书局1997年版,第9页。

④ 王甲乙等:《当事人适格之扩张与界限》,载民事诉讼法研究基金会:《民事诉讼法研讨》(六),三民书局1997年版,第9页。

⑤ 王甲乙等:《当事人适格之扩张与界限》,载民事诉讼法研究基金会:《民事诉讼法研讨》(六),三民书局1997年版,第9页。

⑥ Singleton v. Wulff, 428 U.S. 106(1976).

⑦ [日]高桥宏志著,林剑锋译:《民事诉讼法——制度与理论的深层分析》,法律出版社2003年版,第257页,注55。

⑧ [日]高桥宏志著,林剑锋译:《民事诉讼法——制度与理论的深层分析》,法律出版社2003年版,第255页。

件。

　　基于这一考虑,我们就可对应当在何情形下允许任意诉讼担当进行深入一些的分析。显然,如果是就实体上之法律关系有管理处分权进行全括性授予,一般意味着担当人能够现实且密切地参与到诉讼标的之权利义务关系发生及其管理之中,也就可以理解为担当人能够"达到等于或超过权利主体对于该权利关系的了解"。而在仅仅授予诉讼实施权的场合,由于没有实体管理权的授予,很难认为担当人能够"达到等于或超过权利主体对于该权利关系的了解"之程度,因此,对于这种类型的诉讼担当,应持谨慎判断的程度。不过,这并非表明此种情形的诉讼担当绝无加以许可的可能。事实上,在特定情形下,也不能排除某些担当人具备这些条件。例如,在债权转让之后,如债务人拒绝履行债务,从对债权关系熟悉和了解程度考虑,债权转让人显然比债务人更适合担当此种诉讼。另外,日本的选定当事人制度以及我国的诉讼代表人制度,其实就带有很大的任意诉讼担当的色彩。① 而所以代表人能获得诉讼实施权,其实也可理解为因为代表人与被代表人有共同的利益,处于相同的法律关系下,自然也能够达成对实体关系的深入了解。因此,在上述情形下,基于担当人和被担当人之间特殊关系(这种关系多是因为争议的法律关系与被担当人的固有利益有关)所形成的担当人对诉讼标的了解的程度,应可成为我们允许任意诉讼担当的基本基础。

　　正是在综合考虑上述三个因素的基础上,我们看到,在德国主张广泛的任意诉讼担当许可后,又加入了新的要件,"即就诉讼之遂行须有固有之法律上利益"。② 而在日本,则是将平衡之重点放在了律师代理主义不应受到规避的问题上,即如果允许广泛的任意诉讼担当必然造成对律师代理主义的规避。不过,就目前来看,虽然日本原则上实现律师代理主义,但日本民事诉讼最显著的特征就是律师代理的程度较低,第一审允许当事人本人诉讼自不待言,连最高审级也不要求当事人必须聘请律师。③而主张恢复当事人本人主体性的诉讼法学的第三波理论更主张把本人诉讼作为诉讼或辩论过程的原型。也许目前还不能清楚地判断日本的诉讼代理制度会朝什么方向发展,但似乎也不能看出观念上有扩大律师代理主义适用范围的趋势。也许正是为此,在日本学术界,在不造成对律师代理主义规避的前提下,主张适当扩大任意诉讼担当的观点还是占据了上风,受到多数学者的认同,几乎成为当下的通说。④ 因此说,日本的任意诉讼担当究竟在何范围内获得许可的各种学说,还将在斟酌律师代理原则不应受到规避,以及应如何对待本人诉讼和律师代理主义关系这一原则下继续展开和推进。

　　至于在我国,除了诉讼代表人制度可认为是任意诉讼担当的许可外,尚没有其他类型的任意诉讼担当的许可。在衡量上述三个因素的基础上,笔者以为,由于我国实行广泛的诉讼代理制度,加之也未实行律师强制代理,所有这些都是有利于或客观必然导致应扩大任意诉讼担当许可的因素。不过,鉴于对权利主体利益的保护和实现司法公正,基于担当人应"达到等于或超过权利主体对于该权利关系的了解"之要求,也不能如早期德国那样实行仅以权利主体授权为依据而承认广泛诉讼担当的做法。从现有的立法和司法实践看,下面几种类型是可以加以考虑的。

---

①　田平安:《民事诉讼法原理》,厦门大学出版社 2005 年版,第 98 页。
②　王甲乙等:《当事人适格之扩张与界限》,载民事诉讼法研究基金会:《民事诉讼法研讨》(六),三民书局 1997 年版,第 9 页。
③　[日]谷口安平著,王亚新、刘荣军译:《程序的正义与诉讼》,中国政法大学出版社 2002 年版,第 6 页。
④　[日]伊藤真:《民事诉讼的当事人》,弘文堂 1978 年版,第 113 页。

(一)合伙企业执行人的诉讼担当许可

我国合伙企业法规定,各合伙人对执行合伙企业事务享有同等的权利,可以由全体合伙人共同执行合伙企业事务,也可以由合伙协议约定或者全体合伙人决定,委托一名或者数名合伙人执行合伙企业事务。执行合伙企业事务的合伙人,对外代表合伙企业。这显然应属于全括性授予管理权的情形,而基于合伙企业的运作规则,合伙事务执行人显然也是现实且密切地参与到对合伙企业或财产的管理中。在此情形下,承认合伙执行人以自己名义进行诉讼,从方便权利人实现实体权益的角度,都不失为一个合理的选择。为此,对现有司法解释规定全体合伙人必须一同参加诉讼,成为共同诉讼当事人的做法,就有必要加以改进。

(二)租赁房屋管理人的诉讼担当许可

房屋租赁在生活中极为常见,传统意义上的出租人一般为房屋所有人,但随着社会生活的发展,代替他人经营管理房屋租赁或出于各种关系帮助他人代管房屋的代管人已比较常见。例如,《北京市房屋租赁管理办法(草案)》第7条就规定,房屋出租人是指下列单位和个人:(1)拥有房屋所有权的自然人、法人或者其他组织;(2)被授权经营管理房屋的法人或者其他组织;(3)依法代管房屋的代管人。而许多城市的房屋租赁管理办法也将出租人规定为包含房屋所有权人和代管人。可见,在我国社会生活中,为他人代管房屋的机构和个人已非常常见,在因为代管房屋发生的纠纷中,应许可代管人作为任意诉讼担当的担当人参加诉讼,它本质就属于权利人将管理权全括性授予他人的情形,且房屋代管人一般对房屋的状况和租赁情况的了解和认知程度也能够使其胜任遂行诉讼之资格,符合任意诉讼担当许可的要求。

(三)房屋转让人的诉讼担当许可

在房屋转让情形中,经常会出现原来非法占有房屋的人拒绝交出房屋的情形。如果受让房屋者将诉讼实施权授予房屋转让方,基于房屋转让人与房屋原有的关系,应可许可房屋转让人对该非法占有人提起诉讼,这样也能够达到充分保障权利人的目的。

(四)债权转让的诉讼担当许可

债权转让是我国民法通则和合同法所确定的制度。《合同法》第79条规定,债权人可以将合同的权利全部或部分转让给第三人。但在司法实践中,常常会出现受让债权人与债务之间就债权发生诉讼的问题。在此情形下,如果受让人将其诉讼实施权授予债权转让人,无论从有利于纠纷解决和方便诉讼的角度都是值得肯定的。因此,应可许可转让人为该任意诉讼担当。

以上四种民事行为在我国社会生活中比较常见,且都在相关民事法律和规章中予以规定。在因上述情形发生争议或诉讼的时候,诉讼法上若允许该种任意诉讼担当,则必然会发挥更有力促进国民提起诉讼,行使诉权之作用。当然,随着社会生活的不断发展,对于新出现的社会关系及其引起的纠纷,诉讼法应在综合考虑上述因素的基础上,提供方便和可供国民有效运用之当事人适格制度。

三、诉讼担当和诉讼信托关系之分析

直至目前,关于诉讼信托和诉讼担当的关系,在法学界尚未形成统一意见。一种观点认为,诉讼担当就是诉讼信托,两者为同义语。[1] 也有观点认为,诉讼信托与诉讼担当是完全不同的制度,两者并非同义概念。[2] 要厘清两者关系,有必要在对信托的含义进行全面分析的基础上,再对诉讼信托和诉讼担当的关系进行界定。

信托作为来源于英美法的概念,是一种基于信任而产生的财产关系。在这种关系中,委托人将信托财产转移给受托人并委托其管理或处理,受托人享有该项财产的所有权,但其有义务将信托利益交付给受益人。因此,信托一般包含如下五个基本要素:委托人(Trustor),受托人(Trustee),信托财产(Trust property),信托目的(The purpose or the intent of trust),受益人(Beneficiar)。正是根据信托目的的不同,信托可分为教育信托、管理信托、公益信托等多种类型,而诉讼信托就是使受托人取得权利并以权利人的地位进行诉讼。[3] 简言之,以诉讼为目的而设立的信托。

暂且不论诉讼信托的恰当性,只要它是信托关系,就属于一种财产关系;而将财产关系与诉讼担当这样一个确定当事人适格的概念相提并论,逻辑上显然是成问题的。准确的表述或许应该是:第三人基于信托而获得诉讼实施权是否与第三人替代权利义务主体进行诉讼担当属于同一个意思。基于此,我们其实就可轻易看出,诉讼信托是与诉讼担当有相当区别的概念。

首先,法定诉讼担当并非信托关系,故也不可能是诉讼信托。作为法定诉讼担当来说,尽管担当人可能有权对被担当人的财产管理、处分,但这种管理处分权并非来自被担当人的委托。显然,不具备信托的要件,也就谈不上是因为信托而获得诉讼实施权了。

其次,在任意的诉讼担当中,由于任意诉讼担当来自权利人的授权,其与信托确实似乎容易产生交叉。前文论及,权利义务主体依其意志将诉讼实施权授予他人时,在理论上既包括将实体上管理权、诉讼实施权一并授予第三人,也包括只授予他人诉讼实施权。如果仅仅是授予诉讼实施权,尽管可能会因为诉讼而产生对实体财产进行处分的问题,但这是诉讼程序实行当事人处分权主义的效果,显然不能认为是实体财产管理权的授予;由此,基于信托要转移财产权的基本属性,仅仅将诉讼实施权授予他人,而没有实体财产权的授予,它就不能成为信托,更不能被称为诉讼信托。

相反,如果任意诉讼担当的发生是由于权利人将实体上管理权一并授予第三人,其与诉讼信托的关系则要从两个层次来理解和判断。

第一个层次,我们首先要判断诉讼担当中的管理权的授予是否构成信托关系,而究竟是否

---

[1] 王强义:《诉讼信托》,载《中南政法学院学报》1992年第2期。
[2] 王甲乙等:《当事人适格之扩张与界限》,载民事诉讼法研究基金会:《民事诉讼法研讨》(六),三民书局1997年版,第49页。
[3] 王甲乙等:《当事人适格之扩张与界限》,载民事诉讼法研究基金会:《民事诉讼法研讨》(六),三民书局1997年版,第49页。

属于信托,还要看各国法律是如何理解信托财产权归属的。众所周知,对于任意诉讼担当中的全括性授予管理权来说,应理解为财产所有权仍然在被担当人手中,诉讼担当人只是享有对财产进行管理以及遂行诉讼的权利;而对于信托财产所有权,则在不同的法系中有不同的理解。在信托制度发源地的英美法,是将信托财产上的权利一分为二,并认可其双重财产权;如此,受托人就可以像真正的所有人一样,积极地在法定和约定的范围内管理和处分信托财产,第三人也都以受托人为信托财产的权利主体和法律行为当事人而与其进行交易行为。① 显然,基于此信托理念,由于财产所有权归属于受托人,我们就不能将受托人基于信托财产的诉讼理解为是诉讼担当,而是权利人本人诉讼。

在大陆法信托制度中,由于大陆法系国家没有普通法与衡平法之分,其物权制度遵循"所有权绝对"、"一物一权"、物权变动的"公示、公信"原则,所有权分割是无法想象的,用大陆法系传统概念(无论是债权还是物权)无法解释信托的本质。② 所以,长期以来,大陆法系国家围绕信托财产的性质形成了观点纷呈的各种学说。目前主要有两种做法,一种是将信托财产视为一个固有财产,使财产"拟人化"(Personalization),受托人没有被赋予任何信托财产物权上的权利,受托人的权利仅仅是作为财产管理人的权利,如加拿大魁北克省。③ 第二种是使受托人享有信托财产的所有权,并在信托法中明文规定信托财产的独立性,同时将受益人的权利规定为"受益权",其享受的利益规定为"信托利益",如日本和我国台湾地区。④ 显然,如果受托人仅仅是作为财产管理人,则委托人基于信托财产的诉讼就是代替权利主体进行诉讼,成为诉讼担当人。而只有在此情形下,任意诉讼担当才具有了与信托以及诉讼信托产生交集的可能。相反,如果按照日本等国的诉讼信托理论,尽管其理论基础与英美信托制度的理论基础不同,但仍然是认为信托财产所有权转移给受托人的话,则受托人的诉讼也只能理解为是权利人本人的诉讼,不会与诉讼担当发生任何联系。两者属于完全不同的概念也就很容易理解了。

至于在我国,我国《信托法》第 2 条规定:"本法所称信托,是指委托人基于对受托人的信任,将其财产权委托给受托人,由受托人按委托人的意愿以自己的名义,为受益人的利益或者特定目的,进行管理或者处分的行为。"对于我国的《信托法》中的"财产权委托"究竟应如何理解,学者之间也有争议。大多数学者认为,采用了"委托"的用语只是因为考虑到中国民众对财产转移的接受程度,《信托法》中的"委托给"实际上是一种财产权的转移,与普通法的规则并无区别。⑤ 既然如此,从诉讼法的角度而言,如果信托财产所有权转移,这种信托制度与任意诉讼担当中将管理处分权授予他人就不具有一致性。诉讼信托与诉讼担当也就完全不具有可比性。

因此,究竟特定的任意诉讼担当是否属信托关系,要分析该国信托法理论是如何理解和运用信托概念或制度的。在笔者看来,信托制度本质上是一种关于财产转移和管理的制度设计,是人类智慧和思维的结晶。因此,英美法、一些大陆法国家规定信托财产属于受托人所有是更符合信托原理的做法。而从诉讼法的角度而言,在我们具体分析某一信托制度下当事人适格

---

① 周小明:《信托制度比较法研究》,法律出版社 1996 年版,第 12 页。
② 周小明:《信托制度比较法研究》,法律出版社 1996 年版,第 30~34 页。
③ Donovan W. M. Waters. *Collected Courses of the Hague Academy of Institutional Law*, Martinus Nijhoff Publishers, 1995, pp. 391~402.
④ 耿利航:《信托财产与中国信托法》,载《政法论坛》2004 年第 1 期。
⑤ 夏斌:《信托法——规范财产管理制度的基本法》,载《经济社会体制比较》2001 年第 4 期。

的问题时,也应注意对该国所规定的信托制度作相应的分析,并作出我们所关心的诉讼法意义上的探讨,而不是简单地对两者的异同下结论。

第二层次的问题是,即使有些任意诉讼担当与基于信托而获得诉讼遂行权具有一致性,此时也不能认为任意诉讼担当就是诉讼信托,而要从该信托行为或授予财产管理权的行为的目的进行判断。所谓诉讼信托,是以诉讼为目的进行的信托,也即如果设定信托的目的是以诉讼为目的,则属于诉讼信托。相反,如果授予设定信托并非以诉讼为目的,而是盈利或其他正当目的,即使被授予人或受托人在管理财产过程运用诉讼程序保护委托人以及其他关系人利益的行为也属于其尽忠诚义务的具体内容,也并非诉讼信托。即所谓"受托人在管理或处分信托财产期间,基于信托目的以及处理信托事务必要,认为有提起诉愿或诉讼之必要而提起时,应为法之所许"。①

从上述可见,只有具备了:(1)将信托关系理解为实体财产权的管理性授予而非财产所有权转移;(2)诉讼担当中的权利义务人基于自己意思将实体财产管理权及诉讼实施权授予他人是以诉讼为目的这两个条件,诉讼担当方能与诉讼信托获得相同的意义。也即,在诉讼担当的类型中,当基于全括性授予管理权而产生的任意诉讼担当是以诉讼为目的的时候,诉讼担当就与诉讼信托属于同一概念。

最后,必须指出的是,除了特殊情况,诉讼信托几乎在各个国家都被认为是无效信托或不合法信托。在美国,尽管信托制度发展蓬勃,但也认为信托目的必须合法,不能以逃废债务或以诉讼为目的。② 而在大陆法国家和我国,几乎无一例外地明文规定,以诉讼为目的的信托是无效的。这也意味着如果认可诉讼担当与诉讼信托为一个概念,则任意诉讼担当中全括性授予管理权的方式,如以诉讼为目的,也就应被视为不合法。同时,只有对于非以诉讼为目的而为的管理权全括性授予,才应认可被授予人的诉讼担当人资格,不能以信托违法为由予以限制。

笔者对此一问题总的观点是:应将信托关系理解为财产权转移的关系,在此基础上,它就完全与诉讼担当成为两个不同的概念。同时,基于信托关系而进行诉讼属于本人诉讼,不属于第三人担当的关系;另外,对于确实以诉讼为目的的信托,原则上应以其信托关系违法而否认其受托人的诉讼资格。而对于诉讼担当而言,其与诉讼信托属于不同的概念,其判断标准应有自身的体系。

---

① 尤英夫:《债权让与属诉讼信托者无效》,载《经济日报》2003年11月9日。
② 薄晓光:《美国商业银行的个人信托业务》,载《中外企业文化》第113期。

论诉讼信托

刘学在[*]

一、前言

就具体的民事诉讼而言,诉讼标的之法律关系,究竟应在何人之间进行辩论并由法院作出判决才具有法律上意义,乃当事人适格所要解决的问题。所谓当事人适格,是指就具体、特定的诉讼,能以自己的名义作为原告或被告并受本案判决的拘束之法律上资格。具有此种法律上资格的当事人,就是具有诉讼实施权的正当当事人;不具备此种资格,即为当事人不适格而不能成为正当的原告或被告,此际法院应以诉讼不合法为由驳回原告之诉。

对于当事人是否适格的判断,一般来说,诉讼标的之权利义务或法律关系所归属之主体,就涉及该权利义务或法律关系的诉讼,通常有进行诉讼的权能(即有诉讼实施权),而有当事人适格。但在某些情况下,基于权利人的意思或法律的规定,一些主体可就他人之间的法律关系,以自己名义起诉、应诉而成为适格的当事人。特别是随着现代科技的进步和工商业的发展,公害、药害、商品瑕疵或其他本于同一原因事实引发的受害事件,在实践中时有发生且其受害人往往人数众多,有时还超出私权保护的范围而涉及公益保护的问题。在此情况下,当事人适格的范围呈现出扩大化的趋势,出现了诉讼担当、诉讼信托、公益诉讼等新的当事人类型和诉讼形式。但从目前我国民事诉讼理论的研究来看,很多人对诉讼信托存在着误解,将诉讼信托与诉讼担当或某些基于其固有之诉权的公益诉讼混为一谈。在立法上,我国于2001年4月28日公布并于2001年10月1日实施的《信托法》则对诉讼信托采取拒斥的态度,规定诉讼信托无效,但此种绝对化的禁止性规定实际上有欠妥当,其法理根据值得商榷。有鉴于此,本文拟对诉讼信托的有关问题予以初步探讨,以期完善我国的民事诉讼当事人制度。

---

[*] 刘学在:武汉大学法学院副教授,法学博士。

二、诉讼信托之界定

(一)诉讼信托的含义

"诉讼信托"这一术语借用了实体法上的"信托"概念,因此考察"诉讼信托"的含义,首先必须了解信托的基本含义及其特征。我国《信托法》第2条对信托的含义进行了界定,即:"本法所称信托,是指委托人基于对受托人的信任,将其财产权委托给受托人,由受托人按委托人的意愿以自己的名义,为受益人的利益或者特定目的,进行管理或者处分的行为。"按照《信托法》的规定和学者的解释,信托关系中一般由委托人、受托人和受益人三方面的权利义务构成。信托一旦有效成立,受托人就取得了信托财产权,受托人可以像真正的所有权人一样,独立管理和处分信托财产,第三人也都是以受托人为信托财产的权利主体和法律行为的当事人,而与其从事各种交易。① 但是,受托人管理和处分信托财产的受益权却不属于受托人,而应当属于受益人。② 受托人在管理和处分财产时,要受信托目的的约束,必须为了受益人的利益行事。

设立信托,必须有合法的信托目的。由于信托事例具有多样性、无限性,因而信托目的也具有多样性、自由性,只要其不违反强行规定和公序良俗即可。在表现形式上,信托目的既可以是为了赚钱,也可以是保护子女或资助贫者,还可以出于宗教上的目的,等等。当为了诉讼的目的而移转财产权、设立信托时,理论上即可称为"诉讼信托"。换句话说,所谓"诉讼信托",是指委托人出于诉讼的目的而设立信托,由受托人取得有关的财产权利并可以以权利人的地位(即以自己的名义)进行诉讼。③ 可见,"诉讼信托"实际上是指委托人基于让受托人进行诉讼的目的而将有关的财产权转移给受托人之行为。④ 这里所谓"出于诉讼的目的而设立信托",在表现上包括两种情况:一是专以诉讼为目的而设立信托;二是除了出于诉讼目的外,还包括其他目的。因此,对"诉讼信托"的恰当理解是,这一概念首先强调的是实体法上的信托,而不是程序法上的诉讼,换言之,它强调的是在实体法上设立了信托关系,只不过是设立信托的目的在于让受托人为了委托人的利益而进行诉讼。

(二)诉讼信托与诉讼担当之区别

诉讼担当,是指实体法上权利义务主体以外的第三人,以自己名义成为原告或被告而进行有关他人实体权利或义务的诉讼,法院裁判的效力及于原实体权利人或义务人的制度。⑤ 第

---

① 参见周玉华主编:《信托法学》,中国政法大学出版社2001年版,第16页。
② 按照我国《信托法》第43条的规定,受益人可以是委托人,也可以是第三人。受托人不能单独作为受益人,但可以与他人一起作为共同受益人。
③ 参见王甲乙等:《当事人适格之扩张与界限》,载民事诉讼法研究基金会:《民事诉讼法之研讨(六)》,台湾三民书局1997年版,第49页。
④ 类似观点,可参见陈荣宗、林庆苗:《民事诉讼法》,台湾三民书局1996年版,第243页;朱柏松:《诉讼信托无效之规定的适法性探讨》,载《月旦法学杂志》2001年第8期;中野正俊、张军建:《信托法》,中国方正出版社2004年版,第64页;徐卫:《有关〈信托法〉存在的问题思考》,载《理论探索》2006年第1期。
⑤ 参见陈荣宗、林庆苗:《民事诉讼法》,台湾三民书局1996年版,第168页。

三人依法律的明文规定,就他人的权利义务而当然具有诉讼实施权的,称为法定的诉讼担当,例如破产管理人就破产企业的债权债务而起诉或应诉;第三人基于实体权利义务主体的授权而取得诉讼实施权的,称为任意的诉讼担当,例如日本和我国台湾地区民事诉讼法中的选定当事人制度。

由于诉讼信托是信托的一种特殊表现,具有实体上转移财产权的基本特征,因而其当事人适格的基础与诉讼担当情形下的当事人适格显然不同。就诉讼担当来说,无论是法定的诉讼担当还是任意的诉讼担当,诉讼担当人仅仅是获得了诉讼实施权,其并不是实体权利义务的主体,被担当人的实体权利义务并没有转移给诉讼担当人。而在信托关系中,受托人就信托财产取得了管理与处分之权,也即受托人依信托行为而取得了信托财产权,其因信托财产而与第三人发生争执时,当然具有诉讼实施权,得以自己的名义进行诉讼而成为适格的当事人。换言之,受托人在形式上已经取得信托财产的财产权而成为其财产权的主体,因信托财产与第三人涉讼时,是以诉讼标的之法律关系主体的身份而成为民事诉讼的当事人,与通常情形下的当事人适格并无不同。而委托人因信托行为在形式上已非财产权的主体,受益人就受托财产亦无处分或管理权,故委托人和受益人均非适格之当事人。①

在诉讼信托之情形下,尽管其目的在于授予受托人诉讼实施权,但其仍然具有信托的外观和基本特征,委托人必须将实体上财产权转移给受托人,或者说须在实体上将信托财产的管理处分权授予受托人,否则不能构成诉讼信托。因而此种情形下受托人之当事人适格,仍然是基于对信托财产的管理处分权而当然地具有诉讼实施权,显然与诉讼担当情形下仅赋予诉讼担当人诉讼实施权而没有转移实体权利义务存在重大区别。

(三)诉讼信托与公益诉讼之区别

对于诉讼信托的内涵,我国有学者采取了与上述界定完全不同的另一种理解,将其与某些公益团体基于法律的规定提起"公益诉讼"等同起来,认为后者即为"诉讼信托"。例如,有学者认为,诉讼信托是指"法律规定某一公益团体对某些权益有诉的利益,该公益团体专门为此项公益权利受侵害或可能受到侵害时提起诉讼,而组成该公益团体的成员可以直接引用判决对有关的侵权人主张利益"。② 并且认为,诉讼信托的最大特点是,"当事人不仅享有法律规定的实体利益,而且享有为实体利益提起诉讼的权利,并且诉讼信托的实体利益是一种公共利益,诉讼权利由法律规定的团体如消费者协会、环境保护协会等组织来行使。这些机构提起民事诉讼的权利由一国民事诉讼法或有关的单行法律专门加以规定"。③ 基于这种理解,"诉讼信托"被认为是特定团体或机关(例如消费者保护团体、检察机关等)根据法律的规定,对涉及公益的事项所提起的民事诉讼。

笔者认为,对"诉讼信托"作这种定义值得商榷。首先,法律规定特定公益团体或机关为了保护公益而有权提起诉讼时,此种诉讼的提起既不需要实体上的信托行为的存在,也不需要程序上的诉讼实施权的授予,而是该公益团体或机关依照法律的直接规定而具有相应的实体权利,并且基于这种实体权利而具有诉讼实施权,换句话说,是该公益团体或机关对保护公共利

---

① 参见杨建华:《问题研析民事诉讼法(五)》,台湾广益印书局1998年版,第311页。
② 肖建华:《民事诉讼当事人研究》,中国政法大学出版社2002年版,第145页;齐树洁、苏婷婷:《公益诉讼与当事人适格之扩张》,载《现代法学》2005年第5期。
③ 肖建华:《民事诉讼当事人研究》,中国政法大学出版社2002年版,第145页。

益享有固有的诉权,因而此种诉讼既不属于诉讼信托,也不属于诉讼担当。上述将诉讼信托等同于某些公益团体所提起的涉及公益的诉讼之观点,往往以德国的团体诉讼制度作为论证的根据,认为德国的团体诉讼在性质上即属于其所谓的"诉讼信托"。① 其实,德国的团体诉讼并非是诉讼信托问题。在德国,团体诉讼的含义是指,有权利能力的公益团体,依法律的规定就他人违反特定禁止或无效规定的行为,可以向法院请求命令其中止或撤回其行为的民事诉讼。② 德国的团体诉讼在诉讼类型上属于不作为之诉。关于团体诉讼原告的起诉权的性质问题,有的认为属于法定的诉讼担当;有的则认为,不作为请求权的主体即为团体本身,是其基于自身固有的实体权利而享有诉权,不具有诉讼担当的性质。③ 尽管存在争议,但"通说认为系团体自己权利之主张,亦即法律基于公共利益与消费者保护而赋予促进工商利益团体与消费者团体等之防卫请求权(不作为请求权)"。④ 而德国 2002 年新通过的《不作为诉讼法》亦明确规定,不作为请求权的权利主体乃法定的特定团体,该团体系基于权利主体的地位而享有诉讼实施权,从而终结了长久以来对德国法之解释上的争议。⑤ 因此,关于德国的团体诉讼的性质,无论从解释上还是从立法上来看,并不存在所谓的"诉讼信托"之认识问题。

其次,既然是"诉讼信托",就应当具有"信托"的某些基本要件,例如应当有委托人和受托人,应当有设立信托的行为。对于信托的设立,我国《信托法》第 8 条明确规定:"设立信托,应当采取书面形式。书面形式包括信托合同、遗嘱或者法律、行政法规规定的其他书面文件等。采取信托合同形式设立信托的,信托合同签订时,信托成立。采取其他书面形式设立信托的,受托人承诺信托时,信托成立。"上述主张"公益诉讼"即为"诉讼信托"的观点,显然并不具备信托设立之要件。

最后,具有公益性质的团体或机关提起民事诉讼时,其诉讼的性质往往要视具体情形而定。该公益团体或机关依照法律的直接规定而具有保护公益的权责时,其所提起的诉讼乃是基于其自身所固有的诉权,此种情形既非诉讼信托,也非诉讼担当,此点已如前述。该公益团体或机关为保护他人的权益(此种权益也可能在一定程度上涉及公益)而提起诉讼,则有可能是诉讼担当,也有可能构成诉讼信托。例如消费者保护团体基于法律的规定或消费者的授权而提起的有关诉讼,其诉讼的性质即要视具体情形而定。具体而言,依照德国《不作为诉讼法》的规定,消费者保护团体所提起的不作为之诉,即是基于其自身所固有之诉权,也即属于我国学者通常所说的公益诉讼的范畴,但却不属于笔者所界定的诉讼信托之范畴。而依照我国台湾地区"民事诉讼法"第 44—1 条第 1 款所规定的选定代表人制度,消费者保护团体提起的诉讼则属于任意的诉讼担当。⑥ 对于消费者保护团体依照台湾地区"消费者保护法"第 50 条所

---

① 参见齐树洁、苏婷婷:《公益诉讼与当事人适格之扩张》,载《现代法学》2005 年第 5 期;单锋:《现代型民事诉讼中的原告资格和当事人适格》,载《南京社会科学》2005 年第 11 期。

② 参见陈荣宗:《诉讼当事人与民事程序法》,"国立"台湾大学法学丛书编辑委员会编辑,1987 年版,第 71 页。

③ 参见沈冠伶:《诉讼权保障与裁判外纠纷处理》,台湾元照出版有限公司 2006 年版,第 186 页;陈荣宗:《诉讼当事人与民事程序法》,"国立"台湾大学法学丛书编辑委员会编辑,1987 年版,第 72 页。

④ 姜世明:《选定当事人制度之变革——兼论团体诉讼》,载《月旦法学杂志》2003 年第 5 期。

⑤ 参见沈冠伶:《诉讼权保障与裁判外纠纷处理》,台湾元照出版有限公司 2006 年版,第 186 页。

⑥ 我国台湾地区"民事诉讼法"第 44—1 条第 1 款规定:"多数有共同利益之人为同一公益社团法人之社员者,于章程所定目的范围内,得选定该法人为选定人起诉。"

提起的损害赔偿诉讼,①很多学者认为即属于诉讼信托。②

三、诉讼信托之容许性

(一)现行《信托法》对诉讼信托之禁止

如前所述,诉讼信托乃是指以进行诉讼为目的而进行的信托,一般表现为由权利人(亦即委托人)将其对于第三人所享有的权利(特别是债权)让与他人(亦即受托人),使其为该权利的名义所有人,而由其依诉讼程序、强制执行程序或破产程序等而获得清偿给付,然后再由其将所得的给付交付于受益人。但对于此种诉讼信托行为,我国《信托法》第11条明确规定,"专以诉讼或者讨债为目的设立信托"的,其信托无效。由此可以看出,对于是否应当许可诉讼信托的问题,现行立法采取的是否定的态度。

立法上不允许诉讼信托的主要理由在于避免"兴讼"或"滥诉",防止其与信托制度的立法本意相违背。从有关学者的解释来看,一是认为,"信托不得以诉讼为目的,是因为,设立信托的一个重要条件是信托财产必须是确定的,而诉讼或者讨债,其债权债务关系在未经裁决前并不确定。"③二是认为,"在我国目前情况下,委托人进行诉讼和讨债,可以通过聘请律师或者其他法律手段,不应采取设立信托的方式。"④禁止诉讼信托,可以防止发生以营利为目的,而替代律师承揽诉讼的社会滥诉现象。⑤ 三是认为,如允许诉讼信托,会引发侵害债务人和债权人权益等其他问题。⑥ 四是认为,日本、韩国、我国台湾地区等都对此作了相类似的规定,即"以进行诉讼为主要目的的信托无效",⑦因此禁止诉讼信托是一个国际惯例。⑧

笔者认为,不加区别地对诉讼信托予以一般性禁止之上述规定,是一种不合理的规定。需要禁止的诉讼信托,应当仅限于利用诉讼信托谋求不当利益和违背法律的强制性规定等少数情形,对于其他情形下的诉讼信托,立法上确实没有予以禁止的必要。

(二)诉讼信托之禁止的非合理性

1. 禁止诉讼信托,与公民诉讼权应受充分保障的基本法理相违

---

① 台湾地区"消费者保护法"第50条第1款规定:"消费者保护团体对于同一之原因事件,致使众多消费者受害时,得受让二十人以上消费者损害赔偿请求权后,以自己名义,提起诉讼。消费者得于言词辩论终结前,终止让与损害赔偿请求权,并通知法院。"
② 参见陈荣宗、林庆苗:《民事诉讼法》,台湾三民书局1996年版,第243~244页;姜世明:《选定当事人制度之变革——兼论团体诉讼》,载《月旦法学杂志》2003年第5期。
③ 扈纪华、张桂龙主编:《〈中华人民共和国信托法〉条文释义》,人民法院出版社2001年版,第64页。
④ 全国人大《信托法》起草工作组:《〈中华人民共和国信托法〉释义》,中国金融出版社2001年版,第45页。
⑤ 中野正俊、张军建:《信托法》,中国方正出版社2004年版,第64页。
⑥ 中野正俊、张军建:《信托法》,中国方正出版社2004年版,第64页。
⑦ 参见《日本信托法》第11条,《韩国信托法》第7条,我国台湾地区"信托法"第5条。
⑧ 扈纪华、张桂龙:《〈中华人民共和国信托法〉条文释义》,人民法院出版社2001年版,第64页。

在现代法治国家中,诉讼权应当是宪法和法律所保障的一项基本人权,公民有权以诉讼方式实现其权利,立法上本不得因其可能增加讼源就出于抑制诉讼、避免滥诉等目的来对其予以否定。而且,公民究竟是选择自己诉讼、委托他人代理诉讼或信托他人代为诉讼,应有其自由决定的权利,立法上对于这种权利也应当予以认可和尊重。① 在公民诉讼权应得到充分保障之法理下,允许诉讼信托的存在并由受托人进行诉讼,其实与权利人(即委托人)以自己为原告或权利人,而以相对之义务人为被告进行诉讼,以实现满足自己的权利之情形一样,均应当为法治国家的法律体系所容认。各国宪法和法律一般均明白揭示公民有诉讼之权,在此条件下,诉讼信托一概地被论断为无效,与人民权益应受法律秩序之保护的基本法理相悖,显然无法自圆其说。②

2. 诉讼信托并不违背"信托财产的确定性"原则

设立信托的一个重要条件是信托财产必须是确定的。反对诉讼信托的观点的理由之一是,诉讼信托所要追讨的债权在未经裁判前并不确定,故不能设立诉讼信托。这种理由也是不能成立的。依据《信托法》第7条的规定,信托财产包括财产和财产权利。而所谓财产和财产权利,按照比较公认的解释,其种类包括:(1)货币(金钱);(2)动产;(3)不动产;(4)有价证券;(5)知识产权;(6)其他财产和财产权利,主要是指除所有权以外的各种财产权利,包括抵押权、质权、地上权、承租权、受益权、继承权,以及除有价证券以外的一切以金钱给付为内容的债权等。③ 因此,债权和其他财产权一样,是可以作为信托财产的。在设立信托时,根据当时的情况,只要能够认定债权是存在的,就符合《信托法》第7条所规定的"设立信托,必须有确定的信托财产"之要件。所以,能不能设立诉讼信托,与债权是否经过了裁判确定没有关系。

3. 诉讼信托不会导致诉讼泛滥的现象出现

反对诉讼信托的观点认为,如允许诉讼信托,则会助长"兴讼",出现诉讼泛滥的现象。这种观点只是一种揣测,是没有根据的。正如有学者所指出的,"这种观点至少没有考虑以下两种制约性因素:一是委托人需要支付信托报酬,二是受托人要受到忠实义务和注意义务的限制。前者在一定程度上可以制约'诉讼信托'的任意设立,后者在一定程度上能够避免受托人任意诉讼。"④事实上,基于诉讼成本、诉讼效率、时间与精力的投入等方面的考虑,纠纷发生之后,当事人一般并不愿意通过诉讼方式解决,或者说其首选的纠纷解决方式一般而言并非是诉讼,在此前提下,即使允许诉讼信托,也不会出现所谓的"诉讼泛滥"现象。诉讼信托禁止论关于"兴讼"、"滥诉"之担心,实际上是中国历史上的厌讼、耻讼、抑讼、息讼的传统文化和历代官方的主流政策导向的延续,并没有被现代社会的诉讼实践所证实。

同时,诉讼信托会助长"兴讼"、"滥诉"之论调,也是对日本《信托法》禁止诉讼信托之理由的"同声传译",并非适合中国的现实国情。而日本《信托法》禁止诉讼信托的立法理由,在我国其实并不存在,至少是并不突出。日本《信托法》禁止诉讼信托的理由在于,为防止"无照讼棍挑拨诉讼"所发生之弊端,并为了防止无照讼棍回避日本《民事诉讼法》第79条(现为第54条)

---

① 参见赖源河、王志诚:《现代信托法论》,中国政法大学出版社2002年版,第64页。
② 参见朱柏松:《诉讼信托无效之规定的适法性探讨》,载《月旦法学杂志》2001年第8期。
③ 参见周玉华主编:《信托法学》,中国政法大学出版社2001年版,第151页;唐义虎:《信托财产权利研究》,中国政法大学出版社2005年版,第97~98页;中野正俊、张军建:《信托法》,中国方正出版社2004年版,第74页。
④ 徐卫:《有关〈信托法〉存在的问题思考》,载《理论探索》2006年第1期。

所规定的"律师辩护主义"以达到滥诉的目的,①同时亦在于通过这一规定,减少财产所有人(委托人)动辄以进行诉讼为目的使他人(受托人)去管理、追回或经营其财产的现象。② 上述理由,最主要的可以总结为两点:一是防止回避"律师辩护主义"之规定而从事民事诉讼行为;二是防止兴讼、滥诉。这样的理由及其立法规定,在日本本来就受到了较多的反对和批评。就中国的现实情况来说,也很难将其作为禁止诉讼信托的理由。就第一点理由来说,由于中国不实行强制律师代理制度,当事人既可以自己进行诉讼,也可以委托他人作为诉讼代理人进行诉讼,且在委托代理人进行诉讼时,既可以委托律师,也可以委托其他公民,所以不存在回避"律师辩护主义"的问题。③ 另者,在允许诉讼信托的情形下,受托人基于法律知识的欠缺等原因,也不一定由其亲自去进行诉讼,而仍然可能委托律师进行诉讼,从这点上来说,也不存在回避"律师辩护主义"的问题。就第二点理由来说,其实,是由权利人自己进行诉讼还是在成立信托时由受托人进行诉讼,只是诉讼形式的不同而已,在本质上都是公民诉讼权的表现,都应当得到法治国家民事诉讼法的认可,因而由信托人进行诉讼,并不能认为属于"滥诉";至于"兴讼"问题,虽然在承认诉讼信托制度的条件下可能会使诉讼案件在量上有所增加,但就中国的情况来说,这一点不仅不应受到抑制,相反,应当鼓励公民通过诉讼以及其他合法途径去主张和维护自己的权利。承认诉讼信托的有效性,显然有利于一般民众及消费者、劳动者维护自己的合法权益。所以,不应为了防止"兴讼"而禁止诉讼信托。

4. 诉讼信托会侵害债务人和债权人权益的观点根本不能成立

如前所述,有人断言诉讼信托将会引发侵害债务人和债权人权益等问题。认为受让人(受托人)从债权人手中,把债权人难以回收的,或基本上回收无望的债权,转移至自己名下,然后以债务人或该债务人的保证人为对象提起诉讼,以强制的方法进行讨债,约定给原债权人即转让人(委托人)若干之利益,而债权受让人(受托人)意欲获取不正当所得,此种情形下的诉讼行为本身是合法的,但实际上身为被告的债务人将在经济、精神等方面承受极大的压力。并认为,这种情形下的信托不是为了债权人即委托人(受益人)的利益去管理财产,而是不当利用信托的行为,表现出很明显的反社会性。④ 这种观点是不能成立的。首先,债务人应当按照法律的规定和合同的约定全面地履行债务,其应当积极地去筹措资金、采取措施保证自己义务的履行,因此债务人因履行债务而在经济、精神等方面承受极大压力乃是自然而然的事情。无论是由受托人(即债权受让人)起诉还是由委托人(即债权转让人)起诉,债务人在经济、精神等方面都将承受极大压力。所以,在诉讼信托情形下,由受托人起诉债务人,不存在侵犯债务人的权益问题。其次,诉讼信托之情形下,须委托人与受托人双方自愿达成信托合同,委托人按照约定将债权信托给受托人并支付一定的信托报酬,亦不存在债权人的权益受到侵犯的问题。最后,所谓诉讼信托具有"明显的反社会性"之断言,是毫无根据的危言耸听。诉讼信托这种实际上有利于债权人之权益保护的制度为什么被论断为"明显的反社会性"? 上述观点并未给出令人信服的理由和论证。

---

① 在我国,民事诉讼、行政诉讼中一般称"律师代理",而在刑事诉讼中才称"律师辩护"。
② 参见朱柏松:《诉讼信托无效之规定的适法性探讨》,载《月旦法学杂志》2001年第8期。
③ 其实,即使在日本,"律师辩护主义"的维护与禁止与以诉讼为主要目的而成立信托这二者之间也并不具有任何实质的关联性,前者难以成为论证后者的理由。参见朱柏松:《诉讼信托无效之规定的适法性探讨》,载《月旦法学杂志》2001年第8期。
④ 中野正俊、张军建:《信托法》,中国方正出版社2004年版,第64~65页。

5. 诉讼信托之禁止并非是一个世界惯例

所谓禁止诉讼信托是一个国际惯例，实际上是一个伪命题。有学者对禁止诉讼信托的规定予以考察后指出，综观各国的立法例，禁止诉讼信托之规定，不但为信托法制的发源地即英美法系所没有，而且在实施信托法已有相当久远历史的印度等诸国信托法中亦未曾一见，此种规定显然系 1921 年的日本《信托法》所首创。韩国 1961 制定的《信托法》系脱胎于日本占领时所颁布的"朝鲜信托法"，继受了日本法中关于禁止诉讼信托的规定。我国台湾地区 1996 年颁布的"信托法"第 5 条亦规定"以进行诉愿或诉讼为主要目的者"，信托无效。[①] 从该条款的立法理由之说明来看，不论在哪一个阶段提出的草案，都明白揭示该条款之规定系参考日本《信托法》第 11 条和韩国《信托法》第 7 条之规定而成立的。[②] 由此可以看出，禁止诉讼信托的始作俑者是日本信托法，其后主要是受其影响的韩国和我国台湾地区，并不具有普遍性，不能称之为是一项立法上的"国际惯例"。我国 2001 年制定的《信托法》关于禁止诉讼信托的规定系移植了上述几种立法例之规定，但显然不能据此认为禁止诉讼信托之规定是遵循了"国际惯例"。

---

① 在台湾地区，诉愿是指针对行政机关违法或不当的行政处分所为的行政救济程序。
② 参见朱柏松：《诉讼信托无效之规定的适法性探讨》，载《月旦法学杂志》2001 年第 8 期。

从民事诉讼法与实体法的关系透析当事人概念

高芙蓉[*]

民事诉讼,是民事诉讼法律关系的主体所进行的诉讼活动,以及由此产生各种关系的总和。[①]任何一种法律行为,包括民事诉讼行为,都不仅仅包含着公法理念,而且还蕴涵着私法理念。市民在市民社会中的行为都应以民法理念为精神底线,也应以民法理念为崇高追求。当市民的民事权利受到侵害或与他人发生争议而启动诉讼程序加以救济时,民法理念也应同时同步介入。民法中的主体理念是民法理念的首要理念,也是根本理念。主体理念之所以在民法理念中处于根本地位,这是由民法的人法性质决定的。从本质上看,民法就是对人的终极关怀。民事诉讼中的主体理念,就是承认程序主体的独立人格理念,以及程序主体对自己独立人格的自我承认理念。一方面,程序主体地位的确立与强化要求立法者在设计民事诉讼目的时应将保障当事人享有程序主体权放在首要位置。这不仅意味着当事人能够有机会通过自己的努力形成令自己满意的诉讼结果,也意味着诉讼程序对作为自主、理性主体的当事人尊严与价值的充分肯定。[②]司法者在民事诉讼活动中更要尊重诉讼主体的人格,居中裁判的法官尤其要把当事人放在主体地位看待,避免把当事人放在客体地位加以审问,甚至出现诉讼伤害。另一方面,作为诉讼主体自身来说,也要强化主体理念,不仅要承认自己的独立人格,更要尊重对方的独立人格,防止诉讼中的"恶意攻击",以真正做到民事诉讼的"人格关怀文明"。民事诉讼程序体现出的民事主体理念,是当事人制度的精神实质,是在民事诉讼制度中的合法依据。

一、有关当事人概念的学说及其评析

我国社会处于转型当中,随着人权运动的深化、程序理念的兴起以及市场经济的发展,各种理论不断涌现,学术界对当事人概念的研究如火如荼。

---

* 高芙蓉:内蒙古大学法学院。
① 柴发邦:《民事诉讼法学》,北京大学出版社2000年版,第3页。
② 李祖军:《论程序公正》,载《现代法学》2001年第3期。

(一)有关当事人概念的学说

1. 利害关系当事人说。按照我国民事诉讼理论的传统观点,民事诉讼中的当事人,是指因民事上的权利义务关系发生纠纷,以自己的名义进行诉讼,并受人民法院裁判拘束的直接利害关系人。①

2. 权利保护说。1991年民诉法正式颁行后出版的教材对当事人概念进行了新的界定。修改的理由是:由于当代社会经济生活和各国民事诉讼立法的发展,上述将当事人限定在实体利害关系人范围的传统的当事人概念已经不能反映当今的现实,应代之以新的表述,即当事人是指因民事上的权利义务关系受到侵犯或者发生争议,为保护自己的民事权益或者应当受自己保护的民事权益,以自己的名义进行诉讼,并受人民法院裁判或调解协议约束的人。修正后的概念与传统当事人概念最根本的区别在于:在此定义下,当事人不仅包括那些为保护自己的民事权益而进行诉讼的人,还包括那些为保护他人的民事权益而进行诉讼的人,后者主要是指对争议的诉讼标的享有管理权和支配权的人,如遗嘱执行人,清算组织、失踪人的财产代管人等。他们并非案件的直接利害关系人,但仍可以成为当事人起诉或应诉。②

3. 程序与实体双重适格说。即当事人应是指对解决纠纷最适当的程序法和实体法的主体,即程序适格和实体适格。当事人应具有双重含义,判断当事人是否在程序上适格应以程序法的规定为依据,判断当事人是否在实体上适格应当以实体法的规定为根据。适格当事人应分解为二,即程序适格当事人和实体适格当事人。③

4. 程序当事人说。即民事诉讼当事人应当是以自己的名义起诉和应诉,要求人民法院保护其民事权利或法律关系的人及其相对方,应包括一切符合诉讼程序要求的起诉和应诉的双方。修正后的当事人概念与传统当事人概念相比虽有长足的进步,但它仍是将当事人当作正当当事人来定义的,不能适应司法实践的要求。因为何人为当事人,在起诉之初即应确定,且起诉状中应将当事人名称表述清楚,否则诉讼无从进行。但是,起诉的人或被诉的人是不是适格当事人,有的需要在诉讼进行中通过深入调查研究才能够查清楚,在没有查清楚之前,诉讼程序照样进行,事实上已经承认他是当事人。④

(二)对当事人研究观点的评析

1. 对利害关系当事人说的评析

有关当事人概念的各种观点中,利害关系当事人说完全以民事诉讼实体法的规定来界定当事人的概念,这种观念下的当事人有三个特征:(1)以自己名义进行诉讼;(2)与案件有直接的利害关系;(3)受人民法院裁判的拘束。这种观点将程序要素与实体要素混为一体,而且一方面排除了其他与案件无直接利害关系的人提起诉讼的可能性;另一方面在起诉时就要求纠纷的当事人与案件有直接利害关系,实际上是对有关起诉必须进行实质的审查才予以受理的诉讼观念的反映。这种观念反映在民事诉讼实体法律规范中,就是实体规范的主体才可以成为民事诉讼的当事人,并且实体的关联性与判决的拘束力范围是统一的。这样当事人、利害关

---

① 柴发邦:《民事诉讼法学新编》,法律出版社1992年版,第147页。
② 江伟:《中国民事诉讼法教程》,中国政法大学出版社1994年版,第86页。
③ 谭兵:《民事诉讼法学》,法律出版社1997年版,第154页。
④ 谭兵:《民事诉讼法学》,法律出版社1997年版,第154页。

系人与裁判拘束力所及范围形成三维一体的状态,强求当事人概念容纳实体内容的观念潜在地影响着立法与司法。

2. 对权利保护说的评述

权利保护说拓宽了民事诉讼当事人的范围,其所称当事人概念的外延,包括了实体法赋予诉讼实施权的利害关系人和非利害关系人,有助于民众积极利用民事诉讼,获得司法救济,但基本思路仍然是把程序意义的当事人和实体利害关系人统一到当事人概念之中,不能保障诉讼当事人作为程序主体自由发动诉讼程序和实现诉权。

修正传统利害关系当事人理论迈出的第一步,当属把利害关系做扩大解释的做法,即民事诉讼中无论是保护自己的权利还是保护他人的权利,只要以自己的名义进行诉讼,引起民事诉讼程序发生、变更或消灭,都是民事诉讼的当事人。这一认识承认了民事诉讼当事人可以不是直接利害关系人,而只是纯粹的诉讼当事人。① 为保护自己的民事权益而进行诉讼的人,是案件的直接利害关系人;为保护他人的民事权益而进行的诉讼的人,主要是指对争议的民事权利享有管理权和支配权的人,他们并非案件的直接利害关系人,但他们都可以成为民事诉讼主体,其诉讼行为与诉讼结果有着法律上的利害关系。这种观点拓宽了我国民事诉讼当事人的范围,有助于民众积极利用民事诉讼,获得司法救济。但是,这种修正是有限度的,它没有跳出实体利害关系人的圈子来界定当事人的概念,在理论上最直接的结果是承认诉讼担当,把法律规定的诉讼担当人纳入了当事人概念的视野。这种修正不能保障诉讼当事人作为程序主体自由发动诉讼程序和实现诉权。

3. 对双重适格说的评述

双重适格说带来了许多概念上的分歧,将当事人视为程序适格当事人和实体适格当事人的统一体,仍不自觉地存在用实体概念去统一程序概念的倾向。

双重适格说把当事人成立的程序要件和实体要件区别开来,使诉讼当事人概念的实体因素和程序因素具有不同的决定意义,即当事人程序不合格的,人民法院将裁定不予受理或驳回诉讼;实体不合格的,将判决驳回诉讼请求。这使诉讼主体的独立性和利用司法救济的充分性得到实现,但是这种双重适格理论同时带来了更多的概念上的分歧,即当事人适格概念还是可同时分为两个概念,即程序适格与实体适格。笔者认为,这种划分并不恰当,诉讼适格与实体适格是程序法与实体法在不同层次起作用的结果。当事人适格是以实体要件而确定的,但是第一层次的因素,属潜在的因素。除此因素外,程序法因素也有决定性的作用,因为当事人适格以"诉讼实施权"理论为基础,有正当当事人也有非正当当事人,所以当事人是一个比正当当事人更为广泛的概念。

4. 对程序当事人说的评述

程序当事人说将当事人从实体的依附地位摆脱出来,无需从实体上考虑他与诉讼标的的关系,只看实际诉讼的当事人是谁,这与保障人权的理念是一致的,有利于当事人寻求独立的程序地位,扩展权利的空间,也有利于提升诉讼的自主性,保障诉权的行使。

同时,私权在市民社会中的扩张必然需要完善的司法保障机制的配合,追求正义、公平和至善的法也是由程序法和实体法灵巧的配合表现出来的。耶林说:"一切权力的前提就在于时刻都准备着主张权利。法不仅仅是思想,而是活的力量。因此,正义女神一手持有量权利的天平,另一只手握有为主张权利而准备的宝剑。无天平的宝剑是赤裸裸的暴力,无宝剑的天平则

---

① 柴发邦:《民事诉讼法学新编》,法律出版社1992年版,第148页。

意味着法的软弱、可欺。天平与宝剑相互依存,正义女神挥宝剑的力量与操作天平的技巧得以均衡之处,恰恰是健全的法律状态之所在。"①只有承认程序当事人概念,权利才能及时地受到司法的救济;权利主体才能在获得权利的同时,随时可以用主张权利的宝剑去实现正义与至善的法。

二、透析正当当事人

当事人概念的四种学说的演化过程,从直接利害关系人到程序上的独立的当事人的概念变迁,当事人在程序上的资格逐渐从实体的依附地位中独立出来,成为独立的程序的当事人。虽然程序当事人的确认不以实体法律关系主体与诉讼的关联性为成立要件,但诉讼无论是形成某种法律关系,还是发生某种法律关系,都需要以既有的法律秩序为基础,以维护法的稳定性。当事人如果与实体法律关系无任何牵连,那么这个诉讼将是毫无意义的。为解决这个矛盾,采用程序诉讼当事人概念的同时,还要考量正当当事人的概念。

(一)正当当事人的内涵

正当当事人即当事人提起诉讼或作为被告被诉,是否正当或适格的问题。②我国民事诉讼法学者一般认为,民事诉讼当事人系民事权益被侵犯或发生争议的利害关系人,当事人就是案件的实体利害关系人,③从而将当事人理解为正当当事人,赋予当事人概念以实体含义。当事人适格是一项从谁与谁的对立、有无审理或判决必要及有无审理或判决意义的角度,考察具体的权利或法律关系的概念。诉讼实施权或当事人适格的概念,其发生与形式上当事人概念的出现,两者有密切关系。诉讼法上的当事人概念与实体法上权利义务所归属的当事人,并无必然的关系。依实体法或诉讼法的规定,有若干实体权利人或义务人,其权利或义务不得自己行使或处分,仅得由法律特定的第三人以自己名义行使或处分,从而在诉讼上,第三人得以自己名义成为原告或被告而进行有关他人实体权利或义务的诉讼,诉讼结果即实体法上的效力及于实体权利人或义务人,学者称此情形为第三人的诉讼担当。上述所讲的遗嘱执行人,清算组织、失踪人的财产代管人等即属此类情况。由此可见,实体权利义务的当事人,未必为诉讼法上的当事人,两者不同。过去以实体法上当事人即系诉讼法上当事人的见解,即实体上当事人概念的学说,对于上述法律现象无法合理说明,在此情形下,程序上当事人概念的学说出现,并取代实体上当事人概念的学说。从而,因程序上当事人概念的出现,而存在正当当事人的概念。

---

① 〔德〕耶林:《为权利而斗争》,载梁慧星主编:《民商法论丛》(2),法律出版社1994年版,第13页。
② 〔日〕伊藤真:《民事诉讼的当事者》,弘文堂1978年版,第90页;王甲乙、杨建华、郑健才:《民事诉讼法新论》,三民书局1979年版,第52页。
③ 刘家兴:《民事诉讼法学教程》,北京大学出版社1982年版,第73页;王锡三:《略论当事人的更换》,载《现代法学》1989年第3期;江伟:《中国民事诉讼法教程》,中国政法大学出版社1994年版,第86页;杨荣馨主编:《民事诉讼法学》,中国政法大学出版社1990年版,第113页。

(二)正当当事人存在的必要性

在我国的司法实践中,原告起诉时,法院在审查诉状是否符合程序要求的同时,还要审查原告是否为法律上的直接利害关系人,或在不具有直接利害关系时是否具有诉讼实施权。这种规定和司法实践导致了我国民事诉讼起诉难以现实,使得大量纠纷无法进入司法程序,民事权利得不到司法保护,甚至出现权利保护的真空。随着对当事人认识的不断深化,当事人正当性问题从诉讼法中独立出来,演化为民事诉讼法中的妨诉抗辩权,成为被告的抗辩手段。这样,正当当事人问题就有其独立的意义和存在的必要。

1. 排除不适当的当事人,避免无意义的诉讼程序。民事诉讼解决纠纷的过程越来越尊重当事人的主体性,但立法技术上,也应作以周全考虑,尽量避免当事人滥用诉权,使对方当事人无端陷入诉讼,防止与本案实体法律关系无关者提起诉讼等。确立正当当事人概念,通过肯定起诉、应诉的正当当事人剔除不正当的当事人,以解决承认程序当事人可能引起诉讼程序事实与实体法事实的分离问题。由于正当当事人侧重于对当事人与实体法律关系或诉的利益关联性层面的论述,所以通过它可以对程序当事人中非正当当事人予以识别和排除。

2. 扩大司法解决纠纷的功能。当事人适格或正当当事人具有扩张的功能,群体诉讼可以说是当事人适格扩张的一个典型。群体性诉讼制度的设计是通过当事人适格的扩张实现的。立法赋予群体纠纷中的多数人选定的当事人或代表人有当事人资格。多数当事人一旦选出其代表人,该多数人一方当事人的诉讼实施权就由选出的代表人行使,其余的当事人则退出诉讼。因为判决的效力要扩及所有的当事人,所以承担诉讼实施权的代表人适格与否,关乎全体当事人的利益。正因为选定当事人或代表人的诉讼行为对多数当事人一方有代表性,判决的效力扩张才获得正当性,运用代表人诉讼扩大司法解决纠纷的功能才有可能。

(三)正当当事人与当事人的关系

正当当事人在概念上不同于当事人,但在我国民事诉讼理论中,长期以来并没有将当事人与正当当事人这两个概念加以区分。① 另外,我们过去在认识当事人的特征时,没有将诉讼上的当事人概念程序化,即并不是从诉讼程序发生的角度来认识,而是从整个诉讼程序,准确地讲是从诉讼程序已经基本完成的时态来认识的,是一种滞后的认识。

诉讼上当事人概念与正当当事人概念的区别在于:当事人所要追问的问题是谁是诉讼中的当事人,而正当当事人所要追问的问题是谁应当成为诉讼中的当事人。民事诉讼的一个特点是必须首先存在对立的当事人双方,民事诉讼一开始,就要确定谁与谁进行诉讼。因此,在程序上就必须首先确定诉讼的对立双方当事人,当诉讼开始后再进一步确定谁应当是正当的当事人。谁是当事人属于当事人的确定问题;谁应当是当事人,属于正当当事人问题。②

---

① 张卫平:《民事诉讼:关键词展开》,中国人民大学出版社 2005 年版,第 89 页。
② 张卫平:《民事诉讼:关键词展开》,中国人民大学出版社 2005 年版,第 90 页。

三、从民事诉讼法与实体法的关系考量当事人概念的设想

在上述分析我国的当事人概念理论和司法实践的基础上,可以看到我国的当事人理论在实体当事人理论的影响下,法学理论界和司法实务界在界定当事人时,仅仅从实体法的角度进行,将当事人和适格当事人等同,造成了理论上的矛盾和司法实务上的混乱。在全面改革我国司法理论和制度的形势下,应当从民事诉讼法和实体法的关系的角度出发,重新界定当事人概念,承认正当当事人,并建构合理的当事人和正当当事人的关系。

(一)重新界定当事人概念

民事诉讼的当事人应该在诉讼开始的时候就予以确定,只有这样才能确定管辖法院,决定回避等事项。但司法实践中提起诉讼的人可能与案件的诉讼标的并无任何利害关系,即不是本案的适格当事人。在诉讼过程中,不合格的当事人可能要败诉,甚至可能从庭审记录中被取消资格。但在此以前,他是诉讼中的当事人,并且具有程序法上的地位所产生的法律效力。[①] 我们在日常生活中称呼民事诉讼当事人时,所表达的意思也不是想说明该人是否与案件有利害关系,而仅仅是要说明他是作为原告或者被告参加了诉讼的人。据此笔者认为,应该从诉讼法的角度来理解民事诉讼的当事人,即民事诉讼当事人是指以自己的名义向法院起诉要求解决民事争议的人及其相对人。也就是说,民事诉讼的当事人应该是实际参加诉讼的人,即程序上的当事人。

在界定当事人概念时,首先就应该认清当事人本身就是一个民事诉讼程序法上的概念,在民事实体法上仅仅有权利人和义务人的称谓,没有民事当事人的称谓。民事诉讼当事人就是参与民事诉讼的原告和被告,所以在理解民事诉讼的当事人时就应该以诉讼法为视角,以诉讼法律关系为基点,以诉讼法律关系主体为落点来界定民事诉讼的当事人,从而彻底摆脱实体法对程序法不恰当的限制。概括来说,就是要将民事诉讼当事人单纯地理解为实际参加诉讼的人,是不涉及任何权利义务判断的程序上的当事人。

从程序法的角度理解当事人,将当事人界定为实际参加诉讼程序的当事人具有重要的意义。首先,把当事人的概念界定为程序当事人,是诉讼立法技术的基本要求,也是诉讼民主化的基本要求。诉讼由当事人的起诉开始而不是法官实质审查后给予恩赐开始,是诉讼民主化的必然要求。让民众自由地提起诉讼,是保障当事人的诉权,实现当事人程序主体地位的必要条件。其次,将民事诉讼的当事人界定为程序当事人,在人民法院受理案件的时候不用对当事人与案件诉讼标的的关系进行实体审查,这样可以使更多的当事人进入诉讼中来解决纠纷。这种状况在司法救济功能扩大、法官造法趋势加强的今天,对于保护公民的权利具有非常重大的意义。再者,将当事人界定为程序当事人,可以扩大人民法院的受案范围,加强当事人的诉权对人民法院审判权的监督和制约,促进司法水平的提高。因为采用程序当事人的概念后,人民法院在受理案件的时候就不能要求必须是法律规定的与案件有利害关系的人才能进入诉讼,这样就更加保护了当事人的诉权,并且导致法院会受理一些法律上无明文规定的权益纠

---

① [英]恩斯特·科恩:《当事人》,载《国际比较法百科全书》第14卷,第5章,第3页。

纷。对这些纠纷，法院不能以没有法律的明确规定而拒绝裁判，而只能通过研究法律精神，提高审判水平来应对。实际上就是以一种外来压力的形式来逼迫法院提高自身的司法水平。

(二)确立正当当事人概念

将民事诉讼的当事人界定为程序当事人之后，进入诉讼的当事人可能是与案件无任何利害关系的人，诉讼在这些人之间进行下去将是毫无意义的，并且这种无意义的诉讼占用了有限的司法资源，影响司法资源的有效利用，是一种司法资源的浪费。所以对进入诉讼的程序当事人，人民法院还应该进行审查，确定该当事人是不是应该参加本案诉讼的人，也就是说确定该人是否是本案的适格当事人或者说是本案的正当当事人，所以确立正当当事人概念十分必要。

正当当事人是对诉讼标的的特定权利或法律关系进行诉讼的人，与诉的利益有密切关系，确立正当当事人概念应以诉的利益为标准。因为正当当事人与诉的利益都涉及能否获得法院对本案的判决问题。如果将能够对具体诉讼获得本案判决当事人地位作为诉权要件的话，那么，正当当事人和诉的利益都是诉权的构成要件。不同的是，正当当事人关注的是诉讼主体问题，是从当事人的角度，而诉的利益关注的是诉讼标的的问题，是从诉讼标的的角度。① 以诉的利益作为确立正当当事人的标准是切实可行的，对具体诉讼有作为，即有诉的利益的当事人为正当当事人，没有诉的利益则为非正当当事人。

(三)当事人与正当当事人关系的建构

由于我国长期以来没有将当事人与正当当事人这两个概念加以区分，当事人和正当当事人的关系比较混乱，所以在我国司法实践中，应该建构一种新的当事人与正当当事人的关系。

1. 依据当事人制度构建当事人与正当当事人的关系。依据当事人制度，不经案件受理程序(也即案件的实质审查程序)，直接受理该案，诉讼基于当事人的起诉而开始。这样，能够最大限度地扩展当事人的诉权，实现当事人的程序主体地位。

2. 依据正当当事人制度构建当事人与正当当事人的关系。依据正当当事人制度，对案件进行审查，发现原告当事人适格有欠缺，遂裁定驳回原告的起诉。这样可以尽量避免当事人滥用诉权，使对方当事人无端陷入诉讼，同时防止与本案实体法律关系无牵涉者提起诉讼，从而解决当事人制度可能引起诉讼程序事实与实体事实分离的问题。

当事人制度与正当当事人制度二者相互配合，一方面最大限度地保障当事人的诉讼主体地位，另一方面对当事人适格有欠缺的诉讼予以剔除，从而，兼顾公正与效率，求得二者的平衡。设立程序当事人制度，使当事人的起诉成为诉讼的开始，从而最大限度地扩展权利保护的可诉性范围，以实现司法公正；同时，设立正当当事人制度排除不适当的诉讼，以实现诉讼效率。

当事人从实体到程序的变迁，这一概念既是实体权利保障的范围逐步扩大，独立于实体，倾向于在诉讼程序中赋予真正的资格，是随着实体法与民事诉讼的不断发展，在诉讼过程中不断给予人格尊重的民法主体理念的体现，更全面完善了民事权利的功能。随着实体权利体系逐渐成熟，随着法律分化为程序法和实体法，程序以外的实体权利内容与诉讼程序之中的实施构成和权利内容的分歧在法律的发展过程中越来越强。致力于弥合这种分歧所带来的诉讼程序和实体之间的张力是学者尤其是诉讼法学者的使命。正当当事人是满足了一定实体要件的

---

① [日]新堂幸司：《当事人适格》，载《注释民事诉讼法(1)》，1991年版，第406页。

民事诉讼概念,是沟通实体事实与诉讼程序的一个桥梁。民事诉讼需要重新确立当事人的概念,这一概念是符合民事诉讼程序要件而非实体要件的程序当事人的概念,从而保障当事人独立的诉讼主体地位。[①] 与此同时,还需要确立正当当事人的概念,以保障诉讼在与诉的标的有实体利益关系的法律主体间展开,保障诉讼运行的合理性并实现解决纠纷的目的性,避免司法资源的浪费。

---

① [英]恩斯特·科恩:《当事人》,载《国际比较法百科全书》第14卷,第5章,第49页。

药品不良反应与群体诉讼
——兼论我国代表人诉讼制度的变通与调整

刘长秋[*]

自20世纪下半叶以来,在各国生命科学技术尤其是生物制药技术飞速发展的过程中相伴而生了这样的社会现实,即在广泛增进人们公共卫生福利、改善和提高的人们生命质量和健康水平的同时,也产生了大量的群体性医药侵害,极大地侵害了人们的生命健康权,药品不良反应侵害便是其中之一。统计数字表明,中国近年来每年死于药物不良反应的人数约为19.2万人,这还不包括因药品不良反应致健康受损、功能障碍的人数。[①] 在这种背景下,因药品不良反应而引发的群体诉讼成为社会普遍关注的一个重要现实问题。与一般民事诉讼相比,药品不良反应诉讼具有社会化、大型化和政治化的特点,其解决牵涉到社会公共利益与受害人权益的双重保护,因此,各国对这类纠纷的解决大都是通过公共的行动来进行,而将群体诉讼视为能够实现双重权益保护的最有效的法律对策机制。然而,在我国,尽管已发生过很多影响较大的药品不良反应事故,如近几年的"龙胆泻肝丸案"、"欣弗案"、"紫杉醇案"等等,且也有诸多当事人通过法院提起了民事诉讼程序,但真正在实践中运用代表人诉讼来解决并获得胜诉的实例却极为少见。究其原因,除去药品不良反应侵害本身所具有的复杂性特点给受害人举证所带来的现实困难外,我国缺乏有利于形成代表人诉讼的制度环境是最不容忽视的原因。本文拟从分析群体诉讼制度在解决药品不良反应纠纷方面具有的作用入手,对我国代表人诉讼制度的运作与完善提出浅见。

一、群体诉讼制度解决药品不良反应纠纷的作用分析

药品不良反应(Adverse Drug Reaction,简称 ADR),也称药物不良反应。根据世界卫生组织的定义,药品不良反应是指"在预防治疗疾病或调节生理机能过程中,给予正常用法和用

---

[*] 刘长秋:上海社会科学院法学研究所生命法研究中心研究人员。迄今已在国内各类刊物上发表学术论文110余篇,出版专著、合著多部。

[①] 叶正明:《药品不良反应的法律定性及其后果的救济》,载《法律与医学杂志》2005年第1期。

量的药品时所出现的有害的和与用药目的无关的反应"。而我国《药品不良反应报告和检测管理办法》也做了类同的解释:"药品不良反应主要是指合格药品在正常用法用量下出现的与用药目的无关的或意外的有害反应。"①药品不良反应可分为三种情况:其一是药品可预期的不良反应,即各国立法所规定的应当在药品标签或说明书中作出说明的不良反应;其二是常见的可预期之外的不良反应,即未经发现、未能预见、未能在药品使用说明书或标签中体现的意外的不良反应;其三则是特异体质型药物过敏反应,又被称为"系统风险",即因为患者自身的个别体质问题而对某种特定药品呈现出的不良反应。实践中频繁发生的大量药品不良反应多指第二种类型的药品不良反应,即未经发现、未能预见、未能在药品使用说明书或标签中体现的意外的不良反应。

随着现代制药业的发展,加强药品监管与责任方面的立法以保护公众的用药安全并为其侵害提供法律救济,成为各国都面临的十分尖锐的问题。这是因为:(1)现代生命科学技术尤其是生物制药技术的飞速发展使得药品的更新换代很快,新药品在采用新技术、新工艺过程中,生产者无论从理论上精心设计还是通过试验测试,其后果都仍难以预料,药品即使存在设计上、制造上和材料上的缺陷,也往往要等到发生药品不良反应事故后才知道。(2)药品的生产者为了争夺市场、赚取利润,往往忽视或掩盖药品的风险问题,有些药品的风险未经充分论证和试验即投入市场,致使经常引发一些不良反应事故。(3)药品不良反应事故的危害极为严重,一旦发生,通常会危及众多用药者的生命安全与身体健康。在这种背景下,各国纷纷加强了药品监管与责任方面的立法,对于因药品常见的可预期之外的不良反应所导致的损害给予了规制。德国在1976年制定了《药物伤害法》,规定生产有缺陷的药物的生产者对其药品所导致的不良反应承担严格责任。这被认为是欧洲最早的一部关于确立药物不良反应法律责任的专门立法。在此之后,为了进一步规范药品生产及保护消费者的权益,德国又于1978年1月1日施行了新《药品法》,对药品不良反应的法律责任做了进一步规定。美国早于20世纪40年代初的DFS安胎剂案(Sin dell v. Abbott Laboratories)中就确定了预期之外的药品不良反应致人损害时的赔偿责任问题,②不仅如此,美国还于1986年制定了《国家儿童疫苗伤害法》,专门对因儿童接种疫苗而引发的不良反应中的法律责任问题进行了规定。日本的《药品受害救济、研究开发、产品评审组织法》及我国台湾地区颁布的"药害救济法"中,也无不对药品不良反应而引发的法律责任问题进行了规定。在这些立法中,基金救济成为药品不良反应救济的最常见救济形式。不仅如此,各国在积极制定药品实体法以应对药品不良反应的同时,也都在探求相关的程序机制。群体诉讼便是在这种背景下出现并被逐渐引入药事诉讼领域的一种程序制度。

群体诉讼,又被很多学者称为集团诉讼,是各国为应对群体性纠纷而发展起来的一种民事纠纷处理机制。综合各国应对和解决药品不良反应纠纷及其他类似纠纷的诉讼实践来看,群体诉讼所应对的都是集团性的侵害,这些侵害大多具有"小额多量"的特点,被侵害的单个权利与利益并不是很大,但由于受害人人数众多,因而综合起来损害就很严重。在这些群体纠纷

---

① 显然,不良药品反应的发生需要满足两个前提条件:(1)药品须合格,假冒伪劣药品及其他不合格药品导致人身损害或不适不属于药品不良反应;(2)药品须被正常使用,即药品须以符合标签、说明书或医嘱的方式与用量被加以使用,滥用药品或不遵医嘱用药而导致的人身损害也不属于药品不良反应。

② 有关该案例的具体案情,可参阅张新宝著:《中国侵权行为法》,中国社会科学出版社1998年版,第487页。

中,受害一方当事人的权利多属于"易腐蚀的权利"(redouble rights),即权利缺乏比较有效的保护手段,其行使和实现都比较困难。这一点使得群体诉讼的当事人的权利不受他人重视,甚至也常为权利人本人所忽略,权利人诉诸法院的动力不足。群体诉讼一方面明确把这类"易腐蚀的权利"作为自身的保护对象,另一方面则通过恰当的程序规则,减少了保护和实现这类权利的诉讼消耗。这显然扩大了诉讼的权利保护范围,体现了法律对公民权利的呵护,也顺应了诉讼制度民主化的国际趋势,符合程序正义的内在要求。群体诉讼在应对和解决集团性纠纷中所具有的这些功能使其在解决药品不良反应纠纷方面显示出了其他诉讼制度所没有的优越性。

一般认为,群体诉讼是自20世纪60年代开始形成的。第二次世界大战之后,西方国家市场经济不断乃至大量出现。"在现代社会中……经济日益集中,致使出现了一些雇用数千人的、向人们提供物品以及服务的大型生产集团。这样,这些集团作出的决定就有可能同时影响到无数人。"①"市民日渐被暴露在集团性侵害之下,而且,一个一个的市民对于这些侵害没有足够的金钱或地位而向司法机关提出诉讼。"②例如,在环境污染方面,一个企业的生产规模越大,造成的污染就越大,受害人数就越多。在用药方面,一种对某种症状有效用的药品的使用者可能遍及一个国家乃至全球,一旦出现不良反应就可能使众多使用者受害。在食品、保健品、化妆品等的消费方面,一种存在设计缺陷存在安全隐患的食品、保健品或化妆品可能会导致成千上万的消费者生命健康受到危害。③而在服务领域也存在同样的情况,美容整形在我国的滥觞即是最好的例证。对于这类侵害的发生,政府或行政机关的控制和救济是比较有限的,而且由于经济利益上的巨大诱惑,政府或行政机关往往采取放任的态度,而立法机关则更是难以及时对这些问题提出有效的对策。在这种背景下,群体诉讼作为一种针对集团性侵害、寻求小额而多数权利救济的方式逐步发展起来。它"通过集团的势能将问题的重要性、制裁违法的必要性和公共政策的倾向性提交到司法机关、社会舆论和立法者面前,并构成了足以与集团侵害制造者相抗衡的力量对比乃至优势,由此推动了问题的解决进程"。④

群体诉讼在解决药品不良反应案件上的功能首先体现在其能够带来诉讼经济与社会效益。具体而言:首先,群体诉讼制度是共同诉讼制度的延续或发展,其作用在于集若干个别诉讼为一个诉讼,节约诉讼成本,提高效益。当代世界各国的群体诉讼制度的建立几乎无一不是从诉讼经济的角度出发的。"通过一个审判程序便可救济大量的被害者,这既节省了审判的费用,又使被害救济制度有可能实现经济上的合理性。仅依靠集团诉讼便能使诉讼由经济的自生自灭行为变成经济的合理行为,由殉难者的英雄行为便为经济人的计划性活动。"⑤通常而言,对于药品不良纠纷中的被害人来说,选择群体诉讼制度是最为经济的一种起诉方式,特别是除了诉讼代表人之外,其他当事人都无需直接参加诉讼,甚至无需支付诉讼费用。其次,从法院审理的角度来看,采用群体诉讼方式可以综合若干个别药品不良反应诉讼为一个整体的群体诉讼,从整体上节约大量审判资源,减少许多工作程序,一次性地解决若干案件,使所有被害人得到救济。再次,群体诉讼有利于在药品不良反应案件的审理中统一法律适用。它能够

---

① [意]莫诺、卡佩莱蒂编,刘俊祥等译:《福利国家与接近正义》,法律出版社2000年版,第68页。
② [意]莫诺、卡佩莱蒂编,刘俊祥等译:《福利国家与接近正义》,法律出版社2000年版,第68页。
③ SKII事件以及近年来我国频繁发生的食品安全事件无疑是最为明显的例子。
④ 范愉编著:《集团诉讼问题研究》,北京大学出版社2005年版,第55页。
⑤ [日]小岛武司著,陈刚等译:《诉讼制度改革的法理与实证》,法律出版社2001年版,第52页。

将若干个别的药品不良反应案件集合审判,避免个案审判中裁判结果的不统一,保证同样的权利得到同等的救济;而且,通过裁判效力在主体范围上的扩张,对没有直接参加诉讼的药品不良反应的受害人产生效力,扩大权利保护的范围。此外,群体诉讼还能够在一定程度上克服重复诉讼。它通过把基于同一药品不良反应事故而涉及的当事人集合为一个集团,避免同类的案件在时间和空间上的重复诉讼。不仅如此,群体诉讼也是保护"易腐蚀权利"的最有效手段。与其他诉讼技术相比,在多数人遭受药品不良反应侵害的情况下,"群体诉讼能够更加有效地实现司法保护,克服受害人单独起诉的弊端和共同诉讼的繁琐"。①

二、我国代表人诉讼制度在应对群体纠纷方面所面临的问题

在过去的半个多世纪中,面对包括药品不良反应纠纷以及环境公害纠纷等在内的群体性纠纷,各国都在努力探索建立一套能够产生良好应对实效的诉讼制度。相比于其他诉讼制度而言,群体诉讼制度受到各国的推崇。反映到各国民事诉讼法立法及司法实践中,英美法系国家确立了集团诉讼制度,德国采纳了团体诉讼制度,日本等国运用了选定代表人制度,而我国则在借鉴并融合美国的集团诉讼制度与日本的选定代表人诉讼制度的基础上,确立了别具特色的代表人诉讼制度。我国民事诉讼法学界的主流意见认为,代表人诉讼制度是从我国国情出发,借鉴国外群体性诉讼制度的经验而建立的。代表人诉讼制度是共同诉讼与诉讼代理制度相结合的产物。它兼具二者之长,是一种既有共同诉讼和诉讼代理制度的某些属性,又与之不同的新的诉讼制度。在解决包括药品不良反应纠纷在内的群体性纠纷方面,代表人诉讼制度有其独特的功能与适应性,将之适用于集团性侵权损害赔偿案件中,可以很好地解决损害赔偿数额须依轻重之别而分别计算的难题,并排除因受害人难以或无法全部确定而产生的困扰,从而在诉讼中发挥了特有的功效。

然而,作为一种纠纷解决手段,我国代表人诉讼制度在实际解决诸如药品不良反应纠纷等群体纠纷时也显现出了难以掩饰的制度缺陷。具体而言:(1)群体诉讼规则缺失,造成程序运作上的困难。"法院在适用代表人诉讼解决群体纠纷时,本应以灵活多样的程序规则去处理纷繁复杂的程序问题,如当事人适格、律师代理、争点的整理、证据交换,以及各种替代的途径等等。"②然而,在目前我国的法律框架下,这却更多地成为一种奢望。因为在代表人诉讼方面,现行《民事诉讼法》仅仅规定了第54条、第55条两条极有限的条文,对代表人诉讼所本应适用的程序规则着墨无多。这直接造成了诉讼实践中代表人诉讼制度运作的困难。以律师代理为例,由于缺乏相应程序规则的授权与保障,律师在代理群体诉讼时的应有权利与利益往往得不到尊重与保护,加之代理这类诉讼所可能带来的巨大政治风险,很多律师都望而却步。(2)在很多诉讼中,起诉人与诉讼代表人相互分离。在诉讼中起诉的人未必是诉讼代表人,使原本诉讼热情极高、诉讼愿望也最为强烈的受害人因此而受到打击,以致不愿过多地运用这一制度。这也在一定程度上缩小了群体诉讼发挥作用的余地,使其功能受到限制。(3)现行制度容易激发和放纵受害人一方"搭便车"的心态。由于设立了登记制度,即便集团性侵权的受害人在代

---

① 王红岩、王福华:《环境公害群体诉讼的障碍与对策》,载《中国法学》1999年第5期。
② 王福华:《代表人诉讼中的利益诉求》,载《法学》2006年第6期。

表人诉讼中没有登记,他也可以在其他人发动群体诉讼并胜诉后再行起诉,以便获得法院关于适用原判决的裁定。这客观上助长了受害人"搭便车"的心态,阻碍了诉讼集团的生成。(4)诉讼集团形成的标准过高。"群体诉讼中程序参与者的诉讼利益处于离散状态,法院、当事人和律师参加诉讼的动机各有不同,如果不能在制度上将法院、当事人、诉讼代理人的利益需要聚集起来,当然不能令各方有足够的理性和动力去启动、推进群体诉讼程序。"①在这一方面美国的集团诉讼制度给我们以很好的启示。它之所以能够成为一个富有成效的纠纷解决机制,与其《联邦民事诉讼规则》中规定的宽松的诉讼集团成立条件有着直接的关系。依照1966年修改后的美国《联邦民事诉讼规则》,诉讼集团的成立只要求当事人之间具有共同的事实问题或者法律问题即可,不要求集团成员实施选定行为或者以书面形式进行明确授权,且承认默示行为之积极效力,成员之间的关系也非常松散。而反观我国,现行《民事诉讼法》则对诉讼集团的生成作了较大的限制,"代表人变更、放弃诉讼请求或者承认对方当事人的诉讼请求,进行和解,必须经被代表的当事人同意"②,这客观上制约了诉讼集团的形成。

不仅如此,《民事诉讼法》中所设立的代表人诉讼制度,是在我国"当时的法学界及立法者本身并没有深入理解美国现代集团诉讼的法理、难解的悖论和困境及其与中国社会的适应性问题,在不存在真正意义上的争论的背景下,顺利地制定了这一非常超前的制度"。③因此,使该制度部分背离了我国现有的司法环境,这必然使其无法在我国现有的司法环境下完全发挥其本应有的功能。具体言之:(1)法院独立性的欠缺使得代表人诉讼制度在我国现行《民事诉讼法》中更多地承担了"花瓶"的角色。尽管我国诸多法律都明确规定了法院独立审判的基本原则,但这一原则在我国司法实践却一直难于贯彻。现实的情况是法院始终都要面对来自社会各个层面的影响审判工作和法官独立思考的因素,尤其是要面对来自上级人民法院特别是最高人民法院的决策命令的影响。这使得最高人民法院的有关司法解释或书面、口头答复在很多时候成为决定代表人诉讼命运的决定性因素,不少群体诉讼在法院自上而下的封闭管理体制中夭折。代表人诉讼制度更多时候成为一个预设在《民事诉讼法》中的好看而难以实用的"花瓶"。(2)面对群体纠纷,法院的最大利益诉求是要与党和国家的经济社会政策保持一致,而不是或至少不完全是实现纠纷的正当化解决。在我国,法院作为国家机关是受党直接领导的,与其他国家机关一样,法院通常被公认为是党和国家政策的忠实贯彻者和实施者。而在党和国家将"以经济建设为中心"作为社会主义初级阶段的基轴的背景下,法院的审判工作也往往不得不服务甚至服从于"以经济建设为中心"的战略核心。加之现阶段我国特殊的司法社会环境与司法抗干扰能力的欠缺,法院的天平往往会更多地倾向于被决策层认为是在我国经济建设中发挥了较个人更具有重要作用的企事业单位。法院对社会公平和正义的考量与追求往往要让位于党和国家的经济社会政策。这使得很多群体诉讼的受害人对法院的诚信产生了怀疑,从而更愿走纠纷解决的行政化路径而不是司法化路径。(3)我国法院内部不合理的审判责任追究制度与法官考核体系成为制约代表人诉讼制度全面发挥其功能的重要制约因素。一方面,法院对办案数量的片面追求导致司法实践中法官乐于将代表人诉讼拆分成同类诉讼分案审理;另一方面,对错案率的担心也使得正确履行自身的审判职责成为法官在面对群体纠纷时的最大利益

---

① 王福华:《法院的司法能力与代表人诉讼》,载《烟台大学学报》(哲学社会科学版)2006年第4期。
② 参见《中华人民共和国民事诉讼法》第54条、第55条。
③ 范愉编著:《集团诉讼问题研究》,北京大学出版社2005年版,第276页。

诉求,对业绩的追求远重于对代表人诉讼所带来的诉讼效益的青睐。这在相当程度上限制了法院利用代表人诉讼制度解决群体性纠纷的积极性。(4)在现行司法体制下,代表人诉讼不具有优先性和统合作用。在众多当事人分布在全国各地,各地法院均有管辖权的情况下,如果以代表人诉讼的方式指定其中的一个法院管辖审理,固然有统一适用结果的优势,但实际操作上存在相当难度,且会极大地增加当事人诉讼上的成本与负担。于是,现实的情况就成为法院无法对群体性纠纷进行统一管辖。这样一来,就难以杜绝重复诉讼,代表人诉讼所本应具有的经济性无从体现。这也制约了代表人诉讼制度在我国司法实践中的运作。正是由于以上原因,在《民事诉讼法》制定之后直至今天的司法实践中,我国的代表人诉讼制度都没有完全起到预期的作用,甚至从某种程度上,我们可以说,代表人诉讼制度在我国的司法实践中正处于"休眠"状态,而这显然背离了该制度在我国《民事诉讼法》中设立时的初衷。

三、我国群体诉讼制度的调整策略

从各国对待群体诉讼的立法态度加以考察,在存有其他灵活简易的可替代程序的情况下,适用正规的群体诉讼程序来应对群体纠纷始终都不被认为是最好的策略。为此,各国一般都对群体诉讼的适用条件作出了一定限制。如《英国民事诉讼规则》第19B章中就明确规定:"申请人在考虑是否申请集团诉讼命令时,须考虑申请其他程序是否更为适当。申请人特别应考虑,就有关案件的具体情形而言,采取如下诉讼行为是否更加适当:(1)诉讼合并;或者(2)运用《民事诉讼规则》第19章第2节之规定。"而美国《联邦民事诉讼程序规则》第23条(b)(3)也将"集团诉讼对纠纷作出公正和有效的裁判优于可用的其他方法"作为启动集团诉讼的前提。目前我国面临的现实则是难以在短期内对现行的司法体制进行重塑,司法的权威短期内不可能迅速树立起来。在这种背景下,谋求在既有司法体制下对现行的代表人诉讼制度进行必要调整便成为我们最理性的对策选择。

笔者认为,目前比较现实的对策是在司法实践中引入群体纠纷的替代解决手段。这其中,共同诉讼就是一个比较理想又非常具有代表性的过渡措施。因为民事诉讼法学界一般都认为,我国的诉讼代表人制度是以共同诉讼为基础的、吸收了诉讼代理制度某些机能的一种纠纷解决机制,它是共同诉讼制度延伸的结果,与共同诉讼之间的界限不是非常清晰。而从相关的司法实践来看,我国民事诉讼的运作环境对代表人诉讼的诉求并不十分强烈,而法院"立审分离"的审判机制在拆分群体诉讼方面的特有功能则使得通过共同诉讼获得解决的群体纠纷的比例在所有群体诉讼中占了相当大的比重,"代表人诉讼制度在实践中逐步受到限制,并与共同诉讼发生融合"。[①] 在程序功能上,共同诉讼则既能容纳纠纷解决的现实需要,也可以减少一定的诉讼成本,有助于实现实体公正。就此而言,共同诉讼与代表人诉讼有异曲同工之妙,在目前我国代表人诉讼制度因尚不具备良好的运作环境而无法充分发挥其应有功能的情况下,可以考虑用共同诉讼来对该制度加以部分替代。

当然,除了引入替代解决手段之外,建立与解决群体性纠纷相配套的某些必要制度也是很

---

① 范愉编著:《集团诉讼问题研究》,北京大学出版社2005年版,第301页。

重要的。例如,建立公益或准公益诉讼制度便是我们应当考虑的一个现实对策。尽管公益诉讼并不是专门针对群体性纠纷而生成的一种制度,其形态并不仅仅限于群体诉讼,但由于公益诉讼基本上不涉及给付内容或赔偿,而其诉讼对象、标的和目的的公益性又很明确,因而在预防集团性侵权、保障社会公众权利方面具有显著的效用,是一种成本最低、收益最大的实现公益目的的诉讼方式。群体纠纷是一种涉及诸方面复杂法律关系的、难于处理且极容易酿成大规模社会震荡的纠纷,对这类纠纷,其最佳的应对策略显然应当是以事前的制度预防为先,而不是以事后的法律救济为主。所以,在目前我国群体性纠纷多有发生,极大地威胁着我国现有社会稳定的背景下,建立公益或准公益诉讼制度以防范集团性侵权的发生,无疑也是应对群体性纠纷的理性对策。

论我国知识产权公益诉讼制度之构建

刘友华[*]

一、缘起:问题的提出

据报道,2005年12月,北京大学教授张平向国家知识产权局专利复审委员会提出公益无效申请,希望认定飞利浦在DVD领域名为"编码数据的发送和接收方法以及发射机和接收机"的专利在中国范围内无效。随后国内四位知识产权专家陶鑫良、徐家力、单晓光、朱雪忠教授陆续提出相同公益无效申请。五教授分别以个人名义,自费向专利复审委员会提交了针对同一项属于3C"DVD专利池"之发明专利的专利权无效宣告请求。2006年12月9日,历经一年多诉讼与谈判,该案最终和解,飞利浦将该专利从许可专利清单中撤出,不再在中国主张权利。[①]

由于五位教授并非DVD行业经营者,这一案件系知识产权领域典型的公益诉讼案,可谓中国知识产权公益诉讼"第一案"。案件虽然最终和解,但对我国政府、学界、企业界与相关产业都意义重大。"第一案"注定是经典的,但不能总指望专家自费并以个人名义提出"第二案"、"第三案"乃至诸多滥用知识产权案。因此,值得我们思考的是不仅仅是该案本身,更值得关注的也许是知识产权公益诉讼在我国如何构建的问题。

可以断言,在知识产权领域,个人名义自费型的公益诉讼对于公共利益的维护无异于杯水车薪;欠缺公益诉讼制度,知识产权中的公共利益将不可能得到恰当维护。理由有二:其一是,因为面对技术实力绝对的不对等,单个民事诉讼主体很难与滥用专利权等知识产权的大公司权利人真正对抗,正如DVD专利无效案中飞利浦公司一样,除非花费极大的时间成本与经济成本;其二是,个人名义自费型的公益诉讼提起人在成本与收益的不对称将扼杀人们提起诉讼的动机。因为如诺思所言:"如果私人成本超过私人利益,个人通常不会愿意去从事活动,虽然

---

[*] 刘友华:湘潭大学法学院讲师、博士研究生。
[①] 闫文锋:《四专家助阵DVD专利公益无效诉讼》,载《中国知识产权报》2006年1月17日;更多详细信息可参见杨志文:《五位教授状告DVD"垃圾专利"》,载《经济参考报》2006年8月21日;吴锋:《飞利浦DVD专利无效案一审无果》,载《中国计算机报》2006年8月28日;《飞利浦DVD专利无效案和解 关键技术撤出专利池》,载中国新闻网,2006年12月10日。

对社会来说可能有利。"因此,要通过构建知识产权公益诉讼制度,才能为保护公共利益提供充分的制度激励。

二、公益与私益的平衡:知识产权法的永恒主题

自罗马法以降,公共利益与私人利益的区分就是法律调整的主要范畴,而其界定则是一直以来永恒主题。在知识产权法中亦不例外。

公共利益可以被界定为,一个特定社会群体中存在和发展所必需的,该社会群体中不确定的个人都可以享有的权利。公共利益面向的是社会上所有的人而不是个别或少数成员。因此,公共利益与个人利益不同,它是不特定的个人都可以同时享有的权利。公共利益总是与一个社会群体存在和发展所必需的社会价值有关,是与个人利益相对而言的,可理解为全体成员的共同利益。公共利益代表了大多数人的利益,但不是个人利益的简单相加。也有学者从公众利益的角度理解公共利益:对于一个特定社会的政治、文化状况和所支配的经济资源来说,公众利益是社会为所有成员而努力争取的基本目标的集合。"现代社会权利义务双重本位和社会个人双向本位的价值体系模式,要求人们在主张自己的权利和行使自己的权利时,注意度的限制和约束,顾及他人利益和社会公共利益。"①离开公共利益,每个社会或社团都将陷入万劫不复之境地,知识产权法的公共利益也同等重要。

"知识产权与思想,信息,知识的表述和传播有着密切的关系。在保障知识创造者权益的同时,必须考虑促进知识广泛传播和推动社会文明进步的公益目标。"②知识产权法要实现保护私人权利和保护社会公共利益以促进社会进步的目标,应调整好知识产权人和社会公众之间的利益关系,以保障技术、思想和信息及时广泛传播和利用,促进经济的发展和科学、文化事业的繁荣。就著作权而论,它是政府为促进整体文明进步而确定的著作权公共政策的基本目标,主要包括鼓励作者的文艺创作力和言论自由,鼓励相关企业对作品的传播进行投资,以及为公众提供自由选择文化产品的机会;与此类似,对于著作权人的作品期限的规定,对著作权作品的合理使用、法定许可与强制许可等权利限制也无不为维护公共利益而作。在专利法中,国家是作为公共利益代表而设计专利制度,规范专利权人与社会公众之间的关系。国家专利政策就是专利制度实施的体现,也是落实专利法的公共利益的指南。专利权的保护期则是考量公共利益的结果;而发生公共健康危机时,基于公众健康权的公共利益考虑而进行强制许可,防止专利权人滥用专利权也是其体现。

可看出,知识产权法具有重要的公共利益目标。这种特点与知识产权的私权属性有关。知识产权虽然是一种所谓"私权",知识产权法在传统上被认为是私法的一部分,但是由于知识产权的保护客体知识产品具有公共商品和私人商品的属性,它不仅关系到知识产权人个人利益,也关系到社会公共利益。像重要的作品,重要的发明,对人类文明进步具有重要作用。相比之下,调整有形财产保护的物权制度,其承担的社会功能比知识产品对公共利益的影响要

---

① [美]博登海默著,邓正来译:《法理学:法律哲学与法律方法》,中国政法大学出版社1999年版,第316页。
② 吴汉东:《科技、经济、法律协调中的知识产权法》,载《法学研究》2001年第6期。

小。这样一来,尽管知识产权以法定的形式确认和保障了知识产权人的权利,它也需要兼顾对公共利益的保障,寻求知识产权的私人利益与公共利益的平衡就成为知识产权法建立以来一直追求的目标。[①] 并且,这种利益平衡不仅仅存在于国内权利人与公众之间,而且存在于国外的权利人(特别是跨国公司)与国内公众之间。就像 DVD 专利无效诉讼一样,他们舞动知识产权大棒,貌似"合法"地损害公共利益。

知识产权法需要确保公共利益,这在长期的知识产权司法和立法实践中已经不断地得到确认。在这个意义上,可将知识产权法看成是一个积极的法律和社会政策。例如,美国《宪法》的知识产权条款很清楚地表明,美国确认了知识产权法的基本的公共利益,并在宪法中做了规定,即授权国会通过确保作者和发明者的有限的专有权来促进科学和有用艺术的进步。知识产权是为实现社会目标的有限的权利,并且这一观点无论是在美国司法原则还是在立法上都被强化了。在 1948 年,美国最高法院主张,知识产权法"对知识产权人的报偿是作第二位考虑的"。[②] 在更早的 1909 年关于美国著作权法的国会委员会报告中则指出:国会根据宪法的条款制定著作权法,不是基于作者在他的作品中存在的自然权利,而是基于要服务于公共福利……手段是保障作者对其作品有限的保护期的专有权。

值得注意的是,鉴于对公共利益在知识产权法中的重要性,近些年来,国际上的一些知识产权公约明确地对知识产权法中的公共利益问题做了规定。例如,尽管 TRIPS 协议非常重视知识产权的私权属性,该协议在序言和第 7 条中亦同时规定了确保公共利益的重要性,"承认保护知识产权的诸国内制度中被强调的保护公众利益的目的,包括发展的目的与技目的";"知识产权的保护与权利行使,目的应在于促进技术的革新,技术的转让和技术的传播,以有利于社会经济福利的方式促进技术知识的生产者与使用者互利,并促进权利与义务的平衡"。在该协议的第 8 条中则规定成员可以采取必要的措施保护公共利益,并防止权利人滥用知识产权。

三、扩张与异化的知识产权:知识产权中公共利益受侵害分析

(一)知识产权扩张与滥用:对公有领域的漠视

知识产权中存在公共利益,而且知识产权中的公共利益并不是完全虚幻的概念,知识产权中公共产品是公共利益主要的现实的物质表现形式。一般认为,知识产品具有非竞争性和非排他性的特性。非竞争性是指一个使用者对知识产品的消费,并不减少该知识产品对其他使用者的供应。非排他性是使用者不能被排斥在对该物品的消费之外。如果将知识产品非排他性看做是源于产权而派生出的特性的话,那么它在形式上保证了知识产品"共有"的性质。而非竞争性则从实际上保证了知识产品可以是"共同受益"的。这决定了知识产品是公共利益的物质表现形式。进而,知识产品的现实性和外部效应决定了公共利益也是现实的,而非抽象

---

① 冯晓青:《知识产权利益平衡原理》,中国政法大学出版社 2006 年版,第 133 页。
② Unites States v. Paramount Pictures, Inc, 334 U.S. 131(1948).

的。然而在知识产权中公共利益很少在他们自己的权利中被提出。与获得承认的专有权人个人利益相比,公共利益似乎总是模糊的,在今天,知识产权私权领域不断扩大的主张倾向于淡化,减弱公有领域中的个人利益。①

与此同时,个体知识产权的不正当行使,不仅与有效竞争的理念存在冲突,而且也极易与民法的公开、诚信和公序良俗等基本原则发生背离,与知识产权自身维持社会整体效益的目标之间也有抵触。因为在知识产权中,出现了私人部门有权利生产公共产品的新情况,带来新问题:与产品公共性对应的公共责任,应当由谁来承担?私人部门只有肯承担公共责任,才能享有相关垄断权利。但现有知识产权法律中,国家授予知识产权这种垄断权后,并没有规定相应社会义务,导致这种公共利益的维护没有保障。还有,有的知识产品在授权时公共性低,而授权后变成事实标准后,公共性提高,甚至造成公众依赖,厂商因此牟取超额垄断利润,带来社会福利成本的提高。

由此可知,知识产权一旦被滥用,不仅会妨碍社会的公平竞争,也会影响社会科技的发展,阻碍知识经济的发展,有损社会公共利益。我国入世后,一些跨国公司与垄断企业的表现就是很好例证,前述飞利浦等3C集团专利无效案就是如此。一面是我国政府加大对各国知识产权的保护力度,另一面却是这些大公司、大集团滥用知识产权损害我国的国家利益、公共利益的情形日趋严重。他们在我国高新技术领域"布阵设雷",申请大量相关专利(一些甚至是无效的"垃圾"专利),以期对我国企业形成技术壁垒。通过技术专利化,专利标准化方式,强化新的贸易壁垒,以期降低我国企业的国际竞争力。凭借其技术垄断地位,对消费者实施价格歧视,收取高额的专利许可费,并滥用其市场地位实施不正当竞争。总之,对生产者,消费者和整个公共利益造成极大损害。

(二)知识产权异化:全球化语境与国际视野下公共利益的缺失

在当代全球化与知识产权国际保护趋势下,知识产权得以强化至无以复加之程度,以至于知识产权"异化"并丧失其本来面目。

在专利权领域,专利权的扩张使得与健康权等人权发生严重冲突。在 TRIPS 框架下,某些情况下发展中国家可以有超越国际准则的"特权"。比如,当某个国家发生公共卫生危机时,该国被允许低价生产或者进口国外专利药品或疫苗的同类仿制药。但是,发展中国家这种利用国际知识产权法规灵活性的自由正在快速丧失,尤其是涉及产权保护的例外情况排除以及诸如公共卫生危机那样限制专利权的情况时,灵活性的丧失就格外重要。美国和欧盟已经采取成功的战略,迫使发展中国家制定出比国际准则——尤其是 TRIPS——更苛刻更高标准的知识产权保护条款②。这必将构成对发展中国家经济、文化发展的不适当障碍。理性反思并重构专利领域的权利人与公众、发展中国家与发达国家利益日益成为不可回避的问题。事实上,巴西、南非等国在遭受公共卫生危机时适用强制许可的争议与获得可承受的廉价专利药品的困境便是专利权"异化"的典型反映。

与此类似,在著作权领域,著作权客体与著作权期限的扩张使得利益的天平日益向著作权人倾斜。尤为明显的是,著作权人日益倾向于采用技术保护措施保护其权利,如采用

---

① 冯晓青:《著作权法中的公共领域理论》,载《湘潭大学学报》2006年第1期。
② 参见 Graham Dutfield,《美国和欧洲是"知识产权原教旨主义者"》,载北大知识产权网,2006年6月26日。

控制访问、控制使用期限以及网络契约条款等方式,这使得公众接近作品权受到极大阻碍。虽然世界知识产权组织于1996年主持缔结的《世界知识产权组织版权条约》和《世界知识产权组织表演者及录音制品条约》要求各缔约国"规定充分的法律保护和有效的法律救济办法"以制止规避"技术措施"的行为。法律保护"技术措施"的本意在于保护版权,防止损害版权人利益的行为。然而实践的发展总是超出立法者当初的设想,近年来,一些厂商试图扩大"技术措施"的保护范围,使"技术措施"成为垄断技术妨碍竞争的工具。他们利用法律对"技术措施"的保护将原本属于公有领域的作品置于个人的垄断之下,同时也剥夺了他人对作品进行"合理使用"的权利。技术保护措施犹如给作品上了一把锁,使本来的合理使用亦变得不再可能,进而极大妨碍公众对信息产品的合理需求,使著作权法的公共政策目标无法实现,给公共利益带来严重损害。

应当说,在当代知识产权保护中,独占主义有抬头之势,特别是发达国家在知识产权保护上有一种全球保护主义思想,这可能会损害发展中国家知识产权制度中维持的已有平衡,这种全球保护主义思想值得警惕。发达国家主导的TRIPS框架使发展中国家将知识产权保护水平提高到与其不相称的水平,日益成为发展中国家的障碍。确实,知识产权保护高标准和强调注重保护权利人等因素使我们有必要反思现有知识产权制度与秩序。重构现有知识产权制度与秩序当然是重要方面,同时,通过知识产权公益诉讼来规制知识产权滥用无疑是可欲的路径。

四、困境:知识产权公益保护的诉讼程序障碍

在知识产权中,公共利益的维护与专有权人私人利益并行不悖。那么,该由谁来维护?用什么方法与程序来予以维护?这是尚待解决的深层次理论问题。

法益的保护有多种方式,面对知识产权滥用对公共利益造成的损害,救济途径有三:一是前述知识产权法内部的制度重构,确保并恢复受损的公共利益;二是通过反垄断、反不正当竞争法等相关法律保障公共利益;三是司法途径尤其是通过诉讼程序也是保护法益的一种普遍和有效方式。其中,司法救济与诉讼程序也是重要方面。保护公共利益的诉讼程序规制、结构的设计便是关键所在。

一般而言,在使纠纷和冲突通过诉讼得以合理有效化解的过程中,诉讼程序的结构必须适应案件性质的内在要求和特定的实体价值取向来加以设计或构成。知识产权法的私权属性和公权化趋势以及它同时承载着保护知识产权和维护在一般的社会公众利益基础之上的更广泛的公共利益的双重职能和目标的精神理念,使得法律的适用和纠纷的解决进入诉讼领域,会表现出较强的公益性色彩,也因此决定了相应的诉讼形式必然要以社会公益和受害人利益的双重保护为其价值目标,程序规则特征应满足和体现公益救济的特殊要求。在这一前提下,单纯依靠我国传统三大诉讼类型试图对知识产权公益案件予以有效解决,便显得力不从心。

(一)刑事公诉与行政诉讼的程序障碍

众所周知,公诉即以官方名义(代表国家)提起的诉讼,它目前只限于刑事公诉,它既有保

护公益的功能,也有保护私益(受害人)的功能。因此,通过刑事诉讼保护滥用知识产权带来之公共利益损害,理论与实践上都无障碍。然而,刑事诉讼程序在此方面存在两大缺陷:一方面,刑事公诉对于受害人利益而言,则属于他诉,由特定国家机关代表国家提起,并不存在足够的激励;并且因为其存在较强的技术性难题(特别专利权滥用之情形),究竟由哪个机关来代表起诉也并不容易解决。就目前机构设置现状而言,检察机关与知识产权行政管理部门似乎都难以介入。另一方面,刑事公诉讼对于滥用知识产权但并不构成刑事犯罪的行为无能为力。前述飞利浦DVD专利无效案就是如此。在美国,类似微软、思科等知识产权滥用之诉因其不涉及刑事犯罪也是排除在刑事诉讼程序之外的。

行政诉讼只能由直接利害关系人(相对人)提起,属于自诉,仅在直接保护受害人利益(私益)的同时,连带起到保护公益的作用。如果直接利害关系人不提起诉讼,即使在侵害私益的同时连带侵害了公益,也无法通过行政诉讼保护受到侵害的公益。如果只是侵害了公益而未直接侵害私益,那就更不可能运用行政诉讼来保护公益。行政诉讼原告与被告资格必须为行政主体与行政相对人,其争议标的必须为具体行政行为,这双重限定必将知识产权滥用中的公共利益保护与救济排除在行政诉讼程序适用范围之外。

(二)民事诉讼的程序障碍

从民事诉讼的角度考察知识产权滥用,按照"直接利害关系"的起诉条件规定,其他市场主体和消费者似可作为利益因知识产权的滥用行为受损害的两大群体纳入原告范畴。对此,我们可分以下情况予以分析:

1. 个别合法经营者和消费者单独提出诉讼。其困境在于:

(1)分散的竞争者和消费者重复诉讼,耗时费力并可能引起法院的矛盾裁判;

(2)直接受害个体常因以下种种原因导致对诉讼的放弃从而使社会公共利益受损而无以救济。① 第一,由于纷争当事人通过传统民事诉讼所获利益(违法方仅向受害方承担一般补偿性民事赔偿)与援助并不丰足,甚至远远低于为获得救济的耗费。在主张权利对其极不经济的情况下,起诉的原动力会大大削弱。第二,按传统"一对一"诉讼,以一般受害者个体力量对峙具有行业垄断与技术垄断的巨型企业,力量对比不对等和在诉讼资源上的劣势地位,使得个体能力实际难以与垄断企业相抗衡。

2. 竞争者和消费者以群体形式提起诉讼。即代表人诉讼,以代表人诉讼制度处理类似知识产权滥用事件,会存在以下问题:

(1)我国民诉法所确立的代表诉讼要求当事人一方有共同的诉讼标的或诉讼的种类相同,即所有当事人所涉及的法律关系相同,引发诉讼的事实和原因相同,并且原告一方当事人的诉讼请求能协议一致。按照这一要求,由于竞争者和消费者这两类利益群体当然都难以形成"同一种类的诉讼标的",一般可分两类代表人诉讼。一类为竞争者群体的代表人诉讼,一类为消费者群体的代表人诉讼,这样,不仅诉讼成本高昂,程序繁杂,周期迟延,诉讼效果仍难以保证垄断的有效规制和社会公益的真正维护。因社会公共利益与社会个体紧密相连,但并非个体利益的简单相加。这种整体性经济利益自身独立为不可分的实体,并不因违法方承担一般性的民事责任而得以有效的维护和救济。

(2)我国代表人诉讼制度中的许多具体内容过于简单。实际运用中公益维护的功能极为

---

① 颜运秋:《论公益诉讼对传统诉讼的挑战》,载《湘潭大学学报》2003年第3期。

有限,它要求受害人明示授权,特定价值目标在于保护私人利益,并非侧重社会公益保护,代表诉讼的构成标准、当事人适格、公告登记制度、自由处分权、责任承担以及法院判决、裁定的效力等规定对公益案件解决限制即是如此。

五、出路:知识产权公益诉讼的路径选择

由于知识产权公益纠纷难以纳入现有的诉讼体系中,基于"有权利必有救济"的理论,必须寻求恰当的途径,为知识产权领域内的公共利益设定司法救济方式,以维护社会正义和社会秩序。笔者认为,借鉴美国的集团诉讼来完善代表诉讼制度虽然能在一定程度上增强我国民事诉讼对公益事件的适应能力,但将问题的解决寄希望于变通、修改民事诉讼制度,存在较大局限。因为民事诉讼的目的就在于解决个体间的私权纠纷,救济和保护民事主体实体私权利,维护私法秩序。民事诉讼的这种私益属性在其对当事人适格的要求及程序结构的安排上体现得甚为明显。因此,无论立法修正现有制度或扩张当事人理论,甚至设计特别程序,民事诉讼都不可能对其程序价值与架构进行质的否定与背离。这也决定了受制于民事实体法的民事诉讼对处理知识产权公益纠纷,维护社会公共利益是难有建树的。异化本旨的立法毕竟有限,借助公益诉讼制度更为可行。

公益诉讼是任何组织和个人根据法律授权,就侵犯国家利益、社会公益的行为提起诉讼,由法院依法处理违法的司法活动。公益诉讼源于罗马法,对大陆法系国家的团体诉讼产生了深远的影响。美国作为现代公益诉讼的创始国已形成健全的公益诉讼,印度为完善公众利益诉讼而越来越强调司法能动主义。我国现行的法律框架里,并没有公益诉讼制度的存在。笔者以为,知识产权公益案件可借鉴国外尤其是英美公益诉讼制度,结合其共有性规律与我国具体国情,针对知识产权公益纠纷之特点来构建相关制度。下面仅就制度安排上应予考虑的问题作初步探讨。

(一)原告资格问题

我国诉讼法领域长期以来存在着一种误区:认为只有自己合法权益受到违法侵害的人才具有原告资格。这种理念的弊端在于忽略了公共利益的存在,关闭了对这些权利的救济之门。随着现代法治的发展,这种严格的"直接利害关系"原则,受到人们的质疑和挑战。随着实体权的广度和深度不断被司法发现和立法确认。正当当事人在程序当事人概念之下有很大的扩张空间,进一步推动了当事人适格要件的缓和。公益诉讼控诉主体的广泛化,具体包括三大类:国家特设机关、社会团体和任何个体。但基于我国的具体国情和知识产权的普及程度,笔者认为知识产权公益诉讼的控诉主体主要应有两类:

首先,国家作为公益诉讼控诉的一极是必不可少的。知识产权中社会公共利益的主体是公共社会,但公共社会并非实在的主体,其利益必须有一个实在的主体予以代表与维护,否则容易遭受私人利益主体的侵犯,无论就其产生的动因,还是有关的历史使命以及其所享有的各种权力与方便,国家无可争议地成为了社会公共利益的代表。在知识产权领域,此种代表不仅体现确认社会公共利益的内容及其与专有权人个体利益之界限,而且还体现了当社会公共利益受到损害时动用国家机器进行救济与维护。但是在我国涉及公共利益的问题没有人代表国

家提起诉讼,立法应当赋予国家特设机关代表公共利益提起诉讼的权力。国家特设机关提起涉及公共利益的案件,不违背诉讼法理,且符合国际惯例。鉴于诉讼事件的民事处分涉及公益,所以在知识产权诉讼中为了社会公益不仅应限制适用当事人主义原则,而且国家往往需要对这类案件置喙其间。否则,知识产权专有权人将可能假借维护私权名义,肆意侵损公共利益,而无人过问,这只能说是国家的失职。国家特设机关因超然于当事人双方,无疑最适合充当代表国家公权干预知识产权诉讼的角色。

传统上一般以检察机关作为公益诉讼的主体,但考虑到知识产权纠纷的技术性与检察机关的专门任务,检察机关并不适宜作为知识产权公益诉讼的原告。笔者以为,可考虑在商务部门或知识产权部门中设置专门的人员或机构,以担负公益维护之职责,防止知识产权滥用。

其次,社会团体的介入是解决知识产权公益纠纷和真正实现知识产权价值目标的重要条件之一。鉴于有关社会团体在知识产权权利保护及公共消费领域所发挥的作用越来越大,代表性越来越强,受害人利益、社团利益与社会公益的一致性相当突出,将诉权直接赋予以某一群体利益为动因的社会团体,可以有效解决卷入纠纷的当事人众多和个人起诉"搭便车"等问题。让某些社会团体作为群体诉讼的适格当事人,一方面助于保障受害者的实体权益,另一方面可减少诉讼环节和诉讼消费而有利于减少程序利益的耗费。社会团体提起公益诉讼在经济能力、法律知识储备、举证能力方面都有明显优势。① 就知识产权公益诉讼而言,笔者认为,各商业协会与行业等在必要时可担负维护知识产权领域特别是专利领域的公共利益之职责,立法可赋予其提起公益诉讼的权利;实践中则更需要国家商务部等机构组织与支持,必要时可设专门基金予以资助与扶持。

要说明的是,前述五教授提起的专利无效案当然值得肯定,但个人作为公益诉讼主体并不宜制度化。

(二)具体制度设计

1. 限制起诉人的处分权,实行举证责任倒置

(1)在关涉知识产权公共利益的时候允许起诉人行使无限制处分权是不适宜的。笔者认为,此类案件的处分权行使仅止于当被告方意识到自己行为的严重性并积极主动采取相应措施给予补救时,由原告撤诉。

(2)在诉前设置独立证据调查阶段,知识产权公益损害的证据都有同一特点,就是证据技术性专业性强,一般为被告所掌握,原告举证比较困难,允许当事人在诉前搜集情报,进行证据调查,以证明诉之利益需要司法保护的迫切性、现实性是十分必要的。

2. 制裁手段多元化

知识产权法兼容公私法属性和知识产权公益冲突性质的综合性,决定了知识产权领域责任应兼具公法和私法责任的特点(这也是单纯依靠传统诉讼不能彻底有效解决知识权公益纠纷的重要原因)。因此,对知识产权领域的侵害公益的责任追究,不能局限于民事、行政、刑事审判只采取单一方式的制裁模式。近来有学者主张在知识产权中引入惩罚性赔偿无疑具有其合理性。适用具有复合性的责任,有利于彻底有效地解决相关问题,节约公益维护的诉讼成本与耗费。

---

① 邱联恭:《程序制度机能论》,三民书局1992年版,第157页。

知识产权法作为与国家、社会的整体利益和长远利益紧密关联的重要事业，它力图谋求在社会公益和个人利益平衡的基础上实现促进经济科学、文化事业良性运行和协调发展的目标。面对领域内主体间利益关系冲突的公益趋向，如何解决主体的失范行为对社会公益的侵害，确保知识产权价值目标的实现，已成为一项不可回避的挑战。知识产权领域内的公益诉讼问题作为内涵丰富的体系，值得进一步研究。

股东会决议无效诉讼

谢文哲[*]

我国《公司法》第22条规定,某些股东会或者股东大会[①]的决议可请求人民法院确认无效。这一规定,正式确立了我国股东会决议无效诉讼救济制度,也就是关于股东会决议确认无效之诉的内容。然不足在于,无论从解决公司法上的纠纷的实际需要出发,还是以比较法的角度视之,公司法就此种诉讼类型的有关实体和具体程序方面的规定仍显粗疏,甚或尚付阙如。当前人民法院如何具体审理这类纠纷案件,还处于边实践、边总结经验的摸索阶段,因而有必要对之加以深入研究,使相关立法和司法得到进一步完善。

一、确认无效之诉及其在我国的立法沿革

一般认为,股份公司和有限公司,由于受到三权分立的政治思想影响,而有意思机关、执行机关和监督机关之分立。其中意思决定机关系为股东会。股东会是由全体股东所组成的会议体,是依据股东的合意在公司内部决定公司意思的法定必备最高机关。基于股东民主的考虑,应召到会的享有表决权的股东对决议事项按照多数决原理、法定及章定程序作出可决或否决,从而形成股东会的意思表示,进而形成公司的意志,这就是股东会决议制度。看来这是一种将多数出资者的意思吸收为单一的团体意思的制度,因此其内容和程序必须合法、公正。相反,如果决议程序或内容上有瑕疵,就不能认为是正当的团体意思,应当否认其效力。如果适用有关民事法律行为瑕疵的一般原则,那么当股东会决议有无效原因时,即使不特别主张,该决议的效力亦视为自始就不发生,而当股东会决议有撤销原因时,依撤销权人的单方面的撤销,决议亦应溯及既往地丧失效力。[②] 但是股东会决议是社团性法律行为,因此在其形成过程中必

---

[*] 谢文哲:华东政法学院教师。(本文是上海高校选拔培养优秀青年教师科研专项基金项目《公司法上的纠纷之特殊诉讼机制》课题的部分研究成果。)

① 股东会,或者股东大会是有限公司或者股份公司的意思决定机关,以下行文一般将之统称为股东会。

② 无效的民事行为,从行为开始起就没有法律效力;被撤销的民事行为从行为开始起无效。参见我国《民法通则》第58条、第59条。

然要介入多数人的意思和利害关系,并且决议一经形成,就以决议有效为前提形成各种后续行为。倘若依据无效、撤销的一般法理来解决,将会导致团体法律关系的不稳定,从而将损害多数人的利益。因此,现代法治国家将之作为公司法上特别地否定决议效力原因的瑕疵类型规定出来,要求原则上只能以起诉的方式来主张。

通常域外立法例将股东会决议的程序或者内容违反法令、章程时,或者程序显著不公正时出现的问题,称为股东会决议的瑕疵,进而依据瑕疵的种类,把为救济这些不同瑕疵而提起的诉的类型分为确认无效之诉、撤销之诉等,并分别规定对其判决之效力。① 其中,前一类型,大陆法系国家(地区)公司法中几乎都有规定,它是一种主要适用于股份公司,并在有些法域亦适用于有限公司的救济方式。② 综合参考这些国家的立法表述,所谓股东会决议确认无效之诉,指的是股东会决议内容违反法令时,有诉的利益的主体得请求法院确认该决议无效的诉讼救济制度。③

我国构建完善决议确认无效之诉制度经历了相当漫长的时间。1993年《公司法》颁布实施后,实践上公司内部围绕股东会决议的瑕疵问题及其效力而引起的纷争时有所见。虽然学界很多人主张④,该法第111条规定可以作为我国提起决议无效之诉的请求权法律依据,但是司法实务上长期以来,人民法院对公司法上的纠纷案件倾向于采取不受理或不支持的消极裁判思维,能够实际进入审判程序的决议无效案件少之又少。2000年最高人民法院下发《民事案件案由规定(试行)》,明列"公司决议侵害股东权纠纷"、"股东会议召集权纠纷"两种案由⑤,才使法院受理这一类型案件情况稍有好转。除原《公司法》第111条之外,我国关于股东会决议效力争议解决的更为明了的具有规范效力的文件是中国证券监督管理委员会2000年5月18日发布的《上市公司股东大会规范意见》,其中第42条规定:"对股东大会的召集、召开、表决程序及决议的合法有效性发生争议又无法协调的,有关当事人可以向人民法院提起诉讼。"⑥这赋予了股东对股东会决议瑕疵直接诉讼的权利。自此可以认为我国已经基本确立了决议确认无效之诉的救济制度,法院受理这类纠纷应无问题。然而股东会意思决定瑕疵的复杂性、多变性及深层性的矛盾,却不是上述规定所能涵盖的。伴随我国公司法实施,社会上对于"公司法欠缺可诉性"的批评声音始终不绝于耳,立法者似乎也发现了问题所在。紧跟着有两项促进立法再造的准备工作需要交代:一是最高人民法院为维护司法统一,正确审理公司法上的纠纷案件,满足审判实践的需要,于2003年11月份向社会公布《关于审理公司纠纷案件若干问题的规定(一)》(征求意见稿),其中于第40条规定了决议确认无效之诉制度。⑦ 二是

---

① 依有关国家或地区实定法上规定研判,德国、我国大陆及台湾地区,规定了撤销之诉和确认无效之诉;日本规定有撤销之诉、确认无效之诉、确认决议不存在之诉,而韩国公司法在日本规定基础上还增加了一种撤销、变更不当决议之诉的类型。

② 从日本《有限公司法》第41条及韩国《商法》第578条规定来看,在日本、韩国,该诉的类型亦适用于有限公司。根据我国《公司法》第22条之表述,该诉的类型可使用于股份公司和有限公司。

③ 参见德国《股份公司法》第249条第1款,我国台湾地区"公司法"第191条,韩国《商法》第380条,日本《商法》第252条。

④ 刘俊海:《股份有限公司股东权的保护》,法律出版社1997年版,第300页。

⑤ "案由规定"列举的这两种案件类型(尤其是后者)是否可严格解读为股东会决议无效之诉存有争议。

⑥ 与之相关的条文还有《上市公司股东大会规范意见》第38条第2款、第41条第1款。

⑦ 最高人民法院《关于审理公司纠纷案件若干问题的规定》(一)(征求意见稿),载 www.chinacourt.org/public/detail.php?id=88551&show_all_img=1.

以王保树先生为代表的"公司法修改"研究小组,推出"中国公司法修改草案建议稿",其中第124条也对此作了规定。① 之后,水到渠成,2005年修订《公司法》第22条第1款、第3款、第4款,就决议无效诉讼重新做了规制,立法语言表述更为明确。

二、无效原因的认定

相对诉讼程序上议题而言,无效原因的认定是确认无效之诉的实体法律问题。关于据以提起该诉的原因或事由,有关国家在实定法上的规定并不尽然一致。

德国法上规定的无效之诉的事由如下②:(1)与关于有条件增加资本的决议相违背的股东会决议无效;(2)股东按其在原基本资本③中所占的份额比例拥有新股票,股东会与此相悖的决议无效;(3)增加资本的决议没有在其作出后的三个月内在商业登记簿登记注册的,那么该增资决议前上一个营业年度之关于增加基本资本和关于结算盈余使用的决议均无效;(4)各项决议和关于增加资本的实施行为没有在作出决议后的六个月内在商业登记簿登记注册的,各项决议无效;(5)如果削减资本的决议没有能在决议作出之后六个月内在商业登记簿登记注册,上述决议均无效;(6)削减资本的决议和增加资本的决议以及增加资本的实施行为没有在决议作出之后三个月之内在商业登记簿中登记注册的,全部决议无效;(7)没有按照相应法律的规定召集的股东会上作出的决议无效,除非所有股东出席了股东会或者都被代表了;(8)没有按照相应法律要求对记录进行公证的决议无效;(9)决议与股份公司的性质不相符合,或者由于其内容违反了那些专门或主要是为了保护公司债权人或公共利益而作的规定;(10)决议内容违反了公序良俗;(11)因撤销之诉已被判决宣布在法律效力上无效的;(12)根据非讼事件法院管辖法的相应规定,基于一项具有法律效力的裁判已被作为无效而撤销的。根据德国《股份公司法》第242条的规定,对于前述无效事由的第(3)、(4)、(5)、(6)、(7)、(8)、(9)、(10)、(12)项允许在无效性得到弥补后就不得提起无效之诉,但是对于第(3)、(4)、(5)、(6)、(7)、(9)、(10)、(12)项,三年期限届满后,不排除由法院根据《非讼事件法院管辖法》依职权撤销该项决议。由此可见,德国法上的提起无效之诉的事由可以概括为两种情况,一是决议内容违反法令,二是决议的法定程序被违反的。④

在韩国,股东会决议内容违反法令时得提起确认决议无效之诉。1995年商法修改之前,按照形式上的瑕疵归于决议撤销,实质上的瑕疵归于决议无效的二分法将决议内容违反章程时归为无效事由,但修改后的商法将决议内容违反章程的情形转到撤销事由中。决议内容违反法令,立法论上系指决议内容为:(1)非股东会权限事项时(例如关于下次股东会召集的决议);(2)违反股份平等原则时(例如每股的表决权数不同的决议);(3)违反股东

---

① 王保树主编:《中国公司法修改草案建议稿》,社会科学文献出版社2004年版,第26~27页。
② 依次参见德国《股份公司法》第192条第4款、第212条、第217条第2款、第228条第2款、第234条第3款、第235条第2款及第241条第1项、第2项、第3项、第4项、第5项、第6项。
③ 德国法上的基本资本相当于我国法上的注册资本的概念。
④ 就德国关于股东会决议撤销原因和无效原因的规定作对比研究发现,虽然德国被奉为股东会决议瑕疵制度的滥觞,但即使经历了多次改革后,其现行法仍未能十分清楚地界定决议无效与撤销的界限。并可参阅钱玉林:《股东大会决议瑕疵研究》,法律出版社2005年版,第278页。

有限责任原则时(例如为填补损失追加出资的决议);(4)将股东会权限事项委托给他人时(例如将选任董事委托给董事会的决议);(5)违反强行法规或社会秩序时(例如将董事资格限制于男性)等。①

除违反法令外,另一种无效原因是不公正的决议。对此韩国法虽无明文,但理论上认为决议内容为超出内在限制②的不公正决议时,应视为无效。实践中经常发生的是多数决的滥用。"多数决的滥用"是指大股东为了追求自己或第三人的个人利益,将客观上内容显著不公正的决议靠多数决的力量成立的行为。例如根据公司规模、营业业绩、董事的职务内容来看所规定的董事报酬过高的决议,以非常不利的条件转让营业的决议,根据少数股东的请求而将接受解任判决的董事再次选任为董事的决议,为避开与大股东控制的另外一个公司展开竞争而变更公司的目的事项的决议等。多数决的滥用而产生的瑕疵是属于决议内容本身的不公正,因此应视为决议无效事由。③

日本法上决议无效的事由除了包括韩国法上的决议内容违反法令这一类外,还包括决议内容违反章程的情况。我国台湾地区追随了这一立法例。

上述不同法域,尤其是德国与东亚地区就无效事由的认定存在较大差异。例如,德国无效事由除了决议内容上的瑕疵外,还包括决议的公证、登记等影响其生效的程序上的瑕疵;而日、韩及台湾地区由于地缘之故,法律文化交流频繁,并具有一定的历史传统的相近性,从而表现出了制度的某些趋同性。我国公司法规定之股东会或者股东大会决议无效的原因,指决议内容违反法律或行政法规的情形,不难看出大致仿效了韩国法。实务上应如何理解这一规定呢?由于法律规范包含任意性规范和强行性规范,前者允许当事人依意思自治原则变更或排斥此种规范之适用,后者则不容当事人予以变更或排斥。而强行性规范又有命令规定与效力规定之别,违反前者的行为虽应承受一定的公法上的责任,但行为本身并不因此而失效;违反后者的行为,不但要承受法律责任,而且行为本身当然无效。故解释论上,基于民法关于法律行为无效的情形类推,所谓决议内容违反法律、行政法规,准确地说是决议内容违反强行性或禁止性法律规范中效力规定的情形。例如股东会为违反股东平等原则、股东有限责任原则或股份转让自由原则的决议,或为侵害股东固有权的决议,或违反公序良俗或强行法规定的决议等均属之。至于决议内容违反了强行性法律规范中命令规定的,私见以为不妨参酌内容违反章程的原则,将其视为撤销原因。

---

① [韩]李哲松著,吴日焕译:《韩国公司法》,中国政法大学出版社2000年版,第419页。
② 内在限制,针对表决权行使而言,是由德国学者发展形成的理论。大致的意思为,表决权也是带有法律义务的权利,其行使受社会秩序和诚实信用原则的约束,并且从股东共同的利益角度出发,考虑少数派股东的地位,也是多数派股东的义务。表决权行使的自由不能发展到表决权的滥用(Mibbrallch des Stimmerchts)。为此学者们提示了表决权行使的内在限制的判断标准如下:(1)依强行法规和社会秩序来约束;(2)禁止差别(Diskriminier raungsverbot);(3)依团体目的(Verbandsz week)来约束;(4)依信义义务(Treupflicht)来约束等。
③ 参见[韩]李哲松著,吴日焕译:《韩国公司法》,中国政法大学出版社2000年版,第419~420页。

三、确认无效之诉的程序法律问题

(一)原告

大陆法系各国关于决议确认无效诉讼的诉权享有人都未于商法或公司法上作出直接、明确规定,因此主要是考虑到决议无效判决的团体性效果,把享有诉权的主体限于与诉讼关系中有最大利害关系的人,即实际具有诉的利益之人。决议确认无效之诉系因实体法认为需要加以承认而个别地、具体地设置规定的,因此当原告能够提起符合这种个别规定要件的诉讼时,原则上就对该诉讼具有诉的利益。① 唯须强调者,关于诉的利益的判断在很大程度上依赖于实体法的解释。一方面,以实体法解释为前提导致了诉的利益判断多义性的产生,但在另一方面,从纠纷解决的实效性的角度来对此微调则正是诉的利益的意义之所在。② 因此,具有怎样的诉的利益的主体才能享有诉权,必须结合实体法的解释和程序法上纠纷解决的实际需要作出判断,我国有必要借助判例来厘定诉权享有人。③ 通常情况下,各国可提出决议瑕疵之诉的主体限于股东、董事或者监事,德国还规定董事会也可以提起。④

现有的所有股东均与确认无效之诉具有利害关系。因此,不要求股东为决议之际的股东,而任一位出席或没出席股东会的、只要是起诉时的股东均有权起诉。具体地说,作为诉讼提起人的股东是指被记载于股东名册上的股东,未进行名义更换的股份的受让人不享有诉权。不限制所有的股份数,单独股东也可以起诉。由于所有股东都具有诉的利益,即使与瑕疵无关的股东也是可以起诉的。即便参加过决议的股东亦能起诉,而且这种起诉并不违背诚实信用原则。

董事、监事系公司治理机关之成员,他们是与诉讼的关系中有最大的利害关系的主体之一,但他们要具有原告资格则必须是起诉当时的董事、监事。任期届满的董事、监事,或已辞任的董事、监事不应有原告资格。但是,依公司章程,因其退任而缺员的,则直至他们的后任董事、监事就任为止,其作为董事、监事承担权利、义务时可以提起诉讼。清算中的公司可以由清

---

① [日]高桥宏志著,林剑锋译:《民事诉讼法——制度与理论的深层分析》,法律出版社 2003 年版,第 320 页。
② [日]高桥宏志著,林剑锋译:《民事诉讼法——制度与理论的深层分析》,法律出版社 2003 年版,第 327 页。
③ 我国在法律理念上一直固守大陆法系制定法的传统,排斥先例在实现法律自我完善中的作用。其实,再周全的制定法总包含着大量的缺漏,而且非得司法实践就无以清晰地看到,任何法律规范要发挥作用无不依赖人的主观因素的左右,法律解释和推理的运用成为司法中的必须而正常的工作,但与其允许每个法官在每个案件中依靠裁量权来执行法律,不如建立判例制度,使这种所谓依法却游离于法治精神的司法状况得到一定的改善,从而尽可能地把法官对法律规范的主观理解和运用归拢到判例所作的统一认定的范围中来。判例与大陆法系的制定法传统是兼容的,它的好处将在划定决议确认无效的提起事由和何人具有诉权提起诉讼的方面显现出来。
④ 德国《股份公司法》第 245 条。

算人、监事起诉。① 起诉当时,虽然不是董事、监事,但根据有瑕疵的决议,被解任的董事、监事,应视为享有诉权。

诉讼过程中股东等的地位可能出现变化。有观点认为,起诉的股东、董事、监事在起诉后至辩论终结时为止要维持其资格。照此说法,起诉后,因股东死亡或转让股份等理由丧失股东地位时,董事、监事因任期已满、辞任、解任、死亡等丧失其地位时,应以提起诉讼权的消灭为由,终结诉讼。如放任它,起诉期间已过的,那么谁也不能再争决议的效力。但是,确认无效之诉不是为了股东等的个人利益,而是为了股东和公司全体的利益而提起的,这种带有公益性的诉讼与起诉者的个人事情连结起来终究是不妥当的。因此,在此种情形下应允许其他股东或者其他董事、监事继受诉讼。② 这在民事诉讼法学理论上称为诉讼承担,但是目前这在我国还是一个问题。我国民诉法和最高人民法院的司法解释仅承认三种情况的诉讼承担:一是继承人可以承继诉讼;二是在诉讼过程中法人因发生合并和分立而消灭的,由合并后的法人或分立后新成立的法人共同作为诉讼权利的承担者参加诉讼;三是诉讼中法人被撤销的,由决定撤销的主管单位作为诉讼的承担者。如果确认无效诉讼进行中作为原告的股东、董事、监事丧失了其资格或身份时,诉讼应如何进行、是否得由其他案外人承继诉讼?因此我国借鉴国外立法例赋予具有同一资格的人承继诉讼确有必要。笔者希望正在如火如荼进行的民事诉讼法修订工作能够注意到这一点,于我国当事人制度上作出突破性的规定。③

(二)起诉期间

日本、韩国商法中对确认决议无效没有规定起诉期间,因为从瑕疵的性质来看,以短期间的经过来认定治愈是有失公平的。于是,利害关系人只要有诉的利益,随时可以提起诉讼。但是德国规定无效之诉同撤销之诉一样,起诉期间都为一个月的较短期间。推测其原因,大抵上,一是因为德国法上无效之诉的事由还包括关于决议的法定程序被违反的情形,属于法律明确的程序上瑕疵;二是出于维护团体法律关系稳定的考虑,如果在决议作出后的一个月内,不以诉讼或其他方式提出,涉及公司的参与人的对内、对外的法律关系都在生成中,应以维护这种关系的稳固为原则,法律给予起诉人一个较短的期间,而且该期间应为除斥期间,不能中止或延长。

在我国,公司法未对股东会决议无效诉讼限定起诉期间,那么其应当适用我国《民法通则》关于诉讼时效的规定。

(三)被告确定

德国法明确规定决议确认无效之诉须以公司为被告,日、韩商法上没有明文规定这种类型的诉讼中谁应该是被告,但毫无疑问亦应将公司作为被告。既判力涉及以公司为中心的所有的法律关系,如果将公司以外者作为被告会产生公司法律关系转为他人之间的诉讼的问题。

---

① 参见韩国《商法》第542条第2款、第376条,我国《公司法》第185条。
② 日本《民事诉讼法》第124条第1款之(五)和韩国《民事诉讼法》第212条第1款规定:具有一定资格的人以自己的名义为他人担任诉讼当事人的人死亡或因其他事由而丧失其资格,那么具有同一资格的人应当承继诉讼程序。
③ 从《民事诉讼法典的修改与完善》课题组提交并付梓出版的关于民诉法修改建议第三稿的条文来看,无此方面的建议规定。可参阅江伟主持:《〈中华人民共和国民事诉讼法〉修改建议稿(第三稿)及立法理由》,人民法院出版社2005年版,第12页。

根据我国《公司法》第 22 条第 3 款表述可知,我国亦把公司视为被告。

(四)管辖问题

根据德国《股份公司法》第 249 条第 1 款,日本《商法》第 252 条、《有限公司法》第 41 条,韩国《商法》第 380 条、第 578 条规定,决议确认无效专属于公司总公司所在地的地方法院的管辖。如此这般的理由在于,股东会议的召集场所,在章程上另无规定时,应在总公司所在地,以方便股东查阅公司资料检查公司运营。

我国公司法未对确认无效之诉管辖问题作出交代,但并非不能得到解决。依据现行法中确定管辖的原则,由被告住所地或者与诉讼标的直接相关的公司住所地人民法院管辖,结果亦使公司住所地的法院享有对无效之诉的管辖权力。私见以为,这类诉讼专属于公司所在地法院管辖既便于当事人进行诉讼,也方便法院调查审理案件事实。

(五)诉讼担保

股东会决议是形成公司意志的一种重要途径,但通过具有诉的利益的人提起对瑕疵决议的监督和救济也是维护公司长久营业、维护所有公司参与人的根本经济利益的必要措施。因此,如何才能既保障公司法人的独立性和商业经营判断,又不至于使股东会以多数决或其他瑕疵决议危害其他公司参与人的权益及违反法令、章程、公司合同,是我国健全决议确认无效之诉制度必须兼顾与平衡的两个方面的追求。设置瑕疵决议的司法救济方式和鼓励那些涉及利益的个人和公司内部机构采取司法监督的同时,必须防止个别人的滥诉行为。为了达到这一目标,决议确认无效之诉通过设立诉讼担保制度来实现。

日、韩商法上直接规定,提起决议确认无效之诉时,公司可以通过讲明股东等提起诉讼人有恶意,请求原告提供担保,法院可据此命令原告提供相当的担保。但起诉的股东为董事、监事时,没有提供担保的义务。① 所谓"恶意",是指明知没有无效事由而提起诉讼。命令提供担保的目的是要担保(因提起诉讼)公司受到或将要受到的损害,其价额以公司将要遭受的不利益为标准,由法院裁量决定。德国公司法在设计决议确认无效之诉时,并未直接就此设置原告的诉讼担保义务,但是无疑这种诉讼得通用民事诉讼上有关诉讼担保制度的规定。在诉讼中法院有权使用裁定,命令当事人一方向对方就诉讼费用或其他风险提供担保,裁定须应被告也就是公司的申请才能作出。② 无论如何,诉讼担保是为了抑制股东等起诉者之滥诉。

根据我国《公司法》第 22 条第 3 款规定,股东提起决议确认无效之诉的,人民法院可以应公司的请求,要求股东提供相应担保。毋庸置疑,我国着手完善有关决议瑕疵之诉的类型,考虑赋予更多具有诉的利益的主体的诉权的同时,防范滥诉的问题应借助健全诉讼担保制度来实现。至于担保的价额、方式等问题留待法官据情自由裁量就是了。

(六)公告诉的提起及和解的可能性

德、日、韩法上规定,提起诉讼之后,公司应不得迟延地进行公告③,由于董事会负责公司的经营,具体地进行公告的责任则由董事会负担。这是以公示方法向现存的利害关系人及潜

---

① 日本《商法》第 106 条,韩国《商法》第 377 条。
② 沈达明:《比较民事诉讼法初论》,中国法制出版社 2002 年版,第 171~172 页。
③ 德国《股份公司法》第 249 条第 1 款,日本《商法》第 105 条第 4 款,韩国《商法》第 187 条。

在的利害关系人预告公司法律关系的可变性,目的是提醒与公司交易的人警惕公司法律关系的变化。要求起诉后适时公示,其必要性是有的。我国应借鉴外国立法经验于公司法上如此规定,当下公司法再次修改之前,先以司法解释的方式作出这种要求为妥。

决议确认无效之诉是以团体法律关系为对象的,并不是原告可任意处分的利益,故当事人不得进行和解。基于同样理由,也不得允许公司认可和解请求。法官审理这类纠纷案件时应当注意此点要旨。

四、确认无效之诉的性质及判决效力

(一)决议确认无效之诉的性质

诉讼法上通常根据原告诉讼请求的性质和内容,把诉分为给付之诉、确认之诉和形成之诉,分别与实体法上的请求权、支配权和形成权相对应。如果向原告提供所申请的权利之保护,则通过与所选择的诉的种类相适应的给付判决、确认判决或者形成判决来实现这种权利保护。公司法上的诉讼大部分都是形成之诉。所谓形成之诉,在我国又称为变更之诉,系指以变更法律关系的判决(形成判决)为目的的诉讼,亦即原告通过该诉的提起获得的判决,既非确认也非实现现存的法律关系,而是改造现存法律关系并创造新的法律关系或状态。① 形成之诉的对象——法律关系或状态不得依据当事人一方的意思表示而改变或不能以抗辩来主张,只能根据起诉和判决的确定而改变之。这种任务对民事诉讼来说是不同寻常的,因为民事诉讼原则上服务于权利确认和实现,而不是服务于权利的塑造或形成。其中的原因来自实体法。实体法通常情况下允许权利人自己进行权利塑造,可能是单方的,例如在物权中放弃或者行使形成权(解约、解除、撤销),也可能需征得对方当事人的同意,例如免除债务。只因特殊原因这条路才被堵塞,并且权利人必须寻求法院对权利的塑造,这经常甚至不经对方当事人同意就可以引起。

确认决议无效之诉的性质为何,学者间有不同认识,形成了确认之诉说(此为通说)、特殊确认之诉说、形成之诉说、诉讼否认说的纷争局面,其中以通说和形成之诉说的争论最为激烈。② 实际上,两说之重要的差异是只能以诉讼来主张决议无效(形成之诉说)呢,还是也可以通过诉讼以外的其他方法,例如履行之诉中的请求原因或抗辩来主张(确认之诉说)。如依形成之诉说,该决议有效至无效判决时为止,但是如依确认之诉说,决议一开始就无效,因此无须将决议无效以诉讼来主张,直接可以无效为前提主张决议的后续行为的无效。

结合前述之论说,我们认为,首先,依据确认之诉说,在无效之主张方法上不加限制,并一开始就成为当然无效,这与大陆法系国家公司法上承认无效判决的对世效力显然是相冲突的。其次,如果采取确认之诉说,就会产生同一决议的效力因原告的不同而相异的矛盾。例如,假设因营业转让决议的效力出现问题,公司正在迟延履行。公司以受让人为对象向受让人的管辖法院甲法院以决议无效为理由提起确认债务不存在诉讼;而受让人又以公司为对象向公司

---

① [德]奥特马·尧厄尼希著,周翠译:《民事诉讼法》,法律出版社 2003 年版,第 187 页。
② 刘俊海:《股份有限公司股东权的保护》,法律出版社 2004 年版,第 309 页。

的管辖法院乙法院提起履行诉讼。甲法院虽然认定决议无效,作出了确认债务不存在的判决,但是乙法院可以以决议有效为前提作出履行判决。如果采取确认之诉说,无法防止这种相矛盾的判决。再者,依据确认之诉说,在公司外部人之间的诉讼中也可以主张股东会决议无效,这显然是不正确的。最后,从形成之诉来看,虽然存在对决议无效为原因的请求强行要求履行双重的诉讼程序的非经济性因素,但是更重要的是它可以划一确定因股东会决议而形成的团体法律关系。因此,应将侧重点放在公司法所规定的判决的效力上,将确认决议无效之诉视为形成之诉。①

(二)判决的效力

1. 原告胜诉判决的效力

(1)对世效力。判决的既判力是判决的诸效力之一种,既判力原则上只在对立的当事人之间产生。② 确认无效判决是法院就围绕当事人之间公司法上的权利关系形成的纠纷而作出,为此,受既判力拘束的主体限于法院及当事人。而且,无效判决形成的基础是辩论原则以及处分权原则,在这两项原则的支配下,诉讼是由法院及拥有实际利害关系的当事人进行辩论而展开和进行的。基于此点,得到充分的诉讼权利和机会进行诉讼活动的当事人,应该对由他们提供的诉讼材料形成的判决结果负责。质言之,当事人应该受判决既判力的约束。相反,没有参与诉讼,没有获得充分诉讼权利和程序保障的第三人,对于判决的内容以及判决基础的诉讼材料是不知情的。如果将既判力扩大适用到他们身上,显然在当事人和第三人之间显失公平。然而,由于案外第三人在特定条件下与本案诉讼标的产生密不可分的关系,而且这种关系对于权利的稳定来说有利无弊,显然需要适用既判力来加以调整时,在适当的情形可以扩大既判力的适用范围。换一角度说,在某些特定情形下,如果限制既判力扩张至一般第三人,诉讼法所追求的纠纷的合理、高效解决的目标将难以实现。为此,各国均于民诉法或某些实体法中对某些判决的既判力向第三人的扩张作了规定。诉讼法学上,把形成判决的确定性效果及于当事人以及其他第三人之能力称为判决具有对世效力。我国应当借鉴德、日、韩的作法,③于公司法上修增无效判决之效力及于起诉人、公司以及此外的第三人的规定。因此,任何人不得重新主张决议有效。这是对将既判力的主观范围局限于当事人的民诉法上的原则的一个例外。如此认定对世效力的理由在于,股东会决议具有固定多数人与公司建立同种法律关系的团体性特征,因此有必要对他们划一确定。

(2)关于形成力和溯及效力问题。生效判决的结果有时可以引致法律关系发生、变更或消灭,这种情形被称为判决的形成力,由此,形成力是形成判决的效力。形成力表现在通过裁判改变目前的法律状况上,新的权利状况的建构只有通过判决才发生,所以发出形成判决的法院是在为未来作出命令。相比而言,既判力则是以宣告的方式发生作用,即被宣告的发生既判力的法律后果是由判决来确认,而非去创造,所以发出给付判决或确认判决的法院只是在对现状作出确认而已。④ 形成力作为股东会决议无效判决的效力,向未来发生作用,这是肯定的。但

---

① 关于该诉性质的论述还可参阅[韩]李哲松著,吴日焕译:《韩国公司法》,中国政法大学出版社2000年版,第421~423页。
② 江伟主编:《民事诉讼法学》,复旦大学出版社2002年版,第70页。
③ 参见德国《股份公司法》第248条第1款,日本《商法》第109条,韩国《商法》第190条。
④ [德]奥特马·尧厄尼希著,周翠译:《民事诉讼法》,法律出版社2003年版,第341~342页。

是无效判决能否像一般性撤销效力溯及到法律行为成立时呢？这就是关于无效判决的溯及效力的问题。如果限制这种判决的溯及效力，即使当事人得到无效判决，但判决以前、以决议有效为前提在公司和股东及第三人之间所形成的一切行为没有受判决的影响，委实这将成为对依违法决议而获得利益者认定其既得权的重大的盲点。因此，德、日等国公司法上在认可无效判决的对世效力的同时，亦不限制其溯及效力。只要有了无效判决，过去以决议的有效为前提进行的所有行为，则溯及而失去效力。

我国现行法没有涉及判决效力的规定，理论研究文章也比较少。德、日等国法律上缜密完备的制度设计值得学习借鉴。

(3) 履行登记手续。我国《公司法》第22条第4款规定：公司根据股东会或者股东大会决议已办理变更登记的，人民法院宣告该决议无效后，公司应当向公司登记机关申请撤销变更登记。申言之，决议事项已登记时，只要无效判决被确定，就应在总公司和分公司所在地的登记主管机关那里进行撤销变更的登记注册。

2. 原告败诉判决的效力

原告败诉时，其判决不同于无效判决，没有对世效力。日本、韩国的公司法上还规定，在原告败诉情形下，原告若有恶意或者重大过失时，应对公司承担连带的损害赔偿责任。①

---

① 参见日本《商法》第252条、第109条第2款，韩国《商法》第380条、第191条。

论民事权利能力与当事人能力的分离及其原因

杨 瑞*

一、民事权利能力与当事人能力的一般理论

民事权利能力是民事实体法上的概念,各国对此称谓不一,如罗马法中称为"人格",法国民法典中称为"民事权利的享有",德国、瑞士、俄罗斯民法典中称为"权利能力",日本则称"私权的享有"等等。一般而言,它是指民事主体依法享有民事权利和承担民事义务的资格,是民事主体取得具体民事权利和承担具体民事义务的前提和可能性。民事权利能力的有无决定着某一具体民事主体能否成为实体当事人。

当事人能力又称诉讼权利能力或民事诉讼资格,是民事诉讼法上的概念,它是指能够成为民事诉讼当事人的资格。当事人能力不以具体案件为前提,而是从抽象的一般意义上对某人能否成为诉讼当事人加以考察和确认。当事人资格是一种法律上的资格,有当事人能力的主体才能成为诉讼当事人。民事诉讼中当事人能力的意义在于,"只有存在这种资格的人进行起诉或应诉,才可能发生法律规定的诉讼法律后果;法律也只对有能力或有资格的人发生规定的后果"。①

当事人能力与民事权利能力是密切联系、相互适应的,二者分别描述了不同法律状态下的法律主体资格。民事权利能力是民事权利义务归属的主体所必须具备的资格,当事人能力则是作为诉讼主体接受诉讼法上的效果所必需的诉讼法上的权利能力或诉讼上的主体地位,②是一般地作为诉讼当事人的能力或资格。有这种资格或能力,才可以从事诉讼法上的各种诉讼行为,成为诉讼权利和诉讼义务的承受者,并通过各种诉讼行为取得诉讼法所承认的诉讼效果,法院判决其作为实体权利和义务所归属的主体,也才会有实际意义。

---

* 杨瑞:武汉大学法学院 2006 级民事诉讼法博士研究生。
① [奥]凯尔森著,沈宗灵译:《法与国家的一般理论》,中国大百科全书出版社 1996 年版,第 101 页。
② [日]兼子一、竹下守夫著,白绿铉译:《民事诉讼法》,法律出版社 1995 年版,第 31 页。

二、民事权利能力与当事人能力的分离及其表现

当事人能力与民事权利能力二者的关系是既相互关联,又相互独立。通常情况下,有当事人能力就有民事权利能力,二者是一致的。大陆法系民事诉讼理论一般认为,谁有权利能力,谁就有当事人能力,因此,"从逻辑上讲,作为社会活动的主体的个人或某一类组织,其当事人能力与民事权利能力应当是统一于一体的,此即当事人能力与民事权利能力的统一性"。《德国民事诉讼法》第50条即体现了上述原则,《日本民事诉讼法》第28条也规定,当事人能力的判定必须遵从民法及其他法律的规定。① 但在特定情况下,二者又相互区别,相互分离。当事人能力与民事权利能力的分离,是指对同一"个人"或法人、其他组织而言,其当事人能力并不是与民事权利能力同时存在的,而是表现为:(1)无民事权利能力却有当事人能力;(2)有民事权利能力却无当事人能力;(3)民事权利能力受限制等情形。② 按照民事主体是自然人、法人或其他组织的不同,这种分离在不同类型的民事主体上具有不同的表现:

(一)自然人

通常情况下,自然人的民事权利能力与当事人能力是一致的,均始于出生而终于死亡,但也有例外,表现为:

1. 未出生的胎儿享有不完全的民事权利能力。世界上绝大多数国家都采用有限制地承认胎儿有相应的民事权利能力的做法,我国《继承法》第28条也规定:"遗产分割时,应当保留胎儿的继承份额",该规定虽未明确胎儿是否具有受限制的民事权利能力,但学界和司法实务界大多承认胎儿具备有限的民事权利能力。

2. 死者的人身利益。现代民法理论认为,自然人生命终止以后,继续存在着某些与该自然人作为民事主体存续期间已经取得和享有的与其人身权利相联系的利益,如姓名、肖像、名誉、荣誉、隐私等,损害这些利益,将直接影响到曾经是民事主体的该自然人的人格尊严,因此死者的近亲属可以通过民事诉讼保护这些利益。例如,我国2001年修正后的《著作权法》第20条就规定,作者的署名权、修改权、保护作品完整权的保护期限不受限制。与此同时,2002年施行的我国《著作权法实施条例》第15条则规定,作者死亡后,其著作权中的署名权、修改权和保护作品完整权由作者的继承人或受遗赠人保护。不难看出,上述规定均体现着民事权利能力与当事人能力分离的结果。

此外,类似自然人民事权利能力与当事人能力分离的现象还有失踪人因债务问题诉讼的,失踪人的财产代管人可以作为当事人等等。

(二)法人

与自然人不同,法人的民事权利能力不仅受其性质的限制,不得享有自然人所固有的民事权益,而且也受法律规定或公司章程的限制。在这一点上,我国《民法通则》第42条就规定,企

---
① 肖建华:《中国民事诉讼法判解与法理——当事人问题研析》,法制出版社2001年版,第34页。
② 肖建华:《中国民事诉讼法判解与法理——当事人问题研析》,法制出版社2001年版,第34页。

业法人应当在核准登记的经营范围内从事经营。我国2005年10月27日修订后的《公司法》第25条、第82条的规定,则体现了公司章程对公司法人民事权利能力的不同程度的限制。此外,法人的民事权利能力还受法人登记设立时的法人目的的限制,如《德国民法典》规定,法人权利能力要受法人章程所规定的目标的制约。

除上述法人的民事权利能力受限制而其当事人能力不受限制的情形外,还存在法人因破产或被撤销,其享有民事权利能力,却不具有当事人能力的情形。根据最高人民法院《关于贯彻适用〈中华人民共和国民事诉讼法〉若干问题的意见》第51条规定的规定,企业法人未经清算即被撤销的,有清算组织的,以该清算组织为当事人,没有清算组织的,以作出撤销决定的机构为当事人,这在立法上进一步明确了法人民事权利能力与当事人能力可以分离。另外,根据我国《企业法人破产法》第35条第2款的规定,破产企业法人和清算组织可以作为诉讼主体代表破产企业法人进行民事诉讼,这也是二者分离的典型立法体现。

(三)其他组织

这里的其他组织主要是指非法人组织和法人的分支机构。传统民法理论和以往民事立法不承认非法人团体具有民事权利能力,但是各国民事诉讼法一般承认其具有诉讼权利能力。我国《民事诉讼法》第49条就规定,不具有民事权利能力的非法人组织也可以作为当事人。同时,最高人民法院对《民事诉讼法》第49条所作出的司法解释规定,不具有法人资格但依法成立的一些法人分支机构也可以作为当事人进行诉讼,这又从立法上确认了非法人组织和法人的分支机构的民事权利与民事权利能力分离以及由此而产生的诉讼主体与权利主体可以分离的现实存在。

三、民事权利能力与当事人能力分离的原因探析

如前所述,从逻辑上讲,当事人能力与民事权利能力应当统一于一体,但在民事诉讼运行的过程中,二者的分离却普遍而大量地存在,那么,究竟是什么原因导致二者在运行中出现分离呢?笔者认为,对此问题的分析和考察应从民事实体法和民事诉讼法的结合这一角度来进行,这也是本文对二者分离原因进行探析的出发点。从这一角度出发,笔者认为,导致二者分离的原因大致可以归纳为以下几个方面:

(一)民事权利与民事权利能力的分离为民事权利能力与当事人能力的分离提供了前提条件和可能性

众所周知,我国《民法通则》诞生的背景是国家实行公有制加计划经济。在单一的计划经济时代,民事、经济法律关系比较简单,民事经济权利主体通常都具有权利能力,也就是说,民事权利主体与民事权利能力是一致的、统一的。当民事权利主体的民事权益受到侵害或发生争议时,他们就以民事权利主体的身份进行诉讼并成为诉讼主体(当事人)。但是,随着时代的发展,尤其是随着市场经济体制在我国的日益形成和建立,市场经济主体、市场经济行为以及市场经济的机制变得越来越复杂,而民事、经济法律关系也随之复杂化。在此情形下,按照市场经济运行机制而发生的民事、经济法律关系不再是单一的主体,享有民事权利者不一定具有

民事权利能力,也就是说,具有民事权利但不一定由权利主体自己行使这一权利的情形越来越多,例如,死亡公民的名誉权;死亡公民、已终止的法人依法享有的著作权;根据旅客运输合同等合同关系,死亡的旅客依法取得的赔偿请求权等等。上述情形中,权利的行使无法由原来的民事权利主体进行,为了解决这一矛盾,"民事权利和民事权利能力分离论"随之而出现,这种分离为当事人能力与民事权利能力的分离提供了条件,并使后者成为可能。

(二)民事实体法相关理论的缺陷是导致民事权利能力与当事人能力分离的最直接原因

长期以来,民事实体法学者和民事诉讼法学者各专其任,学术界鲜有关注和研究关于二者的结合问题,以致现实中已经表现出一些弊端。特别是民事实体法在制定和设计时,未能充分考虑到程序机制来设计民法制度,"由此导致了民法在总体上忽视程序机制,结果有的民法制度不合理,有的过于复杂,有的增加了设计难度,有的适用时疑问迭生"。[①] 在民事权利能力问题上,最典型的表现莫过于关于胎儿和法人权利能力规定的缺陷。

1. 关于胎儿权利能力规定的缺陷

既然自然人的民事权利能力始于出生,胎儿也就不能具有民事权利能力,不是民事主体。但是,由于胎儿可能出生,将来有可能成为民事主体,因而各国法律无不采取一定的方式保护胎儿的利益。在对胎儿利益的保护上,大体有三种做法:其一,总括的保护主义,即将胎儿视为民事主体。其二,个别的保护主义,即规定胎儿原则上无权利能力,但若干例外情形下视为有权利能力。例外情形一般为胎儿纯受益的情形,例如,赋予胎儿继承权、受遗赠权、基于不法行为的损害赔偿求偿权等等。法国、德国、日本民法采此主义。其三,绝对主义,即绝对贯彻胎儿不具有民事权利能力的原则,为我国现行《民法通则》和1964年的《苏俄民法典》所采。我国现行民法虽不承认胎儿具有民事权利能力,但为了保护未来自然人的利益,又在《继承法》中特设了保留胎儿继承份额的制度,我国现行《继承法》第28条的规定实际上是有限制地承认了胎儿在特定事项上具有民事权利能力。由此可见,我国民事实体法在胎儿权利能力问题上并未与《继承法》实现较好的衔接。另外,在侵权行为法领域,胎儿活着出生后,可以作为被害人的受扶养人向致害人主张权利。但是,胎儿在母体内受到他人不法侵害的,在出生后可否作为受害人向加害人请求赔偿?对此问题,学者有不同的看法,民事实体法则无明确规定。

同样,我国现行《民事诉讼法》虽规定自然人有当事人能力,但在胎儿是否自然人不明确的状态下对其是否有当事人能力未作特殊的规定。如此一来,因胎儿的权益进行诉讼时,法官一方面需要对胎儿的民事实体权利、权利能力以及诉讼能力进行自由裁量,由此导致民事权利能力与当事人能力的分离不可避免,另一方面,不同的法官也会对此产生不同的裁量结果,这显然不利于司法的统一。

2. 关于法人权利能力规定的缺陷

20世纪以来,以法人"实在说"解释法人的本质,已为许多国家的民商立法普遍采用,但对于法人权利能力的限制问题却存在较大争议,主要有两种观点:一种是肯定说,认为法人的权利能力应受限制,这种限制来自于法人的自然性质、法人目的及法律法规三个方面。[②] 此说为学界通说。另一种是否定说,认为法人的权利能力同自然人一样,是法人作为民事主体平等的

[①] 单国军:《民事诉讼法与民事实体法关系之研究》,载《诉讼法论丛》第4卷,法律出版社2000年版。

[②] 详见梁慧星:《民法总论》,法律出版社1996年版,第126页。

私法地位的抽象人格的概括,因而是普遍的、平等的、不受限制的。① 而根据我国《民法通则》第42条的规定,实际上是肯定了法人的权利能力应受限制,而这种限制具有明显的缺陷。首先,这种限制破坏了权利能力的平等性和完整性,使抽象的独具意义的权利能力概念失去意义。"权利能力使民事主体作为被抽象掉了各种能力、财产以及诸种差异的等质的人而存在"②,正是基于权利能力的抽象性,法人取得了与自然人在财产法上同质的地位,法人与自然人在民法上具有平等的地位。因此,近代西方各国的民事立法并未明文规定法人权利能力受任何限制,如《日本民法典》第43条所称"法人权利义务的范围"并非指"法人权利能力",《瑞士民法典》第53条则明示法人的权利能力同于自然人,而不受目的范围的限制。其次,这种限制会造成法律逻辑上的混乱。法人权利能力限制说的实质,在于把民事主体的"资格"同实际活动的"范围"等同起来,把抽象的平等地位让位于具体活动的角色,实际上混淆了权利能力和民事权利义务的界限,使两者在理论上难以划分。③

再从实践中进行分析,根据我国《民法通则》第42条的规定,如视法人目的外行为无效或者为非法人行为,而相对人不可能就每一笔交易在作出决策前仔细了解法人的目的范围,这必然会导致大量合同无效,从微观上会导致相对人合理的期待利益落空,交易的可预测性丧失,宏观上则会导致经济活动的全面混乱,经济秩序难以获得充分的保障④,从而不利于维护交易安全。另外,在市场交易活动过程中,作为经济人行为取舍标准的利益最大化原则发挥着淋漓尽致的作用,在存在目的外行为无效制度的前提下,从利益最大化的动机出发,若因市场行情的变化而使履行合同带来的不利益大于因承担合同无效责任而丧失市场行情的利益时,就会促使人们选择后者,这样必然会助长市场活动中不讲信誉、为追求自身利益最大化而置他人利益于不顾的现象,助长不诚实交易行为的发生。

由此可见,我国《民法通则》对于法人权利能力的限制性规定直接导致了其民事权利能力与当事人能力的分离。令人欣慰的是,我国立法者已开始逐渐认识到这种限制性规定的弊端并加以改变,最直接的反映就是《合同法》第50条,该条对法人代表超越代表权限的行为建立了表见代理的规则,但第50条仅将表见代理主体资格限定为法人的法定代表人,这对第三人利益的保护力度仍显不够。2005年10月27日修订后的新《公司法》第12条取消了原《公司法》关于"公司应当在登记的经营范围内从事经营活动"的表述,突破了我国公司立法对"公司权利能力受其目的(经营)范围限制"这一对公司权利能力的限制性规定,从而放宽了法律对公司权利能力的限制,具有十分重要的意义。但是,尽管如此,《民法通则》的限制性规定如若不加以改变,法人民事权利能力与当事人能力的分离状况将仍不可避免。

(三)程序法的独立性是民事权利能力与当事人能力发生分离的内在原因

从实体法与程序法关系发展的历史过程来看,实体法与程序法二者是平行发展的,并不存在依附性的关联问题,程序法甚至先于实体法而产生和存在。"程序的基础是过程和互动关

---

① 梅夏鹰:《民事权利能力、人格与人格权》,载《法律科学》1999年第1期。
② 夏利民:《民法基本问题研究》,中国人民公安大学出版社2002年版,第78页。
③ 梅夏鹰:《民事权利能力、人格与人格权》,载《法律科学》1999年第1期。
④ 许明月:《企业法人的目的外行为研究》,载梁慧星主编:《民商法论丛》第6卷,法律出版社1997年版,第170页。

系,其实质是反思理性。程序在使实体内容兼备实质正义和形式的层次上获得一种新的内涵。"①从此意义出发,民事程序相应地就具有独立于实体公正之外的自身价值,由此决定了民事诉讼法与民事实体法的分离问题。分离的原因就在于民事诉讼法在其作用发挥上有着不同于民事实体法的原理与机制,并且由于民事诉讼法更贴近民事权利的现实保护需要,它对于民事权利的保护较之于民事实体法的自身保护往往更为全面和彻底,从而超出了与民事实体法相对应的程度。"在某些情况下,实践首先向程序法提出了更为迫切的问题,在实体法尚不能对客观世界予以反映前,程序法必须先行发展。"②这表明,在诉讼中对于民事权利的保护可适当突破民事实体法的规定,以便运用民事诉讼法的独立机理在实践中更好地实现民事实体法的实体公正价值。

这种分离表现在诉讼法的各个方面,而具体到与民事权利能力与当事人能力分离最密切相关的,莫过于当事人概念的发展和演变。当事人的概念发展经历了一个从"利害关系人说"、"权利保护人说"直到"程序当事人说"的演变过程,从利害关系人到权利保护人,当事人在程序上的资格尚未从实体主体资格中独立出来,但当事人已经不再是实体法律关系主体的同义语。同时,对案件争执声称有诉的利益的人逐渐被司法实践承认其具有实施诉讼的权能,使得当事人概念终于在程序上具有独立的意义。程序当事人是指"与指明实体法的权利的术语无关,甚至也不涉及在个别诉讼中提起诉讼和进行辩护的程序法上的权利",③它把实际诉讼当事人作为判断根据,而无须从实体上考察其与诉讼标的的关系,这样,当事人资格就不再依附于实体法律关系,以保障诉讼当事人作为程序主体自由发动诉讼程序和实现诉权,从而使权利能够得到及时的、自主的司法救济。

由此可见,程序法的独立性使得当事人概念和当事人资格不再依附于实体法律关系,这就内在地为民事权利能力与当事人能力的分离创造了条件。

(四)对民事主体权利保护的需要是民事权利能力与当事人能力分离的现实原因

民事权利能力与当事人权利能力的分离主要表现在二者范围的不一致。一般认为,二者在范围上是一致的和对应的,均应当限于自然人和法人,但实际情况并非如此,主要表现在各国对非法人团体诉讼权利能力的承认上,我国《民事诉讼法》第49条第1款也确立了非法人团体的当事人能力。那么,不具有民事权利能力的非法人团体缘何能够具有当事人能力呢?这主要是因为实体法与程序法的政策出发点不同所致——在民事主体的规定上,民事实体法主要是基于维护交易信用的需要、从监督和管理的政策立场出发;而民事诉讼法则是从简便而有效地解决民事纠纷、更好地维护当事人的合法权益的立场出发,正如日本著名民事诉讼法学者兼子一教授所作的精辟论述:"民法及其他实体法若随意承认法人人格,就会造成交易信用关系混乱。因此,从监督和管理的政策的立场出发,法人人格只限于法律所承认的社会或财团,除此之外则采取无视其团体或抑制其产生的政策。尽管如此,不能否认实际上除法人之外存在着种种团体,并且它们常常介入交易活动,从事着社会活动。由于其存在和活动,就会与他人之间产生纠纷,而且迫切需要解决这些纠纷。在此情况下,就出现与这些团体做交易的对方

---

① 季卫东:《法治秩序的建构》,中国政法大学出版社2000年版,第71页。
② 江伟、王强义:《论民事诉讼当事人与民事主体的分离》,载《法律学习与研究》1988年第2期。
③ [英]恩斯特·科恩:《当事人》,载《国家比较法百科全书》第14卷,中国法制出版社2000年版,第2页。

当事人应跟谁进行诉讼为宜的麻烦事情。为了解决这种纠纷，诉讼法索性承认这些团体的存在，并把它作为诉讼当事人作出判决，这是既简便又有效的方法。于是，诉讼法与民法从不同的政策出发，即使是非法人的团体，只要对外具有明确的代表人或管理人的组织形式，就承认其当事人效力。"①

由此可见，赋予非法人团体当事人能力，旨在解决纠纷和更好、更有效率地保护当事人的合法民事权益。换言之，由于过滤掉了实体法自身的有关考虑，民事诉讼法在实现民事权益上往往更为直接和有效。

结束语

通过以上对民事权利能力与当事人能力分离的原因分析，不难看出，民事程序法关于"两权分离"的观点其实是对民事实体法相关理论缺陷的一种无奈选择，或者说是程序法对实体法缺陷的一种弥补。在这一过程中，也使我们重新认识了程序法的独立性及其价值功能。但必须强调和指出的是，程序法的独立性及其"造法功能"的发挥并不能从根本上解决问题，相反还会带来更多程序法自身无法解决的理论问题。所以，只有当民事实体法相关理论的缺陷得以克服，民事实体法在制定和设计时能够充分考虑到程序机制来进行时，才是解决上述问题的根本之道。

---

① ［日］兼子一、竹下守夫著，白绿铉译：《民事诉讼法》，法律出版社1995年版，第32页。

我国诉讼代表人诉讼适用现状考察

吴 俐* 吴明童**

近几年,我国的群体诉讼案件数量增多并出现以下的发展趋势:第一,纠纷涉及社会生产、生活的各个领域。一提到群体诉讼,立刻会使人联想起新闻媒体、学者著述中常常看到的环境权诉讼、公害诉讼、消费者诉讼、公民权诉讼、社会福利诉讼等。第二,受害人数迅速增多。在经济发展过程中,各种工业设备及大量生产销售方法的运用,一旦发生不幸造成灾害,受害人数目可多达几千人几万人,少者亦有几百人。第三,有些涉及事故灾难、环境污染的诉讼受害人跨省市、跨地区,范围相当广泛。第四,近两年,关系社会民生的群体受害事件频频发生,引发了社会的不安定因素,引起政府部门及社会公众的高度重视。如近几年频繁发生的"毒大米"、"毒酒"事件、安徽阜阳的"劣质奶粉"事件等。这类群体性受害事件主要涉及食品质量、食品安全与卫生、城乡房屋拆迁与安置、环境污染等领域。面对上述群体性事件的新情况,我国的代表人诉讼制度正面临各种新问题的挑战,因而在发挥程序保障的功能上显得有些力不从心。本文对我国诉讼代表人诉讼的适用现状进行考察,希望对我国代表人诉讼制度的发展与完善有所裨益。

一、诉讼障碍的缘由

我国1991年正式颁布的《民事诉讼法》为解决群体性纠纷增设了代表人诉讼制度。虽然在立法上确立了诉讼代表人的地位与诉讼进行程序,但是从司法运行实际状况来看,其预期的作用并未完全发挥出来。究其原因,主要存在于立法规定与司法实践两方面。

(一)立法规定方面

1991年的民事诉讼法典确立了我国的代表人诉讼制度,以解决主体众多与诉讼空间不足的矛盾,达到诉讼经济的目的。然而良好的立法初衷却因"经验不足"与"考虑不周"而面临尴

---

* 吴俐:上海海事大学教师,法学博士。
** 吴明童:西北政法大学教授。

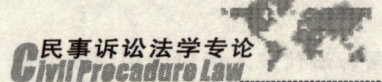

尬。我国代表人诉讼制度在民事诉讼法中规定得过于原则,法律条文太少,可操作性比较差。代表人诉讼制度在立法上暴露出的缺陷值得我们反思。

缺陷之一,当事人适格的理论限制迫使相当多的群体性纠纷当事人选择放弃诉权。在现代社会中,行业分工不断进行,人们日渐被暴露在集团性侵害之下。在这样的群体性纠纷中,加害方往往是高科技企业或行业,而与其相对的受害方通常是不具备专业知识与足够金钱的社会弱势群体。力量对比的悬殊使得众多当事人认为寻求司法救济,行使诉讼权利只是"水中花、镜中月"。我国法律规定的代表人诉讼制度并未脱离传统的当事人适格理论要求,在起诉条件上并未受到"优待"。当事人只能是直接利害关系人并且当事人间诉讼标的同一或是同一种类的要求,其实限制了众多当事人组成拟制群体并提起代表人诉讼。

缺陷之二,在审理程序上,如管辖、代表人的举证责任、上诉与再审等问题的空白规定造成无法可依的程序难局。代表人诉讼和传统意义上"一对一"诉讼相比具有当事人人数众多的特殊性。因此,在审理程序上不能完全按照传统诉讼的程序规则进行处理。在审理程序上的空白规定,一方面使得当事人与法官颇感棘手,如某地高级法院受理一起代表人诉讼上诉的案件后,对于二审程序中代表人的认定问题,裁定书的送达问题等多次开会讨论研究如何处理。另一方面,在审理程序上的空白规定,难免造成各地法院在程序处理上的随意性,从而破坏国家法制的统一性与严肃性。

缺陷之三,在执行程序中,如执行的申请、财产的分配等问题的模糊立法使执行程序难以进行。

缺陷之四,特殊类型群体诉讼,如股东代表诉讼、消费者团体诉讼等在救济能力上的不足,暴露了民诉法的滞后性。如在 2002 年 1 月 15 日,最高人民法院下发通知,宣布开始受理证券市场因虚假陈述引发的民事侵权纠纷案件,呼唤良久的维护投资者民事权利的法律程序终于得以启动。但是,在股东诉讼案件中由于受诉讼方式的限制,实践中虽已受理了近 900 件案件,但大多以单独诉讼形式受理。最为典型的便是大庆联谊一案,被哈尔滨中院受理、单独立案并开庭的原告有 130 多人。① 又如,单独诉讼使律师代理起诉同一上市公司的民事赔偿案极为困难,代理小股东告 ST 圣方科案的宋一欣律师,一天内共收到 53 张传票及开庭通知书。按法院预计每天安排 4 次庭审计算,在同一个案件上耗费的时间实在惊人。②

(二)司法实践方面

在司法实践层面上,代表人诉讼也遇到了运行难题。

第一,从所谓的"稳定社会不安定因素"方面考虑,法院对代表人诉讼案件大多不予受理。一方面,由于当事人人数众多,集结在一起往往引起社会公众瞩目,法院的司法裁判也必将受到非比寻常的关注。这种关注对法院、法官来说是一种"无形的压力"。群体诉讼一旦形成之后,当事人的情绪往往比较偏激,稍有疏忽就可能导致新的治安事件,甚至干扰、影响正常的社会秩序和国家机关的工作秩序。众多当事人如果不服从裁判,则会造成社会的不稳定。这可以从"清华 200 卡"案中,法院以不利于社会稳定为由而驳回当事人请求法院发布公告,通知其

---

① 见《证券虚假陈述司法解释将有三大突破》,载中证网。
② 见《证券民事赔偿是断线的风筝》,载《中国经济时报》2002 年 10 月 29 日。

他消费者进行权利登记的申请这一例子可以窥见一斑。① 其实,从司法实践来看,法院对群体诉讼的提起采取"压制"、人为强制分离的办法来解决,并未化解纠纷,反而不利于社会稳定。只有依法定程序受理、审理并依法裁判,保证司法救济途径的顺利与畅通才是解决纠纷的最好方法。如,南通"大阳"车消费者群体诉讼形成之初,当时由于消费者对诉讼主体等法律关系不甚了解,同时埋怨政府主管部门没有及时采取果断措施制止和处理商家欺诈销售的违法行为。因而,当时至少有三分之一的消费者强烈要求状告政府和公安部门,并且要组织起来到政府部门去上访示威。为此,有关部门及律师通过召集群体诉讼会议或诉讼代表人会议的形式,反复耐心地做好有关当事人的疏导和解释工作,从而,有效地保障了有数百人参加的并持续了两年之久的大型系列群体诉讼严格按照法定程序运作,没有发生任何治安事件和聚众上访现象,维护了社会安定。②

　　第二,由于地方保护主义的横行泛滥,法院负担各方压力,使得群体诉讼的审理与执行无法顺利进行。在群体性纠纷中,加害方往往是大型利益集团,他们在诉讼中很可能让有关部门、机构、组织以地方保护或行业保护等名义来对法院或法官施压。如有些环境污染案件涉及两个或两个以上的地区及其利益,这类案件的管辖与执行往往会受到各地方政府的干扰,使诉讼难以正常展开。因此,法院在这种压力的负担之下,最终选择"不予受理"的"挡箭牌"来寻求自我解脱。

　　第三,人民法院从节省自身人力、物力耗费等因素出发而限制群体诉讼的适用。如2002年1月15日,最高人民法院发布了有关股东告上市公司虚假陈述案可以受理的司法解释,该解释同时规定:"对于虚假陈述民事赔偿案件,人民法院应当采取单独或者共同诉讼的形式予以受理,不宜以集团诉讼的形式受理。"2003年2月1日最高人民法院又发布施行《最高人民法院关于审理证券市场因虚假陈述引发的民事赔偿案件的若干规定》(以下简称《规定》)。《规定》再次排除了在国际上普遍适用的,以群体诉讼方式来解决的证券民事赔偿纠纷。曾有一种解释说,这样规定,是因为证券市场一旦发生侵权行为,受侵害的投资人过于庞大,且侵权行为和侵权行为人往往不是单一的,投资人也不可能起诉完全相同的被告;每个投资人受到侵害的情况和实际损失很难相同;还因为目前我国没有类似美国的中介机构对数以万计的投资人及其损失进行登记和计算,仅依靠人民法院完成公告、对权利人登记以及权利人选择加入诉讼和适用裁判等工作,是不现实的。③ 笔者认为,属于群体性纠纷的证券侵权赔偿案件如果在司法救济的途径中不采用群体诉讼的方式,则会增加投资者民事索赔的难度,不利于保护股民合法

---

① 1997年10月下旬,清华大学一些同学在北京福尼特月坛邮币卡市场购买了印有"中国电信"、"湖北电信"字样的200卡30枚(面值100~200元不等),总额5000余元。在购买时卖卡人曾出示中国电信总局印发的该卡有效使用地区的名单,北京市位列其中,且稍后经账户核对完全可以正常使用,并非伪卡。但从1997年11月4日早晨起,北京电信单方面删除湖北方向的数据标识码,关闭信息,致使该卡在北京无法使用,并出现"发卡台未联网"等事故。1997年11月23日,清华大学某系22名同学向北京市西城区人民法院起诉中国邮电电信管理总局、北京市邮电电信管理局、湖北省邮电电信管理局。最后,法院以不利于社会稳定而驳回当事人请求法院发布公告通知其他消费者进行权利登记的申请。参见吴飞:《从清华"200卡"案件评中国集团诉讼》,载《法学》1999年第10期。

② 周勇:《"大阳",车到山前路在何方——全国首例"大阳"车消费者系列集团诉讼案代理纪实》,载《中国律师》1997年11期。

③ 贾纬:《如何理解〈关于审理证券市场虚假陈述民事赔偿案件的若干规定〉》,载《人民法院报》2003年1月22日。

权益。

第四，司法实践中存在一些不合理的做法，如对案件个数的追求及办案奖金分配机制不合理等，而导致法律虽然规定了代表人诉讼这种诉的合并形式，但各级法院为追求办案个数而分离的情形时有发生，大大增加了程序耗费。① 曾有一项调研指出：广东某地级市城区法院民事审判庭2001年上半年的案件数目与前一年同期相比增加了110%，原因是该法院在这一期间处理了一起当地几百名学生的家长状告一所民营小学欺诈的纠纷，法院把几百名家长的起诉进行分别立案，作为独立的案件来处理，而不是把案件作为一起代表人诉讼来立案。由于当年的案件数迅猛增加，该法院在2001年度获得了多个奖项。②

第五，"搭便车"现象的存在导致代表人诉讼的提起困难重重。"搭便车"通常专指在群体诉讼中，权利人为了减少自己承担的诉讼风险以及费用而选择在代表人诉讼结束后再向法院提起诉讼，以求法院裁定直接适用代表人诉讼的判决或裁定的做法。由于我国代表人诉讼的判决效力具有间接扩张性，即"未参加登记的权利人在诉讼时效期间内提起诉讼的，人民法院认定其请求成立的，裁定适用人民法院已作出的判决、裁定"。这就极易助长受害当事人"搭便车"的心态。③ 先行起诉的当事人与"搭便车者"相比，由于充当了"实验品"，因而承担了更多的诉讼风险与诉讼费用。因此，众多群体性纠纷中的当事人利用间接扩张性原则对起诉持观望态度，期待他人先行起诉从而以最小诉讼成本获取最大司法保障。代表人诉讼在对待同等当事人的问题上诱发了新的程序不公。

第六，公民的厌诉心理、对于易腐权利的忽视等因素使得代表人诉讼很少被援用。中国社会自古崇尚"和为贵、平为尚"的处世哲学。若非加害行为过度，引发激烈矛盾，我国的当事人并不轻易涉讼。参加集团诉讼依法维护自身权益的消费者，只有二成左右。如具有公害性的环境污染事件受害人众多，完全可以代表人诉讼形式解决纠纷。可是由于我国绝大多数地区都无民间环保组织，当公害发生后，无人代表全体受害者同致害人协调，更无人组织提起诉讼事宜。其结果是导致了污染和破坏环境行为的继续，以及公众对拥有的环境权的漠然视之。④ 在诉讼并不提倡的环境中，因为小额损害而进行群体诉讼的情形就少之又少了，民众大多选择忍气吞声，不了了之。

二、我国代表人诉讼制度体系建构

我国代表人诉讼制度是适合我国群体诉讼的一种法律制度，在某些方面对世界其他国家都有借鉴作用，但其在保护群体纠纷中当事人合法权益方面的应有作用并没有充分发挥出来，我国目前在审理群体性纠纷案件中还有很多问题亟待研究解决。笔者认为，改革现有的代表

---

① 王忠山、伍红：《我国代表人诉讼制度面临的困境及其改革对策》，载曹建明主编：《程序公正与诉讼制度改革》，人民法院出版社2002年版，第422页。
② 赵彤：中山大学硕士毕业论文《群体性诉讼制度研究》，2003年版，第5页。
③ 刘磊：《关于我国代表人诉讼的经济学分析》，载《法商研究》1999年第1期。
④ 王铁铃：《"公害"问题及民事诉讼救济方式探讨》，载《黑龙江省政法管理干部学院学报》2000年第3期。

人诉讼制度非常必要,应从以下几个方面予以完善:

1. 关于提起代表人诉讼的条件

有学者提出为便于代表人诉讼的提起,在学理上不应以旧诉讼标的理论(旧的诉讼标的理论,是指当事人之间发生争议,并要求人民法院作出裁判的民事法律关系。)来限制代表人诉讼适用的案件范围,而应采纳新诉讼标的理论,将诉讼标的同一或同种类从宽理解为有共同的"事实问题或法律问题,"即允许适用代表人诉讼制度。① 笔者赞同这一观点,在提起代表人诉讼的条件问题上,应引入美国集团诉讼对于"共同利益"问题的认定,主张具有共同的"事实问题或法律问题"便可组成拟制群体,放宽解释代表人诉讼的利用范围,使多数人纠纷能多利用代表人诉讼制度进行诉讼。

2. 人民法院对于代表人诉讼案件的管辖

我国《民事诉讼法》第二章对管辖作了详细的规定,但这些规定尚不能完全适应人数众多的代表人诉讼的要求。在案件的管辖中可能会出现同级法院之间互相推诿,致使案件难以落实管辖权,造成当事人告状无门;或者出现同级法院之间争管辖权,也使案件的管辖难以确定。有的学者指出:案情简单,涉及面小和诉讼标的不大的案件,应由基层人民法院管辖;凡属重大涉外案件,涉及港澳台的重大案件,众多诉讼主体涉及全地区而又有重大影响的案件,最高人民法院指定由中级人民法院管辖的案件,都由中级人民法院管辖;凡是被代表的成员涉及全省、自治区、直辖市,标的额巨大,而又有重大影响的案件,应由该省、自治区和直辖市的高级人民法院管辖;凡是已向法院登记的权利人遍布在全国的省、市、自治区,标的额特大而又在全国有重大影响的案件,应由最高人民法院管辖。笔者认为所谓的"案情重大"、"标的额大"没有明确标准,因此这样划分管辖不具备现实操作性,没有解决管辖的实质问题。例如在"高尔宝事件"②中,1300多名"高尔宝"增高护膝的受骗者遍布山东、上海、湖南、四川等省市,从法律规定上讲,这些地区的法院都有管辖权。有管辖权的法院分别受理是无可非议的,但从诉讼经济的角度讲,这种分别受理的办法势必造成时间、人力和财力的浪费。如果由最先受理的法院办理代表人诉讼案件,如何确知全国其他地方法院也受理了这类案件?如何在全国范围进行登记?没有进行登记的当事人在诉讼时效期间向有管辖权第三地法院起诉,第三地法院受理后,如何得知其他省、市、县法院已对这类案件作了判决而裁定适用该判决?因此,我认为代表人诉讼案件还是由被告住所地法院受理为好。

3. 人民法院对代表人诉讼的干预

在代表人诉讼中,人民法院进行干预的目的并不在于干涉当事人的私权,而是保障代表人诉讼活动的顺利进行。在代表人诉讼中,诉的合并与分离应由人民法院依职权决定。诉的合并包括三种,即诉的主体合并、诉的标的合并和诉的理由合并。诉的主体合并,是指当事人一方或双方为二人以上,一同在人民法院起诉或应诉的情形。③ 我们所讨论的代表人诉讼也属于诉的主体的合并。如果众多当事人是以同种类诉讼标的分别起诉同一被告,或者同一原告以同种类诉讼标的分别起诉众多的被告,法院可以按代表人诉讼的条件进行审查,认为符合条件的,且以代表人诉讼方式进行诉讼更为有益,有权决定进行诉的合并,从而形成代表人诉讼。如果说诉的合并体现了诉讼效率与诉讼经济,那么诉的分离的目的则是为保障诉讼程序如当

---

① 肖建华著:《民事诉讼当事人研究》,中国政法大学出版社2002年版,第392页。
② 见"'高尔宝事件'受害者维权艰难",载《南方周末》2004年6月10日。
③ 常怡主编:《民事诉讼法学》,中国政法大学出版社1999年版,第175页。

事人举证等的顺利进行。诉讼标的非共同的代表人诉讼在其进行过程中,如果出现审理中的某些意外困难或意外情况,使进行中的代表人诉讼难以进行下去,法院也可以依职权进行诉的分离。① 如中国证券民事赔偿第一案——大庆联谊案中,法官将人数众多的原告分为两批进行诉讼。第一批为109人,分成5组进行分拆审理。第二批381人分两次立案,拟订两份诉状,然后分别推选两个诉讼代表人进行起诉。

4. 举证责任问题

首先,在原告方为多数人的代表人诉讼中可以考虑适用举证责任倒置原则。在多数人诉讼中,尤其是侵权诉讼,由被侵害的多数人承担举证责任,往往会造成对多数人权利保护的妨碍,如果受侵害多数人的对方是大型企业时更是如此。因此,我建议在原告方为多数人的代表人诉讼中明确举证责任倒置原则,即按一般举证责任分担原则,应由受侵害多数人一方承担时,改由对方承担。在代表人诉讼中适用举证责任倒置主要考虑的因素是举证的难易和对整个行为过程的熟悉程度。如在证券群体诉讼中,在普通股东对证券信息知情权都很难保障的情形下,再让其承担证明上市公司及其他相关机构有过错的举证责任则难上加难。因此法院在处理亿安科技、银广夏之类的群体诉讼案件时,应将举证责任加于被告方。

其次,在多数当事人一方如何举证的问题上应具体研究。由于代表人诉讼是由诉讼代表人实际参加诉讼,其他当事人诉讼权利多数由代表人代行,因此,在当事人个人提起的诉讼请求、损害赔偿各异的情形下如何举证就成为学者广泛探讨的问题。为此,有学者提出了三种举证办法:一是在立案时要求每位当事人明确自己的诉讼请求,提供各自的事实依据;二是诉讼代表人只对共同的事实承担举证责任;三是法院应对必要的证据进行调查核实,对于难以确定而必须鉴定、审计的案件事实,法院应当依职权进行调查收集证据。② 笔者认为,这三种举证办法是切实可行的,但是还应注意,如果某一当事人基于个人的权益而单独提出主张,如自己遭受损害的事实、自己遭受损失的程度、自己请求赔偿损失的数额等,则应由其本人单独举证。

再次,对于无法由各个当事人证明损害情形,可以以被告营业账簿记录及统计资料等为基础,计算损害总额及应赔偿之总额,不必一一命受害人证明其损害。

5. 判决效力的扩张问题

群体诉讼的特征之一就在于判决主体的扩张性,也称为判决效力的扩张。《民事诉讼法》第55条规定:"……未参加登记的权利人在诉讼时效期间提起诉讼的,适用该判决、裁定。"这就是说,代表人诉讼的判决效力具有扩张性。可是现在的问题是,应当在什么范围内扩张? 有学者举例说,假如甲法院对一起代表人诉讼作出了判决,某个未参加登记的权利人在诉讼时效期间内向甲法院起诉,适用该判决,自不待言,但如果该权利人向有管辖权的乙法院起诉,乙法院则不能裁定适用甲法院的该判决。由于本案实质上是一个新案,故乙法院应该按程序进行审理并作出判决,在不违背事实与法律的情况下,可参考甲法院的判决。③ 笔者不赞同这一观点,因为第55条已经规定得很明确,直接适用原判决即可。任何级别、同一级别的任一法院作出的生效判决都具有确定力与执行力,其他法院都应当遵守与执行,并不能以原判决非本院作出为由而否定其判决效力的扩张性。

另外,在判决效力的扩张性问题上,学者们探讨最多的是"搭便车"问题。有学者建议对未

---

① 张晋红著:《民事诉讼当事人研究》,陕西人民出版社1998年版,第251~252页。
② 但昭文、苏民益:《群体性诉讼案件情况的调查与思考》,载《法学评论》1998年第1期。
③ 夏蔚:《代表人诉讼若干问题研究》,载《政法学刊》1997年第4期。

参加登记的权利人在诉讼时效期间内提起诉讼的,适用该判决、裁定,但所获补偿将酌情减少并且减少额大于参与诉讼群体的当事人所付出的额外成本的2倍。① 还有学者建议民事诉讼法应增加规定未在公告期内登记权利必须有正当理由作为受理条件,这样才能激发当事人积极行使诉权,减少"搭便车"行为。所谓正当理由,应包括确实不知道公告内容,如当事人未收听、收看到有关部门的广播电视、报刊及法院通过其他形式发出的通知登记权利的公告;还包括虽然知道公告内容但因客观原因不能参加登记权利,如因生病或其他合理原因无法进行登记。对于没有正当理由而不参加权利登记的、法律应明确规定,再起诉的不予受理。② 这两种建议都具可行性。但是,笔者建议民事诉讼法增加规定惩罚性赔偿制以及优先受偿制来解决"搭便车"问题。惩罚性赔偿制是指当被告对原告的加害行为具有严重的暴力压制、恶意或者欺诈性质,或者属于任意的、轻率的、恶劣的行为时,法院可以判给原告超过实际财产损失的赔偿金。在代表人诉讼中,对于参加登记的原告可以获得超出实际损失的惩罚性赔偿金,而未参加登记的在诉讼时效期间提起诉讼的原告则不享有这些"超额利益"。优先受偿是指当被告可供执行的财产不足以支付全部赔偿金时,先行起诉的当事人有优先受偿的权利。只有这样规定才能使原告起诉的诉讼风险与诉讼救济所获得的利益成正比,从而彻底解决"搭便车"问题。

6. 关于设立团体诉讼制度的构想

在我国的诉讼代表人诉讼中笔者建议应引入德国的团体诉讼制度③,即公益性团体本身作为当事人参与诉讼。在该问题上,我国其他部门法中已有团体代行诉权的规定,而民事诉讼法目前还处于空白状态。如我国《著作权法实施条例》第54条规定:著作权人可以通过集体管理的方式行使其著作权。据此规定,在司法实践中已经出现了团体诉讼的案件。如2003年,中国音乐著作权协会把电视剧《命运的承诺》制片方——福建某影视公司告上了法庭,要求对方支付背景音乐、插曲的使用费以及侵权赔偿金共计12万元,3000套音像制品发行费标准的5倍即12万元。北京市一中院受理了此案。原来《命运的承诺》一片中曾有多处使用了背景音乐,而该音乐创作者认为未经允许而使用已构成侵权,遂授权中国音乐著作权协会行使诉权。中国音乐著作权协会以音乐的创作者是协会会员,且获得创作者书面授权为由,以协会名义提起诉讼。2004年法院最终判决福建该制作公司赔偿中国音乐著作权协会经济损失2万元。④

近年来,随着群体纠纷的大型化,团体诉讼受到许多国家的关注。有的国家为达到方便解决群体性纠纷的目的,使几种群体诉讼模式并存,如德国既有团体诉讼,还有试验性诉讼;日本既有选定当事人诉讼,还有团体诉讼;法国既有选定当事人制度,还有团体诉讼制度。我国诸如消费者保护协会、环境保护协会、中国音乐著作权协会、妇女儿童权益保护组织、残疾人联合会等社会组织很多,如果在民事诉讼法中赋予这些组织代表众多利害关系人行使诉权,则既可与其他部门法协调一致,保持法制的统一性与严肃性,又可完善我国的民事诉讼制度,实现民事诉讼目的。

---

① 刘磊:《关于我国代表人诉讼制度的经济学分析》,载《法商研究》1997年第1期。
② 王忠山、伍红:《我国代表人诉讼制度面临的困境及其改革对策》,载曹建明主编:《程序公正与诉讼制度改革》,人民法院出版社2002年版,第428页。
③ 德国的团体诉讼制度:是指有权利能力之公益团体及合格之机构(组织),依法律的规定就他人违反特定禁止或无效之行为,得向法院请求命令他人中止或撤回其行为之民事诉讼。参见姜世明:《选定当事人制度之变革——兼论团体诉讼》,载《月旦法学》2003年5月(总96期),第9页。
④ 见中央电视台《今日说法》栏目2004年9月21日播出之《音乐著作权纠纷》。

业主委员会诉讼主体资格探讨

张丽霞[*]

是否赋予业主委员会以诉讼主体资格,在现行法律中缺少直接的法律依据。理论与实践中对此也存在许多不同看法和作法。[①] 希望借助物权法的出台,为获得统一认识提供制度依据的愿望恐怕一时也难以实现。然而,随着房地产建设和住房商品化的迅速发展,业主组织作为建筑物区分所有权人建立的团体,在维护共同性物业权益方面的功能日益突出。业主委员会的诉讼主体资格的解决,是无法回避也不容拖延的问题。本文拟对其中个别问题作初步探讨,期望有助于澄清对该问题的认识。

一、对当事人能力性质的再认识

当事人能力是指民事冲突主体能够成为民事诉讼当事人所必要的一般性资格。当事人能力的有无,直接关系到法院能否处理一个具体的案件,而不是如何处理的问题。因此,当事人能力是一个与如何判定案件内容以及诉讼标的无关的一般性资格的概念。多数国家都将当事人能力规定为诉讼要件,属于法官职权审查的范围。[②] 当事人能力作为案件进入实体审理程序前必须解决的前提问题,关系到当事人的诉讼行为是否有效、是否值得关注。当然,让有当事人能力的人进入实体审理环节,并不意味着一定能够获得其期待的诉讼结果。相反,一个案件中无论是原告还是被告没有当事人能力,争讼案件都会因被判定诉不合法而被驳回,根本没有进入实体审理的必要和可能。为此,对诉讼能力的审查成为任何诉讼环节上都要注意的问题。

当事人能力与冲突主体的民事权利能力密切相关,二者的关系可以表述为:有权利能力的

---

* 张丽霞:南开大学法学院。

① 在2006年10月1日正式实施的《浙江省物业管理条例》中,首次在全国各省市地方性法规中就进一步提高业主委员会的地位作出这样的规定:"业主委员会在物业管理活动中为维护物业管理区域内业主共同权益的需要,经业主大会决定,可以以自己的名义依法提起诉讼"。

② 参见[德]奥特马·尧厄尼希著,周翠译:《民事诉讼法》,法律出版社2003年版,第87页。

人一定有当事人能力,而不是有权利能力的人才能有当事人能力。这种关系的制度基础来源于民事诉讼法和民法对当事人能力和权利能力的不同规定,反映了立法者对这两种能力不同的功能预设。

以民事权利能力为基础来塑造当事人能力是各国立法的通例,但为了解决实际生活中缺乏权利能力者的权利保护问题,以及实现与其交往者的正当权利,出于诉讼上的便利和实际需要,诉讼立法不得不扩大有权进行民事诉讼活动者的范围,有条件地赋予原本没有民事权利能力者以当事人能力。各国(地区)民事诉讼法普遍承认非法人团体或类似组织可以成为诉讼法上的主体,使当事人能力相对于民事权利能力有所扩张,正是基于上述需要而采取的变通手段。

德国《民事诉讼法》第50条规定,"有权利能力者,有当事人能力。无权利能力的社团可以被诉;在诉讼中,该社团具有有权利能力的社团的地位。"日本《民事诉讼法》第46条规定,"非法人的社团或财团,有代表人或管理人的,可以其名义起诉或应诉。"我国《民事诉讼法》第49条规定,"公民、法人和其他组织可以作为民事诉讼的当事人。"我国台湾地区的"民事诉讼法"也设有关于非法人团体有代表人或管理人的,有当事人能力的规定。而英美法学者认为,"凡是人的集合体被认为是诉讼当事人(可以起诉或应诉)而独立于其成员存在时,这个集合体也就有权利能力和诉讼能力。假如符合这种情形,这个集合体就被认为是一个法人。"①他们坚持从当事人能力的有无,推断其是否存在法人资格的观点,为我们揭示了另外一种解决该问题的思路。

法律文化、传统的差别,造就了大陆法系与英美法系处理现实问题的不同风格。大陆法系以实体法见长的特点,决定了诉讼问题的解决对实体法的依赖程度较高,但随之而来的可能是对诉讼法本身价值的忽视。当事人权利能力有别于民事权利能力之规定,体现出大陆法国家对诉讼法促进实体法发展功能的价值追求,符合诉讼法在处理民事冲突上的独特功能要求,也为建立诉讼法理论体系奠定了基础。

二、对业主委员会不具有诉讼主体资格观点的质疑

目前,我国各地方法院在对业主委员会诉讼主体资格的认定上存在很大差异,重庆、上海、广东等地采取不同的方式,明确赋予了业主委员会诉讼主体资格。在北京,有条件地认可了业主委员会作为原告的诉讼主体资格。在其他大部分地区,人民法院多以业主委员会不具备诉讼主体资格为由,而不予受理或驳回其诉讼请求。

反对赋予业主委员会诉讼主体资格的主要根据在于:业主委员会既不属于法人也不属于其他组织,赋予其当事人能力于法无据。的确,按照《物业管理条例》第16条的规定,业主委员会应当向物业所在地区、县人民政府房地产行政主管部门备案,而不是按照《社团法人登记管理办法》的规定在民政部门办理登记。由此可以得出业主委员会不属于社团法人的结论。而根据最高人民法院《关于适用〈民事诉讼法〉若干问题的意见》第40条规定,其他组织是指合法成立、有一定的组织机构和财产,但又不具备法人资格的组织。据此,业主委员会往往是因为

---

① [美]阿瑟·库恩著,陈朝璧译:《英美法原理》,法律出版社2002年版,第109页。

不能满足具有独立支配的财产这一要件，而被否认了赋予其当事人主体资格的正当性。

应当说，不以《关于适用〈民事诉讼法〉若干问题的意见》对其他组织的列举规定，作为判定其他组织范围的认识是值得肯定的①。但将拥有独立支配的财产等同于对特定财产拥有所有权，有失全面。此外，这种认识还忽略了以下基本事实：现代诉讼理论与实践中都承认并坚持形式当事人的概念。诉讼法上之所以提出有别于实体法上权利能力的当事人能力的概念，正是因为客观上存在着诉讼上的当事人并不都是诉讼标的的权利义务的归属主体，并非都有权利能力的情况。破产清算组织之所以能够作为诉讼主体，具备当事人能力，固然与其担当诉讼的需要相关，而实质上还是解决如何保护不便于诉讼者权利的手段而已。在此，赋予业主委员会以当事人权利尽管没有诉讼担当的考虑，却与破产清算组织具有当事人能力一样，实属价值判断问题。"从程序法方面来看，一些不具备法人资格的其他组织有当事人能力，纯粹是基于简化诉讼程序的目的。"②在程序简化需要价值高于其他价值的情况下，考虑赋予业主委员会这样的非法人团体以当事人能力就是必然的选择。业主委员会既然可以参加一定的民事法律关系，当其与他人发生纠纷时，就应当可以作为民事诉讼的主体，有当事人能力。

最高人民法院在（2002）民立他字第 46 号复函中，将业主委员会有条件地包括在《民事诉讼法》上的"其他组织"之中，即在房地产开发单位未向业主委员会移交住宅区规划图等资料、未提供配套公用设施、公用设施专项费、公共部位维护费及物业管理用房、商业用房的情况下，业主委员会可以自己的名义提起诉讼。虽然该复函不具备司法解释的效力，但也可以从中发现法院高层对赋予业主委员会以当事人能力的态度。《物业管理条例》中规定业主委员会有权"代表业主与业主大会选聘的物业管理企业签订物业服务合同"，实际上是对赋予业主委员会合同主体资格的认可。这样，至少解决了业主委员会在与物业管理企业的服务合同纠纷中的诉讼主体资格问题。

对于业主委员会能否成为诉讼主体的问题，王利民教授一方面赞成业主委员会代表业主诉讼，另一方面又担心如果业主委员会成了被告，会使问题变复杂了。"一旦业主委员会输了官司，许多业主不认账，法院判了却不能执行，这个问题怎么解决？"③这种担心有一定的道理。需要重申的是，其他组织与法人在实体法上的实质区别，仅在于前者不具有完全的民事责任能力，不能独立承担财产责任。因此，在其他组织不能清偿债务的情况下，其财产责任须由作为该其他组织的设立人（或开办单位或上级）的法人或个人承担连带责任。而法律责任的承担能力并不是确定诉讼主体资格需要考虑的条件。就像未成年人没有责任能力也可以作为诉讼主体一样，业主委员会没有责任能力同样不能成为阻碍其获得当事人资格的理由。至于上面提到的情形，即使在业主委员会作为原告的情况下也难以避免，业主委员会败诉的话，起码有诉讼费用的负担问题，这些需要由其他相关立法协调解决，而不应该依此否认赋予业主委员会以当事人能力的合理性。

进一步说，"如果一条规则或规则的具体运用基于社会判断不再能够获得支持，我们可能会期望它不再实施，或者只是在很偶然的场合下实施，那么，这个规则就是无效的，或者只是一

---

① 实践中将其他组织严格限定在该条列举范围内的作法并不少见。
② 江伟、王国征：《合伙不具有民事诉讼主体资格》，载《法商研究》1999 年第 1 期。
③ 《王利明接受中国网专访》，http://www.civillaw.com.cn/article/default.asp?id=31510。

个折磨人的工具,而不是通常意义上的法律"。① 要求其他组织具有可以独立支配的财产作为赋予其当事人能力的条件,就属于这样一条应当改正的规则,否则大量实践偏离该规则的结果,这一规则会因为被束之高阁而实际上丧失效力。

三、赋予业主委员会诉讼主体资格的必要性

(一) 业主委员会作为维护业主共同生活秩序团体的独立价值

业主委员会是现代城市住宅公寓化和物业管理发展过程中出现的一种新型社会组织体。最初在政府规章和地方立法中称之为住宅小区(或业主)管理委员会,体现着政府希望通过该组织,加强新建住宅小区行政管理的政策目标。但在2003年9月1日起施行的国务院《物业管理条例》中,取消了"管理"二字,改称为业主委员会,并将其定位为物业管理自治组织,剔除了"行政化色彩"。这种名称上的改进,说明了政府对业主委员会作为维护业主共同生活秩序团体的独立价值的肯定。

目前,业主与物业公司之间的诉讼案件数量不断攀升,而且集体诉讼的趋势明显。虽然引起诉讼的原因多种多样,但物业公司任意"管理而不努力服务"似乎是症结之一。特别是物业公司为了避免集体诉讼而随意将自己的衣食父母——业主——以个案告上法庭,利用自己作为法人在诉讼能力等等各方面的优势,压制处于相对弱势的业主,令其顺从"管理"的现象屡见不鲜。

业主委员会是一个物业管理区域内代表全体业主对物业实施自治管理的组织,是业主、住户的权益代表。它产生于业主大会或业主代表大会,受业主的委托约束,对外从事民事活动所产生的权利义务应由全体业主承担法律后果。作为一个管理区分所有权建筑的机构,业主委员会代表全体业主从事管理活动,适合建筑物区分所有管理的长期性、延续性和稳定性的要求。它的管理权利应该包括为维护业主权利而诉诸法律、行使诉权。如果不赋予其诉讼主体资格,业主委员会的这种管理权利就是不完整的。相反,如果能够给业主委员会诉讼主体资格,就可以使其在履行相关法律和业主大会赋予的职责的同时,及时、有效地利用诉讼、仲裁等手段维护业主共同权益。

(二) 赋予业主委员会诉讼主体资格有代表人诉讼制度无法替代的作用

对于涉及维护全体业主利益的纠纷的解决,目前一种可能的选择是以全体业主当事人,通过推选诉讼代表人的方式进行诉讼,以求提高诉讼效率,维护诉讼公正。在诉讼结果由全体业主共同承担的前提下,相较而言,赋予业主委员会诉讼主体资格,让它能够以自己的名义提起诉讼,具有代表人诉讼无法替代的优势。

业主委员会作为当事人诉讼可以带来诸多程序上的简便。当一个物业管理区域内的业主众多时,放弃已有的业主委员会转而组织单个业主进行诉讼是极无效率甚至是不可能完成的

---

① [美]凯斯·R.孙斯坦著,金朝武、胡爱平、高建勋译:《法律推理与政治冲突》,法律出版社2004年版,第188页。

工作。以业主委员会为当事人，不至于因为部分业主急于行使权利，影响维护全体业主利益的方法选择。

在代表人诉讼案中，原告可以单独放弃权利，而在物业管理共同权益诉讼案中，业主往往无法单独放弃权利，认可业主委员会的主体资格，对诉讼的结果普遍适用于全部业主，比代表人诉讼制度有更大的优越性。

业主委员会作为诉讼主体资格，更具操作性。业主委员会作为当事人，启动诉讼程序的条件相对简单，同时还可以省却法院在程序审查上的很多繁杂工作。可以有效地利用业主委员会的组织、意思表示能力，提高诉讼效率。同时诉讼请求也能够有效地统一起来，而诉讼的结果，也同样由全体业主承担。

业主委员会作为当事人进行诉讼活动，能够有效利用诉讼调解制度。由于不会发生代表人诉讼情况下，获得调解授权的难度大，难以统一全体当事人的意见等问题，业主委员会作为当事人时，真正做到审时度势，在法院主持下运用调解方法彻底解决纠纷的余地更大。从宏观上说，此类纠纷能够调解解决，也符合处理群体性纠纷的基本方略。

赋予业主委员会诉讼主体资格，也有助于保护第三方的利益。第三方如果因区分所有建筑物共有部分状况或使用受到损害，却不能以业主委员会作为被告，而必须对全体业主提起诉讼，这势必给第三方维护自己的合法权益造成极大的不便。

有一种观点认为业主委员会可以作为代表人诉讼中的代表人参与诉讼，但其必须有全体业主或业主大会授权的决议。① 这种观点表面看似很有道理，实则不然。首先，按照现行民事诉讼法的规定，代表人是众多当事人中推选出来的临时的代表。如果业主委员会没有当事人资格，怎么可能成为当事人的代表呢？其次，业主委员会是法定的长期存在的组织机构，是业主经合法选举产生作为全体业主的代表，与代表人诉讼中在起诉时推选出来的代表人的产生方式不同。再次，业主委员会作为一个组织，不符合代表人诉讼中的代表人的特征。业主委员会委员人数众多，实际作为代表人出庭参与诉讼者应当如何确定，也不得而知，难以实现代表人诉讼实现"主体浓缩"的要求。通过上述分析可知，界定业主委员会实施的诉讼行为为诉讼代表行为是不合适的。

四、审理业主委员会维权诉讼应当注意的问题

（一）对业主委员会当事人能力的限制

从"为了使权利追诉变得容易"②的立场出发，各国关于当事人能力的规定，无论是采取放宽还是紧缩的立法态度，都没有阻挡实际诉讼过程中，广泛承认非传统当事人的当事人能力的

---

① 苏文玲：《业主委员会是否具有诉讼主体资格的法律问题探讨》，http://www.dolaws.cn/blog.php?blognr-400-uid-583-nrid。

② ［德］奥特马·尧厄尼希著，周翠译：《民事诉讼法》，法律出版社2003年版，第89页。

趋势。① 但是，其他国家的法律通常根据一定时期社会经济发展的需要，选择性赋予一定的非法人团体以主动的当事人能力或被动的当事人能力，这种做法也值得我们借鉴。

根据我国的具体国情，笔者认为在确认业主委员会的民事诉讼主体资格时应当满足以下条件：第一，依据《物业管理条例》规定的条件、程序成立。第二，其相关行为必须有业主大会或者法律的明确授权。业主委员会除非代表全体业主及受业主大会的委托，不具有独立行使民事诉讼权利的主体资格，当发生越权行为时，其法律后果应当由实际责任人承担。同时，就业主委员会成员行使权利和承担义务的具体规定及约定，应当在业主公约及业主委员会章程中予以明确。第三，业主委员会只能在与物业管理活动有关的民事诉讼中作为诉讼主体。任意放宽业主委员会当事人能力的行使范围，可能将那些与维护全体业主利益无关的争端，或者只是涉及部分业主利益的争端裹挟其中，违背赋予业主委员会诉讼主体资格的初衷。

（二）对业主委员会维权诉讼的案件范围的限制

《中国民事审判前沿》一书中，最高人民法院对业主委员会是否具备诉讼主体资格所作出的审判意见是：依法成立的业主委员会在其职责范围内，经业主代表大会授权，就物业管理有关的、涉及全体业主公共利益的事宜，以物业公司为被告向人民法院提起民事诉讼。与物业管理无关的、个别或部分业主的事宜，业主委员会无权向人民法院提起民事诉讼。② 对于这种意见，笔者认为其前面关于要求业主委员会只能代表全体业主利益诉讼的提法是有道理的，但对禁止诉讼范围的表述，容易引起歧义。实际上，只要业主委员会被赋予当事人能力，则其无论主动或被动参加诉讼都应当被视为合法。从这个意义上说，只要承认业主委员会有当事人能力，在起诉审查立案时，无论其参与到何种性质的诉讼中来，法院都不应当拒绝接受其起诉或被诉。

有当事人能力是当事人适格的必要条件，而非充分条件。业主委员会维权诉讼的特质，决定了若想使其成为合格的当事人，保证对其作出实体裁判具有法律意义，则限定其参加诉讼的案件类型还是必要的。根据当事人适格条件的一般要求，业主委员会作为当事人时，仅在因债权关系而不涉及物权变动的案件中，可以对其与对方争议的实体法上请求权的存在与否作出裁判。如果争讼诉讼标的为物权法律关系，由于业主委员会既不是实体法上的权利主体，无法登记为所有权人或其他物权人，就应当以当事人欠缺权利保护要件，判决驳回其诉讼请求。当然，如果业主委员会在债权诉讼中无法证明其代表的是全体业主的利益和要求，也无法获得胜诉裁判的结果，但这不等于审查起诉时就需要查明上述事实并禁止该类诉讼的发生。

应当指出的是，业主委员会虽然具有当事人能力，但这种资格只是程序法上审理需要的产物，在实体法上全体业主对于涉及共有物业仍是合一的管理权主体，因此业主委员会参加诉讼的结果要对全体业主生效。同时业主委员会与部分或单一业主之间的诉讼应当视为欠缺对立当事人而判定诉不合法，驳回原告之诉。

（三）防止滥用诉权现象发生

在业主委员会诉讼主体资格被确认后，可能会出现业主委员会随意诉讼的现象，甚至是业

---

① 参见[德]汉斯－约阿希姆·穆泽拉克著，周翠译：《德国民事诉讼法基础教程》，中国政法大学出版社2005年版，第73页。
② 黄松有主编：《中国民事审判前沿（2005年第2集）》，法律出版社2005年版，第10页。

主委员会内部几个人"私下"里挑起事端进行恶意诉讼,这样势必造成社会不稳定和司法成本的浪费。对此,必须保持应有的警觉,进行制度防范。

我国目前大力推进的司法改革,更多强调的是对当事人诉讼权利的维护以及保障,但我们不能为改革付出矫枉过正的代价。为了维护当事人合法权益和稳定社会秩序,滥用诉讼权利的现象应当加以纠正。结合我国具体的实际,为防止个别人可能借助诉讼手段将影响稳定的群体纠纷扩大化,应当慎重审查业主委员会涉诉案件的合法性。既要防止纠纷被拒之法院门外而得不到司法解决,也要力求避免因不当立案和审理而引发、扩大矛盾,激化不安定因素。对滥用诉讼权利的业主委员会成员可以考虑追究法律责任,至少在目前可以让其承担程序法上的不利后果。

总之,对业主委员会的诉讼主体资格的不同规定,关系到业主维权的便利与否,也将实质性地影响到业主对共有物业权利的实现和保护。总结各地审理类似案件的经验作法,梳理学理讨论的各方意见,尽快出台全国统一的处理该问题的规范是必要和迫切的任务。细化业主委员会参与诉讼的具体条件和程序,有助于统一司法,促进房地产建设的发展。当然,赋予业主委员会当事人能力,并不意味着鼓励诉讼,也不意味着排斥其他纠纷处理方式介入业主维权活动,这一点是显而易见的。

试论商事仲裁第三人

李汉昌[*]　张晴川[**]

一、问题的提出

商事仲裁第三人制度是一个在实践部门和理论界争议颇大的问题,各国在对待该问题的态度上同样存在差异,从而导致理论界和实践操作上的混乱。学界对此展开了激烈的论争。反对者认为:诉讼第三人制度并不适用于仲裁制度,除非仲裁立法有相关规定或当事人另有约定,不可以让第三人加入到已经开始的仲裁程序中,也就是说,反对论者否定仲裁制度中存在第三人制度。[①] 持肯定说的论者则认为,在经济全球化、跨国多方当事人争议日渐频繁的今天,有必要反思现行仲裁制度是否能应对商业实践中的多方当事人争议,考虑是否以及在何种程度上允许追加第三人参加仲裁。因此,基于现实需要的考量和仲裁第三人理论基础的分析,应该认为仲裁第三人制度是同诉讼第三人制度相异的一种制度,不应认为仲裁第三人是"克隆"诉讼第三人的产物。对仲裁第三人,不应仅限于仲裁实务角度的分析和研究,而应从仲裁机制的本质、价值以及与法院的关系等核心理论予以考察。第三人参加仲裁对于正确处理仲

---

[*] 李汉昌:中南财经政法大学教授。
[**] 张晴川:中南财经政法大学。
[①] 反对说的论者主要有:张建华:《仲裁新论》,中国法制出版社 2002 年版,第 198~199 页;黄进、宋连斌、徐前权著:《仲裁法学》,中国政法大学出版社 2002 年版,第 107~108 页;林一飞:《论仲裁与第三人》,载《法学评论》2000 年第 1 期;张竹生:《设立仲裁第三人的难点与风险探析》,载《仲裁与法律通讯》1999 年 6 月;张发祥:《论仲裁程序的当事人》,载《现代法学》1996 年第 2 期;乔欣、赵艳群:《仲裁程序中不应存在第三人制度》,载 http://www.china-arbitration.com/3a1.asp?id=1015&name2=4&cateid=4,下载日期:2004 年 9 月 21 日等。

裁案件具有积极的意义。①

有关仲裁第三人制度的理论争鸣透视出这样一种事实：即仲裁第三人制度有没有存在的必要性？构建该制度是利大于弊还是弊大于利？笔者认为，首先，仲裁第三人制度有其必要性，即仲裁第三人的理论基础和实践基础为我们构建该制度提供了必要的依据。在商业环境日益复杂的现实环境下，仲裁理论也存在着更新和发展的问题。比如针对连环项下的纠纷解决，如果仍然按照旧有的理论，则只能逐一申请、逐一审理、逐一解决，这种处理方式的弊端显而易见，如浪费司法资源、事实认定的困难及结果的矛盾性等问题。对此，各国都在寻求一种更为合理的方式来解决类似问题，例如英国的"同步开庭"（concurrent hearing）、美国的"vouching in"作法、香港的"连续开庭"等。仲裁第三人制度就是在这种探索中逐渐进入人们的视野中。从仲裁第三人制度产生及逐渐升温的过程看，其存在的时间极为有限。② 这一方面说明一项法律制度的出现是社会需求催生的产物，仲裁第三人制度就是随着信息时代的到来，商业环境出现新的问题后而催生的，是在大的时代背景下的产物；另一方面说明该制度并非诉讼第三人制度的"克隆"版。诉讼制度历经几百年的发展，其第三人制度基本上是伴随着诉讼制度的历史，而仲裁第三人短暂的历史说明仲裁制度产生后几百年的时间里并没有参照诉讼第三人而构建仲裁第三人制度，其出现是在现实需要的呼唤下，需要以仲裁第三人制度解决现实中出现的问题。其次，笔者认为构建仲裁第三人制度利大于弊。对于仲裁第三人的弊端，已有论者的论证基本可以概括为如下观点：仲裁第三人同传统仲裁理论存在冲突，比如违背当事人意思自治原则，违背仲裁协议的相对性理论，违背仲裁的"秘密性"、"经济性"、"民间性"等特征等。以上理论均是传统仲裁理论的观点，笔者承认仲裁第三人在一定程度上背离了以上理论的观点，是传统理论的"叛逆者"。但是，我们必须在现实环境的前提下对传统理论进行重新定位，而不能简单为一种制度的是非下结论。应该说，传统仲裁理论历经长时间的发展、定型，已经成为仲裁制度存在和发展的基石，"自愿仲裁"、"独立仲裁"、"一裁终局"等三大仲裁基本原则是区别仲裁和诉讼的最重要特征。在肯定传统理论的同时，我们需要以发展的眼光重新审视已经延续多年、似乎完美无瑕的"真理"。一种理论的存在有其特定的历史条件，法律理论尤其如此。应该说传统仲裁理论完全适应了商业社会、工业社会的发展需求，"个人本位时代"造就了仲裁绝对化的"意思自治"和"仲裁协议的相对性"，随着世界范围内个人本位向社会本位的过渡，"完全的意思自治"和"绝对化的仲裁协议相对性"理论受到越来越多的质疑。在这种大的背景下，对传统仲裁理论的修正就成为仲裁制度进一步发展的要求，同时，理

---

① 肯定说的论者主要有：谭兵主编：《中国仲裁制度研究》，法律出版社1995年版，第128～132页；石育斌著：《国际商事仲裁研究》，华东理工大学出版社2004年版，第294页；刘传慕：《仲裁案件能否追加第三人》，载《光明日报》1998年7月25日；屈广清、周清华、吴莉婧：《论仲裁制度中的第三人》，载《中国海商法年刊》2000年第11卷；李晓玲：《多方当事人仲裁程序问题探讨》，载《华东政法学院学报》2004年第4期；郭玉军：《论仲裁第三人》，载《法学家》2001年第3期；席涛：《论仲裁中的第三人问题》，载《仲裁与法律》第91辑；肖鹏、刘惠荣、张雷：《论第三人与仲裁》，载《中国海洋大学学报》（社科版）2003年第2期；何成兵：《论仲裁第三人》，载《湖南公安高等专科学校学报》2003年第1期；夏蔚：《仲裁第三人研究》，载《当代法学》2000年第5期；庞小菊：《仲裁中应设立第三人制度》，载《广东行政学院学报》2003年第2期；奚玮、邓兴广：《第三人参加仲裁程序初探》，载 http://www.china-arbitration.com/3a1.asp? id=649&name2=4&cateid=4，下载日期：2004年9月21日等。

② 从笔者掌握的资料看，仲裁第三人进入人们的视野是在上世纪80年代，其存在的时间不过短短的二十几年。

论的创新也为新制度的诞生奠定了基本的前提。

二、商事仲裁第三人相关问题之考量

(一)合并仲裁

"合并仲裁是方便多方当事人仲裁的措施之一。在某种程度上,有关合并仲裁是否适当的理论上的争鸣,可以为现行有关仲裁第三人的讨论提供有力的支持。"[①]合并仲裁同仲裁第三人在诸多方面存在契合:首先,两种制度产生的前提都是基于多方当事人争议的存在;其次,两种制度的主要理论依据都在于提高仲裁效益和避免相互矛盾的裁判;再次,两种制度的设计条件具有相似性。以上的共性使得我们在研究仲裁第三人制度时必然要论及合并仲裁的问题。

"按照传统的理论,合并仲裁是不允许的,即必须将不同的仲裁案件分别由不同的仲裁庭进行仲裁。这是因为仲裁庭要根据当事人之间的仲裁协议即当事人的授权行使仲裁权,而仲裁协议是在不同的当事人之间签订的,因此,仲裁庭无权将不同当事人之间的仲裁案件合并在一起进行审理,将不同的仲裁协议合并作为仲裁权行使的根据。"[②]因此,在日益复杂的经济环境下,如果在理论和立法层面不能突破旧有理论的束缚,那么针对一些新的问题就无法解决,比如"多方当事人仲裁"的情形。

在多方当事人争议的情形下,如果按照传统的操作模式处理争议,就必须将这些相互关联的纠纷通过不同的仲裁程序解决,而以不同的程序解决相似的争议可能造成的问题包括:(1)同一证据事实在不同的仲裁程序中可能有不同的仲裁裁决,"另一种很严重、很真实的危险,即一步步、一层层的去追偿,会有不同后果的判决裁决颇大可能,结果令'中间商'夹在当中,两头都败诉"。[③] (2)加大了仲裁成本,降低了仲裁的效率。对当事人来说,相互关联的纠纷通过不同的程序加以解决,无疑在时间、金钱等方面造成损失;对仲裁机关来说,同样存在着浪费仲裁资源的问题。

鉴于适用不同的仲裁程序解决多方当事人争议可能带来的弊端,各国采取了不同的办法加以解决。荷兰是世界上极少数在仲裁立法中明确规定以"合并仲裁"的方式解决多方当事人争议的国家之一。荷兰《民事诉讼法》第 1046 条规定:"如果在荷兰境内已开始的一个仲裁庭的仲裁程序的标的与在荷兰境内已经开始的另一个仲裁庭的仲裁程序的标的有联系,任何当事人可以请求阿姆斯特丹地方法院院长发布合并程序的命令。"伦敦海事仲裁协会(The London Maritime Arbitrators' Association,缩写为 LMAA)1997 年仲裁条款亦有相似的规定:如果在两个或更多的仲裁中涉及相同的事实或法律问题,仲裁庭可以指令对这两个或更多的仲裁进行同步审理。美国立法对解决多方当事人争议也没有明确规定可以"合并仲裁"或"同步审理",但在实践中,出现了众多"合并仲裁"的案例。首先是"Cereus"一案,采用"合并"的方式,然后出现了一连串的地方法院判决可以"合并"仲裁的案例。日本仲裁立法对解决多方当

---

① 郭玉军:《论仲裁第三人》,载《法学家》2001 年第 3 期。
② 乔欣著:《仲裁权研究》,法律出版社 2001 年版,第 256 页。
③ 杨良宜著:《国际商务仲裁》,中国政法大学出版社 1997 年版,第 451 页。

事人的争议并没有作出明确规定,但日本商务仲裁协会《商务仲裁规则》第41条规定了"合并仲裁"。我国1995年《仲裁法》对解决多方当事人争议并无明确规定。但是中国海事仲裁委员会2000年修订了原来的仲裁规则,其中第46条规定:两个或两个以上仲裁案例涉及共同的事实问题,仲裁庭认为适当时,在征得所有当事人的同意后,可以进行合并审理,由各案首席仲裁员推选一人主持开庭,但裁决书应分别作出。另外,最高人民法院于2004年7月发布了《关于适用〈中华人民共和国仲裁法〉若干问题的解释》(征求意见稿),其中第7条第2款规定了合并仲裁:人民法院或者仲裁委员会受理主合同纠纷,当事人同时向连带责任保证人主张权利的,人民法院或仲裁委员会可以一并审理。主合同和连带责任保证约定有不同仲裁委员会的,债权人向债务人和保证人同时主张权利,先受理的仲裁委员会依当事人申请可以一并仲裁。这一规定反映了我国立法对合并仲裁的肯定。但遗憾的是,该规定并没有规定合并仲裁的一般条件,而是只就连带责任保证的情况作出可以合并的规定。

(二)仲裁第三人的定位

有关仲裁第三人的主体定位问题,余子新先生提出了这样一种观点,即仲裁第三人是指仲裁协议的第三人而非仲裁程序进行中的第三人。他认为:仲裁协议第三人是仲裁第三人制度的标志性主体,是实体法与仲裁法相结合的产物,它不仅因为处于合同第三人进入仲裁的入口处而使对该主体的界定成为研究仲裁第三人制度的起始概念,而且该概念涉及仲裁协议约束合同第三人的条件这一核心理论问题,是仲裁第三人制度的精髓之所在并反映其本质特征。因此,学术界把仲裁程序进行中的第三人作为研究目标犯了方向性错误,应当把研究目标锁定在仲裁协议第三人这一特定主体上。① 对于以上观点,笔者认为应一分为二地进行分析:

首先,仲裁协议第三人对于研究仲裁第三人制度具有非常重要的价值。不容否认的是,仲裁第三人制度研究的起始点就是仲裁协议的第三人。由于仲裁协议对于仲裁制度的基础性地位,因此仲裁制度的程序设计必然要以仲裁协议为基础。另外,正如余先生所言,仲裁协议第三人结合了实体法第三人和程序法第三人的双重属性,因此是实体法第三人转换成仲裁第三人的"转换器"。笔者认为,仲裁协议第三人对于研究仲裁第三人的重要价值主要体现在其基础性地位方面,是为研究仲裁第三人制度提供理论依据的重要阵地,而并非仲裁第三人制度本身。

其次,仲裁协议第三人并非严格意义上的仲裁第三人。仲裁协议第三人对于仲裁第三人制度的重要基础性地位并不能代表仲裁协议第三人就应该成为仲裁第三人,或者成为研究仲裁第三人制度的主阵地。我们认为,任何一种理论的提出都是为了构建具体的制度。由于仲裁协议的第三人在具体的仲裁程序中可能作为申请人或被申请人,也可能作为第三人参加仲裁程序,因此,其归属存在着不确定性。如果其作为仲裁申请人或被申请人,那么,仲裁协议第三人就成为仲裁的基本当事人而脱离了"第三人"的身份,实际上是当事人的变更问题,而非仲裁第三人制度所要研究的范畴。事实上,较早建立第三人制度的民事诉讼和行政诉讼领域,第三人制度同样是以程序进行中的第三人为研究对象,至于行政诉讼中具体行政行为涉及的第三人(包括民事关系、行政关系等)和民事诉讼中当事人之间民事法律关系涉及的第三人均是为诉讼第三人提供基础性研究的理论,而绝非研究的重点和诉讼第三人制度本身。

---

① 余子新、甘玲:《合同第三人与仲裁第三人》,载《法学杂志》2004年第3期。

三、商事仲裁第三人制度的基础

(一)理论基础

1. 当事人意思自治原则的相对性理论

意思自治原则是仲裁制度存在的最重要的原则,如果说"诚信原则"是民法的"帝王条款",那么"意思自治原则"就是仲裁制度的"帝王条款"。① "意思自治原则"从根本上反映了以"个人本位"为原则的"自由资本主义"时期的要求。随着"个人本位"向"社会本位"的转变,意思自治原则在西方民法中日渐衰落,成为"非绝对化"的"意思自治"。② 从仲裁制度意思自治原则发展的历程看,其间经历了三个不同的历史时期③:即当事人意思自治完全自由时期、当事人意思自治绝对限制时期和当事人意思自治相对限制时期。实际上,契约自由的程度可能随着时间的推移而有所不同,但绝对的自由和绝对的限制应该是不存在的,举一个很简单的例子,即使在国家法很难延伸到的少数民族地区,民众的行为仍会受到传统的习惯法的制约。④ 因此,我们有理由相信,有关契约自由的限制与扩张的话题只是存在程度上的差别,而没有绝对之分,即仲裁制度中的当事人意思自治仅具有相对性。这种相对性表现在:第一,当事人的意愿与立法规定或仲裁规定的任意性规范相冲突时,应该保护和尊重当事人的意愿;第二,当事人的意愿与仲裁立法或仲裁规则的强制性规定相冲突时,当事人的意愿必须服从法律的要求。⑤

---

① 英国学者施米托夫认为"商事仲裁法中的首要原则是当事人意思自治原则",见[英]施米托夫著,赵秀文译:《国际贸易法文选》,中国大百科全书出版社1993年版,第611页。另外,罗马法时期有关仲裁的规定,即"当事人对双方发生的争端,既不各自让步,达成和解,又不申请法院审判,而商定选择第三人为他们解决"的规定也反映了当事人意思自治对于仲裁存在的重要意义。参见周枏著:《罗马法原论》,商务印书馆2002年版,第920页。

② 尹田认为,在现代经济社会,当事人的意志自由必然要丧失其原有的绝对的支配地位,而当契约自由不能完全平衡个人与个人之间的利益,或无法实现个人利益与社会利益的协调一致时,它就应当受到限制。另外,有关"意思自治的衰落",美国学者格兰特·吉尔莫曾于1970年在俄亥俄州立大学发表了《契约的死亡》的系列演讲,该演讲后来被汇编出版,在国际上引起了强烈的反响,日本学者内田贵针对吉尔莫的观点,专门撰文《契约的再生》予以回应。这两篇论文的核心问题在于"死亡的契约"是什么,而"再生的契约"又是什么?两位学者给出的答案是:"古典的契约",即自由主义的契约已经死亡,"而超越自由主义的契约再生"。具体论述请参见[美]格兰特·吉尔莫著,曹士兵、姚建宗、吴巍译:《契约的死亡》,中国法制出版社2005年版;[日]内田贵著,胡定海译:《契约的再生》,载梁慧星主编《为权利而斗争》,中国法制出版社2000年版。从以上两位学者的论争可以看出,契约自由理论在19世纪末期开始出现转折,即由绝对的契约自由向相对的契约自由转化,其中的根源就在于社会化运动的兴起改变了自由资本主义时期"个人至上"的基本理念,而开始注重社会利益的整体协调。

③ 参见彭云业、沈国琴:《论仲裁制度中当事人意思自治的扩与限》,载《法学评论》2001年第4期。

④ 韦伯认为,在一定情况下,通过使人们能够做到的规则,规范性的控制必然延伸至当事人的个人自由领域。在某种意义和程序上,当事人之间的任何法律交易,只要是涉及对法律上得到保障的控制权的处置,都会影响到其他人。而且,契约自由的行使也会影响到第三人的利益。参见[德]马克斯·韦伯著,张乃根译:《论经济与社会中的法律》,中国大百科全书出版社1998年版,第115页以下。

⑤ 参见乔欣著:《仲裁权研究》,法律出版社2001年版,第77~78页。

以上有关当事人意思自治原则起源、发展及相对性理论的阐述为我们研究仲裁第三人制度提供了这样一种理论上的意义,即仲裁第三人制度在本质上同当事人意思自治原则并不冲突,而是体现意思自治相对性理论的仲裁制度,其原因在于:第一,仲裁制度中当事人的意思自治是在法律的任意性规范下的意思自治,体现的价值理论在于弥补法律规定的不足。当事人在法律任意性规范下的意思自治可能损及他人利益和更大范围内的正义,由此,"对这种自由予以一定程度的限制或者给予受损害者以一定的补救途径是非常必要的,这也是平衡正义与自由之间的冲突的需要。在仲裁过程中给第三人留一道维权之门,既可以使损害正义的自由得到限制,又能够使恶性自由损害的正义有得到及时补救的机会"。① 第二,当事人意思自治必须受制于法律的强行性规定。法律的强行性规定的作用有二:一是使当事人的活动符合公共利益,避免当事人通过损害公共利益来谋求个人的私利;二是使当事人的活动不损及他人利益。因此,"如果当事人的意思自治违反国内或国际法律及公共政策的有关规定,仲裁庭也不应予以支持。因为仲裁当事人的意思自治并非完全随心所欲,它的限制性就为仲裁第三人进入仲裁程序打开了大门"②。

2. "长臂的仲裁协议"——仲裁协议相对性原则的例外

仲裁协议作为整个仲裁制度的基石,在仲裁理论和实践中发挥着极为重要的作用。根据传统的仲裁理论和目前多数国家的做法,仲裁协议应具有书面形式,且只对签字方具有约束力。③ 由于这种对"书面"的狭隘理解,导致多数国家认定仲裁协议只对签字方有效,而对未签字方无效。也就是说,未签字方既不能申请仲裁,也无须参加仲裁协议一方或双方申请的仲裁。但随着科学技术的进步和商业形式的多样化,这种理解日益显得狭窄、苛刻、脱离实际,在某种程度上成为仲裁发展的障碍。④ 因此,"伴随着法学理论的更新、改良乃至法律的改进,特别是本世纪七十年代以来(原作发表于 2000 年,故称本世纪 70 年代——笔者注)各国革新仲裁立法、鼓励仲裁发展的潮流的出现和不断扩大,在某些情况下,不少国家的立法、司法和仲裁实践,仲裁理论逐步承认仲裁条款对未签字的当事人具有法律约束力。在一定程度上,仲裁协议的'胳膊'正在'伸长'"。⑤ 仲裁协议相对性原则的例外为构建仲裁第三人制度提供了这样一种理论价值,即对于一些特殊情形下的非仲裁协议签字方,根据仲裁协议相对性原则的例外,就可以作为第三方参加到他人已经开始的仲裁程序中来。当然,对于仲裁协议非签字方来说,其参加仲裁的方式除了以仲裁第三人的身份外,还有可能是以当事人变更的方式,即作为申请人或被申请人的身份参加仲裁,比如在合同转让、当事人的死亡等情形下。

3. 仲裁制度的价值取向:以效率为先,兼顾公正

对于程序法来说,研究价值取向问题有着特殊的意义。现代社会条件下,可供人们选择的纠纷解决机制越来越多,当事人之所以选择其中的一种来解决他们之间的纠纷,除了首先要考

---

① 《论第三人与仲裁》,载《中国海洋大学学报》(社科版)2003 年第 2 期。
② 何成兵:《论仲裁第三人》,载《湖南公安高等专科学校学报》2003 年第 1 期。
③ 笔者认为,这一状况的形成主要是由于以下原因:(1)传统经济环境和法学理论的影响。信息化时代之前,经济交往的主要载体是纸张,这应该是仲裁协议必须以"书面形式"表示的最直接的原因。另外,传统的合同法认为,合同具有相对性,即合同仅对双方当事人具有约束力,对第三人不具有法律上的约束力,这一理论是仲裁协议相对性理论的直接来源。(2)1958 年《纽约公约》和 1985 年联合国《示范法》的示范作用。世界上大多数国家的仲裁立法均参照了两公约关于仲裁协议的"书面形式"及"必须由双方当事人签字"的规定。
④ 杨良宜:《国际商务仲裁》,中国政法大学出版社 1997 年版,第 120~121 页。
⑤ 赵健:《长臂的仲裁协议:论仲裁协议对未签字人的效力》,载《仲裁与法律》2000 年 2 月。

虑社会提供的解纷类型是否有利于自己纠纷的解决外,其次也是重点考虑的可能就是其选择的解纷类型的价值取向问题,即他们是更追求公正地解决纠纷,还是更偏向于快捷、迅速地解决纠纷,也就是说更追求效益价值。事实上,现代社会中,各种解纷方式所具有的价值具有非常类似的特点,诸如公正、效益、效率、秩序、安定等均是程序法所追求或具有的价值。但是不同的纠纷解决方式在价值取向上凸现出各自的不同,这也是各种解纷方式能够同时存在于社会中的基础。如果各种解纷方式遵循同样的价值取向,其优势就无法显现,最终将导致该方式的渐趋消亡。笔者认为,在仲裁制度的价值取向上,效率优于公正。其原因为:(1)从仲裁制度的产生、发展来看,追求效率应该是仲裁得以形成、发展的最重要动因。作为与诉讼制度并存的解纷方式,能够在长达几百年的时间里不断发展、完善,并没有因为诉讼制度的存在而消亡,很大程度上得益于仲裁所具有的优点,其中对效率的最大追求无疑具有重要的作用。(2)从仲裁与诉讼的比较来看,诉讼机制更倾向于追求公平、公正的制度设计,仲裁则更倾向于追求效率、效益的制度设计。仲裁制度的设计保证了纠纷可以在较短的时间内、花费较小的成本予以解决。

从以上的论述可以得知,效率对于仲裁制度的重要作用。如果在现实中出现越来越多的多方当事人的情况,如果没有相应的制度设计予以妥善解决,会导致如下后果的出现:第一,如果与案件有利害关系者或案件知情者无法参与仲裁程序,则案件的调查难度将会增加,从而导致时间上的拖延,而致效率不再。况且,在这种情况下,还有可能因为案件的事实无法查清而违背公正价值。第二,按现行的制度设计,与案件有利益关系者想维护自己的权利,或案件当事方想追究其责任,由于无法通过同一仲裁程序加以解决,只能在仲裁程序结束后,向法院起诉或根据新的仲裁协议申请仲裁。无论采取何种方式,均是对效率价值的背离,若造成仲裁裁决与法院判决的相互矛盾的结果,则又会损及公正价值,使法律的权威受到不应有的伤害。因此,基于仲裁的价值取向,基于提高仲裁效率、维护仲裁公正的考量,在多方当事人参与仲裁的情况下,采用仲裁第三人制度是一种比较合理的解决。

4. 商事仲裁的性质:契约性与司法性融合的独立体系

关于仲裁的法律性质,至今还无一种能为国际社会所普遍接受的统一观点。综观国内外学者的论点,其主流观点包括以下四种[①]:司法权说(Jurisdictional Theory)、契约说(Contractual Theory)、混合说(Mixed or Hybrid Theory)和自治说(Autonomous Theory)。以上几种观点,除"自治论"外,基本围绕"契约"和"司法权"来论述仲裁的性质。我们认为,分析仲裁的

---

① 除这四种外,有论者提出了"双视角论"的观点。该观点认为,仲裁制度的本质包括现象和本质两个方面。在本质层面,司法权是唯一的决定因素,也就是说司法权是仲裁制度的本质。仲裁制度的现象层面包括两个特点,即契约性和司法权性,在不同国家或同一国家的不同时期,契约性与司法权性的地位和作用存在一定的差异,但是从目前各国仲裁制度的现状以及发展趋势看,契约性是现代仲裁制度现象的主要特征,司法权性是次要特征。参见石育斌著:《国际商事仲裁研究》,华东理工大学出版社2004年版,第194~215页。笔者认为,"双视角论"实际上并未突破"混合论"的范畴,只是在"混合论"的基础上进行了一定的变通,因此,不能称其为一种新的理论。另有论者指出,我国国内学者提到的"准司法权理论"、"行政性理论"、"民间性理论",由于以上几种理论论证上的单薄,在国内尚不能形成较广泛的影响,更没有形成国际上的影响力,故并非仲裁性质的主流性观点。谢石松主编:《商事仲裁法学》,高等教育出版社2003年版,第13~15页;李玉泉主编:《国际民事诉讼与国际商事仲裁》,武汉大学出版社1994年版,第243~246页;黄进、宋连斌、徐前权著:《仲裁法学》,中国政法大学出版社2002年版,第8~13页;乔欣主编:《比较商事仲裁》,法律出版社2004年版,第8~11页;宋连斌著:《国际商事仲裁权研究》,法律出版社2000年版,第11~22页。

性质离不开仲裁的基础理论及其自身发展的逻辑,因此,仲裁的性质应归结为司法权与契约的结合。因此,既然诉讼第三人的确立前提在于国家的司法权,那么,现代商事仲裁的司法性也当然地成为确立该制度的前提。

5. 第三人制度的功能:仲裁第三人制度确立的内在条件

如果说前面论述的四个方面为设立仲裁第三人制度的外部条件的话,那么第三人制度所具有的独特功能就是确立该制度的内在条件。笔者认为,第三人制度之所以被引入诉讼制度,是同第三人制度所具有的独特功能分不开的。同时,第三人制度所具有的功能不仅是诉讼第三人制度建立的重要依据,也是确立仲裁第三人制度的内在需求:

(1)适应经济发展的需要,提高纠纷解决效益的功能。纠纷关系人通常包括当事人、参加人和介入人三方,因此,纠纷解决机制中必然要为三种纠纷关系人设定相应的地位。从纠纷的发展来看,尤其是在民商事领域,随着技术的不断进步,交往领域的不断扩大,交往手段的渐趋多样化,现代社会的民商事纠纷已经明显区别于初始阶段。其区别点之一便是同一纠纷涉及的纠纷关系人可能远不止 A 与 B 两方,即多方当事人可能面对同一纠纷的情况。相对应的是,如何在纠纷解决机制中解决类似问题便成棘手难题。因此,第三人制度引入纠纷解决领域,便具有了以下的意义:第一,适应了现代社会条件下纠纷的复杂化。纠纷的产生是纠纷解决机制产生的前提,纠纷的复杂化需要纠纷解决机制上的相应改进才能适应这一状况。因此,现代社会条件下的多方当事人参与纠纷可以通过纠纷解决机制中对应的第三人制度加以解决。第二,提高纠纷解决机制的效益。自程序价值被述及以来,效益价值成为程序最为重要的价值之一。"当代社会,法律同社会经济生活的密切联系,使其无法回避经济功利规则的支配,以效益作为法律分配权利和义务的观念已逐渐溶入现代立法精神之中"。[①] 另外,法经济学实际上同效益价值有着非常密切的关系,效益价值实际上就是程序法上的"法经济学",是"法经济学"在程序法中的反映。当同一纠纷涉及多方当事人的利益时,若分别加以解决,一方面浪费纠纷解决的资源,造成不必要的资源浪费;另一方面可能造成纠纷解决上相互矛盾的后果。将第三人制度引入纠纷解决机制,无疑解决了这一难题,既节省了纠纷解决资源,又防止了同一纠纷多个裁决结果的尴尬。

(2)弥补合同相对性缺陷的功能。实体法上的合同相对性意味着合同当事人以外的人无权对合同当事人要求权利或承担合同上的义务,尤其是在第三人侵害债权的情形下,"因第三人的行为侵害债权,使债务人不能履行债务,如使债权消灭、债的标的物毁损或使给付不能或致使履行迟延的,应当根据侵权法对物权或人身保护权的规定,由受害人行使请求权予以救济。但是,债权人不能以第三人侵害债权对该第三人提出诉讼要求"。[②] 在这种情况下,在纠纷解决程序的设计上可以通过第三人制度的引入来弥补这一缺陷,即在程序进行中,如果因第三人的行为造成债权侵害而致合同当事人受损,则裁判机构可以裁决该第三人直接承担民事责任,从而以程序弥补合同相对性的缺陷。

(二)实践基础

戴维·哈金先生在《欧洲仲裁法改革》一文中谈到:"在欧洲民法国家有一项特别引人注意

---

① 杨荣新主编:《仲裁法理论与适用》,中国经济出版社1998年版,第18页。
② 李美荣、孙文红:《完善我国民事诉讼第三人制度的思考》,载《辽宁公安司法管理干部学院学报》2004年第4期。

的发展,那就是仲裁条款的效力延伸到第三人。"①除大陆法系诸国外,英美法系国家在这方面也有相应的探索。我国在仲裁立法上对仲裁第三人仍未有所突破,但部分仲裁机构的仲裁规则则依照具体情况,有条件地承认了仲裁第三人制度。

1. 国外仲裁立法及仲裁规则对仲裁第三人的相关规定

(1) 仲裁立法

说到仲裁第三人,必先论及荷兰。到目前为止,荷兰是在立法上规定仲裁第三人制度最为典型的国家。荷兰《仲裁法》第 1045 条规定了第三人参加仲裁的两种情况:一是第三人与仲裁程序的结果有利害关系的,可以自行申请并经仲裁庭同意,参与仲裁;二是一方当事人向第三人索赔,可以申请第三人参与仲裁。② 由以上规定可以看出,荷兰有关仲裁第三人的规定有如下特点:①第三人参加仲裁的方式有二,一是主动申请参加,其条件是第三人与仲裁结果有利害关系和仲裁庭同意;二是被申请参加,其条件是第三人与当事人一方存在债权债务关系。③②仲裁庭对第三人参与仲裁具有裁量权,即是否允许第三人参与仲裁程序,由仲裁庭决定。

比利时于 1995 年对原民事诉讼法典进行了修订,其中第六编有关仲裁的规定也在这次修订中作了修改,其中主要内容之一便是承认了仲裁第三人的存在:仲裁的一方当事人可以要求第三人参加仲裁程序。第三方也可以自动请求加入仲裁程序。仲裁庭必须一致接受第三者的加入。而且,原先的当事人和加入的当事人必须签订一份仲裁协议。④"比利时此次改革采用的新条文即模仿了荷兰《仲裁法》第 1045 条。司法法典第 1696 条对第三人参加程序的条件较为严格,其不仅要求双方当事人的同意,并且要求全体仲裁员的一致同意。因此即使当事人在仲裁程序开始之前或之后同意第三人参加仲裁,若无仲裁庭的全体同意,第三人亦不得参加仲裁"。⑤

法国在上世纪末的欧洲仲裁法改革浪潮中,在仲裁第三人的问题上亦有所突破。法国上诉法院在 1995 年 3 月的一项判决中谈到:"……国际合同中签订的仲裁条款有其固定的效力,该效力要求仲裁条款对直接负有履行合同义务的主体及因此而产生争议的当事人适用,并且对那些因其表现和行为足以令人断定他们知道仲裁条款的存在和范围的人也适用,虽然他们不是合同的签字一方。"法国上诉法院的这项判决实际上承认了仲裁条款对未签字的第三方所具有的效力。

1999 年的瑞典仲裁立法进行了改革,其中涉及了多方当事人仲裁(包括仲裁第三人)的问题。1999 年《瑞典仲裁法》对没有仲裁协议原双方当事人的同意,能否追加当事人的问题并未作出明确规定,但规定了多方当事人仲裁情形下仲裁员的选定。⑥ 这一规定说明瑞典已经注意到多方当事人仲裁情形下的难点所在,鉴于多数国家对仲裁第三人的否定态度而回避了这一问题。

---

① 戴维·哈金著,陈凤彦译:《欧洲仲裁法改革》,载《仲裁与法律通讯》1999 年第 6 期。

② 见 1986 年《荷兰民事诉讼法》第 1045 条第 3 款。该条同时还规定,第三人根据与仲裁协议之间的书面协议,可以参与仲裁。笔者认为,该规定实际上已经不是仲裁第三人的范畴,而是基于仲裁协议使第三人成为申请人或被申请人。

③ 荷兰仲裁法没有对"索赔"进行具体界定,根据笔者的理解和前面的论述,我们认为这种索赔可能基于代位仲裁权、侵害债权等原因而发生。

④ 见朱建林译:《比利时修改仲裁法》,载《仲裁与法律通讯》1999 年第 1 期。

⑤ 郭树理:《西欧国家晚期仲裁立法改革述评》,载《中国对外贸易》2002 年第 2 期。

⑥ 见 1999 年《瑞典仲裁法》第 16(3) 条。

在英国立法中,对仲裁第三人的态度比较暧昧。1996年《英国仲裁法》第35条规定,除非当事人同意授予仲裁庭合并仲裁的权利,否则仲裁庭没有权利命令仲裁程序的合并。同时该条第1款规定,当事人可以自由同意此仲裁程序的合并或者按照当事人协商同意的条件同步开庭。① 《英国仲裁法》的规定虽然否定了仲裁庭主动追加第三人,但又授予当事人同意合并仲裁时的第三人追加问题。这一特点反映了英国传统的保守思想和创新思路在立法上的矛盾。

美国联邦仲裁法并未对仲裁第三人作出规定,但美国部分州立法则对此作了规定。"美国的南卡罗里那州和犹他州已经通过了有关第三人被动参加仲裁的立法。非同寻常的是,南卡罗里那州的法律并没有要求被追加的当事人同意参加仲裁程序。犹他州的法律避免了这一问题,要求被追加的当事人是仲裁协议的当事人。两州的法律都没有规定第三人主动参加仲裁的问题,而根据犹他州的上述规定,该州可能会禁止非合同当事人主动参加仲裁"。②

(2)仲裁规则

《日内瓦商工会仲裁规则》:该规则是日内瓦商工会于1992年1月1日颁布生效的,其中第17条、第18条对"多方当事人参加仲裁"和"第三人参加仲裁"作了规定。

《伦敦国际仲裁院仲裁规则》:该规则22.1.(8)规定,在仲裁进行中,应任一方当事人的申请,仲裁员可以颁布作为中间救济措施之一种的追加第三人的措施。该追加须依赖于第三人同意参加仲裁和现有的当事人没有相反的仲裁协议。也就是说,只要一方当事人想要追加第三人且第三人同意,则另一方当事人不能反对追加。

《伦敦海事仲裁委员会仲裁规则》:1997年《伦敦海事仲裁委员会仲裁规则》第15条第6款规定:如果在两个或两个以上的仲裁中提出同样的事实和法律问题,仲裁庭可以指示该两个或两个以上仲裁同步审理。作出此种裁定时,仲裁庭应基于公平、经济和迅速的利益作出指示。从这一规定可以看出,伦敦海事仲裁委员会对仲裁第三人亦持肯定态度。

《日本商事仲裁协会商事仲裁规则》:日本商事仲裁协会于1997年颁布生效的《商事仲裁规则》对仲裁第三人作了明确规定。该规则第40条规定:任何非仲裁案一方的当事人,凡经本人同意,而且该仲裁案当事人也同意后,均可以作为申诉人或被申诉人参加该仲裁程序。尽管经当事人和本人同意,但如果仲裁庭认为,这样加入仲裁程序会延迟仲裁程序的进行,则仲裁庭可以据此理由或其他适当的理由,予以拒绝接受。

《新加坡国际仲裁中心仲裁规则》:1997年10月22日生效的该规则虽未明确"仲裁第三人"的概念,但其中的规定涉及第三人和合并仲裁的问题。

经过上世纪末的仲裁制度的变革,仲裁第三人制度已经在世界范围内逐步进入人们的视野。这一现象说明随着经济的发展,仲裁制度需要不断地创新来回应经济环境的更多需求。各国的仲裁立法及各仲裁机构的仲裁规则对仲裁第三人的规定虽然各不相同,但其共同的一点均是在一定条件下承认了仲裁第三人的存在。

2. 国内仲裁立法、仲裁规则对仲裁第三人的相关规定

我国于1995年颁布实施的《仲裁法》并没有就仲裁第三人和合并仲裁作出规定。但是,从

---

① 屈广清、周清华、吴莉婧:《论仲裁制度中的第三人》,载《中国海商法年刊》2000年第11卷。

② 参见 S. I. Strong, Intervention and Joinderas of Right in International Arbitration: An infringement of Individual of Contract Rights or a Proper Equitable Measure? *Vanderbilt Journal of Transnational Law*, Vol. 31, 1998, 第960~961页。

目前各仲裁机构的仲裁规则来看,越来越多的仲裁规则注意到合并仲裁及仲裁第三人的问题,成为对《仲裁法》规定的一种重要补充,同时也反映出该问题解决的迫切性和必要性。

《中国海事仲裁委员会仲裁规则》:中国海仲委于 2000 年对其仲裁规则进行了修订,其中第 45 条增加了对仲裁第三人的规定:对当事人的仲裁请求或反请求,当事人以外的利害关系人如认为案件的处理结果同其有法律上的利害关系,经与双方当事人达成仲裁协议,并经仲裁庭同意,可以申请作为当事人参加仲裁。

《烟台仲裁委员会仲裁规则》:烟台仲裁委仲裁规则是我国较早规定仲裁第三人制度的仲裁规则。该规则第 15 条规定:被申请人在答辩中提出与该争议有其他利害关系的人,仲裁委员会认为应当追加的,追加其为本案第三人。第三人收到本仲裁委员会参与仲裁通知书及仲裁申请书副本、仲裁答辩书副本后,应当在 15 日内向本仲裁委员会提交答辩书。第三人未提交答辩书的,不影响仲裁程序的进行。涉外仲裁案件的第三人,收到本仲裁委员会参与仲裁通知书及仲裁申请书副本、仲裁答辩书副本后,应当在 30 日内向本仲裁委员会提交答辩书。第三人未提交答辩书的,不影响仲裁程序的进行。

《重庆仲裁委员会仲裁规则》:同以上仲裁规则相比,重庆仲裁委仲裁规则对第三人的规定最为详尽。① 该规则对仲裁第三人的规定包括以下几点:(1)仲裁第三人分为有独立请求权的第三人和无独立请求权的第三人两种。有独立请求权的第三人可主动申请参加仲裁,无独立请求权的第三人由仲裁庭通知参加仲裁。(2)无论是有独立请求权的第三人还是无独立请求权的第三人,都必须与原当事人重新达成仲裁协议方可参加到仲裁中来。如果不能达成仲裁协议,则仲裁庭按原仲裁协议继续审理。(3)有独立请求权的第三人在仲裁庭组成后参加仲裁的,第三人可申请中止原仲裁程序,仲裁庭应自行决定中止。仲裁庭组成后发现案件涉及无独立请求权第三人的,应中止原仲裁程序。(4)第三人参加仲裁,应重新指定或委托指定仲裁员。

除以上有关各仲裁委员会的仲裁规则对第三人作出的规定外,我国最高人民法院于 2004 年 7 月份公布的《关于适用〈中华人民共和国仲裁法〉若干问题的解释》(征求意见稿)中涉及了第三人的问题。该解释规定:订立仲裁协议的当事人因合并、分立、终止、撤销等发生变更的,仲裁协议对其权利义务的继受者有效。订立仲裁协议的当事人死亡的,仲裁协议对其继承人有效。第三人行使订立仲裁协议的一方在仲裁事项中的权利的,仲裁协议对第三人有效("解释"第 1 条)。合同权利义务依法转让时,仲裁协议对受让人有效。但受让人能证明在合同权利义务转让时不知道有仲裁协议或者明确表示不受仲裁协议约束的除外("解释"第 2 条)。人民法院或者仲裁委员会受理主合同纠纷,当事人同时向连带责任保证人主张权利的,人民法院或者仲裁委员会可以一并审理。主合同和连带责任保证约定有不同的仲裁委员会的,债权人向债务人和保证人同时主张权利,先受理的仲裁委员会依当事人申请可以一并仲裁("解释"第 7 条第 2 款)。从该"解释"的规定可以看出,仲裁协议未签字方参加仲裁以及合并仲裁的问题已经进入我国立法者的视野。但遗憾的是,该"解释"仅提到了第三人在一定条件下受仲裁协议的约束和连带责任项下的合并仲裁问题,但对于其他的情况,比如代理、代位权等,该"解释"没有涉及。另外,该"解释"亦没有对第三人参与仲裁作出具体的程序设计。②

---

① 参见《重庆仲裁委员会仲裁规则》第六章,第 70 条至第 73 条。
② 网友 hnzzyqs 认为:("解释")应明确规定第三人出庭的地位,若仲裁协议没有约定第三人,如何要求第三人参与出庭的问题解释应作进一步明确。见:http://www.china-arbitration.com/3a1.asp? id=1506&name2=18&cateid=18。

四、商事仲裁第三人制度设计

由于"一些反对仲裁第三人的学者把仲裁第三人在实践运作中所存在的种种困难看作是仲裁第三人制度不应存在的重要理由",①因此,解决具体操作上的难题是构建我国仲裁第三人制度必须解决的问题。笔者认为,仲裁第三人制度在操作上的难点主要体现在以下几点:一是仲裁第三人有无必要分为有独立请求权的第三人和无独立请求权的第三人,二是仲裁庭和法院在仲裁第三人制度中的作用,三是第三人参加仲裁的具体操作问题等。

(一)仲裁第三人能否分为有独立请求权和无独立请求权的第三人

对于仲裁立法者(如《重庆仲裁委员会仲裁规则》第 70 条至第 73 条)和研究者②而言,将仲裁第三人划分成有独立请求权的第三人和无独立请求权的第三人可能是一种捷径。有论者认为:"目前我国仲裁界的有关学者提出了仲裁活动中第三人的概念,认为它是指对当事人争议的标的有独立请求权,或虽无独立请求权,但仲裁结果与其有利害关系,根据第三人与当事人的仲裁协议或一方当事人、第三人的申请,参加到已经开始的仲裁活动中的人。由此可见,仲裁活动中的第三人也分为有独立请求权的第三人和无独立请求权的第三人。"③笔者认为,正如前面所述,将仲裁第三人分为有独立请求权的第三人和无独立请求权的第三人的作法没有从仲裁制度本身的特点入手,而是简单地将民事诉讼中的分类搬到仲裁制度中,这种仲裁"诉讼化"的作法未免盲目。

首先,民事诉讼中第三人的分类有其特定的条件和基础,且在实践中已暴露出诸多弊端。受前苏联法学理论的影响,我国 1991 年《民事诉讼法》将第三人分成了"有独立请求权的第三人"和"无独立请求权的第三人"两种类型(《民事诉讼法》第 56 条)。有学者认为,立法上对于有独立请求权第三人这一概念中的"请求权"是从实体含义上来理解的,亦即只有与诉争之标的具有实体利害关系之人才能具有当事人地位并享受其权利。就中国的有独立请求权第三人而言,其"独立"侧重的是请求权的独立,而且将这种请求权的独立性的有无与参加的当事人的地位的有无紧密联系起来。因此,在第三人参加诉讼方面,中国民事诉讼理论以及立法对当事人参诉的正当性完全是持一种实体化的理解,因而对有独立请求权的第三人和无独立请求权的第三人给予了反差非常大的对待,从而导致无独立请求权人在诉讼实践中处于一种非常尴尬和窘迫的境地。④ 另外,将民事诉讼中的第三人分成有独立请求权和无独立请求权的第三人,只是我国立法的特例,其他国家和地区并没有这种分类。因此,对于国际化程度很高的仲裁而言,尽量避免"特色化"的制度设计,可能更易于同国际潮流的融合。

---

① 石育斌著:《国际商事仲裁研究》,华东理工大学出版社 2004 年版,第 344 页。
② 参见谭兵主编:《中国仲裁制度研究》,法律出版社 1995 年版,第 129~132 页;刘传慕:《对仲裁庭追加第三人的法律分析》,载《人民司法》1998 年 9 月;何成兵:《论仲裁第三人》,载《湖南公安高等专科学校学报》2003 年第 1 期;夏蔚:《仲裁第三人研究》,载《当代法学》2000 年第 5 期;席涛:《论仲裁中的第三人问题》,载《仲裁与法律》第 91 辑等。
③ 刘传慕:《仲裁案件能否追加第三人》,载《光明日报》1998 年 7 月 25 日。
④ 参见常怡主编:《比较民事诉讼法》,中国政法大学出版社 2002 年版,第 376~377 页。

其次,仲裁第三人制度应遵循仲裁制度的基本法理和特点。如前所述,当事人意思自治原则对于仲裁制度具有重要的意义,因此,在构建仲裁第三人制度时,仍应在遵循当事人意思自治原则的基础上考虑仲裁第三人设立的条件。比如,在申请人和被申请人以及第三人均反对追加第三人的情况下,仲裁庭不能强制性追加第三人。因此,仲裁第三人制度中需要关注的重点是仲裁第三人参加仲裁的条件,而并非其分类问题。

(二)仲裁庭和法院在仲裁第三人制度中的作用

1. 仲裁庭的作用

(1)仲裁庭的审查功能。在申请人、被申请人或者第三人提出第三人参加仲裁程序的申请时,仲裁庭应审查其申请的合法性,以及第三人是否具备参加仲裁的条件等事项。需要注意的是,仲裁庭的这种审查仅仅是程序上的审查,比如申请人、被申请人、第三人中是否有一方以上的当事人同意,第三人是否与本案有某种关联等等。仲裁庭的审查功能是仲裁第三人制度建立的必要条件,在已经承认仲裁第三人制度的仲裁立法或仲裁机构仲裁规则中,基本上赋予了仲裁庭的这一权力。

(2)仲裁庭的决定权。仲裁庭的决定权意味着仲裁第三人参加仲裁必须经过仲裁庭的同意。仲裁庭的这种决定权是仲裁具有司法性与契约性相结合的混合属性的体现,其"对当事人的意思自治与仲裁的契约性会产生一定的限制,但是这种限制对仲裁制度的存在与发展是必要的而且是必需的,它不但不会损害仲裁制度,反而是仲裁制度健康发展所需的"。①

(3)仲裁庭能否依职权主动追加第三人。有论者认为:"如果第三人没有提出仲裁请求,即使仲裁庭发现该第三人实际上确实存在,基于民法上的处分权原理,仲裁庭也不能依职权主动追加该第三人。"②笔者赞同以上的观点,即仲裁庭追加第三人仅在"被动"的情况下成立,由申请人、被申请人或第三人主动申请时方可决定追加,而不能依职权主动追加第三人,其原因就在于仲裁不同于诉讼,仲裁制度的建立仍要以当事人的意思自治为基础,有限的意思自治并非完全抛弃这一原则。

2. 法院的作用

综观各国的作法,不难发现,有极少数国家是采取通过法院准许的方式追加第三人参加仲裁,比如美国的南卡罗里那州和犹他州。这种作法的好处是避免了仲裁庭追加第三人可能造成其裁决被法院撤销或不予执行的后果。但其弊端亦显而易见,比如仲裁权因司法权的过度干涉而受损,仲裁权和司法权在这一问题上如何有效地衔接等等问题。因此,笔者认为这一作法并不可取。

法院对仲裁第三人制度的作用仍旧体现为事后的监督,即对当事人申请撤销的仲裁裁决,若其理由涉及第三人的追加或合并仲裁,法院应审查仲裁庭的追加是否符合法律或仲裁规则的强行性规定,依照不同的情况分别裁决。"法院对于因涉及第三人参加仲裁程序的裁决也应分清情况,区别对待,不可一概予以撤销抑或承认,从而通过司法对仲裁的监督和支持,使仲裁更好地发挥其作为一种争议解决方式的功能。"③

---

① 石育斌著:《国际商事仲裁研究》,华东理工大学出版社2004年版,第350页。
② 席涛:《论仲裁中的第三人问题》,载《仲裁与法律》第91辑。
③ 奚玮、邓兴广:《第三人参加仲裁程序初探》,载 http://www.china-arbitration.com/3a1.asp? id=649&name2=4&cateid=4,下载日期:2004年9月21日。

(三)第三人参加仲裁的程序设置

1.第三人参加仲裁的方式

第三人参加仲裁的方式有两种:(1)由第三人申请参加,"即由第三人向仲裁庭表明其同意接受仲裁庭审理的意思,仲裁庭审查同意的,可以加入到仲裁程序中来"。① (2)由申请人或被申请人申请第三人参加。如果申请人或被申请人认为第三人同案件有关联,可以向仲裁庭申请第三人参加到已经开始的仲裁程序中。仲裁庭则负有通知第三人的义务。

第三人参加仲裁的方式中需要注意的问题有:第一,仲裁庭不能依职权主动追加第三人。第二,第三人无须同原仲裁协议的当事人重新达成仲裁协议。有的国家(比如《比利时民事诉讼法》第1696条)和仲裁机构的仲裁规则(比如《日本商事仲裁协会商事仲裁规则》第40条)规定第三人参加仲裁必须同原当事人重新达成仲裁协议。这种规定实际上已经背离了仲裁第三人的内涵,变成了"仲裁当事人的追加"。正如有论者所言:"如果原仲裁当事人对第三人参加仲裁一致予以认可,那么,这无异于他们之间达成了新的仲裁协议,也就无所谓第三人问题了。"② 因此,笔者认为,第三人参加仲裁无须同原当事人重新达成仲裁协议,而是由仲裁庭审查其是否符合参加仲裁的条件。

2.第三人参加仲裁的时间

"第三人参加仲裁"是参加到他人已经开始的仲裁程序中来,故参加的时间应定位为仲裁程序启动后至仲裁裁决作出前的这段时间。如果第三人在申请人向仲裁庭提出仲裁请求的同时申请参加,仲裁庭也须在受理仲裁申请并启动仲裁程序后再审查第三人的申请,并决定是否允许其加入。

3.第三人参加仲裁的条件

根据第三人参加仲裁的两种方式,即由第三人申请和由申请人或被申请人申请第三人参加仲裁,可以发现有以下几种情况存在:(1)第三人申请参加:①申请人和被申请人均同意第三人参加仲裁;②申请人或被申请人一方同意,另一方反对;③申请人和被申请人均反对第三人参加。(2)由申请人或被申请人申请第三人参加仲裁:①另一方和第三人均同意第三人参加仲裁;②另一方或第三人中一方反对第三人参加仲裁;③另一方和第三人均反对第三人参加。概括以上内容,可以将第三人参加仲裁的情况归纳为:一是三方均同意第三人参加仲裁;二是三方中有两方同意,而另一方反对;三是只有申请第三人参加者同意,而另外两方均反对;四是由仲裁庭依职权追加第三人,而三方均不同意第三人参加。

(1)三方均同意第三人参加仲裁,即原仲裁协议的当事人和第三人均同意合并仲裁。这种情况在实践中比较少见。笔者认为,如果三方均同意第三人参加到仲裁中来,仲裁庭应允许第三人加入,这一方面符合当事人意思自治原则,另一方面有利于案件的审理,因此,这种情况下第三人的存在是合理的。

(2)三方中有两方同意,即申请人、被申请人、第三人中的两方同意第三人参加仲裁,而另一方反对。这种情况下,决定权在于仲裁庭。仲裁庭应审查申请第三人参加的理由以及第三人同案件的关联程度。若第三人符合参加仲裁的条件,仲裁庭应决定第三人参加仲裁,若第三人不符合参加条件,则驳回申请人的申请。需要说明的是,这种情况下,反对者往往是为了规

---

① 庞小菊:《仲裁中应设立第三人制度》,载《广东行政学院学报》2003年第2期。
② 庞小菊:《仲裁中应设立第三人制度》,载《广东行政学院学报》2003年第2期。

避法律,即第三人参加仲裁很可能使其承担应有的责任,因此,仲裁庭在审查中应注意反对者提出的理由是否充分。

(3)三方中只有申请者同意,而另外两方均反对第三人参加仲裁。这种情况比较复杂,研究者的观点也不一致。笔者认为,这种情况下,不能一概否认第三人参加仲裁,应视具体情况而定。比如,当第三人申请参加而申请人和被申请人均反对的情况下,如果不追加第三人则案件将无法最终解决的情况下,仲裁庭仍可在裁决中涉及第三人的实体权利义务,但作为必要的前提条件,仲裁庭在裁决书中必须阐明这样做的必要性。① 需要明确的是,这种情况下的追加,仲裁庭必须谨慎,即其在审查中应更为严格,如果追加第三人的理由不能达到充分必要的程度,一般应驳回申请人的申请。

(4)三方均不同意追加第三人,即仲裁庭认为应该追加第三人,而申请人、被申请人和第三人均表示反对。在此情况下,追加第三人既不符合仲裁的基本原则,又违背当事人的意愿,故仲裁庭不能依照职权追加第三人。

---

① 肖鹏、刘惠荣、张雷:《论第三人与仲裁》,载《中国海洋大学学报》(社科版)2003年第2期。

民事诉讼法中"法官诚信"的理想与保证
——以民事诉讼法与实体法关系为基点的考察

何文燕[*] 唐东楚[**]

法官应当诚信,显然是毋庸置疑的。但从程序法的视野考察,在民事诉讼法中将法官诚信作为一个基本原则加以确定,却值得商榷。诚信原则在民事诉讼法和实体法中,应当具有不同的地位和功能。如果不突破私法原则的既定框架,将作为民法"帝王条款"的诚信原则照搬到作为公法的民事诉讼法之中,希望以此来约束和制约法院的自由裁量权,就难免适得其反,最终有损当事人的民事权利救济,为司法不公埋下隐患。

一、我国民事诉讼中法官诚信的理想和现实

和谐社会需要诚信。司法诚信尤其是民事诉讼中的法官诚信,不仅对于个案中法官正确行使自由裁量权和进行能动性司法,而且对于社会诚信的型塑和示范,都具有十分重要的意义。没有法官诚信就没有司法的能动性[①]。而当今我国民事诉讼中法官诚信缺失的问题,确实不同程度地存在着,比如不尽应当的通知和释明义务、非法剥夺当事人诉权、强制调解、任意取舍证据、曲解法律、或拖延或突袭或拒绝裁判,等等。

能否在民事诉讼法中,规定一个类似民事实体法领域称为"帝王条款"的诚信基本原则,来保证法官诚实信用地裁判案件呢?我国当今民事诉讼法学界的许多观点,几乎一致认为:民事诉讼中的诚实信用原则不仅适用于当事人和其他诉讼参与人之间,而且适用于当事人、诉讼参与人与法院之间。也就是说,诚信原则是所有民事诉讼法律关系主体都必须遵守的民事诉讼法基本原则。有些权威的民事诉讼法学教材和论著,已将诚信原则与当事人平等原则、辩论原则、处分原则、法院调解原则并列,作为民事诉讼法的基本原则进行阐释和教学,并将民事诉

---

[*] 何文燕:湘潭大学法学院教授,民事诉讼法博士生导师。
[**] 唐东楚:中南大学法学院副教授,民事诉讼法硕士生导师,湘潭大学法学院民事诉讼法博士生。
[①] 陈朝阳:《中国司法能动性逻辑假设的破解:法官之诚信诉讼》,载《华东政法学院学报》2005年第6期。

诚信原则界定为:"在民事诉讼中,法院、当事人以及其他诉讼参与人在审理民事案件和进行民事诉讼时应当公正、诚实和善意。①"按照这样的观点,诚信原则对于法院的约束,主要针对法官在程序事项、实体事项、证据判断事项上的"自由裁量权"。换言之,法官应当本着诚实、善意的心态行使自由裁量权,不得实施突袭性裁判。学者认为:如果在诉讼中出现民事诉讼法没有规定的程序问题,法院可以根据诚信原则行使公平裁量权,直接对当事人的诉讼权利义务进行调整②。有学者甚至这种将诚信原则的规范主体扩展到法院——使之成为对法院行使审判权的一个约束性原则的做法,称之为"我国民事诉讼法学理论的创造和发展",并且认为,在规范主体上将诉讼法上的诚信原则作普适化的理解和把握是有其必要性的,这不仅因为法院需要借助诚信原则对诉讼利益关系作出动态的平衡,同时从司法监督机制上说,也需要利用诚信原则对法院恰当地行使审判权予以规范和制约③。

无独有偶,最高人民法院2002年4月1日开始施行的《关于民事诉讼证据的若干规定》,率先针对民事证明责任的分配,明确规定了"公平诚信原则",该司法解释第7条规定:"在法律没有具体规定,依本规定及其他司法解释无法确定举证责任承担时,人民法院可以根据公平原则和诚实信用原则,综合当事人举证能力等因素确定举证责任的承担。"④学者拟就的《〈中华人民共和国民事诉讼法〉修改建议稿(第三稿)》,也在第11条"诚实信用原则"里规定:"在诉讼过程中当事人应当遵守诚实信用原则,善意地进行诉讼,不得滥用诉讼权利;人民法院应当公正而迅速地审理案件,不得滥用自由裁量权;违反前二款规定的诉讼行为无效,并依照本法和其他法律的规定承担责任。⑤"

当然,这两处提及的法院"根据公平原则和诚实信用原则……确定举证责任的承担"以及"应当公正而迅速地审理案件,不得滥用自由裁量权",至少从字面上,仍很难看出法院或者法官的审判行为应当受到诚信原则的制约,而是要求法院的裁判应当"公正而迅速"。但无论如何,这些观点和迹象至少已经清楚地表明了,我国法律实务和学界对于法官诚信的理想和期待。

二、民事实体法的诚信原则是对当事人的要求,而非对法院的约束

从起源上说,法律上的诚信原则,始于罗马法中的诚信契约和诚信诉讼。这里的诚信契约

---

① 江伟:《民事诉讼法学》,北京大学出版社2003年第3版,第49页。类似的观点和表述可见:江伟:《民事诉讼法专论》,中国人民大学出版社2005年版,第104~107页;王福华:《民事诉讼基本结构——诉权与审判权的对峙和调和》,中国检察出版社2002年版,第224~239页;刘荣军:《程序保障的理论视角》,法律出版社1999年版,第213页;张卫平:《民事诉讼法教程》,法律出版社1998年版,第79页。
② 王福华:《民事诉讼诚实信用原则论》,载《法商研究》1999年第4期。
③ 汤维建:《论民事诉讼中的诚信原则》,载中国人民大学书报资料中心复印报刊资料《诉讼法学、司法制度》2003年第10期。原载《法学家》2003年第3期。
④ 有学者在谈到这一规定时,认为"这是民事实体法的原则在证据法领域的延伸,它体现了证据法的时代精神"。见何家弘、刘品新著:《证据法学》,法律出版社2004年版,第90页。
⑤ 司法部重点科研项目《民事诉讼法典的修改与完善》课题组:《〈中华人民共和国民事诉讼法〉修改建议稿(第三稿)及立法理由》,人民法院出版社2005年版,第11、93页。

和诚信诉讼,是具有特定含义的契约类型和诉讼类型,不能望文生义地理解成当事人"应当诚信地签订和履行契约"、法官和当事人"应当诚信地进行诉讼"。所谓诚信契约,是与严正契约相对应的一种契约类型。解决严正契约纠纷的诉讼就叫严正诉讼,解决诚信契约纠纷的诉讼就叫诚信诉讼。在这种诚信诉讼中,法官不受契约字面含义的约束,可根据当事人的真实意思对契约进行解释,并可根据公平原则对当事人的约定进行干预,以消除某些约定的不公正性,按照通常人的判断标准增加或减少当事人承担的义务①。现在,诚信原则几乎是大陆法系国家民法中唯一的基本原则,英美法系国家尽管没有有关诚信的实体法成文规定,但其衡平法本身,就与大陆法系民法的诚信信用原则具有异曲同工之妙。它们都具有补充法、解释法、调剂法、自由心证准则的性质,都具有调和性、具体性和个别性,都不追求一般法律科学上的"真",而更追求司法艺术上的"美"②。

民事实体法上的诚信原则,按照徐国栋先生的解释,是"适用于全部民事关系的民法基本原则,它又分化为客观诚信和主观诚信两个分支,前者要求人们正当地行为,后者要求人们具有尊重他人权利的意识。③"这里的客观诚信和主观诚信,都是针对当事人,而不是针对法院的。

民事实体法的诚信原则是法官手里的衡平工具,它的作用对象是当事人的权利义务,而非法院裁判行为的本身。换言之,如果办案法官遇到法律空白时,可以假定当事人应当诚信的角度来判决案件,但如果法院不从假定当事人应当诚信的角度,而是从公平等角度来判定案件,照样也是可以的。诚信原则对当事人的诚信要求,是也仅仅是遭遇法律空白时法官判案的依据之一。从罗马法到近代民法,再到现代民法诚信原则的发展,可以看出,诚信原则的两个基本方面——对当事人的诚信要求与授予法官(实体问题上)的自由裁量权,是完整不可分割的。诚信原则对于当事人而言,是从事民事活动的诚信要求,对于法官而言,就是可以不拘泥于当事人的实体约定,抛开约定中的不公正条款,直接根据社会通行的诚信标准,或者说根据对当事人的诚信要求,确定当事人的实体权利义务,最后作出判决。梁慧星先生在谈到诚实信用的本质时认为,诚实信用原则的实质在授予法院以自由裁量权,并且引用台湾学者蔡章麟和大陆学者徐国栋先生的观点认为:诚实信用原则是给法官的空白委任状,意味着承认司法活动的创造性与能动性④。更深一层说,诚信原则这种"授予"法官自由裁量权的功能,主要缘于成文法的局限性。作为民法基本原则之一的诚信原则,仅仅是克服成文法局限性的工具而已。从认识论的角度来看,任何成文法不可能没有局限性,所以不管是否"授予",与成文法局限性"如影相从"的法官的自由裁量权,始终是客观存在的。正是基于这种常识的无需重复,徐国栋先生在其著作《民法基本原则解释》的第五版"增删本"中将原来几版的副标题"成文法局限性之克服",改为"以诚实信用原则的法理分析为中心"⑤。足见,诚信原则并非法官自由裁量权存在

---

① 江平:《罗马法基础》,中国政法大学出版社1982年版,第121~122、14~15页,以及《布莱克法律词典》中的"诚信契约"条。转引自徐国栋:《民法基本原则解释——成文法局限性之克服》,中国政法大学出版社1992年版,第80~81页。
② 何孝元:《诚实信用原则与衡平法》,三民书局1992年版,第4~8页。
③ 徐国栋:《民法基本原则解释——以诚实信用原则的法理分析为中心(增删本)》,法律出版社2004年版,第60页。
④ 梁慧星:《民法解释学》,中国政法大学出版社2000年修订版,第300页。
⑤ 徐国栋:《民法基本原则解释——以诚实信用原则的法理分析为中心(增删本)》,法律出版社2004年版,第五版序言。

的原因,而仅为一指引工具。将诚信原则的指引功能说成"授予法官自由裁量权",是建立在成文法已经存在局限性,法官客观上已经拥有自由裁量权的前提基础之上的,这种"授予"并非裁量权的权力来源,而是行使裁量权时的指引工具和正当化依据。

私法秩序和民事诉讼是民事实体法和民事诉讼法共同作用的"场"①,法官在运用民事诉讼法的法律规范的同时,也在运用民事实体法的法律规范。所以,不用担心没有民事诉讼法中的诚信原则,就没有法官对实体案件的自由裁量权。诚信原则授予法官实体问题上自由裁量权的功能,可以而且已经由民事实体法达成,并不依赖民事诉讼法的规定。实体法与程序法固然具有"同样的精神",但并不是说所有的法律原则或者规定,民法有,民事诉讼法也要有。否则,就混淆了民事诉讼法与民法的区别和分工。

法院或者法官,不可能成为自己裁判的案件中的实体权利义务主体。作为私法范畴的民事实体法,不可能也没有必要,对本案法官在行使审判权时是否诚信进行规范和制约。而且在某种意义上说,民法典预设的读者应当是法官而非当事人,主要在谕知法官"如何裁判",而非谕知法官或当事人"如何行为"②。所以,民事实体法的诚信原则仅仅是指引法院自由裁量的工具之一,而非对法院审判行为的强制性约束。

三、民事诉讼法的诚信原则只能约束当事人,不能约束法院

诚信原则最初在民事诉讼中的立法,是与当事人的真实陈述义务分不开的,1895 年颁布的《奥地利民事诉讼法》开了真实义务立法的先河。后来的 1911 年《匈牙利民事诉讼法》、1933 年《德国民事诉讼法》③、1942 年的《意大利民事诉讼法》、我国解放前 1922 年的《民事诉讼条例》、我国台湾地区的"民事诉讼法"、1999 年的英国《民事诉讼规则》等,都规定了实质意义上的当事人真实陈述义务。尤其是英国,堪称在当事人真实陈述义务立法方面走得最远的国家之一④。1996 年的《日本民事诉讼法》不仅具有诚信原则立法的内在实质,而且在外在形式上也明确规定了诚信原则,该法在第 2 条明确规定:"当事人进行民事诉讼,应以诚实信用为之"。

与民事诉讼诚信原则普遍适用于当事人所不同的是,民事诉讼中的诚实信用原则是否适用于法院或者法官,在理论上却历来存在争论。在日本,否定的观点认为,在作为权力主体的法院与服从这种权力的当事人之间,要求负有司法任务的法院与当事人之间发生以相互信赖为前提的遵守信义关系显得不自然。法院作为审判机关在履行自己的职责和义务时,无需考虑是否应当取得当事人的信赖。肯定的观点却认为,与法院期待当事人遵守信义一样,当事人也能够期待法院遵守信义,这是一种相互的关系。法院如果从事了违反信义原则的行为,当事

---

① 江伟主编:《民事诉讼法》,高等教育出版社 2004 年第 2 版,第 33 页。
② 苏永钦:《民事立法与公私法的接轨》,北京大学出版社 2005 年版,第 20~21 页。
③ 1933 年的德国《民事诉讼法》在第 138 条规定:"当事人应就事实状况为完全而真实的陈述。……对于某种事实,只有在它既非当事人自己的行为,又非当事人自己所亲自感知的对象时,才准许说'不知'。"该法第 96 条规定:"当事人主张无益的攻击或防御方法者,即使其在本案中胜诉,也可以命其负担因此而生的费用。"这两个关于当事人真实陈述义务的条款,直到 1999 年最近一次修改的《德意志联邦共和国民事诉讼法》,仍然原封不动地得以保留。
④ 徐昕:《英国民事诉讼与民事司法改革》,中国政法大学出版社 2002 年版,第 113 页。

者可以在上诉审和再审时要求予以纠正①。德国的学理普遍持肯定的观点,认为,对于法院而言,诉讼程序的实施不得造成对当事人接受审判权的限制,在诉讼中法院不得以自相矛盾的方式行事,尤其不得因其自身的误解和错误导致当事人在诉讼程序上的不利益②。

其实,不管是法官对实体问题的裁量权,还是对程序事项的裁量权,都不可能由民事诉讼法的诚信原则授予或制约,更谈不上通过其促使法官"诚信裁量"。原因有四:第一,在一个相对封闭的诉讼系属中,对于实体问题的判断是不允许存在"法官之上的法官"的。这种"裁判裁判者"的设想,显然违背了诉讼裁判的基本法理。虽然从表面上看,似乎法院或者法官裁判"失信"可以称为当事人上诉和提起再审的理由,可以通过上诉审或者再审予以救济。而实际上,我国现行法对上诉是没有事由限制的③,而审查法院是否"失信"因为没有标准可循,显然也不能成为提起再审的事由④。第二,法官的诚信是裁判公正的基础和法官品行的当然要求,把一个本属当然范畴的法官诚信品行要求写进民事诉讼法,不仅不能制约法官的"自由裁量",而且还会引起不必要的误解。一个连法官的诚信都难以保证让人担忧的立法或司法,是难以想象的。第三,法官对当事人在诉讼过程中的非诚信行为即程序事项,也只能判定当事人承担证据失权、答辩失权或其他民事制裁的法律后果,不能仅仅因为违背诚信而裁判当事人承担实体利益上的败诉后果。第四,由于缺乏可以操作的具体标准,对法官的诚信审查就会经常面对既不诚信也不失信的"中间地带",给个别法官的谎言和冷漠提供了"余地",这样反而降低了对法官的职业伦理要求,不利于法官素质的提供。

法官自由裁量权的正确行使,主要通过相关的具体程序规则进行制约和合格法官的个人品行、审判经验来保证,不可能通过一个抽象的诚信原则达成,否则会因无法操作而陷入危险的"情感司法"。法官在自由裁量时,必然要受到来自程序和实体的双重限制⑤。这并不是说,法官在自由裁量时可以不讲诚实信用,可以任意妄为。而是说,自由裁量的存在法理、程序控制、主观态度、客观标准等等,都不是一个简单的诚信原则所能承载的。自由裁量权是否正当的根本标准,不是看法官在行使自由裁量权时是否诚信,而只能是看该司法裁判是否符合社会现实的要求,即该司法裁判是否公平、合理⑥。如果不考虑法官的素质和我国特定的法治"情境"和"时态",盲目地将诚信原则抽象地、普适性地运用于法院或者法官,不仅制约法官滥用审判权的良好愿望落空,而且可能为法官以诚信为名的恣意干预大开方便之门。"诚信干预",有可能会成为某些法官在采证及事实认定问题上随意行事的借口。这无论于社会还是于当事人,都是一场大"灾难"⑦。所以,我们在寄希望于诚信原则的保护时,也要学会对诚信原则的

---

① [日]谷口安平:《民事诉讼中的诚实信义原则》,载[日]谷口安平著,王亚新、刘荣军译:《程序的正义与诉讼》,中国政法大学出版社1996年版,第141、144页。
② [德]博克哈德·汉斯著,张艳译:《德国和奥地利的程序滥用制度》,载陈光中、江伟主编:《诉讼法论丛》第六卷,法律出版社2001年版,第742页。
③ 根据《民事诉讼法》第147条的规定,只要当事人"不服"地方人民法院第一审判决或裁定的,就"有权"提起上诉,而无需什么具体的事由。
④ 按照我国现行法的规定,再审事由一般集中在证据、程序、法律适用或者审判人员贪赃枉法等方面"有据可查"的重大瑕疵,而没有抽象的所谓"法官失信"。
⑤ 梁迎修:《法官自由裁量权》,中国法制出版社2005年版,第33~35页。
⑥ 杨秀清:《解读民事诉讼中的诚实信用原则》,载《河北法学》2006年第3期。
⑦ 黄娟:《对在我国民事诉讼法中确立诚实信用原则的冷思考》,载《法商研究》2001年第6期。

合理预期和精心维护,不能认为"诚信原则是个筐,什么都能装"①。

事实上,除了对诚信原则与诉讼理想的理解不同之外,世界上几乎没有哪个国家的民事诉讼法规定了法官的"诚信原则"。以韩国《民事诉讼法》的规定为例,该法第 1 条规定:"法院应为诉讼程序公正、迅速以及经济地进行而努力,当事人及诉讼关系人应当遵从信义,诚实地予以协力。"我国学者陈刚教授认为,这个条文的内容实际包含两个方面:韩国民事诉讼法的理想和诚实信用原则。诚实信用原则出现在该条的后半段,无法推导出法官也要遵守诚实信用原则的结论。韩国民事诉讼法选择诚实信用原则是为了维护诉讼的安定性和公益性,适度限制诉讼当事人及诉讼关系人行使诉讼权利。从这一角度,将其称为"权利不得滥用原则"似乎更贴切②。基于这样的理解,前文所引《关于民事诉讼证据的若干规定》的规定,实质上还是对当事人的诚信要求而非对法官的义务或强制性规定,所引《〈中华人民共和国民事诉讼法〉修改建议稿(第三稿)》的内容,也是一种诉讼的理想或理念表达,而非专门针对法官审判行为的诚信基本原则。

四、法官诚信只能靠程序的刚性制约和法官的资格条件来保证

与实体法可以用诚信原则这种基本原则作为"帝王条款"来弥补法律规范的不确定性不同的是,民事诉讼法属于公法,诉讼行为贯彻表示主义和外观主义,法官和当事人的诉讼行为在绝大多数情况下,应当由法律明文规定,过多的弹性条款只能导致法官的恣意和当事人对程序的无所适从③。何况,我国立法(不独是民事诉讼立法)向来就有"宜粗不宜细"的倾向,如果在本已粗糙的法律条文中,再草率地规定抽象、模糊、尚具争议的诚信原则,不仅法律原则的规范和指引功能未得,而且可能导致程序的"软化"和当事人诉讼权利被架空的危险。

在考虑民事诉讼诚信原则的立法时,应当注意其作为诉讼程序法律基本原则的个性,不能混同于道德层面和实体法层面的诚信或者诚信原则,否则就抹杀了它们之间的差别和分工。诚然,没有哪个国家的法律可以允许法官不诚信,也没有人会相信一个不具备诚信品行的法官会做出公正的裁判。我国《法官法》虽然没有规定形式意义的上"诚信",但从实质意义上看,对法官的诚信要求可谓无处不在。该法在总则部分第 4 条规定:"法官必须忠实执行宪法和法律,全心全意为人民服务";在法官的条件部分第 9 条规定,担任法官必须具备"良好的品行";而第 7 条关于法官义务的规定④,可以说都是诚信原则的具体体现。但问题是,对法官诚信品行这种"对人"的要求,能否照搬到民事诉讼中规定为对法官审判行为中"对事"的要求呢?

民事诉讼中的诚信,必须而且可以,通过刚性的程序控制达成。尤其是对于法官的自由裁

---

① 刁胜先、徐仲伟:《论诚信原则的代价》,载《社科纵横》2006 年第 2 期。
② 陈刚、孟涛:《韩国民事诉讼法的理想及"诚实信用原则"》,载陈刚著:《民事诉讼法制的现代化》,中国检察出版社 2003 年版,第 277~283 页。
③ 陈桂明:《程序理念与程序规则》,中国法制出版社 1999 年版,第 22 页。
④ 我国《法官法》第 7 条规定:法官应当履行下列义务:(一)严格遵守宪法和法律;(二)审判案件必须以事实为根据,以法律为准绳,秉公办案,不得徇私枉法;(三)依法保障诉讼参与人的诉讼权利;(四)维护国家利益、公共利益,维护公民、法人和其他组织的合法权益;(五)清正廉明,忠于职守,遵守纪律;(六)保守国家秘密和审判工作秘密;(七)接受法律监督和人民群众监督。

量权,主要依靠刚性的程序约束,而不是所谓的诚信原则这种"软约束"就可以加以控制的。"法官诚信",应当是法官资格制度首先应当解决的问题。在慎重对待民事诉讼诚信原则形式立法的同时,完全可以先从具体制度的设计上防范法官的非诚信裁判。比如对法院公正迅速裁判义务的具体规定:完善法官的释明义务规则①,规定法官违反释明义务所产生的否定性后果;规定法官自行回避的义务;规定法官缺席判决时的谨慎义务,等等。在相关制度的配套上,要严把法官的选拔和任命关,法官不仅需要能够胜任公正自由裁量的业务素质,比如熟悉法律解释的基本原理、妥当平衡各种利益的能力等,还要具有公道正派诚实信用的人品、为民服务的政治素质,等等。如果说,民事诉讼中对法官诚信的具体制度要求,是把好法官诚信的"事"的关的话,对法官的素质(包括文化、业务、人品、政治等各个方面)要求,就是把好法官诚信的"人"的关②。

综上所述,民事诉讼法中的诚信原则,主要是针对当事人和其他诉讼参与人的。它既不能授予,也不能制约法官对于实体问题和程序事项的自由裁量权。民事诉讼中"法官诚信"的理想,主要靠民事诉讼中具体的刚性程序规则和法官的资格条件来保证,而不需要也不可能,由民事诉讼法中一个抽象的"诚信基本原则"达成。

四、法官诚信只是民事诉讼职业伦理规范和法官素养的未来乐土

---

① 最高人民法院《关于适用简易程序审理民事案件的若干规定》已经明确规定了法官的释明义务。
② 这里的"人"主要指法官,民事诉讼中的当事人是不可选择的,所以对当事人就无所谓"把人关"。

论我国古代起诉制度对诉权的限制

张嘉军* 乔苹苹**

在漫长的中国古代历史中,我们不无诧异地发现,古代中国在起诉制度方面,对当事人的起诉行为设定了诸多限制。设置如此之多的限制固然有其一定的历史合理性,可是基于现代法治的视角来看,这样的限制则阻碍了中国法治的进程,极不利于当事人诉权的顺利行使。在建构和谐社会的今天,基于历史的角度从古代起诉制度侧面切入"和谐社会与诉讼关系"话题的思考,无疑具有极强的现实意义与时代价值。基于此,笔者拟就古代中国限制起诉的种种表现形态、对起诉制度限制的原因、如此限制的优势与不足以及古代中国对起诉制度的限制对当下中国的启示等问题进行初步探讨,以期有助于我国当下和谐社会的理性建构。

一、古代中国起诉制度的限制性规定

纵观古代中国的历史,从西周以降直至明清,各朝代法律无不对当事人的起诉条件做出种种严格限制,具体而言,这些限制主要体现在以下几个方面:

(1)诉状的限制综合《纸上经论·词讼条约》、《朱文公文集·约束榜》、《黄氏日抄·词讼条文》之记载,[①]可归纳为如下几个方面:首先,词讼只许一告一诉,且一状两事不受理。其次,须经书铺或代书书写状辞,诉状一般言词不得过二百字,且对诉状的格式要求极为严格,在形式上,诉状必须符合其形式,对书写人也有书写语言的具体要求。此外,禁止匿名告状也为各朝所明文规定,自秦朝起匿名文书就不得作为起诉的根据。在《唐律》中,对匿名信的认定很宽泛,凡隐匿自己姓名,假借他人姓名,以隐秘的手段实施,以逃避自己是匿名信作者的,都是写匿名信,要以罪论处。诉讼的严格形式性固然需要对诉状的形式有所要求,可是这样的形式要求倘若过于苛刻则必然会导致对当事人诉权的不当侵害。古代对诉状形式上的严格限制,人

---

* 张嘉军:河南信阳人,郑州大学法学院讲师,法学博士,主要研究方向:民事诉讼。
** 乔苹苹:吉林省四平市人,郑州大学法学院诉讼法专业 2006 级硕士研究生,主要研究方向:诉讼法。
① 参见潘宇:《传统诉讼观念的基本形态与转型》,载法律史学术网,http://www.legal-history.net/default.asp。

为拔高了对诉讼形式的要求,提高了进入司法的门槛,结果导致很多实质上需要司法救济的民众因为不熟悉诉状的形式要求而被拒之于官府门外。而且一旦当事人违反了诉状形式上要求,不仅实质上失去了进入诉讼的机会,而且还会受到官府的种种责罚。

(2)起诉内容的限制。首先,禁止诬告。惩治诬告罪的基本原则是"反坐",因为诬告不仅给被诬陷者的身家性命带来严重危害,侵害了其人身权利,而且也会破坏司法机关的威信。秦简《法律答问》载:"甲盗羊,乙知。即端告曰甲盗牛,问乙为诬人,且为告不审?当为告盗加赃。"① 其次,限制控告小事或事不干己、无法取证的事情。这是宋代法律的典型性规定,如民被亲属指论是异姓养男者,当时的证据只能是本父,但如本父已去世,则成了无证之诉,不准受理。仁宗景佑三年(1036年)七月七日,淮南转运副使吴遵路言:"民被骨肉指论:本父亡殁,原是异姓养男,夺却田业。年岁既远,事理不明;欺罔幼孤,规图贿财,岂自今论伯叔以上尊亲是违律养男,其被养本身所养父祖并已亡殁,官司不再受理之限。"② 哲宗元祐六年(1091年)十二月,依刑部言:"应自陈是别宅所生子,未尝同居,其父已死,无案籍及证验者,不得受理。"③ 由现代眼光看来,古代对诬告进行限制当然是合理的,这样可以达到"用塞诬告之源,以绝欺诡之路"之目的,有助于社会的稳定和谐。然而,古代社会严格禁止"再告",即严格禁止再诉却未免有失妥当,这样会导致那些冤假错案得不到伸张。同时,对于古代社会限制"控告小事或事不干己、无法取证的事情"之做法,也当然是不合理的。这样导致许多案件不可能进入诉讼程序,当事人的诉权受到不当的压缩与限制。

(3)对原告身份的限制。首先,禁止或限制子告父母以及奴婢告主人。自汉代法律上开始有"亲亲得相首匿"的规定,汉朝在亲属犯罪应告不告的处理上受到了儒家学说的影响,发生了减免从轻处罚的重要变化,并影响到了唐宋元明清各代。唐代是中国古代身份制社会发展的典型时期,表现在司法方面就是限制人们的诉权,以保护一些人的利益。秦简《法律答问》中规定"子告父母,臣妾告主,非公室告,勿听",所谓"非公室告",是指父母控告子女盗窃自己的财产,以及子女控告父母、奴妾控告主人肆意加诸自己各种惩罚。对于这种告诉官府不予受理。其次,犯人没有告诉权。其次,在元朝,只有成年男子具有完全的告诉权,妇女在民事诉讼中的告诉权被剥夺。皇庆二年(1313年),彰德路申报:当地积年未决的"告争田土、房舍、财产、婚姻、债负"等案,往往是一些"自嗜斗争,妄生词讼,装饰捏合"、"不畏公法,素无惭耻"的妇人,"代替儿夫、子侄、叔伯兄弟,赴官争理"。有些纠纷尽管"对证明白",但却"无理依赖","侥幸不肯说实词"。为此提议:"今后不许妇人告事,若或全家果无男子,事有私不能杜绝,必须赴官陈告,许令宗族人代诉。"对此刑部表示同意,认为"妇人之意,惟主中馈,代夫出讼,有违理法。"皇庆二年以后决定:"妇人代替男子经官办词讼……通行禁止"。只有在"寡居无依,虽有子男,别因他故妨碍,事须诉论者",才"不拘此例"。④ 这些规定是严格依照古代"家长制"社会制度做出的,是以维护森严的身份等级为服务宗旨,坚决杜绝"以下犯上"。从某种程度上说,对原告的身份进行限制使家庭内部、家族内部得到了暂时性的稳定,但这种和谐只是表面上的,是以抑制地位卑微的一方放弃诉权为代价换来的,而事实上内在的矛盾并没有得到真正的解决,过于强调身份等级而忽视、弱化当事人的诉权,显然有失妥当。

---

① 参见《睡虎地秦墓竹简》,文物出版社1978年版,第195页。
② 参见《宋会要辑稿·刑法》三之一八。
③ 参见《续资治通鉴长编》卷四六八,哲宗元祐六年十二月戊午。
④ 参见《元典章》卷五三,《刑部》一五,"代诉不许妇人诉"。

(4) 对诉讼行为能力的限制。与现代民法中关于行为能力年龄界限、智力状况的规定相类似，古代起诉制度对原告的年龄、身体状况也有一定的限制，在这方面《唐律》比前朝都完善，规定更为规范具体，对老小、残疾人优待、免除责任的同时，又对其权利能力加以限制，规定80岁以上、10岁以下及笃疾者，只能"告谋反、逆、子孙不孝及同居之内为人侵犯者，余并不得告"。① 这就意味着这一范围内的人不享有任何民事告诉权。就现代民事诉讼而言，鉴于一些当事人的认知能力问题，无不规定某些种类当事人不具有诉讼行为能力，其诉讼只能由其法定代理人进行。反观我国古代起诉制度，却发现其对诉讼行为能力的规定不尽合理不尽科学，将本来具有诉讼行为能力的人也列为"无诉讼行为能力"者，这无疑剥夺了这些当事人的诉讼权利。

(5) 起诉期限的限制。为了使民间细事争端不致影响农业生产，在唐律中使用了"务限"的规定，民事诉讼的提起只能在每年十月一日以后至次年三月三十日之间的农闲时节。《宋刑统》在传承唐律的基础上做了更为详尽的规定："所有论竞田宅、婚姻、债务之类，取十月一日以后，许官司受理，至正月三十日住接词状，三月三十日以前断遣完毕。如未毕，具停滞刑狱事由闻奏。如是交相侵权及诸般词讼，但不干田农人户者，所在官司随时受理断遣，不拘上件月日之限。"② 根据这一规定，民事起诉的时间是每年十月一日以后至次年正月三十日之前，官府必须在三月三十日之前审理完毕。古代受理诉讼期间的集中化的出发点固然不错，可是这样的规定却严重违反了事物发展的规律，因为案件纠纷是随时可能发生的，并不会因为此期间官府不受理而不会出现矛盾。而且更为严重的是，这样的诉讼机制极不利于社会矛盾的及时化解，往往导致矛盾的激化，并不利于社会的稳定与和谐。

(6) 规定昂贵的诉讼诉讼费用限制当事人起诉。西周"以两造禁民讼，入束矢于朝，然后听之。以两剂禁民狱，入钧金，三日，乃至于朝，然后听之"。即通过交束矢、钧金等类似于今天诉讼费用的方式，来达到"禁民讼"、"禁民狱"的目的。所谓"官府衙门八字开，有理无钱莫进来"，即使没有额外的勒索，名目繁多的法定诉讼费用，也使一般百姓对诉讼望而却步，昂贵的诉讼费用使当事人无法正常行使诉讼权利，将他们挡在诉讼的大门之外。

此外，在古代原告起诉后也要同被告一样被羁押起来，这种对原告人身自由的限制也使老百姓畏惧官府衙门，不敢妄自兴讼，不敢行使诉权以维护自身的合法权利。

二、我国古代起诉制度对诉权限制的原因

在几千年的古代中国历史上，为何都出现了对起诉制度的种种严格限制？这是一种历史的偶然还是历史的必然？事实上，上述现象的产生与存在绝非偶然，相反却是由多种原因促使的必然结果，主要系因为：

首先，基于对"无讼"强烈追求之结果。中国古代的诉讼制度是根据一定的立法目的构建的，这一目的就是"无讼"。"无讼"思想是在儒家思想影响之下应运而生的，孔子云："听讼，吾

---

① 参见《唐律疏议》卷四，《名律例·老小及疾有犯条》，中华书局1983年版，第85页。
② 参见《宋刑统》卷一三，《婚田人务》。

犹人也必也使无讼乎!",①认为讼是祸首,讼是恶行,以无讼为有德,以有讼为可耻,在儒家看来,"礼之用,和为贵",②和睦无争即为"合礼",引起争讼即为"失礼",提倡遇事退让,不能以"讼"的方式解决问题,因为"听讼者,治其末,塞其流也;正其本,清其源,则无讼矣",而只有以德为政,以礼为教,从"事父母"、"事君"、"与朋友交"都能"竭其力"、"致其身"、"言而有信"。③ 儒家的思想经西汉时期董仲舒和宋明时期朱熹的发扬光大,最终成为中国社会的主导思想。儒家所倡导的"无讼"正是中国古代正统法律思想的体现,也是统治者永久追求的理想统治状态。然而在复杂的现实生活中,不可能没有纠纷,不可能没有矛盾,相反争讼却无时不在、时常发生,面对如此的社会现实,对起诉进行限制便成为统治者实现对"无讼"追求的必然途径与选择。

其次,对"宗族社会"内部调解机制过于重视之结果。众所周知,中国古代社会是封闭的自然经济社会,人们大多自给自足,经济交往甚少,除非有意外的情况,否则就祖祖辈辈生活在一个地方,依附自己的土地而居,而周围的乡邻乃至邻村的居民也很少发生变化,在这样一种大家彼此熟识的环境里,人们之间的经济交往很少,与此相应,发生纠纷的机会也很少,而且即使有纷争一般也都不愿意直接对质公堂,相反谋求"更体面"的解决方法,即在本族、本宗内调解。④ 与调解相较,诉讼反而更会激化双方当事人的矛盾。正所谓一场官司十年仇,当小矛盾上升至公堂之上时,当事人双方在心理上就会加剧对立,也许他们的下一辈甚至下几辈都会因这一场官司而不再交往。因而在一个宗法制度相当发达的古代社会,很多纠纷在萌芽状态就被解决了,根本无需诉讼。古代法官在审理案件的时候,一般都希望原被告双方能够息讼,使争讼不需要判决就可以和解,即永久性地杜绝原被告双方因此案而积下怨恨,造成严重后果,因而更趋向于让当事人双方利用调解来解决纠纷。古代的调解制度愈是发达就愈难使人们形成一贯的、是非明确的法律理念,一旦发生纠纷,运用法律方式解决是下下策,对司法途径解决纠纷极其轻视、排斥甚至厌恶,这种"调解为首"的解决纠纷的思维定式对诉讼形成了强烈的冲击,使诉讼受到了很大的抑制。⑤ 这种思想的进一步发展与延伸,就是对当事人的起诉设置种种条件,以阻止抑制当事人进行诉讼,促使当事人借助于调解化解矛盾纠纷。

再次,家国一体社会结构的客观要求。在中国古代的社会政治结构里,家与国是一个连续体,国被视为家的放大,国政的原型实际上是家务,国法是家规的放大。在当时的社会,皇帝与各级官吏处于高高在上的层级结构,是百姓的"父母官",下层的普通人民处于被治理对象的地位,是"子民",在这种"家国一体"的社会环境里,"礼治"成为基本治国原则。⑥ "礼"讲求的就是人人各安其分,服从传统规则,严格遵从森严的人身等级,"君为臣纲、父为子纲、夫为妻纲"的观念深入人心,自觉地调整着人与人之间的关系,力求和谐。生活各方面,都有着一定的规则,无论百姓还是官员对于这些规则从小就都熟习,不问理由而认为是当然的,长期的教育已把外在的规则化成了内在的习惯。维持礼俗的力量不在于人身之外的权力,而在于人内在的良心,礼治使每个人都自动地遵守规矩,自愿地服从君主的统治。这种礼治的教化方式体现在

---

① 参见《论语·颜渊》,《诸子集成·论语正义》(一),中华书局1954年版,第273页。
② 参见《史记·周本纪》。
③ 邵爱红:《无讼思想略论》,载《华东政法学院报》1998年第1期。
④ 参见吴勇:《传统无讼思想的产生及其历史根源》,载《广西社会科学》2005年第7期。
⑤ 参见刘艳芳:《我国古代调解制度解析》,载《安徽大学学报》(哲学社会科学版)2006年第2期。
⑥ 潘宇:《传统诉讼观念的基本形态与转型》,载法律史学术网,http://www.legal-history.net/default.asp。

司法方面就是对诉讼进行限制,面对国民争讼——家内不睦之象征,立法者便自觉地实践着"尽量和解、压制诉讼"的纠纷解决模式,从而从各个方面对起诉进行限制。

最后,是统治者基于对国家和社会进行统治与控制的需要。在古代统治者看来,国家的政治秩序高于一切,各种制度措施都是以极力维护君主统治地位这样的价值取向而设立。法律制度也同样被作为统治者维护国家、社会秩序的工具手段。由此不难发现,古代中国对起诉制度进行限制控制的原因所在。之所以对起诉设置种种限制,主要系因为统治者将起诉制度也作为治理国家的工具之一,希望借助于这样的制度以有效维护国家的统治与维护社会秩序的稳定。如果社会动荡不安,那么统治者权力继续存在的必要性将受到置疑,在这一意义上可以认为诉讼的频繁出现也标志着社会秩序的不稳定,它有可能影响甚至冲击现存政权。因此对统治者而言,抑制这一现象的出现与发展则是必然。基于对国家统治与社会秩序控制的需要,统治者就竭力在起诉制度中设立诸多苛刻严厉的规定与限制,防止普通百姓因行使诉权而破坏社会秩序的稳定,并进而威胁其统治地位。

三、对古代社会限制起诉制度的评析

任何制度的存在都具有相对性的意义,其仅在相对性的意义上具有一定的优势,因为任何制度无不是一个矛盾的统一体,无不是一个利弊共存的统一体。古代起诉制度也同样如此,其具有一定的制度优势,也具有一定的社会局限性与不足。

(1)任何制度的产生与出现一定程度上都是基于现实的需要,都一定程度上契合了当时社会的需要,为此在特定的时空背景下,该制度当然有其存在的合理性与优势。古代起诉制度同样如此,该制度的优势在于:

首先,促使了调解制度的发达。由于诉讼受到抑制,中华民族首创调解制度,并异常发达一直流传到今天。古代人们对司法的畏惧和不信任使调解制度盛行起来,诉讼不是解决纠纷的唯一手段,用调解分流一部分纠纷未必不是件好事,既节省司法资源,又省去当事人因诉讼而付出的费用,最重要的是,调解可以让双方当事人心悦诚服,从心理上消除纷争,握手言和,最终达到和谐共处的效果,也缓和了社会矛盾,能产生良好的经济效应和社会效应。①

其次,对起诉进行限制是当政者重惜民命思想的体现。例如,《唐律疏议》中对原告年龄和能力的限制,规定一定条件的未成年人、老年人和残疾人不得告诉,充分体现了统治者矜老恤幼,保护弱小的人文关怀。② 再如,宋代务限法的规定是非常适合农业生产需要的,体现了中国古代以农立国的基本国策,减少了由于诉讼造成农业生产的损失,保护了自耕农民的利益。在古代,只有有了收成,农民才能生存下去,如果连基本生活都保障不了,又有什么心情去打官司呢?当然这项规定也给势豪地主以可乘之机,利用务限拖延典产赎期,以获得不当得利,但是我们说法律是不周全的,不可能预见一切社会生活的变迁,立法不可能一出台就是完善的,就是尽善尽美的,即使在立法技术很发达的今天也是一样的,每一项规定不可能永远适应将来

---

① 参见刘艳芳:《我国古代调解制度解析》,载《安徽大学学报》(哲学社会科学版)2006年第2期。
② 参见张晋藩:《中国传统法文华论纲》,载法律史学术网,http://www.legal-history.net/articleshow.asp? c_class=5&id=2753&c_page=1。

的社会发展,就连今天仍有人利用立法的不完善去钻法律的空子,更何况是一千多年前的宋朝呢?

再次,有些起诉制度的限制性规定具有威慑作用,起到了预防纠纷、教化百姓的作用。例如,禁止诬告,实行诬告反坐,禁止匿名告状,对匿名告状者予以刑罚,使普通的百姓不敢妄自诬陷他人,从而减少一些没有必要的纠纷,同时也从侧面教化百姓要为人坦荡。再如,禁止子女告尊长,充分展示了古人崇尚家族伦理道德的观念,儿女受之父母,理应孝敬父母,所以亲亲相隐是被法律允许的。

最后,起诉制度中的限制性规定在某种程度上促进了当时社会的和谐与稳定。例如,规定小事不得告,在古代,县太爷绝对不会像今天一样受理五毛钱、一块钱的官司,这是一项十分实用的规定。对于古代的人们来说,他们能够从内心接受我国传统社会的既定秩序,认为封建的纲常礼教和等级制度是合理的,大多数百姓都能自觉地与他人和睦相处,即使在遇到小的纷争的时候,也会互谅互让而不通过法律和诉讼的途径来解决纠纷,为此,统治者经常采用的手段是道德教化和唤起人们内心深处的情感等感化手段来解决纷争,以实现人们的和睦相处。

(2)尽管古代社会对起诉制度的诸多限制具有上述优势,但以历史的眼光、进步的眼光来看,确立这样的制度却带来如下诸多负面影响:

首先,使民众产生"厌讼"心理。古代诉讼中的原被告双方都要承受皮肉之苦,以及同样的精神上的威吓,这种折磨足以使一个普通百姓产生惧怕心理;在吏治日渐黑暗的社会中,即使主审官吏不肆意勒索,他身边的衙役、门房等下属却很难保证都是清廉的,这样诉讼就要付出更大的经济成本,久而久之,对于司法实践百姓更多的是心存不信任感。宁愿通过民间的形式解决纠纷,也不愿意将之告诉到官府。尽管调解也是解决纠纷的有效方式之一,但是调解却是以相互忍让甚至放弃自己的合法权利来达成和解的结果,相比之下还是诉讼更具公正性,但是由于起诉制度中存在诸多的限制,百姓畏惧打官司,内心形成强烈的厌讼心理,视对簿公堂为畏途,导致人们不得不放弃自己的实体权利,压抑自己的正当要求,权利意识淡薄。

其次,人们对法律的不重视导致法律地位低下,不利于法律自身发展。由于纠纷普遍由宗族内部调解解决,宗族习惯对于宗族内的民事行为起着实际的调整作用,它所覆盖的范围又极其宽泛,从而导致立法者对法律制度怠于修缮,导致诉讼制度极不发达,同时司法制度的建立与民众不愿将纠纷诉诸司法的心愿形成冲突,国家的制定法与民众的习惯法冲突,法律制度不完善,进而又影响了人们的诉讼权利,形成恶性循环。①

再次,过于强调调解易于损害人们的合法权利。由于人们不敢提起诉讼,导致民间调解制度极为发达,而调解又力主大事化小,小事化了,往往采取各种手段,甚至是非不分、黑白颠倒,调解的过程又没有法律的有效制约,主持调解者因此拥有了比较大的权力,这为权力的滥用与腐败提供了土壤,这极易对被调解人的合法权利造成侵害。

最后,立法者对诉讼进行限制使法律职业受到了强烈的冲击。众所周知,律师职业化的程度直接影响着法制的发展,因为律师是为了维护当事人的权益而参与诉讼程序的。在古代的乡土社会,涉讼意味着冒险,面对深威莫测的八字衙门,加上缺乏最基本的法律常识,如果没有懂法律的人给予帮助和指引,普通人进行诉讼是非常困难的。孟子曾经说过,"徒善不足以为政,徒法不足以自行",这句话道破了讼师在法律运行中的重要性。然而"追求无讼"是我国传统诉讼文化的基本精神,讼师的活动恰恰与统治者的息事宁人、追求礼让的无讼观念相背,

---

① 参见马作武:《古代息讼之术探讨》,载《武汉大学学报》(人文社会科学版)1998年第2期。

所以中国古代历代统治者都严禁讼师的代理活动,把讼师蔑称为"讼棍",认为他们是"挑词架讼、搬弄是非"之徒。①对由讼师控制诉讼的状况感到不安,不仅在社会舆论对其进行鞭挞,而且还在法律上予以打击,于是"讼师"这个本在民间不可或缺的职业在统治者的压制下成为了不正当不合法的职业,没有任何社会地位,更没有任何政治上的出路。讼师地位的边缘化不能激发其职业的责任感和使命感,当然更无法形成职业化,无从提升其法律上的地位。

四、对建构和谐社会的当代中国之启示

基于上述不难发现,古代中国对起诉进行种种限制的一个相当重要的原因就在于对"和谐社会"的追求,为实现和谐社会建构的目标,就极力抑制、限制诉讼。古代社会的上述行为,固然有其合理的一面,可是却带来了种种负面影响。这对于正在建构和谐社会的当代中国而言,无疑具有很高的启发与借鉴意义。因为从逝去的历史中汲取有价值的营养元素,有助于和谐社会的合理成功建构。古代社会对起诉制度限制的做法给我们的启示是:和谐社会的建构并不能排斥诉讼,和谐社会并非指没有纠纷的社会,也并非指纠纷都被解决在萌芽状态的社会,相反应是指纠纷能被及时、有效地加以解决的社会。②欲达成上述目标则客观上要求我们建构一个良性、完善的纠纷解决机制,以有效解决社会上的各种纠纷矛盾,唯有如此,这样的社会方能称之为和谐社会。而欲建立良性、完善的纠纷解决机制则应从以下两方面进行:一方面,完善现行的起诉制度,进一步拓宽诉讼的渠道,使当事人的诉权能得到顺利、及时与充分的伸张;另一方面,又要注重发挥被称为"东方经验"的调解制度的优势,合理整合并有效利用现有的资源,促进其对社会纠纷和矛盾的化解,进而实现社会的和谐与稳定。具体建构如下:

(一)建构科学合理的起诉制度

起诉是进入民事诉讼的第一道程序,也是当事人能否行使诉权的第一道门槛。为此,能否建立科学合理的起诉制度将直接关涉到当事人的诉权能否得到顺利伸张。在几千年的古代中国,司法者主宰诉讼,当事人作为审判的对象,成为诉讼的客体。这样的观念对我国现代的民事诉讼依然有所影响,我国现今的超职权主义诉讼模式的存在即为明证。虽然这种职权主义色彩在司法改革浪潮的冲击下有所弱化,但依然浓厚,其在起诉制度上的体现就是法院主宰甚至决定诉讼程序的启动,使当事人的起诉权与法官的审判权之间形成张力与不和谐,法官的审判权对当事人诉权的不当侵害致使原告的起诉受到诸多限制,这与现代法治对诉权保障的要求目标相悖。为最大限度地保障民众接近正义、有效及时实现诉权,可对我国现行起诉制度进行如下改革:

其一,改革我国的起诉制度,拓宽诉讼的渠道,取消法院实质性审查起诉的权力。我国《民事诉讼法》第108条规定了提起诉讼应当具备的四个条件,即:(1)原告是与本案有直接利害关系的公民、法人和组织;(2)有明确的被告;(3)有具体的诉讼请求和理由;(4)属于人民法院受理民事诉讼的范围和人民法院管辖。其中的第一个条件实质上赋予了法院审查起诉人是否是

---

① 参见朱良好:《黑暗中的被放逐者——传统诉讼文化中的讼师地位考》,载《理论界》2006年第9期。
② 参见范忠信:《传统中国社会模式对我们的启示》,2005年9月29日晚于湖北大学的讲座。

"正当原告"的权力。众所周知,民事纠纷产生之后,民事诉讼法律关系主体尚处于不确定状态,在未经法院审理并作出判决之前,提起诉讼者是否为"真正的原告"是无法认定的。而民事诉讼法却将这一点明确规定为立案条件,未免有未审先定之嫌。其中的第三个条件对起诉证据提出了过高的甚至不切实际的要求,其要求起诉阶段原告提出的证据应能完全证明其主张。原告的证明责任应当是在诉讼过程中逐步展开,直至案件的判决阶段方可发挥作用,而非在起诉阶段就应达到完全证明案件事实的程度。这样的规定显然是不合理的,实质上是将众多纠纷排除在法院的大门之外,使众多当事人的诉讼权利不能获得有效保障。其中的第四个条件实际上是赋予了法院在审查起诉时确认纠纷性质的权力,如果法院认为起诉的纠纷不是民事案件,将以不符合法定起诉条件为由而不予受理,如果原告坚持起诉,法院将裁定不予受理。在司法实践中,更为普遍的现象是:对案件的受理范围和起诉条件控制过严。有的案件原告认为起诉符合条件,坚持起诉,而法院则认为不符合起诉条件,不予受理的情况并不少见,尤其是法院因案件难以处理或其他原因,并非原告起诉不符合起诉条件,而不予受理,更是严重侵犯了原告的诉权。

基于对我国起诉制度的上述分析不难发现,现行民事诉讼法规定的起诉制度大大限制了当事人诉权的顺利伸张,极不利于当事人诉讼权利的行使。为此,应对我国现行起诉制度进行如下改革:对于原告起诉,法院仅从形式上对其进行审查,至于原告提出的事实和理由是否属实,能否作为认定事实的依据,能否支持其所提出的诉讼请求,则等到在审理中查明;对于起诉证据只要能够证明原告享有起诉权和受诉法院享有管辖权即可,使其明显有别于"胜诉证据";对于纠纷性质的确定,直接关系到当事人的实体权利,属于实体法范畴,在尚未进入正式的审判程序之前对此不进行认定,而等到审判阶段进行审查。① 总之,应取消立案前对起诉的实质性审查,相应地应建立仅在形式上对起诉进行审查的制度,此时的审查范围仅限于原告的起诉是否属于法院管辖的范围、原告是否具有诉讼行为能力等。

其二,改革现行诉讼费用收取制度,进一步降低诉讼费用收取标准。诉讼费用一定程度上成为当事人进行诉讼的准入标准。如果不交纳诉讼费用,进行诉讼的门槛过低,可能导致当事人滥诉;而如果诉讼费用过高,则又阻碍了当事人进行诉讼,使更多的当事人因不能交纳诉讼费用而被拒绝于法院的大门之外。从我国现行立法来看,尽管没有明确将交纳诉讼费用作为当事人起诉的必要条件,但是事实上,如果当事人不交纳诉讼费用又不申请缓、减、免诉讼费用的话,诉讼程序则不能启动。② "按照我国现行的起诉收费标准,标的额越大诉讼费用越高。这样的标准尽管一定程度上可以抑制当事人恶意诉讼,可是那些真正希望通过诉讼解决纠纷,保护自己正当权益的当事人却因为高额的诉讼费而被排斥在法院大门之外。"③ 尽管当事人可以申请法院缓、减、免诉讼费用,可是这样的申请能否获得批准则完全委诸于法院之自由裁量。因此不能不说,我国现行的诉讼费用的收取标准有其不尽合理不尽科学之处。其一定程度上限制了某些当事人诉讼权利的有效行使,高昂的诉讼费用也将成为制约当事人寻求司法保护的主要障碍之一。因此,改革我国现行诉讼收费制度,取消诉讼费用的收取与诉讼标的相挂钩机制,并进一步降低诉讼费用的收取标准,使经济困难的当事人能"接近司法",使他们的权益能获得法院的有效保护,显然是十分必要的。

---

① 参见张永泉:《审查起诉制度刍议》,载《北京科技大学学报》(社会科学版)2001年第1期。
② 正是在这一意义上,本文将诉讼收费制度也作为起诉制度的内容之一。
③ 罗芳海:《试论我国民事起诉制度改革与完善》,湘潭大学2005年硕士论文。

(二)优化调解制度

调解制度有助于社会和谐稳定,在建构和谐社会的今天,毋庸置疑,也应当进一步得到有效发挥。

众所周知,一般而言,调解分为民间调解与官府调解两类。尽管我国现行的法律确立了人民调解制度和诉讼调解制度,且也同时注意发挥二者有机结合的功能,还在司法解释中确立了人民调解协议的法律效力。不过,我国现行的调解制度还存在如下问题:一方面,尽管诉讼调解的主持人员具有专业的法律知识,调解程序更为规范,当事人对诉讼调解的认同度较高,但是法院"调审结合"的模式容易导致以压促调,以判促调,有着不当侵犯当事人合法权益之嫌疑。[①] 另一方面,尽管人民调解的形式灵活多样,可以采用生活技巧和手段查明事实真相,而且具有不收取费用等制度功能优势,但其却具有较大的随意性,易于被人操纵利用。而且调解员的法律知识水平有限,难以适应社会变化发展的需要,难以充分体现公正公平之目的。为此,对我国现有调解制度进行改革与完善,在充分发挥各自功能优势之同时并进而实现二者功能互补的优势与价值,从而为和谐社会的成功建构作出贡献。

其一,在诉讼调解方面,应建立调审分离、注重庭前调解的制度。将调解人员与审判人员相分离,同时在职能上也要有明确的分工,调解程序与审判程序相互独立,在法院内部建立专门的庭前调解机构,开展庭前调解工作,将起诉的案件按照当事人是否自愿调解分配到庭前调解机构和主审法官处。对于婚姻纠纷、收养纠纷、抚养纠纷、扶养纠纷、赡养纠纷、相邻关系纠纷应当把调解作为必经程序,以上这些纠纷都是基于较近人际关系产生的,调解解决更有利于双方当事人从心理上去除芥蒂。同时对于涉及公共利益和国家利益的纠纷要明确规定不能使用调解结案。在纠纷调解不成进入审判阶段时,原则上法官不得自行进行调解,因为法官处于消极的中立地位,对当事人的处分权要予以尊重,但是当事人提出调解请求的情形除外。

其二,在人民调解方面,应建立新型的调解机构。在传统社会中进行调解的单位组织在现代化的进程中逐步解体消失,伴随着这些传统单位组织的解体与消失,各种新型的社团、社区、协会也相继出现,这种新型的社会组织在调解群众纠纷方面已经在事实上发挥着非常重要的作用。为此,一方面应对这些新型单位组织的调解机构性质予以肯定;另一方面也要加强对这些组织的引导和管理,使这些组织的调解更加规范化、合法化,促使其良性发展。此外,法院应推荐业务优秀的工作人员定期给人民调解委员会以指导和支持,在条件允许的情况下,可以对上述调解员进行专门培训,以提高其调解水平与技能,同时指导、帮助人民调解委员会规范运行机制、工作程序等。

[①] 参见傅蔚蔚、张旭良:《论现行法院调解制度的弊端和改革》,载《法律适用》2000年第4期。

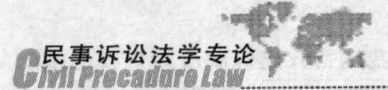

我国农村律师制度的构建

张立平[*]

一、构建农村律师制度的依据

(一)农村法治建设的内在要求

中国社会人治传统悠久,法律主要是统治者作为治理社会、进行阶级统治的一种手段,法律的权威远远比不上人们对个人权力的敬畏。尤其在中国古代,国家政权往往只延伸到县一级,国家对农村地区的控制,主要是依靠乡村宗法秩序和乡绅阶层,使人们只知有宗族、族规和在此基础上形成的民间习惯,而对国家法律知之甚少;乡绅阶层的统治,使农民群体对个人权威的体验尤其深刻,而对法律的权威少有体验。近代以来,长期存在的城乡二元社会经济结构,使得我国农村受现代法律文化观念和制度的影响相对较少,有的地区甚至还原封不动地保留着旧有的习俗,农民法律知识普遍欠缺,现代法治观念淡薄。这种状况与我国农村法治建设的要求是不相适应的。农村法治建设是现代法治观念和制度在农村的全面推进,律师制度作为现代法治观念和制度的一个重要方面,作为法制民主化的一个重要标志,在农村法治建设中不可或缺。农村法治建设要求农村的政治、经济、文化和社会生活在民主和法制的轨道上运转。在农村地区建立律师制度,才能有利于农村法制的民主化,有利于帮助农村基层政府依法行政、公正执法,防止和减少违法行为,促进农村民主政治建设;才能更好地维护农村法律事务当事人的合法权益,及时帮助当事人化解民事经济交往和社会生活中的各种纠纷,维护农村社会的秩序和稳定,实现农村社会的和谐;才能更加有效地推动农村的法制宣传教育,提高农民的法律意识,培养农民的现代法治观念,去除与现代社会不相适应的旧的观念和习惯的影响,增强农民的用法能力和守法意识。

(二)实现律师服务城乡协调发展的需要

由于社会生产力发展阶段的制约,以及建国以来,"重城轻乡"的倾向一直未得到有效的克服,尤其是改革开放以来,实行"效率优先,兼顾公平"的政策,主要注重城市的发展,农村发展

---

[*] 张立平:湘潭大学法学院副教授。

相对滞后,历史形成的城乡二元经济结构进一步强化,农业、农村、农民在整体上处于弱势状态,"三农"(指农业、农村、农民)问题突出,已严重影响到我国社会的稳定,及全面建设小康社会目标的实现。与这种二元经济结构状态相对应,我国律师制度的设置和律师服务也呈城乡二元结构,律师事务所主要集中在城市,农村中应当由律师提供的法律服务主要只能由基层法律服务组织替代,但基层法律服务组织并不具有律师的法律地位和执业权利,既对农村法律事务当事人不公,也与"法律面前人人平等"的宪法原则相悖。随着统筹城乡发展、区域发展政策的推行,城乡二元经济结构状态将逐步改变,律师法律服务的发展也应与之相适应。在农村地区建立律师制度,发展农村律师队伍,才能使律师法律服务向农村全面推进,实现律师法律服务的城乡协调发展。

(三)促进农村社会和谐的需要

建设社会主义和谐社会和建设社会主义新农村是党在新的历史时期所作出的重大战略决策,我国律师制度的建设应与之相适应。虽然从横向上看,我国经济发展呈城乡二元结构,但从纵向上看,农村经济也在不断发展之中。随着农村社会经济的发展,农村市场经济体制改革的深入,各种矛盾和纠纷日益多样化、复杂化。尤其是统筹城乡经济发展、区域发展政策的实施,农村的现代化进程将进一步加快,有关土地流转、工业投资、经营管理、职业转换、劳资关系、合同关系等新的纠纷将大量产生,这些纠纷一般涉及较为复杂的法律关系和政策方面的问题,需要法律服务人员具有较高的法律知识水平和服务技能,以及享有充分的法律地位、执业权利等,若仍然采取基层法律服务所的组织形式,以及依靠设立在城市的律师机构,显然不相适应,甚至可能导致"土律师"之类现象重新产生[①],"讨债公司"之类非法组织也可能在农村出现,引起农村法律服务市场和社会秩序的混乱。在农村地区建立律师制度,才能使律师人员直接置身农村、面向农村,切身了解有关农业、农村、农民法律事务的特点和实际情况,及时提供各种法律服务,维护农村地区当事人的合法权益,以及有效地降低服务成本,建立适应农村经济发展水平的律师收费制度,为农村地区当事人提供价廉质优的服务,充分发挥律师制度促进农村社会和谐的各项功能和作用,使我国律师制度的发展及时有效地适应建设社会主义新农村的需要。

二、逐步取消基层法律服务制度

建立农村律师制度,需要对我国法律服务体系进行必要的调整,改变律师法律服务长期事实上存在的二元分立和城乡分割状态,即国家律师制度内的律师法律服务和律师制度外的准律师法律服务并存,以及城市以律师法律服务为主,农村以乡镇法律服务为主的状态。对于整个基层法律服务制度,应当逐步取消,在农村地区则逐步取消乡镇法律服务机构,以实现我国律师制度的一元化发展和城乡协调发展。基层法律服务所的兴起和发展为城市街道和农村地

---

① "土律师"一词目前并无确切的法律或学理定义,主要是源于民间对这类人员的称谓,相对于制度内的律师或法律工作者而言。从民间的角度来看,如果某人具有一定的法律知识,又经常地从事律师性质的事务,那么就可以称其为"律师",但又因为其不是国家法律制度内的"律师",故称为"土律师"。

区的法律服务起了很大的作用,但在我国法律服务体系中所引起的弊端也是很明显的,日益与我国法律服务的规范化发展和社会经济发展不相适应。主要表现在:

一是基层法律服务制度存在的法律依据欠缺。基层法律服务制度至今只有行政法规依据,没有得到国家法律的确认,且与律师制度相冲突。基层法律服务工作者从事与律师相同性质的法律服务,却得不到与律师同样的法律地位和执业权利,这不仅影响其执业活动的正常进行,也不利于当事人合法权益的维护。基层法律服务制度与我国律师制度的冲突,既体现在具体的立法中,也体现在法律服务的实践中,如我国《律师法》第14条规定:"没有取得律师执业证书的人,不得以律师名义执业,不得为牟取经济利益从事诉讼代理或者辩护业务。"基层法律服务所几乎可以从事除刑事辩护以外的所有有偿法律服务,其中大多数人员没有取得律师执业证书,这些人员为当事人担任诉讼代理人,收取报酬,是否也属牟取经济利益而归为禁止之列? 其次,尽管司法行政机关极力将律师人员和基层法律服务人员的身份予以界分,要求基层法律服务人员不能充当"二律师"的角色①,但因其业务性质与律师并无本质区别,在社会和当事人的角度来看,也难免不会作为律师看待②;一些基层法律服务人员也可能自称为律师,或者在当事人称其为律师时予以默认。尤其是在农村地区,由于人们对律师制度的了解较少,法律知识相对缺乏,这种二元分立的法律服务状态更易造成法律服务秩序的混乱,影响律师制度的权威性和严肃性。这些问题实际上也不是通过一个法律的禁止性规定就能解决的,建立统一的律师制度才是有效解决这些问题的良好选择。

二是基层法律服务的形式不利于法律服务人员整体素质的提高。基层法律服务工作者普遍素质偏低,工作能力良莠不齐。根据《基层法律服务工作者管理办法》和有关法规,基层法律工作者只需具有高中或者中专以上学历就可以通过考试取得执业资格,这与《律师法》规定取得律师资格的学历条件有较大差距。造成这一现象的原因还在于律师服务事实上的二元分立,将基层法律服务视为律师制度外的法律服务,在人力、物力、财力的支持上,尤其是人才的培养上未一视同仁。取消这种二元分立状态,建立城乡统一的律师制度,才能有利于我国律师法律服务人才的统一培养,尤其是农村律师制度的建立和农村律师法律服务人才的培养。

三是基层法律服务所管理体制难以理顺。基层法律服务所是自发地由下而上产生的,各地在建立基层法律服务所的过程中,大多采取因地制宜的方式建所,因而形成了基层法律服务所管理体制和机制的多样性。《基层法律服务所管理办法》颁行以前,基层法律服务所既有乡镇(街道)和司法行政机关组建的,也有其他部门或个人组建的,既有经编委批准单独列编的,也有从属于乡镇(街道)和司法行政机关的内设机构;既有与司法所合署办公的,也有与司法所相分离的;既有实行自收自支的,也有实行统收统支或差额补助的。不同体制的基层法律服务所,要转为同一性质的中介组织,其所面临的问题也是多种多样的,给政策的制定和执行带来诸多困难。虽然经过整顿和完善,这种状况有所改变,但仍然存在诸多问题。

---

① 原司法部长张福森在2002年7月于上海举行的加强大中城市社区法律服务工作座谈会上即对此有过强调:不能让基层法律服务演变成为"二律师",街道法律服务所要从诉讼领域逐步调整出来。参见"张福森:街道法律服务所将逐步淡出诉讼领域",载 http://www.wtolaw.gov.cn

② 据专门开展基层法律服务课题研究的北京大学副教授傅郁林在《中国基层法律服务状况考察报告——以农村基层法律服务所为窗口》一文中介绍:在农村基层特别是贫困地区,"很多老百姓即以为基层法律服务所所扮演的角色和法院一样,更有很多老百姓分不清法律工作者和律师,而统统把能为他们提供法律服务、能代替他们进法院打官司的人都可以被称为律师。"参见傅郁林主编:《农村基层法律服务研究》,中国政法大学出版社2006年版,第52页。

四是基层法律服务制度影响我国律师制度的发展壮大。由于基层法律服务与律师服务的二元化,二者不处在同一制度条件下,容易造成与律师业的恶性竞争。基层法律服务人员的准入门槛比律师要低得多,又不享有与律师同等的法律地位和执业权利①,这就是说,这个群体在和律师的市场竞争中,既缺乏自身的法律知识优势,又缺乏法律制度资源上的优势,但是他们却执行着和律师同样的任务。他们为了在与律师业的竞争中不致处于明显的劣势,就可能想方设法弥补自身资源上的劣势。当然这些办法可以是良性或中性的,如尽快提高法律专业知识和业务技能,通过优质服务使当事人满意等,但更容易导致的是不正当竞争,如通过送礼、行贿,诱使当事人送礼、行贿,指使当事人隐瞒事实、制造假证、伪证等方式达到诉讼目的,取得当事人信任,争取案源,或利用行政手段垄断案源等。如果基层法律服务向律师业展开的不正当竞争得不到有效制止,也会引起律师业以同样的方式对待,法律服务市场的秩序就很难规范。这种现象在基层法律服务与律师业并存的城市是不同程度地存在的。虽然目前在律师业很少顾及的农村地区尚不明显,但一旦出现二者并存的局面,同样的问题难免不会发生。因此,不如采取在农村地区逐步取消乡镇法律服务,直接建立律师机构的方式,既可以保障律师业在农村地区的全面深入,加强农村的律师法律服务,又可避免二者并存引起不正当竞争的弊端。

事实上,基层法律服务制度也已经完成了其历史使命,不应再长期存在。近几年来,基层法律服务传统业务在开始萎缩,司法行政机关也在对基层法律服务采取逐步限制的措施,虽然目前只是要求城市街道的基层法律服务所逐步淡出诉讼领域,但已彰显了基层法律服务的制度困境和命运。一旦城市街道的基层法律服务淡出诉讼领域,包括农村乡镇法律服务在内的整个基层法律服务的地位和影响就会更加减弱。既如此,建立农村建立律师机构,逐步取消乡镇法律服务机构,将其中比较优秀的法律服务人才通过适当途径吸纳到农村律师队伍中,便不失为一种较好的选择,既有利于农村律师制度的顺利建立,又有利于农村法律人才资源的有效利用。

三、农村律师制度的设置

所谓农村律师制度,并非脱离《律师法》另行建立一种律师制度,而是相对于律师机构及其执业人员主要集中在城市地区,律师制度在农村地区事实上处于基本缺失状态而言,即现行律师机构设置向农村地区全面延伸,使律师法律服务能够真正满足农村法律事务当事人的需要。因此,农村律师制度的建立,首先是以现行《律师法》为基本依据的。当然,建立农村律师制度,还必须考虑农村的实际情况,因此在一些具体制度的安排上,难免会与现行《律师法》的规定产生矛盾,在某些方面还必须对《律师法》进行相应修改,才能顺利进行。

(一)律师机构向农村地区延伸

建立农村律师制度,最主要的是要将律师机构的设置向农村地区延伸。根据目前农村地

---

① 虽然基层法律服务人员的执业权利在司法行政机关的法规中有一定的规定,但是这种规定仅仅属于部门性规定,并未上升到国家法律的地位,其保障功能严重不足。

区的经济发展情况,律师执业机构设置到乡镇一级比较适合,对于农村地区的当事人来说,寻求律师服务就要方便得多了。但比较城市来说,实际上在许多农村地区还是不大方便的,因为农村地区一个乡镇的范围就比较大,面积小则几十平方公里,大则数百平方公里①,而且许多农村地区还是山区,交通、通讯落后。律师机构的设置可以根据当地农村的经济发展状况和对律师服务的需求量进行合理控制,在需求量比较少的农村地区,也可以在几个乡镇才设立一个律师机构。但县(市)行政区划面积较大的农村地区至少应在乡镇一级设置若干个律师机构。律师机构的设置还涉及以下几个问题:

1. 称谓。农村律师机构是设置在农村地区的律师执业机构,称谓应符合律师法律法规的规定。尤其是不应冠以当地行政区划的名称,如冠以"××县(市、区)××乡(镇)"字样,以避免与现行律师制度脱轨。

2. 形式。农村律师机构可以采取国办所、合作所、合伙所、个体所多种形式。在经济比较困难的农村地区,可以国办所为主要形式,由国家出资设立,以保障这些地区律师机构的顺利建立。我国律师制度恢复时,基于当时的情况,首先就是采用国办所的形式,保障了我国律师制度的尽快发展。现行城市地区国办所虽然都进行了改制,但对于经济困难地区农村律师机构的建立仍然是需要的,不失为一种有效的办法。经济比较困难的农村地区律师机构的建立和发展,不妨重走我国现行律师机构由国办所到逐步改制成合伙所、合作所等形式的道路。

3. 设立和终止。一是农村律师机构应该严格限定设置在农村乡镇和少数还没有设立律师事务所的县城,确保其能够真正立足农村、服务农村。二是设立的资金条件应尽量适应当地农村的经济发展水平。现行《律师法》规定设立律师事务所需要10万元以上人民币的资产,除了极少数经济比较发达的农村地区可以适用外,在一般的农村地区显然都是过高的标准。由于各地农村的经济发展水平存在较大差异,可以由当地司法行政机关在调查研究的基础上制定具体的标准。尤其在经济比较困难的农村地区,应允许具备2万~3万元以上人民币的资产即可,甚至可以更低一些②。在人员数量上,有一名以上的专职律师即可,但至少应配备一名辅助人员,以方便工作的开展和形成执业机构一定的内部监督机制。农村律师机构的变更和终止程序,依照现行《律师法》的规定。

(二)农村地区律师的准入条件

在农村地区建立和发展律师队伍,既要从农村地区的实际情况出发,有利于农村律师队伍的建立和发展,又不应脱离《律师法》所规定的基本制度,重新形成我国律师业的二元状态。《律师法》第6条第1款规定,"取得律师资格应当经过国家统一的司法考试。具有高等院校法律专业本科以上学历,或者高等院校其他专业本科以上学历具有法律专业知识的人员,经国家司法考试合格的,取得资格。"第2款规定:"适用前款规定的学历条件确有困难的地方,经国务院司法行政部门审核确定,在一定期限内,可以将学历条件放宽为高等院校法律专业专科学

---

① 以广东省韶关市曲江县的梨市镇为例,至2002年底,全镇行政区域总面积305平方公里,总人口5.2万,总户数7644,实有耕地面积4.4万亩,山地面积2.5万公顷,管辖20个村委会,1个社区居委会。见广东省韶关市曲江县人民政府网站 http://www.qujiang.gov.cn/xzdh/xzdh_detail.jsp。

② 实际上,现行《基层法律服务所管理办法》(2000年3月30日司法部部长办公会议通过,2000年3月31日司法部令第59号发布)对基层法律服务机构设置的资金条件也没有硬性的规定。虽然律师机构应适当要求正规一些,可以对资金条件作出较为明确的限定,但在初创时,也以尽量放宽为宜。

历。"第7条规定:"具有高等院校法学本科以上学历,从事法律研究、教学等专业工作并具有高级职称或者具有同等专业水平的人员,申请律师执业的,经国务院司法行政部门按照规定的条件考核批准,授予律师资格。"上述条件显然还不完全适应农村地区律师制度的建立。一是学历要求对农村地区偏高,即使按照第6条第2款的规定,将参加国家司法考试的学历要求降低到高等院校法律专科学历,一般也只能适应经济文化比较落后的城市地区,农村地区具有参加司法考试资格的人员仍然短缺。至于第7条规定的可以通过考核获得律师资格的人员在农村地区基本不存在。二是现行司法考试通过分数线的划定基本上是以城市地区参加考试人员的整体文化素质和法律知识水平为参照,对农村地区缺少兼顾。但是,如果在法律上另设条件,又不利于在农村地区逐步建立起高素质的律师队伍,不利于农村律师制度的长远发展。建议在明确农村地区执业的律师同样应当经过国家统一司法考试取得资格的前提下,采取以下变通措施:一是可以先把现行农村基层法律服务所或农村地区基层政府、司法部门以及其他行业中比较优秀的法律服务人才,依照审核程序吸收到乡镇一级的律师执业机构,给其颁发一种《临时律师执业证书》。二是对经济落后地区的农村律师人员通过暂时性的特殊规定,适当降低准入的学历条件,以适应这些地区文化素质普遍偏低,法律人才缺乏的状况。如将参加司法考试人员的学历条件放宽到高等院校专科学历,取消法律专业的限制;对于经济特别贫困,法律人才严重缺乏的农村地区,放宽到具有高中或中专以上学历。三是对于农村律师机构中参加司法考试的执业人员适当降低合格线,对于经济特别贫困地区的人员甚至还可以根据当年的考试情况,通过一定程序采取更加特殊的政策。四是采取各种措施,加大对农村地区法律人才的培养力度,通过进修、培训、自考、函授、远程教育等方式,使他们能尽快提高学历层次,通过司法考试,取得资格。上述变通措施随农村律师人才的增多和整体素质的提高逐步取消。这样,既可以尽量避免与《律师法》所规定的律师人员准入条件相冲突,又可以充分利用农村本土律师人才资源,甚至吸引高等院校的部分法学本、专科类毕业生到农村律师机构工作;既可以保障农村律师队伍的尽快建立,保障农村律师法律服务工作的正常进行,改善农村法律人才队伍的素质结构,也为缓解高等院校法学毕业生的就业难提供了一条新路。

(三)农村律师的收费

根据我国城乡经济发展不平衡的实际情况,农村地区律师的收费标准应有专门性规定,并明确其适用的对象和范围。无论设立在城市地区的律师执业机构还是设立在农村地区的律师执业机构,只要是为农村地区的当事人提供法律服务和办理涉农法律事务,均应执行专门性规定。农村律师的收费标准应低于现行律师收费标准。

(四)农村律师的管理

首先,无论城乡律师机构及其执业人员,都应按照律师法律法规的规定,统一接受司法行政机关的指导和监督。其次,建立适应农村律师工作特点和需要的行业管理制度。《律师法》第37条规定:"律师协会是社会团体法人,是律师的自律性组织。""全国设立中华全国律师协会,省、自治区、直辖市设立地方律师协会,设区的市根据需要可以设立地方律师协会。"第39条规定:"律师必须加入所在地的地方律师协会。加入地方律师协会的律师,同时是中华全国律师协会的会员。"《中华全国律师协会章程》第6条规定:"律师协会会员分为团体会员和个人会员。依照《中华人民共和国律师法》规定取得律师执业证书的律师,为律师协会的个人会员。依法批准设立的律师事务所为律师协会的团体会员,下一级律师协会为上一级律师协会的团体会员。"根据农村地区律师服务工作自身的规律和特点，以及加强农村律师服务工作的需要，应允许在农村地区执业的律师按县（市、区）成立律师协会，这种律师协会是农村地区律师的自律性组织。乡镇律师事务所为农村地区律师协会的团体会员，乡镇律师事务所的律师为农村地区律师协会的个人会员，同时是中华全国律师协会的会员，农村地区的律师协会为上一级律师协会的团体会员。成立农村地区的专门律师协会，有利于总结、交流农村律师工作经验，组织符合农村法律服务特点和需要的业务培训，维护农村地区律师的合法权益等。这种律师协会管理机制，既考虑了农村地区律师行业管理的特点和需要，又能保证律师行业管理上的统一性。

在农村地区建立律师制度是一项系统工程，涉及相关制度的衔接，有关律师法律法规的修改，以及对农村法律服务特点和规律的把握，对当地农村实际情况的了解等，没有现成的经验可循，只能在摸索中逐步推进。其相关的理论问题也有很多，本文仅是提出一点粗浅的看法，求教于各位专家学者。

ODR 十年回顾与展望

骆东平*

ODR(Online Dispute Resolution)作为一种新的纠纷解决机制从 1996 年开始到现在已经走过十年,十年对于一种纠纷解决制度来说并不是一个很长的时间,但是依托网络科技发展起来的主要针对电子商务纠纷的 ODR 而言,面对电子商务的飞速发展,我们有必要对该制度进行梳理,以促进该制度的发展,尤其是对于在此方面理论研究与实践相对落后,而电子商务发展又迅猛的中国大陆地区而言,其现实意义更为重要。① 本文主要对于 ODR 从发展阶段、提供服务内容、纠纷解决的方法、纠纷解决的类型与效果、运作经费来源等方面进行回顾与评价,然后展望全球 ODR 的发展趋势。

一、ODR 十年发展历程回顾

(一)ODR 的发展阶段与分布国家

1. 在线 ADR 阶段

在 2000 年以前,虽然网络科技已经可以提供在线空间以及多样化的在线工具,供纷争解决程序使用,但是网络科技使用于纠纷解决程序之上,仅止于如电子邮件、在线聊天室或是远距离视频会议的使用,重点放在提升信息交换的效率,降低 ADR 的成本上。学者对于在线解决争议机制,称之为 Online ADR,很少有人将其称为 ODR。中国学者对此问题的认识更是持续到 2000 年以后。② 学者关注的领域,集中在电子格式信息的交换所产生的法律问题是否与

---

* 骆东平:三峡大学政法学院讲师,西南政法大学 2005 级民事诉讼法学博士研究生。

① 截至 2007 年 4 月 7 日,从 CNKI 全文数据库中搜索的关于 ODR 的论文不过十余篇且集中于 2003 年,以后几乎没有这方面的学术研究成果公开问世;中国在线争议解决中心的网站中反映的信息来看,关于这方面的研究成果很少且都是在 2004 年以前,从事在线调解的人员只有 5 名,而且资深的从业人员几乎没有。

② Paul H. Haagen edited, *Arbitration Now-Opportunities for Fairness, Process, Renewal and Invigoration*, American Bar Association-Section of Dispute Resolution,1999,pp.73~74;刘满达:《论争议的在线解决》,载《法学》2002 年第 8 期。

现实世界所使用的书面有同等效力、安全性及机密性上,以及网络科技使用在ADR程序中的局限性。这反映了当时人们只是将网络科技作为一个信息交换的媒体,一种信息交换的选择,而且强调是电子邮件的使用。ADR与ODR根本没有本质的区别,因为网络科技对于ADR的功能,就如同电话、传真对于ADR的功能,完全没有两样,ADR的架构及内容,根本没有发生改变。

2. 独立的ODR阶段

人们对于ODR是在线ADR的认识在2001年美国学者Ethan Katsh提出了第四方的概念后发生了重大改变。① ODR被期待及被赋予更大的功能,也才有被讨论的价值。在2003年前后,中国学者在探讨这一问题时也开始认识到ODR的独立性。② 这里的第四方,是指协助争议当事人及仲裁人或调解人解决纷争的网络科技。第四方概念的产生使得ODR里当事人间的关系,不同于ADR的三角关系,而成为一种四方形或矩形的架构,ODR四方形架构的提出,不是在否定纠纷的调解人或仲裁人的地位及角色,而更是在帮助调解人或仲裁人的角色扮演,并且对于争议的解决,发挥与众不同的的功能与价值,也使我们重视网络科技在纷争解决程序里的功用,让我们很严肃地去思考怎么样利用网络科技来加速纠纷的解决。网络科技给我们提供了一个虚拟的空间,在虚拟空间里,我们可以设置网站,利用网站提供纠纷解决的服务,这个服务是二十四小时在线开放,当事人可以迅速及经济地获得。当事人在任何时候、任何地点,只要有上网的设备,都可以找到解决纷争的相关信息。

虚拟空间的出现,对于ODR的独立是最重要的关键点,当事人在这里可以进行任何与信息交换有关的活动或行为,对于纠纷解决必要的信息,可以通过网站快速及便利地交换,网站里可以建构不同的信息互动模式,使所有当事人进行更有效率的互动,网站空间更可以轻易地分割,做各种不同目的使用。虚拟空间的特性,使当事人间能够不受空间及时间的限制,把争议的解决带离于实体世界之外,避免了时间及空间所带来的不便,可以进行更有效率地互动,形成及影响纠纷解决提供的方式。ADR相较于法院须在公开的法庭进行程序,优点在于进行程序的地点,没有做严格的限制,当事人可以合意选择,而ODR可以把这个优点发挥到极致,只要点击鼠标,所有当事人即可进入虚拟空间进行纷争之解决。

3. 分布国家

早期大部分出现的ODR网站大都分布在北美地区,而嗣后欧洲及亚洲地区亦开始发展ODR相关网站,依据澳大利亚司法部在2003年委托澳洲墨尔本大学国际争议解决中心对提供ODR服务的网站进行数据收集及分析所得的结果显示,全球有76个提供ODR服务的网站,其中有43个在美国,欧洲有20个,4个分布在加拿大,澳大利亚第一个ODR出现在2002年。③ 中国通过依托中国电子商务法律网、中国电子商务政策法律委员会,已于2004年6月成立了第一个专门的在线争议解决机构"中国在线争议解决中心",并开通了网站http://www.odr.com.cn。由此可知,美国是ODR服务网站最活跃之地区,欧洲由于欧盟宣示ODR

---

① Ethan Katsh, Janet Rifkin, *Online Dispute Resolution-Resolving Conflicts in Cyberspace*, 2001, Published by JOSSEY-BASS, 2001.

② 参见肖永平、谢永胜:《ODR:解决电子商务争议的新模式》,载《中国法学》2003年第6期;郑远民、蒋顺华:《浅议在线纠纷解决机制(ODR)》,载《湖南财经高等专科学校学报》2004年第2期;祝磊:《在线争端解决机制初探》,载《求索》2003年第1期。

③ Melissa Conley Tyler, Di Bretherton, *Seventy-six and Counting: An Analysis of ODR Sites*, at 12, *Proceedings of the UNECE Forum on ODR* 2003, http://www.odr.info/unece2003/pdf/Tyler.pdf.

之重要性,也有后来居上之势。

(二)ODR 的服务内容

关于 ODR 的服务内容,国内有人认为包括两种,即自助 ODR 模式和交互式 ODR 模式。① 实际上,现行 ODR 的形态包括在线协商、在线调解、在线仲裁及在线申诉。

1. 在线协商

在线协商即是利用网络环境进行协商。此种方式是不可缺少的服务,虽然争议当事人可以很方便地自行通过电子邮件、MSN、Yahoo massager、电子聊天室、电子论坛以及远距离视频进行争议解决的讨论,但是现行 ODR 网站除了提供争议双方程序通知及管理的服务外,它还会使用一些类似于沟通工具的电脑程序及加密软件供争议当事人进入使用,提供给纠纷当事人更机密、更安全且更便利的协商环境,例如 SquareTrade 所使用的协商软件。SquareTrade 提供一个虚拟的空间,并附上一些在线工具给 eBay 的使用者进行争议的直接协商,任何人在 eBay 的网站上找到 SquareTrade.com 的链接,然后向其申请在线协商服务,SquareTrade.com 受理其申请后,便会通知他方当事人参加协商,如果双方同意以协商的方式解决争议,SquareTrade.com 便会安排时间,提供虚拟空间,给予密码通知双方当事人进入虚拟空间,利用在线工具进行线上协商,争议双方当事人可以利用精心设计的网页及程序实现充分的沟通。

2. 在线调解

在线调解服务网站依照其电脑程序自动化的程度,可以分为三类,分别是完全自动化程序的在线调解、由调解人介入的半自动化在线调解以及利用在线调解并混用传统沟通方法以解决网络上及非网络上争议的网站。

第一,完全自动化程序的在线调解

在线调解服务网站诸如 Cybersettle、SettlementOnine 及 ClickNsettle,它们的调解程序完全是以在线环境方式进行的,并且是完全针对金额方面的单纯争议,通过电脑程序自动化的辅助,完全没有自然的调解人的介入就可以达成争议的解决。其运作的方式及程序是由争议的一方当事人登录或注册网站内的调解服务,申请调解服务并填写相关资料,主要包括自己与对方的身份、电子邮件账号、争议金额及其争议解决的期限,通常为 30～60 天。网站受理申请人的资讯后,就会立即寄送电子邮件,载明邀请参加调解程序的相关事宜,并附上超链接及登录密码,通知争议另一方参加在线调解,争议他方当事人收到在线调解服务网站的电子邮件后,并不受参加通知的拘束,该通知没有任何法律上的效力,登录与否,完全由当事人自己决定。如果争议他方当事人也愿意使用在线调解解决争议,其使用电子邮件所提供的链接及密码登录该在线调解网站,并且填写相关资料,主要是提出解决争议的金额,网站自动化电脑程序在取得了争议方所主张的金额资料后,便会自动分析比较双方调解金额的主张,运行程序内预先设定特定差距范围内调解成立的运算。如果争议双方所主张的金额在程序内预先设定的特定差额范围内,程序便会取中间值,通知争议双方调解成立及其调解金额。如果双方所主张的金额差距过大,程序便会以电子邮件通知双方修改调解金额,以便促进调解成立。

Cybersettle 与 SettlementOnine 都允许争议双方有三个回合修改调解金额的机会。ClickNsettle 则是采取与 Cybersettle 及 SettlementOnine 三回合制不同的一定时间内的多回

---

① 参见肖永平、谢永胜:《ODR:解决电子商务争议的新模式》,载《中国法学》2003 年第 6 期。

合制。为确保调解程序争议双方当事人不断地善意地制造利于调解成立的氛围,ClickNsettle要求双方当事人必须依照一定的比例修正上一次所主张的调解金额,不论是增加或者减少。

第二,有调解人介入的半自动化在线调解

SmartSettle利用其刻意设计的与众不同的在线调解程序以及功能十分强大的电脑软件,使得它所提供的在线调解服务可以让中立的调解人通过网络加入调解。它使用多阶段的过滤筛选的调解程序,即混用在线协商、自动化调解程序以及专业有经验的调解人介入的半自动化程序,使得争议获得迅速而有效的解决。程序一开始,争议当事人可以使用SmartSettle所提供的在线协商软件进行在线协商。如果无法达成共识,SmartSettle会指派一名律师通过在线协助参加调解程序的当事人,表明利益及争议所在,而这名律师必须是接受过三十小时以上的特别在线调解课程训练的人,该律师会协助相关当事人填写协商表格,上面载明争议事件所涉及的相关争议及利益,通过协商表格的资讯,协助程序律师会个别地与当事人整理争点并且有效地排除不必要的争议或者寻找可能的解决方案,这些通过资讯都会记录并存储在网站主机的资料库。SmartSettle网站功能强大的软件便会使用网站主机资料库的争点资讯,做成调解方案,以供当事人参考。在调解方案出来后,律师会持续地与当事人通过在线沟通,协助其评估调解方案,并且修改相应选项,网站主机及软件继续利用这些修正的信息,调整先前所作的调解方案的内容,使其更符合当事人解决争议的真意及取得更有效的解决方案。在加入程序后,如果当事人不愿意再继续进行调解,SmartSettle还会把中止前所达成的争议解决结果、为当事人制作的调解方案印出,供当事人签署。

第三,利用在线调解并混用传统沟通方法以解决网络上及非网络上争议的网站

有些提供在线调解服务的公司,诸如Internet Neutral、SquareTrade、WebMediate都已经在网络上设立网站,利用网络科技加速纠纷解决。这些网站资讯交换的渠道来自于电子邮件、聊天室、视频会议等。但是这些网站还是使用了一些传统的沟通方法,例如电话、传真或者电报。通常网站受理申请人的在线申请,要求申请人填写一些电子表格,表格内会有系统的使得当事人表明争议情形及可接受的结果范围,这些信息会转给非常有经验的在线调解人,在线调解人分析了申请人所填写的资讯后,会利用在线工具通知争议相对人是否愿意进行在线调解,如果其愿意,那么他会填写网站准备好的格式化调查争议表格,传送给网站及在线调解人,有了这些资料,在线调解人可以迅速了解双方当事人的冲突所在,并可以快速地整理争点甚至即刻解决。像Internet Neutral提供争议当事人多元化的沟通选择,当事人可以合意选用电子邮件、即时交谈、聊天室或者视频会议等等,更可以多样化的搭配,随当事人的需求而定,当然费用高低也涉及所使用这些科技的不同成本。

3. 在线仲裁

在线仲裁与传统的仲裁有着十分类似的程序,不同的就是争议双方当事人与仲裁人分布在不同的地区、城镇甚至是不同的国家,他们通过网络或电子邮件,在不同的时空下进行仲裁。目前,很多网络商务合同已经试着在其中订立在线仲裁条款,以便将来争议交付在线仲裁,例如网际网络连线服务提供合同以及域名注册合同。关于在线仲裁的问题,目前有影响的是两个在线仲裁计划,即美国仲裁协会的虚拟仲裁人计划与网际网络名称与号码分配组织的网域名称争议解决办法统一政策。

第一,虚拟仲裁人,是一个早期的在线仲裁实验性计划,在1996年,主要由美国仲裁协会、国家自动化资讯研究中心以及虚拟法学会合作设置。其最初的目的在于为提供连线服务中与客户间的纠纷提供解决途径,其主要是在申请及答辩格式化电子书面填写完全并传送给虚拟

仲裁人,由其决定受理后72小时作出仲裁判断,提供迅速及最终的纠纷解决方案。① 但目前此种方式受理的案件很少。

第二,网域名称争议解决方法统一政策。网域名称的注册,系由网际网络名称与号码分配组织(ICANN)所掌管,而 ICANN 对于网域名称的注册申请不进行实体审查并采用申请在先的取得方式常常导致纠纷的发生,大量的此类纠纷十分需要迅速、经济及便利的纠纷解决机制,世界知识产权组织根据美国商务部所颁布的关于网域名称及网址的管理的白皮书,自1998年进行了相关问题的研究,并于1999年8月及10月公布"网域名称争议解决方法统一政策"及"网域名称争议解决方法统一政策规则"作为解决网域名称注册争议的准则,并规定将网址争议交由经 IACNN 认可的机构进行仲裁。在其中,IACNN 选用了在线仲裁,它被证明是第一个成功的、超国家的 ODR 系统。目前,获得 IACNN 认可的机构有四个,分别是纽约的 CPR Institute、香港的香港国际仲裁中心(HKIAC)、明尼苏达州的国家仲裁论坛(NAF)、日内瓦的世界知识产权组织仲裁与调解中心。

4. 在线申诉

在线申诉被很多非赢利性机构如政府机关、消费者保护团体所采用,这些非赢利性机构常常会制定某种电子商务公平交易准则或者是消费者隐私保护政策,对于同意采用及遵守其所制定的公平交易准则及消费者隐私保护政策的在线商店或者公司,可以在其交易网页内放置认可遵守公平交易的标志,以获得消费者的青睐。比较著名的是美国商业促进会(CBBB)将其申诉服务延伸至网络上所设置的 BBBonline Program。运作的内容及方式是 BBBonline 对网络商家提供公正交易信赖标识(The BBBOnLine Reliability Seal)以及消费者隐私权保障标识(The BBBOnLine Privacy Seal)的申请服务,通过 BBBonline 审核并且愿意签订契约持续遵守 BBBonline 所制订公平交易准则或者是隐私权保护政策经验,以及其对商业经营广泛的影响力。② 发展在线申诉服务的网络商家,可以在其网页内挂上及标示 BBBonline 的认证标识,提升消费者的信任,BBBonline 的会员网站,也就是网页上有 BBBonline 的认证标识的网络商家,如果与消费者发生纠纷,消费者可以向 BBBonline 网站填写电子化表格提出申诉,BBBonline 在受理消费者的申诉后,就开始调查该交易网站是否有遵守 BBBonline 所制订公平交易准则以及隐私权保护政策。③

(三)处理争议的类型及效果

现行 ODR 所处理争议事件的类型主要有家事争议、网域名称注册争议、消费者争议及保险理赔争议等,而近两年 ODR 网站则关注于提供在线甚至非在线消费者争议事件之解决服务。解决在线所发生之争议,当然是 ODR 出现及发展之主要动力所在。许多 ODR 网站之设立,主要是针对解决因在线活动所产生之争议,譬如说 SquareTrade 主要是针对 eBay 拍卖市场所产生之争议,IRIS Médiation 是针对因特网联机服务所发生之纷争,e@dr 系用于解决电子商务争议,但是也有许多 ODR 网站兼之提供非在线争议解决服务,甚至专注于提供非在线

---

① 陈家骏:《从 Internet 交易使用纠纷谈网络商务仲裁的可行性(上)》,载《电工资讯杂志》1998年第88期。

② 参见 BBBonline, http://www.bbbonline.org/reliability/code/code.asp 。

③ 郭佳玫:《论现行网络交易争议解决的法律问题——兼谈在线争端解决机制(On-line ADR)》,载《科技法律透析》2001年第13卷。

争议之解决,譬如保险理赔争议之解决。在1996年以来的ODR网站里,有33个网站针对在线及非在线争议,提供解决争议之服务,有21个仅对于在线争议,提供解决争议服务,而有23个系对于非在线之争议,提供解决争议服务。[①] 值得注意的是,实时之争议解决服务,是建立网络交易信心之关键,基于这样的需求及认识,提供消费者争议处理之服务,成为近来ODR服务里最主要之领域,在1996年以来的ODR网站里,有20个网站系专门提供消费者争议事件解决之服务,占有26%,而其他的网站也并不排除提供消费者争议解决之服务,例如BBBonline, Online Confidence与ECODIR就是专门关注于消费者争议之处理。

普遍来说,使用ODR解决争议,也可以获致非常高之争议解决成功率,如SquareTrade有高达85%的案件,可以透过直接协商程序(Direct Negotiation)解决,其余的未达成解决合意之案件,SquareTrade还提供调解人或仲裁人协助争议之解决,WebAssured在所属会员申请解决争议之案件中,可以获致95%成功率,IRIS Médiation在其运作之第一年,就达成了87%之成功率。以上可知,ODR的使用,的确可以非常有效地解决争议。

(四)解决争议的方法

ODR网站里所提供争议当事人解决争议之方法,主要有自动化金额合意软件、协助协商软件、调解、仲裁、评估建议以及申诉处理等,而其使用之情况,主要采用调解方法。许多的提供ODR服务之网站,都是采用多层次多样化完全弹性之解决争议方法,诸如SquareTrade, ECODIR, Online Confidence等,几乎所有的ODR网站都会提供多种方法供争议当事人选择,使得各种各样的争议,都能得到适时适当的解决,并且也能够使解决争议资源合理分配,最重要的是完全体现替代解决争议机制里当事人自主之精神,并且维护程序的公正性及平等使用性。

(五)通讯工具的使用

在ODR里,通讯工具的使用随着科技之发展而不断变化,早期ODR网站多使用电子邮件作为通讯工具,这样的通讯工具仅能提供异步的沟通方式,并且仅限于以文字为表现方法,重要的是非常不安全,但是在2000年以后的ODR网站,现在所使用之通讯工具,大多为使用SSL(Secure Socket Layer)技术的加密网站,提供争议当事人更安全更隐秘之通讯环境,并且发展更多样化的通讯工具,诸如电子公告栏、实时信息交换、网络电话或视频会议等,提供同步及异步之通讯工具。除了使用在线科技发展不同功能之通讯工具,为数不少的ODR网站,也不排除使用传统通讯方法,如电话、传真。值得一提的是,越来越多的网站提供视讯会议之服务,以弥补ODR欠缺面对面交流的缺憾。

(六)服务语言的提供

从目前ODR服务提供者在语言方面的提供来看,在1996年以来的ODR网站中有62个网站仅仅提供一种语言,其中有53个提供的是英语语言。9个网站提供两种语言,主要是英语加上西班牙语或法语或汉语。有6个网站提供三种或者三种以上的语言。中国在线争议解

---

① Melissa Conley Tyler, Di Bretherton, *Seventy-six and Counting: An Analysis of ODR Sites*, at 12, *Proceedings of the UNECE Forum on ODR* 2003, http://www.odr.info/unece2003/pdf/Tyler.pdf.

决中心目前提供的服务语言只有汉语。①

(七)运作经费来源

ODR 网站系由国际组织、政府机关、学术单位、消费者保护团体或组织、商业团体、企业经营者等设立运作,其运作经费之来源可以分为六大类,广告收入、使用者付费、会员费、政府补助、学术单位基金、其他服务费用之补助等,在 1996 年以来的 ODR 网站里,靠广告收入维生及其他服务费用补助的有 4 个网站,通过使用者付费运作的有 38 个网站,靠会员费维持的有 18 个,依赖政府补助运作的有 5 个,学术单位基金有 6 个,运作经费来源不明的有 6 个。②

二、ODR 十年发展的基本评价

(一)ODR 十年发展取得的成就

1. 满足了人们低成本纠纷解决的需求

在有效降低纷争解决成本方面,跟以面对面解决争议的非在线调解比较起来,利用在线环境进行调解,毋庸置疑地,可以非常有效地降低成本。如在在线调解里,充分的案例信息及相关资源的随手可得,以及经验丰富并且公正的调解人或仲裁人介入,使得聘用律师服务必要性大为降低。特别是争议在责任上无争议,只是在金额上有争议的损赔事件或是保险理赔事件,只需要前面提及的秘密下标系统,即自动化金额合意软件,即可迅速有效地解决争议,根本不需要其他法律服务的介入,包括律师服务。

利用 ODR,也可以避免使用大量的电话通讯或会议,省下一笔相当可观的通讯费用。此外,对于在线活动所产生的争议,其当事人往往彼此距离遥远,甚至分属不同的国家,如果要利用法院或者 ADR 来解决纠纷,不要说不经济,简直是不可能。利用在线环境解决纷争,使得争议当事人不用花时间放下工作离开住所,前往另一个陌生国度,寻求纷争的解决,并且利用在线环境解决纷争,争议当事人也不用租用实体的纷争解决场所,而且所有相关的文件及信息,也不用寄来寄去,相较于以非在线的方法解决在线的争议,在线调解所产生的纷争解决成本,可以说已经降到了最低。

2. 真正实现了纠纷解决的便捷性

更迅速便利地解决纷争是每一个当事人的需求,以在线环境进行纠纷解决,使用异步的信息交换模式,譬如电子邮件,或是电子论坛、布告等等,使得争议当事人可以在任何时间,键入想要沟通交换的信息。这种沟通方式,使得在线环境解决争议,具有令人想象不到的便利,在传统面对面的调解里,争议当事人必须互相敲定时间,并且安排调解场所,但是在在线调解中根本没有这一类的问题。另外,调解人利用在线环境进行调解,就可以利用在线工具与争议当事人间同时或个别,进行同步或异步的信息交换及沟通,这样多样化的沟通方式,可以非常有

---

① http://www.odr.com.cn/。
② Melissa Conley Tyler, Di Bretherton, *Seventy-six and Counting: An Analysis of ODR Sites*, at 12, *Proceedings of the UNECE Forum on ODR* 2003, http://www.odr.info/unece2003/pdf/Tyler.pdf.

效地使调解人有机会缩短解决纷争的时间。总之,纷争之解决可以在任何地方进行,更可以在网上进行,也就是说争议可以在没有时间及没有距离限制的虚拟世界中解决,这带给我们更多的便利。

另外,这种异步的信息交换或沟通模式,使得争议当事人有更多的时间想清楚,更慎重地抛出必要的信息,一些情绪性且不利于调解成立的对话,可以降到最少,但是在传统面对面的调解里,情绪性的对话,有时无法抑制,造成不必要的裂痕。此外,以网络科技提供调解服务最大的优势,是一天二十四小时,日日夜夜永不间断的服务。在线调解服务,对于纷争解决的方法而言,已经带来革命性的便利。

3. 回避了确定管辖权的麻烦

在线纠纷常常具有有跨国性或超国界的特性,如果通过诉讼方式解决,必然会涉及管辖权的问题,而利用ODR则可以完全回避确定管辖权的麻烦,就如同传统调解的优点,这种通过争议当事人合意的方式,作出纷争解决的结果,可以完全回避特别是管辖权确定的麻烦。同时,准据法的决定以及判决承认与执行等国际私法的问题也被回避掉了。

另外,通过计算机屏幕进行电子化信息的交换,可以非常容易地隐瞒性别、年龄、肤色等等特征,有效地防止来自这些外观特征上的歧视。

(二)ODR十年发展中存在的问题

1. 与建立温暖而富有人性的纠纷解决机制理念有差距

传统面对面的纠纷解决机制,尤其是传统的调解,是一种人情味较浓的纷争解决程序,争议双方当事人及纠纷的裁决者通过表情、声音及肢体语言的互动,发挥人际关系及情谊,讲情论法,动之以情,晓之以理,眼神交会时,有效地取得来自于争议双方的让步及妥协,常常有效地解决纠纷。但是利用在线环境进行调解,却完全没有以往在面对面调解里的优势,没有人际关系可以利用,没有表情、声音及肢体语言的互动,单调地以文字为基础的信息交换,使其变成了缺少人情味的纷争解决程序。没有了表情、声音及肢体语言的互动信息,纠纷的裁决者根本很难去了解争议当事人的情绪,是高兴、愤怒、难过,还是悲伤,因为无法了解情绪,更别说进行情绪管理。尤其是在当事人人数较多的时候,此一问题更为突出。[①]

2. 安全性、保密性及身份认证问题

由于ODR是在网络上利用虚拟空间及在线工具达成争议的解决,所以其安全性及机密性就成为人们担心的问题。因为它不像ADR可以在秘密的地点开会讨论,所有的信息交换的内容,仅有争议当事人、仲裁人或调解人知悉,在网络或计算机机器上进行纠纷的解决,服务器或是主机上所储放的电子信息,黑客或其他不相关及未经授权的第三人都可以透过科技的方法进行接触,甚至可以破坏。另外,电子邮件也有邮件服务器错误寄送或遭受攻击的问题,所以ODR里的电子信息容易遭到损坏、偷窥,有着不安全及不机密的担忧。

另外,身份确认也是ODR里的一个大问题,ODR里仅通过屏幕以及文字交换信息,进行纷争的解决,无法通过性别、年龄及外貌确定争议当事人的身份。因此,计算机屏幕前的人是谁,究竟是不是争议当事人,就难以确定。而在线仲裁人或调解人,第一步骤就是要请在线寻求纷争解决的当事人表明自己的身份,以及提供辨明身份的办法或证明,在线调解人或仲裁人

---

① Ethan Katsh, Janet Rifkin and Alan Gaitenby, E-Commerce, *E-Disputes, and E-DisputeResolution: In the Shadow of "eBay Law"*, 15 OHIO ST. J. ON DISP. RESOL. 705, 714 (2000).

所使用的方法,例如使用数字签名确定身份,但是数字签名对于大部分的使用者来说,并不是件容易的事。

3. 信息沟通的障碍

对于那些不习惯网络科技或者是根本没有接触过网络科技的人们,ODR 这种利用在线环境解决纷争的方法显得十分困难。因为非常多的人,没有固定上网的习惯,打字慢,不熟悉在线环境,甚至抱有恐惧之心。同时也有很多人,无法利用文字,准确地表达自己的需求或情绪,这些问题将是信息沟通方面的极大障碍,其对于 ODR 的利用,是非常大的潜在阻力。

4. 在线仲裁带来的执行问题

在线仲裁是 ODR 中比较正式的纠纷解决方式。对通过交涉、调解不能解决的争议,可使用在线仲裁。对于 ODR 处理结果的执行问题,各国尚无统一作法。在美国,如果当事人同意接受在线仲裁裁决的约束,法院通常会依据美国宪法中的完全诚信条款执行该裁决。有的学者认为,网上仲裁裁决一般只对争议双方有拘束力,而无司法执行力。所以,严格说来,它不同于传统的经济仲裁或国际商事仲裁,因为它目前还不能被《关于承认和执行外国仲裁裁决的公约》(以下简称《纽约公约》)所容纳。[1] 但有人认为,虽然《纽约公约》要求仲裁协议是书面的,提交法院的仲裁裁决必须是经适当认证的原件或复印件并附以同样方式提交的仲裁协议才是可执行的,但以网络通信方式出具的仲裁协议(包括仲裁协议和合同中的仲裁条款)和裁决应该能为法院所接受。因为,网络通信文件是否符合《纽约公约》第2条第2款的书面要求,实质上是一个公约条款的解释问题。[2] 为适应网上国际商事仲裁的实践,应当对该条款的书面要求作扩大解释。实质上,随着技术的发展,法律制定者在定义"书面"时已经越来越多地考虑技术发展趋向。例如,《美国商法典》对"书面"定义为:包括印刷、打印和其他一切有意采用的可触知的形式。联合国国际贸易法委员会《国际商事仲裁示范法》第7条将其扩大到"电报、电话和其他能够提供协议记录的电子通讯方式"。1988 年罗马国际统一私法协会制定的《国际保理条约》给"书面"下了一个范围最广泛的定义,国际互联网络通信方式无疑包括在内。综上所述,一方面,ODR 中网上仲裁裁决的承认与执行完全可以根据《纽约公约》得到实施;另一方面,即使网上仲裁不为《纽约公约》所容纳,也不能否认其仲裁性质,因为它在本质上与各国传统的仲裁制度是一致的,只是形式和手段不同而已。

另外,以业界自律为基础的运行机制也是保障 ODR 裁决得以执行的重要手段。若干 ISPS 可能联合起来采取措施以促进 ODR 处理结果的执行,不执行 ODR 处理结果的当事人会被他们一起封杀,使之无法从事电子商务,而不能进行电子商务活动的当事人在经济全球化竞争中将处于劣势。譬如 e-Bay.com 将会对不执行 ODR 处理结果的用户施以制裁。如果用户拒不执行处理结果,他可能受到 e-Bay.com 两次警告;两次警告后如果仍未执行处理结果,将被暂停用户资格 30 天;30 天期满后如果还未执行的话,该用户资格将被永久终止,也即该当事人将永远不能通过 e-Bay.com 进行任何活动。

---

[1] 参见陶景洲:《略论网上仲裁》,载《法学》2000 年第 12 期。
[2] 参见肖永平、谢永胜:《ODR:解决电子商务争议的新模式》,载《中国法学》2003 年第 6 期。

三、ODR 之展望

根据 2006—2007 年世界电子商务发展研究年度报告显示,2006 年世界电子商务交易额达 12.8 万亿美元,占全球商品交易的 18％。① 2006 年 11 月 18 日,在北京举行的"2006 首届电子商务与基金营销论坛暨中国优秀基金网站颁奖仪式"上,中国互联网实验室首席研究员、著名电子商务专家梁春晓在发言中认为,中国的电子商务现在发展速度非常可观,到 2005 年整个网上的交易额是 7400 亿,这个里面不包括证券行业。整个网上的零售额大概占全社会的零售总额的 2％。② 另外,中国电子商务协会理事长宋玲表示,中国电子商务这几年的发展速度在 40％,未来几年可能会超过 50％。而据预计,到 2007 年,中国电子商务市场总体规模将会达到 1.7 万亿元,而 B2B 电子商务市场规模将会达到 1.69 万亿元。③ 电子商务在中国以十分惊人的速度发展必然带来的问题就是由此而带来的大量纠纷的解决需求,即可以预见,由于电子商务飞速发展产生的纠纷解决的现实需求,使得 ODR 在中国将有很大的发展空间。

ODR 在可预见的未来,在争议解决方法的领域,将会扮演极端重要的角色,这首先源于电子商务市场与在线交易的飞速发展,而由此所产生的大量争议又常常跨越国界,且争议的实体利益又很小,这一特点使得现行的非在线争议解决机制根本无法提供适当的解决方法,只有 ODR 能提供有效的救济服务,因为 ODR 对于在线争议而言,是唯一可行的救济机制,所以 ODR 吸引人的地方,就在于可以建立企业与顾客间的在线交易的信心,ODR 未来的重要性与电子交易市场的兴衰有着十分紧密的关系。eBay 的在线调解经验,显示在在线交易市场对 ODR 的高度需求性。

其次,越来越多的政府机关与国际机构开始关注在线交易纷争的解决,以及为了提供在线交易信心,主张将 ODR 作为一个解决在线争议方法的声浪越来越高,包括了欧盟委员会、经济暨开发合作组织以及亚太经济合作会议等。④

再次,ODR 受到传统 ADR 提供机构的高度关注,诸如美国仲裁协会、国际商会以及伦敦仲裁人协会等等仲裁机构,都开始提供在线仲裁服务,并且颁订了相关在线仲裁规则。

最后,网络上开始出现提供在线解决纷争的私人企业或公司,如 SquareTrade,eResolution,Cybersettle,ClickNsettle 等,并且以收费机制运作,可见 ODR 有其专业市场需求;而且越来越多的实证证明 ODR 的可行性,如 ICANN 网域争议解决方法统一政策的在线仲裁,SquareTrade 的在线调解,Cybersettle 的自动化金额合意软件,都被广泛地使用。总之,随着网络科技的进步及普及,在线解决争议机制 ODR 在纠纷解决的领域,一定会越来越重要。

---

① 参见 http://market.ccidnet.com/pub/report/show_12746.html.
② 参见 http://business.sohu.com/20061118/n246469805.shtml.
③ 参见 http://www.8bio.com/Article/Class52/Class55/200610/41266.html.
④ Electronic Consumer Dispute Resolution(ECODIR). See Article 17 of the E-commerce Directive (2000/31/EC) of 8th June 2000, also see European Commission's E-confidence Forum, http://econfidence. jrc.it/default/show.gx? Object.object_id=EC_FORUM000000000000000D

我国现行送达制度问题点分析及消解

郭小冬[*]

送达是民事诉讼程序中重要的诉讼行为。只有通过诉讼文书的送达，当事人、诉讼代理人及其他诉讼参与人才能了解文书的内容，获知诉讼的进程，为合法、及时、有效地行使权利履行义务做准备。没有送达，诉讼各方就必然缺少联系、沟通的手段，诉讼程序也就无法运作和进行。及时、准确地送达诉讼文书，是诉讼高效进行的前提。因此，在我国传统民事诉讼理论中，送达制度被界定为一种保障制度而存在[①]。但是，随着经济的发展、纠纷的增加以及诉讼观念的转变，传统的送达制度已经难以适应现代诉讼理念的要求，这不仅表现为长期困扰审判实务界的"送达难"导致了诉讼的拖延，而且作为送达制度本身所具有的程序保障功能也未能得到有效的实现。

一、法律责任缺位

我国目前有关国内民事诉讼送达的法律规定有：1991年《民事诉讼法》第77条至第84条、《最高人民法院关于适用〈中华人民共和国民事诉讼法〉若干问题的意见》（以下简称《若干意见》）第81条至第90条，以及最高人民法院《关于依据原告起诉时提供的被告住址无法送达应如何处理问题的批复》、最高人民法院《关于适用简易程序审理民事案件的若干规定》和最高人民法院《关于以法院专递方式邮寄送达民事诉讼文书的若干规定》。关于涉外送达，《民事诉讼法》尽管将其和国内送达分编规制，但只是七种送达方式的简单罗列。由于涉外送达的具体方法与内容与国内送达方式无本质上的区别，故在此不再赘述。

---

[*] 郭小冬：西北政法大学民商法学院副教授，清华大学博士生。

[①] 但是，程序保障在不同的法律环境以及不同的历史阶段有着不同的内涵。程序保障在宪法上主要在于保障公民有获得通过程序实现宪法及其他法律赋予的权利；在程序工具主义的理论中，程序是用来保障法院查清案件事实，保护当事人实体权利的重要手段；随着民事诉讼机能理论的发展，随着诉讼目标从"结果志向型"向"程序过程志向型"的转变，程序逐渐具有了保障审判正统性的机能。有关程序保障的论述，详见刘荣军著：《程序保障的理论视角》，法律出版社1999年版，第342～343页。

综观上述法律规定的内容,具有简单、原则的特点。也就是说,我国立法只是对法定送达方式的种类及送达过程中送达人、受送达人和其他相关人员的行为进行了规制,其性质只是一种具体的操作规范,并没有形成完整的送达程序,重要表现就是法律责任的缺位。法律程序与一般操作规范最重要的区别在于法律程序中的行为具有权利或者义务的性质,因此程序权利、程序义务以及为保证义务顺利实现的法律责任就构成了法律程序的重要内容。故而,无论是在传统的保障功能下还是在确保审判正统性的理论下,无论是为了保障当事人实体权利的实现,还是为了保障当事人程序参与权的落实,送达作为法院的一项重要的诉讼义务,遇有违反的情形,理应承担法律专门为之设定的责任。但是,在我国现行立法中,并未有此种规定。对于违反法律规定的送达行为,当事人只能以适用于所有程序违法的"原判决违反法定程序,可能影响案件正确判决的"理由提出上诉,寄希望于二审法院将案件"裁定撤销原判决,发回原审人民法院重审"①,或者以同样的理由在实体判决生效后申请再审。② 暂且不论这种救济方式因其内容的限定以及时间的迟延对其实效性的影响,单就被救济的对象而言,涵盖范围极其有限。例如,督促程序中的债务人,便会因为督促程序本身的一审终审性质而无法对法院的非法送达申请救济。此种情形下的送达,不仅未能实现其保障当事人实体权利或是裁判正统性的机能,反而成为损害当事人实体权利和诉讼公正的罪魁祸首。

法律责任的缺位不仅导致送达的保障功能未能得到充分的贯彻与实施,而且也会给法院带来不利的影响。获得法院合法送达的诉讼文书是当事人的权利,但受权利不得滥用这一基本原则的限制,当事人也负有在他人履行义务时应当给予配合或不得阻挠的附随义务。表现在送达方面,一方面是当事人负有适当的注意义务即提供有关受送达人准确的信息避免误导送达人;另一方面,对于合法有效的送达,受送达人应当接受,不得拒绝。而在我国立法中,原告并没有提供或者确认自己及对方当事人送达地址的义务。因此,原告提供送达地址错误而引起的多次送达所造成的诉讼成本上升以及诉讼拖延等后果只能由法院承担,显然有失公平。

二、现行送达方式在司法实务中的困惑

(一)送达行为的实施主体

在现有的法院为唯一送达义务主体的体制下,我国传统教科书认为送达是法院的诉讼行为,因此送达的主体当然是法院。但是,法院是机关法人,不可能实施具体的送达行为。具体的送达行为只能由自然人完成。那么,送达行为的真正实施主体是谁?法律并没有进一步明确。至于司法实务的做法不一而足,有些法院由承办案件的法官、书记员或司法警察共同送达诉讼文书,有些法院由书记员或司法警察负责实施。

(二)直接送达

直接送达是指人民法院派专人将诉讼文书直接送交受送达人本人的送达方式。但是根据

---

① 《民事诉讼法》第153条。
② 《民事诉讼法》第179条。

《民事诉讼法》第78条的规定,受送达人本人不在的,由其同住的成年家属、委托代理人或代收人在送达回证上签字送达的方式也属于直接送达。

我国民事诉讼理论界普遍认为国内送达以直接送达为原则,以其他送达为例外[①],其依据就是1991年《民事诉讼法》第78条规定:"送达诉讼文书,应当直接送交受送达人",理由是"直接送达不仅需要的时间最短,而且最为可靠。"[②]因此,只有在直接送达有困难的情况下,法院才应考虑采用其他的送达方式。但这样的送达原则,普遍遭到了实务部门的反对,这种反对意见在基层法院更为强烈。其根本原因在于,送达行为由法院工作人员完成,送达的客体主要是法律文书和诉讼文书,包括起诉状副本、答辩状副本、传票、通知、判决书、裁定书、调解书、命令、决定书、上诉状等。如此,在一个普通的民事诉讼案件的审理过程中,仅仅是针对双方当事人,法院就至少需要完成对4类诉讼文书共计6人次的送达:对被告送达起诉状副本、对原告送达答辩状副本、对双方当事人送达开庭通知书、对双方当事人送达判决书或调解书。如果双方当事人都委托诉讼代理人参加诉讼,以及案件的审理还有其他诉讼参与人参加,送达工作就会成倍数增长。而所有诉讼文书均要求能够直接送达的就要直接送达,遇有当事人分布地域广或居住在外地距离遥远的情形,便会将法院的精力更多地消耗在为直接送达而四处奔走的路途上,难以在法律规定的审限内或责任目标规定的期限内审结案件,诉讼的效率自然难以提高,破坏了法院的公信力,影响了诉讼作为解决纠纷最有效方式的社会效果。

此外,对受送达人之外的人员进行直接送达,出现了由于律师与当事人的关系尚需进一步完善而导致个别代理律师拒绝签收诉讼文书的情况。对于其他人,也存在因不愿配合或某些人身份难以认定而无法实施送达的情况。例如,"向法人或者其他组织送达诉讼文书,应当由法人的法定代表人、该组织的主要负责人或者办公室、收发室、值班室等负责收件的人签收或盖章",但如何判断和掌握"负责收件的人"标准并不明确。由于企业内部到底由谁负责收件只能由企业自己说明,无法由送达人自行判定,导致许多企业事后否认签收人的现象屡有发生。再如,随着社会价值多元化与人们居住观念的改变,同住的成年人未必就是家属,例如同居的异性或同性朋友,此种情形下是否可以直接送达,也是摆在送达人面前的一个难题。

(三)留置送达

留置送达是指法院直接送达诉讼文书时,遇有受送达人或其同住成年家属拒收的情况,送达人员依法将诉讼文书放置在受送达人住所即视为完成送达的送达方式。由于留置送达在性质上属于一种强行送达,因此为了避免法院滥用权利,损害当事人的合法权益,法律对留置送达设置了较为严格的条件:(1)受送达人或其同住的成年家属拒绝接收诉讼文书(调解书除外);(2)必须有见证人,无人见证的情况下不适用留置送达;(3)见证人为有关基层组织或者所在单位的代表,不能是法院的工作人员;(4)只能把诉讼文书留在受送达人的住所而不能是其他地方。在司法实践中,留置送达所面临的问题主要有:

1. 如果受送达人的同住成年家属有正当理由(如有证据证明出差在外)拒收诉讼文书的,法院可否留置送达?

2. 如果是同住的限制民事行为能力的成年家属拒收诉讼文书,法院可否留置送达?

3. 受送达人或者他的同住成年家属并不明确拒绝收诉讼文书,只是单纯的避而不见,法院

---

① 我国各版本教科书均有此或类似的表述。
② 张卫平著:《民事诉讼法》,法律出版社2004年版,第265页。

能否适用留置送达？

4. 将送达地点限定在受送达人的"住所①"，是否过于僵化？由于送达是法院的一项诉讼行为，是法院应当在工作时间完成的工作，而法院的工作时间通常也是受送达人和同住成年家属的工作时间，这样，从理论上说，双方在工作时间于受送达人住所见面的几率比较小，所以，将这种不具有普遍发生可能性的情形用立法予以规定不符合法律规定须具有普适性的要求。

5. 法律并没有明确被邀请到场进行见证的"有关基层组织或者所在单位的代表"的范围，因此，法院在实际邀请时，经常会受到被邀请单位以"不是有关基层组织"和"不能代表所在单位"为理由的拒绝。

6. 法律只规定了见证人见证的义务和在送达回证上签名或盖章的义务，并没有规定拒绝见证或签字的法律后果，导致"邀请"与"签字"的规定形同虚设，造成目前留置送达时一般都不邀请见证人或者邀请受送达人的邻居等其他有行为能力人进行见证。

7. 《民事诉讼法》第79条所限定的"受送达人或者他的同住成年家属"条件，是否能够推论出留置送达只能适用于自然人而不能适用于法人或其他组织？毕竟，法人和其他组织是无所谓"他的同住的成年家属"的。但从实践来看，似乎对此规定有所突破②。那么，这种突破是否为法律所允许？

(四)邮寄送达

受诉法院直接送达诉讼文书有困难时，可以通过将诉讼文书以邮局挂号的方式寄给受送达人。邮寄送达是司法实务中较为普遍的送达方式，因而出现的问题比较多，主要表现为：

1. 法律规定邮寄送达只适用于"直接送达诉讼文书有困难时"，但现实中许多法院对于一些自认为不太重要的法律文书纷纷采取邮寄送达的方式。而最高人民法院不仅没有对何谓"直接送达困难"作出限定，反而颁布了《关于以法院专递邮寄送达民事诉讼文书的若干规定》的司法解释，尽管强调"法院专递"建立在"继续坚持人民法院直接送达的基础上"③，但邮寄送达正被广泛地运用于传唤当事人、通知其他诉讼参与人、证据交换、送达裁判文书等场合。

2. 为了确保邮寄送达的安全性，民事诉讼法规定邮寄送达必须采用挂号信的方式送达，但很多法院采用了平信的方式来邮寄法律文书，其原因大概是出于经费紧张但不能乱收费而只能节约开支的考虑。

3. 诉讼文书因邮寄而丢失应当由谁承担何种责任？一方面，依照法律规定，送达是人民法院而并非邮政部门的诉讼义务，送达不能或送达有错误属于法院履行义务不当，应当由法院承担责任；但另一方面，这种错误并不是法院自身的过错造成，如果由法院承担责任就违背了责任自负的现代归责原则。而如果由法院和邮政部门共同承担责任，那么责任的

---

① 《最高人民法院关于适用简易程序审理民事案件的若干规定》第9条对送达地点做了一定的细化："被告是自然人的，以其户籍登记中的住所地或者经常居住地为送达地址；被告是法人或者其他组织的，应当以其工商登记或者其他依法登记、备案中的住所地为送达地址。"

② 陶德昌：《不协助法院执行 伊春支行被罚3万》，http://www.chinacourt.org/public/detail.php?id=221447，下载日期：2006年10月28日。

③ 徐来：《"送达难"问题将依法得到解决——最高人民法院副院长黄松有就有关规定答本报记者问》，载《法制日报》2004年9月29日。

性质及基础也存在界定的问题。显然,法院承担的是一种司法责任,而邮政部门的责任是基于委托合同还是司法授权?这种责任是民事的还是司法性质的?目前在我国,诉讼文书丢失、毁损的,只能依据邮政部门的规章制度进行处罚,但这种责任过轻[①]的处罚显然难以防止其他类似行为的发生。因此,理顺法院和邮政部门之间的关系是邮寄送达有效实施的前提条件。

4. 邮件送达受送达人时,受送达人拒绝签收的,可否适用留置送达?如果对这个问题的回答持否定态度,那么诉讼文书应当如何处理?如果持肯定回答,那么邮递人员是否有权实施?如果邮递人员有权实施,那么这种权利的性质和获得这种权利的依据是什么?如果邮递人员无权适用留置送达,而必须由法院工作人员完成,那么这种留置应当如何实施?上述这些问题的原点,仍然在于如何界定法院和邮政部门之间的关系。

5. "自邮寄之日期满六个月,送达回证没有被退回,但根据各种情况足以认定已经送达的,期间届满之日视为送达"是我国关于涉外邮寄送达所适用的期间规定。但国内邮寄送达并没有规定邮寄送达的期间,如果遇有法院既未收到回执,也见不到退信,或者所收回执和回证均无受送达人签字的情况,如何确定送达的具体时间?如何进行下一步的审判工作?

6. 邮寄送达是否适用代收方式?例如,邮寄送达的地址是受送达人的单位,单位收发室对挂号信统一签收后通知受送达人领取。如果受送达人拒绝领取,那么该诉讼文书是否已经送达?如果受送达人在收发室通知几天后才来领取,那么送达日期是以收发室有关人员的签字日期算,还是按照受送达人领取的日期算?[②]

(五)委托送达

当受诉法院直接送达诉讼文书有困难时,委托其他法院代为送达,称为委托送达。委托送达时,委托法院需要向受托法院出具委托函,并附有需要送达的诉讼文书和送达回证。但如同委托调查、委托执行等制度一样,委托送达在实际运用中并不常见。因为委托送达是受诉法院委托受托法院和受托法院向受送达人直接送达两个行为的结合,而受托法院同样存在人少、审判任务重、经费紧张、送达困难的情况,而且由于不能收取诉讼费用、不能计算工作量、地方保护主义等原因,受托法院也不愿积极配合,因此受诉法院更情愿直接送达或者邮寄送达。

(六)转交送达

转交送达是指法院将诉讼文书交给受送达人所在机关、单位,让他们转交给受送达人的方式。转交送达的受送达人法律限定为军人、被监禁的人、被劳动教养的人。由于转交送达适用的对象极为有限,因此所暴露的问题并不很多,主要问题在于法律并未明确转交行为是受托机

[①] 《中华人民共和国邮政法》第33条规定:(一)挂号信件丢失、损毁、内件短少,按照国务院邮政主管部门规定的金额赔偿。(二)保价邮件丢失或者全部损毁的,按照保价额赔偿;内件短少或者部分损毁的,按照保价额同邮件全部价值的比例对邮件实际损失予以赔偿。而对于"国务院邮政主管部门规定的金额",《国内邮件处理规则》(1991年)第424条规定:(一)挂号函件,每件赔偿人民币5元。非保价快件,按实际损失赔偿,但每件最多赔偿人民币30元。对自愿放弃受领赔偿的,可以免费补寄与原件相同的挂号函件或快件,并在补寄的挂号函件或快件上批注"放弃受领赔偿,免费补寄"字样。如有需要,邮局可出具相关邮件丢失或损毁的证明。

[②] 王建平:《邮寄送达至收发室是否有效》,载《政治与法律》2001年第5期。

关的诉讼权利还是诉讼义务？如果是诉讼权利，那么根据权利可以自由处分的原理，转交机关就可以拒绝实施转交行为；如果是诉讼义务，当转交机关拒绝履行转交义务时，就须承担相应的法律责任。① 当然我们可以依照我国诉讼理论界的通常做法，提出一种职责说或者权利义务混合说的观点。但是问题并不能因此而解决。就职责说而言，依《现代汉语字典》对"职责"一词的解释，职责为"职务和责任"，职务则是"职位规定应该担任的工作"，② 而这种转交行为是否属于各转交机关"因职位规定而担任的工作"范围，尚需进一步的明确与查证。权利义务混合的观点显然是想通过一种折中的观点来回避所面临的问题，但问题是无法回避的。从1991年《民事诉讼法》第83条"代为转交的机关、单位收到诉讼文书后，必须立即交受送达人签收"的规定判断，转交应当是代为转交机关的义务，但这种义务，如同邮政机关的义务一样，也面临着义务产生的理论和法律依据问题。义务的来源没有清晰的界定，法律也就无法作出相应的法律责任的规定。

（七）公告送达

公告送达是指在受送达人下落不明时或者在采用上述方式无法送达时，法院以在报纸上发布公告或以张贴公告的方式将诉讼文书的内容告知受送达人，经过法定期间即视为送达的送达方式。公告送达的法律文书主要是起诉状副本、开庭传票和判决书。自2001年《证据规定》颁布实施以来，有一些法院增加了对《举证通知书》的公告。由于立法规定较为原则，所以公告送达在具体运用过程中存在着诸多问题。主要在于：（1）公告送达的期限过长。如果案件的大部分诉讼文书都通过公告来送达，那么案件的审结期限势必延长，讼争的法律关系将长期处于不确定的状态。（2）实际效果难以评定。公告通常在《人民法院报》等法律专业报纸上登载，一方面此类报刊发行量和覆盖面有限，另一方面几百条公告刊登在同一版面的实际情况，使得人们的关注很难集中于某一个具体的公告，而各法院还要负担登载公告不菲的费用。（3）适用条件弹性化，一旦法院疏于审查，就容易被当事人恶意利用，导致公告送达被滥用。（4）公告内容不规范等问题。

三、追求实效的送达方式改革所产生的理论问题

（一）减压、提速、高效——司法实务部门对送达制度进行改革的根本诱因

对送达制度改革的迫切需求，司法实务界的感受显然比理论界要深刻得多。综观各学术刊物上发表的有关送达制度改革的论文，其作者大多来自司法实务界，内容也大多涉及如何解决因"送达难"而导致的诉讼低效问题。据重庆市高级人民法院统计，在重庆超审限的案件中约有40%是因送达问题造成的。③ 由此可知，在我国的法院系统，尤其是基层法院普遍认为送达制度在实际运作中已经成为阻碍诉讼效率实现的重要原因：（1）如前所述，职权主义体制下，

---

① 童竹平、卢文峰：《略论民事送达制度的改革与完善》，载《铜陵学院学报》2004年第2期。
② 《现代汉语词典》，商务印书馆2005年版，第1750页。
③ http://www.myipr.net/bbs/myipr/myipr42/myipr1591.html，下载日期：2006年1月6日。

以直接送达为原则的送达方式不仅造成法院的送达任务繁重,而且过多地耗费了审判资源。(2)法律规定的不完善也导致送达效率低下。例如,法律规定,当事人或者他的同住成年家属拒绝接受诉讼文书的,送达人可以留置送达。很显然,留置的前提是受送达人或其家属在家。那么,如果故意躲避或基于正当理由不在家,由于不满足"拒绝"的条件,因此是不能适用留置送达的。送达人只能多次往返,等待受送达人,之后才能依据受送达人的态度决定是直接送达还是留置送达。再如,邮寄送达的,经常会遇到诉讼文书被贴上"收件人拒收"的标记被退回,此种情况无论如何处理,对诉讼的拖延都是难以避免的。(3)有部分当事人缺乏责任心,提供错误的送达地址,或者为规避诉讼管辖或牟取其他不当利益编造当事人地址,也在一定程度上造成了送达困难。

(二)司法实务部门对送达制度改革的举措——以提高诉讼效率为核心

1. 对传统送达方式的变通

这主要体现在直接送达和留置送达方式上。对直接送达采取的变通方式为:或者通知有关人员到法院来领取判决书,或者让案外人捎带有关诉讼文书给受送达人。在留置送达时,留置送达的场所并不仅限于受送达人的住所地,而扩大至受送达人的单位等所在地;对见证人也不只限于与受送达人有关的基层组织和所在单位的代表,也会邀请其他具有民事行为能力的人担任见证人[①];对单位同样适用留置送达等。

2. 改革新举措——"法院专递"——《关于以法院专递邮寄送达民事诉讼文书的若干规定》

1991年最高人民法院和国家邮政总局联合推出"邮件回执业务"专门用于诉讼文书的送达,[②]但在实践中有相当一部分的基层邮局并未开展或已经取消了这项业务。随着2004年9月7日《最高人民法院〈关于以法院专递方式邮寄送达民事诉讼文书的若干规定〉》的颁布生效,自2005年起全国法院系统开始采用"法院专递"的方式。"法院专递"是指人民法院直接送达诉讼文书有困难的,可以交由国家邮政机构以特快专递的方式邮寄送达,并由邮政部门将"回执联"反馈给人民法院的送达方式。

事实上,"法院专递"并非一种新的送达方式,它只是以"法院专递"的方式来进一步规范和完善现行的邮寄送达制度,是在国家邮政机构已经开通的特快专递网络的基础上开展的一种更加安全、快捷的邮寄送达方式。[③]

"法院专递"主要采取以下做法:(1)法院送达人员将应送达的法律文书一并填写完装入特快专递信封,附上送达回证交邮政局工作人员。(2)受送达人及其代收人在签收时应当出示其有效身份证件并在回执上填写该证件的号码,并由投递人员对其身份进行审查。(3)受送达人及其代收人当场核对邮件内容,如果发现邮件内容与回执上的文书名称不一致的,当场向邮政机构的投递员提出,由投递员在回执上记明情况后将邮件退回人民法院。签收人是受送达

---

① 陈吉斌:《诉讼文书送达难的原因及对策》,载《求实》2001年11月。
② 见1990年11月30日邮电部邮政总局《关于法院继续使用邮件回执业务的通知》(邮政〔1990〕211号)以及1991年7月11日《最高人民法院办公厅转发邮电部邮政总局关于法院继续使用邮件回执业务的通知》。
③ 徐来:《"送达难"问题将依法得到解决——最高人民法院副院长黄松有就有关规定答本报记者问》,载《法制日报》2004年9月29日。

人办公室、收发室和值班室的工作人员或者是与受送达人同住成年家属,受送达人发现邮件内容与回执上的文书名称不一致的,应当在收到邮件后的三日内将该邮件退回人民法院,并以书面方式说明退回的理由。(4)邮件内容与回执上的文书名称一致的,由受送达人及其代收人在邮件回执上签名、盖章或者捺印。受送达人及其代收人拒绝签收的,由邮政机构的投递员记明情况后将邮件退回人民法院。

据介绍,"法院专递"相比一般的邮寄送达具有以下几个优点:第一,快捷。"法院专递"以现有的特快专递网络为基础,基本上能够在两至三日内完成送达,相比过去以平信或挂号信为主要形式的邮寄送达,"法院专递"可以大大提高送达的效率,使当事人依法享有的实体权利和程序权利可以尽早实现。第二,专业。由于邮政机构的投递人员熟悉一定区域内的投递网络,掌握了一定的投递规律,更加熟悉受送达人的邮政编码和地址及住所,这就进一步提高了"法院专递"的质量与效率。此外,由于"法院专递"以现有的特快专递为基础,当事人和人民法院均可以通过11185电话号码及时查询和掌握送达的状态,体现了"法院专递"的专业性和及时性。第三,便民。"法院专递"可以大大降低直接送达的成本,特别是在跨地区的送达中具有无可替代的优势,在一定程度上可以避免部分法院以异地送达为名向当事人收取"其他诉讼费用",真正体现司法为民的要求。①

(三)对送达方式司法改革的冷思考

我国关于送达制度改革的直接动因来自于司法实务部门急于缓解送达任务繁重的负累,因此,其改革措施必定以追求送达效率的提高为目标,以实用主义为指导,青睐于简化送达规则,采用快捷、简便的方法。但对效率的过度追求可能会导致某些改革措施在理论上缺乏正当性。例如,通过案外人捎带诉讼文书给受送达人的做法,就难以保证送达的安全性。一旦发生文书丢失的情况,不仅法律责任难以确定,而且也会影响审判工作的严肃与公正。而通知当事人来领取诉讼文书的做法,有观点认为,貌似直接送达,事实上令当事人承担了本不该由其承担的诉讼负担,与程序法的精神和规定相悖。② 同样,对于媒体及司法实务界抱以极大热情的法院专递,不仅"实际上将民事送达变为商业模式来运作,不当加大了诉讼成本,其过于商业化的动因也令人玩味"。③此外,按照诉讼进行的规律,对诉讼文书的送达应当分诉讼阶段先后进行,起诉状副本和开庭传票显然不能同时送达,但出于送达效率和节约成本的考虑,各法院通常将这两件文书一并专邮,这无疑是舍弃当事人程序保障权的做法。

计划经济下的送达制度已不再适应今天的社会情况,改革势在必行,对此理论界与实务界已经达成共识。但在改革的方向上,双方各自一如既往地坚持着自己的理念。这样,势必又会回到诉讼法理论的传统话题:效率与公正,孰者为先。这是一个价值判断的问题,因此有关它的争论将会持续下去,没有一个确定的结果。我们所能做的,依旧是在追求某一个价值观念的同时,兼顾另一种价值。因此,送达制度的改革只能在提高送达实效性与保障当事人权利之间寻求一个平衡点。

---

① 《最高法就专递邮寄送达民事诉讼文书司法解释答记者问》,载 http://www.chinalawedu.com。
② 王福华:《民事送达制度正当化原理》,载《法商研究》2003年第4期。
③ 王福华:《民事送达制度正当化原理》,载《法商研究》2003年第4期。

四、送达制度问题点的消解

(一)有关送达问题的正确定位

在我国1991年《民事诉讼法》中,送达是作为一项为保障诉讼顺利进行的制度而存在的。"通过法院的依法送达,使当事人和其他诉讼参与人能够及时参加诉讼,也因此而约束他们及时进行诉讼行为,从而保证诉讼的顺利进行。"① 随着现代诉讼观念的转变,程序保障功能逐渐为人们所认识与接受,"送达还是确保各方诉讼参与人诉讼权利的重要制度,因为无论是当事人还是其他诉讼参与人,都有权得到正式的关于与己有关的诉讼的通知和信息"。② 因此,现阶段的送达,其作用不仅在于保证诉讼的顺利进行,而且还具有保障当事人和其他诉讼参与人合法权利的功能。那么,送达程序当然要以公正和效益为自己的价值目标,兼顾送达的安全性与迅捷性,在尊重当事人选择权的基础上,根据诉讼阶段以及法律文书的不同而有所侧重。例如,涉及受送达人重要实体权益的诉讼文书而当事人未就送达主体和送达方式达成协议的,就应当以送达的安全性为基本考量。

为了实现送达的迅捷性,可以考虑以法院送达为主,当事人之间转送为辅的民事送达制度,减少送达环节,减轻法院的事务性工作,避免因送达而造成当事人与法院之间的紧张对立,确保法院的审判精力,缓解司法资源供给与需求之间的矛盾。法院可以将那些不涉及受送达人重要实体权利的诉讼文书或者权利义务清楚,是非分明,争议不大或者小额诉讼案件中的文书交由当事人转送。如果当事人不能完成送达的,再由法院送达。

而由法院实施的送达行为,完全不必要由承办案件的法官亲自实施。因为法官参与送达,会增加法官与当事人的接触机会,当事人的言行举止就有可能影响法官的思维和判断,使其难以保持中立地位。此外,法官过多地执行送达任务,必然分散他的精力,难以保证案件的审理质量,因此将送达事务从审判事务中分离出来,法官只负责案件的审判,而具体的送达行为应当由法院的书记员完成。

(二)制度的完善

1. 责任承担机制

厘清法院与其他具体实施送达行为人之间的关系,增设送达责任规定。但鉴于法院与邮政机关和其他负有转交义务的单位之间关系的界定问题,非民事诉讼法单方面可以解决,故在此无需讨论。至于非法送达的责任,大致可以分为法院的责任和其他人的责任。法院违反法定送达程序的,当事人可以提起及时抗告,而无需等待本案判决作出之后提出上诉;原告负有提供或者确认自己及对方当事人送达地址的义务。如果对于因当事人自己的过错导致送达不能的后果,应当由提供地址的当事人承担不利后果——主要是送达不能所产生的送达费用——以此来增加当事人的责任心,降低送达成本;受送达人负有不得阻挠并对合法送达予以

---

① 张晋红主编:《中国民事诉讼法》,中国政法大学出版社1999年版,第180页。
② 刘家兴主编:《民事诉讼法学教程》,北京大学出版社2001年版,第140页。

配合的义务,违反此种义务而造成送达费用增加的部分,应由受送达人承担,除此之外,也可以考虑适用妨害民事诉讼的强制措施。因为拒收法律文书实际上是一种藐视法律的行为,干扰了审判活动的正常进行。

2. 改进传统的送达方式

传统的送达方式刚性有余而弹性不足,制约了其本身效力的发挥。民事诉讼法修改时在送达方式的选择上,应当废除"以直接送达为原则,其他送达为例外"的指导思想,允许当事人之间对送达主体和送达方式进行选择,这种约定对于法院和诉讼当事人有法律效力;立法不再限定送达的地点,在任何可以找到受送达人的场所均可以直接送达;扩大代收人的范围;留置送达的措施尽管只能由法院适用,但留置的理由不再局限于"拒收",也可适用于受送达人未找到但又不属于下落不明的情形;留置的方式可以采取在其所在地张贴公告的方式;可邀请其他有民事行为能力的人担任见证人,或者无需邀请见证人,只需将送达过程录像以备日后证明;扩大转交送达的适用范围;取消委托送达的方式,完善公告送达的媒体级别、期限、方式等具体内容;送达时不再强调受送达人的签收认可,只要法院工作人员按照一定的法律程序记明情况即可。

3. 新的送达方式的探索

在对传统送达方式进行改良的同时,充分利用现代通讯、信息技术,积极探索新的送达方式,既保证了当事人的选择处分权,又可以节省费用,节约时间,降低送达成本,提高诉讼效率。例如可以采用电话通知、电报送达、传真送达、电子邮件送达等方式送达。上述送达方式,各有优点,也都存在缺陷,但一般可以通过严格的保障措施加以弥补。例如,对于电话通知,可以对内容录音;电子邮件,可以通过电子签名、防文电丢失、防拒绝服务等技术防止受送达人抵赖。同时,不断吸收先进的科技成果,借助先进的通讯技术,不断发现既有利于提高诉讼效率,又有利于当事人程序保障权利的新的送达方式。

第三部分

民事诉讼法的修改与实体法的关系（调解、再审与证据）

民事实体判决要件的法理与实践
——兼论我国民事起诉制度之改造

尹鲁先[*]

在法治社会中,裁判请求权已成为一项为宪法所认可的基本权利,从请求裁判的内容属程序性事项抑或实体性事项来分,裁判请求权可以分为实体裁判请求权与程序裁判请求权。在诉讼实践中,几乎每一项民事起诉都源于当事人对实体权益的诉求,单纯程序权益的诉求通常只出现在被告的应诉活动之中,如管辖权异议之诉。当事人因实体权益受到侵犯或出现争议而诉至法院,其首要目的在于获得法院对实体权益问题的权威性裁判,否则起诉将背离其行为意旨。因而,实体裁判请求权是裁判请求权的核心内容。任何权利都有一定的限度,实体裁判请求权也不例外。基于民事权利现实表现形式的多样性、司法资源的有限性、社会治理的需要等因素,人们的实体裁判请求权也受到各种各样的限制,期望每一项实体权利诉求都能接近司法、获得实体性司法救济无疑是不切实际的。从当事人民事权利与法院实体裁判权力的关系来看,二者也不仅仅是简单的完全对应关系,实体裁判权力对民事权利还存在选择性保护的一面,最终能够获得实体裁判的诉请必须在诉状的记载内容、可诉范围、当事人资格等方面具备法定的要件,法院在作出实体裁判前必须对此加以审查,条件不具备的诉讼将被驳回,在大陆法系国家中,这些先决条件被称为实体判决要件。"民主社会的现代潮流是确认司法救济,扩大司法救济的范围。"[①]而实体裁判要件对当事人寻求司法救济设置了程序障碍,因此,正确认识和合理设计实体裁判的先决条件成为民事诉讼制度建构的重要内容。

一、民事司法权的限度:实体判决要件设立的法理基础

守法是民事权利实现的通常方式,民事主体通过在民事活动中依法行使权利,严格履行义务的行为可使其法定权利得以正常地实现,而司法是民事权利实现的保障方式,"没有救济就

---

[*] 尹鲁先:江西省高级人民法院。
[①] [意]莫诺·卡佩莱蒂等著,徐昕译:《当事人基本程序保障权与未来的民事诉讼》,法律出版社2000年版,第39页。

没有权利",在民事权利出现被侵害或争议的异常状态时,司法救济的重要性就得以显现。存在民事实体权利,就理应存在对应的实体性司法救济,然而这只是一种理想状态。正如德国民事诉讼法学家沃尔夫冈·策尔纳在研讨实体法与程序法关系时所指出的,"只有从将诉讼视为实现实体法的工具这一错误的立场出发才会得出近来在文献中一再出现的观点:从法治原则中得出,与任何一个实体法规定相对应,必须存在相应的诉讼上的实现可能性。但是这一观点从一开始就错了。""诉讼同实体法之间的联系不可能导致每一个实体法上的概念都可以要求诉讼提供服务。"①法院的实体裁判权力与民事权利之间并不是完全的对应保障关系,法院总是经条件考量后对诉请的民事权利有选择性地提供保障,不符合法定要件的案件只能是程序性地接近司法,而不能获得实体性裁判。之所以如此,其主要原因有四点:

其一,司法不能及时应对多样性、发展性的民事权利。从民事权利客体所体现的利益性质来分,民事权利可分为财产权与人身权。② 应该说,这种传统类型划分是比较完整的,也满足了长期以来民法调整社会生活的需要。但随着社会的不断变迁,这种划分方法显现出它的局限性。兹举一案例说明:某出版社在交通旅游地图中误将机票销售处的电话印成某甲的家庭电话致甲经常受到电话侵扰,正常生活被打乱,为此甲诉至法院。在此案中甲被侵犯的不是传统的人身权或财产权,而是正常生活不受侵扰的权利。③ 此外,电视观众因不满电视台在电视剧播放中频繁插播商业广告引发的纠纷,政府诉家长违反义务教育法案,因北京某饭店内部花园的告示仅用中文书写而引发的"民族尊严诉讼"案等,其中所涉及的权利纠纷已不是财产权或人身权所能涵盖。除法定的权利类型之外,现实生活中还存在大量的新型权利或曰"形成中的权利"。"有的权利类型是在法律发展过程中逐渐形成而被发现的(如形成权)。有的系因新的交易形态(附条件买卖)而受到特别重视(如期待权)。权利是一个发展性的概念,某种利益具有加以保护的必要时,得经由立法或判例学说赋予法律之力,使其成为权利。"④换言之,随着社会的变迁,民事权利的表现形式也不断变化,民事权利体系并非一成不变,而是发展的、开放的。

传统形态的法定权利一般都能够获得实体性司法救济,但新型权利却可能因司法的保守而无法得到实体性救济。在大陆法系中,法典化传统主张法律先存于权利,权利由法律创设,司法依制定法而为,但制定法有着滞后性的天然缺陷,"可以这样说,社会的需要和社会的意见常常是或多或少走在法律的前面的。我们可能非常接近地达到它们之间缺口的接合处,但永远存在的趋向是要把这缺口重新打开"⑤,"对于民法典的立法者而言,当然无法在法律中规定请求权是可以起诉的。与此相对,保护义务和照顾义务的可诉性达到何种程度明显还是一个没有得到最终澄清的问题,尽管存在越来越多的支持的趋势。"⑥严格规则主义的司法无法及时应对走在法律前面的社会需要,对正在形成的新型权利提供实体性救济。在普通法系中,

---

① [德]沃尔夫冈·策尔纳、蒂宾根:《实体法与程序法》,载[德]米夏埃尔·施蒂尔纳编,赵秀举译:《德国民事诉讼法学文萃》,中国政法大学出版社2005年版,第109~110页。
② 余能斌、马俊驹主编:《现代民法学》,武汉大学出版社,第309页。
③ 最高人民法院法学应用所编:《人民法院案例选·民法卷》(中),人民法院出版社2000年版,第925页。
④ 王泽鉴:《民法总则》(增订版),中国政法大学出版社2001年版,第86页。
⑤ [英]梅因著,沈景一译:《古代法》,商务印书馆1984年版,第15页。
⑥ [德]沃尔夫冈·策尔纳、蒂宾根:《实体法与程序法》,载米夏埃尔·施蒂尔纳编,赵秀举译:《德国民事诉讼法学文萃》,中国政法大学出版社2005年版,第110页。

尽管司法摆脱了严格规则主义的束缚，拥有了更多的自由裁量权，但在先例原则的制约下，司法更多的是保守地遵循先前的判例，对新型民事权利的保护也同样滞后于社会的需要。

其二，司法不适宜从实体上去裁判某些特殊的民事权利。"有些限制产生于许多义务的难以捉摸，它们在道德上很重要，但不能在法律上予以现实地执行。"① 司法的强制性特征决定了它能够提供实体性救济的权利义务具有可执行性。但有些权利仅具有道德上的意义，而不具有强制执行的内容，或无法被有限的法律强制形式所救济。"法律用惩罚、预防、特定救济和替代性救济来保障各种利益，除此之外，人类的智慧还没有在司法行动上发现其他更多的可能性。"② 在民事权利中，财产性的权利通过司法救济容易得以实现，而精神性的权利由于其实现方式的局限性可能难以得到实质性救济。譬如情感赡养的问题，在物质生活逐渐丰裕的现今，情感赡养也正成为老人们所期望实现的一项重要权利。司法可以通过对赡养费用的判令支付与强制执行来解决物质赡养的问题，但对于情感赡养，司法是无力强求儿女们必须与他们年迈的父母一周共同生活多少小时的。③ 因此，从司法的角度看，民事权利存在可司法救济的与不可司法救济的两种权利类型。正如棚濑孝雄所言，无论在什么样的审判制度下，总是以某种形式将"适合于审判的纠纷"和不适合于审判的纠纷区别开来。④

其三，国家与社会的关系，多元纠纷解决方式成效的综合权衡也是实体裁判权力之所以选择性保护民事权利的重要因素。实体裁判权力对民事权利的保护范围还取决于国家干预社会生活的主观愿望和客观可能。基于国家本位的立场，法律被视为社会控制和管理的工具，国家控制和主导整个诉讼程序的运行，民事诉讼能否提起或受理要视国家对社会管理的需要，而非诉权保护、权利救济的需要，"与强化社会的有效控制相比，保护当事人诉权及其合法权益并非最重要的目标"。⑤ 基于社会自治或权利本位的立场，公民权利而非国家权力决定着诉讼程序的开始与否，社会自治权也可制约司法权救济，"尽管政府必须对已交给它掌握的资源进行管理，但是它并不意味着它可以对公民私人的努力同样进行管理"。⑥ 本可适于司法手段保护的民事权利，因当事人双方的自治合意而能排斥司法的强制干预，合意订立的仲裁协议对司法管辖的排除正是国家司法权对社会自治权妥协的印证。司法与其他纠纷解决方式的合理划分也是部分民事权利不能获得实体性裁判的另一原因。解决权利纠纷既是法院的权限，也是行政机关、自治组织的权限。从纠纷解决的效果来看，有些纠纷更适于非司法的纠纷解决方式，因为，表面上司法的结果似乎解决了纷争，但实际往往并非如此，埃尔曼为此指出："必须问问我们自己，在作出司法判决之后发生了什么。一部动人的罗曼蒂克小说以有情人终成眷属而结尾，但有时悲剧恰始于其后。"⑦ 而非司法解决方式有时效果可能更佳，"法院外纠纷解决方式与审判的最大不同便在于保持社会平衡，在于保持争议当事人之间持久的友好关系"。⑧ 为追

---

① [美]庞德著，沈宗灵、董世忠译：《通过法律的社会控制、法律的任务》，商务印书馆1984年版，第30页。
② [美]庞德著，沈宗灵、董世忠译：《通过法律的社会控制、法律的任务》，商务印书馆1984年版，第31~32页。
③ 夏锦文、徐英荣：《现实与理想的偏差：论司法的限度》，载《中外法学》2004年第1期。
④ [日]棚濑孝雄著，王亚新译：《纠纷的解决与审判制度》，中国政法大学出版社2004年版，第2页。
⑤ 江伟、廖永安：《我国民事诉讼主管之概念检讨与理念批判》，载《中国法学》2004年第4期。
⑥ 马长山：《国家、市民社会与法治》，商务印书馆2002年版，第159页。
⑦ [美]埃尔曼著，贺卫方、高鸿钧译：《比较法律文化》，三联书店1990年版，第247页。
⑧ 朱景文：《现代西方法社会学》，法律出版社1994年版，第199页。

求纠纷解决的效果,立法往往将部分民事纠纷划出司法权的调整领域。此外,从司法权威的角度来看,司法在国家权力结构中具有的权威越高,司法可救济的民事权利范围可能越大,尽管如此,但司法管辖范围过大也可能造成司法权威的下降,因为权力伸向社会生活的每一个触角都可能面临来自社会生活的挑战,没有足够的强制手段和其他国家机构的支持,司法只能在腹背受敌的情形下面临四面楚歌的境地。① 因此,为确立和维持司法权威,实体裁判权力需要必要的自我约束。由此可见,在中共中央提出构建和谐社会的大背景下,多元化替代性纠纷解决机制的高调被推崇,是不应进行单一解读的,需要放在法律的、政治的、社会的、经济的、历史的乃至哲学的多重视角下去审视,才能得出完整准确的理解。其中至少包括"司法绝非全能"的含义。

最后,基于司法资源有限性和合理配置社会资源的需要,获得实体裁判的民事权利诉求也必须有一定的先决条件,否则无利益之诉进入司法程序越多,意味着国家对有益之诉保护的力量越弱。对私权保护的无限满足,既不公平,也不现实,法官必须在当事人利益与国家利益之间寻求平衡。②

概言之,民事司法权的种种限度决定了并非每一项民事实体权利都可获得实体性司法救济,司法只能针对多数民事权利提供选择性的保护,既然如此,就必须在诉讼程序中设置一定的先决条件,不符合这些条件的起诉不能获得法院的实体裁判。

二、起诉的规范要件与实体判决要件

民事实体权利要得到法院的裁判确认与保护,应当满足三个方面的条件:首先必须是要有起诉行为,起诉要依法提起,唯有如此,方可引起审理程序的开始。其次是起诉要有效,起诉由适格的当事人提起,起诉事项具有可司法性,实体诉讼请求有审理的必要,有效的起诉是获得实体裁判的前提,否则起诉就会因条件的欠缺被视为无效而驳回。再次是诉请权益必须有实体法的依据,法院才能支持其实体权利主张。日本有学者对上述三个条件分别概括为起诉要件、诉讼要件(即实体判决要件)和权利保护要件。③ 权利保护要件属民事实体法的研究范畴,而起诉要件和实体判决要件则是民事诉讼程序法应当关注的主要内容。

没有起诉,也就无所谓诉讼,没有起诉权也就谈不上实体裁判请求权,谈不上对民事权利的司法救济。基于起诉权在民事权利司法保护中的重要地位,法治国家对公民的起诉权限制少,要求低,所谓的起诉要件实际上更多的是理论上的界定,而在民事诉讼法律制度及其实践中,并没有关于起诉要件的专门规范,"这种低阶化的条件使得很多国家的法条表述和诉讼理论中几乎没有所谓'起诉条件'的表述和议论,只有'起诉方式'的说法"。④ 据笔者的理解,理论上的起诉要件其实质是起诉的规范要件,起诉只要符合基本的形式规范,法院就会启

---

① [美]哈里·爱德华兹著,傅郁林等译评:《爱德华兹集》,法律出版社2003年版,第104页。
② 姜启波:《人民法院立案审查制度的必要性与合理性》,载《人民法院报》2005年9月21日B1版。
③ [日]中村英郎著,陈刚、林剑锋、郭美松译:《新民事诉讼法讲义》,法律出版社2001年版,第152页。
④ 张卫平:《起诉条件与实体判决条件》,载《法学研究》2004年第6期。但由于其中一些方式要件的欠缺也可以导致起诉被驳回的后果,因此可以起诉的规范要件视之。

动诉讼程序。从有关国家的立法来看,这种较低的规范要求主要反映在诉状应当记载的事项上。如在美国,起诉书的要求主要依照法典诉讼文件规则与联邦诉讼文件规则。纽约州等制定了民事诉讼法典,要求原告提出主要事实而不需要提供证据事实或法律上的结论。通篇是法律结论的诉讼文件被认为是有缺陷的诉讼文件。而联邦诉讼规则适用更加宽松的诉讼文件规则,只要求原告在起诉书上提出足够的信息资料使被告知道为什么起诉并能准备答辩。① 联邦德国的起诉状内容区别了必须载明的事项和应载明的事项,缺乏前者起诉状告无效。前者只要求载明当事人姓名、法院名称、请求的标的与理由。② 法国民事诉讼法也是未规定起诉的条件,但对传唤状的有效性事项予以了规定:指明受理该诉讼的法院;诉讼标的及根据,请求的根据需要明确但不需要在传唤状中加以详细的论证;指明如被不出庭应诉,法院应根据自己一方所提供的诉讼资料作出裁判;必要时指明所要求的不动产;诉讼所依据的书证。③ 根据日本民事诉讼法的规定,诉的成立必须具备以下要件:诉状中必须写明应当记载的事项(指当事人及法定代理人,请求目的及原因)、交纳规定的手续费以及将诉状送达至被告。④ 为确保起诉权的行使,各国除了对起诉的规范性作了较低要求外,对有瑕疵的诉状还允许原告予以补正,一般不以简单的驳回方式予以否定。从美国既有的司法判例来看,对原告方启动诉讼所依据的诉状所出现的有关缺陷是本着从宽掌握的原则,以便使其尽量不影响原告起诉行为的效力。其中体现的主导性原则就是,当事人的起诉权是一种普遍的寻求社会正义的救济主张,审判权应当以理性善待的方式按照正当程序的基本规则对其加以处置,而不能简单武断地否定起诉。⑤ 法国对传唤状欠缺必要记载内容的,一般情况下,也只是让起诉人加以补充,而不是裁判传唤状无效。⑥ 根据《日本民事诉讼法》第137条的规定,诉状如未记载应有的事项,法院应当指定适当的期限使原告补正缺陷,只有在被指定的适当期限内未予补正的,才以命令驳回诉状。

合法的起诉行为,其直接效果是启动了民事诉讼审理程序,但起诉规范要件的具备并不必然意味着法院负有实体裁判的责任。如前所述,民事司法权的限度决定了法院还必须对实体判决要件加以审查,只有实体判决要件具备的,法院才有实体判决的义务,否则法院可行使程序性裁判权力以拒绝对起诉的实体性审理。在民事诉讼理论上,实体判决要件分为积极的要件和消极的要件,积极的要件以某事项的存在为要件,如法院对起诉有管辖权;消极要件是以某事项之不存在为要件,一旦存在则会排斥法院的实体裁判权,主要包括重复起诉、仲裁协议、不起诉协议等。从各国立法来看,实体裁判要件主要包括与当事人有关的要件、与法院有关的要件、与诉讼标的有关的要件、诉的利益要件等。⑦ 在当事人要件方面,主要要求当事人为适格当事人或正当当事人,也即当事人对于作为诉讼标的之特定的权利或法律关系可以实施诉

---

① 沈达明:《比较民事诉讼法初论》,中国法制出版社2002年版,第81页。
② 沈达明:《比较民事诉讼法初论》,中国法制出版社2002年版,第173页。
③ 张卫平、陈刚:《法国民事诉讼法导论》,中国政法大学出版社1997年版,第103~104页。
④ [日]中村英郎著,陈刚、林剑锋、郭美松译:《新民事诉讼法讲义》,法律出版社2001年版,第153页。
⑤ 毕玉谦:《民事诉讼要件与诉讼系属之间关系的定位》,载《华东政法学院学报》2006年第4期。
⑥ 张卫平、陈刚:《法国民事诉讼法导论》,中国政法大学出版社1997年版,第104页。
⑦ 广义的实体判决要件还将起诉的规范要件包括在内,比如在德国,起诉的规范性是作为实体判决的首要前提条件。(参见[德]狄特·克罗林庚著,刘汉富译:《德国民事诉讼法律与实务》,法律出版社2000年版,第454页。)但为理论区分的必要,实体判决要件通常是指狭义上的,不包括起诉的规范要件,本文对实体判决要件概念的使用也是狭义上的。

讼并请求实体判决的资格。这种资格或诉讼实施权来源于三个方面,一是对实体权利有处分权或管理权;二是基于法律的规定而对他人的权利或法律关系享有诉讼实施权,即法定的诉讼担当;三是基于民事法律关系主体的意思而承认的诉讼实施权,即任意的诉讼担当。在与法院有关的要件方面,主要指起诉事项属于受诉法院的管辖权范畴,德国民事诉讼法对此又分为法院管辖权、地域管辖权与事物管辖权。在与诉讼标的有关的要件方面,主要包括主张权利的可诉性、不曾诉讼系属等。诉的利益也是实体裁判的重要要件,向法院提起诉讼的人应当证明他有利用诉讼制度的正当利益及必要性。"诉讼当事人有必要证明自己具有某种利益(才能享有诉权)。这种必要性为一句老话所验证:利益是衡量诉权的尺度,无利益者无诉权。"[①]

在大陆法系民事诉讼理论中,起诉的规范要件同实体裁判要件是区分开来的,条件要求也有显著的不同,突出表现为起诉的规范要件只涉及形式性问题,而实体裁判要件除了一些程序性事项要求外,还涉及对实体权利的要求。如民事权利是否可诉的要件可能需要法院对民事实体权利的性质加以评判,管辖权存在与否也常常需要对双方当事人具体的权利义务加以审查判断后方可确定,正当当事人要件更是要求当事人与诉讼标的有一定的利害关联。起诉的规范要件对当事人无正当性要求,程序当事人即可提起诉讼引起诉讼程序的开始,而作为实体判决要件的当事人就必须是正当当事人。之所以有必要将起诉的规范要件同实体判决要件区分开来,其一是诉讼阶段及诉讼逻辑的反映。在现实的诉讼中,发动诉讼的起诉活动在先,通过诉讼程序作出实体裁判认定权利义务的归属在后。那么,在尚未开始诉讼程序的起诉阶段,其条件要求就只能是形式性的,否则诉讼尚未开始,就要对实体权利进行评判,显然与诉讼的阶段性不符,也有违诉讼法理。其二是保护起诉权的需要。起诉权是一项救济性权利,一旦起诉权受限制,其他权利就不可能得到有效的实现,起诉权也反映了人们利用司法的制度渴求和精神需要,因此,起诉权需要格外的呵护。但如果起诉的规范要件没有同实体判决要件相分离,诉讼程序的引发会有较多的程序乃至实体的阻碍,不利于保护起诉权。其三是发展实体权的需要,解决民事实体权的多样性和实体法滞后性之间的矛盾,需要民事诉讼程序承担起填补实体法缺陷、发现确认新型权利的责任。而新型权利的诉讼生成,最重要的前提是诉讼程序的引发,"进入案情的审理,就可以说诉的利益得到承认,也就是迈向生成权利本身的第一步,或者说意味着权利存在的可能性正式得到了认可"。即使是这种权利主张在起初可能得不到确认,"然而通过一连串驳回请求的判决,这种利益主张作为权利生成的要件也可以逐渐地得到明确"。[②] 从繁杂的实体判决要件中分离出简洁的起诉规范要件,为新型权利进入诉讼并进而得到确认奠定了程序基础。

出于对起诉权的保护,许多国家采取的是登记立案制度,由专门的书记官负责对起诉进行登记,登记立案完全是一种行政性手续和事务性工作,案件在庭期表上登记即告法院受理了案件。对起诉规范要件和实体裁判要件的审查均是在诉讼程序开始后进行,其中,对起诉规范要件的审查,往往置于庭前程序之中,且因为不关涉实体权利的判断不经过书面或口头的辩论程序。如德国民事诉讼法规定,诉状在经过书记处的事务性工作之后到达法官处,则法官还必须在向被告送达起诉状之前确认原告是否已经为程序交纳了费用,审查诉状是否包含强制规定

---

① [法]让·文森、塞尔日·金沙尔著,罗结珍译:《法国民事诉讼法要义》(上),中国法制出版社2001年版,第151页。

② [日]谷口安平著,王亚新、刘荣军译:《程序的正义与诉讼》,中国政法大学出版社2002年版,第181页。

的内容,当诉状未满足所有的强制要求时,法官可以不向被告送达起诉状和不对言词辩论期日作准备。①而在实体判决要件的审查阶段方面,现代大陆法系民事诉讼没有沿袭古罗马将诉讼程序严格区分为实体判决要件审理程序和本案实体审理程序两个阶段的传统,通常做法是,只要诉讼要件无特别问题,先进行本案审理或本案审理与对实体判决要件的审理同时进行,实体判决要件只不过是本案审理、本案判决的前提条件。② 在实体判决要件的审查形式上,普遍遵循对审原则,法院必须充分听取当事人的意见,被告享有抗辩以阻碍诉讼程序进行的权利。如在法国民事诉讼法中,凡是依职权提出诉讼不受理的情形下,法官事先都应当主动提请各方当事人做出解释说明。在法院打算宣告其无管辖权时,各方当事人都应当受到传唤提出他们的意见说明。③ 对实体裁判要件的审查,法院既可因职权而主动为之,也可因当事人的抗辩而被动为之。如对管辖权要件,法院负有依职权调查的义务,不待当事人提出抗辩,法院就必须进行主动的审查④,而对于一些消极的诉讼要件,如仲裁协议、诉讼费用担保等事项,则必须通过被告行使抗辩权,法院才可依法进行审查。⑤

三、实体判决要件在我国民事起诉制度改造中的引入

在我国的民事诉讼立法中,并不存在起诉规范要件与实体判决要件之分,但由于民事司法权限度的客观存在,人民法院在作出实体判决前同样要求对一些前提条件加以审查。如我国《民事诉讼法》第 109 条、第 110 条规定了起诉的形式条件,即对起诉方式和起诉状内容的要求;第 108 条规定了起诉的实质条件,包括对当事人的要求、对诉讼请求及其事实理由的要求、对受案范围和管辖的要求。此外,在有关司法解释及司法实践中,起诉的实质条件还包括重复起诉的禁止、特定期限内起诉的禁止、当事人之间没有仲裁协议等内容。不符合上述条件要求的,起诉将得不到受理,更谈不上获得实体判决。表面看来,我国民事诉讼起诉的实质条件与大陆法系国家实体判决要件并无太大差别,后者的主要部分与我国民事诉讼中的起诉条件基本等同。⑥ 但从实质上看,大陆法系国家的实体判决要件与我国民事诉讼的起诉条件相比,无论在旨趣、诉讼逻辑、内容、审查形式、制度效果等方面,二者均有明显不同。

首先,旨趣迥然不同。其一,实体判决要件是对法院行使实体裁判权的限制,其理论出发点是民事司法权的限度。而我国的起诉条件则是对公民起诉权的限制,其理论出发点是对滥诉行为的抑制。而这种理论前设无疑是对现实的夸大,因为,在现代市场经济社会,每一个市

---

① [德]汉斯—约阿希姆·穆泽拉克著,周翠译:《德国民事诉讼法基础教程》,中国政法大学出版社 2005 年版,第 45~46 页。
② [日]中村英郎著,陈刚、林剑锋、郭美松译:《新民事诉讼法讲义》,法律出版社 2001 年版,第 157 页。
③ [法]让·文森、塞尔日·金沙尔著,罗结珍译:《法国民事诉讼法要义》(上),中国法制出版社 2001 年版,第 209、445 页。
④ 在司法管辖权十分宽松的美国,也十分强调对管辖的职权审查义务。如爱德华兹所言,"即使没有对法院管辖权的质疑,甚至各当事人同意存在管辖权,联邦法院也必须对自己的权力提出管辖权的质疑"。(参见[美]哈里·爱德华兹著,傅郁林等译评:《爱德华兹集》,法律出版社 2003 年版,第 103 页。)
⑤ 刘敏:《裁判请求权研究》,中国人民大学出版社 2003 年版,第 174 页。
⑥ 王亚新:《对抗与判定——日本民事诉讼的基本结构》,清华大学出版社 2002 年版,第 33 页。

场主体通常都是理性的经济人,当事人起诉是要付出一定的经济成本及时间成本的,提起诉讼意味着要承担一定的风险。因此,普遍情况是,当事人在是否起诉问题上会比较慎重,滥诉的情形只能是少数。其二,实体判决要件与起诉规范要件的分离体现的是诉权在启动诉讼程序上的主导作用,只要符合很低的规范要求,诉讼程序便可启动,其中反映了权利本位主义;而我国民事诉讼将起诉条件与实体判决条件相混同,反映的是诉讼程序启动的权力本位主义,体现了审判权与起诉权相比明显的优势地位。

其次,在二者所体现的诉讼逻辑上,实体判决要件与诉讼的阶段性相适应,因为实体判决要件往往涉及对实体问题的评判,对其审查和判断在逻辑上应是置于诉讼审理程序中进行。而我国的民事诉讼起诉条件中包含有实体问题,这就必然导致在起诉尚未确定是否合法,诉讼审理程序尚未开始之前就可能要对实体问题作出评判,而起诉阶段对实体问题的初步评判可能与此后实体审理过程中所作的评判不一致,结果是起诉在开始被认为是合法,但实体审理表明法院的受理又是违法的,因此造成逻辑上的混乱、实践中的尴尬。如某人在甲地法院以房地产纠纷提起诉讼被该地法院立案庭审查后以不符合受理条件为由不予受理,该人旋即到乙地法院以侵权纠纷起诉,乙地法院立案庭审查认为符合受理条件予以立案。对方当事人的管辖权异议上诉被二审法院立案庭予以维持。但实体审理后,民事审判庭法官认为侵权之诉受理违法(不符合一事不再审原则)。

再次,我国民事起诉条件在内容上比实体判决要件的限制更多。主要表现在两方面:一是对当事人的限制,大陆法系的实体判决要件只要求当事人为正当当事人即可,其实质上是认可了随着程序法与实体法的分离,诉权也与实体权利主体相分离的现象,①正当当事人扩大了诉权主体的范围,为现代社会广泛关注的公益型纠纷提供了诉讼渠道。而我国民事诉讼起诉条件将当事人限定为直接利害关系人,将诉权主体明显局限化,不符合现代型诉讼的发展趋势。② 二是对民事权利可诉范围的限制,民事权利的可诉性尽管是实体判决要件之一,但立法规定对可诉范围的界定是十分抽象的,司法实务更是从过去专注于对法定权利的救济扩展到对应有权利的救济。法国民事诉讼法没有可诉范围之说,只是将"利益"作为诉讼请求可受理的必要条件,此利益必须是确实、具体的、法律上的正当利益,必须是已经产生的、当前的利益,且不要求主观权利必须受到侵害。③ 在德国,权利的可诉性明确作为实体判决要件之一,但"这一要件在实践上几乎不发挥作用,因为不能在法院实现的请求权虽然存在但为数极少"。④ 在新型民事权利是否可以司法救济的问题上,大陆法系的法官还时常借助于诚实信用、权利滥用、正当事由或重大事由的一般条款,通过解释以至创制法律来适应社会和价值观的变化,对付不断产生的新事物。⑤ 作为我国民事诉讼起诉条件的受案范围也较抽象,但比较而言范围较小,这固然有立法对"平等主体、财产关系和人身关系"的限定的原因,也有司法缺乏权利推

---

① 有关诉权与实体权利相分离的论述可参见肖建华:《诉权与实体权利主体相分离的类型化分析》,载《法学评论》2002年第1期。

② 有关现代型诉讼特点的论述可参见[日]小岛武司著,陈刚、郭美松等译:《诉讼制度改革的法理与实证》,法律出版社2001年版,第168~177页。

③ [法]让·文森、塞尔日·金沙尔著,罗结珍译:《法国民事诉讼法要义》(上),中国法制出版社2001年版,第151页。

④ [德]汉斯—约阿希姆·穆泽拉克著,周翠译:《德国民事诉讼法基础教程》,中国政法大学出版社2005年版,第76页。

⑤ [日]谷口安平著,王亚新、刘荣军译:《程序的正义与诉讼》,中国政法大学出版社2002年版,第7页。

定习惯、在观念上受"法定权利"、"规范案由"制约过多的因素,更为重要的是,现阶段我国的司法还缺乏解决转型时期产生的重大社会矛盾的权能与权威,一些纠纷尽管属法定的民事受案范围,但因这一方面的原因法院不得不谨慎行使其司法权,甚至将司法权让渡给行政机关。

第四,对实体判决要件的审查采取的是诉、辩、审三方共同参与的诉讼形式,不论审查是基于法院的职权抑或是被告的抗辩,当事人双方均有程序参与权,有充分发表意见的权利。而我国对起诉条件的审查,当事人程序参与权的保障力度明显不足,主要表现为只存在法院对原告单向的权力,而对原告应有的辩论权缺乏一个公开的诉讼程序平台来保障(因为从理论上来说,在起诉条件的审查阶段诉讼程序尚未开始),在裁定驳回起诉或不予受理时,原告与法院之间缺乏必要的互动,被告的参与更是空白。总之,我国民事诉讼对起诉条件的审查实质上类同于一个行政化的处理形式,诉讼性阙如,体现了诉权与审判权之间的严重失衡。

最后,在制度效果上,实体判决要件在尊重了民事司法权存在局限性的基础上,既将部分诉请排除在实体判决的对象之外,又对诉权予以了充分的保护,既满足了人们利用司法救济手段的制度渴求抑或心理需要,又为通过诉讼程序来发展、创制实体权利提供了可能。而我国在起诉阶段设立的严格条件,使诉讼程序的顺畅运转受到一定影响,原告的诉请有时无法到达被告,从而在某种程度上影响了被告对其行为、制度合法性或合理性的自我检视,进而可能延缓了制度现代化的进程,之所以如此,还是因为诉权可以引起人们对一些新的社会需求的格外重视,诉讼程序有创制实体权利、发展社会制度的功能。①

综上观之,我国的起诉制度的主要缺陷是,在理论前设上过于强调人们对诉权滥用的可能,而没有把起诉权作为公民一项基本权利去认真对待;在审判权与诉权关系的处理上,过于强调审判权对诉权的主导,忽视了诉权的能动需要;在程序法与实体法的关系处理上,过于强调程序法的工具价值,抑制了程序法创制实体权利、发展社会制度、促进人类文明的独特功能;在制度设计上,不但没有区分开起诉条件及实体判决要件,实体判决条件不当地置入起诉条件之中,使诉讼逻辑出现混乱,而且条件限制较为严格,影响了诉权的行使。

基于此,我国对民事起诉制度的改造应当借鉴大陆法系的实体判决要件理论及相关制度,这一点在法学界也基本已成共识。在制度设计上,笔者提出如下初步构想:第一,将现有的起诉条件改为起诉的规范条件,其中仅规定起诉的方式、诉状应包括的内容(如当事人情况、诉讼请求、事实与理由)、诉讼费用的交纳。法院在起诉阶段仅作形式性的审查,对当事人是否属正当当事人、事实和理由是否充分不作审查与判断。必须申明,笔者的观点与当下很多学者提出并为民诉法修改稿(专家建议稿)采纳的将立案审查制改为立案登记制的思路是相左的。我认为,起诉规范要件的形式性审查很有必要,形式性审查可确保起诉的规范化,也可排除程序明显有缺陷(如诉讼费用未交纳)的起诉,同时又不会对诉权的行使构成任何实质的威胁。事实上,对起诉规范要件的形式性审查在很多国家都存在,日本民事诉讼法规定有缺陷的诉状未能在法官指定的期限内补正的可以驳回,所谓法官的指令补正权也正是建立在立案审查的基础上的。第二,将我国民事诉讼法中现行的"起诉条件"置换为实体判决要件,并将直接利害关系

---

① 正常视权案、教育不公平案、春运涨价案等新型案件的提起并为有些法院所受理,更加增进了社会对此类重大问题的关注、反思与改革呼声,也为电视广告的不断规范、个别高校招生政策的变化、春运票价禁止上涨起了一定程度的推动作用。尽管其中有些案件作为行政案件被受理,但其中蕴含的诉讼程序对创制实体权利、发展社会制度的法理同样值得民诉法学界关注。

当事人修改为正当当事人。扩大民事诉讼的受案范围,①受案范围的立法方式可采取抽象的肯定概括与具体的否定概括相结合的方式,除民事法律所调整的民事法律关系发生的争议理应属受案范围之外,具有民事性质的应有权利受到侵害发生的争议、因宪法权利受到私法主体的侵害所引发的纠纷应当纳入受案范围。② 第三,对实体判决要件的审查,法院应以职能审查为主,依申请审查为辅的原则进行,对仲裁协议是否存在等事项依被告的提出方能进行审查。一般情形下,对实体判决要件的审查应当与本案实体争议审理一并进行,实体判决要件有明显欠缺者除外,审查可在本案实体审理之前进行。实体判决的审查必须置于庭前准备程序或庭审程序中进行,以保障双方当事人的辩论权。第四,取消民事诉讼中的受理制度及不予受理的裁定方式。起诉的形式性审查消除了原有的实体性阻碍,原有的严格限制起诉权行使的受理制度失去了存在的意义。同样,将实体裁判要件置于审理程序中去评判使得不予受理的裁定方式如果继续存在将有违诉讼的逻辑,因为,法院在审理程序中对实体裁判要件的审查行为表明案件确已被受理,此时若以不予受理的方式对案件进行裁定无疑陷入自我矛盾之中。对所有实体判决要件欠缺的诉讼,法院均可作出驳回起诉的裁定。③

---

① 因司法权能或权威不足,而将受案范围刻意缩小的现象并非诉讼法律制度缺陷所致,故不在本文讨论的主要范围之列。笔者认为,从尊重或理解司法现状的角度考虑,仍有必要允许最高法院通过司法解释的方式对一些特别敏感案件的受理加以指导或限制。

② 在司法实践中,对受案范围的把握应借助于"权利推定原则",除了被立法明确不予认可的权利外,对应当被法律确认而结果却被法律遗漏的权利,则推定其为可保护的权利。(关于权利推定的论述,可参见郭道晖:《论权利推定》,载《中国社会科学》1991年第4期。)

③ 需要申明的是,法院此时不能作出驳回诉讼请求的判决,因为从理论上来说,驳回诉讼请求意味着权利保护要件的欠缺,而并非实体判决要件的欠缺。

请求权竞合下的既判力探析

茆荣华[*] 黄晓陶[**]

一、问题的提出

现实生活中,同一个自然事实,往往可以经不同的法律进行评价,符合不同请求权的法律构成要件,从而形成请求权竞合。请求权竞合的形态,从理论上大致可以分为以下几种类型:一是物权请求权与债权请求权的竞合,如承租人在租赁关系终了拒不返还租赁物时,出租人基于所有权主张所有物返还请求权及基于租赁关系债权主张租赁物返还请求权的竞合;二是物权之间的竞合,如所有权人的占有权被侵害时,根据所有权主张所有物返还请求权与基于占有权主张占有物返还请求权的竞合;三是债权之间的竞合,最常见的就是侵权与违约之间的竞合,如乘车人由于司机的过失遭受人身损害时,依据侵权主张损害赔偿请求权及依据客运合同主张违约赔偿请求权的竞合。

请求权竞合也是在司法实践中常常面临的问题。如在一起热水器致人损害纠纷中,原告王某从某经销公司购买了燃气热水器一台,经销公司指定下属的安装队为其安装、调试后,该燃气热水器投入使用。某日,王某在洗浴时,感觉胸闷、头晕,随后便倒地不省人事。经医院诊断证明:王某系吸入大量一氧化碳中毒所致昏倒。王某出院后,要求经销公司赔偿其因一氧化碳中毒造成的经济损失即医疗费6000元、误工费1500元、因中毒遗留下的永久后遗症所造成的精神损失6000元,经销公司则认为该次事故系王某使用燃气热水器不当所致,拒绝赔偿。于是,王某向人民法院起诉,要求法院判令被告赔偿其经济损失及精神损失。人民法院经审理查明:王某一氧化碳中毒是由于经销公司所生产的燃气热水器上的减压阀不合格,使热水器烟气中的一氧化碳严重超标所致。

在该案例中,原告王某既可以依据买卖合同选择违约赔偿请求权,也可以依据侵权选择侵权赔偿请求权作为自己的诉讼请求。而在实践中,请求权竞合在诉讼中所产生的问题主要还不是对请求权的选择问题,而是法院就其中某一请求权进行审理后所作判决的既判力是否能及于另一项请求权的问题。如一请求权未获满足前,可否同时或在之后主张其余请求权?一

---

[*] 茆荣华:上海市高级人民法院民一庭。
[**] 黄晓陶:上海市高级人民法院民一庭。

请求权罹于诉讼时效的,对其他请求权是否产生影响?一请求权范围较其他请求权范围为广时,未获满足部分能否再次独立主张?在上述案例中,王某提起的违约之诉得到法院支持后,能否再行提起侵权之诉?相反,若未得到法院支持,是否又能提起侵权之诉?若违约之诉得到法院支持,是否还能就侵权之诉中的精神损害赔偿单独提起诉讼呢?这些都是在请求权竞合下既判力理论所要解决的问题。

二、请求权竞合对传统既判力理论的影响

(一)关于既判力的相关理论

在民事诉讼中,法院的终局判决确定后,无论该判决的结果如何,当事人及法院均受判决内容的拘束。当事人不得就该判决的内容再进行相同的主张,同时,法院也不得就该判决的内容作出相矛盾的判断。判决所具有的这种拘束力称为既判力。① 既判力的观点源于罗马法时期,大陆法系国家的德国、法国、日本等国的民事诉讼法都采用了这一概念。既判力的概念包含了两方面内容:一是从当事人的处分权与个案正当性的角度,对于判决所确认的权利或法律关系,当事人和法院必须尊重,不得提出相异的主张或作出相反的裁判;另一是从维护公共利益与法的安全性考虑,为限制当事人滥用诉讼制度,应禁止当事人和法院就既判事项再行起诉和重复审判。

既判力理论在民事诉讼理论中占据着重要的地位,正如日本学者所言:"如果说诉权论是关于诉讼的出发点的话,那么,既判力可以说是关于诉讼终结点的理论。"②

1. 既判力的作用

既判力是判决终局性的体现。随着判决的生效,判决中的既判力通过对作为审判对象的法律关系的确定,在实体法和诉讼法两个层面产生作用。就实体法层面而言,既判力将作为规范当事人今后法律关系的准则,因此,即使是在诉讼之外进行交涉的场合中,任何一方当事人都可以利用判决所确定的实体法地位;就诉讼法层面而言,在判决确定后发生的其他诉讼中,法院在作出判决时应当遵从前诉判决的既判力,而当事人也不得提出与前诉判决内容相互矛盾或重复的主张与请求。③

一般认为,在司法实践中,对后诉发生拘束作用的既判力在以下两种场合中发挥作用:④

(1)前诉与后诉的诉讼标的完全相同。如在借贷纠纷中胜诉(或败诉)的原告在判决确定后再次向法院提起要求同一债务人偿还同一笔债务的诉讼。通常在出现这种情形时,可以用"一事不再理"来予以排除。

(2)前诉诉讼标的构成后诉中先决法律问题。例如,在确认房屋所有权诉讼中获胜的原告,又针对同一被告提起的基于房屋所有权要求被告迁出该房屋的诉讼。在此情形下,法院的

---

① 常怡主编:《比较民事诉讼法》,中国政法大学出版社2002年版,第229页。
② [日]兼子一、竹下守夫著,白绿铉译:《民事诉讼法》,法律出版社1995年版,第156页。
③ 林剑锋著:《民事判决既判力客观范围研究》,厦门大学出版社2006年版,第34页。
④ 参见蒙晓毅、袁勇军:《既判力的作用及其正当化根据》,载《广西民族学院学报》2006年第5期。

判断就必须遵循前诉的判决内容来作出。

2. 既判力的客观范围

在司法实务中,要确定既判力的作用,必须明确既判力作用的范围,如在什么意义上才能称后诉等同于前诉? 即既判力作用的范围究竟有多大? 前诉既判力的覆盖面有多广? 其界限又在哪里?

(1) 既判力客观范围的概念

既判力的客观范围,指既判力对判决中发生作用的判决事项。它所要解决的问题是,从诉讼对象的客体出发,确定判决内容在多大范围内产生遮断或覆盖纠纷之作用,进而将该作用范围内的纠纷予以终局性的了断。在前诉判决确定后,在有可能牵涉前诉纠纷事实的后诉中,对于哪些事实或证据,后诉法院应当遵从前诉判决内容来作出相应的裁判(即既判力的积极作用),如果当事人要提出相关的事实或证据,哪些请求、事实或证据是不允许再度被提起的(即既判力的消极作用)。①

(2) 诉讼标的理论与既判力客观范围

大陆法系的传统理论是以诉讼标的作为划定既判力客观范围的依据。学界通说认为,诉讼标的是指民事诉讼的当事人,请求法院通过审判加以确认和保护的民事法律关系或权利。但诉讼标的的本身又是一个非常复杂的问题,自从德国法学家创立"诉讼标的"这一概念以来,各种民事诉讼标的理论学说观点林立。从诉讼标的的构成角度出发,概括起来有以下几种较为典型的学说:传统诉讼标的理论、新诉讼标的理论及新实体法理论。

传统诉讼标的理论的基本特征,是以实体法上的请求权为根据来界定诉讼标的的概念和不同诉讼标的的识别标准,即认为诉讼标的的识别标准为原告所享有的实体请求权。该理论又被称为"旧实体法说"。

新诉讼标的理论把诉讼标的的概念从实体法范畴中分离出来,使之成为完全的诉讼法上的概念,又称为"诉讼法说"。对诉讼标的如何识别,新诉讼标的理论又有两种不同的见解:第一种"二分肢说",以原告陈述的事实理由和诉的声明为识别标准;第二种"一分肢说",则只以诉的声明或原告起诉的目的为标准识别诉讼标的。

新实体法理论则将诉讼标的的概念重新回归实体法,认为区别诉讼标的的异同应当以实体法上的权利主张为标准,而在请求权竞合的情况下,解决问题的出路在于建立新的实体法上的请求权概念,或者重新界定民法上请求权的单复数关系,从而适应民事诉讼司法实践的需要。该学说认为凡基于同一事实关系发生的、以同一给付为目的的数个请求权存在时,并不是实体请求权的竞合,也不是真正有数个请求权的存在,实际上只有一个请求权,因为发生请求权的事实关系单一,即主张以事实关系为判断请求权的标准。

(3) 判决主文与既判力客观范围

按照大陆法系的传统理论与立法规定,只有判决主文中的判断才能产生既判力,而判决理由中的判断并不产生既判力。如德国《民事诉讼法》第323条第1款及《日本民事诉讼》第114条第1款都将既判力的客观范围限定于判决主文中。

有学者认为,判决书中的判决理由与判决主文中都存在着法官针对相关事项做出的判断,而且一般来说,就数量而言,前者往往多于后者,那么为什么大陆法系国家的立法中一定要将既判力的客观范围仅仅局限于判决主文中的判断呢? 这是因为,判决主文是针对原告诉讼请

---

① 林剑锋著:《民事判决既判力客观范围研究》,厦门大学出版社2006年版,第48~49页。

求的一个回应,法官在判决主文中做出的判断意味着对构成诉讼中心问题的纠纷作出的最终解决,因此,当然地具有既判力。而判决理由往往是对作出判决主文的前提性事项作出的判断。正因为此,当事人有可能未对这种判断对象的争点予以严肃考虑。如果让这种判断也产生拘束力,阻断当事人对其进行再次争议的可能性,则难免会对当事人造成不利后果。

因此可以说,判决主文中的判断就是针对作为诉讼标的之权利义务关系的判断,从而得出既判力客观范围的一般公式,即"诉讼请求＝诉讼标的＝判决主文判断＝既判力客观范围"。

(二)请求权竞合使传统既判力客观范围遭遇困境

同一行为构成法律上请求权的竞合时,这些竞合的请求权之间的关系究竟为何,实体法学界至今仍有较大争议,主要存在三种理论,即法条竞合说、请求权竞合说及请求权规范竞合说。①

我国民法学者多赞同请求权规范竞合说。如台湾学者王泽鉴先生认为:"此项理论符合当事人利益,实现法律目的,避免请求权自由竞合说之缺点,兼采请求权相互影响说之特色,使实体法上请求权之概念与新诉讼标的理论趋于一致,颇具可采性。"②

请求权规范竞合说认为,在同一事实符合侵权责任和债务不履行责任的规定时,被害人实体上的请求权只有一个。相互竞合的并不是请求权,而是请求权的基础。在法律规定的背后,只有一个义务的存在,只是因为学理上的需要,这个义务才被作了不同的安排。因此只要违反了义务,实际上只有一个违反义务的状况,所以其法律效果也只有一个。这样,以同一给付为目的,而有数个规范作为基础的请求权,权利人只能请求一次,债务人也只需履行一次。该请求权经裁判后,权利人不得对同一事实以其他的法律观点再行提起新的诉讼。

请求权规范竞合说主要从法律的规范目的、当事人利益以及有利于债权人原则这三个因素来衡量,符合法律的内在逻辑,因而得到了许多实体法学者的认同。但是它仍不能解决请求权竞合所遇到的所有问题。例如③:

1.在请求权竞合的情形,各请求权的时效未必相同。请求权规范竞合说主张先将时效与请求权割裂,再从有利于债权人的角度来选择决定请求权的时效,但立法者在为不同的请求权设定各自不同的消灭时效时,已经经过了利益衡量和价值选择。请求权规范竞合说的此种观点恐怕将违背立法者的初衷,因而也违背了规范的目的。

2.请求权是由法律要件构成的。对于当事人所主张的请求权,其举证责任的分配也是根据法律要件来进行的。在侵权案件上,通常由受害人证明被告的责任;而在违约案件上,是由债务人证明自己没有责任(我国最高人民法院《关于民事诉讼证据的若干规定》第5条关于"对合同是否履行发生争议的,由负有履行义务的当事人承担举证责任"即属这样的规定)。在侵权与违约竞合的场合,又该如何决定举证责任的分配呢?

3.不同的请求权,其损害赔偿的范围、是否涉及第三人、是否允许抵消等,都是不同的。例如在侵权的情形,赔偿范围是受害人因侵权行为所遭受的损失,因侵权行为遭受损失的所有受害人,均可请求赔偿。而在违约的情形,债权人只能是契约的对方,在有约定的情形下,赔偿的数额还受到限制。如果因竞合而合并为一个请求权,如何确定赔偿范围等上述问题都难以解

---

① 参见王泽鉴:《民法学说与判例研究(1)》,中国政法大学出版社1998年版,第377～382页。
② 王泽鉴:《民法学说与判例研究(1)》,中国政法大学出版社1998年版,第387页。
③ 参见段厚省:《请求权竞合研究》,载《法学评论》2005年第2期。

决。

正是由于在各个请求权的附属规定上存在若干差别,如构成要件、抗辩权、举证责任、诉讼时效等,使得请求权竞合至今仍未能在实体法上得到完善的解释。而实体法上的困惑也导致了许多传统的诉讼法理论面临困境。既判力理论亦如此。当事人就竞合的请求权中选择其一进行诉讼后,所得的判决是否能及于其他的请求权呢?这不仅是诉讼法学者所要解决的理论难题,更是司法工作者不能回避的困惑之一。

例如,在侵权责任与违约责任竞合的场合,按照旧诉讼标的理论,侵权与违约各自构成不同的诉讼标的,这可能导致"一个债权双重给付"的不合理现象。而按照新诉讼标的理论,不论是一分肢说还是二分肢说,案件的诉讼标的是超越"侵权行为"或是"债务不履行"等实体法层面的判断,取而代之为诉讼法层面的"获得赔偿"。因此在新诉讼标的理论下,法院作出的判决主文仅为"判定被告向原告给付……金钱",而对基于"侵权"还是"违约"不作实体法上的评价。按照"判决主文判断的范围=既判力客观范围"的原则,判决既判力中不涵盖关于"是否侵权"或"是否违约"之评价。这样有可能造成一种结果,那就是后诉的当事人或法院仍然可能作出与前诉在判决理由中作出的"是否侵权"或"是否违约"判断相矛盾的主张或判断。

三、请求权竞合与既判力理论的协调

(一)大陆法系国家——对既判力客观范围的扩张

由于请求权竞合的客观存在,及其对传统既判力理论尤其是既判力客观范围所产生的影响,使得许多大陆法系学者开始对该理论进行反思,并加以修正,其中,最有代表的是日本学者新堂幸司教授所倡导的"争点效"理论。

所谓争点效,是指在前诉中,被双方当事人作为主要争点予以争执,且法院也对该争点进行了审理并作出了判断,当同一争点作为主要的先决问题出现在其他后诉请求中,前诉法院对于该争点作出的判断产生的通用力。①

"争点效"与传统的既判力理论最主要区别在于:前者的效力及于判决的理由部分,后者的效力仅限于判决的主文。争点效理论有效弥补了新诉讼标的理论过于脱离实体法的不足。在前述关于侵权责任与违约责任竞合的处理中,依据争点效理论,法官在判决理由中所作出的被告的行为"是否侵权"或"是否违约"的判断将产生争点效,该效力可以在以后的诉讼中阻止当事人或法院作出与前诉判断相矛盾的主张或判断。②

(二)英美法系国家——"排除规则"

英美法系并没有专门意义上的既判力制度,但是存在与诉讼价值相类似的制度,其中在民事诉讼中最重要的就是"排除规则"。排除规则是关于前诉判决对后诉约束力的规则,是判决

---

① [日]新堂幸司著:《新民事诉讼法》,弘文堂1998年版,转引自林剑锋著:《民事判决既判力客观范围研究》,厦门大学出版社2006年版,第92页。

② 参见林剑锋著:《民事判决既判力客观范围研究》,厦门大学出版社2006年版,第108~109页。

终结点的基本理论,包括"请求排除"与"争点排除"两个基本概念。① 它与美国刑事诉讼的"禁止双重危险"原则共同构成了美国的既判力制度。② 排除规则的适用包括两个方面的内容:

一是"诉因相同的范围"。请求排除规则体现了法院对实体问题所做出的终局判决对涉及相同诉讼请求或诉因的后续诉讼具有拘束力,其适用必须满足后诉中的请求与前诉在"相同的诉因范围"内这一要求。"诉因的相同范围"包括与引起诉讼的交易有关的原告针对被告要求救济的全部权利,因此原告必须在第一次诉讼中提出与交易相关的全部请求,以避免其在将来的诉讼中丧失提出主张的权利。

二是"确定争点范围"。一般来说,争点必须是事实争点。按照美国《(第二次)判决重述》的观点,被排除的争点与在第一个诉讼中被公正和充分决定了的争点必须是同一的;必须已经在第一个诉讼中向法院提出,且经过充分的诉讼,并被最终确定下来;第一个法院对该争点的所作出的定论必须是裁判第一个诉讼案件所必需的。

可以看出,排除规则的内容及在诉讼中的作用与大陆法系学者所主张的"争点效"理论大致相似。

四、我国就请求权竞合下既判力制度的构建

(一)我国有关既判力与请求权竞合的理论研究与司法实践

1. 关于既判力的研究与立法现状

近几年来,我国法学界和司法界对判决的既判力理论给予了越来越多的关注。学者们在介绍德、日等国以及我国台湾地区相关理论的基础上,就既判力的概念、作用、本质、客观范围、主观范围等问题展开了讨论。③

但是,在我国目前的民事诉讼立法中并没有明文规定既判力制度。尽管现行《民事诉讼法》第141条和第158条规定了"最高人民法院的判决、裁定,以及依法不准上诉或者超过上

---

① 美国律师协会编写的《(第二次)判决重述》第17节对排除规则的效力作了这样的归纳:(1)如果原告胜诉,那么诉因所提供的请求被合并在该判决中,而被排除在后续的诉讼中被提起;(2)如果原告败诉,请求因此而消灭,判决阻却就同一请求提起的后续诉讼;(3)在原告、被告就相同或不同的请求而发生的后续诉讼中,对于曾在先前诉讼中得到充分诉讼并被认定,且对判决具有重要意义的争点,前诉判决将排除对该争点的再次诉讼。参见[美]斯蒂文·苏本著,傅郁林等译:《民事诉讼法:原理、实务与运作环境》,中国政法大学出版社2004年版。

② 许舒宁:《美国民事诉讼的排除规则及其借鉴意义》,载《黑龙江政法管理干部学院学报》2006年第2期。

③ 如刘家兴先生在高等学校文科教材《中国民事诉讼法学》中首次提出了既判力的概念,认为既判力是判决在程序法上的确定力,包括形式上的确定力和实质上的确定力。(参见柴发邦主编:《中国民事诉讼法学》,中国人民公安大学出版社1992年版,第398页。)民诉法学者常怡先生也指出:"对已经发生法律效力的判决,同一当事人不得再以同一理由和同一诉讼标的重新提出起诉,人民法院也不得对同一当事人的同一事实、理由和诉讼标的的案件,重新受理和审理。因为民事判决一旦发生法律效力,就意味着国家审判机关对该项纠纷作出了最终的处理决定。"(参见常怡主编:《中国民事诉讼法新论》,中国政法大学出版社2003年版,第299页。)

期限没有上诉的判决、裁定,是终审的判决、裁定",但是,关于判决、裁定应当具有哪些法律效力等问题并未明确规定,而对于在请求权竞合下的既判力问题,更是没有相应的规定可以参照适用。

2.关于请求权竞合下既判力的司法实践

制度上的缺位并不能掩盖司法实践中存在的关于既判力的实际问题,尤其在请求权竞合不可避免,而法官又不能拒绝裁判的前提下,更使得司法者无法回避该问题。在我国,司法实践中最能体现既判力作用的就是所谓的"一事不再理"原则。具体来说,当法官意识到当事人提起的诉讼在实质上构成了对前诉的重复时,往往会以"一事不再理"加以驳回,作为被告方的律师也常常会用"一事不再理"为由要求法官驳回对方当事人的请求或主张。例如在美国EOS工程公司诉新绛发电公司等侵权纠纷一案,①最高人民法院在(2003)民四终字第2号民事裁定书的判决理由中写道:本案原告EOS工程公司基于同一事实、以相同的当事人为被告,向原审法院先后提起"不当得利"返还之诉和"侵权"损害赔偿之诉。尽管前后的诉讼理由不同,但实质的诉讼标的是相同的,原审法院对此作出了(2001)晋民一初字第2号民事判决,EOS工程公司不服提起上诉后,又撤回了该上诉,原民事判决即发生法律效力。EOS工程公司如果仍不服该实体判决,只能通过申诉或者申请再审途径获得救济。现EOS工程公司以"侵权"为由,就同一诉讼标的再次提起诉讼,违反了"一事不再理"原则,因此对该诉讼,人民法院不应予以受理。

(二)如何确定请求权竞合下的既判力

1.对"争点效"理论的评析

按照前述有关争点效的要件,争点效产生作用的范围包括法院在判决理由中就系争事项作出的判断,而未作判断的事项则并不产生这种拘束力。在请求权竞合情况下,如在侵权责任与违约责任竞合下,当事人仅提出了违约赔偿之诉,而法院仅依据"违约"承认原告诉讼请求并作出判决时,该判决的争点效也仅仅及于"违约"之事项,它并未能阻止将来可能进行的"是否构成侵权"的再次评价。

在我国,从最高人民法院的相关司法解释来看,其也不承认法院的判决理由具有拘束力。如《最高人民法院关于民事诉讼证据的若干规定》中第9条规定:"已为人民法院发生法律效力的裁决所确认的事实",当事人无需举证证明,同时明确上述确认的事实如当事人有相反证据足以推翻的除外。可见,最高法院对判决理由中所认定的事实只承认其证据上的效力,不仅后诉当事人可以提出违反该判断的主张及举证,而且当有足够的证据时,后诉法院也可作出与前诉判决理由相矛盾的判断。

2.关于"一事不再理"与既判力的关系

"一事不再理"通常是指当事人不得就已经向法院起诉或已经申请仲裁的案件以及对已经正式判决或裁决的案件再重新起诉或申请仲裁。② 我国的司法实践中,"一事不再理"原则在某种程度上充当既判力制度所承担的角色。关于既判力与一事不再理之间的关系,有很多学者曾展开过研究。比较普遍的共识为:一事不再理制度与既判力制度,无论是在具体内容上,

---

① 转引自王洪亮:《物上请求权的诉权与物权基础》,载《比较法研究》2006年第5期。
② 杨荣馨主编:《民事诉讼法原理》,法律出版社2003年版,第299页。

还是在民事诉讼法中的地位上,都是不同的。① 一事不再理的内容与既判力的消极作用相同,即当事人和法院不得就确定判决所裁判的事项为相异的主张和裁判;而既判力的积极效果则是一事不再理原则所不具备的,②即终局性的确定当事人之间的实体权利或法律关系。

同时,作为"一事不再理"原则的内容本身也是不甚明确的,如什么叫"事"？是指诉讼标的、产生纠纷的原因事实,还是诉讼中的证据或是泛指出现在法院判决书中的任何判断？对于概念中的内涵与外延没有相应的理论与制度支撑,而仅依靠宽泛的原则导致了其在适用中的模糊性和不稳定性。

3. 对请求权竞合下既判力的思考

从前述分析可以看出,目前,无论对请求权竞合,还是对既判力客观范围等理论探讨都存在很大的争议,但是,请求权竞合下的既判力问题又是司法工作者,尤其是法官所无法回避的问题。它涉及当事人是否有权再次提起诉讼、法院对当事人的再次起诉是否受理以及法院该如何看待前诉判决的效力等一系列问题。笔者认为,从我国司法现状出发,要解决请求权竞合情形下的既判力问题,并不能拘泥于传统既判力理论就诉讼标的的概念之争,而应从实体请求权的本质和民事诉讼的目的为出发点,以诉的利益作为抑制重复诉讼的手段。

请求权是要求特定人为特定行为的权利,是法律提供给当事人实现其特定利益的手段。当事人基于权利受损害的事实诉诸法院,并主张其请求权,其根本目的是为了通过法律来实现其特定利益,即诉的利益。所谓诉的利益,是指民事权益受到侵害或者发生民事纠纷时,需要运用民事诉讼予以救济的必要性。③ 因此,从请求权的本质出发,我们可以发现,作为当事人在诉讼中争执以及法院审理和裁判对象的应为这种特定的利益,而请求权只是法律提供给当事人实现其特定利益的手段和法院对当事人主张的特定利益进行裁判的依据。在请求权竞合的情形下,构成复数的是这种手段,当事人可以选择实现其利益的不同途径,法院则基于当事人的不同选择依据不同的实体法作出裁判,但当事人的特定利益必然是唯一的。

正是由于竞合的请求权是原告在诉讼中进行攻击防御的手段,因此他可以在一个诉讼中自主决定如何利用其请求权,他可以选择其一,也可以同时提出。但不论原告如何提出,都不影响诉讼利益的唯一性。当然,鉴于法律规范和诉讼过程中所固有的专业性和复杂性,为了均衡当事人双方的诉讼能力,在案件审理中,也要求法官在必要时予以释明,告知当事人可以作为攻击防御手段的竞合的请求权的种类和个数,尤其是在当事人只选择一项请求权进行诉讼的场合。

因此,从诉的利益出发,我们可以看出,在请求权竞合情形下,原告提出诉请,并选择了竞合的请求权中的一项作为其诉讼手段时,若法院经审理支持其诉讼请求,则原告的诉讼利益得以实现。该判决的既判力当然地及于其他请求权,即其他请求权归于消灭。它避免了在传统诉讼标的理论下,当事人重复起诉的可能,不仅得到了大部分学者的支持,也为司法实践所认可。④

---

① 参见张卫平著:《程序公正实现中的冲突与衡平——外国民事诉讼研究引论》,成都出版社1993年版,第348页;肖建国:《判决的效力与既判力理论》,载江伟主编:《中国民事诉讼法专论》,中国政法大学出版社1998年版,第169～171页。
② 章武生等著:《司法现代化与民事诉讼制度的建构》,法律出版社2003年版,第182页。
③ 江伟等著:《民事诉权研究》,法律出版社2002年版,第216页。
④ 如上海市高级人民法院在《侵权纠纷办案要件指南》中规定:请求方就多项请求权中,择一主张的行为,可以视为其余请求权之阻碍事由;其所择之请求权获满足之事实,一般可视为其余请求权之消灭事由。

问题在于,当一请求权的范围比其他请求权广时,当事人就未获满足部分是否可以再次独立主张?如在本文开篇王某诉某经销公司热水器致人损害纠纷中,若王某以被告违约诉至法院并得到支持后,能否就侵权损害赔偿中的精神损害赔偿金单独提起诉讼呢?笔者认为,不同的请求权有其不同的规定,立法者在对这些请求权作出相应规定时,如构成要件、举证责任、诉讼时效等,已经作出利益衡量和价值选择。而当事人在诉讼时所作的选择,可以视为他已综合考虑了各个请求权的不同规定,因此,即使其他请求权的范围比其得到的请求权更广时,当事人亦不得就未获满足部分再次独立主张。

当原告选择其中一项请求权作为其诉讼请求并遭遇败诉时,该驳回起诉或不予支持的判决能否及于其他请求权,即当事人能否就其他请求权再提起诉讼,是目前争议较大的内容。笔者认为,应具体区分两种情形:

一是法官根据原告陈述的事实,就纠纷所涉的其他责任关系与请求权对其作出释明,并允许其在辩论终结前变更其权利主张,而原告仍坚持原诉请的,判决确定后,即使原告败诉,其亦不得就其他请求权再为诉讼,即败诉判决的既判力及于其他请求权。这是因为,在经法官释明后,已充分给予原告趋利避害的选择机会,使其能够尽力主张自己的权利。"当事人若不掌握此种法律所赋予之权利保障机会,应自己就其后果为负责。"① 这也是在程序原则与纠纷解决一次性原则相协调之下当事人所应承担的程序责任。

二是若原告囿于其法律能力不可能选择对其最为有利的请求权,而法官也没有释明此种责任关系的存在,在原告败诉时,对前一诉讼程序中未予审理的请求权,应允许当事人再次提起诉讼。因为,在这种情况下,当事人实际上并未真正做出选择而行使其处分权,其诉讼利益并未真正得以实现。

---

① 陈荣宗、林庆苗:《民事诉讼法》,台北三民书局1996年版,第643页。

既判力视角下民事再审程序的重构

李祖军[*]　彭晶[**]

近年来,随着我国民主法制建设的日益加强,加强审判监督,改革再审制度,已成为法院工作的重点之一,民事诉讼法学界和司法实务部门对民事再审制度的研究热情高涨,多集中于民事再审事由、再审程序的改造等,对上述问题的研究固然非常重要,然而,无论是从解决现行再审制度具体程序设计缺陷的微观角度,抑或是从完善民事再审制度价值理念的宏观角度,从根本上解决我国现行民事再审制度存在的问题,有必要对我国现行民事再审制度的基础理论问题和具体程序问题予以整合性思考。笔者认为,既判力理论和民事再审制度从价值理念到具体内容上存在着矛盾,以既判力理论为背景,平衡作为传统民事诉讼法学三大基本理论之一的既判力理论与民事再审制度的冲突,实现民事再审制度的重构是探讨和研究我国民事再审制度的有效途径之一。

一、既判力的概念和范围

(一)既判力的概念

民事诉讼承载着解决纠纷的重要程序机能,判决是法院解决纠纷的最重要的载体。它是指法院基于民事审判权,在民事案件审理终结后,依据案件的事实和法律规定,对双方当事人之间的实体争议或者一方当事人提出的实体权利主张所作出的具有法律约束力的结论性判定。[①] 诉讼是以国家强制力为依托的公权性的纠纷解决制度,发挥民事诉讼定纷止争的功能就必须要求法院民事判决能发生法律上的效力,判决及其裁判的内容绝对不能被轻易地动摇,这是公力救济机制的制度性要求,是国家司法制度的特性所决定。基于上述原因,发生法律效

---

[*] 李祖军:西南政法大学教授、博士生导师。
[**] 彭晶:西南政法大学硕士研究生。
[①] 邓辉辉:《既判力理论研究》,中国政法大学出版社2005年版,第12页。

力的民事判决,是具有终局性的确定判决,其效力体现为判决的拘束力、确定力、形成力和执行力。① 所谓拘束力也称为判决的自我拘束力,是指作出判决的法院在判决宣告后,原则上不得撤销、变更该判决的效力。确定力包括形式上的确定力和实质上的确定力,判决形式上的确定力是指判决确定后就发生当事人不能以通常上诉请求变更或废弃该判决的效力;实质上的确定力又称为既判力,是指确定判决在实体上对于当事人和法院所具有的强制性通用力,表现为判决确定后,当事人不得就已判决的诉讼标的提起诉讼,在其他诉讼中,当事人也不得再提出与该判决内容不一致的主张,同时,后诉法院不得就前诉确定判决的事项作出不同的判断,当事人就既判事项再行起诉的,法院将以违反"一事不再理"原则不予受理或驳回起诉。判决的执行力是指对于具有给付内容的判决,义务人拒不履行义务时,权利人可以据此申请法院强制执行。判决的形成力是指形成判决所具有的能够引起法律关系发生、变更或消灭的效力。学者们通常将判决的拘束力和形式上的确定力称为判决的形式效力,而形成力、执行力和既判力称为判决的实质效力。

既判力观念渊源于古罗马法,经由长时期的发展,尤其是大陆法系国家民事诉讼法学研究的不断完善,形成了体系完整、逻辑严密的理论体系。在德国、日本、法国和我国台湾地区都采用了"既判力"的概念。我国的既判力理论研究还处于相对不成熟阶段,学界鲜有就既判力理论的系统研究,但是,在我国民事诉讼法典中有关于既判力的不完整规定。② 在我国民事诉讼法学界第一次提出既判力概念的是刘家兴教授,他认为:"既判力是判决在程序法上的确定力,包括实质上的确定力和形式上的确定力,前者是指判决一经生效,当事人不得对判决认定的法律、事实提起诉讼或提出上诉;后者是指判决确定的实体权利义务问题不容争执,不容改变。"③江伟教授认为:"既判力是指作为诉讼标的的民事法律关系,如果在已经发生法律效力的民事判决中得到裁判,当事人不得再以这一民事法律关系作为诉讼标的提起新的诉讼,而且当事人于别的诉讼中进行辩论时,也不得提出与此前业已生效的民事判决内容相反的主张。"④

作为一项渊源于罗马法的法律制度,大陆法系各国关于既判力理论的研究更加成熟而深入。如日本学者认为:"诉讼是根据国家审判权作出的公权性的法律判断,是以解决当事人间的纠纷为目的的,而终局判决正是这种判断。因此,一旦终局判决使之在诉讼程序中失去以不服声明方法被撤销的可能性而被确定,就称为最终解决纠纷的判断。它不但拘束双方当事人服从该判断的内容,使之不得重复提出同一争执,同进作为国家机关的法院当然也必须尊重国家自己所作出的判决,即使是把同一事项再次作为问题在诉讼中提出时,也应以该判断为基础衡量当事人之间的关系。这种确定判决表示的判断不论对当事人还是对法院都有强制性通用力,不得进行违反它的主张或者判断的效果就是既判力。"⑤另有日本学者认为:"既判力就是

---

① 这是我国民事诉讼理论界对民事判决效力的通说理论。参见江伟主编:《民事诉讼法》(第二版),中国人民大学出版社 2004 年版,第 256 页。
② 如《民事诉讼法》第 111 条第 5 项规定:"对判决、裁定已经发生法律效力的案件,当事人又起诉的,告知原告按申诉处理。"同时最高人民法院《关于适用〈中华人民共和国民事诉讼法〉若干问题的意见》第 75 条及最高人民法院《关于民事诉讼证据的若干规定》第 9 条规定当事人就已为人民法院发生法律效力的裁判所确定的事实无须举证证明。
③ 柴发邦:《中国民事诉讼法学》,法律出版社 2000 年版,第 300 页。
④ 江伟:《民事诉讼法学原理》,中国人民大学出版社 2000 年版,第 694 页。
⑤ [日]兼子一、竹下守夫著,白绿铉译:《民事诉讼法》,法律出版社 1995 年版,第 156 页。

确定判决对后诉的拘束力,它表现出不准进行再次诉讼的消极作用和拘束后作裁判的积极作用。"① 高桥宏志则更为简洁地将既判力概括为:"不允许对终局判决再起争执的效力。"② 时至今日,尽管各国民事诉讼法学者关于既判力本质的认识存在差异,对其含义的表述方式有繁有简,各有千秋,但可以肯定的是关于既判力概念的基本共识就是终局判决对当事人和法院都具有强制性通用力。在英美法系国家,没有专门意义上与既判力概念相对应的术语,但一般认为"Rees Judicator"是体现既判力理念的相似概念,其意指"已判决的事项或案件,其效力规则是有完全事物管辖权的法院作出的终局判决对当事人及其利害关系人的权利具有决定作用,同时该判决绝对地阻止他们就同一请求和诉因再行起诉"。在美国学理研究中将既判力界定为禁止当事人对前一诉讼的判决已经决定性的诉或请求再行诉讼,《(第二次)判决重述》中明确规定了请求排除规则和争点排除规则。③

对如此重要且艰深的法学概念的理解,笔者无意去评价各国法学家们界定方式及内容的优劣,因为对既判力概念进行准确的界定实为一件不易之事。在此,为文章探讨的需要,笔者认为,关于既判力概念的界定应当把握以下几个要素:第一,在前述判决效力构成中,事实上,形成力和执行力是形成判决和具有给付内容的给付判决才具有的效力,既判力是不同种类的判决都共同具有的"强制性通用力",从根本上最典型地体现了判决一经作出即不容许随意更改的终局性特质,既判力是判决效力的核心内容。第二,既判力是民事判决效力体系的重要内容,民事判决是针对当事人的诉讼请求就双方当事人间争执的民事法律关系(诉讼标的)④所作出的裁决,因此理解既判力必须与具体案件的诉讼标的结合起来,赋予抽象、晦涩的既判力概念以具体内容。第三,既判力的作用范围及于当事人和法院,无论是当事人还是法院均受既判力的拘束,应当尊重确定判决的内容。于当事人而言,对终局判决所确定的裁判内容,以后不得再就同一诉讼标的再行起诉或者在其他诉讼中提出与该判决相矛盾的主张;于法院而言,在终局判决作出以后,不得就同一诉讼标的再次审理和裁决,也不得作出与该判决内容相矛盾的裁判。

(二)既判力的范围

民事判决的既判力禁止对确定判决所形成的终局性裁判内容进行争执,其对当事人和法院所具有的强制性通用力是在一定范围内发生法律效果的,此即既判力的范围。这是既判力理论的核心内容,也是将既判力制度运用于实践必须解决的问题。一般而言,既判力范围问题包括既判力的主体范围、既判力的客体范围和既判力的时间范围三方面的内容。⑤

1. 既判力的客体范围。既判力的客体范围是既判力对判决中发生作用的判决事项。一般

---

① [日]中村英郎著,陈刚等译:《新民事诉讼法讲义》,法律出版社1999年版,第229页。
② [日]高桥宏志著,林剑锋译:《民事诉讼法:制度与理论的深层分析》,法律出版社2003年版,第447页。
③ 参见蔡彦敏、洪浩:《正当程序法律分析》,中国政法大学出版社2000年版,第288页。
④ 目前学界关于诉讼标的理论的学说百花齐放,对诉讼标的的识别标准并无普识性的通说。对诉讼标的的理论的探讨已超出本文研究的范围,文章此处仅仅是强调对既判力概念的理解时,对当事人和法院是否违反既判力拘束的判断,应当以具体案件(诉讼标的)为准,具体问题具体分析。
⑤ 关于既判力范围的探讨请参见吴明童:《既判力的界限研究》,载《中国法学》2001年第6期;李龙:《民事判决的既判力》,载《法律科学》1999年第4期。

而言既判力仅及于诉讼标的,对未经裁判的事项不发生既判力。① 在既判力客观范围的界定方面,两大法系存在明显的区别:大陆法系的通说是判决的主文即判决书中对当事人诉讼请求的判断具有既判力,但是对判决理由一般不产生既判力,否则会使既判力客体范围界定过宽,对当事人在后诉中的利益产生影响。因为判决理由只是法院对某事实和请求进行判断的前提,是法院作出判断的手段而不是判决的对象,其深刻原因在于大陆法系民事诉讼从规范出发的思维方式,法官可以裁决的纷争范围只能是根据实体法为标准所确立的权利义务争议,那么既判力就只能针对此权利义务争议的实体法要件事实发生既判力,应当对法院判决的主文和其余内容给予同样尊重,但是不能将既判力的客观范围与判决理由中的事实认定效力等同起来。英美法系国家则是从彻底解决民事纠纷的角度出发,确定了"争点排除规则",规定争点或判决的事实对于当事人仍然具有一定的约束力,法院没有对第一个诉讼作出实体上的终局判决,但其对于诉讼中的当事人双方之间某一事实或法律争点却可能已经确定,在此情形下,无论当事人嗣后是否以同一诉因提起诉讼,对于在第一个诉讼中已经被确定的争点,当事人在第二个诉讼中不能再行争议。应当说,不承认判决理由的既判力问题,会对民事诉讼定纷止争功能的实现造成某种程度上的冲击,因为事实认定是适用法律裁决法律争议的基础,若未确定当事人间事实争执的确定力,在将来可能发生的关联纠纷诉讼中,就有可能出现矛盾判决。当然,如像我国民事诉讼司法实务中对判决理由和诉讼标的不加区分,而将判决既判力一概地扩张适用于判决理由的做法也未免妥当。② 现代大陆法系学者也出现了有条件地承认判决理由法律效力的观点,提出了"争点效"理论。日本学者认为争点效理论是建立在诚实信用原则与当事人之间的公平原理基础之上的,当事人在诉讼中,对其重要之争点既然已认真进行争论,而且法院亦对其争点为实质上的审理和判断,若再允许当事人或后诉之法院轻易将其结论推翻,不仅违反当事人之间的公平,而且与诚实信用原则相悖。争点效理论的提出突破了传统大陆法系国家既判力理论从诉讼标的出发界定既判力客观范围的限制,将判决既判力扩张适用于判决中所确定的主要争点,有利于一次性解决纠纷目的的实现。

  2. 既判力的主体范围。既判力的主体范围是既判力作用的人的界限。既判力主体范围的界定受既判力的相对性原则的规范,确定的判决并不是无限制的对任何人都有既判力的。对既判力主观范围的界定,一般是从诉讼标的出发,即诉讼标的所涉及的主体范围可以认为是既判力的主体范围。民事诉讼定纷止争、维护社会秩序的功能是通过对特定民事主体间权利义务关系争议的解决实现的,关于此权利义务争议的终局裁判是双方当事人在对抗判定的诉讼结构中,通过双方积极诉讼行为来确定的,因而判决只能相对地拘束双方当事人,而不能随意地约束诉讼外主体。原则上对当事人的理解包括判决书所载明的原被告、上诉人与被上诉人、有独立请求权第三人和被判决承担责任的无独立请求权第三人。除此之外,在某些特殊情形下,既判力也扩张地拘束当事人的继受人、诉讼担当人、为当事人利益而占有诉讼标的物的人以及人数不确定代表人诉讼中有正当理由未进行权利登记的当事人。

  3. 既判力的时间范围。既判力的时间范围又称为既判力的基准时间,是指确定判决赋予

---

① 关于诉讼标的理论的学说众多,采用不同的诉讼标的识别标准,对判决的既判力客观范围的认识也会产生差异。但关于诉讼标的理论的详细分析已超出本文讨论范围,文章仅仅是强调应当将既判力的范围与诉讼标的紧密结合起来理解。

② 最高人民法院《关于适用〈中华人民共和国民事诉讼法〉若干问题的意见》第75条规定:已为人民法院发生法律效力的裁判所确定的事实当事人无须举证。可见对裁决理由一概地承认其既判力。

当事人间权利义务关系状态的准则时间。它关注的是确定判决在什么时间点上所确定的权利义务对后诉产生拘束力的问题,从时间上为前后诉间既判力拘束的范围予以明确界定。一旦既判力的基准时间确定,则当事人不得在后诉中主张与法院在基准时间点作出的裁决内容相矛盾的主张,后诉法院也必须以前诉法院在基准时间点上所作出的判决为前提作出判决。既判力时间范围的意义就在于在基准时间点以后当事人丧失了提出在基准时间点前就存在的事实的权利,产生既判力的失权效果。现代各国立法,大都主张将既判力的基准时间点界定为事实审口头辩论终结时点。其基本原因在于,口头辩论终结时点,是当事人在诉讼中提出诉讼主张、证据材料的最终时间限制,口头辩论结束后进行法庭评议宣判阶段,法官也只能以当事人在口头辩论结束时所提供的事实和证据信息为基础进行裁决,当事人主义的诉讼模式要求对于当事人没有提出的事实和证据、未经法庭辩论和调查的事实和证据不能作为裁决的基础。这符合民事诉讼的本质规律和对抗判定的民事诉讼结构要求,对当事人和法官均能起到有效的拘束作用。

二、民事再审程序的内涵及其与既判力理论的关系

(一)民事再审程序的内涵

现代纠纷解决理念要求民事纠纷得到公正高效的解决,一方面为了实现法的安定性价值追求、保障司法权威和促进诉讼效益,各国民事诉讼制度均肯定了既判力理论;另一方面,为了实现社会及当事人对纠纷处理方案实体公正的需要设计了民事再审制度。简言之,民事再审制度是对因受生效错误判决损害的当事人合法权益进行特殊救济的非正常诉讼程序。但是在中国民事诉讼立法和司法实务的背景下探讨民事再审程序,不得不提及我国现行《民事诉讼法》在"审判程序"编里,以专章的形式规定的"审判监督程序"。对比上述两个概念,我们就会有趣地发现在中国民事诉讼法中就连再审程序的概念也显得如此混淆不清。因此,在具体分析我国民事再审程序前,对民事再审程序概念的探讨就显得十分必要。

学界关于审判监督程序和再审程序的概念、性质的认识不一,可分为"统一说"和"区别说"。统一说在目前学界占通说地位,其基本观点是我国的审判监督程序就是再审程序,它们是同一内容,两个名称。一般民事诉讼法学教科书均采用审判监督程序的概念,将其界定为:"人民法院、人民检察院或当事人,认为人民法院已经发生既判力效力的判决、裁定及调解协议确有错误而提起或申请再审,由人民法院依法对案件进行审理时所适用的诉讼程序。"[①]又如:"审判监督程序是指人民法院对已经发生法律效力的判决、裁定,依照法律规定由法定机关提起,对案件进行再审的程序。它又称为再审程序。"[②]区别说认为二者概念近似,又有着明显的界限。在二者关系的具体内容上,分为以下两种不同观点:一种观点认为,审判监督程序和再审程序是先后有序的两种不同程序,审判监督程序是开启再审程序必备的前置程序,它的全部作用集中表现为引起再审程序的发生与进行,但其本身并不能直接使错误的裁判得以纠正;再

---

① 江伟主编:《民事诉讼法》(第二版),中国人民大学出版社2004年版,第281页。
② 常怡主编:《民事诉讼法学》(第三版),中国政法大学出版社1999年版,第321页。

审程序则是审判监督程序的后续程序,它的开启必须以审判监督程序为前提,它具有使确有错误的生效判决得以纠正的独特功能。提出审判监督程序的主体,必须是享有审判监督权的法定机关,即人民法院和人民检察院。① 另一种观点认为,审判监督程序与再审程序是存在着包含与被包含关系的两种程序,审判监督程序是设在再审之中的程序,审判监督程序属于再审程序的一部分。② 也有学者认为:"无论是我国的审判监督程序还是大陆法系国家的再审程序,均由两个子程序构成:发动程序与审理程序。发动程序因涉及到对生效裁判效力的否定,其自身由程序发动的主体、发动事由、发动的时间、发动的限制等构成了一套独立而完整的制度与理论,因而是学界关注之真正所在。从发动程序的权力(利)基础来看,我国的审判监督制度与大陆法系国家的再审制度是不同的,前者的基础主要是司法监督权(包括审判监督权与检察监督权),后者的基础是当事人的诉权。相应的,二者制度运行目的的侧重点也是不一样的,前者侧重于对司法权力的监控,后者侧重于对人民权利的保障。故此,我国的审判监督制度与大陆法系国家的再审制度是同一范畴内的两种制度模式,二者之间不能划上等号。"③可见,此种观点将再审的启动视为再审程序的重心所在,又因为在我国当事人再审诉权并未成为发动再审程序的依据,那么将审判监督程序与再审程序合二为一时,统称为"审判监督程序"也有其道理。我国的审判监督程序这一概念,是在借鉴原苏联和原东欧社会主义国家法律基础上而形成的。④

笔者认为,就现行民事诉讼法关于审判监督程序的专章规定而言,审判监督程序主要是着眼于"监督",包括人民法院的监督(上级法院对下级法院的监督、本院的自我监督)、检察院的抗诉监督以及当事人申请再审三种程序。自不待言,前两种程序分别以法院的审判监督权和检察院的民事检察监督权为依据,但针对当事人申请再审的性质,学界争论激烈。有些学者认为该项制度是民事诉讼法的突破,其性质是维护当事人实体权益的一项诉权……;有的学者则持反对态度,认为当事人申请再审并非以诉权为基础,仅仅是"民事诉讼法将'申诉'表述为'申请再审'",仍是基于申诉权,不是诉权。笔者认为,从最高人民法院的相关司法解释来看⑤,显然我国的民事诉讼立法和司法解释并没有把当事人的申请作为再审之诉来处理,当事人不具有选择和决定再审程序的权利,而是将其视为人民法院发现法院错误裁判启动审判监督程序的渠道,其中暗含着将当事人作为监督法院的权利主体而不是诉权的主体。我国的审判监督程序是针对法院已作出的欠缺正当性的生效裁判予以纠正的特殊救济性制度,以国家本位主义为指导出于行使监督权的目的,由法院行使审判监督权或者检察院行使法律监督权,具有以国家权力干预当事人对其私权处分的性质,彰显着职权主义的色彩,蕴含着追求客观真实、有错必纠的理念,体现了国家本位主义的立法思想。放眼国际,无论是大陆法系国家还是英美法系国家并不存在统一的再审程序概念,在我国目前出版的部分国家或地区民事诉讼法典译本

---

① 参见江平主编:《民事诉讼学原理》,中国人民大学出版社1999年版,第668页。
② 参见杨新荣:《民事诉讼法学》,中国政法大学出版社1997年版,第368页。
③ 江伟、徐继军:《论我国民事审判监督制度的改革》,载《现代法学》2004年第2期。
④ 张临伟:《我国民事再审制度的反思与重构》,吉林大学2005届博士学位论文,载中国期刊网优秀博士学位论文库。
⑤ 最高人民法院《关于适用〈中华人民共和国民事诉讼法〉若干问题的意见》第206条规定:"人民法院接到当事人再审申请后,应当进行审查。认为符合民事诉讼法第一百七十九条规定的,应当在立案后裁定中止原判决的执行,并及时通知双方当事人,认为不符合第一百七十九条规定的,用通知书驳回申请。"下文将对我国当事人申请再审制度予以详细分析。

中,大多采用了再审程序概念,审判监督程序概念并未获得普遍共识。大陆法系国家的再审程序,就本质来说是再审之诉,其旨在为当事人受到的因欠缺正当性的生效裁判损害的私权利益提供一种特殊的救济手段,其制度上设计的共性在于该程序的发动以当事人诉权为基础,通过请求有关法院撤销原判决,并且重新审理获得新的判决,以维护当事人的合法权益。虽然,我国的再审程序概念也不能等同于大陆法系国家的再审之诉概念,但是从再审程序的目的、功能角度来看,对再审程序的完整理解不但包括从再审申请、立案、受理到再审案件审理和裁决的一系列相互衔接的程序内容,而且还应当包括对再审事由、再审范围、再审时限和再审启动方式等内容的规范。

综上,审判监督程序是再审程序启动的方式之一,审判监督程序与再审程序的概念是两个相互独立、相互区别的概念。

(二)既判力理论与民事再审程序的关系

"判决一旦作出法官就不再是法官。"①司法判决要有权威性,司法资源具有稀缺性,判决不能无限制地被推翻和重审,这是判决终局性和稳定性的要求,赋予确定判决以既判力,这也是法的安定价值的直接体现。确定判决享有既判力的根据在于国家要求审判权判断的统一,是对法院行使审判权和当事人行使诉权共同尊重的表现。既判力理论本身应当包含程序公正因素:一方面,法院是行使国家审判权的机关,如果法院裁判结果是在严格依照程序法规范的前提下得出的,则无论其裁判内容,至少实现了客观上的程序公正,这样基于国家裁判统一性原理,足以肯定确定判决的既判力;另一方面,当事人在公正的程序中,通过自己的积极行为和实质性地诉讼参与,双方当事人在诉讼过程中的充分交涉、辩论,对法官裁判的基础信息产生了实质性的影响,进而对判决依据的形成产生主导作用。"尊重个人的原则意味着个人应对自己行为所造成的后果负责。"②因此,必须赋予当事人充分参与程序所形成的判决结果以既判力,以体现当事人的自我责任。但是,既判力理论强调判决一旦确定后,无论该判决是否存在错误,当事人和法院均受该判决的拘束,并不得就该判决的内容进行任何意义上的争执,除非该判决被依法变更或撤销。然而,基于人类社会对公正这一价值命题的永恒追求,在民事诉讼领域便不得不思考,为了实现诉讼公正,对那些存有错误的生效裁判,也一味地肯定其绝对的既判力,剥夺受错误裁判损害的当事人利用程序救济权利的机会吗?为确保诉讼公正的价值理念,实现权利救济的需要,对生效错误裁判有必要予以再审,这是以牺牲法的安定性价值为代价的。舍弃判决稳定性而对生效错误裁判进行重新审判,再审制度对既判力提出了严峻的挑战。既判力理论与再审制度天生在价值理念上就有着紧张与矛盾:在实体公正与程序公正之间、在形式正义与实质正义之间,既判力理论关注程序正义,而民事再审程序侧重实体公正。

初步理论分析告诉我们,既判力理论和再审制度在制度内容和价值理念上存在冲突,民事司法实践中一些案件出现了反反复复的多次审判现象③,表明再审制度对确定判决既判力的削弱。我们可以理解,对于普通当事人而言,自我利益追求动机的使然,对于败诉仍然要继续

---

① 沈达明编著:《比较民事诉讼法初论》,中信出版社1991年版,第136页。
② [英]彼得·斯坦、约翰·香德著,王献平译:《西方社会的法律价值》,中国人民公安大学出版社1990年版,第149页。
③ 如湖北"再再再审"案,经历了两次审理,两次抗诉,三次再审,而败诉当事人仍未放弃。参见从玉华:《湖北再再再审奇案调查》,载《中国青年报》2004年10月19日法治版。

寻求司法途径解决的现实需要。无论是从回应现实社会对司法的需求角度,还是从深入探讨既判力和再审制度的理论分析角度,对既判力理论和再审制度的关系予以深层次的思考便会发现这种冲突和矛盾是可以调和的、价值取向上的紧张关系是可以平衡的。再审制度的目的最终指向了以公正的诉讼判决维护人们对司法的信仰和司法权威的尊重;既判力的作用正是通过维护裁判的稳定性来实现人们对于司法的尊重,在体现司法对权利义务关系裁判终局性的同时,既判力为树立司法权威给予了充分的保障。民事纠纷的彻底解决不仅体现为一种解决结果的公正性,还体现为这种结果所赖以产生方式的正当性。从公正这一永恒的价值追求出发,既判力理论适用的理想状态应当是那些通过正当程序得出的正当民事判决。既判力理论为确定判决的效力范围划定了严格的界限,再审制度从相反方向也为确定判决的效力范围明确了适当的框架。"再审程序和既判力理论的最终目的应是一致的",[①]相互矛盾的制度体系正是在追求诉讼公正、维护司法权威的终极向度上获得了相对平衡。一方面,为维持判决的正当性,应当设计精致的民事诉讼程序,为当事人提供充分的程序保障,确保通过公正的诉讼程序得出公正的诉讼结果;另一方面,为维护判决的既判力,应当严格设计再审程序制度内容,限制再审程序的启动。将民事判决的终局性和既判力相对化,并对再审制度的程序内容制度化、严格化。鉴于文章结构需要,下文将对我国民事再审程序的重构进行详细分析。

三、我国民事再审程序的重构[②]

无论是对民事再审程序的比较法考察还是对我国民事再审程序现行立法规定的具体剖析,出发点都在于我国民事再审程序的完善。无疑,两大法系国家民事再审程序的立法规定和实践运作的有益经验值得我们借鉴和吸收,但是"任何被移入的法律,都不可能像在原来的国家那样一模一样地发展,企图照搬别国的法律,不过是一个天才的幻想"。[③] 中国民事再审程序问题的解决,必须以现行立法规定为基础,坚持既借鉴外国有益经验又总结本国相关尝试的教训,在科学合理的改革理念和立法思想指导下,协调相关诉讼程序制度的相互关系,建立健全各项具体程序制度,以期保证民事再审程序诉讼价值的实现和功能的最大限度发挥。

(一)确立民事再审程序的改革理念

1. 以既判力相对性为基础,平衡安定与正义的价值追求

现代社会的价值需求呈多元化态势,在民事诉讼领域通过正当程序获得正义结果,公正高效地解决纠纷,以实现法的安定、公正、秩序、效益等多层次价值是最理想的状态。但制度运行的实际机制表明,价值体系内部本身可能存在冲突,任何一项制度的确立不可能兼顾实现所有

---

① 杨荣新:《民事诉讼法学》,中国政法大学出版社1997年版,第478页。
② 我国再审程序存在的问题可以概括为5个无限,即主体无限、时间无限、次数无限、审级无限、理由无限(转引自沈德咏:《审判监督工作改革若干问题》,载《人民司法》2001年第8期);我国再审案件的具体审理程序存在的问题包括:(1)再审事由规定过于原则化;(2)再审对象规定不明;(3)启动再审程序的时效规定不统一;(4)再审案件管辖体制混乱;(5)再审审理程序规范缺失。
③ 尹伊君:《法律移植与司法制度改革》,载《读书》1997年第12期。

价值追求，既不是以某一价值为主而某一价值为辅，也不应偏重某一价值而忽视另一价值。制度确立应是在坚持各项价值基础独立意义的前提下取得价值平衡。对于民事再审程序的改革，如何平衡法的安定秩序价值与公正价值、程序公正与实体公正价值之间的平衡是首先应予考量的问题。法的安定价值和程序安定性要求坚持既判力制度，对已经生效的裁判当事人不得再提起诉讼，请求法院再行审理；后诉法院不能作出与前诉法院判决相矛盾的判决，以维护判决所确认法律关系的确定性和社会秩序的稳定。法的安定价值与正义价值在民事诉讼的紧张关系表现为在生效裁判违反正义要求的情况下，民事诉讼还应否继续追求法的安定性呢？前文关于民事再审程序与既判力制度的关系思辨部分进行了详细分析，二者的冲突和矛盾是可以协调的，在追求司法权威这一价值维度上，二者获得了平衡的可能性。其平衡点在于坚持判决的既判力的同时，但不能追求绝对的既判力，将生效判决既判力相对化处理；为实现诉讼公正价值，对符合法定条件下的生效错误裁判予以通过再审程序再次救济的机会。也即再审制度的完善，应当以既判力的相对性为基础，平衡法的安定与正义价值追求，问题解决的基点就是严格再审程序的启动，合理规范再审制度的具体程序设计，给当事人充分的程序保障。需要补充说明的是，作为法的正义价值在民事诉讼领域的具体体现，诉讼公正应当是包括实体公正和程序公正的统一体。再审程序不能追求绝对的实体公正，也不能单纯为了程序公正而进行再审程序。在实现诉讼公正价值时同样应当平衡实体正义与程序正义的相互关系。

2. 以当事人处分权为基础，保障当事人诉权的充分行使

作为解决民事争议的一种法律机制，民事法律关系的私法特性决定了民事诉讼是平等主体之间的解决法律争议的过程。根据解决争议的方式应当与解决争议的性质相适应这一诉讼制度设计必须遵循的基本原理，在实体法领域奉行的意思自治原则必然应在民事诉讼领域得到具体体现和延伸，现代民事诉讼法均将处分原则作为民事诉讼的一项基本原则，它要求：民事诉讼只能因当事人行使诉权而开始，因当事人自主的撤诉行为而结束；诉讼程序开始后，原告可以放弃诉讼请求或者变更诉讼请求，被告可以承认、反驳诉讼请求，有权提起反诉；双方当事人可以自行和解，提请调解；诉讼请求及请求的范围由当事人自己决定。再审程序虽然从性质上讲是一种事后的非正常救济程序，但从根本上讲也是解决民事法律争议的程序，是民事诉讼程序重要组成部分，也不例外地应当适用处分原则。由此，在纠正错判、救济当事人权利时也必须考虑民事诉讼的基本特性和民事案件的私法性质，充分尊重当事人的意思自治，赋予当事人启动再审程序的处分权。法院经过诉讼程序作出具有终局性的裁判后，无论当事人是未意识到裁判的错误或者当事人知晓裁判的错误但基于各种原因放弃申请再审，即表明当事人接受了法院裁判，从本质上讲这是当事人的处分行为，处分其民事权利和诉讼权利，法院不得主动加以干预。当事人行使诉权提起再审之诉应当是民事再审程序启动的唯一根据，赋予当事人再审诉权是民事再审程序改革应坚持的基本理念。当事人通过处分权的行使实现了再审诉权，并对法院产生直接制约力。再审程序的合理设计就应当以当事人的处分权为基础，合理设计诉讼程序，保障当事人再审诉权的行使。

（二）转换民事再审程序的指导思想

现行立法在"实事求是，有错必纠"的指导思想下，无论案件裁判经过多长时间，只要裁判确实存在错误就可能引发案件再审，可见再审是被作为一种普遍纠错制度予以广泛适用，张卫平先生将其称为再审程序的"普适化"倾向。显然，这与维护判决的稳定性和权威性相违背，也与再审程序作为一种非正常的事后救济程序性质不相符合。在再审程序改革完善的探讨中，

转换立法指导思想成为必需。对此,学者们提出了不同的看法,如"有限纠错"、"依法纠错"等等。笔者赞同以"确信真实、依法纠错"作为我国民事再审程序的立法指导思想。① 确信真实是指人民法院和双方当事人在充分行使诉讼权利并履行诉讼义务的基础上予以确认并依赖的事实。其核心是强调当事人在民事诉讼事实审理过程中应当有充分的机会对实体利益及程序利益进行比较、衡量并作出取舍,人民法院对客观真实的追求应以当事人对事实认定的过程和结果的确认和信赖为限。案件真实的确定,重心不单在于法院已经对案件真实性所得出的结论本身,更在于法院就该事实存在与否达成结论的形成程序,即在案件事实确定过程中,对于法院确定案件真实最为接近并正确且利于迅速经济地作出结论的诉讼资料是否已尽最大可能地提出、收集并利用。② 因为实践经验和诉讼规律表明,诉讼对实体正义的追求并不总是得以实现的,它受到司法认知主体认识能力等主客观条件的限制,在诉讼过程中只是尽可能地实现客观事实真相的追求,但并不能完全保证客观真相一定得以发现。通过程序正义来最大限度地实现救济权利和发现真相就是最佳途径,因为"程序本身确实能够发挥给结果以正当性的重要作用。程序正义有助于实体正义的实现。由于精密的衡量结果是通过合乎正义的手段获得的,于是只要通过一定程序,就推定这个结果符合正义标准。在这种制度下,结果是否真正合乎客观真实已无从检验,只能由程序的正确性来间接地支持结果的妥当性"。③ 换言之,"确信真实、依法纠错"的理论基础在于程序正义,强调在诉讼程序中要给予当事人充分的程序保障。④ 当然,违背了实体正义价值追求的错判应当予以纠正,但在"确信真实、依法纠错"的基础上,纠错是有范围限制的,而不是有错必纠,即错误必须是在法律规定的范围内的有限情形。这主要涉及再审事由的合理设计,本文将在再审程序完善的具体构想部分详加论述。诚然,在这样的指导思想下,有可能错误未得到纠正,但将牺牲的个案实体正义与程序正义比较而论,这种牺牲是为法律和社会所可以也能够容忍的。

(三)完善民事再审程序的具体设想

1. 废除人民法院依职权启动再审、取消人民检察院抗诉,建立再审之诉制度

前文分析已指出人民法院依职权主动启动再审程序,与司法被动性和中立性原则相悖,侵害了当事人处分权,废除人民法院依职权启动再审符合诉讼法理的基本要求,这在理论界也基本形成一致认识。但对人民检察院抗诉的存废问题,学界还存在分歧,有观点指出检察院抗诉有其存在的合理空间,但应予以必要的限制,对涉及公共利益的民事案件人民检察院有权提出民事公益诉讼以及提起抗诉。该观点的理论基础是检察院作为国家法律监督机关,对涉及国家经济利益和社会利益的案件,检察院应当行使法律监督权,提起抗诉。但是,"公共利益"是一个相当模糊和抽象的范畴,难以对公共利益予以明确的界定;在此情况下,如果不能对公共

---

① 该观点为西南政法大学李祖军教授提出,参见李祖军:《论民事再审程序》,载《现代法学》2002年第2期。

② 李祖军:《民事诉讼目的论》,法律出版社2002年版,第246页。

③ 陈光中、沈国峰:《中国古代司法制度》,群众出版社1984年版,第158页。

④ 根据确信真实的事实认定目的要求确信真实的形成基础是:当事人应有足够的机会和能力行使取证、举证、辩论、质证等项权利,周边保障制度如公开审判、回避制度、律师代理制度得以切实施行,人民法院履行了必要的查证责任,人民法院依照法定程序对证据材料进行了全面公正的审查核实且思维过程符合人类理性,人民法院将自己对事实认定的认识作出了宣示和说明并且经由当事人双方相辩论,或双方当事人与审判人员进行商讨予以确认并达成信赖。参见李祖军:《民事诉讼目的论》,法律出版社2002年版,第246页。

利益进行准确的界定,那么其可能造成的另一后果就是给国家不正当地干预民事诉讼打开突破口,"导致民事诉讼基本原则的变异或动摇"①。正如前文所述,人民检察院抗诉也存在着侵犯当事人处分权、破坏法的安定性价值等理论缺陷,在司法实践中极易造成法院审判权与检察院法律监督权的冲突,笔者认为应当取消人民检察院抗诉。这是在当事人主义诉讼模式发展趋势下,贯彻当事人处分权基本原则的要求。

与此同时,以诉和诉权理论为制度基础建立再审之诉制度。赋予当事人再审诉权,对法院已经生效的裁判不服,依照法定理由,当事人可以起诉的方式请求撤销原判并对案件再次审理,通过当事人再审诉权和人民法院的再审审判权共同推动民事再审程序的顺利展开。与申请再审相比,再审之诉的积极意义在于,当事人在满足诉的条件时,人民法院对当事人行使司法裁判权的诉求,不能拒绝裁判。有权提起再审之诉的当事人,应以既判力的主观范围为标准,凡受既判力约束的当事人都应该享有再审之诉的提起权,包括原告、被告、上诉人、被上诉人、有独立请求权的第三人、判决其承担民事责任的无独立请求权的第三人以及生效判决效力所及的其他人;为保证再审程序进行的实际意义,从诉的利益理论出发在原审诉讼中全部胜诉的当事人不能提起再审之诉,再审程序中的适格原告应当是原诉讼中遭受败诉的当事人及其权利继受人。

2.科学设计当事人提起再审之诉的对象和法定事由

当事人可以提起再审之诉的对象也就是当事人可以声明不服请求人民法院再次审查的对象。纠错是民事再审程序确立的基本依据,错判是当事人提起再审之诉的基本原由,原裁判就成为当事人提起再审之诉的对象。那么,从裁判类型上讲哪些裁判类型可以提起再审,在可以提起再审的裁判方式中哪些案件可以提起再审,这是具有相关性的两个问题,前一问题实际上就是再审之诉的对象问题,后一问题就是当事人提起再审之诉的法定事由问题。

人民法院对再审之诉的裁判包括判决和裁定两种方式,判决一般是就案件实体问题作出的终局性结论,涉及当事人实体权益的判定,判决作为当事人可以提起再审之诉的对象毋庸置疑。但是,问题的关键在于,裁定是对民事诉讼中的程序问题和个别实体问题作出的判定,对那些非涉及实体权利的裁定是否应当给予再审的可能性。笔者认为,作为一种对当事人合法权益的特殊救济方式,再审原则上应当考虑主要针对实体权利的生效裁定的再审,也即是否可以对裁定提起再审,主要应从裁定是否对实体权利产生直接的实体既判力作用的角度分析。就我国《民事诉讼法》第140条以列举的方式规定的裁定适用范围而言,不予受理和驳回起诉的裁定涉及是否给予当事人诉讼救济的重要问题,一旦法院裁判不予受理和驳回起诉则意味着当事人无法获得权利保护的机会,从程序的协调性角度来讲,与二审程序对接,也应当肯定对不予受理和驳回起诉裁定的再审机会。对于管辖权异议的裁定因其并非直接关涉当事人的实体权利,也即即使管辖权异议裁定错误了,但法院最终给予了当事人权利救济的机会,如果当事人认为法院裁判有误还可以针对该实体判决提出再审,所以没有必要给予管辖权异议裁定再审的可能性。否则,也会违背诉讼效益原则的要求。此外,现行民事诉讼法肯定了法定条件下民事调解书的再审可能性,笔者认为,调解书与判决书不同,虽然调解是在法官的主持下完成的,但它体现了当事人对实体权利的自由处分,不宜采用再审之诉来予以解决。综上,可以提出再审之诉的对象包括具有终局性法律效力的判决、发生法律效力的不予受理和驳回起诉的裁定。

---

① 参见张卫平:《我国民事诉讼处分原则重述》,载《现代法学》2001年第6期。

再审之诉的法定事由的确定是再审程序的核心内容,有学者将其称为"打开再审程序之门的钥匙",①针对我国现行民事再审事由规定的诸多缺陷,学者们就再审事由的整合与完善提出了诸多观点。② 笔者认为,从维护判决既判力和法律关系稳定性的角度,对再审事由的设计必须慎重。吸收和借鉴国外民事再审程序规定的立法经验、参考民事诉讼理论研究的成果,笔者认为,当事人对以下事项可以提起再审之诉:(1)有新证据足以证明通过再审将获得比原裁判更为有利的判决,该新的证据是裁判生效后新出现的或者原审过程已经存在但当事人客观上无法发现的;(2)原裁判认定事实的证据是伪造或变造的,或者是违反法定程序取得的;(3)作为裁判基础的刑事判决或行政决定变更或撤销的;(4)原审裁判适用法律法规明显错误的;(5)违反既判力原则,作出与生效裁判相矛盾的裁判的;(6)超越诉讼请求事项作出裁判或者与本案有关的诉讼请求未予裁判;(7)违反法定程序规则的:原审审判庭组成人员不合法的,如独任审判的法官自审自记、合议庭组成违反法律规定、未参加庭审的法官参与了裁判等,法官、书记员应当回避而没有回避,依法应当开庭审理而未经开庭即作出判决,未合法传唤当事人而缺席判决,当事人为无行为能力人或限制行为能力人,未由代理人代理诉讼而作出裁判的,遗漏必须参加诉讼的当事人;(8)原审审判人员在审理该案时经确认有受贿、徇私舞弊、枉法裁判行为的。

3. 规范当事人提起再审之诉的诉讼时效

为维护确定判决的既判力及民事法律关系的稳定性,当事人对生效裁判声明不服,应该在法定的期间内提出;否则,应予驳回,即使存在应予再审的情形,也不例外。因为当事人在得知再审事由后于过长时间还未提出再审之诉,也理应产生怠于行使权利的失权后果,这也是符合正义原则的。对再审之诉的提起时效加以限制是两大法系各国立法的共同认识。这符合程序效益原则的要求,因为纠纷发生经过较长时间后,给证据和事实材料的收集带来困难,案件审

---

① 张卫平:《探索与构想——民事司法改革引论》,人民法院出版社2003年版,第249页。

② 如有学者提出再审事由包括:(1)审理本案的审判人员、书记员应当回避而未回避;(2)作出裁判的法庭未依法组成;(3)未经开庭审理而作出判决;(4)依法应公开审理的案件未公开审理;(5)当事人在诉讼中未经合法代理;(6)法院违反管辖规定受理案件;(7)作为裁判依据的主要证据系伪造、变造或虚假的;(8)由于对方当事人的行为,一些对裁判结果具有决定意义的书证未能提出;(9)作为裁判依据的另一裁判或行政机关的决定已被撤销;(10)本案裁判与另一在其前生效的裁判或调解书相抵触;(11)审判人员在审理案件时有徇私舞弊,枉法裁判行为的。参见李浩:《民事再审程序改造论》,载《法学研究》2000年第5期。也有观点从实体和程序两个方面对再审事由提出了重构的建议:(1)生效的民事裁判严重违反诉讼程序,损害了程序的公正性。具体包括:①审判组织不合法:如独任审判的法官自审自记,没有书记员参加;合议庭组成人员不足三人或者是偶数;合议成员中途换人;非合议庭成员参加了对案件的合议等;②审判人员、书记员应当回避而未回避;③未经开庭审理而作出判决,应当公开审理的案件未公开审理;④违法管辖且当事人有异议但未获准的;⑤违反民事诉讼法的规定,没有给予当事人陈述或者答辩的机会。(2)生效的民事裁判实体上确有错误,损害了一方当事人实体法上的权益。包括:①作为裁判基础的主要证据是无效的:如证据是伪造、变造或者是违法的;②原裁判适用法律确有错误;③作为裁判依据的另一裁判或行政决定已被撤销;④因对方当事人或第三人的行为,使一些对裁判有决定性作用的证据未能提出,在这种情况下,当事人发现新的证据,足以推翻原裁判;⑤审判人员在审理该案件时有徇私舞弊,枉法裁判行为的。参见王凤扬:《论我国民事再审程序的不足和完善》,载《浙江省政法管理干部学院学报》2001年第6期。另有学者提出在短时间内还不可能对民事诉讼法进行修改的前提下,通过司法解释对再审事由进行调整,如将"原判决裁定认定的事实的主要证据不足的"限制为"主要事实",并对"违反法定程序"明确细化为未给予当事人陈述或答辩机会等。参见张卫平:《有限纠错——再审制度的价值》,载《法律适用》2006年第7期。

理的难度无疑会加大,不仅增大诉讼的社会成本,还可能会破坏交易安全,"经过相当长的时间,法律关系趋于稳定,破坏已有的法律关系往往是不明智的,维持既存的权利状态、保障法律生活的安全是法应有的价值取向"①。借鉴有关国家立法经验,为充分保证当事人行使诉权救济权利的机会,兼顾原则性与灵活性,笔者认为,当事人或案外人应当在已经知道或应当知道再审事由的 60 日以内提出再审申请;如果自生效裁判的作出已超过 5 年的,当事人不得提出再审申请。

4. 明确再审之诉的管辖法院

虽然从理性分析的角度,将再审之诉的管辖法院确定为作出生效裁判法院的上一级法院,并不能确保再审审判的公正性。但是,从我国法院体系设置和上下级法院间的关系角度,由上一级法院对再审之诉进行审理,不仅能够较好地避免原审法院对再审案件审理的弊端,其优势也是明显的:首先,从上下级法院的关系和再审程序监督和纠错的角度而言,上级法院对下级法院间是业务上指导和监督的关系,由上级法院审理再审案件,容易排除地方保护主义和其他人为因素的干扰,更有利于司法公正的实现。其次,从当事人提起再审之诉的心理角度上讲,由上一级法院进行再审,再审法院级别提高,排除了当事人由于对原审法院裁判不服而不信任原审法院的顾虑。笔者认为,再审案件应当由作出生效裁判的法院的上一级人民法院管辖。

5. 充实再审案件的审理程序规定

现行民事再审程序没有独立的审理程序规定,根据原审程序的不同,再审程序可能依照一审程序进行,也可能根据二审程序展开,审理程序规范的缺失给司法实践操作带来的不便自不待言。笔者认为,虽然再审程序是对同一案件的再次审理,性质上具有事后救济性,但是它仍然是民事诉讼程序的独立组成部分,理应设计独立的审理程序,其中包括再审案件的立案审查、审理方式、审理范围等内容。

第一,关于再审立案审查。当事人行使再审诉权提起再审之诉,只有再审之诉符合诉的要件时才可能准予立案进入再审程序。现行立法的最大缺陷就在于对立案审查程序的忽视。立法应当统一审查模式,人民法院在收到当事人提起的再审之诉后,应当在 7 日内审查完毕,告知当事人审查结果。为了避免案件先入为主,立案审查时应当是形式审查方式。在司法实践中,部分地方法院采用了听证方式进行再审立案审查,效果明显,值得借鉴。② 从理论上讲,听证制度的优势在于:一是有利于增强审判工作的透明度,解决暗箱操作问题,提高再审立案的质量;二是有利于双方当事人摆事实、讲道理,提供一次互相沟通的机会,可以有效缓解对立情绪;三是有利于让当事人充分依法行使各项权利,解决纠纷、化解矛盾,便于做好当事人的服判息诉工作。

第二,关于再审的审理范围。民事再审程序应当也不例外地遵循民事诉讼处分原则,当事人的处分权和诉权对法院审判构成合理制约。所以,法院再审审理和裁判的范围应当受到当事人请求范围的限制。关于当事人再审申请超出原审诉讼请求,人民法院是否应当再审的问题,2002 年 7 月 18 日颁布的《最高人民法院关于民事损害赔偿案件当事人的再审申请超出原

---

① 张卫平:《论民事诉讼中失权的正义性》,载《法学研究》1999 年第 6 期。
② 如上海市第一中级人民法院对 85 件申请再审案件试行了复查听证,其中,当月结案达 74 件,占 84.1%,在审结的 74 件案件中,无一当事人上访,真正做到使当事人服判息讼,避免矛盾激化,实现"官了民也了"。参见华双根、李弘:《浅议复查听证制——审判监督程序改革的新探索》,载《上海市政法管理干部学院学报》2001 年第 2 期。

审诉讼请求,人民法院是否应当再审问题的批复》明确指出:根据《中华人民共和国民事诉讼法》第179条的规定,民事损害赔偿案件当事人的再审申请超出原审诉讼请求,或者当事人在原审判决、裁定执行终结前,以物价变动等为由向人民法院申请再审的,人民法院应当依法予以驳回。

第三,关于再审的审理方式。开庭审理方式的规范涉及案件审理的具体程序操作,事关当事人合法权益的保护,借鉴现行立法关于一、二审程序的规定,可以采用的审理方式有开庭审理、径行判决和书面审理三种方式。开庭审理体现着公正、公平原则,有利于当事人"有理摆在庭上",避免司法"暗箱操作"。结合再审案件的特殊性,尤其是对一些案情比较复杂的再审案件,开庭审理应当成为再审的主要审理方式,这是符合诉讼民主化、科学化和诉讼公正的要求。书面审理是指法官对再审案件材料进行审查后,认为不必传唤和通知当事人及证人开庭审理的,将材料交由合议庭对案件进行审查裁判。径行判决是我国民事二审程序的审理方式,这是一种介于书面审理与开庭审理之间的审理方式,法官并不单纯地对书面材料进行审查,在审查过程中可以询问当事人和证人等,对某些有疑问或未弄清的事实证据进行调查核对。笔者认为,以上三种审理方式都有其合理性,应当交由法官根据具体案件进行自由选择。

第四,关于再审的审理期限与次数。对再审审理期限和审理次数的限制主要应该从诉讼效益和判决权威性的角度出发,不能无限制地进行再审,无谓地增加诉讼成本。再审案件审级的提高,可以促进审理审判的正确性。"如果允许作为司法者的法院频繁轻率地改变其裁判,法律还有何安全性和预见性?法律终将是一座在海洋中漂浮不定的冰山,法律至上的理念亦永不能深入人心。"[①]笔者认为,再审审理应当在3个月内审结,对同一案件的再审只能一次。

第五,关于再审的裁判效力。经再审,发现原裁判正确的,判决予以维持;如果当事人仍不服又提出申请的,裁定予以驳回;如果认为原裁判确有错误的,可以撤销原裁判作出新裁判。但鉴于将再审之诉的管辖确定为终审法院的上一级法院,因此,再审法院的裁判应当是终局裁判。

6.合理再审案件的诉讼费用收费办法

国家设立民事诉讼制度救济当事人合法权益需要成本投入,要求当事人行使诉权请求司法保护交纳一定的费用是各国民事诉讼通用的做法,其目的一方面在于分担诉讼成本,减少国家不合理的开支,另一方面是防止当事人滥用诉权。在当事人提起再审之诉成为再审程序的唯一启动机制的框架下,要求当事人如一、二审程序一样交纳诉讼费用也是合理的。再审诉讼费用的交纳同样遵循败诉方负担原则,以通过制裁性的诉讼费用交纳实现防止当事人无理提出再审之诉的现象频繁发生。与一、二审程序不同的是,原审错误裁判是因法院自身原因导致再审的,如审判组织不合法或审判人员审理时徇私舞弊、枉法裁判的,经再审审查或审理后,查证属实,则应当退还诉讼费。

---

① 章武生、孙永军:《再审程序之重构》,载陈光中编:《依法治国司法公正——诉讼法理论与实践》(1999年卷),上海社会科学院出版社2000年版,第51页。

论裁判诚信
——民事实体法与诉讼法关系的另类解读

曲升霞*

"诚信"（good faith/bona fides）作为一项法律原则，在大陆法系，经过罗马法、中世纪民法、近代民法的千年洗礼之后，最终成为私法领域之帝王条款；在英美法系，自中世纪衡平法院设立以后，通过衡平法和判例法也得到了广泛的确认和适用。诚信原则在私法领域的发展使人们对其理解走向了绝对，俨然成为私法领域的专有原则，但回溯历史，我们注意到，"在罗马法中有两种诚信：一种是诉讼法领域的诚信……诉讼法领域的诚信首先表现在裁判官运用自己的权威解决疑难案件的可被描述为'裁判诚信'的过程，它是对裁判官运用其自由裁量权之过程的简略表达，当然，它也暗含着裁判官在这样做时要遵循正义的行为标准的意思。另一种是适用于物权法领域的诚信。"[①]可见，自产生时起，诚信原则就包括私法中的诚信和诉讼法中的诚信，除了当事人应遵循诚实信用要求外，法官的裁判诚信意义更为深远。裁判诚信使法官能够运用自由裁量权衡平当事人利益与国家利益，使公平正义的法治理念得以实现，也正是裁判诚信，为诉讼中法官如何行使自由裁量权提供了行为准则。因而，裁判诚信的内涵既包括法官在处理疑难案件时运用自由裁量权，亦包括对法官司法行为提出诚信要求，两个方面不可偏误，而规范自由裁量权与法官司法行为，显然非实体法或诉讼法一己之功，对裁判诚信内涵的准确把握，将使我们更为理性地看待诉讼法与实体法的关系，并为今后的立法与司法实践提供理论借鉴。鉴于诚实信用原则在民事立法与司法领域的发展最为突出，笔者沿历史的进路对民事领域裁判诚信的内涵、价值与启示加以思考，以求教于同仁。

一、从裁判诚信的发端解读其内涵

严格说来，裁判诚信发端于罗马程式诉讼时期，为了弥补法律诉讼时期市民法的局限性以及诉讼的过分形式化，适应罗马生活，尤其是经济生活和贸易生活的重大变迁，《爱布兹法》

---

* 曲升霞：扬州大学法学院讲师。
① 徐国栋：《诚实信用原则研究》，中国人民大学出版社2002年版，第10～11页。

(Les Aebutia)确立了程式诉讼。在程式诉讼中,裁判官通过创造新的诉讼形式或者把旧的诉讼形式扩展适用于新的事实,以便更广泛地救济民事主体的权利。程式诉讼实质上为法官能动司法创造了可能,而程式诉讼中的诚信诉讼则最充分地体现了裁判诚信,其表现为首先在程序启动上赋予法官(裁判官)自由创设权利救济方式的权能(即创设诉权),而后在诉讼中依诚实信用要求确定当事人的权利义务,在法官的指引下,由承审员根据公平正义自由裁断当事人应负的实体法上的权利与义务。就法官的自由裁量权而言,"在诚信诉讼中,程式中注明'按诚信'(ex bona fide)原则的字样时,承审员可斟酌案情,根据当事人在法律关系中应当诚实信用,按公平正义的精神而为恰当的判决。……故原告如有欺诈、胁迫等行为,即使被告未在程式中抗辩,承审员也有开释被告之权"。① 就裁判诚信的行为准则功能而言,除上例中要求法官"按公平正义的精神而为恰当的判决"外,还可从诉讼监督与救济机制上进行分析。在罗马程式诉讼时期,诉讼分法律审和事实审两个阶段,法官负责法律审,并确定和指示承审员审理事实,"如若承审员在事实裁判中未遵循指示,法官有权停止诉讼的进行和撤换承审员"②,在判决作出后,当事人如认为不公,可以申请提起撤销之诉。如法官指示不当,使当事人因判决或裁定错误蒙受损害的,在一定情况下,被告可请求大法官谕令恢复原状。③ 诚信诉讼中裁判诚信得到了张扬,承审员运用自由裁量权为当事人更广泛、更公平的权利救济提供了可能。裁判诚信的巨大作用使其"不仅体现在诚信诉讼中,而且还体现在一些其他的诉讼制度中……如果把诚信诉讼的本质理解为授予承审员自由裁量权,我们看到,在罗马的诉讼制度中,已经形成了授予法官自由裁量权的制度体系:诚信诉讼、事实诉和事实抗辩、简约之诉和简约抗辩、一般的诈欺抗辩、仲裁之诉和善良公正之诉"。④ 罗马法上的诚实信用原则有着广阔的适用空间,其中的裁判诚信以自由裁量权的授予为本质,以法官审理案件时依诚实信用原则评判当事人的行为或为当事人设定义务为外观,逐步走向成熟。随着诉讼法与实体法的分离以及民法理论研究的深入,裁判诚信在民法学者的眼里与自由裁量权的运用成了同一概念,以至于有学者认为"由于法律的重心已完成了从程序法到实体法的转变,在多数现代大陆法系国家,裁判诚信遂被作为两种诚信(主观诚信与客观诚信)的诉讼运作方式丧失了其独立存在",⑤显然,诉讼法领域中裁判诚信的发展被人们忽略。笔者认为裁判诚信即便作为一种诉讼运作方式,也应有别于实体法中规定的一般条款,因为立法与司法是法的运行中不同领域的问题,两者无法互相取代,更何况加入法官的主观性与创造性的司法活动,裁判诚信蕴涵着比立法中一般条款更为丰富的内涵。首先,裁判诚信体现为法官运用自由裁量权对当事人的主观方面或行为进行评价。其次,裁判诚信还作为一种行为准则,约束着法官的司法行为。法官解释、评价、补充、适用法律以至作出裁判等各环节均应受到裁判诚信的指引与规范,对法官枉法裁判的惩戒、禁止突袭性裁判以及给予当事人充分的程序救济权等均是裁判诚信约束法官司法行为的表现,这些内容往往体现在民事诉讼法的具体规定之中,是民事诉讼法诚实信用原则的体现。有的民法学者恰恰忽略了对诉讼法中诚信原则的考察,才导致了裁判诚信已消失这一结论的产生。

---

① 周枏:《罗马法原论》(下册),商务印书馆1994年版,第885页。
② 周枏:《罗马法原论》(下册),商务印书馆1994年版,第899页。
③ 周枏:《罗马法原论》(下册),商务印书馆1994年版,第903~904页。
④ 徐国栋:《诚实信用原则研究》,中国人民大学出版社2002年版,第60~65页。
⑤ 徐国栋:《诚实信用原则研究》,中国人民大学出版社2002年版,第12页。

二、裁判诚信中法官运用自由裁量权之价值解读

裁判诚信的含义之一是通过立法一般条款的规定,赋予法官衡平裁量权,法官通过创造性地运用自由裁量权,根据公平、正义与合理的标准对当事人的行为是否符合诚信加以评断。其价值不仅体现为个案的公正得以彰显,更体现为通过修补立法疏漏与迟滞,而推动实体法的不断发展和完善。正是基于此以及与现代社会需求相契合的道德内涵使诚实信用原则深为后世民法推崇和承继。《法国民法典》第 1134 条、《撒克逊民法典》第 858 条、《德国民法典》第 242 条等对诚实信用原则均明确加以规定,被赞为现代民法样板之一的《瑞士民法典》更是在其开篇第 2 条中明文规定:"任何人都必须诚实、信用地行使其权利并履行其义务。"在美国,《合同法(第二次)重述》第 205 条对诚实信用原则进行了界定。《统一商法典》这一现代商人法典第 1—203 条亦规定:"对于本法范围内的任何合同或义务,当事人在其履行或执行中均负有诚实信用义务。"而规制国际贸易的《国际商事合同通则》第 17 条第 1 款亦规定了诚实信用原则:"每一方当事人在国际贸易交易中应根据诚实信用原则和公平交易的原则行事。"诚实信用原则一般条款的规定使法官裁判诚信成为必需。

那么,裁判诚信又如何发展了实体法呢?笔者选取大陆法系与英美法系的典型国家予以论述。在大陆法系的德国,经过两百多年的司法实践,"经过法律学者们的努力,他们与联邦最高法院紧密联系、相互作用,找出《民法典》242 条的不同作用,对该条的不同适用领域加以分类,从而确立了典型的'判例群'"。① 学者们甚至认为诚实信用原则不是一个具有必须予以核对具体要件的法律规则,而是可以被称为一个开放性的规范,它的内容不能通过抽象的形式来确定,只能通过其适用的方式得到具体化。② 显然,学者们在裁判诚信中获得了启迪,立法亦在裁判诚信地推动下得以发展,诸如合同附随义务、交易基础丧失等制度因此确立。新的规则不断生成,使诚实信用原则本身变得更加明晰。我们可以用一个对比加以说明:对《德国民法典》第 242 条的解释,先前 Wilhelm weber 教授的注释达 1500 页之多,而"现在所作的最权威的注释总共不过需要 539 页,通常只是在新的规则得以充分确立从而能够自立之前的过渡阶段才用得着《德国民法典》第 242 条"。③ 在英美法系的美国,对于诚实信用原则的具体适用,《统一商法典》和《合同法(第二次)重述》的各种条款均伴有"官方评论",法院把他们当作解释法典的指南,这些评论在很大程度上依赖于长期的裁判诚信的规律总结。除此之外,还形成了一个庞大的判例体系,依靠遵循先例的规则使诚实信用原则在适用上达到统一。很显然,美国私法领域诚实信用原则也体现为裁判诚信推动下的发展。具有现代意味的我国《合同法》无疑也得到了裁判诚信的启示,以一般条款加"合同义务群"的方式对诚实信用原则予以立法表达。

---

① [德]莱因哈德·齐默曼、[英]西蒙·惠特克主编,丁广宇、杨才然、叶桂峰译:《欧洲合同法中的诚实信用原则》,法律出版社 2005 年版,第 23 页。
② [德]莱因哈德·齐默曼、[英]西蒙·惠特克主编,丁广宇、杨才然、叶桂峰译:《欧洲合同法中的诚实信用原则》,法律出版社 2005 年版,第 16 页。
③ [德]莱因哈德·齐默曼、[英]西蒙·惠特克主编,丁广宇、杨才然、叶桂峰译:《欧洲合同法中的诚实信用原则》,法律出版社 2005 年版,第 16、24 页。

这些裁判诚信推动下的共同的发展趋势令我们有了新的发现：诚实信用原则在立法上是众多国家或组织的法律文本中的一般条款，而运用一般条款的裁判诚信则为其构建出一个不断发展的具体规则体系。一般条款的确立彰显着对公平与正义的持续关注，使成文法生机永存，而规则体系则使诚实信用原则走向具体和深入。

三、裁判诚信中约束法官裁判行为之内涵解读

法院法官作为行使审判权的主体，与诉讼参与人一样，均是诉讼法律关系的主体，法官既承担着保护当事人合法权益、公平裁断的审判职责，又要以其审判彰显法律的公平、正义与权威，形成良好的法治秩序。随着辩论主义的嬗变和协同主义的兴起，人们开始关注法官与其他诉讼法律关系主体应负有的义务。我国最高人民法院黄松有副院长考察各国司法改革的规律，结合中国的司法实践指出："纵观当今世界各国司法改革以及民事审判体制改革的共同规律，应当由以传统的自由权为基础转向以社会权为基础，即从'司法福利'这一观念出发，以协同主义为指导来重新配置和实践民事审判权。"①2007年1月5日，在济南召开的第七次全国民事审判工作会议上，肖扬院长做了题为《建设公正高效权威的民事审判制度，为构建社会主义和谐社会提供有力司法保障》的长篇讲话，首次提出了以协同主义为参照的和谐诉讼模式的新理念。在新的诉讼模式观之下，法官的裁判诚信显得尤为重要。因为法官的审判活动无一例外要经历"获得案件事实——择取法律规范——解释法律规范——对法律规范与案件事实的价值和逻辑关系进行内心确信——形成判决"的思维推理过程，②而在和谐的诉讼过程中无论是对事实的认知与阐明、法律规范的解释与选择、自由心证的形成还是对诉讼程序的指挥保障，都对法官的司法行为提出了要求。要求法官在行使自由裁量权的同时，约束自身裁判行为，包括公平善意地解释与择取法律，公正中立地行使释明权，不得滥用诉讼指挥权、裁判权以及善意行使自由裁量权等。而要实现对法官司法行为的约束，在诉讼法中确立诚实信用原则并构建相应的制度规则成为必需。

（一）法官解释、择取法律应当遵循公平正义，诚实善意地进行

在法律推理的三段论中，结论的正确性是由大前提的正确性决定的，因此，正确识别大前提即正确地解释和择取法律关系重大。但司法活动绝不是法律规范与事实间简单的一一对应关系，法官必须在浩如烟海的法律中寻找适合个案的规范，而现实生活又是复杂多变的，在这样的过程中，法律解释不可或缺。也正基于此，法官在审理案件时，如何进行解释，在很大程度上左右着案件的裁判结果，解释的不确定性显然给法的安定性和当事人的合理预期带来影响。法官解释法律同样应遵从法的基本原则和价值取向，以保持当事人对法的信仰与遵守，"作为解释者，心中当永远充满正义，目光得不断往返于规范与事实之间"③，恪守公平正义，正确审视事实，洞察规范，唯此，才能实现法的正义性、安定性和合目的性。此外，在法律有欠缺或不

---

① 黄松有：《中国现代民事审判权论》，法律出版社2003年版，第32～34页。
② 郭卫华主编：《"找法"与"造法"——法官适用法律的方法》，法律出版社2005年版，第2页。
③ 张明楷：《刑法分则的解释原理》，中国人民大学出版社2004年版，第1页。

完备而为漏洞补充时,亦须以诚实信用原则为最高准则予以补充,其造法始不致发生偏差。①诚实信用原则恰为法官的法律解释提供了指导和依据,而同时,"法官意欲借法律原则之力表达意志,原则本身也将成为定方圆之规矩。因此,我们必须理解,适用法律原则的最终目的并不在于释放法官造法的自由,而始终是为法官搭建一个向法律表达忠诚的舞台"。②

(二)法官释明权的行使应当以保持中立、彰显公平正义为目标

法官释明权(又称阐明权或释明义务),在现代法上既被理解为职权,亦被理解为义务。其含义为使原不明了者变为明了,让当事人将自己不完备的陈述、声明、证据补充完备。释明权作为协同主义的核心要素,其产生旨在补救处分主义及辩论主义的不足,因而法官释明必须尊重当事人的处分权和辩论权,不能超越当事人处分的范围,也不能超越当事人主张和提出诉讼资料的范围。协同主义下民事诉讼的本质没有改变,如何使当事人更好地解明事实,实现程序的公正与效益,达到协同之目的,法官如何行使释明权自然成为关键。《德国民事诉讼法》第139条法官释明义务的规定可为借鉴:"其典型形态是在口头辩论阶段,法官首先对案件及争讼情况进行说明,而且要对当事人进行询问、调查证据;在这以后,再次与当事人就案件和争讼情况进行讨论。在这里,法官对所有诉讼参与者,对于法律上的重要事实予以释明,向当事人说明其诉讼态度所能产生的法律效果。"③毫无疑问,在这个过程中,法官只有依据法律诚实善意地开示其见解,并且在开示中保持中立,才能使当事人完善自己的主张、更充分地提出自己的证据,实现诉讼程序公平、正义、效率与经济的目标。

当然,法官的释明绝不是没有限制的,民事诉讼以私益纠纷为审理对象,当事人的自主性必须得到尊重和保障,法官不能将其见解或意愿强加或变相强加于当事人。德国学者巴沙曼对此进行了强调:"法官应当让当事人知道法的状况,而且必须告知当事人其行为将要导致怎样的法律后果。只有这样做,当事人才能真正享受到自由;但是,法官并不是当事人的监护人,对于法官的提示,当事人是否予以接受,这是当事人个人的问题。当事人的主张无论存在多么不合理之处,法官都要受此约束。法官不能无视当事人的意思,也绝不能对这种意思的形成施加影响。"④从这层意义讲,法官在事实解明中的诚实信用,应是在保障当事人知晓权利与案情的基础上,恪守公平与中立。

(三)诉讼指挥权与裁判权应公平善意行使,禁止滥用

诉讼指挥权是"法院在监督诉讼程序合法进行,谋求完全、迅速的审理,尽快解决纠纷的条件下所进行的活动及其权能的总称。"⑤法官行使诉讼指挥权,旨在保证诉讼程序的高效进行,为民事纠纷的解决提供一个公平合理的诉讼环境。诉讼指挥权主要体现为程序引导权、庭审指挥权、调查取证权等方面。如果法官不适当地甚至是恶意地使用这些管理性权力,如违背具体的程序规则,在法庭辩论时故意不当地阻止一方当事人发言;对符合条件的超过举证时效

---

① 梁慧星:《诚实信用原则与漏洞补充》,载《法学研究》1994年第2期。
② 郭卫华主编:《"找法"与"造法"——法官适用法律的方法》,法律出版社2005年版,第204页。
③ 唐力:《辩论主义的嬗变与协同主义的兴起》,载人大复印资料《诉讼法学、司法制度》2006年第2期。
④ [德]鲁道夫·巴沙曼著,[日]森勇译:《社会的民事诉讼——在社会法治国家民事诉讼法的理论和实践》,(东京)成文堂1990年版,第130页。转引自唐力:《辩论主义的嬗变与协同主义的兴起》,载人大复印资料《诉讼法学、司法制度》2006年第2期。
⑤ [日]三月章著,汪一凡译:《日本民事诉讼》,台湾五南图书有限公司1997年版,第199页。

的"新证据"故意不予采信等,往往会给当事人造成极大的损害。因此,诉讼指挥权作为法官驾驭诉讼的重要权利,必须善意为之,才能实现公正,才能让法院裁判具备公信力。如何保障诉讼指挥权的正当行使,具体的方式可以分为程序救济和纪律处分两方面。就程序救济而言,对法官故意滥用诉讼指挥权作出的裁定或命令,可能使当事人重要的程序权利丧失的,可赋予当事人依法上诉或请求上级法院复议的权利。如因法官怠于行使诉讼指挥权而损及实体利益的,可赋予当事人以裁定违反法定程序为由进行上诉的权利。就纪律处分而言,对恶意滥用诉讼指挥权情节严重的审判人员施以审判纪律处分,以规诫其行为。

裁判权滥用表现为突袭性裁判。突袭性裁判包括发现真实的突袭,促进诉讼的突袭及法律适用的突袭。发现真实的突袭是指未使当事人在言词辩论终结以前,充分认识、预测法官有关发现真实的心证活动,致使当事人就发现真实(确定某事实存在与否)未尽充分攻击防御或陈述意见即作出认定。促进诉讼的突袭,是指未适时使当事人预测法院裁判内容或判断过程,致使当事人来不及提出有利的资料和意见,以避免程序上造成不必要的精力和费用的浪费或不该有的节省的情况下,受法院的裁判。① 另外,法官知法的原则并不意味着剥夺当事人就法律解释与适用有辩论的机会,因而法官未保障当事人就适用法律的辩论权即作出判断,亦可造成法律适用的突袭。突袭裁判反映出法官滥用司法裁量权这一本质,是裁判诚信制约的主要内容。那么,如何实现对突袭裁判的制约呢?首先,应在法律中建立相应的对话机制和异议程序,避免突袭裁判的发生。法官指挥诉讼进行的同时,对案件真实的发现负有辅助作用,同时为了使当事人更好地提出主张和提供证据,必须与当事人进行对话、充分讨论,换句话说,就是赋予当事人或利害关系人在法官认定事实、适用法律的过程中有参与陈述意见并提出有利资料的权利和地位。其次,强化当事人程序主体性,赋予当事人对突袭性裁判结果本身进行救济的权利,如提起上诉或复议申请。

(四)自由裁量权应善意行使,并接受法律的约束

《牛津法律大词典》对自由裁量权的内涵界定为"酌情作出决定的权力,并且这种决定在当时情况下是正义、公正、正确和合理的"。② 自由裁量权作为一种制度化的司法权力,必须是法官在案件事实的基础上,根据法律的授权而对特殊情形下各种利益进行的衡平。何时可以适用诚实信用的一般条款而为自由裁量?诚如王泽鉴先生所言:"先以低层次之个别制度作为出发点,须穷尽其解释及类推适用上之能事仍不足解决时,始宜诉诸'帝王条款'之诚实信用原则。"③在运用自由裁量权进行裁判时,司法该以一种什么样的进路来对利益进行取舍与权衡?理想的进路是"认识所涉及的利益、评价这些利益各自的分量、在正义的天平上对它们进行衡量,以便根据某种社会标准去确保其间最为重要的利益的优先地位,最终达到最为可欲的平衡"④。而无论是认识、评价还是权衡利益,都要求法官以诚实善意的心态进行。

法官在证据法上所有之自由裁量权,称为自由心证。在诉讼中,法官据以裁断案件的"事

---

① 聂明根:《民事诉讼法上诚实信用原则研究》,载陈光中等主编:《诉讼法论丛》第4卷,法律出版社2000年版,第351页。
② [英]戴维·M·沃克,北京社会与科技发展研究所译:《牛津法律大辞典》,光明出版社1988年版,第261页。
③ 王泽鉴:《民法学说与判例研究》(第五册),中国政法大学出版社1997年版,第256页。
④ [美]E·博登海默,邓正来译:《法理学:法律哲学与法律方法》,中国政法大学出版社2004年版,第152页。

实"已经成为永远的过去,只能借助证据资料加以认知。而证据力的有无、证明力的大小需要判断,这就使本来客观的内容加入了人的主观认识因素。法官自由心证反映了司法活动的必然,而恪守法官职业道德,按照法律规定的要求进行心证,正是裁判诚信的要求。那么如何保障自由心证不是恣意枉判呢?对心证予以公开是防止恣意心证的重要制度。我国最高人民法院《关于民事诉讼证据的若干规定》第64条规定了我国法官的心证制度,这一规定既是对自由心证制度的确认,又科学地规定了心证不是任意的"自由",而必须遵循法官职业道德、根据日常生活经验,结合诸如事实推定、证据力法则、证明力法则等内容综合判断而后为之。同时,为了避免法官心证不公,保障心证结果的公正、合法,各国立法和学说亦提出不少约束方式。有从法官个人因素出发,建议强化法官教育和资格制度,提高法官素养;有从程序的角度出发,强调心证的理由应详细记载于判决,让心证历程得到检验等。我国立法已规定了裁判理由应当公开的条款,并在司法实践中着力进行了裁判文书的改革,法官职业化的改革,这些举措正是裁判诚信对法官行使自由裁量权的约束。

结 语

解读诚实信用原则的发端与传承,我们发现,裁判诚信成为联结民事实体法与民事诉讼法的桥梁,以自由裁量权为外观的民事实体法中,诚实信用原则需要法官的适用与发展,而作为凡人的法官,其司法行为必须受到民事诉讼法诚实信用原则的制约。这使我们进一步想到,当我们考量民事实体法与诉讼法关系之时,是否也应当关注裁判主体基于司法能动性对其动态发展的一面?

论民事诉讼中之自由证明

占善刚[*]

民事诉讼以解决私权为重要目的,为达此目的,受诉法院必须正确判断私法上的权利义务关系是否存在。唯实体法上的权利义务关系仅为观念上存在,并不能由法官基于五官作用直接感知,法官对其作出正确判断,舍确定要证事实外,别无他途。在采辩论主义之民事诉讼,除当事人自认之事实、公知事实外,要证事实之确定,原则上悉由当事人提供证据证明之。为保障事实认定之公正及当事人之程序参与权,对于要证事实一般应践行严格证明程序予以证明,但在德国、日本等大陆法系民诉法理论与实务中,自由证明亦被普遍承认。自由证明究竟有何实益,其特质及适用对象为何,与外观上颇为相似之释明分际何在,本文拟对此作一探讨。

一、自由证明之目的

自由证明的概念,最初发轫于德国的刑事诉讼法领域。实质上,早在19世纪,为填补德国刑事诉讼两种证明方式——严格证明(Strengbeweis)与释明(Glaubhaftmachung)之间的空隙,相当于自由证明概念的证明方式即被承认。不过,自由证明(Freibeweis)这一术语直到1926年始为学者Ditzen在其论文《刑事诉讼中的三种证明》(*Dreierlei Beweis im strafverfahren*)中首次使用。上世纪20年代以降,由于刑事法学者的努力倡导,自由证明理论在刑事法领域渐成通说并被采为判例。受刑诉法领域上诉动向的影响,上世纪30年代以降,梅耶、休宾等一批民事法学者相继撰文认为在民事诉讼中建立自由证明的概念也不失之妥当。1933年,日本学者小野清一郎效仿德国刑诉法理论将自由证明的概念导入日本,其后,自由证明与严格证明这两种证明方式之区分渐成日本刑诉法之通说。在日本民事诉讼法领域,严格证明、自由证明概念之采用,相对而言比较晚。1953年,岩松三郎在其论文《关于民事裁判判断的界限》中认为,诉讼要件及其他职权调查事项确认之方法,应委诸法官之自由裁量。民诉法关于证据的规定,于此场合并不适用。法官不问用何种方法,均能确定事实,从而将德国民事诉讼中自由证明的概念与理论介绍至日本。时至今日,自由证明的概念在日本民诉法领域也已被

---

[*] 占善刚:武汉大学法学院博士研究生。

普遍承认。①

就自由证明的概念历史沿革以观,其创立伊始,即作为与严格证明相对立的概念相伴而生,目的在于缓和严格证明的非灵活性,以求诉讼程序遂行之机动性与裁判的迅速作出。按作为解决私权争执之民事诉讼程序,就要证事实之认定而言,不外乎追求事实之真实发现。为担保事实认定之公正及保障当事人之程序参与权,民诉立法不仅规定了可以供法院为证据调查之证据方法的种类,且就每种证据方法之证据调查程序做了严密之规定。② 诉讼理论上即将依法律所定之证据方法,践行法定证据调查程序而为之证明称之为严格证明。尽管受诉法院对于不同的证据方法采不同之证据调查方式,譬如对于证人之调查乃采命证人出庭接受法官讯问陈述证言之方式,而对于文书之调查乃采命执有文书之当事人或第三人将其提交于法院以供法官阅览之方式,但在严格证明,无论何种证据方法之证据调查均须恪守以下两个方面的共通原则:其一,直接原则,即证据调查应由作出本案判决之受诉法院为之,仅在特殊情况下,方可交由受命法官与受托法官完成(德国民诉法 355Ⅰ,361,362;日本民诉法 249Ⅰ,185Ⅰ)。同时,为贯彻直接原则,促使法官心证之形成,证据调查采证据结合主义,也即证据调查与言词辩论于同一期日进行(德国民诉法 278Ⅱ,370,日本民诉法 177,180Ⅱ)。盖由参与判决作成之法官行证据调查,因其于证据调查时在场,故能依直接体验获得新鲜之判决资料,对于证据之价值及证据调查之结果能作出最好的评价,进而对于事实之真相,可得明确之认识,从而有利于真实之发现。③ 其二,当事人公开原则,也即法官行证据调查时,当事人有在场之权利。当事人在场权纯为保障当事人审理参与权而设。盖当事人在场不仅可以参与证据调查,如讯问到庭之证人,且能主张关于证据之利益。故民诉立法规定法院行证据调查时应以合法的方式传唤当事人到场(德国民诉法 357,日本民诉法 94,240)。④ 当然,为避免因当事人不出庭而使证人、鉴定人空跑一趟之不利益以及为了防止诉讼迟延,给予当事人在场参与证据调查的机会即为已足,当事人一方或双方受合法传唤,于期日不出庭,法院亦能行证据调查(德国民诉法 367,日本民诉法 183)。⑤

由上观之,严格证明乃从事实之正确认定以及当事人之程序保障等视点出发所作之设计,故事涉公益,而非属当事人责问之事项。因此,违背严格证明所行之证据调查不徒为违反法定程序之举,且不能由于当事人之不为责问而使违法性得以治愈。果尔,作为证据调查结果之证据资料便不允许作为判决事实认定之基础。⑥ 由于民事诉讼中需要当事人提供证据证明的事项,从关乎实体权利关系存否判断的主要事实、间接事实到关系诉是否合法的诉讼要件事实乃至民事诉讼中的附随程序事项,涉及领域非常宽泛。设若这些事项之证明全部需要践行严格证明程序,由于严格证明程序固有之非柔软性及非灵活性,基于此而为之证据调查将会使得审理程序之简易及迅速推进窒碍难行,从而有违诉讼经济原则。另外,于某些特定场合,如经验法则、外国法规之调查等,不遵循法定的证据调查程序,而容许灵活柔软的证明方式,反而能拓

---

① [日]门口正人:《民事证据法大系》(第 2 卷),青林书院 2004 年版,第 51~52 页。
② 参见《德国民事诉讼法》第 371 条至第 455 条,《日本民事诉讼法》第 190 条至第 233 条。
③ Musielak,GrundkursZPO,5Aufl,第 245 页,Mohr,Tübingen,1997 年。陈计男:《民事诉讼法》(上),台北三民书局 2002 年版,第 256 页。
④ [日]新堂幸司:《新民事诉讼法》,弘文堂 2005 年版,第 488 页。王甲乙、杨健华、郑健才:《民事诉讼法新论》,台北三民书局 2002 年版,第 367 页。
⑤ [日]梅本吉彦:《民事诉讼法》,信山社 2002 年版,第 780 页。
⑥ [日]伊藤真:《民事诉讼法》,有斐阁 2004 年版,第 336 页。

宽裁判资料收集的路径,有助于真实之发现。① 一言以蔽之,在民事诉讼中,为谋求诉讼程序之迅速推进及裁判之正确作出,作为从严格证明的束缚中解放出来而被承认的一种证明方式,自由证明之存在不仅合理,且有其必要。

证诸现行民诉法,其不仅于第63条规定了允许法官为证据调查的书证、物证、视听资料、证人证言、当事人陈述、鉴定结论、勘验笔录七种证据方法,且于第64条至73条分别就每种证据方法应有之调查方式与应行之程序作了明确规范。衡诸严格证明之内涵,不难窥见严格证明之表征于现行民诉法中亦复存在。不唯如此,从民诉法第122条"人民法院审理民事案件,应当在开庭3日前通知当事人和其他诉讼参与人。公开审理的,应当公告当事人姓名、案由和开庭时间、地点",第124条"法庭调查按照下列顺序进行:(一)当事人陈述;(二)告知证人的权利义务,证人作证,宣读未到庭的证人证言;(三)出示书证、物证和视听资料;(四)宣读鉴定结论;(五)宣读勘验笔录",第127条"法庭辩论按照下列顺序进行:(一)原告及其诉讼代理人发言;(二)被告及其诉讼代理人发言;(三)第三人及其诉讼代理人发言或者答辩;(四)互相辩论。法庭辩论终结,由审判长按照原告、被告、第三人的先后顺序征询各方最后意见"之规定亦可推知,现行民诉法不仅规定了当事人有参与证据调查之在场权,且一如外国立法通例采证据结合主义,将证据调查与言词辩论作为庭审的两个环节予以规范,从而间接宣示了证据调查之直接原则。若据此作进一步推断,不难得出结论,现行民诉法关于证据规范实亦蕴含了严格证明之精义。基于前述之理由,与严格证明相对立之自由证明在我国民事诉讼中应亦有其存在之实益。

二、自由证明之特质

一如严格证明,自由证明亦非实定法上的概念。依德国、日本学者之通说,自由证明乃指不受法定的证据方法及证据调查程序约束而行之证明。② 具体而言,自由证明具有以下三个方面之特质:

其一,在自由证明,可用于要证事实证明之手段非常广泛,除立法所明定之证人、文书、勘验、鉴定等证据方法外,只要有助于待证事实之澄清,一切认知手段均可资法官利用。在这方面,法官享有很大的自由裁量权,且不必待当事人之声明即可依职权利用。③ 在德国民事诉讼实务中,用于自由证明的最为常见的认知手段是官方情报(Amtlichen Auskunst)即为适例。④

其二,在自由证明,即便采用法定的证据方法,法官行证据调查时也不必遵循相应之法定程序。以证人这种法定的证据方法之调查为例,若为严格证明,证人便须亲自到庭,在宣誓或具结后,接受法官之讯问陈述证言。此前任一环节皆不可或缺,于证人而言,出庭陈述证言更为其应负之公法上义务,违背此义务,将遭受公法上之制裁。(参见德国民诉法第198条至

---

① [日]门口正人:《民事证据法大系》(第2卷),青林书院2004年版,第48~49页。
② Zeiss, Zivilprozessrecht, 9 Aufl,第170页,Mohr, Tübingen, 1997年。[日]新堂幸司:《新民事诉讼法》,弘文堂2005年版,第488页。
③ Musielak, Grund Kuns ZPO, 5 Aufl,第24页,Beck, München, 2000年。
④ Zeiss, Zivilprozessrecht, 9 Aufl,第170页,Mohr, Tübingen, 1997年。

223条,日本民诉法第190条至第206条,我国现行民诉法第70条、第124条)而在自由证明,证人不到庭而以书面陈述书代替证言同样可为法官斟酌作为证据资料以为认定事实之基础。法官即便以电话方式讯问知情之人以获取情报也被允许。①

其三,在自由证明,直接原则及当事人公开原则悉可不必遵守。受诉法院为解明事案,可以不通知当事人到场而任意嘱托其他机构为调查。譬如为查明特殊的经验法则或外国法,受诉法院得嘱托外国官厅、本国官厅、学校、研究所等机构进行调查。②

值得注意的是,与严格证明相比,自由证明仅在证据方法之类型限制与证据调查程序之强制遵守上与前者存在差异。就性质而言,自由证明与严格证明并无不同,二者皆为完全的证明(Vollen Beweis)。故受诉法院欲确认某一要证事实之存在或者不存在,无论经由严格证明或自由证明,均须达到完全确信(Vollen überzeugung)或高度盖然性之证明要求始足当之。③ 受诉法院对于应行证明之事项,断不能借自由证明之名义减弱或降低心证之程度从而影响案件事实之真实发现。④ 另外,由于自由证明并无法定方式可循,且当事人未参与其中故不知晓证明之过程,法官利用私知而为裁判之危险便会存在。故即便采行自由证明,对于认定事实的资料及证据调查之结果应给当事人充分陈述意见之机会,裁判文书中亦应当明示自由证明所用之方法及其依据。⑤

三、自由证明之适用对象

民诉立法既然就认定事实之手段定有证据方法之限制并就每种证据方法设定相应证据调查程序,恪守这些规范而行严格证明即应为民诉法原则上预设之证明方式。为担保事实设定之公正,并从程序上保障证据的可靠性,确保直接主义与当事人在场参与审理之权,作为诉讼标的之实体权利关系的基础事实之认定,须遵循严格证明,殆无异论。而法院应依职权调查的诉讼要件事实及特殊的经验法则、外国法等事项,虽然于判决之形成同样不可或缺,但由于其自身固有之特质,基于法的目的性考量,行自由证明即为已足。

(一)诉讼要件事实

诉讼要件乃当事人所提之诉合法成立,从而得以进入本案审理程序之前提条件。作为本

---

① Gehrlein, Zivilprozessrecht Nach der ZPO-Reform 2002,第135页,Beck, München 2001年。[日]高桥宏志:《重点讲义民事诉讼法(下)》,有斐阁2004年版,第34页。
② [日]松本博之:《民事诉讼法》,弘文堂2005年第4版,第350页。
③ Baur/Grunsky, Zivilprozessrecht, 10 Aufl,第146页,Luchterhand, 2000年。
④ 在特定的场合,基于立法目的之达成(多数是为了使权利救济容易化),立法上有意降低证明要求则另当别论。譬如依德国民诉法第287条,日本民诉法第248条,在损害赔偿诉讼,损害发生的事实虽被认定,但依损害的性质,损害数额的证明却极其困难的场合,法院可基于证据调查结果以及言词辩论的全部意旨认定相当的损害数额。学者认为,该项立法之趣旨不仅在于自由心证之扩充,更重要的在于减轻损害数额的证明要求,也即受诉法院以较低程度的盖然性就能对损害数额之事实作出认定。其目的在于谋求当事人间之实质公平,健全损害赔偿制度之机能。参见[日]伊藤真:《民事诉讼法》,有斐阁2004年第3版,第336页。[日]松本博之:《民事诉讼法》,弘文堂2005年第4版,第367页。
⑤ [日]高桥宏志:《重点讲义民事诉讼法》,有斐阁2004年版,第34页。

案判决之前提,诉讼要件事实之存否虽因关系到诉是否被驳回而对诉讼的结果有极其重大的影响,惟代理人同意的有无,诉讼费用担保的有无,当事人能力、诉讼行为能力的有无,管辖的原因等诉讼要件事实,乃在诉讼程序内即可把握的事实,且为形式上容易把握的事实,无须双方当事人参与言词辩论,受诉法院依原告或申请人的主张即可对其形成完全的判断。故不行与言词辩论相结合之法定证据调查程序,经由自由证明认定诉讼要件事实之存否并无不妥。实际上,即便采严格证明程序,让当事人参与证据调查,因法官对前述诉讼要件事实判断之公正性少有被怀疑的余地,当事人值得保障的权利方面亦很少,作如此处置反而有碍审理的简易迅速进行,而与诉讼经济原则有违。故在诉讼要件事实之认定上,不如信赖法官的判断,针对个别事项依适切的方法临机处理,也即相对于严格证明,自由证明似乎为更值得期待之举。①

(二)特殊的经验法则

所谓经验法则,乃指由经验归纳而得的关于事物的性质、状态及因果关系的知识、法则。除属于日常生活常识的一般经验法则外,关于自然科学、商业交易、文学艺术等专门知识的特殊的经验法则亦包含在内。法官,由于富有学识经验,对于一般的经验法则,自无须经由证据即能直接利用,不生证明问题。但通常情形下仅专业人士才能掌握的特殊的经验法则并不能苟求法官也知晓故应为证明之对象。依日本学者之通说,法官获知特殊的经验法则之方法与材料并无限制。法官利用鉴定固不待言,借诉讼之机自己调查相关文献而得专门知识亦可资利用,法院嘱托有关机构、学校、研究所、交易所及其他团体进行调查也即行自由证明也未尝不可。盖伴随社会现象的复杂化,运用特殊专门知识成为必要的所谓现代型诉讼也随之增加。这些诉讼中,基于真实发现之需要,拓宽法院之认知渠道,由法院灵活、机动地知晓关于专门知识之特殊经验法则而许容自由证明似乎比严格证明更易发挥机能。②

(三)外国法

法官知法,法律之适用乃法官固有之职责。在民事诉讼中,当事人仅须向法官为事实上之主张,而无须进一步就该项事实主张应适用何种法律规范向法官作陈述,即便当事人作此陈述,其亦仅能促使法官为必要之注意,于法官并无任何拘束力可言。故通常讲来,法律并非当事人证明之对象。唯法官知晓法律仅以国内成文法为限,于外国法则并不能苟求法官当然知晓,故其应为证明之对象。惟实际上,大多数情形下由于外国法的存在及其内容因为成文法的缘故而非常明确,基于程序保障之考量而允许当事人参与外国法的详细调查的利益几乎不必考虑。此外,法官不拘泥于法定的证据方法而依嘱托外交官或外国官厅提交报告等非法定的证据调查方式反而能适正地认知外国法的存在。此即于外国法许容自由证明之缘由所在。不过,与诉讼要件事实、特殊的经验法则许容自由证明仅为理论认同,实务采纳有别。外国法上允许自由证明更可于实定法上找到依据。譬如,德国民诉法第293条规定,法官调查外国现行法时,不以当事人所声明的证据为限。法官有权使用其他调查方法,为达此目的,法官有权发出必要的命令。此即为外国法允许自由证明之适例。又依最高人民法院1988年发布的《关于贯彻执行民法通则若干问题的意见》第193条"对于应当适用的外国法律,可通过下列途径查明:(1)由当事人提供;(2)由与我国订立司法协助协定的缔约对方的中央机关提供;(3)由我国

---

① [日]新堂幸司:《新民事诉讼法》,弘文堂2005年版,第488页。
② [日]门口正人:《民事证据法大系》(第2卷),青林书院2004年版,第61~62页。

驻该国使领馆提供;(4)由该国驻我国使馆提供;(5)由中外专家提供"之规定,可以窥知,我国的相关司法解释实际上也承认外国法得为自由证明之对象。

四、自由证明与释明之分际

如前所述,在民事诉讼中,对于判决基础事实之终局确定无论采严格证明还是自由证明均须使法官达到完全确信之状态始足当之。与其相对,某些事实是否真是存在,只需让法官信其大概如此即可作出认定,或者说,某一事实真实存在的盖然性比不存在的盖然性高的话,法官即能够确认该项事实,此种证明状态便称之为释明。①。

与自由证明不同,释明乃实定法上的概念,应行释明之事项,以法律明文规定者为限。举其荦荦大者,主要集中在两个方面:其一,为保全实体权利义务关系需要法院作出紧急处理之事项,如假扣押、假处分事项,就需保全的权利之存在及保全之必要的理由需要释明(德国民诉法920Ⅱ,936;日本民事保全法13)。其二,诉讼程序上派生的判断事项。即在权利义务关系终局确定之过程中,当事人就诉讼程序派生事项而生争执之场合,就该事项仅须释明。如申请法官回避之事由(德国民诉法44Ⅰ),诉讼费用额之确定(德国民事诉讼法104Ⅱ,日本民事诉讼规则24Ⅱ),诉讼救助事由(德国民诉法118Ⅱ,日本民诉规则30)等。民诉立法规定上述事项仅须释明,其目的不外乎在于裁判迅速性的确保。盖与实体权利关系最终确定的场合相比,诉讼上需要急速处理及诉讼程序派生事项的确定,虽然亦有实体上真实发现的要求,但程序的迅速性之要求更不能忽视。在这些场合,如果与实体权利关系最终确定场合同样亦要求证明,即让法官也达到完全确信状态,由于法官作出充足判断需要时间,很可能由此导致迟延确定实体权利关系,上述制度本来的目的很可能会被违背。② 此外,需释明之事项并非诉讼的直接审理对象,与公正相比,毋宁认为要谋求迅速之处理,且即便为如此处理亦不至于给当事人造成不当之不利益,更无害及裁判公正之虞,所以法官心证程度之适当减轻也并不为过。③

不难看出,一如自由证明,释明亦以迅速遂行诉讼程序为其目的,故相对于严格证明,无论是自由证明还是释明,既不以法定的证据方法为限,亦不以践行法定的证据调查程序为必要,如代替证人讯问之供述书、代替现场勘验的照片的提出也为合法。证人出庭受讯问,也不必宣誓或具结。另外,在自由证明和释明,当事人公开原则皆不必遵守,当事人一方或双方不在场亦可进行,④此为自由证明与释明二者之共同之处。

然则自由证明究为完全证明之一种,其主要为缓和严格证明之非柔软性而存在,与严格证明相比,仅在证据方法及证据调查程序之要求上存在差异,真实发现这一目标并未退却。与此同时,自由证明之事项虽非诉讼的直接审理对象,却也为本案判决形成不可或缺之基础事项。

---

① [日]松本博之:《民事诉讼法》,弘文堂2005年第4版,第349页。
② [日]门口正人:《民事证据法大系》(第2卷),青林书院2004年版,第17页。
③ [日]梅本吉彦:《民事诉讼法》,信山社2000年版,第731页。
④ [日]伊藤真:《民事诉讼法》,有斐阁2004年第3版,第298页。姚瑞光:《民事诉讼法论》,大中国图书出版公司1981年版,第332页。王甲乙、杨建华、郑健才:《民事诉讼法新论》,台北三民书局2002年版,第346页。

为追求裁判真实,在行自由证明之场合,完全确信或高度盖然性的心证程度并未随之减轻。而释明主要以迅速且简易之处理为目标,真实发现之目标则退居第二位,故释明仅适用于诉讼之先决问题(Vorfragen)及附随之程序事项,以薄弱心证,信其为真实即为已足。此外,为因应释明事项需要迅速处理及心证程度减低之需要,对于释明之证据方法,以能即时调查者为限(德国民诉法294Ⅱ,日本民诉法188),此称之为释明方法的即时性。所谓能即时调查,乃指法官判断该事项时能不迟延地为证据调查。如偕同当事人到场的在庭证人、鉴定人之讯问,当事人呈交于法院的文书之阅览、勘验物之勘验即其适例。若需要法院传唤之证人讯问,需法院发布命令命执有文书、勘验物之人提交文书或勘验物即非可即时调查之证据,不得作为释明之用。① 而在自由证明,则无此项限制。更有甚者,因可供即时为证据调查之证据方法有时并不存在,民诉立法甚至规定于释明时,可以附宣誓的担保(德国民诉法294Ⅱ)、宣誓或寄存保证金(日本旧民事诉讼法267Ⅱ②)等方法代替证据之提出,此项事实认知手段亦为自由证明所无。

---

① Gehrlein, Zivilprozessrecht Nach der ZPO-Reform 2002,第137页,Beck, München 2001年。[日]梅本吉彦:《民事诉讼法》,信山社2002年版,第731页。

② 宣誓或寄存保证金之释明手段虽为日本旧民事诉讼法第267条第2款所明定,但在日本的民事诉讼实务中,该项制度几乎未为运用,故1996年修正之民诉法删除了旧法这一规定。但有学者认为,仅从诉讼理论上讲,这一制度被废除殊为可惜。参见[日]高桥宏志:《重点讲义民事诉讼法》,有斐阁2004年版,第33页。与日本不同的是,在德国的民事诉讼实务中,对于释明事项,最常用的释明手段却为附宣誓的担保。参见Zeiss, Zivilprozessrecht, 9 Aufl,第167页,Mohr, Tübingen, 1997年。

证人证言的诉讼形成

王 伟[*]

我国《民事诉讼法》第 70 条规定:"凡是知道案件情况的单位和个人都有义务出庭作证。有关单位的负责人应当支持证人作证。证人确有困难不能出庭的,经人民法院许可,可以提交书面证言。"根据该规定字面看,我国的法律确立了证人应当出庭作证,并将其作为证人义务看待。但在司法实务中,该法律并没有得到真正的施行。由于但书中规定"证人确有困难不能出庭的"可以提交书面证言,"在诉讼实践中证人总会找到合适的'理由'强调自己'确有困难'而不出庭作证,再加上法律允许以书面证词取而代之,所以常常是由当事人或律师将证人证言提交法庭"。[①]

由上可知,在我国,无论是立法还是司法实践对证人作证形式的要求均不严格。而法官在对证人证言认证时也没有对出庭口头作证形成的证言与证人庭外制作而由当事人或其诉讼代理人提交的书面证言之证明力作出区别,因此造成多数法官与当事人认为作证形式并不影响证言的证明力的普遍观点。而笔者在研究后认为,这两种作证形式是如此的不同,以至于如果不作区分将直接使我国证据制度设计中通过证人证言揭示过去发生事实的证人证言制度目的落空。

一、书面证言形式的批判

在笔者看来,将书面证言与口头证言二者混同或效力上视为同一的法律规定与司法实务操作有两个假设的理论作为其合理性前提:

(一)人类书面语言与口头表达语言的沟通不存在任何意思传递上的阻滞与障碍,也就是说,对于语言表达的对方来说,书面语言与口头表达语言提供给他的信息量是一样的

从语言学角度看,这种观点无疑是非常荒谬的。语言学证明:"口语表达是以有声语言为

---

[*] 王伟:四川外语学院国际法商学院教师,西南政法大学民事诉讼法博士生。
[①] 田平安:《民事诉讼证据初论》,中国检察出版社 2002 年版,第 183 页。

主要表现手段,通过对声音各要素的使用提高口语表达效果。口语表达是一个综合性极强的表达方式,它不仅涉及到有声语言的各种技巧的使用,还涉及到一些非有声语言因素的使用。"在语言学家眼里,在通过口头表达进行交流的行为状态中,至少有以下的非语言因素同样为受体传递着信息:

1. 眼光。俗话说,眼睛是心灵的窗户。语言学实验表明:"传达到人大脑中的信息87％都是通过眼睛获得的,耳朵只占9％,其他占4％。"① 美国学者亚兰·皮兹研究认为:"眼睛是人与人沟通中最清楚、最正确的信号,因为它是人们身上的焦点。而且,瞳孔是人们不能自主控制的,在光亮的情况下,瞳孔的放大和收缩表示一个人的态度和心情。"② 通常证人在口头作证过程中,能够通过眼光给法官传递信息的方式包括:目光注视时间、目光注视区域、特定情况下闭眼、眼光的游移等。这些眼光的表现均可以使法官依照经验法则对证人证言的证明力作出递增或递减的内心反映,而这些信息在书面证言中无法获得。

2. 动作。在证人作证的过程中,语言的表达的同时总会伴随着一定的动作,包括头部的动作与手势。头部动作主要是人的面部表情。众所周知,除非发生病理性改变比如面瘫,人的面部表情会随着人是否撒谎出现一些变化,我国西周法官审理案件所用的"五听"其中就有"不直则怍然"的观点。在《晋书·刑法志》也有记载:"情者,心神之使。心感则情动于中,而形于言,畅于四肢,发于事业。是故奸人心愧而面赤,内怖而色夺……"③ 因此,根据证人面部表情在作证时的变化,可以结合证言判断其证明力。除了面部表情外,证人的手势也会给法官传递相当的信息,其表现形式也有多样。从语言学角度看,手势可以分为掩饰型、封闭型、指责支配型、厌倦型、评估型等。而这些手势所传达的信息,同样可以使法官通过经验法则对其进行判断,进而决定证人证言的证明力大小。

而书面语言是一种更高级的语言形式,其与口头语言相比至少在两个地方可以影响法官对证言证明力的判断:第一,书面语言是一种系统学习后形成的语言体系,这种语言体系的基础有两个:日常生活经验、学习后形成的书面表达经验。人在日常经验相同的基础上由于学习能力、学习条件的差异所形成的书面表达经验会不同,因此书面语言与口头语言相比,具有更强的个人特性与主观意志性。书面语言所提供的信息与口头语言相比,由于个人特性的存在,更具主观性。从证据学角度来看,书面证言反映的事实距离比口头证言反映的事实距离更远。这无疑为法官判断书面证言的证明力设置了一道障碍。第二,从常识判断,证人在用文字表述书面语言的时候,绝对不会把自己写作时的神情、动作等表现作文字性描写,这无疑阻滞了法官通过对证人非语言因素信息对证言可靠性、真实性进行判断,形成心证的可能性。同时,在缺失上述手段对证人写作时的非语言因素知晓的情况下,法官作为普通人,难免会通过自己的主观想象、臆造对证人作证的非语言因素的描绘,这无疑使法官的心证对象扩大到自己的想象与臆造之上,心证判断的错误性难免增加。俗语说的"一千个人看《红楼梦》,就会有一千个红学家",就是这个道理。

---

① 罗文筠:《口语表达中体态语言的特点及意义初探》,载《绵阳师范学院学报》2006年6期。
② [美]亚兰·皮兹著,孙志刚译:《人类行为语言》,哈尔滨出版社1989年版,第154页。
③ 《晋书·刑法志》。

(二)证人证言的证据形式设计的目的仅是使法官通过书面语言所反映出的内容本身对事实进行判断

事实上,从证人证言证据形式的设立目的看,该证据是让法官通过证人作证行为以及其所反映的内容,形成心证。因此证人证言是法官自由心证的对象。而根据大陆法系自由心证原则内容,自由心证的对象"限于言词辩论意旨与调查证据结果所得出的证据资料"。所谓言词辩论意旨,又称"全辩论意旨",是指在言词辩论时所出现的一切资料、状况与形态。其中,既包括当事人或代理人陈述的内容(例如是否前后矛盾)、陈述的态度、陈述的时间及非陈述的其他行为的态度,还包括证人的状况,以及法院未作阐明处分的勘验、鉴定或委托的结果。所谓调查证据结果,系指按规定的方式所进行的证据调查的所有结果。例如,在询问证人的结果之中,不仅包含证人证言的内容,还包含证人的态度。由此可见,在大陆法系,帮助法官形成心证的证据资源,其范围广泛,内容丰富。① 法官心证的对象在证人证言方面而言,绝对不限于证人所提供的证言内容本身,而是包括证人作证时的方方面面的表现、态度、神情、姿势等。

总的来说,证人证言的下列因素应当成为法官心证的对象:

1. 证言反映的事实。即证人作证后所形成的对已发生事实的描述。在英美法系中这种描述是通过交叉询问制度形成的。而在大陆法系中,主要通过证人提供证词以及法官对证人的询问后形成。

2. 证人品格判断。西方国家中均规定了对证人品格进行质疑的程序。例如:美国《联邦证据规则》第608条规定:为了证明证人可信或不可信,根据法庭的自由裁量,可以通过对该证人交叉盘问以下两个方面的事项,并通过对证人行为具体实例的调查实现:a. 关于该证人可信或不可信的品格;以及 b 关于其他证人可信或不可信的品格。因此,证人品格在特定情况下也会成为心证的对象。

3. 证人作证行为的多因素综合判断。同样在美国《加州证据法典》中规定:对证人可靠性的考量因素包括证人作证行为的相当多因素,包括:a. 他作证时的态度和作证方式;b. 他证言的性质;c. 他感知、回忆或表达他证明事实的能力大小;d. 他感知要作证的事实的机会的程度;e. 他诚实或忠厚的品格或相反情况;f. 偏见、利益或其他动机的存在与否;g. 由他先前所作的与他在听证上证言一致的陈述;h. 由他先前所作的与他在听证上证言的任何部分不一致的陈述;i. 由他证明的事实的存在与否;j. 他对他作证或将要作证的诉讼的态度;k. 他承认不真实。由此可以看出,法官心证的对象在证言内容之外,还包括相当多的有关作证行为的因素。

通过以上分析,我们可以得出,书面证言根本不可能完成口头当庭作证证言所具备的在法官判断证言证明力方面的任务。我国法律对证人作证形式的规定实际上使民事诉讼证人证言制度的目标落空,因此需要修改。

---

① 刘春梅:《自由心证制度研究——以民事诉讼为中心》,本文为西南政法大学档案室资料,第65页。

二、证人证言诉讼形成的含义与相应制度构建

正是基于以上对证人适格条件的分析以及对证人证言书面形成机制的批判,笔者提出证人证言诉讼形成这一体系。其含义是:证人必须亲自出庭,经宣誓后进行作证行为,并且经过双方当事人质证、反诘或者法官询问后,从而形成完整提供证言的过程与证言结果,在证人无法亲自出庭的情况下,应当根据法定的条件与程序,对证言进行固定并提交法庭。根据该体系,我国的证人证言制度应当进行以下的制度性构建:

(一)证人强制出庭制度建立

除了不符合证人自然条件、社会条件与伦理条件的人外,所有人都有作证的义务,证人作证除符合法定的条件可以庭外固定证言外,必须亲自到庭提供证言。

证人强制出庭制度是保障证人证言诉讼形成,使法官通过证人作证行为形成正确心证的首要条件,缺失该制度证言的诉讼形成无从谈起。西方发达国家普遍建立了证人强制出庭制度,而我国应根据国情制定证人强制出庭制度。笔者认为该制度一般应包括以下几个方面:

1. 以对证人施以罚金或者对其人身进行强制的方式强迫证人出庭作证。例如,"德国《民事诉讼法》第390条规定,证人并未提出理由,或者经宣誓确定其理由不充分时,而仍拒绝作证或拒绝履行宣誓手续,即可不经过申请,命证人负担因其拒绝而产生的诉讼费,同时对证人处以违警罚款,不能缴纳罚款时,处以违警拘留。当证人再次拒绝作证时,依申请,命令拘留之,以强制其作证,但不得超过在该审级中诉讼终结之时刻"①。而法国也有类似的法律条文。在我国台湾地区,证人被认为是法院的证人,证人对法院负有公法上的义务,必须出庭参加诉讼,而且书面证言或代理人出庭被视为证人未出庭。同时规定:"证人受合法传唤无正当理由未到场时,法官可以科以50元以下罚款,证人已受处罚裁定后,于再传时仍不到场的,可以科以100元以下罚款,并可适用刑事诉讼法关于拘提被告的规定。"②

我国《民事诉讼法》规定的妨害民事诉讼的强制措施中并没有对证人拒绝作证而适用的规定。笔者认为应当在适用主体中增加证人,对于无正当理由拒不作证的人,可以科处一定数额的罚金或司法拘留强制其作证。

2. 对证人无正当理由不出庭的行为定罪判处刑罚。证人拒不作证在英美法系国家被视为"藐视法庭"的行为,并按"藐视法庭罪"定罪处罚。例如,美国《联邦地区民事诉讼规则》第53条规定:如果没有充分的理由,证人不出庭或者不提供证言,将被处以藐视法庭罪,并且依照本规定第37条和第45条规定的诸种后果、制裁及救济方法处理。针对我国目前证人不出庭现象十分严重的情况,应当在修改我国《刑法》时增加"藐视法庭罪"法条或者在"妨害司法罪"中增加对证人不出庭作证的刑事责任。

3. 国家法律规定对证人提供保护,并且对证人作证提供补偿。我国《刑事诉讼法》中规定了在刑事诉讼中,对证人及其近亲属威胁、侮辱、殴打或者打击报复的,要依法追究刑事责任。

---

① 毕玉谦:《民事证据法判例实务研究》,法律出版社2001年版,第113页。
② 毕玉谦:《民事证据法判例实务研究》,法律出版社2001年版,第113页。

而我国《民事诉讼法》中并无类似法条对民事诉讼中的证人进行保护。笔者认为应当比照《刑事诉讼法》的规定，制定我国民事诉讼中证人保护制度。只有通过对打击侵害证人及其近亲属人身、财产等权利的行为施加刑事处罚才能够震慑试图通过伤害证人及其近亲属获取不正当民事利益的人，才能解除证人作证的后顾之忧，使强制证人出庭制度具有合理性。

除此之外，国家还应当设立证人作证补偿制度来防止证人因作证经济利益受到减损的状况，提高证人出庭作证的积极性。西方发达国家与我国的台湾地区的法律均规定了对证人进行经济补偿的制度。例如，美国《联邦证据规则》第706条规定："……在民事诉讼中，（证人）补偿金将由当事人根据法庭以确定其他费用类似的方式确定的比例和时间支付。"①日本专门制定了《民事诉讼费用法》，在第8条第1款规定："证人可领取旅费、津贴及住宿费等费用。"我国台湾地区也规定了证人可以请求法定之日费及旅费，包括"到庭费、滞留费、在途食宿舟车费、滞留日期内食宿费等，此项费用，虽为诉讼费用之一部分，应由败诉方当事人负担，法院也可命令当事人预纳"②。我国法律目前没有规定证人作证补偿制度以及相应的实施细则，在审判实务中，有些地方法院根据"谁主张，谁举证"的举证责任原则确立由申请证人作证当事人一方预交一定的费用作为证人补偿费用，结案之时由双方当事人协商或由败诉方承担。笔者认为这种做法存在以下弊端：第一，根据我国目前证人不愿作证的传统习惯与现实状况，证人的性质应当被确立为"法院的证人"而不是"当事人的证人"，因此，证人补偿费用应当列为司法财政预算，由国库支付；第二，由当事人预交费用的做法使当事人讼累增加，真正需要证人的当事人可能因为财力有限而无法预交补偿费用，致使发生举证不能而败诉的危险。

因此，笔者认为：第一，我国应当设立证人补偿专款费用，证人作证直接到法院财务领取补偿款。第二，费用的金额性质应是补偿性的，其标准为各高级人民法院根据本司法辖区平均水平支付证人的住宿费、旅费、餐费补贴等。

（二）证人资格的认证规则

由于我们设置证人证言制度的目的在于通过证人作证使法官对过去发生的事实形成某种心证，而笔者认为证人证言的形成过程对法官心证的形成起着至关重要的作用。因此强制证人出庭作证属于证人证言诉讼形成体系的应有内容。但是我们不得不强调一个强制证人出庭作证的必要前提，那就是只有适格的证人才能被公权力强制出庭作证，即强制出庭制度应当针对无作证能力的人豁免适用。我国学者对证人适格的条件作了非常丰富的论证，在笔者看来，以静态的条件对证人是否适格进行筛选很难真正在个案中对某个人是否有证人资格，并能被强制出庭作证提供足够的理由。

在具体个案中，某个人是否具备证人资格的判断标准，是一种对比性的标准。这种对比体现在法官要通过对某人的表达能力、认识能力等自然条件的评断与其即将证明的待证事实的难易程度进行比对，才能得出某人是否能够作证的判断。类似于我国《民事诉讼法》中对证人适格条件的规定："不能正确表达意志的人不能作证"，这种静态、单一的标准实际上并不能准确判断某人是否在本案中有作证的能力，应当被强制出庭作证。③ 在此笔者不作赘述。以证人证言诉讼形成体系来看，笔者认为除了对证人适格的条件进行规范外，我国诉讼法还应建立

---

① 白绿铉、卞建林译：《美国联邦民事诉讼规则、证据规则》，中国法制出版社2000年版，第228页。
② 王甲乙等著：《民事诉讼法新论》，台北三民书局2002年版，第402页。
③ 英美法系国家中对证人是否适格的判断规则。

证人资格的认证规则，其具体应包括以下内容：

1. 证人是否适格，应由法官根据证人资格的条件，依据自由裁量权确立。

2. 当事人对法官决定证人是否适格的裁量有异议的，可以在庭审中提出证人适格异议，法官应根据当事人异议，休庭举行证人适格的听证。

3. 证人适格听证中，当事人可以针对证人是否适格提出证据，并询问证人，当事人双方可对证人是否适格进行辩论，最后，由法官对证人是否适格作出裁定。

4. 当事人对证人适格的自然条件有疑义的，可以申请对证人进行作证能力鉴定，由专门鉴定机关出具鉴定报告，法官根据鉴定报告内容决定证人是否适格。

(三)证人宣誓制度

笔者认为我国应当建立证人宣誓制度。同时应当修订《刑法》相关条文，对民事诉讼中作伪证的当事人按照伪证罪定罪处罚。笔者同意田平安教授对我国证人宣誓的程序与誓词设计，即"先由法警带证人到庭，然后由书记员举起右手面对国徽领誓，证人随后高声宣读誓词。宣誓毕，证人开始作证。证人宣誓的誓词，笔者认为可以作如下规定：'我，(某某)面对法庭，我将以我的人格担保，在法庭上将作真实的陈述，如有不实，愿承担法律责任。'"①

(四)证人拒证特权制度

为了防止证人作证行为对社会公认的重大价值、道德体系的破坏，笔者认为我国应当建立证人拒证特权制度，但不宜简单模仿美国或西方发达国家的拒证权内容，主要由于我国与西方发达国家在整个社会伦理、道德、价值体系上殊有不同。笔者认为，结合我国传统证人适格的伦理条件，我国的证人拒证特权应当限制在以下方面：

1. 近亲属相互间的拒证特权。在我国允许近亲属间作证可能造成以下弊端：首先，破坏社会的最小组织单位——家庭的稳定，使亲属之间的亲情关系受到损害；其次，在伦常关系仍为中国人群中重要伦理道德的社会中，无法为作证个体提供避免受伦常秩序中潜规则不利影响的保障。

2. 医生与病人之间的拒证特权。结合西方国家保护个人生理及心理疾病隐私的人权内容，我国应设立医生与病人之间的拒证特权。当然应当将其限定在病人心理、生理疾病方面的隐私以及与该疾病相关的个人生活方式、人格方面的内容。

3. 律师与委托人之间的拒证特权。律师与委托人之间的关系是代理与被代理的关系，而代理制度得以存在的前提是委托人对代理人的充分信任，因此，如果存在律师可能在将来被强制将双方之间的基于信任而交流的内容作为证言向法庭提供，使委托人陷入不利境况的情况，则代理制度的信任基础将被彻底摧毁。因此，律师与委托人之间应当享有拒证权。

4. 掌握国家秘密、商业机密之人的拒证权。在我国国家秘密包括党的秘密、军队秘密及政府秘密，掌握这些秘密情况的人面对涉及可能泄漏相关秘密的作证行为时，可以拒绝作证。另外，掌握商业秘密的人如果可能通过作证泄漏其掌握的商业秘密，也享有拒证权，当然该秘密类型仅限于国家知识产权相关法律规定的商业秘密。

---

① 田平安：《民事诉讼证据初论》，中国检察出版社 2002 年版，第 186 页。

(五)庭外证言的固定程序

为了完善我国强制证人作证制度,对于因疾病、特殊职业而无法到庭亲自作证的人,可以允许在庭外以特定程序固定证言。因此我国应建立庭外证言固定程序,作为强制证人作证制度的补充。笔者认为该程序应包括以下方面:

1. 固定程序的适用证人仅限于因疾病、特殊职业而无法亲自到庭作证的人。
2. 庭外证言固定应由主审法官与当事人双方或其代理人亲自到证人所在地进行。
3. 证言的固定,通过法官对证人的询问、当事人对证人分别询问的方式进行,询问内容应记入笔录。

当然除了以上的分析与论述外,我国证人证言制度还欠缺相当多包括"传闻证据排除规则"在内的具体操作层面的规则,只有通过对证人证言操作层面的规则体系的逐步建立与完善,才能使证人证言制度充分发挥证明过去发生事实的证据法目的,才能保障法官心证尽量接近真实。

证明责任分配的特殊规则

张义华[*] 宋艳菊[**]

在如何分配证明责任的问题上,两大法系的做法不同,一个抽象,一个具体。大陆法系国家是积极努力地探索适用于所有案件的分配规则,而英美法系国家则根据每个具体案件的性质不同,确定在该案中应当如何分配败诉的风险。如此一来,具体诉讼中大陆法系的法官和他在英美法系的同事的任务不同,他不是考虑案件的性质,而是根据证明责任分配的一般原则来确定该案的风险分担。但由于纠纷的复杂性,原则性的分配规则无法调整所有的诉讼,在特殊情形下就要突破该原则,做出例外的规定,即我们需要特殊的证明责任分配规则作为一般原则的必要补充。因此这种特殊分配规则成为大陆法系证明责任分配研究的重要组成部分。

在大陆法系这样一个特定的语境中,究竟什么是证明责任分配的特殊规则?它都有哪些类型?它在何种程度上突破了证明责任分配的一般原则?这些疑问同样是我国学界以及司法界要解答的。本文拟在大陆法系法律制度下对证明责任分配的特殊规则做出论述,以期对我国民事诉讼制度的完善有所借鉴。

一、概述

(一)什么是证明责任分配的特殊规则

"特殊"总是和"一般"相对应,证明责任分配的特殊规则也不例外,因此如欲了解证明责任分配的特殊规则,需要先弄清什么是一般原则。我们所认定的证明责任分配的一般原则可以用一句话来概括,"当事人为对他有利的法律规范的事实构成要件承担证明责任"[①],即主张权

---

[*] 张义华:河南省政法管理干部学院科研处处长,教授,硕士研究生导师,主要从事民商法、民事诉讼法学研究。

[**] 宋艳菊:河南省政法管理干部学院教师,诉讼法学硕士研究生。

[①] [德]汉斯—约阿希姆·穆泽拉克,周翠译:《德国民事诉讼法基础教程》,中国政法大学出版社2005年版,第276页。

利存在的当事人,由于要适用实体法中的权利产生规范,所以应当就该规范中的法律要件事实负担证明不了的不利后果;相应的,否认权利存在的当事人,要适用实体法中的权利妨害规范、消灭规范或权利受制规范来抗辩,他就必须就这些规范中的法律要件事实承担证明责任。罗森贝克的这种分配原则由于建立在对实体法的构造分析的基础上,所以被称为"规范说"。虽然这一学说在 20 世纪 60 年代后受到置疑,但是正如德国另一位大师所言,"就证明责任的分配而言,罗森贝克规范说的有效性从本质上已经得到验证"①。

根据证明责任分配的一般原则,当事人一方对其主张的有利于己的事实无法证明存在时,法官将借助"证明责任规范"认定它不存在。这是因为待证事实真伪不明,法官无法根据实体法做出裁判,只能借助"证明责任规范"这一特殊的规范来认定事实,而该规范的内容则被界定为"如果法官不能澄清事实构成要件是否实现,则应当从'未实现'出发"②。因此证明责任分配的一般原则对事实是否存在采取的是"否定"的态度,简言之,事实无法证明,则认定其不存在。这种设置作为一种不成文的规则,在学者看来无需法定化,因此德国、日本法律中对此都无规定。

证明责任分配的特殊规则恰恰相反,在要件事实真伪不明时,法官做出的证明责任裁判为"该事实存在"。可见证明责任分配的特殊规则对事实的存在状态给出的是"肯定"的答案。究其原因在于这些特殊规则下的证明责任规范内容被界定为:如无法判断某要件事实是否存在,应当认定其存在。

需要做出进一步说明的是证明责任分配的特殊规则是以一般原则为参照物确立起来的。如按照一般原则,侵权案件受害人需要证明四个要件事实:(1)损害;(2)侵权行为;(3)加害方有过错;(4)损害和侵权行为间存在因果关系。如果无法证明加害方有过错,则法官认定过错不存在。相反在医疗侵权纠纷这一适用特殊规则分配证明责任的诉讼中,如受害人未能证明医院方有过错,则法院认定"有过错"。因此前面所言"事实真伪不明,认定其存在"中的"事实"是从证明责任分配一般原则的角度出发。不过这并不影响证明责任分配的特殊规则一旦确立就具有独立性,会对证明责任重新做出分配,因为它属于特殊规则确立后的效果问题。

综上,我们认为证明责任分配特殊规则是指,在特殊的案件中,按照证明责任分配的一般原则对当事人一方有利的要件事实出现真伪不明时,法官认定该事实存在的情形。

(二)证明责任分配特殊规则的设置理由

证明责任分配特殊规则是为了弥补一般原则的缺陷出现的。证明责任分配的一般原则立足于实体法,以实现实体法中的政策目的为目标。虽然这种分配标准可以保证"法的安定性和可预测性"③,便于人们对诉讼的结果作出预先判断,但是这种形式上的分配没有考虑具体诉讼上诸如证明难易、证据距离、盖然性的高低等问题,在某些具体的诉讼中可能出现无法实现诉讼公正和诉讼效率的情形。如在取得时效案件中,当事人一方对某物主张所有权时,必须证明自己对该物已经连续占有一定的时间,并在特定的时间段内任何一个时间点都占有该物,证明难度之大使这一证明对当事人来说无疑是天方夜谭。

---

① [德]汉斯·普维庭,吴越译:《现代证明责任问题》,法律出版社 1999 年版,第 516 页。
② [德]汉斯—约阿希姆·穆泽拉克,周翠译:《德国民事诉讼法基础教程》,中国政法大学出版社 2005 年版,第 276 页。
③ 陈刚:《证明责任法研究》,中国人民大学出版社 2000 版,第 200 页。

民事诉讼除了要保障当事人实体法上的权利实现,还有自己的独立价值,如诉讼公正、效率。在某一具体个案中,按照证明责任分配一般原则做出的证明责任分配如果符合民事诉讼的这些独立价值时,不会产生问题;但如果不符合,诉讼法和实体法的价值就出现了分离。因此在一个以实体法为根据的分配原则中,如果在某个个案中违反了对诉讼上价值的追求,我们就需要对这种原则做出调整:一项对当事人一方有利事实的证明责任,在特定的诉讼中转由对方来承担,即该事实真伪不明时,法院将认定该事实存在。这种微调即证明责任分配一般原则的例外——证明责任分配的特殊规则。

(三)证明责任分配特殊规则类型的探索

如上所述,由于证明责任分配一般原则未考虑具体诉讼的证明难易、证据距离等,造成负担证明责任的当事人一方举证困难,违反了诉讼法上对公正和效率价值的追求。因此证明责任分配特殊规则装置一个很重要的程序功能就是"减轻当事人的证明负担"。但是能够减轻当事人证明负担的诉讼制度并不一定都是证明责任分配的特殊规则,后者在性质上仍旧属于证明责任分配规则,是对客观证明责任的一种分配。

从能够减轻当事人证明负担的诉讼制度中,来考察哪些是证明责任分配的特殊规则应该说是一个不错的办法。一般认为法律推定、证明责任倒置、表见证明(大致推定)、证明妨害、降低证明标准可以减轻当事人的证明负担。

1. 法律推定

法律推定制度中,在 A 事实存在的情况下,法官将根据法律的规定直接认定 B 事实或者权利成立。可见法律推定是用一个较容易证明的 A 事实来代替难以证明的 B 事实或者权利,这样在证明责任分配一般规则下应当对 B 事实或权利负担证明责任的当事人的证明负担就减轻了。

法律推定制度是对客观证明责任的一种特殊分配。对主张推定的当事人来说,他在该案中需要证明的是前提事实 A;对反对推定的当事人来说,他必须提供证据证明 B 事实或权利不存在,这种证明需达到"内心确信"的证明标准,否则法官将认定该事实或权利存在。基于此,德、日两国大多学者将法律推定界定为"证明责任的一种分配"。

2. 证明责任倒置

证明责任倒置是指在特殊的诉讼中,按照证明责任分配一般原则应当由一方当事人对某一事实承担的证明责任,转由对方当事人承担。该制度将当事人难以证明的事实转由对方证明,进而减轻了其证明负担。

证明责任倒置属于一种典型的证明分配一般原则例外的情形。如在日本小汽车交通事故中,由加害方对过失不存在承担证明责任。过失这一要件事实在一般侵权案件中应由受害方证明,而在该类案件中由加害方证明。在我国医疗侵权纠纷中,由医院方来证明自己无过错,自己的医疗行为和受害方的损失之间不存在因果关系。

3. 表见证明或者大致推定

表见证明是指"法院利用一般生活经验法则,就一再重复出现之典型事象,由一定客观存在事实,以推断某一待证事实之证据提出过程"。① 德国学者经常举的一个例子是天气状况正常,而机动车驶上了人行道,可以认定机动车司机存在过错。过错和因果关系这些对负担证明

---

① 陈荣宗:《举证责任分配与民事程序法》,台湾三民书局有限公司 1984 年版,第 60 页。

责任的当事人来说证明困难的事实,通过表见证明降低了其证明标准,减轻了当事人证明负担。日本的"大致推定"理论①和德国的"表见证明"基本相同。

表见证明是对具有高度盖然性的经验法则的运用,只要案件事实符合该经验法则,法官就可以假定该事实是存在的,但同时如果对方当事人提出强有力的反证,表见证明就会动摇。尽管当事人的证明负担减轻了,但证明责任的分配并没有变化,德国交通事故案件中仍由受害方负担"过失"的证明责任,机动车司机并不负担证明不了的后果。因此表见证明并非是对客观证明责任的分配方法。德、日学者将表见证明归入了"证明评价",这是一个和证明责任不同的领域,它的主要任务是对事实进行认定。两者的关系用一句话表述就是"自由的证明评价王国停止之时,正是证明责任的统治开始之时"②。

4. 证明妨害

"不负有证明责任的一方当事人通过作为或不作为阻碍负有证明责任的一方当事人对其事实主张的证明"③就是证明妨害,如隐藏重要证人的居所、篡改文书的内容、销毁证据。证明妨害行为违反了诉讼法上诚实信用义务的要求,造成当事人证明困难,事实出现真伪不明的情形增多。为了消解证明妨害对诉讼公正的影响,大陆法系国家均加重了妨害证明的当事人一方的举证负担,作出不利于他的法律效果。

就证明妨害的法律效果,德国民事诉讼法中无一般性规定,但联邦最高法院从19世纪70年代开始大多通过证明责任倒置予以惩罚,即不负证明责任的当事人如妨害对方举证,致使待证事实真伪不明,则这种不利益应当由他承担。这种状况持续到20世纪60年代发生了变化,实务界出现分歧:有的仍然采纳证明责任倒置;有的采取证据评价——认为妨害举证时由法官自由裁量认定被妨害者主张的事实是否存在;有的认为可以根据具体情形采纳证明责任倒置或者证据评价,如德国联邦最高法院在1976年的一份判决中认为对证明妨害的法律效果是"给予负证明责任的当事人可直至证明责任倒置的证据减轻"④。不仅如此,学界对此有不同的看法,有的学者认为应采纳"证明责任倒置",有的学者认为它属证据评价,有的学者认为其效果在于证明度的降低⑤。日本学者对证明妨害的效果也有类似的分歧⑥。我国《证据规定》第75条⑦也对证明妨害制度作出规定,"有证据证明一方当事人持有证据无正当理由拒不提供,如果对方当事人主张该证据的内容不利于证据持有人,可以推定该主张成立"。该规定将证明妨害的法律效果认定为"证明责任倒置"。

证明妨害的法律效果是"证明责任倒置",还是"证据评价",抑或是由法官裁量决定二者中的一个? 我们认为由法官裁量更为恰当。因为妨害证明的情形有很多种,有的是出于故意,有的是出于过失,如采取"证明责任倒置"将产生同一个法律后果,有违诉讼公正;相反由法官根据妨害的具体情形进行裁量,可以避免"证明责任倒置"缺乏弹性的缺陷。

---

① 参见[日]中村英郎,陈刚等译:《新民事诉讼法讲义》,法律出版社2001年版,第205页。
② [德]莱奥·罗森贝克,庄敬华译:《证明责任论》,中国法制出版社2002年版,第65页。
③ 张卫平:《民事诉讼法》,法律出版社2004年版,第231页。
④ [德]奥特马·尧厄尼希,周翠译:《民事诉讼法》,法律出版社2003年版,第273页。
⑤ 参见姜世明:《证明妨害制度之研究》,载《万国法律》2001年第2期。
⑥ 参见[日]高桥宏志著,林剑锋译:《民事诉讼法——制度与理论的深层分析》,法律出版社2003年版,第466页。
⑦ 我国《民事证据规定》第75条的规定和国外的证明妨害制度不完全等同,它的适用范围要窄:(1)妨害证明者必须出于故意;(2)妨害行为只限于消极不作为。

由于法官自由裁量属于事实认定的范围,和证明责任分配没有关系,因此证明妨害不构成对证明责任分配一般原则的例外。

5.降低证明标准

从某种程度上讲,当事人的举证困难是由于大陆法系国家的证明标准过高,需要到达"内心确信"。因此在个别具体的案件中可以通过降低证明标准以达到减轻当事人证明负担的目的。

降低证明标准属于法官对证据进行认定的范畴,它可以减少真伪不明情况的出现,进而减少适用证明责任规范裁判案件的情形。但证明标准的降低,不涉及对证明责任的分配,他们分别属于不同的领域:一个属于事实认定,一个属于法律适用。

通过上面的分析,我们发现可以作为证明责任分配一般原则的例外的只能是两个诉讼装置:法律推定和证明责任倒置。

二、法律推定

(一)法律推定的含义和分类

法律推定,是指根据法律规定,如果无相反的事实,基于A事实(前提事实或者说基础事实)的存在,法官应当直接推导出一个特定的法律效果B事实(推定事实或者说推论事实,结论事实)或B权利的存在。法律推定反映出这样的经验法则,如A事实存在,B事实或权利很大程度上也存在,两者相伴而生。例如债务人停止支付,也就意味着他不能支付的概率非常高。因此如某一要件事实B较难证明时,法律推定将用一个和它有这种关联的比较容易证明的间接事实A来代替。同时由于A存在,B也存在只是一种经验,存在例外,法律推定允许对方当事人进行反驳。

根据法律推定的标的不同,可以将法律推定分为法律上的事实推定和法律上的权利推定。前者是根据法律规定由A事实存在,推导出B事实的存在,其中A事实是非法律要件事实,B事实是法律要件事实。例如日本《民法典》第772条第1款婚生子女的推定,我国台湾地区"民法典"第944条关于持续占有的推定。后者是指根据法律规定由A事实存在推导出B权利或者法律关系的存在,例如日本《民法典》第188条、我国台湾地区"民法典"第943条、德国《民法典》第937条关于从占有推断权利适法的推定。法律上的这两种推定在结构上和功能上是一致的,都是由基础事实的存在推导出另一个法律效果,主张推定的当事人只要证明了基础事实的存在,就完成了对自己所主张的权利所要求的要件事实的证明,免除了对该要件事实的证明责任。但前者是一般情形,后者则属于例外。

(二)法律推定对证明责任的分配

诉讼中运用法律推定,对证明责任的分配产生如下效果:

1.法律推定改变了证明的对象

在适用法律上的事实推定制度时,主张推定的当事人只要证明基础事实即可,对推定事实不再负担证明责任。因此,和证明责任分配的一般规则相比,对主张推定的当事人来说,其需要证明的对象由推定事实变为较容易证明的间接事实。我们也是从这个意义上说当事人的证明负担减轻了。如在我国台湾地区的取得时效制度中,从其"民法"第770条"以所有之意思,十年间和平继续占有他人未登记之不动产,而其占有之始为善意并无过失者,得请求登记为所有人"的规定中,可知"十年继续占有"是取得时效的一个要件。但是对该要件的证明被"民法"第944条的规定改变,该条规定"占有人,推定其为以所有之意思,善意、和平及公然占有者。经证明前后两时为占有者,推定前后两时之间,继续占有"。因此只要证明了"前后两时占有该不动产"这一事实,就可以假定"十年继续占有"的存在。如此对于主张取得时效的当事人来讲,他要证明的对象由"持续占有"变成了"在前后两时占有",证明的对象发生了变化。

和法律上的事实推定稍有不同,法律上的权利推定以"某种权利或者法律关系存在或者不存在"为推定对象。在基础事实 A 得到证明后,对于该权利产生的要件事实,不仅主张推定的当事人不需要提供证据进行证明,法官也不需要认定就可以推断出该权利的存在。因此,在法律上的权利推定下,主张推定的当事人需要证明的事实从权利产生的要件事实转变为基础事实,并且如基础事实存在,法官必须认定该权利存在,除非对方当事人提供证据证明有相反的权利状态,才能推翻。

需要强调的是在适用法律推定的场合,主张推定的当事人对基础事实负有主张责任和证明责任。同时,基础事实获得证明,还是法官适用推定规则的前提,也是我们探讨推定的基础。对方当事人对基础事实反驳后,法官无法判断其是否存在的情形下,就不存在我们探讨的法律推定对证明责任的分配问题。

2.法律上的事实推定和法律上的权利推定由于推定标的不同,主张推定的当事人主张的实体权利所依据的要件事实的证明责任是否会转移给对方也出现差异

(1)法律上的事实推定将该要件事实的证明责任转移给了反对推定的当事人。主张适用法律上事实推定的当事人,在基础事实获得证明后,无需再证明推定事实——当事人权利主张所依据的要件事实的存在,推定事实的证明负担转给了反对推定的当事人,由他证明推定事实的相反方面,这种证明属于本证,即对它的证明"不能只满足于达到可疑程度,动摇心证的反证,而是要达到推定事实不存在程度"。① 因此和当事人未使用推定装置时相比,不仅诉讼中需要证明的对象发生了变化——从证明推定事实存在到证明推定事实相反方面的存在,而且证明的主体互换——从主张推定者到反对推定者。这种证明主体的反转,就意味着要件事实的证明责任发生了转移。

以德国质物返还的推定为例,根据德国《民法典》第1253条第2款规定,"质物被出质人或所有人占有的,推定质物已由质权人返还给出质人或所有人",主张质权消灭的当事人在证明了"质物被出质人或所有人占有"后,就不需要证明"质物返还"这一质权消灭的要件事实了,相反对方当事人要提供本证证明"质物未返还",否则法官将认定质物已经返还。因此通过推定装置,"质物返还"的证明责任就分配给了对方当事人。

(2)法律上的权利推定不转移该要件事实的证明责任。如上所述,法律上的权利推定改变了证明的对象,在基础事实存在的前提下,权利产生的要件事实不再是待证事实,双方当事人对它都无需提供证据加以证明。因此根本不存在权利产生的要件事实从主张推定的当事人转移给对方的问题。

另外,反对权利推定的当事人可以反驳推定的途径主要有二:(1)主张与基础事实不相容

---

① [日]兼子一、竹下守夫,白绿铉译:《民事诉讼法》,法律出版社1995年版,第113页。

的事实;(2)主张与被推定权利不相容的权利状态①。反驳基础事实不涉及推定对证明责任分配的影响,因为基础事实获得证明是适用权利推定的前提;主张其他权利状态来抵消该权利的,当事人需要证明的是这种不相容的权利状态的构成要件事实,这里同样也不会涉及被推定权利所依据的要件事实的转移问题。

三、证明责任倒置

(一)证明责任倒置的含义

大陆法系的学者又称其为证明责任的转换,是指"与通常场合的证明责任分配不同,在某些特定情形下,由对方当事人对反对事实承担证明责任的法律技术"。② 证明责任倒置制度的出现是为了在特定的案件(如公害、产品责任以及医疗事故等新型的诉讼案件)中减轻当事人的证明负担。

证明责任倒置理论来源于德国,为了解决规范说下证明责任分配的不公正,德国法院通过判例确立了这一规则。如在医疗纠纷和产品责任纠纷中,受害方对加害方有过错无需证明,加害方要对自己无过错进行证明。这种理论在日本通常是以法律规定的形式存在的。如日本"汽车损害赔偿保障法规定免除原来原告方(被害者)对被告(加害者)故意、过失的立证责任(民法第709条),只要对被告驾驶的汽车发生损害之事进行主张、立证,便能请求损害赔偿;相反,如果被告能够就没有疏忽进行立证,便可免去责任"。③ 可见,证明责任倒置这一法律技术既可以通过立法予以明确规定,又可以通过判例由法官发展之。

(二)证明责任倒置与法律上事实推定的区别

证明责任倒置和法律推定一样都旨在减轻当事人的证明负担,都突破了证明责任分配的一般原则,尤其是法律上的事实推定和证明责任倒置更有很多相似之处,但两者还是存在差异的。

首先,是否有前提事实不同。推定必须以基础事实已获证明为前提,无基础事实,推定事实就无存在的依据。而证明责任倒置是不依赖任何基础事实,便假定某一事实存在,它直接将相反事实的证明义务转移给了另一方当事人,如我国环境侵权纠纷中由侵权方证明"不存在因果关系"。

其次,反驳手段不同。如欲反驳法律上的事实推定适用,当事人可以通过证明基础事实为假,或者直接举证证明推定事实不存在,后者的证明属于本证;而证明责任倒置下,当事人如欲排除倒置规则的适用,只能直接证明被倒置事实不存在。

再次,对证明责任的影响不同。法律上的事实推定对证明责任的分配可以体现为两点:

---

① 李浩:《民事证明责任研究》,法律出版社2003年版,第206页。
② 参见[日]高桥宏志著,林剑锋译:《民事诉讼法——制度与理论的深层分析》,法律出版社2003年版,第457页。
③ [日]中村英郎,陈刚等译:《新民事诉讼法讲义》,法律出版社2001年版,第205页。

(1)证明对象发生变化。(2)法律上的事实推定将推定事实的证明责任转移给了反对推定的当事人,证明责任倒置则是直接假定某一要件事实应当由对方当事人承担。

(三)证明责任倒置对证明责任的分配

"倒"作为动词在汉语中有颠倒、推翻的意思,证明责任倒置因此也就要有个推翻的对象,这个对象就是证明责任分配的一般原则,学者通常称其为"正置"。"倒置"对"正置"的颠覆就是对证明责任的重新分配,根据新的分配规则,特定类型案件中的某待证事实的证明责任转移给了对方当事人。"倒置"和"正置"相比在分配证明责任上有下列特点:

1. 倒置中的待证事实具有相反性。根据"正置",当事人应证明要件事实的存在,而在倒置中要证的是要件事实相反方面的存在。如在一般侵权纠纷中受害方需要证明加害方有过错,而在医疗侵权纠纷中,病患方不需要证明医院方有过错,转而由医院方证明自己无过错。"过错"这一待证事实在采取倒置的场合就变成了"无过错"。

2. 倒置中承担证明责任的主体互移。"正置"下本应由当事人一方承担的证明责任,在采取倒置的时候转换给了对方。仍以医疗侵权为例,医院方要负担证明自己"无过错"的责任,而该责任在"正置"时是由病患方负担的。

论婚内秘密交流特免权的构成

邵劭* 章青山**

婚内秘密交流特免权指的是在诉讼过程中夫妻任何一方都有权拒绝披露或禁止另一方披露夫妻双方在婚姻关系存续期间秘密交流的信息。即使夫妻间在进行秘密交流时并不知道该特免权的存在,不知道如果一方日后背叛了自己现在对他的信任,试图泄露该秘密交流的信息时,自己有权利予以制止,但该特免权能够避免一方主动或被动地作不利于一方的证言,破坏婚姻关系。"特免权规则不是积极努力地在促使婚姻关系的融洽和家庭的和睦,而是在最低限度内防止婚姻关系的破裂和家庭关系的解体。"①受婚内秘密交流特免权保护的信息虽然仅限于婚姻关系存续期间所产生,但在婚姻关系不复存在时,即在双方离婚或一方死亡等情况下,该特免权的持有者仍然有权主张特免权,那么,此时该特免权保障的是因夫妻关系而产生的隐私权。婚内秘密交流特免权给了秘密交流的信息以永久的保护,可以使特免权的持有者不至于担心随着婚姻的不复存在,而导致婚内秘密交流的信息被泄露。我国古代就有"亲亲相容隐"的规定,亲属间互相不作不利证言的观念有深厚的思想基础。但我国现行法律对证人的要求是一切知道案件情况的证人都有作证的义务,而理论界对该特免权规则也鲜有关注,笔者试图对该特免权的内容予以分析,以期引起学界对该问题的注意。

一、秘密交流的界定

婚内秘密交流特免权保障的是婚内秘密交流的信息,但在如何理解婚内秘密交流的信息,尤其是对"交流"的界定和对"秘密性"的分析却未能达成一致。

关于"交流"的界定主要是对"交流"的外延有不同看法。该特免权保护的交流除了包含口头或书面的言辞外,是否包括行为和事实?美国法院的几种看法颇具代表性。有的法院主张,私下在妻子面前所做的行为等同于"交流";有的法院主张,妻子因为婚姻关系而获得的,并且

---

* 邵劭:杭州师范大学法学院讲师。
** 章青山:浙江省高级人民法院法官。
① 何家弘主编:《证人制度研究》,人民法院出版社2004年版,第244页。

缺乏这种关系就不可能知悉的任何信息都属于"交流";还有的法院主张,在婚姻关系存续期间,配偶一方通过观察所获得的关于另一方的健康、日常或某一特定时期的醉酒及精神状况的信息,也属于"交流"。①

笔者认为,对"交流"外延的界定,应当紧扣该特免权的目的,从保障夫妻间的相互信任关系和隐私权等角度进行分析。对第一种观点,一方在另一方面前私下所做的行为,是否属于特免权保护的交流,不能一概而论。如果这种行为是出于对配偶的信任而意欲向另一方传达一种意思或信息时,就属于这里的交流。因为丈夫用语言告诉妻子,或者丈夫以行动表现并允许妻子从中获知,二者并没有什么区别;如果一方的行为纯粹属于一种无意识的、不传达任何信息的行为,则不是该特免权所保护的交流。对于第二、三两种观点,虽然一方获得的关于另一方的信息是其他人无法获得的,只有他们基于婚姻关系的存在才能得到,但他们获得这种信息并非出于另一方配偶的意愿,并非另一方配偶出于对他们的信任而让他们知道的,甚至,另一方配偶可能并不愿意让他们知晓,只不过他们敏于观察或通过其他途径有所获取而已。他们获取信息的行为已违背了配偶另一方的意愿,显然已不再为该特免权所保护。因此,受该特免权保护的交流应当是指基于因婚姻关系产生的夫妻间的信任,配偶一方意欲传达一种意思或信息给另一方的表达,包括口头或书面言辞以及包含了信息的动作。

关于交流的"秘密性"的分歧主要体现在交流的环境和交流的事项两方面。无论各国法规是明确将该特免权保护的范围限于"秘密的交流",还是使用"任何交流"或"交流"的措辞,由于该特免权存在之基础在于保护夫妻间的信任关系,所以,普遍认可的观点是,该特免权保护的交流应当具备秘密性。至于如何判断交流是否具有秘密性,可以从以下两方面来判断。

1. 交流的环境,主要是看交流时是仅有配偶双方在场,还是另有第三人在场。关于第三人在场是否丧失交流的秘密性,一般认为,如果有第三人在场,交流就不是秘密的。但有时尽管有第三者在场,交流仍然是秘密的。

诚然,在有第三者在场的情况下,夫妻间仍然可以通过耳语、眼神或其他只有配偶才能体会其意的动作来传递信息。这种信息的传递,并不因为有第三人的在场而为第三人所感知,或第三人虽然感知到配偶间有信息的交流,但不知交流者为何。在这些情况下,即使有第三人在场,交流仍然是秘密的,理应受到该特免权的保护。

但是,如果配偶间交流的信息为在场的第三人所知晓,并且这种知晓是传递信息的一方同意的,尽管是因在场的第三人发誓保密,以致配偶一方把信任延伸到第三人,但这种交流显然已不仅仅是出于对配偶的信任而做出,已超出该特免权保护的范围。如果第三人是无意中听到或故意偷听到夫妻间的口头谈话,或者通过某种手段而知悉配偶一方写给另一方的信件的内容,则该特免权仍然没有适用的余地。法律假定在通常情况下,进行交流的配偶有能力采取有效的预防措施防止谈话被偷听或信件被截获,那么,对预防措施无效所带来的后果,他就应当自行承受。现在,随着窃听技术的发展,配偶间进行交流时采取的一般预防措施已不足以防止交流的信息被截获,则使用精密窃听技术获取的信息并不丧失被该特免权的保护。

另外,如果交流信息时有子女在场,则依子女能否理解交流的信息来判断交流是否丧失秘密性。如果子女因年幼等原因不能理解交流的内容,则交流仍然是秘密的,可以得到该特免权的保护;如果子女能够理解交流的内容,则交流时显然并不仅仅是出于对配偶一方的信任,交

---

① [美]约翰·W. 斯特龙主编,汤维建等译:《迈考密克论证据》,中国政法大学出版社2004年版,第166页。

流已不在该特免权保护之列。

2. 交流信息的秘密性。交流的秘密性除了要求交流的环境是秘密的,还要求交流的信息本身的性质具有秘密性。如果他们的交流只涉及一些日常事务或者没有根据的非难或者谩骂的语言,该特免权就不适用。也就是说,配偶间进行的一般的、日常的普通交流,并不需该特免权保护。此外,如果交流的内容是意图稍后公之于众的事实,如涉及商业事项的交流,这种事项在交流时虽具有秘密性,但交流双方并未打算将其长期保密,而是打算不久后将之公之于众,就不受该特免权保护。

最后是关于交流的时间。婚内秘密交流特免权的目的是促进夫妻间的信任关系,故该特免权保护的交流限于婚姻关系存续期间的交流。结婚之前或离婚之后的交流,不受该特免权保护,即使交流时是基于对对方的信任而做出。但是对于主张该特免权时的婚姻状态,特免权没有任何要求。不论婚姻关系依然存在还是已经离婚抑或一方死亡,特免权的持有人仍然有权主张该特免权。因为该特免权倡导的不是暂时的保密,而是长久的严守秘密。这也是婚内秘密交流特免权与配偶证言特免权的区别之一。后者保护的是一切对配偶不利的证言,不论该信息获取的时间是在结婚前还是在结婚后,但在主张该特免权时必须有合法有效的婚姻关系存在。

与大多数权利一样,该特免权也有其保护的界限,也有例外情形。由于该特免权的设定是为了促进夫妻间的信任关系,如果"一个已经实施了'无耻的犯罪'破坏他的家庭的人,就不再有权利以维护婚姻家庭关系为借口,排除他的配偶对他实施的犯罪的证言"。[①] 故该特免权不适用于因为针对另一方配偶的犯罪行为或者侵权行为而提起的诉讼,也不适用于因为针对未成年子女的犯罪行为或者侵权行为提起的诉讼。

二、持有人的分析

婚内秘密交流特免权的持有人一般为夫妻双方,任何一方配偶都有权拒绝就婚内秘密交流的信息作证或者披露婚内秘密交流的信息,同时也有权阻止他方配偶作证或者披露这些信息。根据威格摩尔的观点,这里的任何一方配偶指的是做出交流的一方配偶。如果丈夫单方面对妻子传达了信息,妻子没有任何表示,则只有丈夫能主张该特免权;如果妻子以语言或其他方式表达了自己的意思,则妻子也可以主张该特免权。值得注意的是,在双方均享有该特免权的情况下,即双方都向对方做出了一定的意思表示时,一方主张行使特免权,而另一方却主张放弃特免权的行使。这时,主张行使特免权的一方能否制止对方对特免权的放弃?应当说,在双方均有意思表示的情况下,双方的意思表示构成交流的一个整体,任何一方对交流信息的泄露均会导致整个信息的泄露,故主张行使特免权的一方应当有权制止对方对特免权的放弃。

关于该特免权的持有人的争论主要出现在一些"现代生活方式"的参与者身上。一些"现代生活方式"的参与者争辩道,他们的"现代生活方式"与登记过的婚姻关系具有功能上的等价性,也希望得到该特免权的保护。"现代生活方式"包括如下几种:

1. 事实婚姻。事实婚姻是具有婚姻意思的男女,有夫妻共同生活的实质,且社会上一般亦

---

① 刘晓丹主编:《美国证据规则》,中国检察出版社 2003 年版,第 316 页。

承认其为夫妻,但因未履行法定的婚姻形式,法律不承认其是合法的夫妻关系。我国对事实婚姻经历了从承认主义到限制承认主义再到不承认主义的发展过程。根据我国婚姻法的相关司法解释,男女双方在1994年2月1日之前同居并符合结婚的实质要件,构成事实婚姻的,可确认其婚姻效力,不必非要补办结婚登记。由于这种事实婚姻具有合法婚姻的效力,双方自然可以主张婚内秘密交流特免权。男女双方在1994年2月1日之前同居至1994年2月1日尚未符合结婚的实质要件或1994年2月1日以后同居,应当补办结婚登记手续,婚姻关系的效力从双方均符合结婚的实质要件时起算。在补办结婚登记手续之后已经转变成合法婚姻,其交流若发生在双方均符合结婚的实质要件之后,也可以主张该特免权;若发生在双方均符合结婚实质要件之前,尚属于非法同居关系,不能主张该特免权。

2. 不构成事实婚姻的一般同居。不构成事实婚姻的一般同居者在同居期间所做的交流,不能得到该特免权的保护。因为对同居者而言,本身就缺乏合法的婚姻形式,不受法律的保护,而该特免权要促进的是婚姻关系的和睦,正是以合法的婚姻形式为前提的。

3. 重婚。如果一方或双方已有配偶,而又与对方结婚,属于恶意的对现有婚姻关系的破坏,其新组成的婚姻关系并不受法律保护,在重婚期间所交流的信息也不受该特免权保护。但是,如果相婚者并不知道对方已婚的事实,并不知道自己的婚姻属于违法的重婚关系。他以为自己的婚姻和一般的婚姻并无二致,是合法的婚姻。此时,对相婚者而言,如果本着对"配偶"的信任而有所交流,应受到该特免权的保护。

三、特免权行使程序中的法官

任何一项权利均需在制度上由一定的程序予以保障,否则将流于形式。根据多数国家的立法规定,该特免权的行使首先要求法官的告知;其次是该特免权的持有人陈明主张该特免权的理由;最后,由法官决定是否可以行使该特免权。如韩国《刑事诉讼法》第147条至第149条规定了可以拒绝证言的事项;第160条规定,证人符合第148条、第149条的规定的,裁判长应当在询问前说明可以拒绝做出证言;第150条规定,拒绝证言者,应当陈明拒绝事由。德国《刑事诉讼法》第52条第1款规定了拒绝证言权,紧接着在第2款和第3款规定,每次询问前对证人及其有决定权的法定代理人要告知他享有拒绝证言权;第56条规定,依要求证人应当使他以此为据拒绝作证的事实具有可信性;第337条规定,如未对证人告知其拒绝证言权,将成为上诉第三审的理由。

从上述条文我们可以看出,各国一般规定法官有义务告知证人有拒绝作证的特免权。但法官是普遍地告知还是在一定情形下才告知,做法不一。依韩国《刑事诉讼法》的规定,只有在证人符合特免权的情形下,法官才应当告知,而对于证人是否持有该特免权,在证人未申请前,法官并不一定知情。为保障该特免权的持有人充分地行使特免权,建议我国规定该特免权时做到对一切证人及当事人均告知该特免权的存在情形,再由当事人或证人自己判断是否享有该特免权。当事人或证人认为自己享有该特免权的,再向法官提出。

当事人或证人提出该特免权时,应当说明理由,指的是应当说明是否具备法定的拒证权中的一种。具体到婚内秘密交流特免权只需表明该交流是在夫妻关系存续期间秘密做出即可,不能强迫当事人或证人阐明交流的内容,否则有违该特免权的设立宗旨。并且,主张理由的说明只需达到释明的程度即可。

当事人或证人提出享有该特免权的理由后,是否准许行使,由法官决定。法官决定是否能够行使该特免权时,应当考虑三个因素:一是是否属于该特免权的保障事项,二是该特免权的行使主体是否合格,三是在具体案件中对婚姻关系及其隐私权保护的必要性是否大于案件实体真实发现的需要。

对第一个问题只需严格按照该特免权保护的范围来进行判断。对第二个问题,除了看其是否是该特免权的持有人,还需要看持有人是否是基于自身的自主意志提出该特免权。根据美国联邦最高法院在怀尔特诉联邦合众国案中的意见,有权主张该特免权的主体必须具有独立意志,否则其主张将不被接受。因为"如果丈夫能够说服妻子,违背她的意志,为了丈夫的利益去卖淫,那么,他也能够说服妻子——他的意志的牺牲品,选择保护他"。[①] 法庭认为,妻子之所以主张该特免权是因为丈夫对妻子施加了影响,使妻子缺少独立意志。但正如此案的反对意见所认为的那样,法庭不应当一相情愿地判断妻子的心理状态,如果妻子拒绝作证,就说明他们的婚姻关系依然值得保护。确实,婚姻关系是否值得保护,是当事人个人的主观感受,不应当由法庭独自判断,因此,只要没有证据证明该特免权的主张者受到胁迫或强制,就应当允许其行使该特免权。

第三个问题是要在案件中进行价值的具体权衡。虽然我们出于对婚姻关系及其隐私权的保护宁可放弃案件中某种重要的证据,但在某种情况下,对某些难以取得的,但对确定重要的法律权利至关重要的证据的需要,远远超出了对婚姻关系保护或对隐私权保护的需要。如婚姻关系不复存在、当初的秘密已经公开等情形下,婚姻关系和隐私权的保护已无必要。价值的权衡是一种动态的过程,不是一劳永逸的。在实体真实和婚姻和谐以及隐私保护的总体权衡下,认为婚姻关系更重要,遂赋予该特免权;在具体案件中,实体真实的价值大于婚姻关系的和谐和隐私权的保护时,法官亦可以不予批准该特免权的行使。

---

① 刘晓丹主编:《美国证据规则》,中国检察出版社2003年版,第318页。

论民事诉讼中的案件事实

邓晓静[*]

在整个民事诉讼过程中,尤其是在法庭审理阶段,双方当事人及其诉讼代理人的主要目的在于通过举证、质证以强调己方所主张的案件事实,从而赢得案件的裁判者对其提出的诉求的支持。民事争议的裁判者——法官也必须经过认证,以相关实体法律规范为指导,对已经成为历史的案件事实形成正确的判断,并以之作为作出裁判的前提和基础,最终解决民事纠纷。由此可见,案件事实在诉讼中的地位举足轻重。因此,对案件事实问题的进行分析和探究也具有了一定的理论及现实意义。

一、法官认定的案件事实——法律事实

在日常生活及具体的学术研究中,"事实"一语是多义的,在不同场合被赋予的含义也不尽相同:它既可以指称已经发生或存在的客观现象及状态,也可以指称现象或状态背后的原因,还可指称人们对客观现象或状态的认识;在某些情形下,所谓事实只不过是叙述者陈述的真伪有待证明的事情经过。人们常说,在英美法系,"陪审团决定事实问题,法官决定法律问题",在这一语境中,事实又成为与法律规范相对的一个概念。

诉讼过程中所论及的事实是案件事实。可这种案件事实并非一般意义上的事实,而是与争议有关的、受法律规范规制的案件事实,也即是法律事实。

(一)法律事实的内涵

何为法律事实?大陆法系的学者作出抽象而理性的解释:在罗马法中,"因其存在而使主体获得或不再拥有主体权利的那些限制或条件叫做法律事实。这些事实在人们之间创立的关系是法律关系"。或者说,"法律事实是法律使某一权利的取得、丧失或变更赖以发生的条件,换言之,是引起法律后果的事实"。[①] 我国有学者对法律事实给予了进一步的阐释,认为法律

---

[*] 邓晓静:中南财经政法大学法学院。
[①] [意]彼德罗·彭焚得著,黄风译:《罗马法教科书》,中国政法大学出版社1992年版,第23、56页。

事实在概念上有广义、中义和狭义之分,并且存在四种意义上的法律事实:其一是具有法律意义的事实。在实在法的范畴中,该种事实也许因尚未经过法律的调整而不可能引起法律关系的产生,然而只要实在法大体上反映着事物关系的规定性,事物关系也就同样会大体上接受法律的安排。其二是规范事实。法律作为一种重要的社会规范,其自身也成为一类独特的法律事实。其三是法律关系产生、变更和消灭的事实。法律关系的产生、变更和消灭是一种事实结果,引起它们产生、变更和消灭的法律事实则是原因。这两者之间是一种因果关系。其四是关系事实。在法学上,一般将法律关系作为专门的理论范畴来理解和解释,同时,它又与规范事实等一样,构成有关法律的制度事实。① 将上述解释和理解引入诉讼过程中,不难看出,所谓法律事实就是指能够引起各种法律关系产生、变更或消灭的事实和构成各种法律关系本身的事实的总称。

法律事实是为法律所规范的或带有法律性质的社会范围内的事实。有了法律才会有法律事实。经过法律的规范和调整,生活中的一般事实一变而为规范性的事实。不但如此,由于案件事实大都发生在已成为历史的时空之内,其确定性或实在性必须借助于能为人所感知的证据进行证明,否则案件事实的评判者难以给予正确的认定,故而法律事实还是需要用证据加以证明的案件事实。

(二)法律事实的要素和分类

1. 法律事实的要素

法律事实往往表现为某一具体事件的发生经过,要求准确而清晰地陈述和认定案件事实,则时间、地点、人物、事件的起因、经过和结果等要素必不可少。具体而言,民事争议中法律事实的要素主要有:纠纷发生的时间、地点、纠纷的各方当事人、纠纷的起因、经过、结果、各方当事人争执的焦点及理由等。

当然,在不同性质、甚至同一性质的民事争议中,这些要素的重要性及所涵盖内容的多寡并非整齐划一,而是各不相同的,这就需要争议双方在主张事实、裁判者在事实认定时结合各自案件的具体情况对各个要素仔细斟酌,根据需要恰如其分地予以展现或确认。

2. 法律事实的分类

美国研究者将案件中所涉及的法律事实分为三类:第一类是将直接影响裁判者的裁决结果的基本争议事实;第二类是不具有决定意义但能够有助于理解并且使基本事实连成一体的事实;第三类是在争议过程中偶然发生但缺乏相关性或没有用处的事实。② 这样的分类可以凸现不同案件事实的重要性,从而使对法律事实的陈述及认定更切合案件的实际需要。

在我国,通常以因果关系为标准,将法律事实分为两类:一是能够引起法律关系产生、变更或消灭的原因事实。二是由原因事实引发的法律关系本身,即各种法律关系产生、发展及变化的过程。原因事实还可依是否以人的主观意志为转移作标准,分为法律事件,即由法律规范规定的、不依人的意志为转移而能够引起法律关系产生、变更或消灭的客观现象;法律行为,即由一定主体有意识实施的,能够引起法律关系产生、变更或消灭的实际行为。诉讼主体认识和把握争议中的法律事实,应兼顾这两个方面。

---

① 谢晖:《论法律事实》,载《湖南社会科学》2003年第5期。
② See Richard K. Neumann, *Legal Reasoning And Legal Writing*, by Citic Publishing House, 2003, p.186.

二、法律事实的基本内容

实践中,诉讼的功能就在于解决事实争端,一般而言,在诉讼过程中必须回答这样一些问题:发生了什么事?事情的第一步是怎样的?为什么它会发生?谁使它发生?它是为着一个具体的目的而发生的吗?它是公平的或合理的吗?[①] 对这类问题的具体阐发实际上就决定了案件事实的基本内容。

前已述及,争议发生于过去,故法律事实属于历史性的事实。由此,形成法律关系或引起其发展变化的主体必须运用证据予以证明,使得法律事实的评判者凭借定案证据来推知其未曾亲历过的事件或过程。这一切无不与证明活动密切相关。惟其如此,借助于证据法学的理论将能够帮助我们从抽象和宏观的角度合理地划定不同的诉讼案件中法律事实的范围。在证据法学的理论中有证明对象的概念。证明对象,一般而言是指在诉讼过程中,由证明主体运用证据加以证明的,与裁判结果有着密切联系的案件事实。正因为如此,各类案件证明对象的范围就为我们勾画出了各类纠纷所涉及的法律事实的范围。民事诉讼中,证明对象围绕当事人的主张来确定,主要涉及以下几项:

(一)案件的主要事实

民事案件的主要事实同当事人的民事权利义务关系紧密相连。在诉讼过程中,当事人之间的权利义务关系暂时处于一种不确定的状态。诉讼的推进,其目的就是为了促使这种不确定的状态逐步明确,并凭借法律的强制力使之付诸实现。所以,民事诉讼证明对象的主要内容就在于当事人之间是否存在民事权利义务关系,其民事权利义务的具体表现及范围如何,其分歧及争议的焦点何在等等。

对于具体的争议来说,其主要事实所涉及的范围需要凭依民事实体法予以划定。我们知道,在有关证明责任分配的各种学说中法律要件分类说最为重要。法律要件分类说认为:凡主张权利或法律关系存在的当事人只需对产生权利或法律关系的特别要件事实负证明责任,阻碍权利或法律关系发生的事实为一般要件事实,由否认其存在的对方当事人负证明责任;凡主张原来存在的权利或法律关系已经或应当变更或消灭,应就变更或消灭的特别要件事实负证明责任,阻碍变更或消灭效果发生的事实由否认变更或消灭事实的对方承担证明责任。于是,承担证明责任的主体必须以相应的实体法条文为指针,明确自己所应证明的主要案件事实的范围。自然而然,这也需要相应实体法的条文规定得较为具体而细致。

(二)案件的相关事实

民事案件的相关事实主要包括两个方面:一是双方当事人的有关情况,二是当事人主张的程序法律事实。这些事实虽不直接涉及双方当事人之间争议的实体问题,但能够保障整个诉讼活动的顺利进行,同样也需要运用证据加以证明,因而也属于证明对象,也囊括在当事人应

---

① See Steven Lubet, *Modern Trial Advocacy*, by the National Institute for Trial Advocacy, 1997, p. 1.

给予证明且法官必须作出认定的法律事实的范围之内。

(三)免证的事实

在一般情况下,上述事实皆是民事诉讼中的证明对象。不过,当出现特殊情形时,这些事实的全部或部分有可能不必运用证据进行证明即能视之为成立,也即是可以依法免予证明。因而它们又被称为无需证明的事实。根据最高人民法院《关于民事诉讼证据的若干规定》,免证的事实包括:众所周知的事实,自然规律及定理,推定的事实,已为人民法院发生法律效力的裁判所确认的事实,已为仲裁机构的生效裁决所确认的事实,已为有效的公证书证明的事实,当事人自认的事实等。这些事实无需借助于证据得以证明,但毫无疑问,仍然属于具体民事争议中的法律事实的内容。

三、法律事实的制约因素

通过对证明对象的分析归纳出各类案件中所应认定的法律事实,只是从应然的角度说明了争议中的法律事实的范围,然而,从实然出发,我们不得不承认,实践中的情形并不能与上述内容完全保持一致。毋庸讳言,尽管具体案件中争议的法律事实只有一个,而且已经发生,但是不同的事实认知主体呈现在人们面前的整个案件事实却不可避免地存在差别,甚至大相径庭。不但原告、被告叙述的案件事实有所不同,即便是上下级法院之间也难以相互统一。为了理论研究的需要,在这里,我们排除掉故意进行虚假陈述的情形,可是,不同主体之间认知案件的法律事实的差别依然无法消除。笔者认为,对诉讼过程中认知的法律事实产生影响和制约的因素十分繁复且交互作用,但其中具有决定性的主要有如下方面:

(一)对诉讼目的的认识

诉讼目的是立法者基于其客观需要和对诉讼本质属性及规律的认识,而预先设定的诉讼活动的理想目标。诉讼目的受诉讼价值观的制约。在不同诉讼价值观的支配下,立法者所设定的诉讼目的也存在着差异。诉讼目的又影响着诉讼模式的设计。在对抗制下,毫无疑问,案件事实应是客观的、已发现的真理的一部分,诉讼的目的就是发现真实。然而,另一方面,由于裁判者不能调查证据,而除非法律另有规定,诉辩双方必须对自己提出的事实及主张承担证明责任。在诉讼过程中,是否卸除了证明责任或许比探求事实真相更值得诉讼主体关注。这就是为什么英美法系的律师更为自信于自己证实或证伪某一具体诉求的能力而非知道在诉讼之前当事人之间到底发生了什么的能力。[①] 诉讼愈向纵深推进,前一能力显得愈加重要。

在我国,较长时期以来,诉讼的首要目的就是在探求绝对的客观真实的基础上解决争议以维护和谐安定的社会秩序,大家都倾向于按照争议的本来面目来认识或反映案件事实。证明责任所起的作用是十分有限的。基于这样的理念,既然案件事实只有一个,那么,无论当事人、证人,还是司法机关都应以此为标准来呈现案件事实。程序的正当性及诉讼效率并不在思虑

---

① See Richard K. Neumann, *Legal Reasoning And Legal Writing*, by Citic Publishing House, 2003, p. 185.

的范围之内。但是,随着时代的进步和观念的变化,人们逐渐意识到客观真实其实应当成为我们不断追求的目标,在实践中出于主客观条件的种种限制以及程序正当性、证据制度的要求,往往只能无限地接近这一目标而无法完全实现。于是,对案件事实的认知就自然而然地呈现出多元化的局面。

(二)认知主体的主观认识

诚如有学者所言,事实其实包含两层含义,"即事实存在和事实判断。事实存在是指作为认识对象的'事物的真实情况'。其中所说的'事物',可能有不同的形态和状态:物质的、制度的或观念的,历史的或现实的,直接的或间接的,等等。事实存在处于认识之外,是一种'自在'。当这种'自在'进入人们的认识,就有了事实判断,即对'事物的真实情况'的陈述或认定"。所以,"尽管人们所说的事实经常指的是事实判断,但从认识的有机过程和联系而言,一个活生生的事实,应该由事实存在和事实判断来构成"。[①] 也就是说,即使从哲学的角度出发来看待事实,也应有两个不同的角度:一是从本体论出发,认为事实是一种客观实在,它不依人们的主观意志为转移,即事实独立于认识主体的思维、意识、观念之外现实地存在于客观物质世界之中。不论人们认知与否,都不影响事实在世界里的存在。[②] 二是从认识论出发,认为事实是认识主体对客观实在的把握与判断,其中难以避免地存在主观性的因素。客观实在的、尚处在未知领域的事实只有过渡到主观才具有实存的价值。

事实的客观性是他在的,尚未被人们的主观意识所把握,它所有的价值都潜而不彰。然而凡是为人们所认识并被用于一定的目的,事实就无可改易地烙上了主观性的印记。事实的主观性表现为事实被记忆、认识、理解、接受和表达的整个过程。可见,事实的主观性是一个动态的过程。很显然,诉讼中展示出来的法律事实正是对客观的、他在的案件事实的记忆、认识、理解和接受。尽管作为法律事实它受法律规范的制约,但叙述的主观性是不可否认地存在着的,如此必然导致不同的主体叙述或认定同一法律事实也会出现较大差别。

(三)法律事实认知主体的视角

对法律事实的认知需要人们凭借自身的感观去感知,这就使得法律事实的呈现与法律事实认定者的个体因素密切相关。不同的认知者,由于其参加诉讼的目的不同,其认知的视角、选择事实材料的标准各自相异,而且他们认知法律事实的能力也是千差万别的。

法律事实认知者观察和体认法律事实的角度,即视角当然会影响其对案件事实的展示及认定。按照朗盖克(Langacker)的认知语法理论,视角指的是叙事者使用句子描写场景所择取的角度,该角度既会影响观察结果,也会影响语言表达。站在不同的角度观察同一个法律事实,由于观察的全面或者片面、深入或者肤浅,不同的观察者传达出来的信息不可能完全相同;而从自身需求出发来认知法律事实和从客观公正的角度出发去认知法律事实,也会得出不尽相同的结论。

视角作为一种叙述方式,主要涉及叙述人称、叙述眼光等方面。不同的叙述主体会选择不同的视角。所谓选择就是要确定观察和表达事物的哪些方面。一个事物或事件有很多的属性,而观察者只能根据需要选择其关注的、对之有利的侧面,而侧面是相对于特定的认知域

---

① 张志铭:《裁判中的事实认知》,载王敏远主编:《公法》(第4卷),法律出版社2003年版,第4页。
② 王麟:《论法律中的事实问题》,载《法律科学》2003年第1期。

同一事件,由于观察方式和角度不同,在大脑中形成的意识就不同,从而产生不同的表达式。选择的可能性有两种:一种为"直接叙述",即全知视角;另一种为"间接叙述",即个性化的视角。在诉讼中进行事实叙述时,当事人由于曾经亲身经历过案件事实,大多会选择个性化的、第一人称的视角,并且会致力于选取对自己有利的、能够印证自身主张的事实予以陈述。而案件事实的评判者——公安司法机关则只能结合已经确认的证据,采用第三人称,以全知的视角来叙事。

我们以上海市第二中级人民法院制作的(2002)沪二中民一(民)初字第60号民事判决书试作分析。

该判决书的原告诉称部分陈述道:2000年11月1日下午3时,原告从其单位上海航空旅行社领取了旅游团费人民币4660元装入四个信封并置放于自己的黑色皮包内,于下午4时左右至被告上海大润发有限公司杨浦店购物。购物前,原告至该店设置的自助寄存柜22号箱柜处,按提示投入1元硬币,在该硬币被吐还的同时,投币处上方吐出一张印有1250719748数字的密码条,并见近原告胸口处有一柜箱自动打开,原告遂将随身携带的黑色皮包一只(内有刚领取的旅游团款人民币4660元和个人钱款650元,计人民币5310元)以及雨伞一把寄存在该箱内,然后入商场区购物。下午5时30分左右,原告购物完毕至原寄存处取皮包和雨伞,按密码条输入密码却打不开该柜箱,原告便找到被告上海大润发有限公司杨浦店的工作人员,在被要求写下柜箱内寄存的物品名称及钱款金额后,该店工作人员用钥匙打开原告所指认存物的柜箱,发现箱内是空的。当晚,原告向五角场镇警署报案并做了笔录。事后,原告曾与两被告交涉,未果。原告认为其在被告处购物,被告向顾客提供自助寄存柜服务,因被告过于轻信自助寄存柜安全、可靠而疏于管理,致使原告存放入被告处自助寄存柜内的钱物遗失。故要求两被告赔偿原告经济损失人民币5310元,诉讼费由两被告承担。

由于原告主张本案两被告赔偿其经济损失人民币5310元,所以在判决中从第一人称的视角,采用肯定的句式详述了原告将旅游团款人民币4660元和个人钱款650元寄存在被告提供的自助寄存柜的经过。

而在法院认定的事实部分,判决书对该经过则表述为:原告于2000年11月1日下午在被告上海大润发有限公司杨浦店购物,并使用该店设置的自助寄存柜。下午5时30分左右原告购物结束后,持该店自助寄存柜密码条(号码为1250719748)找到被告上海大润发有限公司杨浦店的工作人员,称其在购物前曾将皮包一只(内有从原告聘用单位上海航空旅行社刚领取的旅游团款人民币4660元及个人钱款人民币650元,计人民币5310元)和雨伞一把存入该店22号自助寄存柜内,因无法打开该自助寄存柜的箱子,而要求被告上海大润发有限公司杨浦店给予解决。被告上海大润发有限公司杨浦店工作人员按原告指认的柜箱打开后发现里面是空的,并告知原告其所指认的柜箱与密码条显示的柜箱位置不一致;但当打开与密码条号码相符的另一柜箱后,发现里面亦是空的。当晚,原告向上海市公安局杨浦分局五角场镇警署报案。

尽管从表面上看,情节似乎大同小异,实际上却存在较大差异。这一段文字显然通过全知全能的、冷静客观的第三人称视角来展现案件事实。因原告不能提出足够的证据证明自己在使用被告店内的自助寄存柜时将内有人民币5310元的皮包等物存入,所以裁判者没有认定这一事实,而是使用"称其在购物前曾将皮包一只(内有从原告聘用单位上海航空旅行社刚领取的旅游团款人民币4660元及个人钱款人民币650元,计人民币5310元)和雨伞一把存入该店22号自助寄存柜内"这样的不确定的表达方式。也即是对这一要件事实,不同的事实认知者得出了不同的结论。未必原告就是在歪曲事实,她只是有选择地陈述与己有利的事实,可惜缺乏证据的支持。而作为裁判者的人民法院则不能偏听偏信,必须根据双方所举证据来竭力还原全部的争议事实。法官对该案中原被告争议事实的了解,是通过当事人各自的陈述和举证间接得知的。人民法院虽应努力做到其认定的事实与客观事实相一致,但由于司法机关和当事人收集证据的局限性,人民法院通过公正、公平的程序,根据证据、事实和法律作出的裁判结果可能与客观实际不完全吻合,却为程序的正当性所支撑,其裁判仍然是合理合法的,应该得到尊重。

证明责任分配与要件事实理论
——兼议我国传统民法规范的转换

罗筱琦[*]

在我国民事司法改革的进程中,民法典的制定已成为牵动民法学界乃至整个法学界的一项"跨世纪工程"。在这一宏伟的事业中,民法学者都试图建构符合自己法治理想图景的"市民权利宪章"。理论研究的视角从注重宏大叙事转到对于具体制度的细微研析,笔者也尝试运用诉讼法的思考方式,为民法典的制定提供有别于传统民法解释方法的纵向思维,重新搭建民法与民事程序法之间的理路,希望对民法典的创立有所助益。

一、问题的提出

(一)民法典的权利逻辑

拥有一部健全的民法典似乎是一国迈入法治国家的重要标志。在社会经济巨大发展,人们权利呼声高涨,纷纷为权利而斗争的时代,民法典当仁不让成为人们伸张正义的"权利宪章"。在这样一个"权利"话语充斥的维度内,民法典自然高扬权利大旗,以权利为本位不断型塑自我,亦通过"权利"话语衍生了一整套日益精密的权利保护的程序技术。而这一整套权利保护的技术反过来又强化了"权利"话语本身的正当性,且令"权利话语"以前所未有的速度在国家和市民社会之间弥散,一时间成为两个互动领域沟通的桥梁。然而,此一"权利的假象"造就了民法典自身的权利逻辑:要件充备始生权利。权利话语在民法典中自我复制时,加深了自身的逻辑轨道。只有当所有足以成为上述权利逻辑前提的要件具备后,法官才会毫不吝惜地将铭刻在民法典上的本属于己的权利归还于你。在权利过了诉讼时效、对方当事人在诉讼中以此提出抗辩之时,权利已然仅存干瘪的外壳。退却了民法典规定的华丽权利外衣,所有的一切都显得那么苍白无力。这一部权利宪章在演绎自身权利逻辑之时,隐喻了一个前提,那就是

---

[*] 罗筱琦:法学博士,广东商学院法学院教授,硕士生导师。研究方向:民事诉讼法,证据法。

当所有的要件事实①在诉讼中被证明时,才会发生民法规定要件所对应的法律效果,而不论这种法律效果是权利的发生抑或权利的消灭。这一基本的权利逻辑即是传统民法甚至是当下民法典修订的基本思路。

(二)诉讼中要件事实的状态及证明责任的分配规则

当我们在生活中与他人出现了纠纷,发生了利益冲突,我们首先想到的是自力救济,这是最原始也最符合我们生存哲学的办法②。出于各种原因,我们大多会在经历各种考虑、用尽各种策略之后才会走向权利的堡垒:法院。我们在法庭上抛出事先准备好的各种证据,力图说服法官,让其基于事实做出有利于己的裁判。经过一番智慧、财产、体力的角逐,摆在法官面前的案件可能会出现以下两种状况:要件事实真相大白(包括要件事实被证明以及没有被证明两种情形)和要件事实真伪不明。在第一种情形下,法官可以轻松下判,支持原告或者被告的主张,抑或基于双方当事人博弈后达成的合意制作调解书。问题在于要件事实真伪不明时法官如何下判。每个人都有权获得裁决,法官不得拒绝裁判。基于此民事诉讼法的基本原理,法官自然不能在当事人拒绝的情形下强行调解,也不能将案件悬而不决。为了解决这一裁判上的难题,司法技术创制了一整套裁决的规范:证明责任法。③ 这一套裁判规则包括证明责任的概念、性质等等一系列维护权利的"知识"。其中最为重要的知识就是证明责任的分配规则。在证明责任的分配规则上,又大致可以分为隶属大陆法系德国的法律要件分类说以及英美法系的利益衡量说两支。两种分类方法立基不同的法律传统:法律要件分类说植根于有着多年成文法典的历史背景;利益衡量则与法官在判例中发现法律的传统紧密勾连。对于一直有成文法传统的我国而言,在引进证明责任理论时应当考虑自身的培育土壤,选择以法律要件分类说④作为证明责任分配的基本理念,仅在法律自身有漏洞的情形下才选择法官依职权利益衡量。这一选择不仅便于上述证明责任分配规则在实务中的操作,而且在制度运作方面也会凸显其实效性。

(三)民法的权利逻辑与要件事实真伪不明

上文论及,民法的建构逻辑在于"要件——法律效果"的理论模型。而在这一理论模型中,居于前提地位的要件,只有在充分具备的情形下,法律效果的发生始有可能。换言之,权利发

---

① 就要件事实的概念和基本理论意义,参见段文波:《裁判逻辑与实定法秩序之维护——要件事实论纲》,载《西南政法大学学报》2005 年第 3 期。
② 程燎原、王人博:《权利及其救济》,山东人民出版社 1998 年版,第 362 页。
③ 陈刚:《证明责任法研究》,中国人民大学出版社 1998 年版,第 113 页。
④ 所谓法律要件分类说即是将实体法律规定的要件分为三类:权利发生要件、权利发生障碍要件以及权利消灭要件。参见[日]上野泰男:《证明责任》,载《法学教室》2002 年第 12 期,第 17 页。具体而言,主张权利发生的当事人在权利对应的要件事实真伪不明时就权利发生要件事实承担证明责任。相应而言,主张权利发生障碍要件事实及权利消灭要件事实的当事人在上述要件事实真伪不明的情形下承担证明责任。如果遵从证明责任就是败诉风险负担的话,上述当事人就各自主张的有利于己的要件事实在真伪不明时承担败诉风险。比如,在请求借款返还诉讼中,原告提出的作为请求原因事实的"交付金钱"以及"约定返还"这两个要件事实就是原告欲求的借款返还请求权的权利发生事实,按照法律要件分类说,原告对上述两个要件事实承担证明责任。被告如果主张原告的意思表示错误,那么该事实就是借款返还请求权的发生障碍事实。被告如果主张该请求权没有到期,那么该事实就是权利阻止事实。如果被告主张的是其某年某日已经返还欠款,那么该事实就是借款返还请求权的消灭事实。被告对于上述主张的事实承担证明责任。

生的法律效果只有在其前提要件确定存在的情形下才能实现。由于民法典自身权利逻辑的前提假设在于只有当法律效果对应的要件事实被证明的情形下才会发生,所以民法典在法律效果对应的要件事实真伪不明的时候就会束手无策,丧失作为裁判规范的功能。而要件事实真伪不明的情形在诉讼中是经常出现的一种状态,民法遭遇此种诉讼状态的时候出现了自身权利逻辑的适用障碍。因此,我们试图提出的质疑正是在要件事实真伪不明的情形下,民法如何实现的问题。要真正解决这一问题,必须将传统民法没有考虑到的要件事实真伪不明的情形列为一种独立的诉讼状态加以考虑,并使要件事实证明责任分配的标准在民法典中有所体现。同时,进一步反省传统民法和程序法的相互关系,不能将二者对立并相互孤立,而应将二者视为统一体从诉讼或者裁判的高度重新定位,顺利实现传统民法的进化。

二、概念及功能

(一) 民事习惯与国家法的交错

一直有着"重刑轻民"传统的中国社会,民事纠纷多系"户婚田土钱债"一类的"薄物细故"①,而这一类案件多发于"乡土社会"。对于这一类纠纷的调控,则体现了国家政权深入村庄的愿望。然而,国家政权深入村庄的努力在民国之前一直都是失败的,换句话说,国家在乡土社会的政权出现了所谓的"内卷化"。② 无奈之下,作为国家权力象征体系重要标志之一的"民法"从来没有深入村庄的机会。反过来,村庄相对自闭、自治的倾向也抑制了传统中国封建社会对民法的重视和发展。因之,保障民事权利的民事诉讼法在先天不足的情形下自当无从发展、发达。西方列强的"坚船利炮"敲碎了处于崩溃边缘的大清帝国,从此也揭开了中国现代化的历史篇章。1905年上半年,沈家本、武廷芳等为禁止刑讯问题与御史刘彭年发生争执,同时肯定了刘氏关于制定民刑诉讼法的建议,并提出了自己的主张。其后,修订法律馆起草了中国第一部具有现代意义的法律草案,是中国诉讼法现代化和独立化的开端。③ 随着清王朝的灭亡,中华民国建立,国家政权深入村庄的努力始见成效。随着国家政权不断深入村庄,民国的民法和民事诉讼法也堂而皇之在村庄施行。这几乎是民法在我国的历史上,第一次成为调控整个社会的控制工程。民间习惯与国家法之间充满了冲突、斗争和妥协。一方面,民间习惯和国家法相一致的部分或纳入国家法的体系,或得到国家法的默许和承认,增强了自身的正统性和实效性。另一方面,与国家法相一致的民间习惯又加深了国家法在村庄的权威。换句话说,从表面上看,纵横乡间的行为规则仍然是民事习惯,但由于国家法扮演了民事习惯的幕后指挥,实际上国家法俨然已经成了村民租地借钱的行动指南。当然,民间习惯和国家法之间的

---

① 梁治平:《寻求自然秩序中的和谐.中国传统法律文化研究》,上海人民出版社1991年版,第40~42页。
② [美]杜赞奇著,王福明译:《文化、权利与国家——1900—1942年的华北农村》,江苏人民出版社2004年版,第51页。
③ 陈刚主编:《中国民事诉讼法百年进程》,中国法制出版社2004年版,第126页。

"分工配合"还有更深一层,即二者在长期演进和互动过程中彼此渗透。①

(二)民法的双重功能

随着国家政权不断深入村庄的权力文化网络,国家法在发展过程中与民间习惯进行着相互交叠、转换的变化。国家法和民间习惯的相互支撑使得彼此在村庄中获取各自希冀的权威、知识。往往民间习惯依仗国家法这一"虎皮"令自身的权利逻辑得以在中国社会现代化的进程中②继续繁衍、再生。国家法也借机实现了"全景敞式主义"之下法律运作的自动化,并扩大了权力规制的对象。

国家法为民间习惯提供支撑的最为重要的方式之一便是民间纠纷一旦演化成"大事件",必将引入国家政权的干涉。进入国家法的权力运作体系后,民间习惯往往从前台退至幕后,法官作出的任何判断都将严格遵照国家法的规定。③ 因而,国家法和民间习惯(法)就成为国家权力的不同肉身。换言之,国家权力在国家法和民间习惯的重合部分分别以这两种面目在不同的场景下运作。国家法和民间习惯作为同一权力的两种不同载体实际上发挥了我们通常所说的法律的双重作用:作为行为规范和作为裁判规范。国家法以一种变形虫式的思维方式使自己在保持权力同一性的可能限度内,灵活地采取了不同面貌适应不同的环境。④

不难理解,作为国家法的民法相应也具有双重功能:作为行为规范的民法和作为裁判规范的民法。这两重身份相互配合,在保证民法自身权利逻辑同一性的范围内,在不同的场合扮演着不同的角色。通常,作为行为规范的民法支配、调控人们从事日常民事行为,为人们的日常民事活动提供"标准化"的行为模式,使得社会和谐有序。一旦有人没有按照标准化的行为模式实施民事行为造成民事纠纷,则双方当事人很可能将纠纷诉至法院,法官不论试图通过调解还是审判方式了解案件,都必须"依法进行"。所依之实体法,当然就是我们用来预设一个"理性人"行为模式的民法。从而,一直让我们感到无形压力的行为规则从幕后走向台前,粉墨登场,施展国家赋予的权力。而在这民法的两种功能中,最为体现民法本质的尚属作为裁判规范的民法。究其原因,不仅在于裁判规范的民法是市民在诉讼中可见的"框框条条",更在于民法之所以能够有效得以规范人们的行为,成为人们的行为规范,本质在于未来的诉讼中,作为行为规范的民法摇身变为法官手中的裁判规则。这一潜在的裁判功能也从本质上支持了民法作为行为规范的实效性。

---

① 梁治平:《清代习惯法:国家和社会》,中国政法大学出版社 1996 年版,第 129 页。

② 中国的现代化可以追溯到 1905 年,而这一年刚好是科举考试制度寿终正寝的一年。[美]吉尔伯特、罗兹曼主编,国家社会科学基金比较现代化课题组译:《中国的现代化》,江苏人民出版社 2005 年版,第 433 页。

③ 有学者认为这一点在刑事诉讼中表现得尤为突出。即使在民事诉讼领域,黄宗智教授认为清代的地方官在民间辞讼的处断(civil system)中仍是依据法典而非官吏的智虑和专断的刑法来进行。这种看法与以往的看法似乎相反。梁治平:《清代习惯法:国家和社会》,中国政法大学出版社 1996 年版,第 136 页。

④ 关于此思路,可参见[日]千叶正士著,强世功等译:《法律多元——从日本法律文化迈向一般理论》,中国政法大学出版社 1996 年版,第 125 页。

三、要件事实理论框架内民法规范的转换

所谓要件事实论就是体系化的关涉要件事实的一整套理论。① 该理论的逻辑起点在于以大陆法系的实定法秩序为前提,换言之,该理论的生存背景是成文法的历史传统。该理论是一套关于法官裁判、当事人攻击防御体系的知识,并以要件事实作为基本的分析概念。

诚然,裁判规范才是民法的本质属性和最终归宿。而裁判规范所要解决的问题,正是要提供要件事实真伪不明情形下法官的裁判依据。说到此,我们可以为作为裁判规范的民法下个定义:法官裁决民事法律纠纷时出现要件事实真伪不明的情形下,规定证明责任分配要件的民法。② 而作为裁判规范的民法和作为行为规范的民法的本质差别也在于是否能够回答诉讼中要件事实真伪不明的问题。从某种意义上说,作为裁判规范的机能和有效性,与要件事实理论出现了相当程度的契合。在要件事实的理论框架内,民法已不单纯是作为实体法的行为规则,而是能够回应诉讼中真伪不明情形下的裁判规范。民法必须也只有在解决证明责任的基础上才能最终"化蛹成蝶"。

(一) 裁判规范民法的架构

既然作为裁判规范才是民法的意义所在,建构能够回应诉讼中要件事实真伪不明的情形就成为一切权利言说的落脚点。而建构作为裁判规范的民法必须以要件事实作为基本的分析性概念,关注证明责任甚至主张责任的问题始有可能。在建构作为裁判规范的民法时,应涵摄以下几个方面的内容:

第一,作为裁判规范的民法的建构基础。由于作为行为规范的民法和作为裁判规范的民法相互配合,共同在生活的场域和诉讼的场域发挥功效。作为裁判规范的民法与作为行为规范的民法在要件事实被证明的情形下功效完全一样。作为裁判规范的民法仅比作为行为规范的民法多一项功能:即在要件事实真伪不明的情形下为法官提供裁判依据。所以,作为裁判规范的民法以作为行为规范的民法为自己的建构基础顺理成章。而且,建构作为裁判规范的民法首先必须运用要件事实理论对作为行为规范的民法进行解读。在某种意义上,建构作为裁

---

① 昭和30年代后半以降,要件事实论的基础以及分论不断地得到精致的解说。民法上,对于产生某法律效果来说,必要、充分的法律要件如何构成、对于要件事实的证明责任由哪一方当事人负担会更妥帖等问题得到了深入系统的研究,昭和60年代初日本法学研修所教官室出版了"民事诉讼中的要件事实"的体系书,是谓"要件事实论"。要件事实论广泛深入司法实践,使得律师的诉讼活动以及法官的诉讼指挥都有条不紊,对改善整个日本的诉讼运营来说都大有裨益。其间,虽然不乏批评要件事实论忽视间接事实的重要性、起诉状和判决书有骨没肉、遗失了纠纷的真正要点等等学说。但是,日本在推进审判实务的改革中却重新确认了要件事实论的基础地位。[日] 松本博之:《要件事実論と法学教育:要件事実論批判を中心に》,载《自由と正義》,Vol.54,no.12,第109页。

② [日] 伊藤滋夫:《要件事実の基礎:裁判官による法的判断の構造》,有斐閣2000年版,第206页。

判规范的民法就是民法解释的另外一个纵向视角。乃是将民法和民事程序法①放在诉讼或言裁判的场域中通盘考虑，从一个整体和纵向的角度重新审度两法的关系。

第二，作为裁判规范民法的基本思维方式。作为裁判规范的民法与作为行为规范的民法相互区别的关键在于后者无法解释并解决诉讼中要件事实真伪不明时法官的裁判依据问题。如前所述，作为行为规范的民法没有考虑到诉讼中要件事实真伪不明的情形，仅仅是在要件事实被证明的情形下发生法律要件所对应的法律效果。因此，作为裁判规范的民法出于解决证明责任问题的必要，首先必须将要件事实真伪不明作为诉讼中的一种状态。换言之，在诉讼中，行为规范的民法只有在要件事实被证明存在时才发生相应的法律效果，如果要件事实没有被证明存在或者被证明不存在，都不会发生民法所规定的要件事实对应的法律效果。这不仅因为作为行为规范的民法没有关注要件事实真伪不明这一命题，更在于传统民法的基本思路仅在回应要件事实存在情形下的法律适用。这也就是为什么作为裁判规范的民法力图解决证明责任问题，首当其冲必须将要件事实真伪不明作为其区别于要件事实被证明存在或不存在的原因。

第三，作为行为规范的民法转化为裁判规范的民法的价值评判与利益衡量。作为裁判规范的民法以行为规范的民法为基础，分别将要件事实存在、要件事实真伪不明列为两种相互区别的诉讼状态加以考虑。而建构作为裁判规范的民法的关键在于将证明责任的分配问题纳入民法典的条文本身。比如说，某人将他人之物作为买卖的标的物卖与第三人，该第三人善意还是恶意将影响其是否拥有损害赔偿请求权。我国《民法典草案建议稿》第945条规定：出卖人就交付的标的物，负有保证第三人不得向买受人主张任何权利的义务，但法律另有规定的除外。紧接着，该草案建议稿第946条规定：买受人在订立合同时知道或应当知道第三人对买卖标的物享有权利的，出卖人不负担前款规定的义务。② 这两条草案建议稿规定出卖人对买受人承担权利瑕疵担保责任，但买受人恶意及善意有过失时除外。根据条文来看，买受人在第三人就买卖标的物向自己主张任何权利的时候都可以请求出卖人承担损害赔偿责任，除非出卖人可以证明买受人在订立合同时主观状态为"恶意或善意有过失"。但在诉讼中，假如法官无法确定买受人的主观状态，也就是说，买受人在订立合同时是恶意还是善意真伪不明的话，将如何裁判呢？依照作为裁判规范的民法，双方当事人各自就对己有利的要件事实承担证明责任。在出卖人违反权利瑕疵担保责任的情形下，买受人可以请求损害赔偿。那么买受人善意就是其损害赔偿请求权的发生要件事实。反过来，买受人恶意就是其损害赔偿请求权的发生障碍事实。诉讼中，买受人的"恶意"真伪不明的情况下，按照上述建议草案的话，买受人胜诉并享有损害赔偿请求权，出卖人败诉并承担损害赔偿责任。可以说，上述草案建议条文在要件事实真伪不明情形下的适用结果与作为裁判规范的民法不谋而合。值得我们注意的是：这仅仅是"结果意义上"的，换句话说，可能草案的建议者们根本没有考虑到将此条文运用于解决诉

---

① 此处笔者使用民事程序法这一提法而没有使用民事诉讼法。在英语中，civil procedure law 应该翻译为民事程序法。而日本人将其翻译为民事诉讼法，我们学界可能更常用诉讼法这一提法。这种提法可能是特意强调与民事实体法的区别。但是却为我们理解民法和民事程序法分离、未必对立的关系制造了语词上的障碍。要件事实理论特别强调民法和民事程序法在民事诉讼场域中的统一和配合。因之，使用民事程序法为宜，在某种意义上，还可以称之为"民事诉讼程序法"，相应民法也改称"民事诉讼实体法"。因为在古罗马实体程序不分的诉讼时代，actio 制度包含了现代意义上的程序和实体，仅在不同的场合以不同的面目和身份出现罢了。

② 中国民法典立法院研究课题组：《中国民法典草案建议稿》，法律出版社 2003 年版，第 186 页。

讼中要件事实真伪不明的情形。假设未来的中国民法典规定：出卖人就交付的标的物，负有保证第三人不得向买受人主张任何权利的义务，但以买受人在订立合同时不知道第三人对买卖标的物享有权利为限。假如在诉讼中买受人是否善意真伪不明的话，由于善意为买受人请求损害赔偿的权利发生要件，所以买受人在是否善意真伪不明时就会败诉，出卖人不承担损害赔偿义务。由此可见，一个条文的规定形式完全决定了对于买受人保护的力度和范围。草案建议稿的规定对于买受人保护的范围更广、力度更大。尔后假设的条文显然更有利于出卖人。就作为行为规范的民法而言，二者的效果完全一致。当然，如果买受人的主观状态在诉讼中一目了然，不论适用作为裁判规范的民法还是适用作为行为规范的民法，法官裁断的结果都会完全一致。所以，当制定民法典的时候，立法者首先必须有意识地区分诉讼中"证明"与"真伪不明"两种状态，在立法之时就应事先考虑到真伪不明时证明责任的分配，并将其纳入条文本身的表达。一者有利于防止法官的自由裁量权过大，二来有利于增强法律的透明度与可预测性。

（二）民法解释方法的正当性与作为裁判规范民法的表达

建构作为裁判规范的民法在某种意义上可以说是用要件事实理论对于作为行为规范民法的重新解释。解释功能可以说是法律制度的核心功能。① 从国外解释学方法来看，从考夫曼到伊藤正己，都将文理的或者语言学的解释放在所有解释学方法的首位。② 我国古代社会具有悠久的经典注释传统，传统学术的承续和发展，主要是依靠对显现文本的不断注释而获得的。在很大程度上讲，我国古代法律解释主要是就法律条文的字面意义在文法上作出通俗说明，而且这一点特别明显地体现在官方法律解释的文本中。③ 即使是今时的法律解释方法，也首推文意解释。④ 以至于有人要攻击法律解释是毫无客观性可言的言论，也大都首选文意解释作为批判的标靶。古今中外的法律解释方法有意无意地将文意解释放在首选位置的要因在于解释方法的正当性。不论是围绕法律解释方法的客观性还是确定性展开的论述，都是强化或证成文意解释的正当性。

传统的法律解释方法将其关注的视角放在司法领域，在某种意义上，法律解释沦为纯粹的司法解释。更有甚者，甚至将法律解释标榜为弥补法律漏洞的法宝。即便是对法律解释进行反思的少数学者，也没有将反思进行到底。由于传统的思路将法律解释的功能局限于司法领域、限于弥补法律的漏洞，从而忽视了司法和立法之间存在的互动关系。我们应该通过解释法律推动法律解释与立法的互动，具体表现在促进立法的自我完善。将作为行为规范的民法改造为作为裁判规范的本质是运用要件事实的理论重新解释民法，从而促进传统民法的自我反省，达致自我完善。因此，我们就必须将这种解释的正当性与促进民法的自我完善相连接。上面我们提到，文意解释最能体现法律解释的正当性。所以，作为裁判规范的民法只有在表达形式上或者说在语义上的日臻完善方能为以后的文义解释提供更为客观、可视、确定的解释对象。

要件事实理论下的民法应该更能体现和表达证明责任分配的公平与妥当，也是其作为裁判规范民法的正当性所在。作为裁判规范的民法如果要做到这一点，首先必须确定法律效

---

① 梁治平：《法律解释问题》，法律出版社1999年版，第105页。
② 梁慧星：《民法解释学》，中国政法大学出版社2003年版，第213页。
③ 谢晖：《中国古典法律解释的方法智慧——关注解释的合法性》，载《政法论坛》2005年第4期。
④ 杨仁寿：《法学方法论》，三民书局1987年版，第123页。

果发生根据事实的范围。出于公平、妥当分配证明责任的需要,作为某法律效果(包括权利消灭)的发生根据事实应当是最小必要限度内的事实。① 否则,很可能让主张相应法律效果的当事人承担过多的证明责任。至于公平、妥当的标准还必须考虑制度设立的目的,就拿前面的例子而言,立法究竟要保护买受人还是出卖人在于国家对于公平买卖制度的价值衡量。如从鼓励保障交易安全的价值衡量,就会选择令出卖人承担更多责任的模式。

综上所述,作为裁判规范的民法应当在考虑公平、妥当分配证明责任的基础上以本文、但书的形式表明其价值立场,以便在要件事实真伪不明的情形下为法官裁判提供准确可靠的依据。

结语

自民法和民事诉讼法分离以降,两者似乎都试图将曾经混为一体的历史抹去不谈。由于两者的分离,法律部门及学科之间的交流也日趋疏远。这不仅造成了彼此之间的鸿沟,更不利于从更高的理念去反省、调试相互之间的关系。要件事实理论为实体和程序搭建了交流沟通的桥梁,从"诉讼之场"这一更高的空间范围内重新审度二者的关系,意图将两者带至第二个"蜜月期"。从证明责任的立场解读传统民法的局限性加速了从法律解释到民事立法本身的反省。作为对两者关系反思的具体回应,即是将作为行为规范的民法改造为作为裁判规范的民法,以期从民法的逻辑自恰,实现制度上的功能扩展与自治。

---

① [日]伊藤滋夫:《要件事実の基礎:裁判官による法的判断の構造》,有斐閣 2000 年版,第 247 页。

试论再审之诉中诉之利益

赵 钢* 朱建敏**

诉之利益是大陆法系民事诉讼法学中的一个重要概念,理论上通常认为,诉之利益是诉的要件或者诉权的要件之一,是法院做出实体判决的先决条件。近年来,由于一些新型诉讼的兴起,基于拓宽法院主管范围、提升当事人诉权保障力度等方面的考虑,学者对诉之利益理论给予了一定的关注。诉之利益的传统内涵也不断得到新的阐释。有学者就认为,"给付之诉、确认之诉和形成之诉具有不同形态的诉的利益,不仅诉讼形态不同使得诉的利益有着不同的样态,而且程序的不同也使得诉的利益带有具体的程序色彩。在一审程序中诉的利益为常态,在上诉审程序中体现为上诉利益,在再审程序中则变更为再审之诉的利益。"①很显然,从审级程序的角度界定诉之利益是一个较新的视角,对上诉利益,域外的理论和立法多有涉及,但对再审之诉的利益理论上却鲜有研究。那么,再审程序中可否引入诉之利益的概念呢?再审程序中引入诉之利益有什么意义呢?再审之诉中诉之利益的具体内容又是什么呢?等等。在理论界和实务界对建立"再审之诉"达成基本共识的背景之下,②有必要对这些问题进行探讨,本文试做初步的尝试。

一、诉之利益的内涵及其嬗变

众所周知,诉之利益概念的形成与"确认诉讼作为一般性诉讼类型被予以认可"这一历史事实紧密相关。由于从原理上说确认的对象是无限制的,因此,某人可以将现实中的任何一人作为被告来提起诸如"要求确认自己饲养的猫业已死亡"这样的诉讼,为了排斥这种无意义的

---

* 赵钢:武汉大学法学院教授。

** 朱建敏:武汉大学法学院博士研究生。

① 邱星美、唐玉富:《民事上诉审程序中的利益变动》,载《法学研究》2006年第6期。

② 最高人民法院二五改革纲要已将确立再审之诉作为改革的目标,理论上主张确立再审之诉的代表性文章有李浩:《民事再审程序改造论》,载《法学研究》2000年第5期;章武生:《论民事再审程序的改革》,载《法律科学》2002年第2期;张卫平:《民事再审:基础置换与制度重建》,载《中国法学》2003年第1期;等等。

确认之诉就必须设置"确认(之诉)利益"这一要件。同样考虑到在给付诉讼中也会存在不同程度的类似问题,于是就有必要超越"确认之诉"或"给付之诉"之具体形式,最终形成一般形态的诉之利益之概念。①

各国对诉之利益的称谓不尽相同,法国称为"利益"(Interest),德国称之为"法律保护的需要"(Rechtschutz Bedufnis),奥地利民诉法称为"诉讼前提"(Voraussetzung jeder klage),在日本则称为"法律上的争讼"。②在理论上,对诉之利益的内涵也存在不同的认识,据笔者归纳,对诉之利益主要有以下一些界定:

1. 有学者认为,应当将诉之利益作为实体法性质的概念来予以把握,因此,当欠缺诉之利益时,法院不应当作出驳回起诉的判决,而应当作出本案判决或者与之相近性质的判决,而且,由于诉之利益具有实体法性质,当法院通过其他方面来判明请求不具有理由时,法院可以不对诉之利益作出判断而直接作出驳回请求的判决。③

2. 有学者认为,在诉的许可性方面,原告的诉讼实施利益构成了诉之利益的主体、根基或轴心,诉之利益应当明确地被理解为"原告应当具有的利益与必要"。与作为诉讼标的之权利或法律关系内容的实体利益以及原告胜诉利益不同,诉讼实施利益是指,作为消除原告主张实体利益所面临的危险或不安之法律手段,原告来进行诉讼,进而要求获得本案判决的利益与必要。作为诉讼要件的诉讼实施利益必须具备正当性,这种诉之利益之正当性应当通过综合衡量原告诉讼实施利益(诉之利益内在性制约)、被告及法院的利益、乃至第三人的利益、国家的利益、社会一般或者公共的利益(诉之利益的外在性制约)来作出判决。④

3. 有学者认为,此前关于诉之利益之观点都围绕着其与本案判决的关系来展开论述,这样的见解不免存在着局限性。因此应当以被告的应诉义务(从原告角度而言是应诉强制)之形式来探讨诉之利益之问题。所谓的应诉强制问题就是指,在个别性的具体事案中,被告为何必须积极地对原告所确定的请求进行应诉之问题。对于这一问题,只有在考察事案类型的基础上,并依据不同的情形,在某种程度上结合考量诉讼前以及诉讼外的状况,才能做出解答。⑤

4. 有学者认为,诉之利益的内容在于纠纷解决的必要性与实效性,当原告认为存在着这种解决纠纷的必要性与实效性时,就可以提起诉讼。从不同的角度对诉之利益可以有不同的理解,既可以从"某诉不值得受理"(若是受理这种诉讼,则会造成法院的负担、浪费应当用于更具切实性诉讼中的司法资源、损害国民一般利益等后果)之原告以外的法院或国家立场来予以把握,也可以从"避免让对方当事人对无解决纠纷之必要性与实效性的起诉进行应诉"之被告

---

① [日]高桥宏志著,林剑锋译:《民事诉讼法——制度与理论的深层分析》,法律出版社2003年版,第282页。
② 王福华:《两大法系中诉之利益理论的程序价值》,载《法律科学》2000年第5期。
③ 详见三月章:《民事诉讼法》,有斐阁1959年版,第59页以下;三月章:《权利保护的资格和利益》,载三月章:《民事诉讼法研究第一卷》,有斐阁1962年版,第1页以下。转引自高桥宏志著,林剑锋译:《民事诉讼法——制度与理论的深层分析》,法律出版社2003年版,第281页。
④ 详见山木户克己:《诉的利益之法的构造》,载山木户克己:《民事诉讼法论集》,有斐阁1990年版,第129、134、135页。转引自高桥宏志著,林剑锋译:《民事诉讼法——制度与理论的深层分析》,法律出版社2003年版,第282页。
⑤ 详见松尾卓宪:《民事诉讼中被告的应诉义务——诉的利益概念与机能再考虑之序说》,载《九州大学法学》,第61号第1页以下,第62号第73页以下。转引自高桥宏志著,林剑锋译:《民事诉讼法——制度与理论的深层分析》,法律出版社2003年版,第284页。

的立场来予以把握,但是,从结果上看,诉之利益还是应当取决于原告、被告以及法院(广而言之是一般国民)三者之立场及利害的平衡关系。①

在我国,一段时间内学界多从民事案件的可诉性角度来理解和诠释诉之利益这一民诉法术语。多数学者认为:有关确定本案是否具有可诉性,即哪个范围内的权益能够通过法院运用民事诉讼程序给予保护,是诉之利益理论的研究对象。显然,此种解释过于狭窄。② 目前学者多认为诉之利益的内容在于纠纷解决的必要性与实效性,从本质上说是当事人的权利和法院权力之间的利益衡量。③ 因为民事诉讼既然是国家设立的,是国家运用审判权的领域,就不得不考虑其中国家的利益。同时,民事诉讼制度的设置也是基于保护民事权益和解决民事纠纷的考虑,因此不得不考虑诉讼者的利益,一方面法律赋予国民运用诉讼制度的权利(诉权),从中获得使用该制度所带来的利益,另一方面禁止原告滥用诉讼制度以避免对方当事人不必要的应诉。如果原告之诉具有诉之利益,被告就不得以此排除原告之诉。④

二、我国再审之诉中引入诉之利益概念的可能及意义

诉之利益作为大陆法系民事诉讼法学领域的重要概念,在德、日、法以及我国台湾地区的立法以及司法实践中均有所运用,这种运用主要体现于三个方面,(1)由民事诉讼法典直接加以规定,如《日本新民事诉讼法》第135条规定,请求将来给付之诉讼,仅限于有预先提出请求之必要的情况方可提起;《法国新民事诉讼法典》第31条规定,享有诉权的条件是"利益"与"资格",且利益必须是本人的、合法的利益,而不是假想的或将来的利益,无利益即无诉权。⑤ (2)由民事诉讼法典规定"禁止二重起诉"、"无仲裁协议"、"无不起诉合约"等诉讼障碍事项来间接界别有无诉之利益。⑥ (3)在法律没有明文规定的情况下,通过诉讼确定具体情况下有无诉之利益,形成判例。⑦ 在大陆法系民事诉讼法学理论中,对诉之利益概念的讨论通常局限于一审与上诉审之中,⑧在我国可否将诉之利益的概念引入再审之诉中呢?或者说,将诉之利益的概念引入再审之诉中有无意义呢?笔者以为答案应该是肯定的。

首先,我国语境中的"再审之诉"有别于大陆法系民事诉讼法学中再审之诉的原初含义。在大陆法系国家,再审程序不同于一、二审程序,再审程序既不是民事案件审理的一级程序,也

---

① 参见高桥宏志著,林剑锋译:《民事诉讼法——制度与理论的深层分析》,法律出版社2003年版,第283页。
② 王福华:《两大法系中诉之利益理论的程序价值》,载《法律科学》2000年第5期。
③ 参见常怡、黄娟:《司法裁判供给中的利益衡量:一种诉的利益观》,载《中国法学》2003年第4期;邵明:《论诉的利益》,载《中国人民大学学报》2000年第4期;邱星美、唐玉富:《民事上诉审程序中的利益变动》,载《法学研究》2006年第6期。
④ 邵明:《论诉的利益》,载《中国人民大学学报》2000年第4期。
⑤ 参见罗结珍译:《法国新民事诉讼法典》,中国法制出版社1999年版,第9页。
⑥ 陈计男:《民事诉讼法论(上)》,三民书局1999年版,第262页。
⑦ 关于这些判例,详见陈计男:《民事诉讼法论(上)》,三民书局1999年版,第261~265页;高桥宏志著,林剑锋译:《民事诉讼法——制度与理论的深层分析》,法律出版社2003年版,第286~328页。
⑧ 主要原因是国外对再审事由的规定极为明确。

不是审理裁决民事争议的一种独立程序,而是一种特殊的救济程序。①"'再审之诉'概念的使用在我国语境中恰恰意味着要把本来不一定称其为'诉讼'的救济要求转化为诉讼请求,使一种原先对于诉讼制度来说是非常特殊或外在的因素变为诉讼内的有机组成部分。在'再审之诉'也是诉讼之一种这个意义上,原来属于当事人'涉诉信访'一部分的某些寻求救济行动将变得不再那样特殊。而且更重要的是,在我国特有语境下建立的'再审之诉',很可能使在大陆法系德、日等国家民事诉讼中属于一种'非常规'的或'例外'的诉讼种类,在我国却变成常规的或不称其为例外的法律现象。"②由于各种各样的原因,在我国难以确立三审终审的审级制度,建立再审之诉制度,很大程度上是对三审终审制度的变通实现,正因为此,"再审之诉的建立在性质及实际效果上都有可能无限地接近于累加了一种新的上诉制度"。③"再审之诉"内涵的变化,为我国确立再审之诉时引入诉之利益的概念提供了契机。

其次,诉之利益的内容是一个"变量"而非"常量",这为再审之诉中引入诉之利益的概念提供了可能。诉之利益的程序功能主要体现在以下两个方面:一是通过强调原告谋求本案判决的适当性与必要性来限制司法权作用的范围,进而达到立足于国家利益限制诉讼的运用;二是以已经由现行实体法架构起来的权利体系作为对照分析的蓝本,面对新的社会形势的需要,不断通过扩张司法的"口径"来形成新的权利。"诉之利益这两面作用的发挥说明了这样一个事实:诉之利益的内容是一个'变量',而非'常量',随着社会情势的不断变化,它时刻处于变动之中;或者,从某种意义上说,诉之利益并非是一种客观存在的物,而是一种观念上的东西,或者说是一种说法、一种解释,决定其客观面貌的并非其他,而是居于'言说者'地位、以国家代言人面目出现的法官,而对于法官的行为又可以在某种社会意义上作出解释。"④在再审之诉中引入诉之利益的概念,直接的内容就是要审判人员在面对再审之诉时进行一种利益衡量,即当事人诉权的保护、生效裁判权威的维护以及司法资源的合理配置三者之间的权衡。进一步说,即便将申请再审、申诉改造成"再审之诉",也不应当是"有诉必理",只有这种"再审之诉"具有诉之利益时,法院才有必要作出本案判决,对方当事人才有必要积极应诉。

最后,引入诉之利益概念有助于矫正再审事由流于宽泛的弊端。由于将再审程序定位于"特殊的救济程序",德、日、法以及奥地利等国民事诉讼法对再审事由的设定非常严格,⑤法院通过对形式性要件的审查即可判断再审之诉是否符合法定的再审事由。我国的情况却不同。我国建立再审之诉的动因主要有两点,一是"要把当事人针对生效裁判寻求救济的相当一部分行动'修整'甚或'驯化'为伴随着一整套程序性权利义务的法律行为,完全纳入诉讼的制度框架内,从而与所谓'涉诉'却又是'非诉讼'的申诉信访严格地区分开来"。⑥二是要解决当事人申诉难的问题。在过去相当长的一段时间内,司法实践中并没有严格区分"申请再审"与"申诉信访",由于当事人向法院提出的只是"申请"或者"申诉"而不是"诉",并且是在诉讼程序已经终结后提出来的,法院也就不会像对待诉那样重视,对当事人申诉答复迟延或者根本不答复的现象屡见不鲜。建立再审之诉就是要将"申诉"与申请再审统一纳入"诉"的轨道,为落实

---

① 张卫平:《民事再审事由研究》,载《法学研究》2000年第5期。
② 王亚新:《"再审之诉"的再辨析》,载《法商研究》2006年第4期。
③ 王亚新:《"再审之诉"的再辨析》,载《法商研究》2006年第4期。
④ 常怡、黄娟:《司法裁判供给中的利益衡量:一种诉的利益观》,载《中国法学》2003年第4期。
⑤ 参见《德意志联邦共和国民事诉讼法》第579条、第580条,《日本新民事诉讼法》第338条,《法国新民事诉讼法》第595条,《奥地利民事诉讼法》第529条、第530条。
⑥ 王亚新:《"再审之诉"的再辨析》,载《法商研究》2006年第4期。

宪法规定的申诉权提供保障。① 考虑到"再审之诉"不仅涵盖了"严格意义上的再审申请",同时还要容纳部分"申诉上访"的请求(避免当事人"告状无门"),因此在我国目前的条件下,衡量再审申请是否可以接受的事由很难完全转化或归结为仅从外观即可作出判断的形式要件。② 由于很难设定严格的形式要件,当事人可以较容易地提出再审申请,加上我国法律文化中对已确定生效的裁判终局性缺乏尊重的传统,至少在一段时期内当事人可能会频繁地利用再审之诉的制度来挑战已生效的裁判。③ 因此,在我国确立再审之诉,必须要引入诉之利益的概念,一方面借以应对可能出现的当事人滥用再审之诉制度的情况,另一方面有助于维护生效裁判的权威、节约有限的司法资源。

三、我国再审之诉中诉之利益的具体体现

理论上一般认为,再审是以取消确定判决和对案件再次审判为目的的,所以再审之诉包含了两个诉:前者是诉讼法上的形成之诉,后者是附随的诉。④ 要对案件进行再次审判,前提是原确定判决有必要取消,因此形成之诉的利益是再审之诉利益的关键问题。形成之诉与给付之诉相比,其特点在于法定性,即形成之诉只有在法律明文规定的情形下,始得提起。⑤ 大陆法系主要国家都从积极的方面对申请再审的事由作了规定,这些事由包括:(1)案件的主要证据未经质证;(2)主要证据是虚假、伪造或者变造的;(3)对同一事实的认定不同裁判之间相互矛盾;(4)据以作出裁判依据的另一裁判被撤销;(5)审判组织不合法;(6)未经依法公开开庭审理;(7)审判人员在审理该案件时有贪污受贿,徇私舞弊,枉法裁判行为;(8)未经合法传唤缺席判决;(9)代理人的代理行为不合法;等。⑥ 这些规定是再审之诉的积极事由,从宽泛的意义上讲也是对再审之诉利益的肯定性规定。此次修订民诉法当然必须借鉴。

如上文所言,现阶段在涉及原审的事实认定与法律适用等实质性事项时,我们的立法似乎还不太可能像德、日、法等国的民事诉讼法那样,"通过把'确定生效的刑事判决'等规定为这类事由的加重要件而达到从外观或形式就能判断是否应当启动再审程序的效果"。⑦ 因此在制度设计上仍然存在一定的调整余地,"例如,可考虑对再审事由在适当缩小其范围的基础上,采用细化、程序性分化和尽可能的客观化等方法来加以规定,以便对这些事由的审查能够有效地

---

① 陈冰、谭甄:《建立再审之诉制度的实践探索与思考——关于〈广东省法院再审诉讼暂行规定〉制定和实施情况的实证分析》,载《法律适用》2006年第7期。

② 这一点从实践中出现的一些现象可以得到印证。据笔者了解,某一高级人民法院设定的再审事由有20多条,另一高级人民法院设定的再审事由则达40多条,最高人民法院在2006年11月份举行的一次调研会上列举的再审事由也达16条之多。即便列举如此之细,但其中的某些事由仍未达到"具体、明确"标准,仍然规定了"适用法律确有错误"等事由,有的规定甚至将"可能有错"作为再审立案的标准。

③ 王亚新:《"再审之诉"的再辨析》,载《法商研究》2006年第4期。

④ 参见日本法院书记官研究所编,王锡三译:《民事诉讼法》,西南政法学院法律系诉讼法教研室印,第352页。转引自李浩:《构建再审之诉的三个程序设计》,载《法商研究》2006年第4期。

⑤ 邵明:《论诉的利益》,载《中国人民大学学报》2000年第4期。

⑥ 这些事由大陆法系国家民诉法多有规定,我国学者亦多有论述,本文不展开。

⑦ 王亚新:《"再审之诉"的再辨析》,载《法商研究》2006年第4期。

增加可操作性并减小裁量的幅度"。① 如何来细化、逼近客观化呢？学者们鲜有述及。笔者以为可以通过规定再审之诉的消极事由，对不具备再审之诉利益的情况作出规定，这种限定目前至少可以考虑以下几种情形：

1. 小额诉讼，不得再审。任何国家都会充分注意在法官投入和费用花费上与争议的意义要处于合适的比例关系上。对小额事件也给予多重审级，这是不能忍受的。② 在德国，对于极小事件不允许第二审的上诉；法国规定 3500 法郎以下的事件为一审终审；意大利规定 5 万里拉以下的事件及衡平裁判为一审终审。《日本新民事诉讼法》第 377 条规定，对小额诉讼的终局判决，不得提起控诉。③ 而在我国的司法实践中，当事人为了几百元甚至几十元的纠纷反复申请再审的情况却屡见不鲜，尽管有学者会主张要给老百姓"讨说法"的机会，尽管几百元、几十元对有些当事人来说不是小事情，但无论如何解释，诸如此类的纠纷需经过几级法院、反复再审，其制度实践折射的轻重、得失、利弊之权衡都是令人费解的。④ 因此，我们建议立法应决然规定小额诉讼不得申请再审。至于小额的界限可由立法规定一定的区间，各高级人民法院根据所辖区域内的经济水平制定具体标准。

2. 不得以同一再审事由再次申请再审。"对当事人提出的再审可区分为三种情形：(1)当事人以某一事由申请再审，法院对该事由进行审理后认为再审事由不存在，故驳回当事人提起的再审之诉，驳回后当事人又以同样的事由请求再审。(2)当事人以某一事由申请再审，法院对该事由进行审理后认为再审事由不存在，故驳回当事人提起的再审之诉，驳回后当事人以新的再审事由请求再审。(3)法院对再审事由审理后，肯定了再审事由存在，对本案进行了再审，当事人不服再审判决，在再审判决生效后又再次提起再审之诉。对第一种情形，将来法律宜明确规定当事人不得再提起再审。当事人如果以同一事由再次提出再审的，法院应当以诉不合法为理由将其驳回。因为法院对再审事由已进行过审理并作出了再审事由不存在的认定，如果允许以同一事由申请再审，显然与'一事不再理'原则相违背。"⑤对于后面两种情况，我们以为，立法也应当限定：人民法院的再审裁判是发生法律效力的裁判，除非有重大事由需要再审的，不得再审。作此建议，主要是考虑对再审的次数有必要进行规制，不得反复再审、无限再审。

3. 原审案件当事人在原审裁判生效二年内无正当理由，未向人民法院或人民检察院提出申诉的案件，不得申请再审。作此限定主要目的在于维护生效裁判的安定性、严肃性，避免裁判长期处于不稳定状态。⑥ 2001 年 11 月 1 日《全国审判监督工作座谈会关于当前审判监督工作若干问题的纪要》第 14 条规定，"原审案件当事人在原审裁判生效二年内无正当理由，未向人民法院或人民检察院提出申诉的案件，人民检察院提出抗诉的，人民法院不予受理。"该条规定正是体现了类似的精神。

4. 一审裁判作出后，在上诉期限内没有提出上诉或者附带上诉的当事人，不得获得一审

---

① 王亚新：《"再审之诉"的再辨析》，载《法商研究》2006 年第 4 期。
② [德]奥马特·尧厄尼希著，周翠译：《民事诉讼法》，法律出版社 2003 年版，第 364 页。
③ 王福华：《民事上诉救济的实质化》，2004 年诉讼法年会论文。
④ 其间，重新阅卷、听证、调解、开庭、息诉，因年代久远调查证据甚至差旅所耗费的人力、物力、财力成本是令人震惊的。还不说再审的结果往往是当事人更多的不满、更丰富的讼计、更进一步的申诉上访。
⑤ 李浩：《构建再审之诉的三个程序设计》，载《法商研究》2006 年第 4 期。
⑥ 裁判长期不确定的情况不仅破坏了司法的公信力，同时影响了正常的经济秩序，甚至阻碍了我们的对外交流。

裁判内容之外的额外利益。例如,在保险合同纠纷案中,一审判保险公司赔12万元,保险公司上诉,保险受益人没有提起附带上诉,二审判决保险公司赔偿8万元。受益人不服申请再审,要求保险公司赔偿23万元。对于超出一审裁判12万元之外的这11万元,受益人不应享有再审之诉的利益,法院裁判不应支持。最高人民法院《关于民事经济审判方式改革问题的若干规定》第35条规定,第二审案件的审理应当围绕当事人上诉请求的范围进行,当事人没有请求的,不予审查。但判决违反法律禁止性规定,侵害社会公共利益或者他人利益的除外。该规定体现了对当事人处分权的尊重,当事人享受了处分权,那么相应地也应承担相应的责任。没有上诉或附带上诉,即意味着对一审裁判的认可,因此不得在一审裁判的结果之外获得其他的利益。

以上对再审消极事由的列举或许并不全面,作出这些列举关键是提供一种思路,即,在我国确立再审之诉,必须要考虑再审之诉的利益问题,在立法上规定再审之诉的消极事由。否则,改革之后的再审程序将有可能极大损害生效裁判的既判力并使法院不堪重负,以至于影响改革的效果、背离改革的初衷。

海运索赔中承运人过失举证责任分配的启示

王国征*

一、关于海运货损原因举证责任分配的立法

(一)海运货损举证责任分配的国际立法

为维护托运人和收货人的合法权益以及社会公共利益,妥善解决承运人不合理的免责条款的问题,1924年8月,在布鲁塞尔外交会议上通过《统一提单的若干法律规定的国际公约》。由于最初是在海牙起草的,故又称《海牙规则》。《海牙规则》统一了海上货物运输中的提单条款,使提单走上了标准化的轨道,亦即第一次统一了国际海上货物运输的法律,基本上缓和了当时承运方与托运方之间的矛盾,促进了国际贸易和海上运输事业的发展。但由于在当时船、货双方力量对比上船方占优势,《海牙规则》总体上表现为偏袒船主的利益。

在一定程度上说,在当今国际航运中,船货双方的矛盾,集中体现在广大发展中国家与发达国家之间。如何修改《海牙规则》,国际上一直存在着两种截然对立的主张。

一种主张以"国际海事委员会"(由西方航海发达国家组成)为代表,从维护船主利益出发,不愿对《海牙规则》进行实质性的修改,于1968年布鲁塞尔外交会议上通过了"国际海事委员会"起草的修改《海牙规则》的议定书,即《海牙——维斯比规则》。此规则仅对《海牙规则》进行两处非实质性的修改。

另一种主张是以联合国贸易和发展委员会中的发展中国家(即七十七国集团)为代表,强烈要求重新调整承运人(船方)与托运人(货方)之间的权利义务,不仅要求对《海牙规则》进行技术性的修改,更重要的是要作原则性和实质性的修改。这一正当要求,得到部分第二世界国家的支持。为了便于工作,联合国贸易和发展委员会专门成立了"国际航运立法工作组",于1971年2月通过决议,其宗旨是:排除《海牙规则》不明之处;谋求国际贸易利益,特别是发展中国家的利益,使货主与承运人间均衡地分担风险。以后又把该工作委托给联合国贸易法委员会海上立法工作组。① 该工作组于1976年完成了《联合国海上货物运输公约草案》的起草

---

* 王国征:青岛大学法学院教授,中国人民大学法学院诉讼法学专业博士研究生。
① 司玉琢:《"海牙规则"与"汉堡规则"浅析》,载《大连海事大学学报》1978年第2期。

工作,并于1978年提交由联合国主持的由78国代表参加的海上货物运输大会讨论。会议最后通过了《1978年联合国海上货物运输公约》,即《汉堡规则》。该规则于1992年11月1日起开始生效。《汉堡规则》的制订与生效,是第三世界国家努力的结果。[①]《汉堡规则》和《维斯比规则》一样,都是对《海牙规则》进行修改的产物,但它们却是不同修改方案的结果。《维斯比规则》代表了英国、北欧及船方的利益,只对《海牙规则》作了非实质性修改。而《汉堡规则》则代表了广大发展中国家及货方的利益,对《海牙规则》进行了彻底修改。

关于海运货损索赔中举证责任分配问题,《海牙规则》中的17项免责条款中除最后一项"非由于承运人的行为或过失"造成的货损,要求承运人负举证责任外,其余各项均未明确规定由谁负责举证,其结果是缓和了承运人的举证责任。[②] 根据《海牙规则》及《维斯比规则》,如果承运人证明货损系因法定免责事项所造成,索赔人就必须证明承运人对货损的发生有实际过失。[③] 可见,《海牙规则》及《维斯比规则》不仅在承运人责任问题上实行的是不完全过失责任制,而且对承运人是否存在过失问题由索赔人承担举证责任。而《汉堡规则》第5条第1款规定:"除非承运人证明他本人、其受雇人或代理人为避免该事故的发生及其后果已采取了一切所能合理要求的措施,否则承运人应对因货物灭失或损坏或延迟交付所造成的损失负赔偿责任,如果引起该灭失、损坏或延迟交付的事故是在承运人掌管货物期间发生的。"[④]根据该款的规定,在《汉堡规则》下实行的不仅是"完全的过错责任"原则,而且还是"法律推定过错"的责任原则。在《汉堡规则》的"共同谅解规定"中对该款也做出了解释:"根据本公约,承运人的责任以推定过失或疏忽的原则为基础,意即通常由承运人负举证责任。"这意味着《汉堡规则》加给承运人的举证责任是非常严格。根据这样的原则,在索赔人证明货损是在承运人的责任期间发生之后,剩下的举证责任就全部落到承运人一方,对于承运人的举证责任来说,他首先要证明发生事故的原因,还要进一步举证证明他自己或他的雇佣人、代理人在整个过程中已尽一切合理措施以防止损害发生,没有过错。[⑤] 即通常由承运人负举证义务,如其不能举证证明,则推定承运人有过失。它实现了对《海牙规则》的彻底修改。

尤其值得指出的是关于火灾的举证责任分配。《汉堡规则》第5条第4款第(1)项规定:"承运人应对下列事项负赔偿责任:①由火灾所引起的货物灭失、损坏或延迟交付,如果索赔人证明,火灾是由于承运人、其雇佣人或代理人的过失或疏忽所造成;②经索赔人证明,由于承运人、其雇佣人或代理人在可能合理地要求他采取灭火以及避免或减轻其后果的一切措施方面的过失或疏忽所造成的货物的灭失、损坏或延迟交付。"《汉堡规则》虽然没有像《维斯比规则》那样保留"火灾过错免责",但将承运人过失的举证责任归于索赔人。在各类海损事故中,难以查明原因、包括事故发生后因采取措施不当或未采取措施而引起的扩大损失的原因,以火灾居多,对于货物在承运人的掌管期间,特别是在船舶航行期间所发生的火灾,货方事后很难举证证明在火灾发生原因或灭火措施上,承运人、其受雇人或代理人有过错,因而,承运人对因此造成的货物灭失、损坏或延迟交付,仍可能因索赔人不能举证而免责,这实质上是保留了火灾免

[①] 沈木珠著:《海商法比较研究》,中国政法大学出版社1998年版,第137、138页。
[②] 司玉琢:《"海牙规则"与"汉堡规则"浅析》,载《大连海事大学学报》1978年第2期。
[③] 庄晨:《海运货损索赔举证责任比较研究》,上海海运学院硕士学位论文2001年,第20页;张江艳:《海运货损索赔中举证责任问题的研究》,上海海事大学硕士学位论文2004年,第38页。
[④] 司玉琢、胡正良主编:《〈中华人民共和国海商法〉修改建议稿条文、参考立法例、说明》,大连海事大学出版社2003年版,第221页。
[⑤] 庄晨:《海运货损索赔举证责任比较研究》,上海海运学院硕士学位论文2001年,第55页。

责,明显就是公约对代表货方利益的国家及代表承运人利益的国家之间商业冲突的妥协产物。①

(二)英国和美国的立法

在英国,在海运货物索赔中,如果货方原告指控承运人违反运输合同,而该承运人认为货损是由可免责的风险引起的,在这种情况下,证明承运人过错的举证责任由谁来承担,现在的法律规定还不明确,是由承运人作为一种抗辩证明其没有过错,还是由原告主张并切实证明其有过错?对这种情况,举证责任分配的原则有三种:寄托原则、提单原则和风险变更原则。(1)寄托原则(the general bailment approach)。依该原则,由承运人作为受托人(bailee)承担不能证明其没有过错的风险。寄托的举证原则起源于古代侵占诉讼,受托人占有或保管货物这一事实本身,决定了他有义务对该货物予以合理的照料。所有寄托关系都是如此,这就必然使人认为,受托人应当提出证据证明货物本身到底发生了什么事情。因受托人占有货物,推定他知道货物灭失或损害的原因,因此要求他对该原因进行解释,这是合情合理的。由受托人证明其没有过错的法定举证责任的合理内核是,在对货物灭失或损害索赔中,要保护寄托人的利益。(2)提单原则(the bill of lading principle)。即由原告承担证明承运人有过错的法定举证责任。承运人免责是以他负有妥善照料并保证船舶适航的责任为前提的,在读提单时,也要读免责条款的但书——"非过失引起的"。因此,过失就成了"除外中的除外"。提单案件的诉讼,最终将由货主来承担证明承运人有过错的举证责任。(3)风险变更原则(the alteration of risk principle)。根据该原则,如果被告的作为或不作为使合同标的所面临的风险增加,那么,他应当证明两点:第一,事故不是其过失引起的;第二,即使他不违约,灭失或损害照样会发生。这个原则最初适用于海上运输,后来也适用于受托人违约难以证明灭失或损害原因的寄托案件,甚至适用于非寄托关系的案件。②

《1999年美国海上货物运输法(草案)》第9条(e)款规定:"承运人和船舶的权利与免责:(e)损失分配。(1)一般规定——如果货物的灭失或损坏部分是因承运人违反义务或者承运人的疏忽或过失造成,而部分是因为本条(c)款规定的一个或数个免责事项所造成,那么承运人和船舶:(A)对经要求赔偿的当事人证明是因其违反义务、过失或疏忽所引起的范围的灭失或损坏负责;而(B)对经该承运人证明是因一个或数个免责事项所引起的范围的灭失或损坏则不负责。(2)证据不充分——如果没有证据能使货物灭失或损坏诉讼中的事实使法官据以确定(1)项下的灭失或损坏的范围,且承运人或船舶应对该灭失或损坏的不确定部分负责,那么该承运人或船舶的总责任为该灭失或损坏的一半。"③

(三)《中华人民共和国海商法》关于海运货损举证责任分配的规定

我国《海商法》关于海运货损举证责任分配的规定,主要见之于第51条、第54条。

---

① 庄晨:《海运货损索赔举证责任比较研究》,上海海运学院硕士学位论文2001年,第56页;张江艳:《海运货损索赔中举证责任问题的研究》,上海海事大学硕士学位论文2004年,第39页。
② Chinyere Ezeoke著,黄永申译:《海运货物索赔中举证责任分配原则的冲突》,载《中国对外贸易商务月刊》2002年第6、8期。
③ 司玉琢、胡正良主编:《〈中华人民共和国海商法〉修改建议稿条文、参考立法例、说明》,大连海事大学出版社2003年版,第222页。

我国《海商法》第51条规定:"在责任期间货物发生的灭失或者损坏是由于下列原因之一造成的,承运人不负赔偿责任:(一)船长、船员、引航员或者承运人的其他受雇人在驾驶船舶或者管理船舶中的过失;(二)火灾,但是由于承运人本人的过失所造成的除外;(三)天灾,海上或者其他可航水域的危险或者意外事故;(四)战争或者武装冲突;(五)政府或者主管的行为、检疫限制或者司法扣押;(六)罢工、停工或者劳动受到限制;(七)在海上救助或者企图救助人命或者财产;(八)托运人、货物所有人或者他们的代理人的行为;(九)货物的自然特性或者固有缺陷;(十)货物包装不良或者标志欠缺、不清;(十一)经谨慎处理仍未发现的船舶潜在缺陷;(十二)非由于承运人或者承运人的受雇人、代理人的过失造成的其他原因。承运人依照前款规定免除赔偿责任的,除第(二)项规定的原因外,应当负举证责任。"

我国《海商法》第54条规定:"货物的灭失、损坏或者迟延交付是由于承运人或者承运人的受雇人、代理人的不能免除赔偿责任的原因和其他原因共同造成的,承运人仅在其不能免除赔偿责任的范围内负赔偿责任;但是,承运人对其他原因造成的灭失、损坏或者迟延交付应当负举证责任。"

二、海运货损索赔中承运人过失举证责任分配的历史变化对举证责任分配诸学说的挑战

(一)关于举证责任分配的学说

关于举证责任分配的学说,我国学者对国外的一些学说进行了介绍,并加以评析。

1. 罗马法上的举证责任分配原则。罗马法对举证责任分配规定了两大原则:其一为"原告应负举证义务",其二为"举证义务存于主张之人,不存于否认之人"。罗马法的举证责任分配原则对后世的影响是巨大的。

2. 待证事实分类说。待证事实分类说,也有学者称之为要证事实分类说,该说是依待证事实是否有可能得到证明以及证明时的难易程度来分配举证责任。待证事实分类说为研究举证责任分配的一种方法,属于这一研究方法或学说的主要有:(1)消极事实说。该说认为,主张消极事实者,不负举证责任;主张积极事实者,就该事实负举证责任。(2)外界事实说。该说依事实能否通过人的五官从外部加以观察,将待证事实区分为外界事实和内界事实。该说认为,外界事实易于证明,故主张的人应负举证责任;内界事实无法从外部直接感知,极难证明,故主张的人不负举证责任。(3)推定事实说。该说认为,不能只按照消极事实和积极事实的划分来确定举证责任,还应配合推定才能实现科学的分配。

3. 法律要件分类说。法律要件分类说与待证事实分类说相对立。该说认为,诉讼上所欲证明的事实为要件事实,而哪些事实须由何方当事人负举证责任,应依该要件事实发生何种法律上的效果而定。主张法律要件分类说的学者中,也因对事实划分的不同,而分为若干分支学说:(1)基础事实说。基础事实说的分配法则是,各当事人应就各自在诉讼中主张的权利事实基础加以举证。基础事实说主要包括特别要件说和因果关系说两个分支学说。(2)最低限度事实说。最低限度事实说将当事实分为权利发生规定的要件事实、权利障碍规定的要件事实和权利消灭规定的要件事实。该说认为,凡主张权利发生者或是主张对方的权利有障碍、对方的权利已经消灭者,应就权利发生、障碍或消灭的最低限度事实负举证责任。(3)通常事实发

生说。通常事实发生说将法律要件事实分为通常事实与例外事实。认为主张权利存在之人应就通常可使该权利发生的事实负举证责任,例外事实的存在由对方当事人负举证责任。(4)完全性说。完全性说的主要内容有:其一,该说认为实体法中隐藏着举证责任分配的规则,因而应当通过分析实体法条文去寻找分配举证责任的一般原则。其二,法律规范分为权利发生规范和权利消灭规范两大类,其中,主张权利者应当就权利效果发生所必要的全部要件事实,包括一般要件事实和特别要件事实承担举证责任,相对方应就权利消灭要件事实承担举证责任。其三,由于完全性说将一般要件事实和特别要件事实都作为权利效果发生的事实,将权利妨碍要件事实作为权利发生要件事实的一部分,这就势必造成原告提供证据负担过重的现象。原告不仅要证明权利发生的法律要件事实的存在,还要证明权利妨碍法律要件事实不存在。(5)规范说(Die Normentheorie)。规范说是由罗森贝克(Rosenberg)提出的著名学说。

4. 举证责任分配的新学说。(1)危险领域说。所谓危险领域,是指加害方能够依据法律上的或事实上的方法进行实际控制的生活领域。按照危险领域说的解释,当损害原因处于债务人或加害方控制的危险领域时,作为请求人相对方的债务人或加害人应当对故意、过失以及因果关系不存在承担举证责任。(2)盖然性说。盖然性说主张以待证事实发生的盖然性的高低,作为举证责任分配的依据。依盖然性说,在待证事实真伪不明的情况下,依人类的生活经验及统计数据,该事实发生的盖然性高的,主张该事实发生的当事人不负举证责任,而应由相对人就该事实不发生进行举证。(3)损害归属说。该说主张以实体法确定的责任归属或损害归属作为分配举证责任的标准。即通过对实体法各条文进行对比、分析,寻找出实体法关于某一问题的损害归责原则,然后由依实体法应承担责任的一方负举证责任。(4)利益衡量说。利益衡量说是日本学者石田穰教授在否定法规说的基础上提出的。石田穰主张以三个方面的利益衡量作为分配举证责任的标准:与证据的距离,举证的难易,诚信原则。(5)英美法系国家举证责任分配理论。在英美国家,关于举证责任的分配没有统一的标准。有学者认为,在实务上没有统一的分配法则,在理论上也不应该有统一的分配法则。近代以后,美国有关举证责任分配标准的代表性学说主要有:肯定事实说,诉答责任说,必须事实说。现在美国举证责任分配标准的通说认为,举证责任分配不存在一般性标准,只能在综合若干分配要素的基础上作个别性决定。换言之,就是综合各种利益的衡量,具体问题具体对待。为此,大陆法系学者将美国现代举证责任分配学说概括为"利益衡量说"。美国学者通过总结,认为进行举证责任分配的主要要素有:政策,公平,证据所持,方便,盖然性,经验规则,请求变更现状的当事人理应承担举证责任,等等。[①]

(二)海运货损索赔中承运人过失举证责任分配的历史变化对举证责任分配诸学说的挑战

尽管有关举证责任分配的学说众多,但笔者认为似乎没有任何一种学说能够令人满意地解释海运货损索赔中的举证责任分配,尤其是对承运人是否存在过失的举证责任分配。

[①] 以上关于举证责任分配的学说及分类参见陈荣宗:《举证责任之分配》,载《证据法论文选萃》,中国法制出版社2004年版;江伟主编:《证据法学》,法律出版社1999年版;常怡主编:《比较民事诉讼法》,中国政法大学出版社2002年版;李浩著:《民事举证责任研究》,法律出版社2003年版;张卫平著:《民事诉讼:关键词展开》,中国人民大学出版社2005年版;叶自强:《举证责任分配学说的历史分析》,载王敏远主编:《公法》(第4卷),法律出版社2003年版;陈刚著:《证明责任法研究》,中国人民大学出版社2000年版;陈界融著:《证据法:证明负担原理与法则研究》,中国人民大学出版社2004年版;毕玉谦:《举证责任分配体系之构建》,载《法学研究》1999年第2期;卞建林主编:《证据法学》,中国政法大学出版社2000年版。

如上所述,1924年的《海牙规则》和1968年的《维斯比规则》尽管没有明确规定承运人过失的举证责任承担问题,但在解释上一般是由索赔方承担承运人过失的举证责任的;而1978年的《汉堡规则》明确规定在海运货损索赔中由承运人承担承运人是否存在过失的举证责任。没有哪一个关于举证分配的学说能够解释这一历史过程(事实上,笔者至今也未看到试图解释这一历史现象的举证责任分配的学说)。任何一个关于举证责任分配的学说要解释这一历史现象都面临着这样的难题:既要说明在《海牙规则》和《维斯比规则》中由索赔人承担承运人过失的举证责任是合理的,又要说明在《汉堡规则》中由承运人承担承运人是否存在过失的举证责任也是合理的。

关于海运货损索赔中承运人过失的举证责任,从《海牙规则》和《维斯比规则》中由索赔人承担,到《汉堡规则》中由承运人承担,其原因并不是因为某一关于举证责任分配的学说比另一个学说更科学合理(事实上,无论是由索赔人承担举证责任,还是由承运人承担举证责任,都可以找到解释的理由。正如上述英国法院在有的判例中采取寄托原则,由承运人承担举证责任;而在有的判例中却采取提单原则,由索赔人承担举证责任),而是因为国际政治经济力量对比发生变化的结果,是发展中国家和发达国家进行斗争的结果,是货方在与船方斗争中的胜利。若单从海运货损索赔中承运人过失的举证责任分配的历史变化来看,举证责任分配问题,与其说是一个理论学术问题,毋宁说是一个政治问题,一个利益衡量问题。从上述海运货损举证责任分配的国际立法看,举证责任分配问题,实际上是发达国家与发展中国家、船方与货方、承运人与索赔人之间利益衡量问题。《海牙规则》和《维斯比规则》由于偏袒发达国家和船方的利益,因而规定对承运人是否存在过失问题由索赔人承担举证责任;《汉堡规则》由于代表了广大发展中国家和货方的利益,因此规定对承运人是否存在过失问题的举证责任由承运人承担;而《汉堡规则》对火灾举证责任分配的柜上,更是对代表货方利益的国家和代表承运人利益的国家之间利益冲突的妥协。由此,笔者对以下问题感到困惑:关于举证责任分配是否有规律可循?能否创立一种适用于所有案件的举证责任分配理论学说?

(三)承运人过失举证责任分配对规范说的质疑

在举证责任分配诸学说中,对我国影响较大的当属罗森贝克的规范说。① 2001年《最高人民法院关于民事证据的若干规定》第5条规定:"在合同纠纷案件中,主张合同关系成立并生效的一方当事人对合同订立和生效的事实承担举证责任;主张合同关系变更、解除、终止、撤销的一方当事人对引起合同关系变动的事实承担举证责任。对合同是否履行发生争议的,由负有履行义务的当事人承担举证责任。对代理权发生争议的,由主张有代理权一方当事人承担举证责任。"有学者认为,本条以规范说为依据规定了合同纠纷案件中的举证责任分配;罗森贝克的规范分类说在合同权利义务争议的举证责任分配上得到了全面贯彻。②

规范说(Die Normentheorie)是由罗森贝克(Rosenberg)提出的著名学说。该学说的主要

---

① 关于法律要件分类说与规范说的关系,张卫平教授指出,法律要件分类说是许多具有某些共同特点的举证责任分配学说的统称,罗森贝克的规范说只是法律要件分类说中的一种。在规范说出台之前,法律要件分类说中的其他学说已经产生。罗森贝克的规范说也是在借鉴其他法律要件分类说的基础上提出来的。参见张卫平著:《民事诉讼:关键词展开》,中国人民大学出版社2005年版,第235页,注②。

② 李国光主编:《最高人民法院〈关于民事诉讼证据的若干规定〉的理解与适用》,中国法制出版社2002年版,第76、77页。

内容可分为以下三个方面:其一,民法的法律规范本身已经具有举证责任分配的法则,立法者在立法时,已将举证责任分配问题在实体法中进行了考虑和安排,学者只需将全部民法的法条进行分析,就能够发现举证责任分配的一般原则。由于该学说是通过对法律规范的结构分析、归类来确立举证责任分配的原则,所以德国学者称其为规范说。其二,罗森贝克的举证责任分配理论建立在纯粹的实体法结构的分析之上,从法律规范相互之间的逻辑关系寻找分配的原则。罗森贝克认为,民法的法律规范之间存在着一种补足支援关系和相互对立或排斥的关系。这里的相互排斥或对立并不是说法规相互之间存在着矛盾,而是指法规中既有发生权利的规范,也有妨碍权利的规范或消灭权利的规范,这些规范对权利有着肯定和否定的对立。按罗森贝克的解释,实体法的无数法律规范可分为对立的两大类:一类是能够产生某种权利的规范,被称为基本规范或请求权规范、主要规范、通常规范。另一类规范是与产生权利规范相对应的,妨碍权利产生或使已经产生的权利归于消灭的规范,被称为对立规范。对立规范又可再细分为三种:一是权利妨碍规范,即在权利发生时,对权利的发生效果进行妨碍,使权利不能发生的规范;二是权利消灭规范,即指在权利发生之后,能使已经存在的权利归于消灭的法律规范;三是权利限制规范,即在权利发生以后,权利人欲行使权利之际,能对该权利的效果加以遏制和排除,使该权利不能实现的法律规范(以后,罗森贝克又将权利限制规范并入权利妨碍规范之中,将所有规范只分为三类)。其三,罗森贝克在对法律规范进行上述分类的基础上,确定了自己的举证责任分配原则,即:主张权利存在的一方当事人,因为要求适用关于权利产生的规范,所以,应就权利产生的法律要件事实举证;相应地,否认权利存在的一方当事人,应就权利妨碍法律要件事实、权利消灭的法律要件事实或权利限制的法律要件事实进行举证。规范说强有力的逻辑分析,以精细的法律规范作依据,具有很强的操作性。所以,该说出台不久,便战胜其他分配学说,成为德国通说,并扩散到日本以及亚洲的其他国家和地区,成为通说。①

在海运货损索赔案件中,笔者认为,罗氏的规范说存在以下问题:其一,规范说能否适用于违约案件是有疑问的。在违约案件中,当事人双方可能对是否存在合同义务没有争议,即不存在权利产生、变更和消灭问题,而是对是否存在违约行为、是否存在过错、是否有损失以及因果关系有争议,规范说能否适用于这些待证事实的举证责任分配问题,是有疑问的。如海运货损索赔案件中,往往是对承运人是否存在过错、货损是否由承运人免责事项造成有争议,这里不存在法律关系变动的事实,适用规范说恐怕比较勉强。顺便指出,上述最高人民法院的司法解释认为"对合同是否履行发生争议的,由负有履行义务的当事人承担举证责任",该规定的合理性值得怀疑。因为该规定忽略了不作为合同义务的存在。合同双方当事人可能约定,一方以不作为的方式避免给合同的另一方造成经济损失。如合同约定,一位自药厂离职的药师负有不以在该厂所获得知识自营企业或提供给竞争者的义务。② 在这种情况下,由负有履行义务的当事人承担举证责任,显然是不合理的。其二,在对合同权利是否存在的争议中,若原告主张合同权利存在,而被告主张合同权利已消灭。依规范说,原告应对合同权利产生的法律要件事实举证;被告应对合同权利已消灭的法律要件事实举证。对同一待证事实,双方均负举证责任,显然是不合适的,不符合举证责任分配的本意。其三,对海运货损索赔案件中的法定免责

---

① 常怡主编:《比较民事诉讼法》,中国政法大学出版社 2002 年版,第 416 页;张卫平著:《民事诉讼:关键词展开》,中国人民大学出版社 2005 年版,第 237、238 页;陈刚著:《证明责任法研究》,中国人民大学出版社 2000 年版,第 187、188 页。

② 魏振赢:《物权的民法保护方法——是侵权责任,还是物权请求权》,载中国民商法律网。

事项的证明,从承运人角度看,为权利发生的法律要件事实;而从索赔人角度看,为权利妨碍的法律要件事实。那么,是由承运人承担举证责任呢,还是由索赔人承担举证责任? 依规范说,既可由承运人负举证责任,也可由索赔人负举证责任。其四,关于海运货损索赔中承运人过失的举证责任问题,依规范说,同样既可由承运人负举证责任,也可由索赔人负举证责任。若索赔人主张承运人有过失因而有权要求承运人赔偿,承运人过失问题即为索赔人的权利发生要件,应由索赔人承担举证责任;若承运人主张没有过失因而不存在赔偿问题,承运人过失问题又成了承运人的权利发生要件;若承运人声称货损系由法定免责事项造成而主张免责,索赔人主张承运人存在过失,在这种情形下,承运人过失问题又成为承运人行使权利的妨碍要件,对其举证责任应由索赔人承担。

总之,笔者认为,罗森贝克的规范说难以对海运货损索赔案件中的举证责任分配作出合理的解释。

罗森贝克的规范说是建立在纯粹的实体法规结构的分析之上,从实体法律规范相互之间的逻辑关系寻找举证责任分配的原则。① 显然,适用罗森贝克的规范说的前提条件是存在解决案件的民事实体法,而实际上就我国目前状况看,对许多民事案件是缺乏实体法律规定的。在民事诉讼法与民法的关系中,全部民事法律关系从调整方法角度可分为两部分:其中一部分法律关系可借助法定主义方式确定其权利义务内容并直接得以实现,另一部分法律关系则必须通过法律行为制度才能完成其内容确定和实现过程。法定主义调整方式与法律行为调整方式各自具有适用的范围。与法律行为制度相联系的是意思自治原则,②在私法的债权关系中,法无明文规定不违法。我国《合同法》第124条规定:"本法分则或者其他法律没有明文规定的合同,适用本法总则的规定,并可以参照本法分则或者其他法律最相类似的规定。"之所以这样规定,原因在于社会生活丰富多彩,千变万化,有限的民事实体法不可能穷尽无限的社会生活,社会生活中建立起的民事法律关系,只要不违反公序良俗,与其使其无效,不如使其有效。对此,《法国民法典》第4条规定:"审判员借口没有法律或者法律不明确不完备而拒绝受理者,得依拒绝审判罪追诉之。"③另外,法理、学说也可以成为法院对民事案件判决的依据。④ 甚至在人格权方面,我国《民法通则》并没有规定一般人格权,但我国人民法院不能据此不受理一般人格权方面的案件。因此,民事诉讼法上有调解原则和处分原则,民事诉讼法有生成民事权利的功能。在缺乏有关民事案件的实体法的情况下,不存在适用罗森贝克的规范说的前提条件。

应破除对法律要件分类说的迷信。给笔者的感觉,好像我国国内存在一定程度上的对罗森贝克的法律要件分类说的推崇和迷信。事实上,已经有许多学者对规范说提出疑问,进行猛烈的批判,甚至掀起一场强烈的批判之风。对规范说的批评主要有以下五个方面:其一,规范说的理论依据存在欠缺。规范说以《德国民法典》第一草案第193条、第194条为依据,认为立法者已经用法律条文的形式,将举证责任分配规则,按一般与例外、权利发生、权利消灭与权利妨碍规定形式纳入各法条之中。其实,此种立法者意思的依据并不正确。其二,规范说在学理上存在一些矛盾。规范说是建立在"不适用规范说"的原理之上,认为主张有利于己的法律规范的一方,应就其法律要件事实提出主张并加以证明,如果主张的一方不能证明其法律要件事

---

① [德]莱奥·罗森贝克著,庄敬华译:《证明责任论》,中国法制出版社2002年版,第5页。
② 董安生著:《民事法律行为》,中国人民大学出版社1994年版,第2、49、59页。
③ 李浩培等译:《拿破仑法典》,商务印书馆1979年版,第1页。
④ 梁慧星著:《民法总论》,法律出版社1996年版,第31页。

实存在,法官就不能适用该规范,就不能作出有利于该方当事人的判决。就是说,在事实真相不明的场合,法官仅得视为该法律要件事实不存在,而拒绝适用该方当事人所主张的有利于己的法律规范。这显然是从诉讼的角度考察实体法规范的作用。实体法的规定是当事人生活行为的准则,所以规范上不考虑当事人权利将来能否证明的问题。设定实体法规范的方式是:法律要件存在,则法律效果发生;法律要件不存在,则法律效果不发生。法律要件是否存在,取决于构成法律要件的一定事实,因此,事实存在与否决定法律要件的存否问题,在事实存否不明的情况下,法律要件亦发生存否不明的问题,从而法律效果的发生与否,成为不明的状态。换句话说,在实体法,除了事实存在及事实不存在两种情形外,还有第三种情形,即事实存否不明的情形。举证责任的分配原则,就是指引法官在事实不明的情况下,应当如何作出判决的规则。但是,按照规范说,法律效果的发生与否,不在于事实的存在或不存在,而在于事实之获得证明或不能获得证明,所以,事实只能分为已获得证明与未获得证明两种情形,不可能存在第三种情形。既然没有第三种情形,则根本不发生举证责任分配的需要,因为在审判上,法官并不产生不能判断的情形。因主张权利的人,如果不能证明事实,则视为该事实不存在。① 其三,权利产生规范与权利妨碍规范的划分缺乏正确标准。规范说以预设的权利产生规范、权利妨碍规范和权利消灭规范为三种标准,然后以演绎推理的方法在具体问题中引出举证责任分配的法则。这样做的前提必须是所有的实体规范能够这样进行逻辑划分。但实际上这种划分并没有经过证明,是一种任意的划分,权利产生规范与权利妨碍规范无法加以区分。成为权利产生要件的事实,其事实之不存在,同时则成为权利妨碍要件的事实;成为权利妨碍要件的事实,其事实之不存在,同时成为权利产生要件的事实。其四,规范说在方法论上是法规不适用和法律规范分类,并依此决定举证责任的分配,但其适用结果与法律上的事实推定矛盾。其五,对规范说的批判还针对该说中对间接反证的事实也应适用关于客观举证责任分配原则的观点。其六,对规范说的批判除了集中于该理论自身结构和逻辑之外,批判者还指出该学说的功能缺陷。认为规范说过于注重法律规定的形式结构,完全不考虑举证难易、对权利救济的社会保护,使举证责任制度的适用走入教条,从而影响举证责任分配的实质公平与公正。尤其是消费者保护诉讼和环境污染侵权诉讼中,如果按照规范说分配举证责任,则受害人很难有效地维护自己的合法权益。②

笔者并不否定对外国举证责任分配标准理论学说进行研究的理论意义,更不反对对外国理论学说的借鉴。但就规范说而言,且不说其在外国已受到批评(对该学说的批评,并不意味着否定该学说的价值),关键是其能否适用于中国目前的法律环境。我国目前还没有民法典,对许多问题缺乏实体法规定。即使在既有的实体法中,究竟又有多少条文涉及举证责任分配问题,尚很难确定。

(四)是否存在一般性的举证责任分配标准

海运货损索赔中承运人过失举证责任分配的历史变化(从《海牙规则》和《维斯比规则》由

---

① 陈荣宗著:《举证责任分配与民事程序法》(第二册),台湾大学法学丛书编辑委员会编辑,第15、25、26、27页;叶自强:《举证责任分配学说的历史分析》,载王敏远主编:《公法》(第4卷),法律出版社2003年版,第341、342页。

② 陈荣宗著:《举证责任分配与民事程序法》(第二册),台湾大学法学丛书编辑委员会编辑,第27~31页;常怡主编:《比较民事诉讼法》,中国政法大学出版社2002年版,第418、419页;张卫平著:《民事诉讼:关键词展开》,中国人民大学出版社2005年版,第239~241页。

索赔方承担承运人过失的举证责任,到《汉堡规则》明确规定在海运货损索赔中由承运人承担承运人是否存在过失的举证责任),不仅是罗森贝克的规范说无法解释的,甚至是任何有关举证责任分配学说也无法解释。面对这一难题,笔者思考,是否存在一般性的举证责任分配标准?

从举证责任分配学说的历史发展来看,如果说近代的待证事实分类说和法律要件分类说还试图寻找举证责任分配的一般性标准,那么,现代关于举证责任分配的学说可以说或多或少甚至是完全否定存在举证责任分配的一般性标准。待证事实分类说仅依待证事实本身的性质内容在当事人之间分配举证责任,法律要件分类说又试图仅以法律构成要件事实的种类作为举证责任分配的唯一标准;[①]而现代举证责任分配学说,无论是大陆法系的危险领域说、盖然性说、损害归属说、利益衡量说,还是英美法系国家关于举证责任分配的理论,都不再坚持统一的一般性的举证责任分配标准。

危险领域说是把整个民事诉讼分为两个领域:危险领域和非危险领域(非危险领域为作者的叫法)。在危险领域的民事诉讼中,将危险领域作为分配举证责任的标准;在非危险领域的民事诉讼中,仍然坚持罗森贝克规范说的举证责任分配标准。[②] 可见,危险领域说是主张存在两个举证责任分配的标准。

盖然性说主张以待证事实发生的盖然性的高低,作为分配举证责任的依据。[③] 但是,盖然性说的创始人和代表人物莱讷克(Reinecke)并不是把盖然性作为举证责任分配的唯一标准;分配的另一个应考虑的因素是所谓"证明的可能性",这一标准实质就是说具有证明可能性的当事人应当承担举证责任,该因素设定的指导思想是考虑举证的难易。[④] 显然,这里同样存在两个举证责任分配的标准:一个是盖然性,另一个是证明的可能性。

损害归属说主张以实体法确定的责任归属或损害归属原则作为分配举证责任的标准。该说认为,分配举证责任应依据公平正义这一最高的法律原则。在实际运用中,这一原则又具体化为盖然性原则、保护原则、担保原则、信赖原则、责任连带原则、惩罚原则、社会危险分配原则,依据这些原则来公正合理地确定损害归属,确定举证责任分配。[⑤] 该学说代表人物瓦亨多夫(Wahrendorf)所列的举证责任分配原则如此众多,故又被称为多样原则说。损害归属说,基本上一个综合观察的结果,因缺乏法的安定性,不具有作为一般性原则的要素。[⑥] 有学者已经指出,适用损害归属说的结果将引导出复数举证责任分配标准。[⑦] 显然,依盖然性说,是存在多个分配举证责任标准的。

日本学者石田穰的利益分配说认为,举证责任的分配标准有三个:与证据的距离;举证的难易;诚信原则。[⑧] 很明显,利益分配说也是不承认存在分配举证责任的唯一标准的。

[①] 陈荣宗:《举证责任之分配》,载《证据法论文选萃》,中国法制出版社2004年版,第225页。
[②] 张卫平著:《民事诉讼:关键词展开》,中国人民大学出版社2005年版,第243、244页;陈刚著:《证明责任法研究》,中国人民大学出版社2000年版,第192页。
[③] 李浩著:《民事举证责任研究》,法律出版社2003年版,第123页。
[④] 常怡主编:《比较民事诉讼法》,中国政法大学出版社2002年版,第422、423页。
[⑤] 李浩著:《民事举证责任研究》,法律出版社2003年版,第123页;陈刚著:《证明责任法研究》,中国人民大学出版社2000年版,第199页。
[⑥] 陈界融著:《证据法:证明负担原理与法则研究》,中国人民大学出版社2004年版,第98、99页。
[⑦] 陈刚著:《证明责任法研究》,中国人民大学出版社2000年版,第199页。
[⑧] 李浩著:《民事举证责任研究》,法律出版社2003年版,第124页。

[第三部分] 海运索赔中承运人过失举证责任分配的启示

英美法系国家更是明确不承认存在分配举证责任的唯一标准。现在美国举证责任分配标准的通说认为,举证责任分配不存在一般性标准,只能在综合若干分配要素的基础上作个别性决定。

从立法例来看,试图在立法中对举证责任分配标准作出一般性规定的立法例,从目前情况看,还没有成功的。《瑞士民法》第8条规定,由主张的事实导出权利的人,除非法律另有规定,应就主张的事实存在为举证。我国台湾地区"民事诉讼法"第277条规定,当事人主张有利己的事实者,就其事实有举证的责任。对此,我国台湾地区学者陈荣宗教授指出,此两条规定,对于举证责任分配问题的解决,实际上并无帮助,是为有名无实的条文。因为这两条并未就何人应就何种事实为举证及在事实不明场合时,法院应对何人为败诉判决的问题,提供法官判决的标准,仅仅是一句笼统地标明举证责任的口号而已。若就台湾地区"民事诉讼法"第277条规定的文义运用推理方法进行解释,可以发现该条文不仅无济于问题的解决,反而显示出其规定的语病所在。例如,当事人双方就买卖契约存在与否的事实有所争执时,主张契约存在的当事人,因其主张的事实有利于己,就该契约存在的事实负其举证责任。但主张契约不存在的当事人,因其主张的事实有利于己,就该契约不存在的事实负举证责任。结果,就同一件事实,一方当事人就其存在事实负举证责任,他方当事人就其不存在事实负举证责任,因而成为双方当事人必须同时就该事实为举证的情形。显然,《瑞士民法》第8条和台湾地区"民事诉讼法"第277条,无法用以解决举证责任分配问题。德日两国民事诉讼法,对于举证责任分配问题均无明文规定。① 1991年我国《民事诉讼法》第64条第1款规定:"当事人对自己提出的主张,有责任提供证据。"许多教科书认为此为我国民事举证责任分配的一般原则,并概括为"谁主张,谁举证。"对此,李浩教授早就指出,仅凭《民事诉讼法》第64条第1款的规定并不能确定举证责任的归属。例如,在侵权诉讼中,原告主张被告有过错,被告则主张自己无过错,按照民事诉讼法中的上述规定,原告应就被告有过错负举证责任,被告则应就自己无过错负举证责任。结果,对同一争议事实双方当事人都负举证责任。这样,一旦有无过错处于真伪不明状态时,法院就无从依据举证责任下判决。可见,上述规定并未解决举证责任分担的问题。② 显然,我国《民事诉讼法》第64条第1款试图规定举证责任分配的一般性标准,同样是不成功的。

事实上,早就有学者指出,研究举证责任分配之学者,可分为两种立场:一种立场认为,举证责任仅得就个别具体之事件,由法官为适当之裁量,决定何人就何事负举证责任而为分配,无法统一作原则性之分配;另一种立场认为,举证责任分配可作抽象统一之分配。③ 海运货损索赔中承运人过失举证责任分配的历史变化对举证责任分配诸学说的挑战,再次引起我们对这一问题的思考。正如上述所分析,现代举证责任分配学说,无论是大陆法系的危险领域说、盖然性说、损害归属说、利益衡量说,还是英美法系国家关于举证责任分配的理论,都不再坚持统一的一般性的举证责任分配标准,而且也不存在规定举证责任分配一般性标准的成功立法例。因此,笔者认为,我国在目前的情况下,至少不应再坚持一般性的举证责任分配标准。

---

① 陈荣宗:《举证责任之分配》,载《证据法论文选萃》,中国法制出版社2004年版,第221页。
② 李浩著:《举证责任研究》,中国政法大学出版社1993年版,第134页。李浩教授就读研究生时,其硕士论文即是关于举证责任,其中就已经谈到了上述观点,转引自张卫平著:《民事诉讼:关键词展开》,中国人民大学出版社2005年版,第246页。
③ 陈荣宗:《举证责任之分配》,载《证据法论文选萃》,中国法制出版社2004年版,第231页。

(五)关于举证责任分配标准的研究方法论问题

笔者认为,我国目前部分学者研究民事举证责任分配的方法论,值得思考。现在有学者在研究民事举证责任分配问题时,总是较多介绍国外关于举证责任分配标准的理论学说,甚至用这些理论来牵强附会地分析我国具体案件类型中的举证责任分配问题。笔者认为,我们对民事举证责任分配问题的研究,也应当遵循马克思《资本论》中的研究方法,即对问题的研究应当是从具体到抽象。也只有大量研究了具体类型案件中的举证责任分配问题,才有可能从中抽象出一般的举证责任分配标准,而不是拿已有的理论学说套用民事诉讼实践,让实践去符合理论(笔者并不否定理论的价值,关键是目前有关举证责任分配标准的理论不能解决我国的实践问题)。在这一方面,我国已有学者进行了努力,但还需要作更深入的研究。

三、举证责任分配与民事责任

相对于罗森贝克的法律要件分类说,民事责任与举证责任分配的联系更密切。因为法律要件分类说所注重的事实是引起民事法律关系发生、变更和消灭的法律事实,即民事法律关系变动的原因;而在我国民事诉讼实践中,更多的案件起诉到法院,当事人对民事法律关系变动的法律事实并无争议,而是对一方当事人是否应承担民事责任以及是否存在免责事项有争议。因此,法院要判决一方当事人败诉,就必须对有关的民事责任构成要件的事实以及免责事项调查清楚。当事人要避免败诉,也必须对有关事实承担举证责任。

(一)举证责任分配和民事责任的形式、构成要件

举证责任分配与民事责任之间的关系,是通过诉讼请求、民事责任的构成要件和证明对象建立起来的。

从民事诉讼请求角度看,尽管学者们对诉讼标的的认识还存在较大分歧,但在民事诉讼过程中,无论是原告与被告的诉讼活动,还是法院的审判活动,都是围绕着诉讼请求进行的(诉讼请求应分为实体方面的诉讼请求和程序方面的诉讼请求,本文为论述方便,未作特别指明,所说诉讼请求均指实体方面的诉讼请求)。可以说,诉讼请求是诉讼标的在民事诉讼过程中的表现形式,而民事责任的承担形式在民事诉讼过程中也体现为诉讼请求。如,根据我国《合同法》,违约方承担违约责任的形式主要有:继续履行、赔偿损失和支付违约金。因此,在违约之诉中,诉讼请求主要是请求继续履行、请求赔偿损失和请求支付违约金。民事责任不同,其责任形式自然不同,诉讼请求也就不同。如违约责任和侵权责任的责任形式不同,诉讼请求也不同。而在民事诉讼中,无论是当事人的举证、质证活动,还是法院对证据的审核认定,都是围绕诉讼请求进行的,举证质证和审核认定的对象都是证明对象。从这一意义上可以说,民事法律责任决定了诉讼请求,进而决定了证明对象。而不同的证明对象,其举证责任分配是不同的(待证事实分类说甚至完全根据待证事实的不同来确定举证责任的分配)。

从民事责任的构成要件角度看,合同法对违约责任构成要件的规定成为合同诉讼中的证

明对象,侵权法对侵权责任构成要件的规定成为侵权诉讼中的证明对象。① 事实上原告起诉要求被告承担某一民事法律责任,法院要判决被告承担该民事责任,那么有关该民事责任构成要件的事实自然就必须得到证明。民事责任构成要件成为证明对象,进而也影响民事举证责任的分配。

(二)举证责任分配与民事责任的归责原则

民事举证责任分配与民事责任的归责原则的联系甚为密切。

就违约案件而言,究竟是民事举证责任分配的不同决定了不同的民事归责原则,还是民事归责原则的不同决定了民事举证责任分配,似乎难以分清因果关系。如海运货损索赔案件,究竟是因为法律规定了承运人承担证明自己过失的举证责任才把承运人的责任定为推定过失责任呢,还是因为把承运人的责任定为推定过失责任才由承运人承担过失的举证责任?(顺便一提,将推定过失认定为在程序上是举证责任倒置是值得讨论的,因为根据上述英国法上的信托原则,对承运人过失的举证责任本来就是应由承运人承担的。)

《汉堡规则》对火灾举证责任分担的规定,几乎使承运人对火灾承担过失责任的规定徒具虚名。(火灾举证责任分担的规定,完全是货方对船方妥协。对此,关于举证责任分配标准的理论学说也难以予以满意的解释。)

上述《1999年美国海上货物运输法(草案)》第9条对货损原因重叠(即货损是由于两种以上的原因造成的,一种是承运人可以免责的原因,另一种是承运人不可免责的原因)情况下举证责任分配分配的规定,实际上与公平原则无异。

四、举证责任分配与法律解释方法

作者认为,在我国目前情况下可以考虑运用法律解释的方法解决举证责任分配的问题。

中国的法律解释,从与国家权力的关系看,可分为两大类:官方解释与民间解释。官方解释亦称正式解释、法定解释、有权解释,它是由国家机关在其职权范围内对法律作出的解释,这种解释具有法律效力。依作出解释的机关不同,官方解释又可分为立法解释、司法解释、行政解释。与官方对法律的有权解释同时存在的,是民间法律解释。民间解释亦称非正式解释、非法定解释、无权解释。民间解释依解释主体的不同又可分为学理解释和任意解释。就法律规范的文字和内容,依据法学理论对法律作出的阐释,称学理解释。任意解释指普通中国公民依据自己的理解和感悟,从各自利益和角度出发,对法律作出的认知、评价和解释。从是否涉及法律纠纷角度看,任意解释又可分为当事人解释和非当事人解释。② 法律解释又可分为狭义的法律解释和漏洞补充。狭义的法律解释是对法律模糊的处理过程,漏洞补充是对法律漏洞的处理过程。③

关于举证责任分配与法律解释的关系,我国台湾学者陈荣宗教授早就指出,解释举证责任

---

① 卞建林主编:《证据法学》,中国政法大学出版社2000年版,第294页。
② 陈春龙:《中国司法解释的地位与功能》,载《中国法学》2003年第1期。
③ 疏义红:《法律解释方法的发现与归类》,载《法商研究》2004年第2期。

之分配,乃法律解释及法律补充之工作。① 我国大陆也有学者同意这种观点,认为举证责任分配问题的解决方法,在实体法有明文规定时,依规定;如果没有明文规定,即发生法律有漏洞或规定不足,其解决方法有待法院适用时,可适用法律解释方法予以补充。②

综观我国目前关于举证责任分配的观点和有关规定,多数都可归结为,有法律规定时,依规定;无规定时,依法律解释方法确定举证责任分配。③ 2001年《最高人民法院关于民事诉讼证据的若干规定》第7条规定:"在法律没有具体规定,依本规定及其他司法解释无法确定举证责任承担时,人民法院可以根据公平原则和诚实信用原则,综合当事人举证能力等因素确定举证责任的承担。"其中,"根据公平原则和诚实信用原则,综合当事人举证能力等因素确定举证责任的承担",笔者认为就是根据利益衡量这一法律解释方法确定举证责任的分配,理由为:其一,法律和司法解释对举证责任分配标准未作规定,即为法律漏洞。法官审理案件,在查明案件后,找不到任何法律规则,现行法律对本案没有规定,这种情形叫做法律漏洞。④ 在这一问题上,台湾学者陈荣宗教授指出,关于举证责任分配问题,因为世事变化无穷,法律所未预料的事项一再因时代进步而出现,欲以一、二大原则而规律变化不停的事项,实有不能。⑤ 陈刚教授认为,世界各国民事立法实践表明,除个别情形外,立法者一般不在实体法中明确规定举证责任分配,因而使现行实体法的大部分条文都存在举证责任问题上的法律漏洞。⑥ 其二,法律漏洞补充的方法,亦属于法律解释方法,利益衡量可以作为法律漏洞补充方法之一。⑦ 其三,利益衡量是一种法律解释方法。利益衡量,也称法益衡量,是指在法律所确认之利益之间发生相互冲突时,由法官对冲突的利益确认其轻重而进行的权衡与取舍活动。⑧ 因此,《最高人民法院关于民事诉讼证据的若干规定》第7条规定的"根据公平原则和诚实信用原则,综合当事人举证能力等因素确定举证责任的承担",可以认为是依利益衡量这一法律解释方法确定举证责任分配。事实上,如上所述,大陆法系的日本学者石田穰教授在举证责任分配标准问题上已提出利益衡量说,大陆法系学者还将美国现代举证责任分配学说概括为"利益衡量说"(作者在这里的意思并不是说利益衡量为在法律对举证责任分配未规定情形下解决举证责任分配的唯一方法,只是想说明可以用法律解释方法解决举证责任分配问题)。我国许多学者关于民事举

---

① 陈荣宗:《举证责任之分配》,载《证据法论文选萃》,中国法制出版社2004年版,第287页。
② 叶自强著:《民事证据研究》,法律出版社1999年版,第182页。
③ 关于我国举证责任分配标准问题,李浩教授主张接受法律要件分类说中的规范说,张卫平教授和陈刚教授也主张引进规范说。参见李浩著:《举证责任研究》,中国政法大学出版社1993年版,第149~153页;张卫平著:《诉讼构架与程式》,清华大学出版社2000年版,第313、314页;陈刚著:《证明责任法研究》,中国人民大学出版社2000年版,第270、271页。
④ 梁慧星著:《裁判的方法》,法律出版社2003年版,第153页。
⑤ 陈荣宗:《举证责任之分配》,载《证据法论文选萃》,中国法制出版社2004年版,第286页。
⑥ 陈刚著:《证明责任法研究》,中国人民大学出版社2000年版,第280页。
⑦ 梁慧星著:《民法解释学》,中国政法大学出版社1995年版,第332页。
⑧ 胡玉鸿:《关于"利益衡量"的几个法理问题》,载《现代法学》2001年第4期。

证责任分配标准的看法,①或多或少地都带有一定的利益衡量的思想。

笔者强调法律解释方法在举证责任分配问题上的重要性还有如下两点理由:一是作为公认的可以规定举证责任分配的法律渊源之一的司法解释,其本身就是法律解释中的一种,进行司法解释应遵循法律解释方法。二是在法律和司法解释对举证责任分配未规定的情况下,可行的办法也只有由法官在个案中自由裁量举证责任的分配,而法官的自由裁量往往是借助于法官的法律解释来进行的。法律解释是法官自由裁量的表现方式。② 在个案中法官的自由裁量决不是任意裁量,自由裁量属于法官在个案中对法律的解释。法治视野内的自由裁量仅仅是解释学意义上的创造性工作。③ 法律解释是弥补法律漏洞的重要手段,因为法律可能出现漏洞,通过法律解释可以弥补法律漏洞。④

五、结论

鉴于我国目前法官的整体素质尚有待提高,解决民事举证责任分配的最好办法是在有关法律中尽量多地明确规定举证责任分配问题。在这方面,我国《海商法》中就有许多举证责任分配的条文。关于举证责任分配问题,除前述《海商法》第 51 条对承运人免责事由举证责任分担作出明确规定外,还有许多条文都明确规定了举证责任分配问题,例如第 52 条、第 54 条、第 58 条、第 59 条、第 114 条、第 115 条、第 118 条、第 120 条、第 195 条、第 209 条,等等。但是,成文法的局限性之一是其不周延。由于立法者认识能力的非至性的限制,立法者制定出来的法律必然会出现法律漏洞和盲区。⑤ 法官的自由裁量克服了成文法的局限性。但法官的自由裁量权并不意味着法官可以恣意判决,率性而为。法官必须理性地行使自由裁量权。⑥ 在无明文规定时,由法官在个案中依法律解释方法自由裁量举证责任分配问题。

---

① 在这一点上,最高人民法院副院长黄松有博士主张,如果法律对举证责任分配没有规定,就从实际出发,公平合理地分配举证责任,在分配举证责任时应考虑的因素有:当事人主张的内容、盖然性、法律责任的承担和诚实信用原则。参见常怡主编:《比较民事诉讼法》,中国政法大学出版社 2002 年版,第 430、431 页。叶自强教授主张,在法律和司法解释对举证责任分配没有规定,亦缺乏经验法则的情况下,应以公平及诚实信用原则为基础,合理地分配举证责任。参见叶自强著:《民事证据研究》,法律出版社 1999 年版,第 185 页。肖建国博士主张,在具体案件中,法官可以酌情进行利益衡量,以决定举证责任的分配。参见肖建华等著:《民事证据规则与法律适用》,人民法院出版社 2005 年版,第 130 页。还有学者主张,我国举证责任分配的原则是:第一顺位是法律的明确规定;第二顺位是司法解释的明确规定;第三顺位是当事人的举证责任契约;第四顺位是法律要件分类说;第五顺位是在法律、司法解释均没有规定,当事人之间也无约定,且按照法律要件分类说来分配举证责任又将违背成文法基本的公平和正义时,法官可以根据自己对于公平与正义的理解、当事人距离证据的远近、当事人举证的难易程度等因素,在当事人之间合理地分配举证责任。参见最高人民法院民事诉讼法调研小组编:《民事诉讼程序改革报告》,法律出版社 2003 年版,第 91~93 页。
② 梁迎修著:《法官自由裁量权》,中国法制出版社 2005 年版,第 27 页。
③ 陈金钊:《法律解释(学)的基本问题》,载《政法论丛》2004 年第 3 期。
④ 梁迎修著:《法官自由裁量权》,中国法制出版社 2005 年版,第 26 页。
⑤ 徐国栋著:《民法基本原则解释——成文法局限性之克服》,中国政法大学出版社 1992 年版,第 139 页。
⑥ 梁迎修著:《法官自由裁量权》,中国法制出版社 2005 年版,第 65、69 页。

诉讼调解中的不和谐因素值得关注

蔡 虹[*]

自2004年党中央在十六届四中全会决议中第一次提出"构建社会主义和谐社会",尤其是2006年十六届六中全会公布《中共关于构建社会主义和谐社会若干重大问题的决议》以来,"和谐社会"已成为中国政治生活中出现频率最高的"关键词"。构建和谐社会这一社会发展目标,得到了社会各界的广泛认同,各部门结合自己的工作实际积极承担起这一历史责任。法院作为审判机关,在贯彻中央部署、解决社会矛盾、保护合法权益、维护良好秩序等方面具有独到的作用,是构建和谐社会的一支重要力量。但是,在"和谐"之风扑面而来之际,法院的某些做法也引起了笔者的注意和思考。

在法院的民事审判工作中,与"和谐"关系最为密切的制度当数诉讼调解制度。为充分发挥调解在纠纷解决过程中以及在矛盾化解后的和谐化功能,不仅最高人民法院颁布了关于法院调解工作的新的司法解释,提出了"能调则调,当判则判,调判结合,案结事了"的十六字方针,而且在法院系统内部鼓励调解的政策导向明显,以调解的成功率来考评法院及法官工作实绩已成普遍现象,有的法院更是以奖金来刺激法官的调解积极性,似乎只有以调解方式结案才是和谐的。于是,很多法院把十六字方针实践成了最大限度地调解结案。其结果是,如今法院的做法在带来调解率上升的同时,也带来了种种不和谐的因素:

其一,不能调的也调。根据以往的经验和教训,"能调则调"固然有利于充分发挥调解的功能,但不能调的"创造条件也要调"则可能事与愿违。如今,令人最不愿意看到的是,强制及种种变异形式的强制调解之风有卷土重来之势。在我国诉讼调解发展演变的过程中,因为过于追求调解率而发生过许多强制或变相强制调解的现象,为了抑制这种现象,在民诉法制定和修改中,将调解的指导思想由"调解为主"改为"着重调解",之后又发展为"自愿合法调解",强制或变相强制调解的现象曾一度得到了扭转。从本质上讲,调解在民事诉讼中的确立,源于私权自治原则和处分原则,法律允许当事人对自己的民事权利和诉讼权利自由处分,为双方当事人的协商、交涉、讨价还价以及自主达成解决纠纷的协议提供了可能,而这一切,必须建立在双方自愿的基础上。在调解的整个过程中,作为调解主持者的法官,应根据需要和可能,尽量为当事人协商解决纠纷创造条件,营造和谐的气氛,但能否调解以及调解最终能否达成协议,应取决于当事人的自愿。"能调则调"就是建立在当事人自愿的基础上的。

---

[*] 蔡虹:中南财经政法大学法学院教授。

坚持和贯彻自愿原则,是诉讼调解制度的生命线,也是调解制度的正当性源泉。只有在双方当事人自愿的基础上达成的调解协议,才是意思自治和处分原则的真实体现,才能将调解制度的优势发挥出来,才能实现真正的和谐。否则,如果当事人是在强制或变相强制的情况下达成的调解协议,尽管表面上纠纷解决了,调解率上去了,但却埋下了隐患。实践中,调解后当事人不能履行协议的、向上级法院或其他部门上访的,多半都是因为调解违反了自愿原则,当事人之间的纠纷并没有真正得到解决。为了追求调解率,一些法官通常是"劝说"主张权利的一方当事人放弃部分权利,而负有义务的当事人却只是象征性地承担点责任,以此作为向对方作出的"让步"。当事人称之为"守法的吃亏、违法的占便宜"。如果法院常常以这种方式解决纠纷,势必造成对合法权益的保护不足,导致法的正义性目标不能实现。这种现象的普遍存在也不利于维护市场经济所要求的良好的经济、法律秩序。调解是诉讼制度的一部分,是法院行使审判权的一种方式,因此它不应当是无原则的"和稀泥"或"各打五十大板",调解不应是没有是非、没有道德、没有底线的。在任何时候,自愿原则如果不能得到很好的贯彻,即使靠强制或变相强制的方法调解结了案,也是不具有正当性的,这不仅会损害当事人的处分权,而且也伤害了法制,伤害了调解制度本身。

在诉讼调解中,法官的作用举足轻重,因为自愿还是强制并不取决于当事人。事实上,完全依当事人自愿达成调解协议的只是少数,多数的调解需要法官或浅或深的介入,只要尊重当事人的处分权,坚持和贯彻自愿原则,法官为促进调解协议的达成所做的说服、提示、建议、对当事人过分要求的批评以及提出调解方案供当事人参考等等,都是正当的,也是必要的,有利于帮助当事人克服协商中遇到的障碍和打破僵局。在自愿的前提下,当事人一方或双方作出让步,不论其幅度有多大,也不论与判决的结果相差多远,都是正当的;相反,如果让步并非出于当事人的自愿,而是在法官强制或变相强制的情况下作出的,则调解的正当性立即就会丧失。失去了自愿这个前提,法官只能依法判决。但是,如果法官将调解的成功率作为追求的目标,强制调解就在所难免。如今,有的法院"量化指标"、"落实到人";有的法院把诉讼调解率与评功授奖直接挂钩,实行"目标管理";还有的法院"兴调解之风、树调解能手",要求法官尤其是民庭的法官尽可能都成为调解能手,并且将调解能手作为典型加以推广。由于法官在调解中具有主导地位,拥有决定当事人命运的裁判权,法官可以使用各种隐蔽的方式对当事人施加压力。审判实务中"以劝压调"、"以拖压调"、"以判压调"等做法似乎比以往有过之而无不及。

其二,当判的不判。对于双方当事人不愿意调解或不能达成调解协议的,一些法院一拖再拖,当断不断,并且这种急于使用判决、回避矛盾的做法被"和谐"的外衣所掩盖。判决和调解同为法院行使审判权解决民事争议的手段,不存在孰优孰劣之分。法院处理民事案件优先采用调解方法是可以的,但在当事人不愿意调解或调解不能达成协议时,应及时转入审判,依照事实、证据和法律作出判决。判决虽不像调解那样以当事人的协商与合意解决纠纷,但这并不意味着只要是判决就一定不如调解结案和谐。实践中,有的法官对矛盾棘手、证据不足、事实不易认定、牵涉面大、案外干预多、社会关注度高的案件往往不愿轻易下判,即使双方当事人都明确表示不愿调解仍拖着不判,试图回避矛盾。有一起群体诉讼案件,原告方(100多位村民)诉被告承包合同无效,并扬言只要败诉就群体上访。法院明知合同有效,事实和证据也很清楚,但支持原告于法于理无据,不支持原告又担心其上访,不利于"和谐",所以就迟迟不肯下判。结果反而产生了负面影响,群众反映"法院不讲法,谁闹谁有理",此案现仍在调解中。如此片面理解和谐其实也是对调解制度的误读。"调解不成应及时判决"以及十六字方针中"当判则判"是调解制度的重要组成部分。当判不判的障碍不仅源自于对和谐的误读,也源自于对判决功能的误读。一份说理透彻和论证充分的判决书同样能够定纷止争、化解矛盾、实现和谐。相对于调解而言，判决更能够体现法律上的公平正义，更有利于保障当事人的实体权益，同时也避免了调解可能导致的对违法行为的姑息与放纵。通过充分的说理和论证，判决书能让当事人明白自己的法定权利义务是什么，什么是合法的、什么是违法的，什么是法律应当保护的、什么是法律应当制裁的，从而从根本上让当事人服判息讼，使当事人以及社会遵守并服从法律。构建和谐社会的确应充分发挥诉讼调解的独特作用，但也要防止走极端，一定不能忽视判决的作用。近来，在法院诉讼调解率普遍上升的过程中，一些"调解能手"的调解率高达100%，有的基层法院已出现了"零判决"，这其中不乏"当判不判"的案例。

其三，不讲调判结合，只求调解事了。认为只有调解结案当事人不上诉，和谐才能实现，而如果是使用判决，则案子是结了，事却不能了，当事人还可能上诉、申请再审、申请强制执行等，这是不和谐的。显然，和谐已被形式化、表面化、绝对化了。这种形而上学的思维方式把和谐与矛盾对立起来，害怕矛盾、回避矛盾。一般来讲，诉讼均因矛盾而起，许多纠纷在起诉前已尝试过协商解决，解决不了才诉至法院，矛盾的存在是诉讼中的"正常现象"，无须害怕也无法回避。有的法官片面地认为，判决不利于化解矛盾、实现和谐，而调解则恰恰相反。因此常常选择压制和控制矛盾的方法并致力于哪怕放弃原则也要调解结案。然而这种和谐是暂时的、脆弱的，是以牺牲当事人的合理利益为代价的，也是以牺牲调解制度的正当性基础为代价的。和谐应当是辨证的、科学的、相对的，和谐社会是"民主法治、公平正义、诚信友爱、充满活力、安定有序、人与自然和谐相处的社会"。这种和谐观从法律上讲承认并关注人的权利、利益、机会的合理公正分配，承认并保障人们的物质利益，鼓励人们为物质利益而奋斗。法院在解决民事冲突的过程中，首先应承认并保障当事人的合法权益，尊重当事人的处分权，尤其在进行调解时，要注意权衡和调节当事人的各种利益关系，而不能一味地要求当事人发扬风格、妥协让步，更不能压抑当事人的权利主张。如果当事人坚持自己的权利主张，双方都不愿意放弃自己的利益，因而不能达成调解协议，法官应当予以尊重，并及时转入审理和判决，将调解与判决有机地结合起来。不能正确处理调解和判决的关系，就谈不上调判结合，依法调解，就不能真正做到案结事了。调解虽然避免了上诉和抗诉，但若调解违反了自愿原则，调解结案后进入强制执行、申请再审、上访则是难以避免的。只有调解结案才能案结事了，在很多情况下只能是法院的一厢情愿。

隐藏在这些不和谐因素后面的究竟是什么？为什么在法典对调解制度的规定、人们对调解功能的认识以及当事人对这种解纷方式的需求都没有发生明显变化的情况下，调解却再次受到追捧？这或许不是诉讼制度本身的问题了。2002年，最高人民法院把加强调解工作作为司法为民的重要举措，在构建社会主义和谐社会的背景下，调解又被赋予"服务大局的政治责任"，调解的功能因此一次次被放大，以至于一次次偏离正常轨道。诉讼调解被赋予了太多的政治责任，这是因为法院被赋予了太多的政治功能。在我国司法尚未独立、司法应有的权威尚未建立的情况下，社会矛盾及民众寻求司法救济的需求却有增无减，深陷这种矛盾之中的法院如此积极地推行调解，更多地是想以此避免来自社会各方面的指责，颇有些功利与无奈。

诉讼调解制度最本质的要素是双方当事人的合意，因而调解结案率的高低理应取决于当事人而非法院。但现实的情况是，由于法院自上而下的推行调解直接导致了调解率的上升甚至"零判决"，这不能不令人为当事人担忧、为自愿原则担忧。希望有更多的人关注调解中的不和谐因素，这些因素的存在，可能导致理论界对调解原理和制度建设的研究，以及为法典完善所做出的种种努力都付诸东流。

当事人申请重审与依审判监督程序再审
——我国民事再审制度的二元化分解

张光琼* 张家慧**

我国现行民事再审制度弊端重重,急需改革与完善早已为理论界、实务界乃至立法界达成共识。然究竟应如何进行改革和完善至今却依然没有一个定准。各种林立的观点与建议,似乎使这一问题本身变得越加复杂。因此颇有必要从另一个侧面为我国民事再审制度的合理化构建找寻出路。

一、再审事由的类型化——我国民事再审制度二元化分解的基点

依照我国现行《民事诉讼法》的规定,再审程序的启动无外乎三种途径:一是各级人民法院的院长对本院业已发生法律效力的判决、裁定,发现确有错误,认为需要再审的,在经提交审判委员会讨论决定后可以启动再审程序。同时,最高人民法院对地方各级人民法院业已发生法律效力的判决、裁定,上级人民法院对下级人民法院业已发生法律效力的判决、裁定,发现确有

---

① 现行德国民事诉讼法中也将再审分为两种形式,一为"取消之诉",二为"回复原状之诉"。其中,"取消之诉"也译为"无效之诉"。"取消之诉"与"回复原状之诉"均以推翻已确定的判决,请求对原诉讼案件进行重新审理为目的,两者性质相同,提起与审理的程序亦同,故而同属于"再审之诉"。但二者又有所区别。其中,"取消之诉"系以原审判违反程序上的规定为理由,涉及的是原诉是否合法的问题,其设置的主要目的在于维护诉讼法的严肃性,而"回复原状之诉"则是以原审判损害当事人实体上的权益为理由,涉及的是诉有无理由的问题,其设置的主要目的在于维护当事人的权益。日本旧民事诉讼法中对于再审也有此两种划分,但经修改后未再作区分。有关这一问题的详尽解释,请参见谢怀栻译:《德意志联邦共和国民事诉讼法》,中国法制出版社2001年版,第137页,注①。德国民事诉讼法中的"取消之诉"与"回复原状之诉"系对当事人所提出的再审之诉的再划分,而本文则是认为应打破我国现行民事再审制度一元化(依审判监督程度对案件进行再审)的格局,将其分解为当事人申请重审与依审判监督程序对案件进行再审两种制度。

* 张光琼:海南省高级人民法院副院长。
** 张家慧:海南省高级人民法院法官,海南大学兼职教授。

错误的,有权提审或者指令下级人民法院再审。① 二是当事人认为已经生效的判决、裁定有错误的,可以申请再审。三是检察院认为业已生效的判决、裁定有错误的,可以向人民法院提出抗诉从而引发再审程序。可见,生效裁判确有错误是启动再审程序的唯一原因与理由,也是构筑我国现行民事再审制度的基准。至于究竟存在何种事由才算是生效裁判"确有错误",也就是生效裁判的错误到底应包括哪些方面,则因再审程序启动的途径不同而有所不同。其中当事人申请再审的,依照我国现行《民事诉讼法》第179条的规定,应当是:(1)有新的证据,足以推翻原判决、裁定的;(2)原判决、裁定认定事实的主要证据不足的;(3)原判决、裁定适用法律确有错误的;(4)人民法院违反法定程序,可能影响案件正确判决、裁定的;(5)审判人员在审理案件时有贪污受贿,徇私舞弊,枉法裁判行为的。检察院抗诉从而引发再审程序的,除不包含当事人申请再审事由的第一种情形,即不包括"有新的证据,足以推翻原判决、裁定的"情形以外,其余四种情形与当事人申请再审的事由并无二致。但对于法院依职权启动再审程序的,无论是本院院长还是最高人民法院及上级人民法院启动再审程序的事由,我国现行《民事诉讼法》均未予以明确的罗列,不过无论是从立法本意,还是司法实践中的掌握来看,此种情形下的再审事由与当事人申请再审的事由似乎并无多大不同。②

由此可见,我国现行再审制度下启动再审程序的事由应该可以概括为以下几类:

(一)认定事实错误

依照《民事诉讼法》第179条及第185条的规定,认定事实错误具体又包括两个方面:一是发现了新的证据,而原判决、裁定没有将这些证据作为认定案件事实的依据;二是原判决、裁定认定事实的主要证据不足。结合我国民事审判实践,并参照国外有关这一问题的立法规定,具体而言,事实错误大致应当包括:

1. 发现了新的证据,而原判决、裁定当时未将这些证据作为认定案件事实的依据。
2. 原判决、裁定认定案件事实的主要证据不足:
(1)当事人违背真实意思,对案件事实作了非真实的陈述;③
(2)证人作伪证,明显编造或捏造了证言;
(3)作为认定案件事实依据的书证系伪造或变造的;
(4)作为认定案件事实依据的物证系伪造或变造的;
(5)作为认定案件事实依据的视听资料是伪造或变造的;
(6)作为认定案件事实依据的鉴定结论系伪造或捏造的;
(7)作为认定案件事实依据的勘验笔录是捏造、伪造或变造的;
(8)翻译人员作了虚假的翻译;
(9)当事人的代理人或对方当事人或其代理人犯有与诉讼事件有关的罪行,且原裁判系于该种行为而作出的;

---

① 为了叙述上的便利,以下将作出生效裁判的本法院院长、最高人民法院和上级人民法院统称为"法院"。

② 我国现行民事诉讼法对法院依职权启动再审程序的具体事由未予规定不能不说是立法上的一大疏漏,并由此在司法实践中或多或少地引起了一些混乱。

③ 当事人在受到胁迫或者重大误解的情况下所作出的与案件事实不符的陈述以及对对方当事人陈述的事实在受到胁迫或重大误解的情况下作出的承认即属之。

(10) 原裁判系以业已生效的另案裁判为依据,而该裁判已经法定程序撤销。

(二)审判程序错误

审判程序错误主要包括:

1. 案件系由不合法的审判组织审理的;
2. 案件系在未经合法通知当事人开庭审理的时间和地点的情况下进行缺席审判的;
3. 裁判系由未参与案件审理的审判组织的成员作出的;
4. 审判组织的成员业经决定应行回避而未回避且仍参加案件审判的;
5. 法院依法应当追加必要共同诉讼人参加诉讼,但未予追加的;
6. 审理案件时违反了关于进行诉讼所用语言的规定并据此作出了裁决;
7. 法官违反法定的释明义务并由此致使当事人遭受了不利后果;
8. 裁判对未参加诉讼的案外人的权利义务进行了裁决;
9. 法官评议案件时违反了应尽的保密义务;①
10. 其他违反法定程序的情形。

(三)适用法律错误

适用法律错误主要是:

1. 应当适用特别法却适用了一般法;
2. 应当适用后法却适用了前法,或者应当适用前法却适用了后法;
3. 应当适用上位法却适用了下位法,或者适用了与上位法相抵触的下位法,以及直接适用了行政规章、地方性法规或地方政府规章;②
4. 应当适用实体法却适用了程序法,或者应当适用程序法却适用了实体法;③
5. 尽管正确适用了实体法或程序法,但本应适用此法却适用了彼法;④
6. 尽管正确适用了此法或彼法,但本应适用此规范却适用了彼规范⑤,以及应当适用强行法规范却适用了任意法规范、应当适用例外规定却适用了一般规定、应当适用具体规定却适用了原则规定;

---

① 依据我国《法官法》第7条第6款的规定,保守国家秘密和审判工作秘密是法官应尽的义务,因此,对于案件评议时违反了保密规定的,亦应认定为违反法定程序。

② 民事审判裁决的是民事主体间的一些基本权利与义务,因此其裁判规范必须在一个主权区域内具有全体公民一体遵循的效力。就我国而言,就只能是全国人大及其常委会通过的法律、国务院制定的行政法规以及作为"准法律"的最高人民法院依照法定程序所出台的司法解释。行政规章、地方性法规及地方政府规章由于并不具有一体遵循的效力,因此不能作为民事案件的裁决依据,只是在其不与法律、法规相抵触的情况下,才可以参照适用。

③ 对案件的实体问题作出裁决应当适用实体法规范,而对程序问题的处置则应适用相应的程序法规范。审判实践中,在判决驳回当事人诉讼请求的场合,一些法官适用的却是民事诉讼法及最高人民法院对程序问题作出的司法解释,如《关于民事诉讼证据的若干规定》等。而对于一些程序问题,却又适用实体法规范,如适用实体法规范来裁定驳回当事人的起诉等。这些显然都属于适用法律错误。

④ 如本应适用《公司法》却适用了《劳动法》。

⑤ 如尽管是应适用《合同法》,但本应适用第107条关于违约责任的规定,却适用了第117条关于不可抗力的规定。

7. 应当适用的法律规范却并未适用,或者本不应适用的法律规范却适用了;[1]
8. 法官对法律条文作了不正确的解释;[2]
9. 其他适用法律错误的情形。

(四)审判人员在审理案件时有贪污受贿、徇私舞弊和枉法裁判行为

审判人员在审理案件时有贪污受贿、徇私舞弊和枉法裁判行为主要是指参与案件审判的法官实施了与诉讼事件有关,且不利于当事人的违反其职务上义务的一些违法犯罪行为。

依照我国现行《民事诉讼法》的规定,对于生效判决、裁定存有前述"错误"的,无论是基于当事人的申请,还是法院依职权以及检察院依法提出抗诉,均一律依审判监督程序进行再审。立法的这一制度设置不仅在理论上难以说通,而且该制度在实践中的运行也是弊端繁生,阻滞不断。这同样是社会各界对于再审制度之责难与质疑之一。

关于我国民事再审制度的争论,其实存在于两个层面:一是关乎其存废,二是在保存这一制度的前提下,对其本身应如何进行技术层面的革新。鉴于我国目前审判队伍的道德素质与业务水准均高低参差,良莠不齐,司法现状并不让人十分乐观,加之再审制度亦普遍存在于当今世界许多国家的民事诉讼立法及实践中,因此这一制度在我国依然有其存在的必要。为此,我们所应做的,就是要找寻到合理化构建这一制度的方案和路径。判断这些方案和路径是否科学、合理的标准就是看其在理论上是否周延,在实务运作上是否能够顺畅,从而取得较好的效果。本着这一思路与目标,我们提出应当以民事再审事由的类型化为基准来对我国现行民事再审制度进行二元化分解,并以此来谋求再审制度的合理化构建。

所谓再审制度的二元化分解,就是以类型化的再审事由为基准或出发点,将我国的民事再审制度一分为二:一是依当事人的申请对案件进行重审,二是对法院依职权提起的再审以及检察院提出的抗诉依审判监督程序对案件进行再审。

设置再审程序的目的无外乎在于纠正原生效裁判的错误以及通过审判监督来维护国家法制的统一。当事人要求对案件进行再审[3],其主要甚至唯一的目的就在于纠正原生效裁判所存在的错误,因此理当由作出原生效裁判的法院自行进行重审,没有理由由上级法院来进行审理。而依审判监督程序对案件进行再审则不一样,其主要目的在于通过审判监督来维护国家法制的统一与尊严。监督与被监督的主体应当分离,应该说,自己监督自己有违逻辑,即使监督,效果也会欠佳,只有他人的监督才能够挣脱"自我保护"的窠臼,并站在一个全新和超脱的高度来将监督真正落到实处,因此,应当由上一级法院依审判监督程序对下一级法院所作出的错误裁判进行再审。作为例外,由于最高人民法院为我国的最高审判机关,而最高人民法院审判委员会又是该最高审判机关的最高审判组织,因此,由其讨论决定的案件当事人既不能申请重审,法院也不能再审,检察院亦不得提出抗诉。而对于未经最高人民法院审判委员会讨论决定但由最高人民法院所作出的其他生效裁判,当事人可以申请重审,但只有最高人民法院审判

---

[1] 如判决结果涉及违约责任的,并未适用关于违约责任的法律条文,而判决结果并不涉及违约责任的,却适用了关于违约责任的法律条文。

[2] 比如,按照我国《合同法》第116条的规定,在当事人既约定有违约金,又约定有定金的情况下,一方违约时,对方可以选择适用违约金或者定金条款,但法官却将该条理解为一方当事人应当同时向对方当事人支付违约金和定金即属之。

[3] 由于再审与重审具有包容关系,也就是说,对案件进行重审只不过是对案件进行再审的方式之一,因此,在某些场合,为了叙述上的便利,会交叉使用"再审"与"重审"两个概念。

委员会才可以依职权对其进行再审,对此类生效裁判的抗诉只能由最高人民检察院检察委员会提出,再审则只能由最高人民法院审判委员会进行。

二、各种类型化的再审事由下我国民事再审制度的二元化分解

(一)认定事实错误事由下再审制度的二元化分解

我们知道,民事诉讼是人民法院审判权和当事人诉权合力运行的结果,也就是法院审判行为和当事人诉讼行为的结合,由此在民事诉讼领域相应地也就存在着当事人主义与职权主义的交错。其中当事人主义是当事人在诉讼中享有主导权原则的总称,职权主义则是法院在诉讼中享有的主导权原则的总称。[①] 根据诉讼主导权的存在领域及其适用范围,各国学者通常认为,民事诉讼在实体形成面上应当贯彻(当事人)处分原则,即采用当事人主义,在主张和立证方面也应当贯彻(当事人)辩论主义,即采用当事人主义,而在诉讼进行面上则应当贯彻职权进行主义,即采用职权主义。[②] 与此同时,由于民事诉讼的裁判对象是私法上的权利,而私法上的权利在裁判外可以按照意思自治(private autonomy)原则由当事人自由处分,因此作为私法原则在裁判中的体现,民事诉讼中的当事人在诉讼中也有权对其实体权利进行自由的处分。这就意味着,在民事诉讼中,对于支撑实体权利存在与否的事实应当由当事人依据举证责任的分配原则来提供证据加以证明,也就是对于涉及实体权利的问题,应当贯彻当事人"意思自治"的原则。除非当事人对实体权利的处分影响到了国家利益、社会公共利益或他人合法权益,否则,法官(法院)将没有理由加以干预。

基于此,在民事诉讼中,对于因认定事实错误的生效裁判,包括发现了新的证据,足以推翻原生效裁判以及原生效裁判认定事实的主要证据不足的,都只能由当事人向人民法院申请重审,作出生效裁判的本法院院长、最高人民法院及上级人民法院均不能依职权启动再审程序,检察院也不能提出抗诉。但作为例外,当事人处分实体权利,只能处分依法属于自己的实体权利,而不能处分他人的实体权利,因此,在生效裁判因认定事实错误而影响到国家利益、社会公共利益及他人合法权益的情况下,对于涉及国家利益、社会公共利益的,法院可以依职权启动再审程序,检察院也可以提出抗诉;对于涉及他人合法权益的,基于当事人"意思自治"原则,只有在他人提出申诉的前提下,法院才能启动再审程序[③]。鉴于他人合法权益并不涉及国家利益或社会公共利益,因此作为公益代表的检察院也不宜提出抗诉。同时,民事诉讼除了要追求

[①] [日]《法律学小辞典》,有斐阁1972年版,第707页。
[②] [日]《法律学小辞典》,有斐阁1972年版,第707页。另见[日]若林正雄:《民事诉讼におゖる当事人主义と职权主义る交错》,载《民事诉讼法の争点[新版]》,有斐阁,第204~208页。
[③] 由于目前我国尚未设立案外人对生效裁判的异议之诉制度,因此在生效裁判确有错误并因此而影响到自己合法的实体权益的情况下,案外人无法直接自行申请救济,而只能向法院提出申诉,由法院来启动再审程序。如日后设立了案外人异议之诉制度,则在生效裁判影响到其合法的实体权益时,案外人可以自行提出异议之诉,法院不得再依职权来启动再审程序。案外人提出再审异议之诉的条件与案件当事人申请重审相同,必须是生效的裁判错误且确实影响到其实体权益。

案件的公正以外,还应兼顾效率与效益①,并平等保护双方当事人的合法权益。对案件进行重审就意味着法院又将再一次投入大量的司法资源,对方当事人也会再一次投入不菲的诉讼成本,并可能因再审程序的随意启动而招致诉讼上的不利益。基于对诉讼效益及费用相对性原则②的考虑,并从平等保护双方当事人合法权益的角度出发,还应当从立法上限定只有在所认定事实的错误直接导致了裁判结果的错误,或者说直接影响到了当事人实实在在的实体利益的情况下,才可以基于当事人的申请,对案件进行重审。而对于一些"细枝末节"的事实,由于其并不会影响当事人的实体利益,也就是即使因此而启动再审程序,法院也不会作出较原生效裁判不同的裁判结果,因此即使认定错误,也不宜启动再审程序。③

(二)审判程序错误事由下再审制度的二元化分解

在诉讼进行面上贯彻职权进行主义,即采用职权主义,就意味着,诉讼进行面上的问题,亦即案件的程序问题,属于法院审判权的范围,应当由法官(法院)依职权予以处置。之所以只能将程序权交由法官(法院)行使,是由于一国审判权的统一性和主权性决定了该国各种审判程序国家意志的一致性,也就是各种程序都只能由国家统一设计,并由代表国家行使审判权的人或机构来统一予以行使。同时,由于案件当事人基于各自不同利益的考虑,一切都将从利己的角度去行事,如将程序权交由当事人去行使,就必将会使整个审理程序陷入无序状态,而程序公正与程序效率自然也就无从谈起。④ 程序权由法官(法院)行使,就意味着,对于案件的程序问题,当事人不能随意越权处置。也就是说,在程序问题没有影响到当事人实体利益的情况下,当事人不可以提出异议,但在程序问题影响到当事人实体利益的时候,则其可以提出异议,并以此来救济自己的实体利益。

有鉴于此,对于审判程序错误,也就是生效裁判违反法定程序的,只有法院才能依职权启动再审程序。由于程序之错误通常并不涉及国家利益,也不涉及社会公共利益,因此,作为公益代表的检察院不宜提出抗诉。当因程序错误而影响到当事人实实在在而又合法的实体权益

---

① 一般认为,民事诉讼有两大价值目标:公正与效率。但也有人认为,民事诉讼有三大价值目标,即除了公正与效率外,还应当包括效益。应该说,效益是效率的必然派生。诉讼效率越高,产出的诉讼效益就越大;反之,诉讼效率越低,产出的诉讼效益就越小,有时甚至会产生出负效益。参见李汉光主编:《民事诉讼程序改革报告》,法律出版社2003年版,第19页,注①。从经济学的角度与视野上讲,诉讼效率就是要以最小的诉讼成本(包括国家的司法资源和当事人因诉讼所投入的成本)投入产出最大的诉讼效益。由此,可以认为,诉讼效益是诉讼效率的衡量指标。

② 即争议的标的额太小,不值得为此启动一个完备而周密的审理程序(这里就是指重审程序)。

③ 这类错误在美国民事诉讼中被称为"无害的错误"。《美国联邦民事诉讼规则》第61条对此作出了明确规定:"证据的采纳或排除中的错误,以及裁定或命令中的错误或瑕疵,或者法院或任何一方当事人的作为或不作为事项中的错误或瑕疵,都不应成为允许重新审理的理由或撤销陪审团裁决的理由或者撤销、更改以及中断判决或命令的理由。但是,法院认为拒绝上述的行为违反实质正义时不在此限。法院在诉讼的任何阶段均应无视不影响当事人实质性权利的程序上的错误或瑕疵。"

④ 有关这一问题的详尽阐述,可参见黄松有:《中国现代民事审判权论——为民服务型民事审判权的构筑与实践》,法律出版社2003年版,第217页。

时,当事人基于对自己实体权益的救济与保护,可以申请对案件进行重审。①

(三)适用法律错误事由下再审制度的二元化分解

现代审判是依法判断是非和处理纠纷的活动,因而审判在实质上是一种适用法律的行为,也就是将抽象的法律运用于具体的案件事实并由此作出是与非、曲与直判断的活动。民事审判则是审判机关将国家制定和认可的法律适用于具体的私权纠纷解决,并通过裁判来规制人们社会生活的一种活动。民事法律具有双重功能,即作为社会规范的功能和作为裁判规范的功能,民事法律作为社会规范尽管具有指导人们进行社会交往的行为规范意义,但这种规范的基础和保障却是以其具有裁判规范的功能作为后盾的。因此,民事审判的最终目的应该说就是通过对民事法律的具体落实来达到对社会生活的有效规制。鉴于法律适用权为审判权的有机和重要组成部分,因此,在民事诉讼中,法律适用权也应当由法官(法院)专门行使。

一是基于设置民事再审制度(包括上诉制度)的主要目的就在于纠错和确保国家法制的统一,二是尽管适用法律错误一般不会涉及国家利益和社会公共利益,但由于在我国检察院是国家的法律监督机关,确保法制的统一为其最重要的职能之一,因此,在生效裁判存在法律适用方面的错误时,法院可以依职权启动再审程序,检察院也可以提出抗诉,但当事人一般不能申请再审。只有在因法律适用错误而影响到其实实在在的、合法的民事权益时,当事人才可以申请对案件进行重审。

(四)审判人员审理案件时有贪污受贿、徇私舞弊和枉法裁判行为情形下再审制度的二元化分解

审判过程中出现的审判人员贪污受贿、徇私舞弊和枉法裁判行为无疑都是司法腐败行为。司法腐败是近年来我国法院公信力受到置疑和下降的一个主要原因,也是我国当前社会的一个热点和焦点问题。审判人员审理案件时的贪污受贿、徇私舞弊和枉法裁判行为,大致可以分为两类:一类是严重违法(触犯刑律)构成犯罪,另一类是违法但尚不足构成犯罪。教育公民遵纪守法是我国民事审判的一大任务,而惩治犯罪、维护社会稳定则不仅是人民法院和人民检察院的一大共同任务,而且国家的任何公民也都有义务检举、揭发犯罪分子的犯罪行为,并使其受到应有的制裁。就某一具体案件而言,司法腐败无疑会形成美国民事诉讼规则中所规定的"对法院的欺诈"。所谓"对法院的欺诈",系指直接针对裁判程序以及一切直接破坏法院公正功能状态的特殊形态的欺诈。美国判例认为,对于当事人以对法院的欺诈为理由提出的救济申请,法院应当从保护公益立场出发,不论当事人是否就发现对法院的欺诈尽了相当的注意,法院都应当依职权调查原判决的取得过程中是否存在着对法院的欺诈问题。对于对法院的欺

---

① 我国现行《民事诉讼法》就有关原生效裁判违反法定程序事由下,允许当事人申请再审所附加的一个条件就是"可能影响案件公正判决、裁定。"(该法第179条第4项)。该规定一直以来都被公认为是"重实体,轻程序"观念在我国立法上的一个典型表现。实际上,程序正义与实体正义也应当保持在一个相对平衡的框架内,既不能只强调实体正义,而忽视程序正义;同样,也不能为了强调程序正义,而全然不顾实体正义。我们知道,美国是最为推崇和奉行"正当程序"理念的,即便如此,但其同样也在立法上规定在程序问题未影响到实质正义的情况下,无需为此提供救济:"法院在诉讼的任何阶段均应无视不影响当事人实质性权利的程序上的错误或瑕疵。"(《美国联邦民事诉讼规则》第61条)。《俄罗斯联邦民事诉讼法》也有同样规定:"对于实质上正确的法院判决不能只因某些形式上的理由而予以撤销。""违反或不正确地适用诉讼法规定只有导致或可能导致不正确裁决案件时,才能构成撤销原判决的理由。"(该法第306条第2款、第308条第1款)。

诈,当事人不仅可以通过取消原判决的方式申请救济,而且还可以通过另诉方式请求救济。①

鉴于此,对于审判人员在审理案件时有贪污受贿、徇私舞弊和枉法裁判行为,但尚不足构成犯罪,且因此而影响到当事人实实在在的、合法的民事权益的,由当事人自己申请对案件进行重审;同时由法院启动相关的纪检监察程序给予行为人相应的处理。对于并未影响到当事人实实在在的、合法的民事权益的,法院同样应当启动相关的纪检监察程序,给予行为人相应的处理,但不必就案件本身启动再审程序。对于审判人员在审理案件时有贪污受贿、徇私舞弊和枉法裁判行为,并构成犯罪,且因此而影响到当事人实实在在的、合法的民事权益的,则既可由当事人申请对案件进行重审,也可由法院依职权启动再审程序,还可由检察院提出抗诉;同时,对于行为人的犯罪行为,还应启动法定程序追究其刑事责任。对于并未影响到当事人实实在在的、合法的民事权益的,则应直接启动法定程序追究行为人的刑事责任,而不必就案件本身启动再审程序。② 对于审判人员在审理案件时有贪污受贿、徇私舞弊和枉法裁判行为,并因此而导致审判程序错误或适用法律错误的;其再审程序的启动依前述审判程序错误事由及适用法律错误事由处理。

对于调解结案的,除非当事人能够证明调解协议系违背其真实意思,即在受到胁迫或存在重大误解的情况下达成,否则,不得申请重审。同时,也只有在调解结果损害国家利益、社会公共利益的情况下,法院才可以依职权启动再审程序,检察院也才可以提出抗诉,损害他人合法权益的,他人不向法院提出申诉的,法院不宜主动启动再审程序,检察院也不能提出抗诉。

三、二元分解后当事人申请重审与依审判监督程序进行再审制度的具体化构建

(一)相关共性问题的处置

首先,无论是对案件进行重审还是再审,均应以一次为限。对于业经重审程序或再审程序审理过的案件,不得再行启动重审程序或再审程序。

其次,无论是依当事人申请对案件进行重审,还是依审判监督程序对案件进行再审,均不得随意中止案件的执行。③

再次,对于业经最高人民法院审判委员会讨论决定的案件,从尊重最高审判组织所作裁判的权威性和终审性考虑,不宜再行启动重审程序或再审程序,检察院也不能再提出抗诉。

(二)当事人申请重审制度的合理化构建

1. 关于申请的主体及对象

案件的当事人、经特别授权的代理人以及未成年人的法定代理人、诉讼承担人等均可申请

---

① 参见张家慧著:《当事人诉讼行为法律研究》,中国民主法制出版社2005年版,第226页,注①。
② 审判人员在审理案件时尽管有贪污受贿、徇私舞弊和枉法裁判行为,无论这种行为是否构成了犯罪,但只要并没有因此而影响到当事人实实在在的、合法的民事权益,则就案件本身启动重审程序由于既无错可纠,又不涉及法制的统一问题,因而似乎均无多大的实际意义。审判人员审理案件时的贪污受贿、徇私舞弊和枉法裁判并不必然导致裁判结果的错误。
③ 这也是目前世界上大多数国家和地区的通行做法。如我国澳门地区的《民事诉讼法典》第660条第4项即规定:"再审上诉不具中止效力。"

对案件进行重审。凡是生效的裁判,无论是由哪一级法院作出的,均可成为申请重审的对象,但业经最高人民法院审判委员会讨论决定的案件不在此限。

2. 关于管辖及审理程序

当事人对案件申请重新审理,应当由作出原生效裁判的法院专属管辖,①当事人不得以协议管辖之方式对这类案件的管辖法院进行选择。生效裁判原由一审法院作出的,由一审法院按照一审程序审理,二审法院作出的,则由二审法院依照二审程序审理。对于一审法院作出的生效裁判,当事人向二审法院申请重审的,二审法院应当告知其向一审法院申请重审,当事人坚持申请的,通知予以驳回。同理,对于二审法院作出的生效裁判,当事人向一审法院申请重审的,一审法院应当告知其向二审法院申请重审,当事人坚持申请的,通知予以驳回。一审法院经对案件重新进行审理后作出的裁判,为未生效的裁判,当事人可以上诉;二审法院依照二审程序审理后作出的裁判,为终审裁判,当事人不得上诉。

3. 关于申请的期限

为了促进民事流转,促进社会关系及经济关系的稳定与发展,对于当事人申请重审的期限不宜规定得过长,我国现行《民事诉讼法》规定的2年既与世界其他各国及地区的规定相去甚远,②又不利于维护生效判决的既判力。参照各国及地区的相关规定,应规定为3个月较为合宜,自当事人知道或者应当知道再审事由之日起算。该3个月期间为不变期间,不存在中止、中断和延长的情形。也即是说,无论基于何种理由,当事人均不得申请延长,法官也不得依职权予以延长。同时,对于裁判生效之日起超过3年的,当事人不得再申请重审。

4. 关于申请的方式及内容

当事人申请对案件进行重新审理,必须以书面为之,该书面申请应当包括下述内容:

(1) 申请重审之理由,亦即前文所述申请重审之事由;

(2) 具体的诉讼请求,即要求对原裁判作出何种处置,是全部撤销予以改判,还是部分撤销部分改判,抑或是撤销原判,将案件发回重审。③

5. 关于申请的条件

当事人申请对案件进行重审,应当具备下述条件:

(1) 案件必须是原未经重审程序审理的。

(2) 必须具备相应的申请事由。其中以认定事实错误为由申请重审的,一是应具备前文所列的具体的再审事由;二是该类事由第2种中的第(2)至(8)项如已在原诉讼程序中作为一个问题且业经各方当事人辩质的,不能再行作为申请对案件进行重审的理由,同时对于第(2)至(9)项事由则必须是已经法院生效的刑事判决所确认,未经确认的亦不得作为对案件申请重审的理由;三是这些"错误"必须是"实质性"错误,而非"细枝末节"或"无害"的错误。当事人以审判人员在审理案件时有贪污受贿、徇私舞弊、枉法裁判行为且构成犯罪为由申请对案件进行重审,须以法院生效的刑事判决的确认为准。除此,当事人无论系以何种理由:认定事实错误、适用法律错误、审判程序错误抑或是审判人员审理案件时有贪污受贿、徇私舞弊和枉法裁判行为为由申请对案件进行重审,都必须是这些"错误"直接导致了原裁判结果的错误并由此而影响

---

① 这也几乎是存有民事再审制度的国家和地区的通行做法,比如德国、日本、法国、俄罗斯及我国澳门地区等的民事诉讼法均有这样的规定。

② 德国为1个月,法国为2个月,日本为30日,俄罗斯为3个月,我国澳门地区为60日。

③ 撤销原判,将案件发回重审,系针对依二审程序审理的案件而言。

到了申请人实实在在的、合法的民事权益。也即是说,一旦以这其中的任何一种理由启动对案件的重审程序,法院就必然会作出不同于原生效裁判且有利于申请人的裁判结果。对于原裁判尽管存在这样或那样的"错误"但并未由此而导致原生效裁判错误,未影响到当事人实体权益的,不能据此为由启动对案件的重审程序。

(3)必须在法定的期间内提出申请。当事人无论以何种理由申请对案件进行重审,都必须在自知道或应当知道再审事由之日起3个月内为之,超过3个月的,通知不予受理;当事人坚持申请的,通知予以驳回。同时,对于自裁判生效之日起超过3年的,即使存有再审事由,当事人也不得再申请对案件进行重审;申请的,法院不予受理;坚持申请的,通知予以驳回。

(4)必须向有管辖权的法院提出申请。申请对案件进行重审,只能向作出原生效裁判的法院提出。申请人向无管辖权的法院提出申请的,该法院应当告知其向有管辖权的法院提出。当事人坚持申请的,以书面通知驳回其申请。

(5)必须提出书面申请。也就是说,当事人申请对案件进行重审,应当向有管辖权的法院以书面形式提出,书面申请并得载明具体的理由和请求。

(6)须附交相应的证据材料。申请人无论以哪种事由提出对案件进行重审的申请,都须在提交申请书时一并提交相应的证据。

当事人对案件申请重审,也就是要引起重审程序的启动,应当同时具备前述几个条件,缺一不可。

6. 关于申请人的证明责任

当事人申请对案件进行重审,因所依据的事由不同其应承担的证明责任亦有所不同:

(1)当事人以认定事实错误为由申请对案件进行重审的证明责任:

首先,得举证证明原裁判确实存在错误,且这些错误为前文所述的应当对案件进行重审的事由。

其次,得证明这些错误为"实质性"错误而非"细枝末节"或"无害"的错误。

再次,得证明这些"实质性"错误导致了原生效裁判的错误并由此而影响了申请人的实实在在的、合法的民事实体权益。其中以发现了新的证据①为由申请重审的,首先还得就自己所提出的证据为"新"的证据进行举证证明,然后再以该"新"的证据的出现导致了原生效裁判的错误进行证明。

(2)当事人以审判程序、适用法律错误及审判人员审理案件时有贪污受贿、徇私舞弊和枉法裁判行为为由申请对案件进行重审的证明责任:

首先,得证明这些事由确实存在。

其次,得证明这些事由的存在直接导致了原裁判结果的错误,且因此而影响到了申请人实实在在的、合法的民事权益。

7. 关于重审法院对案件的处理

重审法院经对申请人的申请进行审查后,区分情况作出处理:

(1)对于不具备前述申请重审条件的,不予受理;申请人坚持申请的,通知予以驳回。

(2)对于符合前述申请重审条件的,裁定进入重审程序。对于该裁定,当事人不得提出异议。

---

① 关于新证据应如何认定的问题是一个较为复杂的问题,鉴于篇幅所限,这里无法予以探讨,笔者将另撰文加以研究。

(3)裁定进入重审程序后,原生效裁判系依一审程序作出的,依一审程序审理。对于依一审程序审理后作出的裁判,当事人可以上诉。原生效裁判系依二审程序审理的,则依二审程序审理。依二审程序审理后作出的裁判,为终审裁判,当事人不得上诉。

(4)经审理,原生效裁判没有错误的,判决予以维持,并驳回当事人的重审请求;部分错误的,部分改判;原裁判系依一审程序作出且认定事实不清,二审直接认定将损害当事人的上诉利益,或者违反法定程序且可能影响案件公正裁决的,则裁定予以撤销,并将案件发回原审法院重审。

(三)依审判监督程序再审制度的合理化构建

1. 关于启动再审程序的途径

启动再审程序的途径只能是两种:一是法院依职权自行启动;二是在检察院提出抗诉的场合,法院启动再审程序。

2. 关于再审及抗诉的主体及对象

对案件进行再审,只能由作出原生效裁判法院的上一级法院依审判监督程序来进行。由最高人民法院所作出的未经最高人民法院审判委员会讨论决定的生效裁判,只有最高人民法院审判委员会才有权依职权进行再审。对案件的抗诉,只能由上一级检察院对下一级法院的生效裁判提出。对于由最高人民法院所作出但未经最高人民法院审判委员会讨论决定的生效裁判,由最高人民检察院检察委员会提出抗诉,由最高人民法院审判委员会再审。再审和抗诉的对象,可以是各级法院作出的生效裁判,但业经最高人民法院审判委员会讨论决定的案件,不在此限。

3. 关于启动再审程序和提出抗诉的条件

(1)案件必须是原未经再审程序审理的。

(2)必须具有再审的事由。无论是法院依职权自行启动再审程序还是检察院提出抗诉,都必须具有相应的再审事由。其中在原裁判因认定事实错误而影响了他人合法权益的场合,只有在该"他人"提出申诉的情况下,法院才可以启动再审程序;没有提出申诉的,法院不得主动启动再审程序。同时,对于自己的申诉,该"他人"还必须证明这些错误(以原裁判认定事实错误为由申请再审的,还得证明这些"错误"为"实质性"错误)导致了原裁判结果的错误,且由此影响到了自己实实在在的、合法的民事权益。"他人"不能就这些事实进行证明的,通知驳回其申请。除此,该"他人"的申诉,还应在知道或应当知道申诉事由之日起3个月内提出(该3个月同样为不变期间)。超过3年的,不得再提出申诉。对于超过这些期限的,法院不得受理当事人的申诉,更不能启动再审程序。法院以审判人员在审理案件时有贪污受贿、徇私舞弊、枉法裁判行为且构成犯罪为由依职权启动再审程序,或者检察院据此提出抗诉的,均须以法院生效的刑事判决的确认为准。

(3)必须在法定的期限内启动再审程序或提出抗诉。为了尊重判决的既判力,稳定社会关系和经济关系,无论是法院以何种理由启动再审程序,还是检察院以何种事由提出抗诉,都必须在自原裁判生效之日起3年内为之,超过3年的,法院不得再启动再审程序,检察院也不得再提出抗诉。

(4)必须是对可以启动再审程序和可以提出抗诉的生效裁判进行再审和提出抗诉。

4. 关于对再审案件的处理

对"他人"以认定事实错误为由申请再审的,凡未提出书面申请的,法院不予受理。当事人虽提出了书面申请,但未能尽到相应的证明责任的,则法院通知驳回其申请。无论是法院依职权主动启动再审程序,还是基于他人的申请或检察院的抗诉启动再审程序,原生效裁判正确的,判决维持;错误的,予以撤销;部分错误的,部分撤销并予改判;案件违反法定程序可能影响到判决结果或因认定事实不清,监督审法院自行认定在程序上有障碍的,则撤销原裁判,将案件发回重审。除发回重审的裁定以外,监督审法院所作出的其他判决、裁定都是终审的判决、裁定,当事人不得提出上诉。

  一方面,权力没有监督就会被滥用,权力被滥用的结果就是权力本身会发生异化,权力异化的必然结果则是腐败的滋生与蔓延,腐败的滋生与蔓延无疑会动摇一个国家稳定的根基。另一方面,只有法令畅通,人们才能步调一致,法出多头,必然会导致社会的混乱,社会的混乱同样会危及国家的安危。审判权也一样,只有得到适当的监督,其掌控者才会审慎行事,知边知际,但多头监督甚至失范,就势必会使其掌控者无所适从,方寸紊乱,并由此导致审判权本身的弱化或软化,从而有损法制的统一与尊严。而法制的统一与尊严同样是一个国家和谐与稳定的前提。因此,如何寻求审判的监督与独立之间的平衡,是我们不得不思考的一个重大问题。民事再审制度的合理化构建即是这一平衡的一个方面,其现实意义于此不言自明。

从再审制度的价值取向再谈再审制度改革
——以我国缺少三审制度的实际为视角

李 季*

关于再审制度改革的问题,近几年来人们在进行不断的探索。学术界有人主张建立三审制度,严格再审启动。实务界从现实出发,提出畅通申请再审渠道,放宽再审门槛,解决老百姓"申诉难"问题。在探索再审之诉的道路上,广东省法院按最高人民法院的部署,在法律框架内构建再审之诉新机制。2004年10月1日制定并施行《广东省法院再审诉讼暂行规定》(以下简称《再审诉讼规定》),实行"宽进严出"的原则,两年多的实践,有效地发挥了再审的社会调整功能,为彻底解决纠纷,案结事了,构建和谐社会起到了良好的作用,并且很好地维护了法律的权威和法院的威信。笔者通过考察再审诉讼的理论和实践,认为要从再审制度的价值取向研究再审诉讼的改革,研究再审诉讼的主要原则和主要制度建设。本文对此问题再作探析,与理论和实务界的同仁商榷。

一、再审制度的价值取向

再审制度的目的——价值取向,是构建再审诉讼制度的宗旨所在。有人认为,既然再审案件只有少数要改判的,就只对要改判的案件再审便可,不应对更多的案件进行再审,以免影响既判力,因而主张再审诉讼程序只可确定为纠错程序或称补充救济程序。具体内容是指通过再审纠正已生效的裁判的错误,使遭受错误裁判而致权益损失者得以救济。这种认识把再审诉讼的价值取向定位在再审纠错功能上。按照这种价值取向,"确有错误"并要改判的案件才再审。因此,相当一部分存疑很大或争议颇大的"可能有错"的案件未能进入再审。结果,当事人缠诉不休,有关部门和有关领导对相当部分案件批示督办,实际上影响了司法权威。可见,再审制度的价值取向需重新审视。评价任何一项诉讼法律制度的优劣,应考察其在调整社会关系、解决社会矛盾的效果上。再审诉讼的作用,不应仅理解为纠正错判,补充救济。当存在相当多的纠纷不能解决,申诉和申请再审问题突出时,就更需要注重考虑通过再审程序来化解

---

* 李季:广东省高级人民法院审判监督庭庭长。

社会矛盾,这样,才能实现法治的目的。

我们要构建中国特色的再审诉讼制度。中国特色的再审制度的体现在于:首先,构建再审制度的宗旨是化解纠纷,案结事了,构建和谐社会。当前我国正处在重要战略机遇期和黄金发展期,同时又处在社会矛盾凸显期。人民法院受理的各类案件数量巨大,难免涉诉信访量大。如广东,去年受理各种案件接近80万件,来信来访量约10多万件,属于申诉、申请再审的1万多件。对涉诉信访申请再审中反映的问题和矛盾,如果采取简单"堵"的方法,一味坚持"确有错误"的再审标准,当事人会转向党委、人大、政府甚至新闻媒体,或检察机关寻求救济,不仅增添党和政府的负担,还会给社会造成人民法院疏于监督、司法不公的印象,严重影响法院的司法权威。我国现在强调构建社会主义和谐社会,人民法院提出和谐司法,我们的各项诉讼制度,特别是再审诉讼制度,应当把化解纠纷,案结事了,构建和谐社会作为宗旨。第二,构建再审之诉应当遵循诉讼法的一般规律。通过诉讼程序解决社会纠纷有其规律性。在众多的纠纷中,经过第一次诉讼处理之后,大多数纠纷可以平息,但仍有一小部分纠纷未能解决,对之进行第二次处理之后,又解决了一部分,余下的更小部分如果经第三次处理,绝大部分的纠纷可以得到平息。再余下的纠纷就是极少极少了。因此,世界上绝大多数的国家的诉讼制度均采用三审终审制,以保证案件最大限度地得到公正处理,极少数案件出现错误,通过再审制度进行救济就基本解决问题了。

我国现行的诉讼审级制度是两审终审制。两审终审制在几十年的司法实践中发挥了重要作用,然而随着时代的推进,两审终审制度的不足也越来越明显。学界对两审终审制的不足进行了探讨,英雄所见略同。"绝大多数案件的终审权由较低级别的法院掌握必然会减少级别更高的法院审理案件的机会,既不利于这些法院的法官们培养实际断案的经验,也削弱了他们对下级法院进行审判监督的能力。""随着民事案件的大幅增长,加之实体法的滞后,法律问题的日益复杂和司法冲突的大量和反复出现,超职权主义诉讼模式下的两审终审制的种种技术上的缺陷和内在冲突日渐突显。由于具体承担民事审判业务的主要是基层和中级两级法院,一方面较低级别法院的审判人员的业务水平、办案能力以及对法律的理解和运用难免有一些局限性。另一方面审级相对较少,下级法院缺乏来自较高级别法院的有效的审判监督,导致了我国司法实践中错案较多。"①我们再从广东受理案件和诉讼的情况看,2005年和2006年两年受理一审民事案件均在40多万件,二审案件6万多件,而不服生效裁判申请再审的案件约1万多件,受理的再审民事案件约3000多件。这3000多件案件多为复杂疑难、矛盾激烈,解决不好,会给社会带来相当大的压力。

我国没有三审制度,再审诉讼就要承担三审制度相当一部分的任务。如果一个国家的诉讼制度实行三审制度,纠纷经过全部常规的诉讼程序,绝大部分是可以解决的。学者们通过考察反映,世界上绝大多数国家都采用了三审终审制度,而中国是极少数采用两审终审制度的国家之一。我国缺少三审诉讼制度这一常规的救济程序,但需要通过三审解决的纠纷又确实存在。这些纠纷不解决,影响着国家社会秩序,也影响着老百姓的生活秩序,影响着和谐社会建设。因此,我们必须在现行两审制的基础上,根据我国的国情,构建能弥补两审制度不足的再审诉讼制度。

"宽进严出"是构建中国特色再审诉讼制度的原则。"宽进严出"原则与过去的"极严格准入"原则有较大的区别。过去实行"极严格准入"原则的具体做法是对申诉、申请再审材料进行

---

① 胡志国:《我国民事审级制度之重构——从比较法视角分析》,载《政治论坛》2005年第1期。

复查,法院认为确实有错需要改判的,才裁定再审,接着便做出改判判决。笔者在以前关于再审改革的有关拙文中曾评价这种模式的弊端为未立先审,缺少公开性、透明度,有违审判特点、法律逻辑,案了民不了,纠纷未能有效解决等等。而"宽进严出"原则的内容是,对于立案再审的条件适当放宽,只要符合条件就可以裁定再审,而对再审案的审判,则要严格审理程序,严格改判标准,案结事了。采用"宽进严出"原则,是建立在我国再审预见承受能力之上的。随着我国法制的发展,法院的司法水平和能力有了相当大的提高。一方面,可能有问题的案件的数量不会非常多;另一方面,法院会根据多年的考察,可能有错案件状况,案件改判的数量,审判力量的现状和发展状况科学地把握受案的数量,因而,再审的承受力可与案件数相适应。在再审制度改革进程中,广东省法院根据最高人民法院的指导和部署,在法律的框架内采取"宽进严出"的原则,在此前提之下,确立了"申请再审诉权化原则"、"再审案件立审分立原则"、"可能有错立案再审原则"、"确有错误依法改判原则"和"原则上不中止原生效裁判执行原则",这样做要求达到实现一个目标——化解纠纷,案结事了,构建和谐社会;做好三项工作——维护正确的生效裁判,改正确有错误的裁判,拓宽调解、和解解决纠纷的途径。广东法院 2005、2006 两年的再审情况是,受理再审案件均约 3000 件,改判案件约占 27%,维持的约占 47%,调解、和解的约占 18% 强。由于当事人的申诉和申请再审权得到了保障,来访来信数量 2006 年降至10 万件,比上年下降 36.68%。当事人到人大,政法委等部门上访的案件也大幅度下降,2005年到省政法委申诉的案件数和人数比 2004 年下降 47% 和 84%,2006 年又比上年下降 19% 和17%。

广东法院的再审改革的成效充分说明,我们的诉讼制度改革一定要符合中国国情,要从中国实际出发。有人对采用"宽进严出"原则提出意见,认为"为了极少数错案启动审判监督程序,冲击了司法权威,得不偿失,甚至是违背司法规律的。这种认识是片面的,有害的"。[①] 因为这种意见机械地采用西方国家的所谓极严格再审准入标准,没有考虑西方法制发展的历史、法制文化、已实行三审终审制度以及执法环境等因素。他们希望通过建立三审制度来弥补解决纠纷在程序和层级上的不足,也是不现实的。可见,只有按照社会主义法治理念的要求,根据中国国情,按照化解纠纷、案结事了,构建和谐社会的宗旨,进行我国的再审诉讼制度的改革与建设,才能充分发挥再审的职能作用。

二、根据再审制度的价值取向确定再审立案的条件与受案范围

(一)再审立案条件与受案范围是由我国再审诉讼的目的决定的

构建中国特色再审诉讼制度的目的是化解纠纷、案结事了,构建和谐社会。多年来我国出现"申诉难"问题,既是一个严重的社会问题,又是一个严肃的政治问题,因此,党和国家十分重视解决"申诉难"问题。化解社会纠纷,构建和谐社会是一个很重要的政治课题,也是国家长治久安的根本所在。法律制度是应当为政治服务,为社会调整服务的,由是决定了我国的再审制度要服从于解决这些问题的需要。同时我们还必须看到我国公民的诉讼意识。改革开放以

---

① 沈德咏:《坚持司法为民思想,深化审判监督改革,努力做好审判监督工作》,2003 年 10 月 19 日。

来,人民法院受理各类案件不断增加,案件经过二审之后,仍存在一定数量的纠纷未能平息,当事人要求通过正当的程序解决纠纷的呼声很高,"人民群众对司法工作的要求和人民法院司法资源紧张、司法能力不强的矛盾突出"。① 对当事人强烈的申请再审和申诉的势头宜疏不宜堵,否则,会危害诉讼程序和社会管理秩序。

(二)以"可能有错"为原则确立再审事由和受案范围

关于可能有错立案再审原则的问题,笔者在《谈可能有错立案再审原则》②一文中作了探讨,谈了"可能有错立案再审原则"的含义,可能有错立案再审原则的必要性和可能性,可能有错立案再审原则的正确运用和规范、完善问题。首先,以"可能有错"为原则确立再审立案条件和受案范围是民事诉讼法的原本意思。《民事诉讼法》第178条规定:"当事人对已经发生法律效力的判决、裁定,认为有错误的,可能向原审人民法院或者上一级人民法院申请再审,但不停止判决、裁定的执行。"这里规定当事人"认为"原判决有错误可以申请再审。第179条规定:"当事人的申请符合下勤列情形之一的,人民法院应当再审:(一)有新的证据足以推翻原判决、裁定的;(二)原判决、裁定认定事实的主要证据不足的;(三)原判决、裁定适用法律确有错误的;(四)人民法院违反法定程序,可能影响案件正确判决、裁定的;(五)审判人员在审理该案件时有贪污受贿,徇私舞弊,枉法裁判行为的。"从该条规定的五种情形看,都可以理解为"可能有错"的情形。尤其是第四、五两项的情形,其意思十分明确表明是"可能有错"。原判决是否确有错误,需要在再审时由双方当事人参加诉讼的情况下作出判断。由此可见,"可能有错"立案再审是民事诉讼法有关规定的题中应有之义。其次,以"可能有错"为原则确立再审立案条件和受案范围,有利于纠正长期以来的以"确有错误"为立案标准的不正确认识。长期以来,人们把"确有错误"作为再审立案的原则,主要是误解了《民事诉讼法》第177条规定,或者说是任意扩大了对该条的解释。《民事诉讼法》第177条规定:"各级人民法院院长对本院已经发生法律效力的判决、裁定,发现确有错误,认为需要再审的,应当提交审判委员会讨论决定。最高人民法院对地方各级人民法院已经发生法律效力的判决、裁定,发现确有错误的,有权提审或者指令下级人民法院再审。"这条规定是关于人民法院依职权自行决定再审之特别规定,人民法院自行启动再审应当是严格和慎重的,因为在民事诉讼中应当体现当事人主义原则。如果当事人没提出异议,而裁判不严重损害国家、社会公共利益或他人合法权益的,就不要提起再审。但理论界和实务界往往把这条规定理解为适用于包括当事人申请再审和检察院提起抗诉的情形。有的法院在执行时,还坚持"确有错误,需要作出改判"时才决定再审,即使存在包括实体和程序上的严重问题,只要不作出改判的,就不再审。这样处理,不仅不符合民诉法的规定,也不符合审判结果有改判、维持的处理之逻辑,也于解决纠纷不利。

以可能有错原则确立再审立案事由和受案范围,就是要科学地对再审立案事由作出明确具体的规定,防止法官在再审立案上过于随心所欲,使该立案的不立案,不该立案的却立了。世界各国在再审立案事由规定上一般都采用列举式,按一定的原则精神,把再审立案事由具体化。如日本《民事诉讼法典》338条规定的再审事由有十项;我国台湾"民事诉讼法典"第496条规定了十五项再审事由。这些事由作为再审的条件,也表明对原生效裁判可能有错的判断,而不是说确有错误应予改判才再审。再审判决同样存在维持和变更判决。日本《民事诉讼法

---

① 苏泽林:《认真履行职责,努力推进改革,建立完善审判监督新机制》,2005年11月23日。
② 李季:《谈了能有错立案再审原则》,载《人民司法》2006年第12期。

典》第 348 条规定和我国台湾"民事诉讼法典"第 503 条、第 504 条均规定了维持判决和改判的内容。我国的再审改革在再审立案事由上,应当在《民事诉讼法》的规定的基础上,按照可能有错立案再审原则,在条文上作进一步的扩充。广东省法院自 2004 年承担起再审改革试点的任务,制定了《再审诉讼规定》,于 2004 年 10 月 1 日起正式施行。《再审诉讼规定》按照可能有错立案再审之原则,规定再审事由即再审条件,包括违反程序法和实体法两类。前者主要包括:依法应当受理而不予受理或者驳回起诉的;违反管辖规定的;审判组织组成不合法的;依法应当回避的人员未回避的;诉讼文书未依法送达且损害当事人诉讼权利的;未经合法传唤作出缺席判决的;依法应当公开审理而未公开审理的;当事人依法应当享有的辩护、上诉等重要诉讼权利被剥夺的;作为裁判依据的主要证据未经法庭质证的;一审未经开庭审理而作出判决的;遗漏应当参加诉讼的当事人的;遗漏或者超出了当事人的诉讼请求作出裁判的;等等。后者主要包括:原生效裁判的主要证据可能系伪造、变造、虚假或者取得方式不合法的;量刑超出法律规定幅度的;生效裁判采信证据明显违背有关诉讼证据规则,可能导致认定案件事实出现错误的;就同一法律事实或者同一法律关系,原生效裁判与生效的其他裁判相矛盾,原生效裁判可能有错误的;原生效裁判的主要事实依据被依法变更或者撤销的;引用法律条文错误或者适用失效、未生效法律的;违反法律关于溯及力规定的;调解协议违反自愿原则的、或内容违反法律和法规禁止性规定的;损害国家利益、社会公共利益或者他人合法权益的;等等。在上述再审事由的把握上,立案庭按照"可能有错"的标准,对符合进入再审条件的案件,裁定进入再审。从两年多来广东省法院几次调研的情况来看,全省对于"可能有错"标准的把握是基本恰当的,没有出现无原则放松条件立案再审或过分苛刻严格再审条件的情况。再审诉讼新机制基本得以确立,当事人的申请再审权得到保障;法院生效裁判的既判力得到有效维护,矛盾纠纷得到有效的解决,法院的形象得到有效树立。

三、根据再审制度的价值取向科学设置有关主要程序制度

(一)再审诉讼程序应是独立的诉讼程序

关于再审的程序问题,现行《民事诉讼法》是在第二编审判程序中第十六章专门作出规定,审判实践中发挥了依法纠正错误裁判的作用。但经过多年的实践,不难觉察出本条规定存在的不足与弊端。比如适用程序不统一,对于再审程序原来是第一审的适用第一审,原来是第二审的适用第二审程序,如果再审按一审程序审理,会致使本已丧失二审诉讼权利的重新获得,纠纷延续时间加长;再如申诉或申请再审不受限制,因而出现无限申诉、无限再审问题;另对案件申请再审的时间规定不完善,对案件的裁判规定不健全等。根据我国的国情和我国再审诉讼制度的特点,应当构建再审的独立程序,使再审具有自身的特点以及具体制度和程序的相对完整,以更好树立再审的权威性。广东省法院在再审诉讼制度改革中,在"一般原则"部分,规定了"可能有错"的再审准入原则,再审案件立审分立原则,依法纠错和维护正确裁判既判力原则,适用生效裁判作出时的法律规范原则,有条件中止执行原则,对生效裁判原则上本级法院只再审一次等原则。在"管辖"部分,规定案件原则上由作出生效裁判的法院管辖,也可以由上级法院管辖;在"申请与立案"部分,规定申请再审的事由和审查作出再审立案裁定的具体操作

程序;在"审判"部分,规定了再审案件的具体审理程序,维持原判、改判和调解的具体标准和做法等;在"附则"部分,规定了解释权等问题。从《再审诉讼规定》看,自成系统,各种制度齐全。当然,由于是在现行法律框架内作尽可能的改革发挥,还有不足和不完善之处。比如管辖问题,对上级法院管辖和本级管辖的划分,指定管辖和交叉管辖等规定有待完善。再审次数问题,可以考虑规定上级法院管辖的再审案件一裁终了,以消除无限申请、无限再审问题,等等。总之,建立独立的再审诉讼程序是审判实际需要。

(二)"立审分立"应当成为中国再审诉讼的原则和制度之一

关于再审程序的划分问题,学界和实务界有了一些探索。李浩提出:"法院对再审之诉的审理,有'一阶构说'、'二阶构说'和'三阶构说'。'一阶构说'是指把整个再审过程视为一个程序,尽管从逻辑上法院须先审查当事人提出的再审之诉有无再审事由,在确认有再审事由的情况下才会对本案重新审理。'二阶构说'则把整个再审过程区分为对再审事由的审查和本案的审理两个彼此相对分离的阶段,对再审之诉,法院先进行第一个阶段的审理,经审理如果确认不存在再审事由,法院便裁定驳回再审之诉,程序就此终结;如确认存在再审事由,再进入下一个阶段,开始在当事人声明不服的范围内对本案进行审理。'三阶构说'是将全部再审程序分解为三个阶段,第一阶段审查仅为形式审查,只看当事人在诉状中是否主张了再审事由;第二阶段才是实质性审查;第三阶段是对本案的审理。"①从审判实践看,主要表现也是上述几种做法。虽然做法上有三种不同的模式,但仔细一看就不难明白,实质上再审程序基本上可划分为两个子程序:启动程序与审理程序。一些国家用法律的形式明确进行划分,如日本的《新民事诉讼法典》将再审程序划分为"再审许否"和"本案审判"两个阶段。再审许否阶段是判断再审事由是否成立的阶段,审理阶段是在确认再审事由存在的情况下,对本案进行审理的阶段。

既然再审程序划分为启动程序和审理程序,那么如何操作才是符合法律规定且科学有效的呢? 以前的做法实质上是没有分阶段进行操作,而是对申请再审材料进行审阅、复查,最后得出结论认为确有错误要改判的,才裁定再审,随即做出改判判决;认为原判正确的便做出通知驳回再审申请,缺乏对案件正当透明的审理程序。近年来有的法院采取"三阶构说",也根据"宽进严出"的原则在第一阶段时"宽进",让更多的案件进入复查,复查结果也是按是否确有错误需要改判而决定是否再审,同样缺乏正当透明的审理程序。由于缺乏正当的审理程序,而对于纠纷异常激烈、案情更为复杂的再审案件,当然得不到理想的效果,纠纷未能平息。"申诉难"不能解决。因此,我们应当认真思考完善再审程序。广东省法院对此进行了有益的探索和大胆的实践。《再审诉讼规定》把再审诉讼程序划分为再审诉讼的准入(启动)程序和审判程序。贯彻"宽进严出"原则,对准入再审的事由放宽到一定的程度,具有法定事由便裁定再审。对案件审理部分具体规定了改判的标准和维持判决以及做好调解工作的情形。为了充分实现两个子程序的科学运作,《再审诉讼规定》鲜明地规定了在再审的准入程序和审判程序的运作上采用"立审分立"原则,立案庭和审监庭分别负责准入程序和审判程序工作。

再审程序的"立审分立"的基本操作方法是,各级法院对申诉、申请再审和信访进行科学分流。对申诉、申请再审的,有两道过滤关:第一道是形式审查。按照最高人民法院《关于规范人民法院再审立案的若干意见》第6条规定,对没有经过原终审法院复查的,交原终审法院复查;已经过原终审法院复查,由其上一级法院审查。第二道是实际审查。经信访法官初步审查认

---

① 李浩:《诉讼法理论与实践》,中国法学会诉讼法学研究会2006年卷。

为,申诉或申请再审没有任何理据的,作为信访分流;对于执行、纪检等属本院其他部门处理的事项,以及不属法院处理的事项,按照信访程序处理;提出一定理由和依据的,立"申"字号由立案庭审查。立案庭经审查符合再审立案事由的"可能有错"案件立"再"字号作出再审的裁定,移交审判监督庭进入再审,不符合再审立案条件的,也逐一通知驳回申诉、再审申请。从两年多来的实践看,广东的做法与以往的做法相比,有两个突出的优点:一是可以最大限度的避免两个业务庭的重复劳动。原因在于目前当事人申诉、申请再审提供的案件材料比较丰富,一般不需调阅原审卷宗。确实缺乏材料的,指引当事人补充提供。立案庭凭当事人提交的原审裁判文书、主要证据材料,基本能对案件是否存在再审事由作出判断。案件立案再审之后,移交审监庭审理,而立案庭对于驳回申请再审的案件做具体的答复工作就可以了。二是审监庭对可能有错案件做出审判,进行全面审理工作,由于程序正当,工作细致,充分说法析理,有利于说服当事人,使之服判息诉。

(三)正确处理好依法纠错与维护既判力的关系,贯彻案结事了的审判原则

再审案件的审判,首先要考虑处理好依法纠正错误与维护生效裁判的既判力的矛盾。有人总担心采用"宽进严出"再审原则会影响生效裁判的既判力。我们认为,对生效裁判的随意改动,才影响或冲击既判力。如果坚持严格的改判标准,再审之中只有少数案件被改判,而多数案件还是不被改变,就不至于冲击既判力。从广东实施《再审诉讼规定》体会的情况是:对再审,绝对不意味可以随便改变原生效裁判,而是实行严格依法的改判标准,要求正确处理坚持依法纠正错误裁判和维护生效裁判既判力的关系。基本精神是:对事实和证据认定基本正确、适用法律基本正确、当事人合法权益基本得到保护的案件,要依法维持,不予改判;事实认定和适用法律确有错误、严重损害当事人合法权益的,才依法进行改判。《暂行规定》按照我国三大诉讼法的规定,具体规定了应当维持和改判的标准。就民事案件来说,对于不违反法律规定的自由裁量范围内的裁判,原则上不作改判;对于在程序上或者实体上存在瑕疵的裁判,如果不影响公正裁判的,原则上也不作改判,瑕疵错误可通过其他方式补救。对于再审诉讼中出现新证据,但是新证据不足以推翻原来的证据的,也不能改判。由于坚持了严格的改判标准,同时对不予改判的案件,认真细致地做好工作,充分说理,拾遗补缺,有效地消除了当事人的对抗情绪,使案件即使判决维持了,再审申请人也基本服判。广东省法院再审审判的效果是很好的。2004年审结各类再审案件1831件,维持385件,占21%;改判、发回重审1113件,占60%;2005年审结2275件,维持1119件,占49%;改判、发回重审700件,占30.8%。2006年审结2788件,维持1283件,占46%;改判、发回重审的771件,占27.65%。三年比较,改判的数字不明显增加,生效裁判的既判力得到了有效维护,而纠纷却得到了最大限度地解决。经中院再审过的案件90%以上不再申请再审,经省院再审过的,95%不再申请再审。反复申诉和申请再审的现象得到了有效遏止。

(四)在再审程序中确立"注重调解"原则

在再审案件审理中,调解、和解是解决纠纷的最佳途径。在再审案件中,只有少数案件存在严重错误需要改判,而不少案件"可改可不改",相当部分案件的处理没有问题,依法应予维持。不管是对哪种再审案件的审理,均要贯彻解决纠纷、案结事了的方针做好工作。尤其是"可改可不改"的案件,针对再审案件当事人经过多次审理、申诉,双方矛盾激烈,处理难度大的特点,要在"改"与"不改"中间寻找第三条途径解决纠纷,以调解、和解工作缓和矛盾、化解纠

纷,对当事人的利益得失予以补救。广东省法院在改革再审诉讼制度的实践中,坚持再审案件调解、和解工作指导思想:以构建再审之诉为契机,以案结事了、定纷止争、胜败皆明为目标,以"法为上,理为先,和为贵"为思路,针对再审案件的特点和难度,积极主动地正视矛盾、化解矛盾,创新方法,创造性地开展再审民事、行政审判调解、和解工作,促使当事人互谅互让,实现当事人利益最大化和社会效益最佳化,让社会各方面的利益关系得到妥善协调,人民内部矛盾和其他社会矛盾得到有效化解,促进民主法治、公平正义、诚信友爱、充满活力、安定有序、人与自然和谐相处的社会主义和谐社会伟大目标的实现。《再审诉讼规定》创造性地规定:"当事人达成和解协议,且已经全部履行完毕的"、"再审申请人撤回再审申请并经法院允许的"案件以及达成和解而撤诉的行政案件,可以裁定终结再审诉讼。在审判实践中,法官们善于根据不同案件的情况找到做好调解工作的方法,调解工作成绩斐然。广东省法院2004年调解率4%;2005年17.1%;2006年19%。省法院去年的调解率达到46%。调解工作是我国诉讼制度的一大特色,也是再审程序中解决复杂疑难案件的好方法。

综上所述,可以得出:任何诉讼制度应以追求公平正义、化解矛盾纠纷为根本目的。以此为出发点进行各项诉讼制度的设计和构建,才是符合社会需要的。我们应当根据中国国情,根据中国没有三审制度的情况,针对实际存在的人民群众对诉讼的要求与司法资源紧张、司法能力不强的矛盾,以化解纠纷、案结事了、构建和谐社会为宗旨,构建科学的、有利于促进社会主义法治建设的、能更好地完成法律调整任务的再审诉讼制度。

诉讼外纠纷解决对司法公信力的影响

胡建萍* 谌 辉**

司法公信力是司法权威的重要体现,它与很多因素有关并由很多因素决定。本文对近些年迅猛发展的诉讼外纠纷解决机制的现状及其对司法公信力产生和可能产生的影响作了翔实的实证调查和分析,并在此基础上提出了构建我国科学合理完善的诉讼外纠纷解决机制的方案和途径。试图通过此路径,有效解决目前司法公信力由于诉讼外纠纷解决机制的不健全和不发达间接受到影响或者因此降低的问题,以某个层面的视角来研究和促进司法公信力的提高。

一、理性思考:诉讼外纠纷解决方式及其可能对司法公信力产生的影响

(一)从积极方面来说:司法固有的优势和 ADR 的介入将使司法权威和公信力更得以强化和提升

首先,司法质量必然得以保证和提高。从世界范围和我国情况看,随着社会发展,各种纠纷都是处于上升势头,法院受理案件的数量也持续增加,在美国几乎形成"诉讼爆炸"。我国虽然还没有达到这个程度,但纠纷不断增加也是非常明显的。从理论上来说,司法质量和案件数量是呈反比关系的,案件数量增加,无疑使法院和法官压力加大,法院不得不通过增加人员和各种提高效率的方法多办案来寻找出路。但是,当这种司法过热现象超过一定限度,当完成办案任务和数量成为法院工作主要矛盾的时候,司法的价值取向就会发生偏差,公正和质量必然被忽略或不被重点关注,司法的整体质量和素质相对低下就在所难免。其宏观和直接的后果就是司法的权威和公信力受到严峻挑战。如果 ADR 充分发达,就将使大量纠纷的解决在司法和各种 ADR 之间得到有效分流,诸多简单和并不重要的纠纷可以通过 ADR 方式得以快速解决,诉讼案件的数量将得到控制和减少,从而使法院有限的人力资源得到良好配置,法官精

---

* 胡建萍:四川大学博士研究生,成都市中级人民法院副院长。
** 谌辉:成都市中级人民法院法官。

心办案成为可能,最终使司法质量得以保证和不断提高,司法权威和公信力得以充分体现。

其次,司法规则将为ADR解决纠纷树立标杆。ADR解决纠纷的特点之一是非法律化,即并不要求依法办事和解决纠纷的合法性,但由传统和现行人们的观念决定,也由法律与政治、经济、道德的关系决定,即使是以非诉讼方式解决纠纷,人们仍然比较崇尚法律和体现法律至上,法律在ADR方式化解纠纷中仍然起着导向作用。然而,制定法由其特点决定,抽象、空白、滞后和模糊的弊端在所难免,而纠纷却是千奇百怪的,往往在法律上难以找到对应的法条。所以法官在诉讼中大多通过对法律的发现、解释和填补漏洞等方式,在解决纠纷的同时也建立起相同情况同样处理的各类裁判规则。这些裁判规则不仅对诉讼中的相同案件的处理有参考和指导作用,对以诉讼外方式解决纠纷也会起到很强的指导和影响作用,人们会自觉不自觉地按照司法解决纠纷所确立的规则来分辨是非和善恶,以司法规则为标杆来交流和对话并最终找到一致。在司法规则得到承认和接受的过程中也就有效建立和增强了司法自身的权威和信任度。

再次,司法专业化和强制力使纠纷的解决更有保障。解决纠纷的动力一靠当事人之间的主观努力即诚实信用、互谅互让和宽容大度,二靠外界的强制作用。从前者来说,不是任何纠纷的解决都能达到这种境界,特别是我国传统社会自律和自治机制非常弱化,人情失落,人际关系市场化,个性极度张扬,人与人之间缺乏起码的诚信、宽容、责任和协同精神。在这种情况下ADR的利用很有限而且在很多情况下可能任意反悔或成为坑害他人的陷阱,人们希望纠纷的解决依赖于严格的程序和强制力的作用。在这方面诉讼具有独特的优势和价值,它不仅强调严格按法律程序办事,限制包括法官在内的所有诉讼参与人不当行使权力,而且由具有专业知识的法官作为解决纠纷的裁判者,严格按照法律的规定裁决纠纷,更重要的是诉讼结果有国家强制力作保障,一方当事人不自动履行义务,另一方的权益可以通过申请法院强制执行而得到保障。因此,在特定的情况下特别是由司法独特的价值和优势决定,它还是为很多人在选择解决纠纷途径时所青睐和首先考虑,仍然是解决纠纷的主渠道。所以,司法的权威和公信其实最根本来自于它本身的属性和优势。

最后,司法作为解决纠纷的最后防线,其监督功能非常显赫。在任何国家和任何制度下,即使替代性解决方式非常发达,也要有司法作为最终途径和最后防线予以保证,否则即便是以和平、协商和对话见长的ADR解决纠纷方式,也会因缺乏最后防线和最终救济途径而失去应有的作用。加之,ADR方式也有它的缺陷和由人员素质决定的诸多程序和实体弊端,还有它力所不能及的工作,如不能强制执行等,这也需要司法的监督、制约和配合。总之,ADR作用有效地发挥必须要与司法建立有效的衔接和协同机制,必须要有司法的支持和监督,必须要有司法作为强有力的后盾。可以说,虽然司法和ADR同是多元化纠纷解决机制,但却不是平行和水平关系,司法占有解决纠纷高地的独特位置,司法的态度是决定ADR的地位和发展的至关重要的因素,所以司法的权威和公信力应当非常高,否则各种解决纠纷的机制就不可能正常运转。

(二)从消极方面来说:司法固有的某些特性和ADR独特的优势和精髓将使司法权威和公信力受到冲击和挑战

首先,司法垄断纠纷解决的格局将被完全打破。随着社会的进步和诉讼外纠纷解决机制在我国越来越受到重视、关注和比较快的发展,法制进步不再被简单地理解为公民诉讼意识和诉讼权利的提高和增强,解决纠纷不再是司法的专利,当纠纷发生时,当事人希望也可能寻求更多更有效的解决途径和方式。这样，司法的利用会随之降低，作为法制权威象征的法院和诉讼的地位和作用也会发生相应变化。这在把扩大民众对司法的利用看作加强法制建设和鼓励公民通过诉讼维护自身合法权益的法制文化和背景下，无疑就可能产生司法权威和信任度的降低。

其次，司法的固有弊端为纠纷解决设置了障碍。如前分析，诉讼具有的程式化、法律化、职业化和强制性属性本身就决定它无可争议地占据了解决纠纷的权威性地位，这种地位是其他纠纷解决方式所难以动摇的。但是司法也具有其固有的弊端：程式化属性决定其纠纷解决程序的繁琐和必然的拖延；高成本属性又在相当程度上局限了其充分利用的可能；严格依法的面孔则使某些模糊和特殊案件的处理缺乏应有的灵活性，结果难以达到当事人的愿望和最佳的社会效果。这些弊端使司法和诉讼解决纠纷的优势受到冲击和挑战，这种冲击和挑战反过来又影响到司法和诉讼的权威及公信力，处于一种高处不胜寒的境地。

最后，ADR方式独特的理念和价值功能与司法形成反差。虽然与诉讼相比，ADR方式有它的明显的局限性，甚至可以说并不是一种解决纠纷的完美机制，但是与司法不可克服的弊端相比，它又具有适应社会需求的独特的理念和价值功能并由此决定的相当的吸引力和发展空间。ADR的理念主要体现为效益、自治和实质。由此决定其具有以下独特的优势：顺应现代社会更加注重交流与合作、尊重与宽容、原则与灵活、简便与高效等时代潮流和化解纠纷的需求；确立以当事人而不是国家为中心解决纠纷的格局，纠纷通过当事人参与、对话、平和、协商、自律、互利等充分的人情化、人性化和民主方式解决；弥补法律漏洞或者在非黑即白之外的诸多法律灰色领域，甚至可以以规避法律的方式找到更符合情理和更有利于实现个案实质正义的途径和结果。ADR的上述理念和功能无疑与诉讼形成了鲜明对比，某种程度上会抵销和削弱司法诉讼的功能和价值，从而降低其信誉和权威。

(三)司法诉讼和ADR各自积极和消极因素对司法公信力的影响并不绝对

司法诉讼和ADR实际上是各有所长，各自在不同的领域发挥着各自不同的作用，而且是相互渗透、相互作用、相互结合和相互转化的。要顺应社会纠纷解决机制的多元化发展趋势和时代精神，同时要在这个格局下进一步提高和树立司法的权威和公信力，关键是如何有效利用自身优势因素，找准司法诉讼的功能定位，最大限度地发挥司法的积极作用而消除消极因素，实现司法与各种诉讼外纠纷解决机制的最佳协调和配合。

二、实证调查：诉讼外纠纷解决方式的现状及其对司法公信力产生影响的实然状态

上文仅仅是从理论和正常情况下简单阐述和分析了诉讼外纠纷解决机制与司法的关系并由此而决定的对司法公信力可能产生影响的因素，这里则主要通过大量的实证调查和剖析，具体描述这种影响的实际状况以及相关因素是如何发挥作用的。

实证调查以问卷调查为主，同时采取集体访谈的方法和在实务中掌握的情况进行。整个调查活动分为五个部分：一是关于司法诉讼保障和促进诉讼外纠纷解决方式功能发挥的情况，二是关于成都市部分负有纠纷调处职能的行政机关及其解决纠纷的情况，三是关于成都市部分民间纠纷解决机构解决纠纷的情况，四是社会各阶层对诉讼外纠纷解决机制的认知程度，五

是诉讼外纠纷解决机制对司法公信力的具体影响。为此,我们向成都市的20个基层法院、15个司法所、20个公安派出所、21个交通事故处理中队、20个民政局、成都市旅游局、成都市仲裁委员会、15个人民调解组织、21个消费者权益保护协会、8个律师事务所等单位各发放了1份调查问卷,向社会公众发放了2200份调查问卷,并先后在省高级法院、两个中级法院和两个基层法院以及成都市公安局、成都市仲裁委员会、成都市司法局、成都市消费者权益保护协会组织部分人员召开了相关座谈会。同时,我们还在法院公信力现状的大型实证调查课题中专门设计了诉讼外纠纷解决方式的现状及对司法公信力影响的相关问题。以下是实证调查的具体情况:

(一)诉讼外纠纷解决方式的积极效果及其对司法公信力的影响

首先,机构和从业人员状况初具规模。从成都市的情况看,包括从事人民调解的人民调解委员会和司法所,可以进行各种行政调解的公安、工商、民政、土地、旅游等行政机构,从事民间调解的律师事务所和消费者协会,从事民商事和劳动争议仲裁的仲裁机构可以说是星罗棋布,数量可观。以2004年10月统计的数据看,分布在基层的各类人民调解委员会就有6028个,人民调解员到达46986人,基本形成了遍布城乡的人民调解组织网络体系。为进一步说明情况,我们抽样调查了124个诉讼外纠纷解决机构,主要情况:一是多分布在基层,如人民调解委员会全部建立在基层特别是农村。二是从事受理和调处纠纷的人员不少,共有1288名。三是从业人员学历不低,其中高中以下学历12人,只占0.9%;高中学历119人,也只占9.3%;大学专科学历618人,占48%;大学本科学历487人,占37.8%;硕士研究生及以上学历52人,占4%。四是年龄相对偏大,20岁以下的19人,只占1.5%;20~30岁的191人,也只占14.8%;30~40岁的579人,占了44.9%;40~50岁的336人,占26.1%;50~60岁的104人,占8.1%;60岁以上的有59人,占4.6%。五是有一定从事纠纷调处工作的经历①,其中5年以下的388人,占36.6%;5~10年的350人,占33%;10~15年的157人,占14.8%;15年以上的165人,占15.6%。就各纠纷处理机构相互比较而言:一是从事纠纷调处的人员学历层次较高的是律师事务所和商事仲裁机构,较低的是人民调解委员会和公安派出所及民政部门。二是年龄结构偏大的是商事仲裁机构及人民调解委员会,年龄结构偏小的是公安派出所和公安交通事故处理中队。三是纠纷调处人员资历结构层次较高的是商事仲裁委和公安派出所,资历层次较低的是民政部门和消费者协会。从上述情况看,应当说成都市(其实全国情况大致相同)的诉讼外纠纷解决机制和从业人员基本上是按照重点部位、重点行业和重在基层的特点组建的,并且大致形成了一个力度不小的网络体系和人员规模。

其次,有效地分流和化解了大量纠纷。鉴于诉讼外纠纷解决机制的众多和分散,我们无法准确统计其调处纠纷的数量,这里也仅以调查的124个诉讼外纠纷解决机构为例。2002年共受理纠纷60682件,处理55900件,其中调解率为87.8%;2003年受理纠纷113809件,处理106178件,其中调解94204件,调解率为88.7%;2004年上半年受理纠纷68767件,处理64135件,其中调解56475件,调解率为88.1%。从总体看,近年来各机构受理与处理的纠纷数量及调解率均呈现出不断上升的趋势。就各机构比较而言:一是受理与处理纠纷数量最多

---

① 此处的数据未包括成都市劳动仲裁委员会和成都市仲裁委员会的相关情况。成都市仲裁委员会仲裁员的资历情况如下:中级职称有27人,占15.1%;高级职称有83人,占46.4%;原审判员有23人,占12.8%;原公务员有46人,占25.7%。

的是交通事故处理中队和民政部门,就2003年看两个部门受理数就占了总数的78%;数量较少的是人民调解委员会、律师事务所及司法所,2003年三个部门受理总数仅占全部机构受理总数的1.88%;二是调解率最高的是旅游局、民政局和消费者协会,2003年分别达到100%和91.9%,最低的是律师事务所、劳动仲裁机构与商事仲裁机构,分别为48.4%、19.2%和28.4%。

再次,解决纠纷体现了高效低廉。第一,从处理纠纷的时间规定看,普遍都比较短,其中民间纠纷调处机构对时间的要求还要略短于行政调处纠纷机构规定的时间(民政部门除外):在调查的114个机构中,有88个机构规定必须在当事人请求调处纠纷之日起10日内调处完毕,占77.2%;有16个机构规定必须在当事人请求调处纠纷之日起15日内调处完毕,占14%;有9个机构规定必须在当事人请求调处纠纷之日起30日内调处完毕,占7.9%;有1个机构规定可以在当事人请求调处纠纷之日起30日以上调处完毕,仅占0.9%。第二,就各机构解决纠纷具体占用的时间来看,则呈现出随纠纷处理程序的复杂化和案件的复杂程度不同而由民间机构到行政性机构再到仲裁机构逐步变长的明显特点,即仲裁机构调处纠纷实际占用的时间最长。从统计情况看:成都市仲裁委裁决案件的最短期间为1天,2002年裁决案件的最长期间为161天,平均时间为63天;2003年的最长期间为180天,平均期间为80天;2004年上半年的最长期间为120天,平均期间为54天。成都市劳动仲裁委裁决案件的最长期间为90天。2002年裁决案件的最短期间为24天,平均期间为38天;2003年的最短期间为23天,平均期间为33.5天;2004年上半年的最短期间为17天,平均期间为34天。第三,各类非诉讼纠纷解决机制中除仲裁以外,行政裁决、调解和各类民间调解都不收取费用。

最后,采用方式追求规范化和灵活性。主要从以下几个方面具体体现:第一,除当事人申请外调处机构可以主动调处纠纷。在发放给派出所、交通事故处理中队、司法所、人民调解委员会、消费者协会以及成都市旅游局等94个单位的问卷中,我们设计了"除纠纷当事人要求解决纠纷外,是否会主动介入行使纠纷调处职能"问题。其中,有78个单位回答"会",占83%;有16个单位回答"不会",占17%。其中,司法所、公安派出所和交通事故处理中队主动介入的情况稍差一点,调委会和消费者协会主动介入的情况要好些。第二,从处理纠纷是否有专门的程序规定看,124个被调查机构中有110个机构有,占87.3%;有14个机构没有专门的程序,占12.7%。其中,15个司法所、20个公安派出所、20个民政局以及成都市旅游局、成都市仲裁委、成都市劳动仲裁委员均有专门的处理程序,8个律师事务所全部没有专门的纠纷处理程序。第三,从处理纠纷实际是否按规定的程序进行看,在110个有专门程序的机构中,有60个回答严格按规定的程序进行,占54.5%;有49个回答基本按照规定的程序进行,但也有灵活处理的情况,占44.5%;有1个回答由于规定的程序无操作性,所以并未按规定的程序操作,占1%。第四,从对既有规定程序的评价看,在110个有专门程序的机构中,60个回答规定很好,既能保证案件的公正处理,又具有一定的灵活性与可操作性,占54.5%;有46个回答规定一般,占41.8%;有4个回答规定不具有可操作性,占3.7%。第五,从调处纠纷采取的具体方式看:一是在124个被调查的机构中,要求当事人同时到场的有88个,占71%;不要求当事人同时到场而采取灵活方式分别听取双方意见的有30个,占24.2%。二是在124个机构中,要求调处纠纷时要进行调查的有115个,占92.7%;不要求必须进行调查的有9个,占7.3%。三是调处纠纷时要制作笔录并要求当事人签字确认的有112个,占90.3%;不要求制作笔录的有12个,占9.7%。以上几点可以看出,各诉讼外纠纷解决机构还是有意无意地仿效司法,非常注重处理纠纷的规范化和程序性,但是由其毕竟不是司法的性质决定,它们在处理纠纷时

又比较强调灵活性和追求实质性的处理效果。

从上述对成都市的调查情况分析,其诉讼外纠纷解决机制在一定程度上体现了 ADR 方式的特点和价值取向。从司法的情况看:成都市共有1个中级人民法院和20个基层人民法院,40余个派出人民法庭;共有法官和其他工作人员2000余人;每年受理各类民商事案件40000件左右;从司法的属性和要求说,全部案件均要求严格按程序办理,法官没有在法律规定之外灵活处理的权力。因此可以说,一方面,成都市的诉讼外纠纷解决方式在分流大量民事纠纷、缓解诉讼压力、减少诉讼成本、和平了结纠纷和减少社会矛盾等方面发挥了重要作用,也为司法集中精力办理复杂疑难案件,提高司法水平和质量,指导和监督诉讼外机制解决纠纷作出了积极贡献,从而积极和间接地促进了司法权威和司法公信力的建立和提升;另一方面,这些诉讼外纠纷解决机制也通过灵活有效地解决纠纷,为自己赢得了地位和一定的影响力,司法和诉讼不再成为公民和法人解决纠纷的必然或最优选择,其权威性随之也就不那么绝对了。

(二)诉讼外纠纷解决机制的局限和问题及其对司法公信力的影响

首先,整体协调运转的制度体系尚未形成。随着我国经济的转型,体制转轨,利益调整,社会变革,引发了许多诸如企业改制、征地拆迁、环境保护、劳资关系、非法集资等一系列新型社会矛盾,这些矛盾纠纷往往跨地区、跨部门、跨行业,涉及面广,单独由某一个纠纷解决机构甚至人民法院都无法妥善解决,需要各相关机关在明确职责,各司其职的基础上有机联系并协调配合。而现行的诉讼外纠纷解决方式在制度上普遍缺乏明确而有效的系统、协调的运作机制而不能有机地协调运行,包括有的机构调解职能的缺失和收缩。有的往往局限于对个案的临时性协调和监督,使案件不能在纠纷解决流程的各环节合理分布。这样,诸多本不应或不宜通过司法和诉讼解决的纠纷也纷纷涌入法院,比如涉及群体利益的土地、房屋拆迁、非法集资、交通事故赔偿等等。由于法院的程序、方式、手段以及行政专业知识有限,虽然依法可以管辖,但解决这样的纠纷往往力不从心,不堪重负,无法承受其责任和压力,纠纷难以得到有效的解决,涉法上访案件数量也随之上升。这样,司法的威信和公信力就大打折扣。同时,由于责任不明确和监督机制不健全,ADR 方式对诉讼的分流和减压功能不能得到有效的发挥,导致法院受理案件的数量不断增加,法官疲于完成办案任务,质量难以得到有效保证和提高,社会对司法的批评和否定性评价就在所难免。

其次,机构之间的运行和发展很不平衡。一是行政机关在纠纷解决中的功能日益弱化。调查显示,在现有的市级各部门中,只有公安、工商、旅游、司法、民政等部门的纠纷调处职能得到了发挥。其余部门的纠纷调处职能大多未能得到有效的发挥。而且,有的行政法规在修改时还将过去赋予行政机关的调处权力取消,如以前行政机关对房屋拆迁和土地使用权等纠纷都可以进行调处,而现在却不能了;随着新道路安全法的实施,公安交通事故处理中心调处交通事故纠纷的职能也进一步弱化。另外,作为对具体行政行为进行审查的行政复议制度也正日益失去其纠纷解决的功能,逐渐流于形式。二是行业性纠纷解决机制仍未得到较好的开发。特别是那些专业性较强的行业,比如建筑、医疗卫生、证券期货等行业,缺乏相应的行业性纠纷解决机制。三是人民调解制度的功能仍有待进一步发挥。调查显示,全市各级调解组织1997年至2003年共调解各类民间纠纷和社会矛盾235035件,防止民间纠纷转化为刑事案件1845件,通过调解防止民间纠纷激化引起的自杀907起,协助有关部门制止和调处群体性事件

1204件。① 但相对于比这个数字大得多的民间纠纷而言,调委会受理和解决的可以说还是少部分。② 这一方面归因于现行法律规定对于调委会受案范围的限制,另一方面也归因于人民调解的社会化、自治化程度较低和队伍素质不高,致使其在公众中的认可度不高。四是未能充分利用律师队伍文化层次高、专业素质强的优势,发挥律师在纠纷调处方面的作用。除了通过传统的方式即担任法律顾问与接受当事人委托担任诉讼代理人介入纠纷外,目前很少有律师事务所从中立第三人的角度为双方当事人提供纠纷解决的服务,仅有1家律师事务所依托社区人民调解组织参与到纠纷的解决中。各诉讼外机构调处纠纷发展不平衡特别是行政机关调处权削弱,必然加大诉讼压力,司法在难以承受的情况下其权威和公信力也就必然受到影响。

最后,机构工作人员不专职且素质偏低。一是学历低,资历较浅。在受调查的机构中,人民调解委员会、民政部门的纠纷调处工作人员的文化层次较低,高中及高中以下学历的人员占了较大比例。民政部门和消费者协会的纠纷调处人员的资历较浅,从事纠纷调处工作的时间在5年以下的占了较大比例。人民调解委员会的年龄结构偏大,50岁以上的占了较大比例。二是基层调解人员兼职较多。街道或乡镇人民调解委员会的主任一般由街道或乡镇的司法所长担任,由于乡镇机构改革等因素,调委会的主要成员都要分别承担多项不同工作,无法专注于调处纠纷工作,社区调委会也存在类似情况。纠纷调处机构的队伍建设仍需进一步加强。三是普遍缺乏相应的政策、法律、社会科学知识和调解技能,往往不能有效地解决纠纷。四是基层调解人员待遇偏低,做好工作的动力不足。基层调解工作是一项纯公益性事业,不能收取任何费用,所需经费全部由政府财政提供。在各地财政比较困难的情况下不能满足需要,目前调解组织的经费普遍不足,调解人员的待遇很低,在成都市,人民调解员津贴最多的仅每月100元,大部分调解员还没有津贴。这在相当程度上影响了调解人员工作的积极性和动力。

上述诉讼外纠纷调处机制存在的问题,一方面使司法和诉讼的任务更重,责任更大,社会对司法和通过诉讼解决纠纷的信赖程度和依赖性更强,司法威信也就更高,包括这些纠纷解决机构本身也经常依靠和离不开法院及其派驻基层的人民法庭做好自身工作,人民法庭在当地说话是很算数的。调查中一个村委会主任讲了一个例子:有一个涉及两方相邻权的纠纷,调委会组织调解并讲了很多道理,但双方就是不服,认为调解意见不合法,后通过法庭调解并从法律上讲清道理,当事人认为法官讲的合情合理,很快就接受了调解。这是从积极方面看的,另一方面的问题就是前述已经分析的,由于这些机构不能很好地发挥作用,实际上不能完全发挥ADR方式分流诉讼纠纷、分担诉讼压力、高效自治、和平合情解决纠纷的功能,也就不能形成和诉讼各司其职、相互配合、相互协调的全社会多元化纠纷解决机制,从而影响司法作用和效果的充分有效发挥。

(三)司法对诉讼外纠纷解决机制的态度及其对司法公信力的影响

在包括司法在内的社会多元化纠纷解决机制的框架下,司法与其他机制不是水平关系,它处于各种纠纷解决机制领头羊和至关重要的地位。所以,司法对其他诉讼外机制的态度很大

---

① 统计数据来自于成都市司法局局长沈友春在成都市人民调解工作会议上的讲话《加强新时期人民调解工作充分发挥维护社会稳定的作用》。

② 1998年6月至2003年7月,全市法院共受理各类案件375631件,审结361475件。据不完全统计,全国人民调解委员会受理的纠纷总数与人民法院受理一审民事案件的总数,已经从20世纪80年代初的17比1,降至约1.7比1。参见新华社2004年7月28日电:《专家呼吁解决人民调解制度的新问题并规范完善》。

程度上决定和影响着诉讼外纠纷解决机制运作情况和发展空间。为此我们专门调查和剖析了这个问题。

首先,对法治的片面理解及导向形成偏重司法的倾向。司法是一种国家权力,它体现出来的是严格依照法律、经由严密的运作程序和工作规范、由职业法官为中立的裁判者以及以国家强制力作保障的解决纠纷风格和方式,是纠纷解决的最后防线和其他纠纷解决方式的救济渠道,也是彻底解决纠纷的有效手段和保障。所以司法解决纠纷的功能和作用不能与其他机制同日而语,它是一种至关重要的力量。正因为如此,我们对司法有一种特别的青睐和偏好,加之我们对法治发展和依法治国的片面理解导致对非诉讼纠纷解决机制的忽视。80到90年代,当世界各国ADR蓬勃发展之际,我国却刚刚进入法制现代化建设的高潮。我们很自然地把法院诉讼作为建立法治权威和制度性象征,把广大民众对司法的利用作为提高社会法律意识,建立法治秩序和信念的基本进路;同时积极以诉讼统合、替代传统的调解、行政裁决等纠纷解决方式。然而这一进程也不可避免地出现了某些虚无主义倾向以及浮躁和急功近利的趋势。一时间,为权利而斗争,走上法庭成为社会时尚,法学界也出现了否定和轻视非诉讼纠纷解决方式的倾向。① 这种观念在司法部门表现出来的就是非常强调和看重自身的权威和权力,以"正规军"、"主战场"自居,比较看不起其他机制的作用。在调查中我们设置了这样一个问题:"您觉得社会调解组织和法院的调处纠纷,当事人更相信哪个",结果有93.47%的法官认为当事人更相信法院。还有一个问题是"随着纠纷解决渠道的增多,您认为会影响法院的地位吗",有57.79%的法官认为不仅不会,反而更能体现司法对当事人权益的最后保障和屏障作用。这两个调查结果一方面可能实际体现了社会对司法解决纠纷的看重,另一方面也表现出法官对诉讼解决纠纷力量的过分自信,甚至有一种司法垄断的观念。再从司法实践中的一种现象看,在提倡和鼓励当事人充分运用法律保护自身合法权利的口号下,法院对诸多简单和很小的纠纷不惜动用本来就已严重不足的国家司法资源,耗时耗力去解决一些价值很小的纠纷。一时间,动辄打官司的"好讼"心态得以张扬和赞颂,诸如"一元官司"这样请求数额特别微小以至于可以忽略不计的侵权诉讼也不在个别。如原告到一家餐馆消费,后以餐馆打出的"每人18元公务员16元"的消费广告侵犯了公民宪法上的平等权为由将餐馆告上法庭,请求退还多收的2元钱;为飞机晚点请求2元的经济赔偿;为邮件延误请求2元经济赔偿;要求邮局返还多收的0.44元邮资费和3元特快专递费;要求某酒楼返还"开瓶费"并赔偿精神损失1元;以麦当劳在中国使用的薯条包装盒比在美国使用的薯条包装盒更易沾上油墨为由请求浙江麦当劳向原告公开书面道歉,赔偿象征性精神损失费1元人民币等等。当然,这些类似于鸡毛蒜皮的小官司一旦当事人起诉,由于法律没有禁止性规定,法院没有理由不予受理,但是法院对这些问题是否有必要通过诉讼解决问题的态度却对当事人解决纠纷途径的选择和其他纠纷解决机构作用的发挥有很大影响。事实证明,前些年司法在这方面的认识是有偏颇的,是一种过分看重司法而忽视其他机制的观念和态度,再加上舆论的炒作和不正确导向,动辄打官司成为一种时尚,成为公民法人敢于为权益而斗争的法律意识提高的时代典范。

其次,对诉讼外机制解决纠纷结果的支持力度较弱。在我国,应当说总体上缺乏一个多元化纠纷解决机制的理念和制度框架,因而也就相对缺乏对诉讼外纠纷解决机制纠纷调处结果的司法支持和承认的制度、理念和实务。这有制度也有实务方面的原因。拿人民调解来说,1989年国务院颁布的《人民调解委员会组织条例》第9条明确规定:人民调解委员会主持下达

---

① 范愉主编:《ADR原理与实务》,厦门大学出版社2002年版,第2页。

成的调解协议,当事人应当履行。经过调解,当事人未达成协议或者达成协议后又反悔的,任何一方可以请求基层人民政府处理,也可以向人民法院起诉。1991年颁布的《民事诉讼法》第16条也作了类似规定:人民调解委员会依照法律规定,根据自愿原则进行调解。当事人对调解达成的协议应当履行;不愿调解、调解不成或者反悔的,可以向人民法院起诉。这里,法律、法规虽然规定当事人应当履行人民调解委员会主持下双方达成的调解协议,但对不履行的法律后果却未作任何规定,相反又明确规定当事人达成调解协议后又反悔的可以向法院起诉。这个立法体现了国家法律对民间调解的态度和指导思想,其精神和原则实际上延伸到其他民间调解中。在这个立法精神和具体规定下,司法对民间调解纠纷的调解结果实际上是持排斥和怀疑的态度的,法院在受理和审理人民调解委员会或其他民间纠纷调处机构调处过的纠纷时实际上只审查当事人之间的实质性纠纷,基本不关注双方曾经经过调解达成的调解协议。因为法院并不将调解过程和结果作为基础事实和证据进行审查,也就谈不上对合法和自愿达成的调解协议的支持和承认。所以,这种调解协议的拘束力实际上连双方签订的合同效力都不如,没有任何效力,前述法律和法规规定的"应当履行"实际上也就没有任何保障。另外,《民事诉讼法》第16条还规定:人民调解委员会调解民间纠纷,如有违背法律的,人民法院应当予以纠正。《人民调解委员会组织条例》第6条也规定:人民调解委员会的调解工作应当依据法律、法规、规章和政策进行调解,法律、法规、规章和政策没有明确规定的,依据社会公德进行调解。虽然从字面解释这种规定没有问题,但实际上体现了司法对民间调解过多干预和审查,而且这种对民间调解完全合法的要求也不符合ADR调处纠纷非法律化、非程式化和非专业化特征,事实上是把诉讼的理念和属性强加于非诉讼纠纷解决机制。再看仲裁,从《民事诉讼法》第217条规定看,司法对不执行国内仲裁裁决的审查范围不仅包括程序审查也包括实体审查,这与国际上司法对仲裁重点审查程序的态度有所不同。实务中,司法对仲裁不当干预的现象也经常发生,包括随意撤销和不执行仲裁裁决、不尊重仲裁裁决、在诉讼中无视仲裁调解等等。司法对仲裁结果的支持力度直接影响了仲裁作用的发挥。从调查情况看:成都市仲裁委员会和市劳动争议仲裁委员会2002年到2004年上半年共受理和处理了各类纠纷1334件和7767件,前者仅占各类诉讼外纠纷解决机制调处的243258件纠纷的0.55%;后者由于是必经程序,所以比例高些,占3.19%。

近年来,司法对诉讼外纠纷解决机制及其调处结果的态度有了明显变化,一些地方法院开始关注和承认民间调解协议的效力,要么作为证据在诉讼中使用,要么以民事合同对待,在我们的调查中,有95%的法院和法官认为在诉讼中应当认可双方达成的调解协议;对仲裁重实质性审查的观念也在逐步向以程序性审查为主发展。最高人民法院对人民调解的基本立场和支持态度也日趋明确和坚定。2002年9月,最高法院颁布了《关于审理涉及人民调解协议的民事案件的若干规定》,确认了民事调解协议的民事合同性质和效力,一方当事人不履行调解协议的,另一方当事人可以向法院起诉请求对方履行调解协议。司法对人民调解的积极支持无疑将使其在解决纠纷中发挥更大的作用;同时,通过对人民调解的支持和监督,实际上司法自身的权威和威信也在不断提高和增强。

再次,立案前和立案环节未建立起合理的衔接机制。其一,基层人民法院对人民调解委员会的指导工作没有形成有效的制度。按照《人民调解委员会组织条例》和《民事诉讼法》的规定,人民调解委员会在基层人民法院指导下调解民间纠纷,但是这种法律规定的指导关系在实务中却没有得到充分体现。从机制建立和工作情况看,一是并没有普遍建立起正常的工作机构和工作关系。在我们调查的成都地区20个基层法院中,只有10个法院与司法局共同成立

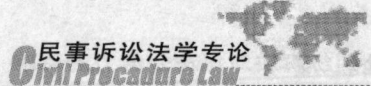

了指导人民调解工作领导小组,占50%;有13个法院建立了指导人民调解工作的固定联络员制度,占65%。二是没有形成经常性的工作关系。指导工作一般都是根据需要临时确定的,在调查中,有19个法院回答是采取各种措施,加强与相关部门的工作沟通,占调查数的95%。三是指导方式比较单一,大多是每年开展次数有限的培训活动。调查表明,有14个法院将指导工作重点放在加强对人民调解员的培训上,而培训重点又在注重提高调解人员的调处能力上,占70%。四是指导工作忙于应付和完成任务,并不十分看重和追求良好的效果。其二,立案环节没有建立对诉讼当事人进行诉讼咨询和指导的工作程序。虽然在绝大多数情况下,诉讼外纠纷解决机制解决纠纷并不是诉讼的必经前置程序,但是能够在诉讼外解决纠纷就不诉讼则是我们提倡和追求的纠纷解决途径的理想状态。要达到这种状态,除了由其他途径和方式给当事人提供信息和咨询外,法院在立案阶段专门为当事人进行诉讼咨询和指导的工作也是必要而有效的。但我国诉讼法在立案环节只设置了对不属于法院管辖纠纷的解决途径的指导工作,而对可以寻求其他解决途径的则未规定法院应当给予指导和咨询。实务中,虽然成都法院提出探索类似台湾法院所作的立案前辅导工作,对一些不属于人民法院管辖的案件或不一定通过诉讼解决的案件,为当事人提供解决问题的方案,但此构想尚未实现。而且对是否"在人民法院设立立案前辅导组"的认识也不统一:有9个法院认为,设立诉前辅导组可以方便当事人提起诉讼,有利于提升审判质量,但对其适用范围应有一定的限制,最好只进行程序方面的辅导,占45%;有13个法院认为,设立诉前辅导组可以方便当事人提起诉讼,有利于提升审判质量,但法院立案部门很难腾出人员专门负责诉前辅导,占65%;有6个法院认为诉前辅导具有很强的个别性,如果法官对一方当事人进行诉前辅导,对另一方当事人未免不公,会影响法院公正中立的地位,占30%;有11个法院认为,诉前辅导的度不好把握,当实际裁判结果与当事人在接受诉前辅导后形成的预期结果不一致时,会导致该方当事人对法院的不满、误解和不信任,占55%;有9个法院认为目前法院受理的案件呈不断上升趋势,如果都要进行诉前辅导,会加大法院的工作量,且法院现有人员配置并不能支持诉前辅导制度的建立和运行,故设立诉前辅导组不具有可行性和普遍性,占45%;有8个法院认为当事人到法院起诉时,立案法官都会解答当事人提出的相关法律问题并告知其诉讼义务、诉讼风险等,故没有必要再专门设立诉前辅导组,占40%。其三,没有建立立案阶段必经的纠纷调解程序,而且对于在立案阶段是否对纠纷先行调解的看法也不一致。在20个被调查法院中有9个法院认为,法院在立案阶段对案件先行调解有助于解决纠纷,避免不必要的诉讼成本的产生,提高司法效率,占45%;有11个法院认为,法院在立案阶段先行调解不符合立审分立的要求,法院没有必要以调解的方式介入太多,占55%。

最后,审判环节缺乏对ADR方式解决纠纷结果的统一并相互协调的工作思路和规则。其一,诉讼外机制解决纠纷是否必然引起诉讼时效中断的认识和作法并不完全统一。通过对成都市6个区县法院以及成都中院部分法官的访谈了解到,尽管现行民事诉讼法及相关司法解释并没有将诉讼时效中断的事由扩及"向其他负有纠纷解决职能的机构寻求救济"的情况,但在审判实践中,只要当事人寻求救济的机构具有纠纷解决职能,一般情况下人民法院就会将当事人请求相关机构解决纠纷的行为视为主张权利的行为,从而引起诉讼时效的中断。但是,也有部分法院和法官认为将诉讼时效中断的事由扩及向其他负有纠纷解决职能的机构寻求救济的行为,容易引起诉讼时效制度流于形式,与诉讼时效的立法本意相悖,从而并不承认其他机构解决纠纷应当引起诉讼时效中断的结果。法院和法官在这个问题上的认识和作法不统一或者对诉讼时效中断的解释过于严格,必然打击和影响当事人通过诉讼外机制解决纠纷的积极性。其二,对非诉讼纠纷解决机制处理结果的对待不同。从调解来说,目前,除最高人民法院明确规定对人民调解委员会主持下达成的调解协议具有民间协议效力外,对其他诉讼外机制主持下达成的调解协议是否按协议对待则没有规定,大多数法院仍按以前作法,进入诉讼后只审理实质性的纠纷而不关注此前的调解协议。这就意味着同是诉讼外纠纷解决机构并同是以调解方式解决纠纷,但其调解结果在进入诉讼后却可能发生法院承认和不承认两种不同的效力,而这种承认与不承认的作法除了司法解释的规定外没有任何合理的解释。其三,所有的法院几乎都没有明确当事人在法院和其他调处机构主持调解过程中对事实的承认不能被作为诉讼中对该当事人不利证据的裁判规则,有的法院还明确规定调解协议将被作为证据予以采用。这样,当事人在调解中就不能毫无顾忌地承认事实和表明自己的态度,也不敢随便让步,他们不得不考虑自己的表态对今后诉讼可能产生的不利影响,这无疑就制约了ADR以平和、互利、协商和自治方式解决纠纷优势的充分发挥。其四,对仲裁的监督和制约机制存在不协调的问题。如对劳动争议仲裁和民商事仲裁的审查内容不同,前者关注和审理的是实体纠纷而不是仲裁程序的合法性,而后者主要审查仲裁程序的合法性,同时国内仲裁也要审查实体问题;再如不予执行仲裁裁决的审查遵循的是内外有别的二元制度,对国内仲裁的审查既包括程序又包括实体以及仲裁人员在仲裁该案时是否有贪污受贿、徇私舞弊、枉法裁判行为等,而涉外仲裁除了违背社会公共利益外并不审查实体问题。最值得一提的是《仲裁法》第58条和《民事诉讼法》第217条规定的司法对仲裁效力和不予执行的审查内容是不一样的,不予执行的审查范围明显较撤销仲裁的审查范围宽,这意味着同是监督和救济程序但条件不一样,结果自然不一样,很可能并且在实践中确已出现撤销仲裁程序的作用弱化甚至虚设的情况;另外,审查主体级别也不同,撤销仲裁由中级法院管辖,而不予执行则按民诉法规定,由被执行人住所地或被执行财产所在地人民法院很可能是基层法院管辖。再则,对这两种渠道法律没有规定能否双重救济和监督,实务中自然出现败方当事人撤销仲裁不成又申请不予执行的重复保护和监督问题。当然,最高人民法院试图通过司法解释对此予以弥补,规定不予撤销仲裁裁决的当事人不得再申请不予执行,但这与法律规定又不一致,法院也难以执行,否则当事人会不服。其五,对行政裁决或调解缺乏有效的衔接制度。对行政裁决范围的规定不断缩小,司法的压力越来越大;对行政裁决不服是行政案件还是民事案件的认识、规定和实际作法并不完全统一;对行政调解的结果如何对待也没有明确的规则和相对统一的作法,大多按民间调解机构的效力对待,极大地忽略、削弱和浪费了行政调处纠纷的功能和作用。

以上实证调查的司法(包括立法决定的司法行为)对诉讼外纠纷解决机制调处纠纷比较忽视的态度和不够关注的现实,实际上不利于并限制了ADR在我国的发展和壮大。从表现看是司法的权威和公信力由此增强,但事实上造成司法资源的无节制利用和超负荷运转,法院承担了许多自身无力承担的纠纷解决责任,反而由于处理结果不令当事人满意而带来很多的尴尬、矛盾和不信任,上访和申诉不断,司法的形象和威信受到严重影响,公信力自然难以建立和增强。

(四)公众对诉讼外纠纷解决机制的认识及其对司法公信力的影响

第一,ADR纠纷解决方式有一定社会影响力和认可度。在专门进行的ADR方式调查活动中,我们向普通民众发放了200份问卷,设计了"你在工作、生活中与家庭成员、邻里、同事、居民、村民之间发生婚姻家庭、财产权益、损害赔偿等一般民事纠纷时,首先选择哪个机构解决?如未能解决,又选择哪个机构解决?"等问题,以了解他们对当前社会纠纷解决机构的认知情况。在回收的198份问卷中,首选机构依次是:公安派出所77份,占38.9%;村(居)民委员会59份,占29.8%;镇政府或街道办事处处理的有43份,21.7%;直接向人民法院或其派出法庭提起诉讼的有19份,只占9.6%。如首选机构未解决纠纷,第二次寻求救济的选择情况依次如下:向人民法院或其派出法庭提起诉讼的87份,占48.6%;请求公安派出所解决的41份,占33.9%;请求镇政府或街道办事处处理的11份,占7.1%。在另一次围绕法院公信力现状的大型问卷调查中,受调查的1777名普通社会公众中有42.71%的人认为除了法院以外其他调解机构也能圆满解决一些纠纷,42.26%的人认为在有些情况下其他调解机构可以圆满解决一些纠纷,两项就占了84.97%;受调查的246名律师等法律工作中有46.34%的人回答当事人发生纠纷后找过其他机构,在没办法处理时才诉讼到法院。这两个调查结果显示:非诉讼纠纷解决方式特别是基层公安派出所、村(居)民委员会和镇政府或街道办事处调处民间纠纷的重要作用被多数公众所认识和认同,诉讼并不是他们首先想到的纠纷解决途径,只是在首选机构解决不了纠纷的情况下才会想到诉讼。

第二,几种ADR纠纷解决方式的社会认同度有差别。在专门进行的ADR方式调查活动中,应当说各种纠纷解决机构和方式的威信和认识度都不是非常高,但相对来说还是有一些区别。其中最好的是消费者协会:在回收的198份问卷中,77.8%的人认为发生纠纷后首先希望自行与经营者协商和解,在自行协商不成时有62.4%的人愿意请求消协进行调解,27.4%的人愿意向法院诉讼;有20.79%的人认为在纠纷发生后自己会直接找消协,而直接找行政主管部门和向法院诉讼的仅占1%和0.5%。在关于为什么消协被多数公众认同的调查中,42.4%的人认为消协在调处纠纷中能够起到很大的作用。其次是公安派出所:在回收的198份问卷中,35.35%的人认为派出所在调处纠纷中能够发挥很大作用;因为38.38%的人认为多数情况下派出所能主持双方达成调解协议,并且分别有7.58%和84.85%的人认为双方肯定和一般会自动履行调解协议,解决纠纷的结果有保障。再次是人民调解委员会和司法所:认为调委会和司法所在解决纠纷中能够发挥很大作用的分别为25.8%和27.78%,发挥作用一般的占52%和60.1%;关于为什么多数人不愿意选择调委会和司法所调处纠纷的问题,有19.4%的人认为调委会人员素质不高,60.5%的人认为调解协议可能得不到履行,最终还得通过法院诉讼解决。威信和认识度最差的是民商事仲裁:在调查人员中只听说但不知道民商事仲裁具体内容和从未听说过民商事仲裁的共占了51.01%;选择在签订合同时一般不约定仲裁条款和从不约定仲裁条款的共占了65.15%,这个调查结果与前述民商事纠纷通过仲裁解决的数量非常少的调查结果是一致的;另外,认为民商事仲裁在解决纠纷中起了很大作用的占26.77%,认为作用一般的占36.36%,认为几乎没有发挥作用和不清楚的占36.87%。

第三,当纠纷解决成为现实问题时公众更信赖诉讼。从前述调查结果可知,公众的一般看法是可以选择其他方式解决可能发生的纠纷时就不需直接诉讼,但是当纠纷真正地现实发生并需要第三方介入解决或非诉讼机构不能解决时,当事人和相关公众更青睐诉讼。在围绕法院公信力现状的大型问卷调查中,受调查的1777名普通社会公众,有54.25%的人认为在纠纷无法解决时愿意找法院;39.45%的人认为没有其他办法时要找法院。在受调查的857名国家工作人员中有31.74%的人认为遇到纠纷时通过诉讼解决,占的比例最大。在向246名律师和其他法律工作者的问卷调查中,回答纠纷发生后当事人直接向法院起诉的占26.42%,经过其他机构解决后不满意起诉的占27.2%,其他机构无法处理时到法院起诉的比例最大,占46.34%;在希望以何种方式解决纠纷的调查中,有52.44%的律师和其他法律工作者认为由当事人双方自行协商解决最好;有25.61%的人希望通过诉讼解决,比例占到第二位。在向

396名打过官司的诉讼当事人的问卷调查中,信赖诉讼的比例最高,一是有242人回答当初与他人发生纠纷后就直接向法院提起了诉讼,占61.11%,其中原告为59.26%,被告为66.46%,第三人为36.84%;二是有20.2%的人回答是经过其他机构解决但不满意时提起诉讼的,有16.92%回答因其他机构不处理而诉至法院;三是对经过诉讼后如果再遇纠纷时会采取什么方式解决的问题,有56.82%的当事人回答还是愿意选择到法院诉讼,其中原告为56.02%,被告为60.87%,第三人为31.58%,胜诉当事人占60.81%,败诉当事人占60.68%,调解结案的占52.63%,撤诉的占23.53%;有19.75%的人选择自行协商解决。这个比例比第一次发生纠纷时选择诉讼的比例略低但当事人信赖和青睐诉讼的基本态度和格局没有太大变化,特别是经历过败诉官司的当事人对诉讼仍然信赖的比例还比较高。上述调查结果表明:当纠纷的解决成为现实和必须要解决的问题时,当被调查者对诉讼比较了解甚至亲身经历过诉讼后,诉讼的被信赖和依赖程度还是比其他非诉讼方式较高,甚至成为很多人的首选途径。

第四,公众对ADR方式和诉讼解决纠纷的利弊有所感受。一是相当部分人认为以非诉讼方式和诉讼方式解决纠纷各有优势:在法院公信力现状调查活动中,被调查的1777名一般社会公众里,有35.28%的人认为通过诉讼解决纠纷更为保险,更为直接和更有效力;而占33.71%的人认为通过非诉讼的调解方式解决纠纷更加方便快捷,不伤双方和气,而且履行也很快;也有21.83%的人认为两种途径的优劣是无法比较的。在被调查的246名律师或其他法律工作者中,有34.55%的人认为法院处理纠纷与其他部门处理纠纷相比,具有规范公正和令人信服的优势。二是很多人认为诉讼解决纠纷与非诉讼解决纠纷方式相比的突出弊端在于效率问题:在对246名律师和其他法律工作者的问卷调查中,有36%的人认为当事人不愿意通过法院解决纠纷是因为牵扯精力太多;20%的人认为是因为即使胜诉要得到全额执行也很困难;12.2%的人认为诉讼程序过于复杂。246人中有43.90%的人认为诉讼虽然公正,但成本较高且费时费力;10.16%的人认为诉讼不如其他处理方式快捷。在对396名诉讼当事人的问卷调查中,有42.42%的人认为诉讼程序过于复杂,审理周期长,牵扯精力太多;有19.7%的人认为诉讼即使胜诉要全额执行也很困难;只有3.03%的人回答不愿通过诉讼解决纠纷是因为不相信法院会公正裁判。在专门进行的ADR方式调查活动中,对于人民法院处理纠纷效率的评价问题,198人中有99人认为诉讼程序复杂,耗时长,占50.00%;有78人认为诉讼效率一般,占39.39%,此结论与前述公信力调查的相关结论基本是一致的。三是大多数人认为包括在诉讼在内的多元化纠纷解决机制中诉讼发挥了重要作用:在对1777名社会公众的调查中,有52.67%的人认为法院近几年案件增多是因为公民权利意识增强,而且有的纠纷只能通过法院才能解决;有25.3%的人认为诉讼案件增多是因为经济发展,而其他部门的调解功能减弱所致;也有11.82%的人认为案件增加是因为法院的权威得到了增强。在对398名法官和法院其他工作人员的问卷调查中,有57.79%的人认为随着纠纷解决渠道的增多,法院的地位会更加提高,更能体现诉讼对权利保障的最后屏障的功能和价值;30.65%的人认为纠纷增多法院的地位不会降低也不会提高;有95.83%的法官认为在多元化的纠纷解决机制中当事人更相信法院。四是多数人认为非诉讼途径解决纠纷是一种趋势,对司法权威不会有大的影响:在对1777名社会公众的调查中,有58.19%的人认为在多种纠纷解决体制下,法院的权威和地位不会降低;有29.99%的人认为这种体制下法院的权威和地位不仅不会降低反而会提高;但也10.97%的人认为随着纠纷解决渠道的增多,法院的地位会有较大降低。在对857名国家工作人员的问卷调查中,有39.91%的人认为如果法院的案件数量减少了那是好现象,这意味着当事人选择了方便快捷、成本比较低的方式解决纠纷;有26.95的人认为这很正常不能说是利还是弊;有22.52%的人认为这不是好现象,说明法院的权威性和公正性受到了挑战。

第五,公众需要ADR纠纷解决方式的相关指导和信息。在专门进行的ADR方式调查活动中,我们就"在人民法院设立立案前辅导组,专门为当事人进行相关咨询和指导,对一些不属于人民法院管辖的案件或不一定必须通过诉讼解决的案件,由法院为当事人提供解决问题的方案,避免其因不当诉讼造成损失"的看法进行了问卷调查,结果在回收的198份问卷中,有122人认为这种做法完全有必要,占了61.62%;有59人认为有一定必要,占29.80%;只有12人认为没有必要,占6.06%。另外,从对诉讼外纠纷解决机构之间进行信息交流的调查情况看,目前成都市纠纷解决机构之间的信息交流多为临时的,没有一个便于利用的交流平台,也没有一个具有操作性的长效机制。所以,公众很是缺乏了解各机构运行情况的信息平台,这也是ADR方式不被普遍认同的原因。

以上调查结论表明:在社会公众眼里,我国诉讼外纠纷解决方式还是有一定认知程度、发展基础和发展前景的,其解决纠纷的价值功能和特点能够被公众所接受和看好;同时,诉讼与非诉讼方式相比的优势在规范公正并有强制力作保障,劣势在繁琐和效率低。就其与司法的关系和其对司法公信力的影响看,他们之间并无矛盾和负面影响,正常情况下它们是相互促进、协调发展的,各自能够发挥其在解决社会纠纷中的优势和价值功能,在这当中,诉讼的优势、关键和重要地位是非常明显和普遍被承认的。另外,司法诉讼虽然不属于ADR方式,但公众仍然认为其对ADR纠纷解决方式的发展和壮大应当起重要的推动作用。

三、解决途径:诉讼外纠纷解决方式促进司法公信力提高的应然状态

前面从理论上阐述和分析了ADR纠纷解决方式与司法的关系以及由此而决定的对司法公信力可能产生影响的因素;又通过大量的实证调查和剖析,具体描述了ADR的实然状况及其对司法公信力的实际影响。本节要解决的就是在理论分析和实证调查基础上,围绕纠纷的有效解决和促进司法公信力不断提高这一重点,提出构建和完善较为理想的ADR纠纷解决机制及方式的途径和措施。

(一)树立科学理性并与诉讼有机协同的ADR理念

首先,对偏重司法和无节制利用司法资源观念的反思及启示。从全国的情况和本课题实证调查的结果看,前些年在法治建设进程中我们确实有些过分孤立地看重和偏好司法诉讼,并将致力于扩大民众对司法的利用和鼓励不计成本的使用司法资源作为法治发展的主要路径,而对其替代性方式即诉讼外纠纷解决机制有些忽略,至少没有着力去研究和构建。由此带来的影响:一是纠纷解决途径日益单一化,人民调解效力削弱,行政调处功能萎缩,行业调解未具规模和体系,就连法院内部的诉讼调解都一度被轻视和忽略,以至于在某种程度上阻截了法律利用渠道的扩大;二是加剧社会关系的对抗和紧张,由司法解决纠纷方式的对抗性和裁判化决定,它在维护正义的同时难免使一些重要的社会道德价值观念和良好的人际关系在简单的权利对抗中失落和贬值,普遍利用司法资源解决纠纷并不利于构建和谐社会和维护司法的形象;三是司法质量和诉讼效率不可避免地降低,由于有限的司法资源被无节制的利用,诉讼案件增

加特别是一些诉讼价值并不大或者由其他方式解决更有利的纠纷纷纷涌入法院,形成积案增多、效率低下的状况,法院为了消化积案又不得不采取一系列简化和快速办案程序,这又难免制约和限制当事人诉讼权利或者使办案质量粗糙甚至公正难以保障,这就直接削弱和影响到了司法的权威和公信力。

从上述事实的反思中我们得到的启示是:社会的发展决定社会纠纷的多元性,由此决定社会纠纷解决机制也应当是多元化的,司法不能成为解决纠纷的唯一机制或主要战场;司法应当以正义和公正为主要价值取向,为此必须保证其解决纠纷的高质和权威,而这种高质和权威首先必须从适当节制司法资源,改善司法质量和实现司法价值开始,而不完全是直接扩大司法解决纠纷的范围和途径;必须摒弃司法万能和司法垄断的观念,十分重视和充分发挥各种纠纷解决机制在解决纠纷中的协同和优势作用。

其次,对 ADR 方式及其在解决纠纷过程中实际作用的正确认识与权衡。随着 ADR 在世界范围的蓬勃发展,其在现代社会中与诉讼势必形成并驾齐驱的纠纷解决途径和方式,它与诉讼在纠纷解决中的两翼作用和地位将更加明显。但是 ADR 也具有两面性:一方面,作为适应现实纠纷解决的路径具有其有独特的优势和价值,特别是它作为扩大法律利用和波及力的载体以及特有的缓和紧张社会关系的安全阀效果在当今社会的纠纷解决中很具有现实意义;另一方面,这种优势和价值又是以其与生俱来的非程式化和非法律化等与现代法治的不和谐之音为代价的。所以我们对 ADR 也不能盲目崇拜和不加分析地发展和利用,不能过分热衷,也不能不屑一顾。

在对 ADR 两面性充分认识的基础上,应当权衡利弊,作出正确的价值选择:不简单地取舍和承认或不承认 ADR 及其价值功能,而应当设计一个基本而适当的框架和格局并在此框架和格局之下充分发挥和利用其调节社会矛盾的优势和进步作用;同时,将其负面作用控制在社会能够容忍和接受的最低底线之上,这个最低的底线应当是纠纷解决的方式和结果不违背法律的强制性规定,不违背社会的公序良俗,不损害国家和他人的合法权益。

最后,对诉讼在多元化纠纷解决机制中价值和功能的正确选择与定位。理论和实践证明司法虽然不属于 ADR 范围,但其处于社会多元化纠纷解决机制中的重要环节,必须予以正确定位。有以下因素决定我国目前的诉讼外纠纷解决机制应当适度发展,走一条谨慎和理性的发展之路:一是我国目前并不存在美国社会的"诉讼爆炸"问题,也不像德国那样法院有较强能力应付增长中的诉讼案件,我们不需要急迫地通过建立 ADR 来应对纠纷,但司法也无力承担解决纠纷的全部压力;二是我国法治尚处于发展阶段,法律和诉讼在社会中的作用还需要进一步加大,公民的法律特别是程序法意识还需要进一步增强,司法权威和公信力需要进一步树立和强化,如过度依赖和热衷于 ADR,某种程度上可能会产生抵消、弱化甚至蔑视司法的作用;三是司法的强制性、权威性和专业性特点在我国目前比较崇尚权威的背景下为自己确立了解决纠纷的优势地位和重要角色,而 ADR 目前在我国还缺乏一定的社会土壤和良好环境,社会比较缺乏诚实与信用、平和与宽容、责任与信念以及相应的知识、道德和法治意识,再加上 ADR 所需的主体素质和能力也还不完全适应。

对我国发展 ADR 的基本态度决定司法的定位和功能,总体上说就是充分发挥司法对 ADR 的支持、协同、救济和控制功能,在法律的正式和非正式途径之间找到司法的功能和定位:精心审理复杂、疑难和典型案件,保证司法质量,增强司法权威和信誉,大量简易和模糊纠纷可以分流由 ADR 去化解;确认和创建裁判规则,发挥司法向 ADR 的辐射功能,扩大法律精神和原则在 ADR 中的利用和影响;履行衔接、救济、协调和监督职能,保障 ADR 方式取得良好效果和实现其正常、有序、健康地发展。

(二) 健全完善协调的各类纠纷分流解决机制

由前述对 ADR 的基本态度决定,目前我国诉讼外纠纷解决机制的制度设计应当是:基本保持现有制度框架并适当予以完善和健全,形成协调一致、运行适度、完善协调、疏而不漏的 ADR 机制。这里重要的就是实现各类纠纷解决的科学合理分流并建立有效的运行机制,使纠纷解决资源得到合理配置和充分利用,这是我国丰富和发展 ADR 的重要改革环节。

首先,搭建各类 ADR 机制协同解决纠纷的平台。与其他国家与地区提倡建立 ADR 纠纷解决机制的原初动因不同,我们关注 ADR 主要不是为因应"诉讼爆炸"的压力,而是基于我国转型期社会矛盾纠纷的现状提出的对社会进行综合治理的一种方式。当前,我国正处于传统社会结构与经济结构向现代社会结构与经济结构的转型期,出现了各种结构性矛盾,导致社会矛盾与利益冲突加剧。而这些结构性矛盾涉及众多利益,指向不同的当事人,涉及对历史遗留问题的妥当解决与新的规范体系的建立,它的解决需要动员社会各方面的资源、发挥各种纠纷解决方式的优势共同解决,单单由某一纠纷解决机构根本解决不了问题。根据司法实践中的经验,同时借鉴其他地区的成功做法,我们认为应当搭建一个协调与指导各纠纷解决机构的平台,以实现对纠纷处理的统筹与协调。具体而言,根据纠纷解决机制作为社会治理方式的性质,在现有的制度框架内,可以以各地党委综合治理委员会为依托,建立纠纷处理协调中心,其主要职责就在于指导、协调与监督各种纠纷解决方式,以促进社会矛盾纠纷的妥善解决。该协调中心应由当地党委的主要负责人与负有纠纷调处职能的各机构的负责人共同组成决策机构。中心可设若干日常工作机构,负责汇总各方面的情况并提供需要进行协调的纠纷的具体情况。中心实行例会与临时会议相结合的制度,同时应当建立一整套长效的纠纷协调程序,以克服协调中的随意性与临时性,增强纠纷协调工作的科学性、规范性及透明度,杜绝"暗箱操作"。

其次,积极发展与培育民间调解机制。建立健全包括人民调解、行业调解、律师调解、仲裁调解和基层组织调解等在内的多种民间性质的纠纷调解机制。民间调解纠纷涵盖的范围可以适度扩大,从主体来说,从目前主要调解家庭成员、邻里、同事、居民、村民之间的个人纠纷,扩展到调解公民与公民之间、公民与经济组织之间、公民与基层政府及管理部门之间发生的纠纷等等;从内容来说,除了现行重点调解婚姻家庭、财产权益、损害赔偿、消费者权益等一般民事纠纷外,调解的范围还应当向经济纠纷、医疗纠纷、建筑纠纷等各种纠纷扩展。也就是说,调解的触角可以延伸到法律允许范围内的社会生活方方面面。同时,积极培育民间调解机制:一是进一步培育和规范人民调解制度,提高人民调解组织的社会化、民间化、自治化程度,使其逐步摆脱依附于基层组织的现状,同时增强民间智慧在人民调解制度中的参与度,以此提高民众对人民调解制度的利用率。二是积极培育个体和私营企业协会以及律师协会等行业性机构的纠纷调处职能。在个协和私协建立相应的纠纷解决机制,以解决个体户之间或私营企业间的纠纷。在律师协会建立多种形式的纠纷调处机制,如对纠纷的评估制度、调解制度以及对律师与委托人之间纠纷的仲裁制度等等。三是大力开发多种形式的 ADR 产品,如调解转仲裁机制、纠纷评估机制等。四是加强诉讼制度与非诉讼制度,特别是人民调解制度在人力资源方面的共享制度,如可以采取规定人民调解员或其他纠纷解决机构的纠纷调处工作人员在人民陪审员中占一定比例的方法实现人力资源的共享。

再次,强化行政调处社会纠纷的功能。充分发挥行政机关管理社会和熟悉专业的特点,特别是在公众中权威和威信比较高,人民群众比较信服的优势,适度扩大行政机关调处纠纷特别是专业性比较强的纠纷的范围,对一些特别领域的纠纷甚至可以规定行政调处前置。行政调处纠纷的功能较强,效果也明显好于民间调解,但从现行法律规定和实证调查情况看,这块领域呈现出不断弱化的趋势,应当予以高度重视,适度强化:一是在负有纠纷调处职能的行政机关设立专门的纠纷解决部门,配置具有纠纷调处经验的人员,专门负责对各类纠纷的处理。二是积极培育专业性较强的行政领域的纠纷调处机制,充分发挥其在专业技术方面的优势调处纠纷。例如公安派出所重点调处治安案件中涉及的民事纠纷,交警部门调处交通事故引起的赔偿纠纷,土地房屋管理部门调处涉及土地使用、房屋拆迁等纠纷、专利商标管理部门调处有关专利商标使用纠纷等等。三是建立以行政调解和行政裁决并行的纠纷调处方式。行政调解是利用行政机关的管理职能和威信主持双方调解,结果不具有强制效力;行政裁决由法律赋予行政机关行使部分类似于司法权性质的纠纷处置权,具有强制的效力,当事人不服可以提出行政诉讼,否则可以强制执行。四是强化行政复议职能,充分发挥行政复议在纠纷解决中的作用。五是将调处纠纷的情况纳入年度考核评价体系,同时将单位纠纷调处职能发挥的情况纳入综合治理工作评价体系进行评价和考核。在构建行政调处机制的过程中既要注意防止纠纷调解职能对行政部门主要职能的弱化,同时也要反对那种认为纠纷调处职能属于行政机关的附属职能,对纠纷解决抱无所谓态度的倾向。

最后,拓展商事仲裁制度的适用范围。使其能裁决除婚姻、收养、监护、扶养、继承纠纷以及依法应当由行政机关处理的行政争议之外的所有民事纠纷。同时,注重仲裁与调解的结合,探索建立先调解后仲裁、在仲裁调查辩论基础上调解、先仲裁后调解和调解与仲裁相融合的仲裁纠纷解决机制。

(三)建立立案过滤机制和诉讼案件分流机制

首先,在立案环节上:一是法律限制某些纠纷进入或直接进入诉讼。重点在于对不适宜通过诉讼途径予以解决的纠纷、通过诉讼途径不能解决的纠纷、必须行政处理前置的纠纷、社会和经济价值都非常小的纠纷以及法律明确规定不予受理的纠纷等,不予立案进入诉讼。二是建立纠纷处理方式甄别机制。人民法院立案人员在收到当事人的有关诉讼材料时应进行甄别,并在征询当事人意见的基础上提出个案的处理方式,对纠纷进行分流。立案人员在提出纠纷处理方式时要明确所涉个案是否适合调解、是否可由双方当事人达成仲裁协议将纠纷移送仲裁、是否移送行政机关裁决或调解,或是进入案件审理程序。对于建议进入案件审理程序的,应明确适用简易程序审理还是按规定必须适用普通程序予以审理。对于可以进行调解的,应当在征询当事人意见的基础上明确是委托其他纠纷调处机关调解还是由人民法院组织调解。对于当事人同意交纠纷交由非诉讼纠纷解决机构处理的,立案人员应当告知当事人其他纠纷解决方式处理结果的效力以及嗣后的救济途径。对于不适于通过诉讼程序解决的案件,要明确提示通过什么程序到哪个机构解决,解决的大致方式与结果,其后的救济渠道等等。三是在人民法院设立人民调解委员会和仲裁委员会的席位。对于当事人同意通过人民调解委员会调解纠纷或达成仲裁协议的,可以就近移送,对于不具备单独设立席位条件的,可以通过电话、传真等形式与相关纠纷调处组织衔接与协调。四是建立诉前辅导制度。为当事人进行诉讼咨询和指导,对一些不属于人民法院管辖的案件或不一定必须通过诉讼解决的案件,为当事人提供解决问题的方案,避免当事人因不当诉讼造成损失。五是建立庭前调解中心。对于当事人有调解意愿并属于调解范围的纠纷,在立案后马上转到设在立案庭的庭前调解中心,由法官主持双方当事人进行调解。双方达成调解协议的，视情况以调解协议或民事调解书的方式予以确认。六是充分发挥现有诉讼机制的作用。通过对现有诉讼制度（如证据交换制度、法官释明制度）功能的放大，促成纠纷在诉讼环节的早期得到解决。七是针对建立大立案格局所造成的人力资源缺乏引起的问题，可以采取返聘退休法官或从有丰富实践经验的律师队伍中聘请部分人员的方式从事立案阶段的一些调解或诉前辅导工作。

其次，在诉讼环节上：一是赋予各地法院根据自身情况自主开发法院附设 ADR 的权力。法院附设 ADR 的开发是由当地纠纷的实际情况（如数量、纠纷的性质、标的额的大小等）决定的，因此带有极强的地方性色彩，应当赋予各地法院自主开发的权力。二是建立多元化的诉讼程序制度。在现行二元诉讼程序的基础上，增设小额诉讼程序，规定对于标的额很小（低于某一数额）的案件可以适用小额诉讼程序。小额诉讼程序由当事人合议选择适用，实行一次开庭、禁止反诉、禁止上诉、简化判决。三是改造现行的劳动争议解决制度，实行一裁终局制。可以借鉴商事仲裁的相关规定，对现有劳动仲裁制度进行改造，同时建立人民法院对劳动争议仲裁裁决的审查机制。四是建立对滥诉行为的有效制裁机制。可以规定法院的最终裁判与其他纠纷解决路径的处理结果相差在某一比例内的情况下，拒绝其他路径处理结果的当事人要承担相应的赔偿责任。

（四）构建诉讼支持协调监督 ADR 的工作机制

首先，处理好 ADR 纠纷调解结果与诉讼的关系并使其产生应有的效力。在各种 ADR 机制中，除仲裁和行政裁决可以直接产生相应的法律效力外，其他机制所进行的纠纷调处结果除非当事人自动履行都不能直接产生效力。前述实证调查表明，如果一方当事人不自动履行调解协议，另一方当事人提起诉讼的可能性较大，这时司法对 ADR 的支持功能就可以得到充分发挥，即在 ADR 方式下当事人自愿并且不违反法律规定的纠纷调处结果可以通过诉讼间接产生效力。具体说：通过 ADR 机制达成调解协议的，如一方当事人不自动履行，相对方可以向法院诉请对方履行，法院在诉讼中应当按照自愿合法的合同审查原则对调解协议予以审查，在协议合法有效时应当作出支持诉请方诉讼请求的裁判结果。这样，以 ADR 方式产生的调解协议通过诉讼后实际上就产生了强制执行的效力。这种处理思路一是在法理上可以成立，即以举重明轻的法律解释方法，双方当事人之间达成的协议在诉讼中尚且按照合同原则予以审查，那么在有关部门主持下双方达成的协议自然也应当按照合同原则予以审查。二是有司法解释的先例，即最高人民法院 2000 年作出的对人民调解委员会主持下达成的调解协议在诉讼中按合同进行审查并确认其效力的司法解释。这里虽只指人民调解委员会主持达成的调解协议，但从性质上看，经其他非诉讼纠纷解决机制达成的调解协议与人民调解协议一样都是当事人意思自治的体现，并且都具有契约的性质，应当同等对待。

其次，做好司法审查工作，支持和监督 ADR 功能的正确发挥。按照现行法律的规定，对仲裁机构作出的民商事仲裁裁决，当事人可能申请人民法院予以撤销，也可以申请人民法院不予执行，这时诉讼对仲裁赋有支持和监督的职能。这种监督主要是程序方面的，但国内仲裁也不排除对其实体结果的监督。法院应当按照相关法律的规定作好审查工作，对符合法律规定的驳回撤销申请或不予执行申请，这时司法对正确的仲裁给予支持，其裁决可以通过法院强制执行；对不符合法律规定的仲裁裁决依法予以撤销或者不予执行，这时司法又对仲裁履行监督职能，以保证仲裁裁决纠纷的正确和合法。按照现行法律规定，对劳动争议仲裁，一方当事人不服的也可以向法院起诉，这时法院对纠纷进行审查而不审查仲裁行为。司法通过这种不同的方式实际上也履行着对仲裁的支持和监督职能。此外,目前有少数的法律法规规定行政机关有权对双方当事人的纠纷作出行政裁决,这时如果一方当事人不服裁决,可以提起行政诉讼,法院通过对行政机关行政裁决的合法性审查对其调处纠纷的行为予以支持和监督,以保证行政解决纠纷行为的正确和合法。

再次,充分运用法律规定和相关法理,鼓励和支持当事人通过ADR机制解决纠纷。一是对诉讼时效规定予以从宽解释。诉讼时效制度的立法目的在于促使权利人及时主张权利,同时惩罚那些"躺在权利上睡大觉的人",使其丧失胜诉权。当事人向负有纠纷调处职能的机构请求解决纠纷本身就是当事人主张权利的一种方式,同时现行法律只规定了向人民调解组织请求解决纠纷可以产生中断时效的效果,而对于当事人向其他纠纷解决机构请求解决纠纷的行为则未明确纳入引起诉讼时效中断的事由之内。这一方面不符合"同样情形应当同等对待"的平等原则,同时也不利于当事人采取平和的方式解决纠纷。基于此,我们认为,向负有纠纷调解职能的机构请求解决纠纷的行为可以引起诉讼时效的中断,诉讼时效从当事人提出纠纷解决申请之时中断;对达成调解协议的也可视为暂时排除诉讼时效。二是对当事人在ADR机制纠纷解决过程中对事实的承认和陈述不能作为在诉讼中对该当事人不利的证据,即在ADR方式中的陈述和承认不产生诉讼中自认的法律后果。这样可以解除当事人的顾虑,促使ADR方式有效地解决纠纷。

最后,建立符合本地实际的强制调解(仲裁)制度。尽管学术界对于强制调解(仲裁)制度具有很多的批评意见,但是世界各国的诉讼立法均在一定的范围内规定了强制调解(仲裁)制度,这说明强制调解(仲裁)制度在纠纷解决方面仍然具有其独特的作用。同时,我国现行立法也只是从正面规定哪些纠纷必须采取仲裁前置,而未禁止采用调解前置制度。上海市长宁区法院的实践也证明了强制调解(仲裁)制度在我国具有强大的生命力。基于此,我们认为,可以根据本地纠纷处理情况建立符合本地区实际的强制调解(仲裁)制度,促进纠纷通过非诉讼的方式得到解决。

(五)引导民众形成正确和理性的纠纷解决理念

首先,更新宣传理念,在全社会养成理性的纠纷解决观念。一是在宣传中要突出党委领导下的纠纷协调机制在纠纷解决中的主导作用。二是改变过去以诉讼制度为法治宣传主题的做法,注重对其他纠纷解决机制的宣传,提高民众对非诉讼纠纷解决机制的认知度与利用率,促进非诉讼纠纷解决机制功能的有效发挥。三是在宣传中注重民众正确、理性的纠纷解决观念的养成,要通过宣传使民众充分认识到诉讼程序的局限性以及非诉讼纠纷解决方式的优势,促进纠纷尽量以非诉讼的方式解决。

其次,更新裁判人员(包括仲裁人员和法院审判人员)的纠纷解决理念,促使其在具体案件中尽量考虑使用非诉讼方式处理纠纷。一是采取各种措施,增进裁判人员对各种非诉讼纠纷解决方式的了解,以便其在审理案件的过程中可以向当事人推荐最快捷、最经济、最适合的纠纷解决方式。二是增强裁判人员对现有诉讼机制的认识,使裁判人员充分发挥现有制度(如证据交换制度和法官释明制度)的作用,促成纠纷在诉讼环节的早期得到解决。

最后,深化其他负有纠纷调处职能的机关对其纠纷解决功能的认识。要通过各种方式,如将纠纷解决情况纳入目标管理(仅针对负有行政调解职的行政机关)等措施,使纠纷解决机构树立尽早通过非诉讼方式解决纠纷,而不是将其一律推诸法院的观念,促成纠纷解决在萌芽状态。

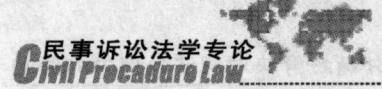

ADR作为诉讼外的替代性纠纷解决方式，是一种既传统又现代的社会机制，由于ADR适应了有效解决纠纷，构建和谐社会，减轻司法压力，节制司法成本的社会现实需要，所以它具有极强的生命力和良好的发展前景。这在20世纪80年代以来我国习惯把诉讼作为法治形象的象征和把社会对司法的充分利用作为加快法治进程主要路径的背景下，司法权威和司法公信力似乎会受到一定的影响和挑战，不再是人们解决纠纷的首要选择。但是，司法作为代表国家解决社会纠纷的独特方式和最后途径，它的作用是任何纠纷解决方式都不可代替的，而且随着ADR的日益发展和强大，司法必将在包括自身在内的多元化社会纠纷解决格局下重新调整角色和定位，以显现出更强大的功能和更重要的作用，其权威性和公信力势必得到进一步的提升和强化，这就是本文的结论和期盼。

诉讼调解协议的性质浅析

陈娴灵[*]

一、问题的提出

"诉讼中调解"即我们通常所说的"法院调解",是我国民事审判工作的一项重要制度。鉴于最高人民法院《关于人民法院民事调解工作若干问题的规定》(以下简称《调解规定》)第3条如此规定:"根据民事诉讼法第八十七条的规定,人民法院可以邀请与当事人有特定关系或者与案件有一定联系的企业事业单位、社会团体或者其他组织,和具有专门知识、特定社会经验、与当事人有特定关系并有利于促成调解的个人协助调解工作。经各方当事人同意,人民法院可以委托前款规定的单位或者个人对案件进行调解,达成调解协议后,人民法院应当依法予以确认。"我们认为继续使用"法院调解"这个概念已经不太合适,而使用"诉讼中调解"更具有科学性和合理性,为表述的方便,取其简称为"诉讼调解"。诉讼调解是具有中国特色的民事审判活动的重要内容,为妥当地解决人民内部矛盾发挥了极其重要的作用。目前,在我国社会主义市场经济建设的新形势下,它在维护社会稳定和解决市场经济条件下的民事纠纷方面更显示出裁判所不能达到的司法救济功效。然而在诉讼调解制度中有一个十分重要而又争论不休的问题,那就是诉讼调解协议的性质。诉讼调解协议是典型的民事合同还是诉讼契约?或者它属于实体法规范还是程序法规范?这是一个值得探讨和研究的问题,因为它从一个侧面说明了实体法与程序法的关系。

二、诉讼调解协议的性质及其分析

通说认为,调解协议是当事人双方的意思表示,是诉讼文书的一种。[①] 通说亦认为,生效的调解协议的法律效力具体表现在:(1)实体法上的效力。双方当事人之间争议的民事权利义

---

[*] 陈娴灵:武汉大学法学院2006级民商法博士研究生,湖北经济学院法学系副教授。

[①] 江伟:《民事诉讼法》,高等教育出版社2004年第2版,第205页。

务关系将依调解协议的内容而确定。(2)诉讼法上的效力。调解协议生效后,在诉讼上产生三个方面的效力:①结束诉讼程序。②当事人不得提出上诉或再行起诉,提起再审的理由亦应受到严格限制。③强制执行的效力。① 很显然,此种观点是值得推敲的,因为它把调解协议与调解书混为一谈,把调解书的效力认同为调解协议的效力。调解书是诉讼文书,具有强制执行力,是执行依据,这是没有任何疑义的,但是作为调解书基础的调解协议因此也属于诉讼文书,也具有强制执行力吗?有人认为,依据最高人民法院的《调解规定》可以得出,调解协议是双方当事人自愿处分其实体权利和诉讼权利的一种文书形式,是当事人之间的法律文书,是调解书的基础。② 然而我们认为,对调解协议性质的认定需要经过全面的分析才能得出结论。

(一)诉讼调解协议符合民事实体法中法律行为的构成要件,其可以纳入民事合同的范畴

依据我国《民法通则》的有关规定:民事法律行为从成立时起具有法律约束力。行为人非依法律规定或者对方同意,不得擅自变更或者解除。而调解协议是双方当事人为妥善解决纠纷,在意思表示真实的基础上自愿达成的一种协议,当事人之间达成调解协议的过程完全符合民事法律行为的构成要件:(1)行为人具有相应的民事行为能力;(2)意思表示真实;(3)不违反法律或者社会公共利益。③ 同时,调解协议也符合合同的一般成立要件:(1)须存在双方或多方当事人;(2)当事人须达成合意。④

调解协议是当事人双方自愿达成解决纠纷的方案,属于民法上的契约。它具有确认双方民事权利义务关系、终结诉讼的法律效力。这既是诉讼调解的功能和目的所在,又是各国普遍做法。因此,大多国家都赋予调解协议的契约效力,一旦达成,便具有了法律效力。⑤ 毕竟,民事实体法规定的民事主体的财产权和人身权属于私权,当事人对私权的处分,国家不应有过多的限制。依私权自治理论,当事人在法院等主持调解下所达成的协议,应等同于当事人解决争议的一种"契约",若无特别约定或规定,"契约"从成立时生效。

(二)诉讼调解协议的内容亦包括对诉讼权利的处分,其可以纳入诉讼契约的范畴

调解协议的内容除了可以处分实体权利之外,还包括对诉讼权利的处分,这就使调解协议可以归入典型的诉讼契约的范畴。诉讼契约是当事人之间以意思表示为要素,以现在或将来发生诉讼法上一定法律效果为目的而成立的法律行为,又称为诉讼上合意。民事诉讼法根据处分权原则,规定当事人可以协议的方式处分自己的某些诉讼权利,例如管辖协议、调解协议、执行和解等等。⑥ 从逻辑上讲,当事人之间的诉讼契约应该属于当事人的诉讼行为,则其应该适用民事诉讼法上有关诉讼行为的规定。

由上述分析可知,诉讼调解协议完全符合民事法律行为的构成要件,也符合民事合同的一般成立要件,然而从诉讼契约的角度来看,其亦符合诉讼行为的一般性规定。而人们通常认为,当事人的诉讼行为与民事法律行为有着诸多区别。在法律规范方面,民法对所有的法律行

---

① 江伟、汤维建:《民事诉讼法》,中国人民大学出版社2004年第2版,第193页。
② 李克才:《浅谈民事诉讼调解协议的效力》,载 http://www.dffy.com,下载日期:2004年3月15日。
③ 马俊驹、余延满著:《民法原论》,法律出版社2004年第2版,第189页。
④ 马俊驹、余延满著:《民法原论》,法律出版社2004年第2版,第524页。
⑤ 陈湛:论我国法院调解制度的重构(下),载佛山法院网。
⑥ 江伟:《民事诉讼法》,高等教育出版社2004年第2版,第25页。

为予以一般规定,而民事诉讼法则没有一般性规定。诉讼行为必须由具有诉讼能力的主体有效进行,而就法律行为而言,限制行为能力人也可以实施。对于错误的或者意思表示不自由的意思表示,民事主体可以撤销,而诉讼行为则无此规定,但诉讼行为在一定范围内当事人可以自由撤回。诉讼行为不能随意附条件,而民事法律行为则可以任意附带条件和期限。① 由此看来,民事法律行为与诉讼行为似乎是水火不相容的。事实果真如此吗?其实稍作一下分析便可知晓答案。诉讼行为由具有诉讼行为能力的主体来实施。因此,诉讼主体或者是当事人本人,或者是当事人的法定代理人(在当事人为无民事行为能力或限制民事行为能力人时),或者是当事人的委托诉讼代理人,而这些实施诉讼行为的主体必然是具备完全民事行为能力的。首先,就当事人本身而言,如果当事人本身不具备民事行为能力,其亦不具有诉讼行为能力,因此,在诉讼过程中,其不可能亲自实施诉讼行为,也不可能与对方当事人达成调解协议;如果当事人本身具有民事行为能力,那么他(或她)应该是具备诉讼行为能力而能够实施诉讼行为,从而能够与对方达成调解协议。其次,在当事人本人不具有诉讼能力的情形下,此时必须考虑(在此种情形下,法院自然会进行职务审查)由其具有民事行为能力的法定代理人来进行诉讼,而具有民事行为能力的法定代理人是具有诉讼行为能力的。最后,如果属于当事人委托的诉讼代理人实施诉讼行为的情形,则也不应该有任何问题,因为能够成为委托诉讼代理人的自然人是具备民事行为能力和诉讼行为能力的,如果其丧失民事行为能力从而丧失诉讼行为能力的话,那么委托代理人就不能担任委托诉讼代理人了。由此可见,能够实施民事法律行为与对方当事人订立民事合同的当事人也是完全具备诉讼行为能力的,能够与对方当事人订立涉及处分其诉讼权利的诉讼契约,只是这种诉讼契约是以调解协议的方式出现的。基于此,将诉讼调解协议定位为诉讼文书是可以接受的。

(三)诉讼调解协议的效力具有不同于一般民事合同的效力,其具有准强制执行力的特性

我国民事诉讼立法关于调解协议的效力有诸多缺陷,例如,《民事诉讼法》第69条规定:"调解书经双方当事人签收后,即具有法律效力",第91条规定:"调解未达成协议或者调解书送达前一方反悔的,人民法院应当及时判决"。从这两条规定来看,调解协议对当事人缺乏必要的约束力,违背了调解协议的性质,违反了契约的一般原理和《民法通则》的规定,损害了调解自愿原则和对方当事人的利益,使调解协议处于不稳定的状态,以至于达成调解协议后却不能生效,妨碍了法院调解制度的贯彻实施。②

为此,《最高人民法院关于适用简易程序审理民事案件的若干规定》第15条规定:"调解达成协议并经审判人员审核后,双方当事人同意该调解协议经双方签名或者捺印生效的,该调解协议自双方签名或者捺印之日起发生法律效力。当事人要求摘录或者复制该调解协议的,应予准许。调解协议符合前款规定的,人民法院应当另行制作民事调解书。调解协议生效后一方拒不履行的,另一方可以持民事调解书申请强制执行。"

此外,最高人民法院《调解规定》第13条规定:"根据民事诉讼法第九十条第一款第(四)项规定,当事人各方同意在调解协议上签名或者盖章后生效,经人民法院审查确认后,应当记入笔录或者将协议附卷,并由当事人、审判人员、书记员签名或者盖章后即具有法律效力。当事人请求制作调解书的,人民法院应当制作调解书送交当事人。当事人拒收调解书的,不影响调

---

① 江伟:《民事诉讼法》,高等教育出版社2004年第2版,第25页。
② 徐炜、刘皓:《法院调解与司法能力的互动》,载广州审判网,下载日期:2006年1月4日。

解协议的效力。一方不履行调解协议的,另一方可以持调解书向人民法院申请执行。"此两处规定实际上是对我国民事诉讼立法关于诉讼调解协议效力的一种修正,人们普遍认为它强调了当事人的意思自治,为人民法院提高民事案件调解结案率,实现及时化解矛盾,定纷止争,维护当事人的合法权益和正常的经济秩序提供了更为具体和明确的法律依据。

我们知道,民事合同是民事主体之间设立、变更、终止民事法律关系的合意,其实质效力受合同主体的意志和合同内容的性质所决定。一个民事合同,只要是双方当事人自愿达成的,并且其内容符合实体法的规定(但不违反有关法律的禁止性规定),就是一个有效的合同。依法成立并生效的合同对当事人具有法律约束力,当事人应当按照约定履行自己的义务,不得擅自变更或者解除合同。诉讼调解协议作为一个民事合同,显然应当具备上述属性,这也是诉讼调解协议效力的一个方面,即双方当事人应当受到调解协议的约束。然而,不仅如此,诉讼调解协议不仅仅只是一个一般的民事合同。从最高人民法院《调解规定》第13条规定的本意来看,调解协议可以通过两种方式取得强制执行的效力。其一,双方当事人达成的调解协议由审判人员、书记员签名或者盖章后无需制作调解书,调解协议本身事实上即具有了强制执行力;其二,人民法院依据双方当事人达成的调解协议制作成调解书,从而使调解协议转化成调解书后具有了强制执行的效力。从这两种情况来看,调解协议最终均取得了强制执行力,不过从理论上来说,我们并不能因此得出调解协议具有强制执行力这样一个命题,因为我们不能忽视这样一个事实,那就是调解协议最终事实上取得强制执行力是经过了一个中间媒介的,或者是审判人员、书记员在调解协议上的签名或盖章,或者是转化为调解书。但是,与此同时,我们也不能忽略这样一个事实,那就是只要是双方当事人达成了调解协议,根据对最高人民法院《调解规定》的理解,调解协议最终必然取得强制执行的效力,因此我们可以认为调解协议具有准强制执行的效力是完全能够成立的。如此下结论如果有些武断或过于绝对的话,那么,只从"在一方当事人不履行调解协议时,另一方当事人可持依调解协议制作的调解书申请法院强制其履行"的规定来看,当事人虽然持调解协议不能直接向法院申请强制执行,但只要经过一个中间环节即通过向法院申请制作调解书,就使调解协议实质上具有了强制执行的效力,则调解协议具有准执行力的命题还是能成立的。(当然,调解协议本身必须经法院审查认可,这更从一个侧面说明诉讼调解协议毕竟不同于一般的民事合同,它具有自身的一些特性。)从这个角度讲,我们完全可以说诉讼调解协议具有准强制执行的效力,而这种特征是一般民事合同绝对不会具备的。通常如果有一方当事人不履行合同义务,另一方当事人或者诉诸法院或者申请仲裁,绝不可能向法院申请强制执行。当然,如果作为一个纠纷的解决,双方当事人不是通过法院而是通过人民调解委员会进行了调解,达成了调解协议,则其性质与诉讼调解中调解协议的效力尽管有些许相似之处,但区别还是主要的。总之,在自愿、合法原则下,在程序上法院的审理性和实质上当事人有效的合意性的有机统一下,诉讼调解协议这种合意就其本质来说就是经过法院审查并赋予法律强制力的当事人间的契约,既具有契约的一般特征,同时又具有准强制执行的效力。

三、诉讼调解协议从一定角度折射出程序法与实体法的关系

程序法与实体法的关系,向来是一个历久弥新的问题。早在18世纪英国法学家边沁就已

经论及,直到21世纪的今天,人们对此仍然是津津乐道,争论不休。但是在不断的探讨研究中,还是有一些基本规律可以遵循,沿着历史的足迹,我们大致可以看到众多观点是沿着程序工具主义(实体法至上论)→程序法至上论→平行论(并重论、补充论)→程序优先论这样一个轨迹发展的。① "程序工具主义"或曰"实体法至上论"的错误之处是十分明显的,它只看到了程序法对于实体法的工具与保障作用,而没有认识到程序法实际上具有自身独立的价值,因而"程序工具主义"已经被人们所摒弃。"程序法至上论"的不足亦很清晰明白,它走到了程序工具主义的对立面,有矫枉过正之嫌,在程序法与实体法关系问题上,似乎带有情绪化的色彩。"平行论"较之"程序工具主义"与"程序至上论"而言,少了一些情绪化的东西,而更多的是理性,这种比较折衷的观点往往是受人欢迎而极易被人们接受的。然而,"平行论"虽然在很大的程度上是合理的,但从逻辑上来说,程序法与实体法二者关系是"平行"的话,那么,二者之间是不可能交叉,更不可能相互渗透、相互融通的。而实际上,实体法与程序法之间的相互渗透和交融已经成为一个不争的事实,这也可以说得上是"平行论"的一个小小的瑕疵。"补充论"是对"程序工具主义"的修正,但这种修正的幅度是相当小的,它仅仅对程序法有了些许关注,但本质上仍然是强调实体法,未能走出"程序工具主义"的窠臼。"程序优先论"是在对"程序至上论"进行理性反思的基础上提出来的,它强调的是在具体个案中当程序法与实体法二者发生冲突时,应当坚持程序优先,原因是实体法本身具有缺陷而不稳定,而程序法本身是确定的,这种观点考虑到了权益的均衡和理性的选择,较之"程序至上论"具有一定的进步性,但这种不分析具体情况的一律实行程序优先,仍然没有能摆脱"程序法至上论"的阴影,仍然有其不合理性的存在。

从整体上讲,民法与民事诉讼法,均是我国法律体系中不可缺少的组成部分,均为六大基本法之一,是各自独立的部门法,从理论上讲,不存在谁从属于谁的问题,二者应该是同等重要的,地位也应该是平等的。但是在诉讼中,二者紧密地联结在一起,互相依赖,互为前提,甚至有可能出现二相互交融、互相贯通的现象,而这种现象在司法实践中已经屡见不鲜。通过上面分析可知,诉讼调解协议既可以由民事实体法来规范和调整,同时,它亦受民事诉讼法的规范和调整,由此可以从一个侧面反映出程序法与实体法之间存在着互相渗透、相互交融的现象,而这种渗透与交融其实是"无独有偶"、"无独有多"的,比如,诉讼时效、举证责任、推定等等,都可以横跨程序法与实体法,或者说难以清楚地划分出其属于实体法范畴还是属于程序法范畴,由此,我们还需要对程序法与实体法的关系问题重新作一番审视与思考。特别值得一提的是,由于诉讼过程本身十分复杂,影响其运行的因素多种多样,比如其中对案件事实的认定,就会受到众多因素的影响。因此,对程序法与实体法关系的认识和定位,不应该是静止地、片面地、笼统地界定之,而应该从一定的角度或层面入手,将其置于一定的场域,动态地全面地来进行分析和定位。

---

① 笔者通过搜索阅读期刊网上以程序法与实体法关系为主题的论文得出此结论。

诉讼"调解协议"能否作为执行依据

朱建敏[*]

一、案情简介

原告甲与被告乙之间的借贷纠纷一案，经某中级人民法院主持调解，于2005年4月13日达成调解协议，约定被告乙于2005年5月31日前偿还贷款本息90.6万元。达成调解协议后，双方当事人均未要求法院制作调解书，并表示在调解协议上签字后协议生效，当事人、审判员以及书记员均在调解协议上签了字。后被告没有按约定履行协议义务，原告于同年6月份持调解协议书向该中级法院申请强制执行，该院对调解协议能否作为执行依据，认识上发生分歧，经审判委员会讨论后形成两种相反的意见：

第一种意见认为，该项调解协议可以作为人民法院的执行依据。根据最高人民法院《关于人民法院民事调解工作若干问题的规定》（以下简称《调解规定》）第13条，"当事人各方同意在调解协议上签名或者盖章后生效，经人民法院审查确认后，应当记入笔录或者将协议附卷，并由当事人、审判人员、书记员签名或者盖章后即具有法律效力"。这里的"具有法律效力"具体是指调解协议一经各方当事人签名或者盖章，并由审判人员、书记员签名或者盖章即为人民法院的生效法律文书。既然调解协议是生效的法律文书，当事人当然可以直接持调解协议向人民法院申请强制执行。

第二种意见认为，该项调解协议不能作为人民法院的执行依据。理由主要有：（1）调解协议无文书编号，也不加盖人民法院印章，虽有审判人员和书记员个人签名或盖章，但这不能改变调解协议的"协议"属性，既然是协议，其法律效力自然仅是合同效力，而非法律文书的效力。（2）根据我国《民事诉讼法》第216条、最高人民法院《关于适用〈中华人民共和国民事诉讼法〉若干问题的意见》（以下简称《适用意见》）第254条以及第256条的规定，执行依据包括生效的判决书、裁定书、支付令、调解书、仲裁裁决书以及经公证证明的债权文书，而不包括诉讼调解协议。（3）《调解规定》并未赋予调解协议以强制执行的效力。《调解规定》第13条明确规定："一方不履行调解协议的，另一方可以持调解书向人民法院申请执行。"这里强调的是持调解书，而非调解协议。

---

[*] 朱建敏：武汉大学法学院民事诉讼法专业博士研究生，湖北省高级人民法院法官助理。

笔者认为,本案主要涉及两个问题,一是民事诉讼调解书与调解协议之间的关系,二是民事诉讼调解协议的效力,其中后一个问题是本案的关键问题。下面通过对相关立法及司法解释的梳理与解读,试对这两个问题进行回答,并在此基础上对案件进行分析。

二、我国民事诉讼中之调解协议、调解协议书与调解书

民事纠纷起诉到法院,经调解达成调解协议的,一般情况下,人民法院应当制作调解书,但是依据法律规定或者当事人的要求不需要制作调解书的,法院也可以不制作调解书。调解书应当写明诉讼请求、案件的事实和调解的结果。根据《民事诉讼法》第90条第1款的规定,下列案件经调解达成协议的,法院可以不制作调解书:(1)调解和好的离婚案件;(2)调解维持收养关系的案件;(3)能够即时履行的案件;(4)其他不需要制作调解书的案件。

从内容上看,调解协议是调解书的基础,调解书记载的内容必须与调解协议的内容相一致。

从形式上看,调解书与调解协议主要存在以下几点区别:(1)调解书必须标明案号,调解协议不需要编号。(2)调解书必须加盖人民法院印章,调解协议不需要加盖印章。(3)调解书,顾名思义,是书面形式的。对于调解协议的形式,立法以及司法解释均未作明确的要求。从司法实践来看,如果协议内容比较简单或者审判人员从简操作,则往往不再单另制作调解协议书,而是由书记员将协议内容记入调解笔录,再由各方当事人、审判人员、书记员在笔录上签名或盖章即可,调解书则直接依据笔录内容加以制作。在这种情况下,调解协议实际上是以口头的方式达成的,笔录只是对调解过程和协议内容的记载和见证。如果协议内容比较复杂或者审判人员操作严谨,则会制作专门的调解协议书,将协议内容列明,当事人、审判人员以及书记员亦须在调解协议书上签字或盖章。此时的调解协议书除不加盖法院印章外,与调解书并无实质差异。至于调解书,则须依据调解协议书的内容制作。在这种情况下,调解协议则是书面形式的。

三、民事诉讼调解协议的效力

根据《民事诉讼法》第89条的规定,调解书由审判人员、书记员署名,加盖人民法院印章,送达各方当事人签收后,即具有法律效力。人民法院制作的民事调解书是对各方当事人协议的确认,是一种正式的法律文书,与判决具有同样的法律效力,包括羁束力、确定力以及执行力。

民事诉讼调解协议的效力又是如何呢?对此,《民事诉讼法》以及相关的司法解释也进行了规定,但司法实践中对这些规定存在不同的理解,因此有必要进行具体分析。《民事诉讼法》第90条第2款规定,对不需要制作调解书的协议,应当记入笔录,由双方当事人、审判人员、书记员签名或者盖章后,即具有法律效力。《调解规定》第13条规定,根据民事诉讼法第90条第1款第4项规定,当事人各方同意在调解协议上签名或盖章后生效,经人民法院审查确认后,

应当记入笔录或者将协议附卷,并由当事人、审判人员、书记员签名或者盖章后即具有法律效力。当事人请求制作调解书的,人民法院应当制作调解书送交当事人。当事人拒收调解书的,不影响调解协议的效力。一方不履行调解协议的,另一方可以持调解书向人民法院申请执行。

从《民事诉讼法》第90条的规定来看,立法者并没有一概否定诉讼调解协议的法律效力,并且根据体系解释,结合《民事诉讼法》第89条以及第90条的规定可以断定,这里的"法律效力"是指与调解书具有相同的效力。有人可能会认为,《民事诉讼法》第90条只规定了部分不需要制作调解书的案件,调解协议才具有法律效力,并没有规定制作调解书的案件,调解协议也具有法律效力。实际上,这种理解是片面的。《民事诉讼法》规定了四类案件调解达成协议的,法院可以不制作调解书,但是可以不制作不等于完全不制作,如果当事人或人民法院认为有必要对调解协议制作调解书进行确认,应不影响调解协议的法律效力。换句话说,只要是属于达成调解协议后可以不制作调解书的案件,无论最终是否制作了调解书,经过当事人、审判人员以及书记员签字或者盖章的调解协议本身都应该具有法律效力。

《民事诉讼法》第90条第1款前3项明确规定了三种可以不制作调解书的情况,第4项是兜底条款,即"其他可以不制作调解书的案件"。那么其他什么样的案件可以不制作调解书呢?《调解规定》第13条对此作出了进一步的解释,即:(1)当事人要明确表示同意在调解协议上签名或者盖章后生效;(2)人民法院审查确认后,将当事人的意思记入笔录或者将协议附卷,由当事人、审判人员以及书记员在调解协议上签名或盖章。同时满足以上两个条件的,经调解达成协议的,可以不制作调解书。当然,根据该条规定,这种情况下,如果当事人申请制作调解书的,法院仍要制作调解书,但当事人拒收调解书的,不影响调解协议的法律效力。① 需要说明的是,这里的"法律效力"并非是指协议效力,而应该是指具有与调解书相同的效力。理由有二:一方面,由于当事人是否签收调解书对调解协议是否具有协议效力不产生任何影响,司法解释根本无须就此专门强调;另一方面,《调解规定》第13条是对《民事诉讼法》第90条的进一步解释,而《民事诉讼法》第90条中的调解协议的法律效力应理解为"具有与调解书相同的效力"。

司法解释之所以在一定条件下承认了调解协议的法律效力,主要是考虑到,实践中存在当事人在签收调解书之前无故反悔,有意以此拖延诉讼的情况。这既严重影响了调解效率,浪费了审判资源,也增加了当事人诉讼成本,违背了诉讼诚信原则。②

---

① 与此形成鲜明对比的是,2003年7月4日通过的最高人民法院《关于适用简易程序审理民事案件的若干规定》第15条的规定,"调解达成协议并经审判人员审核后,双方当事人同意该调解协议经双方签名或者捺印生效的,该调解协议自双方签名或者捺印之日起发生法律效力。当事人要求摘录或者复制该调解协议的,应予准许。调解协议符合前款规定的,人民法院应当另行制作民事调解书。调解协议生效后一方拒不履行的,另一方可以持民事调解书申请强制执行。"该规定一方面试图有所突破,在一定条件下赋予调解协议以法律效力,但另一方面又规定这种情况下法院应当制作调解书,因此受到了一些质疑,被认为违反了《民事诉讼法》的规定。《调解规定》第13条在立法技术上成功地回避了这一矛盾,同时又在一定条件下承认了调解协议的法律效力。

② 黄松有主编:《解读最高人民法院司法解释》(2004年卷),人民法院出版社2005年版,第121页。

四、本案中调解协议应当可以作为执行的依据

基于以上对法律及司法解释的分析,结合本案的案情,笔者以为,本案当中的调解协议可以作为人民法院强制执行的依据。首先,本案的情形符合《调解规定》第13条的规定。当事人没有要求人民法院制作调解书,并表示在调解协议上签字后协议生效,当事人、审判人员以及书记员在协议上签了字,并已记入笔录。此时,调解协议应当具有法律效力,即具有与调解书相同的效力。[①] 其次,调解协议虽然不属于《民事诉讼法》以及《适用意见》直接规定的执行依据(名义),但是根据《调解规定》对《民事诉讼法》的解释,在一定的条件下调解协议可以具有与调解书相同的效力。既然调解书可以作为执行的依据,那么只要符合既定的条件,调解协议同样应当可以作为执行依据。最后,虽然《调解规定》第13条后一部分规定,"一方不履行调解协议的,另一方可以持调解书向人民法院申请执行"。但笔者认为这仅仅是指"当事人请求制作调解书"的情况,根据该规定前部分的内容,如果当事人没有请求制作调解书的,并不会影响调解协议的法律效力。

五、余论

本文对案例的分析,完全是在现行立法以及司法解释的框架内进行的。通过对该案件的分析,笔者体会到,为了应对司法实践的需要,充分发挥诉讼调解的功能,司法解释对《民事诉讼法》相关条文的解释可谓是煞费苦心。很显然,现行《民事诉讼法》对诉讼调解生效时间的规定是否合理,值得我们去反思。根据《民事诉讼法》的规定,在多数情况下,调解达成协议的,人民法院应当制作调解书,当事人一方拒绝签收调解书的,调解书不发生法律效力。立法之所以强调在"调解书"上签字生效大致有以下几点考虑:一是体现法院调解的严肃性,调解书上编了案号、加盖了人民法院的印章,足以体现诉讼调解公权行为的性质,这也是其与非讼调解的一个很大的区别;二是给予当事人充足的考虑时间;三是通过制作调解书可以对审判人员的调解行为形成一定的制约。但从实践的情况来看,《民事诉讼法》的规定并未能很好地达到上述预期的效果。

由于强调在"调解书"上签字方能生效,很多当事人在调解书送达之时甚至之前随意反悔,这极大地贬损了诉讼调解的严肃性、浪费了有限的司法资源,也限制了调解制度的功能发挥。人民法院根据当事人自愿的原则,依照法定程序经过调解达成的协议,当事人均已签字确认,说明当事人对自己的实体权利和诉讼权利都进行了处分,如果允许当事人任意反悔,单从私法的角度而言,这亦违反了起码的诚信原则,所以立法有必要赋予调解协议以法律效力。当然,

---

① 如果达成协议后没有再另行制作调解协议书,只是将协议内容记入笔录,并经当事人、审判员以及书记员在笔录上签字或盖章,这样的口头协议能否具有调解书的效力则有待研究。在现有的规则体系内,笔者倾向于认为其不具有调解书的效力。

正如案例中所介绍的那样,有人可能会认为,由于强制执行涉及对当事人人身以及财产的限制,因此执行依据必须以公文书或视为公文书者为限,而调解协议由于没有加盖人民法院印章,从理论上来讲仍属于"协议",所以不能赋予其强制执行力。笔者认为这种观点有待更新:

首先,虽然对于审判人员的调解行为是否属于审判权的内容,理论上存在争论,但毫无疑问,审判人员的诉讼调解活动应当属于履行公职的行为。诉讼调解协议是在审判人员的主持、推动、引导之下达成的,已经不同于纯粹的私法上的协议,亦有别于人民调解协议,其效力应当超越民法上普通合同的效力。

其次,审判员、书记员在调解协议上签字,将调解协议的内容记入笔录或者将调解协议附卷,足以对审判人员形成一定的制约,促使其公正、规范地进行调解,并且"记入笔录"或者"附卷"之程序要求也在一定程度上彰显了诉讼调解的公权属性。

最后,从大陆法系代表性国家和地区通行的做法来看,其立法并没有要求达成调解协议之后必须制作专门的调解书,而且从现有的规定看,这些国家和地区的立法甚至没有规定达成调解协议后,必须要制作调解协议书。《日本新民事诉讼法》第267条规定,当和解笔录制作完成后,即具有与确定判决相同的效力。"和解笔录制作完成就意味着诉讼的终结,和解的内容产生执行的效力。"① 我国台湾地区的立法规定,确定之裁判书、和解或调解笔录及附有径受强制执行约定之公证书可以作为执行依据。② 《法国新民事诉讼法典》第130条规定,和解协议的内容,即使是部分和解,以笔录为见证确认;笔录由法官及各方当事人签字。第131条规定,见证、确认和解的笔录,可提交其节本。节本等于执行凭据。《德意志联邦共和国民事诉讼法》第794条第1款规定,强制执行,也可以根据以下各项而实施:(1)当事人双方之间,或当事人一方与第三方之间,为解决诉讼,对于诉讼的全部或诉讼标的的一部,在德国法院或在为州司法行政机关所设立的或批准的调解所订立的和解,以及依本法第118条第1款第3项或第492条第3款在法官的记录中记载的和解……③ 大陆法系国家和地区的这些规定也印证了上文的论述:"调解协议"一旦记入笔录或者附入卷宗并经法官、书记员、当事人签字,则不再属于纯粹私法上的协议了。

---

① 〔日〕高桥宏志,林剑锋译:《民事诉讼法——制度与理论的深层分析》,法律出版社2003年版,第638页。
② 杨与龄:《强制执行法论》,中国政法大学出版社2002年版,第51页。
③ 需要说明的是,大陆法系国家民诉法中所表述的"和解"不同于我国民事诉讼法学理论上通常所讲的"当事人自行和解",而是"法官主持下的调解"。

论人民调解与法院民事审判的有机链接

刘艳芳* 於恒强**

在我国,人民调解是解决民事纠纷的重要方式,但由于人民调解不具有司法性,不具有最终解决民事纠纷的性质,其调解协议不具有执行力,从而造成了在法院受理民事案件数量急剧上升的同时,人民调解案件的数量却在下降,并且经人民调解委员会调解后又不得不进入诉讼的案件比例较大,人民调解解决民事纠纷的功能日趋减弱,以至于人们开始怀疑人民调解在现代法制观念和市场经济条件下存在的价值和意义。

随着中国的改革开放,中国古老而传统的法律文化受到了西方法律文化的剧烈冲击,人们的法律意识和权利意识随着中国经济的发展和法制化的建设都有了明显提高,传统的人民调解制度逐渐显现出与现代社会的不适应性。这种不适应性体现在:适用于熟人社会的人民调解对现代化城市的陌生人环境的不适应,在法制不健全的社会环境下从事调解工作的人民调解员对法制逐步健全的现代社会的不适应,主要适用于解决简单民间纠纷的人民调解机制对于解决现代大量的新类型民事纠纷的不适应等。但若仅仅因人民调解制度与现代社会的诸多不适应就简单地否定人民调解制度在现代社会存在的价值和意义,则显得过于草率,国外一些现代化的法治国家在其替代性解决民事纠纷机制中所确立的调解制度,恰恰证明了调解制度与现代法制社会的相容性。也有学者认为,从现代法制意义上说,调解与判决的正义是不相容的,现代调解是在市民权利关系生成的情况下,运用这种非权利的纠纷处理方式,来压制权利意识或权利主张的一种政治策略。[①] 当然,单纯从民事权利保护角度而言,调解确有牺牲当事人权利的倾向,因为调解协议的达成往往是以权利人放弃部分权利为代价的,而且我国的人民调解制度也一直存在政治的策略与导向,但若因此就否认调解制度与现代法制的共生性,否认其具有现代法制的意义,甚至认为人民调解制度已过时了,并将成为历史,则过于牵强和片面了。

---

* 刘艳芳:安徽大学法学院。
** 於恒强:安徽大学法学院。
① 季卫东、易平:《调解制度的法律发展机制——从中国法制化的矛盾入手》,载《比较法研究》1999年第3、4期。

一、人民调解制度在现代法制中的意义

通常认为,人民调解的意义就在于其贴近群众,工作方法灵活多样,和风细雨,符合中国国情和优良传统,符合群众的愿望,纠纷一旦解决,使当事人免除了讼累,节省了大量的人力物力,于国、于家、于当事人有百利而无一害,特别是人民调解组织通过定期的矛盾纠纷排查,把可能酿成纠纷的苗头,化解在萌芽状态,强化社会稳定的基础,其功能更是其他手段所不能替代的。① 但除此之外,从理论上说,人民调解制度与现代社会的民主法制精神不仅是相容的,而且有助于现代社会民主与法制的实现。

(一)人民调解制度体现了现代民主法制的精神,是司法民主的一种形式

在西方国家,长久以来人们一直信奉这样的观念:"一个人应有由与之相同的人进行裁判的权利"。当纠纷发生时由街坊、邻里而不是法官进行裁判,被认为可以有效地对抗司法的专横。民间对纠纷的自行调处,可以使本应由职业法官垄断的司法权利转而与普通民众共享,以此来减弱司法权威主义,这也被看成是公民直接参与司法的民主因素。此外,司法的民主性还在于当事人对司法活动的参与性。一个人在一种国家职能活动中如果能够参与其中,就意味着他作为一个积极主动的道德主体,通过具体的行为促使这一过程产生符合自己真实意愿的结果,同时,作为参与者,它还必须按照自己的自主意志发动行为、影响结局,而不是仅仅作为一种客体被动地承受别人强行为自己安排的结果或命运。② 人民调解无疑既满足了人们对制约司法权力的期望,又实践了公民直接参与解决纠纷的机制,并且是以自己的自主意志影响结局的一种民主形式。

(三)人民调解制度有助于实现当事人利益的最大化,有助于切实维护当事人的权利

不可否认,在上个世纪九十年代中期,学术界对法院调解中存在的较为严重的变相强制调解并导致对当事人实体权利疏于保护的问题所进行的探讨是有价值的,法院调解毕竟是诉讼中的调解,若从诉讼的角度看,以牺牲部分权利换取和睦关系的恢复,其合理性是大可质疑的,恢复和睦关系等肯定不宜作为民事审判的首要任务,弱化权利保护也肯定不符合国家设定民事诉讼制度的本旨。③ 但若从人民调解的视角看,其价值定位将复杂得多。解决纠纷所花费的时间、精力、费用及所造成的人际关系的损害,当事人对纠纷解决的自主性,当事人权利实现的实际可能性等等,都是在其追求合法权利得到维护时必须考虑的。这时,当事人的最大利益只能是其在权衡各种利益之后的选择。调解优越于诉讼和不同于诉讼之处是其给予当事人更多的可选择的利益并给予当事人最大的自主选择的自由,这是实现当事人利益最大化的前提。

---

① 初晓燕:《试论新时期人民调解工作的地位和作用》,载《上海市政法管理干部学院学报》2001年第3期。
② 陈瑞华著:《刑事审判原理论》,北京大学出版社1997年版,第62页。
③ 李浩:《民事审判中的调审分离》,载江平主编:《民事审判方式改革与发展》,中国法制出版社1998年版,第222～223页。

另外,调解制度本身也有助于当事人实现其所选择的利益,如调解免费制度使当事人解决纠纷的成本大大降低,调解程序的灵活性可使当事人避免因诉讼程序的确定性和不可逆性而带来的诉讼风险,调解者的热心劝导使纠纷双方当事人在保全人际关系和不伤"面子"的情况下解决纠纷并可能保持一种平衡的心态,调解中当事人的自主参与性还有助于当事人在可控制的较短的时间内最终实现权利等。当事人在调解中之所以能以放弃部分权利而自愿达成协议,正是在权衡了多种利益之后作出的选择,而每一个当事人当其达成协议时,则意味着其已选择到对自己最为有利的结果。

(三)人民调解可以促进法院的审判方式改革,推进多元化民事纠纷解决机制的建立

从世界范围看,无论是同处法治建设阶段的国家还是正在深化法治的各个国家,虽然都肩负强化司法的历史重任,但在进行司法改革的过程中无不给包括调解在内的诉讼外纠纷解决机制以足够的关注和重视。而在人民调解制度的发源地,我国在建设法治国家的进程中却将人民调解制度视为法治的对立面,法治几乎成了诉讼的代名词,司法最终解决原则被扩大化理解,①从而导致法院"诉讼爆炸"。一方面,司法承载了前所未有的压力;另一方面,又不得不为"减负"而进行审判方式改革。由于在重负压迫下的改革缺乏充分的理论论证和全局性的规划,许多改革所起到的常常是负面的作用。所以,本世纪初,民事诉讼制度的当事人主义改革逐步陷入了困境,改革透支了我国社会特别是普通民众微薄的法制观念,可即便如此,诉讼制度改革也不可能从终点再回到起点,法院过强的职权式审判已必然地成为历史,这种情况下,只有调解可以有效地缓解矛盾,使当事人主义诉讼与法院的职权融合为一体,以解决当事人诉讼与司法不公之间日益激化的冲突。但法院调解本身存在的制度缺陷,自上个世纪九十年代就在学术界引起了广泛质疑,有关"调审分离"、"调审分立"的呼声也一度使法院调解走入低谷。在如何改革法院调解制度的研究上,以人民调解与法院诉讼相结合的方式,以人民调解部分替代法院调解的设想已不仅仅建构在理论上,上海一些法院正在进行着有益的尝试,②这对于我国建立真正的多元化纠纷解决机制也是一种探索。另外,由人民调解来分担法院民事案件的审判压力,也有利于法院用更多时间、精力和经费来完善审判程序,同时降低当事人主义改革引发的负面影响,使民事诉讼制度能够建立在更加科学合理的基础上,并由此提升我国司法的权威性,从而有力地推进我国司法体制的改革。

(四)人民调解体现的私权自治的原则,也符合当代中国司法程序改革的理念

调解本质上是一种以合意为核心要素的解纷方式,合意是私法上意思自治原则在纠纷解决领域的延伸,③合意的内容既包括实体的内容也包括程序的内容。作为实体的内容,当事人通过合意选择一种最有利于己的结果;作为程序的内容,当事人也有权选择其认为最符合其习惯、与其能力所及最适当以及最有利于纠纷解决的途径和方法来解决纠纷。程序选择权的理论正是当前法院诉讼制度改革中最受瞩目的观念之一,而且这种选择权也不再局限于诉讼程

---

① 韩波:《人民调解制度何以完善》,载《法学》2002年第12期。
② 上海市探索了一种人民调解与诉讼制度对接的制度,即在区法院设立人民调解窗口,在诉讼开始之前以及诉讼过程中,都可在法官指导下进行调解工作。参见薛凯:《人民调解:功能再升级》,载《半月谈》2003年第13期。
③ 王建勋:《关于调解制度的思考》,载《法商研究》1996年第6期。

序本身,对于纠纷解决机制的选择也是其重要内容。而人们之所以选择调解,又是因为调解所具有的不同于其他解纷手段的特点,有人将民间调解称为一种自发程序,认为其相对于人为秩序而言形式灵活,手段多样。周密设计的人为秩序可以缩减复杂性,增加预测的精确性,但却容易崩溃,因为它缺乏适应复杂事态的弹力。这种自发秩序的纠纷解决机制形式,在调解纠纷时除依据国家的法律外,还可以依据道德、伦理、习俗、习惯,与法院审理相对僵化的机制相比,民间调解可以充分发挥弹性和伸缩力,对丰富而复杂的微观社会进行及时、有效的调处,从而弥补人为秩序、国家法制的僵化。[①] 所以,调解既可以大大增加法律发展的契机,以弥合实体法和生活规范间的裂隙,也可通过部分放松严格的审判程序的要求,从而达到形式正义与实质正义的平衡。[②]

所以,人民调解与现代社会的不适应是其制度上存在的问题造成的,我们应做的就是如何使调解所具备的现代法制意义在我国的调解制度中体现出来,让调解制度跟上时代前进的脚步。

二、人民调解的效力缺陷

人民调解协议不具有法律效力,是人民调解的解纷功能大大降低以至走向衰落的一个重要原因,也是改造人民调解制度的一个瓶颈问题。

在2002年以前,我国法律法规对调解协议的法律效力的规定一直存在矛盾。《人民调解委员会组织条例》第9条规定:"人民调解委员会主持下达成的调解协议,当事人应当履行。"《民事诉讼法》第16条第2款规定:"人民调解委员会依照法律规定,根据自愿原则进行调解。当事人对调解达成的协议应当履行。"由上述规定可以得出履行调解协议是当事人的义务的结论,既然是义务就不允许主体一方或双方任意改变或违反,具有强制性,如果不履行,就要受到法律一定的制裁。但在《人民调解委员会组织条例》第9条又规定:"经过调解,当事人未达成协议或者协议后又反悔的,任何一方可以请求基层人民政府处理,也可以向人民法院起诉。"《民事诉讼法》第16条也规定:"不愿调解、调解不成,或者反悔的,可以向人民法院起诉。"这样一种前后矛盾的规定,使人民调解协议常常成为一纸空文,当事人的期望也因此落空,人民调解的威信也由此受到影响,所以,人民调解的非约束力成为阻碍其发展的瓶颈问题。

针对上述问题,2002年9月,最高人民法院和司法部分别颁行了《关于受理涉及人民调解协议的民事案件的若干规定》和《人民调解工作若干规定》,在这两个规定中对调解协议的效力作了重新界定,即:"经人民调解委员会调解达成的、有民事权利义务内容,并由双方当事人签

[①] 曾建明、黄伟明:《回顾与展望——论完善我国的人民调解制度》,载《中央政法管理干部学院学报》2000年第1期。

[②] 季卫东:《调解制度的法律发展机制——从中国法制化的矛盾情境谈起》,载强世功编:《调解、法制与现代化:中国调解制度研究》,中国法制出版社2001年版,第5页。按照季卫东先生的观点,调解对于现代法律制度的发展的积极意义是多方面的,如:(1)促进对法律制度的反省和纠纷当事人的反思,积极调和实体法和纠纷当事人的主张;(2)基于个别纠纷的具体情况,对权利关系作出判断,实现实体法的具体化;(3)使潜在的纠纷得以外显,扩大对程序法的需求;(4)把日常生活的规则和程序内的行为规范以更有利于当事人的方式予以整合,以此来发展程序法规则。

字或盖章的调解协议,具有民事合同性质"。这种调整对于处于尴尬境地的调解协议无疑是一种解脱,对人民调解工作的开展有积极的意义,但仍存在问题:(1)这一规定并没有真正体现调解的价值和功能。通常情况下,发生纠纷的当事人为解决纠纷而首选的途径往往是自行解决,作为解决的方式,双方当事人常常是签订一个新的协议,甚至以新的协议来改变原来双方的法律关系,如将原来的合同关系转变为债权债务关系,对于新的协议如果一方当事人不履行,对方当事人完全有权利将其诉诸法院,并要求法院确认该协议的效力。由此可见,上述两规定对调解协议的定位,只是将一个通过程序解决机制而制作的调解协议等同于当事人普通民事行为之下所形成的民事合同;并未给予调解协议更高的法律效力,由此,人民调解员也就与当事人间普通的中间调和人没有区别,从而使人民调解无法体现出其作为一种纠纷解决机制的价值和功能。(2)将人民调解制作的协议定性为合同性质,还存在一个实体法的问题。按照合同法的规定,显失公平的合同属可撤销的合同,这一规定对实体法律关系是正确的,但调解协议常常是以一方当事人放弃部分权利为前提而达成的,所以,协议本身可能就是一种不公平的结果,如此,在诉讼中若当事人均主张因显失公平而要求撤销,那么法院是否应该支持呢?当然,作为调解协议的义务方,其不履行协议的行为本身就违背了诚信原则,因而,在诉讼中丧失人民调解中所得的利益也是公平原则的体现,但问题是,人民调解制作的协议的效力又会因此而恢复至从前,改革也变得毫无意义。(3)从程序角度上说,人民调解制作的协议的合同性质也造成了调解上的两难选择。对于因调解协议而起诉的案件,法院如果可以调解,就必然要淡化调解协议的约束力,使协议的效力与过去无异,有碍人民调解的功能发挥;但如果不允许调解,又与调解协议的合同性质不符。人民调解本身并不是一个制作类似民商事合同的调解协议的机器,也没有那个民商事合同可以规定法院必须予以受理,仅将人民调解制度改革的理论基础建构在民商事合同基础上明显失之单薄。① 上述两规定对调解协议的合同性质定位不能解决人民调解当前所面临的有效性的问题,这一问题仍然是困扰人民调解工作的瓶颈问题。

我国的调解制度是建立在私权自治和私法自治的基础上的,体现了对当事人权利的尊重,尤其是对当事人意思自治权的尊重。双方当事人的合意是调解的本质特征。正是建立在这一理论基础上,人民调解协议本质上是一种契约,但不是一般的民事契约,而是一种兼具实体与程序处分的契约,是当事人通过人民调解程序之后达成的契约。人民调解组织是一种解决纠纷的机构而不是生产民事合同的机器,所以,当事人将纠纷提交调解组织解决就意味着当事人选择了一种纠纷解决方式,当然,这时的选择对当事人并无约束力;当事人自愿达成调解协议,则意味着当事人既选择了以此协议来确定实体权利义务,也选择了以人民调解的方式来解决纠纷。所以,人民调解协议本身既是当事人对实体权利义务的处分,也是对程序选择权的处分。如果允许当事人对这种处分随意反悔,则是置对方当事人的利益于不顾,视调解组织的调解为儿戏,同时,也是对当事人处分权行使的不尊重。其实,国际上通行的仲裁协议制度正是建立在这种选择权行使的基础上的,所不同的是,仲裁是一次性选择,即仲裁协议或条款的签订就意味着当事人已一次性地选择了在程序上只以仲裁的方式解决该纠纷,在实体上受仲裁裁决书所确定的权利义务关系的约束。我国的法院调解的效力也是建构在当事人处分权的基础上的,因为,法院的司法权是一种判断性的权力,而以当事人合意为基础的调解书显然不是法院行使判断性的司法权的结果,但同样是建构在处分权基础上的法院调解与人民调解其效力差距却如此之大。其结果是,经人民调解达成的协议,常常不得不再由法院作为合同纠纷进

---

① 曹光曜、金权:《人民调解制度改革的不足与反思》,载《法治论丛》2003年第5期。

行审理,由此,大大削弱了人民调解的公信力,并影响了人民调解在解决民事纠纷中的作用发挥。

三、人民调解与法院民事审判有机链接的制度构建

如何使人民调解协议真正具有解决纠纷的效力,人民调解组织的民间性决定了其不可能赋予调解协议以强制执行的效力,故必须借助于法院的司法权,因而,建立人民调解与法院民事审判之间的有效链接是挽救人民调解的必由之路。

首先,建立人民调解与法院审理的程序衔接,实行调审分离。有关我国法院调解中调审分离的观点由来已久,章武生教授就曾对调审分离制度进行过构建,即在法院庭审前的准备程序中,由准备程序法官或由准备程序法官和当事人分别推举的与案件无关的调解人共同对案件加以调解,[①]这一方案可以避免因审判权的介入给当事人造成的调解压力,也有助于当事人在自己推举的调解人的介入下对调解产生信心和达成协议。但这一制度在实施中却存在困难,一方面,该制度必须建立在民事诉讼中已构建了较为完备的民事审前准备程序的基础上,而且已有一支准备程序的法官队伍;另一方面,由当事人推举的调解人的中立性难以保障,[②]推举调解人的过程也会导致诉讼的拖延,增加诉讼成本。虽然上述调审分离的制度构建在适用性上存在问题,但调审分离的思路对改变法院的强制性调解问题却有积极的意义。正是在调审分离观念的基础上,笔者认为可以构建一个以人民调解与法院审判相衔接的调审分离制度。将人民调解作为民事案件的前置程序,从而取消法院审前的调解制度。具体而言,就是建立民事案件自愿调解与强制调解相结合的制度,对于一些适宜调解的案件可规定当事人在向法院起诉前应首先到人民调解中心接受调解。这样,一方面可以节约司法资源,减轻法院的案件压力,在很好地利用了我国特有的调解资源的同时,也避免了法院内部调审分离带来的制度上的不便;另一方面,调解对于当事人是多了一次诉讼外解决纠纷的机会,而且就特定案件而言,若调解达成协议则可取得双赢的结局。至于"强制调解"是否会侵犯当事人的诉权问题,笔者认为,所谓的强制调解只是强制当事人接受调解组织的调处,并不意味着强迫当事人处分权利或达成某协议,是否能够达成协议则完全由当事人自己决定,所以并不会侵犯当事人的诉权和处分权。在我国的台湾地区早就有了"对于法律规定之特定纠纷除非有例外情形,在起诉前应由法院先行调解"[③]的规定。强制调解的案件范围应限于能够体现对人际关系的保护或体现诉讼的经济效率原则的案件,如:(1)家事纠纷,包括离婚、收养、扶养、赡养、抚养、遗产继承等纠纷;(2)相邻权纠纷;(3)小额诉讼等。而对于不属于强制调解范围的民事案件,可由当事人自主选择是否先经人民调解中心的调解。在上海的一些法院门口设立人民调解中心的举措,即

---

① 章武生、张其山:《论我国法院调解制度的改革》,载江平主编:《民事审判方式改革与发展》,中国法制出版社1998年版,第225~236页。

② 在我国的仲裁制度中就存在这样的问题,当事人选定的仲裁员常常成为一方当事人的代言人,在诉讼调解中,我们如何避免这种情况的出现?

③ 蒋颖:《域外民间调解制度对我国的若干启示》,载《北京化工大学学报》(社会科学版)2004年第2期。

意在倡导和引导当事人以非诉讼的调解形式解决纠纷,这一举措本身已在实践着民事调解与法院审判程序的有机衔接的制度构想。

其次,建立人民法院对人民调解协议的确认审查制度,以确立通过人民调解所形成的调解协议的法律效力。有观点认为,不应当赋予调解协议以法律约束力,因为调解区别于仲裁和审判而存在的价值主要表现在调解的非正式性,其中就包括调解达成的协议不具有强制执行的法律效力,如果强行规定调解协议具有同法院判决同样的法律效力的话,那么调解就类似于审判或者仲裁,也就丧失其独立存在的价值了。调解的非正式性让当事人感到无比的轻松和自如,正是基于此当事人才选择调解。① 如果将诉讼外调解存在的独立价值仅定位于其调解协议无法律效力,那么,这种独立价值还是不要的好。在现代社会提倡高效率的年代,无论是调解组织还是当事人都断不会因诉讼外调解是一种轻松自如的没有法律后果的游戏而钟情于它。每一个纠纷的调处,调解组织和当事人都是抱着一个良好的愿望,希望能最终解决纠纷,即使有当事人是别有用心,这也不是调解本身所倡导的。人民调解独立存在的价值应在于其调解形式的灵活性、非对抗性和合意性,过去人民调解的无效性只能是其存在的一个致命的弱点,而不是独立价值。同时,由于人民调解组织的民间性,决定了人民调解协议不可能具有与人民法院判决同等的法律效力,故,借助于法院的民事审判赋予人民调解协议以法律效力,应是确立人民调解协议效力的必由之路。

法院应对调解协议是否违反自愿原则或法律禁止性规定,以及是否侵犯国家利益、社会公共利益或他人合法权益进行审查,对于符合条件的,裁定确认其法律效力,并赋予其强制执行效力;不符合条件的,裁定确认其无效。人民调解协议一旦被法院确认具有法律效力,则意味着调解协议既具有了强制执行的效力,也具有了最终解决纠纷的效力,对同一纠纷当事人不得再向法院提起诉讼。

当然,人民调解协议确认审查制度必须建立在对当前我国的人民调解制度加以改造的基础上,即,必须对我国的人民调解制度从调解员的选任、调解机构的设立、调解协议的规范等各方面进行改造。

---

① 史长青:《市场经济条件下人民调解的地位重构》,载《烟台大学学报》(哲学社会科学版)2003年第1期。

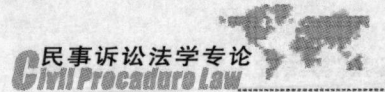

从比较法视角考察我国法院调解制度

姜霞* 曾琼**

法院调解制度是我国民事诉讼的一项基本原则,在我国众多解纷机制中占据着重要的地位。但这一倍受实务界推崇的解纷方式在我国现阶段却受到了众多质疑,亟待全面改革和构建。

一、我国现行法院调解制度的弊端

(一)模式错位

我国实行调审合一模式,即调解者与审判者两种角色合一。由于调解与审判相互融合,没有明确的界线,可以随时转换,所以,一方面审判权的强制性给予了调解者隐性的强制力,因而不仅使当事人在调解活动中的自由意志受到干扰,甚至遭到侵蚀,更使法官的非法调解活动得到有力的庇护,严重侵害了当事人的合法权益。另一方面,调解程序受到审判程序的束缚,减弱了其自身特有的程序功能,其所具有的价值无法充分发挥,不仅阻碍了调解程序的自身发展,也阻碍了当事人程序选择权的实现。

(二)成本过高

根据我国《民事诉讼法》的规定,财产案件受理费以诉讼标的额大小,按依率递减原则收取;非财产案件受理费和程序申请费皆按计件方式收取。由此可见,由于调解与审判合二为一,因而无论是审判或调解,一旦进入诉讼程序,案件受理费就是固定不变的。诉讼受理费只与诉讼标的额有关,法官在诉讼中到底付出了多少劳动不在考虑之列,而就一般情况来说,法官在调解中所付出的劳动和承担的风险往往要比其在审判中的付出少得多。显然这不仅与市场经济所推崇的投入产出正比原则不符,更阻碍了当事人选择该解纷方式,导致调解程序上的

---

* 姜霞:湘潭大学法学院讲师,西南政法大学民事诉讼法专业博士研究生。
** 曾琼:湘潭大学法学院讲师,湘潭大学民事诉讼法专业博士研究生。

自愿性大幅度降低。

(三)效力不足

根据我国民诉法的规定,调解协议的达成并不必然导致其生效,除了无需制作调解书的几类案件中调解协议一经达成即生效外,其余在调解书送达前,当事人均可无需任何理由反悔,从而使调解书效力流产。这一规定固然极充分地体现了调解制度的自愿原则,但仔细推敲,却发现在极大地放纵反悔一方自愿性的同时,损害的却是无辜相对方的期待利益、付出的诚信及调解协议的稳定性和诉讼程序的及时性。

(四)方式单一

调解作为一种备受社会推崇的解纷机制,其一个不可抵挡的魅力就在于其灵活性。但由于一直以来都未将其作为一个独立的程序体系看待,因而对于何为调解的灵活性,无论理论界或实务界往往依附于审判去理解,只看到了调解程序运行过程的灵活和随意,也就是说与审判程序规范性相对的一种任意性,但笔者认为这种"灵活性"的界定是片面的。当前随着经济的飞速发展,社会关系日趋复杂,新的纠纷不断出现,而不同的纠纷类型反映了人们之间不同的社会关系、不同的价值取向,包含了对破损民事关系进行修复的不同期望值,要用一种固定的调解方式去应付不同的纠纷,显然无法满足人们多元的解纷需求,不能充分体现调解制度所固有的灵活性优势。

二、国外相关制度简介

(一)日本

日本的民事调解属于非讼事件,指经设置于法院里的调解委员会的斡旋、调停,使当事人达成解决纠纷合意的程序。根据日本《民事调解法》的规定,调解程序原则上由当事人提出申请得以启动,但若受诉法院认为合适时,可依职权自己调解或让其他有管辖权的法院调解。调解案件由简易法院或地方法院管辖。调解程序以不公开的形式进行,案件关系人无正当理由不出庭,法院可对其处以罚款。调解人若泄露在调解中得知的他人的秘密,将被处以徒刑或罚金。调解协议记载在笔录上就具有与审判上和解同等的效力,而生效和解的效力又等同于确定判决的效力,所以生效调解不仅可终结诉讼程序,同时也产生既判力、执行力、形成力。若调解协议未达成,当事人在法定期限内起诉的,视为申请调解时起诉。

(二)德国

德国法官也很重视促成双方达成和解。在法官宣布开庭后,法院对案件及争议的问题以中立的立场作出陈述、解释取证及最终判决的机会与风险,从而使双方当事人对法院的坦诚产生信心及了解法院对案件的看法,以利于和解的顺利达成。[①] 德国民事诉讼法中这一制度明

---

① 宋冰编:《读本:美国与德国的司法制度及司法程序》,中国政法大学出版社1999年版,第317页。

显弱化了和解中法官的裁判性,而突出了和解的自愿性及法官的辅助性,体现了和解的本质。在主要庭审中若和解不能达成,无需当事人重新起诉,而直接继续进行庭审。

(三)法国

虽然法国《民事诉讼法》将法官促使和解作为诉讼的指导原则和适用一切法院的通则,但实际上,大审法院法官尝试使当事人进行和解的情况十分罕见,① 而小审法院则比较重视和解,尤其在劳动法院中以和解作为主要的解纷手段。法国的和解分诉讼和解和诉前预先试行和解程序。关于诉讼和解只作了原则性的规定,即第127条的规定,诉讼和解达成协议后,需以笔录为见证确认,并由法官及各方当事人签字确认,和解的笔录节本才具有执行力。诉前和解要经当事人的申请而进行,虽然法官或和解人可以进行和解尝试,但须事先得到当事人一致同意。

(四)美国

与我国台湾地区、日本、德国将和解视为具有法律行为性和诉讼行为性的两性行为不同,美国许多学者仅认为和解是一种民事契约,是当事人以新订立的契约来代替发生纠纷的旧契约,因而其契约中必须写明对同一案件不准重新起诉、终了诉讼等内容,而不能无此内容直接发生终结诉讼之效力。在美国民事诉讼的任何阶段都可达成和解,而律师在达成和解中起着非常重要的作用,一般是律师之间进行协商来帮助双方当事人达成和解。由法官主持的和解程序主要是和解会议,由一名联邦法官或联邦治安法官主持当事人间的和解会议,法官可以当双方的面进行调解,也可以单独与每一方交谈帮助双方和解,为促使双方和解,法官对当事人的请求作出评价并帮助他们了解诉讼中潜在的有利点和不利点。另外,美国和解程序中还有"判决方案要约"制度,② 这一制度使原告得以仔细权衡诉讼的得失,有利于促进当事人之间达成和解,节约诉讼资源。在美国联邦法院系统,真正进入陪审团或法官审理的案件只有40%左右,绝大多数案件是通过和解或其他方式结束诉讼的,如此高的和解率在于其配套制度的设置使和解协议的达成更具可行性,其证据开示程序功不可没。"证据开示程序的成果常常被用作与另一方当事人讨价还价的筹码,或者在讨论和解时用作已方妥协立场的理由。"③

(五)英国

与美国类似,英国也将诉讼和解行为视为民法行为,将和解协议视为契约,这从其民事诉讼规则中将提出和解称为"要约",将接受和解称为"承诺"就足以证明英国民事诉讼法对诉讼和解行为性质所持的立场了。英国的诉讼和解可在诉讼程序开始后的任何阶段进行,甚至可在上诉程序中进行,虽然和解与诉讼并未明确分立,而是合于一个程序中进行,但是其主持和解的法官与审判之法官分立,且和解中双方所主张的事实,所作的让步都不进入审理程序,不为审判法官所得知,这样便可消除和解与审判合一的弊端了。和解协议生效后,若一方不履行该协议,另一方当事人可通过向法院提出申请:一种是申请"合意判决",即申请法院把和解事项记载在判决上,随着判决的公布,和解内容也就"昭告天下"了;另一种是申请所谓"Tomlin"

---

① 张卫平、陈刚主编:《法国民事诉讼法导论》,中国政法大学出版社1997年版,第153页。
② 白绿铉编:《美国民事诉讼法》,经济日报出版社1998年版,第110页。
③ 宋冰编:《读本:美国与德国的司法制度及司法程序》,中国政法大学出版社1999年版,第275页。

裁定,即如一方当事人不履行和解协议,对方须先申请法院作出令违反和解条件一方履行义务的裁定,如果后者仍不按裁定履行,才可申请法院强制执行。这种方式虽较前种方式繁琐,却保证了和解的不公开性和保密性。[①] 同时,若经判决,原告未取得较之和解更好的结果,则承担被告因进行诉讼而产生的任何诉讼费用,由于这一费用中包括律师费,而这是诉讼中最大的一部分开支,所以,这一规定促使当事人对诉讼进行利弊权衡,促进和解的达成。

三、我国法院调解制度的构建

(一)模式重构

我国现行法院调审合一模式下,法官将调解者与审判者双重角色归于一身是法院调解制度种种弊端产生的根源,由此导致了调解的强制性和审判的任意性,所以,与许多学者一样,笔者也主张调审分离。我国台湾地区"民事诉讼法"把法院调解作为审判的前置程序加以规定,设调解庭,专司调解工作;日本的调解案件由一审法院内设置的调解委员会主持调解;美国的和解会议由法官主持,但主持和解会议的法官与主持审理的法官不是同一人。由此可见,其他国家和地区都非常注意将调解者与审判者予以分离,从而避免法官先入为主,影响判决的公正性。笔者认为我国因与大陆法系更为接近,因此可参照台湾地区设立调解庭的方式,也在我国法院系统内设两条线,一条线是审判庭系统,另一条则是调解庭系统。调解案件由调解庭专司,以不公开为原则进行调解,只允许双方当事人及其诉讼代理人、法定代理人出席调解庭,而且调解中所作的承认、提议或妥协在随后的审判程序中不能认定为证据,若调解不成,案件转入审判庭以判决方式结案,审判庭不再对案件进行调解。笔者以为正如每个人都有接受审判的权利一样,每个人也都有接受调解的权利,这是法律赋予每个处于民事纠纷中的当事人的固有权利,同时也正如诉讼时效使接受审判的权利归于消失一样,接受调解的权利也应有一定期限,这一期限即整个调解程序期间。因此,在调解程序中双方若达不成合意而转入审判程序,接受调解的权利也就超过了其时效期限而归于消失,审判程序中法官就无须再对案件进行调解。

(二)费用削减

为增强调解的运用率,也为体现市场经济投入产出正比原则,应作出以下规定:若调解成立,只收取相当于诉讼受理费一半的调解受理费,且当事人若无费用担负的协议则由双方平摊;若在调解程序中撤回调解申请又不起诉的,收取相当于1/4诉讼受理费的调解受理费;若调解不成转入审判,只收取相当于诉讼受理费一半的调解受理费。当然,为保证调解员能得到法定的报酬,调解受理费也应当实行申请人预先支付,程序终结后多退少补的方式缴纳。

(三)效力强化

笔者在前文曾指出调解协议的可反悔性减损了其稳定性和当事人双方之间的诚信。从前

---

① 沈达明编著:《比较民事诉讼法初论》(下册),中信出版社1991年版,第164页。

文对西方国家和我国台湾地区的相关制度的介绍中可以看出他们的调解或和解协议一经法院的确认立即生效。而在我国，调解协议是在法院主持下达成的，它一经达成就得到了法院的确认，但只有在法院依调解协议制作的调解书送达双方当事人后才正式生效，因此，为当事人恶意拖延诉讼创造了有利条件。笔者认为，调解协议是双方当事人在调解庭的主持下基于诚意的结果，若允许双方任意反悔无疑是对他方诚信的践踏，而且只要调解协议的达成符合纯粹的合意，就是自愿性的充分体现和落实，若允许一方任意否认其效力，不仅是对另一方意愿的漠视，也是与调解制度的快速解纷性背道而驰的。因此，笔者主张在调解庭的主持下，双方当事人一旦达成调解协议并为调解庭所确认就产生与生效判决相同的效力，而无须等到送达后才生效。

(四)方式多元

根据最高人民法院颁布的《民事案件案由规定(试行)》的规定，民事案件案由分为四类：合同纠纷案由、权属、侵权及不当得利、无因管理纠纷、婚姻家庭纠纷以及适用特别程序案件案由。在这四类案件中，第四类适用特别程序的案件没有民事权利义务的争议，仅仅对一些特殊事项予以确认，属于一种预防纠纷而非解决纠纷的程序，因此不适用调解这一解纷机制，其余三类案件皆属于民事权利义务之争，因而都可适用调解程序，但由于不同的纠纷类型中双方当事人之间的社会关系不同，对重新分配权利义务的要求不同，因而在对调解程序的需求上和调解成功率上有所不同，同时，调解解纷的灵活性不仅要求调解程序运行过程的灵活和随意，而且要求与纠纷类型的多元化相协调，实现调解方式的多元化。因而笔者认为应针对不同类型的纠纷制定相应的调解方式，从而不仅从形式上，更从实质上实现调解制度灵活解纷的天然优势，同时也最大限度地满足当事人自愿选择最能实现自己权利的调解方式的需求，真正实现调解自愿性原则。

1. 婚姻家庭纠纷

民事纠纷中若当事人利益的交点在于调解中有一种驱动力去包容对方，这种案件就适合用调解解决。同时根据中国人"家和万事兴"的传统观念，家庭成员之间产生的纠纷应关起门来解决，不愿让外人得知"家丑"，这种根深蒂固的观念使当事人尽量回避诉诸法庭，力图在相互交流、理解与信任的基础上解决纠纷、恢复关系。当当事人无力以自身力量达到这一目的而不得不求助于法庭时，血缘纽带成为当事人之间相互包容的驱动力。因而，主要导向为人而非行为的调解对于挽救当事人之间情感免于破裂并能在以后的生活中维持和睦的关系，比审判这种一刀两断的纠纷解决方式更适宜于婚姻家庭纠纷的解决。调解的温情和感性使其在婚姻家庭案件中，应成为必经的前置程序。我国民事诉讼法对于离婚案件已明确规定"应先行调解"，正是这一思想的立法体现，但由于其仅局限于离婚案件因而过于狭窄。夫妻关系固然是家庭关系中的核心，但其他亲属关系的维护和稳定也是不可忽视的，需要尽量以调解方式解决他们之间的纠纷。所以，对于婚姻家庭纠纷，不论当事人是否申请法院调解，案件一旦进入法院，首先应进行调解，只有经过调解庭的努力双方仍无法达成合意时，才转入审判庭，未经调解的案件不得进入审判庭进行审判。

2. 合同纠纷

合同是当事人之间产生、变更、终止民事权利义务关系的意思表示一致的法律行为。① 合

---

① 王利明、崔建远编著：《合同法新论·总论》，中国政法大学出版社2000年版，第7页。

同都是经济的,当事人订立合同都要追求一定的经济目的。① 中国人有句俗话"和气生财",在合同双方当事人之间保持友善的、和睦的关系才能使双方通过履行合同都达到利益最大化。如果因合同的履行发生争议出现纠纷,双方当事人一般首先私下里进行协商,尽最大努力挽救合同,这样不仅可以解决纠纷,也可以维持良好的关系,但并非所有的争议都能协商解决,若经协商无法解决,当事人只能向法院提起诉讼。但是我们应该看到除非一方有恶意欺诈行为,即使是向法院起诉,原告也并非非得与对方争个你死我活,弄得两败俱伤,只要合同还有一线存活的希望,双方也会冲着合同带来的经济利益而希望继续将合同内容实施下去。因此,在合同纠纷中双方当事人达成合意解决纠纷的可能性比较大。但对这类纠纷,不能像婚姻家庭纠纷一样规定调解前置程序,毕竟合同一般仅使当事人之间产生一种短期的经济关系,合同双方当事人之间没有一种固定的社会关系,他们的分分合合对于社会的稳定并无本质上的影响,而家庭作为社会的一个基本单位,它的团结和睦于社会的长期稳定有重大意义,所以,即使合同纠纷调解成功率大于侵权纠纷,从遵循调解自愿性出发也不能设定调解前置程序。那么,如何体现合同纠纷调解结案具有较大成功率这一特性呢?笔者认为通过以下三种特殊制度可予以体现:第一,在调解程序启动上承认默示合意,即指当一方当事人向法院提出调解申请时,法院应将这一申请告知对方当事人并规定一定期限,在该期限内该方当事人不作出任何意思表示,就视为接受法院调解,也就是说除非其在期限内提出反对法院调解的意见,否则启动法院调解程序。第二,由于合同纠纷是一种财产权争议,从双方在金钱上的讨价还价过程中,调解者比较容易寻找出双方都能接受的妥协点,所以当当事人不能达成合意但意思表示已非常接近时,法官可在不违反双方的主要意见范围内,以职权提出解决办法,双方若在受送达后一定期限内未提出异议,调解成立。第三,同样由于合同纠纷是一种财产权争议,原告对他能通过诉讼获得的经济利益比较容易掌握,因此可借鉴美国和解程序中的"判决方案要约"制度,规定在法院调解程序中经过双方的证据出示和交换,被告有权提出一个调解协议方案,经调解庭审查,若符合公益原则,则告知原告,如果原告拒绝被告所提出的该项方案而且调解失败转入审判程序,经过开庭审理所得到的判决金额与被告所提出的金额相等或不足时,就由原告负担该案的除去调解费用部分的诉讼费用。

3. 侵权纠纷

在司法实践中侵权纠纷是调解结案率最低的一类纠纷,这是因为侵权案件中的权利义务的产生、变更或消灭都是法律所明确规定的,不像合同中的权利义务是双方合意的结果,也不允许双方像缔结合同一样在权利义务上讨价还价——调解就意味着对权利义务的讨价还价。正如棚濑孝雄所言:"如果社会成员的支持是因某种共同的原则、价值而获得的话,进行妥协往往意味着背叛给以支持的社会成员,从而使当事者因惧怕他们的谴责不敢轻易妥协。"② 同时,侵权纠纷当事人不像婚姻家庭纠纷当事人之间存在亲属关系,也不像合同纠纷当事人之间存在共同的经济利益关系,权利人与侵权人之间往往并无特定的关系,即使他们之间有亲属、朋友、同事或商业伙伴关系,也不影响纠纷的性质,只是当选择进行调解时对调解员的确定有影响。所以,笔者主张对于侵权纠纷应最完整地体现法院调解的自愿原则,在调解程序启动上要求双方明示的同意,即一方当事人向法院提出调解申请,法院应告知另一方当事人,并要求其在一定期限内作出明确答复,若该方当事人没有作出答复或作出否定答复,则转入审判程序。

---

① 王利明、崔建远编著,《合同法新论·总论》,中国政法大学出版社2000年版,第10页。
② [日]棚濑孝雄著,王亚新译:《纠纷的解决与审判制度》,中国政法大学出版社1994年版,第42页。

图书在版编目(CIP)数据

民事诉讼法学专论.2007年卷/陈桂明主编.—厦门:厦门大学出版社,2008.9
ISBN 978-7-5615-3090-0

Ⅰ.民… Ⅱ.陈… Ⅲ.民事诉讼法-法的理论-中国-学术会议-文集 Ⅳ.D925.101-53

中国版本图书馆CIP数据核字(2008)第136903号

厦门大学出版社出版发行

(地址:厦门大学 邮编:361005)

http://www.xmupress.com

xmup @ public.xm.fj.cn

厦门昕嘉莹印刷有限公司印刷

2008年9月第1版 2008年9月第1次印刷
开本:787×1092 1/16 印张:36.75 插页:2
字数:940千字 印数:0001~1 000册
定价:60.00元

本书如有印装质量问题请直接寄承印厂调换